W0239828

Duden Informatik

Duden

Informatik

Ein Fachlexikon für Studium und Praxis

Herausgegeben von der Redaktion
Studium und Beruf
Bearbeitet von Prof. Dr. Volker Claus und
Prof. Dr. Andreas Schwill

Dudenverlag
Mannheim · Leipzig · Wien · Zürich

Projektleitung
Dr. Joachim Weiß
Herstellung
Jutta Herboth
Umschlaggestaltung
Sven Rauska
Infografiken
Otto und Ambrosius Nehren, Mannheim

Bibliografische Information der Deutschen Bibliothek
Die Deutsche Bibliothek verzeichnet diese Publikation in der Deutschen Nationalbibliografie; detaillierte bibliografische Daten sind im Internet über http://dnb.ddb.de abrufbar.

Das Wort **Duden** ist für den Verlag
Bibliographisches Institut & F. A. Brockhaus AG
als Marke geschützt.

Warenzeichen, Handelsnamen usw. sind in diesem Buch nicht besonders gekennzeichnet; dies berechtigt nicht zu der Annahme, dass sie von jedermann frei verwendet werden dürfen. Autoren und Verlag übernehmen für die Fehlerfreiheit der Programme keine Gewährleistung oder Haftung.

Alle Rechte vorbehalten.
Nachdruck, auch auszugsweise, vorbehaltlich der Rechte, die sich aus §§ 53, 54 UrhG ergeben, nicht gestattet.
© Bibliographisches Institut & F. A. Brockhaus AG, Mannheim 2003
Originalausgabe: Duden Informatik, 3. Auflage,
© Bibliographisches Institut & F. A. Brockhaus AG, Mannheim 2001

Satz: epline, Kirchheim
Druck und Bindearbeit:
Graphische Betriebe Langenscheidt, Berchtesgaden
Printed in Germany
ISBN 3-411-10023-0

Der **Duden Informatik** knüpft an die Tradition an, komplexes Wissen übersichtlich und verständlich darzustellen. Gerade in der Informatik – deren Anwendung heute allgegenwärtig ist – schreitet die mit den technologischen Entwicklungen einhergehende begriffliche Entwicklung rasant fort. Spezialisten, Anwender und Interessierte müssen dieser Entwicklung folgen. Hierbei leistet der **Duden Informatik** wertvolle Unterstützung.

Die Begriffe der Informatik werden anschaulich und mit vielen Beispielen und Illustrationen dargestellt, sie berücksichtigen die Geschichte der Informatik, den heutigen Stand ihrer Methoden und beziehen aktuelle und absehbare mittelfristige Entwicklungen der Informatik und Datenverarbeitung ein. Dabei wird besonderer Wert auf klare und verständliche Begriffsbestimmungen und Definitionen sowie auf die ausführliche Darstellung komplexer Zusammenhänge gelegt.

Der **Duden Informatik** wendet sich an Praktiker in Industrie und Handel, an Lehrer an Hochschulen, Fachhochschulen und Gymnasien, an Schüler der Sekundarstufe II und Studenten. Er soll helfen, die Kommunikation zwischen Anwendergruppen, Praktikern und Entwicklern zu verbessern.

Die Redaktion dankt den Bearbeitern für die gute und geduldige Zusammenarbeit. Der Dank gilt auch den beteiligten Grafikern für die Umsetzung der teilweise komplexen Zusammenhänge in anschauliche Illustrationen und den mit der anspruchsvollen Textgestaltung betrauten Mitarbeitern des Satzbetriebs.

Mannheim Redaktion

Zur Einrichtung des Buches

Der Text ist nach den Hauptstichwörtern alphabetisch geordnet, die am Anfang des betreffenden Artikels **fett** gedruckt sind.
Umlaute werden von der Sortierung wie einfache Vokale eingeordnet. Komplexe Hauptstichwörter werden ohne Rücksicht auf Wortgrenzen durchalphabetisiert: z. B. steht **regulärer Ausdruck** zwischen **reguläre Menge** und **reguläre Sprache.** Griechische Vorsätze werden bei der alphabetischen Anordnung nicht berücksichtigt: z. B. folgt **μ-rekursive Funktion** auf **Rekursiv.**

Hervorhebungen: Eine große Anzahl wichtiger Begriffe ist im laufenden Text *kursiv* hervorgehoben. Diese Wörter lassen sich in der Regel leicht über das am Ende des Buchs stehende Register erschließen. Bei längeren Artikeln sind Einleitungen von Abschnitten zur besseren Übersicht **halbfett** gedruckt.

Verweis: Der Verweispfeil (↑) vor einem Wort besagt, dass dieses als Hauptstichwort abgehandelt ist und dass man dort weiterführende Informationen findet.

Anmerkungen zum Hauptstichwort: Gibt es für einen Sachverhalt mehrere Begriffe, so werden diese in runden Klammern nach dem fett gedruckten Hauptstichwort wiedergegeben:
z. B. **Backtracking** (Trial-and-Error-Verfahren).
Ebenfalls in runden Klammern mit der Anmerkung »engl.« steht kursiv der englische Begriff: z. B. **Anlage** (engl. *attachment*).
Nach dem Hauptstichwort werden gegebenenfalls auch die englische Aussprache, die Herkunft und/oder die Abkürzung bzw. Abkürzungsauflösung angegeben.

Abkürzungen: Im Text werden nur allgemein bekannte Abkürzungen wie z. B. (= zum Beispiel), z. T. (= zum Teil) oder u. a. (= unter anderem, und anderes, und andere) verwendet.

Informatik – das ist Faszination des beginnenden dritten Jahrtausends. Während in den Jahren von 1500 bis 2000 Materie und Energie wissenschaftlich erforscht und die gefundenen Gesetzmäßigkeiten und Eigenschaften für den Menschen genutzt wurden, wurde im 20. Jahrhundert die Information zum Gegenstand wissenschaftlicher Untersuchungen. Innerhalb weniger Jahrzehnte veränderten sich viele Gebiete, die von der Information leben: allen voran das Druckereigewerbe, sodann Buchhaltung, Navigation, Vermessung, Fotografie, Filme, Auskunftswesen, Baupläne, Flugsteuerung, Produktionsabläufe usw. –, kaum etwas ist noch so, wie es vor fünfzig Jahren war. Für viele ist die Plötzlichkeit beängstigend, mit der solche Veränderungen eintreten. Heute prognostiziert man das fahrerlose Auto, die Abwicklung aller Geschäfte über das Internet, die Abschaffung der Bibliotheken und Reisebüros, die monatliche Volksabstimmung über anstehende Gesetze oder die Überwachung und Fernsteuerung aller Einrichtungen in der eigenen Wohnung. Überraschend ist dies eigentlich nicht; denn es folgt aus der Tatsache, dass Information nicht mehr an Zeit und Ort gebunden ist, dass sie sich mit Lichtgeschwindigkeit dorthin bewegen kann, wo man sie abruft, dass man prinzipiell jedes Gerät (auch elektrische Zahnbürsten, Kühlschränke, Armbanduhren, Türöffner, Rasenmäher, Fahrscheinautomaten, Autos usw.) vernetzen kann und dass die benötigten Geräte immer kleiner und energieärmer und damit zu ständigen Begleitern werden. Doch man sollte nicht euphorisch sein, sondern sich sehr genau bewusst werden, ob man jeweils die Auswirkungen auf die Berufswelt, auf die Entscheidungsstrukturen in Staat und Gesellschaft und auf das Privatleben durchdacht hat und ob man die Folgen wirklich will. Dieser Duden handelt zwar vorwiegend von den Begriffen und Erkenntnissen der Informatik, doch legen wir auch Wert darauf, die neuen Techniken verantwortungsbewusst einschätzen zu lernen.

Bedeutung der Informatik Welch zentrale Stellung die Informatik einnehmen kann (aber es zur Zeit noch nicht tut), ergibt sich daraus, dass die menschliche Gesellschaft auf Informationen beruht. Auch körperliche Arbeit und industrielle Produktionsmethoden basieren auf Informationen, die diese Tätigkeiten steuern und sinnvoll einbinden. In der Informations- und Wissensgesellschaft, in die die Menschheit soeben eintritt, wird sich alles um die Information drehen. Eine Wissenschaft, die Information speichert, verarbeitet, überträgt, darstellt und manipuliert, greift daher in das Zentrum dieser Gesellschaft ein und kann sich als Fluch oder Segen herausstellen. Verantwortungsbewusstsein ist daher von Informatiker(inne)n in besonderem Maße gefordert. Andererseits sollte die Gesellschaft alle ihre Mitglieder in den grundlegenden Methoden und Erkenntnissen dieser Wissenschaft ausbilden, damit jeder die Chancen und die Gefahren der Informationsverarbeitung beurteilen und für sich nutzen kann.

Hardware und Software Information bedarf (nach jetziger Kenntnis) eines Trägers. Früher waren dies Steinsäulen, Leinwand, Papier, Boten usw., heute kommen Disketten, Festplatten, Lichtquanten, Moleküle usw. hinzu. Zurzeit können wir die Träger der Informationsverarbeitung und -speicherung noch nicht beliebig verändern; sie bestehen aus festen Materialien mit festen Übertragungswegen und Schaltelementen. Man fasst sie unter dem Namen „hardware" zusammen, also die Anteile, die „Eisenwaren" oder zumindest „feste Waren" sind. Diese Teile kann man sehen und anfassen; sie sind unseren Sinnen zugänglich. Jede Hardware könnte jedoch nur eine einzige Aufgabe erfüllen, wenn sie nicht einen Speicherbereich besäße, über den ihre Abläufe gesteuert werden und der stets mit neuen Vorschriften gefüllt werden kann. Diese Vorschriften nennt man Programme. Sie sind der zentrale Teil der „software", also jener Anteile der Informationsverarbeitung, die „soft" (weich, sanft, nachgiebig) sind. Der treffendere Begriff wäre „austauschbar" (engl.: interchangeable), doch hat sich „soft" eingebürgert. Neben den Programmen besteht die Software aus Beispielen, Hilfen, Fehlerbehandlung, Rechtsvorschriften, Installationshinweisen, Erläuterungen zur Herstellung, zur Anpassung und zum Einsatz der Programme, zum Koppeln mit anderer Software, insbesondere zum interaktiven Eingriff und zur Darstellung auf Bildschirmen usw. Den meisten Benutzern genügt diese Trennung in „hard" und „soft". Wer genauer hinschaut, sieht aber, dass sich zwischen die kaum veränderbare Hardware und die frei austauschbare Software eine Schicht, die man selten, aber während der Lebensdauer der Hardware doch einige Male verändern möchte, die so genannte „firmware" (firm = fest, hier im Sinne von „beharrlich, aber nicht unveränderlich") geschoben hat, und dies kann sich in den nächsten Jahrzehnten noch mehrfach ereignen. Für die Informatik gibt es daher keine scharfe Grenze zwischen Hard- und Software; vielmehr können sich zu erledigende Aufgaben dynamisch zwischen verschiedenen Schichten verschieben, z. B. aus Gründen der Effizienz, der Sicherheit der Austauschbarkeit oder der flexiblen Erstellung.

Englische Sprache Bei der Nutzung eines Computers fällt als Erstes die Sprache auf: Deutsch ist out, Englisch ist in. Das geht so weit, dass viele Systeme nur in Englisch beschrieben sind und die gesamte Kommunikation ausschließlich in dieser Sprache (variiert durch amerikanische Wörter) erfolgt. Das Erlernen wird von älteren Personen als lästig und zeitraubend empfunden. Wer jedoch weltweit kommuniziert, nach Informationen sucht und kooperiert, eindeutige Begriffe braucht und Systeme unmittelbar nach der Freigabe einsetzen will, der schätzt eine einheitliche Sprache im Kommunikationssektor. Natürlich hat dies auch Nachteile, beispielsweise Probleme mit dem rechtlichen Rahmen und den kaum verständlichen englischen Lizenzbedingungen. Manche prognostizieren die schleichende Unterwanderung der nationalen Sprache und als Folge hiervon eine Aushöhlung der nationalen Kultur. Doch diese extrem komplexen Zusammenhänge, die viele Ursachen wie Fernsehen, Film, Tourismus, Werbung, Internationalisierung der Wirtschaft usw. haben, liegen außerhalb des Einflussbereichs der Informatik, in der sich faktisch für die überregionale Kommunikation eine einheitliche Mitteilungssprache herausgebildet hat. Daher gilt im heutigen Computeralltag: Lerne Englisch und schlage dich tapfer.

Englische und deutsche Stichwörter Dies hat Auswirkungen auf den Duden. Wir können die Anglizismen nicht ignorieren, höchstens abschwächen. Praktisch keine Abkürzung im Computerjargon lässt sich aus dem Deutschen herleiten und kein neu entstehender Begriff ist deutsch. Oft ist es auch sinnverwirrend, deutsche Ersatzwörter zu benutzen. Daher orientieren sich die Stichwörter bei konkreten Systemen, bei Protokollen, bei Schnittstellen, also bei den Dingen der praktischen Informationsverarbeitung an englischsprachigen Wörtern. In der „Wissenschaft Informatik“ ist dies teilweise anders. Hier gibt es deutsche Begriffe und wir verwenden diese als Stichwörter. Das Nebeneinander von deutschen und englischen Stichwörtern hat also einen nachvollziehbaren Grund. Überwunden wird diese Vermischung durch das umfangreiche Register am Ende des Dudens: Dort finden Sie die Begriffe meist in beiden Sprachen, sodass Sie sich in die richtigen Artikel hineinbegeben können. Auch wenn einmal ein Verweis nicht explizit angegeben ist, so hilft das Register.

Hardware/Computer Vorarbeiten zur Informatik wurden schon früh gelegt, vor allem immer dort, wo Informationsverarbeitung vereinfacht und gute Lösungsverfahren gefunden wurden. Fortschritte ergaben sich durch die Erfindung von Automaten für die Grundrechenarten (Schickardt 1623, Leibniz 1674, Hahn 1774) und durch Entwurf und Bau programmgesteuerter Maschinen (Babbage ca. 1840, Zuse 1941, Aiken 1944). Hieraus entstanden in den 1950er-Jahren zunächst Rechenmaschinen, deren (aus heutiger Sicht) geringe Leistung in „gewaltigen Schränken“ untergebracht war. Ihre Bedeutung wurde weit unterschätzt: So behauptete man beim Aufstellen der IBM-Rechner im Jahre 1960, dass fünf Maschinen dieses Typs ausreichen würden, um die Nachfrage nach Rechnerleistung über Jahrzehnte zu befriedigen. Als man verstand, den 1947 entdeckten Transistoreffekt für die Zentraleinheiten der Rechner zu verwenden, wurden in den letzten 30 Jahren durch fortwährende Miniaturisierung auf der Basis fortschreitender Architekturen die heutigen Computer entwickelt. In jedem Jahr hat sich in den vergangenen Jahrzehnten die Anzahl der Transistorfunktionen, die auf einem Chip untergebracht wurden, verdoppelt; und in der Tat hat sich in den letzten 30 Jahren die Zahl dieser Funktionen fast um den Faktor 2^{30}, also eine Milliarde, erhöht. Dies hatte auch Auswirkungen auf die Prozessorgeschwindigkeit, die im Jahre 2000 auf die 10^9 Takte pro Sekunde angestiegen ist. Doch diese Computer bilden nicht die Informatik (heute sind sie eher ein kleiner Teil davon und ihre physikalischen Prinzipien zählen zur Elektrotechnik), auch wenn sie die Träger der Information und ihrer Verarbeitung sind und ohne sie „nichts läuft". Ihr Entwurf, ihr Zusammenwirken und ihre Einbettung in Gesamtsysteme werden jedoch in Teilgebieten der Informatik untersucht. Heutige Mikroprozessoren enthalten oft derartig viele Details, dass ihre Konstruktionsprinzipien kaum noch zu erkennen sind. Im Duden werden daher nur die Prinzipien und ein konkreter Mikroprozessor vorgestellt. Daneben werden die Datenübertragung, die Rechnernetze und die Rechnerarchitektur erläutert. Und überhaupt: Bei derartiger Leistungsfähigkeit der Prozessoren haben Menschen nur noch eine einzige Chance, um die Geräte zu beherrschen: Sie müssen sich auf die Konzepte, die auf die Methoden, auf die Sicherheit und Verifikation, auf Zielsetzungen, auf Abschätzungen und auf Bewertungen konzentrieren. Davon handelt der Duden, auch wenn er daneben viele alltägliche Begriffe der Datenverarbeitung vorstellt.

Schichten Ein grundlegendes Prinzip ist die Strukturierung aller Begriffe in Schichten. Zum Beispiel in die Schichten „Physikalische Effekte", „Realisierung grundlegender Funktionen", darauf aufbauend die „Realisierung der Schaltkreise und Schaltwerke", darüber die Schicht „Funktionale Einheiten, einfache Geräte", daneben gibt es die zugehörigen „Maschinensprachen und Assembler", dies beides kann man über Rechnerarchitekturen und elementare Betriebssoftware zu „Basis-Computersystemen" zusammenfügen, oberhalb sind dann die „Vernetzungen mit ihren Schnittstellen und Protokollen" auf der Hardwareseite und die „Betriebssoftware und Kommando- und Programmiersprachen" auf der Softwareseite anzusiedeln, darüber stehen die Schichten der Sicherheitsarchitekturen, Softwarebibliotheken und Anwendungssysteme usw. Jede Schicht stellt die Hilfsmittel bereit, die man benötigt, um die nächste Schicht implementieren zu können. In jeder Schicht gibt es andere Methoden und Prinzipien, wodurch die große Vielfalt der Informationsverarbeitung entsteht.

Programme Das Besondere an den „programmgesteuerten Maschinen" ist ihre Universalität. Ändert man das Programm, dann kann die Maschine wie durch Zauberhand ein völlig neues Problem bearbeiten. Diese Fähigkeit galt immer als Charakteristikum des Menschen, nur wird es dort nicht so empfunden, dass der Übergang zwischen Tätigkeiten wie Kochen, Waschen, quadratische Gleichungen lösen, Zeitungsartikel schreiben, Auto reparieren usw. ein Wechsel zwischen verschiedenen Programmen sei, die alle gleichzeitig im Gehirn unterbrechbar sind und zentral gesteuert und zugleich noch ständig erweitert werden. Wir wollen hier solchen Fragen, die oft auf unzutreffenden Voraussetzungen und Anschauungen beruhen, nicht nachgehen (vgl. ↑Künstliches Leben, ↑Künstliche Intelligenz), sondern uns auf die Austauschbarkeit des Steuerungsteils konzentrieren, die einen Computer erst zu einem breit einsetzbaren Werkzeug macht. Dieser Steuerungsteil wird im Speicher des Computers in der Maschinensprache abgelegt und ist nur für Spezialisten verständlich (↑Mikroprozessor). Um ihn wirklich nutzen zu können, wurden künstliche Sprachen (Kommando- oder ↑Programmiersprachen) entwickelt, in denen sich die gewünschten Abläufe in Form von Programmen formulieren lassen. Diese Programme werden entweder durch spezielle Programme (sog. Übersetzer) in die jeweilige Maschinensprache übertragen und können dann von der Maschine ausgeführt werden oder sie werden Schritt für Schritt von einem Maschinenprogramm (sog. Interpreter oder Interpretierer) nachvollzogen. Dadurch wird man von den Besonderheiten eines speziellen Computers unabhängig und kann sich verstärkt der Lösung von Problemen oder Problemklassen widmen. Um diese Trennung zu erreichen, muss man die Bedeutung der Programme unmissverständlich festlegen.

Algorithmus Programme treten uns je nach Programmiersprache in sehr verschiedener Form entgegen: Sie sind ein Beschreibungsmittel für Verfahren, Abläufe, Vorschriften. Verfahren sind aber nicht mehr an konkrete Programmiersprachen gebunden. Ein exakt ausformuliertes Verfahren bezeichnet man als Algorithmus. Prinzipiell muss ein Algorithmus von einer geeigneten mechanisch arbeitenden Maschine nachvollzogen werden können. Unser Leben ist voll von Algorithmen, allerdings sind die meisten nicht in allen Einzelheiten fixiert, sondern lassen den Menschen Freiheiten bei der jeweiligen Ausführung. Alltagsalgorithmen sind Addieren und die weiteren mathematischen Grundrechenarten, das Lösen von Verkehrsfahrscheinen aus Automaten, Kochrezepte, Abschreiben von Texten, Nähen, Holzhacken, Montage von Fahrzeugen, Anfahrtsbeschreibungen usw. Sie werden oft durch Formulare (Buchführung, Erstellen der Steuererklärung) unterstützt oder durch Richtlinien und Gesetze umrissen (Ablauf von Baugenehmigungen, Verkehrsregeln). Wenn wir mit Computern umgehen, können wir keine Selbstkorrekturen erwarten, wie Menschen dies tun, wenn Vorschriften offensichtliche Fehler enthalten oder mehrdeutig formuliert sind. Die Algorithmen müssen daher unzweideutig und ohne zusätzliche Erklärungen durchführbar sein. Diese letztere Forderung der Eindeutigkeit und Exaktheit ist erfüllt, wenn der Algorithmus in Form eines Programms in einer Programmiersprache aufgeschrieben ist. Für uns Menschen sind diese Darstellungen aber nur schwer lesbar.

Notation von Algorithmen Deshalb notiert man Algorithmen meist in folgender Form: Man gibt einige Grundoperationen vor, die als bekannt vorausgesetzt werden, z. B. kopiere den Wert einer Variablen A in die Variable, (B:=A), erhöhe den Wert einer Variablen X um 1 (X := X + 1) oder „gib der Variablen A den nächsten einzulesenden Wert, bzw. drucke den Wert der Variablen B aus“ (read A, write B). Damit hat man „elementare Anweisungen“ festgelegt. Aus Anweisungen gewinnt man dann neue Anweisungen, indem man sie aneinander reiht (getrennt durch Semikolons), sie in den dann- oder sonst-Teil einer Alternative einfügt, die durch eine Bedingung den jeweiligen zutreffenden Fall auswählt (if <Bedingung> then <Anweisung 1> else <Anweisung 2> fi) oder sie als zu wiederholenden Teil in einer Schleife, deren Ende durch eine Bedingung gesteuert wird, verwendet (while <Bedingung> do <Anweisung> od). In spitze Klammern gesetzt wurde hier der noch einzufügende Teil; eine Bedingung ist eine Aussage, die entweder das Ergebnis „wahr" (true) oder „falsch" (false) liefert, und „fi" und „od" dienen als Klammerstruktur, damit das Ende insbesondere in umfangreichen Algorithmen immer eindeutig feststellbar ist. Ein Beispiel für einen Algorithmus lautet, der anfangs eine natürliche Zahl einlesen möge:

```
read X; while X > 1 do X := X - 2 od;
if X = 0 then write <gerade> else write <ungerade> fi
```

Dieser kurze Algorithmus stellt fest, ob eine vorgegebene natürliche Zahl gerade oder ungerade ist: X wird eingelesen. Dann wird 2 von X solange subtrahiert, wie X noch größer als 1 ist. Wenn diese Schleife abbricht (wenn also der Wert von X kleiner oder gleich 1 geworden ist), dann wird geprüft, ob X nun 0 oder 1 ist, und wenn X Null ist, so muss der eingelesene Wert gerade, anderenfalls ungerade gewesen sein.

In der Informatik werden viele Algorithmen entwickelt. Einige davon werden in diesem Duden vorgestellt und meist nur mit diesen wenigen Sprachelementen formuliert; allerdings unterstreichen wir die Wörter read, if, while usw., da der Fettdruck den Stichwörtern vorbehalten ist. Die Übertragung eines Algorithmus in ein konkretes Programm fällt nicht schwer. Schwierig ist es oft, einen geeigneten Algorithmus zur Lösung von Problemen zu finden. Hierfür gibt es einige ↑ Algorithmen-Entwurfsmethoden.

Prozess

Isoliert arbeitende Algorithmen gibt es in der heutigen Informationsverarbeitung immer seltener. Stattdessen kooperieren Algorithmen miteinander, werden erzeugt, zusammengefasst, spalten sich auf oder verschicken sich an ferne Rechner. Es handelt sich daher um eine Verflechtung von Verfahren, wobei auf jedem Computer (genauer: auf jedem Prozessor) immer nur genau ein Teil in sequenzieller Weise abgearbeitet wird. Solch einen Teil nennt man einen Prozess und statt von der Verarbeitung von Algorithmen spricht man auch gerne von der Verarbeitung nebenläufiger (engl.: concurrent) Prozesse. Das englische Wort „concurrent" drückt zusätzlich aus, dass diese Prozesse zueinander in Konkurrenz stehen, wenn sie miteinander um Speicherplatz, Ein-Ausgabegeräte, Prozessorzeit oder Vorrangigkeit ringen. Aber diese sequenzielle Sichtweise aus den Anfängen der Informatik stimmt heute auch schon nicht mehr: In einem Computer laufen diverse Befehlsströme ineinander verzahnt ab, wodurch statische Betrachtungsweisen allmählich durch die komplizierteren dynamischen abgelöst werden. Auch die Vorstellung, dass ein Algorithmus an seinem Platz verharrt, ist veraltet. Vielmehr werden immer mehr

↑ mobile Programme ins Netz geschickt, um sich auf anderen Rechnern als Prozess ausführen zu lassen, z. B. um das optimale Angebot für Pudelmützen aus allen erreichbaren Kaufhauskatalogen herauszufinden.

Datentyp Algorithmen manipulieren nicht nur Zahlen, sondern auch Objekte. Diese Objekte gehören einem Datenbereich an, der auch sehr kompliziert aufgebaut sein kann, z. B. natürliche Zahlen, rationale Zahlen, deutsche Wörter, chinesische Schriftzeichen, Tabellen, bestehend aus ganzen Zahlen, Wohnungsanschriften, Stücklisten einer Bohrmaschine, Lexika, Bilder, Katasterblätter, Gensequenzen usw. Auf dem Datenbereich sind Operationen erlaubt, z. B. +, −, *, / für rationale Zahlen, „sortiere nach Stichwörtern" für Lexika, „teile ein Polygon entlang einer Linie in zwei Polygone" für Katasterblätter usw. Den Datenbereich zusammen mit den auf ihm erlaubten Grundoperationen bezeichnet man als ↑ Datentyp. Interessieren nur seine Eigenschaften, so lässt man ihn „abstrakt", anderenfalls gibt man genau an, wie er in einer Programmiersprache dargestellt wird. Programmierung beruht oft darauf, ständig neue Elemente dieser Datenbereiche zu ermitteln. Diese Elemente legt man in „Behältern" (sog. Variablen der Informatik) ab, die dem Programm bekannt gegeben werden müssen und die jeweils nur Elemente genau eines Datenbereichs aufnehmen können; diese Bekanntmachung und Zuordnung eines Datentyps nennt man Deklaration. Ein Programm ist dann die präzise Beschreibung eines Algorithmus, der mithilfe der deklarierten Variablen aus bestimmten einzugebenden Werten gewisse Ergebniswerte berechnet. Ein solcher Algorithmus (und sei er noch so undurchschaubar) ist natürlich ebenfalls eine Operation auf den Eingabe- und Ausgabedatenbereichen. Man kann ihn daher wie eine Grundoperation in beliebigen Programmen wieder verwenden, sofern man ihn exakt ausformuliert und durch eine Abkürzung benannt hat. Zum Beispiel kann man den oben angegebenen Algorithmus zur Entscheidung, ob eine natürliche Zahl gerade ist, als eine Operation aufschreiben, die zu einer natürlichen Zahl a das Ergebnis „a ist gerade" oder „a ist nicht gerade", also einen der Wahrheitswerte wahr oder falsch liefert. Eine Darstellung könnte folgendermaßen aussehen:

```
operation gerade (in X: natural, out Boolean);
begin while X > 1 do X := X - 2 od; return (X = 0) end
```

Zur Bezeichnung der Operation wählen wir willkürlich einen Namen, hier ist es der Name „gerade". X ist eine Variable vom Datentyp „natural", womit die natürlichen Zahlen bezeichnet sein mögen. in bedeutet, dass ein solcher Wert vorzugeben ist. out Boolean bedeutet, dass das Ergebnis ein Element des Datentyps Boolean ist; unter „Boolean" versteht man die Menge der Wahrheitswerte {wahr, falsch}. Mit begin ... end wird der Algorithmus, der die Operation „gerade" definiert, eingeklammert. In der while-Schleife wird X auf 0 oder 1 heruntergezählt. Das Ergebnis, durch return bezeichnet, ist dann der Wahrheitswert der Aussage „X = 0". (Man beachte, dass „=" die Abfrage auf Gleichheit ist, während „:=" das Einkopieren eines Wertes in eine Variable bedeutet.)

Prozedur Je nachdem, ob eine solche Operation auf irgendwelchen Variablen Veränderungen vornimmt oder ob sie nur der Berechnung von Werten dient, spricht man von ↑Prozedur- oder von Funktionsdefinitionen (in der objektorientierten Sichtweise nennt man sie „Methoden"). Eine so notierte Operation kann man nun überall einsetzen und nutzen. Die obige Operation „gerade" kann man beispielsweise verwenden, um die Binärdarstellung einer natürlichen Zahl zu erzeugen (die Variable mit dem Namen „Eingabe" erhält den Datentyp natural, der Fall, dass die Zahl 0 eingegeben wird, ist gesondert zu behandeln, div 2 bezeichnet die ganzzahlige Division durch 2; die Ziffern der Binärdarstellung werden von hinten nach vorn erzeugt):

```
operation gerade (in X: natural, out Boolean);
begin while X > 1 do X := X - 2 od; return (X = 0) end;
variable Eingabe: natural;
read Eingabe;
if Eingabe = 0 then write 0
else while Eingabe > 0 do
        if gerade (Eingabe) then write 0 else write 1 fi;
        Eingabe := Eingabe div 2 od
fi
```

Für die Zahl 14 (ihre Binärdarstellung ist 1 1 1 0) liefert dieser Algorithmus die Ziffernfolge 0 1 1 1.

Diese Operation, die einer natürlichen Zahl ihre Binärdarstellung in umgekehrter Reihenfolge zuordnet, kann nun wiederum als eine Grundoperation aufgeschrieben und dann in anderen Programmen verwendet werden usw.

Dies ist eine wichtige Eigenschaft von Algorithmen: Jeder Algorithmus kann als Operation in anderen Algorithmen verwendet werden. Algorithmen, die man einmal erstellt hat, kann man ab dann immer wieder nutzen. Man muss sich aber vorher überzeugen, dass der Algorithmus tatsächlich die gewünschte Operation realisiert, und man sollte wissen, wie viel Zeit und welche sonstigen Hilfsmittel er benötigt.

Komplexität von Programmen Damit kommen wir zu zwei zentralen Begriffen der Informatik: Komplexität und Semantik. Denn die Programme müssen zunächst zwei Anforderungen genügen: Zum einen müssen sie schnell und mit geringen Mitteln ausführbar sein und zum anderen müssen sie korrekt sein und genau das tun, was man vorgegeben hat. Den Aufwand, den ein Programm an Zeit, an Speicherplatz und an sonstigen Ressourcen verbraucht, bezeichnet man als seine Komplexität. Oft wird nur die verbrauchte Zeit gemessen, und zwar in Abhängigkeit von der Länge der Eingabe. Die Addition zweier 100-stelliger Zahlen (die Eingabelänge beträgt also 200 Zeichen) dauert doppelt so lange wie die Addition zweier 50-stelliger Zahlen (diese Eingabe enthält 100 Zeichen). Wenn n die Länge der Eingabe ist, so benötigt ein Programm für die Addition also eine Zeit, die proportional zu n ist; man sagt, dieses Additionsprogramm läuft in „linearer Zeit" ab. Die Multiplikation zweier n-stelliger Zahlen, wie sie in der Schule erlernt wird, führt dagegen n-mal die Multiplikation einer Ziffer mit einer Zahl durch und addiert anschließend die versetzt aufgeschriebenen Zwischenresultate. Dies erfordert mindestens $2n^2$ Operationen; ein Programm, das dieses Multiplikationsverfahren realisiert, braucht also „quadratische Zeit". Programme werden daher in Klassen eingeteilt, je nachdem wie viel Zeit sie für die Ausführung in Abhängigkeit der Eingabelänge n brauchen. Die Konstanten (wie die Konstante 2 bei der Multiplikationsdauer $2n^2$) sind in der Praxis zwar sehr wichtig, werden aber bei den überschlägigen Berechnungen zunächst ignoriert. Dies liefert jedoch bereits wichtige Informationen: Ein Programm, das in „kubischer Zeit", also proportional zu n^3 arbeitet (ein solches Programm könnte z. B. alle kürzesten Entfernungen zwischen n Punkten in einem Verkehrsnetz berechnen), benötigt also die achtfache Zeit, wenn man die Eingabelänge verdoppelt. Kennt man die Berechnungszeit für irgendeine Eingabe, dann kann man hieraus recht genau auf die Berechnungsdauer des Programms für eine andere Eingabe schließen.

Komplexität eines Problems Von der Komplexität eines Programms muss man die Komplexität eines Problems unterscheiden. Das Problem kann zum Beispiel lauten „Multipliziere zwei natürliche Zahlen". Wie oben ausgeführt, lässt sich dieses Problem in quadratischer Zeit lösen. Vielleicht gibt es aber schnellere Programme, die die Multiplikation durchführen? Die Komplexität eines Problems ist nun die kleinste Komplexität, die ein Programm zu seiner Lösung besitzt. Meist ist diese Komplexität nicht bekannt, sondern man kennt nur Abschätzungen. Für die Multiplikation wurde ein Algorithmus entwickelt, der proportional zu $n * \log n * (\log(\log(n))$ arbeitet, wobei $\log(n)$ der Logarithmus (zur Basis 2) der Zahl n ist. Für große Zahlen n ist dies wesentlich schneller als „quadratische Zeit". Doch dies ist nur eine obere Schranke. Es könnte sein, dass die Multiplikation in noch kürzerer Zeit durchführbar ist, ja, es ist sogar noch unbekannt, ob die Multiplikation in linearer Zeit berechnet werden kann oder nicht. Von sehr vielen Problemen ist sogar offen, ob sie in polynomieller Zeit, also in linearer oder quadratischer oder kubischer Zeit oder proportional zu n^4 oder n^5 usw. gelöst werden können. Denn es ist bei der unendlichen Vielfalt der Algorithmen mit heutigen Methoden nur in Ausnahmefällen zu beweisen, dass es keinen schnelleren Lösungsalgorithmus geben kann. Für viele Probleme wurde aber nachgewiesen, dass sie alle „gleich schwierig" sind, dass sie also jeweils in die gleiche „Komplexitätsklasse" fallen.

NP Am bekanntesten sind hier die NP-vollständigen Probleme (↑ NP), deren Lösungen vermutlich nur mit exponentiellem Zeitaufwand zu finden sind, weshalb man sie in der Praxis mit Näherungsverfahren (↑ Softcomputing) bearbeitet; zu diesen Problemen gehören optimale Anordnungen und Einteilungen, Stundenpläne, viele logistische Probleme, ganzzahliges lineares Optimieren, minimale Schaltkreisrealisierungen usw.

Semantik Wer mit Computern arbeitet, erlebt hin und wieder, dass sie etwas anderes tun als erwartet. Bei den meisten Algorithmen muss dies aber unbedingt vermieden werden, etwa bei der Steuerung eines Flugzeuges, bei der Überwachung medizinischer Geräte, bei Verkehrsleitwarten, bei der Erstellung von Tabellen für Entscheidungsfindungen oder im militärischen Bereich. In der Informatik spielt daher die Fähigkeit eine zentrale Rolle, die Korrektheit von Programmen zu beurteilen, Fehler möglichst zu vermeiden, Fehler aufzuspüren und zu beseitigen. Hierzu muss die Bedeutung der abstrakten Konstrukte, insbesondere der verwendeten Sprachen genau festgelegt sein. Dies kann zum Beispiel mit Methoden der Logik, durch Rückführung auf bereits bekannte Konstrukte oder in umgangssprachlicher Form geschehen. Mit der Definition von Bedeutungen und der Überprüfung der Korrektheit (abhängig von den Umweltgegebenheiten), dem Finden von Fehlern usw. befasst sich die Semantik.

Fehler Was ist überhaupt ein Fehler? Formal gesehen liegt eine Abweichung von einer vorgeschriebenen Verhaltensweise vor. Ein Fehler ist also stets ein relativer Begriff: Er bezieht sich auf eine Vorgabe, deren Bedeutung genau bekannt ist. Oft entspricht aber die Vorgabe nicht den Wünschen oder sie ist unvollständig oder mehrdeutig; in diesem Fall kann ein Programm die Vorgabe erfüllen, also fehlerfrei sein und trotzdem für die Benutzer unerwartet reagieren. Zu der Vorgabe:

> Die „ganzzahlige Wurzel" *gw(x)* einer natürlichen Zahl x ist die nächstkleinere ganze Zahl der reellwertigen Wurzel $\sqrt{x}$

kann man ein Programm schreiben, welches $gw(3) = 1$, $gw(17) = 4$, $gw(200) = 14$ liefert, jedoch wäre nach dieser Definition $gw(16) = 3$ zulässig, wenn man die „nächstkleinere ganze Zahl" zu einer ganzen Zahl a als $a - 1$ auffasst. Wer programmiert, muss also zunächst für exakte Vorgaben sorgen, etwa durch geeignete Logikkalküle oder durch „Spezifikationssprachen".

Spezifikation Diese Vorgabe heißt in der Informatik Spezifikation. Entspricht die Spezifikation nicht den Erwartungen, so lässt sich dieser Mangel auch nicht durch ein Programm heilen, da die Korrektheit eines Programms die „Übereinstimmung mit der Spezifikation" bedeutet. Bei der Entwicklung, Anpassung oder Wartung von Software muss man ständig sowohl die Vorgaben durchdenken und hinterfragen (vor allem je weniger formal und umfassend sie aufgeschrieben wurden und je mehr Personen an den Projekten mitwirken, die eventuell die

Vorgaben recht unterschiedlich interpretieren) als auch die jeweiligen Programmteile auf Übereinstimmung mit der Spezifikation überprüfen. Wer hier nicht sorgfältig und methodisch arbeitet, produziert undurchschaubare und fehlerhafte Software. Die Größenordnung spielt eine wichtige Rolle: Beim „Programmieren im Kleinen“, also bei kleineren Problemen (wie sie meist im Informatikunterricht behandelt werden), die von einzelnen bearbeitet werden und eine überschaubare klare Spezifikation besitzen, konzentriert man sich auf die Übereinstimmung mit der Spezifikation; hierfür gibt es auch formale Beweismethoden (siehe ↑ Verifikation) und von vielen Programmen konnte bewiesen werden, dass sie korrekt arbeiten. Beim „Programmieren im Großen“, also bei der Erstellung riesiger Systeme, wie verteilte Datenbanken, betriebliche Informationssysteme, Touristiksysteme, weltweit vernetzte Telefonvermittlungssysteme, sind dagegen ganz andere Fähigkeiten gefragt: Man muss Hunderte von Einsatzszenarien entwerfen und präzisieren, hierarchisch aufgebaute Architekturen konzipieren, unterschiedliche Umgebungen berücksichtigen, Kopplungen und Schnittstellen beachten oder neu entwickeln, den rechtlichen Rahmen prüfen, die Akzeptanz der späteren Benutzer(innen) ausloten usw. Dies erfordert Planungs- und Managementfähigkeiten, klare Arbeitsverteilung, gleichmäßigen Arbeitsfortschritt, aktuelle konsistente Dokumentationen, Phasen für die inhaltlichen Überprüfungen und die Fehlererkennung, prototypische Vorversionen usw. Unter dem Stichwort ↑ Software-Engineering werden zugehörige Kenntnisse und Techniken beschrieben. Hier dominieren Vorgehensweisen, Richtlinien, Absprachen, Dokumentationen usw. Viele Bereiche werden durch Softwaresysteme unterstützt (CASE-Tools). Die systematische Überprüfung ist in diesem Bereich jedoch unverzichtbar, weil sie verglichen mit den möglichen Schäden nur geringe Kosten verursacht. Zum Beispiel hätten beim missglückten ersten Start der ARIANE-V-Rakete die Kosten einer Fehlersuche/Softwareüberprüfung im Promillebereich gegenüber den dann entstandenen Kosten gelegen.

Testen

Wegen der Größe der Projekte und weil meist viele Menschen in die Entwicklungsprozesse eingebunden sind, führt man in der Praxis zum einen Reviews und zum anderen Tests durch. Reviews sind Bestandsaufnahmen, die das bisher Erarbeitete kritisch durchleuchten, mit den Vorgaben abgleichen und zu mehr oder minder großen Korrekturen führen. Sie behandeln vor allem die Konzeptionen und deren Umsetzung, die Module und das Zusammenwirken der Komponenten eines Systems. Tests prüfen dagegen, ob die vorhandene Software auf bestimmte Eingaben wie erwartet reagiert. Es gibt systematische Testmethoden, die mit einem Minimum an Aufwand möglichst alle Teile der Software zu erreichen suchen. Tests können aber immer nur (einige) vorhandene Fehler entdecken; sie sagen nichts darüber aus, ob noch weitere Fehler vorliegen oder ob das System fehlerfrei ist.

Objektorientierung Will man Fehler vermeiden, so sollte man auf fehlerfreien Komponenten aufbauen und aus diesen größere Systeme zusammensetzen. Dieses Vorgehen wird vor allem durch die Objektorientierung unterstützt, die seit 1990 als zentrales Prinzip des Programmierens in der Praxis angesehen wird.

Klasse Grundlage hierfür sind die Begriffe ↑ Objekt und ↑ Klasse. Formal gesprochen sind Klassen abstrakte Datentypen mit Zusatzeigenschaften, um z. B. die Beziehungen zwischen Klassen und den Austausch von Nachrichten beschreiben zu können. Anschaulich gesprochen ist eine Klasse eine Schablone; in ihr werden alle interessierenden Mengen, Variablen und Operationen eines zu bearbeitenden Bereichs, die Schnittstellen zur „Außenwelt" und die Beziehungen zu anderen Klassen zusammengefasst. Werden hierbei einige Begriffe nur durch einige Eigenschaften spezifiziert (d. h., ihre Implementierung wird nicht ausformuliert), so spricht man von einer „abstrakten Klasse". Eine typische abstrakte Klasse ist die „Prioritätswarteschlange": Diese verwaltet eine beliebige Zahl von Elementen, die alle eine Priorität (also ein Ordnungsmerkmal, z. B. eine natürliche Zahl) besitzen; man darf in die Prioritätswarteschlange Elemente einfügen und herausnehmen; beim Herausnehmen bekommt man aber immer nur ein Element der höchsten Priorität; zusätzlich kann man fordern, dass die Elemente mit gleicher Priorität nur entsprechend der Reihenfolge, in der sie in die Prioritätswarteschlange eingefügt wurden, wieder herausgenommen werden dürfen. Konkretisiert man dies, indem man zum Beispiel einen Heap (↑ Heapsort) implementiert, so wird aus der abstrakten Klasse eine „normale" Klasse; eine Prioritätswarteschlange kann aber auch durch eine ringförmig angelegtes Feld oder durch eine verkettete Liste implementiert werden (↑ Schlange). Ein konkretes Element, das die in der Klasse festgelegten Datentypen, Variablen und Operationen umfasst und dessen Variablen feste Werte (oder den Wert „undefiniert") besitzen, heißt eine Ausprägung oder eine Instanz der Klasse; es wird als Objekt dieser Klasse bezeichnet. Einzelheiten der Realisierung wie die Frage, ob man einen Heap oder eine Schlange wählt, kann man bis zur Bildung der Instanz offen lassen (↑ Generizität, ↑ Polymorphie) und damit störende Details auf später verschieben.

Objekte Ein Objekt besitzt einen ↑ Zustand; dies ist der Inhalt seines privaten Speicherbereichs, dessen Größe sich aus der Klassendefinition ergibt. Ein Objekt ist eine selbstständige Einheit, die Nachrichten empfangen, auf diese intern reagieren und ihren Zustand ändern sowie Nachrichten an andere Objekte versenden kann. Hiermit lassen sich Abläufe realitätsnah nachbilden. Man betrachte ein Schachspiel, das aus den vier Objekten Weiß, Schwarz, Brett und Uhr besteht. Die Objekte Weiß und Schwarz sind Instanzen der abstrakten Klasse Spieler, die wir hier folgendermaßen notieren (string bezeichnet den Datentyp der Zeichenfolge über einem Alphabet; der Algorithmus „berechneZug" wird wie eine Prozedur dargestellt; wir lassen aber die Implementierung zwischen begin und end offen, daher ist die Klasse abstrakt):

```
class Spieler; name: string; farbe: {weiß, schwarz};
    berechneZug (in B: Brettstellung, out Zug); begin end;
endclass
```

Wenn Herr Meier die weißen und Frau Müller die schwarzen Steine führt, so würden die Instanzen für Weiß und Schwarz zu Beginn wie folgt aussehen (new Spieler bedeutet, eine neue Instanz der Klasse Spieler zu bilden, in Klammern werden dann die Anfangswerte hinzugefügt; anfangs muss man mittels der Operation send eine Nachricht an „Brett" schicken mit der Aufforderung, die „AktuelleStellung" an die Variable B zu übergeben; die Strategien für das Spielen lassen wir frei; hier müssen in der Praxis für jeden Spieler unterschiedliche komplizierte Regelsysteme eingefügt werden, die die Spielweise beschreiben):

```
Weiß = new Spieler (name := Herr Meier; farbe := weiß;
    berechneZug (in B: Brettstellung, out Zug);
    begin send (Brett, AktuelleStellung (B));
        if B = Anfangsstellung then e2–e4
        else if ... end);

Schwarz = new Spieler (name := Frau Müller; farbe := schwarz;
    berechneZug (in B: Brettstellung, out Zug);
    begin send (Brett, AktuelleStellung (B));
        if B = Anfangsstellung und e2–e4 gezogen then e7–e5
        else if ...
    end)
```

Analog werden das Brett, das sich die Stellung, wer als Nächster ziehen muss, und die bereits entfernten Steine merkt, und die Uhr, die die verstrichene Zeit je Spieler mitführt, als Objekte beschrieben. Zu Beginn sendet dann das Brett an den Spieler Weiß die Aufforderung, den nächsten Zug zu machen, Weiß reagiert, das Brett notiert die neue Stellung und sendet dann eine Nachricht an Schwarz mit der Aufforderung, den nächsten Zug zu berechnen usw. Zwischendurch wird jeweils die Uhr neu gestellt. So lässt sich das übliche Geschehen beim Schachspiel recht gut abbilden. Durch Abänderungen der Algorithmen „berechneZug" lässt sich die Spielstärke verändern.

Vererbung Klassen stehen nicht unverbunden nebeneinander, sondern besitzen eine enge Beziehung untereinander. Wer zum Beispiel verschiedene Verkehrsfahrzeuge definieren möchte, kann zunächst eine Klasse „Fahrzeug" anlegen, in der die maximale Geschwindigkeit, die Zahl der Fahrer und Mitfahrer, die Zahl der Achsen, die Antriebsart und Breite, Höhe und Länge notiert werden. Als Spezialisierung hiervon definiert man zum einen Motorfahrzeuge und muskelgetriebene Fahrzeuge, indem alle Eigenschaften der Klasse „Fahrzeug" übernommen und weitere hinzugefügt werden. Diese Übernahme nennt man Vererbung. Sie erleichtert die Einführung neuer Klassen sehr, da in der

Regel eine ähnliche Klasse schon einmal definiert wurde und man diese nur noch spezialisieren muss. Die in diesem Duden vorgestellten Datentypen Graph, Baum, Heap, Keller, Schlange, (lineare) Liste, (Pseudo-)Zufallszahl, Vektor, Matrix, Array usw. sind in einem objektorientierten System bereits sämtlich definiert und implementiert und können leicht für das eigene Problem eingesetzt werden. Dies beschleunigt die Erstellung neuer Anwendungen; die Nutzung bereits erprobter oder sogar als fehlerfrei nachgewiesener Klassen verringert zugleich die Fehlerquellen, die durch ständig neue Programmierung entstehen würden. Deshalb unterstützt die Objektorientierung die Wiederverwendung von Software, die Fehlerreduktion und die schnellere Softwareproduktion. Aber Objektorientierung beruht auch auf einer anderen Denkweise, als sie noch vor 25 Jahren in der Informatik vorherrschte: Alles wird in „Objekt- und Klassenbibliotheken" eingebracht mit folgenden (negativen?) Konsequenzen:

- Objektorientiertes Vorgehen führt in der Praxis zum Sammeln und Bereitstellen möglichst vieler Anwendungsklassen, wodurch das Programmieren nicht wie vor 25 Jahren zu einer Neuentwicklung von Software, sondern vorwiegend zu einem Neukonfigurieren bereits vorhandener Komponenten führt. Dies kann auch Auswirkungen auf das Lernen haben: Man muss sich während seiner Ausbildung zugleich mit möglichst vielen vorhandenen Klassen vertraut machen.
- Bereitgestellte Klassen werden sicher auch von irgendjemandem verwendet. Sie dürfen daher nicht wieder entfernt werden, sondern müssen „für alle Ewigkeit" verfügbar bleiben, da sonst Anwendungsprogramme plötzlich nicht mehr arbeiten können. Dies führt zu einer Verfestigung der Strukturen und zu einer Inflexibilität, die sich irgendwann als hinderlich herausstellen wird.
- Bei der Objektorientierung achtet man auf alles. Grafische Oberflächen, Positionierungen von Ausgaben auf dem Bildschirm, Animationen usw. besitzen den gleichen Stellenwert wie die inhaltsbezogenen Berechnungen und die Überprüfungen von Hypothesen durch Programme. Vergleicht man heutige objektorientierte Programme mit denen vor 25 Jahren, so fällt bei den heutigen auf, dass sie angefüllt sind mit Methodenaufrufen, die wenig mit den zu lösenden Problem zu tun haben. Man muss sich bewusst bleiben, dass Objektorientierung ablenkend wirken kann.

Objektorientierung war sicher ein entscheidender Schritt in eine richtige Richtung: Alles Wissen, das in Veröffentlichungen und Softwaresystemen enthalten ist, ist nicht nur prinzipiell in Lehrbüchern vorhanden, sondern es liegt unmittelbar als ausführbare Software vor und kann sofort zur Lösung neuer Probleme eingesetzt werden. Weiterhin beruht die ungewöhnlich rasche Nutzung der Internetdienste wesentlich darauf, dass bei deren Entwicklung objektorientierte Techniken eingesetzt wurden. Die nächsten Generationen werden lernen, mit dieser Vorgehensweise gezielt umzugehen, und was sich als hemmend erweist, muss dann korrigiert werden.

Betriebssystem Um die Konzepte der Informatik umsetzen zu können, müssen die Computer mit einer Steuerungs- und Orientierungssoftware (den so genannten Betriebssystemen und zusätzlichen Komponenten für die Kommunikation untereinander) ausgestattet sein. Die Betriebssysteme „verstecken“ den Computer und alle seine Details vor den Benutzer(inne)n. Sie bieten eine Oberfläche an, in der sich Abläufe und Bearbeitungswünsche leicht formulieren lassen. Beispielsweise geben sie an, welche Programme wann gerechnet, welche Daten wohin geschickt, welche Ressourcen bereitgestellt oder welche Prioritäten eingehalten werden sollen. Das Betriebssystem arbeitet diese Aufträge nach gewissen Regeln ab, wobei Geräte reserviert, Programme nach Prioritäten geordnet, nacheinander (Batchbetrieb) oder zeitlich verzahnt (Timesharing) ausgeführt, die Berechtigungen nachgeprüft, die Übertragungen verdichtet, vorbereitet und angestoßen, geeignete Zwischenspeicher zugeordnet oder Meldungen und Warnungen abgesetzt werden. Manche dieser Aufgaben werden vom Betriebssystem, andere dagegen von der darunter liegenden Firmware oder Hardware (siehe oben) erledigt.

Vernetzung Seit den 1970er-Jahren wurden Computer im ARPA-Netz untereinander vernetzt. 25 Jahre später war es bereits ein Muss, sich dem ↑ Internet anzuschließen. Einerseits musste nun immer mehr Kommunikationssoftware geschrieben werden und mit dem Einsatz des Internets und seiner Dienste entstand Informations- und Navigationssoftware (vor allem die Browser). Auch Prinzipien mussten festgelegt werden, etwa das „Client-Server-Prinzip“, das die Erbringung von Dienstleistungen in einige Rechner, die Anbieter, verlagert, während die Kunden (Clients) von diesen bedient werden oder bei ihnen zur Lösung ihrer Probleme nachfragen. Andererseits konnte die Arbeit so, wie es Menschen gewohnt sind, auf die verschiedenen Standorte verteilt werden. Datenbanken müssen nicht mehr zentral in einem Rechner vorgehalten werden, sondern man teilt sie in geeignete regionale Portionen auf. Diese werden vor Ort gepflegt, allerdings müssen globale Auswirkungen allen anderen Datenbankteilen über das Netz mitgeteilt werden. Algorithmen müssen also in einzelne Teile zerlegt werden, die weitgehend unabhängig voneinander arbeiten, in der Summe aber das gleiche Verhalten wie die zentrale Datenbank aufweisen. Wenn Informationen über das Netz geschickt werden, entstehen eigenartige Effekte; z. B. können später abgeschickte Daten früher verschickte überholen, weil sie etwa auf einem anderen Weg schneller zum Empfänger geleitet wurden, Daten können verloren gehen und müssen erneut versandt werden, Übertragungsrechner können ausfallen, Teilnetze werden überlastet und brechen zusammen usw. Vorteilhaft ist aber, dass der Engpass, den eine zentrale Verwaltung stets bildet, durch die gleichzeitige Bearbeitung an verschiedenen Orten mit gelegentlichen Aktualisierungen aufgehoben wird. Es entstehen verteilte und parallele Algorithmen (nebenläufige Prozesse), die Datenübertragung wird durch feste Protokolle zuverlässig gemacht, die Sicherheit ist durch Verschlüsselungstechniken und organisatorische Maßnahmen zu gewährleisten, neue Such- und Informationsstrukturen sind zu entwickeln und die Anwendungen beginnen, dieser neuen Netzsoftware zu vertrauen und Geschäfte über die Netze abzuwickeln (↑ World Wide Web). Dies erzwingt, dass die Bedienung der schwer durchschaubaren Systeme immer komfortabler und selbsterklärender werden muss. Neben den juristischen Fragen wie Lizenzen, Patente, Kopierschutz oder Softwarehaftung müssen das Bereitstellen von (multimedialen) Objekten, ihre Übertragung und ihr Erscheinungsbild auf dem Bildschirm verbessert werden.

Oberflächen/Visualisierung Die Darstellung von Information auf dem Bildschirm erleichtert die Arbeit in der Regel ungeheuer. Zugleich sind Bildsymbole, die zur Erledigung von Aufgaben einfach nur angeklickt werden, oder automatisch erzeugte Formulare (etwa für Anmeldungen, Bestellungen, Bescheinigungen) sehr angenehm und verstecken die Eigenschaften der Maschinen praktisch vollkommen. Zwei- und dreidimensionale Darstellungen, Strömungsdarstellungen, Drehungen von Gebilden, Datenhandschuhe (durch die Handbewegungen auf eine Maschine übertragen werden) und weitere Hilfsmittel ermöglichen neue Einblicke. Die hierfür notwendige Software ist sehr aufwendig und sie muss schnelle Algorithmen enthalten; im Allgemeinen werden diese Algorithmen auf spezieller Zusatzhardware implementiert. Diese Oberflächen und Visualisierungen prägen heute in der Öffentlichkeit das Bild von der Informatik stärker als die weiter oben erläuterten Prinzipien und Denkweisen. Sie ermöglichen auch letztlich erst die sich abzeichnenden Anwendungen, die den Alltag der Menschen von Grund auf verändern werden.

Sicherheit Mit den Anwendungen kam die Frage nach der Sicherheit, des Missbrauchs und der Robustheit solcher Systeme. Für die Sicherheit wurden kryptographische Verfahren entwickelt, die durch die Vergabe von Schlüsseln und den Aufbau von Vertrauensketten auch die Identifizierung und die ↑ Authentifizierung von Personen und ihren Unterschriften so sicher machen, dass wirtschaftliche Geschäfte in Netzen (sogar anonym) abgewickelt werden können. Doch werden immer wieder Fälle bekannt, wo technische Detailkenntnisse zum Missbrauch genutzt werden. Das Sicherheitsbewusstsein der Kunden wurde hierdurch geschärft. Sie bauen Abschottungsmechanismen (Firewalls) ein, verlangen zusätzliche Sicherungsmaßnahmen (Fingerabdrücke, Netzhautbilder usw.) und versuchen über Zusatzwissen den anonymen elektronischen Partner zu identifizieren. Im Kampf gegen „Bösewichte“ im Internet wird man die Welt der Kunden und Anbieter um weitere „Wesen“ erweitern, z. B. Notare, Polizisten oder Statistiker. Im Umgang mit Netzen werden noch viele Herausforderungen gelöst und Verfahren entwickelt werden müssen, um Systeme noch besser beherrschbar, handhabbar, zuverlässig und schnell einsetzbar zu machen.

Breite der Informatik Die Informatik hat als eine Computerwissenschaft im engeren Sinne, d. h. eingeschränkt auf mathematische und elektrotechnische Fragestellungen begonnen. In den USA gilt die Namensgebung der dortigen Informatikgesellschaft ACM (Association for Computing Machinery) der dortigen Informatikgesellschaft im Jahre 1951 als Beginn, in Deutschland die Gründung der GI (Gesellschaft für Informatik e.V.) im Jahre 1969. Amerika hat diesen Vorsprung vor allem genutzt, um im Bereich der Systemsoftware (Betriebssysteme, Übersetzer, Netzsoftware, Datenbanken usw.) eine weltweit führende Rolle zu übernehmen. In Deutschland spielen dagegen Anwendungen die wichtigere Rolle. So entwickelte die Informatik hier eine besondere Breite, indem sie in die verschiedenen Wissenschaften hineinwirkte und deren Anforderungen in sich aufnahm. Der Begriff „Informatik" umfasst daher mehr als der auf eine exakte Wissenschaft bezogene Begriff „Computer-Science", indem Methoden der Anwendungen, Fragen der Rechtsinformatik (nicht nur Datenschutz, sondern auch Patentierung, Haftung, Urheberrecht usw.), betriebliche Informationssysteme, organisatorische Fragen, Aufgaben von Rechenzentren, Bewertung und Auswirkung, Ergonomie und Gestaltung, Kosten-Nutzen-Aspekte, Managementfragen usw. hinzugerechnet werden. So zeigt die Informatik Züge unterschiedlicher Wissenschaftszweige:

- Sie ist eine Grundlagenwissenschaft, vergleichbar der Mathematik,
- sie ist eine Ingenieurwissenschaft im Bereich der Information (dieser Aspekt dominiert derzeit),
- sie ist eine experimentelle Wissenschaft bei Modellbildungen, Simulationen, Heuristiken und Systemanalysen
- und sie muss Aspekte der Gesellschaftswissenschaften beachten (Systeme als Teil von Organisationen, partizipative Systementwicklungen usw.).

Als modern gelten insbesondere bei jungen Menschen vor allem die Kennzahlen der Computer, der Einsteckkarten und der Verbindungen (die MIPSe und MOPSe, die Gigahertz und Terabytes, die Auflösungen und Speicherdichten, ...), die Nutzung spezieller Systemsoftware (es wird ge-zipt und ge-tift, gebrowst usw.), die schwer verständlichen Eigenheiten der existierenden Betriebssysteme, die Spezialfunktionen der Anwendungssoftware, kurz alles, was von den klaren Konzepten abweicht, was schnell und unerwartet auf den Markt kommt und was voraussichtlich in einigen Jahren wieder verschwunden sein wird. Mittel- und langfristig werden sich die klaren Prinzipien durchsetzen, weil nur auf dieser Basis komplexe Systeme handhabbar bleiben; kurzfristig dominiert bei der Software oft das „quick and dirty" (die schnelle und unsaubere Herstellung) oder das „code first, design later" (das nachträgliche Begründen übereilter Lösungen). Dies hat aber meist nichts mit der Informatik zu tun, sondern mit Marktvorteilen, mit Monopolstellungen, mit Trendsetzen und raschem Erproben neuer Einsatzmöglichkeiten. Der Duden enthält daher vorwiegend Inhalte, die nach heutiger Einschätzung länger gültig bleiben werden;

daneben finden sich aber auch aktuelle Hinweise auf Begriffe, die sich in den nächsten Jahren wandeln oder gar verschwinden werden, heute aber nützlich zu wissen sind.

Hinweise In dieser Einleitung konnte nur ein Einblick in einige Bereiche der Informatik gegeben werden. Im Duden selbst befinden sich mehrere Artikel, die nicht mathematisch-technischer Natur sind, wie etwa ↑ Bewertungskriterien, ↑ Bundesdatenschutzgesetz, ↑ Informatik (dort stehen auch geschichtliche Hinweise), ↑ Information, ↑ Methoden der Informatik und ↑ objektorientierte Programmierung. Der Schwerpunkt des Buches liegt jedoch auf den eigentlichen Methoden, Vorgehensweisen und Erkenntnissen, die sowohl aus formaler, abstrakter Sicht als auch aus systemorientierter, praktischer oder anwendungsbezogener Sicht dargestellt werden.

A

Abakus *(Abacus):* ein von der Antike bis ins 16. Jahrhundert benutztes *Zählbrett,* bei dem Rechnungen durch Umlegen der Rechensteine *(Calculi)* auf der Basis eines ↑Stellenwertsystems ausgeführt werden. Bekannt sind der russische Abakus *(Stschoty)* und der chinesische Abakus *Suanpan,* Abb. 1).

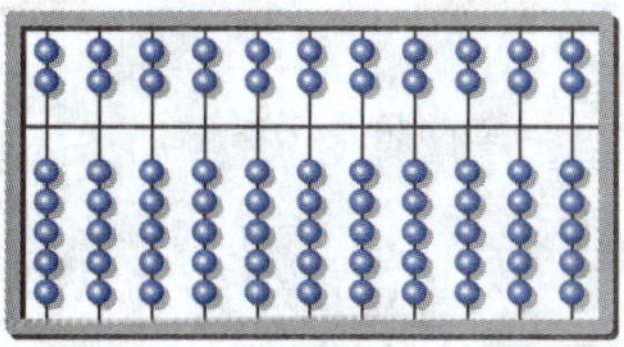

Abakus (Abb. 1): chinesischer Abakus

Eine Zahl wird angegeben, indem man Kugeln zur Mitte hin schiebt. Die Kugeln der oberen Reihen haben den fünffachen Wert der Kugeln der unteren Reihen. Vor der Rechnung muss man festlegen, an welcher Stelle die Einer (Markierung *E*) stehen sollen (Abb. 2).

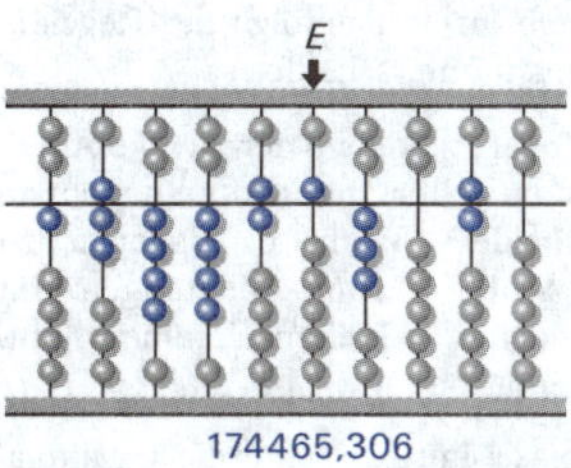

Abakus (Abb. 2): Suanpan

Neben Additionen und Subtraktionen sind mit dem Suanpan auch Multiplikationen und Divisionen durchführbar.

Abbruch (engl. *abort*): unvorhergesehene Beendigung eines laufenden Programms durch einen äußeren Eingriff (z. B. durch den Benutzer oder den Systemverwalter; ↑Operateur) oder durch das ↑Betriebssystem, meist wegen eines ↑Fehlers im Programm (↑Laufzeitfehler) oder in der Rechenanlage.

Bei ↑Schleifen spricht man von Abbruch, wenn durch Eintreten der Abbruchbedingung die Schleifenausführung beendet wird.

Ablaufprotokoll: Verfahren zum Testen eines Programms, bei dem die Werte aller ↑ Variablen zu Beginn und nach jedem Verarbeitungsschritt zeilenweise in einer Tabelle festgehalten werden. Die einzelnen ↑ Anweisungen nummeriert man zweckmäßigerweise vorher durch.

Bestimmung des größten gemeinsamen Teilers (ggT) zweier natürlicher Zahlen *a* und *b* (Anwendung des ↑euklidischen Algorithmus).

▶ *Beispiel:*

```
1. read (a, b);
   while b ≠ 0 do
2.      r := a mod b;
3.      a := b;
4.      b := r
   od;
5. write (a);
```

Ablaufprotokoll für 12 und 15:

Anweisung	a	b	r
1	12	15	
2			12
3	15		
4		12	
2			3
3	12		
4		3	
2			0
3	3		
4		0	
5	③		

◀

Ein Ablaufprotokoll erfasst nur *eine* mögliche Eingabekombination, kann also nur zum Auffinden von Fehlern,

A

nicht aber zum Beweis der Fehlerfreiheit verwendet werden (vgl. aber ↑Verifikation).

Anstatt von Hand kann man ein Programm auch schrittweise im Computer ablaufen lassen. Dies bezeichnet man als *Trace* [engl. treɪs] (dt. = Spur, einer Spur folgen). Bei den meisten Programmiersystemen kann man von der normalen (schnellen) Verarbeitung eines Programms auf die schrittweise (am Bildschirm anzeigbare) Abarbeitung umschalten (↑Debugging).

Ableitungsbaum (engl. *derivation tree*): grafische Darstellung einer *Ableitung* bei ↑kontextfreien Grammatiken.

Ein Ableitungsbaum ist ein geordneter ↑Baum, dessen Knoten mit den Terminal- und Nichtterminalsymbolen der Grammatik markiert ist.

Formal: Sei $G = (N, T, P, S)$ eine kontextfreie Grammatik. Ein Baum ist ein Ableitungsbaum für G, falls gilt:

(1) Jeder Knoten des Baumes ist mit einem Symbol aus $N \cup T \cup \{\varepsilon\}$ markiert.

(2) Die Wurzel des Baumes ist mit S (dem Startsymbol) markiert.

(3) Jeder Knoten, der kein Blatt ist, ist mit einem Nichtterminalsymbol markiert, jedes Blatt mit einem Terminalsymbol oder dem leeren Wort ε.

(4) Falls ein Knoten mit einem Nichtterminalsymbol $A \in N$ markiert ist, dessen Söhne von links nach rechts gelesen mit den Markierungen $X_1, X_2, ..., X_n$ versehen worden sind, so muss die Regel $(A, X_1, X_2, ... X_n)$ in der Regelmenge P enthalten sein.

(5) Falls ein Knoten mit ε markiert ist, so ist er ein Blatt und der einzige Sohn seines Vaters. (Dies tritt nur dann auf, wenn aus einem Nichtterminalsymbol das leere Wort abgeleitet wird.)

▶ *Beispiel:* Sei $G = (N, T, P, S)$ eine kontextfreie Grammatik mit

$$N = \{S, A\},$$
$$T = \{a, b\},$$
$$P = \{(S, aAS), (S, a), (A, SbA)\ (A, SS), (A, ba)\}.$$

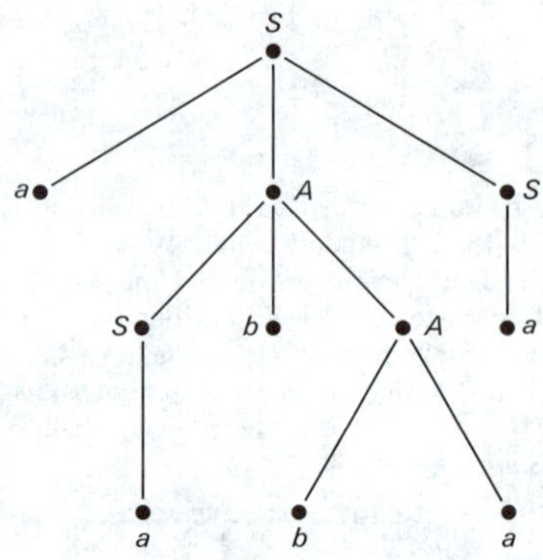

Ableitungsbaum (Abb. 1)

Die Ableitung

$$S \to aAS \to aSbAS \to aabAS \to aabbaS \to aabbaa$$

wird durch den Baum in Abb. 1 dargestellt. Die Markierungen der Blätter von links nach rechts gelesen ergeben das abgeleitete Wort *aabbaa*. Der Baum stellt zugleich die Ableitung

$$S \to aAS \to aAa \to aSbAa \to aSbbaa \to aabbaa$$

dar, die sich von der obigen Ableitung nur durch die Reihenfolge der Regelanwendungen unterscheidet. ◀

Ableitungen, zu denen der gleiche Ableitungsbaum gehört, braucht man nicht zu unterscheiden. Wenn es dagegen zu einem Wort w zwei Ableitungen mit verschiedenen Ableitungsbäumen gibt, dann nennt man w *mehrdeutig*.

▶ *Beispiel*: Man betrachte die Grammatik $G = (N, T, P, S)$ mit $N = \{S\}$, $T = \{a\}$, $P = \{(S, SS), (S, a)\}$. Zum Wort *aaa* gibt es zwei verschiedene Ableitungsbäume (Abb. 2). Die Grammatik G ist also mehrdeutig (↑ *eindeutige* Grammatik), weil die zugehörige Sprache mehrdeutige Wörter enthält. ◀

Ableitungsbäume sind ein wichtiges Zwischenprodukt bei der Übersetzung von Programmiersprachen (Beispiele

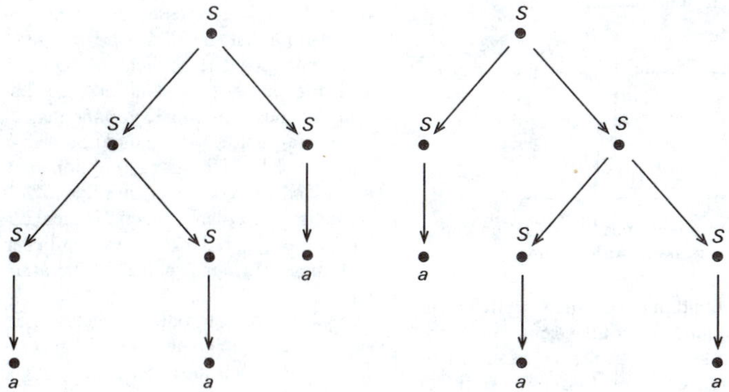

Ableitungsbaum (Abb. 2): verschiedene Ableitungsbäume zu aaa

unter ↑ Übersetzer und ↑ syntaktische Analyse).

abstrakt (lat. abziehen): losgelöst vom Anschaulichen, wobei nur Wesentliches herausgehoben bleibt. Die Fähigkeit zur Abstraktion und zum Umgehen mit abstrakten Gebilden ist in der Informatik unverzichtbar. Jede Umsetzung in Algorithmen, Programme oder Informatiksysteme erfordert, sich von der Realität zu lösen, ein geeignetes (nur gedachtes, also mit den natürlichen Sinnen nicht erfassbares) Modell zu bilden und dieses einem Computer zur Bearbeitung zu übergeben. Hierbei wird von der Realität „abstrahiert", d. h., es werden die nicht interessierenden Bestandteile weggelassen und das Verbleibende wird in eine Denkwelt übersetzt. Die Gegenstände der Informatik sind in diesem Sinne abstrakt.

Auch innerhalb der Informatik spricht man von Abstraktion, wenn man zu allgemeineren (hierarchisch übergeordneten) Strukturen übergeht, etwa von den endlichen Automaten zu allgemeinen mathematischen Maschinen und von diesen zu Objekten in algebraischen Strukturen. Der Übergang von ↑ Objekten zu Klassen und weiter zu Oberklassen wird ebenfalls als Abstraktion aufgefasst.

abstrakte Klasse: (Begriff aus der ↑ objektorientierten Programmierung): Klasse, von der keine Objekte erzeugt werden. Zum einen kann dies eine formal konstruierte Oberklasse zu vorhandenen Unterklassen sein, wobei aber nur Objekte der Unterklassen genutzt werden, zum anderen kann es sich um Klassen handeln, zu deren Methoden nur Name und Typ, aber keine Implementierung angegeben wird.

abstrạkter Automa̲t *(mathematische Maschine):* allgemeinstes Modell eines ↑ Automaten, in dem die grundlegenden Merkmale von Automaten formal erfasst werden, darunter die Eigenschaften, Eingaben entgegenzunehmen, diese schrittweise durch fortlaufende Änderung des inneren Zustands zu verarbeiten, schließlich anzuhalten und eine Ausgabe zu liefern. Einen abstrakten Automaten A beschreibt man durch ein 7-Tupel $A = (I, O, K, \alpha, \omega, \tau, \pi)$, wobei gilt:

I ist eine Menge von Eingabewerten,
O ist eine Menge von Ausgabewerten,
K ist eine Menge von *Konfigurationen,*
α: $I \to K$ ist die Eingabefunktion,
ω: $K \to O$ ist die Ausgabefunktion,
τ: $K \to K$ ist die Übergangsfunktion, die die Zustandswechsel des Automaten erfasst,
π: $K \to \{0,1\}$ ist ein Prädikat (das *Halteprädikat*).

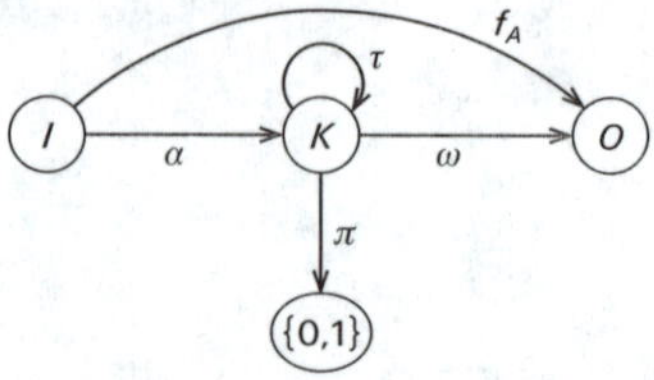

abstrakter Automat (Abb. 1): Schema eines abstrakten Automaten

Alle Abbildungen können partiell (↑totale Funktion) definiert sein. Die Beziehungen sind in Abb. 1 veranschaulicht. Die Menge E der Endkonfigurationen ist definiert durch

$$E = \{k \in K \mid \pi(k) = 1\}.$$

Der Automat arbeitet folgendermaßen: Eine Eingabe wird per α in eine Konfiguration übertragen. Anschließend wird τ so lange angewendet, bis zum ersten Mal das Halteprädikat erfüllt ist, d. h. eine Endkonfiguration erreicht ist. Die Endkonfiguration wird dann mittels ω in einen Ausgabewert abgebildet. Wird keine Endkonfiguration erreicht, so hält der Automat nicht an und erzeugt keine Ausgabe.
Die *Laufzeit* t_A eines abstrakten Automaten A für die Eingabe $i \in I$ ist gegeben durch:

$$t_A(i) = \min\{m \in \mathbb{N} \mid \pi(\tau^m(\alpha(i))) = 1\}.$$

$t_A(i)$ ist also die Anzahl der Konfigurationsübergänge, die bei der Eingabe von i durchlaufen wird, bis zum ersten Mal das Halteprädikat erfüllt ist. τ^m bezeichnet dabei die m-fache Anwendung von τ.
Die von einem abstrakten Automaten A berechnete Funktion f_A ist formal definiert durch:

$$f_A: I \to O$$
$$f_A(i) = \begin{cases} \omega(\tau^{t_A(i)}(\alpha(i))), & \text{falls } t_A(i) \text{ definiert ist,} \\ \text{undefiniert, sonst.} \end{cases}$$

Die Definition eines abstrakten Automaten A ist so allgemein gehalten, dass A jede beliebige Funktion berechnen kann (auch nicht ↑berechenbare Funktionen).

In der Informatik müssen die betrachteten Automaten *„endlich erzeugt"* sein, d. h., man gibt eine endliche Menge von Operationen vor (z. B. Nullsetzen, Addition, Vertauschen von Komponenten, if-then-else-Funktion usw.) und untersucht dann, welche Übergangsfunktionen τ und welche Funktionen f_A auf diese Weise realisiert werden können (↑berechenbare Funktion, ↑Algorithmus, ↑endlicher Automat, ↑Turingmaschine, ↑Kellerautomat).
Die gängigen Automatenmodelle lassen sich durch geeignete Definition von I, O, K, α, ω, τ und π leicht aus dem abstrakten Automaten herleiten (daher der Begriff ↑abstrakt).

▶ *Beispiel:* Einen *endlichen Akzeptor* (↑endlicher Automat) $B = (X, Q, \delta, q_0, F)$ erhält man aus dem abstrakten Automaten durch die Definition:

$$I := X^*,$$
$$K := Q \times X^*,$$
$$\pi(q, w) = \begin{cases} 1, \text{falls } q \in F \text{ und} \\ \quad w = \varepsilon, \\ 0 \text{ sonst} \end{cases}$$
α: $X^* \to K$ mit $\alpha(w) = (q_0, w)$, und
τ: $K \to K$ mit $\tau(q, xw) := (\delta(q, x), w)$
für alle $x \in X$, $w \in X^*$ und $q \in Q$. ◀

abstrakter Datentyp: Datentyp, von dem nur eine Spezifikation und gewisse Eigenschaften in Form von Regeln oder Gesetzmäßigkeiten bekannt sind. Man abstrahiert hierbei von der konkreten Implementierung. Dies kann z. B. für eine klarere Darstellung, für den Nachweis der Korrektheit eines Algorithmus oder für Komplexitätsuntersuchungen von Vorteil sein. Beispiel siehe unter ↑Datentyp.

Ackermann-Funktion (nach F. W. Ackermann, 1896–1962, vereinfacht von R. Peter und R. M. Robinson): Beispiel für eine berechenbare Funktion (↑Berechenbarkeit), die nicht *primitiv rekursiv* (↑primitive Rekursion) ist. Die Ackermann-Funktion

$$a: \mathbb{N}_0 \times \mathbb{N}_0 \to \mathbb{N}_0$$

ist rekursiv definiert durch

$$a(n,m) = \begin{cases} m+1, \text{ falls } n=0, \\ a(n-1,1), \text{ falls } m=0, \\ a(n-1, a(n,m-1)) \text{ sonst.} \end{cases}$$

Die Ackermann-Funktion wächst sehr stark. Sie kann von keiner primitiv rekursiven Funktion nach oben beschränkt werden.

▶ *Beispiele:*

$a(1,1)=3$,
$a(2,2)=7$,
$a(3,3)=61$,
$a(4,2)$ besitzt 19 729 Stellen.
$a(4,4)$ ist größer als $10^{10^{10^{19000}}}$ ◀

ACM (Abk. für engl. Association for Computing Machinery): Vereinigung der Informatik in den USA. Die ACM mit Sitz in New York City wurde 1947 gegründet und ist die älteste und mit mehr als 80 000 Mitgliedern größte Informatikgesellschaft der Welt. Sie veranstaltet jährlich eine Vielzahl von nationalen und internationalen Konferenzen und gibt viele wissenschaftliche Zeitschriften und Buchreihen heraus. Einmal im Jahr verleiht die ACM einem bedeutenden Wissenschaftler innerhalb der Informatik für seine Forschungsleistungen einen Preis, den *A. M. Turing Award.*

ActiveX: von der Fa. Microsoft entwickelte Technologie zur Erleichterung des Datenaustausches zwischen Anwendungen im *Internet* (World Wide Web) und dem an das Internet angeschlossenen PC des Benutzers. Die Konzeption von ActiveX entspricht der von ↑ Java und Javascript. ActiveX ist dabei ein Oberbegriff für verschiedene Softwarekomponenten, die alle auf dem sog. *Component Object Model (COM)* basieren und versuchen, spezifische Eigenschaften des Microsoft-Windows-Betriebssystems für World-Wide-Web-Seiten (↑ World Wide Web) nutzbar zu machen.
So können mit ActiveX z. B. Eingaben aus ↑ HTML-Formularen einer WWW-Seite direkt in Komponenten der Microsoft Bürosoftware Office, z. B. das Tabellenkalkulationsprogramms, oder eine geeignete Datenbank eingelesen oder auch Animationen, Spiele oder Dialoge realisiert werden. Grundlage von ActiveX sind „ActiveX-Controls" genannte Programmkomponenten, die sich wie ↑ Applets in HTML-Seiten einbinden lassen und bei der Übertragung im PC des Benutzers ausgeführt werden.
Problematisch ist das Sicherheitskonzept von ActiveX. So bestehen prinzipiell keine Sperren, die das Ausführen eines ActiveX-Applets auf dem Rechner des Benutzers und Zugriffe auf private Dateien beschränken; Applets können also schädliche Wirkungen für den Benutzer haben.
Statt auf dem PC des Endbenutzers können Programme mithilfe von *Active Server Pages* (Abk. *ASP*) auf dem WWW-Server ausgeführt werden. Das Programmergebnis ist in der Regel eine HTML-Seite, die an den ↑ Browser des Benutzers zurückgesandt wird. Hierdurch bleiben die Programme des Betreibers eines Servers für den Anwender „unsichtbar". Als Sprachen werden meist Visual Basic Script oder Javascript eingesetzt.

Actor-Modell [engl. 'æktər...]: Gesellschaftliche Systeme (Familien, Vereine, Kammern, Parteien, Unternehmen, die Wirtschaft usw.) sind aus eigenständigen Individuen zusammengesetzt. Diese können miteinander kommunizieren und Aufträge in eigener Verantwortung erledigen. Die Welt der Programmierung kann man in gleicher Weise durch Actoren organisieren.
Ein Actor ist eine autonome Einheit, die eine spezielle Aufgabe ausführen kann, die einen Namen und einen Zustand besitzt und die unter diesem Namen Nachrichten von anderen Actoren erhalten kann. Ein Actor ist aktiv oder passiv. Wenn er passiv ist, kann er eine Nachricht empfangen und aktiv werden (treffen mehrere Nachrichten ein, werden sie je nach Actor-Modell in einer Warteschlange aufbewahrt oder weggeworfen). Ist er aktiv, dann kann er seine spezielle Aufgabe ausführen, seinen Zustand ändern, Nachrichten an andere ihm be-

kannte Actoren versenden und/oder neue Actoren erzeugen. Ein Zustand entspricht dem Inhalt eines lokalen Speichers, in dem die Liste der bekannten Actoren und weitere Daten abgelegt sind. Eine Nachricht besteht aus dem Namen eines Actors (dem Adressaten), aus Parametern, aus der Aufforderung zu einer bestimmten Handlung und eventuell aus dem Namen des Absenders. Der Actor prüft, ob er diese Handlung ausführen kann, und im positiven Falle führt er diese zusammen mit eigenen weiteren Handlungen auch aus. Ein Actor lässt sich daher als ↑Objekt der objektorientierten Programmierung auffassen, allerdings ohne den Vererbungsmechanismus und beschränkt auf einfache Grundoperationen.

Actoren können gleichzeitig aktiv sein, Nachrichten verschicken, je nach ihrem Zustand auf Nachrichten reagieren oder nicht, oder passiv auf eine Nachricht warten. Actoren und ihre Zusammenarbeit durch Nachrichtenaustausch lassen sich formalisieren und zu einem mathematischen Modell, dem Actor-Modell, ausbauen. Hiermit lassen sich beliebige *Prozesse* darstellen. Weiterhin erlauben Systeme, die nach dem Actor-Modell implementiert wurden, die laufende Hinzu- und Entnahme von aktiven Komponenten, indem Actoren entfernt werden oder indem Actoren eingefügt und manchen bereits vorhandenen Actoren bekannt gemacht werden (z. B. durch einen Actor „Systemverwalter", der alle zurzeit vorhandenen Actoren kennt). Somit unterstützt das Actor-Modell das Programmieren in ↑offenen Systemen.

Ada (nach Augusta Ada Byron, Countess of Lovelace, 1815 – 1852; Assistentin von Charles Babbage): imperative ↑Programmiersprache, die im Auftrag des Verteidigungsministeriums der USA von einem internationalen Expertenteam in Frankreich entwickelt wurde. Die Sprache blieb als Ada 83 von 1982 bis 1994 unverändert, inzwischen wurde die erweiterte objektorientierte Version Ada 95 als Norm festgelegt.

Ada ist eine normierte Sprache, d. h., sie ist durch nationale (z. B. DIN) und internationale (z. B. ↑ISO) Vereinigungen in genormter Form akzeptiert worden. Dies bedeutet: Jeder Ada-Übersetzer muss validiert werden. Dies geschieht durch Überprüfen, wie die Übersetzung von etwa 7 500 speziellen Testprogrammen erfolgt. Der Übersetzer darf hierbei nicht weniger, aber auch nicht mehr leisten, als die Norm vorschreibt.

In Ada sind Konzepte aus vielen verschiedenen Programmiersprachen vereinigt, wodurch die Sprache komplex und die Entwicklung entsprechender ↑Übersetzer und Programmierumgebungen sehr aufwendig ist.

Datentypen: Basierend auf einem strengen Typkonzept gibt es in Ada ↑Aufzählungstypen, die ↑Datentypen character (↑char), ↑boolean, ↑integer und ↑real (Fest- und Gleitpunktdarstellung mit beliebiger Genauigkeit) und Unterbereichstypen (↑ Unterbereich). ↑ Datenstrukturen sind ↑ Felder, Zeichenketten und (variante) ↑ Records. Deklarieren kann man unter anderem ↑Konstanten, Datentypen, ↑ Variablen, ↑ Prozeduren und Funktionen.

Anweisungen: Als elementare Anweisungen bietet Ada u. a. die ↑ Zuweisung (auch von ganzen Feldern und Records), den Prozeduraufruf (↑ Aufruf), eine return-Anweisung zum Verlassen von Prozeduren und Funktionen, ↑Unterbrechungen, den ↑Sprung sowie eine exit-Anweisung zur Beendigung von ↑Schleifen. Zusammengesetzte Anweisungen sind die ↑Sequenz, der ↑Block, if- und case-Anweisung, while- und Zählschleifen (↑Schleife) sowie Kombinationen aus diesen Anweisungen.

Packages: Zur Strukturierung von Programmen bietet Ada die Möglichkeit, ↑Module zu definieren. Module, „Packages" genannt, bestehen aus zwei Teilen: Die package-Spezifikation enthält die nach außen sichtbaren Konstanten, Variablen, Typen, Prozedur- und Funktionsköpfe sowie die Definition von Typen, bei denen der Name, aber nicht die interne Struktur nach außen sichtbar ist („private Typen“). Der package-Rumpf enthält die Rümpfe der in der Spezifikation angegebenen Prozeduren und Funktionen und eventuell weitere Deklarationen und Anweisungen. Solche Module können separat übersetzt und in anderen Modulen mittels einer use-Angabe benutzt werden.

Tasks: Module, deren Ausführung nebenläufig erfolgen kann (↑ Nebenläufigkeit, ↑ Prozess), werden in Ada als „task“ (dt. Auftrag) bezeichnet. In einer task-Spezifikation können neben Typen, Prozeduren und Funktionen auch so genannte entry-Deklarationen vorgenommen werden. Mithilfe dieser Eintrittspunkte können verschiedene Prozesse (Tasks) miteinander in Verbindung treten, Informationen austauschen und sich gegenseitig beeinflussen. Der Rumpf zu einer entry-Deklaration E steht hinter dem Schlüsselwort accept E in do ... end eingeschlossen wie eine normale Anweisung im Rumpf der Task. Diese Eintrittspunkte können von anderen Tasks wie Prozeduren aufgerufen werden, wobei der zugehörige accept-Teil auszuführen ist. Was bei einem entry-Aufruf bzw. einer accept-Anweisung passiert, hängt von dem Zustand der laufenden Abarbeitung der task-Rümpfe ab:

Wir nehmen an, zwei Tasks A und B wollen miteinander über einen entry-Aufruf E(y) mit einem aktuellen Parameter y in Verbindung treten, wobei die entry-Deklaration in B liegt und der entry-Aufruf von A aus erfolgt. A und B haben also eine Form gemäß Prog. 1.

„x: in typ“ bedeutet hier, dass x ein formaler Parameter vom Datentyp typ ist, der nur als „Eingabeparameter“ (in) verwendet werden darf; x erhält also beim Aufruf den Wert des aktuellen Parameters übergeben und gibt keinen Wert an das aufrufende Modul zurück (↑ call by value).

entry-Aufruf in A und accept-Anweisung in B wirken folgendermaßen zusammen:

(1) Erreicht Task A den Aufruf E(y), bevor B die accept-Anweisung E erreicht, dann wird die Task A hier unterbrochen, bis B an die accept-Anweisung gelangt ist.

(2) Erreicht B die accept-Anweisung E, bevor A den Aufruf E(y) erreicht, dann wartet B, bis E(y) von A aufgerufen wird.

```
task A is          }
...                }  Spezifikation der task A
end A;             }
task body A is     }
   ...             }
   E (y)           }  Rumpf der task A
   ...             }
end A;             }
task B is          }
   ...             }
   entry E (x: in typ);  }  Spezifikation der task B
   ...             }
end B;             }
task body B is     }
   ...             }
   accept E (x: in typ)  }  Rumpf der task B
   ...             }
end B              }
```

Ada (Prog. 1): Definition von zwei Tasks

(3) Befinden sich gleichzeitig A am Aufruf E(y) und B an der accept-Anweisung E, dann führt B nach Übergabe des Parameterwertes y die accept-Anweisung E aus und A wartet solange; anschließend arbeiten A und B unabhängig voneinander weiter.

Die beiden Tasks warten also gegenseitig aufeinander, bis Aufruf und Ausführung gleichzeitig abgewickelt werden können. Diese Art, die Prozesse aufeinander abzustimmen, bezeichnet man als *Rendezvous*.

Ada enthält verschiedene Anweisungen zur Steuerung des Ablaufes von task-Rümpfen, insbesondere eine nichtdeterministische Auswahl (↑Determinismus), die select-Anweisung, mit der u. a. die Ausführung unterbrochen oder eine andere Aufgabe zwischenzeitlich durchgeführt werden kann, bis ein entsprechender entry-Aufruf erfolgt ist.

Generics: Programmteile (Prozeduren, Funktionen, Packages und Tasks), die ähnlich sind und sich nur in bestimmten Eigenschaften unterscheiden, können als generic mit den Eigenschaften als Parameter deklariert werden. Als generic vereinbarte Programmteile sind nicht direkt ausführbar. Zur Ausführung müssen erst mittels new Kopien dieser Programmteile erzeugt werden, wobei dann die aktuellen Werte der Parameter anzugeben sind. Als Parameter kann man auch Typen und Funktionen angeben.

▶ *Beispiel:* Für eine Prozedur zum Sortieren eines Feldes muss der Typ der Feldelemente noch nicht bekannt sein. Wichtig ist nur eine Ordnungsrelation. Dies kann man wie in Prog. 2 ausdrücken. Erst in der letzten Deklaration wird mittels new eine ausführbare Sortierprozedur auf den ganzen Zahlen vereinbart. Die Zeichenfolge integer. „<" bezeichnet hierbei die Ordnungsrelation auf den ganzen Zahlen. Man beachte, dass der Punkt hier der Selektor (↑Record) ist, der die Funktion „<" des Typs „integer" auswählt. In entsprechender Weise kann man nun Sortierprozeduren auch für andere Datentypen generieren. Ebenso lässt sich das generic-Konzept für Packages und Tasks anwenden. ◀

Exceptions (↑Ausnahme): Für die Ausnahmebehandlung kann man in jedem Block Aktionen angeben, die im Falle eines ↑Laufzeitfehlers ausgeführt werden sollen. Der Benutzer kann auch selbst Fehlerfälle definieren und an einer beliebigen Stelle mittels einer raise-Anweisung erzeugen.

Overloading: Während man bei vielen herkömmlichen Programmiersprachen nicht zwei gleiche ↑Bezeichner in einem Block vereinbaren darf, ist dies in Ada unter bestimmten Bedingungen erlaubt. Dieses Konzept wird „Overloading" (dt. *Überladen*) genannt. Es ist eine einfache Form von ↑Polymorphie.

▶ *Beispiel:* Es ist möglich, in einem Block die folgenden Funktionen zu vereinbaren (index sei ein Unterbereichstyp der ganzen Zahlen).

```
function „+" (i, j: integer) return integer;
function „+" (i, j: index) return index;
```

Das Funktionssymbol „+" heißt in diesem Fall „überladen", weil es für zwei verschieden definierte Funktionen ste-

```
generic (type elem;
   function „<" (x; y: elem) return elem)
procedure sort (feld: in out array (integer range < >) of elem) is
begin
      – – Anweisungsteil der Sortierprozedur
end sort;
procedure intsort is new sort (integer, integer. „<");
```

Ada (Prog. 2): Feldsortierung

hen kann. Das Problem des Überladens von Bezeichnern wird deutlich, wenn man den folgenden Ausdruck betrachtet:

```
i+3
```

Welche der oben definierten Funktionen in diesem Ausdruck gemeint ist, hängt vom Datentyp der Argumente ab: Ist die Variable i als integer deklariert worden, dann ist die erste Funktion auszuführen, ist dagegen i vom Typ index, dann ist die zweite Funktion gemeint (unter der Voraussetzung, dass die Konstante 3 zu den Wertebereichen von integer und index gehört). ◀

Bei komplizierteren Ausdrücken kann es zur Lösung des Overloading-Problems notwendig sein, den Ausdruck in mehreren Durchläufen zu analysieren, bis man allen Bezeichnern die deklarierten Funktionen und Variablen eindeutig zuordnen kann.

Ada bietet auch Möglichkeiten, hardwareabhängige Bedingungen anzugeben (Schlüsselwort: pragma). So kann man dem Ada-Übersetzer mitteilen, wie bestimmte Datentypen zu implementieren sind (Anzahl der zu reservierenden Bytes und Ähnliches). Weiterhin ist es möglich, die Hardware-Konfiguration, auf der das Programm ausgeführt werden soll, anzugeben und maschinensprachliche Teile in ein Programm zu integrieren.

Ein fertiges Ada-Programm besteht aus einer Anzahl von Modulen (Packages, Tasks), die alle separat übersetzt werden können. Die Veränderung und anschließende Übersetzung eines Moduls kann dabei zur Folge haben, dass alle davon abhängigen Module neu übersetzt werden müssen. Daher werden alle Module (Quellprogramme und ↑Objektcode) in einer gemeinsamen Programmbibliothek verwaltet.

Ada wurde entwickelt, um Prinzipien des ↑Software-Engineering zu unterstützen. Sie besitzt ein umfassenderes Prozesskonzept, generische Typen und eine Ausnahmebehandlung, sowie objektorientierte Sprachelemente (Vererbung usw.). Hinsichtlich Leistungsfähigkeit und Anspruch ist sie mit ↑Java vergleichbar. Da in Ada viele verschiedene Konzepte vereinigt worden sind, ist Ada eine äußerst mächtige, aber auch sehr komplexe Sprache geworden. Dadurch werden einerseits die Übersetzer aufwendig, andererseits ist die ↑Semantik von Ada für Benutzer und z. T. auch für Programmierer nur schwer zu verstehen.

Bisher wird Ada vor allem in sicherheitskritischen Bereichen eingesetzt. Die Sprache besitzt Vorzüge vor allem im Bereich der Fehlervermeidung und Korrektheitsprüfung und findet zunehmend Verbreitung.

Addierwerk: wesentliche Komponente des ↑Rechenwerks, das die Addition zweier oder mehrerer Summanden durchführt. Da alle vier Grundrechenarten auf die Addition zurückgeführt werden können, wird das Addierwerk auch zur Subtraktion, Multiplikation und Division eingesetzt. Verschiedene Realisierungen sind z. B. das ↑Serienaddierwerk, das ↑Paralleladdierwerk und das ↑Von-Neumann-Addierwerk.

Adresse: meist Zahl, Wort oder Zeichenfolge zur eindeutigen Kennzeichnung einer Speicherzelle (↑Speicher), eines Teils einer Speicherzelle oder einer zusammenhängenden Gruppe von Speicherzellen. Allgemeiner bezeichnet man auch jede Symbolfolge, die eindeutig Geräte, Hardwarebauteile, Dateien o. Ä. identifiziert, als Adresse. Beispiele sind die Hardwareadresse beim ↑Ethernet, die IP-Adresse von Rechnern im ↑Internet oder die URL, die jedes Datenobjekt im Internet eindeutig identifiziert.

Meist sind Speicheradressen Zahlen zwischen 0 und 2^n-1; $n = 16, 32$ und größer sind gängige Werte. Soll auf den Inhalt einer Speicherzelle zugegriffen werden, so wird im ↑Adressteil eines entsprechenden ↑Befehls der ↑Maschinensprache die Adresse der vorgesehenen Speicherzelle angegeben. In gängigen Rechenanlagen kann ein Befehl eine, zwei oder drei Adressen enthalten (Ein-, Zwei- oder

Dreiadresssystem). Im *Adressformat* sind Anzahl und Bedeutung der Adressen eines Befehls festgelegt. Der *Adressraum* ist die Menge aller möglichen Adressen. Seine Größe ist vom Prozessortyp, vom vorhandenen Speicher und vom Betriebssystem abhängig (vgl. ↑ Speicherverwaltung).

Meist unterscheidet sich die im Adressteil angegebene Adresse von der absoluten, also der durch den technischen Aufbau des Speichers fest vorgegebenen Adresse der Speicherzelle, in der sich der Wert befindet. In diesem Falle berechnet das Betriebssystem unter Verwendung von Zusatzinformationen die Adresse. Übliche ↑ Adressierungsarten sind die indirekte, die indizierte, die relative, die symbolische und die virtuelle Adressierung.

Adressfunktion: Wenn in Programmen auf Werte zugegriffen werden soll, die im ↑Speicher abgelegt sind, so sind häufig die *absoluten Adressen* der Werte nicht bekannt, weil das Programm relativ adressiert ist (↑ Verschieblichkeit von Programmen, ↑ Adressierungsarten). Auch beim Zugriff auf ein Feldelement (↑ Feld) muss die absolute Adresse im Speicher erst über die Indizes und die Lage des Feldes im Speicher ermittelt werden. Die absoluten Adressen werden durch Adressfunktionen berechnet.

(1) Ein relativ adressiertes ↑Maschinenprogramm wird durch den ↑Lader in den Arbeitsspeicher gebracht. Dabei wird die Ladeadresse LA festgelegt (↑ Startadresse). Jede im Programm vorkommende relative Adresse RelAdr muss wie folgt in eine absolute Adresse AbsAdr umgewandelt werden: AbsAdr := LA + RelAdr

(2) Bei einem virtuellen Speichersystem (↑ Speicherverwaltung) werden während der Ausführung des Programms Seiten aus dem Hauptspeicher entfernt und evtl. an anderer Stelle zu einem späteren Zeitpunkt wieder geladen. In diesem Fall muss das Programm verschieblich sein. Um auf Werte, die in nachgeladenen Seiten stehen, zugreifen zu können, wird die gleiche Adressfunktion wie unter (1) mit der jeweils aktuellen Ladeadresse LA benutzt.

(3) Bei ↑ Datenstrukturen (z. B. Felder, ↑ Records) müssen beim Zugriff auf Komponenten die konkreten Adressen berechnet werden. Die Adressfunktion ist dabei abhängig vom Typ der Datenstruktur. Ist z. B. ein Feld durch

```
var F: array [u1 .. o1, u2 .. o2] of integer;
```

deklariert worden (↑Deklaration), so hat das Feldelement F[i, j] folgende Adresse im Speicher (a_0 sei die absolute Anfangsadresse des Feldes im Speicher und ein Wert vom Typ integer möge 2 Speicherzellen belegen):

$$\text{Adresse}\,(F[i,j]) = a_0 + 2 \cdot ((o_2 - u_2 + 1) \cdot (i - u_1) + (j - u_2))$$

Diese Adressfunktion setzt voraus, dass das 2-dimensionale Feld F zeilenweise im Speicher abgelegt wird: Zuerst kommen die Elemente der ersten Zeile (erster Index = u_1), danach die Elemente der zweiten Zeile (erster Index = $u_1 + 1$) usw. Für diese Art der Speicherung kann man eine allgemeine Formel angeben: Gegeben sei ein *n*-dimensionales Feld

```
var F: array [u1 .. o1, u2 .. o2, ...,
    un .. on] of typ
```

dessen Elemente von einem Datentyp typ sind. Jedes Element des Typs typ möge *r* Speicherzellen belegen. Weiterhin sei a_0 die absolute Anfangsadresse des Feldes F im Speicher. Dann erhält man die absolute Adresse der Speicherzelle, an der das Feldelement F [k_1, k_2, …, k_n] beginnt, durch die Adressfunktion *f*:

$$f(k_1, k_2, \dots, k_n) = a_0 + r \cdot \sum_{i=1}^{n} d_i \cdot (k_i - u_i)$$

wobei die sog. Kantenlängen d_i gegeben sind durch

$$d_i = \prod_{j=i+1}^{n} (o_j - u_j + 1).$$

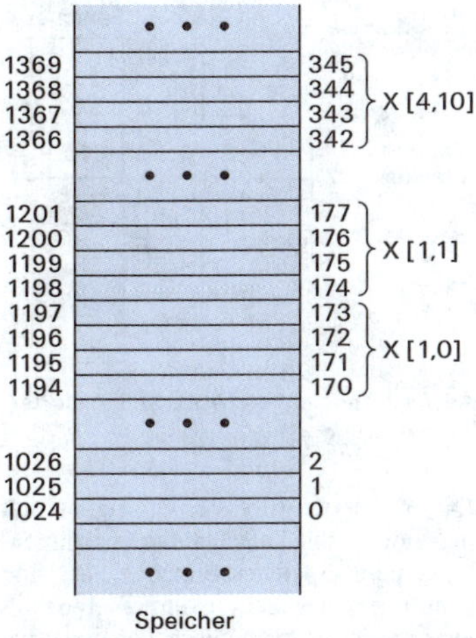

Adressfunktion (Abb. 1): die Situation im Speicher; links stehen die absoluten, rechts die relativen Adressen der Elemente.

Sie lassen sich leicht nacheinander berechnen:

$$d_n = 1 \text{ und } d_{j-1} = d_j \cdot (o_j - u_j + 1)$$
$$\text{für } j = n, n-1, \ldots, 2.$$

Die Adressfunktion lässt sich vereinfachen, indem man alle von den Indizes k_j unabhängigen Bestandteile zur „reduzierten Anfangsadresse“

$$a_{\text{red}} = a_0 - r \cdot \sum_{i=1}^{n} d_i \cdot u_i$$

zusammenfasst. Man erhält dann

$$f(k_1, \ldots, k_n) = a_{\text{red}} + r \cdot \sum_{i=1}^{n} d_i \cdot k_i.$$

In dieser Form bezeichnet man f auch als *Speicherabbildungsfunktion*. Zur Adressberechnung benötigt man bei n-dimensionalen Feldern daher den Vektor

$$(a_{\text{red}}, n, r, d_1, d_2, \ldots, d_n).$$

Um Indexfehler zu erkennen (falls k_i den Bereich von u_i bis o_i verlässt), sollte man zugleich alle unteren und oberen Grenzen u_i bzw. o_i mitspeichern.

▶ *Beispiel:* Man möchte auf X [3,5] des Feldes X zugreifen. X wurde als

array [1 . . 4, 0 . . 10] of real

deklariert, es sei r = 4. X besitze die relative Anfangsadresse 170; beim Laden wurde die Ladeadresse LA = 1 024 zugeteilt (Abb. 1).
Die absolute Anfangsadresse a_0 von X lautet:

$$a_0 = 1024 + 170 = 1194.$$

Als Kantenlängen erhält man $d_2 = 1$ und $d_1 = 11$. Mit der reduzierten Anfangsadresse

$$\begin{aligned} a_{\text{red}} &= a_0 - r \cdot (d_1 \cdot u_1 + d_2 \cdot u_2) \\ &= 1194 - 4 \cdot (11 \cdot 1 + 1 \cdot 0) \\ &= 1150 \end{aligned}$$

errechnet man die absolute Adresse von X [3,5] zu

$$\begin{aligned} &\text{Adresse } (X[3,5]) \\ &= a_{\text{red}} + r \cdot (d_1 \cdot 3 + d_2 \cdot 5) \\ &= 1150 + 4 \cdot (33 + 5) \\ &= 1302. \end{aligned}$$ ◀

Adressierungsarten: Die Adressierungsart gibt an, wie die physikalische Adresse des Operanden aus den Adressangaben zu ermitteln ist.
Bei vielen Maschinenbefehlen müssen im ↑Adressteil die ↑Adressen der Speicherzellen (↑Speicher) angegeben sein, in denen sich die ↑Operanden befinden oder in die bestimmte Werte einzutragen sind. Die tatsächliche physikalische Adresse wird erst zur Laufzeit unter Verwendung zusätzlicher Informationen aus der im Adressteil angegebenen Adresse berechnet.
In den folgenden fünf Abbildungen wird ein Speicher mit sieben Speicherzellen verwendet, die die physikalischen *(absoluten)* Adressen von 1 bis 7 besitzen.
Bei der **absoluten Adressierung (direkte Adressierung)** kennzeichnet die im Adressteil angegebene Adresse *(absolute*

oder *direkte Adresse)* genau den Aufenthaltsort des Operanden.

▶ *Beispiel:* Lade Register mit Adresse 3 (Abb. 1).

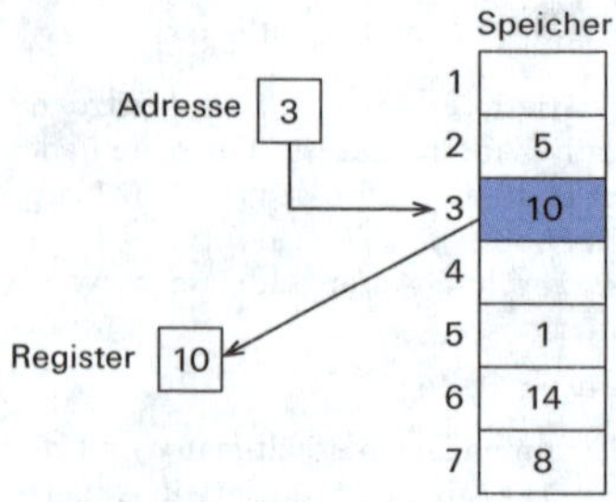

Adressierungsarten (Abb. 1): absolute Adressierung ◀

Bei der **indirekten Adressierung** ist der Inhalt der im Adressteil angegebenen Speicherzelle die Adresse des Operanden.

▶ *Beispiel:* Lade Register indirekt mit Adresse 2 (Abb. 2).

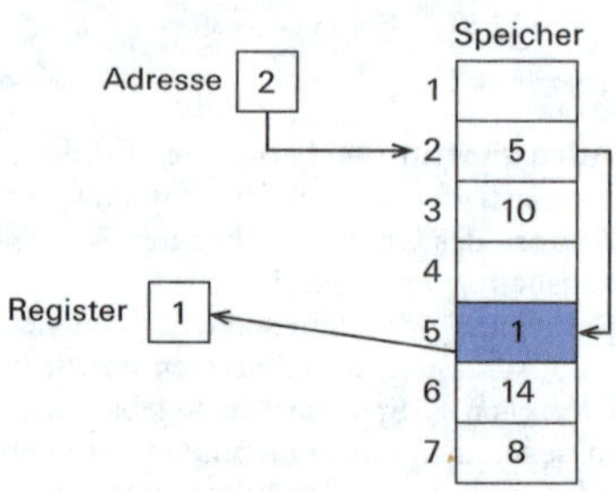

Adressierungsarten (Abb. 2): indirekte Adressierung ◀

Bei der **indizierten Adressierung** wird die Adresse des Operanden aus der Summe der im Adressteil angegebenen Adresse und dem Inhalt eines speziellen *Indexregisters* gebildet.

▶ *Beispiel:* Lade Register indiziert mit Adresse 4 (Abb. 3). In Abb. 3 steht im Indexregister die Zahl 2.

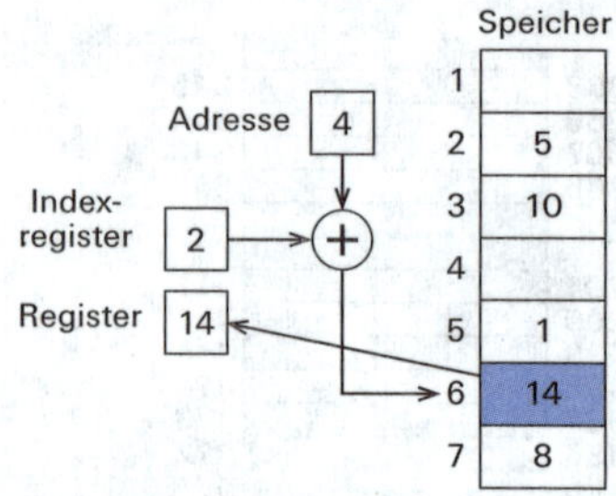

Adressierungsarten (Abb. 3): indizierte Adressierung ◀

Die indizierte Adressierung eignet sich besonders zum Durchlaufen zusammenhängender Speicherbereiche. Fast alle Computer besitzen mehrere Indexregister (auch *Adressregister* genannt), sodass man stets noch die Nummer des zu benutzenden Indexregisters angeben muss.

Bei der **relativen Adressierung** wird die Adresse jedes Operanden innerhalb eines Programms oder Programmstücks durch Summation des Inhalts eines *Basisregisters (Basisadresse)* und der im Adressteil angegebenen Adresse (*Distanzadresse,* auch *Displacement* oder *Offset* genannt) berechnet (vgl. indizierte Adressierung). Die Distanzadresse kann eine positive oder negative ganze Zahl sein. Gewöhnlich wird das Basisregister zu Beginn des Programms mit der Basisadresse versehen. Es ist dann automatisch bei jeder Adressrechnung beteiligt, ohne dass sich dies in der Form der Befehle niederschlägt.

▶ *Beispiele:* 1) Lade Register mit Adresse 3 (Abb. 4). In Abb. 4 steht im Basisregister die Zahl 2.

2) Lade Register indiziert mit Adresse 3 (Abb. 5). In Abb. 5 haben Basis- und Indexregister jeweils den Inhalt 2. ◀

Die relative Adressierung spielt eine wichtige Rolle beim Verschieben von Programmen im Speicher.

Eine Sonderform ist die *PC-relative* Adressierung. Diese Adressierung ge-

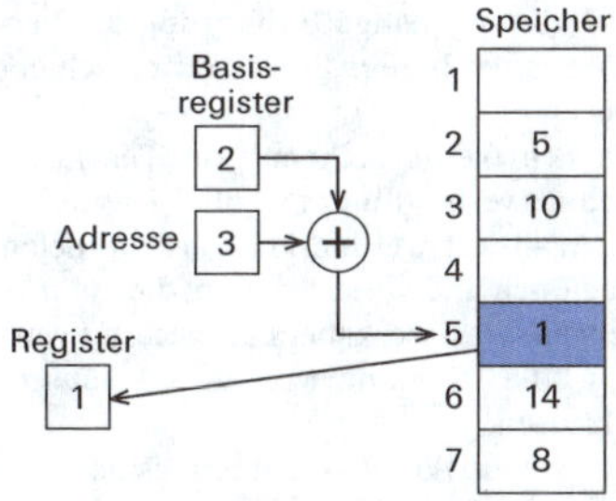

Adressierungsarten (Abb. 4): relative Adressierung

schieht relativ zum gerade bearbeiteten Befehl. Die PC-relative Adresse 6 bezeichnet z. B. die Speicherzelle, deren Adresse um 6 größer ist als die der Speicherzelle, in der der gerade ausgeführte Befehl steht. Die Abkürzung PC bezieht sich auf das Befehlszählregister (engl. **p**rogram **c**ounter, Abk. PC). Die PC-relative Adressierung wird häufig bei ↑ Sprüngen zur Bestimmung des Sprungzieles und bei der ↑ Parameterübergabe verwendet.

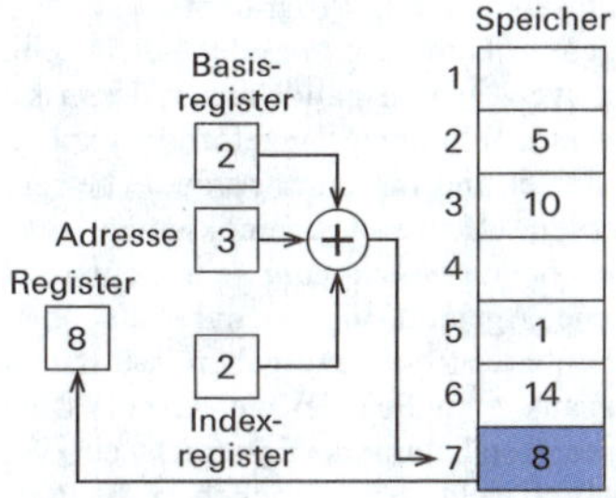

Adressierungsarten (Abb. 5): relative Adressierung

Bei der **symbolischen Adressierung** wird eine Speicherzelle durch einen vom Programmierer frei (meist nach ↑ mnemonischen Gesichtspunkten) gewählten Namen (z. B. PLZ für Postleitzahl) bezeichnet. Bei der Übersetzung (↑ Übersetzer) des Programms wird die symbolische Adresse durch die absolute Adresse ersetzt. Die symbolische Adressierung wird vor allem bei der Programmierung in ↑ Assembler verwendet.

Wenn ein Benutzer in einem virtuellen Speichersystem (↑ Speicherverwaltung) Objekte adressieren kann, die sich nicht im ↑ Hauptspeicher befinden, spricht man von **virtueller Adressierung.** Diese Adressierung nimmt keine Rücksicht auf die vorhandene Größe des Hauptspeichers. Der Benutzer kann einen wesentlich größeren Speicherbereich adressieren. Die den virtuellen Adressen entsprechenden physikalischen Adressen werden vom Betriebssystem vergeben, welches die jeweils aktuell benötigten Speicherbereiche von einem Externspeicher in den Hauptspeicher lädt bzw. in den Externspeicher auslagert.

Bei der **unmittelbaren Adressierung** ist die im Adressteil angegebene Adresse selbst der Operand *(Direktoperand).* Ein Speicherzugriff findet nicht statt.

Über Adressen kann man sowohl Daten als auch Stellen im Programm ansprechen. Das Auffinden von ↑ *Marken* (engl. label) erfolgt daher ebenfalls über verschiedene Adressierungsarten, wobei man meist die PC-relative Adressierung verwendet.

Im weiteren Sinn spricht man auch bei der Kennzeichnung von Baugruppen des Computers, von Peripheriegeräten bzw. von Rechnern in einem Rechnernetz von Adressierung, da diese Geräte über eine Nummer, die auf den ↑ Bus gegeben oder im Netz verwaltet wird, angesprochen werden. Wichtigste Adresse im ↑ Internet ist die IP-Nummer.

Adressregister: ein ↑ Register, das für die Aufnahme einer ↑ Adresse vorgesehen ist. Adressregister werden bei bestimmten ↑ Adressierungsarten benötigt. Beispiele sind Index- und Basisregister. Meist kann jedes Register auch als Adressregister genutzt werden.

Weiterhin besitzt der ↑ Speicher ein spezielles Adressregister, das zur Ansteuerung genau einer Speicherzelle während des Speicherzyklus dient *(Speicheradressregister).*

A

Adressteil: Bestandteil eines ↑Befehls in Maschinensprachen oder Assemblersprachen, der Angaben über die ↑Adressen der beteiligten Operanden enthält (↑Befehlsformat).
Der Adressteil kann mehrere Adressen enthalten.

ADSL (Abk. für **A**symmetric **D**igital **S**ubscriber **L**ine): prominentester Vertreter der Familie xDSL von Datenübertragungsverfahren (DSL, HDSL, VDSL, SDSL, UDSL), bei dem Daten über eine Kupferdoppelleitung (z. B. zwischen Telefonanschluss und Vermittlungsstelle) durch Nutzung eines anderen Frequenzbandes im MHz-Bereich mit bis zu 8 MBit/s übertragen werden können. Diese hohe Übertragungsrate wird allerdings nur im Download-Fall, also beim Empfang von Daten, erreicht. Im Upload-Fall, also beim Senden von Daten, können max. 1 MBit/s übertragen werden. Ferner hängen die Übertragungsraten von der Entfernung zur nächsten Vermittlungsstelle ab, die 5 km nicht überschreiten sollte. Die Bezeichnung „asymmetrisch“ geht auf diese unterschiedliche Ausnutzung der Datenleitung zurück.
Allgemein ist diese Asymmetrie kein Nachteil, da bei den üblichen Aktivitäten im Internet („Surfen“) meist erheblich mehr Daten empfangen als gesendet werden, sodass eine leistungsstarke Übertragung konsumorientierter Inhalte, wie Musik oder Filme, sichergestellt ist.
Für die Kommunikation via ADSL benötigt man ein spezielles ↑Modem, das mittels ATM-Verbindung (↑ATM) oder ↑Ethernet an den Rechner und mittels eines sog. *Splitters* an das Telekommunikationsnetz angeschlossen wird. Der Splitter trennt die von ADSL benutzten hohen Frequenzen von den für die Telefonie verwendeten Frequenzen, sodass Telefonieren und Internetnutzung zugleich möglich werden.
Eine reduzierte Version von ADSL („ADSL-lite“, ohne Splitter) mit allerdings deutlich geringeren Übertragungsgeschwindigkeiten sichert die schnelle und kostengünstige Einführung des Verfahrens bei breiten Bevölkerungsschichten.
Da sich ADSL nicht mit der Glasfasertechnik verträgt und nur über Kupferkabel realisiert werden kann, ist in vielen Regionen und Unternehmen, die mit modernen Glasfaserkabeln ausgerüstet wurden, die Nutzung von ADSL ausgeschlossen.
Die ersten ADSL-Verbindungsmöglichkeiten in Deutschland wurden durch die Dt. Telekom im Jahre 1999 bereitgestellt.

Agent (Softwareagent): Softwarekomponente, die vor allem in verteilten Systemen selbstständig Aufgaben übernehmen und deren Ausführung überwachen kann. Man unterscheidet *stationäre Agenten,* die ihre Rechnerumgebung nicht verlassen, und *mobile Agenten,* die entweder auf einen fremden Rechner übertragen und dann dort ausgeführt werden oder die sich durch ein größeres Netz von Rechner zu Rechner weiterbewegen *(Migration),* ihre Aufgaben erledigen und dabei meist mit anderen Agenten kommunizieren. Sie leisten deutlich mehr als ↑mobile Programme.
Agenten können *aktiv* oder *passiv* sein. Passive Agenten handeln nur, wenn sie von einem Benutzer angefordert, explizit gestartet und mit einer Aufgabe betraut werden. Aktive Agenten können *autonom* oder *semiautonom* sein. Semiautonome Agenten führen nur klar überschaubare Routineaufgaben selbstständig aus, zum Beispiel die Reservierung eines Hotelzimmers. Entspricht eine Situation nicht den Vorgaben (z. B. Preis zu hoch), so wird der Benutzer eingeschaltet. Autonome Agenten handeln dagegen unabhängig vom Benutzer. Sie müssen Wissen über die Problem- und Systemumgebung besitzen, um Nachrichten aus der Umwelt, insbesondere von anderen Agenten, richtig interpretieren und dann geeignet reagieren zu können.
Mobile Agenten gelten als Fortsetzungstechnologie der ↑objektorientierten Programmierung: Sie sind als Objekte anzu-

sehen, die Zusatzfähigkeiten besitzen, z. B. sich selbst zurechtfinden, sich zusammen mit dem eigenen Zustand an eine andere Stelle im Netz begeben, die eigene Wissensbasis erweitern, mit anderen Agenten kooperieren. Anschaulich gesprochen findet hier der erste Schritt von der Objektorientierung zu einer *Subjektorientierung* statt. Die künftigen mobilen Agenten werden unter anderem im elektronischen Markt, bei der automatischen Verwaltung und Überwachung von Netzen oder bei der gezielten Suche nach Informationen eingesetzt werden, und sie werden den durch die Welt reisenden Menschen als dienstbare Geister überall zur Verfügung stehen können.

Mobile Agenten werden meist nach drei Kriterien beurteilt:

- intelligenzartiges Verhalten: Wie gut können sie ihre Umgebung einschätzen, wie weit können sie gewisse Planungen selber vornehmen, sind sie lernfähig?
- entferntes Handeln: Wie einfach lassen sie sich entfernt *(remote)* ausführen, können sie dort neue Agenten erzeugen, wie autonom bewegen sie sich durch das Netz?
- Sozialkomponente: In welchem Umfang und wie vertreten sie ihren Benutzer, wie gut kommunizieren sie mit den Diensten im Netz, wie intensiv arbeiten sie mit anderen Agenten zusammen?

Die *entfernte Ausführung* von Agenten ist schon jetzt möglich. Wer z. B. eine große Datenmenge nach gewissen Kriterien durchmustern möchte, musste sich diese Daten im Jahre 1998 erst schicken und dann auf seinem Rechner von einem stationären Agenten durchprüfen lassen; stattdessen kann man nun einen mobilen Agenten zum Server schicken, der dort die Datenmenge durchsieht und nur die Daten, die den Kriterien genügen, an den Benutzer weiterleitet.

Ein zentrales Problem ist die *Sicherheit.* Indem man Agenten nur in bestimmten eingeschränkten Bereichen arbeiten lässt (*Sandkasten* wie bei ↑Applet), wird verhindert, dass die Agenten Schaden anrichten. Andere Probleme sind dagegen noch ungelöst: Wie kann man die Agenten, die möglicherweise viel elektronisches Geld zum Einkauf im elektronischen Markt mit sich führen, vor Raubüberfällen schützen? Wie kann man sicherstellen, dass kein Nachteil für die Agenten und ihre Benutzer eintritt, wenn während ihrer Arbeit das System zusammenbricht? Wie kann man sich vor Agenten schützen, die sich aus irgendeinem Grund nach Erfüllung ihrer Aufgaben nicht auflösen oder die sich zusammentun, um irgendeinen Server zu überlasten (wie Anfang 2000, ausgelöst durch Hacker, im Internet tatsächlich geschehen)?

Agenten kann man implementieren, indem man ihre zugehörigen ↑ Klassen oder andere Beschreibungen allen Rechnern bekannt macht und sie dann startet. In heterogenen offenen Systemen werden aber die Agenten erst im Laufe der Zeit hinzugefügt. In solch einem Netz müssen daher Laufzeitsysteme sein, die Syntaxbeschreibungen von Agenten interpretieren und die Agenten dann starten können. Z. B. Erweiterungen der Sprache ↑Java („Java Servlets", kommerzielle Produkte sind Grashopper und Voyager) unterstützen dies und eignen sich daher zur Programmierung von Agenten. Java selbst dagegen erlaubt durch das Herunterladen von Applets im Internet nur die einmalige Weitergabe von (recht einfachen) Agenten. Durch Systeme zur Verwaltung von Agenten lassen sich Prozesse einrichten, löschen, erweitern und manipulieren, dadurch können Agenten eingefügt oder entfernt und ihre Namen und Fähigkeiten in allgemein zugänglichen „Adressbüchern" bekannt gegeben werden.

Agenten wurden ursprünglich in der ↑ Künstlichen Intelligenz entwickelt. Dort wurden sie verwendet, um Analysen vorzunehmen, Hypothesen zu überprüfen und Vermutungen aufzustellen oder zu prüfen.

A

Ähnlichkeitsmaß: Beim Suchen von Objekten in einer ↑Datenbank oder von Begriffen im Internet tritt häufig das Problem auf, dass der *Schlüssel* des gesuchten Objekts nur ungenau bekannt ist. Gewünscht ist dann die Ausgabe aller Objekte, deren Schlüssel dem Schlüssel des gesuchten Objekts *ähnlich* ist.

▶ *Beispiel:* Man sucht in einer Datenbank die persönlichen Daten eines Joseph Meyer, dessen genaue Schreibweise (Josef oder Joseph; Meier, Maier, Meyer oder Mayer) man nicht kennt. Wünschenswert wäre dann die Ausgabe der Daten all der Personen, deren Name zu Joseph Meyer ähnlich ist.
Man definiert hierzu ein Ähnlichkeitsmaß auf den Schlüsseln. Zu einem vorgegebenen Schlüssel sind dann die Schlüssel ähnlich, die von ihm bezüglich dieses Maßes einen bestimmten „Höchstabstand“ nicht überschreiten. ◀

In obigem Beispiel kann man z. B. zwei Namen als ähnlich bezeichnen, wenn sie sich in höchstens drei Buchstaben unterscheiden. Dann sind allerdings bereits die Namen Meyer und Stoer ähnlich, sodass man die zulässigen austauschbaren Buchstaben einschränken muss.
Formal ordnet ein Ähnlichkeitsmaß je zwei Objekten A_i und A_j eine reelle Zahl f_{ij} zu, die umso größer ist, je ähnlicher sich A_i und A_j sind. Für f_{ij} fordert man meist folgende Bedingungen:

(a) $0 \leq f_{ij} \leq 1$; falls $f_{ij} = 1$ gilt, so sind A_i und A_j identisch,
(b) $f_{ij} = f_{ji}$, d. h., A_i ist genauso ähnlich zu A_j wie umgekehrt A_j zu A_i,
(c) $f_{ii} = 1$, d. h., A_i ist zu sich selbst ähnlich.

Beim Vergleich von Dokumenten legt man oft ein *Vektorraummodell* zugrunde. Vorgegeben seien n Suchbegriffe, auch Terme genannt: $T = \{t_1, t_2, \ldots, t_n\}$. Jedes Dokument d_j wird durch einen n-dimensionalen „Gewichts“-Vektor $g_j = (g_{j,1}, g_{j,2}, \ldots, g_{j,n})$ beschrieben, wobei die nichtnegative reelle Zahl $g_{j,i}$ angibt, wie wichtig der Suchbegriff t_i für das Dokument d_j ist. Meist normiert man g_j so, dass dieser Vektor die Länge 1 besitzt. Als Ähnlichkeitsmaß zweier Dokumente d_j und d_k kann man dann das Skalarprodukt $g_j \cdot g_k = \sum_{i=1}^{n}$ verwenden.

Eine *Anfrage* im Internet (Dokumentsuche) wird als Vektor d der in ihr enthaltenen Suchbegriffe aufgefasst und es werden alle Dokumente angezeigt, deren Skalarprodukt mit d einen gewissen Wert (z. B. 0,9) übersteigen. Da die Zahl n der Suchbegriffe sehr groß ist und ständig wächst, werden die Vektoren g_j als kurze Listen der Form $(l_1, g_{j,l1}; l_2, g_{j,l2}; \ldots)$ für alle $g_{j,l} \neq 0$ gespeichert. Über invertierte Listen können auch ↑ Suchmaschinen leicht auf die relevanten Informationen zugreifen.

Aiken-Code [engl. 'ɛıkən]: Der Aiken-Code ist ein Tetraden-Code (↑ BCD-Code). Den Dezimalziffern von 0 bis 9 wird nach folgender Tabelle jeweils eine Tetrade (↑Byte) zugeordnet.
Der Aiken-Code ist wie der ↑ Exzess-3-Code ein ↑Komplementärcode.

Dezimalziffer	Binärcode	Dezimalziffer	Binärcode
0	0000	5	1011
1	0001	6	1100
2	0010	7	1101
3	0011	8	1110
4	0100	9	1111

▶ *Beispiel:* Die Dezimalzahl 197 hat die Darstellung 0001 1111 1101. ◀

Im Aiken-Code besitzt also die erste Stelle von rechts den Stellenwert 1, die zweite den Stellenwert 2, die dritte den Stellenwert 4 und die vierte Stelle den Stellenwert 2.

▶ *Beispiel:*
$7 = 1101 = 1 \cdot 2 + 1 \cdot 4 + 0 \cdot 2 + 1 \cdot 1$ ◀

Akkumulator: Der Akkumulator ist ein ↑ Register des ↑ Rechenwerks und besteht aus einer Anzahl Schnellspeicher mit sehr kurzer ↑ Zugriffszeit. Im Akkumulator wird vor Ausführung einer

↑Operation einer der ↑Operanden gespeichert. Dieses Register ist also bei jeder Operation beteiligt; es erübrigt sich daher die Angabe des Akkumulatorregisters im Befehlswort (Einadressmaschine, ↑Befehlsformat).

Nach Ausführung des Befehls übernimmt der Akkumulator Zwischenergebnisse, die sofort weiterverarbeitet werden können, wobei das Zurückschreiben von Zwischenergebnissen in andere Speichereinheiten (↑Speicher) oft entfallen kann. Heute übernehmen die normalen Register meist die Funktion des Akkumulators.

Akustikkoppler: veraltetes Gerät zur ↑Datenübertragung über das Telefonnetz. Der Akustikkoppler wandelt vom Computer ausgesandte elektrische Signale mittels eines Lautsprechers in akustische Schwingungen um; umgekehrt werden durch ein Mikrofon eingehende akustische Schwingungen vom Akustikkoppler in elektrische Signale umgesetzt und an den Computer gesendet.

Da die Telefonendgeräte immer mehr Funktionen besitzen, werden Akustikkoppler in Zukunft kaum noch gebaut werden.

ALGOL 60 (Abk. für „**Algo**rithmic **L**anguage"): imperative ↑Programmiersprache, die Ende der 50er-Jahre entwickelt wurde und deren ↑Syntax erstmalig formal definiert wurde (in ↑Backus-Naur-Form). ALGOL 60 war die erste Programmiersprache, die ↑Prozeduren (einschl. der ↑Rekursion), ↑Blöcke und höhere ↑Kontrollstrukturen zur Formulierung von Algorithmen anbot. ALGOL 60 ist der Vorgänger vieler imperativer Sprachen.

Jedes ALGOL-60-Programm ist ein Block, der ↑Deklarationen und ↑Anweisungen enthält. Die grundlegenden ↑Datentypen sind ↑boolean, ↑integer, ↑real und Label (↑Marke). Als einzige ↑Datenstruktur bietet ALGOL 60 (mehrdimensionale) ↑Felder an. Außerdem kann man Prozeduren und Funktionen im Deklarationsteil jedes Blocks vereinbaren. Die grundlegenden Anweisungen von ALGOL 60 sind die ↑Zuweisung, der Prozeduraufruf (↑Aufruf) und der ↑Sprung. Als Kontrollstrukturen bietet ALGOL 60 die ↑Sequenz, die ↑if-Anweisung, eine besondere Form der ↑case-Anweisung, Blöcke, while- und Zählschleifen (↑Schleife) an.

Viele Sprachkonstrukte aus ALGOL 60 sind in später entwickelte Programmiersprachen in ähnlicher oder erweiterter Form übernommen worden. Daher werden Sprachen, die einen ähnlichen Grundaufbau wie ALGOL 60 haben, auch als *ALGOL-artige* oder *ALGOL-ähnliche Sprachen* bezeichnet.

Die Sprache ALGOL 60 hat zu einer intensiven Erforschung der Übersetzertechniken (↑Übersetzer) geführt. Auf die Implementierung von ALGOL 60 gehen u. a. die Entwicklung von ↑Laufzeitsystemen, die Orientierung von Übersetzern an der Syntax von Sprachen und verschiedene Optimierungstechniken zurück.

ALGOL 68: imperative ↑Programmiersprache, die eine weit reichende und konsequente Weiterentwicklung von ↑ALGOL 60 darstellt. Die Sprache besitzt ein fundamentales Entwurfsprinzip, den *Orthogonalentwurf* (engl. orthogonal design). Hierbei handelt es sich um das Prinzip eines minimalen, universellen, beliebig kombinierbaren Bausteinsystems:

(1) Es gibt wenige Grundbausteine zum Aufbau von Datentypen bzw. Moduln. In ALGOL 68 sind dies die Wertebereiche der Standarddatentypen ↑boolean, ↑character, ↑integer und ↑real sowie Zeichenfolgen mit einer Syntaxbeschreibung (↑Syntax).

(2) Aus den Grundbausteinen kann man mithilfe von Konstruktoren (↑Datenstruktur), genannt „mode-maker", beliebig komplizierte Datenbereiche aufbauen. Diese sog. „Objektstrukturen" (in ALGOL 68 „mode" genannt) kann man mit einem Namen versehen und bei der Konstruktion weiterer Datenbereiche verwenden. Dieses Erzeugen immer neuer Objektstrukturen kann man

A

beliebig oft und ohne Einschränkungen bei der Anwendung der Konstruktoren durchführen. Die fünf wichtigsten Konstruktoren für Objektstrukturen sind in ALGOL 68:

[ ]	zur Konstruktion eines 1-dimensionalen ↑Feldes,
struct	zur Erstellung von ↑Records,
union	zur Darstellung der Vereinigung mehrerer Objektstrukturen,
ref	zur Konstruktion einer „Adresse" (Bilden einer Referenz, ↑Zeiger),
proc	zur Erstellung einer ↑Funktion bzw. einer ↑Prozedur.

(3) Es gibt wenige Grundaktionen. Dies sind zum Ersten die auf den Grundbausteinen definierten elementaren Operationen, wie Addition, Division, Gleichheit, <, ≤, >, Runden von Zahlen, Absolutbetrag, logisches ODER usw. Zum Zweiten zählen hierzu die Anpassungsoperationen beim Übergang eines Bausteins zu einem anderen (z. B. von integer nach real). Drittens gehören hierzu die mit den Konstruktoren zusammenhängenden Operationen wie das Aufsuchen einer Komponente in einer Struktur (Selektion bzw. *i*-te Komponente eines Feldes) oder der Übergang von einem Zeigerobjekt zu dem Objekt, auf das der Zeiger verweist („Dereferenzieren"). Viertens rechnet man hierzu die Erzeugung von ↑ Variablen; denn die Variablendeklaration wird in ALGOL 68 mit der Bereitstellung eines geeigneten Speicherplatzes verbunden. Fünftens gehören zu den Grundaktionen die ↑Zuweisung, der ↑Aufruf einer Prozedur und der ↑Sprung.

(4) Ähnlich wie man aus den Grundbausteinen beliebige Objektstrukturen aufbaut, so kann man aus den Grundaktionen beliebige Aktionen mithilfe von Konstruktoren zusammensetzen:

- die ↑ Sequenz (dargestellt durch das Semikolon),
- die nebenläufige Ausführung (↑ Nebenläufigkeit),
- die ↑if-Anweisung und die ↑case-Anweisung,
- die while-Schleife und die Zählschleife (↑Schleife),
- exit (Verlassen einer Struktur mit einem Ergebniswert).

Neben diesem Grundprinzip des Orthogonalentwurfs enthält ALGOL 68 einige weitere wichtige Konzepte, z. B.:

- das *Referenzkonzept,* das sich durch mehrfache Anwendung des Konstruktors ref auf eine Objektstruktur ergibt.
- das *Konzept der vollständigen Typisierung:* Jede auftretende Größe muss von einer Objektstruktur sein (einen mode besitzen).
- das *Konzept der vollständigen Beschreibung:* Damit ist gemeint, dass sich aus der Beschreibung von ALGOL 68 für jedes syntaktisch korrekte Programm eindeutig ergibt, wie es abgearbeitet wird, d. h., es wird eine vollständige Beschreibung der ↑Semantik mitgeliefert.

Die Sprache ALGOL 68 enthält Ausdrucksmöglichkeiten, die man zwar mit einem ↑ Interpreter, aber kaum mit einem ↑ Übersetzer realisieren kann, zumindest nicht in effizienter Weise (↑ Effizienz). Die Entwicklung dieser Sprache, die in dem überarbeiteten Report von 1973 ihren Abschluss fand, hat jedoch die Entwicklung sehr vieler anderer Sprachen nachhaltig beeinflusst.

Algorithmen-Entwurfsmethoden: Sucht man zu einem Problem einen Lösungsalgorithmus, dann sollte man es zunächst mit einer der folgenden Vorgehensweisen versuchen.

(1) *Gierige Methode* (engl. *greedy*): Der Algorithmus versucht in jedem Schritt, einen größtmöglichen Gewinn zu erzielen. Beispiele sind der Dijkstra-Algorithmus zur Berechnung kürzester Wege (wähle als nächsten den noch nicht ausgewählten Punkt, der vom Startknoten den kürzesten Abstand hat) oder der Prim-Algorithmus zur Berechnung minimaler Spannbäume.

(2) *Teile und beherrsche* (engl. *divide and conquer*): Zerlege das Problem in zwei (oder mehr) Teilprobleme, löse diese nach der gleichen Methode (dies führt meist zu rekursiven Algorithmen) und setze die erhaltenen Lösungen zu einer Gesamtlösung zusammen. Beispiele sind ↑Quicksort und der ↑Strassen-Algorithmus zur Multiplikation von Matrizen.

(3) *Dynamisches Programmieren:* Das Problem möge sich für alle Teilprobleme der Länge 1 leicht lösen lassen. Für i = 2, 3, ... erhält man alle Lösungen der Teilprobleme der Länge i, indem man sie aus den bisher schon erhaltenen Lösungen der Teilprobleme der Längen 1, 2, ..., i – 1 zusammensetzt. Beispiele sind der Warshall-Floyd-Algorithmus zur Berechnung aller kürzesten Entfernungen in einem Graphen, der Algorithmus zur Berechnung optimaler Suchbäume und ein Algorithmus zur Entscheidung, ob ein Wort von einer ↑kontextfreien Grammatik erzeugt werden kann.

(4) *Geradenüberstreichung* (engl. *scanline*): Bei zweidimensionalen geometrischen Problemen verschiebt man von links nach rechts eine Gerade über die Ebene und immer, wenn sie auf relevante geometrische Objekte (Punkte, Rechtecke, Kreise, ...) trifft, führt man geeignete Operationen aus. Beispiele sind die Berechnung der ↑konvexen Hülle oder die Ermittlung, welche Objekte bei einer Aufsicht sichtbar und welche verdeckt sind.

(5) *Rückverfolgung* (engl. *backtracking*, ↑Backtracking-Verfahren): Hierbei werden alle Lösungen systematisch anhand des Baums aller Möglichkeiten durchprobiert. Da dieser Baum riesig werden kann, versucht man, große Teile durch Zusatzinformationen gar nicht erst zu betreten (↑Branch-and-bound-Verfahren). Beispiele sind Lösungsalgorithmen für das ↑Rucksackproblem, das ↑Problem des Handlungsreisenden und allgemein für alle ↑NP-vollständigen Probleme.

In der Regel liefern (1) und (4) recht effiziente Verfahren; (2) ist oft effizient, (3) ist meist von kubischer Ordnung $O(n^3)$ und (5) wächst in der Regel exponentiell.

algorithmische Geometrie (engl. *computational geometry*): Die algorithmische Geometrie beschäftigt sich mit der Entwicklung effizienter Algorithmen und Datenstrukturen für geometrische Probleme und damit zusammenhängende Fragestellungen. Einfache Probleme sind z. B.:

- Gegeben sei eine Menge von Punkten in der Ebene. Man bestimme die ↑konvexe Hülle dieser Menge.
- Gegeben sei eine Menge *P* von Punkten in der Ebene. Man ermittle zu jedem beliebigen Punkt *x* den nächstliegenden Punkt aus *P* (↑Voronoi-Diagramm).
- Eine Menge von Strecken sei durch ihre jeweiligen Endpunkte gegeben. Man entscheide, ob es zwei Strecken gibt, die sich schneiden.

Wichtige Anwendungsgebiete der algorithmischen Geometrie sind die Darstellung, Manipulation und Analyse von geometrischen Objekten im Bereich der grafischen Datenverarbeitung (↑Computergrafik), die Überprüfung, Anordnung und Verdrahtung von Schaltelementen beim Entwurf von Mikroprozessoren und die Bildverarbeitung und -aufbereitung im Vermessungswesen.

Algorịthmus: eine Verarbeitungsvorschrift, die so präzise formuliert ist, dass sie von einem mechanisch oder elektronisch arbeitenden Gerät durchgeführt werden kann. Aus der Präzision der sprachlichen Darstellung eines Algorithmus muss die Abfolge der einzelnen Verarbeitungsschritte eindeutig hervorgehen. Hierbei sind Wahlmöglichkeiten zugelassen, die auch auf ↑Zufallszahlen beruhen dürfen.

Beispiele für Algorithmen sind Vorschriften zum Addieren, Subtrahieren oder Multiplizieren von Zahlen, der ↑euklidische Algorithmus zur Berechnung des größten gemeinsamen Teilers und alle in einer ↑ Programmiersprache formulierten Verfahren. Kochrezepte, Bastelanleitungen, Partituren, Spielregeln und alltägliche Vorschriften erinnern an Algorithmen; sie sind aber nur selten exakt ausformuliert und enthalten oft Teile, die vom Ausführenden beliebig interpretiert werden können.

Ein Algorithmus gibt an, wie Eingabedaten schrittweise in Ausgabedaten umgewandelt werden. Er beschreibt also eine Abbildung $f\colon E \to A$ von der Menge der zulässigen Eingabedaten E in die Menge der Ausgabedaten A. Aber nicht jede Abbildung $f\colon E \to A$ lässt sich durch einen Algorithmus realisieren (↑ Berechenbarkeit). Historisch gesehen hat man zunächst versucht, genau die Abbildungen zu definieren, die von Algorithmen beschrieben werden. Die Menge der primitiv rekursiven Funktionen (↑primitive Rekursion) reicht hierfür nicht aus (↑Ackermann-Funktion). Man führte daher die darüber hinausgehenden ↑ μ-rekursiven Funktionen ein.

Algorithmen kann man durch eine (mathematisch exakt definierte) Maschine beschreiben, die den Algorithmus schrittweise nachvollzieht. Einfachste Maschinenmodelle sind ↑Turingmaschinen und ↑Registermaschinen.

Statt eine Maschine zu konstruieren, genügt es auch, ihre Grundbefehle (↑ Befehl), ihre zulässigen Speicherbereiche für Daten und ihre ↑Kontrollstrukturen, d. h. die erlaubten Verknüpfungen der Grundbefehle, festzulegen. Man gibt also nur eine gedachte, eine so genannte ↑virtuelle Maschine an, von der man weiß, dass man sie prinzipiell auch bauen oder von einer anderen mechanisch arbeitenden Maschine simulieren lassen könnte. Virtuelle Maschinen werden meist durch imperative ↑ Programmiersprachen beschrieben; daher stellen Programme stets auch Algorithmen dar. Die Ausführung der Programme erfolgt durch einen Computer, wobei die Simulation mithilfe eines ↑Interpreters bzw. die Übertragung in den ↑ Befehlsvorrat des Computers durch einen ↑Übersetzer geschieht.

Der Begriff des Algorithmus ist von zentraler Bedeutung für die Informatik. Er charakterisiert alles, was man mit Maschinen prinzipiell bearbeiten kann. Probleme, die man algorithmisch nicht lösen kann (↑ Entscheidbarkeit), können auch nicht Computern oder anderen Maschinen zur Lösung übertragen werden.

Verschiedene Möglichkeiten zur Beschreibung von Algorithmen werden im Folgenden am Beispiel der *Fakultätsfunktion*

$$f(n) = n! = 1 \cdot 2 \cdot \ldots \cdot n$$

erläutert; dabei wird vorausgesetzt, dass den Programmen nur nichtnegative Zahlen eingegeben werden.

a) Umgangssprachliche Beschreibung, die so präzise ist, dass man sie in ein Programm übertragen kann:

> Multipliziere für eine vorgegebene nichtnegative ganze Zahl x die ganzen Zahlen von 1 bis x miteinander und erhalte das Ergebnis. War $x = 0$, so soll das Ergebnis 1 sein.

b) Beschreibung mithilfe eines Programms in ↑BASIC:

```
10 INPUT N
20 J = 1
30 IF N = 0 THEN 70
40 J = J * N
50 N = N - 1
60 GOTO 30
70 PRINT J
80 END
```

c) Beschreibung mithilfe eines Programms in ↑PASCAL:

```
program fak (input, output);
var x, fakx, i: integer;
begin
   read (x); fakx := 1;
   for i := 1 to x do
   fakx := fakx * i;
   write (fakx)
end.
```

d) Beschreibung als rekursive Funktion (ALGOL-ähnlich):

```
function fak (x: integer): integer;
fak := if x = 0 then 1
       else x * fak(x - 1);
```

e) Beschreibung mithilfe eines Rekursionsschemas (↑Rekursion):

$$f(0) = 1$$
$$f(x+1) = (x+1) \cdot f(x)$$

f) Ein Programm mit Sprüngen und Marken, das sich für ↑ Registermaschinen leicht umschreiben lässt, lautet:

```
read(x); s := 0; s := s+1;
M1: t := 0; j := x;
M2: k := s;
M3: t := t+1; k := k−1;
    if k ≠ 0 then goto M3;
j := j−1;
if j ≠ 0 then goto M2;
s := t; x := x−1;
if x ≠ 0 then goto M1;
write(s)
```

g) Die Formulierung mithilfe von Turingmaschinen ist bereits zu aufwendig, um sie hier vorstellen zu können.

Algorithmen besitzen charakteristische Eigenschaften:
(1) Im Allgemeinen löst ein Algorithmus eine Vielzahl von Problemen. Die Auswahl eines einzelnen Problems erfolgt über Eingabedaten oder ↑Parameter.
(2) Algorithmen sind *determiniert* (↑Determiniertheit), d. h.: Wird ein Algorithmus mit den gleichen Eingabewerten und Startbedingungen wiederholt, so liefert er stets das gleiche Ergebnis. Eine Erweiterung bilden zum einen die *nichtdeterminierten Algorithmen,* die bei gleichen Startbedingungen unterschiedliche Ergebnisse (auch falsche) liefern können (vgl. ↑Komplexität). ↑Stochastische Algorithmen sind nichtdeterminiert. Zum anderen erweitert man den Algorithmenbegriff um die so genannten reaktiven ↑Systeme, bei denen nicht die Berechnung eines Funktionswertes zu einer Eingabe im Vordergrund steht, sondern die fortlaufende, prinzipiell unendliche Reaktion auf Ereignisse und Daten aus der Umwelt. Zu den reaktiven Systemen rechnen u. a. die *eingebetteten Systeme,* die mit Bausteinen im Verbund stehen, die nicht der Datenverarbeitung dienen (z. B. Menschen, Apparate), und die *adaptiven Systeme,* die sich Veränderungen der Umwelt selbsttätig anpassen und keine dauerhaft gültige Aufgabenstellung besitzen.
(3) Die Beschreibung eines Algorithmus besitzt eine endliche Länge *(statische Finitheit).* Ferner darf ein Algorithmus zu jedem Zeitpunkt für seine Daten nur endlich viel Platz belegen *(dynamische Finitheit).*
(4) Für die Praxis sind meist nur solche Algorithmen von Bedeutung, die für jede Eingabe nach endlich vielen Schritten ein Resultat liefern und anhalten *(Terminierung).* Ausnahmen sind z. B. Steuerungsalgorithmen wie das zentrale Steuerprogramm eines Rechnersystems (↑Betriebssystem).
(5) Ein Algorithmus heißt *deterministisch* (↑Determinismus), wenn zu jedem Zeitpunkt seiner Ausführung höchstens eine Möglichkeit der Fortsetzung besteht. Z. B. stellen Programme in imperativen Programmiersprachen meist deterministische Algorithmen dar. Hat ein Algorithmus an gewissen Stellen mehrere Möglichkeiten der Fortsetzung, von denen man nach Belieben eine auswählen kann, so heißt er *nichtdeterministisch.* Kann man den Fortsetzungsmöglichkeiten Wahrscheinlichkeiten zuordnen, so spricht man von stochastischen Algorithmen.
Informatiker, Mathematiker und andere Wissenschaftler versuchen oft, Lösungen zu Problemen in Form von Algorithmen zu finden. Ist ein solcher Lösungsalgorithmus entdeckt und ausformuliert worden, dann kann das gestellte Problem als „entwertet" angesehen werden, da jetzt kein Problem mehr vorliegt. Wenngleich durch Algorithmen große Problembereiche als „gelöst", „entwertet" oder „nun uninteressant" erscheinen, so suchen Informatiker oft noch weiter nach einem möglichst guten Algorithmus (↑ Effizienz). Man kann beweisen, dass es zu jedem Algorithmus unendlich viele verschiedene Algorithmen gibt, die das gleiche Problem lösen. Die Suche nach mög-

lichst guten Algorithmen bzw. der Beweis, dass es keine besseren Algorithmen geben kann, führt meist auf sehr komplizierte Probleme, für deren Lösung man keine generell einsetzbaren Methoden kennt. Für viele Probleme kennt man aber ↑Algorithmen-Entwurfsmethoden.

Weitere wichtige Aussagen über Algorithmen findet man z. B. unter den Stichworten ↑Churchsche These, ↑Entscheidbarkeit, ↑ Berechenbarkeit, ↑ Nebenläufigkeit, ↑Prozess, ↑Effizienz.
Der Name „Algorithmus“ leitet sich aus dem Namen des persisch-arabischen Mathematikers Ibn Mûsâ Al-Chwârismî ab, der bereits im 9. Jahrhundert ein Buch über die „Regeln der Wiedereinsetzung und Reduktion“ schrieb.

Allgegenwärtige Kommunikation, allgegenwärtiges Computing: (engl. *pervasive computing*): Zukunftsvision, für deren Realisierung aber alle technischen Möglichkeiten bereits vorhanden sind. Man geht davon aus, dass jedes technische Gerät (Waschmaschine, Uhr, Türöffner, Handy, Anrufbeantworter, Bewegungsmelder usw.) eine eigene Adresse im ↑Internet bekommt und mit seinem Benutzer/Besitzer kommunizieren kann. Eine Tiefkühltruhe könnte beispielsweise das Fehlen von Hühnerbraten melden, ein Türöffner könnte anfragen, ob er auf das Dauerklingeln reagieren soll, eine Uhr könnte die eingestellte Weckzeit an einen Weckdienst weitergeben, ein PC kann aktualisierte Daten von sich aus an das Handy des Benutzers übertragen, sodass dieser dort automatisch seine gewohnte Umgebung vorfindet. Prinzipiell kommuniziert alles mit allem und durch Voreinstellungen oder interaktiven Eingriff können Berechtigte alles steuern und beliebige Funktionen quer durch die Welt auslösen. Es ist offensichtlich, dass solche Möglichkeiten derzeit kontroverse Diskussionen auslösen.

Alphabet: Ein Alphabet A ist eine nichtleere, endliche oder aufzählbar unendliche Menge von unterscheidbaren ↑Zeichen *(Buchstaben)*

$$A = \{a_1, a_2, a_3, \ldots\}$$

mit einer Ordnungsrelation

$$a_1 < a_2 < a_3 < \ldots$$

In der Regel werden nur endliche Alphabete betrachtet. Das lateinische Alphabet $\{a, b, c, \ldots, z\}$ ist mit der üblichen Anordnung der Buchstaben ein Alphabet im obigen Sinne. Liegt keine Ordnungsrelation vor, so spricht man auch von einem *Zeichenvorrat.*
Ein *Wort* w über einem Alphabet ist eine endliche Folge von Buchstaben des Alphabets, die auch leer sein kann. Das *leere Wort* bezeichnet man mit ε (griech.: epsilon; manchmal auch mit λ, griech.: lambda). A^* bezeichnet die Menge aller Wörter (einschließlich ε) über dem Alphabet A. Die Menge aller Wörter ist also:

$$\begin{aligned} A^* = \{&\varepsilon, a_1, a_2, a_3, \ldots, \\ &a_1a_1, a_1a_2, a_1a_3, \ldots, \\ &a_2a_1, a_2a_2, a_2a_3, \ldots, \\ &a_1a_1a_1, a_1a_1a_2, a_1a_2a_3, \ldots\} \end{aligned}$$

Die Anzahl der Buchstaben in einem Wort w bezeichnet man als *Länge* $|w|$, z. B.

$$|a_1a_2a_1a_3| = 4, |\varepsilon| = 0.$$

Die wichtigsten Alphabete für Rechenanlagen sind der ↑ASCII-Code, der 128 Zeichen umfasst, und der ↑EBCDI-Code mit 256 Zeichen.

Alternative: Bezeichnung für die if ... then ... else ... -Anweisung, die zwei verschiedene Fortsetzungen erlaubt (↑if).

Amdahl-Gesetz (nach G. M. Amdahl, amerikanischer Informatiker): Das Amdahl-Gesetz von 1967 gibt an, wie sich die Beschleunigung eines Teils eines Mikroprozessors auf die Gesamtbeschleunigung auswirkt. Wenn a (mit $0 \leq a \leq 1$) der Anteil ist, der an der derzeitigen Laufzeit des Mikroprozessors um den Faktor b beschleunigt werden kann, dann ist die Gesamtbeschleunigung der

Laufzeit höchstens G = b/(b(1 − a) + a). Variiert a von 0 bis 1, so nimmt G Werte zwischen 1 bis b an. Insbesondere ist stets G < 1/(1 − a).

Dieses Gesetz besagt z. B.: Wenn man bei einem Prozessor einen Anteil von 80 % durch viele parallel geschaltete Komponenten stark beschleunigt und ein Restanteil von 20 % weiterhin sequenziell abgearbeitet wird, so kann die Gesamtbeschleunigung nicht größer als 1/0,2 = 5 sein, gleichgültig wie viele Zusatzkomponenten man einsetzt.

analog: kontinuierlich, stetig veränderbar. Eine Menge von Werten heißt *analog,* wenn sie einem Intervall der reellen Zahlengeraden entspricht.

Der Begriff wird in der Datenverarbeitung meist als Gegensatz zu ↑ digital verwendet.

Die Übertragung von Informationen erfolgt meist analog, also durch kontinuierliche Veränderungen von elektrischen Spannungen, von Schallwellen oder Magnetisierungen. Zur Verarbeitung analoger Werte verwendet man ↑Analogrechner. Zur Verarbeitung in Computern müssen analoge Werte digitalisiert werden, z. B. wenn Aufnahmen einer Kamera, Drehgeschwindigkeiten von Motoren oder Eingaben von Sensoren zu bearbeiten sind (↑Analog-digital-Umsetzung).

Daneben wird das Wort wie üblich in der Bedeutung „ähnlich gelagert" verwendet. Wenn man z. B. eine Schleife analog zu einem Programmstück *P* schreiben soll, so soll sie ähnlich zur Struktur von *P* aufgebaut sein.

Analog-digital-Umsetzung (AD-Umsetzung): Umwandlung ↑analoger Signale in ↑digitale Signale zur Weiterverarbeitung durch Digitalrechner. Damit eine digitale Rechenanlage analoge Größen, z. B. Temperatur- oder Spannungsmesswerte, verarbeiten kann, müssen diese *digitalisiert,* d. h. in diskrete Werte umgewandelt werden. Die Umsetzung leistet eine Funktionseinheit, die *Analog-digital-Umsetzer* oder kurz *AD-Umsetzer* heißt. Statt „Umsetzer" sagt man auch häufig „Wandler". Ein einfacher AD-Umsetzer ist der *Komparator* oder *Vergleicher.*

Zwei eingehende Spannungen U_1 und U_2 werden verglichen und abhängig vom Ergebnis des Vergleichs wird am Ausgang U eine 0 oder eine 1 ausgegeben. Formal wird das Ein-/Ausgabeverhalten des Komparators beschrieben durch

$$U = \begin{cases} 0, & \text{falls} \quad U_1 + U_2 \leq 0, \\ 1, & \text{falls} \quad U_1 + U_2 > 0. \end{cases}$$

Bei der AD-Umsetzung geht regelmäßig ein Anteil an Genauigkeit verloren, wenn der eingehende Analogwert zwischen zwei möglichen Digitalwerten liegt. Man erhöht ggf. die Genauigkeit durch Einfügung weiterer Spannungsniveaus.

►*Beispiel:* Umsetzung eines analogen Spannungssignals (schwarze Linie; Abb. 1) in ein digitales Spannungssignal (blaue Linie). Genauigkeit 1 Volt. ◄

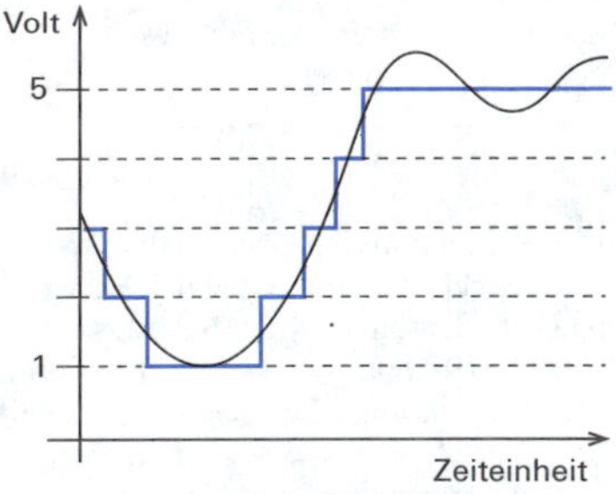

Analog-digital-Umsetzung (Abb. 1)

Die zu wählende Genauigkeit hängt von der kleinsten Größe *d* ab, die bei der Weiterverarbeitung im Digitalrechner noch darstellbar ist.

Die Umkehrung der AD-Umsetzung bezeichnet man als ↑Digital-analog-Umsetzung.

Analogrechner: Ein Analogrechner verarbeitet ↑ analoge Werte, die meist durch die Größe einer elektrischen Spannung dargestellt werden. Analogrechner werden fast ausschließlich im mathematisch-technischen Bereich eingesetzt und dienen hier vorwiegend zur Erzeugung,

Verarbeitung und Lösung komplizierter mathematischer Funktionen oder Gleichungen. Die Lösung einer Gleichung wird auf ein ähnliches physikalisches Experiment zurückgeführt, bei dem die beteiligten Rechenspannungen das gleiche funktionale Verhalten haben wie die Parameter der Gleichung. Ein Analogrechner besteht aus der Zusammenschaltung mehrerer einfacher analoger *Rechenelemente,* deren gemeinsame Funktionseinheit der *Operationsverstärker* ist. Dies ist ein Gleichspannungsverstärker, der eingehende Spannungen um den Faktor $-V$ (Größenordnung 10^5 bis 10^7) bis zu einem bestimmten Maximalwert $U_{\max}$ (Größenordnung 10 Volt) verstärkt, d. h.

$$y = \begin{cases} -Vx, & \text{falls } |Vx| < U_{\max} \\ & \text{(Normalbetrieb)}, \\ \mp U_{\max}, & \text{sonst} \\ & \text{(Übersteuerungsbetrieb)}. \end{cases}$$

Schaltzeichen des Operationsverstärkers:

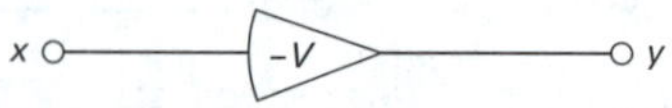

Der Operationsverstärker hat für die Analogrechentechnik die gleiche wichtige Bedeutung wie NAND-Gatter bzw. NOR-Gatter (↑ NAND-Funktion, ↑NOR-Funktion, ↑Gatter) für den ↑Digitalrechner.

Unter Verwendung des Operationsverstärkers erhält man Summierer- und Integrierer-Rechenelemente:

Summierer: Der Summierer multipliziert eingehende Spannungen mit Gewichten, addiert die Ergebnisse und gibt sie am Ausgang aus (Abb. 1).

Ein Summierer mit der in Abb. 1 dargestellten Schaltung besitzt folgendes funktionale Verhalten:

$$\begin{aligned} y &= -\frac{R_0}{R_1}x_1 - \frac{R_0}{R_2}x_2 - \ldots - \frac{R_0}{R_n}x_n \\ &= -k_1x_1 - k_2x_2 - \ldots - k_nx_n \end{aligned}$$

Das Schaltzeichen eines solchen Summierers entnimmt man Abb. 2.

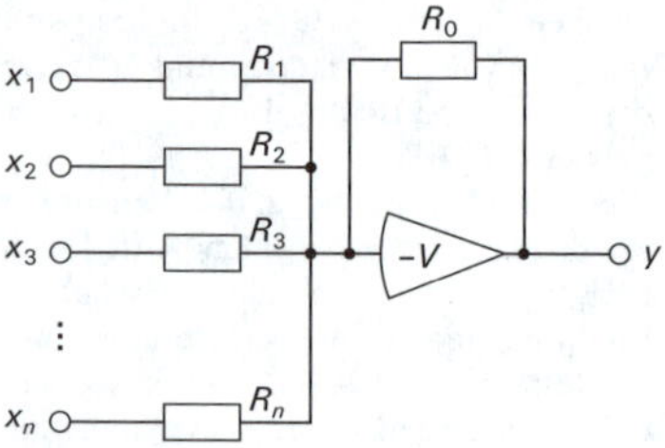

Analogrechner (Abb. 1): Schaltung eines Summierers

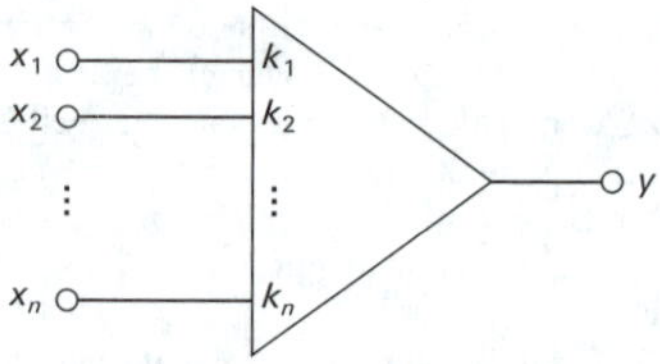

Analogrechner (Abb. 2): Schaltzeichen eines Summierers

Spezialfälle des Summierers sind das *Faktorglied* und der *Inverter.*

Integrierer: Eingehende Spannungen, versehen mit einem Gewicht, werden über die Zeit integriert und am Ausgang bereitgestellt.

Ein Integrierer mit der in Abb. 3 dargestellten Schaltung besitzt folgendes funktionales Verhalten:

$$\begin{aligned} y(t) = y(t_0) &- \tfrac{1}{R_1C}\int_{t_0}^{t} x_1(s)\mathrm{d}s \\ &- \tfrac{1}{R_2C}\int_{t_0}^{t} x_2(s)\,\mathrm{d}s - \ldots \\ &- \tfrac{1}{R_nC}\int_{t_0}^{t} x_n(s)\,\mathrm{d}s. \end{aligned}$$

Das Schaltzeichen eines solchen Integrierers entnimmt man Abb. 4.

In der Schalterstellung 0 wird der Anfangswert $y_0 = y(t_0)$ hergestellt, in der Schalterstellung 1 wird die Integralgleichung ausgewertet.

Durch Zusammenschaltung der Rechenelemente lassen sich komplizierte Funktionen aufbauen und Gleichungen näherungsweise lösen.

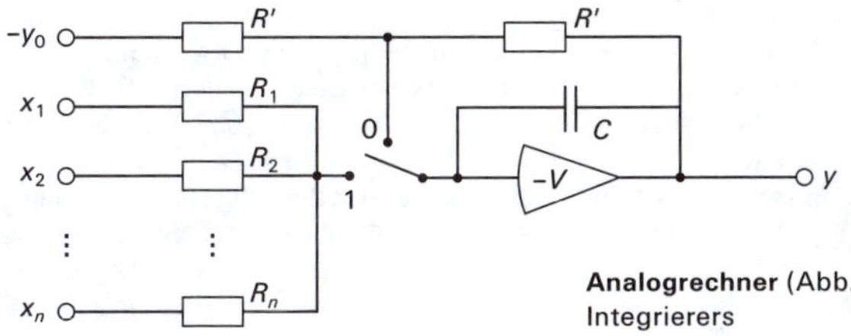

Analogrechner (Abb. 3): Schaltung eines Integrierers

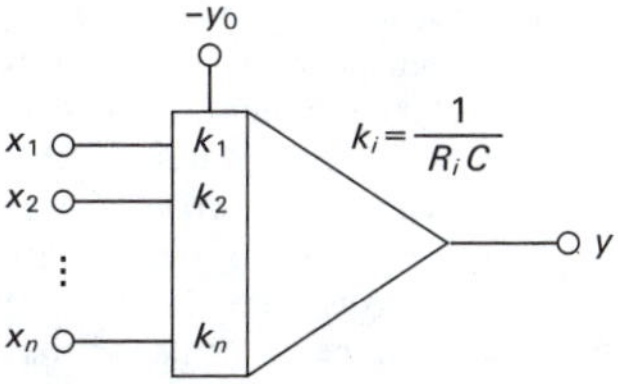

Analogrechner (Abb. 4): Schaltzeichen eines Integrierers

▶ *Beispiel:* Lösung der Differenzialgleichung

$$y' = 2y + 4t$$
$$y(t_0) = 1$$

Umgewandelt in eine Integralgleichung ergibt sich

$$y(t) = 1 + \int_{t_0}^{t} 2y(s)\,\mathrm{d}s + \int_{t_0}^{t} 4s\,\mathrm{d}s$$
$$= 1 + \int_{t_0}^{t} (2y(s) + 4s)\,\mathrm{d}s.$$ ◀

Die Schaltung des entsprechenden Integrierers zeigt Abb. 5.

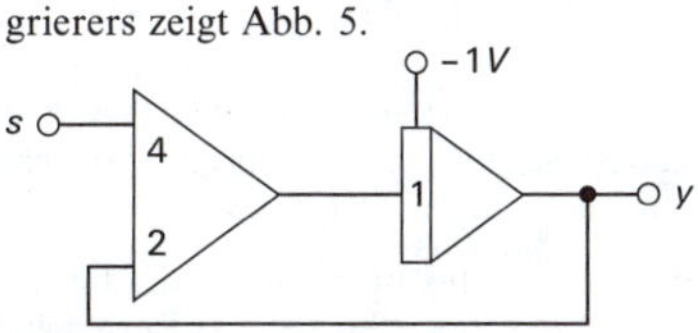

Analogrechner (Abb. 5): Schaltung des Integrierers zur Lösung der Differenzialgleichung $y' = 2y + 4t$ mit der Anfangsbedingung $y(t_0) = 1$

Die Verbindung eines Analogrechners mit einem Digitalrechner heißt ↑Hybridrechner.

Anfrage (engl. *query*): Die in ↑Datenbanken gespeicherten Informationen werden durch *Anfragen* abgerufen. Bei Datenbanksystemen werden Anfragen meist in speziellen Sprachen, den *Datenmanipulations-* (↑ Datenbank) oder den *Anfragesprachen* (↑Datenbanksprachen) formuliert. Im Internet werden Anfragen an Suchmaschinen gestellt, die entweder die exakte Anfrage oder auch ähnliche Suchbegriffe bearbeiten. Hierzu siehe ↑Suchmaschine.
Der Begriff *„Abfrage"* wird häufig synonym verwendet.

Animation (aus dem Lateinischen: etwas beseelen, mit Leben füllen, anregen): In der Informatik bezeichnet Animation, dass (meist unbelebten) Objekten Bewegung und Belebung verliehen wird. Dies geschieht entweder wie bei der Herstellung eines Trickfilms in einer künstlichen Welt oder es werden mithilfe von Verfahren zur Bildverarbeitung real erscheinende Welten, in denen die Objekte nun bewegt werden, eingeblendet und mitmanipuliert. In der Lehre gilt die Animation als ein didaktisches Hilfsmittel, um dynamische Abläufe zu veranschaulichen. Die Erstellung geeigneter Bewegungssequenzen ist immer noch sehr aufwendig und erfordert gute Animationssoftware.

Anlage (engl. *attachment*): Dokument (also eine meist strukturierte Datei, z. B. Text, Bild, Ton oder Video), das als Anlage eines elektronischen Briefes (↑ elektronische Post) versandt wird. Die Anlage behält ihr Format bei und der Empfänger kann sie daher sofort mit den entsprechenden Programmen bearbeiten. Da die üblichen Datenüber-

E D C B A

A

tragungsprotokolle für die elektronische Post nur den Versand von Zeichen des 7-Bit-ASCII-Zeichensatzes ermöglichen, müssen Anlagen mit darüber hinausgehenden 8-Bit-Daten zunächst in das 7-Bit-Zeichenformat umgewandelt werden (z. B. mit den Programmen uuencode oder binhex). Diese Umwandlung und die Rückumwandlung erfolgen automatisch.

ANSI (Abk. für **A**merican **N**ational **S**tandards **I**nstitute): Name des nationalen Normenausschusses der USA, vergleichbar dem Deutschen Institut für Normung *(DIN)* in der Bundesrepublik Deutschland.

Antwortzeit (auch *Rechenzeit* genannt): Zeit, die eine Rechenanlage benötigt, um einen ↑Auftrag (z. B. das Ausführen eines Programms oder die Bearbeitung einer ↑Anfrage) zu bearbeiten. Die Antwortzeit ergibt sich durch Addition der Wartezeiten und der Bedienzeiten.

Die *Wartezeit* ist die Zeit, die ein Auftrag (speziell im Mehrprogrammbetrieb, ↑Betriebsart) auf den Beginn bzw. auf die Fortsetzung der Bearbeitung wartet. Hierin sind auch die Zeiten enthalten, die das Betriebssystem verbraucht.

Die *Bedienzeit* (auch *CPU-Zeit* genannt) ist die Zeit, in der der Auftrag von einem ↑Prozessor bearbeitet wird.

Vor allem im Dialogbetrieb (↑Betriebsart) werden an die Antwortzeit hohe Anforderungen gestellt. Sie ist ein wichtiges Kriterium für die ↑Benutzerfreundlichkeit und wirkt sich auf die Zufriedenheit der Benutzer aus, sofern die Antwortzeit in vernünftigem Verhältnis zur Größe der Aufgabe steht. Dies bedeutet z. B., dass sehr einfache Aufträge wie die Ausgabe des Dateikatalogs oder der nächsten Bildschirmseite durch einen Editor stets sofort bearbeitet werden sollte. Experimente haben gezeigt, dass Antwortzeiten bis zu einer Zehntelsekunde vom Menschen als unmittelbar empfunden werden. Bei den meisten Systemen sind die Antwortzeiten jedoch wesentlich größer. Höhere Antwortzeiten werden aber vom Benutzer dann eher akzeptiert, wenn sie von Auftrag zu Auftrag nur geringfügig schwanken.

Anweisung (engl. *statement*): Grundbegriff in imperativen ↑Programmiersprachen; eine Anweisung ist eine Arbeitsvorschrift, die Teil eines Programms ist und dessen Zustand (Werte der Variablen, Inhalte der Ein-/Ausgabedateien, Bedingungen, die Programmstelle, an der man sich befindet) bei Ausführung des Programms verändert, d. h., bei Ausführung einer Anweisung werden Daten oder ↑Adressen verarbeitet (im Gegensatz zu ↑Deklarationen). Anweisungen, die nicht weiter zerlegt werden können, heißen *elementare Anweisungen* (z. B. ↑Zuweisung, ↑Aufruf einer ↑Prozedur, Ein- und Ausgabe). Eine Folge von Anweisungen, die nacheinander (sequenziell) oder nebeneinander (parallel oder nebenläufig) ausgeführt werden, fasst man wiederum als *eine* Anweisung auf und bezeichnet sie als *Sequenz* oder *Verbundanweisung*. Weitere wichtige Anweisungen sind die ↑bedingte Anweisung, die ↑Schleife und der ↑Block. Die Reihenfolge, in der Anweisungen auszuführen sind, wird durch die ↑Kontrollstruktur festgelegt.

Anwender: Organisation oder Institution, die sich zur Wahrnehmung ihrer Aufgaben elektronischer Datenverarbeitungsanlagen bedient.

Die Programme, die der Anwender einsetzt, heißen *Anwendungsprogramme,* auch *Applikationen.*

Der Begriff des Anwenders ist vom Begriff des ↑Benutzers zu trennen. Während der *Benutzer* in direktem Kontakt zur Rechenanlage steht, hat der Anwender nur mittelbaren Kontakt.

▶ *Beispiel:* Ein Unternehmen, das für die Verwaltung eines Lagers eine Rechenanlage einsetzt, ist ein Anwender. Die mit der Bedienung des Lagerhaltungsprogramms beauftragten Lagerarbeiter sind Benutzer. ◀

AOL (Abk. für **A**merica **O**n**l**ine): in den Vereinigten Staaten ansässiges Unternehmen (gegr. 1985) und weltweit größter

Anbieter von Onlinediensten mit zurzeit (Ende 1999) mehr als 21 Millionen Mitgliedern. Zu den angebotenen Diensten gehören neben den Standardangeboten ↑elektronische Post, Newsgroups, Internetzugang auch ein Vollprogramm für die ganze Familie, das in so genannte Bereichswelten untergliedert ist, zu denen z. B. Nachrichten, Sport, Unterhaltung, Spiele, Finanzen gehören.
Für den Zugriff auf die Angebote von AOL benötigt man eine spezielle Zugangssoftware.
Seit 1995 ist AOL mit einem speziellen Angebot auf dem deutschen Markt vertreten.

API (Abk. für **A**pplication **P**rogramming **I**nterface; dt. Schnittstelle für Anwenderprogramme): Ein API stellt eine wohldefinierte standardisierte ↑ Schnittstelle eines Programms (z. B. des ↑ Betriebssystems oder von Server-Software) zur Verfügung, an die Anwendungsprogramme angeschlossen werden können, die dann über die Schnittstelle auf die Funktionalitäten des unterliegenden Programms zugreifen können.
APIs ermöglichen es z. B. auf einfache Weise, vorhandene Software um zusätzliche Funktionen zu ergänzen.

APL [a:pe''ɛl] (Abk. für „**A** **P**rogramming **L**anguage"): 1960 entwickelte Programmiersprache, die sich durch eine mathematisch orientierte, sehr knapp gefasste Notation auszeichnet. APL ist eine Sprache zur interaktiven Arbeitsweise, bei der die Manipulation von ↑ Feldern (Vektoren, Matrizen) im Vordergrund steht. APL bietet mächtige Operationen zum Rechnen mit Feldern an. Die interpretative Verarbeitung führt jedoch zu hohen Rechenzeiten.

Applet: (kleines lauffähiges) Programm, das von einem WWW-↑Browser ausgeführt wird. Es kann von einem entfernten Computer (dem Server) über ein Netz in den Computer des Benutzers (in den Client) geladen werden. Die Ausführung erfolgt in der Regel durch einen ↑Interpreter, der bei jedem Befehl prüft, ob er in der vorliegenden Umgebung zulässig ist. Ein solcher Interpreter ist in allen Internet-Browsern vorhanden.
Applets gehören zu den ↑ mobilen Programmen und bilden eine Vorstufe der ↑Agenten.
Um die Sicherheit zu gewährleisten, werden bei der Ausführung Seiteneffekte (z. B. Zugriff auf die Daten des Clients) meist unterbunden, indem das Applet nur in einem eingeschränkten Arbeitsbereich des Clients tätig werden darf (*Sandkasten-Prinzip,* vgl. ↑ Java). Zugleich kann man Applets eindeutig kennzeichnen („signieren"), wodurch stets erkennbar ist, woher das Applet kommt und ob es zwischenzeitlich modifiziert wurde. Weiterhin dürfen Applets keine neuen Prozesse erzeugen.
Applets werden in der Regel in eine ↑HTML-Seite eingefügt. Trifft der Browser beim Laden einer solchen Seite auf den <applet>-Befehl, so führt er die Anweisungen des zugehörigen Applets aus. In dem Befehl wird angegeben:
- der Name des Applets,
- ggf. ein Hinweis, wo der Text des Applets steht,
- die für das Applet bereitzustellende Fläche (Breite mal Länge) und Angabe von Informationen zur HTML-Seite,
- Parameter zu Pausen, Animationen, Wiederholungen usw.

Hinzu kommen diverse Angaben, z. B., was öffentlich sichtbar werden soll, wie die Initialisierung erfolgt, welche anderen Klassen verwendet werden sollen usw.

Application Service Provider (Abk. ASP): Unternehmen, das den Zugang zu Softwareanwendungen, Hardware-Infrastruktur und damit zusammenhängenden Diensten, wie Datenspeicherung und -sicherung, ↑ elektronische Post, E-Commerce-Lösungen (↑ E-Commerce), Netzwerkdienste über das ↑Internet, zu meist festen monatlichen Kosten zur Verfügung stellt. Alle diese Dienste werden also nicht vom Benutzer, sondern beim Provider vorgehalten und verwaltet. Vorteil ist die Ersparnis von Kosten vor allem für kleinere Unternehmen, die keine eigenen DV-Abteilungen und -anlagen unterhalten, aber dennoch stets an aktuellen Soft- und Hardware-Entwicklungen teilhaben können.

Äquivalenz (engl. *equivalence*): Zwei Objekte heißen äquivalent, wenn sie

- das gleiche beobachtbare Verhalten besitzen, wobei meist die Umgebung, in der sie sich befinden, zu beachten ist *(extensionale Äquivalenz)*;
- von gleichartigem inneren Aufbau sind *(intensionale Äquivalenz)*.

Oft definiert man Äquivalenz auch als wechselseitige Reduzierbarkeit. In der Informatik tritt der Begriff „Äquivalenz" vorwiegend in folgenden Zusammenhängen auf:

(1) Äquivalenz als ↑boolesche Funktion: Eine Funktion

$$f_n: \{0,1\}^n \to \{0,1\}$$

heißt *Äquivalenz,* wenn

$$f_n(x_1, \ldots, x_n) = 1$$

genau dann gilt, wenn alle x_i für $i \in \{1, ..., n\}$ gleich sind. f_n nimmt also an genau zwei Stellen den Wert 1 an. Für die Äquivalenz verwendet man das Operatorsymbol $\equiv$ (seltener auch $\Leftrightarrow$). Man schreibt also

$$f_n(x_1, \ldots, x_n) = x_1 \equiv x_2 \equiv \ldots \equiv x_n.$$

Das Schaltzeichen für die Äquivalenz zeigt Abb. 1.

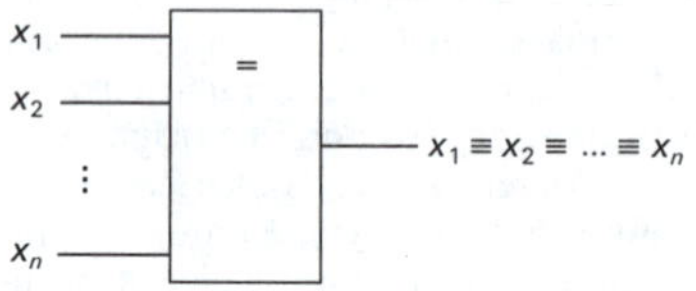

Äquivalenz (Abb.1): Schaltzeichen der Äquivalenz

▶ *Beispiel:* Für $n = 2$ hat die Äquivalenz folgendes Funktionsverhalten:

x_1	x_2	$x_1 \equiv x_2$
0	0	1
0	1	0
1	0	0
1	1	1

◀

(2) (Extensionale) Äquivalenz von ↑Programmen: Zwei Programme heißen *äquivalent,* wenn sie die gleiche Funktion berechnen, also das gleiche Ein-/Ausgabeverhalten haben. Auf identische Eingaben halten beide Programme entweder nicht an oder sie halten an und liefern dann identische Ausgaben.

(3) Äquivalenz von ↑ Grammatiken: Zwei Grammatiken heißen *äquivalent,* wenn sie die gleiche ↑Sprache erzeugen.

(4) Äquivalenz von erkennenden ↑Automaten: Zwei Automaten sind *äquivalent,* wenn sie die gleiche Sprache erkennen. Zwei Zustände q und q' eines Automaten heißen äquivalent, wenn die Zustände, die der Automat einmal beim Start im Zustand q und einmal beim Start im Zustand q' für alle Eingabewörter erreicht, entweder jeweils beide Endzustände oder beide keine Endzustände des Automaten sind (↑minimaler Automat).

Die Bedeutung des Begriffs „Äquivalenz" liegt in der *Austauschbarkeit.* So kann ein Programmstück A in einem Programm P durch ein äquivalentes Programmstück ausgetauscht werden, wodurch aus P ein Programm P' entsteht, das wie P arbeitet. Man muss im Einzelfall aber stets prüfen, ob eine Äquivalenz diese Austauschbarkeitseigenschaft erfüllt; insbesondere bei ↑ Prozessen gilt sie oft nicht.

Die Äquivalenz bezieht sich auf das nach außen sichtbare Verhalten. Will man dagegen ähnliche Strukturen miteinander vergleichen, so verwendet man die algebraischen Begriffe *Homomorphie* und (bei gleichen Strukturen) *Isomorphie* (siehe Duden – Rechnen und Mathematik).

Arbeitsplatzstation (engl. *workstation*): ↑Computer, der eine relativ hohe Leistung erbringt und den Bereich zwischen Großrechner und Personalcomputer ausfüllt. Meist ist er in ein Netz eingebunden. Er kann universell einsetzbar oder für Spezialaufgaben (z. B. im Bereich der Computergrafik) entwickelt worden sein. Typischerweise besitzen

Arbeitsplatzstationen im Jahre 2000 sehr leistungsfähige Mikroprozessoren mit mehreren Hardware-Einheiten (z. B. mehrere Rechenwerke und Coprozessoren), 128 MByte Hauptspeicher, 32 Bit Wortlänge (in Kürze werden es 64 sein) und über 100 GByte Plattenspeicher. Diverse Zusatzausstattungen (Scanner, grafische Tabletts, spezielle Bildschirme, Bilderkennungsgeräte usw.) für den jeweiligen Arbeitsbereich sind entweder direkt angeschlossen oder über ein Netzwerk verfügbar. Als Betriebssysteme sind z. B. LINUX, UNIX oder Windows NT in Gebrauch.

Besonders gut ausgestattete Arbeitsplatzstationen übernehmen in Rechnernetzen die Aufgaben von *Servern,* insbesondere von *File Servern;* solche Anlagen dienen der Verwaltung und Bereitstellung umfangreicher Datenmengen, der Vermittlung und Durchführung von ↑Diensten, der schnellen Datenübertragung und weiterer Aufgaben.

ARPA-Netz: Das ARPA-Netz ist ein seit dem Jahre 1969 in den Vereinigten Staaten aufgebautes ↑Rechnernetz, das schließlich im ↑Internet aufgegangen ist. Gefördert von der Abteilung **A**dvanced **R**esearch **P**rojects **A**gency (Abk. ARPA) des Verteidigungsministeriums der USA, diente es zunächst lange Zeit experimentellen und theoretischen Untersuchungen auf dem Gebiet der Rechnernetze. Ferner sollte es im Falle eines Atomkriegs die Verfügbarkeit von Rechnerleistung absichern. Seit etwa 1975 muss sich das Rechnernetz finanziell selbst tragen.

Das ARPA-Netz ist ein heterogenes Rechnernetz. Die hier entwickelten Protokolle wurden im ↑Internet übernommen (↑TCP/IP).

ASCII-Code ['aski] (Abk. für **A**merican **S**tandard **C**ode for **I**nformation **I**nterchange): Weit verbreiteter 7-Bit-Code (↑Bit, ↑Code) zur Darstellung von Ziffern, Buchstaben und Sonderzeichen. Von den 2^7 = 128 darstellbaren Zeichen werden 32 als Steuerzeichen, 84 als internationale Schriftzeichen (lateinisches Alphabet, Ziffern, Sonderzeichen) und 12 als national festzulegende (z. B. ä, ö, ü im Deutschen) verwendet. Das achte Bit dient meist als Paritätsbit (↑Prüfbit) oder zur Erweiterung auf einen 8-Bit-Code. Der ASCII-Zeichensatz und die Bedeutung der Steuerzeichen und Sonderzeichen sind auf den Seiten 54 und 55 dargestellt. Die zwölf Zeichen mit den Nummern 35, 36, 64, 91–94, 96, 123–126 können durch nationale Normung festgelegt werden.

7-Bit-Codes gehen in den heutigen 8-Bit-Codes auf, sodass auch der ASCII-Code in Zukunft nur noch als Teilmenge anderer Codes von Bedeutung sein wird (↑EBCDI-Code).

Assembler [ə'sɛmblər, zu engl. to assemble = montieren]: Bezeichnung für eine maschinenorientierte ↑Programmiersprache. Für jeden Computertyp gibt es spezielle, auf den ↑Befehlsvorrat des Computers zugeschnittene *Assemblersprachen.* Sie unterscheiden sich von den jeweiligen ↑Maschinensprachen dadurch, dass anstelle eines für den Menschen nicht verständlichen ↑Binärcodes die ↑Befehle und ↑Operanden durch leichter verständliche mnemonische Symbole dargestellt und dass einige abkürzende Vereinbarungen (Zusammenfassen von Befehlsfolgen zu Makros oder Speicherreservierungen) zugelassen sind. Bedeutet z. B. die binäre Zeichenfolge „10111000 00001001" in der Maschinensprache, dass zum ↑Akkumulator die Zahl 9 hinzuaddiert werden soll, so formuliert man diesen Befehl in einer Assemblersprache etwa so:

```
add   A, 9
```

Befehle in einer Assemblersprache bestehen immer aus einer Bezeichnung der durchzuführenden Operation und den beteiligten Operanden (↑Befehlsformat). Zusätzlich kann man jeden Befehl mit einer ↑Marke versehen, die oft durch einen Doppelpunkt abgetrennt wird. Diese Marke entspricht einer (relativen) ↑Adresse; sie kann als Operand in anderen Befehlen verwendet werden.

A

ASCII-Zeichensatz

Spalte / Zeile	0		1		2		3		4		5		6		7	
0	NUL	*0*	DLE	*16*	␣	*32*	0	*48*	@	*64*	P	*80*	`	*96*	p	*112*
1	SOH	*1*	DC1	17	!	*33*	1	49	A	65	Q	*81*	a	97	q	113
2	STX	*2*	DC2	18	"	*34*	2	50	B	66	R	*82*	b	98	r	114
3	ETX	*3*	DC3	19	#	*35*	3	51	C	67	S	*83*	c	99	s	115
4	EOT	*4*	DC4	20	$	*36*	4	52	D	68	T	*84*	d	100	t	116
5	ENQ	*5*	NAK	21	%	*37*	5	53	E	69	U	*85*	e	101	u	117
6	ACK	*6*	SYN	22	&	*38*	6	54	F	70	V	*86*	f	102	v	118
7	BEL	*7*	ETB	23	'	*39*	7	55	G	71	W	*87*	g	103	w	119
8	BS	*8*	CAN	24	(	*40*	8	56	H	72	X	*88*	h	104	x	120
9	HT	*9*	EM	25	)	*41*	9	57	I	73	Y	*89*	i	105	y	121
10	LF	*10*	SUB	26	*	*42*	:	58	J	74	Z	*90*	j	106	z	122
11	VT	*11*	ESC	27	+	*43*	;	59	K	75	[	*91*	k	107	{	123
12	FF	*12*	FS	28	,	*44*	<	60	L	76	\	*92*	l	108	|	124
13	CR	*13*	QS	29	–	*45*	=	61	M	77	]	*93*	m	109	}	125
14	SO	*14*	RS	30	.	*46*	>	62	N	78	^	*94*	n	110	~	126
15	SI	*15*	US	31	/	*47*	?	63	O	79	_	*95*	o	111	DEL	127

Steuerzeichen — Schriftzeichen

eingeschränkter ASCII-Zeichensatz

Bedeutung der Steuerzeichen:

Platz	Kurz-zeichen	Benennung	Platz	Kurz-zeichen	Benennung
0	NUL	Nil (Null)	15	SI	Rückschaltung (Shift-in)
1	SOH	Anfang des Kopfes (Start of Heading)	16	DLE	Datenübertragungsumschaltung (Date Link Escape)
2	STX	Anfang des Textes (Start of Text)	17—20	DC	Gerätesteuerung (Device Control)
3	ETX	Ende des Textes (End of Text)	21	NAK	Negative Rückmeldung (Negative Acknowledge)
4	EOT	Ende der Übertragung (End of Transmission)	22	SYN	Synchronisierung (Synchronous Idle)
5	ENQ	Stationsaufforderung (Enquiry)	23	ETB	Ende des Datenübertragungsblocks (End of Transmission Block)
6	ACK	Positive Rückmeldung (Acknowledge)	24	CAN	Ungültig (Cancel)
7	BEL	Klingel (Bell)	25	EM	Ende der Aufzeichnung (End of Medium)
8	BS	Rückwärtsschritt (Backspace)	26	SUB	Substitution (Substitute Character)
9	HT	Horizontal-Tabulator (Horizontal Tabulation)	27	ESC	Umschaltung (Escape)
10	LF	Zeilenvorschub (Line Feed)	28	FS	Hauptgruppen-Trennung (File Separator)
11	VT	Vertikal-Tabulator (Vertical Tabulation)	29	GS	Gruppen-Trennung (Group Separator)
12	FF	Formularvorschub (Form Feed)	30	RS	Untergruppen-Trennung (Record Separator)
13	CR	Wagenrücklauf (Carriage Return)	31	US	Teilgruppen-Trennung (Unit Separator)
14	SO	Dauerumschaltung (Shift-out)			

Bedeutung der Sonderzeichen:

Platz	Schrift-zeichen	Benennung	Platz	Schrift-zeichen	Benennung	Platz	Schrift-zeichen	Benennung
32	␣	Zwischenraum	43	+	plus	64	@	kommerzielles à
33	!	Ausrufungszeichen	44	,	Komma	91	[	eckige Klammer auf
34	"	Anführungszeichen	45	–	minus	92	\	inverser Schrägstrich
35	#	Nummernzeichen	46	.	Punkt	93	]	eckige Klammer zu
36	$	Dollar	47	/	Schrägstrich	94	^	Zirkumflex
37	%	Prozent	58	:	Doppelpunkt	95	_	Unterstreichung
38	&	kommerzielles Und	59	;	Semikolon	96	`	Gravis
39	'	Apostroph	60	<	kleiner als	123	{	geschweifte Klammer auf
40	(	runde Klammer auf	61	=	gleich	124	|	senkrechter Strich
41	)	runde Klammer zu	62	>	größer als	125	}	geschweifte Klammer zu
42	*	Stern	63	?	Fragezeichen	126	‾	Überstreichung
						127	DEL	Löschen (Delete)

►*Beispiel:*

```
lese:    call     read
         store    puffer
         jumpnz   lese
         jump     ausgabe
canal    equal    128
puffer:  defs     200 B
read:    input    canal
         ...
```
◄

Im obigen Beispiel ist equal (dt. gleich) kein Befehl der Maschinensprache, sondern eine Vereinbarung, dass der ↑Bezeichner canal an jeder Stelle im Programm der Zahl 128 entspricht. defs (Abk. für „*def*ine *s*torage", dt. „definiere Speicherbereich") bezeichnet ebenfalls keinen Befehl der Maschinensprache, sondern ist eine Vereinbarung, durch die an dieser Stelle ein 200 Byte langer Speicherbereich mit der Anfangsmarke puffer reserviert wird. Die Marke read entspricht daher einer Adresse, die um 200 größer ist als die Adresse von puffer. Assemblerbefehle wie equal und defs, die keinem Befehl in der Maschinensprache entsprechen, werden als *Pseudobefehle* bezeichnet.
Ein Assemblerprogramm ist auf einem Computer noch nicht direkt ausführbar. Dazu muss es erst in ein entsprechendes ↑Maschinenprogramm übersetzt werden. Ein Programm, das dies automatisch durchführt, bezeichnet man als *Assemblierer.* Ein Assemblierer muss im Wesentlichen die Befehle und Operanden in den Binärcode umsetzen, die Marken in Adressen umrechnen und die Pseudobefehle bearbeiten. Die Vorteile von Assemblerprogrammen sind ein geringer Speicherbedarf und eine schnelle Rechenzeit. Der Nachteil ist, dass solche Programme auf eine spezielle ↑Hardware zugeschnitten und daher nur schwer auf andere Computertypen übertragbar (↑Portabilität) und bei umfangreicheren Problemen kaum noch verständlich (und damit nicht wartungsfreundlich) sind. Daher werden Assemblersprachen hauptsächlich für Programme, die möglichst schnell reagieren müssen, für ↑Realzeitsysteme, für die ↑Datenübertragung und für Teile des ↑Betriebssystems verwendet. Im Übrigen geht man – wenn die Ausführungsgeschwindigkeit nicht das oberste Ziel ist – auf etwas strukturreichere Programmiersprachen über, wie ↑C oder ↑Perl, die aber noch hinreichend maschinennah sind, um effizient ausgeführt werden zu können.

Assoziativspeicher: Bezeichnung für einen ↑Speicher mit wahlfreiem Zugriff, bei dem der Zugriff nicht auf eine durch eine ↑Adresse spezifizierte Speicherzelle erfolgt, sondern auf alle Speicherzellen gleichzeitig, die eine vorgegebene Inhaltsspezifikation erfüllen. Die Abb. 1 zeigt den grundsätzlichen Aufbau eines Assoziativspeichers.
Der Inhalt des Suchregisters (↑Register) wird an den durch das Maskenregister mit 1 markierten Bitpositionen in einem Zeittakt gleichzeitig mit den entsprechenden Bits aller Speicherzellen verglichen. Die im Vergleichsindikator mit 1 belegten Bits zeigen die Speicherzellen an, die die Inhaltsspezifikation erfüllen.
Wegen der komplexen Vergleichslogik sind Assoziativspeicher relativ teuer. Sie werden daher im Allgemeinen nur für Spezialzwecke eingesetzt (z. B. in der ↑Speicherverwaltung).

ATM (Abk. für engl. **A**synchronous **T**ransfer **M**ode): Übertragungsverfahren über Glasfaserkabel mit Übertragungsgeschwindigkeiten von bis zu 2,4 GBit/s, in der Regel aber 155 MBit/s. Grundlage des ATM-Verfahrens ist die Zerlegung der übertragenen Daten in Datenpakete konstanter Länge, so genannte *Zellen,* die in beliebiger Reihenfolge vom Sender in das Netz eingespeist werden. Die einzelnen *Pakete* zu je 53 Byte bestehen aus einem Steuerteil von 5 Byte Länge, der für den Weg vom Sender zum Empfänger benötigt wird, und dem Nutzanteil, der die eigentliche Nachricht enthält und 48 Byte groß ist. Die Pakete werden ggf. auf unterschiedlichen Wegen zum Empfänger transportiert und dort zu ihrer ursprünglichen Reihenfolge zusam-

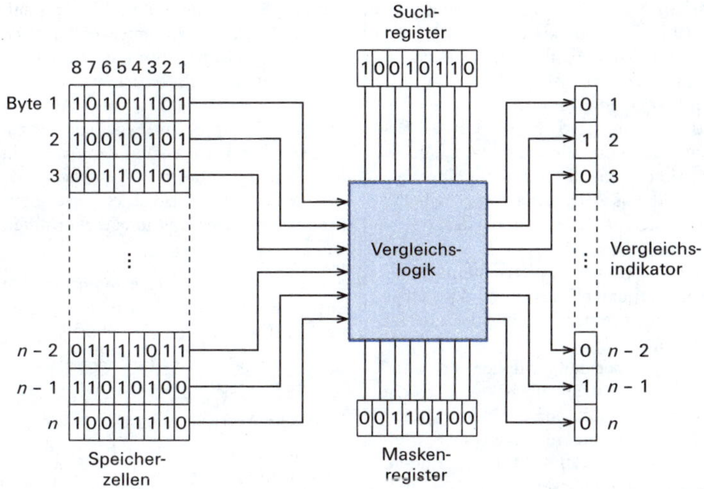

Assoziativspeicher (Abb. 1): Aufbau eines Assoziativspeichers

mengesetzt. Diese Paketübertragung sichert eine gleichmäßige Auslastung des Rechnernetzes und sorgt für eine störungsfreie Übertragung der Pakete auch bei Engpässen oder Ausfällen von Teilnetzen.

ATM kennt unterschiedliche Diensteklassen:

- CBR (constant bit rate): Daten werden mit konstanten Bitraten übertragen. Dies simuliert gegenüber dem Benutzer eine „direkte Verbindung“. Dieser Dienst eignet sich für alle Daten, die in Echtzeit übertragen werden sollen, z. B. für Audio- oder Videoströme.
- VBR (variable bit rate): Daten werden wahlweise mit strenger Echtzeitforderung übertragen, wie es z. B. für Videokonferenzen nötig ist, oder mit schwacher Echtzeitforderung, die größere zeitliche Verzögerungen (so genannte *Jitter*) gestattet.
- ABR (available bit rate) überträgt Daten im Rahmen der aktuell möglichen Netzlast, wobei der Benutzer vom Netz eine Bandbreite zugeteilt bekommt, selbst aber keine anfordern kann. Reicht die Netzkapazität nicht aus, erhält der Benutzer eine Mitteilung.
- UBR (unspecified bit rate) garantiert keine bestimmte Übertragungsgeschwindigkeit oder erfolgreiche Zustellung der Datenpakete, sondern sichert nur die bestmögliche Bandbreite zu. Dies eignet sich z. B. für Dateitransfer oder ↑elektronische Post.

Die Qualität eines in Anspruch genommenen ATM-Dienstes (quality of service, *QoS*) kann vertraglich genau festgelegt und garantiert werden. Neben der Zusammenfassung der Wünsche des Kunden umfasst ein Vertrag die akzeptierte Bandbreite und Dienstequalität mit folgenden Parametern:

- Dauer der Zustellung von Zellen,
- erlaubte zeitliche Abweichungen bei der Zustellung,
- langfristige, durchschnittliche Zellrate,
- maximale und minimale Zellrate,
- die Handhabung und Zustellung von Bruchteilen von Zellen oder Zellblöcken.

A

Attribut: Bezeichnung für Eigenschaften von Datenobjekten in ↑ Programmen und ↑Datenbanken, z. B. ↑Bezeichner, ↑ Datentyp, Wert, Erzeugungsdatum, Darstellungsmöglichkeiten des Objekts wie Schrifttyp, Farbe, Größe. Insbesondere bei relationalen Datenbanken bezeichnet man die Elemente einer festen Spalte als Attributwerte, also als die Werte, die für diese Spalte charakteristisch sind.

Aufruf (engl. *call*): Verwendung einer ↑Prozedur, einer ↑Koroutine oder einer Funktion an einer beliebigen Stelle im Programm.

Der Name der aufgerufenen Prozedur muss an der Aufrufstelle bekannt, also in diesem oder einem umfassenden ↑Block deklariert worden sein oder sich in einem ↑ Objekt oder ↑ Modul befinden, das hier benutzt werden darf. Durch Aufrufe entsteht zur Laufzeit eine dynamische ↑Schachtelung.

Liegt die Prozedur auf einem anderen Rechner innerhalb eines Rechnernetzes, so spricht man von einem *remote procedure call* (Abk. *RPC*).

Ein *Prozeduraufruf* ist eine ↑Anweisung, welche die Ausführung des Rumpfes einer vereinbarten Prozedur bewirkt. Beim Prozeduraufruf müssen Werte für die im Prozedurkopf vereinbarten Parameter angegeben werden (↑ Parameterübergabe). Nach der Einsetzung der Werte wird ein ↑Sprung zum Anfang des Prozedurrumpfs ausgeführt und der Prozedurrumpf abgearbeitet, bis dessen letzte Anweisung oder der Rückkehrbefehl return erreicht wird. Danach wird die Abarbeitung mit der Anweisung fortgesetzt, die unmittelbar auf den Prozeduraufruf folgt (↑Rückkehradresse).

Die Implementierung eines Prozeduraufrufs muss berücksichtigen, dass im Rumpf erneut Prozeduren und auch die gerade ausgeführte Prozedur selbst (↑Rekursion) aufgerufen werden können. Es dürfen daher nicht die gleichen Datenbereiche benutzt werden, vielmehr muss mit Kopien gearbeitet werden, den so genannten ↑Inkarnationen. Die genaue Bedeutung eines Prozeduraufrufs ist durch die ↑Kopierregel definiert. Bei Funktionsprozeduren (↑ Funktion) spricht man häufig auch von einem *Funktionsaufruf*. Da hier nach Abarbeitung des Rumpfes ein Ergebniswert zurückgegeben wird, erfolgt der Aufruf in der Regel in einem ↑ Ausdruck. Die Auswertung des Ausdrucks wird unterbrochen, bis der Funktionswert ermittelt ist.

▶ *Beispiel:* Es seien zwei integer-Variable ergebnis und z, die Prozedur schreibe und die Funktion fac vereinbart:

```
procedure schreibe (n: integer) ...
function fac (n: integer): integer ...
```

Mögliche Aufrufe sind dann:

```
schreibe (z);
ergebnis := fac(z);
schreibe (ergebnis);
z := fac (fac(z));
schreibe (fac(z));
```
◀

Auftrag (engl. *job*): Anforderung an eine Rechenanlage, eine bestimmte Datenverarbeitungsleistung zu erbringen. Der Begriff wurde früher meist in Verbindung mit dem Stapelbetrieb (↑ Betriebsart) verwendet, heute erfolgen Aufträge in der Regel im Dialogbetrieb durch Erzeugen von Prozessen.

Ein Auftrag besteht im Allgemeinen aus Kommandos an das ↑ Betriebssystem (↑Kommandosprache), die Angaben über die Größe des Auftrags und die benötigten ↑ Betriebsmittel enthalten, sowie einer Folge von Teilaufträgen (engl. *job step*), die jeweils die Ausführung eines Programms bewirken. Jeder Teilauftrag enthält seinerseits Kommandos, die spezifizieren, was in diesem Teilauftrag zu tun ist, sowie das auszuführende Programm und dessen Eingabedaten.

Aufwärtskompatibilität: Eigenschaft von Hard- und Softwaresystemen, Programme und Daten lesen und ausführen zu können, die auf älteren Versionen oder kleineren Modellen der gleichen Serie entwickelt wurden. Das neue

System ist dann *aufwärtskompatibel* zu den anderen Systemen.
Wird eine Computerfamilie neu entwickelt, dann wird stets gefordert, dass die leistungsfähigeren Computer alle Programme verarbeiten können, die auf kleineren Computern ablaufen. Programmsysteme sind aufwärtskompatibel, wenn sie Datenbestände, die mit älteren Versionen erstellt wurden, verarbeiten können, ggf. unter Zuhilfenahme von Konvertierungsprogrammen.
Eine eingeschränkte Aufwärtskompatibilität erreicht man oft durch ein Programmsystem, das es gestattet, alte Programme und Datenbestände automatisch an das neue System anzupassen (↑Kompatibilität), oder mit dessen Hilfe das frühere Computersystem simuliert werden kann (↑Emulation).
Kann ein Programm, das für ein neues Rechnersystem entwickelt wurde, auch auf einem älteren oder kleineren Modell der gleichen Serie (dann allerdings mit erheblichen Leistungseinschränkungen) eingesetzt werden, so ist es *abwärtskompatibel*.

Aufwärtsübersetzung: Bezeichnung für die automatische Übersetzung eines in einer strukturarmen (z. B. maschinennahen) Programmiersprache geschriebenen Programms in ein äquivalentes Programm einer strukturreichen und problemorientierten Programmiersprache (Umkehrung der Arbeit eines ↑Übersetzers). Hierbei sollen nicht die Sprachelemente der niederen Sprache durch gleichwertige Sprachelemente der höheren ersetzt werden (so genannte 1-zu-1-Einbettung), vielmehr sollen die mächtigeren Sprachstrukturen im Programm erkannt und geeignet übersetzt werden. Dies führt zum Problem des „Software-Verstehens", das beim ↑ Reengineering auftritt.
Einsatzmöglichkeiten von Aufwärtsübersetzern können z. B. sein: (1) Vereinheitlichung von in verschiedenen Sprachen geschriebenen Programmbeständen, (2) Dokumentation von undokumentierten und schwer lesbaren Programmen in maschinennahen Programmiersprachen (↑ Disassembler), (3) Zugang zu Programmierhilfen, die für andere Sprachen entwickelt wurden.
Aufwärtsübersetzung ist eine Teilaktivität des ↑Reverse Engineering.

aufzählbar (engl. *enumerable*): Eine Menge M heißt aufzählbar, wenn sie entweder endlich ist oder wenn es einen ↑Algorithmus gibt, der zu jeder natürlichen Zahl n das n-te Element der Menge in endlich vielen Schritten ermittelt. Falls die Menge M unendlich viele Elemente besitzt, bricht der Algorithmus nicht ab.

▶ *Beispiel:* Die Menge der Binärdarstellungen der natürlichen Zahlen

$$\{0, 1, 10, 11, 100, 101, 110, 111, 1000, \ldots\}$$

ist aufzählbar. Ein Algorithmus, der diese Menge elementweise erzeugt, lautet in halbumgangssprachlicher Formulierung:
Sei x eine Variable vom Datentyp <u>string</u>, d. h., x kann beliebig lange Folgen von Zeichen als Wert annehmen. i sei vom Typ <u>integer</u>. Initialisiere x mit der Zeichenfolge '0' (x := '0').

```
repeat forever
    drucke (x);
    Berechne nun folgendermaßen den
    nächsten Wert von x:
    Es sei n die Länge der Zeichenfolge in
    x, d. h., x = x1 x2 ... xn.
    Setze i := n.
    Solange i ≥ 1 und xi = '1' sind,
      wandle xi in '0' um und
      erniedrige i um 1.
    Falls i > 0 ist,
      dann ersetze xi durch '1'.
    Falls i = 0 ist, d. h., falls x nur aus
    Einsen bestanden hatte,
      verlängere die Zeichenfolge x um
      eine '1', die an den Anfang von x
      gesetzt wird.
end
```
◀

Das schrittweise Erzeugen der Elemente von M kann man als eine Abbildung von N in M auffassen, wobei der Zahl i das i-te erzeugte Element zugeordnet wird. Das gleiche Element kann hierbei belie-

big oft erzeugt werden, sodass (außer der leeren) auch jede endliche Menge durch eine solche Abbildung erzeugt und beschrieben werden kann.
Man definiert daher: Es sei G eine Menge. Eine Teilmenge $M \subseteq G$ heißt *aufzählbar,* wenn M leer ist oder wenn es eine totale ↑ berechenbare Funktion $f: \mathbb{N} \to G$ gibt, deren Wertebereich M ist, d. h. $M = \{f(n) \mid n \in \mathbb{N}\}$. Ist G die Menge aller Wörter über einem Alphabet A, dann heißt M eine aufzählbare ↑*Sprache*.
Aufzählbare Mengen bilden die „Obergrenze" dessen, was man mit Algorithmen erzeugen und beschreiben kann. Anders ausgedrückt: Mengen, die man nicht aufzählen kann, kann man auch nicht mit einem konstruktiven Verfahren beschreiben. Die aufzählbaren Sprachen stimmen mit den von ↑Turingmaschinen akzeptierten Sprachen und den von allgemeinen ↑ Grammatiken erzeugten Sprachen überein.
Sind eine Sprache $M \subseteq A^*$ und ihr Komplement $A^* \backslash M$ aufzählbar, so ist M *entscheidbar* (↑ entscheidbare Menge). Diese Aussage kann man verwenden, um *nicht-aufzählbare* Sprachen anzugeben. Es ist

$H = \{w \mid w$ ist Codierung einer ↑ Turingmaschine T, und T angesetzt auf w hält an$\}$

die Menge, die das ↑ Halteproblem beschreibt. Da H aufzählbar, aber nicht entscheidbar ist, muss das Komplement von H eine nicht-aufzählbare Sprache sein.
Der Begriff „aufzählbar" ist vom mathematischen Begriff „abzählbar" zu unterscheiden. Eine Menge heißt (höchstens) *abzählbar,* wenn sie endlich oder gleichmächtig zu $\mathbb{N}$ ist. Jede aufzählbare Menge ist abzählbar, aber nicht jede abzählbare Menge ist aufzählbar. Z. B. ist das Komplement von H eine abzählbare Menge.

Aufzählungstyp: in vielen Programmiersprachen vorhandenes Konzept zur Einführung selbst definierter endlicher ↑Datentypen. Das mathematische Strukturierungsprinzip, das dem Aufzählungstyp zugrunde liegt, ist die Bildung endlicher geordneter Mengen.
Einen Aufzählungstyp definiert man durch Auflistung aller Werte der Wertemenge des Typs. Die Wertemenge muss endlich sein. Die allgemeine Definition eines Aufzählungstyps T lautet:

```
type T = (t1, t2, ..., tn).
```

T ist der Bezeichner des Typs, $t_1, \dots, t_n$ sind die möglichen Werte, bei denen es sich jeweils um beliebige paarweise verschiedene Zeichenfolgen handeln kann. Einige Programmiersprachen verlangen, dass die t_i nicht mit Werten anderer Datentypen übereinstimmen dürfen *(strenge Typisierung)*. Die durch obige Definition induzierte lineare Ordnung auf T lautet:

$t_1 < t_2 < \dots < t_n.$

Mögliche Operationen auf T sind üblicherweise die Vergleichsoperationen $=, \neq, <, >, \leq, \geq$ sowie eine *Nachfolgerfunktion* succ (engl. *successor*) und eine *Vorgängerfunktion* pred (engl. *predecessor*), die zu jedem Element t_i das bezüglich der Ordnung nächstgrößere bzw. nächstkleinere liefern, sofern es existiert, also

succ $(t_i) = t_{i+1}$, falls $1 \leq i < n$,
pred $(t_i) = t_{i-1}$, falls $1 < i \leq n$.

▶ *Beispiel:*

```
type farbe = (rot, gruen, blau).
```

farbe besitzt die Wertemenge {rot, gruen, blau}, und es gilt

rot < gruen < blau.

Vereinbart man eine Variable

```
var f: farbe
```

so sind z. B. folgende Anweisungen zulässig:

```
f := blau
for f := rot to blau do ...
while f ≤ gruen do ...
```
◀

Aufzählungstypen machen Programme lesbarer, da sie Codierungen vermeiden.

Ausdruck (Synonym: *Term;* engl. *expression)*: (1) Verarbeitungsvorschrift, deren Ausführung einen Wert liefert. Ausdrücke entstehen, indem ↑ Operanden mit ↑Operatoren verknüpft werden. Sie werden oft als ↑ Bäume dargestellt. Spezielle Ausdrücke sind *arithmetische* und *logische Ausdrücke.* Arithmetische Ausdrücke liefern Zahlenwerte, logische Ausdrücke entweder den Wert true (wahr) oder den Wert false (falsch).

▶ *Beispiel:* Die Zeichenreihe 5 ∗ X + 3 ist ein *arithmetischer Ausdruck,* sofern X eine Zahl oder eine Variable darstellt. Die Zeichenreihe 5 ∗ X + 3 = 0 ist ein *logischer Ausdruck.* ◀

(2) Ein ↑regulärer Ausdruck ist eine Zeichenfolge zur Beschreibung einer ↑Sprache, die auch ein endlicher Akzeptor (↑endlicher Automat) erkennen kann.
(3) Formelhafte Darstellung von Funktionen und ihren Beziehungen untereinander. Ausdrücke bilden daher die Grundstruktur in der funktionalen ↑Programmierung.
(4) Synonym für ausgedruckte Daten (↑Ausgabe, ↑Drucker).

Ausgabe (engl. *output*): Vorgang, durch den eine Rechenanlage Programme oder errechnete Daten an die Außenwelt abgibt.
Die Ausgabe von Daten und Programmen erfolgt über spezielle Ausgabegeräte. Zu den typischen Ausgabegeräten einer Datenverarbeitungsanlage zählen der ↑Bildschirm und der ↑Drucker, im technischen Bereich kommen z. B. Zeichengeräte, Steuerungseinheiten für Maschinen oder Alarmanlagen hinzu.

ausgeglichener Baum (*ausgewogener Baum;* engl. *balanced tree*): Ein ↑binärer Baum heißt ausgeglichener Baum oder *AVL-Baum* (benannt nach seinen „Erfindern" **A**delson-**V**elskij und **L**andis), falls sich für jeden Knoten *k* die Höhen (↑Baum) *h* der beiden Teilbäume von *k* um höchstens 1 unterscheiden. Man spricht auch von *(höhen-)balancierten Bäumen,* da sich die Höhen der Teilbäume etwa im Gleichgewicht halten.

▶ *Beispiel:* Die Abb. 1 zeigt einen ausgeglichenen Baum. An jeden Knoten *k* wurde die Differenz der Höhen

h (rechter Teilbaum von *k*) –
h (linker Teilbaum von *k*)

geschrieben. Blätter besitzen stets die Eigenschaft, ausgeglichen zu sein. ◀

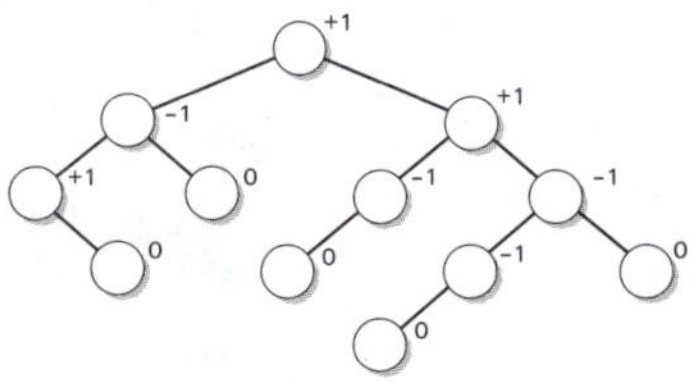

ausgeglichener Baum (Abb. 1)

Allgemeine ↑ Suchbäume gestatten es, die Operationen Suchen, Einfügen und Löschen im Mittel in der Zeit $O(\log_2 n)$ (↑Ordnung) durchzuführen, wobei *n* die Anzahl der Knoten des Suchbaumes ist. Voraussetzung für dieses günstige Zeitverhalten ist, dass die Knoten einigermaßen gleichmäßig auf alle Unterbäume des Baums verteilt sind. Bei dynamischer Veränderung durch Einfüge- und Löschoperationen kann der Baum jedoch zunehmend entarten (↑ Suchbaum), also z. B. linkslastig oder rechtslastig werden. Bei ausgeglichenen Bäumen wird dies durch ständige Korrektur des Baumes vermieden.
Um leichter in Bäumen suchen zu können, identifiziert man die Knoten mit Schlüsseln. Einen Knoten eines ausgeglichenen Baumes mit ganzzahligen ↑Schlüsseln definiert man dann so:

```
type knoten = record
  schlüssel: integer;
  lb, rb: ↑ knoten; (∗ Verweise auf
        linken und rechten Sohn ∗)
  diff: −1 . . 1 (∗ Höhendifferenz
        der Teilbäume ∗)
end;
```

Das Einfügen und Löschen in einem AVL-Baum erscheint auf den ersten Blick recht aufwendig, da man den

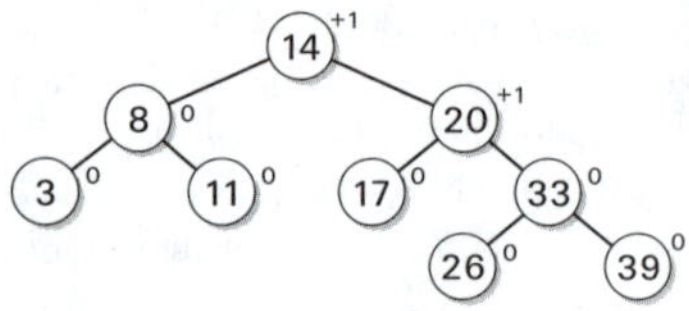

ausgeglichener Baum (Abb. 2)

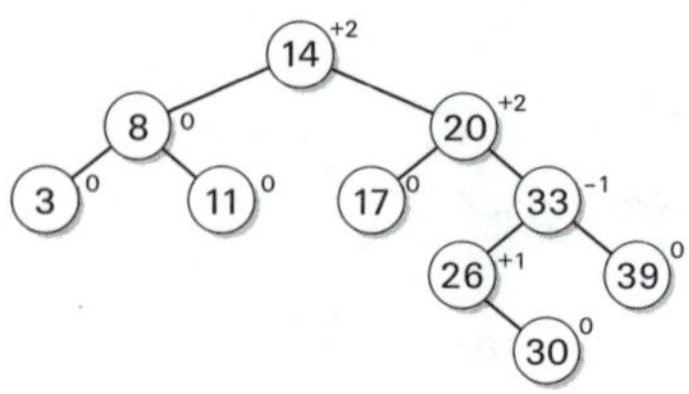

ausgeglichener Baum (Abb. 3)

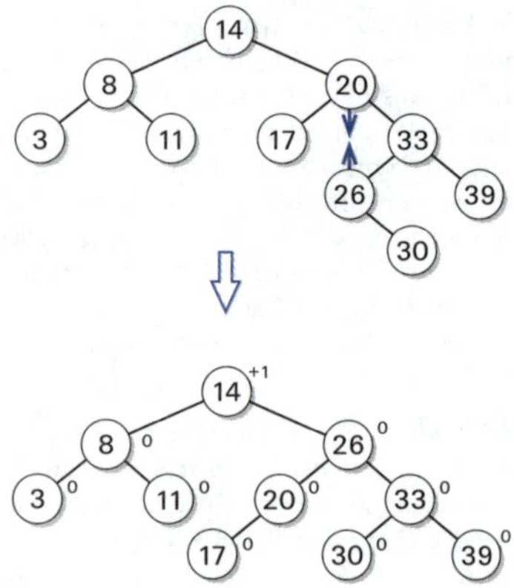

ausgeglichener Baum (Abb. 4)

Baum stets korrigieren muss, wenn er nicht mehr ausgeglichen ist.

▶ *Beispiel:* In den AVL-Baum der Abb. 2 soll der Schlüssel 30 eingefügt werden. Man durchläuft den Suchbaum wie üblich und stellt fest, dass ein Blatt mit dem Schlüssel 30 als rechter Sohn an den Knoten „26" angehängt werden muss. Man erhält den Baum aus Abb. 3.
Die Höhendifferenz beträgt an zwei Knoten „+2"; die Ausgeglichenheit ist also verletzt. Man kann jedoch den Baum leicht wieder ausbalancieren (Abb. 4).
Knoten „26" wird hochgeschoben, wobei sein rechter Teilbaum an Knoten „33" gehängt wird *(R-Rotation)*. Knoten „20" rutscht nach unten und wird linker Teilbaum von „26". Dies sieht kompliziert aus; in Wahrheit werden jedoch nur einige Kanten im Baum umgehängt. Anschaulich sagt man auch, der unter dem Knoten „33" hängende Baum sei nach rechts gedreht und anschließend der an Knoten „20" hängende Baum nach links gedreht worden *(RL-Rotation)*. ◀

Die Stelle, wo eine Ausgleichsoperation ansetzen muss, sofern sie überhaupt nötig ist, lässt sich leicht finden: Man trägt den neuen Schlüssel (hier: „30") als Blatt ein und verfolgt den Weg zur Wurzel zurück. Hierbei verändert man jeweils die Balance diff an den Knoten, bis entweder eine Balance +1 oder −1 zu 0 abgeändert wurde (dann kann man den Einfügevorgang ohne Ausgleichsoperation abbrechen) oder bis eine Balance +2 oder −2 auftritt. In diesem Fall führt man genau eine Ausgleichsoperation an diesem Knoten aus, wodurch die Balance auf +1, 0 oder −1 gesetzt wird und das Einfügen beendet ist.

▶ *Beispiel:* Man betrachte Abb. 2 und Abb. 3. Der Schlüssel „30" wird eingefügt, wodurch die Balancen am Knoten „26" von 0 in +1, am Knoten „33" von 0 in −1 und am Knoten „20" von +1 in +2 abgeändert werden (man beachte, dass der Einfügepfad zur Wurzel zurückverfolgt wird). Die Ausgleichsoperation wirkt nun ausschließlich auf den Teilbaum des Knotens „20". Diese RL-Rotation erzeugt den Baum der Abb. 4, wobei 4 Kanten umgesetzt wurden. ◀

Das Löschen ist ein wenig aufwendiger: Falls der zu löschende Knoten *k* zwei Söhne besitzt, ersetzt man ihn durch den nächstgrößeren Knoten *k'* im

Baum; dies ist der äußerste linke Knoten im rechten Teilbaum von k. Der Knoten k' besitzt höchstens einen rechten Sohn, den man an den Vater k'' von k' hängt. Danach verfolgt man von k'' aus den Weg zur Wurzel zurück, wobei man die Balancen verändert und eventuell Ausgleichsoperationen durchführt.
Im Gegensatz zum Einfügen können hier mehrere Ausgleichsoperationen notwendig werden.

▶ *Beispiel:* Löscht man in dem Baum der Abb. 2 z. B. den Knoten „8“, so wird „8“ durch „11“ ersetzt; beim Aufstieg zur Wurzel erhält „11“ die neue Balance −1, alle anderen Balancen bleiben unverändert (Abb. 5).
Wird anschließend „3“ gelöscht, dann erhält „11“ die Balance 0 und „14“ die Balance +2. Am Knoten „14“ wird eine L-Rotation durchgeführt, und man erhält den in Abb. 6 gezeigten Baum. ◀

Bei den Ausgleichsoperationen unterscheidet man (bis auf Symmetrie) zwei Fälle:
Fall 1: x wird eingefügt und verletzt dadurch die Ausgeglichenheit an einem höher gelegenen Knoten k_1. T_1, T_2, T_3 sind (möglicherweise leere) Teilbäume (Abb. 7).
Der abgebildete Korrekturschritt heißt *L-Rotation* (L für links), der symmetrische Korrekturschritt *R-Rotation* (R für rechts). Hierbei werden nur zwei Kanten umgehängt.
Fall 2: x wird eingefügt. Wiederum ist die Balance an einem höher gelegenen Knoten k_1 zu klein (hier: −2). T_1, T_2, T_3 und T_4 sind (möglicherweise leere) Teilbäume (Abb. 8).

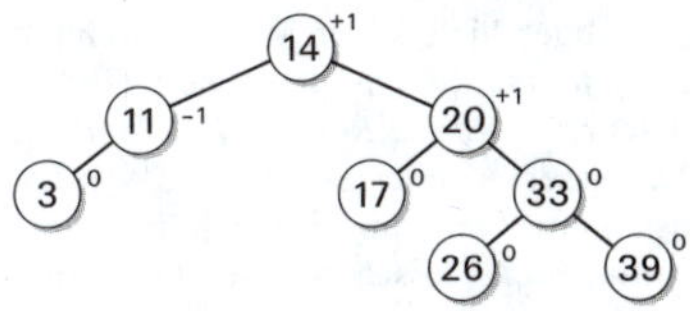

ausgeglichener Baum (Abb. 5)

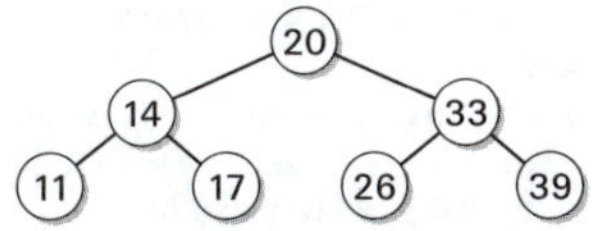

ausgeglichener Baum (Abb. 6)

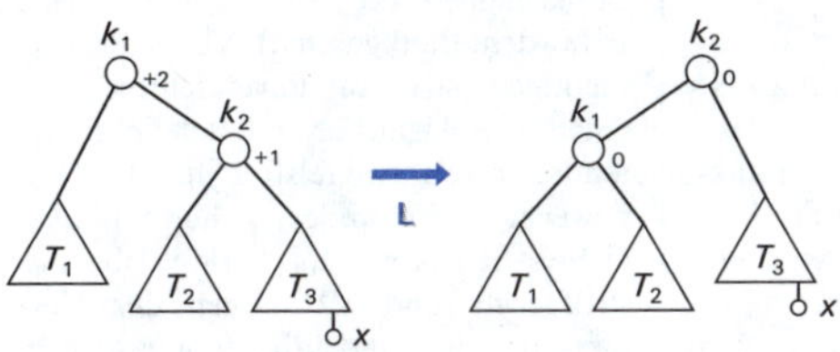

ausgeglichener Baum (Abb. 7): L-Rotation

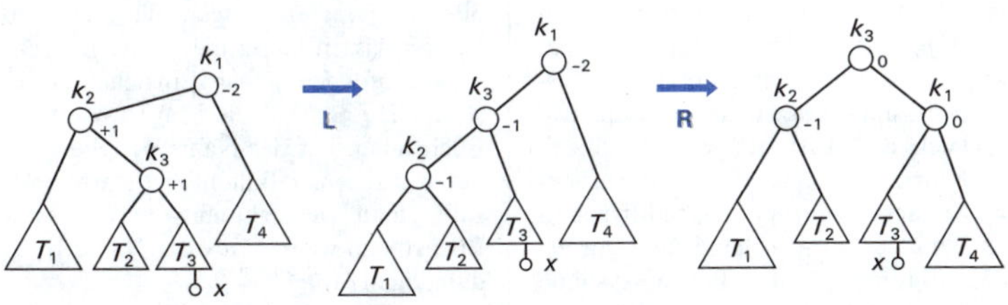

ausgeglichener Baum (Abb. 8): LR-Rotation

Der abgebildete Korrekturschritt heißt *LR-Rotation,* die symmetrischen Korrekturschritte *RL-*, *RR-* und *LL-Rotation.* Bei dieser Ausgleichsoperation werden insgesamt vier Kanten umgehängt.

Einfügen und Löschen lassen sich durch ein Abwärtssteigen und anschließendes Rückverfolgen im Baum leicht beschreiben. Man kann diese Algorithmen daher am besten mithilfe der ↑Rekursion programmieren.

Man kann beweisen, dass ein AVL-Baum mit n Knoten höchstens die Höhe $1{,}4404 \cdot \log_2(n+2)$ besitzt, also höchstens 44 % über dem minimalen Wert $\log_2 n$. Da die Anzahl der Operationen beim Suchen, Einfügen und Löschen proportional zur Höhe des Baumes ist, lassen sich diese Operationen stets in der Ordnung $O(\log_2 n)$ ausführen. AVL-Bäume eignen sich daher zur Verwaltung von Daten, in denen oft gesucht wird und die oft verändert werden. Für die Speicherung auf externen Speichern verwendet man jedoch besser ↑B-Bäume, um die Anzahl der Zugriffe zu verringern.

Eine Anwendung der ausgeglichenen Bäume findet sich beim ↑Sortieren durch Einfügen.

Auslastung: Die Auslastung einer Funktionseinheit einer Rechenanlage ist der relative Anteil innerhalb einer vorgegebenen Zeitspanne, in dem die Funktionseinheit aktiv eine Verarbeitungsleistung erbringt (↑Leistung). Eine Rechenanlage, die im Schnitt nur 5 Minuten pro Stunde arbeitet, ist also nur zu $\frac{1}{12}$, also etwa 8,3 %, ausgelastet.

Das Ziel beim Betrieb von Rechenanlagen besteht darin, alle Komponenten (↑Geräteverwaltung) möglichst maximal auszulasten, um nicht teure Funktionseinheiten unproduktiv zu belassen. Ein Vergleich der Auslastungen der einzelnen Komponenten zeigt, ob die Rechenanlage den Verarbeitungsbedürfnissen der Benutzer entsprechend konfiguriert (↑Konfiguration) ist. ↑Betriebssysteme von Großrechnern erstellen in der Regel automatisch Auswertungen, aus denen die Auslastung aller Komponenten hervorgeht (↑Monitor).

Ausnahme (engl. *exception*): spezieller ↑Laufzeitfehler, der nicht durch das Laufzeitsystem behandelt werden soll und dann zu einem Abbruch des Programms führen würde, sondern den man im auslösenden Programm selbst abfängt. Treten während einer Programmausführung Fehler auf, so kann man in manchen Programmiersprachen zu jedem Fehlertyp (Division durch Null, Bereichsüberschreitung beim Multiplizieren, Zugriff auf ein Element außerhalb der Grenzen eines Feldes, Einlesen von Daten, die nicht zum geforderten Datentyp gehören usw.) eine Ausnahmebehandlung (engl. *exception handling*) angeben. Die Ausnahmebehandlung wird meist für ein größeres Programmstück (z. B. ↑Prozedur, ↑Block) einheitlich festgelegt und in einem speziellen Programmteil an das Programmstück angefügt. Das System beendet im Fehlerfall das Programm nicht, sondern führt stattdessen die Ausnahmebehandlung durch.

Authentifizierung: eindeutiger Nachweis einer Person, wer sie ist. Im ↑elektronischen Markt, bei Autorenschaften, Behörden, Bankgeschäften oder Bescheinigungen ist es oft unverzichtbar, dass eine nur elektronisch in Erscheinung tretende Person zweifelsfrei ihre Identität beweist. Als besonders sicher gelten geeichte Sensoren, z. B. Fingerabdruck-Prüfgeräte und Messungen der Netzhaut, die eine eindeutige biologische Eigenschaft übertragen. Kennt man sein Gegenüber gut, dann kann man Daten oder Ereignisse abfragen, die nur diese Person wissen kann; dies sollte indirekt ohne Aufdeckung von Einzelheiten geschehen, z. B.: Auf die Frage „Wie viele Buchstaben hat der Name der Stadt, in der wir zu einer Ballonfahrt starteten?“ sollte man vielleicht antworten: „Zwei Buchstaben weniger als der Name Ihres damaligen Hotels.“

Eine einfache Authentifizierung ist möglich, wenn beide Personen A und B jeweils einen öffentlichen Schlüssel $Ö_A$ und $Ö_B$ (↑Kryptographie, public-key-system) besitzen. B schickt dann A irgendeine Nachricht m, die mit dem Schlüssel $Ö_A$ verschlüsselt wurde; A entschlüsselt sie mit ihrem geheimen Schlüssel G_A und schickt sie verschlüsselt mit dem Schlüssel $Ö_B$ an B zurück, der sie mit seinem geheimen Schlüssel G_B entschlüsselt. Stimmt diese Nachricht mit m überein, so gilt der Nachweis, die andere Person sei A, als erbracht (eigentlich weiß B nur, dass die andere Person den Schlüssel G_A besitzt). Diese Authentifizierung kann auch über eine dritte Stelle erfolgen, die entsprechende Schlüssel und Nachrichten mit den Personen A und B austauscht.

Automat: ein technisches oder mechanisches Gerät, das zu einer Eingabe ein bestimmtes Ergebnis ausgibt.

▶ *Beispiele:* Kaugummiautomaten sind Automaten, die bei Eingabe einer Münze ein Kaugummi herausgeben. Computer sind Automaten, die bei Eingabe eines Programms und einer Menge von Eingabedaten eine Menge von Ausgabedaten berechnen und ausgeben. Sie begegnen uns nicht nur als Computer, sondern auch als Fahrscheinautomaten, Autopiloten, Handhabungsautomaten (Roboter) usw. ◀

In der *Informatik* bezeichnet man als Automaten vorwiegend mathematische Modelle von Geräten, die Zeichenfolgen verarbeiten und dabei Antworten geben, wobei die Eingabe oft nur gelesen, aber nicht verändert werden darf. Der Zweig der *theoretischen Informatik,* der sich mit der Untersuchung dieser mathematischen Modelle beschäftigt, wird *Automatentheorie* genannt.

Im Zusammenhang mit (formalen) ↑ Sprachen werden Automaten zur Beschreibung von Sprachen bzw. zur Beschreibung von Spracherkennungs- und Sprachverarbeitungssystemen sowie von einfachen Übersetzern verwendet. Man unterscheidet zwischen erkennenden und übersetzenden Automaten: Ein **erkennender Automat** (so genannter *Akzeptor*) für eine Sprache L ist ein Automat, der ein Wort w einliest und anschließend anzeigt, ob w in L liegt (Abb. 1). Ein **übersetzender Automat** (so genannter *Transduktor*) berechnet zu einem eingegebenen Wort w ein Ausgabewort v (Abb. 2).

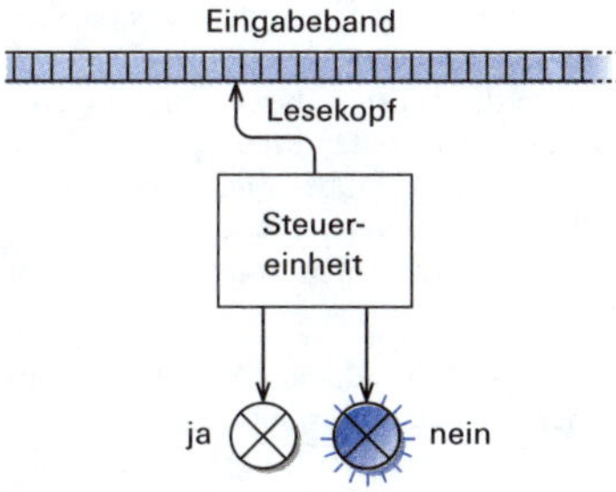

Automat (Abb. 1): erkennender Automat

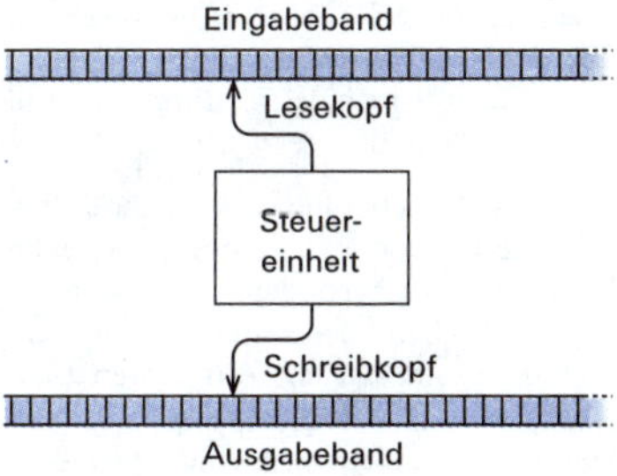

Automat (Abb. 2): übersetzender Automat

Mathematisch ausgedrückt berechnet ein erkennender Automat A eine Abbildung $f_A: I^* \to \{0,1\}$ von der Menge der Wörter über einem festen Eingabealphabet I in die Menge $\{0,1\}$, wobei 0 für die Ausgabe „Das eingegebene Wort ist nicht in der Sprache!“ und 1 für die Ausgabe „Das eingegebene Wort ist in der Sprache!“ stehen soll. Die vom Automaten A erkannte Sprache ist die Menge aller Wörter aus I^*, die auf 1 abgebildet werden:

$$L(A) = \{w \in I^* \mid f_A(w) = 1\}.$$

Ein übersetzender Automat A berechnet eine Relation $R_A \subseteq I^* \times O^*$ zwischen der Menge der Wörter über einem Eingabealphabet I und der Menge der Wörter über einem Ausgabealphabet O. Erkennende Automaten sind ein Spezialfall der übersetzenden Automaten mit dem Ausgabealphabet $\{0, 1\}$.

▶ *Beispiel:* Ein endlicher Akzeptor (↑endlicher Automat), der zu einem Eingabewert w entscheidet, ob w die Binärdarstellung einer natürlichen Zahl ist (↑aufzählbar), ist ein erkennender Automat. Wenn er zusätzlich ein Ausgabeband besitzt, auf das er $\overline{w}$ schreibt, so ist er ein übersetzender Automat; hierbei entstehe $\overline{w}$ aus w, indem jede '0' durch '1' und jede '1' durch '0' ersetzt wird. ◀

In der Automatentheorie wird eine Vielzahl verschiedener Automatenmodelle betrachtet. Insbesondere unterscheidet man zwischen deterministischen und nichtdeterministischen Automaten bzw. Akzeptoren (↑Determinismus).
Unter den Akzeptoren sind besonders diejenigen interessant, für die es korrespondierende ↑Grammatiken gibt.
Anmerkung: Die Bezeichnung „Automat“ wird oft auch synonym zu ↑abstrakter Automat oder *mathematische Maschine* verwendet. In diesem Fall ist in Abb. 2 ein zusätzlicher Speicher hinzuzufügen, der die Mächtigkeit des Modells bedeutend erweitert. In diesem allgemeineren Sinne gehören auch ↑Turingmaschinen und ↑Kellerautomaten zu den Automaten. Vgl. auch ↑Interpreter und operationale ↑Semantik. Oft versteht man unter dem Begriff „Automat“ auch nur die ↑endlichen Automaten.

Avatar (urspr. aus dem Hinduismus: Verkörperung eines göttlichen Wesens beim Hinabstieg zur Erde): Vor allem im Zusammenhang mit ↑elektronischen Märkten und Geschäften, virtueller Realität und 3-D-Systemen sollen Avatare (quasi als dem Menschen nachgebildete Agenten oder Objekte) die Kommunikation mit dem Kunden durchführen. Kunden erhalten dann den Eindruck, sie würden mit einem Menschen kommunizieren. Langfristig könnten sich solche Avatare – wenn Kunden zukünftig mit Sensoren z. B. für Blutdruck und Hautwiderstand ausgestattet sind und Gefühle übermitteln können – sogar auf das Benutzerverhalten einstellen und entsprechend reagieren.
In ↑Chats, also den Online-Gesprächen, können sich die Teilnehmer durch Avatare repräsentieren, wobei je nach Geschmack und Gesprächsinhalt oft die Wahl zwischen mehreren Charakteren besteht, unter denen man dann den Avatar auswählt, der man zu sein wünscht.

AVI (Abk. für **A**udio **V**ideo **I**nterleave): Dateiformat für Audio-Video-Dokumente, das oft auf WWW-Seiten eingesetzt wird. AVI-Dateien können nicht bereits während des Herunterladens abgespielt werden, sondern müssen zunächst vollständig übertragen werden.

B

Backtracking [engl. 'bæktrækɪŋ] *(Trial-and-Error-Verfahren):* Bezeichnung für ein Lösungsverfahren, bei dem man versucht, eine Teillösung eines Problems systematisch zu einer Gesamtlösung auszubauen. Falls ein weiterer Ausbau einer vorliegenden Teillösung nicht mehr möglich ist *(Sackgasse)*, wird einer oder mehrere der letzten Teilschritte rückgängig gemacht. Die dann erhaltene reduzierte Teillösung versucht man auf einem anderen Weg wieder auszubauen, bis eine Lösung des vorliegenden Problems gefunden ist oder bis man erkennt, dass das Problem keine Lösung besitzt.

▶ *Beispiel:* Suchen in einem Labyrinth, siehe Abb. 1 („Wie kommt die Maus zum Käse?“).
Abb. 2 zeigt die möglichen Wege in dem in Abb. 1 dargestellten Labyrinth als ↑ Baum. Die Knoten des Baums sind mit der Position der Maus im Labyrinth markiert. ◀

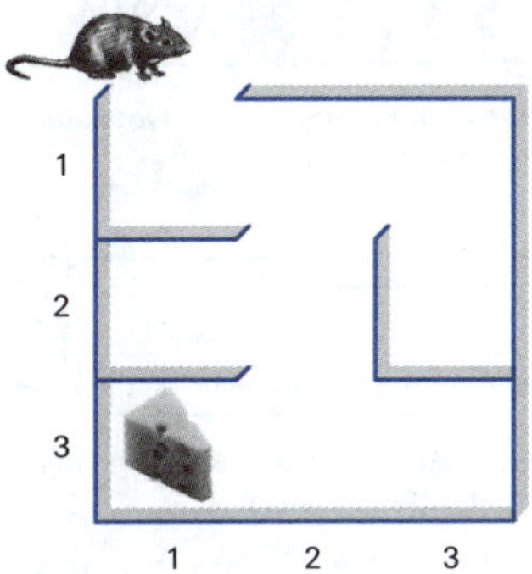

Backtracking (Abb. 1): Labyrinth

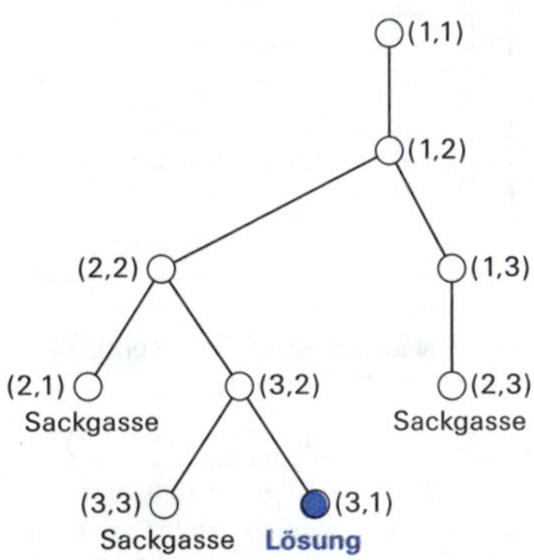

Backtracking (Abb. 2): mögliche Wege im Labyrinth aus Abb. 1

Viele Probleme lassen sich mithilfe des Backtrackings lösen, z. B. das ↑Springerproblem, das ↑ Damenproblem, die Lösungssuche bei ↑ PROLOG und allgemein ↑ NP-vollständige Probleme. Da die Rechenzeit exponentiell mit der Suchtiefe anwächst, eignet sich Backtracking für die Praxis nur, wenn man durch Zusatzbedingungen vorab möglichst viele Sackgassen ausschließen kann (↑ Branch-and-bound, ↑ Entscheidungsbaum).

Backus-Naur-Form (Abk.: *BNF*): Beschreibungsform ↑ kontextfreier Grammatiken und damit der ↑ Syntax vieler Programmiersprachen. Sie verwendet Ersetzungsregeln („BNF-Regeln“ oder „Produktionen“), die eine linke Seite, die aus einem Nichtterminalzeichen besteht, und eine rechte Seite besitzen, in der Terminal- und Nichtterminalzeichen vorkommen. Die BNF ist benannt nach *J. Backus* und *P. Naur*, die diese Form zur Definition der Programmiersprache ↑ALGOL 60 verwendeten. Die Nichtterminalzeichen der Grammatik werden in der BNF durch spitze Klammern ⟨...⟩ gekennzeichnet. Dadurch können ganze Wörter zur Bezeichnung verwendet werden, wodurch die Bedeutung der *Nichtterminalzeichen* viel klarer ausgedrückt wird. Die linke und rechte Seite einer BNF-Regel werden durch das Symbol ::= getrennt. Gibt es mehrere rechte Seiten zu einem Nichtterminalzeichen, so werden diese durch senkrechte Striche getrennt hintereinander geschrieben, ohne dass die linke Seite neu hingeschrieben wird.

▶ *Beispiel:* Ein ↑ Bezeichner wird oft durch folgende BNF-Regeln definiert:

⟨Ziffer⟩ ::= 0 | 1 | 2 | 3 | 4 | 5 | 6 | 7 | 8 | 9
⟨Buchstabe⟩ ::= A | B | C | D | ... | Z
⟨Bezeichner⟩ ::=
  ⟨Buchstabe⟩ |
  ⟨Buchstabe⟩ ⟨Zeichenkette⟩
⟨Zeichenkette⟩ ::=
  ⟨Buchstabe⟩ | ⟨Ziffer⟩ |
  ⟨Buchstabe⟩ ⟨Zeichenkette⟩ |
  ⟨Ziffer⟩ ⟨Zeichenkette⟩

Zulässige Bezeichner sind also z. B.:

D, A5, D3F2, nicht aber 7B.

Die gleiche syntaktische Struktur kann durch viele verschiedene BNF-Regeln beschrieben werden. Z. B. können Bezeichner auch durch folgende drei BNF-Regeln definiert werden:

⟨Buchstabe⟩ ::= A | B | C | D | ... | Z
⟨Ziffer oder Buchstabe⟩ ::=
 0 | 1 | 2 | 3 | 4 | 5 | 6 | 7 | 8 | 9 | ⟨Buchstabe⟩
⟨Bezeichner⟩ ::= ⟨Buchstabe⟩ |
 ⟨Bezeichner⟩ ⟨Ziffer oder Buchstabe⟩

Bedeutung: Ein „Buchstabe" kann eines der Zeichen A, B, C, ..., Z sein. Ein ⟨Ziffer oder Buchstabe⟩ ist entweder eine 0 oder eine 1 oder gefolgt von einem ⟨Ziffer oder Buchstabe⟩. Durch die rekursive Definition (↑ Rekursion) kann man beliebig lange Zeichenfolgen aufbauen: Man beginnt mit einem „Buchstaben" und erhält immer wieder einen „Bezeichner", indem man ein ⟨Ziffer oder Buchstabe⟩ an die jeweilige Zeichenfolge anhängt.
Im Laufe der Entwicklung wurden weitere Abkürzungsmöglichkeiten eingeführt, wodurch die erweiterte BNF *(EBNF)* entstand:

(1) Symbole oder Symbolfolgen innerhalb einer Regel, die auch weggelassen werden können, werden in eckige Klammern eingeschlossen.

▶ *Beispiel:* Die dritte Regel im ersten Beispiel kann man folgendermaßen abkürzen:

⟨Bezeichner⟩ ::=
 ⟨Buchstabe⟩ [⟨Zeichenkette⟩] ◀

(2) Symbole oder Symbolfolgen, die beliebig oft wiederholt oder aber auch ganz weggelassen werden können, werden in geschweifte Klammern eingeschlossen. Innerhalb der geschweiften (wie auch der eckigen) Klammern können wieder mehrere Alternativen angegeben werden.

▶ *Beispiel:* Statt der dritten und vierten Regel im ersten Beispiel können wir dann schreiben:

⟨Bezeichner⟩ ::=
 ⟨Buchstabe⟩
 {⟨Buchstabe⟩ | ⟨Ziffer⟩} ◀

Die Backus-Naur-Form ist also eine *Metasprache,* d. h. eine (formale) Sprache,

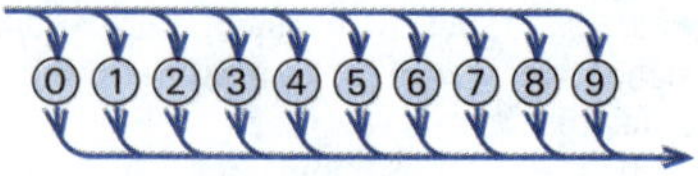

Backus-Naur-Form (Abb. 1): Syntaxdiagramm für ⟨Ziffer⟩

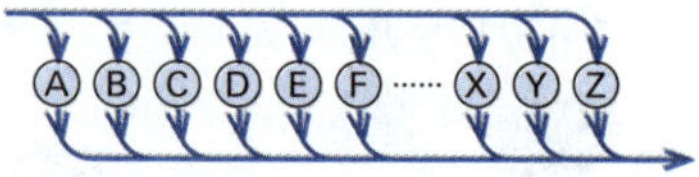

Backus-Naur-Form (Abb. 2): Syntaxdiagramm für ⟨Buchstabe⟩

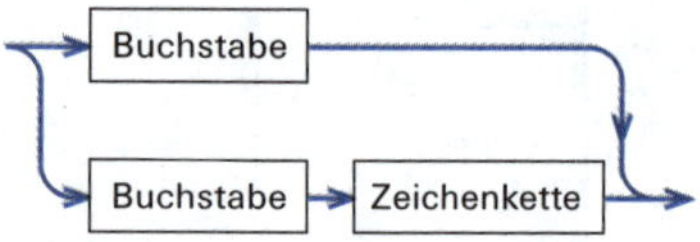

Backus-Naur-Form (Abb. 3): Syntaxdiagramm für ⟨Bezeichner⟩

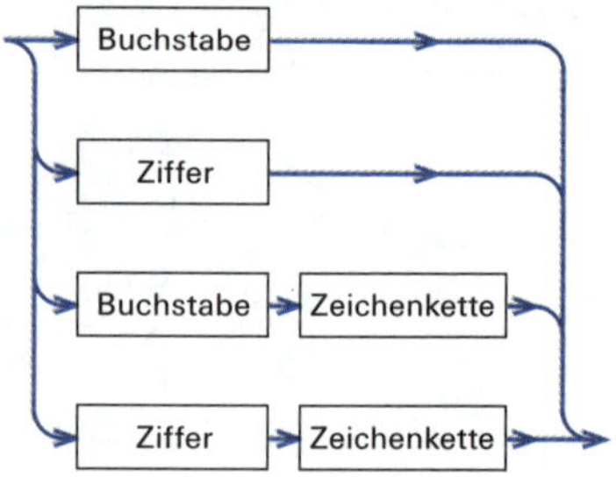

Backus-Naur-Form (Abb. 4): Syntaxdiagramm für ⟨Zeichenkette⟩

mithilfe derer wiederum andere Sprachen definiert und beschrieben werden können. Anschaulich stellt man die Backus-Naur-Form durch ↑ Syntaxdiagramme dar. Obiges erstes Beispiel für BNF-Regeln überträgt sich direkt folgendermaßen (Abb. 1 bis 4).
Syntaxdiagramme lassen oft noch Vereinfachungen zu. Zum Beispiel kann man die Syntaxdiagramme für ⟨Zeichenkette⟩ und ⟨Bezeichner⟩ durch das Syntaxdiagramm in Abb. 5 ersetzen, welches der obigen Abkürzungsmöglichkeit 2 entspricht.

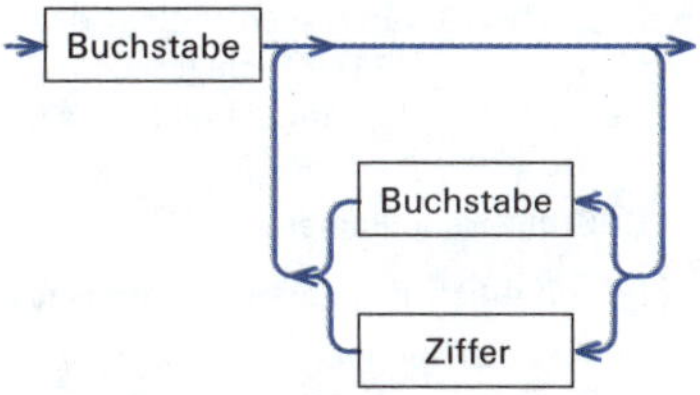

Backus-Naur-Form (Abb. 5): vereinfachtes Syntaxdiagramm für ⟨Bezeichner⟩

BASIC [engl. 'bɛɪsɪk] (Abk. für **b**eginners **a**ll purpose **s**ymbolic **i**nstruction **c**ode): imperative ↑ Programmiersprache, die Anfängern das Programmieren erleichtern sollte.
BASIC wurde in den Jahren 1963–1965 am Dartmouth College in Hanover (USA) entwickelt und gehörte in den 70er- und 80er-Jahren zu den am weitesten verbreiteten Programmiersprachen auf kleineren Rechnern.
Der Aufbau von BASIC-Programmen ähnelt sehr der Struktur von ↑ Programmablaufplänen. Aus der relativ maschinennahen Sprache sind recht komfortable BASIC-Versionen entstanden, die Sprachelemente höherer Sprachen besitzen. So ermöglichen z. B. Quick BASIC, GFA-BASIC, MS BASIC 7 PDS und Visual BASIC eine ↑ strukturierte Programmierung mit Blöcken, Prozeduren und Funktionen.
Nachfolgend werden nur solche Elemente von BASIC vorgestellt, die auf fast allen BASIC-Interpretern ablauffähig sind.
Ein BASIC-Programm ist eine Folge von ↑ Deklarationen und ↑ Anweisungen. Jede Deklaration bzw. Anweisung im Programm steht in einer Zeile und wird durch eine Zeilennummer gekennzeichnet.

▶ *Beispiel:*

```
10 INPUT N
20 Q = N * N
30 PRINT Q
```

Bedeutung: In der Zeile mit der Nr. 10 wird der Wert für eine Variable N eingelesen. In der Zeile mit Nr. 20 wird dieser Wert mit sich selbst multipliziert und der Variablen Q zugewiesen. In Zeile 30 schließlich wird der Wert von Q ausgedruckt. Dieses kurze BASIC-Programm berechnet also das Quadrat der eingelesenen Zahl. ◀

Ein BASIC-Programm wird ausgeführt durch Eingabe der Anweisung „RUN“. Die Ausführung beginnt bei der Deklaration bzw. Anweisung mit der niedrigsten Zeilennummer. Die nächste auszuführende Deklaration bzw. Anweisung ist immer die mit der nächsthöheren Zeilennummer (falls die letzte ausgeführte Anweisung kein ↑Sprung war). Vor und nach der Abarbeitung des Programms können einzelne Programmzeilen gelöscht, überschrieben oder neu eingefügt werden. Da fast alle BASIC-Systeme im Dialogbetrieb (↑ Betriebsart) mit Interpretern arbeiten, können geänderte Programme sofort wieder ausgeführt werden.
In BASIC gibt es drei Arten von ↑Variablen: *Numerische Variablen* können als Werte Zahlen in ↑ Gleitpunktdarstellung aufnehmen. *Zeichenkettenvariablen* können als Werte Zeichenketten aufnehmen. Die Bezeichner für diese Variablen enden mit einem Dollarzeichen (z. B. B$, C1$, AD$). Eine Zeichenfolge wird in BASIC in Anführungsstriche eingeschlossen (z. B. "Ein Text"). Numerische Variablen und Zeichenkettenvariablen gelten als vereinbart an der Stelle, an der sie erstmals im Programm auftreten. *Feldvariablen* können als Werte ↑ Felder aufnehmen, deren Komponenten numerische oder Zeichenkettenvariablen sind. Die Größe und der Bezeichner jeder Feldvariablen muss vor der ersten Benutzung durch eine DIM-Zeile (DIM = Dimension) vereinbart werden.

▶ *Beispiel:* Vereinbarung eines Feldes X mit 15 × 11 Zeichenketten:

```
DIM X$(14,10)
```
◀

Numerische Werte, Zeichenketten und Variablen (außer komplette Felder) können in BASIC durch eine INPUT-Anwei-

B

sung eingegeben und durch eine PRINT-Anweisung ausgegeben werden.

► *Beispiel:*

```
10 PRINT "Geben Sie eine Zahl ein:"
20 INPUT Z
30 PRINT "Dies ist die Zahl:", Z
```
◄

Einer Variablen wird durch eine LET-Anweisung ein Wert zugewiesen (↑ Zuweisung): Hinter dem Wort LET muss die Variable stehen, danach ein Gleichheitszeichen, gefolgt von einem ↑ Ausdruck. LET kann im Allgemeinen auch weggelassen werden.

► *Beispiel:*

```
30 LET Q = 3
40 Q = Q+2
```
◄

Werte können in BASIC wie üblich durch Ausdrücke definiert werden.
BASIC bietet sechs Anweisungstypen zur Beeinflussung der Ausführungsreihenfolge an:
(1) Der unbedingte ↑ Sprung wird als

```
GOTO zeilennummer
```

notiert. Die nächste auszuführende Anweisung bzw. Deklaration ergibt sich durch die angegebene Zeilennummer.
(2) Der bedingte Sprung wird als

```
IF ba THEN zeilennummer
```

notiert. Falls der boolesche Ausdruck ba wahr ist, wird die Anweisung

```
GOTO zeilennummer
```

ausgeführt, sonst wird mit der nächsten Anweisung fortgefahren.
(3) Bestimmte ↑ Schleifen werden durch Laufanweisungen beschrieben. Eine Laufanweisung hat die Form:

```
ff    FOR I = A TO E STEP S
mm    ⟨Folge von BASIC-
       Anweisungen⟩
      . . .
nn    NEXT I
```

ff, mm und nn sind Zeilennummern, I ist eine numerische Variable (die Laufvariable), A, E und S sind numerische Ausdrücke (Anfangswert, Endwert und Schrittweite); STEP S kann auch fehlen, dann wird automatisch STEP 1 eingesetzt.
(4) Der Unterprogrammaufruf (↑ Aufruf) wird als

```
GOSUB zeilennummer
```

notiert und bewirkt, dass die Anweisung

```
GOTO zeilennummer
```

ausgeführt wird und bei der nächsten Anweisung der Form „RETURN" mit dem ersten Befehl hinter dem Unterprogrammaufruf fortgefahren wird. Hierdurch können identische Programmteile zu einem Unterprogramm zusammengefasst werden.
(5) ↑ <u>case</u>-Anweisung: Mittels

```
ON X GOTO m1, m2, ..., mk
```

wird in Abhängigkeit des numerischen Wertes von X ein Sprung zu den angegebenen Anweisungen ausgeführt. Diese Anweisung ist also gleichbedeutend mit folgenden Anweisungen:

```
IF X = 1 THEN m1
IF X = 2 THEN m2
. . .
IF X = k THEN mk
```

Statt des Sprunges GOTO kann bei dieser Anweisung auch der Unterprogrammaufruf GOSUB stehen.
(6) Die Anweisungen STOP bzw. END unterbrechen bzw. beenden die Ausführung des Programms.
Neben Feldern ist in BASIC die Deklaration von Funktionen mit einem Parameter möglich. Eine Funktionsdefinition hat folgende Form:

```
DEF FNC(X) = ⟨numerischer
              Ausdruck⟩
```

Damit ist eine neue Funktion mit dem Bezeichner FNC und einem Parameter definiert worden. Sie kann im nachfolgenden Programm in Ausdrücken verwendet werden. Statt des Buchstabens C ist auch jeder andere Buchstabe erlaubt.

► *Beispiel:* Das folgende Programm gibt eine Wertetabelle von −10 bis 10 im Abstand 0.1 der Funktion SIN(X) * X aus:

```
10 DEF FNF(X) = SIN(X) * X
20 FOR L = −10 TO 10 STEP 0.1
30 PRINT L, FNF(L)
40 NEXT L
50 END
```
◀

Außer den bisher angesprochenen Deklarationen und Anweisungen darf man in einem BASIC-Programm Daten vereinbaren, die durch das Programm gelesen werden können (DATA-Vereinbarung und READ-Befehl). Dies wird häufig benutzt, um größere Felder zu initialisieren (↑Initialisierung).

BASIC ist konzeptionell sehr einfach gehalten und daher leicht zu erlernen. Bei der Erstellung größerer Programme bietet BASIC aber kaum die Unterstützungen, die in der ↑strukturierten Programmierung benötigt werden.

Auch die Tatsache, dass BASIC außer Feldern keine weiteren ↑Datenstrukturen kennt, engt die Anwendungen beträchtlich ein. Daher spielt das ursprüngliche BASIC heute keine Rolle mehr.

Basis: Die Basis eines ↑Stellenwertsystems wird bestimmt durch die Anzahl der notwendigen verschiedenen Ziffern zur Darstellung einer Zahl in diesem System. Das ↑Dualsystem ist ein Zahlensystem zur Basis 2, das ↑Dezimalsystem hat die Basis 10.

Baud [bo:t, baʊt; frz. bo] (Abk.: **Bd**): Maßeinheit für die *Schrittgeschwindigkeit:* Anzahl der pro Sekunde stattfindenden Signalwechsel. Die Schrittgeschwindigkeit ist eine wichtige Kenngröße für ↑Datenübertragungseinrichtungen.

Werden binäre Signale übertragen, so stimmt die Schrittgeschwindigkeit mit der ↑Datenübertragungsrate überein, und es gilt 1 Baud = 1 bps = 1 Bit/s.

Die Einheit Baud ist nach dem französischen Techniker E. Baudot (1845 bis 1903) benannt, der 1874 den nach ihm bezeichneten Baudot-Telegrafen erfand.

Baum (engl. *tree*): wichtige dynamische Datenstruktur. Bäume werden bei hierarchischen Beziehungen und bei rekursiven Strukturen verwendet. Anschaulich baut man Bäume durch folgende rekursive Vorschrift (↑Rekursion) auf:

(1) Ein einzelner **Knoten** o ist ein Baum.

(2) Wenn $B_1, B_2, ..., B_n$ für $n \geq 1$ Bäume sind, dann ist auch die Struktur

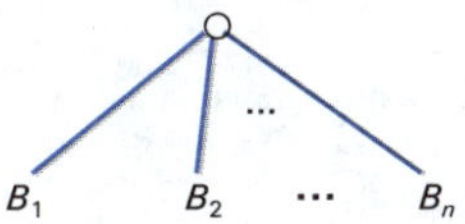

ein Baum. Hier hängen also n (Teil-)Bäume an einem Knoten. Die Verbindungslinien heißen **Kanten.** Die Unterstrukturen $B_1, B_2, ..., B_n$ nennt man **Teilbäume** oder **Unterbäume.** Offenbar besitzt ein Baum mit m Knoten genau $m-1$ Kanten.

▶ *Beispiel:* Der in Abb. 1 dargestellte Baum ist durch Anwendung der Regel (1) und zweimalige Anwendung der Regel (2) entstanden. ◀

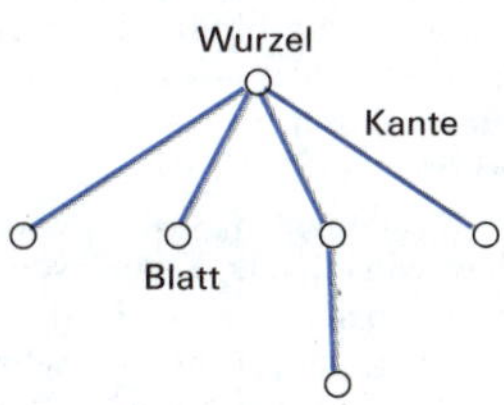

Baum (Abb. 1)

Die Reihenfolge der $B_1, B_2, ..., B_n$ spielt zunächst keine Rolle. Wenn jedoch für jeden Knoten die Teilbäume $B_1, B_2, ..., B_n$ in einer festen Reihenfolge stehen sollen, spricht man von **geordneten Bäumen.**

In der Regel wird einer der Knoten als *Wurzel* ausgezeichnet. Jeder von der Wurzel verschiedener Knoten, der nur mit einem weiteren Knoten verbunden ist, heißt *Blatt.*

Die Knoten und die Kanten können Informationen tragen *(Markierungen).* Will man z. B. eine Person durch Namen, Geburtsdatum und Anschrift charakterisieren, so kann man die Baumdarstellung aus Abb. 2 verwenden, in der die

B

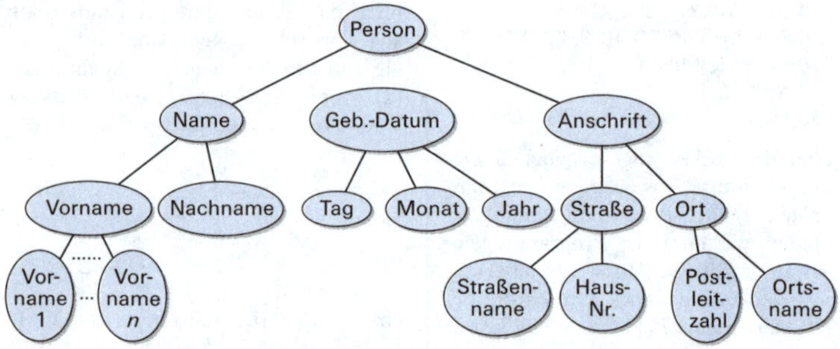

Baum (Abb. 2): Baum zur Charakterisierung von Personen

Knoten (aber nicht die Kanten) markiert sind.

Formal ist ein Baum ein zyklenfreier, zusammenhängender ungerichteter ↑Graph.

Ein gerichteter Graph heißt *Baum,* wenn er zyklenfrei und zusammenhängend ist und wenn jeder Knoten höchstens eine einlaufende Kante besitzt. Im gerichteten Fall bezeichnet man Bäume auch als Arboreszenzen.

Im gerichteten Fall besitzt ein Baum B genau eine **Wurzel** w, d.h. einen Knoten ohne einlaufende Kante, von dem aus man jeden anderen Knoten des Baums auf genau einem (doppelpunktfreien; ↑Graph) Weg erreichen kann. Das **Niveau** $n(k)$ (engl. *level*) eines Knotens k ist gleich der Länge, d.h. der Anzahl der Knoten, dieses Weges; die Wurzel besitzt also stets das Niveau 1. Das größte auftretende Niveau nennt man die *Höhe des Baumes* $h(B)$. Knoten eines (gerichteten) Baumes, die keine auslaufenden Kanten besitzen, heißen **Blätter.** Die von einem Knoten k erreichbaren Knoten bilden den **Teilbaum** mit der Wurzel k. Wenn eine Kante vom Knoten u zum Knoten v existiert, dann heißt u **Vater** von v und v **Sohn** von u. Gibt es eine weitere Kante von u zu einem Knoten v', dann nennt man v und v' **Brüder.** Bei geordneten binären Bäumen unterscheidet man zwischen dem **linken** und dem **rechten Sohn** eines Knotens.

►*Beispiel:* Man betrachte den in Abb. 3 dargestellten gerichteten geordneten Baum mit den Knoten a, b, c, d, e, f, g, h.

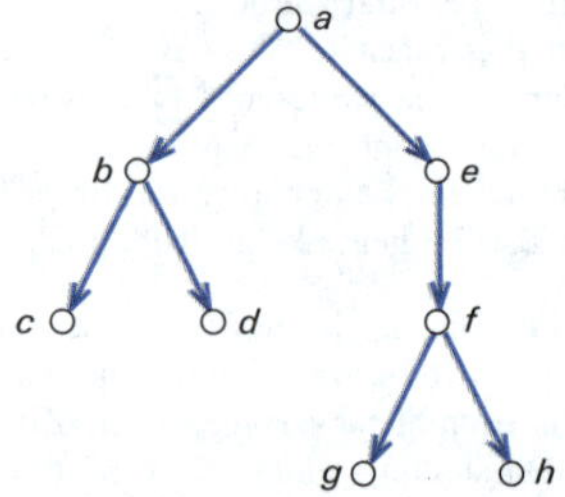

Baum (Abb. 3): gerichteter geordneter Baum

a ist die Wurzel; a ist Vater von b; b und e sind Brüder; b ist der linke, e der rechte Sohn von a; c, d, g, h sind die Blätter des Baumes; f besitzt das Niveau 3; die Höhe des Baumes ist 4; der Weg von a nach g lautet (a, e, f, g). Abb. 4 zeigt den zu f gehörenden Teilbaum. ◄

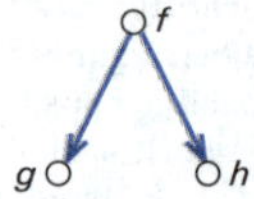

Baum (Abb. 4): zu *f* gehörender Teilbaum in dem in Abb. 3 dargestellten Baum

Im ungerichteten Fall kann jeder Knoten als Wurzel dienen. Hat man sich auf einen Knoten als Wurzel festgelegt, dann kann man alle Bezeichnungen des gerichteten Falls übernehmen. Zum Beispiel sind in Abb. 2 die Knoten „Tag" und „Jahr" Brüder, der Baum besitzt die Höhe 4.

Viele Strukturen lassen sich als Bäume darstellen.

▶ *Beispiele:*

(1) Arithmetische Ausdrücke: Abb. 5 zeigt einen Baum für

$$(3+4) * 5-2$$

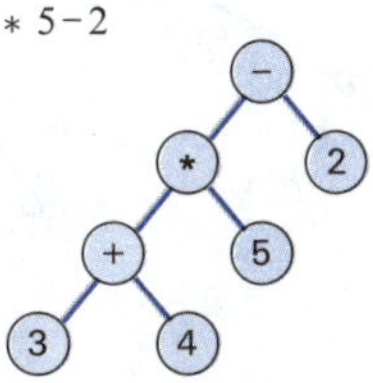

Baum (Abb. 5): Baum für (3+4)∗5−2

Der Baum beschreibt zugleich, wie der Ausdruck auszuwerten ist: von den Blättern zur Wurzel, siehe ↑Baumdurchlauf. Klammern werden in der Baumschreibweise nicht mehr benötigt. Zum Beispiel gehört zu $3+4*5-2$ der Baum in Abb. 6.

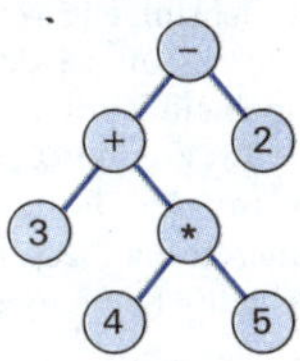

Baum (Abb. 6): Baum für 3+4∗5−2

(2) Die Berechnung der Fibonacci-Zahlen nach der Definition

$$F(1)=1,$$
$$F(2)=2,$$
$$F(n+2)=F(n+1)+F(n)$$

für $n \geq 1$ kann als Baum dargestellt werden; in Abb. 7 ist die Berechnung der Fibonacci-Zahl $F(5)$ dargestellt.

(3) Baum des Morsecodes (↑Code):

Es handelt sich hier um einen binären geordneten Baum, der wie folgt aufgebaut ist:

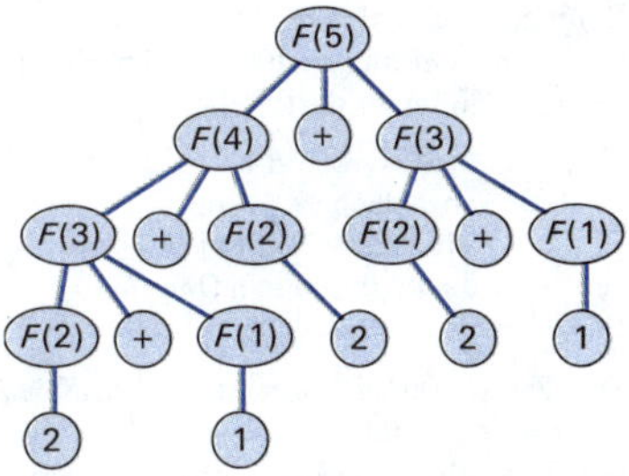

Baum (Abb. 7): Baum für die Fibonacci-Zahl $F(5)$

(1) Jeder Buchstabe ist ein Knoten des Baumes.

(2) Jede Kante zu einem linken Sohn ist mit einem Punkt, jede Kante zu einem rechten Sohn mit einem Strich markiert.

(3) Die Folge von Kantenmarkierungen auf einem direkten Weg von der Wurzel zu einem beliebigen Buchstaben entspricht genau dem Morsecode des Buchstaben. ◀

Weitere Beispiele finden sich unter ↑Ableitungsbaum, ↑Branch-and-bound, ↑Editor, ↑Entscheidungsbaum, ↑LISP, ↑Menü, ↑syntaktische Analyse.

Wegen der kurzen Zugriffszeiten werden Informationen oft in Bäumen gespeichert (↑Suchen, ↑Sortieren). Um einzelne Informationen wieder zu finden oder geordnet auszugeben, verwendet man Algorithmen, die Bäume systematisch durchlaufen und dabei jeden Knoten genau einmal (oder *j*-mal für eine feste Zahl *j*) besuchen. Um Bäume besonders rasch zu durchlaufen, werden sie oft „gefädelt", ↑Baumdurchlauf.

Von besonderer Bedeutung sind geordnete, gerichtete Bäume, bei denen jeder Knoten höchstens zwei Söhne besitzt (↑binärer Baum), und Bäume, deren Teilbäume an jedem Knoten bezüglich der Knotenzahl oder der Höhe in einem bestimmten Verhältnis stehen (↑ausgeglichener Baum). – Vgl. auch ↑B-Baum, ↑Suchbaum.

Bäume, bei denen jeder Knoten höchstens *n* Söhne besitzt, werden durch ↑*Zeiger* implementiert, z. B.:

```
type knoten = record
        anzahlsöhne: 1..n;
        s1, ..., sn: ↑knoten;
        inhalt: ⟨irgendein Datentyp⟩
    end
```

Der Zugriff erfolgt über eine Variable: var wurzel: ↑knoten.
Ein Spezialfall dieser Baum-Implementierung ist die einfach verkettete ↑lineare Liste.

Baumdurchlauf: Da man auf die einzelnen Knoten eines ↑Baumes nur indirekt über die Wurzel und nicht wie bei einem Feld direkt zugreifen kann, benötigt man Algorithmen, die beim Durchlaufen des Baumes jeden Knoten genau einmal besuchen und auswerten. Folgende durch ↑ Rekursion definierte Baumdurchläufe sind für ↑binäre Bäume wichtig.

Inorder-Durchlauf:
Besuche den linken Teilbaum von *k*;
Besuche den Knoten *k*;
Besuche den rechten Teilbaum von *k*;

Preorder-Durchlauf:
Besuche den Knoten *k*;
Besuche den linken Teilbaum von *k*;
Besuche den rechten Teilbaum von *k*;

Postorder-Durchlauf:
Besuche den linken Teilbaum von *k*;
Besuche den rechten Teilbaum von *k*;
Besuche den Knoten *k*;

► *Beispiel 1:* Arithmetische Ausdrücke, die als Bäume dargestellt sind, werden mithilfe des Postorder-Durchlaufs ausgewertet, vgl. Abb. 5 und 6 unter ↑Baum.◄

► *Beispiel 2:* Für den in Abb. 1 dargestellten binären Baum ergeben sich folgende Besuchsfolgen:
Besuchsfolge des Inorder-Durchlaufs:

D G B A E C H F I

Besuchsfolge des Preorder-Durchlaufs:

A B D G C E F H I

Besuchsfolge des Postorder-Durchlaufs:

G D B E H I F C A ◄

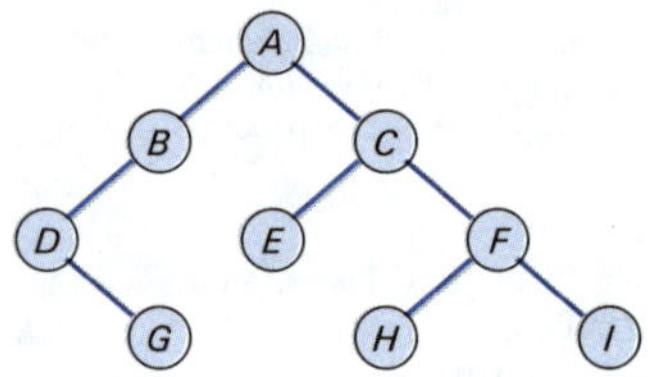

Baumdurchlauf (Abb. 1): binärer Baum

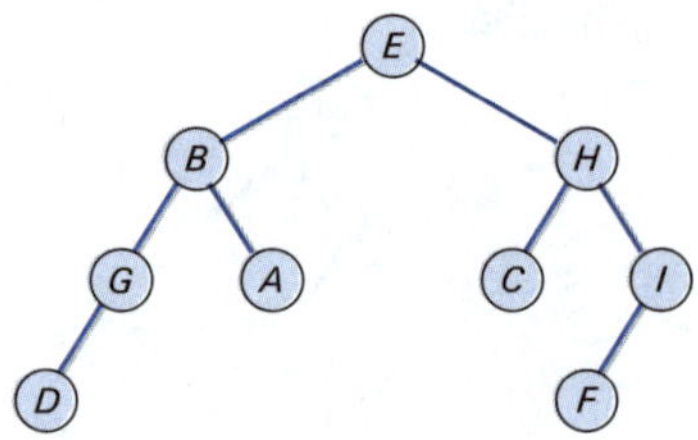

Baumdurchlauf (Abb. 2): Baum, dessen Inorder-Durchlauf mit dem des Baums aus Abb. 1 übereinstimmt

Aus einer Besuchsfolge lässt sich der zugehörige Baum nicht rekonstruieren. So gehört z. B. zum Baum in Abb. 2 die gleiche Besuchsfolge bezüglich Inorder-Durchlauf wie zum Baum in Abb. 1. Durch die Besuchsfolgen *zweier* verschiedener Baumdurchläufe ist der zugehörige Baum jedoch eindeutig bestimmt.
Das folgende Programmstück zeigt den Algorithmus für den Postorder-Durchlauf eines binären Baumes; hierbei wird der Inhalt *k* jedes Knotens beim Besuchen ausgedruckt:

```
type knoten = record
                k: char;
                lb, rb: ↑ knoten;
              end
        ast = ↑ knoten;
var wurzel: ast;
procedure postorder (p: ast);
begin
   if p ≠ nil then
   begin
      postorder (p↑.lb);
      postorder (p↑.rb)
      write (p↑.k);
   end
end;
```

```
begin
  ...
  postorder (wurzel);
  ...
end;
```

Der Preorder- und der Postorder-Durchlauf lassen sich auf beliebige geordnete Bäume erweitern, z. B.

Postorder-Durchlauf:

{Man möge sich beim Knoten *k* befinden, der genau $m \geq 0$ Söhne besitzt}

```
for i:=1 to m do
   Besuche den i-ten
   Teilbaum von k;
Besuche k;
```

Die Laufzeit jedes der Baumdurchläufe beträgt $O(n)$ (↑ Ordnung), wenn n die Anzahl der Knoten im Baum ist.
Nachteilig ist der erforderliche Speicherplatz für den Rekursionskeller. Ohne zusätzlichen Speicherplatz kommt die so genannte *Fädelung* des Baumes aus (nach *A. J. Perlis*, *C. Thornton* 1960): Man beobachtet, dass in einem binären Baum viele Knoten nur einen oder gar keinen Sohn besitzen, die zugehörigen Zeiger lb und/oder rb also den Wert nil haben. Bei einem binären Baum mit n Knoten betrifft dies genau $n+1$ der insgesamt $2n$ Zeiger. Diese $n+1$ nil-Zeiger verwendet man bei der Fädelung als Hilfszeiger anstelle des Kellers.
Die Form der Fädelung hängt von dem beabsichtigten Baumdurchlauf ab. Für den Inorder-Durchlauf erhält man also eine andere Fädelung als z. B. für den Postorder-Durchlauf. Allgemein realisiert man die Fädelung bezüglich eines Baumdurchlaufs $D \in$ {inorder, preorder, postorder} folgendermaßen: Jeder linke nil-Zeiger eines Knotens p verweist auf den Vorgänger von p bezüglich des Durchlaufs D, also auf den Knoten, der vor p zuletzt besucht wurde. Jeder rechte nil-Zeiger eines Knotens p verweist auf den Nachfolger von p bezüglich des Durchlaufs D, also auf den Knoten, der nach p als nächster besucht wird.

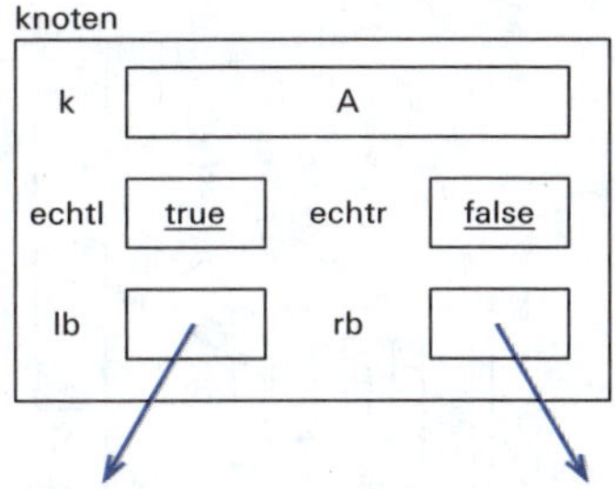

Baumdurchlauf (Abb. 3): grafische Darstellung des Datentyps knoten

Nun muss man den Datentyp knoten erweitern: Zu jedem Zeiger muss angegeben werden, ob es ein Zeiger des Baumes oder ein Faden ist:

```
type knoten = record
  k: char;
  echtl, echtr: boolean;
  lb, rb: ↑knoten
end
```

echtl bzw. echtr besitzen den Wert true, wenn die Zeiger lb bzw. rb eine Kante im Baum darstellen, und den Wert false, wenn es sich um Fäden handelt. In Abb. 3 ist die Struktur des Datentyps knoten skizziert. Die Fädelung nutzt nun die nil-Zeiger aus. Abb. 4 (S. 76) zeigt die Fädelung des Baumes aus Abb. 2 für den Inorder-Durchlauf. Die Fäden sind rot eingetragen; linke Fäden zeigen jeweils auf den Knoten (sofern vorhanden), der der Vorgänger in der Inorder-Reihenfolge ist, rechte Fäden zeigen auf Inorder-Nachfolger. Um sofort beim ersten Knoten starten zu können, wird eine Variable anker vom Typ ↑ knoten eingeführt (Abb. 4). Damit der Durchlauf-Algorithmus korrekt stoppt, muss abweichend echtr des letzten Knotens auf false gesetzt werden, auch wenn der zugehörige Zeiger rb = nil ist.
Der Algorithmus zum Durchlaufen eines gefädelten Baums lautet:

```
p := anker;
while p ≠ nil do
begin
```

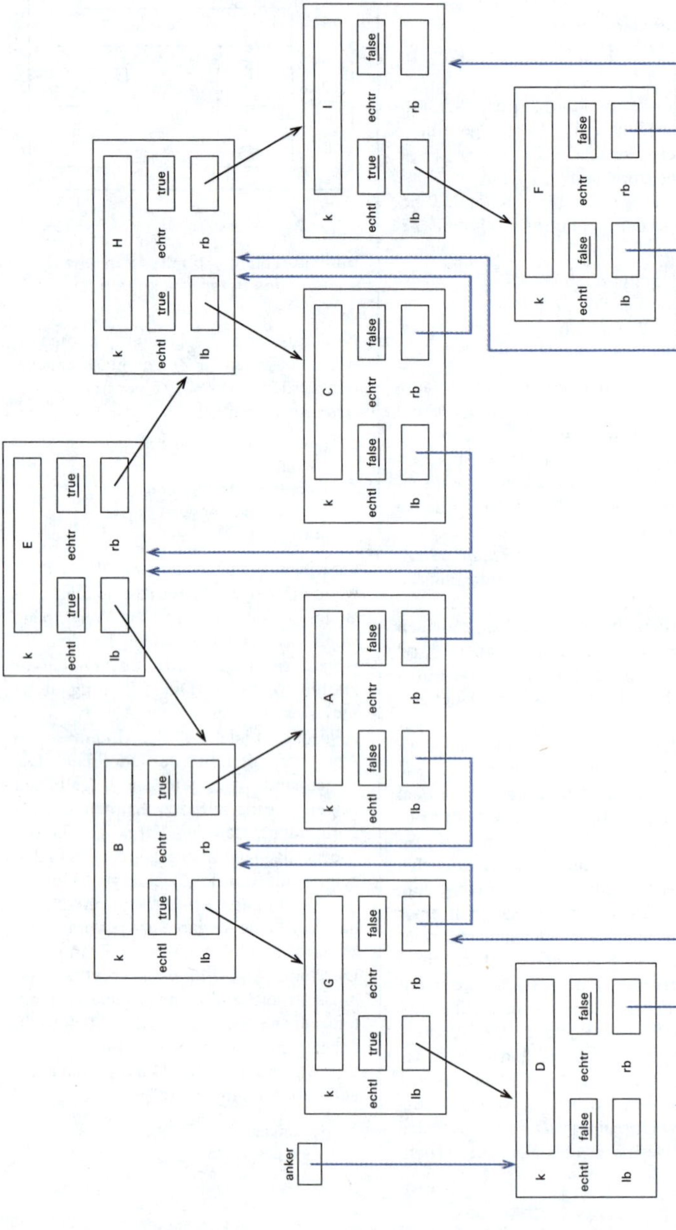

Baumdurchlauf (Abb. 4): Fädelung des Baums aus Abb. 2; die Fäden sind blau; ersetzt man die Fäden durch nil, entfernt die Komponenten „echtl" und „echtr" und lässt die Variable „anker" auf die Wurzel zeigen, so erhält man die übliche Realisierung des Baums aus Abb. 2

```
    "bearbeite Knoten p↑.k"
    q := p↑.rb;
    if p↑.echtr then {Inorder-
            Nachfolger suchen}
      while q↑.echtl do q := q↑.lb;
    p := q
  end;
```

Die Liste der ausgegebenen Knoten entspricht dann genau der Inorder-Reihenfolge.

Bausteinsatz: Unter einem Bausteinsatz versteht man eine Menge von elementaren Einheiten, aus denen mit vorgegebenen Operationen alle Elemente einer umfassenden Menge erzeugt werden können. Zum Beispiel bilden die Nachfolgerfunktion N, die Konstanten Null, c^n und die Projektionen p_i^n einen Bausteinsatz für die ↑μ-rekursiven Funktionen, wenn als Operationen die Einsetzung, die primitive Rekursion und der μ-Operator vorgegeben werden.

Eine besondere Rolle spielen die Bausteinsätze bei logischen Schaltungen. Hier ist ein Bausteinsatz *BS* eine endliche Menge von logischen Schaltelementen (↑ Gatter), die jeweils genau einen Ausgang besitzen. Die Menge der ↑booleschen Funktionen $f\colon \{0,1\}^n \to \{0,1\}$ für $n \geq 0$, die man durch Zusammenschaltung der Gatter aus *BS* realisieren kann, bezeichnet man mit [*BS*]. Man interessiert sich besonders für vollständige Bausteinsätze. Ein Bausteinsatz *BS* heißt *vollständig*, wenn man *alle* booleschen Funktionen $f\colon \{0,1\}^n \to \{0,1\}$, $n \geq 0$, durch geeignete Verschaltung der Gatter realisieren kann, wenn also

$$[BS] = \{f \mid f\colon \{0,1\}^n \to \{0,1\}, n \geq 1\}$$

gilt.

▶ *Beispiele:* Sei $n = 2$. (1) *BS* sei die Menge bestehend aus dem UND-Gatter und dem ODER-Gatter. *BS* ist ein Bausteinsatz. *BS* ist aber nicht vollständig, denn es gibt mindestens eine boolesche Funktion, z. B. die ↑NOT-Funktion, die nicht durch Zusammenschaltung von UND- und ODER-Gatter realisiert werden kann. UND-, ODER- und NOT-Gatter zusammengenommen bilden einen vollständigen Bausteinsatz.

(2) Das NAND-Gatter und das NOR-Gatter bilden jeweils einen vollständigen Bausteinsatz. ◀

Ein einfaches Kriterium, um einen gegebenen Bausteinsatz daraufhin zu überprüfen, ob er vollständig ist, stammt von *E. L. Post* und *S. W. Yablonsky*. Man definiert hierzu folgende Eigenschaften von booleschen Funktionen $f\colon \{0,1\}^n \to \{0,1\}$:

(1) f heißt *Null-erhaltend*, falls $f(0,0, ..., 0) = 0$.

(2) f heißt *Eins-erhaltend*, falls $f(1,1, ..., 1) = 1$.

(3) f heißt *selbstdual*, falls für alle $x_1, x_2, ..., x_n \in \{0,1\}$ gilt: $\overline{f(x_1, x_2, ..., x_n)} = f(\overline{x}_1, \overline{x}_2, ..., \overline{x}_n)$.

(4) f heißt *monoton*, falls für alle $j \in \{1, ..., n\}$ aus $f(x_1, ..., x_{j-1}, 1, x_{j+1}, ..., x_n) = 0$ folgt, dass $f(x_1, ..., x_{j-1}, 0, x_{j+1}, ..., x_n) = 0$ ist.

(5) f heißt *linear*, wenn es Variablen $x_{i_1}, x_{i_2}, ..., x_{i_r} \in \{x_1, x_2, ..., x_n\}$, $r \geq 0$, gibt, sodass $f(x_1, x_2, ..., x_n) = x_{i_1} \oplus x_{i_2} \oplus ... \oplus x_{i_r}$ oder $f(x_1, x_2, ..., x_n) = x_{i_1} \oplus x_{i_2} \oplus ... \oplus x_{i_r} \oplus 1$ gilt. ($\oplus$ bezeichnet die ↑ Exklusiv-ODER-Funktion.)

Ein Bausteinsatz *BS* ist dann und nur dann vollständig, wenn es in *BS* jeweils mindestens ein Gatter gibt, das eine

- nicht-Null-erhaltende Funktion,
- nicht-Eins-erhaltende Funktion,
- nicht-monotone Funktion,
- nicht-selbstduale Funktion,
- nicht-lineare Funktion

realisiert.

▶ *Beispiel:* Sei $n = 2$.

(1) Der Bausteinsatz, der nur das UND- und das ODER-Gatter enthält, ist nicht vollständig, da beide Funktionen Null-erhaltend sind.

(2) Der Bausteinsatz, der aus dem ODER- und dem NOT-Gatter besteht,

ist vollständig. Die ODER-Funktion ist nicht-selbstdual und nicht-linear, die NOT-Funktion ist weder Null- noch Eins-erhaltend noch monoton.
(3) Die ↑NAND-Funktion erfüllt keine der Eigenschaften (1) bis (5). Das zugehörige Gatter bildet daher einen vollständigen Bausteinsatz. Das Gleiche gilt für die ↑NOR-Funktion. ◀

B-Baum: Datenstruktur zur Verwaltung umfangreicher, oft benutzter Datenmengen auf Massenspeichern, z. B. auf ↑Magnetplattenspeichern.
Der einfache ↑ Suchbaum ist für das externe ↑ Suchen nur beschränkt geeignet. Man kann die Suchbaumstruktur jedoch sinngemäß auf die Verwendung externer Speichereinheiten übertragen. Z. B. sind für Magnetplattenspeicher die Zeiger auf die Söhne eines Knotens (↑ Baum) dann nicht mehr Hauptspeicheradressen (↑ Hauptspeicher, ↑ Adresse), sondern Plattenspeicheradressen.
B-Bäume erlauben auch in diesem Fall eine geringe Suchzeit.

▶ *Beispiel:* Die Suchzeit, die sich zum Auffinden gewisser Daten ergibt, soll an einem Suchbaum mit 1 000 000 Knoten erläutert werden. Die zu erwartende Suchzeit in einem Suchbaum mit n Knoten beträgt mindestens $\log_2(n)$ Schritte. Man muss daher mit $\log_2(1\,000\,000) \approx 20$ Plattenzugriffen rechnen. Nimmt man eine mittlere Zugriffszeit von 0,1 Sekunde an, so benötigt die Suche eines Knotens 2 Sekunden. Dieser Wert ist für die Praxis zu groß.
Man reduziert daher die Plattenzugriffe auf ein Mindestmaß, indem man je Zugriff nicht einen einzelnen Knoten, sondern ein ganzes Teilstück von der Magnetplatte in den Hauptspeicher überträgt und innerhalb dieses Teilstücks sucht (Abb. 1).
Teilt man den Baum in Abb. 1 in die blau umrandeten Stücke zu je 7 Knoten und überträgt mit jedem Plattenzugriff ein solches Stück in den Hauptspeicher, so reduziert sich die Zahl der Plattenzugriffe für die Suche eines Knotens von maximal 6 auf maximal 2. Bei 1 000 000 Knoten benötigt man also nur noch $[\log_8 (1\,000\,000)] = 7$ Zugriffe. In der Praxis unterteilt man den Suchbaum (statt in 7 Teilstücke) meistens in Teilstücke der Größe 255 bis 1 023 ($2^8 - 1$ bis $2^{10} - 1$) Knoten. Bei einer Stückgröße von 255 Knoten benötigt man für die Suche eines Knotens in einem Baum mit 1 000 000 Knoten

$$\log_{256}(1\,000\,000) \approx 2{,}5 \text{ Plattenzugriffe.}$$

Die Suche nach einem gegebenen Wert dauert dann nur noch etwa 0,3 Sekunden. (Die Suchzeit innerhalb eines Teilstücks mit 255 Knoten, das sich im Hauptspeicher befindet, kann gegenüber dem Plattenzugriff vernachlässigt werden.) ◀

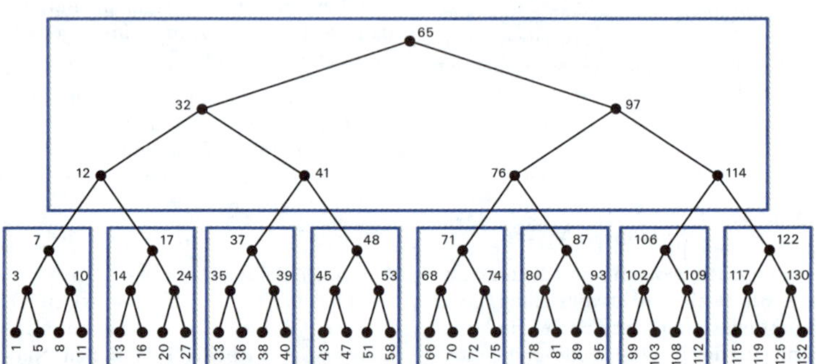

B-Baum (Abb. 1): Aufteilung eines Baumes (mit 63 ganzzahlig markierten Knoten) in Teilstücke zu je 7 Knoten

Da umfangreiche Einfüge- und Löschoperationen von Knoten zur Entartung eines Baumes, also zu ausgedünnten, listenartigen Strukturen führen können, wurde 1972 von *R. Bayer* und *E. McCreight* analog zum ↑ausgeglichenen Baum der B-Baum entwickelt. „B" weist auf „balanced" (engl. für ausgeglichen, ausgewogen) hin; genauer: B-Bäume sind höhenbalancierte Bäume, bei denen alle Blätter auf dem gleichen Niveau liegen.

Ein Baum heißt *B-Baum der Ordnung m,* falls die folgenden Eigenschaften zutreffen (zu einer modifizierten Definition siehe am Ende dieses Stichworts):

(1) Jeder Knoten enthält höchstens $2m$ ↑Schlüssel.

(2) Jeder Knoten (mit Ausnahme der Wurzel) enthält mindestens m Schlüssel.

(3) Ein Knoten mit k Schlüsseln hat genau $k+1$ Söhne oder keinen Sohn.

(4) Alle Knoten, die keine Söhne haben, befinden sich auf dem gleichen Niveau (↑Baum).

(5) *Suchbaumeigenschaft:* Sind s_1, s_2, ..., s_k mit $m \leq k \leq 2m$ die Schlüssel eines Knotens x, dann sind alle Schlüssel des ersten Sohnes von x kleiner als s_1, alle Schlüssel des $(k+1)$-ten Sohnes größer als s_k und alle Schlüssel des i-ten Sohnes, $1 < i < k+1$, größer als s_{i-1} und kleiner als s_i.

▶ *Beispiele:* (1) Bei der grafischen Darstellung von B-Bäumen fasst man alle Knoten eines Teilstücks in einem Knoten zusammen. Abb. 2a zeigt den Baum aus Abb. 1 als B-Baum der Ordnung 4 (bzw. 5, 6 oder 7).

(2) Einen B-Baum der Ordnung 2 zeigt Abb. 2b: Jeder Knoten enthält zwei bis vier Schlüssel und besitzt, sofern er kein Blatt ist, drei bis fünf Nachfolger. ◀

Um in einem B-Baum mit n Knoten der Ordnung m einen Wert zu suchen, muss man höchstens $\log_{m+1}(n)$-mal auf die Platte zugreifen.

Einen Knoten eines B-Baumes der Ordnung m mit ganzzahligen Schlüsseln definiert man in ↑PASCAL folgendermaßen:

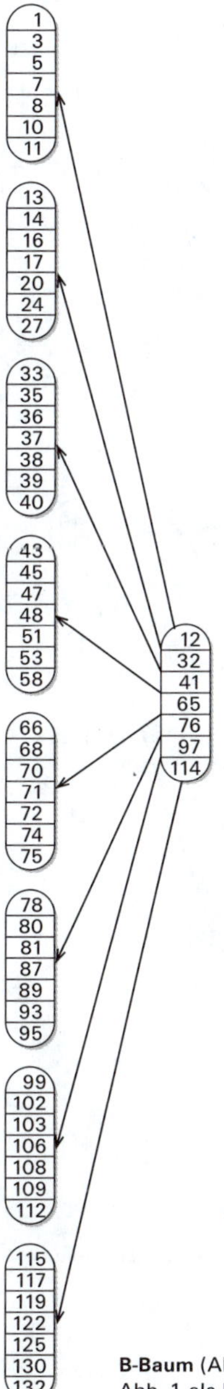

B-Baum (Abb. 2a): Baum aus Abb. 1 als B-Baum

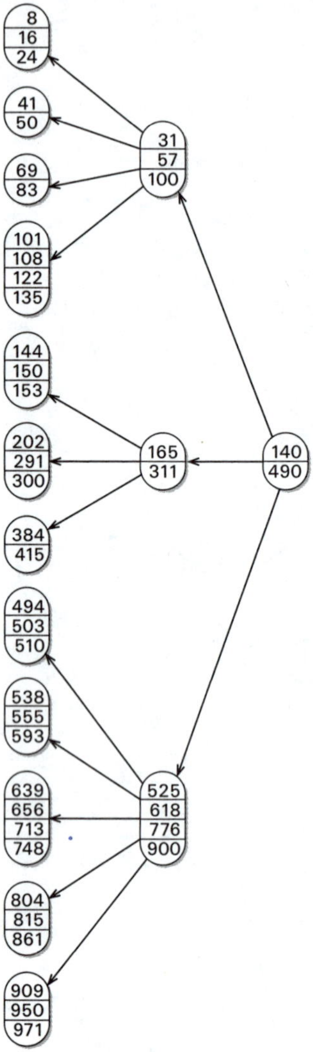

B-Baum (Abb. 2b): B-Baum der Ordnung 2

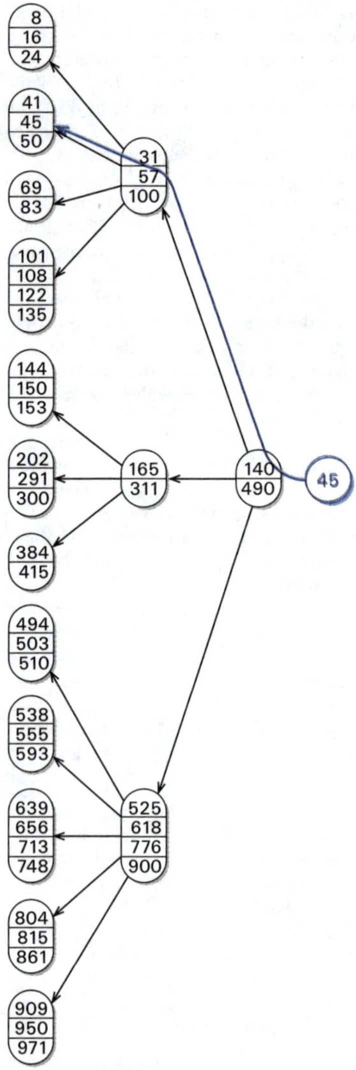

B-Baum (Abb. 3): Einfügen des Schlüssels 45 in den B-Baum von Abb. 2b

```
type knoten = record
   anz: 0..2 * m; (* zahl der schlüssel
                     im knoten *)
   schlüssel: array [1..2 * m]
              of integer;
   sohn: array [0..2 * m] of ↑ knoten;
   inhalt: array [1..2 * m] of A
    (* Der Inhaltstyp A ist hier nicht wich-
    tig und besteht oft nur aus einem
    Verweis auf die eigentlichen Daten *)
end;
```

Wichtige Operationen auf der Datenstruktur B-Baum sind das Suchen, das Einfügen und das Löschen eines Schlüssels. Diese drei Operationen, die im Folgenden genauer behandelt werden, laufen recht schnell ab, größenordnungsmäßig proportional zu $\log_{m+1}(n)$. B-Bäume sind daher sehr gut geeignet für die Verwaltung von Daten, auf die häufig zugegriffen wird und die sich laufend verändern, z. B. für Kundendateien, Schüler- und Studentendateien, Bibliotheksausleihe, Bereitstellung und Reservierung von Ferienwohnungen, Sitzplätzen in Zügen usw.

Suchen: Einen Schlüssel s im B-Baum findet man wie bei Suchbäumen, indem man (beginnend bei der Wurzel) prüft, ob s im gerade betrachteten Knoten x enthalten ist; falls dies zutrifft, ist man fertig. Andernfalls prüft man, ob x ein Blatt (also ein Knoten ohne Söhne) ist; falls ja, dann endet die Suche erfolglos, falls nein, dann stellt man fest, zwischen welchen Schlüsseln s_{i-1} und s_i des Knotens x der Schlüssel s liegt (bzw. ob $s < s_1$ oder ob $s > s_k$ ist) und setzt die Suche danach beim Knoten x.sohn[i] fort.

Das *Einfügen von Schlüsseln* geschieht grundsätzlich in den Blättern. Man durchläuft mit dem neu einzutragenden Schlüssel den B-Baum wie beim Suchen, bis man auf das Blatt stößt, wo der Schlüssel einzutragen ist (vgl. Abb. 3). Die Zahl der Schlüssel je Knoten (Wurzel ausgenommen) muss zwischen m und $2m$ liegen. Beträgt sie weniger als $2m$, dann ist das Einfügen erfolgreich beendet. Beträgt sie jedoch $2m$, so entsteht ein *Überlauf*, d. h., das Blatt enthält jetzt $2m+1$ Schlüssel. In diesem Fall teilt man

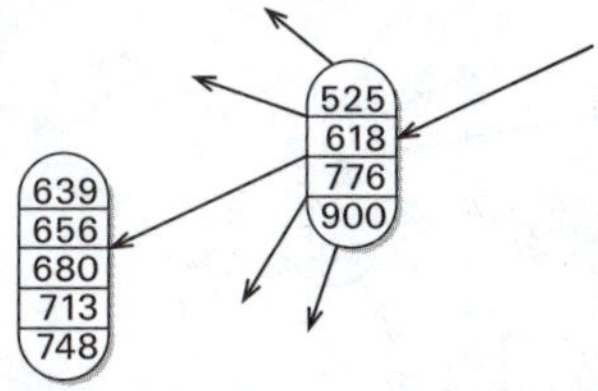

B-Baum (Abb. 4 a): Beim Einfügen des Schlüssels 680 in den Baum der Abb. 3 entsteht zunächst diese zulässige Situation (fünf Schlüssel in einen Knoten, „Überlauf").

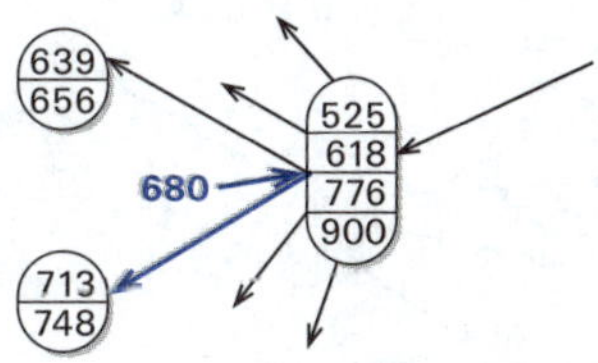

B-Baum (Abb. 4 b): Der zu große Knoten wird aufgespalten und der mittlere Schlüssel 680 wird zum Vaterknoten weitergereicht; zugleich ist eine neue Kante zu erzeugen.

den Knoten in zwei Knoten zu je m Schlüsseln. Der mittlere Schlüssel des Knotens wird vom Vater aufgenommen. Falls auch der Vaterknoten „überläuft", muss er ebenfalls in zwei Knoten aufgeteilt und sein mittlerer Schlüssel nach oben an seinen Vaterknoten weitergereicht werden usw. In Abb. 3 wird dem B-Baum von Abb. 2b der Schlüssel 45 hinzugefügt; das Einfügen des Schlüssels 680 dagegen bewirkt zweimal einen Überlauf (Abb. 4a bis 4d). Läuft die Wurzel über, dann wird sie aufgespalten und eine neue Wurzel angelegt. In diesem Fall ist der B-Baum um eine Stufe gewachsen. Man beachte, dass B-Bäume im Gegensatz zu ↑ ausgeglichenen und anderen Bäumen von den Blättern zur Wurzel hin wachsen.

Das *Löschen eines Schlüssels s* ist komplizierter. Zunächst sucht man den Knoten x, in dem s enthalten ist. Falls x ein Blatt ist, dann löscht man s; eventuell muss

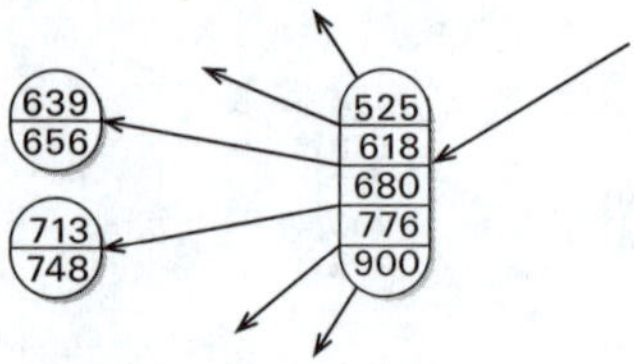

B-Baum (Abb. 4 c): Der Vaterknoten enthält nun zu viele Schlüssel; also muss auch er aufgespalten werden.

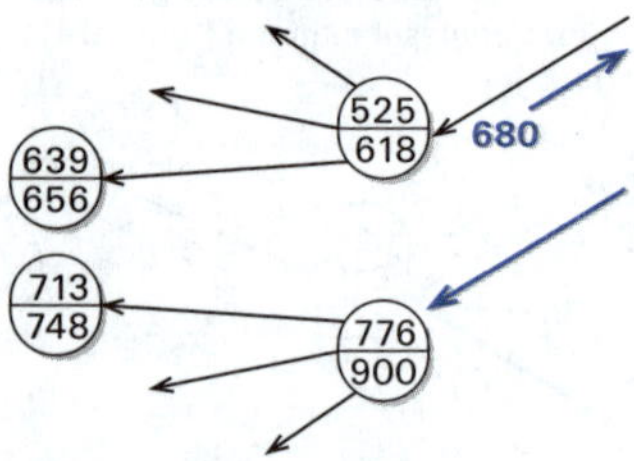

B-Baum (Abb. 4 d): Der mittlere Schlüssel (zufällig wiederum 680) wird weitergereicht. Die Endsituation des Gesamtbaums, der sich aus Abb. 3 nach Einfügen von 680 ergibt, ist in Abb. 5 angegeben.

man einen „Unterlauf" bereinigen (siehe unten). Falls *x* kein Blatt ist, dann ermittelt man den nächstgrößeren Schlüssel *s'* zu *s* im Baum. *s'* steht in einem Blatt, und zwar ist *s'* der äußerste linke Schlüssel im äußersten linken Blatt des Unterbaumes, zu dem die hinter *s* in *x* stehende Kante führt. In Abb. 5 ist z. B. 713 der nächstgrößere Schlüssel zu 680 und 41 der nächstgrößere Schlüssel zu 31. Man ersetzt nun *s* durch *s'* und löscht *s'* im Blatt. Ob *x* ein Blatt ist oder nicht, das Löschen von *s* führt aber in jedem Fall zum Löschen eines Schlüssels in einem Blatt *x'*. Wenn das Blatt *x'* weiterhin mindestens *m* Schlüssel besitzt, ist das Löschen beendet. Stehen in dem Blatt *x'* dagegen nur noch $(m-1)$ Schlüssel, so spricht man von einem *Unterlauf.* Man füllt dann *x'* mithilfe der Schlüssel eines Nachbarknotens auf.

Wenn in Abb. 5 z. B. 680 gelöscht werden soll, so wird 680 durch den nächstgröße-

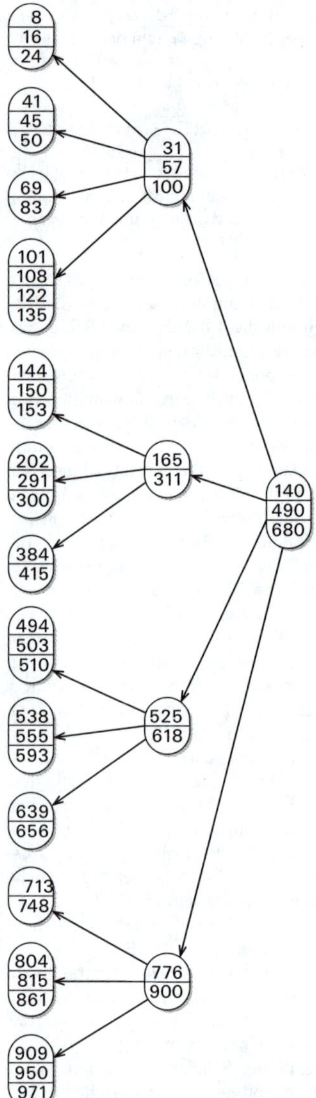

B-Baum (Abb. 5): B-Baum aus Abb. 3 nach Einfügen von 680

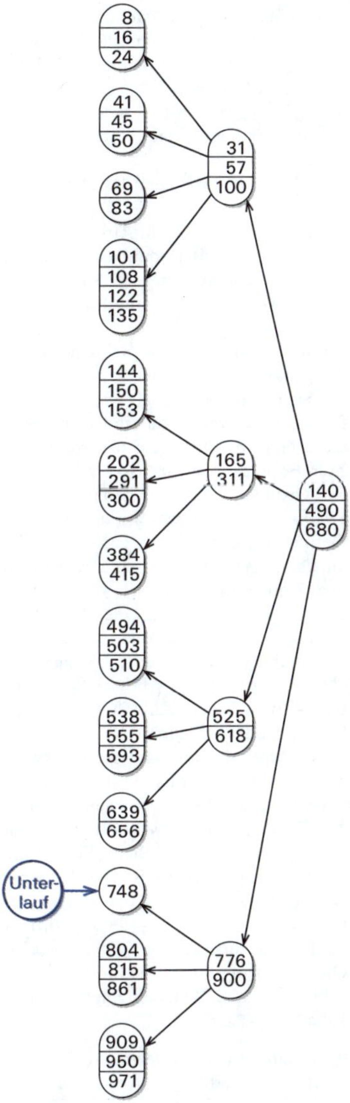

B-Baum (Abb. 6 a): Zwischensituation beim Löschen von 680 im Baum der Abb. 5. In einem Blatt ist ein „Unterlauf" entstanden.

ren Schlüssel 713 ersetzt. Durch das Löschen von 713 entsteht dann ein Unterlauf (Abb. 6 a). Über den Vaterknoten lässt man nun einen Schlüssel vom Nachbarknoten in das Blatt fließen (hier: 776 fließt in das Blatt und 804 rückt in den Vaterknoten nach, Abb. 6 b).

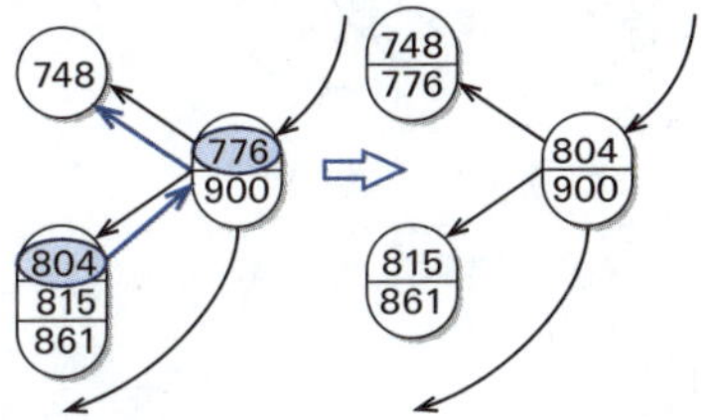

B-Baum (Abb. 6 b): Auffüllen eines untergelaufenen Blattes

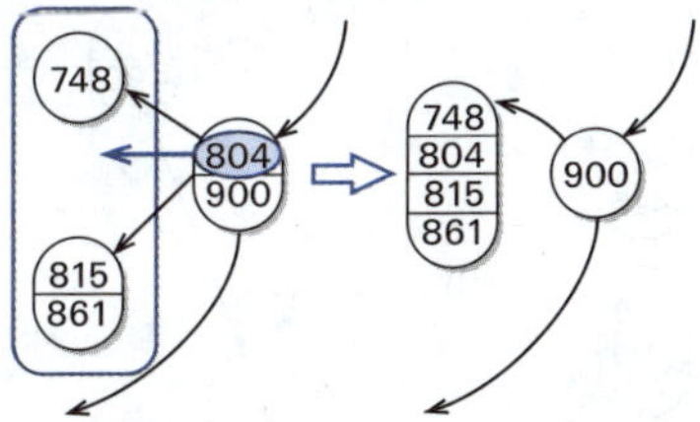

B-Baum (Abb. 6 c): Verschmelzen zweier Blätter; in diesem Fall muss der Vaterknoten, der als Folge des Verschmelzens untergelaufen ist, mit seinem Nachbarknoten verschmolzen werden usw.

Falls der Nachbarknoten mindestens $(m+1)$ Schlüssel enthielt, ist nun das Löschen beendet. Besitzt der Nachbarknoten jedoch genau m Schlüssel, dann wird er beim Weiterschieben eines Schlüssels unterlaufen. In diesem Fall verschmilzt man ihn mit dem untergelaufenen Blatt und fügt noch den zugehörigen Schlüssel des Vaterknotens hinzu, sodass ein Blatt mit $2m$ Schlüsseln entsteht. Löscht man in Abb. 6 b z. B. noch 776, dann entsteht die in Abb. 6 c angegebene Situation. Da hierbei im Vaterknoten ein Schlüssel entfernt wird, kann dieser eventuell unterlaufen usw.

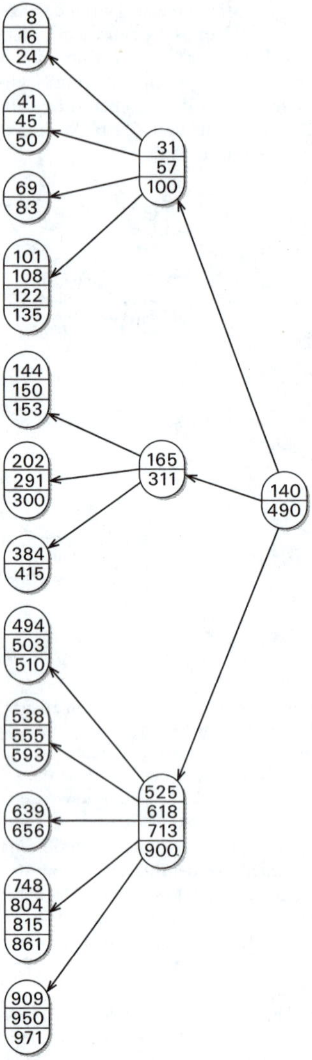

B-Baum (Abb. 7): B-Baum aus Abb. 5 nach dem Entfernen der Schlüssel 680 und 776

Löscht man in dem Baum der Abb. 5 nacheinander erst 680 und dann 776, so erhält man schließlich den in Abb. 7 angegebenen B-Baum.

Anmerkung 1: Ein B-Baum der Ordnung *m* wird oft auch folgendermaßen definiert:

(1) Alle Blätter besitzen das gleiche Niveau.
(2) Jeder Knoten (mit Ausnahme der Wurzel) besitzt mindestens $[m/2]$ Söhne und höchstens *m* Söhne.
(3) Die Wurzel besitzt mindestens 2 und höchstens *m* Söhne.
(4) Jeder Knoten mit *k* Söhnen enthält genau $k-1$ Schlüssel.
(5) Suchbaumeigenschaft wie oben.

Durch diese Definition sind mehr Bäume erfasst als durch die ursprüngliche. Zum Beispiel lassen sich so die B-Bäume der Ordnung 3, die so genannten *2-3-Bäume,* definieren, was mit der früheren Definition nicht möglich ist, da hier die maximale Anzahl von Schlüsseln in einem Knoten ungerade ist.

Anmerkung 2: Treten bei einer Aufgabenstellung selten Löschoperationen auf, so kann sich die gestreute Speicherung (↑Hash-Verfahren) als besser erweisen.

BCD-Code [be:tse:'de:] (BCD: Abk. für **B**inary **C**oded **D**ecimal; Binär-dezimal-Code): einer der am häufigsten verwendeten Codes zur Darstellung von Dezimalzahlen in Datenverarbeitungsanlagen. Bei diesem Code wird jede Dezimalziffer (0 bis 9) in vier ↑Bits codiert. Eine solche Gruppe von vier Bits wird *Tetrade* (↑Byte) genannt. Codes, bei denen einer Dezimalziffer eine Tetrade zugeordnet wird, bezeichnet man als *Tetradencodes.* Die Codierungsvorschrift für die Ziffern 0 bis 9 beim BCD-Code zeigt folgende Tabelle:

Dezimalziffer	Binärcode	Dezimalziffer	Binärcode
0	0000	5	0101
1	0001	6	0110
2	0010	7	0111
3	0011	8	1000
4	0100	9	1001

▶ *Beispiel:* Die Dezimalzahl 197 hat die Darstellung 0001 1001 0111. Im BCD-Code besitzt also die erste Stelle von rechts den Stellenwert 1, die zweite den Stellenwert 2, die dritte den Stellenwert 4 und die vierte Stelle den Stellenwert 8. ◀

▶ *Beispiel:*

$$6 = 0 \cdot 8 + 1 \cdot 4 + 1 \cdot 2 + 0 \cdot 1$$

hat die BCD-Darstellung 0110.
Man bezeichnet den BCD-Code deshalb auch als *8-4-2-1-Code.* ◀

Da man mit 4 Bits $2^4 = 16$ verschiedene Zeichen verschlüsseln kann, gibt es 6 Tetraden, denen keine Dezimalziffer zugeordnet ist. Diese Tetraden heißen *Pseudotetraden.* Weitere Tetradencodes sind der ↑ Exzess-3-Code und der ↑ Aiken-Code.

bedingte Anweisung: Bezeichnung für eine ↑ Anweisung, deren Ausführung von einer Bedingung, d. h. vom Wert eines ↑ booleschen Ausdrucks abhängt. Die bekanntesten Formen sind die ↑ if-Anweisung, die ↑ case-Anweisung und die ↑ bewachte Anweisung.

Bedingung: in ↑ Programmiersprachen verwendete Bezeichnung für einen ↑ booleschen Ausdruck, welcher die Abarbeitungsreihenfolge in einem Programm direkt beeinflusst. Bei ↑ bedingten Anweisungen werden Bedingungen zur Auswahl der nächsten auszuführenden Anweisung verwendet, in ↑ Schleifen legen Bedingungen fest, wie oft eine bestimmte Anweisung ausgeführt werden soll, in ↑ bewachten Anweisungen bilden sie die *Wächter.*

Befehl (*Instruktion,* engl. *instruction*): Ein Befehl ist die kleinste bezüglich einer (imperativen) ↑ Programmiersprache nicht weiter zerlegbare Einheit und gibt einen Arbeitsschritt an. Befehle sind die Grundbestandteile eines ↑ Programms. Die Bezeichnung „Befehl" wird meist nur bei maschinenorientierten Sprachen verwendet. Bei anderen Programmiersprachen spricht man dagegen von elementaren ↑ Anweisungen. Jeder Befehl beeinflusst den Zustand einer Rechenanlage, insbesondere die ↑ Register, den ↑ Speicher usw. Typische Befehle sind Sprungbefehle, Transportbefehle, arithmetische und logische Befehle (↑ Von-Neumann-Rechner, ↑ Befehlsvorrat).

Befehlsformat (engl. *instruction format*): Ein ↑ Befehl in einer ↑ Maschinensprache besteht aus einem ↑ Operationsteil und einem ↑ Adressteil. Der *Operationsteil* gibt an, *was* zu tun ist, der *Adressteil, wo* sich die zugehörigen ↑ Operanden befinden. Das genaue Format richtet sich nach dem Typ der zur Verfügung stehenden Rechenanlage.

Einadressmaschine: Der Adressteil der Einadressmaschine enthält nur *eine* Adresse. Der gegebenenfalls erforderliche zweite Operand steht in einem speziellen Register, dem ↑ Akkumulator, der auch das Ergebnis von Operationen aufnimmt.

▶ *Beispiel:* SUB 100

Operationsteil	Adressteil
SUB	100
Was?	Woher?

Bedeutung:
Akkumulator :=
Akkumulator −
Inhalt von Speicherzelle 100 ◀

Offensichtlicher Nachteil: Man benötigt zwei zusätzliche Befehle für eine arithmetische Operation, einen zum Laden des einen Operanden in den Akkumulator und einen zum Abspeichern des Ergebnisses aus dem Akkumulator in den ↑ Speicher.

Zweiadressmaschine: Der Adressteil der Zweiadressmaschine enthält zwei Adressen.

▶ *Beispiel:* SUB 100, 104

Operationsteil	Adressteil	
	Adresse 1	Adresse 2
SUB	100	104
Was?	Woher? Wohin?	Woher?

Bedeutung:
Inhalt von Speicherzelle 100 :=
Inhalt von Speicherzelle 100 –
Inhalt von Speicherzelle 104 ◄

Dreiadressmaschine: Der Adressteil der Dreiadressmaschine enthält drei Adressen.

► *Beispiel:* SUB 100, 104, 110 (s. Abb. 1)
Bedeutung:
Inhalt von Speicherzelle 100 :=
Inhalt von Speicherzelle 104 –
Inhalt von Speicherzelle 110 ◄

Dreiadressmaschinen sind wegen der aufwendigeren Technik noch wenig verbreitet.
Die bisher betrachteten Operanden hatten immer eine feste Länge. Viele moderne Rechenanlagen arbeiten jedoch mit *variabler Wortlänge,* d. h., die Länge eines Operanden ist nicht auf eine Speicherzelle (meist ein oder zwei ↑ Byte) festgelegt, sondern kann eine variable Anzahl aufeinander folgender Speicherzellen, z. B. Gruppen von 2, 4 oder 8 Bytes, umfassen. In diesem Falle muss der Zwei- bzw. Dreiadressbefehl zusätzliche Angaben über die Längen der Operanden in Bytes enthalten.

► *Beispiel:* MOV, s. Abb. 2.
Bedeutung: Die Inhalte der drei Bytes mit den Adressen 110, 111 und 112 werden nacheinander in die Bytes 100, 101 und 102 kopiert (Abb. 3).

Speicher vor dem MOV-Befehl

A	U	T	O	B	A	H	N			E	I	S

99 100 105 110 112

Speicher nach dem MOV-Befehl

A	E	I	S	B	A	H	N			E	I	S

Befehlsformat (Abb. 3): Beispiel eines MOV-Befehls

Hierbei wurde vereinbart, dass bei einem Operand, der mehrere Bytes belegt, stets das Byte mit der kleinsten Adresse im Adressteil angegeben wird. Ist „Länge 1" größer als „Länge 2", so wird meist mit bedeutungslosen Zeichen, z. B. Leerzeichen, aufgefüllt. Im umgekehrten Fall wird im Allgemeinen ein Fehler angezeigt. ◄

Da moderne Computer mehrere Rechenwerke besitzen, geht man zu langen Befehlsformaten über (VLIW = very long instruction words), die durch eine Folge von Maschinenbefehlen maximaler Länge (64 Bit ab dem Jahre 2000) realisiert werden. Der Begriff „Adressteil" wird dann immer nebensächlicher.

Befehlsvorrat*(Befehlssatz):* Gesamtmenge der unterschiedlichen ↑ Befehle. Der Befehlsvorrat einer Rechenanlage umfasst mindestens fünf verschiedene Befehlsgruppen:

(1) Transportbefehle,
z. B.: Kopiere Inhalt von Speicherzelle *i* nach Speicherzelle *j;*

Operationsteil	Adressteil		
	Adresse 1	Adresse 2	Adresse 3
SUB	100	104	110
Was?	Wohin?	Woher?	Woher?

Befehlsformat (Abb. 1): Beispiel zur Dreiadressmaschine

Operationsteil	Längenfeld		Adressteil	
	Länge 1	Länge 2	Adresse 1	Adresse 2
MOV	3	3	100	110

Befehlsformat (Abb. 2): Beispiel einer Zweiadressmaschine mit Operanden-Längenangabe

(2) arithmetische und logische Befehle, z. B.: Speicherzelle *i* erhält die Summe aus Speicherzelle *j* und Speicherzelle *k;*
(3) Sprungbefehle (↑Sprung);
(4) Ein-/Ausgabebefehle;
(5) Sonderbefehle, z. B. zur Behandlung einer ↑Unterbrechung.

Der Befehlsvorrat ist ein Kriterium für die Leistungsfähigkeit einer Rechenanlage (z. B. ist es wichtig, ob der Befehlsvorrat einen Befehl zur Multiplikation von Zahlen enthält). Bei mikroprogrammierbaren Rechenanlagen (↑Mikroprogrammierung) kann der Befehlsvorrat geändert und an die Bedürfnisse eines Benutzers angepasst werden.

Je komplexer der Befehlssatz ist, umso aufwendiger sind in der Regel die elektronischen Schaltungen. Ein komplexer Befehlsvorrat (**CISC** = complex instruction set computer, mit mehreren Hundert Befehlen und vielen Adressierungsarten) benötigt meist sehr viel Platz auf einem ↑Chip für Schaltungen, die kaum genutzt werden. Man versucht daher bei vielen ↑Mikroprozessoren mit möglichst wenigen (höchstens 80) Befehlen auszukommen, um zum einen schnellere Ausführungszeiten für die verbleibenden Befehle zu erzielen und zum anderen den kostbaren Platz auf den Chips anderweitig zu verwenden, z. B. für weitere Register, ↑Keller, automatische Hardwaretests, Vervielfachung einiger Einheiten usw. In Verbindung mit der ↑Pipeline-Verarbeitung führt dies zu den so genannten Reduced-Instruction-Set-Computer-Architekturen (abgekürzt **RISC**-Architekturen, dt. = Rechner mit reduziertem Befehlssatz), die überschaubarer sind und für manche Anwendungen effizient arbeiten.

Befehlszyklus: Bezeichnung für eine zur Verarbeitung von ↑Befehlen ständig wiederholte Folge von Aktionen des ↑Steuerwerks. Ein Befehlszyklus gliedert sich in die drei folgenden Phasen (Abb. 1):

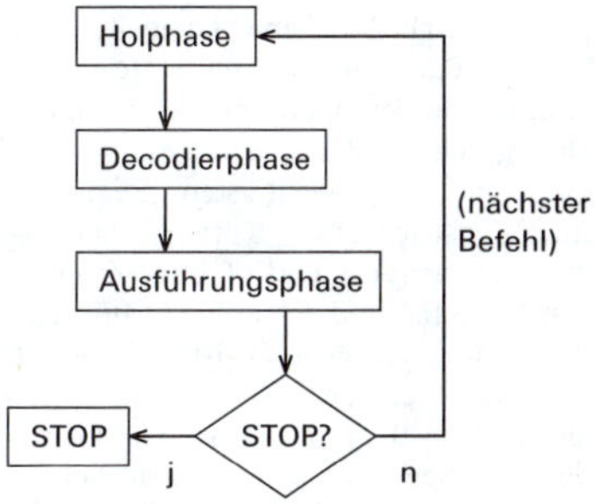

Befehlszyklus (Abb. 1): Phasen beim Befehlszyklus

1. Phase: *Holphase (Ladephase)*
Transport des nächsten Befehls aus dem ↑Speicher in das Steuerwerk
2. Phase: *Decodierphase*
Entschlüsselung und Interpretation des Befehls
3. Phase: *Ausführungsphase*
Erzeugung von Steuersignalen zur Ausführung des Befehls (z. B. durch ↑Mikroprogrammierung).

Die drei Phasen werden so lange durchlaufen, bis ein STOP-Befehl auftritt.

Die Zeit, die ein Prozessor benötigt, um einmal den Befehlszyklus zu durchlaufen, heißt *Zykluszeit.* Sie ist ein Kriterium zur Bewertung seiner Arbeitsgeschwindigkeit. Durch die ↑Pipelineverarbeitung und die Verwendung mehrerer paralleler Rechenwerke muss dieser Begriff aber modifiziert werden. So kann es geschehen, dass in einem Takt im Mittel mehrere Befehle ablaufen. Das Maß CPI (= *clocks per instruction*) kann kleiner als 1 sein.

Wird ein Computer nicht genutzt, so durchläuft das Steuerwerk ebenfalls diese Phasen, wobei der NOP-Befehl („no operation“) ausgeführt wird. Der Computer ist dann im Zustand *idle* (= untätig).

Begrenzer (engl. *delimiter*): Zeichen, welche in einem Programm einer bestimmten Programmiersprache vor und hinter ↑Bezeichnern oder ↑Schlüsselwörtern stehen. Weil Bezeichner und Schlüs-

B

selwörter meist beliebig lange Zeichenfolgen sein können, muss festgelegt sein, wo sie beginnen und wo sie enden. Dies geschieht durch Einfügen von Begrenzern. Die wichtigsten Begrenzer sind Zwischenraum, Komma, Semikolon, Zeilenende („end of line"-Zeichen, abgek.: eoln) und Klammern. In vielen Programmiersprachen ist festgelegt, dass alle Zeichen bis auf Buchstaben und Ziffern Begrenzer sind. Die Definition von Begrenzern vereinfacht bei der ↑ lexikalischen Analyse die Zerlegung eines Programms in eine Folge von Token.

Beleg: Bezeichnung für einen ↑ Datenträger, der sowohl die juristischen Vorschriften an Form und Inhalt erfüllt, als auch maschinell durch so genannte **Belegleser** gelesen werden kann. Oft muss die Information in spezieller (meist codierter) Form in bestimmten Lesefeldern eingetragen sein.

Die wichtigsten Belegarten sind der ↑ Markierungsbeleg, der ↑ Klarschriftbeleg und der ↑ Magnetschriftbeleg.

Benutzer (engl. *user*): eine Person oder Personengruppe, die sich zur Wahrnehmung ihrer Aufgaben einer Datenverarbeitungsanlage oder eines (vernetzten) Rechnersystems bedient und zur Erfüllung der Aufgaben in unmittelbarem Kontakt mit der Anlage steht (z. B. über eine ↑ Datensichtstation). Bei Personengruppen kann es im Extremfall „Betroffene" und „Nutznießer" geben, siehe Anmerkung unter ↑ Benutzerfreundlichkeit.

Der Begriff des Benutzers ist von dem des ↑ Anwenders zu unterscheiden.

Benutzerfreundlichkeit: Programme oder Programmsysteme sind *benutzerfreundlich,* wenn ihre Bedienung einfach ist, auch ohne Informatikkenntnisse leicht erlernt werden kann und sich nach den Denk- und Arbeitsweisen der ↑ Benutzer richtet (↑ Ergonomie). Als „Benutzer" treten sowohl Anfänger als auch Experten auf; die Programme sollten daher zugleich auf den Wissensstand der Benutzer bezogen sein.

Häufig verwendete Techniken zur Steigerung der Benutzerfreundlichkeit eines Programms sind:

(1) Hilfen zur Führung des Benutzers durch das System; für den Anfänger bietet sich eine Menütechnik (↑ Menü) an, für den fortgeschrittenen Benutzer zusätzliche Kommandos, die ein schnelleres Wechseln oder ein Überspringen von Arbeitsschritten ermöglichen. Allerdings darf ein fortgeschrittener Benutzer nicht „gegängelt" werden, sondern muss prinzipiell möglichst viele Aktionen zu jedem Zeitpunkt starten können.

(2) Einrichtung von Help- oder „?"-Funktionen.

Die Eingabe des Wortes „Help" (dt. Hilfe) oder des Fragezeichens an beliebiger Stelle bewirkt die Ausgabe des Zustands, in dem sich das System zurzeit befindet (z. B. im Modus „↑ Datei ergänzen" innerhalb eines ↑ Editors), und die Ausgabe aller in diesem Zustand erlaubten Kommandos sowie hilfreiche Erläuterungen.

(3) Ausgabe aussagekräftiger Fehlermeldungen bei Bedienungsfehlern des Benutzers und Vorschläge zur Korrektur der Eingabe sowie Unterstützung bei der Fehlersuche durch ↑ Ablaufprotokolle und andere Testhilfen.

Da es „den einheitlichen Benutzer" nicht gibt und da nicht der Benutzer freundlich sein soll, wird der Ausdruck „benutzerfreundlich" (engl. user friendly) zunehmend durch das treffendere Wort *benutzungsfreundlich* ersetzt.

Anmerkung: Der Begriff „Benutzerfreundlichkeit" wurde hier auf diejenigen bezogen, die mit einem Hard-/Softwaresystem dauernd umgehen müssen, also auf die *Betroffenen.* Der Begriff lässt sich jedoch viel allgemeiner auffassen: Ein Benutzer kann auch der „Nutzer", im Sinne von Nutznießer, sein. Dann ist Benutzerfreundlichkeit auch als Unterstützung von Unternehmenszielen oder als Verbesserung der wirtschaftlichen Lage der Anteilseigner einer Firma zu interpretieren. Dieses Interesse kollidiert in der Regel mit den Wünschen derjenigen, die mit den Rechnersystemen täglich arbeiten („Betroffene"). Aus betriebswirtschaftlicher Sicht könnte Benutzerfreundlichkeit somit zum Verlust gewisser Aufgabenbereiche oder gar des Arbeitsplatzes einzelner Betroffener führen. Die Entwicklung benutzerfreundlicher Systeme muss daher in einem größeren Zusammenhang die Arbeitssituation, das betriebliche und soziale Umfeld und eine partnerschaftliche Gestaltung der Arbeitsbereiche berücksichtigen. Auf diese Weise lässt sich frühzeitig erkennen, ob ein System besser nicht entwickelt würde, bzw. es entstehen Systeme, die Konflikte in Firmen und Verwaltungen abbauen helfen und durch Betroffenenbeteiligung die Akzeptanz und somit den späteren Einsatz des Systems sichern. Diese Überlegungen führen in Gebiete der Arbeits- und Sozialwissenschaften, verdeutlichen jedoch die kaum überschaubare Komplexität, denen Computersysteme in der Praxis unterliegen.

Die Aufteilung der Benutzer in Nutznießer und Betroffene stellt den Extremfall dar. In der Praxis dürften Mischformen die Regel sein, z. B. entwickeln Benutzer Systeme, die sie später selber nutzen. Theoretisch denkbare Konflikte werden sich in dem Maße auflösen, in dem die Benutzer ihre Computersysteme besser beherrschen, verstehen und für eigene Zwecke einsetzen.

Benutzungsoberfläche: Erscheinungsbild der Anwendungsprogramme und des Rechnerdialogs auf dem Bildschirm. Jedes Anwendungsprogramm muss die Eingabe, die Ausgabe und den jeweiligen Bearbeitungszustand in irgendeiner Form präsentieren und Eingriffe für Interaktionen, Auskünfte, Hilfestellungen oder Erklärungen zulassen. Dieser Präsentations- und Interaktionsstil ist bei jedem Anwendungsprogramm anders und Benutzer verlieren viel Zeit damit, sich ständig auf andere Darstellungen einstellen zu müssen, selbst wenn die Aktionen und Darstellungen im Wesentlichen gleich sind. Aber auch die Hersteller solcher Programme verschwenden viel Zeit, da das Programmieren von Benutzungsoberflächen einen erheblichen Anteil der Implementierungsarbeit kostet.

Hersteller von Computern statten daher ihre Geräte verstärkt mit einheitlichen Benutzungsoberflächen aus, z. B. Oberflächen, die an einen Schreibtisch erinnern und entsprechende Bürotätigkeiten nachahmen, siehe auch ↑Fenstertechnik. Der Trend geht aber zu Baukästen, mit denen jeder Benutzer seine ihm genehme Benutzungsoberfläche festlegen kann (*user interface management systems*, Abk.: *UIMS*). Diese besitzen eine wohldefinierte Schnittstelle zu den „tiefer liegenden Schichten" im Rechnersystem, also zu den Anwendungsprogrammen, zu Compilern, zu Grafiksystemen, zu Funktionen des Betriebssystems usw., und bereiten deren Ausgabe in einheitlicher Form für den Benutzer auf. Die Benutzungsoberfläche setzt sich hiernach im Wesentlichen aus folgenden drei Komponenten zusammen:

- Präsentation (zur Darstellung der Daten, z. B. in grafischer Form, mit ↑*Fenstern,* durch bewegte Bilder),
- Interaktion (zur Bereitstellung von Dialogfunktionen und Festlegung der Anweisungen für Anwendungsprogramme),
- Kontrolle (zur Analyse der ein- und ausgehenden Daten, Ausführung der reinen Dialogbefehle, Aktivierung von Anwendungsprogrammen usw.).

Heutige Computer besitzen grafische Benutzungsoberflächen (*graphical user interface,* Abk. *GUI*) zur Darstellung und Interaktion, die der Benutzer für die Kommunikation mit Anwendungssystemen nach eigenen Bedürfnissen gestalten kann.

berechenbare Funktion: Eine Funktion $f{:}M \to N$ heißt berechenbar, wenn es einen ↑Algorithmus gibt, der für jeden Eingabewert $m \in M$, für den $f(m)$ definiert ist, nach endlich vielen Schritten anhält und als Ergebnis $f(m)$ liefert; in allen Fällen, in denen $f(m)$ nicht definiert ist, bricht der Algorithmus nicht ab. Anschaulich gesprochen ist eine Funktion berechenbar, wenn man sie programmieren kann.

Aufgrund der ↑ Churchschen These ist die Klasse der berechenbaren Funktionen gleich der Klasse der Funktionen, die durch ↑ Turingmaschinen berechnet werden; diese wiederum ist gleich der Klasse der ↑ μ-rekursiven Funktionen. Da Turingmaschinen selbst nur ein formales Modell für einen Computer (mit beliebig viel Speicher) und sein Programm sind, folgt, dass die Klasse der berechenbaren Funktionen mit der Klasse der Funktionen übereinstimmt, die von einem Computer mit nach Bedarf beliebig wachsendem Speicher berechnet werden können. So sieht man sofort ein, dass der größte gemeinsame Teiler ggT: $\mathbb{N} \times \mathbb{N} \to \mathbb{N}$ zweier natürlicher Zahlen (↑ euklidischer Algorithmus), das ↑ Sortieren von n Wörtern oder die Anzahl von Lösungen des ↑ Damenproblems auf einem $n \times n$-Brett berechenbare Funktionen sind, auch wenn es eventuell sehr lange dauert, bis das Ergebnis vorliegt.

Es gibt Funktionen, die nicht berechenbar sind. Dies kann man durch Abzählung einsehen: Es gibt nur abzählbar (↑ aufzählbar) viele Algorithmen, denn alle Algorithmen werden mit einer endlichen Beschreibung über einem endlichen Alphabet formuliert, normalerweise über dem Alphabet

$$\{A, \ldots, Z, 0, \ldots, 9, +, -, :, ;, \ldots\}.$$

Die Menge aller möglichen Formulierungen von Algorithmen ist daher abzählbar. Andererseits gibt es aber überabzählbar viele Funktionen $f: M \to N$, falls M und N unendliche Mengen sind (↑ Diagonalisierung). Folglich muss es Funktionen geben, die nicht berechenbar sind. Nicht berechenbare Funktionen können durch kein Verfahren auf einem Computer nachvollzogen werden.

▶ *Beispiele:* Sei P die Menge aller Programme einer Programmiersprache (z. B. ↑ PASCAL). Die folgenden Funktionen sind nicht berechenbar.

(1) **Halteproblem für alle Eingaben:**

$$f_1 : \mathrm{P} \to \{\underline{\mathsf{true}}, \underline{\mathsf{false}}\}$$

$$f_1(P) = \begin{cases} \underline{\mathsf{true}}, & \text{falls das Programm } P \text{ für alle Eingaben nach endlich vielen Schritten stoppt,} \\ \underline{\mathsf{false}}, & \text{sonst.} \end{cases}$$

Es gibt kein Programm, das f_1 berechnet, das also als Eingabe andere Programme als Text erhält und überprüft, ob diese für alle Eingaben anhalten.

(2) **Äquivalenzproblem:**

$$f_2 : \mathrm{P} \times \mathrm{P} \to \{\underline{\mathsf{true}}, \underline{\mathsf{false}}\}$$

$$f_2(P_1, P_2) = \begin{cases} \underline{\mathsf{true}}, & \text{falls die Programme } P_1 \text{ und } P_2 \text{ die gleiche Funktion berechnen,} \\ \underline{\mathsf{false}}, & \text{sonst.} \end{cases}$$

Es gibt kein Programm, das als Eingabe den Text zweier Programme erhält und entscheidet, ob die beiden Programme dasselbe leisten, d. h. dieselbe Funktion berechnen.

(3) Beschränkt man sich im Beispiel (2) auf ein festes Programm P_2, so bleibt das Äquivalenzproblem nicht berechenbar:

$$f_3 : \mathrm{P} \to \{\underline{\mathsf{true}}, \underline{\mathsf{false}}\}$$

$$f_3(P) = f_2(P, \underline{\mathsf{begin}}\ \mathsf{write}\ ('0')\ \underline{\mathsf{end}})$$

Das Programm begin write ('0') end berechnet die konstante Funktion 0, die immer den Wert 0 liefert. ◀

Man kann beweisen, dass man alle berechenbaren Funktionen mit sehr wenigen Konstrukten beschreiben kann. Es genügen z. B.

- Zuweisung, while-Schleife und Hintereinanderausführung (↑ μ-rekursive Funktion)

oder

- Zuweisung, if-Anweisung, goto und Hintereinanderausführung (maschinennahe Sprachen)

oder

- Einsetzung von Funktionen ineinander, if-Anweisung und rekursive Prozeduren (↑LISP).

Da alle gebräuchlichen Programmiersprachen mindestens über die obigen Konstrukte verfügen, kann man jede berechenbare Funktion als Programm formulieren und auf einer Rechenanlage ausführen lassen.

Erlaubt man nur die Verwendung von for-Schleifen (wobei Schrittweiten und Endwerte innerhalb der Schleife nicht verändert werden), if-Anweisungen, Zuweisungen und Hintereinanderausführung, so werden genau die ↑primitiv-rekursiven Funktionen durch Programme beschrieben.

Man nennt eine berechenbare Funktion $f{:}M \to N$, die total, d. h. für jedes $m \in M$ definiert ist, auch *rekursive Funktion* (bezüglich M). Die berechenbaren Funktionen f, für die es also Elemente $m \in M$ geben darf, für die f nicht definiert ist, nennt man auch *partiell-rekursive Funktionen*.

Berechenbarkeit: der Zweig der Informatik, der sich mit der Theorie der ↑Algorithmen befasst und der Probleme, Sprachen, Mengen, Funktionen usw. daraufhin untersucht, ob und wie sie effektiv gelöst, beschrieben oder berechnet werden können. Den Begriff „Berechenbarkeit" verwendet man vorwiegend für Funktionen, bei Problemen und Mengen spricht man dagegen von ↑ Entscheidbarkeit und Aufzählbarkeit (↑aufzählbar).

Ein *Algorithmus* bzw. eine ↑ Turingmaschine realisiert eine ↑ berechenbare Funktion (siehe auch ↑Registermaschine, ↑µ-rekursive Funktion). Funktionen, die nicht berechenbar sind, können nicht durch Algorithmen und somit auch nicht durch Programme einer Rechenanlage beschrieben werden. Man beweist dies durch Rückführung auf das ↑ Halteproblem oder auf die ↑Busy-Beaver-Funktion. Alle Versuche, den Begriff „berechenbar" zu formalisieren, führten bisher auf gleichwertige Darstellungen, d. h. es wird jeweils die gleiche Klasse von Funktionen definiert und man kann effektive Verfahren zur Umwandlung der Darstellung einer Funktion von einem Formalismus in die jeweils anderen Formalismen angeben.

Dies veranlasste 1936 den amerikanischen Mathematiker und Logiker *A. Church* (1903 – 95) zu der als ↑Churchsche These bekannt gewordenen Hypothese, dass die Klasse der im intuitiven Sinne berechenbaren Funktionen mit der Klasse der durch Turingmaschinen berechenbaren Funktionen übereinstimmt.

Bereichsüberschreitung: Reicht bei einer arithmetischen Operation die Anzahl der Stellen eines ↑ Registers oder einer Speicherzelle nicht aus, um das Ergebnis darzustellen, so spricht man von einer Bereichsüberschreitung. Man unterscheidet den *Überlauf* (engl. *overflow*) und den *Unterlauf* (engl. *underflow*). Ein Überlauf ist gegeben, wenn das Ergebnis betragsmäßig größer ist als die größte darstellbare Zahl, ein Unterlauf, wenn das Ergebnis dem Betrage nach kleiner als die kleinste darstellbare Zahl, aber nicht Null ist. Bereichsüberschreitungen werden von der Rechenanlage im Allgemeinen als ↑Fehler angezeigt.

Eine Bereichsüberschreitung liegt in einem Programm einer höheren Programmiersprache vor, wenn einer ↑Variablen ein Wert zugewiesen werden soll, der nicht in ihrem vereinbarten (↑ Deklaration) Wertebereich liegt.

▶ *Beispiel:* Gegeben sei die Deklaration:

```
var x: 1 . . 10;
```

Zu einer Bereichsüberschreitung führen die ↑Zuweisungen

```
(1) x := 11;
(2) x := true;
(3) x := 10; x := x + 1;
```
◀

Bei der Verwendung von ↑ Feldern spricht man von Bereichsüberschreitung, wenn der Index den vorgesehenen Indexbereich des Feldes verlässt.

Betriebsart: Bezeichnung für die Art und Weise, in der eine Rechenanlage

B

↑Aufträge bearbeitet. Der Betrieb einer Rechenanlage kann verschiedenen Anforderungen folgend unterschiedlich organisiert werden. Man unterscheidet im Wesentlichen die folgenden Betriebsarten:

Stapelbetrieb (Batchbetrieb): Der vollständig definierte Auftrag wird der Rechenanlage zusammenhängend übergeben. Vom Augenblick der Übergabe an besteht für den Benutzer keine Möglichkeit mehr, auf den Ablauf des Auftrags einzuwirken (Abb. 1).

Eine besondere Form des Stapelbetriebs ist der *Stapelfernbetrieb,* bei dem die Benutzer ihre Aufträge über eine entfernt gelegene Eingabeeinheit an das Rechensystem übermitteln. Die Rechenanlage sendet die Ergebnisse ebenfalls an diesen Ort zurück.

Typische Anwendungen des Stapelbetriebs sind umfangreiche Aufträge, die während der Verarbeitung keinen Eingriff durch den Benutzer erfordern, beispielsweise rechenintensive mathematische Problemstellungen oder Lohn- und Gehaltsabrechnungen.

Ziele des Stapelbetriebs sind die Maximierung des ↑Durchsatzes und die optimale Auslastung aller ↑ Betriebsmittel. Diese Betriebsart wird oft in zentralen Rechenzentren (vorwiegend nachts) eingesetzt und war bis etwa 1975 vorherrschend. Mit der Dialogfähigkeit und der Dezentralisierung wird der Stapelbetrieb verstärkt auf wenige rechenintensive Aufgaben beschränkt.

Dialogbetrieb: Eine große Zahl von Benutzern ist direkt (meist über ↑ Datensichtstationen) mit der Rechenanlage

Betriebsart (Abb. 1): Prinzip des Stapelbetriebs

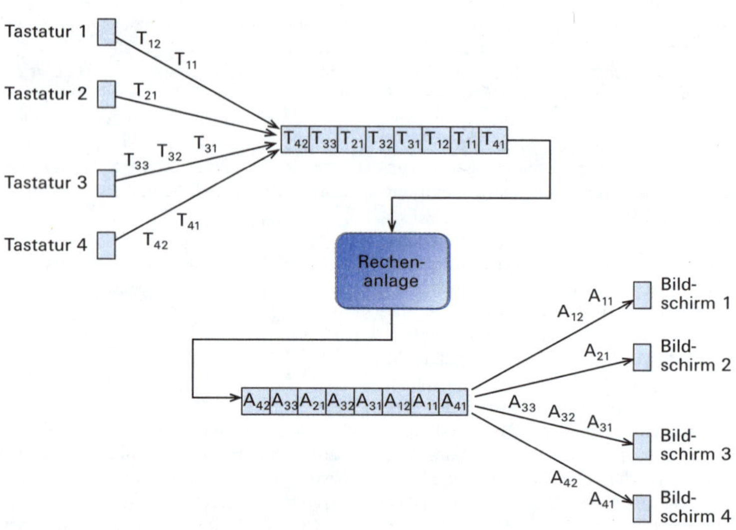

Betriebsart (Abb. 2): Prinzip des Dialogbetriebs

verbunden, gibt mehr oder weniger gleichzeitig in schneller Folge kurze Teilaufträge an den Rechner und erwartet deren zügige Bearbeitung. Die Rechenanlage verarbeitet die Teilaufträge mit gewissen Einschränkungen in der Reihenfolge ihres Eingangs. Die Form des Gesamtauftrags ist nicht von vornherein festgelegt, sondern kann vom Benutzer *interaktiv,* d. h. in unmittelbarer Reaktion auf Ergebnisse der Teilaufträge, ständig verändert werden (Abb. 2).
Man unterscheidet zwischen Teilhaberbetrieb und Teilnehmerbetrieb.
Im *Teilhaberbetrieb* benutzen alle Teilhaber dasselbe Programm. Typische Einsatzbereiche für den Teilhaberbetrieb sind z. B. Zentralbuchungen bei Banken und Buchungen von Reisen in einem Reisebüroverbund.
Im *Teilnehmerbetrieb* kann jeder Teilnehmer unabhängig von den anderen Teilnehmern Aufträge an die Rechenanlage senden.
Typische Anwendung des Dialogbetriebs sind Editierarbeiten (↑Editor). Viele Rechenanlagen erlauben gleichzeitig Dialog- und Stapelbetrieb. Das Ziel des Dialogbetriebs ist die Minimierung der ↑Antwortzeit bei Kurzaufträgen.
Realzeitbetrieb (Echtzeitbetrieb): Beim Realzeitbetrieb sind mit der Verarbeitung eines Auftrags strenge Zeitbedingungen verbunden, d. h., die Berechnung der Ergebnisse muss sofort, spätestens innerhalb einer vorgegebenen Zeitschranke, die im Millisekundenbereich liegen kann, abgeschlossen sein (↑Realzeitsystem).
Charakteristische Anwendungen des Realzeitbetriebs sind Mess- und Regelungsaufgaben, z. B. automatische Verkehrsregelung durch Fahrzeugzählung und Änderung der Ampelphasen (↑Prozessdatenverarbeitung).
Mehrprogrammbetrieb (Multitasking-Betrieb): Die Rechenanlage verarbeitet scheinbar gleichzeitig mehrere Programme. Die Abarbeitung kann zeitlich verzahnt wie beim Multiuser-Betrieb (s. u.) erfolgen, meist werden die Programme jedoch nach Prioritäten geordnet: Wenn Programm P_1 nicht arbeitet, wird Programm P_2 ausgeführt; wird P_2 unterbrochen, dann läuft P_3 weiter usw. (Abb. 3). Die einzelnen Programme können festen Bereichen (partitions) im Speicher zugeordnet sein, sodass das Umschalten zwischen den Programmen fast keine Zeit benötigt.

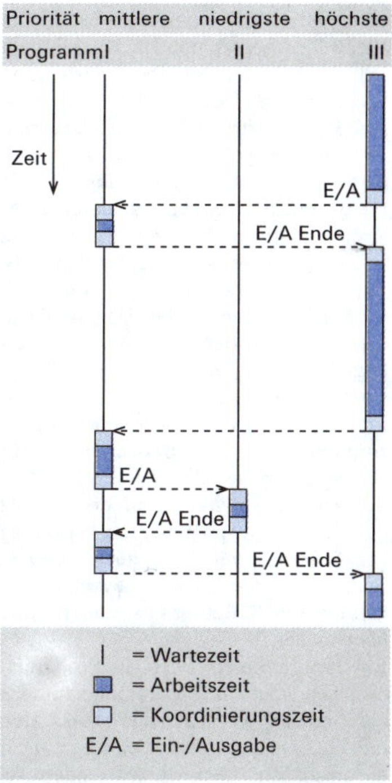

Betriebsart (Abb. 3): Timesharing-Betrieb

Mehrbenutzerbetrieb *(Multiuser-Betrieb):* Die Rechenanlage wird von verschiedenen Benutzern gleichzeitig genutzt. Gegenüber dem Multitasking-Betrieb treten nun dauernd wechselnde Anforderungen mit Zugriffsrechtkontrollen und Informationsaustausch zwischen den Benutzern hinzu. Vom Betriebssystem werden

B

die Aufträge der einzelnen Benutzer als Prozesse angesehen und einheitlich durch die ↑Prozessorverwaltung behandelt. Die Rechenzeit wird hierbei scheibchenweise zugeteilt, sofern der entsprechende Prozess aktiv ist und nicht auf Ein-/Ausgabe-Operationen wartet. Wegen der Verteilung der Rechenzeit auf mehrere Benutzer spricht man auch vom **Timesharing-Betrieb** (engl. time-sharing = dt. Zeitteilung). Unter dem Gesichtspunkt der optimalen Ausnutzung aller Rechnerkomponenten empfiehlt sich immer der Mehrbenutzerbetrieb. Dieser Betrieb schließt den gleichzeitigen Einsatz der übrigen Betriebsarten nicht aus.

Betriebsmittel: Bezeichnung für alle Hard- und Softwarekomponenten eines Rechnersystems, die zur Ausführung von Programmen benötigt werden, z. B. ↑Speicher, ↑Drucker, ↑Prozessor, ↑Datei. Die Zuteilung von Betriebsmitteln an die einzelnen Benutzerprogramme erfolgt durch das ↑Betriebssystem.

Betriebssystem (seltener *Systemsoftware* genannt; engl. *operating system*): zusammenfassende Bezeichnung für alle Programme, die die Ausführung, das Zusammenwirken und den Schutz der Benutzerprogramme, die Verteilung der ↑Betriebsmittel auf die einzelnen Benutzerprogramme und die Aufrechterhaltung der ↑Betriebsart steuern und überwachen.

Ein Programmierer, der ein Programm in einer höheren Programmiersprache auf einer Rechenanlage ausführen möchte, braucht sich in der Regel nicht darum zu kümmern, wie verwendete Variablen in ↑Adressen des Speichers umgesetzt werden, an welcher Stelle des Speichers sein Programm während der Ausführung steht, wie und wo Daten innerhalb einer ↑Speicherhierarchie abgelegt werden, in welcher Reihenfolge verschiedene Programme ablaufen oder wie seine Programme und Daten vor fremdem Zugriff geschützt werden. Diese und weitere Verwaltungsaufgaben übernimmt das Betriebssystem.

▶ *Beispiel:* Die folgenden elementaren Aktionen verwenden Funktionen des Betriebssystems:
- Einlesen eines Zeichens von einer ↑Tastatur,
- Ausgeben eines Zeichens auf einen ↑Bildschirm,
- Einlesen eines Programms in den Speicher. ◀

Zur Bewältigung der vielfältigen Aufgaben verfügt das Betriebssystem über zahlreiche Komponenten, die jeweils eine oder mehrere Teilaufgaben wahrnehmen. Die drei wichtigsten Komponenten sind Organisationsprogramme, Übersetzungsprogramme, Dienstprogramme.

Organisationsprogramme: In der ↑Speicherverwaltung übernehmen Organisationsprogramme die Lösung der folgenden Aufgaben:
- Kontrolle aller im System vorkommenden Speicher,
- Zuteilung von Speicher an Benutzerprogramme,
- Organisation von ↑Speicherhierarchien,
- Kommunikation mit anderen Rechenanlagen.

Die Organisationsprogramme der ↑Prozessorverwaltung veranlassen die Zuteilung eines ↑Prozessors an eines der zu bearbeitenden Programme.

Die Organisationsprogramme der ↑Geräteverwaltung koordinieren
- die Auswahl und Bereitstellung der für ↑Eingabe bzw. ↑Ausgabe geeigneten Geräte entsprechend den Anforderungen der Benutzerprogramme,
- die Anpassung an die speziellen physikalischen Eigenschaften der Geräte,
- die Überwachung der Datenübertragung zwischen Programm und Gerät.

Sehr wichtig sind die Organisationsprogramme für die Kommunikation zwischen Programmen, Geräten oder Dateien. Sie bilden die Voraussetzung für Dienste in ↑Rechnernetzen (z. B. ↑elektronische Post) und allgemein für die ↑Datenübertragung.

Übersetzungsprogramme (↑Übersetzer): Diese übersetzen Programme höherer Programmiersprachen in auf einer Rechenanlage ausführbare Programme. Hierzu zählen wir auch ↑ Interpreter zur unmittelbaren Ausführung entsprechender Programme.
Dienstprogramme: Diese lösen Standardanwendungsprobleme. Typische Dienstprogramme sind z. B. Sortierprogramme (↑Sortieren), Dateiverwaltungsprogramme, ↑Lader, ↑Binder, ↑Editor, ↑Debugger und ↑Browser.
Hinzu kommen Statistik- und Abrechnungsprogramme, um z. B. die Auslastung der Geräte oder die Benutzungsgebühren zu ermitteln.
Betriebssysteme, die mehrere Computer in einem Rechnernetz verwalten, müssen zusätzliche Anforderungen erfüllen. Z. B. müssen sie überlappende oder verteilt angelegte Datenbanken koppeln, synchronisieren und pro Rechner auf aktuellem Stand halten, sie müssen einen einheitlichen virtuellen Speicher verwalten, sie ermöglichen die *entfernte Ausführung,* sie müssen Benutzern erlauben, prinzipiell auf jedem Rechner zu arbeiten, sie müssen Schutzmechanismen für den Datenzugriff (↑Authentifizierung) und die ↑Datenübertragung besitzen usw., wobei Wartezeiten zu vermeiden sind. Heutige Betriebssysteme erfüllen in der Regel diese Anforderungen in befriedigender Weise.
Zur Kommunikation mit dem Betriebssystem dient eine ↑ *Kommandosprache.* Mit ihrer Hilfe kann der Benutzer ↑Aufträge formulieren.
Die Gesamtstruktur des Betriebssystems zeigt Abb. 1.
Da das Betriebssystem an jeder Operation einer Rechenanlage in irgendeiner Weise beteiligt ist, hängt die Leistungsfähigkeit der Anlage ganz entscheidend von der Implementierung der Betriebssystemkomponenten ab.
Dies ist keine leichte Aufgabe, denn der Speicherbedarf von Betriebssystemen moderner Großrechner liegt häufig bei mehreren Hundert Millionen ↑ Bytes, und selbst bei Heimcomputern oder ↑ Personalcomputern beträgt er mehr als 16 Millionen Bytes.
Drei auf Großrechnern verbreitete Betriebssysteme sind
- *VM* (auf IBM- und dazu kompatiblen Rechnern),
- *BS 2000* (auf Siemens-Rechnern),
- *UNIX* (auf den meisten Rechnern verfügbar).

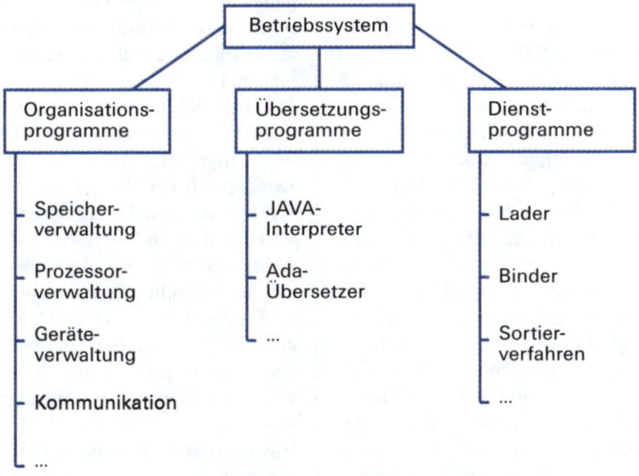

Betriebssystem (Abb. 1): Gesamtstruktur des Betriebssystems

BS 2000 unterstützt den Teilnehmerbetrieb und die virtuelle Adressierung. Das System unterteilt sich in einen zentralen Teil, das Organisationsprogramm und die Benutzerprogramme. Das Organisationsprogramm besteht aus dem Ablaufteil, dem Datenverwaltungssystem, dem Kommunikationszugriffssystem und anderen Systemdienstprogrammen. Für ein Beispiel für eine Auftragsdefinition s. ↑Kommandosprache.

Das Betriebssystem *VM* (oder *VM/370*) bietet jedem Benutzer eine eigene ↑virtuelle Maschine mit eigenem Betriebssystem an. Beispiele für solche Betriebssysteme sind *DOS* (**d**isk **o**perating **s**ystem), *MVT* (**m**ultiprogramming with a **v**ariable number of **t**asks), *MVS* (**m**ultiple **v**irtual **s**torage). Das heißt: Auf dem Rechner können gleichzeitig mehrere Betriebssysteme nebeneinander ablaufen, wobei jeder Benutzer sich aus einer gegebenen Menge von Betriebssystemen seines auswählt. Das System VM besteht aus zwei großen Komponenten: dem Kontrollprogramm *CP*, das die virtuellen Maschinen überwacht und die Betriebsmittel verwaltet, und der Interaktionskomponente *CMS* (**c**onversational **m**onitoring **s**ystem), die die Dialoganteile und die speziellen Funktionen eines Terminals umfasst.

↑UNIX (seit Anfang der 70er-Jahre entwickelt) ist auf fast allen größeren Rechnern verfügbar. Der zentrale Teil ist in der Programmiersprache ↑C geschrieben, sodass er relativ leicht auf die verschiedensten Computer übertragen werden kann. Wesentlich für UNIX sind das hierarchische Prozesskonzept, das hierarchische Dateisystem mit individuellen Zugriffsrechten und der umfangreiche „Werkzeugkasten". Abwandlungen von UNIX gibt es von mehreren Herstellern (*XENIX*, *SINIX*, *MUNIX*, *AIX* usw.).

Auf Personalcomputern sind MS-DOS (**d**isk **o**perating **s**ystem der Firma **M**icro**s**oft), *OS/2* und vor allem Windows 95, 98 und 2000 verbreitet; viele Systeme wie ↑CP/M und ↑EUMEL sind mittlerweile veraltet. Auf vernetzungsfähigen Rechnern findet man meist Windows NT oder LINUX.

Von künftigen Betriebssystemen wünscht man sich Unterstützung zumindest in den folgenden beiden Bereichen:

Sicherheit: Auf das Betriebssystem dürfen nicht Schutzmaßnahmen aufgesetzt werden, sondern das Betriebssystem selbst muss auf einem Kern basieren, der Schutzmaßnahmen aufbaut und geschützte Programmier- und Arbeitsumgebungen garantiert. Dieser *Sicherheitskern* ist gegen jeden verändernden Zugriff von außen abzusichern, und er muss möglichst klein sein, damit er überschaubar bleibt und sein korrektes Verhalten mit formalen Methoden nachgewiesen werden kann. Geeignete Sicherheitsarchitekturen werden insbesondere wegen des ↑Datenschutzes, wegen Computerviren (↑Virus, ↑Agent) und wegen der Absicherung gegen Industriespionage künftigen Betriebssystemen zugrunde liegen müssen.

Verteilte Systeme: Komponenten von Betriebssystemen werden zunehmend auf mehrere Standorte verteilt. Sie müssen daher über ein Konfigurations- und Integrationskonzept und über ein sicheres Nachrichtenaustauschsystem verfügen. Durch Verteiltheit werden zugleich Aufgaben in parallele Teilaufgaben zerlegt. Auch diese ↑Parallelverarbeitung wird zurzeit kaum durch Betriebssysteme unterstützt.

Die Entwicklung eines Betriebssystems dauert viele Jahre; ein stabiler Einsatz liegt meist erst zehn Jahre nach der Konzeption vor. Wegen der vielfältigen Funktionen und der Komplexität wehren sich Firmen und Benutzer gegen einen Austausch solcher Systeme, und es müssen schon sehr überzeugende Gründe vorliegen, damit ein Betriebssystem ausgewechselt wird. Betriebssysteme besitzen daher eine lange Lebensdauer, wenn sie erst einmal im Markt eingeführt sind.

bewachte Anweisung (engl. *guarded command*): Verallgemeinerung der ↑bedingten Anweisung auf den *nichtdetermi-*

nistischen Fall (↑ Determinismus). Ihre allgemeine Form lautet (für eine Zahl $n \geq 1$):

```
if B1 → FA1
▯ B2 → FA2
.
.
.
▯ Bn → FAn
fi
```

Hierbei ist jedes B_i ein logischer ↑ Ausdruck, genannt *Wächter,* und jedes FA_i eine Folge von Anweisungen. Eine solche bewachte Anweisung wird folgendermaßen ausgeführt: Zunächst werden alle Wächter $B_1, B_2, ..., B_n$ ausgewertet; falls keiner dieser Ausdrücke den Wert true ergibt, so wird die bewachte Anweisung beendet; anderenfalls wird nichtdeterministisch irgendeine Folge von Anweisungen FA_j ausgewählt, deren zugehöriger Wächter B_j den Wert true ergab, und ausgeführt; anschließend wird zur nächsten Anweisung (hinter fi) übergegangen. Da nicht eindeutig festgelegt ist, welche Folge von Anweisungen durchzuführen ist, liefern bewachte Anweisungen im Allgemeinen verschiedene Ergebnisse, wenn sie unter gleichen Anfangsbedingungen erneut ausgeführt werden. Bei vielen Problemen spielt dies aber keine Rolle. (↑Determiniertheit).

▶ *Beispiel:* Zerlegung einer Zahl $k \geq 1$ in ein Produkt aus zwei Zahlen.

```
read (k); n := k; m := k;
while n*m ≠ k do
    if n*m > k → n := n - 1;
    ▯ n*m > k → m := m - 1;
    ▯ m > 1 → m := m - 1;
    ▯ m < k → m := m + 1
    fi;
write (n,m)
```

Hier wird in einer Schleife so lange die bewachte Anweisung ausgeführt, bis $n*m = k$ geworden ist. Ob dieser Fall je eintritt, bleibt offen. Man kann sich aber überlegen, dass er in diesem Beispiel stets auftreten kann, da durch Wiederholung von

$$m < k \rightarrow m := m + 1$$

m auf k gesetzt werden kann und durch Wiederholung von

$$n*m > k \rightarrow n := n - 1$$

anschließend n zu 1 wird. Aber auch alle anderen Produktzerlegungen einer Zahl (sofern es welche gibt), können als Resultat auftreten. ◀

Ein weiteres Beispiel findet sich unter ↑ Determinismus.

Die ↑case-Anweisung erhält man als Spezialfall, wenn nämlich in jeder Situation höchstens ein Wächter den Wert true ergeben kann. In manchen Programmiersprachen sind bewachte Anweisungen erlaubt, z. B. die select-Anweisung in ↑Ada. Bewachte Anweisungen verwendet man, wenn Variablen nur eine bestimmte Eigenschaft (hier: $n * m = k$) erfüllen müssen und es auf die speziellen Werte nicht ankommt. Die ↑Verifikation eines Programms, die meist mithilfe von Eigenschaften vorgenommen wird, kann durch solche Anweisungen vereinfacht werden.

Bewertungskriterien: Wer Datenverarbeitungssysteme einsetzt, muss sich über Vor- und Nachteile dieses Einsatzes bewusst sein. Die hierzu notwendigen Bewertungskriterien sind für jede Anwendung unterschiedlich. Übliche Kosten-Nutzen-Rechnungen versagen oft, da man ein Unternehmen nicht probeweise auf ein Datenverarbeitungssystem umstellen kann und daher keine Schätzung der meist erforderlichen Folgekosten möglich ist. Man kann sich jedoch bei Referenzfirmen das System in einer Arbeitsumgebung vorstellen lassen, man kann an einer Testinstallation im eigenen Hause üben oder Mitarbeiter können zeitweilig in einer entsprechenden Umgebung arbeiten, um den Umgang mit dem System zu lernen und dessen Vor- und Nachteile abzuschätzen. Während früher vorwiegend die Rechengeschwindigkeit das wichtigste Bewertungskriterium war, legen ↑Benutzer und Anwender seit den 80er-Jahren auf andere Kriterien

mehr Wert, wie z. B. die folgenden Eigenschaften.
↑*Benutzerfreundlichkeit:*
- Erlernbarkeit,
- Unterstützung bei der Programmerstellung (Strukturiertheit, Hilfen durch „gute" Werkzeuge),
- Test und andere Hilfen,
- Erklärungskomponenten,
- Darstellung der Ausgabe (spezielle Tabellen, Diagramme, Codes für die Weiterverarbeitung, Zusatzinformation über Zeit, Platz, ...),
- Grafik-Eingabe und -Veränderbarkeit,
- Ergonomie bei Dauerbelastung;

Wartbarkeit:
- strukturierter Aufbau,
- klar definierte Schnittstellen,
- Anschlussmöglichkeiten an Programme in anderen Sprachen,
- einfache Aktualisierung von Altbeständen,
- Emulation;

Flexibilität:
- Programmänderungen (lokal, auf Quellcode),
- Erweiterbarkeit (parallel Versionen ablaufen lassen),
- Parameteränderungen,
- Eingriffe in das laufende Programm,
- Portabilität;

Dienstleistungsangebote:
- verfügbare Software (in Bezug auf die gewünschten Leistungen),
- verfügbare Dienste,
- Schnittstellen, Anschlussmöglichkeiten;

Sicherheit:
- Robustheit,
- Korrektheit (↑Verifikation),
- Schutzmechanismen gegen fremde Zugriffe,
- Informationen über Nutzung der Systeme;

↑*Datenschutz;*
funktionelle Prüfung:
- Konfigurierung,
- Güte der Ergebnisse (↑NP, ↑Heuristiken);

Gerechtigkeit (Fairness);
Leistungsstärke:
- Modellbeschränkungen,
- Geschwindigkeit,
- Antwortzeit,
- Realzeitverhalten,
- Speicherbedarf.

Einige dieser Kriterien können durch ↑Bewertungsprogramme oder ↑Testen überprüft werden. Es empfiehlt sich jedoch, für jede Anwendung ein gesondertes Anforderungsprofil zu entwickeln und eine spezifische Bewertung vorzunehmen. Die genannten Eigenschaften können hier als Orientierungshilfe dienen.

Bewertungsprogramm (engl. *benchmark program*): Um verschiedene Computer miteinander zu vergleichen, gibt es verschiedene Kriterien wie: Größe des ↑Hauptspeichers, Ausstattung der ↑Peripherie, Umfang des ↑Befehlsvorrates, Rechengeschwindigkeit usw. Während man die ersten drei Angaben relativ einfach vergleichen kann, ist der Vergleich der Rechengeschwindigkeiten schwieriger. Bei Computern ist nicht nur die Zykluszeit (↑Befehlszyklus) wichtig, sondern auch, wie schnell z. B. Multiplikationen in ↑Gleitpunktdarstellung ausgeführt werden, wie lang die ↑Antwortzeiten sind, wenn 10 oder 20 Benutzer gleichzeitig arbeiten, und wie schnell Speicherinhalte gegen andere ausgetauscht werden können.
Zur Beurteilung der Rechenleistung eines Computers verwendet man *Bewertungsprogramme.* Dies sind Programme zur Lösung einer oder mehrerer Aufgaben, welche auf den zu bewertenden Computern ausgeführt werden. Dabei wird die Rechenzeit der einzelnen Programme gemessen. Typische Bewertungsprogramme sind z. B. mehrfache Addition oder Multiplikation von ganzen Zahlen oder Zahlen in Gleitpunktdarstellung, Schreiben und Lesen von Dateien, Ausgabe auf ↑Datensichtstationen, Übersetzen von Programmen, gleichzeitiger Ablauf von mehreren unabhängigen oder synchronisierten ↑Prozessen.

Um die Rechnerleistung möglichst objektiv zu bewerten, haben sich 1988 vier Firmen zur Gruppe „System Performance Evaluation Cooperative“, Abk. *SPEC,* zusammengeschlossen, der mittlerweile die meisten größeren Firmen der Datenverarbeitung angehören. Die SPEC-Benchmarks bestehen aus speziellen Programmen für bestimmte Aufgaben oder sie werden aus typischen Anwendungsprogrammen zusammengestellt. Die Programme werden in einem größeren Komitee von Fachleuten ausgewählt. Um absolute Werte zu erhalten, lässt man die Programme auf einer Referenzmaschine (früher meist eine VAX 11/780, vgl. ↑MIPS) und auf der zu testenden Maschine laufen und misst das Verhältnis der Laufzeiten. Es gibt zurzeit verschiedene von SPEC genormte Mengen von Bewertungsprogrammen; z. B. misst man mit dem SPECint92-Wert vor allem die Leistung der ganzzahligen Arithmetik einschl. der logischen Operationen.

Neben den offensichtlichen Vorteilen gibt es auch Risiken: Genormte Bewertungsprogramme können zum Zeitpunkt ihres Einsatzes bereits veraltet sein, weil sich die Programmiermethodik ändert oder weil die Lösungsalgorithmen von der Rechnerarchitektur abhängen; zum Beispiel wird man Mehrprozessormaschinen anders programmieren als klassische ↑Von-Neumann-Rechner. „Typische Programme“ sind nämlich oft nur die Programme, die man erst noch entwikkeln will, abgesehen von Systemprogrammen (Betriebssystem, Compiler, Datenbankverwaltung usw.), die längerfristig im Einsatz sind. Auch muss man genau prüfen, ob die verwendeten ↑ Übersetzer durch Optimierungen gewisse Benchmark-Programme bevorzugen.

Messungen mit Bewertungsprogrammen haben zum Beispiel ergeben, dass der erwartete Vorteil der *RISC*-Architektur gegenüber den CISC-Prozessoren (vgl. ↑ Befehlsvorrat) nicht besteht. Dies könnte zum Teil an den Übersetzern liegen, die spezielle RISC-Strukturen nicht optimal ausnutzen. Daher sollte man sich gut über die Details der Messmethoden informieren oder eigene Programme zum Testen verwenden, falls man seine Kaufentscheidung von Bewertungsprogrammen abhängig macht.

Bezeichner *(Identifikator,* engl. *identifier):* Ein Bezeichner ist eine Zeichenfolge, die zur eindeutigen Identifizierung eines Objektes in einem Programm dient. Die Bedeutung eines Bezeichners ist nicht mit der ↑Syntax der Programmiersprache festgelegt (wie z. B. die Schlüsselwörter var, begin, while), sondern sie wird im Programm selbst durch eine ↑Deklaration definiert. Bezeichner sind z. B. Namen für Variablen, Konstanten, Marken, Datentypen, Objekte oder Prozeduren. Meist müssen Bezeichner eine genau festgelegte Form einhalten, die häufig wie folgt definiert ist: Ein Bezeichner beginnt mit einem Buchstaben, und dahinter können beliebig viele Buchstaben und Ziffern folgen (präzise Definition siehe ↑Backus-Naur-Form). Im Allgemeinen darf ein Bezeichner aber nicht den gleichen Namen haben wie eines der ↑Schlüsselwörter der zugrunde liegenden Programmiersprache (z. B. sind zähler, n und q2p30a in ↑PASCAL zulässige Bezeichner, if oder begin jedoch nicht). Ein Bezeichner darf innerhalb einer Programmeinheit, z. B. innerhalb einer Prozedur oder eines ↑Blocks, nur einmal deklariert werden und besitzt nur dort die festgelegte Bedeutung (↑Bindungsbereich).

bidirektional: Eigenschaft einer Datenübertragungsleitung (↑Datenübertragung), Signale in beiden Richtungen übertragen zu können.

Erfolgt die Übertragung immer nur in einer Richtung, so spricht man von *unidirektionaler* Datenübertragung.

Bildschirm *(Monitor):* Ausgabegerät, welches den Zustand oder die Ausgabe eines Computers sichtbar macht (heute über einen eigenen Mikroprozessor gesteuert). Die Anzeige erfolgt elektronisch. Informationen verschwinden durch Ausgabe nachfolgender Informa-

B

tionen oder durch Ausschalten des Gerätes.

Bis in die 90er-Jahre wurden oft *alphanumerische Bildschirme* mit 24 Zeilen verwendet, wobei jede Zeile bis zu 80 alphanumerische Zeichen (also Zeichen, die einer Taste der Tastatur entsprechen) enthielt.

Grafikfähige Bildschirme können Zeichen, Zeichnungen und Bilder darstellen, in der Regel mehrfarbig. Bildschirme werden meist in Verbindung mit ↑ Tastatur und ↑ Maus eingesetzt, wobei alle Eingaben unmittelbar auf dem Bildschirm angezeigt werden. Ein (manchmal blinkendes) Symbol (Punkt, Strich, Pfeil usw.) auf dem Bildschirm, der so genannte *Cursor* ['kə:sə], markiert hierbei die nächste Schreibposition bzw. die Stelle, an der Veränderungen erfolgen können oder Reaktionen des Benutzers erwartet werden.

Bildschirme funktionieren meist noch nach dem Prinzip der Fernsehröhre: Ein Elektronenstrahl lässt Punkte (↑ Pixel) auf einer speziell beschichteten Scheibe aufleuchten. Die Anzahl dieser einzelnen ansteuerbaren Punkte ist ein Maß für die Schärfe und Auflösung von Bildern. Üblich sind (im Jahr 2000) Bildschirme mit mindestens 1000 × 800 Pixeln, wobei jedes Pixel 256 verschiedene Farben anzeigen kann.

Bildschirmtext (Abk. **Btx**): Informationssystem, das durch die Deutsche Bundespost betrieben wurde. Es wurde im September 1977 vorgestellt und 1983 per Staatsvertrag eingerichtet.

Die drei Stützen des Btx-Systems waren Telefonnetz, Computer und Farbfernsehgerät. Das System ist mittlerweile durch weitaus bessere Informationsdienste (↑ Internet, ↑ T-Online) überflüssig geworden.

binär (engl. *binary*): Ein Element heißt binär, wenn es nur zwei sich gegenseitig ausschließende Zustände annehmen kann. Diese Zustände werden oft mit 0 und 1 (seltener mit O und L) bezeichnet. Beispiele für binäre Elemente sind Glühlampen (an oder aus), Schalter (offen oder geschlossen), Magnetkerne (rechts- oder linksmagnetisiert; ↑ Magnetkernspeicher) und ↑ Flipflops. Eine Vereinbarung muss darüber getroffen werden, welchem der beiden möglichen Zustände der binäre Wert 0 und welchem der binäre Wert 1 zugeordnet wird. Ein binäres ↑ Stellenwertsystem verfügt nur über zwei Ziffern. Bekanntestes binäres Stellenwertsystem ist das ↑ Dualsystem.

Binärcode: ein ↑ Code, bei dem der Zeichenvorrat der Bildmenge nur aus zwei verschiedenen ↑ Zeichen, z. B. 0 und 1, besteht. Wichtige Binärcodes sind der ↑ BCD-Code, der ↑ Aiken-Code und der ↑ Exzess-3-Code.

binärer Baum: Ein binärer Baum ist ein geordneter ↑ Baum, in dem jeder Knoten höchstens zwei Söhne besitzt (Abb. 1).

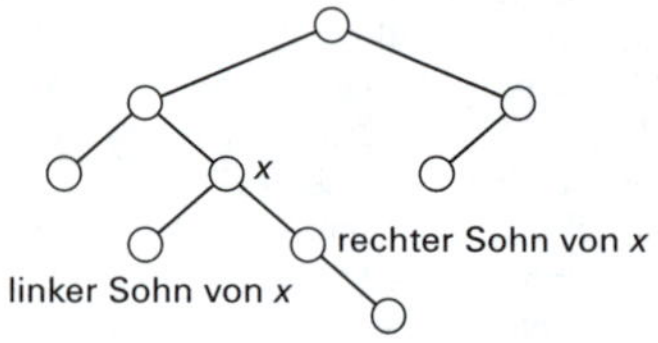

binärer Baum (Abb. 1): Bezeichnungen beim binären Baum

Für Anwendungen siehe ↑ LISP, ↑ Heapsort, ↑ ausgeglichener Baum, ↑ Suchbaum. Zur Implementierung binärer Bäume siehe ↑ Baumdurchlauf.

Binäre Bäume treten sehr häufig in der Informatik auf. Dabei stellt sich oft die Frage, wie viele verschiedene binäre Bäume es zu einer vorgegebenen Knotenzahl n gibt. Es sei $A(n)$ die Anzahl dieser binären Bäume. Die ersten Werte lauten:

$$A(0) = 1,\ A(1) = 1,\ A(2) = 2,$$
$$A(3) = 5 \text{ (Abb. 2)},\ A(4) = 14.$$

Wie man aus Abb. 3 entnimmt, erhält man einen Baum mit n Knoten, indem man an einen Knoten (die Wurzel) links irgendeinen Baum mit $n-k-1$ Knoten und rechts irgendeinen Baum mit k

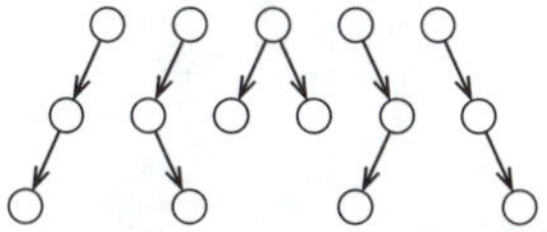

binärer Baum (Abb. 2): die 5 verschiedenen binären Bäume mit 3 Knoten

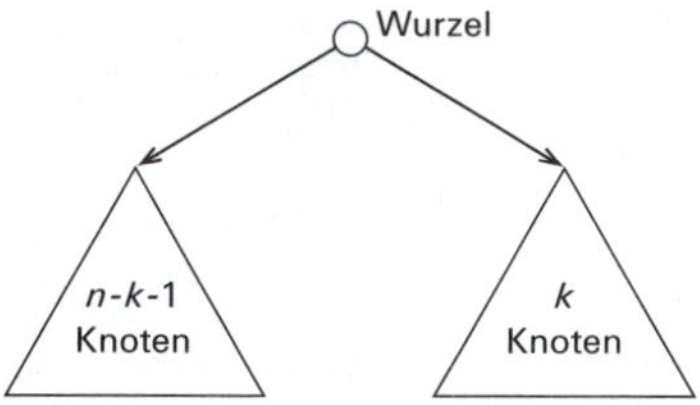

binärer Baum (Abb. 3): Zerlegung eines binären Baumes

Knoten anhängt; hierfür ergeben sich $A(n-k-1) \cdot A(k)$ Möglichkeiten. Diese muss man für $k=0, 1, ..., n-1$ aufsummieren. Somit erhält man für $n \geq 1$:

$$A(n) = \sum_{k=0}^{n-1} A(n-k-1) \cdot A(k).$$

Eine längere Rechnung ergibt:

$$A(n) = \frac{(2n)!}{n!\ (n+1)!} \approx \frac{4^n}{(n+\frac{9}{8}) \cdot \sqrt{\pi \cdot n}}$$

Die Werte $A(1)$, $A(2)$ ..., $A(n)$ heißen auch *Catalansche Zahlen*.

Zum Beispiel beträgt die Zahl der binären ↑Suchbäume, die bei einem Inorder-Durchlauf alle die gleiche Schlüsselfolge der Länge n liefern, $A(n)$. Will man hieraus einen in irgendeinem Sinne optimalen Baum auswählen, so kann man dieses Problem in der Praxis nicht durch vollständiges Durchprobieren lösen (↑ optimaler Suchbaum).

Man kann nun die mittlere Entfernung S_b eines Knotens von der Wurzel in einem beliebigen binären Baum berechnen, indem man zu einer Zahl n für jeden Knoten in allen $A(n)$ möglichen binären Bäumen die Entfernung dieser Knoten von der Wurzel aufsummiert und dann durch $n \cdot A(n)$ dividiert. Man erhält $S_b \approx \sqrt{\pi \cdot n}$ als mittleres Niveau eines Knotens in einem binären Baum. Hinweis: Erzeugt man dagegen einen binären *Suchbaum* aus einer zufälligen Folge von n Werten, so beträgt das durchschnittliche Niveau eines Knotens nur $1{,}386 \cdot \log_2(n)$, vgl. ↑Suchbaum. Dieser starke Unterschied liegt darin begründet, dass beim Aufbau eines Suchbaums aus n Werten die gleichmäßigeren Bäume mit viel größerer Wahrscheinlichkeit auftreten als andere Bäume.

binäres Suchen: Bezeichnung für ein schnelles Verfahren zum ↑ Suchen von Elementen in einem aufsteigend oder absteigend sortierten linearen ↑ Feld durch fortgesetztes Halbieren des Bereichs, in dem sich das zu suchende Element noch befinden kann. Sei a ein Feld mit den Feldelementen $a[1], a[2], ..., a[n]$. a sei aufsteigend geordnet, also

$$a[1] \leq a[2] \leq \ldots \leq a[n] \text{ mit } n \geq 1.$$

k sei ein zu suchendes Element (↑Schlüssel). Um festzustellen, ob k in a vorkommt, vergleicht man zunächst k mit dem mittleren Element von a, also mit $a[n/2]$ (oder $a[(n+1)/2]$) für gerades (oder ungerades) n. Entweder ist $k=a[n/2]$ ($a[(n+1)/2]$) und die Suche ist erfolgreich beendet, oder man wendet das Verfahren für $k < a[n/2]$ ($a[(n+1)/2]$) auf das Teilfeld $a[1], ..., a[n/2-1]$ ($a[(n-1)/2]$) und für $k < a[n/2]$ ($a[(n+1)/2]$) auf $a[n/2+1]$ ($a[(n+3)/2]$), ..., $a[n]$ rekursiv (↑ Rekursion) an, bis der gesuchte Schlüssel k gefunden oder das Teilfeld einelementig geworden ist.

▶ *Beispiel:* Suche der Zahl 12.

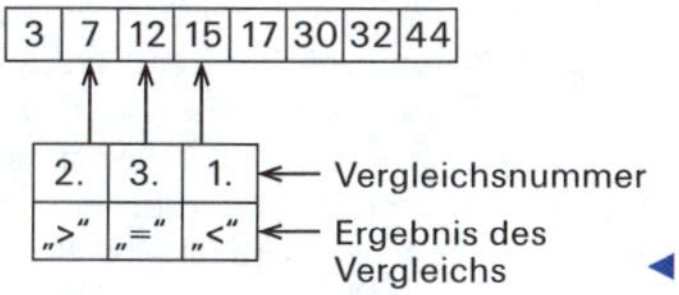

◀

Das Programmstück inAbb. 1 beschreibt den Algorithmus für die binäre Suche in einem Feld ganzer Zahlen.

```
var a: array [1..n] of integer;
        q: integer;
function binsuch (i, j, k: integer): boolean;
var m: integer;
begin
   ij j < then binsuch := false else
      m := (i+j) div 2;
      if k < a[m] then binsuch := (i, m - 1, k) else
         if k > a[m] then binsuch := binsuch (m+1, j, k)
            else binsuch true fi fi
   fi
end;
.
.
.
...binsuch (1, n, q)...
```

binäres Suchen (Abb. 1): Algorithmus zur binären Suche in einem Feld ganzer Zahlen

Die rekursive Funktion binsuch liefert den Wert true, falls der gesuchte Schlüssel *q* ein Element des Feldes *a* ist, und den Wert false sonst; um die Position *m* zu ermitteln, an der sich *q* im Feld befindet, muss das Programm leicht modifiziert werden.

Die Laufzeit des Algorithmus in Abhängigkeit von *n* beträgt $O(\log_2 n)$ (↑ Ordnung). Man benötigt beispielsweise höchstens 20 rekursive Aufrufe, um ein Element in einer Million geordneter Zahlen zu suchen.

Bindelader: Kombination aus ↑Binder und ↑ Lader: Die zur Ausführung des Programms erforderlichen ↑Objektcodes werden gebunden und direkt zur Ausführung in den Hauptspeicher geladen. Das erzeugte ↑ Maschinenprogramm wird also nicht in einer Datei gespeichert, sondern direkt ausgeführt. Dies hat den Vorteil, dass für die Ausführung die Zeit zum Schreiben und Einlesen des Maschinenprogramms entfällt.

Binder (engl. *linker* oder *linkage editor*): Bei der Erstellung von Programmen sind nur selten alle zur Ausführung des Programms erforderlichen ↑Prozeduren und ↑Funktionen auch in diesem Programm enthalten. Vielmehr wird in der Regel eine Anzahl von ↑ Standardprozeduren und -funktionen verwendet. Diese Standardprozeduren sind häufig schon übersetzt, und der dazugehörige ↑*Objektcode* ist in speziellen Dateien abgespeichert. Das Gleiche gilt für ↑Module oder Programmstücke, die getrennt erstellt und übersetzt wurden. Benutzt daher ein Programm Standardprozeduren, so wird bei der Übersetzung (↑ Übersetzer) im Objektcode vermerkt, dass an bestimmten Stellen die Adresse der Standardprozeduren noch eingesetzt werden muss. Die Aufgabe des Binders besteht darin, die Objektcodes verschiedener Programme zu einem Programm zusammenzufassen und dabei die Adressen der sonstigen und Standardprozeduren in den einzelnen Objektcodes einzusetzen.

Die Objektcodes von übersetzten Programmen werden häufig in speziellen Bibliotheken (↑ Programmbibliothek) verwaltet. Aufgabe eines Binders ist es daher auch, die für ein Programm erforderlichen Objektcodes aus den Bibliotheken zu holen. Höhere Programmiersprachen bieten eine große Anzahl von Standardprozeduren und implementierten ↑ Objekten an. Aus diesem Grund ist bei vielen dieser Sprachen neben einem Übersetzer auch immer ein Binder zur Erzeugung des entsprechenden ablauffähigen ↑Maschinenprogramms erforderlich.

Bindung von Variablen (engl. *binding*): In imperativen ↑ Programmiersprachen werden Variablen als „Behälter" aufgefasst, in die Werte einer vorgegebenen ↑ Datenstruktur entsprechend der ↑ Deklaration der Variablen abgelegt werden. In anderen Sprachen wie ↑LISP oder ↑PROLOG werden dagegen Variablen als Bezeichner verwendet, die mit irgendeinem Objekt identifiziert werden können, wobei eine Variable zu verschiedenen Zeitpunkten mit völlig verschiedenen Objekten verbunden sein kann. Eine solche Identifizierung nennt man Bindung. Ergibt sich diese Identifizierung bereits eindeutig aus dem Programmtext, so spricht man von *statischer Bindung;* erfolgt sie dagegen erst zur Laufzeit des Programms in Abhängigkeit von der jeweiligen aktuellen Situation, so liegt eine *dynamische Bindung* vor. Dialekte von Sprachen unterscheiden sich oft in der Form der Bindung von Variablen, was zu schwer auffindbaren Fehlern beim Übergang zu einem anderen Sprachdialekt führen kann (vgl. auch ↑Variable).

Bindungsbereich *(Lebensdauer):* Der Bindungsbereich eines ↑Bezeichners umfasst alle Stellen im Programm, an denen das zum Bezeichner gehörende Objekt unter der vereinbarten Bedeutung existiert. In blockorientierten Sprachen ist dies der ↑Block, in dem der Bezeichner deklariert wurde (einschl. aller Unterblöcke). Der Bindungsbereich formaler Parameter entspricht dem Rumpf der Funktion oder Prozedur.

Durch erneute Deklaration kann ein Bezeichner für ein anderes Objekt verwendet werden. Das zuvor deklarierte Objekt ist dann nicht sichtbar, obwohl es weiterhin existiert. Den Bindungsbereich abzüglich aller Bindungsbereiche, in denen der gleiche Bezeichner neu vereinbart wurde, nennt man den ↑*Gültigkeitsbereich*.

Der Bindungsbereich spielt eine wichtige Rolle in Formeln der ↑Logik und in speziellen Kalkülen (↑Lambda-Kalkül). Dort bezieht er sich auf mathematische Variablen, die durch Quantoren oder Funktionsdefinition gebunden werden. Außerhalb des Bindungsbereichs heißen Variablen *„frei"* oder *„ungebunden"* und können beliebig interpretiert werden.

Der Bindungsbereich wird im Programm auch als Zeitspanne aufgefasst. Von dieser Vorstellung rührt der Begriff der *Lebensdauer* her. Denn mit der Deklaration von ↑Variablen werden im Speicher bestimmte Plätze für diese Variablen reserviert. Das Zeitintervall, in dem ein Speicherplatz für eine Variable fest reserviert ist, bezeichnet man dann als Lebensdauer der Variablen. Die Lebensdauer ist identisch mit der Zeit der Abarbeitung der Prozedur oder des Blockes, in dem eine Variable deklariert wird. Bei ↑Prozessen, ↑Objekten oder ↑Modulen verlängert sich die Lebensdauer; denn hier leben Variablen nach Abarbeitung der entsprechenden Prozedur weiter und besitzen bei erneutem Aufruf der Programmeinheit die früheren Werte.

Bioinformatik: Wissenschaftsgebiet zwischen der (molekularen) Biologie und der Informatik, das sich mit der Entschlüsselung der Erbinformation von Lebewesen und den zugehörigen Proteinsequenzen beschäftigt. Ziel ist es, neben grundlegenden Einsichten zugeschnittene Programmiersprachen, Softwaresysteme und andere Werkzeuge zur Krankheitsdiagnose, zu Heilungsverfahren und zur Herstellung von Medikamenten zu entwickeln.

Bekanntlich bestehen Gene aus einer Folge der vier Aminosäuren A, C, G und T (Adenin, Cytosin, Guanin und Thymin). Diese sind auf einem sehr langen Doppelstrang der Desoxyribonukleinsäure (abgekürzt DNS oder engl. DNA) aufgereiht, jeweils unterbrochen von mehr oder weniger langen Sequenzen, die für unmittelbare Lebensvorgänge nicht relevant zu sein scheinen. Verteilt auf 46 Chromosomen besteht zum Beispiel der „Bauplan des Menschen" aus mehreren Milliarden dieser Aminosäuren. Im Jahre 2001 wurde die Entschlüsselung ihrer Anordnung abgeschlossen. Zusätzlich muss dann die räumliche Lage (die DNA ist sehr verknäult) aufgedeckt werden, wenn man z. B. Medikamente „konstruieren" will. Manche Krankheiten sind auf Veränderungen bei den Genen zurückzuführen, woraus sich die Bedeutung für die Medizin ergibt.

Die Bioinformatik befasst sich unter anderem mit folgenden Fragen:

- *Sequenzierung:* Verfahren, um aus kleineren Aminosäuresequenzen, die durch Zerlegung der DNA entstanden sind, auf die ursprüngliche Sequenz zu schließen.
- *Räumliche Analyse:* zu einem gegebenen Protein vorhersagen, welche räumliche Struktur es voraussichtlich annimmt (hiervon hängt die Wirksamkeit eines Proteins entscheidend ab).
- *Vergleichendes Durchmustern (screening):* Aufspüren derjenigen DNA-Bereiche, die für eine vorgegebene Situation verantwortlich sein könnten. Hierbei greift man auf umfangreiche Datenbanken zurück, in denen die bereits analysierten Proteine gespeichert und verwaltet werden.
- *Wirkungsvorhersage:* Prognostizieren, wie sich ein Protein voraussichtlich in Wechselwirkung mit anderen Stoffen verhalten wird.

Ein zentrales Problem ist die Komplexität: Es liegen riesige Datenmengen vor. Um Simulationen und Analyseverfahren ablaufen zu lassen, müssen gute Molekülmodelle, die die biologischen, chemischen und physikalischen Randbedingungen beachten, und hierauf sehr effiziente Algorithmen entwickelt werden. Unter den ↑ Algorithmen-Entwurfsmethoden dominieren daher dynamisches Programmieren und Heuristiken.

Die Bioinformatik wird seit 1998 von mehreren Hochschulen als Diplomstudiengang angeboten.

bit (Abk. für engl. **b**asic **i**ndissoluble **i**nformation uni**t**): in der ↑ Informationstheorie Bezeichnung für eine Einheit für den Informationsgehalt einer ↑Nachricht. Zur Darstellung von *n* bit in einer ↑ digitalen Rechenanlage benötigt man mindestens *n* ↑ Bit.

Bit (Abk. für engl. **bi**nary digi**t**): Bezeichnung für die kleinste Darstellungseinheit für Daten in ↑binärer Zahlendarstellung. Ein Bit kann die Werte binär null und binär eins annehmen. Zur Darstellung verwendet man die Zeichen 0 und 1 (seltener O und L). Die Zusammenfassung von acht Bit heißt ↑Byte.

BITKOM (Abk. für „**B**undesverband **I**nformationswirtschaft, **Tel**e**kom**munikation und Neue Medien“, Dachverband der Informations- und Kommunikationsbranche in Deutschland): Im Oktober 1999 schlossen sich rund 1 000 Unternehmen mit 700 000 Beschäftigten und 100 Milliarden Euro Umsatz zu diesem größten Branchenverband Europas zusammen.

Bitmap-Terminal [engl. 'bɪt 'mæp]: veraltete Bezeichnung für eine ↑ Datensichtstation mit grafikfähigem ↑ Bildschirm, vorwiegend für Schwarz-Weiß-Darstellungen. Bilder setzen sich aus sehr vielen Bildpunkten (↑ Pixel) zusammen, die in einem entsprechenden Speicher abgelegt sind und mehrmals in der Sekunde immer wieder angezeigt werden, wodurch ein als ruhig empfundenes Bild entsteht.

Block: Programmeinheit, die aus einer Folge von ↑Deklarationen und einer Folge von ↑ Anweisungen besteht. Blöcke dienen vorwiegend der klaren Strukturierung eines Programms. In vielen Programmiersprachen wird ein Block mit „begin“ und „end“ geklammert:

```
begin
   ⟨Deklarationen⟩;
   ⟨Anweisungen⟩
end
```

Sämtliche ↑ Bezeichner, die in den ⟨Deklarationen⟩ vereinbart werden, sind nur in der zum Block gehörenden Folge von ⟨Anweisungen⟩ mit ihrer definierten Bedeutung bekannt, außerhalb dieses Blockes haben die Vereinbarungen keine Gültigkeit (↑ *Bindungsbereich*). Umgekehrt erhalten Bezeichner, welche außerhalb des Blockes deklariert worden sind, eine neue Bedeutung, wenn sie innerhalb des Blockes neu deklariert werden. Bezeichner, welche in einer Programmeinheit, die den Block umfasst, vereinbart

wurden und nicht in einer Deklaration im Block umdefiniert wurden, können in den ⟨Anweisungen⟩ ebenfalls benutzt werden. Der Programmierer kann also einerseits ↑globale Variablen verwenden, muss aber andererseits nicht darauf achten, welche Bezeichner außerhalb des Blockes schon benutzt worden sind.
In imperativen ↑ Programmiersprachen wird ein Block als eine spezielle Anweisung aufgefasst. Dadurch kann man mehrere Blöcke ineinander verschachteln (so genannte *Blockschachtelung*). Sprachen mit dieser Eigenschaft werden auch als *blockorientierte Programmiersprachen* bezeichnet. ↑ Namenskonflikte werden durch die obigen Regeln gelöst, wie das folgende Beispiel zeigt.

▶ *Beispiel:*

```
begin (* Block 1 *)
   var x, y: integer;
   ...
   begin (* Block 2 *)
      var x: real;
      ...
      x := 3.14 * y; ...
   end;
   ...
   begin (* Block 3 *)
      var y: boolean;
      ...
      if y then x := x+2; ...
   end;
...
end;
```

In der ↑Zuweisung im Block 2 werden y als integer-Variable und x als real-Variable, in der if-Anweisung in Block 3 werden x als integer-Variable und y als boolean-Variable und im Block 1 außerhalb der Blöcke 2 und 3 werden x und y als integer-Variablen verwendet. ◀

Die durch Schachtelung entstehende Blockstruktur spiegelt den Aufbau eines Programms wider. Man veranschaulicht sich die Blockstruktur durch eine baumartige Darstellung (Abb. 1), durch eine mengenorientierte Zeichnung (Abb. 2) oder durch Einrücken im Programmtext (Abb. 3).

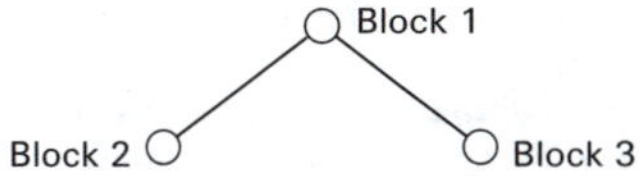

Block (Abb. 1): baumartige Darstellung einer Blockstruktur

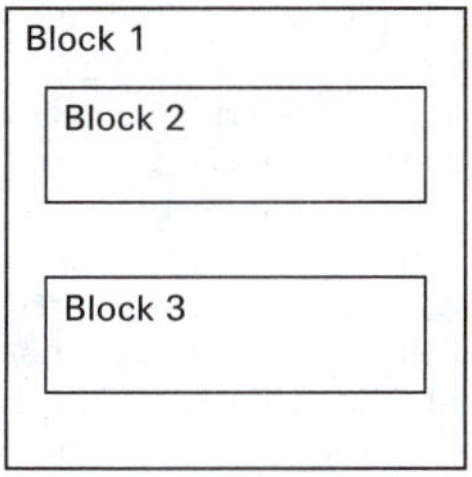

Block (Abb. 2): mengenorientierte Darstellung einer Blockstruktur

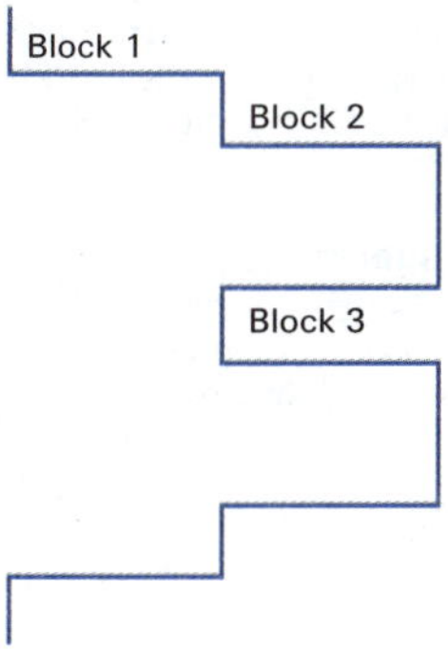

Block (Abb. 3): Darstellung der Blockstruktur durch Einrücken im Programmtext

Schließlich kann der Programmierer die Blockstruktur verwenden, um den Speicherplatz besser auszunutzen. Da mit der Beendigung eines Blockes alle dort deklarierten Variablen unbekannt werden („sterben"; ↑Bindungsbereich), steht der von ihnen belegte Speicherplatz für neu zu eröffnende Blöcke zur Verfügung. Insbesondere Zwischenergebnisse (z. B. beim Rechnen mit großen ↑ Feldern)

sollte man in gesonderten Blöcken berechnen.
Bei Prozeduraufrufen und insbesondere bei der Rekursion wird wesentlich auf das Blockkonzept zurückgegriffen (↑Kopierregel). Neben der statischen Blockschachtelung wird hierbei zur Laufzeit auch eine dynamische Blockschachtelung aufgebaut (↑Inkarnation).

boolean (bool, logical) [engl. 'bu:lıən (bu:l, 'lɔdʒıkəl)]: vordefinierter Datentyp in vielen Programmiersprachen. ↑Variablen vom Typ boolean können die Werte false (falsch) und true (richtig) annehmen. Zum Datentyp boolean gehören stets die üblichen ↑booleschen Funktionen: NICHT, UND, ODER, FOLGT usw. Diese werden meist in Operatorschreibweise durch not, and, or, impl usw. dargestellt. Weitere Erläuterungen siehe ↑Datentyp.
Da die Werte von ↑Bedingungen vom Typ boolean sind, existiert dieser Datentyp in allen Programmiersprachen, auch wenn er in manchen (veralteten) Sprachen nicht in ↑Deklarationen zugelassen wird.

boolesche Algebra ['bu:lʃə] (1854 von *G. Boole* (1815–1864) entwickelt): Eine Menge M mit zwei Verknüpfungen · und + heißt boolesche Algebra, wenn für alle $x, y, z \in M$ gilt:

(1) $x \cdot (y \cdot z) = (x \cdot y) \cdot z$;
(2) $x + (y + z) = (x + y) + z$;
(3) $x \cdot y = y \cdot x$;
(4) $x + y = y + x$;
(5) $x \cdot (x + y) = x$;
(6) $x + (x \cdot y) = x$;
(7) $x \cdot (y + z) = (x \cdot y) + (x \cdot z)$;
(8) $x + (y \cdot z) = (x + y) \cdot (x + z)$;
(9) es gibt ein Element $0 \in M$ mit $0 \cdot x = 0$ und $0 + x = x$ für alle $x \in M$;
(10) es gibt ein Element $1 \in M$ mit $1 \cdot x = x$ und $1 + x = 1$ für alle $x \in M$;
(11) zu jedem $x \in M$ existiert genau ein $y \in M$ mit $x \cdot y = 0$ und $x + y = 1$.

(1) und (2) besagen, dass die Verknüpfungen · und + *assoziativ,* also von der Klammerung unabhängig sind; (3) und (4) besagen, dass beide Verknüpfungen *kommutativ,* also von der Reihenfolge der Operanden unabhängig sind. Die Regeln (5) und (6) heißen *Verschmelzungsgesetze* oder *Absorptionsgesetze.* Die Regeln (7) und (8) sind *Distributivgesetze.* Die Elemente 0 und 1 in (9) und (10) sind *neutrale Elemente* bezüglich + bzw. · ; Regel (11) besagt, dass zu jedem Element ein *komplementäres Element* existiert.
Die grundlegenden Schaltungen in Computern folgen den Gesetzen der booleschen Algebra. Ein wichtiges Anwendungsgebiet der booleschen Algebra ist daher die ↑ Schaltalgebra. Weiterhin bildet die Menge aller Teilmengen einer Menge M (Potenzmenge von M) mit den Operationen „Vereinigung“, „Durchschnitt“ und „Komplement“ eine boolesche Algebra.

boolesche Funktion ['bu:lʃə]: Eine boolesche Funktion ist eine Abbildung $f\colon \{0,1\}^n \to \{0,1\}$, wobei $\{0,1\}^n$ die Menge aller n-Tupel über $\{0,1\}$ ist.
Oft auftretende boolesche Funktionen sind die ↑ NOT-Funktion, die ↑ UND-Funktion und die ↑ODER-Funktion.
Das Funktionsverhalten einer booleschen Funktion $f\colon \{0,1\}^n \to \{0,1\}$ stellt man im Allgemeinen durch eine Tabelle folgender Form dar:

x_1	$x_2 \ldots x_n$	$f(x_1, x_2, \ldots, x_n)$
0	0 … 0	1
0	0 … 1	0
.	.	.
.	.	.
.	.	.
.	.	.
1	1 … 1	1

Wertetabelle einer booleschen Funktion

Die linke Seite der Tabelle enthält alle 2^n verschiedenen Belegungen der Variablen $x_1, \ldots, x_n$ mit 0 bzw. 1, die rechte Seite den zugehörigen Funktionswert.
Jede boolesche Funktion lässt sich mithilfe der Funktionen NOT, UND und ODER darstellen (↑Bausteinsatz). Zum Beispiel kann man die Funktion g, die durch folgende Wertetabelle definiert ist:

x_1	x_2	x_3	$g\ (x_1, x_2, x_3)$
0	0	0	1
0	0	1	1
0	1	0	0
0	1	1	0
1	0	0	1
1	0	1	0
1	1	0	0
1	1	1	1

durch die Gleichung

$$g(x_1, x_2, x_3) = (\bar{x}_1 \cdot \bar{x}_2) + (\bar{x}_2 \cdot \bar{x}_3) + (x_1 \cdot x_2 \cdot x_3)$$

beschreiben, wobei

$\bar{x}$ für NOT (x)
$x \cdot y$ für UND (x, y)
$x + y$ für ODER (x, y)

steht (↑boolesche Algebra, ↑disjunktive und ↑konjunktive Normalform).
Eine Verallgemeinerung der booleschen Funktionen bilden die *Schaltfunktionen* $f\colon \{0{,}1\}^n \to \{0{,}1\}^m$, die durch ↑kombinatorische Schaltwerke realisiert werden. Eine solche Schaltfunktion kann durch m boolesche Funktionen $f_1, ..., f_m$: $\{0{,}1\}^n \to \{0{,}1\}$ dargestellt werden, wobei $f_i(...)$ die i-te Komponente von $f(...)$ ist.
Zu weiteren Definitionen siehe ↑ Bausteinsatz.

Bootstrapping [engl. 'bu:tstræpɪŋ]: (1) Verfahren bei Inbetriebnahme von Computern: Urlader (↑Lader).
(2) Schrittweises Verfahren zur Implementierung von ↑Übersetzern:
Bei jedem Schritt wird hierbei ein mächtigeres Softwarewerkzeug unter Verwendung des im vorhergehenden Schritt entstandenen Werkzeugs erzeugt. Wenn für eine höhere Programmiersprache HS ein *Übersetzer* implementiert werden soll, der ↑ Quellprogramme (geschrieben in HS) in ↑Zielprogramme (geschrieben in der ↑Maschinensprache MS des jeweiligen Computers) übersetzt, wobei der Übersetzer selbst in einer bestimmten Programmiersprache PS geschrieben ist, so stellt man einen solchen Übersetzer durch das *T-Diagramm* (Abb. 1) dar.

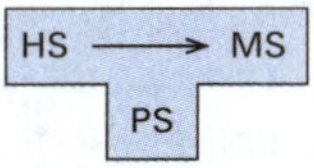

Bootstrapping (Abb. 1): T-Diagramm

Prinzipiell muss jedes ablauffähige Programm in der Maschinensprache MS vorliegen. Ein ablauffähiger Übersetzer besitzt also das T-Diagramm der Abb. 2.

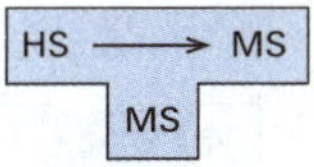

Bootstrapping (Abb. 2): T-Diagramm eines ablauffähigen Übersetzers

Damit man den Übersetzer nicht in der (für einen Menschen kaum durchschaubaren) Maschinensprache MS implementieren muss, verwendet der Programmierer eine Sprache PS, für die ein Übersetzer bereits in einem früheren Schritt erstellt worden ist (Abb. 3).

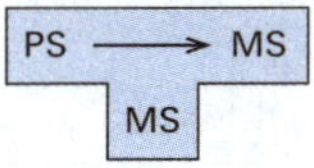

Bootstrapping (Abb. 3): T-Diagramm mit einer Programmiersprache PS, für die es bereits einen Übersetzer gibt

Der Programmierer schreibt den Übersetzer von HS nach MS in der Sprache PS. Dieser Übersetzer wird dann mithilfe des bereits vorhandenen Übersetzers von PS nach MS, der in MS geschrieben ist, in einen Übersetzer der Programmiersprache MS übersetzt. Dieses Verfahren *(Bootstrapping)* wird durch die in Abb. 4 dargestellten T-Diagramme ausgedrückt.
Häufig werden Übersetzer für eine Sprache in der eigenen Sprache geschrieben, z. B. kann ein Übersetzer für ↑PASCAL in PASCAL selbst geschrieben werden.

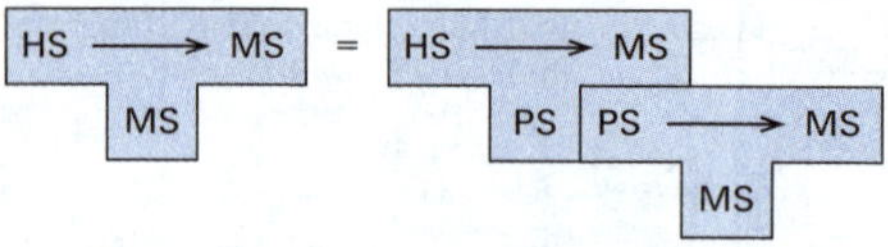

Bootstrapping (Abb. 4): T-Diagramme beim Bootstrapping

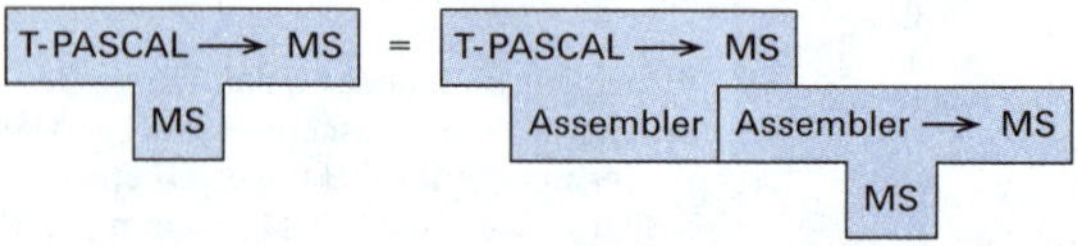

Bootstrapping (Abb. 5): durch Bootstrapping gewonnener Übersetzer von T-PASCAL nach MS

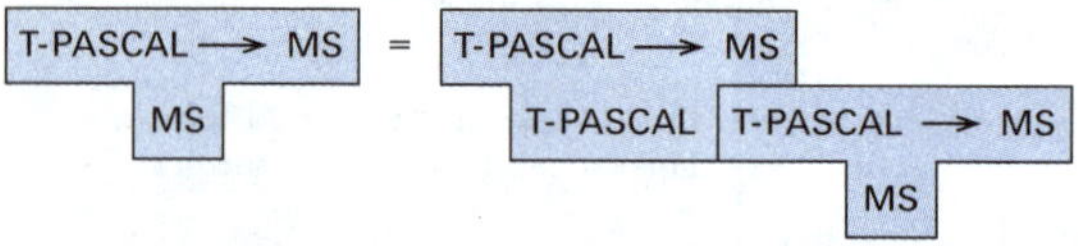

Bootstrapping (Abb. 6): Konstruktion eines neuen Übersetzers von T-PASCAL nach MS

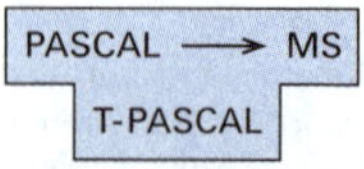

Bootstrapping (Abb. 7): in PASCAL geschriebener Übersetzer für PASCAL

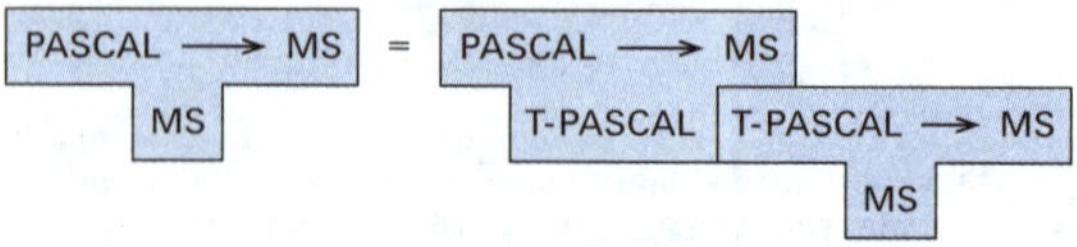

Bootstrapping (Abb. 8): Konstruktion des ablauffähigen PASCAL-Übersetzers

Dazu implementiert man zunächst einen Assemblierer (↑ Assembler) und anschließend einen Übersetzer für eine eingeschränkte Teilmenge von PASCAL, im Folgenden T-PASCAL genannt, in der Assemblersprache und erhält einen in der Maschinensprache MS geschriebenen Übersetzer von T-PASCAL nach MS (Abb. 5).
Dann schreibt man einen (in irgendeinem Sinne besseren) Übersetzer in T-PASCAL und erhält (durch Übersetzung mit dem bereits vorliegenden Übersetzer) einen neuen Übersetzer von T-PASCAL nach MS, der nun statt des alten benutzt wird (Abb. 6).
Anschließend erweitert man diesen in T-PASCAL geschriebenen Übersetzer zu einem Übersetzer für PASCAL und hat somit, da T-PASCAL eine Teilmenge von PASCAL ist, einen in PASCAL geschriebenen Übersetzer für PASCAL (Abb. 7).
Weil dieser Übersetzer in T-PASCAL geschrieben wurde, erhält man durch

einen weiteren Bootstrapping-Schritt den ablauffähigen PASCAL-Übersetzer (Abb. 8).
Nun kann man einen neuen Compiler von PASCAL nach MS in der Sprache PASCAL schreiben, der zusätzliche erwünschte Eigenschaften, z. B. spezielle Spracherweiterungen wie Textverarbeitung oder 100-stellige integer-Arithmetik oder ↑Codeoptimierungen, besitzt.
Die Implementierung von Übersetzern in ihrer eigenen Sprache durch Bootstrapping hat folgende Vorteile:
- Der Übersetzer ist leichter zu warten (↑Software-Engineering), da er in einer höheren Sprache geschrieben ist.
- Der Übersetzer ist leichter an Computer mit anderen Maschinensprachen anzupassen (↑Crosscompiler).
- Jede Verbesserung am ↑Codegenerator des Übersetzers verbessert auch den Übersetzer selbst, weil man ihn nur noch einmal mit dem verbesserten Übersetzer übersetzen muss.

Branch-and-bound [engl. 'brɑːntʃ ənd baʊnd] (engl. branch = verzweigen, engl. bound = beschränken): Methode zur Bestimmung der Lösung eines Problems, die aus dem ↑Backtracking abgeleitet ist. Diese Methode liefert stets eine optimale Lösung, allerdings kann die Laufzeit exponentiell mit der Länge der Eingabe wachsen. In der Praxis hängt ihre Qualität von der Güte der Zielfunktion ab, siehe unten.
Ein Minimierungsproblem wird dabei nach gewissen Regeln schrittweise in Teilprobleme zerlegt *(branch)*. Die einzelnen Teilprobleme bilden einen ↑Baum. Jedem Knoten im Baum wird ein Wert zugeordnet, der eine untere Schranke *(bound)* für den Wert der Zielfunktion des Optimierungsproblems sein muss. Es werden zunächst diejenigen Zweige bearbeitet, die den kleinstmöglichen Zielfunktionswert erwarten lassen. Nach Bearbeitung eines Zweiges werden alle diejenigen Zweige desselben Teilbaums vom Gesamtbaum entfernt, deren Schranke oberhalb des bereits bekannten besten Wertes der Zielfunktion liegt.

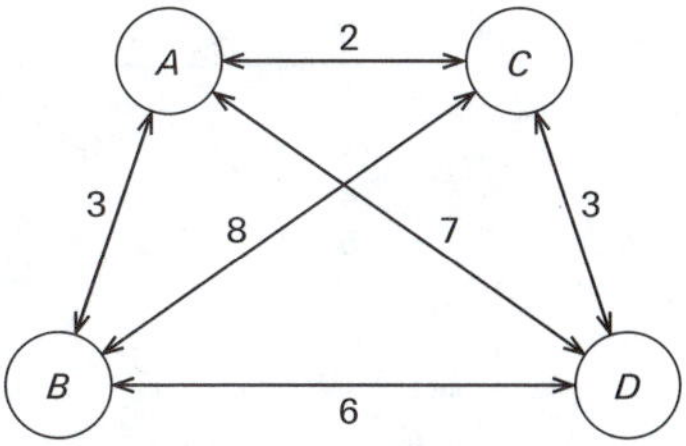

Branch-and-bound-Verfahren (Abb. 1): Rundreiseproblem P_0

▶ *Beispiel:* Eine Anwendung des skizzierten Verfahrens findet man beim ↑*Problem des Handlungsreisenden.* Gegeben sind n Städte $s_1, ..., s_n$ und eine Entfernungstabelle, die alle Abstände d_{ij} = „Entfernung der Stadt s_i von der Stadt s_j“ enthält, wobei wir hier $d_{ii} = \infty$ setzen. s_1 sei die Stadt, in der der Handlungsreisende seine Reise beginnt. Die zu minimierende Zielfunktion ist die Länge des Rundweges.
Um das Branch-and-bound-Verfahren anwenden zu können, benötigt man eine untere Schranke für die Zielfunktion: Da jede Stadt auf genau einem Weg betreten werden muss, kann man als untere Schranke für einen optimalen Rundweg die Summe der Längen des kürzesten Ankunftsweges jeder Stadt wählen, also:

$$d_{\text{in}} = \sum_{i=1}^{n} \min \{d_{ji} | j = 1, \ldots, n\}$$

Andererseits muss man jede Stadt auf genau einem Weg verlassen, sodass man als untere Schranke auch die Summe der Längen des kürzesten Abgangsweges jeder Stadt wählen kann, also:

$$d_{\text{out}} = \sum_{i=1}^{n} \min \{d_{ij} | j = 1, \ldots, n\}$$

Nun verwenden wir als untere Schranke den Wert

$$d = \max\{d_{\text{in}}, d_{\text{out}}\}.$$

Als Beispiel betrachte man das Rundreiseproblem P_0 in Abb. 1 mit den vier Städten *A, B, C, D* und der Entfernungstabelle:

P_0	A	B	C	D
A	∞	3	2	7
B	3	∞	8	6
C	2	8	∞	3
D	7	6	3	∞

Hier gilt:

$$d = d_{\text{in}} = d_{\text{out}} = 10.$$

Die Länge der kürzesten Rundreise beträgt daher mindestens 10.
Ein Branch-and-bound-Verfahren beruht auf folgenden Überlegungen: Die Stadt A kann man entweder über B oder über C oder über D verlassen. Man erhält so die drei Teilprobleme P_1, P_2 und P_3 mit neuen Entfernungstabellen und zugehörigen unteren Schranken. Die Tabelle für P_1 ergibt sich z. B., indem man die nicht gewählten Wege $A \to C$ und $A \to D$ auf ∞ setzt. Da B nur einmal über $A \to B$ betreten werden darf, setzt man alle übrigen Zugänge $C \to B$ und $D \to B$ ebenfalls auf ∞, ferner noch $B \to A$, weil man diesen Weg ja schon in umgekehrter Richtung benutzt hat. Die Tabellen für P_2 und P_3 erhält man analog:

P_1	A	B	C	D
A	∞	3	∞	∞
B	∞	∞	8	6
C	2	∞	∞	3
D	7	∞	3	∞

Es gilt: $d_{\text{in}} = 11$, $d_{\text{out}} = 14$, also: $d = 14$.

P_2	A	B	C	D
A	∞	∞	2	∞
B	3	∞	∞	6
C	∞	8	∞	3
D	7	6	∞	∞

Es gilt: $d_{\text{in}} = 14$, $d_{\text{out}} = 14$, also: $d = 14$.

P_3	A	B	C	D
A	∞	∞	∞	7
B	3	∞	8	∞
C	2	8	∞	∞
D	∞	6	3	∞

Es gilt: $d_{\text{in}} = 19$, $d_{\text{out}} = 15$, also: $d = 19$.

Da P_1 die kleinste untere Schranke besitzt, setzt man bei P_1 fort, weil man sich hier einen größeren Erfolg verspricht. Man kann in P_1 von B den Weg zu C oder zu D wählen. Analog zu oben erhält man folgende Entfernungstabellen und untere Schranken:

P_{11}	A	B	C	D
A	∞	3	∞	∞
B	∞	∞	8	∞
C	2	∞	∞	3
D	7	∞	∞	∞

Es gilt: $d_{\text{in}} = 16$, $d_{\text{out}} = 20$, also: $d = 20$.

P_{12}	A	B	C	D
A	∞	3	∞	∞
B	∞	∞	∞	6
C	2	∞	∞	∞
D	7	∞	3	∞

Es gilt: $d_{\text{in}} = 14$, $d_{\text{out}} = 14$, also: $d = 14$.

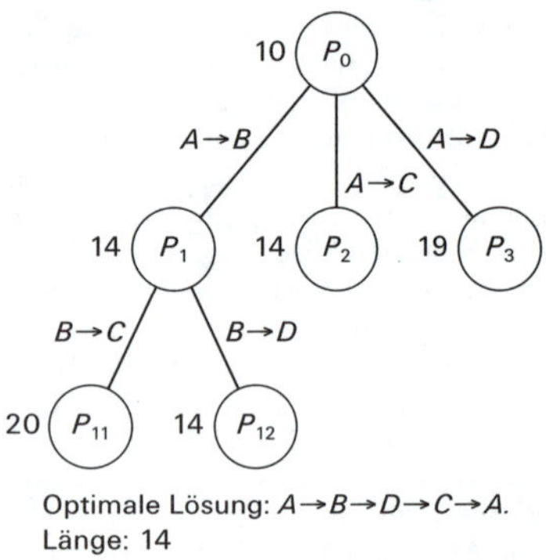

Branch-and-bound-Verfahren (Abb. 2): Problem des Handlungsreisenden aus Abb. 1

Aus P_{12} erhält man unmittelbar eine mögliche Rundreise $A \to B \to D \to C \to A$ der Länge 14. Für P_2 und P_3 gelten die unteren Schranken $d = 14$ und $d = 19$; sie können daher keine kürzeren Rundreisen ergeben und brauchen nicht weiter untersucht zu werden. Es folgt, dass die obige Rundreise optimal ist. ◄

Abb. 2 zeigt die untersuchten Teilprobleme mit den zugehörigen unteren Schranken.

Gibt es eine Zielfunktion für die Aufgabenstellung, dann besteht das Hauptproblem darin, eine geeignete Berechnungsmethode für die unterhalb der Zielfunktion liegenden Schranken zu finden.

Breitendurchlauf (engl. *breadth-first-search;* Abk. *BFS*): Verfahren zum Durchlaufen eines ↑ Graphen, bei dem jeder Knoten genau einmal besucht wird. Der Name „Breitendurchlauf" rührt daher, dass das Verfahren zunächst in die „Breite" und erst dann in die „Tiefe" des Graphen führt. Das heißt: Man geht von einem Knoten, der gerade besucht wird, zuerst zu allen Nachbarknoten, bevor deren Nachbarn (bzw. bei gerichteten Bäumen: die Söhne) besucht werden.

Sei $G = (V,E)$ ein Graph mit der Knotenmenge $V = \{1, 2, ..., n\}$ und der Kantenmenge E. Für jeden Knoten v bezeichne $N(v)$ die Menge der Knoten, die mit v durch eine Kante verbunden sind („Nachbarn" von v). Der Algorithmus in Prog. 1 realisiert den Breitendurchlauf.

▶ *Beispiel:* Eine mögliche Ausgabe des Algorithmus für den Graphen in Abb. 1 ist:

1 2 4 6 9 3 7 8 5 10

Eine andere Möglichkeit lautet:

7 9 4 5 2 10 1 8 7 3

Welche Ausgabe der Algorithmus im konkreten Fall liefert, hängt von der Realisierung der in Anführungszeichen enthaltenen Programmteile ab. Diese Teile sind nichtdeterministisch (↑ Determinismus). ◀

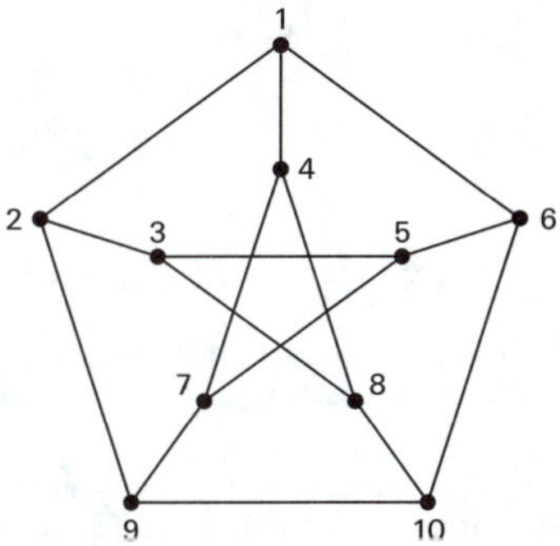

Breitendurchlauf (Abb. 1): zusammenhängender Graph

Gibt man zusätzlich noch die beim Durchlaufen des Graphen benutzten Kanten aus, so bestimmt der Algorithmus einen *Spannbaum* (↑ Graph). Die „besucht"-Werte geben dann für jeden Knoten das *Niveau* (↑ Baum) im zugehörigen Baum an.

```
const n = . . . ;
var besucht: array [1 . . n] of 0 . . n;
      u, v, w, i: 1 . . n;
begin
   for w := 1 to n do besucht [w] := 0 od;
   while „es gibt ein u mit besucht [u] = 0" do
      besucht [u] := 1; write (u); i := 1;
      while „es gibt Knoten v und w mit v ∈ N(w)
            und besucht [w] = i und besucht [v] = 0" do
         for all „w mit besucht [w] = i" do
            for all „v ∈ N(w) mit besucht [v] = 0" do
               write (v); besucht [v] := i+1 od
         od;
         i := i+1
      od
   od
end.
```

Breitendurchlauf (Prog. 1): i gibt die Entfernung des gerade betrachteten Knotens v vom Startknoten u an.

► *Beispiel:* Abb. 2 zeigt den Spannbaum zum Graphen aus Abb. 1, der sich beim ersten Durchlauf in obigem Beispiel ergibt. Der „besucht"-Wert ist für jeden Knoten in Klammern notiert.

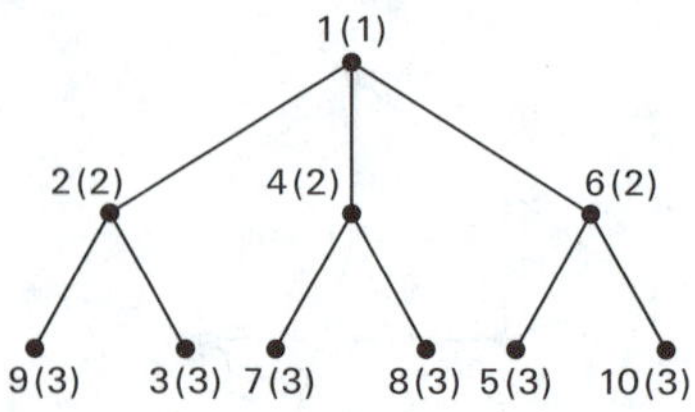

Breitendurchlauf (Abb. 2): Spannbaum zum Graphen aus Abb. 1 ◄

Der Algorithmus kann leicht auf gerichtete Graphen übertragen werden. Die Laufzeit des Algorithmus hat bei geschickter Implementierung (z. B. durch Adjazenzlisten) die ↑Ordnung $O(n+|E|)$.
Der Algorithmus kann ohne große Änderungen auch für folgende Probleme verwendet werden:
Test eines Graphen auf Zusammenhang: Hierzu wird die äußerste while-Schleife gelöscht. Gibt es dann nach Ausführung des Algorithmus noch Knoten x mit besucht[x] = 0, so ist der Graph nicht zusammenhängend. Im anderen Fall ist er zusammenhängend.
Bestimmung der Entfernung zwischen zwei Knoten: Die Entfernung zweier Knoten eines Graphen bemisst sich nach der Zahl der Kanten, die ein Weg minimaler Länge zwischen den beiden Knoten besitzt. Der Algorithmus bestimmt die Entfernung zwischen Knoten v und Knoten w, wenn man die äußerste while-Schleife löscht und besucht[v] = 1 setzt. Nach Ausführung des Algorithmus gibt besucht[w]−1 die Entfernung an. – Vgl. ↑Tiefendurchlauf.

Browser ([brauzer], engl. to browse = schmökern, sich irgendwo umsehen): Softwarekomponente zum Aufbereiten und Durchstöbern riesiger Datenmengen. Meist bezeichnet man hiermit einen *Netzbrowser,* also eine Softwarekomponente, mit der die Dienstleistungen des ↑World Wide Web leserlich dargestellt und genutzt werden können. Die Tätigkeit des Durchblätterns bezeichnet man als „browsen" [brauzen] oder „browsing".
Netzbrowser greifen nach folgendem Schema auf das Internet zu, mit deren Hilfe die eindeutige Zieladresse gefunden wird (↑Internet und ↑URL):

<Protokoll> :// <Domain-Name> /
<Verzeichnis> / <Unterverzeichnis> /
<Unterverzeichnis> / ... /
<Dateiname>

Netzbrowser basieren meist auf *Hypertexten* (↑Hypertext-System). Entsprechende Dokumente werden mit dem *hypertext transfer protocol (http)* übertragen, weshalb die Anfragen dann mit http:// anfangen. Will man einen Dateitransfer mit dem *file transfer protocol (ftp)* durchführen, so beginnt man mit ftp://. Der „Domain-Name" bezeichnet einen Rechner, auf dem sich das gesuchte Dokument befindet. Um dessen Adresse zu ermitteln, wird die Anfrage zunächst an einen *Name-Server,* dies ist ein spezielles Rechnersystem im Netz, geschickt, der eine Zuordnungstabelle zu den physikalischen Adressen verwaltet und die Anfrage entsprechend weiterleitet. Die weiteren Informationen dienen dann dem Auffinden des Dokuments im lokalen Rechnerbereich. Zur Darstellung der Dokumente verwendet man ↑HTML-Seiten. In diesen können Animationen oder andere Zusatzinformationen enthalten sein, die vom Browser ebenfalls dargestellt werden müssen. Browser werden daher um immer neue Fähigkeiten erweitert (↑Plug-in), z. B. um Interpreter für ↑Applets oder um Programme zum Anzeigen von Piktogrammen, von stark verkleinerten Originalbildern (so genannter *thumbnail,* dt. Daumennagel), von gesprochener Information usw.

Bubblesort [engl. 'bʌblsɔ:t]: Bezeichnung für ein einfaches Verfahren zum ↑Sortieren eines linearen ↑Feldes.

Beim Durchlaufen des Feldes vertauscht man zwei benachbarte Elemente, wenn sie nicht in der korrekten Reihenfolge stehen. Schreibt man das Feld von unten nach oben auf, dann kann man das Verfahren mit dem Aufsteigen von Blasen (engl. bubble) in einem Sprudelglas vergleichen: Größere Blasen (= Elemente des Feldes) steigen so lange auf, bis sie durch eine noch größere Blase aufgehalten werden, die ihrerseits weiter aufsteigt.

▶ *Beispiel:* Die Folge 54, 80, 11, 91, 17, 23, 58, 28 soll sortiert werden. Die Folge ist zur Veranschaulichung senkrecht aufgetragen:

28	91	91	91	91
58	28	80	80	80
23	58	28	58	58
17	23	58	28	54
91	17	23	54	28
11	80	17	23	23
80	11	54	17	17
54	54	11	11	11

Zuerst steigt also die „Blase“ 80 auf, bis sie auf 91 trifft, die ganz bis oben aufsteigt. Dann wiederholt sich der Vorgang mit den „Blasen“ 80, 58 und 54 usw. ◀

Im folgenden Programmstück für Bubblesort kann man statt integer jeden anderen geordneten ↑Datentyp verwenden:

```
var a: array [1..n] of integer;
    i, j: integer;
for j:= n−1 downto 1 do
   for i:= 1 to j do
      if a[i] < a[i+1] then
      „vertausche a[i] mit a[i+1]“;
```

Bubblesort sollte nur für kleine Felder ($n < 30$) verwendet werden, da seine Laufzeit quadratisch von n abhängt, also die Ordnung $O(n^2)$ hat. Schnellere Sortierverfahren sind zum Beispiel ↑Quicksort und ↑Heapsort.

Bucketsort [engl. 'bʌkɪtsɔ:t] (engl. bucket = Eimer): Bezeichnung für ein schnelles Verfahren

(1) zum ↑Sortieren von Zahlenfolgen, bei denen vorher feststeht, dass jede der möglichen Zahlen zwischen einem festen Minimalwert und einem festen Maximalwert liegt, oder
(2) zum Sortieren von Wörtern über einem ↑Alphabet.

(1) *Sortieren von Zahlen:* Für jede der möglichen Zahlen wird ein Behälter (engl. bucket) vorgesehen. Nachdem jedes Element der Zahlenfolge in seinem Behälter abgelegt ist, werden die Behälter der Reihe nach ausgegeben.

▶ *Beispiel:* Sortieren einer Zahlenfolge, deren Werte zwischen 1 und 6 liegen:

Eingabe:	4 1 6 5 2 4 5					
	[1]	[2]	[ ]	[44]	[55]	[6]
Bucket für	1	2	3	4	5	6
Ausgabe	1 2 4 4 5 5 6 ◀					

Der folgende Algorithmus formalisiert das beschriebene Verfahren:

```
const min = ...;
         (* kleinste mögliche Zahl *)
      max = ...;
         (* größte mögliche Zahl *)
var bucket: array [min..max] of integer;
    i, x: min..max;
begin
   for i:= min to max
            do bucket [i]:= 0 od;
   while not eof do read (x);
      bucket [x]:= bucket [x]+1 od;
      for i:= min to max do
         for j:= 1 to bucket [i] do write (i)
      od od
end.
```

Die Laufzeit des Bucketsort-Algorithmus ist für n Zahlen, von denen keine kleiner als min oder größer als max ist, von der ↑Ordnung $O(n+(\text{max-min}))$. Der zusätzlich benötigte Speicherplatz hat die Ordnung $O(\text{max-min})$. Deswegen eignet sich dieses Verfahren nur, wenn die Differenz max–min relativ klein oder von gleicher Größenordnung wie n ist. In anderen Fällen empfiehlt sich z.B. die Verwendung von ↑Quicksort, ↑Heapsort oder ↑Sortieren durch Verschmelzen.

(2) *Sortieren von Wörtern:* Gegeben seien n Wörter $w_1, ..., w_n$ gleicher Länge k über dem Alphabet $A = \{a_1, ..., a_m\}$. Um die Wörter lexikographisch zu sortieren, legt man für jedes Zeichen a_i des Alphabets einen Behälter $B[a_i]$ an. Nun sortiert man die Wörter $w_1, ..., w_n$ zunächst nach ihrem letzten Zeichen, anschließend nach ihrem vorletzten Zeichen usw. Nach insgesamt k Sortiervorgängen sind die Wörter sortiert. Weil Bucketsort ein *stabiles Sortierverfahren* (↑Sortieren) ist, werden die durch die Zwischenschritte erreichten Vorsortierungen durch nachfolgende Sortierschritte nicht zerstört.

▶ *Beispiel:* Sei $A = \{a, b, c, d\}$. Zu sortieren sind die $n = 5$ Wörter der Länge 3

cba, bbc, cbd, abc, abd.

1. Schritt: Sortierung nach dem letzten Zeichen:

	cba		*abc*	*abd*
			bbc	*cbd*
Bucket für	*a*	*b*	*c*	*d*

Ergebnis: *cba, bbc, abc, cbd, abd*

2. Schritt: Sortierung nach dem mittleren Zeichen:

		abd		
		cbd		
		abc		
		bbc		
		cba		
Bucket für	*a*	*b*	*c*	*d*

Ergebnis: *cba, bbc, abc, cbd, abd*

3. Schritt. Sortierung nach dem ersten Zeichen:

	abd		*cbd*	
	abc	*bbc*	*cba*	
Bucket für	*a*	*b*	*c*	*d*

Ergebnis: *abc, abd, bbc, cba, cbd*

Damit ist die Folge lexikographisch sortiert. ◀

Dieser Algorithmus arbeitet mit einer Laufzeit der Ordnung $O(k(m+n))$. Bei geschickter Implementierung kann man die Laufzeit des Algorithmus auf $O(kn+m)$ drücken. Diese Verbesserung beruht auf der Beobachtung, dass für einige Sortierschritte nicht alle der vorgesehenen Buckets benötigt werden. In obigem Beispiel betrifft dies z. B. im zweiten Schritt drei der vier Buckets. Daher verwendet man bei jedem Sortiervorgang jeweils nur so viele Buckets, wie für den aktuellen Schritt tatsächlich benötigt werden.

Bundesdatenschutzgesetz (Abk. BDSG): Das Bundesdatenschutzgesetz, das am 1. Januar 1978 in Kraft trat und am 20.12.1990 völlig neu gefasst wurde (akt. Fassung v. 17.12.1997), beschreibt in der Bundesrepublik Deutschland die Vorschriften für die Zulässigkeit der Verarbeitung personenbezogener Daten; dabei wird unterschieden nach

- Datenverarbeitung bei öffentlichen Stellen,
- Datenverarbeitung nicht öffentlicher Stellen und öffentlich-rechtlicher Wettbewerbsunternehmen (z. B. der Wasserversorgungsunternehmen).

In den jeweiligen Abschnitten des Gesetzes sind unter anderem die Anwendungsbereiche, Straf- und Bußgeldbestimmungen sowie die Handhabung der vier (unabdingbaren) Grundrechte der Betroffenen, d. h. derjenigen Personen, deren personenbezogene Daten zu schützen sind, aufgeführt:

Recht auf Auskunft
Jeder Bürger hat das Recht, jederzeit eine Auskunft über die von ihm gespeicherten personenbezogenen Daten und den Zweck der Speicherung zu erhalten (Ausnahme: Sicherheitsbereich).
Anhaltspunkte, wo Daten über Betroffene im öffentlichen Bereich gespeichert sein können, geben die Register, die jede Behörde über alle bei ihr angelegten Dateien führen muss und die regelmäßig im Bundesanzeiger veröffentlicht werden müssen. Diese Register enthalten insbesondere folgende Angaben: Art der gespeicherten Daten, betroffener Personenkreis, Aufgabe, die mit den Daten erfüllt werden soll, und die Empfän-

ger regelmäßiger Datenübermittlungen. Über gespeicherte Daten im nicht öffentlichen Bereich ist der Betroffene zu benachrichtigen. Dies kann auch indirekt, etwa durch das Kleingedruckte in Verträgen geschehen.

Recht auf Berichtigung von Daten
Alle unrichtig gespeicherten Daten müssen berichtigt werden, wobei die Beweislast beim Betroffenen liegt (dadurch ist dieses Recht nur schwer auszuüben).

Recht auf Sperrung von Daten
Lässt sich nicht eindeutig feststellen, ob Daten richtig oder unrichtig sind, so können sie gesperrt werden. Gesperrte Daten dürfen zwar gespeichert, jedoch nicht weiterverarbeitet werden.

Recht auf Löschung von Daten
Unzulässig gespeicherte oder nicht mehr benötigte Daten müssen gelöscht werden.
Um personenbezogene Daten sicher zu schützen, empfiehlt das Gesetz die folgenden Maßnahmen (so genannte „10 Gebote"):

(1) Unbefugten ist der Zugang zu Datenverarbeitungsanlagen zu verwehren *(Zugangskontrolle)*,
(2) Personen, die mit der Verarbeitung personenbezogener Daten betraut sind, sind daran zu hindern, Datenträger unbefugt zu entfernen, zu lesen, zu kopieren oder zu verändern *(Datenträgerkontrolle)*,
(3) die unbefugte Eingabe, Ausgabe, Veränderung oder Löschung gespeicherter personenbezogener Daten ist zu verhindern *(Speicherkontrolle)*,
(4) die unbefugte Benutzung von Datenverarbeitungssystemen, mit denen personenbezogene Daten verarbeitet werden, ist zu verhindern *(Benutzerkontrolle)*,
(5) es ist zu gewährleisten, dass Benutzer eines Datenverarbeitungssystems nur auf *die* personenbezogenen Daten zugreifen können, für die sie eine Berechtigung besitzen *(Zugriffskontrolle)*,
(6) man muss überprüfen können, an welche Stellen personenbezogene Daten automatisch übermittelt werden können *(Übermittlungskontrolle)*,
(7) man muss nachträglich überprüfen können, wer zu welcher Zeit welche personenbezogenen Daten in die Datenverarbeitungsanlage eingegeben hat *(Eingabekontrolle)*,
(8) es ist zu sichern, dass personenbezogene Daten, die im Auftrag verarbeitet werden, nur gemäß den Weisungen des Auftraggebers verarbeitet werden können *(Auftragskontrolle)*,
(9) es ist zu gewährleisten, dass personenbezogene Daten weder bei der Übermittlung noch beim Transport entsprechender Datenträger unbefugt gelesen, verändert oder gelöscht werden können *(Transportkontrolle)*,
(10) die behördliche und betriebliche Organisation ist so zu gestalten, dass sie den besonderen Anforderungen des Datenschutzes gerecht wird *(Organisationskontrolle)*.

Ferner beschreibt das Bundesdatenschutzgesetz die Aufgaben des Bundesbeauftragten für den Datenschutz, der in erster Linie als Kontrollinstanz für die öffentliche Datenverarbeitung dienen soll und von jedem Bürger in Anspruch genommen werden kann.
Der Sicherheitsbereich (Polizei, Geheimdienste, Bundeswehr, ...) ist hierbei ausgeklammert. Für die nicht öffentliche Datenverarbeitung sind unter bestimmten Voraussetzungen so genannte betriebliche Datenschutzbeauftragte zu ernennen.
Auf Landesebene können über das Bundesdatenschutzgesetz hinaus zusätzlich Landesdatenschutzgesetze die Vorschriften für die öffentliche Datenverarbeitung regeln.
Einen wichtigen Einschnitt für die Weiterentwicklung des Datenschutzgesetzes bildete das Urteil des Bundesverfassungsgerichts (BVG) zum 1. Volkszählungsgesetz 1983. In der Urteilsbegründung macht das BVG auch grundsätzliche Aussagen zur Freiheit der Persön-

lichkeit und entwickelt daraus das *Recht auf informationelle Selbstbestimmung*, das durch das Urteil Verfassungsrang erhalten hat. Wörtlich heißt es in der Urteilsbegründung:

> „Wer nicht mit hinreichender Sicherheit überschauen kann, welche ihn betreffenden Informationen in bestimmten Bereichen seiner sozialen Umwelt bekannt sind, und wer das Wissen möglicher Kommunikationspartner einigermaßen abzuschätzen vermag, kann in seiner Freiheit wesentlich gehemmt werden, aus eigener Selbstbestimmung zu planen oder zu entscheiden. Mit dem Recht auf informationelle Selbstbestimmung wären eine Gesellschaftsordnung und eine diese ermöglichende Rechtsordnung nicht vereinbar, in der Bürger nicht mehr wissen können, wer was wann und bei welcher Gelegenheit über sie weiß. Wer unsicher ist, ob abweichende Verhaltensweisen jederzeit notiert und als Information dauerhaft gespeichert, verwendet oder weitergegeben werden, wird versuchen, nicht durch solche Verhaltensweisen aufzufallen.“

Mit anderen Worten: Das Recht auf informationelle Selbstbestimmung soll auch verhindern, dass die Menschen ihr Handeln danach ausrichten, was andere von ihnen wissen und über sie denken.

Das BDSG ist eng verknüpft mit einer Reihe weiterer Gesetze zur Datenverarbeitung, darunter das ↑ Signaturgesetz, das Teledienstegesetz, das Urheberrechtsgesetz (rechtliche Regelungen in der Informatik).

Bus (engl. bus): Sammelleitung zur ↑Datenübertragung zwischen mehreren Funktionseinheiten einer Rechenanlage gemäß Abb. 2.

Ein Weg, die Funktionseinheiten einer Rechenanlage miteinander zu verbinden, besteht darin, jedes Gerät mit jedem anderen Gerät zu verbinden, sofern zwischen beiden Geräten ein Nachrichtenaustausch möglich sein soll (Abb. 1). Dies ist in der Praxis zu aufwendig.

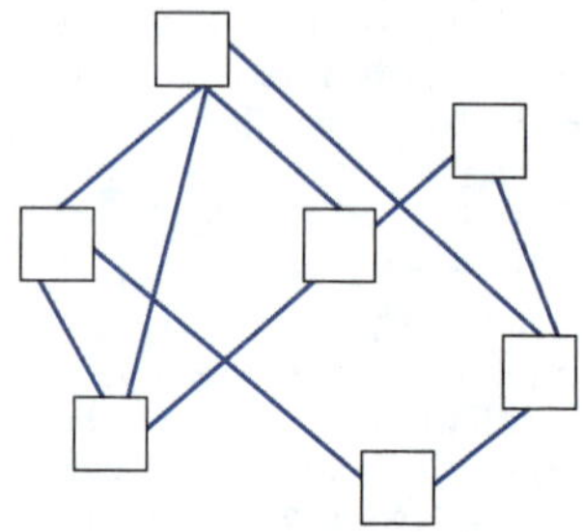

Bus (Abb. 1): Konfiguration von Funktionseinheiten, bei der jedes Gerät mit mehreren Geräten direkt verbunden ist

Bei der Busstruktur verwendet man nur eine Übertragungsleitung, an die alle Geräte angeschlossen sind und über die die Kommunikation aller Geräte abgewickelt wird (Abb. 2).

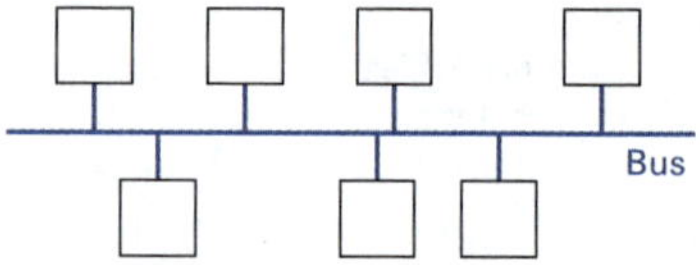

Bus (Abb. 2): Busstruktur

Allerdings erfordert der einfache Aufbau des Kommunikationsweges eine aufwendigere Verwaltung: Da prinzipiell alle angeschlossenen Geräte Nachrichten senden und empfangen können, muss dafür gesorgt werden, dass

(1) nicht gleichzeitig verschiedene Geräte Nachrichten senden,

(2) nur solche Geräte auf Empfang geschaltet sind, für die die momentan gesendeten Nachrichten bestimmt sind.

Die Verwaltung des Busses wird häufig durch einen eigenen *Buscontroller,* ein selbstständiger ↑ Mikrocomputer, übernommen.

Die Busstruktur wird häufig als **Datenbus** oder als **Adressbus** eingesetzt.

Der Datenbus dient der Datenübertragung zwischen Funktionseinheiten; er arbeitet meist ↑bidirektional oder er be-

steht aus zwei gegenläufigen unidirektionalen Bussen, die synchronisiert werden können. Über den Adressbus werden Adresssignale meist unidirektional von einem Prozessor an Speicher- oder Peripheriegeräte (↑Peripherie) gesendet. Die Breite (Anzahl der gleichzeitig übertragbaren Bits) beträgt bei PCs oft 32 Bit.
Auf einer busartigen Struktur basiert das **Ethernet,** das Ende der 70er-Jahre von der Firma Xerox entwickelt wurde. Übertragungsmedium beim Ethernet ist ein etwa fingerdickes Koaxialkabel, der so genannte *Ether* (dt. Äther). Alle Computer eines Netzwerkes werden über *Interfaces* (↑Schnittstelle) an dieses Kabel angeschlossen (Abb. 3). Die Datenübertragungsrate im Ethernet beträgt 10 bis 100 Mbps (= 10 Millionen Bits pro Sekunde).

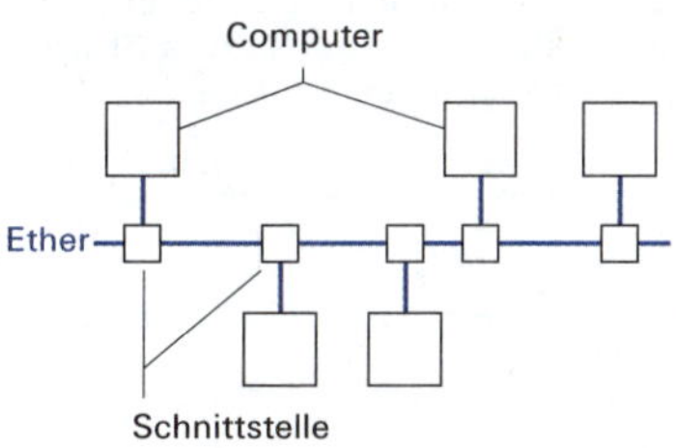

Bus (Abb. 3): Architektur für ein Ethernet

Das Ethernet besitzt keinen zentralen Controller, vielmehr wird die Auswahl eines Senders sowie die korrekte Übermittlung der Daten von den angeschlossenen Computern bzw. ihren Steuereinheiten nach einem auf den ersten Blick aufwendigen Schema (↑Protokoll) selbst vorgenommen.
Angenommen ein Computer *A* möchte Daten an einen anderen Computer *B* senden. *A* übermittelt die Daten an sein Ethernet-Interface. Das Interface hört den Ether ab, um festzustellen, ob er gerade für eine andere Datenübertragung benutzt wird. Ist der Ether frei, so sendet das Interface von *A* die Daten sofort. Anderenfalls wartet das Interface, bis die laufende Übertragung beendet ist, und startet anschließend seine Datenübertragung.
Problematisch wird dieses Verfahren, wenn zwei verschiedene Sender bereit sind und auf die Freigabe des Ether durch einen dritten aktuell sendenden Rechner warten. In diesem Fall starten beide gleichzeitig ihre Datenübertragung, sobald der dritte Computer seine Übertragung beendet und den Ether freigegeben hat. Es kommt zu einer *Kollision,* da sich die Signale der beiden Sender gegenseitig stören.
Eine Kollision von Signalen mehrerer Sender wird dadurch entdeckt, dass jeder Sender stets gleichzeitig den Ether abhört und überprüft, ob das abgehörte Signal und das gesendete übereinstimmen. Stellt der Sender Differenzen zwischen gesendetem und abgehörtem Signal fest, so sendet er sofort ein Störsignal, um allen übrigen Geräten mitzuteilen, dass eine Kollision festgestellt wurde. Anschließend bricht er seine Sendung ab, wartet eine zufällig gewählte Zeitspanne und versucht noch einmal zu senden. Tritt wiederum eine Kollision auf, so wartet der Sender eine längere wiederum zufällig gewählte Zeitspanne, um die Wahrscheinlichkeit einer erneuten Kollision zu vermindern usw.
Die zufällige Wahl der Zeitspannen zwischen zwei Kollisionen realisiert man üblicherweise folgendermaßen: Man schränkt die Zeiten, zu denen das Senden von Daten begonnen werden darf, auf diskrete Zeitpunkte (so genannte *Fenster*) im Abstand von z. B. einer Mikrosekunde ein. Nach der ersten Kollision wählt jeder der an der Kollision beteiligten Computer zufällig eines der *beiden* nächsten Fenster für einen erneuten Sendeversuch aus. Tritt wiederum eine Kollision auf, weil mehrere Computer dasselbe Fenster gewählt haben, so wählt anschließend jeder dieser Computer zufällig eines der folgenden *vier* Fenster für einen Sendeversuch aus. Bei einer weiteren Kollision wählen die Computer zufällig eines der nächsten *acht* Fenster usw.

Man bezeichnet solch ein Zugriffsverfahren als *CSMA/CD-Algorithmus* (Abk. für carrier sense multiple access/collision detection). Bei normaler Belastung eines Netzes hat sich dieses Vorgehen bewährt, bei Überlast kann es aber wegen ständiger Kollisionen zum Erliegen kommen.

Busy-Beaver-Funktion [engl. 'bızı 'bi:və] (engl. busy beaver = fleißiger Biber): eine spezielle nichtberechenbare Funktion (↑berechenbare Funktion), die die Undurchschaubarkeit der Arbeitsweise von ↑Turingmaschinen und somit von einfach aussehenden Algorithmen zeigt. Nach ihrem Entdecker wird die Funktion auch *Rado-Funktion* genannt.

Man betrachte alle Turingmaschinen, die das zweielementige Bandalphabet $\{b, |\}$ besitzen und deren Zustandsmenge Q aus den ersten $|Q|$ natürlichen Zahlen besteht. b bezeichnet das Leerzeichen. Wenn eine Turingmaschine auf das leere Wort angesetzt wird, dann steht anfangs b auf jedem Feld des Bandes. Für jede Zahl n gibt es nur endlich viele solcher Turingmaschinen, die genau n Zustände enthalten. Für eine solche Turingmaschine T sei

$$e(T) = \begin{cases} \text{Anzahl der Zeichen „|", die auf dem Band stehen, wenn } T \text{ angesetzt auf das leere Wort angehalten hat,} \\ 0, \text{falls } T \text{ angesetzt auf das leere Wort nicht anhält.} \end{cases}$$

Definiert wird die Busy-Beaver-Funktion $bb\colon \mathbb{N}_0 \to \mathbb{N}_0$ dann durch

$$bb(0) = 0,$$
$$bb(n) = \text{Max}\,\{e(T) | T \text{ besitzt genau } n \text{ Zustände}\}, \text{ für } n > 0.$$

$bb(n)$ gibt also die maximale Zahl von Strichen „|" an, die eine anhaltende Turingmaschine mit n Zuständen und dem Bandalphabet $\{b, |\}$ auf das anfangs leere Band schreiben kann. Der Name „busy beaver" stammt von der Vorstellung, dass jeder Strich ein Holzstamm ist, den ein Biber für seinen Dammbau heranschleppt; gesucht wird der fleißigste Biber.

Man kennt die exakten Funktionswerte von bb nur bis $n = 4$:

n	0	1	2	3	4	5
$bb(n)$	0	1	4	6	13	≥ 4 098

Bemerkung: Der Busy-Beaver-Funktion liegt eine modifizierte Definition der Turingmaschine zugrunde. δ ist hier eine Abbildung von $Q \times I$ in $Q \times I \times \{r, l, s\}$, d. h., die Bewegungen „rechts" $(= r)$ und „links" $(= l)$ werden unmittelbar nach dem Drucken eines Zeichens aus I ausgeführt, und an die Stelle der Endzustände tritt das Zeichen „s"; wird eine Zeile, in der s steht, erreicht, dann stoppt die Turingmaschine nach dem Drucken.

▶ *Beispiele:*

(1) Die folgende Turingmaschine mit drei Zuständen erzeugt $bb(3) = 6$ Striche. Der Anfangszustand ist der Zustand 1:

q	a	$\delta(q, a)$		
1	b	2	|	r
1	|	3	|	l
2	b	3	|	r
2	|	1	|	s
3	b	1	|	l
3	|	2	b	l

Die Maschine stoppt nach 16 Schritten.

(2) Die folgende Turingmaschine mit vier Zuständen erzeugt $bb(4) = 13$ Striche. Der Anfangszustand ist der Zustand 1:

q	a	$\delta(q, a)$		
1	b	2	|	r
1	|	3	b	r
2	b	1	|	l
2	|	1	|	r
3	b	1	|	s
3	|	4	|	r
4	b	4	|	l
4	|	2	b	l

Die Maschine stoppt nach 96 Schritten.

(3) Die folgende Turingmaschine mit fünf Zuständen erzeugt 4 098 Striche. Der Anfangszustand ist 1:

q	a	$\delta(q, a)$		
1	b	2	|	l
1	|	3	|	r
2	b	3	|	l
2	|	2	|	l
3	b	4	|	l
3	|	5	b	r
4	b	1	|	r
4	|	4	|	r
5	b	1	|	s
5	|	1	b	r

Die Maschine stoppt nach 47 176 870 Schritten.

(4) Die folgende Turingmaschine mit fünf Zuständen verhält sich ganz gegensätzlich zur Busy-Beaver-Turingmaschine. Sie stoppt nach 187 Schritten, ohne dass am Ende ein einziger Strich auf dem Band steht (Anfangszustand 1):

q	a	$\delta(q, a)$		
1	b	2	b	r
1	|	1	b	l
2	b	3	b	r
2	|	1	b	s
3	b	4	|	r
3	|	5	|	l
4	b	1	|	l
4	|	4	b	l
5	b	3	|	r
5	|	5	|	r ◀

Byte [engl. baɪt]: Bezeichnung für die Zusammenfassung von acht ↑Bit zu einer Einheit, häufig auch die Zusammenfassung von acht elementaren Speicherelementen für je ein ↑Bit zu einer Speicherzelle.

Häufig sind mit einem Byte noch ein oder zwei ↑Prüfbits verbunden. Ein Byte gliedert sich in zwei *Tetraden (Halbbytes, Nibbles)* zu je vier Bit. Es gibt verschiedene Arten der Speicherung von Daten in einer Speicherzelle der Größe 1 Byte.

Ungepackte Speicherung einer ganzen Zahl: Jede Dezimalziffer wird durch ein Byte dargestellt. Die linke Tetrade des rechten Bytes enthält das Vorzeichen der Zahl. Im ↑EBCDI-Code stehen die Tetraden 1111 oder 1100 für das Pluszeichen und die Tetrade 1101 für das Minuszeichen. Die linken Tetraden der übrigen Bytes tragen keine Information.

▶ *Beispiel:*

37	X X X X 0 0 1 1	1 1 1 1 0 1 1 1
-37	X X X X 0 0 1 1	1 1 0 1 0 1 1 1

◀

Gepackte Speicherung einer ganzen Zahl: Jede Dezimalziffer wird in einer Tetrade dargestellt. Das Vorzeichen der Zahl befindet sich in der letzten Tetrade hinter der letzten Ziffer. Die gepackte Darstellung einer Zahl benötigt nur etwa halb so viel Speicherplatz wie die ungepackte.

▶ *Beispiel:*

517	0 1 0 1 0 0 0 1	0 1 1 1 1 1 1 1
-517	0 1 0 1 0 0 0 1	0 1 1 1 1 1 0 1

◀

Speicherung von Zeichen

1. Möglichkeit (↑ASCII-Code): Ziffern, Buchstaben und Sonderzeichen werden nummeriert. Die Dualdarstellung ihrer Ordnungsnummer wird im Byte dargestellt.

2. Möglichkeit (EBCDI-Code): Die Zeichen werden in Gruppen eingeteilt. Die erste Tetrade kennzeichnet die Gruppe eines Zeichens. Innerhalb der Gruppe werden die Zeichen durchnummeriert. Die zweite Tetrade beinhaltet die Dualdarstellung der Nummer des Zeichens.

Das Byte ist auch ein Maß für die Speicherkapazität (↑Speicher) einer Rechenanlage. Die Kapazität misst man nach der Anzahl der **KByte** (Abk. **KB**), **MByte** (Abk. **MB**), **GByte** (Abk. **GB**) oder **TByte** (Abk. **TB**) des Speichers (K = Kilo, M = Mega, G = Giga, T = Tera). Die Buchstaben K, M, G und T repräsentieren hier jedoch nicht wie im Dezimalsystem 10^3, 10^6, 10^9 bzw. 10^{12}, sondern die etwas größeren Zahlen

$$2^{10} = 1\,024,$$
$$2^{20} = 1\,048\,576,$$
$$2^{30} = 1\,073\,741\,824,$$
$$2^{40} = 1\,099\,511\,627\,776.$$

C: Programmiersprache mit Eigenschaften und Sprachelementen aus Assembler-ähnlichen und höheren Programmiersprachen. Die Bedeutung von C lag anfangs in der Verbreitung des Betriebssystems ↑UNIX, das auf der Sprache C basiert. In C sind Elemente höherer Programmiersprachen wie Prozeduren, Blöcke, Schleifen und Datentypen mit Assembler-ähnlichen Konstrukten (z. B. ↑Register, Inkrement- und Dekrement-Operatoren) vereinigt, jedoch zeichnet sich C durch eine weitgehend maschinenunabhängige Programmierung aus. Der Sprachumfang ist vergleichsweise gering; daher werden in C-Programmen fast immer ↑Standardprozeduren aus verschiedenen Bibliotheken benutzt.

Die grundlegenden ↑Datentypen von C sind ganze Zahlen verschiedener Größe (int, short, long), Zahlen in ↑Gleitpunktdarstellung mit verschiedener Genauigkeit (float, double), ↑Zeichen (char) und ↑Zeiger auf Werte eines bestimmten Datentyps. Zeiger sind im Wesentlichen mit ↑Adressen gleichzusetzen, da man zu ihnen ganze Zahlen addieren und subtrahieren kann. Der Datentyp ↑boolean ist in C nicht bekannt, als Ersatz kann man 0 und 1 als Wahrheitswerte „false" und „true" verwenden.

Als strukturierte Datentypen bietet C ↑Records (in C *„Strukturen"* genannt) und ↑Felder (mit Indexbereich 0..n, wobei n eine ↑Konstante ist) an. Felder und Zeiger sind in C eng miteinander verwandt: Auf einzelne Elemente eines Feldes kann nicht nur durch Angabe des Index zugegriffen werden, sondern auch über Zeiger auf die Feldelemente. Diese Methode fördert zwar nicht die Lesbarkeit der Programme, erlaubt aber eine sehr effiziente Ausführung als ↑Maschinenprogramm. Nachfolgend ist als Beispiel die ↑Deklaration einer Struktur zur Darstellung ↑binärer Bäume mit einem 20 Zeichen langen Text als Knoteninhalt (Zeiger werden durch das Zeichen „*" vereinbart) angegeben:

```
struct baum
       {
       char info [20];
       struct baum * linker sohn;
       struct baum * rechter sohn;
       };
```

Alle ↑Variablen, die in einem C-Programm verwendet werden, müssen zuvor definiert werden. In C wird unterschieden zwischen der Definition und der Deklaration von Variablen:

Durch eine *Deklaration* werden die Eigenschaften der Variablen beschrieben (Bezeichner, Datentyp), eine *Definition* reserviert darüber hinaus einen Bereich im ↑Speicher für diese Variablen.

Globale Variablen werden an einer Stelle im Programm definiert. Werden diese Variablen in einem anderen ↑Modul benötigt, so werden sie dort als extern-Variablen deklariert. Die extern-Deklarationen für einen Modul werden üblicherweise mit include-Dateien am Programmanfang eingefügt. Bei der Deklaration bzw. Definition einer Variablen sind der Bezeichner, der Datentyp und die Speicherklasse anzugeben: Als Speicherklasse sind auto (Variable existiert nur in dem definierten Block und wird bei Verlassen des Blocks gelöscht), static (Variable behält den Wert auch nach Verlassen des Blocks), extern (Variable ist an anderer Stelle definiert und ist im gesamten Programmteil zugreifbar) und register (wie auto, nur wird versucht, die Variable wegen der schnellen Zugriffsmöglichkeit in einem ↑Register zu speichern) erlaubt.

In C gibt es grundsätzlich nur ↑Funktionen und keine ↑Prozeduren. Da aber eine Anweisung in C auch ein Ausdruck sein kann, kann der Anwender Prozeduren als Funktionen auffassen. Jede Funktion kann mehrere (oder auch keine) ↑Parameter enthalten; die Art der ↑Parameterübergabe ist grundsätzlich ↑call by value. Die Übergabeart ↑call by reference wird in C dadurch erreicht, dass die Adresse des aktuellen Parameters als Zeiger übergeben wird. Ein C-Programm ist prinzipiell eine Menge von Deklarationen. Zur Ausführung wird die parameterlose Funktion mit dem Bezeichner main aufgerufen. Als Argument einer Funktion darf in C keine weitere Funktion deklariert werden: Eine hierarchische Anordnung der Funktionen ist somit nicht möglich. Beim ↑Aufruf einer Funktion findet darüber hinaus keine Prüfung statt, ob die Parameter in Anzahl und Datentyp korrekt sind; hier unterscheidet sich C von anderen Programmiersprachen.

Als ↑Anweisungen sieht C die in höheren Programmiersprachen üblichen Konstrukte vor: ↑bedingte Anweisungen (↑if und ↑case), ↑Schleifen, ↑Blöcke, ↑Sprünge (aus Funktionen mit Angabe des Ergebnisses: return) und Ausdrücke.

C bietet an sich keine Möglichkeiten zur Ein- und Ausgabe von Daten, stattdessen werden Bibliotheken mit Standardfunktionen zur Ein-/Ausgabe, für arithmetische Berechnungen usw. zu einem C-Programm hinzugefügt. Solche Bibliotheken werden als include-Dateien am Programmanfang aufgezählt. Diese Dateien werden dann durch einen Präprozessor (↑Übersetzer) in das Programm einkopiert. Der Präprozessor ist gleichzeitig ein Makroexpander (↑Makrobefehl), da C auch die Definition von Makrobefehlen erlaubt.

▶ *Beispiel:* C-Programm zur Berechnung und Ausgabe von *Primzahlen:*

```
# include ⟨stdio.h⟩
primzahl (z)
int z;
/* true, falls z Primzahl
   oder ≤ 0 ist */
{ register int l;
  if (z == 1) return (0);
    for (l = 3; l * l <= z; l = l+2)
      if (z % l == 0) return (0);
  /* Falls z durch l teilbar ist,
     verlasse Funktion mit false */
  return (1);
  /* Verlasse Funktion mit true */
}
main ( )
{ auto int t;
  printf ("Primzahlen von 1 bis 1 000:\n");
  t = 2;
  printf ("\n%d\t", t);
  for (t = 3; t < = 1 000; t = t+2)
    if (primzahl (t))
       printf ("%d\t", t);
}
```

Die erste Anweisung weist den ↑Übersetzer an, Standardein- und -ausgabeprozeduren in den Programmtext einzufügen. Es folgt die Definition der Prozedur primzahl. Den zweiten Teil bildet das Hauptprogramm. Die mit „\“ oder „%“ beginnenden Zeichenfolgen in printf-Anweisungen steuern die Formatierung der Ausgabe (z. B. bewirkt „\n“ einen Zeilenvorschub). ◀

Die Programmiersprache C ist vom Sprachumfang so klein gehalten, dass sie sehr effizient in eine ↑Maschinensprache übersetzt werden kann. Andererseits werden viele Fehlermöglichkeiten vom Übersetzer nicht überprüft, sodass der unerfahrene Benutzer bei der Erstellung größerer Programme nicht unterstützt wird. Aus diesen Gründen wird C auch als Ersatz für Assemblersprachen angesehen.

Eine wesentliche Erweiterung hat C 1986 durch objektorientierte Ergänzungen (↑objektorientierte Programmierung) erfahren. Diese neue Sprache heißt **C++.** Wesentliche Merkmale von C++ sind:

- weitgehende ↑Kompatibilität von Programmen in C;
- strengeres Typkonzept, insbesondere genauere Überprüfung von Variablen und Operatoren auf typkonforme Verwendung;
- Ergänzung von Sprachelementen zur Datenabstraktion und zur Bildung von ↑Modulen.

Die wichtigste Neuerung ist das *Klassenkonzept:* Datentypen, also Wertemengen zusammen mit den darauf erlaubten Operationen, definiert man durch eine Klassendeklaration. Dies ist die objektorientierte Erweiterung der struct-Deklaration. Objekte innerhalb der *Klasse* kann man der Umgebung bekannt machen (public) oder vor der Umgebung verbergen (private).

▶ *Beispiel:* Definition einer Klasse datum:

```
class datum {
   int tag, monat, jahr;
public:
   void setzen (int, int, int);
   void nächster();
   void drucken();
};
```

Hier sind die Objekte tag, monat und jahr privat. Auf sie kann von außerhalb nicht direkt, sondern nur über die öffentlichen Zugriffsprozeduren setzen, nächster und drucken zugegriffen werden. void bezeichnet den leeren Datentyp. Die genannten Funktionen liefern also keine Werte, sondern verursachen ↑Seiteneffekte und sind daher als Prozeduren aufzufassen.
Deklariert man nun die Variablen

```
datum meinGeburtstag, heute;
```

so kann man z. B. folgende Operationen durchführen

```
meinGeburtstag.setzen(26,9,1958);
heute.setzen(27,4,2002);
Geburtstag.drucken();
```

Zugriffe wie

```
heute.tag := 10
```

sind nicht möglich, da tag eine private Variable ist. ◀

Wie in der objektorientierten Programmierung üblich kann man Unterklassen bilden. Alle Deklarationen der Oberklasse vererben sich dann an die Unterklassen; mehrfache ↑Vererbung ist möglich.

▶ *Beispiel:* Möchte man die Geburtsdaten von bestimmten Personen festhalten, so kann man eine Klasse geburtsdatum als Unterklasse von datum definieren, die den Namen der Person sowie das geplante Geschenk enthält. Es stehen drei Geschenke zur Auswahl, die zu einem ↑Aufzählungstyp zusammengefasst wurden:

```
class geburtsdatum: public datum {
   enum auswahl {Krawatte,
               Informatik-Duden, Roman};
   auswahl geschenk;
   char name [25];
};
```

Diese Unterklasse übernimmt alle Deklarationen der Klasse datum. Zusätzlich enthält sie noch die eigenen Variablen name und geschenk. Definiert man nun

```
geburtsdatum otto
```

so kann man über die Variable otto auf alle Objekte der Unterklasse zugreifen, z. B.

```
otto.setzen(12,10,1938)
```
◀

Weitere Neuerungen von C++ gegenüber C sind das Overloading-Konzept (zur Erläuterung des Prinzips s. ↑Ada, ↑Namenskonflikt) und die ↑Generizität.

Cache ([käsch], engl. geheimes Lager): zusätzlicher Speicher zwischen dem Hauptspeicher und den Registern der Zentraleinheit, auf den besonders schnell zugegriffen werden kann. Hierdurch wird ein zentraler Engpass, nämlich das Warten des Rechenwerks auf die Anlieferung der Operanden, entschärft. In den Cache wird immer ein ganzer Speicherbereich des Hauptspeichers geladen. Wenn die Operanden eines Befehls im Cache sind, so kann die Operation rasch durchgeführt werden, anderenfalls wird ein Speicherbereich aus dem Hauptspeicher in den Cache nachgeladen. Für die Daten und für die Adressen wird jeweils ein eigener Cache vorgehalten. Caches können auch hierarchisch wie in einer Speicherhierarchie angeordnet sein; man spricht dann von schnellen und teuren *Primär-Caches,* die im Mikroprozessor untergebracht werden (meist besitzen sie zurzeit 64 KB), und den etwas langsameren mehrere Megabyte umfassenden *Sekundär-Caches.*

Der Programmierer kann auf den Cache in der Regel nicht zugreifen, er muss sich jedoch dessen Existenz bewusst sein. Um nämlich die Vorteile eines Cache zu nutzen, sollte er die Datenbereiche und die Programmstruktur so gestalten, dass die nächsten Zugriffe möglichst nur in der näheren Umgebung stattfinden, wodurch das Nachladen des Cache seltener wird. Auch sollten ↑*Übersetzer* dies beachten.

In Multiprozessorsystemen gibt es parallel liegende Caches. Hier muss man u. a. sicherstellen, dass die Kopien vom gleichen Original stets übereinstimmen.

call by name [engl. 'kɔ:l baɪ 'nɛɪm] *(Namensparameter):* Wird für einen ↑Parameter in einer ↑Prozedur die Übergabeart „call by name" angegeben, so wird beim ↑Aufruf der Prozedur nur der Text des aktuellen Parameters übergeben. Dies bedeutet, dass jede Verwendung des formalen Parameters im Prozedurrumpf durch den aktuellen Parameter textuell ersetzt wird. Im Gegensatz zu ↑call by value wird der Parameter nicht nur einmal beim Prozeduraufruf ausgewertet, sondern jedes Mal bei Benutzung des formalen Parameters im Prozedurrumpf. Grundsätzlich haben daher Veränderungen von Namensparametern im Prozedurrumpf Auswirkungen auf die übergebenen aktuellen Parameter.

▶ *Beispiel:*

```
var x, y: integer;
procedure p (name a, b, c: integer);
begin
   b := b + 1;
   c := c + a
end;
begin
   x := 2; y := 3;
   p(x+y, x, x);
  (* Durch diesen Aufruf werden
     die Anweisungen
      x := x + 1;
      x := x + (x + y)
     ausgeführt, d. h., danach
     ist x = 9 und y = 3 *)
end
```
◀

Ein Beispiel, das die Unterschiede zwischen call by name, call by value und call by reference demonstriert, ist unter ↑Parameterübergabe angegeben. Der Call-by-name-Aufruf findet sich kaum noch in Programmiersprachen; er war beispielsweise in ↑ALGOL 60 erlaubt.

call by reference [engl. 'kɔ:l baɪ 'rɛfərəns] *(Referenzparameter):* gängige ↑Parameterübergabe in imperativen Programmiersprachen, wobei die ↑Prozedur unmittelbar mit den aktuellen Parametern arbeitet und nicht nur auf Kopien der Werte. Wird für einen ↑Parameter in einer Prozedur die Übergabeart „call by reference" angegeben, so wird beim Prozeduraufruf die Adresse des aktuellen Parameters, unter welcher der Ausdruck im ↑Speicher steht, übergeben. Es werden folgende Operationen durchgeführt:

Zunächst wird innerhalb des Prozedurrumpfes eine ↑lokale Variable mit dem Namen des formalen Parameters und vom Typ „↑Zeiger auf den Parametertyp" vereinbart. Anschließend wird der aktuelle Parameter ausgewertet (dieser kann ein Ausdruck sein) und die Speicheradresse des Ergebnisses wird der neuen Zeigervariablen zugewiesen. Wird der formale Parameter im Prozedurrumpf verwendet, so wird dieser immer ersetzt durch die Speicheradresse (bei ↑Zuweisungen) bzw. den Wert an der Speicheradresse (in ↑Ausdrücken). Veränderungen von Referenzparametern haben daher Auswirkungen auf die übergebenen aktuellen Parameter (↑Parameterübergabe). Diese so genannten ↑Seiteneffekte sind bei Prozeduren erwünscht und zum Teil notwendig.

Referenzparameter muss man durch einen speziellen Zusatz als solche kenntlich machen. In PASCAL verwendet man das Schlüsselwort <u>var</u> vor dem formalen Parameter. In anderen Sprachen treten <u>ref</u> oder „↑" oder andere Bezeichnungen auf.

Die meisten Programmiersprachen erlauben keine Ausdrücke als aktuelle Parameter bei call by reference.

► *Beispiel:*

```
procedure p (ref a, b, c: integer);
begin
  b:=b+1;
  c:=c+a
end;
begin
  x:=2; y:=3;
  p(x+y, x, x)
  (* Nun ist x=8 und y=3 *)
end
```
◄

call by value [engl. 'kɔ:l baɪ 'vælju:] *(Wertparameter):* Übergabeart für ↑Parameter einer ↑Prozedur, bei der beim Prozeduraufruf nur der Wert des aktuellen Parameters übergeben wird, nicht jedoch der Name oder die ↑Adresse, unter welcher der Ausdruck im Speicher steht. Es werden bei der ↑Parameterübergabe folgende Operationen nacheinander durchgeführt:

(1) Innerhalb des Prozedurrumpfes wird eine ↑lokale Variable mit dem Namen und Typ des entsprechenden formalen Parameters vereinbart.

(2) Der aktuelle Parameter wird ausgewertet (dieser kann ein Ausdruck sein) und das Ergebnis der neuen lokalen Variablen zugewiesen.

Wird der formale Parameter im Prozedurrumpf verwendet, so ist damit immer die lokale Variable gemeint. Veränderungen von Wertparametern haben daher auf die aktuellen Parameter keine Auswirkungen.

► *Beispiel:*

```
procedure p (value a, b, c: integer);
begin
  b:=b+1;
  c:=c+a
end;
begin
  x:=2; y:=3;
  p(x+y, x, x)
  (* Nun ist immer noch x=2 und
  y=3 *)
end
```
◄

Da nur die Werte übergeben werden, liefert die Prozedur p keine Ergebnisse (x, y bleiben unverändert).

Die Übergabe mit call by value verhindert unerwünschte ↑Seiteneffekte. Sie sollte – wo immer möglich – gegenüber anderen Übergabearten bevorzugt werden, insbesondere bei Funktionen. Sie ist die Standardübergabe in funktionalen, aber auch vielen imperativen ↑Programmiersprachen.

call by value-result [engl. 'kɔ:l baɪ 'vælju:rɪ'zʌlt]: Kombination der Übergabearten ↑call by value und ↑call by reference. Beim ↑Aufruf der Prozedur werden der Wert des aktuellen Parameters und die ↑Adresse, unter welcher er im ↑Speicher steht, übergeben. Die Adresse wird jedoch erst nach Abarbeitung der Prozedur verwendet.

Bei der ↑Parameterübergabe werden folgende Operationen durchgeführt: Zunächst wird innerhalb des Prozedurrumpfes eine lokale Variable mit dem Namen und Typ des entsprechenden formalen Parameters vereinbart. Anschließend wird der aktuelle Parameter ausgewertet (dieser kann ein Ausdruck sein) und das Ergebnis der neuen Variablen zugewiesen. Wird der formale Parameter im Prozedurrumpf verwendet, so ist damit immer die lokale Variable gemeint. Nach Abarbeitung der Prozedur werden die Werte der lokalen Variablen den entsprechenden aktuellen Parametern zugewiesen. Zur weiteren Information siehe ↑Parameterübergabe, ↑Inkarnation.

Der Sinn der value-result-Übergabe ist die Verringerung von Fehlerquellen, wenn man Prozeduren oder Funktionen mit ↑globalen Variablen oder mit ↑Seiteneffekten verwendet. Folgendes Beispiel zeigt, dass die Verwendung der gleichen Variable an verschiedenen Parameterpositionen zu neuen Problemen führt.

► *Beispiel:*

```
procedure p (value-result a, b, c: integer);
begin
  b:=b+1;
  c:=c+a
end;
```

```
begin
   x := 2; y := 3;
   p(x+y, x, x)
   (* Nun ist x = 3 oder x = 7, je nach der
      Reihenfolge, in der den aktuellen
      Parametern die Ergebnisse
      zugewiesen werden; y bleibt 3 *)
end
```

Die Übergabe mit call by value-result wird z. B. in der Programmiersprache ↑ Ada verwendet und dort durch die Zusätze out oder inout bei den formalen Parametern gekennzeichnet.

case [engl. kɛɪs]: Mittels der case-*Anweisung* oder *Fallunterscheidung* kann man ↑ Anweisungen in Abhängigkeit vom Wert eines logischen ↑ Ausdrucks (Bedingung) ausführen oder überspringen. Die allgemeine Form einer case-Anweisung wie z. B. in der Programmiersprache ↑Ada findet man in Prog. 1.

Jede 〈auswahl i〉 ist eine endliche Menge von Werten des gleichen Datentyps wie 〈ausdruck〉. Bei Abarbeitung der case-Anweisung wird zunächst 〈ausdruck〉 ausgewertet. Ist der berechnete Wert in 〈auswahl 1〉, so wird 〈anweisungsfolge 1〉 ausgeführt, ist er in 〈auswahl 2〉, so wird 〈anweisungsfolge 2〉 ausgeführt usw. Ist er in keiner der angegebenen Auswahlen, so wird 〈anweisungsfolge〉 ausgeführt.

In einigen anderen imperativen ↑ Programmiersprachen ist die case-Anweisung in abgewandelter Form realisiert, wie z. B. in ↑ PASCAL. Hier ist die others-Alternative nicht erlaubt.

Die Variable wahl kann im folgenden Beispiel einen der Werte 1, 2 oder 3 besitzen, woraufhin die entsprechende Zuweisung ausgeführt wird. Ist wahl kleiner als 1 oder größer als 3, so ist diese case-Anweisung undefiniert, d. h., es wird ein Fehler angezeigt.

▶ *Beispiel:*

```
case wahl of
   1: x := abs(x);
   2: x := sin(x);
   3: x := exp(x)
end
```

Jede case-Anweisung kann prinzipiell auch durch eine Folge von ↑if-Anweisungen simuliert werden. Der Vorteil einer case-Anweisung ist neben einer einfacheren Schreibweise die Möglichkeit, diese Anweisung in ein wesentlich effizienteres ↑Maschinenprogramm zu übersetzen, indem ↑Felder mit Adressen als Komponenten verwendet werden.

case-Anweisungen werden deterministisch (↑ Determinismus) abgearbeitet, d. h., bei gleichen Startbedingungen führt die case-Anweisung immer die gleiche Anweisungsfolge aus. Eine nichtdeterministische Erweiterung ist die ↑bewachte Anweisung.

CASE: Abk. für engl. computer aided software engineering (↑ Software-Engineering, computerunterstützte Softwaretechnik): Bezeichnung für Werkzeuge zur Unterstützung der Planung, Entwicklung, Implementierung, Verwaltung, Dokumentation, Wartung usw. vor allem von Softwaresystemen, die in der Praxis eingesetzt werden. Man spricht auch von *CASE-Tools.* Diese Werkzeuge bieten Entwicklungsumgebungen, grafische Hilfsmittel, Analysetechniken, Versionskontrollen, Integrationsunterstützung usw. an. Die ursprüngliche Euphorie, die bis zu einer *Software Factory,* also der fabrikmäßigen Produktion von Software, reichte, ist in den vergangenen

```
case 〈ausdruck〉 is
   when 〈auswahl 1〉 => 〈anweisungsfolge 1〉
   when 〈auswahl 2〉 => 〈anweisungsfolge 2〉
   ...
   when others => 〈anweisungsfolge〉
end case;
```

case (Prog. 1): allgemeine Form einer case-Anweisung

zwei Jahrzehnten abgeklungen und der Entwicklung nützlicher Werkzeuge zur Arbeitserleichterung und -organisation gewichen.

C

CeBIT: Abkürzung für „Centrum für Büroautomation, Informationstechnik und Telekommunikation“: weltgrößte Messe der Informations- und Kommunikationsbranche, die jedes Jahr an 7 Tagen im März in Hannover stattfindet. Die erste CeBIT-Messe 1970 hatte 638 Aussteller und wurde von rund 60 000 Personen besucht. Im Jahre 2000 gab es 7 800 Aussteller auf rund 420 000 qm Nettoausstellungsfläche und über 700 000 Besucher, wobei einige Tage für das Fachpublikum reserviert sind. Unter den Ausstellern waren fast 40% der Softwarebranche zuzuordnen, davon die Hälfte im Bereich der Anwendungssoftware.

Centronics-Schnittstelle [engl. sɛn'trɔnɪks]: Schnittstelle für die ↑ Datenübertragung zwischen Computer und Peripheriegerät (↑ Peripherie), die erstmalig von der Firma Centronics angegeben und eingesetzt wurde.
Obwohl diese Schnittstelle im Gegensatz zu anderen Schnittstellen (z. B. ↑ V.24) nicht normiert ist, hatte sie sich bei Personalcomputern zu einem Standard entwickelt. Sie wurde in diesem Bereich überwiegend zur Verbindung von Computern und Druckern eingesetzt; heute verwendet man die leistungsfähigere ↑ SCSI-Schnittstelle oder die USB-Schnittstelle.
Die Centronics-Schnittstelle ist eine Schnittstelle mit paralleler Datenübertragung, d. h., die acht ↑Bits eines ↑Bytes werden nicht nacheinander, sondern gleichzeitig übertragen. Die Übertragung selbst läuft nach den Regeln des ↑Quittungsbetriebs ab.

char (character) [engl. kɛə (kærɪktə)]: in vielen Programmiersprachen vordefinierter ↑Datentyp, dessen Wertebereich eine endliche, geordnete Menge von Zeichen ist. Zur Wertemenge gehören mindestens die Großbuchstaben A bis Z, die Ziffern 0 bis 9 und das Leerzeichen *(Blank)*. Meist enthält die Wertemenge auch Kleinbuchstaben und Sonderzeichen (z. B. /, $, "). Ein Element des Typs char schließt man in einigen Programmiersprachen in Apostrophe, in anderen in Anführungszeichen ein.

▶ *Beispiele:* Konstanten des Typs char lauten

'A', '$', ':', 'a'

oder

"A", "$", ":", "a".

Das Apostroph bzw. Anführungszeichen selbst stellt man durch Verdoppelung dar, also '''' bzw. """". ◀

In den meisten Programmiersprachen sind mit dem Typ char zwei Standardfunktionen (in ↑PASCAL z. B. ord und chr) verbunden. Die erste ordnet jedem char-Wert eine natürliche Zahl zu. Diese entspricht überwiegend dem Code des Zeichens in der Rechenanlage. Arbeitet diese beispielsweise mit dem ↑ ASCII-Code, so liefert in PASCAL der Aufruf ord('A') den Wert 65, der Aufruf ord ('7') den Wert 55.
Die zweite Funktion ordnet umgekehrt jeder Zahl eines Zahlenbereiches einen char-Wert, also ein Zeichen zu. Angenommen, die zugrunde liegende Rechenanlage arbeitet wieder im ASCII-Code, so liefert chr(65) den Wert 'A' und chr(55) den Wert '7'.
Ferner gilt für alle Zeichen c und zulässige Zahlen i:

chr(ord(c)) = c,
ord(chr(i)) = i.

Meist kann man in Programmiersprachen Werte oder Variablen vom Typ char mit den üblichen Vergleichsoperationen <, >, ≤, ≥, =, ≠ vergleichen. Der Vergleich ist genau dann erfüllt, wenn er auf den jedem Zeichen zugeordneten Zahlen erfüllt ist.
Mit dem Datentyp char kann man in Programmen manche Codierung sparen. Sei W der Wertebereich von char. Ein Text lässt sich durch eine bijektive Abbildung $v\colon W \to W$ verschlüsseln, indem

jedes Zeichen $x \in W$ durch $v(x)$ ersetzt wird. Dies leistet folgendes Programm, das allerdings nur korrekt arbeitet, wenn $v(\%) = \%$ ist, wenn v vollständig und korrekt (also als bijektive Abbildung) eingegeben wird und % das letzte Zeichen der Eingabe ist; v wird als Folge der Paare $(x, v(x))$ eingelesen und in w wird die zu v inverse Abbildung v^{-1} gespeichert.

```
var c, d: char;
    v, w: array [char] of char;
v['%']:= '%'; read (c);
while c ≠ '%' do
    read (d); v[c]:= d; w[d]:= c;
    read (c) od;
(∗ Nun wird der Text buchstabenweise
   in c eingelesen und ausgegeben; das
   Ende bilde wieder das Zeichen % ∗)
read (c);
while c ≠ '%' do write (v[c]); read (c) od;
write(c);
(∗ Analog kann der Text wieder ent-
   schlüsselt werden ∗)
read (c);
while c ≠ '%' do write (w[c]); read (c) od;
write (c); ...
```

Wird etwa die Folge von Zeichen

a b b + c t d 4 e z . . . 9 s %

eingegeben, so werden das Feld v mit v[a] = b, v[b] = +, v[c] = t usw. und das hierzu inverse Feld w aufgebaut. Der danach folgende Text, z. B.

b a d 9 e %

wird in

+ b 4 s z %

umgewandelt, woraus mittels w der ursprüngliche Text zurückgewonnen werden kann. Durch Modifizierung dieser Methode lassen sich einfache *Verschlüsselungsverfahren* entwickeln (↑ Kryptographie).

charakteristische Funktion: Sei M eine Teilmenge der Grundmenge A ($M \subseteq A$). Dann ist die charakteristische Funktion χ_M von M bezüglich A die Funktion, die jedem $x \in M$ den Wert 1 und jedem $x \in A \backslash M$ den Wert 0 zuordnet:

$$\chi_M : A \to \{0,1\},$$

$$\chi_M(x) = \begin{cases} 1, \text{falls } x \in M, \\ 0, \text{falls } x \in A \backslash M. \end{cases}$$

Die charakteristische Funktion stellt einen Zusammenhang zwischen Funktionen und Mengen her. Z. B. kann die ↑ Entscheidbarkeit von Mengen als die Berechenbarkeit der zugehörigen charakteristischen Funktion definiert werden.

Chat ([tʃæt], engl. Schwätzchen, Geplauder): Das ↑ Internet bietet die Möglichkeit, sich mit anderen über ein Thema zu unterhalten. Hierzu muss man sich bei einem Rechner, der das *Internet Relay Chat (IRC)* verwaltet, für einen Bereich anmelden, wobei man auch neue Themenbereiche angeben kann. Man erfährt hierbei, wer zurzeit hierzu angemeldet ist, und dann kann man sich sofort durch Tastatureingabe an der Plauderei beteiligen. Man erhofft sich, dass diese Art der Kommunikation auch zum schnellen überregionalen Gedankenaustausch zu aktuellen Themen genutzt werden wird.

Chip [engl. tʃɪp]: Bezeichnung für ein Plättchen aus dem Halbleitermaterial Silizium, auf dem ↑ integrierte Schaltungen untergebracht sind. Die Größe gegenwärtig hergestellter Chips liegt zwischen 3 mm × 3 mm und 15 mm × 15 mm. Häufig verwendet man den Begriff „Chip“ auch zur Bezeichnung fertiger, d. h. im Gehäuse befindlicher integrierter Schaltungen.

Die Entfernung zwischen Bauelementen oder Leitungen auf Chips lag im Jahre 1990 bei 2 µm = $^1/_{500}$ Millimeter. Sie hat sich bis zum Jahre 2000 auf 0,1 µm verringert, wodurch über 100 Millionen Transistoren auf einem Chip untergebracht werden können, bzw. ein großer Chip eine Speicherkapazität von 1 Milliarde Bit erhält.

1970 lag die *Integrationsdichte* bei 100 Transistoren pro Chip. Alle drei Jahre hat sie sich im Schnitt vervierfacht (so genanntes *Gesetz von Moore und Noyce*), sodass im Jahre 2000 rund $100 \cdot 4^{10} \approx 105$

Millionen Transistoren pro Chip realisierbar sind.

Chomsky-Hierarchie [engl. 'tʃɔmskɪ] (nach dem amerikanischen Sprachwissenschaftler *N. Chomsky*, *1928, der diese Hierarchie 1959 aufstellte): Die (allgemeinen) Chomsky-Grammatiken (↑ *Grammatik*) und ihre Einschränkungen unterscheiden sich in ihrer generativen Mächtigkeit: Eingeschränkte Grammatiktypen können nur eingeschränkte Klassen von ↑*Sprachen* erzeugen. Diese Beziehungen werden in der Chomsky-Hierarchie wiedergegeben. Sei

CH-0: die Menge der Sprachen, die durch Grammatiken (ohne Einschränkungen) erzeugt werden,
CS: die Menge der Sprachen, die durch ↑ kontextsensitive Grammatiken erzeugt werden,
CF: die Menge der Sprachen, die durch ↑ kontextfreie Grammatiken erzeugt werden,
Lin: die Menge der Sprachen, die durch ↑ lineare Grammatiken erzeugt werden,
RL bzw. LL: die Menge der Sprachen, die durch ↑ rechtslineare Grammatiken bzw. ↑ linkslineare Grammatiken erzeugt werden. (RL ist zugleich die Menge der ↑*regulären* Sprachen.)

Dann gilt:

$$\mathrm{RL} = \mathrm{LL} \subsetneqq \mathrm{Lin} \subsetneqq \mathrm{CF} \subsetneqq \mathrm{CS} \subsetneqq \text{CH-0}$$

Die Chomsky-Hierarchie lässt sich durch die Einordnung der verschiedenen Modelle von erkennenden ↑Automaten vervollständigen: Sei

TM: die Menge der Sprachen, die von ↑*Turingmaschinen* akzeptiert werden,
NLBA: die Menge der Sprachen, die durch nichtdeterministische ↑ linear beschränkte Automaten akzeptiert werden,
NPDA bzw. DPDA: die Menge der Sprachen, die von nichtdeterministischen bzw. deterministischen ↑*Kellerautomaten* akzeptiert werden,
EA: die Menge der Sprachen, die durch ↑ endliche *Automaten* akzeptiert werden.

Ferner sei

Reg: die Menge der Sprachen, die durch ↑reguläre Ausdrücke beschrieben werden,
Ent: die Menge der entscheidbaren Sprachen (↑*entscheidbar*),
Auf: die Menge der aufzählbaren Sprachen (↑*aufzählbar*).

Die vollständige Chomsky-Hierarchie zeigt Abb. 1; hierbei steht

B
| für $A \subsetneqq B$, d. h., A ist echt in B
A enthalten;

die mengentheoretische Darstellung ist in Abb. 2 angegeben.

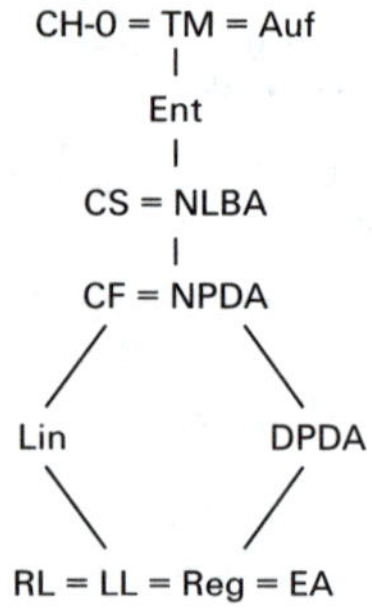

Chomsky-Hierarchie (Abb. 1)

Für die Praxis sind Teilklassen der ↑kontextsensitiven Sprachen von Bedeutung. ↑ Programmiersprachen z. B. sind hier einzuordnen. Wenn man neue Grammatiktypen oder andere Konzepte zur Definition von Sprachen einführt, dann versucht man, die hierdurch erzeugte Sprachklasse in die Chomsky-Hierarchie einzuordnen. Auf diese Weise erhält man eine Vorstellung, wie mächtig das eingeführte Konzept ist und mit welchen Techniken man die ↑ syntaktische Analyse oder andere Aufgaben lösen kann.

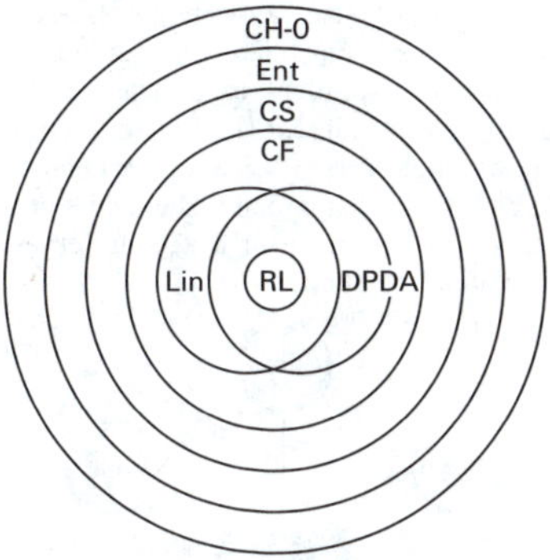

Chomsky-Hierarchie (Abb. 2): mengentheoretische Darstellung der Chomsky-Hierarchie

Churchsche These (nach dem amerikanischen Logiker *A. Church* [engl. tʃə:tʃ], 1903–1995): Es gibt eine Vielzahl verschiedener Möglichkeiten, den Begriff des ↑ *Algorithmus* zu präzisieren, z. B. durch den Mechanismus der ↑Turingmaschine oder der ↑Registermaschine, durch ↑ *μ*-rekursive Funktionen, durch Formelsysteme der Logik (↑PROLOG) usw. Diese und auch alle übrigen Präzisierungen haben jedoch stets zur gleichen Klasse der ↑ berechenbaren Funktionen geführt. Aufgrund dieser Erfahrung formulierte A. Church im Jahre 1936 die folgende nach ihm benannte These:

Jede im intuitiven Sinne berechenbare Funktion ist Turing-berechenbar.

Anschaulich besagt die These, dass man zu jedem in irgendeiner Form aufgeschriebenen algorithmischen Verfahren eine Turingmaschine konstruieren kann, die die gleiche Funktion berechnet. „Im intuitiven Sinne" bedeutet dabei, dass das Verfahren von einer „genügend großen" Zahl von Menschen als berechenbar anerkannt wird.
Die Churchsche These ist kein mathematischer Satz, und sie kann auch nicht exakt bewiesen werden, da der Begriff der im intuitiven Sinne berechenbaren Funktion nicht präzisiert ist und auch nicht präzisiert werden kann. Da aber bisher alle Versuche gescheitert sind, die Churchsche These zu widerlegen, wird sie heute allgemein anerkannt. Man ist sogar so sehr von ihrer Gültigkeit überzeugt, dass mathematische Beweise, die sich auf sie berufen, akzeptiert werden.

CIM [tse:i:em, tsim] (Abk. für **c**omputer **i**ntegrated **m**anufacturing, dt. computerintegrierte Fertigung): Integration der im Büro anfallenden Planungs- und Steuerungsdaten in die betriebswirtschaftlichen Aufgaben, die technische Fertigung und den Vertrieb. Kernstück ist ein gemeinsamer Datenbestand, der von Datenverarbeitungssystemen verwaltet und für die unterschiedlichsten Aufgaben eines Betriebs aufbereitet wird. In der so genannten *Fabrik der Zukunft* werden betriebswirtschaftliche Aufgaben wie Kalkulation, Materialwirtschaft, Termin- und Ressourcen-Planung, Auftragssteuerung usw. mit ingenieurmäßigen Planungen (CAD, CAP, ↑computerunterstütztes Entwerfen) und Systementwicklungen über gemeinsame Informationen zusammengeführt. Auf diese Weise kann die anschließende Produktionsdurchführung und Steuerung technischer Systeme (Werkzeugmaschinen, Transport, Lagerverwaltung, Wartung, CAM) mit der Produktionsplanung und -steuerung, dem Versand und dem Rechnungswesen zu einem einheitlichen System gekoppelt werden. Während die Planung weiterhin starke individuelle Züge aufweisen wird, werden Produktion, Vertrieb und Instandhaltung immer mehr vereinheitlicht und automatisiert werden. In einem hochgradig automatisierten Stadium kann der Produktionsprozess selbst im Rechner modelliert werden, sodass der Planer die Auswirkungen seiner Planungen lange vor deren Realisierung analysieren kann. Wann CIM-Systeme tatsächlich im Einsatz sein werden, lässt sich heute noch nicht abschätzen; in überschaubaren Fabriken könnte dies ab dem Jahre 2010 geschehen.

C

CISC (Abk. für engl. **C**omplex **I**nstruction **S**et **C**omputer, „Computer mit einem komplexen *Befehlsvorrat*"): ↑Mikroprozessoren der CISC-Architektur besitzen viele (meist über 250) recht verschiedene Befehle, deren Wirkungsweise ziemlich verwickelt sein kann, sie sind in der Regel mikroprogrammiert, und sie haben kein einheitliches Befehlsformat und zugleich viele Adressierungsarten. Da sie aufwärtskompatibel (↑ Aufwärtskompatibilität) zu früher entwickelten CISC-Prozessoren sein müssen, führte die Weiterentwicklung zu immer komplexeren (Mikro-)Computern. Die komplexen Befehle erfordern aufwendige Schaltungen, für die viel Platz auf dem ↑Chip reserviert werden muss. Daher glaubte man, dass durch kleine Befehlssätze (↑RISC) und Nutzung spezieller Pipelineverfahren (↑Pipelineverarbeitung), zusätzliche ↑ Caches usw. eine bessere Effizienz erzielt werden müsste. Dies hat sich aber bisher nicht bewahrheitet (↑Bewertungsprogramm).
Ein Beispiel für eine CISC-Familie ist die INTEL-80×86-Familie.

Client-Server-Architektur *(Kunden-Anbieter-Prinzip):* Bis in die 70er-Jahre bestand ein Rechnersystem in der Regel aus einem Zentralrechner, an den eine bestimmte Zahl von Endgeräten, meist Lesegeräte, Drucker und Bildschirme mit Tastaturen, angeschlossen waren. Die Verarbeitung fand ausschließlich im Zentralrechner statt. Der Zentralrechner war der alles könnende „Meister", die Endgeräte die abhängigen „Sklaven". Der Zentralrechner erwies sich schon bald als Engpass, der dadurch überwunden werden konnte, dass immer mehr Verarbeitungsvorgänge in die Endgeräte verlagert wurden. Seit den 80er-Jahren sind die Endgeräte selbst Rechner, die einfache Aufgaben wie Texterstellung (↑Editor), Ausführung von Programmen oder die Unterstützung der Abläufe an einem Büroarbeitsplatz übernahmen, während der Zentralrechner für seltener benötigte oder sehr umfangreiche Aufgaben wie die Verwaltung von Datenbanken oder sehr aufwendige Berechnungen zuständig blieb. Die Endgeräte wurden zu „Kunden" (engl. *clients*), denen der Zentralrechner gewisse *Dienste* anbot (engl. *server* = jemand, der Dienste anbietet oder jemanden bedient). Es entstand eine sternförmige Client-Server-Architektur (Abb. 1).

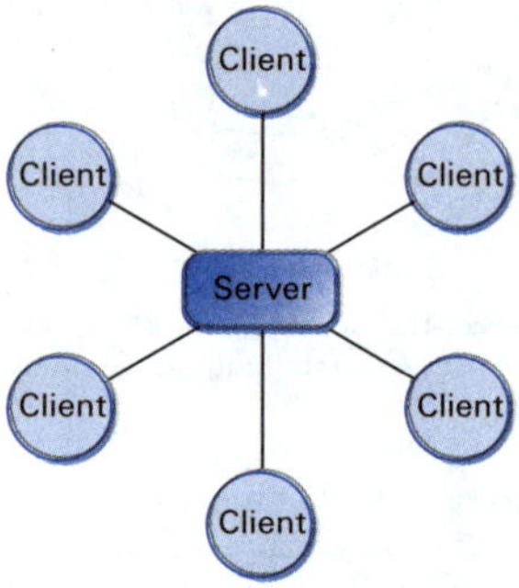

Client-Server-Architektur (Abb. 1): sternförmige Client-Server-Architektur

In ↑ Rechnernetzen sind die einzelnen Rechner nicht sternförmig wie in Abb. 1 verbunden. Server sind dort nicht mit bestimmten Kunden verbunden, sondern ihre Dienste können von allen Rechnern, die in das Netz eingebunden sind, genutzt werden. Es entstehen dann Systeme wie in Abb. 2. Hierbei übernehmen die Server meist auch die Kommunikationsdienste; sie sind also verantwortlich für die korrekte Informationsübertragung zum Beispiel der ↑elektronischen Post. Das gesamte Netz kann man daher als eine Client-Server-Architektur auffassen, in dem jeder als Kunde auf die Dienste, die auf den Servern des Netzes vorhanden sind, zugreifen kann. Dies ist in der Regel nicht kostenlos: Wer zum Beispiel ein Auskunftssystem, das auf einem Server liegt, nutzt, muss hierfür Gebühren zahlen. Man beachte, dass sich das Client-Server-Prinzip auf die Dienste und nicht auf die Rechner bezieht: Ein Computer kann für eine Funktionalität ein Client, für eine andere ein Server sein.

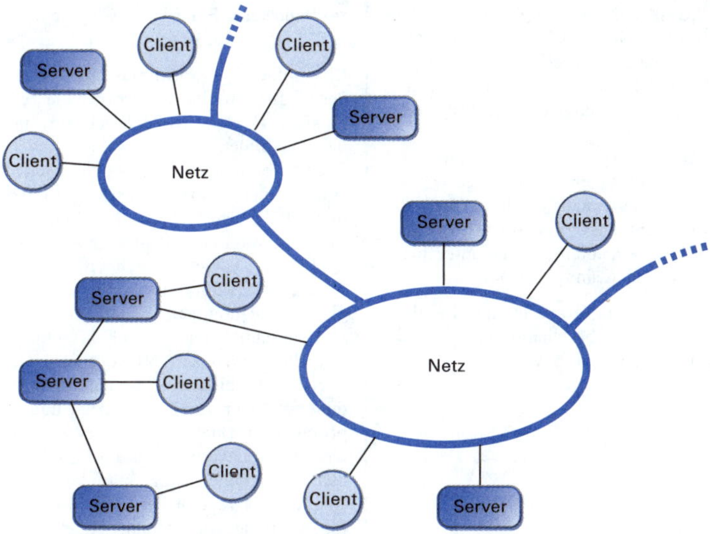

Client-Server-Architektur (Abb. 2): vernetzte Client-Server-Architektur

Man erkennt, dass die Client-Server-Architektur gewisse Anforderungen an die Software im Netz stellt: Es muss möglich sein,

- sich als Kunde und/oder als Server an das Netz anzumelden, wobei diese Tatsache wie in einem Telefonbuch allgemein zugänglich gemacht wird,
- als Kunde Fragen nach Diensten im Netz zu stellen und sich einen Überblick über angebotene Dienste zu verschaffen,
- als Server seine Dienste anzukündigen, sodass sie jeder Kunde oder gewisse Kundenkreise automatisch erfahren,
- „Verträge" zu schließen, also Dienstleistungen anzufordern, zu übertragen, abzurechnen und die Einhaltung des Vertrags zu überwachen (Probleme hierbei sind beispielsweise das Mithören anderer bei der Datenübertragung, die Nichtweitergabe der erhaltenen Daten und die Identifizierung und ↑Authentifizierung von Kunden und Servern, ↑Kryptographie),
- hoheitliche Funktionen wahrzunehmen, um zum Beispiel die Planung von Verbrechen oder die Verbreitung von Gerüchten und Falschmeldungen zu verhindern.

Für die Realisierung werden heute Methoden der objektorientierten Programmierung verwendet. Da man kein alles überwachendes Mammutsystem schreiben kann und will, werden die Aufgaben verteilt und durch ↑Browser, ↑Suchmaschinen, ↑Agenten, Werbemaßnahmen auf WWW-Seiten usw. wahrgenommen. Eine Client-Server-Architektur kann also als ein Netz, bestehend aus Kunden und Anbietern, aufgefasst werden. Damit ist sie aber nicht auf Rechner beschränkt. Vielmehr bilden auch Betriebssysteme mit den gerade laufenden ↑Prozessen als Kunden und den vom System angebotenen Leistungen als Servern eine solche Architektur. Dies gilt zum Beispiel für das Betriebssystem ↑UNIX. Ein häufig auftretender Fall ist die Bereitstellung und Verwaltung von Daten; man spricht dann von einem *File Server.*

Cliquenproblem ['klıkən]: Gegeben ist ein ungerichteter ↑Graph mit n Knoten und eine natürliche Zahl k.
Gibt es k Knoten in dem Graphen, die alle paarweise durch je eine Kante verbunden sind?
Präziser: Sei $G = (V, E)$ ein Graph und $k \in \mathbb{N}$. Gibt es eine Teilmenge $V' \subseteq V$ mit k Elementen, sodass für alle $v, w \in V'$ gilt, dass $\{v, w\} \in E$ ist? Ein Teilgraph mit k Knoten, die alle untereinander verbunden sind, heißt k-Clique.

▶ *Beispiele:* Der Graph in Abb. 1 enthält zwei 3-Cliquen bestehend aus den Knoten 1, 2, 7 sowie 4, 6, 7.

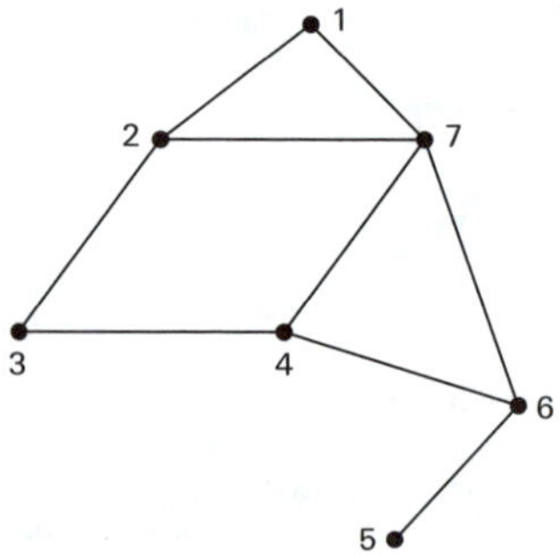

Cliquenproblem (Abb. 1): Graph mit zwei 3-Cliquen

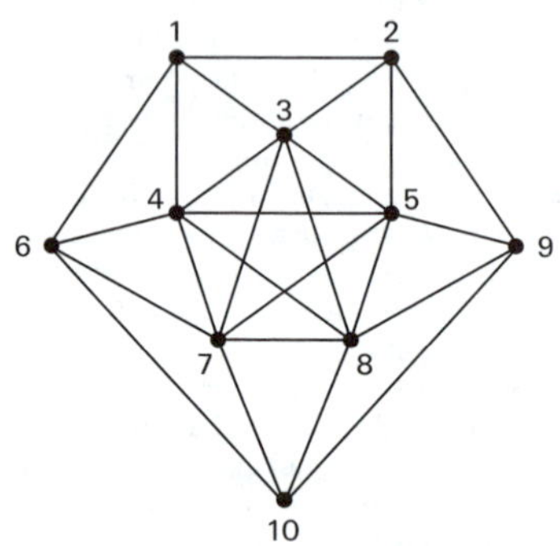

Cliquenproblem (Abb. 2): Graph mit einer 5-Clique

Der Graph in Abb. 2 enthält eine 5-Clique mit den Knoten 3, 4, 5, 7 und 8 sowie zusätzlich eine Reihe von 3-Cliquen, z. B. 1, 2, 3 oder 7, 8, 10 usw. ◀

Ein einfacher Algorithmus zur Lösung des Cliquenproblems überprüft alle Teilmengen V' der Größe k, ob sie eine k-Clique bilden. Da es $\binom{n}{k} = n^k + - \ldots$ viele solcher Teilmengen gibt, kann man leicht einen Probieralgorithmus schreiben, der in $O(n^{k+1})$ Schritten das Problem löst. Für $k = \frac{n}{2}$ muss man dann aber mit exponentiellen Laufzeiten rechnen; dies ist für die Praxis unbrauchbar. Es wird allgemein angenommen, dass es keinen wesentlich schnelleren Algorithmus gibt, da das Cliquenproblem NP-vollständig ist (↑NP). Alle bisher bekannten Algorithmen benötigen zur Lösung des Cliquenproblems exponentielle Laufzeit.
Um die Schwierigkeit des Cliquenproblems einzusehen, möge man die größte Clique im Graphen der Abb. 3 aufspüren. 4-Cliquen findet man schnell, aber gibt es auch eine 5- oder 6-Clique?

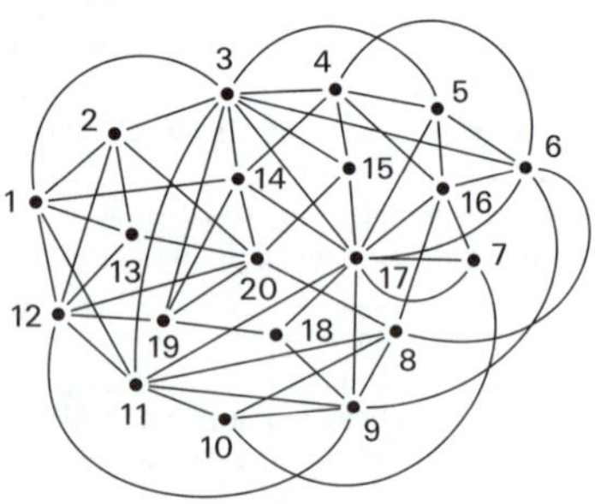

Cliquenproblem (Abb. 3): Graph mit mehreren 4-Cliquen

COBOL (Abk. für engl. **co**mmon **b**usiness **o**riented **l**anguage): imperative ↑Programmiersprache für die kommerzielle Datenverarbeitung.
COBOL wurde Ende der 50er-Jahre entwickelt, speziell für Anwendungen im kaufmännischen Bereich, und hat dort eine starke Verbreitung gefunden. Weil zu dieser Zeit Lochkartenleser (↑Lochkarte) das wichtigste Eingabegerät waren, mussten auch COBOL-Programme

ein Lochkarten-ähnliches Format haben (eine Anweisung pro Zeile, genaue Einhaltung von Spaltenangaben usw.). Ein COBOL-Programm besteht immer aus vier Teilen, genannt „divisions", die in „sections" unterteilt sind:
Die IDENTIFICATION DIVISION enthält den Programmnamen, Datumsangaben und Ähnliches.
In der ENVIRONMENT DIVISION werden hardwarespezifische Angaben mitgeteilt: Typ des Rechners, auf dem das ↑Quellprogramm übersetzt bzw. das ↑Zielprogramm ausgeführt werden soll, und Zuordnung von im Programm verwendeten ↑Dateien zu Ein-/Ausgabegeräten.
In der DATA DIVISION wird vermerkt, welche Bereiche im Hauptspeicher für das Programm benötigt werden. Dabei werden in der FILE SELECTION die Formate der Ein-/Ausgabedateien beschrieben. Wird ein ↑Datensatz von einer Datei eingelesen, so erfolgt die Speicherung in dem beschriebenen Format. ↑Variablen, die beim Ablauf des Programms benötigt werden, müssen in der WORKING-STORAGE SECTION der DATA DIVISION vereinbart werden.
Als Datenstrukturen stellt COBOL ↑Felder von beschränkter Größe und Dimension und ↑Records zur Verfügung.
Der vierte Teil eines COBOL-Programms ist die PROCEDURE DIVISION, die die Anweisungen zur Verarbeitung der Ein- und Ausgabedaten enthält. Die PROCEDURE DIVISION kann vom Programmierer in einzelne Sections, Paragraphen und Sätze unterteilt werden. Ein Satz besteht aus einer oder mehreren COBOL-Anweisungen.
Als Anweisungen kennt COBOL Befehle zum Öffnen und Schließen von Dateien, Lesen und Schreiben einzelner Datensätze, die Wertzuweisung (MOVE, ↑Zuweisung), Befehle für arithmetische Berechnungen, ↑Sprünge, einfache ↑bedingte Anweisungen und ↑Schleifen (PERFORM). Zur Aufbereitung von numerischen Ausgabedaten gibt es in COBOL besondere Hilfsmittel, um verschiedene Ausgabeformate (führende Nullen, Vorzeichen etc.) einfacher zu programmieren. Dazu kann man in der DATA DIVISION bei allen Vereinbarungen eine PICTURE-Definition verwenden, die das Format durch eine Beispielzahl oder einen Beispielstring festlegt.
Da bei COBOL starker Wert auf die Ein-/Ausgabeoperationen gelegt wurde, ist sie für viele Bereiche der kaufmännischen Datenverarbeitung besonders geeignet, speziell für alle Probleme, bei denen häufig nur Datensätze eingelesen, formatiert, ausgegeben und einfache Berechnungen ausgeführt werden. Wenn dagegen die Programmierung komplexer Datenmanipulationen (↑Textverarbeitung, ↑Datenbanken, ↑Übersetzer) oder ↑Simulationen im Vordergrund stehen, erfordert die Programmierung in COBOL erheblichen Aufwand, weil wichtige Konzepte der Informatik (z. B. Prozedur- oder Modulkonzept, Rekursion, allgemeine Datenstrukturen) in dieser Sprache fehlen.
Wegen der vielfältigen Anwendungen im kaufmännischen Bereich könnte COBOL die Programmiersprache sein, in der die meisten Programme auf der Welt geschrieben wurden. Auch wenn es leistungsfähigere imperative Programmiersprachen (↑Ada, ↑MODULA-2) gibt, so zwingen die vorhandenen, in COBOL geschriebenen Systeme, Veränderungen, Ergänzungen und auch neue Programme ebenfalls in COBOL abzufassen. Für einen Programmierer ist daher die Kenntnis von COBOL oftmals unverzichtbar.

Code [ko:t]: (1) ein in eine ↑Maschinensprache übersetztes Programm. ↑Codegenerator, ↑Codeoptimierung.
(2) Wenn $f: A \rightarrow B$ eine Abbildungsvorschrift (siehe unten) ist, dann nennt man die Menge $\{f(a) \mid a \in A\}$ einen Code. Fasst man A als Menge von Programmen einer höheren Sprache, B als Menge von Maschinenprogrammen und f als Übersetzung auf, so spricht man von einem „Code" für in Maschinensprache übersetzte Programme.

(3) Abbildungsvorschrift, die jedem ↑Zeichen eines Zeichenvorrats *(Urbildmenge)* eindeutig ein Zeichen oder eine Zeichenfolge aus einem möglicherweise anderen *Zeichenvorrat (Bildmenge)* zuordnet. Die meisten in der Praxis verwendeten Codes sind umkehrbar eindeutig, d. h., zwei verschiedenen Zeichenfolgen über der Urbildmenge werden stets zwei verschiedene Zeichenfolgen über der Bildmenge zugeordnet, vgl. ↑ ASCII-Code, ↑ Binärcode, ↑ Unicode, ↑ UCS-Code. Mathematisch gesprochen ist ein Code eine berechenbare Abbildung (↑ Berechenbarkeit)

$$f: A \to B.$$

A ist die Urbildmenge, B ist die Bildmenge. Jedes Element, das als Bild eines Elements $a \in A$ auftreten kann (d. h. jedes $b \in f(A)$), heißt *Codewort* des Codes f. Für umkehrbar eindeutige Codes muss zusätzlich gelten:

Sind $a_1, \ldots, a_n \in A$, $a'_1, \ldots, a'_m \in A$ und sind die beiden Zeichenfolgen $a_1 a_2 \ldots a_n$ und $a'_1 a'_2 \ldots a'_m$ verschieden, dann sind auch die Zeichenfolgen $f(a_1) f(a_2) \ldots f(a_n)$ und $f(a'_1) f(a'_2) \ldots f(a'_m)$ verschieden.

Erfüllt ein Code die ↑ Fano-Bedingung, so ist er umkehrbar eindeutig.

Den Vorgang des Übersetzens eines Zeichens oder einer Zeichenfolge der Urbildmenge in die Bildmenge bezeichnet man als *Codierung* oder *Verschlüsselung*; der umgekehrte Vorgang heißt *Decodierung* oder *Entschlüsselung*.

In technischen Systemen dienen Codes vorwiegend der Darstellung von ↑Nachrichten. Die Bildmenge ist daher fast ausschließlich zweielementig. Beispiele hierfür sind die Darstellung von alphanumerischen Zeichen (↑ ASCII-Code, ↑ EBCDI-Code) oder Ziffern (↑ Binärcode).

a	· –	p	· – – ·
b	– · · ·	q	– – · –
c	– · – ·	r	· – ·
d	– · ·	s	· · ·
e	·	t	–
f	· · – ·	u	· · –
g	– – ·	v	· · · –
h	· · · ·	w	· – –
i	· ·	x	– · · –
j	· – – –	y	– · – –
k	– · –	z	– – · ·
l	· – · ·	ch	– – – –
m	– –	ä	· – · –
n	– ·	ö	– – – ·
o	– – –	ü	· · – –

Code (Abb. 1): Morsecode

Während diese Codes, deren Bilder aus Zeichenfolgen gleicher Länge bestehen, umkehrbar eindeutig sind, ist zum Beispiel der *Morsecode* in der üblichen Darstellung (Abb. 1 und 2), der nach der Häufigkeit des Auftretens von Buchstaben in der englischen Sprache entwickelt

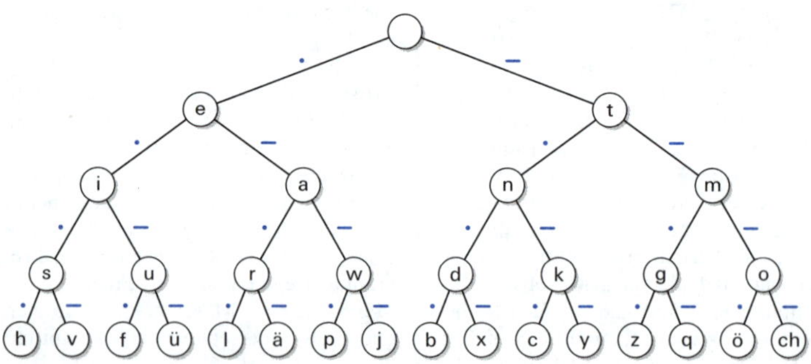

Code (Abb. 2): der Morsecode als Baum

wurde, nicht umkehrbar eindeutig (zum Beispiel werden „ee“ und „i“ auf die gleiche Zeichenfolge „. . .“ abgebildet). Hier wird die Decodierung durch zusätzliche Pausen sichergestellt. Man hat vereinbart, dass die Pausen innerhalb eines Buchstabens die Länge eines Punktes und die Pausen zwischen zwei Buchstaben die Länge eines Strichs besitzen. Damit werden „ee“ und „i“ durch die Signalfolgen in Abb. 3 dargestellt, wodurch die eindeutige Decodierung gesichert ist. Formal gesehen wird durch die Pause der zweielementige Zeichenvorrat {·, –} zu einem dreielementigen.

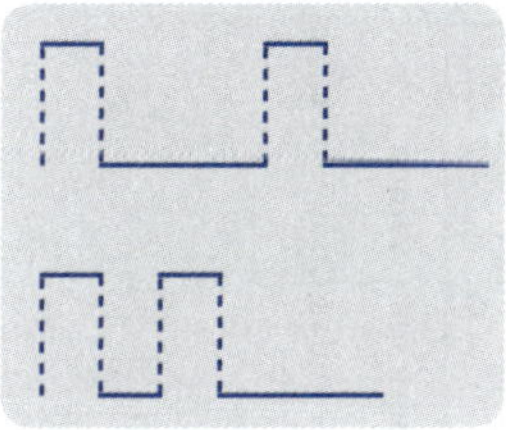

Code (Abb. 3): Signalfolge beim Morsecode

Da ein Computer bisher weder natürliche Sprachen noch höhere Programmiersprachen direkt verarbeiten kann, müssen Programme und Daten in einer maschinenverständlichen Form codiert werden. Diese Codierung, die als letzte Phase in ↑ Übersetzern vorgenommen wird (↑ Codegenerator), führt letztlich zu Zeichenfolgen über dem zweielementigen Zeichenvorrat {0,1} (Maschinenprogramm).

In kommerziellen, militärischen und anderen Bereichen werden Codes oft zur Klassifikation oder zur geheimen Übermittlung (↑ Kryptographie) von Nachrichten verwendet. Hierbei sucht man Codes, die zusätzliche Anforderungen erfüllen, z. B. die folgenden:

(1) Die Elemente der Bildmenge sollen möglichst kurz sein *(Optimierung der Übertragungszeit und des Speicheraufwands für die codierten Zeichen).*

(2) Die Abbildung f soll maschinell schnell berechnet werden können *(Optimierung der Codierungszeit).*

(3) Eine Decodierung soll für Außenstehende kaum möglich sein *(schwer brechbare Codes).*

(4) Bei einzelnen Übertragungsfehlern soll die Bedeutung der Nachricht trotzdem noch ermittelt werden können *(fehlertoleranter Code);* dies wird oft durch ↑Redundanz erreicht.

In der Praxis muss für die Übertragung und Speicherung ein Code verwendet werden, der fehlererkennend und möglichst auch fehlerkorrigierend (↑ Hamming-Abstand) ist und dessen Korrektheit rasch (möglichst parallel zum Empfang einer Nachricht) überprüft werden kann. Hierzu werden Nachrichten meist in Blöcke zu je k Bit zerlegt. Jedem solchen Datenblock werden r *Kontrollbits* hinzugefügt, wodurch Blöcke zu je $n = k + r$ Bit entstehen. Abb. 4 zeigt diesen Codierungsvorgang.

Die r Kontrollbits sind eine Funktion f der k Datenbits, d. h. $c_k \dots c_{k+r-1} = f(c_0\, c_1 \dots c_{k-1})$. Im Falle des Paritätsbits (↑ Prüfbit) ist $r = 1$ und $f(c_0\, c_1 \dots c_{k-1}) = (c_0 + c_1 + \dots + c_{k-1})$ mod 2. Solche Abbildungen lassen sich leicht durch Standardschaltwerke, z. B. ↑PROMs, realisieren. Von f muss man zusätzlich verlangen, dass auch die Decodierung der Nachricht beim Empfänger rasch und ohne großen Schaltungsaufwand erfolgt. Hierfür ist die Klasse der zyklischen Codes geeignet, auch *CRC-Codes* genannt (engl. **C**yclic **R**edundancy **C**heck Code). Ein Code heißt *zyklisch*, wenn mit jedem Codewort auch jede zyklische Verschiebung der Bits ein Codewort liefert, d. h., mit $(c_0, c_1, \dots, c_{n-1})$ ist auch $(c_i, \dots, c_{n-1}, c_0, c_1, \dots, c_{i-1})$ für jedes $i = 1, \dots, n-1$ ein Codewort. Diese Codes lassen sich sowohl beim Sender als auch beim Empfänger durch Schieberegister und einfache Schaltnetze realisieren, wobei zugleich Fehler automatisch korrigiert werden können.

Codegenerator ['ko:t-]: Der Teil eines ↑ Übersetzers, der nach erfolgter Ana-

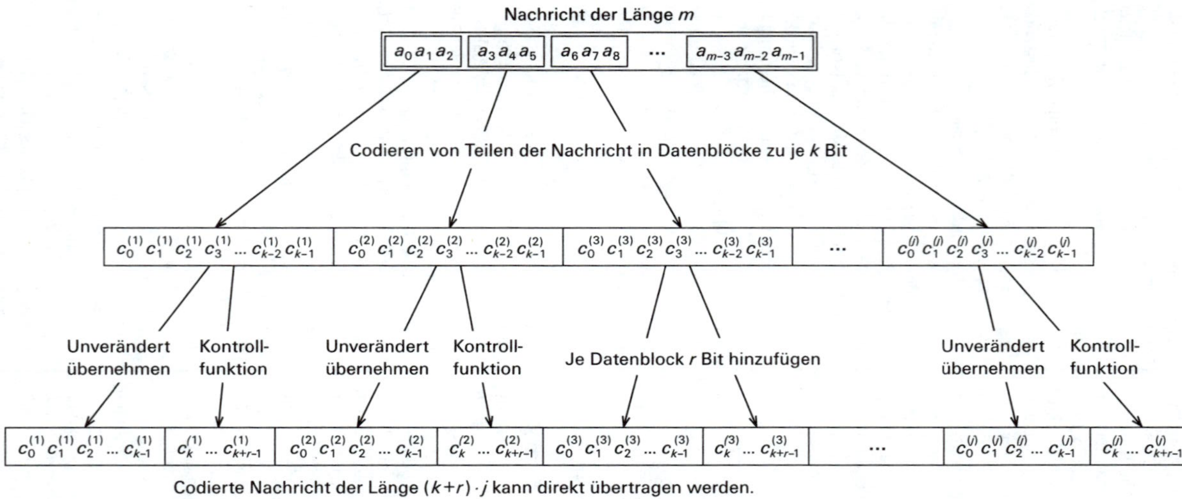

Code (Abb. 4): Codieren einer Nachricht $a_0 a_1 a_2 a_3 a_4 a_5 \ldots a_{m-3} a_{m-2} a_{m-1}$ in das Codewort $c_0^{(1)} c_1^{(1)} c_2^{(1)} \ldots c_{k-1}^{(1)} c_k^{(1)} \ldots c_{k+r-1}^{(1)} c_0^{(2)} \ldots c_{k-1}^{(j)} c_k^{(j)} \ldots c_{k+r-1}^{(j)}$

lyse aus einer internen Darstellung das ↑Zielprogramm erzeugt.

► *Beispiel:* Zu übersetzen sei die folgende while-Schleife:

while n ≥ 0 do n := n − 1 od;

Die der Codeerzeugung vorausgehenden Phasen der Übersetzung liefern die logischen Beziehungen innerhalb dieser Anweisung, die man meist als ↑Ableitungsbaum darstellt, siehe Abb. 1.

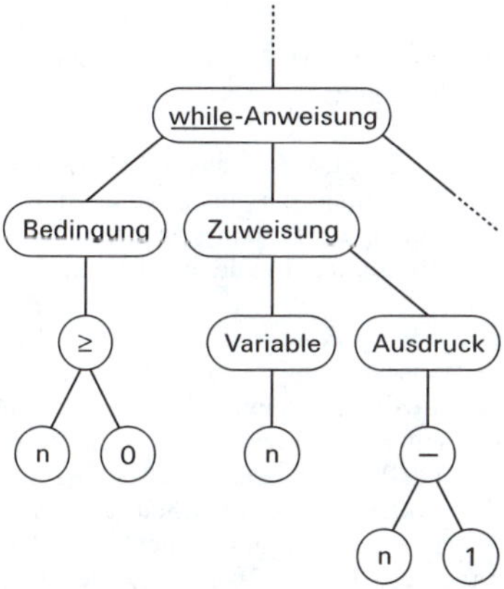

Codegenerator (Abb. 1): Baumstruktur einer Anweisung

Der Codegenerator erzeugt hieraus die Befehlsfolge der Abb. 2.
Die Zielsprache ist hier eine ↑Assemblersprache; Kommentare wurden – durch Semikolon getrennt – hinzugefügt, um den Code besser lesen zu können. Man erkennt, dass man den dritten Befehl der Folge (load n) weglassen kann, ohne die Bedeutung zu ändern. Automatisch erzeugter Code kann also oft noch verbessert werden (↑Codeoptimierung). ◄

Durch die Trennung von ↑syntaktischer Analyse, ↑ semantischer Analyse und Codeerzeugung ist es leicht möglich, einen Übersetzer an verschiedene Computer mit unterschiedlichen Zielsprachen anzupassen.

Codeoptimierung [ko:t-]: Mit Codeoptimierung werden Verfahren bezeichnet, welche ein Programm in ein gleichwertiges Programm (↑ Äquivalenz) umwandeln, das weniger ↑ Speicher und/oder weniger Rechenzeit bei der Ausführung benötigt.

► *Beispiel:* Das Programmstück

```
n := 0;
if n = 0 then n := n + 1 fi;
while m > 0 do m := m − 1 od;
```

kann zu dem Programmteil

```
n := 1;
if m > 0 then m := 0 fi;
```

das die gleiche Bedeutung hat, aber weniger Rechenzeit benötigt, optimiert werden. ◄

Bei Übersetzern wird die Code-Optimierung in der Regel im ↑ Zielprogramm, also nach dem ↑Codegenerator, durchgeführt, sie kann aber auch an beliebigen Stellen erfolgen, vor allem wenn der Übersetzer durch ↑ Bootstrapping geschrieben wird.
Die Möglichkeiten, ein Programm zu optimieren, sind sehr vielfältig; die Wirkung einer Code-Optimierung ist aber davon abhängig, wie effizient das zu optimierende Programm geschrieben

wmarke:	load n;	Lade Speicherzelle n in Akkumulator
	jneg emarke;	Falls Akkumulator negativ, springe nach emarke
	load n;	Lade Speicherzelle n in Akkumulator
	subconst 1;	Subtrahiere 1 vom Akkumulator
	store n;	Speichere Akkumulator in Speicherzelle n
	jump wmarke;	Springe nach wmarke
emarke:	...	

Codegenerator (Abb. 2): übersetztes Programmstück

worden ist. Eine Code-Optimierung ist besonders dann erfolgversprechend, wenn das eingegebene Programm automatisch generiert worden ist wie z. B. Zielprogramme von Übersetzern, durch ↑Compiler-Compiler erzeugte Übersetzer oder durch Makroexpansion (↑Makrobefehl) entstandene Programmteile.

Codierer: Schaltung, die Eingangssignale ↑binär verschlüsselt (↑Code). Codierer sind ↑kombinatorische Schaltwerke, die Schaltfunktionen (↑boolesche Funktion)

$$f\colon \{0,1\}^m \to \{0,1\}^n$$

realisieren, wobei f nur auf Argumente der Form $(x_1, x_2, \ldots, x_m)$, für die genau ein $x_i = 1$ ist, angewendet wird. Spezialfälle von Codierern sind die 1-in-n-Codierer, die $m = 2^n$ Eingangs- und n Ausgangsleitungen besitzen. Eine 1 auf der i-ten Eingangsleitung führt zur Dualdarstellung von i am Ausgang.

▶ *Beispiel:* 1-in-2-Codierer.

Übergangstabelle:

Eingangsleitungen				Ausgänge	
x_0	x_1	x_2	x_3	y_0	y_1
1	0	0	0	0	0
0	1	0	0	0	1
0	0	1	0	1	0
0	0	0	1	1	1

Übergangsgleichung:

$$y_0 = (x_2 \oplus x_3)(\overline{x_0 + x_1})$$
$$y_1 = (x_1 \oplus x_3)(\overline{x_0 + x_2})$$ ◀

Die zugehörige Schaltung ist in Abb. 1 dargestellt. Zu den Schaltzeichen siehe ↑UND-, ↑NOR- und ↑Exklusiv-ODER-Funktion.

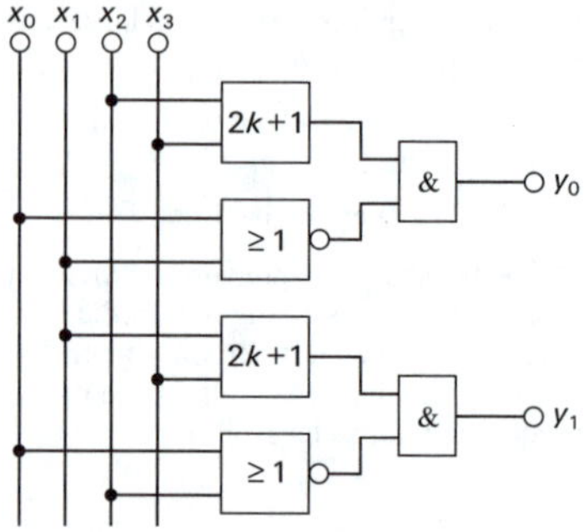

Codierer (Abb. 1): Schaltung für den 1-in-2-Codierer

COMAL (Abk. für engl. **com**mon **al**gorithmic **l**anguage): eine imperative ↑Programmiersprache, die Konzepte von ↑BASIC und ↑PASCAL miteinander vereinigt. COMAL wurde 1973 in Dänemark zu schulischen Ausbildungszwecken entworfen und 1979 als COMAL-80 standardisiert. Aus BASIC stammen die leichte Erlernbarkeit und die interaktive Arbeitsweise, aus PASCAL die Strukturierung der Programme durch ↑Prozeduren, Funktionen und ↑Kontrollstrukturen. Rekursion ist zugelassen.

Die Programmerstellung und Programmausführung erfolgt (ähnlich wie bei BASIC) mit einem ↑Interpreter, in den ein Editor integriert ist. Jede eingegebene Programmzeile wird sofort auf ihre syntaktische Korrektheit (↑Syntax) überprüft, und eventuelle Fehler werden angezeigt. Hierin liegt der Vorteil von COMAL; nachteilig ist das Fehlen vieler modernerer Konzepte wie Typkonzept, Objektorientierung, Generizität usw.

Compiler-Compiler [kɔm'paılər kɔm'paılər]: Ein Compiler-Compiler oder auch **Compilergenerator** oder **Übersetzergenerator** ist ein Programm, dem die Beschreibungen für zwei Programmiersprachen *A* und *B* eingegeben werden und das anschließend einen ↑Übersetzer von der Sprache *A* in die Sprache *B* ausgibt (Abb. 1).

In heutigen Compiler-Compilern findet man dieses Prinzip nur teilweise realisiert, denn in der Regel kann man ihnen keine Definition der Programmiersprache eingeben. Vielmehr werden die einzelnen Phasen eines Übersetzers (↑lexikalische Analyse, ↑syntaktische Analyse und ↑semantische Analyse und der ↑Codegenerator) formal exakt beschrie-

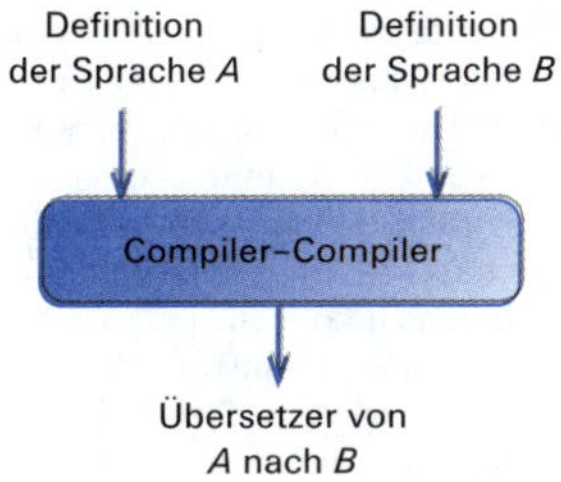

Compiler-Compiler (Abb. 1)

ben. Aus diesen Spezifikationen werden dann die entsprechenden Teile des Übersetzers erzeugt (Scanner, Parser usw.) und zum Schluss zu einem kompletten Übersetzer zusammengefügt.

Zur Spezifikation der *lexikalischen Analyse* werden häufig ↑reguläre Ausdrücke verwendet, d. h., die Form der elementaren Objekte (so genannte *Token*) wie ↑ Bezeichner, Zahl, Zeichenkette usw. wird durch je einen regulären Ausdruck beschrieben. Es existieren Methoden, wie man aus solchen regulären Ausdrücken über ↑ endliche Automaten zu einem Programm gelangt, welches aus der Folge von Eingabezeichen die Folge der zugehörigen Tokens erstellt und erste Tabellen für die weitere Verarbeitung aufbaut (so genanntes *Scannerprogramm*).

Die *syntaktische Analyse* wird ebenso wie die ↑ Syntax einer Programmiersprache in der Regel durch ↑kontextfreie Grammatiken spezifiziert. Zur Spezifikation der semantischen Analyse und der Codeerzeugung existieren verschiedene Ansätze, die davon abhängig sind, wie die ↑Semantik der Programmiersprache beschrieben wird.

Computer [kɔm'pju:tər] (engl. to compute = rechnen, berechnen; ursprünglich aus dem lat. computare = berechnen; Synonyme: ↑Digitalrechner, *Datenverarbeitungsanlage,* Abk.: *DVA;* häufig auch *Rechner* oder *Rechenanlage*): universell einsetzbares Gerät zur automatischen Verarbeitung, Speicherung, Entgegennahme und Versendung von Daten. Vergleiche die Einleitung in diesem Duden und Geschichte der ↑Informatik.

Rechnen als eine grundlegende Kulturtechnik hat die Menschen bereits vor langer Zeit dazu angeregt, diese Tätigkeit zu mechanisieren und zu automatisieren. Den Anfang bildete der ↑Abakus, der schon vor etwa 2000 Jahren in Gebrauch war. Es folgten weitere mechanische Geräte zur Unterstützung von Rechenproblemen z. B. in der Seefahrt und Astronomie. Alle diese Hilfsmittel waren jedoch noch keine Computer: Sie waren für eine bestimmte Anwendung gebaut und mussten Schritt für Schritt von Menschen bedient werden. Heutige Computer kann man durch Änderung ihres Programms für *beliebige* Zwecke der Informationsverarbeitung (nicht nur zum Rechnen) einsetzen und *selbstständig* weiterarbeiten lassen. Einmal sortiert er Namen, im nächsten Moment prüft er, ob eine eingegebene Zahl Primzahl ist oder nicht, dann wieder füllt er die Steuererklärung aus, steuert einen Schweißautomaten, übernimmt die automatische Landung des Flugzeugs, verwaltet Kochrezepte oder spielt Schach. Bei jeder dieser grundverschiedenen Anwendungen bleibt der Computer als physikalisches Gerät unverändert, geändert wird jeweils nur sein Programm. Diese universelle Einsetzbarkeit, hohe Geschwindigkeit und Zuverlässigkeit und vollautomatischer Betrieb haben zur explosionsartigen Verbreitung der Datenverarbeitung seit etwa 1960 geführt.

Arbeitsweise eines Computers: Ein Computer nimmt Eingabewerte (Zahlen, Wörter usw., allgemein: digitale ↑Signale) entgegen und wandelt sie nach bestimmten Regeln in Ausgabewerte um. Ein- und Ausgabe können auch abwechselnd ablaufen, d. h., der Computer liest einen Teil der Eingabe, liefert dann eine Ausgabe, liest wieder einen Teil der Eingabe usw. Die Regeln, nach denen die Eingaben verarbeitet und Ausgaben erzeugt werden, teilt man dem Computer durch Eingabe eines ↑ Programms mit. Programme bestehen aus einer Folge von einfachen Arbeitsschritten (so genannten ↑Anweisungen), die vom Computer interpretiert und schrittweise nachvollzogen werden (Abb. 1).

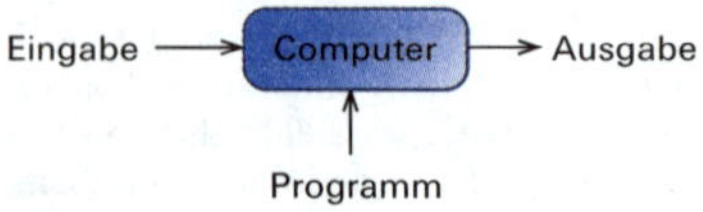

Computer (Abb. 1): Arbeitsweise eines Computers

▶ *Beispiele:*
(1) Addieren zweier höchstens zweistelliger Zahlen. Abb. 2 zeigt Eingabe, Ausgabe und Programm.

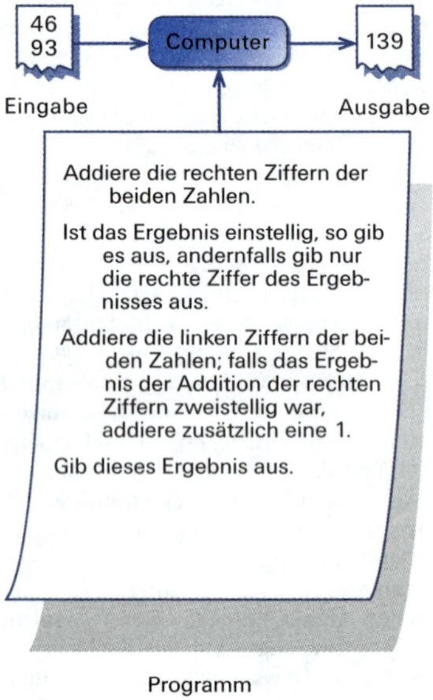

Computer (Abb. 2): Addition zweier zweistelliger Zahlen

Man erkennt, dass das umgangssprachlich geschriebene Programm keine eindeutige Handlungsvorschrift ist (vgl. ↑Algorithmus). Zum Beispiel ist nicht klar, zu welchem Wert die zusätzliche 1 addiert wird und in welcher Reihenfolge die nacheinander ausgegebenen Ergebnisse in der Ausgabe angezeigt oder ausgedruckt werden. Für Computer verwendet man daher ↑Programmiersprachen anstelle natürlicher Sprachen, um die Handlungsvorschriften unmissverständlich formulieren zu können.
(2) Sortieren von Vornamen in alphabetischer Reihenfolge. Abb. 3 zeigt Eingabe, Ausgabe und Programm.

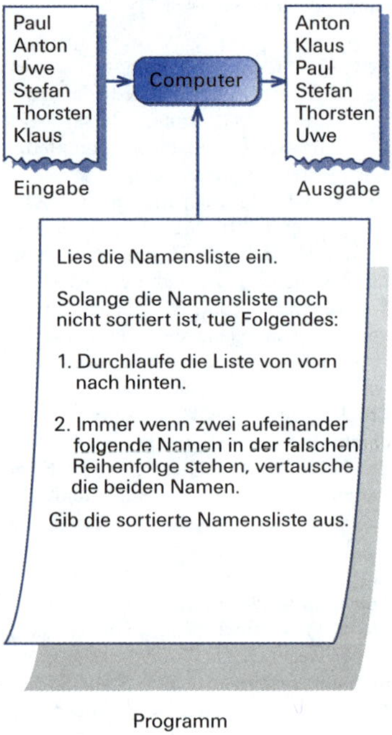

Computer (Abb. 3): Sortieren von Vornamen

Die Eingabe für den Computer ist eine beliebige Liste von Namen. Das Programm schreibt dem Computer vor, wie aus der Eingabeliste die sortierte Ausgabeliste zu erzeugen ist. ◀

Alle Programme eines Computers fasst man unter dem Oberbegriff ↑Software (dt. weiche, d. h. veränderbare Ware) zusammen.

Für die Programmierung wurden für unterschiedliche Zwecke viele verschiedene Programmiersprachen entwickelt, mit denen man Programme exakt und eindeutig beschreiben kann. Programmiersprachen bestehen aus genau festgelegten (meist an die englische Sprache angelehnten) Wörtern und Regeln, wie diese Wörter in Programmen verwendet werden dürfen und welche Bedeutung sie haben.

Trotz des aus menschlicher Sicht sehr einfachen Aufbaus sind die Sprachelemente von Programmiersprachen zu komplex, um direkt von einem Computer verstanden und interpretiert zu werden:

(1) Die Befehle, die ein Computer direkt ausführen kann, sind wesentlich primitiver als die Anweisungen einer Programmiersprache (↑ Befehlsvorrat). So können viele Computer beispielsweise Zahlen nur addieren; Multiplikation, Division usw. müssen mithilfe von Programmen auf die Addition zurückgeführt werden.

(2) Als elektronisches Gerät arbeitet ein Computer intern nur mit zwei Zuständen (↑digital), die man sich als „Strom fließt/Strom fließt nicht", „Schalter offen/Schalter geschlossen", „Transistor leitet/Transistor sperrt" oder einfach als 0 und 1 veranschaulichen kann. Alle Daten und Programme werden in der heutigen Technologie als Folgen von 0 und 1 verschlüsselt (↑Digitalrechner).

Bevor daher ein Computer ein Programm ausführen kann, muss es in eine Folge einfacher, dem Computer verständliche Befehle (dargestellt als Folge von 0 und 1) übersetzt werden. Diese Arbeit übernimmt ein anderes Programm, der so genannte ↑ Übersetzer (Abb. 4). Er arbeitet wie ein Dolmetscher. Für jede Programmiersprache benötigt man einen eigenen Übersetzer.

Wenn ein Hersteller einen Computer gefertigt hat, d. h. die mechanischen und elektronischen Bauteile (die ↑Hardware = dt. harte, d. h. unveränderbare Ware) produziert und zusammengeschaltet hat, so ist der Computer noch nicht betriebsbereit. Ein Computer weiß z. B. noch nicht, wo (d. h. über welche Geräte) und wann er Eingaben entgegennehmen soll, was er mit Programmen machen soll, in welcher Reihenfolge mehrere Programme abzuarbeiten sind, wohin Ergebnisse gehören usw. Diese Fähigkeiten werden ihm durch das ↑Betriebssystem mitgegeben. Das Betriebssystem ist ein umfangreiches Programm, das den Computer mit grundlegenden Steuerungsfunktionen versieht und anschaulich gesprochen das Zusammenspiel der funktionsfähigen Bauteile mit Leben erfüllt. Wie eine Schale umschließt das Betriebssystem den Computer, sodass jeder Kontakt mit dem Rechner vom Betriebssystem kontrolliert wird.

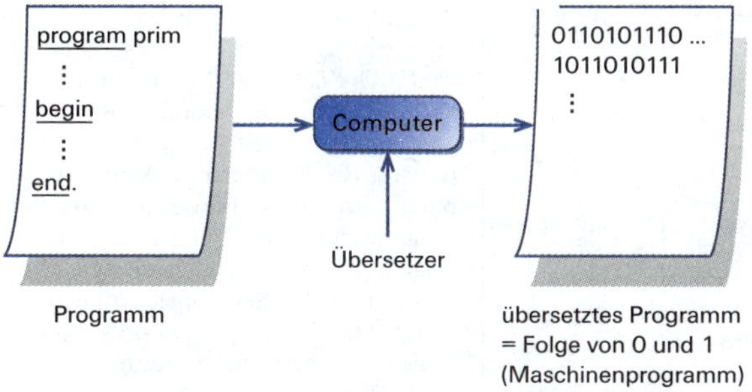

Computer (Abb. 4): Wirkungsweise eines Übersetzungsprogramms

▶ *Beispiel:* Das folgende umgangssprachliche Programm zeigt stark vereinfacht eine Funktion des Betriebssystems, die die Bearbeitung von Programmen steuert:
(1) Warte so lange, bis ein Programm eingegeben wird, dann gehe zu Schritt (2).
(2) Übersetze das Programm und gehe nach Schritt (3).
(3) Warte so lange, bis alle Eingabewerte für das Programm eingegeben sind, dann gehe zu Schritt (4).
(4) Führe das Programm aus und gib die Ausgabewerte aus, dann gehe zurück zu Schritt (1). ◀

Abb. 5 zeigt die einzelnen Arbeitsschritte, die bei der Ausführung eines Programms durchlaufen werden, noch einmal in der Gesamtschau. In Klammern ist jeweils die Komponente des Computers vermerkt, unter deren Kontrolle der entsprechende Arbeitsschritt überwiegend abläuft.

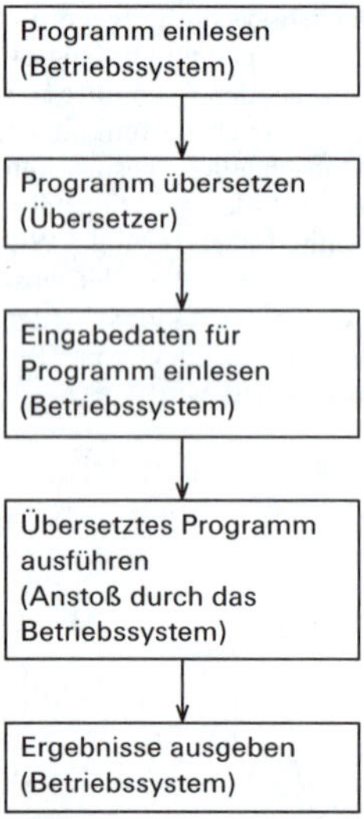

Computer (Abb. 5): Arbeitsschritte bei Ausführung eines Programms

Ein Betriebssystem muss letztlich stets die Kontrolle über den Computer zurückgewinnen können, auch wenn gerade ein Programm ausgeführt wird (Schritt (4)). Es muss also laufende Programme unterbrechen können; es muss mehrere Programme, die gleichzeitig rechnen wollen, in Warteschlangen einreihen; es muss Ein- und Ausgabegeräte für die Programme verwalten und bereitstellen und vieles mehr. Den Computer zusammen mit einem Betriebssystem und Hilfs- und Anwendungsprogrammen nennt man auch *Datenverarbeitungssystem*.

Aufbau eines Computers: Ein Computer besteht aus einem oder mehreren Eingabegeräten, einer ↑ Zentraleinheit (mit ↑ Speicher) und einem oder mehreren Ausgabegeräten (Abb. 6).

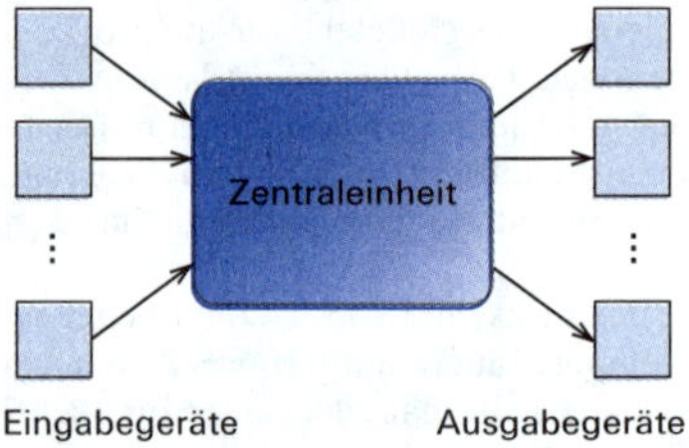

Computer (Abb. 6): Grobaufbau

Über die Eingabegeräte versorgt man den Computer mit Programmen und Daten, über die Ausgabegeräte liefert der Computer die von Programmen berechneten Resultate ab. Typische Eingabegeräte sind ↑ Tastatur und ↑ Maus sowie Verbindungen zu anderen Rechnern über ein Netz, typische Ausgabegeräte sind ↑ Drucker und ↑ Bildschirm sowie Verbindungen zu anderen Rechnern. Die Zentraleinheit ist das „Gehirn" (besser: die Schaltzentrale) eines Computers. In ihrem Innern werden Programme ausgeführt. Die Zentraleinheit besteht aus einem oder mehreren ↑ Prozessoren und einem Speicher, dem so genannten ↑Hauptspeicher oder Arbeitsspeicher, Näheres siehe ↑Zentraleinheit. Im Hauptspeicher werden das auszuführende Programm, die Eingabedaten und bei der Berechnung auftretende Zwischenergebnisse abgelegt. Der Hauptspeicher arbeitet sehr schnell, d. h., man kann in Bruchteilen von Sekunden viele Informationen entnehmen und hereingeben (z. B. 10 Millionen Zahlen pro Sekunde), er kann aber im Allgemeinen nicht alle benötigten Informationen aufnehmen. Man ergänzt die Zentraleinheit daher meist um externe (außerhalb der Zentraleinheit befindliche) Speicher, die zwar langsamer arbeiten, aber sehr viel mehr Informationen speichern können und geeignet sind, Programme und Daten dauerhaft aufzubewahren, vgl. ↑Speicherhierarchie.

Die Prozessoren sind die aktiven Elemente eines Computers. Sie interpretieren Programme, führen Berechnungen durch und steuern die externen Speicher und die Ein-/Ausgabegeräte. Ein *Prozessor* unterteilt sich in das ↑ Steuerwerk oder Leitwerk, in dem die einzelnen Befehle eines Programms interpretiert und ausgeführt und Geräte gesteuert werden, und das ↑ Rechenwerk, das alle Arten von Rechenoperationen durchführt. Seine Rechenaufträge erhält das Rechenwerk ebenfalls vom Steuerwerk (Abb. 7). Meist besitzen Prozessoren noch kleinere Speichereinheiten (↑Cache).

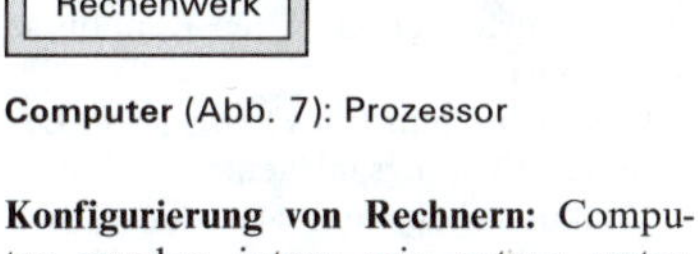

Computer (Abb. 7): Prozessor

Konfigurierung von Rechnern: Computer werden intern wie extern unterschiedlich ausgelegt und miteinander verbunden. Der interne Aufbau wird durch die ↑Rechnerarchitektur beschrieben; hier wird das Zusammenspiel der einzelnen Komponenten (z. B. Anzahl, Verknüpfung und Aufgaben der Prozessoren, Speicher und Ein-/Ausgabeschnittstellen, aber auch Parallelität und optimales Verteilen von Aufgaben) festgelegt. Bevorzugte man früher Rechnersysteme, die von einem sehr schnellen (und meist sehr teuren) Großrechner beherrscht werden *(Zentralisierung),* so überwiegt seit 1980 der Trend zur *Dezentralisierung,* also zur Vernetzung vieler kleiner, aber sehr leistungsfähiger Computer. Solche ↑ Rechnernetze erleichtern den Datenaustausch (↑elektronische Post, Zugriffe auf ↑Datenbanken, ↑CIM, ↑Internet usw.) und erhöhen zugleich die Leistungsfähigkeit durch Verteilung von Aufgaben und paralleles Verarbeiten.

Zur Konfiguration gehört schließlich noch die Auswahl und Vernetzung aller Rechnerkomponenten und Datenübertragungsgeräte für eine bestimmte Anwendung beim Kunden. Diese Zusammenstellung nimmt entweder der Kunde selbst vor oder lässt sie (oft mit Rechnerunterstützung) vom Vertrieb eines Rechnerherstellers oder von einem Softwarehaus vornehmen (vgl. auch ↑ Customizing).

Klassifikation von Computern: Computer werden oft nach ihrer Entwicklungsstufe nach Generationen klassifiziert; siehe auch ↑Geschichte der Informatik. Eine andere Unterteilung erfolgt nach ihrer Leistungsfähigkeit in der Reihenfolge ↑ Heimcomputer, ↑ Personalcomputer (PC), ↑ Arbeitsplatzstation und ↑Großrechner. Die Heimcomputer wurden bereits weitgehend durch PCs verdrängt. In Zukunft werden ↑Netzcomputer hinzukommen, die direkt an Netze angeschlossen sind und benötigte Daten und Programme nach Bedarf laden. Die Leistung wird heute oft durch ↑ Bewertungsprogramme gemessen.

Eine andere Klassifikation ergibt sich aus der Rechnerarchitektur (sequenzielle, verteilte, parallel arbeitende Systeme), aus dem Typ der verwendeten Mikroprozessoren (↑CISC, ↑RISC) oder aus ihrer Funktionalität in einem Netz. Schließlich sind der Einsatzbereich (z. B. ↑ Prozessdatenverarbeitung) und die Verarbeitungsart (↑Analogrechner, ↑Hybridrechner) von Bedeutung.

Computergrafik (engl. *computer graphics*) [engl. kɔm'pju:tə 'græfɪks] *(grafische Datenverarbeitung)*: Disziplin innerhalb der Informatik, die sich mit der Erfassung, Speicherung, Verarbeitung und Ausgabe grafischer Darstellungen befasst.

Seit dem Aufkommen hochauflösender Bildschirme hat die grafische Datenverarbeitung zunehmend an Bedeutung gewonnen. Wichtige Anwendungsbereiche sind u. a.:

- ↑computerunterstütztes Entwerfen,
- medizinische Anwendungen,
- Simulationen sowie
- Trick- und Spielfilme (z. B. „Jurassic Park" oder „Terminator II").

Eine große Bedeutung besitzt die Computergrafik bei der Gestaltung einer ↑Benutzungsoberfläche.

In allen obigen Anwendungsbereichen müssen durch Computergrafiksysteme eine Reihe von Grundfunktionen bereitgestellt werden, darunter vor allem:

- Transformationen von Objekten (z. B. Vergrößern, Verschieben) und Koordinatensystemen,
- Darstellung von zweidimensionalen Objekten,
- Darstellung von dreidimensionalen Objekten, z. B. durch Verdecken von nicht sichtbaren Kanten und Flächen, Veränderung von Beobachtungspunkten, perspektivische Darstellung,
- Verfahren der ↑algorithmischen Geometrie.

Ein Problem im Bereich der grafischen Datenverarbeitung ist häufig die hohe Abhängigkeit der Programme von der ↑Hardware, d. h. von der Arbeitsweise und den technischen Details der grafischen Ein- und Ausgabegeräte. Daher wurde das anwendungs- und hardwareunabhängige **G**rafische **K**ern**s**ystem (Abk. **GKS**) entwickelt, das seit 1982 den Status eines internationalen Normenentwurfs erhalten hat und in vielen Ländern auch als nationaler Standard übernommen wurde. Mittlerweile ist auch die dreidimensionale Erweiterung von GKS genormt.

Computer-Literacy (engl. literacy = dt. Alphabetismus) [engl. kɔm'pju:tə 'lɪtərəsɪ]: Computer-Literacy umfasst die Kenntnis über Computer und ↑Rechnernetze und deren Verwendungsmöglichkeiten (z. B. Dienste im Internet) und die Fähigkeit, Computer zur Bewältigung von Aufgaben im Beruf, im häuslichen Bereich, in der Gestaltung der Freizeit usw. einzusetzen.

In immer stärkerem Maße wird von jedem Einzelnen erwartet, dass er mit Computern und Netzen umgehen und Anwendungsprogramme und ↑ Dienste aufgabengerecht einsetzen kann. Computer-Literacy drückt daher zugleich die Forderung aus, dass der Umgang mit und die gezielte Nutzung von Computern zu einer zentralen *Kulturtechnik* wie Lesen, Schreiben und Rechnen wird.

Die Kenntnis über Computer ist bei der Mehrzahl der Bürger noch relativ gering und häufig von falschen Vorstellungen geprägt. Die Möglichkeiten, mit der Arbeitsweise und Leistungsfähigkeit einer Rechenanlage vertraut zu werden, sind meist auf den Arbeitsbereich begrenzt. So wird in Zeitungen gewöhnlich nur über spektakuläre Fehler berichtet, die Computer verursacht haben, während die ständigen Veränderungen, die durch neue Einsatzmöglichkeiten der Computer bewirkt werden, nur punktuell behandelt werden.

Dabei ist anzunehmen, dass in Zukunft jeder in folgenden Gebieten Kenntnisse besitzen wird:

- Geschichte und Entwicklung von Datenverarbeitungsanlagen;
- Funktionseinheiten, aus denen sich ein Computer zusammensetzt, Kommunikationseinheiten und Vernetzung sowie Kenntnisse zugehöriger Begriffe wie „Eingabe", „Ausgabe", „Algorithmus", „Programm", „Programmiersprache", „Datei", „Datenbank", „Dienste", „WWW" usw.;

- Einsicht in die Arbeitsweise des Betriebssystems und der Datenverarbeitungsanlage und Fähigkeit, als Benutzer mit einem Computer zu arbeiten;
- Kenntnis über Sprachen und vorhandene Anwendungs- und Hilfsprogramme (Software) sowie Erstellen und Verändern einfacher Programme;
- Analyse eines Problems hinsichtlich der Möglichkeit, es durch einen Computer lösen zu lassen, und logisch fundierte Vermittlung des Problems an einen Programmierer;
- Bewertung von Programmen nach verschiedenen Gesichtspunkten (Effizienz, Benutzerfreundlichkeit, Nutzen des Einsatzes, Zuverlässigkeit, ↑ Bewertungskriterien usw.);
- gezielte effiziente Suche nach Begriffen und Diensten in Netzen;
- Auswirkungen der Datenverarbeitung auf die Gesellschaft und den Einzelnen; Chancen, Nutzen und Gefahren ihres Einsatzes.

computerunterstützter Unterricht (Abk. **CUU,** engl. **c**omputer-**a**ssisted **i**nstruction, Abk. **CAI,** auch CBT, engl. computer based training) [kɔm'pju:tər]: Oberbegriff für alle Anwendungen von Datenverarbeitungsanlagen, die der Vermittlung, Einübung, Prüfung und Bewertung von Wissen, Kenntnissen und Fähigkeiten dienen.

Programmsysteme für den computerunterstützten Unterricht arbeiten dialogorientiert und sind sowohl für die Unterstützung der herkömmlichen Ausbildung als auch überwiegend für das Selbststudium gedacht. Der zu vermittelnde Stoff wird hierzu in Lehreinheiten (engl. frames) unterteilt. Innerhalb einer Lehreinheit kann der Schüler sein Arbeitstempo selbst bestimmen. Der Schwierigkeitsgrad der Fragen richtet sich dabei ständig nach Kenntnisstand und Lernfortschritt der Schüler. Fehlerhaft beantwortete Fragen werden, gegebenenfalls in modifizierter Form und mit Hilfen, erneut gestellt. Zum Ende einer Lehreinheit erhält der Schüler einen Überblick über seinen Leistungsstand. Die Lehrkraft hat meist die Möglichkeit, sich über ein spezielles Terminal *(Masterterminal)* in den Lernprozess eines Schülers einzuschalten.

CUU soll den Lehrer nicht ersetzen; vielmehr sollen CUU-Programme gezielt eingesetzt werden, um den Lernerfolg zu erhöhen und um schwer darstellbare Sachverhalte zu veranschaulichen.

Für Lerneinheiten und Kurse, die in programmierter Form vorliegen, hat sich ein eigener Begriff, *courseware,* eingebürgert. Vgl. hierzu ↑Hardware, ↑Firmware, ↑Software.

Um Programmeinheiten für Lernzwecke zu erstellen, verwendet man oft *Autorensysteme.* Dies sind Programmsysteme, mit denen man den zu vermittelnden Text und eventuelle Zeichnungen, Bilder und Bewegungsvorgänge erfasst und abspeichert und die Eingriffsmöglichkeiten der Lernenden festlegt. Die Darstellung und den Ablauf der Lernsequenzen übernimmt dann (auf Grundlage der Vorgaben des Autors) das Autorensystem.

Die meisten Programmsysteme haben sich als wenig flexibel herausgestellt, oder sie erfordern viel Zeit bei der Erstellung. Mit Methoden der ↑ Künstlichen Intelligenz entwickelt man derzeit *Tutorsysteme,* die sich auf den Lernenden einstellen, ihm bei der Bearbeitung der Lerneinheiten Hilfestellung geben und ihm auch Alternativen bei der Lösung von Aufgaben bieten. Solche „intelligent tutoring systems" (abgek. *ITS*) werden aber zunächst nur für eng umgrenzte Lernbereiche eingesetzt.

computerunterstütztes Entwerfen (engl. **c**omputer-**a**ided **d**esign, Abk. **CAD**) [kɔm'pju:tər]: Unterstützung von Entwurfs- und Konstruktionsprozessen durch Datenverarbeitungssysteme.

Der Konstrukteur, der an einem CAD-System arbeitet, verwendet Tastatur, Maus und ↑Lichtgriffel anstelle von Zirkel, Lineal und Bleistift; als Zeichenbrett dienen ihm Bildschirm, spezielle Tabletts und ↑Plotter.

CAD-Systeme werden zur Konstruktion überwiegend in den Bereichen Elektrotechnik, Maschinenbau und Bauwesen eingesetzt; weiterhin sind sie ein unentbehrliches Hilfsmittel beim Entwurf von Mikroprozessoren und allgemein ↑integrierten Schaltungen.

Die Aufgaben eines CAD-Systems bestehen in der Unterstützung
- des Entwurfs, der Modellierung und der Berechnung von Objekten;
- der Erstellung, Veränderung und Ausgabe von Konstruktionszeichnungen;
- der Dokumentation von Entwurfsprozessen und Zeichnungen;
- des Tests von und der Simulation mit konstruierten Objekten (z. B. Belastungstests).

Für die Wahrnehmung dieser Aufgaben gibt es innerhalb eines CAD-Systems mindestens zwei Komponenten: ein *Grafiksystem,* in dem alle Funktionen zur Erstellung und Verarbeitung von Zeichnungen angelegt sind, und ein *Informationssystem,* das z. B. Berechnungsformeln, Konstruktionsrichtlinien und gesetzliche Vorschriften, aber auch bereits konstruierte Objekte enthält.

Zur Geräteausstattung eines CAD-Systems gehören neben der Datenverarbeitungsanlage eine Tastatur, ein hochauflösender Bildschirm, ein Plotter, ein Drucker, ein Lichtgriffel und gegebenenfalls ein elektronisches Zeichenbrett, das die Bewegungen eines Stiftes aufnimmt und in die Rechenanlage überträgt *(Tablett),* sowie ein Gerät, mit dem fertige Zeichnungen (auf Papier) in den Rechner eingelesen werden können *(Scanner).*

Häufig werden die mit einem CAD-System erstellten Zeichnungen von einem nachgeschalteten System in Steuerungsinformationen (Programme) für Werkzeugmaschinen (↑NC-Maschine) umgesetzt, die das entworfene Objekt dann automatisch herstellen. Diese Systeme fasst man unter dem Begriff *computerunterstützte Arbeitsvorbereitung* (**CAP,** Abk. für engl. **c**omputer-**a**ided production **p**lanning) zusammen. Die Fertigung des Objekts mithilfe einer computergesteuerten Werkzeugmaschine bezeichnet man als *computerunterstütztes Produzieren* oder *computerunterstützte Fertigung* (**CAM,** Abk. für engl. **c**omputer-**a**ided **m**anufacturing). Die maschinelle Qualitätsüberprüfung des fertigen Produkts (Vergleich der Soll- mit den Istmaßen, Analyse der Differenzen) nennt man **CAQ** (Abk. für engl. **c**omputer-**a**ided **q**uality control). Alle Verfahren des CAD, CAP, CAM und CAQ fasst man unter dem Oberbegriff *computerunterstützte Ingenieurtätigkeit* (**CAE,** Abk. für engl. **c**omputer-**a**ided **e**ngineering) zusammen. Abb. 1 zeigt die einzelnen Stadien der computerunterstützten Ingenieurtätigkeit und die Resultate der jeweiligen Arbeitsgänge. Fügt man auch die betriebswirtschaftlichen Aspekte durch eine gemeinsame Datenbasis hinzu, so spricht man von *computerintegrierter Fertigung* (↑CIM).

Cookie (dt. Keks): Nachricht, die von einem WWW-Server an den WWW-Browser (↑Browser) des zugreifenden Benutzers gesendet und in einer Datei auf der Festplatte des Benutzers abgespeichert wird. Mit jedem Zugriff auf den Server wird die Information vom Benutzer an den Server zurückgesendet. Diese Technik ermöglicht es, bei dem eigentlich anonymen Zugriff auf WWW-Server unterschiedliche Aktivitä-

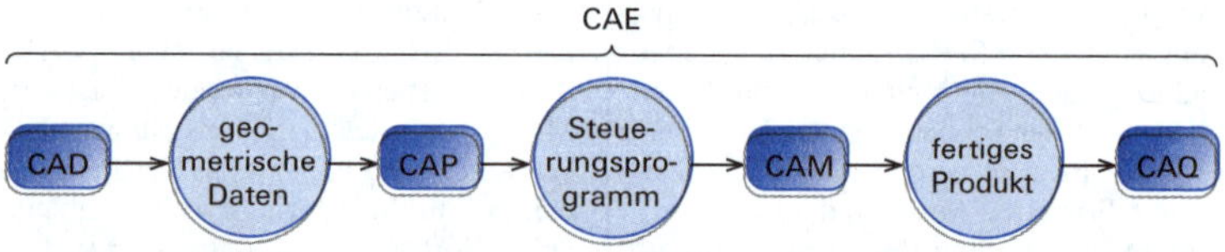

computerunterstütztes Entwerfen (Abb. 1): Stadien und Resultate der computerunterstützten Ingenieurtätigkeit (CAE)

ten einem bestimmten Benutzer zuzuordnen.
Cookies können Informationen über den Benutzer, insbesondere zu seiner Identifizierung, den letzten Zugriff, die Verweildauer, die Aktivitäten auf dem Server und vieles mehr enthalten. Cookies werden vor allem in Online-Shops eingesetzt, um die aufeinander folgenden Zugriffe desselben Benutzers, z. B. bei der Zusammenstellung eines Warenkorbs, identifizieren zu können. Mittels Cookies kann man also über die jeweils kurzfristigen Zugriffe auf den Server zum Anfordern von Informationen eine Online-Verbindung simulieren.
Aus Sicht des Datenschutzes sind Cookies gefährlich, wenn ihre Information nicht nur dem ursprünglichen WWW-Server zugänglich wird, sondern auch anderen Servern, da sich so personenbezogene Informationen, z. B. über das Kaufverhalten des Benutzers, unkontrolliert im Internet verbreiten können. Bei den meisten WWW-Browsern kann man daher das Abspeichern von Cookies verbieten oder von einer individuellen Genehmigung des Benutzers abhängig machen.

CP/M [tse: pe: ''ɛm] (Abk. für „**C**ontrol-**P**rogram for **M**icrocomputers"): älteres ↑ Betriebssystem für Mikrocomputer mit 8-Bit-Prozessoren, das 1973 von *G. Kildall* entwickelt wurde. CP/M stand den ↑Mikroprozessoren 8080 oder Z80 zur Verfügung.
CP/M war ein Betriebssystem für *einen* Benutzer und ermöglichte zu jedem Zeitpunkt die Ausführung nur eines Programmes.

Crọsscompiler: Ein ↑Übersetzer hat normalerweise die Aufgabe, Programme, die in einer Programmiersprache geschrieben sind, welche der Computer nicht direkt ausführen kann, in entsprechende ↑Maschinenprogramme zu übersetzen. Dabei benutzt der Programmierer nur einen einzigen Computer *A*, d. h., der Übersetzer und das übersetzte ↑Zielprogramm werden auf dem gleichen Computer *A* ausgeführt. Wenn dagegen das Zielprogramm auf einem anderen Computer *B* ausgeführt werden soll, dann muss der Übersetzer (der auf *A* abläuft) Zielprogramme erzeugen, die auf dem anderen Computer *B* ablaufen und nicht auf *A*. Einen solchen Übersetzer nennt man einen *Crosscompiler.*
Crosscompiler werden beispielsweise dann verwendet, wenn für einen neu entwickelten Computer oder für einen Computer mit einem neuen ↑Befehlsvorrat Programme in einer höheren Programmiersprache geschrieben werden sollen. Existiert für diese Sprache schon ein Übersetzer auf einem anderen Computer, so kann man durch Änderung des ↑Codegenerators aus diesem Übersetzer einen Crosscompiler für den neuen Computer erzeugen.

Crọssreferenztabelle (engl. *cross reference table*): Liste, die jeden ↑Bezeichner eines Programms zusammen mit einem Verweis auf die Positionen seines Vorkommens enthält. Sie spielt eine wichtige Rolle bei der Organisation von Objekten etwa für ↑Datenbanken, ↑Übersetzer und Sprachuntersuchungen. Zum Beispiel kann sie vom Übersetzer nach der Übersetzung ausgegeben werden, um die ↑Symboltabelle zu verdeutlichen. Die Crossreferenztabelle ist auch ein wichtiges Hilfsmittel bei der Fehlersuche.

CSCW (Abk. für *computer supported cooperative work;* dt. computerunterstützte Gruppenarbeit): Nutzung von Rechnernetzen, damit sich mehrere Personen bei einer gemeinsamen Arbeit untereinander verständigen, abstimmen und helfen können. Durch das Rechnernetz werden alle Partner virtuell in einen Raum projiziert, sodass sie miteinander diskutieren und gemeinsam Ton- und Bilddokumente austauschen, ergänzen, zusammenfügen und korrigieren können. Von großem Vorteil sind die gezielte Informationsanforderung und -verbreitung und der Gedankenaustausch innerhalb kürzester Zeit. Dieses *kooperative Arbeiten* setzt stabile Netzverbindungen und ein (verteiltes) ↑Multimedia-System voraus. Innerhalb von Firmen sind solche

Systeme teilweise im Einsatz, entsprechende Dienste für jedermann sind aber in guter Qualität noch nicht verfügbar.

Customizing ['kʌstəmaɪzɪŋ] (auch *Customization,* dt. etwa: individuell auf den Kunden *zuschneidern*): Anpassung von Hard- und Software an die speziellen Gegebenheiten beim Kunden. Im Bereich der Hardware ist hiermit in der Regel die kundengerechte *Konfigurierung* und Vernetzung der physikalischen Geräte gemeint. Im Bereich der Software müssen dagegen Standardsoftware und branchenspezifische Anwendungsprogramme auf die Bedürfnisse eines Kunden zugeschnitten werden. Hierzu werden die Anforderungen des Kunden ermittelt, und dann versucht man wie im Hardwarebereich vorzugehen, d. h., dem Hersteller bzw. Softwarehaus liegen bereits viele Einzelprogramme (↑Modul) für verschiedene Funktionen, die ein Kunde wünscht, vor, die durch ein Konfigurierungsprogramm *(customizer)* miteinander zu dem kundenspezifischen Anwendungsprogramm zusammengefügt werden können. In der Praxis schließen sich weitere Programmierarbeiten an, um das Datenverarbeitungssystem an die beim Kunden gewohnte Arbeitsumgebung anzupassen.

Oft trifft man auf den Begriff des Customizing im Zusammenhang mit ↑ integrierten Schaltungen. Hierbei bezeichnet man eine Schaltung, die speziell für gewisse Anwendungsbereiche (z. B. Waschmaschinenprogramm, Benzineinspritzung, Zusatzfunktionen für ein Lesegerät usw.) entworfen und produziert werden, als *CIC* (Abk. für engl. *customized integrated circuit*) oder häufiger noch als *ASIC* (Abk. für engl. *application specific integrated circuit*). Diese sind – einmal entworfen – in der Herstellung relativ preiswert. Wenn man sie in Massenprodukten einsetzen kann, so fallen die hohen Entwicklungskosten nicht mehr ins Gewicht.

D

Damenproblem: Bezeichnung für die bereits im Jahre 1850 von *C. F. Gauß* (1777–1855) gestellte Aufgabe:

Man finde eine Stellung für acht Damen auf einem Schachbrett, sodass keine zwei Damen sich gegenseitig schlagen können.

Abb. 1 zeigt die erlaubten Schlagrichtungen einer Dame im Schachspiel.

Die Damen sind also so zu platzieren, dass jede Zeile, jede Spalte und jede Diagonale des Schachbretts höchstens eine Dame enthält. Abb. 2 zeigt eine mögliche Lösung des Problems. Insgesamt gibt es 92 Lösungen für ein 8×8-Brett, von denen viele ineinander durch Drehung oder Spiegelung überführt werden können.

Das Damenproblem gilt neben dem ↑ Springerproblem als Standardbeispiel für Probleme, deren Lösung nach dem ↑Backtracking-Verfahren abläuft:

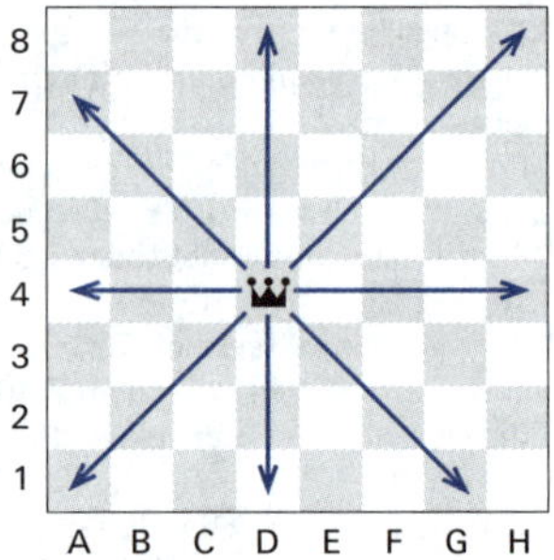

Damenproblem (Abb. 1): Schlagrichtungen einer Dame im Schachspiel

Man geht davon aus, dass in jeder Zeile des Schachbretts genau eine Dame stehen muss. Daher beginnt man mit der Platzierung der Damen in der linken unteren Ecke auf dem Feld A1. Die nächste Dame platziert man in der zwei-

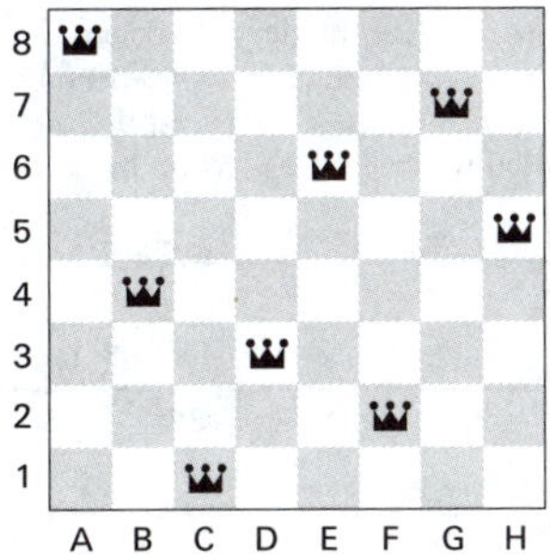

Damenproblem (Abb. 2): eine Lösung des Damenproblems

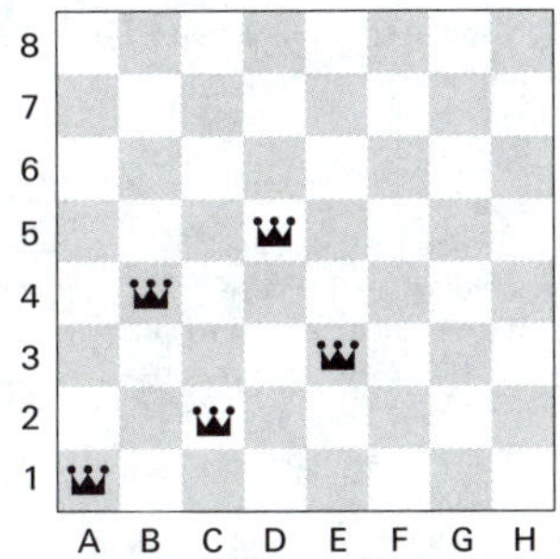

Damenproblem (Abb. 3): Sackgasse bei der Lösung des Damenproblems: In die 6. Zeile kann keine Dame mehr gesetzt werden

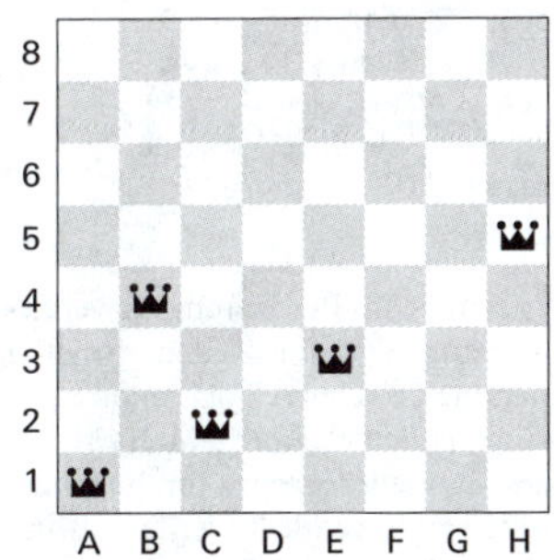

Damenproblem (Abb. 4): Folgesituation zur Situation in Abb. 3, die ebenfalls eine Sackgasse ist

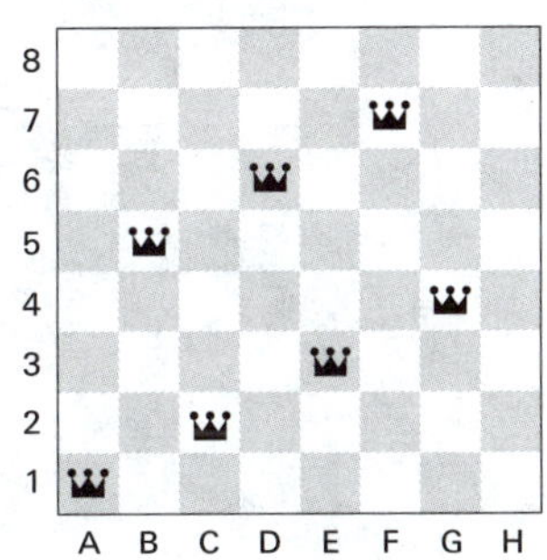

Damenproblem (Abb. 5): Folgesituation zur Situation in Abb. 3, die auch eine Sackgasse ist: In die 8. Zeile kann man keine Dame mehr setzen.

ten Zeile so weit nach links wie möglich, aber unschlagbar für die erste Dame, also auf dem Feld C2. Die dritte Dame setzt man in die dritte Zeile so weit links wie möglich, aber unschlagbar für die erste und die zweite Dame usw. Schließlich erreicht man eine Situation, in der man keine Dame mehr setzen kann, aber noch nicht alle Damen platziert hat *(Sackgasse)*. Die zuletzt gesetzte Dame verschiebt man dann in der gleichen Zeile nach rechts auf den nächstmöglichen Standort und probiert von dieser Situation aus weiter, bis man eine Lösung erhält (Abb. 3 bis 5).

Die beschriebene Vorgehensweise setzt man wie folgt in einen rekursiven Algorithmus um:

Eine Dame ist korrekt platziert, wenn auf der durch sie bestimmten Zeile *(i)*, Spalte, steigenden Diagonale und fallenden Diagonale keine weitere Dame steht. Trifft dies zu, dann wird sie gesetzt, und man geht rekursiv zur nächsten Zeile $(i+1)$ über.

Dies führt zu folgendem Programm:

```
var zeile: array [1..8] of integer;
    spalte: array [1..8] of boolean;
    steidiag: array [−7..7] of boolean;
    falldiag: array [2..16] of boolean;
    k: integer;
procedure setze (i: integer);
var j: integer;
begin
   for j:= 1 to 8 do
```

```
    if spalte [j] and falldiag [i+j]
    and steidiag [i–j] then
  begin
    zeile [i]:=j;
    spalte [j]:=false;
    falldiag [i+j]:=false;
    steidiag [i-j]:=false;
    if i < 8 then setze (i+1) else
       (* Lösung gefunden,
        gib „zeile" aus *);
    spalte [j]:=true;
    falldiag [i+j]:=true;
    steidiag [i-j]:=true
  end
end;
begin
  for k:= 1 to 8 do
             spalte [k]:=true;
  for k:= 2 to 16 do
             falldiag [k]:=true;
  for k:=-7 to 7 do
               steidiag [k]:=true;
  setze (1)
end.
```

Abb. 6 zeigt die im Programm verwendete Nummerierung der Zeilen, Spalten und Diagonalen. Der Algorithmus kann durch Änderung der Konstanten zur Lösung des Damenproblems für beliebige $n \times n$-Bretter verwendet werden. Man kann dann die Funktion f_D: $\mathbb{N}_0 \to \mathbb{N}_0$ mit $f_D(n)$ = Anzahl der Lösungen des Damenproblems auf einem $n \times n$-Brett berechnen. Für kleinere Werte ist diese exponentiell wachsende Funktion bekannt:

n	0	1	2	3	4	5	6	7
$f_D(n)$	0	1	0	0	2	10	4	40

n	8	9	10	11
$f_D(n)$	92	352	724	2 680

n	12	13	14
$f_D(n)$	14 200	73 712	365 596

Data-Mining (dt. Daten schürfen, wie in einem Bergwerk): In Millionen von Dateien und Datenbanken werden Daten gesammelt, die meist ab einem gewissen Zeitpunkt weder weiterverwendet noch ausgewertet werden, z. B. Informationen über Produkte und Käufer in Warenhäusern, Personalangaben in Behörden, bei der Strafverfolgung oder bei Versicherungen, Verhaltensweisen bei der Nutzung von Computern, Daten in Gesundheitsregistern oder Passagierlisten von Fluggesellschaften. Solche riesigen „Datenfriedhöfe" beherbergen eine Unmenge an Informationen und Zusammenhängen, an die bei ihrem Entwurf und ihrem Anlegen gar nicht ge-

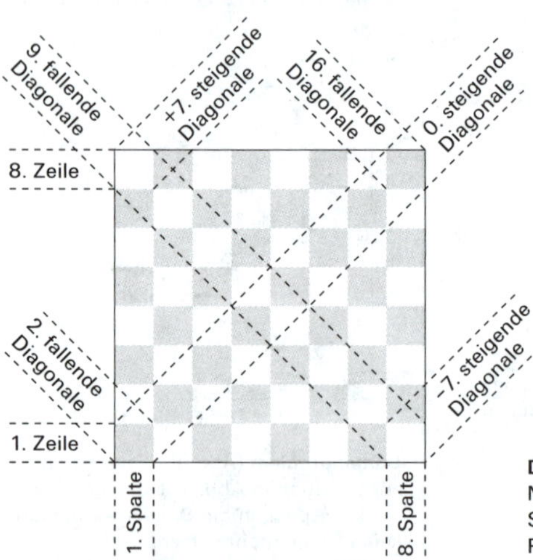

Damenproblem (Abb. 6): Nummerierung der Zeilen, Spalten und Diagonalen beim Programm zum Damenproblem

dacht wurde. Die unüberschaubar vielen Daten stellen sich wie ein Berg dar, in dem nun mit Bergbautechniken geschürft und neue Erkenntnisse zutage gefördert werden. Methoden, um verborgene Zusammenhänge aufzuspüren, werden als *data mining* bezeichnet. In der Regel kennt man die Gesetzmäßigkeiten, die man zu finden hofft, gar nicht, sondern lässt allgemein nach Mustern oder auffälligen Häufungen suchen.

Data-Mining gilt als künftig wichtiges Gebiet in Wissenschaft und Wirtschaft. Beispielsweise lassen sich hiermit Kundenwünsche, Liebhabereien oder Kaufgewohnheiten ergründen und für Firmenstrategien oder Werbemaßnahmen nutzen oder es lassen sich Beziehungen zwischen wissenschaftlich erhobenen Daten entdecken, die man sonst übersehen hätte und die neue Einsichten ermöglichen. Künftige Datenbanksysteme könnten mit einer entsprechenden „Schürf-Komponente" ausgestattet sein, die in Zeiten, zu denen Computer nicht anderweitig beschäftigt sind, die Datenbestände durchmustern.

Datei (engl. *file*): Bezeichnung für eine nach bestimmten Gesichtspunkten zusammengestellte Menge von Daten. Eine Datei besteht aus einer Folge von gleichartig aufgebauten ↑ Datensätzen; jeder *Datensatz* setzt sich im Allgemeinen aus mehreren unterschiedlichen Komponenten, den Feldern, zusammen (Abb. 1). Beispiele siehe auch unter ↑File.

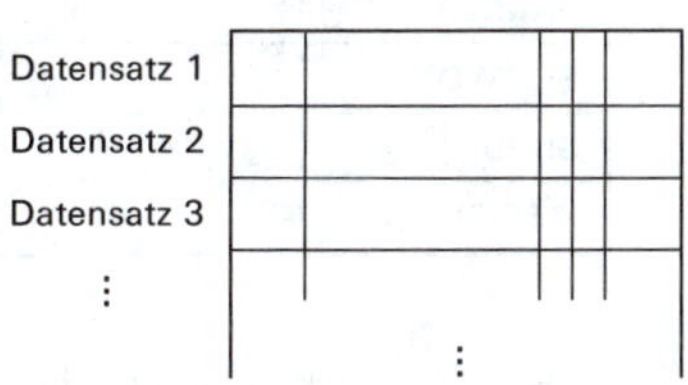

Datei (Abb. 1): Datei

Fast alle Daten werden auf externen ↑Speichern (z. B. ↑Magnetbandspeicher, ↑Magnetplattenspeicher, ↑Floppy Disc) in Dateien abgelegt, sofern sie nicht in eine ↑ Datenbank eingetragen werden. Die Verwaltung der Dateien führt im Allgemeinen das ↑Betriebssystem durch (↑Dateiverwaltung).

Je nach dem technologischen Aufbau der ↑ Datenträger und den verschiedenen Zugriffsarten unterscheidet man im Wesentlichen drei *Dateiorganisationen,* die sequenzielle, die direkte und die indexsequenzielle Dateiorganisation. In **sequenziellen Dateien** sind die Daten fortlaufend in der Reihenfolge ihrer Eingabe gespeichert und können nur in dieser Reihenfolge wieder abgerufen werden (Abb. 2). Wird ein bestimmter Datensatz benötigt, so müssen zunächst alle davor liegenden Datensätze gelesen werden. Dateien auf Magnetbandspeichern können der Zugriffsart wegen nur sequenziell organisiert werden.

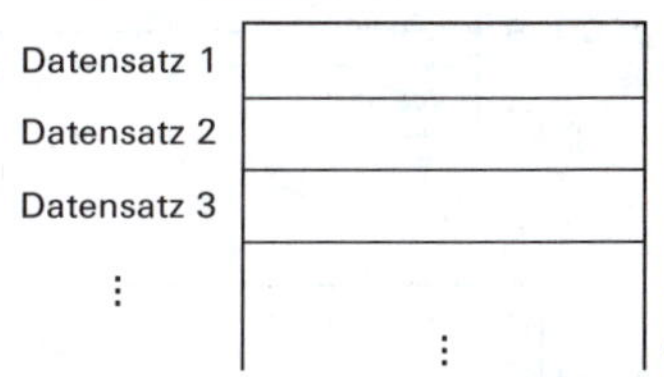

Datei (Abb. 2): sequenzielle Datei (Ein- und Ausgabe nur in der Reihenfolge des blauen Pfeils)

Bei **direkten Dateien** erfolgt der Zugriff über einen Schlüssel, aus dem mit einer Tabelle oder mithilfe eines Algorithmus die ↑Adresse des zugehörigen Datensatzes bestimmt wird (↑ Hash-Verfahren) (Abb. 3). Der Algorithmus ist Teil der Dateidefinition.

Eine Mischform aus sequenzieller und direkter Dateiorganisation bilden **indexsequenzielle Dateien.** Eine Folge von Datensätzen, die sequenziell nach einem Merkmal geordnet ist, wird in gleich große Einheiten unterteilt, die unter einem *Index* zusammengefasst werden. Als Index dient jeweils das größte (bezüglich der Ordnung) in der Einheit vorkommende Merkmal. Innerhalb einer Einheit können die Datensätze nur se-

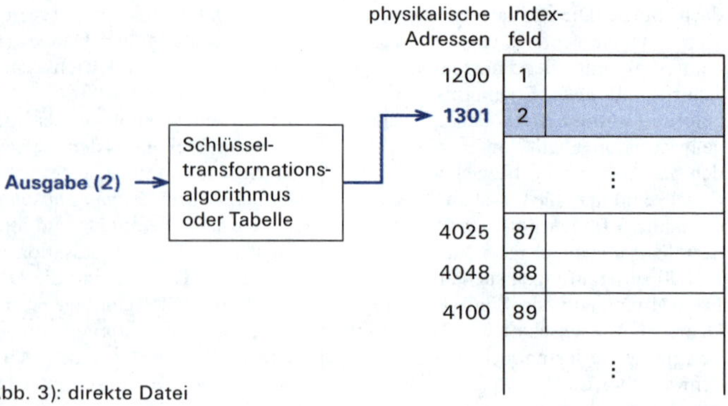

Datei (Abb. 3): direkte Datei

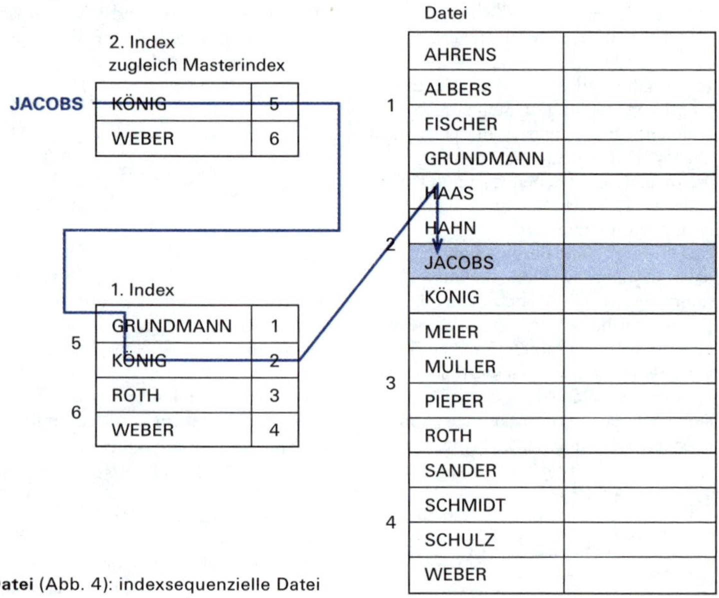

Datei (Abb. 4): indexsequenzielle Datei

quenziell durchlaufen werden. Die Größe einer Einheit richtet sich gewöhnlich nach der Größe eines physikalischen Blocks der Speichereinheit. Mehrere Indizes (z. B. so viele, wie ein physikalischer Block aufnehmen kann) werden wieder unter einem Index zusammengefasst usw. Die Indizes der letzten Stufe *(Masterindex)* befinden sich meist immer im Hauptspeicher. Abb. 4 zeigt eine indexsequenzielle Datei. Die Datensätze sind nach Namen sortiert. Der blaue Pfeil markiert den Suchpfad beim Zugriff auf den Namen „JACOBS“.

Am verbreitetsten ist die indexsequenzielle Organisation bei Magnetplattenspeichern. Man vergibt hier für jeden Block einer Spur, für jede Spur eines Zylinders und für jeden Zylinder eines Plattenstapels einen Index. Einen Block jeder Spur reserviert man für die Aufnahme der Indizes der übrigen Blöcke der Spur. Ebenso speichert eine Spur jedes Zylinders die Indizes der übrigen Spuren des Zylinders.
Nicht alle ↑Programmiersprachen erlauben die Verarbeitung von Dateien der drei verschiedenen Organisationsformen.
Eine Datei, die während der Laufzeit eines Programms erstellt, jedoch beim Ablauf wieder gelöscht wird, heißt **temporäre Datei** (engl. *scratch-file*).

Dateiverwaltung (engl. *file management*): Komponente eines ↑Betriebssystems, die den gesamten Speicherplatz auf Tertiärspeichern (↑Speicherhierarchie) verwaltet. Zu den Aufgaben der Dateiverwaltung gehört u. a:
- Lokalisierung von ↑Dateien, die von Benutzern der Rechenanlage angefordert werden;
- Zuweisung von Speicherplatz an Programme, die neue Dateien anlegen möchten;
- Übersicht über die Dateien der einzelnen Benutzer sowie die im System insgesamt vorhandenen und zurzeit montierten ↑Datenträger.

Zur Wahrnehmung dieser Aufgaben legt die Dateiverwaltung zu jeder Datei eine Tabelle (den so genannten **Dateideskriptor**) an, die folgende Informationen über die Datei enthält:
- den Namen der Datei,
- die ↑Adresse des Datenträgers, auf dem die Datei gespeichert ist,
- die Adresse der Datei auf dem Datenträger (z. B. Spurnummer und Sektor einer ↑Floppy Disc),
- die Organisation der Datei (z. B. sequenziell, indexsequenziell),
- den Schutzstatus (↑Datensicherung; z. B.: Welche anderen Benutzer dürfen ebenfalls auf diese Datei zugreifen?).

Alle Dateideskriptoren sind in einem **Katalog** (engl. *directory*) gespeichert.
Jeder Datenträger, unabhängig davon, ob er zurzeit montiert ist oder nicht, enthält ebenfalls eine Tabelle (den **Datenträgerdeskriptor**), in der Informationen zur Beschreibung des Datenträgers gesammelt sind. Auch alle Datenträgerdeskriptoren sind in einem Katalog zusammengestellt. Im Einzelnen enthält ein Datenträgerdeskriptor folgende Informationen:
- den Namen des Datenträgers,
- den Namen oder die Adresse des Gerätes, auf dem der Datenträger montiert ist, bzw. einen Hinweis, dass der Datenträger nicht montiert ist,
- die Dateideskriptoren aller auf diesem Datenträger gespeicherten Dateien,
- die Größe des belegten und des unbelegten Speicherplatzes.

Sowohl in der ↑Kommandosprache einer Rechenanlage als auch in Programmiersprachen gibt es eine Reihe von Anweisungen, an deren Ausführung die Dateiverwaltung unmittelbar beteiligt ist, z. B.:

Anlegen:
Parameter: Dateiname, Dateiorganisation, Dateigröße
Funktion: Erzeugen einer neuen Datei

Löschen:
Parameter: Dateiname
Funktion: Entfernen einer Datei

Öffnen (engl. *open*):
Parameter: Dateiname, Zugriffsart
Funktion: exklusive Reservierung und Vorbereitung einer Datei zur Bearbeitung (z. B. Anlegen von Puffern)

Schließen (engl. *close*):
Parameter: Dateiname
Funktion: Abschluss der Bearbeitung (z. B. Freigabe von Puffern) und Aufhebung der Reservierung.

Daten: ↑Datum.

Datenabstraktion: Loslösen von einer konkreten Darstellung oder Implementierung von Daten und ihren Zugriffen, indem nur noch die Eigenschaften der Datenbereiche, die darauf definierten Operationen und deren Beziehungen untereinander spezifiziert werden. Formal wird der Begriff durch den *abstrakten* ↑Datentyp erfasst, verwendet wird er bei der Konstruktion von ↑Klassen und ↑Objekten.

D

Datenautobahn (engl. *information highway* oder *information super highway*): Bezeichnung breitbandiger Hochgeschwindigkeitsnetze (auf der Basis von Lichtwellen), mit deren Hilfe

- große Mengen an Daten sehr schnell von jedem Rechner auf der Erde zu jedem anderen übertragen werden können,
- Kommunikation zwischen Menschen fast unbegrenzt stattfindet (die Welt als *„globales Dorf"*),
- irgendwo auf der Erde vorhandene Rechner- und Dienstleistungen fast ohne Zeitverlust genutzt werden können (engl. *resourcen-sharing*).

Zu den Visionen, die mit Datenautobahnen erreichbar scheinen, zählen das interaktive Fernsehen, bei dem die Meinung der Hörer unmittelbar über Rückkanäle in die Sendung eingeht, das digitale Fernsehen, bei dem u. a. jeder sein eigenes Fernsehprogramm zusammenstellen kann, das *„video on demand"*, bei dem man jederzeit gegen Gebühren Spielfilme anfordern kann, virtuelle Ausbildungsstätten, an denen alle weitgehend kostenlos studieren können, oder *Telekonferenzen,* die die bisher üblichen Geschäftsreisen ersetzen sollen (Datenmobilität statt menschlicher Mobilität).

Frühere Datenübertragungswege reichten für diese Anforderungen nicht aus, sodass leistungsfähige Netze, genannt Datenautobahnen, mit neuen Übertragungstechniken verlegt wurden.

1996 konnte man Netze mit Übertragungsraten von 34 bis 155 Megabit pro Sekunde nutzen. Für das Jahr 2008 werden 100 Gigabit pro Sekunde angestrebt. Die zurzeit benutzten Übertragungswege werden dann nur noch „Datenlandstraßen" sein.

Datenbank (auch *Datenbanksystem* genannt, engl. *data base system*): System zur Beschreibung, Speicherung und Wiedergewinnung von umfangreichen Datenmengen, die von mehreren Anwendungsprogrammen benutzt werden. Es besteht aus der *Datenbasis,* in der die Daten abgelegt werden, und den *Verwaltungsprogrammen (Datenbanksoftware, Datenbankmanagementsystem),* die die Daten entsprechend den vorgegebenen Beschreibungen abspeichern, auffinden oder weitere Operationen mit den Daten durchführen.

Eine Datenbank ist meist Bestandteil eines umfassenden ↑Informationssystems, das die Daten von der Datenbank anfordert, auswertet, nach Anwendungskriterien verarbeitet und Daten an die Datenbank zum Speichern abgibt.

Hierbei können der Datenbank auch Regeln mitgegeben werden, nach denen sie in regelmäßigen Abständen oder aufgrund spezieller Eintragungen ihre Daten selbst überprüft und gegebenenfalls Aktionen auslöst *(aktive Datenbank),* z. B. bei der Lagerhaltung, bei Daten über Verkehrsunfälle (neuralgische Punkte anzeigen) oder bei Krankheitsdaten (welche Krankheit tritt wo unerwartet oft auf?). Auch nach verborgenen Zusammenhängen kann gesucht werden (↑Data-Mining).

Datenbanken sind von zentraler Bedeutung für die Datenverarbeitung. Zum einen können viele verschiedene Programme mit dem gleichen Datenbestand arbeiten, und die Programme können gewartet und verändert werden, ohne dass die Daten ebenfalls neu organisiert werden müssen. Zum anderen werden die Anwendungen unabhängiger von dem Aufbau und der Struktur der Datenbestände, da man Daten mithilfe ihrer Beschreibung erweitern, neu interpretieren und für andersartige Anwendungen einsetzen kann. Datenbanken erleichtern den Einsatz von Rechenanlagen daher erheblich; ihre Verwendung muss in manchen Bereichen jedoch strengen Kontrollen unterliegen, insbesondere bei der Speicherung und Verarbeitung personenbezogener oder personenbeziehbarer Daten (↑ Datenschutz).

In den 60er-Jahren beherrschte vorwiegend eine verarbeitungsorientierte Sicht die Entwicklung von Anwendungssystemen. Die verarbeitenden Elemente, die Programme, benutzen Eingabedaten aus Dateien und liefern Ausgabedaten, die ihrerseits in Dateien abgespeichert werden und nachfolgenden Programmen als Eingabedaten dienen. Die Dateien sind in Form und Inhalt speziell auf die beteiligten Programme abgestimmt. Abb. 1 zeigt die allgemeine Struktur von Anwendungssystemen aus verarbeitungsorientierter Sicht. Abb. 2 enthält als Beispiel die Struktur eines Gehaltsabrechnungsprogrammsystems.

Obwohl dieses Konzept weit verbreitet ist, hat es einige gravierende Nachteile:

(1) Viele Daten sind gleichzeitig in mehreren Dateien gespeichert (↑ Redundanz), z. B. ist der Name eines Mitarbeiters in Abb. 2 sowohl in der Personaldatei als auch in der Datei über die Arbeitszeiten enthalten. Dadurch wird zusätzlich Speicherplatz benötigt und die Aktualisierung der Daten erschwert. So muss eine Namensänderung in allen Dateien gleichzeitig durchgeführt werden. Wird hierbei irrtümlich (z. B. durch einen Schreibfehler) in einer Datei etwas

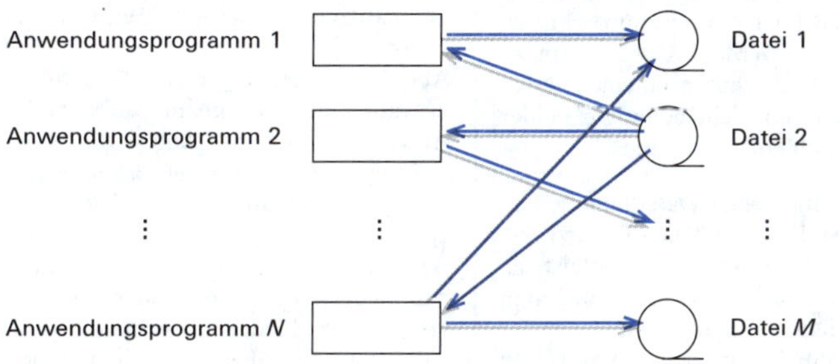

Datenbank (Abb. 1): verarbeitungsorientierte Sicht eines Anwendungssystems

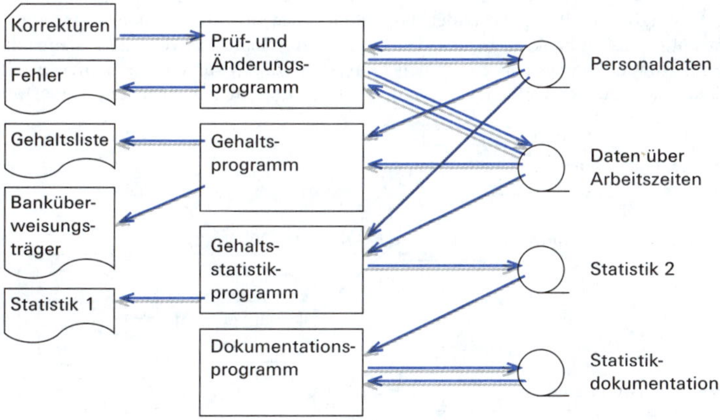

Datenbank (Abb. 2): Gehaltsabrechnungsprogrammsystem (verarbeitungsorientierte Sicht)

falsch geändert, so ist die gesamte Datenmenge inkorrekt *(inkonsistent)*.
(2) Bei jedem Programmablauf ist immer der gesamte Inhalt der bearbeiteten Dateien beteiligt (auch die nicht benötigten Daten).

D

▶ *Beispiel:* Eine Datei für ein Personalverwaltungssystem bestehe aus Datensätzen der Form

Pers.-Nr.	Name	Adresse	Chef	Eintritts-datum	Abt.

Ein Gehaltsabrechnungsprogramm kann sich derselben Datei bedienen, benötigt dann aber nur die blau markierten Felder. Trotzdem muss das Vorhandensein der anderen Felder programmtechnisch berücksichtigt werden. Dabei kann es auch zu Datenschutzproblemen kommen, etwa wenn nicht benötigte Felder als vertraulich eingestuft sind. ◀

(3) Der Aufbau einer Datei muss jedem Programm, das diese Datei benutzt, bekannt sein. Änderungen der Dateistruktur erfordern gleichzeitig Änderungen in allen beteiligten Programmen.
(4) Maßnahmen zum Schutz von Daten (z. B. vor unbefugtem Zugriff) müssen in allen Programmen des Anwendungssystems einzeln realisiert werden.
Die Lösung dieser Probleme bildet das Konzept der Datenbank, in der alle Daten des Anwendungssystems zusammengefasst und nach einheitlichen Regeln abgespeichert werden *(Datenintegration)*. Der Zugriff der Anwendungsprogramme zu den Daten erfolgt stets über ein Kontrollprogramm. Kontrollprogramm und Datenbestand bilden zusammen die Datenbank. Das Kontrollprogramm nennt man *Datenbankmanagementsystem* (DBMS), den Datenbestand *Datenbasis*. Das DBMS hat neben dem effizienten Speichern und schnellen Wiederfinden der Daten die Aufgaben, mehreren Benutzern gleichzeitig den lesenden Zugriff zu gestatten, den früheren Datenbankzustand bei Fehlern wiederherzustellen (recovery), Statistiken zu führen, die Widerspruchsfreiheit des Datenbestands zu prüfen und Prozesse zu unterstützen oder abzuwehren (↑Transaktion).
Abb. 3 zeigt die allgemeine Struktur eines auf einer Datenbank aufbauenden Anwendungssystems, Abb. 4 die Realisierung des Gehaltsabrechnungsprogrammsystems unter Verwendung einer Datenbank.
Befinden sich Datenbasis und Datenbankmanagementsystem oder Teile davon auf verschiedenen Rechnern, wobei jeder Rechner über ein ↑ Rechnernetz auf den gesamten Datenbestand zugreifen kann, so spricht man von einer *verteilten Datenbank*. Die Datenbasen der einzelnen Rechner bilden dann einen *Datenverbund*. Das verteilte Datenbanksystem sorgt dafür, dass der Benutzer mit allen (für ihn zugänglichen) Daten ar-

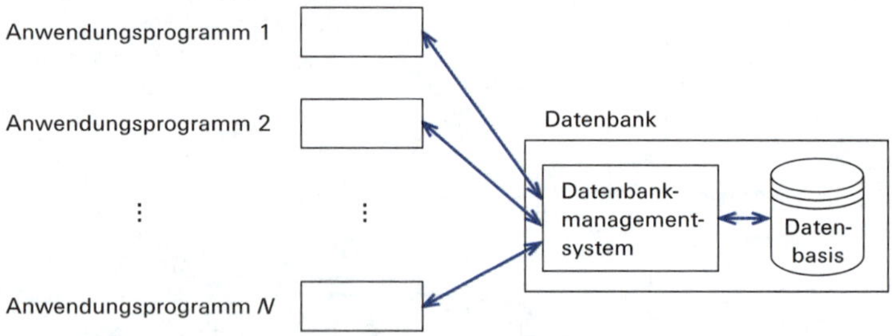

Datenbank (Abb. 3): Struktur eines auf einer Datenbank aufbauenden Anwendungssystems

beiten kann, ohne dass er merkt, auf welchem Rechner die jeweiligen Daten liegen. Verteilte Datenbanken bieten folgende Vorteile:

- Höhere Geschwindigkeit: Wenn die Daten geeignet über die Rechner so verteilt sind, dass jeder Benutzer in der Mehrzahl aller Anwendungen mit den Daten umgeht, die auf seinem Rechner liegen, dann verkürzen sich in der Regel die Reaktionszeiten des Systems, da der Benutzer die lokal genutzte Datenbank nicht mit anderen teilen muss.
- Höhere Zuverlässigkeit: Wenn einzelne Rechner ausfallen, können Teile des Datenbanksystems trotzdem korrekt weiterarbeiten.
- Leichte Erweiterbarkeit durch Anschluss weiterer Rechner.
- Erhöhte Unabhängigkeit bei Anwendungen mit den lokal vorhandenen Daten.
- Bessere Überschaubarkeit der lokalen Datenbasis.
- Bessere Datensicherung gegen Zerstörung oder Eindringen. Auch können die Teildatenbanken besser gegen unerlaubten Zugriff geschützt werden.

Als nachteilig gelten:

- Höherer Zeitaufwand und Übertragungskosten, wenn bei Datenbankanfragen mehrere Rechner beteiligt werden müssen.
- Probleme beim Abgleichen von Datenbeständen, die auf verschiedenen Rechnern liegen, logisch aber miteinander zusammenhängen.

▶ *Beispiel:* In einer Datenbank *B* sind die Bücher einer Bibliothek erfasst, in einer anderen Datenbank *M* stehen Informationen, die sich nur auf Informatikbücher und deren Ausleihsituation beziehen. Geht nun ein Informatikbuch verloren, so zieht die Änderung in der Datenbank *M* zugleich Änderungen in der Datenbank *B* nach sich, um den gesamten Datenbestand widerspruchsfrei *(konsistent)* zu halten. ◀

- Erkennen und Auflösen von Verklemmungen (↑Nebenläufigkeit).

Die meisten Probleme bei verteilten Datenbanken lassen sich gut lösen, wenn sich die Daten geschickt auf die einzelnen Rechner verteilen lassen und Datenbestände, die häufiger an anderen Stellen benötigt werden, dort in Kopie angelegt und leicht aktualisiert werden können. Als Schutz gegen Verluste kann zusätz-

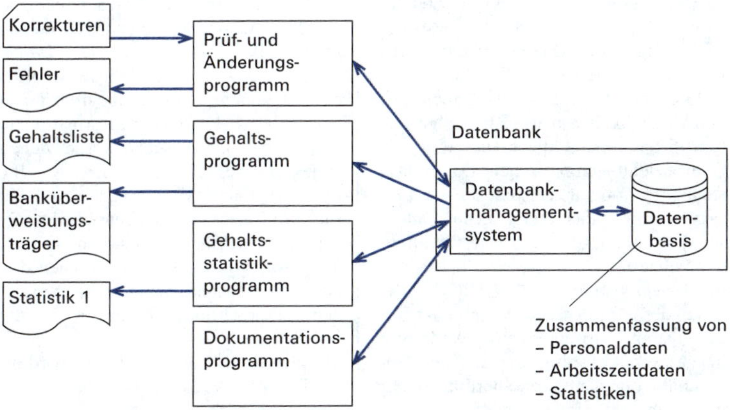

Datenbank (Abb. 4): Gehaltsabrechnungsprogrammsystem mit Datenbank

lich eine Kopie aller Daten an einer zentralen Stelle gelagert werden.

Die Vorteile einer Datenbank sind vor allem:

(1) *Verminderung der Datenredundanz und schnellere Aktualisierung der Daten:* Jedes Datum wird nur einmal in der Datenbank gespeichert. Kopien von Daten werden einzig und allein aus Sicherheitsgründen gehalten und nicht etwa, weil zwei verschiedene Anwendungsprogramme das Datum in zwei verschiedenen Darstellungen benötigen. In diesem Fall transformiert das Datenbankmanagementsystem das Datum in die jeweils benötigte Form.

(2) *Einhaltung der Datenintegrität:* Die einheitliche Kontrolle erlaubt eine einfachere Überprüfung der Daten auf Korrektheit und Vollständigkeit *(Datenkonsistenz)*. Bei Veränderungen werden notwendige Folgeänderungen automatisch vorgenommen, sodass der Datenbestand möglichst keine sich widersprechenden Informationen enthält. Irrtümliche, absichtliche oder durch Fehler hervorgerufene Verfälschungen von Daten können durch gelegentlich auszuführende Prüfprogramme einfacher entdeckt werden.

(3) *Verbesserter Schutz der Daten vor unberechtigtem Zugriff:* Grundsätzlich fördert der einheitliche kontrollierte Zugang aller Anwender zur Datenbasis die Einhaltung von Datenschutzvorschriften. Durch die Integration und Zentralisierung der Daten verbunden mit der Möglichkeit, auf jedes beliebige Datum in Sekundenschnelle zugreifen und Querbeziehungen zwischen Daten herstellen zu können, entstehen neue Einsatzbereiche, aber auch neue Datenschutzprobleme (z. B. Rasterfahndung der Polizei).

(4) *Datenunabhängigkeit:* Die Änderung der physikalischen Organisation der Daten erfordert keine Änderung der Anwendungsprogramme. (Eine Datenunabhängigkeit kann allerdings nicht in beliebigem Umfang garantiert werden.)

►Beispiele für weit verbreitete Datenbanksysteme sind: IMS, UDS, INGRES, ORACLE, dBase, mySQL, Access, DB2, ADABAS. ◄

Jede Datenbank baut auf einem ↑Datenmodell auf, in dem die konkreten Anwendungen beschrieben werden müssen und das auch dem ↑Datenbankentwurf zugrunde liegt. Für Anfragen und Beschreibungen verwendet man ↑Datenbanksprachen. Gerade im ↑Internet erhalten Datenbanken, die der Informationsbeschaffung dienen, immer mehr Bedeutung. Sie werden zurzeit mit Schnittstellen ausgestattet, sodass öffentlich zugängliche Inhalte von ↑Browsern angezeigt werden können. Zugleich können in ihnen besonders oft nachgefragte Bereiche in Form von WWW-Seiten vorgehalten werden.

Liegt eine hochgradig parallele Rechnerarchitektur vor, so kann man versuchen, die Datenbank geschickt auf die nebeneinander liegenden Speicher zu verteilen, sodass gleichzeitig ein besonders schneller Zugriff auf eine Vielzahl von Daten möglich ist. Solche *parallelen Datenbanken* werden derzeit zusammen mit geeigneten Rechnerstrukturen entwickelt.

Viele Datenbanken werden mit Multimedia-Dokumenten (↑Multimedia-Systeme) und anderen speziellen oder beliebigen Objekten umgehen müssen (Multimedia-Datenbank, *objektorientierte Datenbank*). Hier wird es zusätzliche Anforderungen geben, etwa Zeitbegrenzungen bei der Bereitstellung der Informationen, Synchronisation zwischen verschiedenen Objekten, Verweise zwischen den Bestandteilen und Vererbungshierarchien. Für künftige Datenbanken werden Sicherheitsaspekte, Zugriffsarten, Vermeidung von Widersprüchen zwischen den Daten bzw. Objekten und lang andauernden ↑Transaktionen besonders wichtig sein.

Mit dem Begriff der Datenbank wird oft der Begriff ↑Persistenz verbunden; denn ein wichtiger Zweck einer Datenbank ist es, Daten oder Objekte dauerhaft aufzubewahren und ihre Veränderung nur vorzunehmen, wenn zuvor eine zulässige Transaktion erfolgreich abgeschlossen wurde. Jeder andere Zugriff ist zu verhindern, weshalb Datenbanken besonders sorgfältig gegen Angriffe von außen, z. B. gegen ↑ Viren, geschützt werden müssen.

Datenbankentwurf: Das zentrale Ziel einer ↑ Datenbank, die Integration von Daten und die Datenunabhängigkeit der Anwendungsprogramme, setzt voraus, dass sich alle Anwendungsprogramme auf eine einheitliche Beschreibung der Daten einigen. Hierfür wurde im Jahre 1975 das **3-Schema-Konzept** vorgeschlagen. Die Beschreibung der Daten einer Datenbank erfolgt nach diesem Konzept auf drei verschiedenen Ebenen, die jeweils durch eine andere Sichtweise geprägt sind. Zur Formalisierung einer Sichtweise dienen *Schemata.* Ein *Schema* ist eine in einer Datenbeschreibungssprache abgefasste Definition der in einer Datenbank zugelassenen Datenstrukturen.

(1) Auf der *konzeptionellen Ebene* steht die logische Gesamtstruktur der Daten, ihrer Eigenschaften und ihrer Beziehungen untereinander im Vordergrund. Die Beschreibung der konzeptionellen Ebene erfolgt durch das *konzeptionelle Schema.* Sie berücksichtigt weder die physikalische implementierungsabhängige Organisation der Daten noch die Wünsche von Anwendungsprogrammen.

►*Beispiel:* Auf der konzeptionellen Ebene ist für ein Gehaltsabrechnungsprogramm (vgl. Beispiel unter ↑ Datenbank) zum Beispiel festzulegen, dass es Datensätze „Mitarbeiter“ gibt, die die Personalnummer, den Namen, das Gehalt usw. enthalten, wobei die Personalnummer eine ganze Zahl ist, der Name aus maximal 20 Zeichen besteht usw. Ferner ist festzuhalten, dass zwischen den Datensätzen „Mitarbeiter“ eine Abhängigkeit „ist Untergebener von“ existiert usw. ◄

(2) Auf der *internen Ebene* werden alle implementierungsabhängigen Eigenschaften der Daten (z. B. ihre Darstellung, ihre physikalische Organisation) durch ein *internes Schema* definiert. Von der Sorgfalt bei der Erstellung des internen Schemas hängt wesentlich die Leistungsfähigkeit des Datenbanksystems ab, denn die Berücksichtigung z. B. schneller maschinenabhängiger Funktionen für bestimmte Zugriffe oder Datendarstellungen steigert die Effizienz des Systems.

►*Beispiel:* Auf der internen Ebene ist für das Gehaltsabrechnungsbeispiel zu definieren, in welcher Reihenfolge die Felder

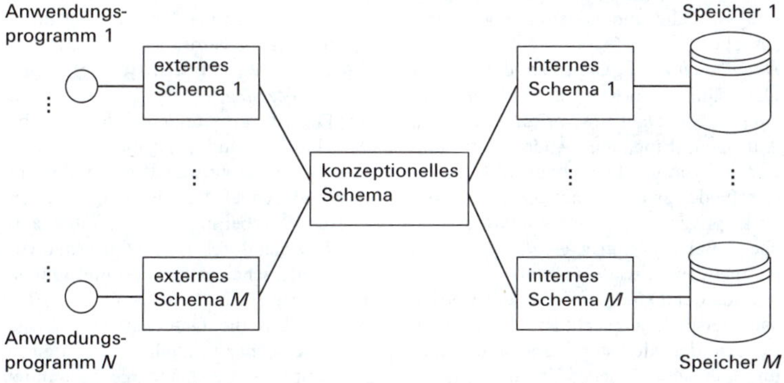

Datenbankentwurf (Abb. 1): 3-Schema-Konzept bei Datenbanksystemen

„Personalnummer", „Name", „Gehalt" usw. des Datensatzes „Mitarbeiter" gespeichert werden, welche Länge sie haben und wie die Daten codiert werden. Des Weiteren enthält das interne Schema Angaben über die Dateiorganisation und die Zugriffsmechanismen zu Daten (z. B. ↑Hash-Verfahren, ↑B-Baum). ◀

D

(3) Die Datenbank aus Sicht jedes Anwendungsprogramms wird auf der *externen Ebene* berücksichtigt und durch *externe Schemata* beschrieben. Zu jedem Anwendungsprogramm kann es (möglicherweise) ein eigenes externes Schema geben, das die für das Anwendungsprogramm wichtigen Daten der Datenbank in der Weise definiert, wie sie das Programm als Eingabe erwartet.

▶ *Beispiel:* Auf der externen Ebene ist für das Gehaltsstatistikprogramm des Gehaltsabrechnungsprogramms (s. Abb. 4 unter ↑ Datenbank) zu definieren, dass von den Personaldaten nur das Gehalt (die Statistik soll anonym bleiben) und die Abteilung benötigt werden. Das Statistikprogramm erwartet außerdem, dass das Gehalt als ganze Zahl, d. h. auf volle Euro gerundet, von der Datenbank bereitgestellt wird. ◀

Abb. 1 zeigt das 3-Schema-Konzept grafisch.

Datenbanksprache: zusammenfassende Bezeichnung für Datenbeschreibungssprache und Datenmanipulationssprache.

Datenbeschreibungssprachen dienen zur Darstellung von Schemata, *Datenmanipulationssprachen* zur Formulierung von Anfragen, Eingaben, Änderungen und Löschungen in ↑Datenbanken. Man unterscheidet zwischen navigierenden und deskriptiven Datenmanipulationssprachen. Bei den *navigierenden Sprachen* ist anzugeben, wie eine Menge von Daten aus der Datenbank gebildet werden soll (Beispiel: „Gesucht ist der Mitarbeiter mit der kleinsten Personalnummer und dann jeweils jeder Zehnte."). Navigierende Sprachen sind häufig in höhere Programmiersprachen eingebettet. *Deskriptive Sprachen* sind meist dialogorientiert und dienen zur Beschreibung der Eigenschaften der gesuchten Daten (Beispiel: „Gesucht sind alle Mitarbeiter von Abteilung 3–1 mit einem Gehalt über Euro 3 000,–."). Ein typischer Vertreter ist die Sprache ↑SQL. In *deskriptiven Sprachen* muss der Benutzer die Eigenschaften der gesuchten Daten kennen und angeben; er erhält dann eine Liste aller Daten, die diese Eigenschaften besitzen.

Navigierende Sprachen erlauben dagegen das Stöbern im Datenbestand: Wenn man Daten gefunden hat, die ungefähr der Vorstellung entsprechen, dann kann man in der Umgebung oder in festen Abständen nach weiteren Daten Ausschau halten. Beide Suchmöglichkeiten sind insbesondere bei großen Massenspeichern, z. B. den ↑ optischen Speichern, erwünscht.

Datenerfassung (engl. *data recording*): Bezeichnung für alle Arbeitsvorgänge, mit denen anfallende Daten in eine maschinenlesbare Form gebracht und auf ↑Datenträgern gespeichert werden.

Maschinen, die Daten auf Datenträger aufbringen, heißen *Datenerfassungsgeräte.* Das bisher übliche Eintippen über ↑ Tastaturen wird zunehmend durch das Einlesen von ↑ Klarschriftbelegen und ↑ Markierungsbelegen sowie durch ↑Scanner und künftig durch Spracheingabe verdrängt.

Datenfernverarbeitung (engl. *remote data processing, teleprocessing*): Form der Datenverarbeitung, bei der Eingabe, Verarbeitung und Ausgabe von Daten räumlich beliebig weit voneinander entfernt durchgeführt werden können. Diese Verarbeitungsform erfolgt z. B. im ↑Internet durch ↑Prozedurfernaufruf. Man unterscheidet Offline- und Online-Datenfernverarbeitung (↑online). *Offline* besagt, dass die Datenein- und -ausgabegeräte nicht unmittelbar über Leitungen mit der Rechenanlage verbunden sind. Die Daten werden gesammelt und auf ↑Datenträgern zwischengespeichert. Bei der *Online-Datenfernverarbeitung* sind Ein-/Ausgabegeräte und Rechenanlage direkt über Leitungswege miteinander verbunden. Ein typisches Anwendungsbeispiel sind Buchungs- und Reservierungssysteme von Flug- oder Hotelgesellschaften. Die Eingabegeräte (z. B. für Buchungswünsche) und die Ausgabegeräte (z. B. für Buchungsbestätigungen) befinden sich in Reisebüros, die sich räumlich weit entfernt vom Buchungsrechner befinden. Jedes Büro steht jedoch in ständiger Verbindung zum Rechner, in dem alle Buchungen gespeichert werden. Siehe auch ↑Datenübertragung.

Datenflussplan (engl. *data flow chart*): genormte Methode (DIN 66 001) zur grafischen Darstellung des Datenflusses in Systemen.
Die wichtigsten Sinnbilder für Datenflusspläne sind:

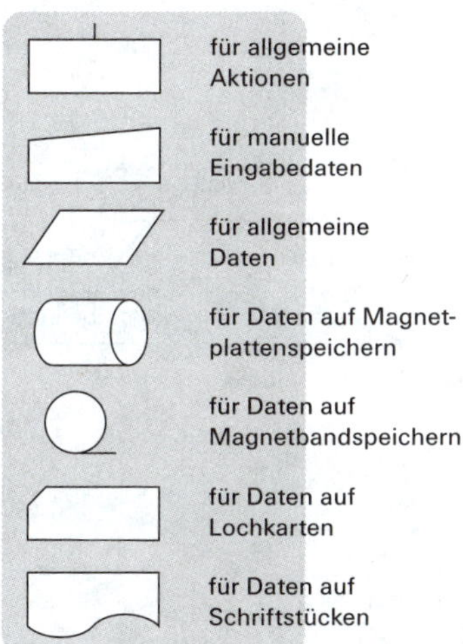

Die für Datenflusspläne vorgesehenen Darstellungsmittel enthalten Sinnbilder für ↑Datenträger (z. B. ↑Lochkarte, ↑Magnetplattenspeicher) und für eine Reihe von Verarbeitungsprozessen. Datenflusspläne werden häufig gleichzeitig mit ↑Programmablaufplänen erstellt.

▶ *Beispiel:* ↑Verschmelzen zweier sortierter ↑Dateien, die sich auf zwei ↑Magnetbandspeichern befinden, auf ein drittes Magnetband, anschließend Berechnung einer Menge von Mittelwerten und Abspeicherung auf eine Magnetplatte. Den Datenflussplan zeigt Abb. 1. ◀

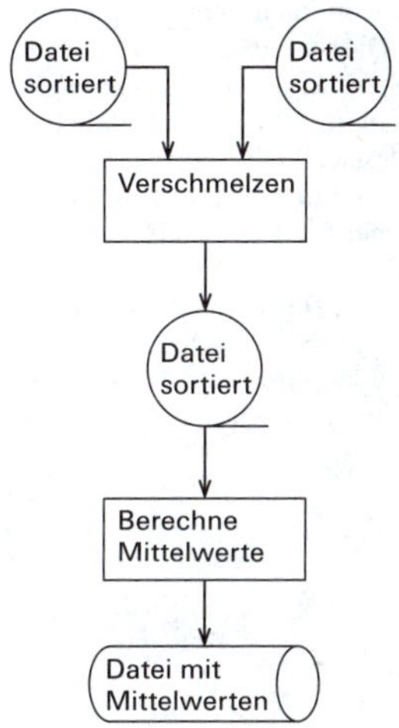

Datenflussplan (Abb. 1)

Datenmodell: Zur formalen Beschreibung aller in der Datenbank enthaltenen Daten und ihrer Beziehungen untereinander verwendet man auf der konzeptionellen und auf der externen Ebene Datenmodelle. Hierbei stellt man Daten oder Objekte, deren Eigenschaften (Attribute) und ihre Beziehungen untereinander auf. Dies führt zum ↑Entity-Relationship-Modell, das unabhängig von einer konkreten Anwendung ist. Die Mehrzahl der Datenbanken basiert auf einem der folgenden Modelle:
das *hierarchische Datenmodell,* das *Netzwerkdatenmodell,* das *relationale,* das *objektorientierte* und das *objektrelationale Datenmodell.*
Die dem *hierarchischen Datenmodell* zugrunde liegende Struktur ist der ↑Baum (Abb. 1). Hierarchiemodelle lassen sich einfach und effizient auf physikalische

Speicherungsstrukturen (z. B. ↑ lineare Listen) abbilden. Das hierarchische Datenmodell hat jedoch den Nachteil, dass sich die „reale Welt" häufig nicht in einer Hierarchie darstellen lässt. Beispielsweise ist in Abb. 1 ein Mitarbeiter oft in mehreren Projekten tätig und ein Projekt wird meist von mehreren Abteilungen bearbeitet. Die Darstellung dieser Beziehungen führt zum *Netzwerkdatenmodell,* dem die Struktur ↑Graph zugrunde liegt (Abb. 2). Netzwerke lassen sich nicht so einfach wie Bäume auf den physikalischen Speicher (z. B. Magnetplatten) abbilden.

Das *relationale Datenmodell* beruht auf der Struktur „Tabelle" (Abb. 3).

Eine Tabelle beschreibt eine ↑ Relation. Jede Zeile einer Tabelle nennt man *Tupel.* Alle Informationen einer Datenbank, also sowohl die Daten als auch ihre Beziehungen, werden auf die gleiche Art durch Tabellen dargestellt. Beziehungen zwischen Daten sind vorhanden, wenn ein Wert (z. B. die Personalnummer) in mehreren Relationen vorkommt. Erst bei einer Anfrage an die Datenbank werden vorhandene Beziehungen „aufgeweckt" (Beispiel: „Wie lauten die Namen der Mitarbeiter von Abteilung 3-1?").

Die Darstellung im relationalen Datenmodell ist einfach und übersichtlich. Tabellen (Relationen) können leicht in physikalische Speicherstrukturen abgebildet werden (z. B. Relation → Datei, Tupel → Datensatz). Die Durchführung von Abfragen ist jedoch relativ aufwendig,

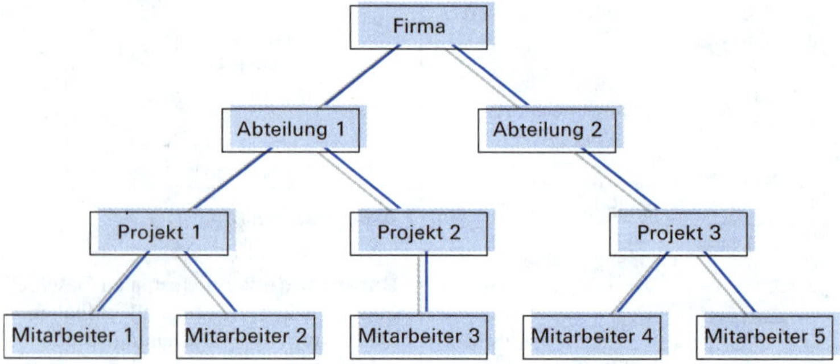

Datenmodell (Abb. 1): Struktur eines hierarchischen Datenmodells

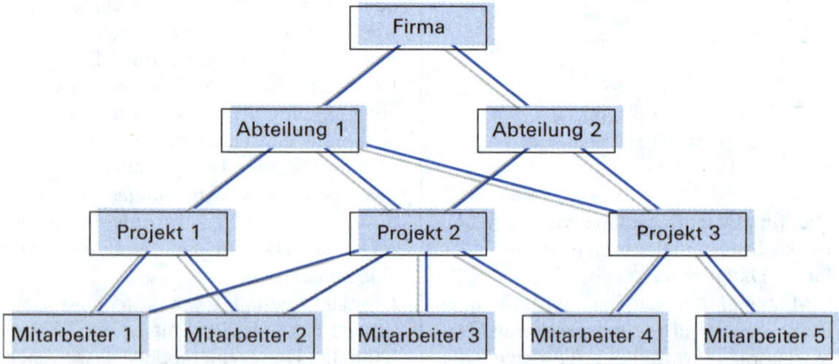

Datenmodell (Abb. 2): Struktur eines Netzwerkdatenmodells

denn die Relationen unterstützen keinen schnellen Suchalgorithmus: Entweder müssen die einzelnen Tupel sequenziell nach einem Merkmal durchsucht werden oder der Algorithmus muss effizienzsteigernde Hilfsdatenstrukturen selbst erzeugen.

Das relationale Datenmodell, das in heutigen Datenbanken dominiert, bezeichnet man auch als ein „flaches" Modell, weil die Daten nicht strukturiert und z. B. hierarchische Beziehungen nur über neue Relationen oder über gesonderte Schlüssel eingeführt werden können. Klassen, Vererbung, Kapselung usw. spielen aber durch die objektorientierte Programmierung heute eine wichtige Rolle. Will man Objekte, die während des Programmlaufs in einer objektorientierten Sprache erzeugt wurden, speichern, um sie später erneut nutzen zu können, so muss man sie erst aufwendig in ein anderes Datenmodell konvertieren, z. B. durch ein Vermittlungsprogramm (↑Middleware).

Relation „Mitarbeiter"

Personalnummer	Name	Gehalt
1427	Meier	3217,33
8219	Schmidt	1425,87
2624	Müller	2438,21
⋮	⋮	⋮

Relation „Mitarbeiter in Abteilung"

Personalnummer	Abteilung
1427	3 - 1
8219	2 - 2
2624	3 - 1
⋮	⋮

Datenmodell (Abb. 3): Struktur eines relationalen Datenmodells

Daher entstanden seit 1988 Datenbanken, um Objekte direkt zu speichern. Das zugrunde liegende *objektorientierte Datenmodell* ist das ↑Objekt, also eine abgeschlossene Einheit bestehend aus Werten und Verweisen auf andere Objekte (Zustand) und den auf ihnen erlaubten Operationen (Methoden). Objekte können durch die Verweise und durch interne hierarchische Strukturen ein undurchschaubares Netz bilden, weshalb man hier von *komplexen Objekten* spricht. Die Datenbank greift auf die Beschreibung der ↑Klassen zurück und führt Veränderungen, die ein Anwendungsprogramm vornimmt, automatisch in der „Objektbank" durch. Hier liegt die Stärke solcher Systeme: Sie können nahtlos an Anwendungsprogramme angeschlossen werden und entlasten den Anwendungsprogrammierer. Die Schwächen *objektorientierter Datenbanken* sind z. B. ein fehlender mathematischer Kalkül, geringe Effizienz und (bisher noch) Sicherheitsdefizite wegen der Verweisstruktur.

Diesen Defiziten versucht man durch das *objektrelationale Datenmodell* zu begegnen. Hierbei wird das relationale Datenmodell um einige Eigenschaften erweitert, vor allem um Verweise in den Tupeln, um hierarchische Strukturen und um eine (eingeschränkte) Vererbung. Auf diesem Gebiet wird derzeit noch intensiv geforscht.

Datensatz (engl. *record*): Eine Ansammlung von Daten, die in elementarer Beziehung zueinander stehen oder gemeinsame Merkmale haben, bezeichnet man als *Datensatz.* Ein Datensatz kann aus mehreren *Datenfeldern* bestehen. Man unterscheidet *physikalische* und *logische* Datensätze. Ein *physikalischer Datensatz* ist die kleinste Datenmenge, die ein (meist externes) Speichermedium (beispielsweise ↑Magnetbandspeicher, ↑Magnetplattenspeicher) zu verarbeiten gestattet. Ein *logischer Datensatz* ist eine kleinste logisch in sich abgeschlossene Datenmenge (z. B. Daten eines Mitarbeiters in einer Personalkartei;

Abb. 1). Ein physikalischer Datensatz kann mehrere logische Datensätze enthalten und umgekehrt. Eine Folge von Datensätzen bildet eine ↑ Datei. Vgl. Aggregation unter ↑Datenstruktur.

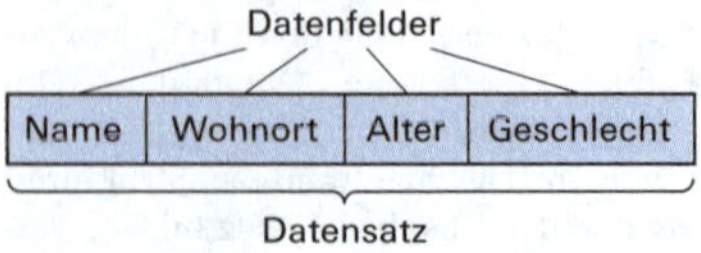

Datensatz (Abb. 1): Beispiel für einen logischen Datensatz mit vier Datenfeldern

Datenschutz (engl. *privacy* = Recht auf Privatheit; denn Datenschutz bezieht sich nicht primär auf den Schutz von Daten, sondern auf den Schutz der Personen und Gegenstände, deren Daten gespeichert werden): Durch die fortschreitende Technisierung ist es möglich geworden, große Datenmengen auf relativ kleinem Raum unterzubringen und mithilfe von Programmen gezielt Auswertungen vornehmen zu können. So steht der wachsenden Bedeutung von ↑Informationssystemen und ↑Datenbanken in Wirtschaft und Verwaltung mit ihren enormen Datenbeständen die Frage gegenüber, wie sich diese Datenbestände vor Missbrauch schützen lassen. Zu dem technisch-organisatorischen Datenschutz gehören z. B. Zugangskontrollen, Zugriffsrechte u. Ä. (↑Datensicherung).
Unter Datenschutz versteht man im Sinne des ↑Bundesdatenschutzgesetzes, das die rechtliche Grundlage für den Datenschutz bildet, „den Schutz personenbezogener Daten vor Missbrauch" bei der Datenverarbeitung, um der „Beeinträchtigung schutzwürdiger Belange des Betroffenen entgegenzuwirken". Hierbei geht es nicht nur um die Daten, die unmittelbar zu einer Person gespeichert werden *(personenbezogene Daten),* sondern auch um die Daten, die aus einem anonymisierten Datenbestand (z. B. statistische Daten) durch geschickte Auswertung bezüglich einer bestimmten Person ermittelt werden können *(personenbeziehbare Daten).* Weiß man beispielsweise aus einer Stichprobe von 1 000 Personen, die in einer Firma arbeiten, dass 5 % Alkoholiker sind, dass unter den Rauchern der Firma 12 % Alkoholiker, unter den Lagerarbeitern 8 % und unter den in einer anderen Stadt wohnenden Firmenangehörigen 10 % Alkoholiker sind, so kann man aus diesen Informationen einzelne Mitglieder eventuell als Alkoholiker identifizieren, obwohl die Daten anonym sind (so genannte *Reanonymisierung*).
Die drei wichtigsten Stichworte, die im Zusammenhang mit dem Datenschutz immer wieder genannt werden, sind *Vertraulichkeit, Verfügbarkeit* und *Integrität* der Daten. Um diese Eigenschaften sicherzustellen, werden in verstärktem Maße Methoden der ↑ Kryptographie eingesetzt. Am besten wäre es jedoch oft, wenn Daten gar nicht erst erhoben würden; und so lautet die erste Frage aus Sicht des Datenschutzes, ob Daten überhaupt erhoben werden dürfen oder sollten. Erst dann ist die Frage zu stellen, wie Daten gegen Missbrauch zu schützen sind.
Besondere Aufmerksamkeit wird dem Datenschutz gewidmet, seit Institutionen Daten untereinander elektronisch austauschen. Hierbei geht in der Regel der Grund, warum die Daten erhoben wurden, und das Umfeld, in dem die Daten zu interpretieren sind, verloren. Zum Beispiel speichert eine Firma über einen Kunden, dass er zahlungssäumig ist, weil der Kunde die gelieferten Produkte beanstandet hat. Gehen diese Daten dann in zentrale Auskunftsdateien, so wird dem Kunden möglicherweise ein Kredit verweigert, weil die Bank, die solche Daten erhalten hat, den Grund der säumigen Zahlungsweise nicht kennt und daher der Kunde als nicht kreditwürdig gilt. Auszutauschende Daten müssen daher auf ein notwendiges Minimum beschränkt werden, und jeder muss die über ihn gespeicherten Daten erhal-

ten und gegebenenfalls korrigieren können.
Eine neue Dimension eröffnet sich durch das ↑Internet. Hier können zum einen falsche Aussagen weltweit verbreitet werden (vor allem über in der Öffentlichkeit stehende Personen), zum anderen lassen sich mit Überwachungsprogrammen oder ↑Agenten die Gewohnheiten jedes Internetbenutzers ausspionieren, ohne dass die Betroffenen etwas ahnen. Es wird schwierig oder sogar unmöglich sein, den Datenschutz in diesem Medium zu gewährleisten.

Datensicherung (engl. *security*): Sammelbezeichnung für alle technischen, materiellen und organisatorischen Maßnahmen, die die Daten und Programme der einzelnen Benutzer wechselseitig vor unzulässigen Zugriffen schützen und gegen Zerstörung durch Fehlfunktionen der Rechenanlage oder Fehlbedienungen des Benutzers absichern und zugleich die Anforderungen des ↑Datenschutzes gewährleisten.
Bei der Sicherung von Daten und Programmen vor unzulässigen Zugriffen unterscheidet man zwischen *Subjekten* und *Objekten*. Subjekte sind die aktiven Elemente. Sie begehren den Zugriff zu Objekten.

▶ *Beispiele:*
(1) Ein Programm, das gerade ausgeführt wird, ist ein Subjekt, das Zugriff zu Objekten, wie Speicherzellen (↑Speicher) oder ↑Dateien, sucht.
(2) Ein Benutzer einer Rechenanlage, der sich ein Programm auf einem Bildschirm zeigen lässt, ist Subjekt. Programm und Bildschirm sind Objekte. ◀

Die Rolle eines Elementes, Subjekt oder Objekt zu sein, ist nicht dauerhaft festgelegt, sondern kann sich zeitlich ändern.

▶ *Beispiel:* Bevor ein Programm zum Subjekt wird, ist es Objekt des Ladeprogramms (↑Lader), das das Programm in den ↑Hauptspeicher transportiert. ◀

In welcher Weise Subjekte mit Objekten manipulieren dürfen, wird durch *Zugriffsrechte* geregelt. Mögliche Manipulationen von Subjekten mit Objekten sind z. B.: Lesen eines Objekts, Schreiben ((teilweise) Ersetzung oder Ergänzung eines Objekts), Ausführen eines Objekts (Programms). Welche Zugriffsrechte welche Subjekte zu welchen Objekten haben, kann man in einer *Zugriffsmatrix* festlegen (Abb. 1).

	Objekte								
	Dateien			Speicherzellen			Geräte		
Subjekte	D1	D2	…	S1	S2	…	G1	G2	…
Benutzer 1	LS	L		L			S	L	
Benutzer 2	ALS	S		LS	K			L	
Benutzer 3	A	K		KL	S		S		
⋮									
Benutzer *n*	A			S	S				

A = Ausführen
K = Kopieren
L = Lesen
S = Schreiben

Datensicherung (Abb. 1): Zugriffsmatrix

Zeilenweise eingetragene Subjekte (hier Benutzer) werden zu spaltenweise eingetragenen Objekten in Beziehung gesetzt. Jeder Eintrag beschreibt die erlaubten Zugriffsrechte des entsprechenden Benutzers zum zugehörigen Objekt. Das ↑Betriebssystem überprüft bei jeder Zugriffsoperation anhand der Tabelle zunächst, ob das Subjekt zu diesem Zugriff berechtigt ist. Hierbei muss für das Subjekt eine ↑ Authentifizierung erfolgen, vor allem in Rechnernetzen. Erst danach kann der Zugriff erfolgen.

Dieses relativ aufwendige Sicherungskonzept ist in den Rechenanlagen jedoch im Allgemeinen nicht verwirklicht. Eine häufig verwendete Realisierung einer Datensicherung ist folgende: Jeder Benutzer kann für jede seiner eigenen Dateien nur entscheiden, ob er sie allen fremden oder keinem fremden Benutzer zugänglich macht und ob der Zugriff lesend, schreibend oder ausführend sein darf. Stattdessen kann man eine Datei auch mit einem *Passwort* (einem sehr einfachen elektronischen Passierschein) versehen, einem Geheimcode, mit dem jeder Benutzer die Zugriffsbeschränkung außer Kraft setzt.

Das einfachste und in der Praxis gebräuchlichste Verfahren zur Sicherung von Daten gegen Fehlfunktionen des Systems oder Fehlbedienungen des Benutzers ist die *Sicherungskopie* (engl. *back-up*). In regelmäßigen Zeitabständen (täglich, wöchentlich) werden alle in dieser Zeit geänderten Dateien gesichert, d. h. auf andere Speicher übertragen, früher und im privaten Bereich meist auf einen ↑ Magnetbandspeicher, heute vor allem in Betrieben meist auf einen Massenspeicher, der auf einem Server irgendwo im Netz liegt. Zugleich werden die Tätigkeiten der Benutzer laufend in einer geschützten Datei (Logdatei, entsprechend dem Logbuch eines Schiffs) notiert, sodass bei einem Ausfall die aktuelle Version wiederhergestellt werden kann (engl. *restore*). Dies kann zum größten Teil automatisch durchgeführt werden. Einige Kopien werden langfristig aufbewahrt, um auch gegen das Eindringen von solch einem ↑Virus geschützt zu sein, der sich in die Backup-Dateien einschleicht und erst später aktiv wird. Dieses Vorgehen hilft auch in gewissem Umfang gegen Fehlfunktionen des Betriebssystems.

Da Speicherplatz heute nur noch wenig kostet, werden viele Rechnersysteme mit mehrfachem Speicher ausgestattet, wobei die aktuelle Arbeitsumgebung auf den anderen Systemen gesichert („gespiegelt“) wird. Hierzu zählt auch die RAID-Technologie (RAID = redundant arrays of inexpensive disks, dt. etwa: redundante Anordnung preiswerter Speicherplatten). Hierbei werden viele Plattensysteme organisatorisch als Einheit aufgefasst und beim Betrieb werden Daten, Objekte und Programme mehrfach auf verschiedenen Platten abgelegt. Durch eine spezielle Steuerung kann man hierbei Hunderte von Platten zu einem virtuellen gemeinsamen redundanten Speicherblock vereinigen, in dem Teile ausfallen oder ausgewechselt werden dürfen, ohne dass die Arbeitsfähigkeit auch nur eines Benutzers beeinträchtigt wird.

Um Daten gegen Angriffe aus dem Internet zu schützen, kann man Computer entweder vom Netz trennen oder mit einer undurchdringlichen Software abschotten (engl. *firewall*). Firmen bilden auf diese Weise ihr „eigenes abgegrenztes Internet“, das so genannte ↑Intranet. Privatpersonen sollten sich weitgehend auf die ↑elektronische Post und sichere ↑Browser beschränken oder kooperative Arbeit (↑ CSCW) in klar umgrenzten Bereichen des Computers ablaufen lassen, die keinen Zugriff auf Betriebssystemfunktionen erlauben.

Den besten Schutz gegen Spionage und Sabotage bildet vermutlich auf lange Sicht die ↑ Kryptographie. Auch wenn die Gesetzgebung verlangt, dass Informationen, die über Netze verbreitet werden, nur so verschlüsselt werden dürfen, dass sie prinzipiell auch leicht von den Behörden entschlüsselt werden können (dies gilt vor allem im Telefonverkehr), so kann doch jeder seine privaten Daten mit kryptographischen Verfahren weiterverschlüsseln und so für alle anderen unlesbar machen. Die unsichersten Stellen sind hierbei die Klarschriftanzeige auf einem Bildschirm und der irgendwo im Speicher oder auf einer Chipkarte liegende Schlüssel, den man wegen seiner Länge nicht auswendig lernen kann. Hinweis: Man beachte, dass das *Löschen von Daten* oft nicht gegen Spionage hilft. Denn in der Regel wird nur der Zugriffspfad zu den Daten gelöscht; die Daten selbst liegen dagegen noch auf der Platte und können durch spezielle Programme gelesen werden, bis sie durch andere Daten überschrieben werden.

Datensichtstation *(Terminal):* Eine Datensichtstation besteht aus einer ↑Tastatur und einem ↑Bildschirm. Auf der Tastatur eingegebene Daten werden unmittelbar auf dem Bildschirm angezeigt. Häufig ist eine Datensichtstation direkt mit einem ↑Drucker verbunden, auf den mit einer Tastatureingabe der gesamte Bildschirminhalt ausgegeben werden kann (so genannte *Hardcopy*).
Spezielle Datensichtstationen können mit einem ↑Lichtgriffel ausgestattet sein oder mit einer berührungsempfindlichen Oberfläche für Eingabe durch Draufzeigen *(Touchscreen).*

Datenstruktur (engl. *data structure*):
(1) Die Bezeichnung „Datenstruktur" wird oft gleichbedeutend mit ↑Datentyp verwendet. Man spricht z. B. von den Datenstrukturen ↑Keller, ↑Schlange, ↑Baum, ↑B-Baum usw.
(2) Im engeren Sinne versteht man unter Datenstrukturen den Aufbau von Wertebereichen aus elementaren Wertebereichen mithilfe von *Konstruktoren*. Elementare Wertebereiche sind die ganzen Zahlen $\mathbb{Z}$ (↑integer), die reellen Zahlen $\mathbb{R}$ (↑real), die Menge der Wahrheitswerte (↑boolean), die Menge der Zeichen (↑char), selbst definierte endliche Mengen (↑Aufzählungstypen) und ↑Unterbereiche hiervon. Die Konstruktoren dienen dazu, die Struktur der Wertebereiche und die Zusammensetzung bzw. Zerlegung ihrer Elemente festzulegen. Üblich sind die folgenden fünf Konstruktoren:

Aggregation: Mathematisch gesprochen handelt es sich um das kartesische Produkt von Wertebereichen (Bildung von *Tupeln,* vgl. ↑Datensatz), wobei die Reihenfolge im Produkt eine Rolle spielen kann. Spezielle Konstruktoren sind das ↑*Feld* (array [...] of ...) und der ↑*Record* (record ... end).

►*Beispiele:*
(1) Die Datenstruktur (der Datentyp)

```
type feld = array [1 . . n] of integer
```

entsteht durch Aggregation aus dem Datentyp integer. Der Wertebereich von feld ist

$$\underbrace{\text{integer} \times \text{integer} \times \ldots \times \text{integer}}_{n\text{-mal}} = \text{integer}^n$$

bzw.

$$\underbrace{\mathbb{Z} \times \mathbb{Z} \times \ldots \times \mathbb{Z}}_{n\text{-mal}} = \mathbb{Z}^n$$

(2) Die Datenstruktur (der Datentyp)

```
type verbund = record
                 f: feld;
                 x: real
               end
```

entsteht durch Aggregation aus dem Datentyp feld und dem Datentyp real. Der Wertebereich von verbund ist

$\text{integer}^n \times \text{real}$, also $\mathbb{Z}^n \times \mathbb{R}$. ◄

Generalisation: Diese bewirkt die disjunkte Vereinigung von Wertebereichen. Hierzu gehören die Konstruktoren union (in ↑ALGOL 68), *varianter* Record (record ... case ... of ... end in ↑PASCAL) sowie die Möglichkeiten, Ober- und Unterklassen zu bilden (↑SIMULA, ↑SMALLTALK-80, OBERON (↑MODULA-2), ↑Klasse).

►*Beispiel:* Die Datenstruktur

```
type varverbund =
    record
      case auswahl: boolean of
        false: (f: feld);
        true: (c: char)
    end;
```

entsteht durch Generalisation aus den Datentypen feld und integer. Der Wertebereich von varverbund ist

$$\underbrace{\text{integer} \times \ldots \times \text{integer}}_{n\text{-mal}} \mathbin{\dot\cup} \text{char}$$

D

In Abhängigkeit des Wertes von auswahl wird genau eine Alternative ausgewählt. „$\dot\cup$" bezeichnet die disjunkte Vereinigung. ◀

Rekursion: Rekursion bewirkt den Übergang zu abzählbar unendlichen Wertebereichen, deren Elemente gleichartig aus einfacheren Elementen des Wertebereichs aufgebaut sind. In imperativen ↑Programmiersprachen werden rekursive Datenstrukturen durch ↑Zeiger gebildet (so genannte Geflechte). Beispiele für rekursive Datenstrukturen sind das ↑file, die ↑lineare Liste, ↑Bäume usw., siehe auch ↑LISP.

▶ *Beispiele:*

(1) Die Datenstruktur

```
type element = record
                 info: integer;
                 next: ↑ element
               end
```

entsteht durch Rekursion aus dem Datentyp integer. Der Wertebereich von element ist die Menge integer*, d.h. die Menge aller Folgen von ganzen Zahlen. Die Rekursion wird dadurch sichtbar, dass zur Definition von element selbst wieder element verwendet wird.

(2) Die Datenstruktur

```
type knoten =
    record
      info: integer;
      rechts, links: ↑ knoten
    end
```

entsteht ebenfalls durch Rekursion aus dem Datentyp integer. Der Wertebereich von knoten ist die Menge aller binärer Bäume, deren Knoten integer-Werte enthalten. ◀

Potenzmengenbildung: Bildung der Menge aller Teilmengen eines Wertebereichs. In PASCAL lautet der Konstruktor set of...

▶ *Beispiel:* Die Datenstruktur

```
type potmenge = set of integer
```

entsteht durch Potenzmengenbildung aus dem Datentyp integer. Der Wertebereich von potmenge ist die Menge aller Teilmengen der ganzen Zahlen. (Der Potenzmengenkonstruktor liefert in diesem Beispiel einen Wertebereich, der nicht mehr im Computer dargestellt werden kann. In der Praxis darf man ihn daher nur auf „kleine" endliche Mengen anwenden.) ◀

Bildung von Funktionsräumen: In der Mathematik geht man oft zu Mengen von Abbildungen über. Variablen der Datenstruktur „Funktionsraum" können Funktionen als Werte annehmen. Solche Funktionen werden als Texte in einer Programmiersprache (Algorithmen) formuliert, sodass die Variablen Programmstücke als Werte besitzen. In den meisten imperativen Programmiersprachen kann man jedoch nur konstante Abbildungen definieren (function, procedure), vgl. jedoch ↑ALGOL 68 und funktionale ↑Programmiersprachen.

▶ *Beispiele:* Tabelle 1 zeigt weitere Beispiele für Datenstrukturen in PASCAL-ähnlicher Notation und die zugehörigen Wertebereiche. ◀

Um auf die einzelnen Datenelemente, aus denen eine Datenstruktur gebildet wurde, zugreifen zu können, ist jedem Konstruktor ein umgekehrt wirkender *Selektor* zugeordnet.

▶ *Beispiel:* In PASCAL gehört zum Konstruktor array der Selektor „[ ]", zum Konstruktor record der Selektor „." und zum Konstruktor file die Selektoren reset, get usw. Mittels a[i] selektiert man also aus dem Feld a die Komponente mit dem Index i. Der Ausdruck x.y selektiert die Komponente y aus dem Verbund x. get(f) selektiert aus dem File f die Komponente, die unmittelbar auf diejenige folgt, die unter dem Sichtfenster steht. ◀

Datenstruktur	Wertebereich
array [1..10] of real	$\mathbb{R}^{10}$, d. h. Menge der 10-Tupel über $\mathbb{R}$
record zähler: integer; nenner: nat end	$\mathbb{Z}\times\mathbb{N}_0$. Dieser Wertebereich kann für die rationalen Zahlen verwendet werden.
record case art: 1..3 of 1: (i: integer); 2: (r: real); 3: (q: record zähler: integer; nenner: nat end) end	Der zugehörige Wertebereich ist die disjunkte Vereinigung der Mengen, $\mathbb{Z}$, $\mathbb{R}$ und $\mathbb{Z}\times\mathbb{N}_0$. In Abhängigkeit des Wertes von art wird genau eine dieser Mengen ausgewählt.
set of 1..5	$2^{\{1, 2, 3, 4, 5\}}$, Menge aller Teilmengen der Menge $\{1, 2, 3, 4, 5\}$.
function (integer, real) integer	$\{f \mid f: \mathbb{Z}\times\mathbb{R}\rightarrow\mathbb{Z}\}$

Datenstruktur (Tab. 1): Beispiele für Datenstrukturen in PASCAL-ähnlicher Notation

Datenstrukturen kann man als spezielle Datentypen auffassen, die als Operationen nur den Zugriff auf Unterstrukturen, den Test auf Zugehörigkeit zu einer Unterstruktur und die Zusammensetzung von Daten der Unterstrukturen zu einem Element der gegebenen Datenstruktur erlauben. Datenstrukturen beschreiben somit Objekte, auf denen die meisten ↑ Algorithmen arbeiten. Problemlösungen setzen neben den Algorithmen die sorgfältige Entwicklung geeigneter Datenstrukturen voraus. In vielen Anwendungen, z. B. im kommerziellen Bereich, spielen Datenstrukturen die wichtigste Rolle in der Programmierung.
Zwischen den Konstruktionsprinzipien von Datenstrukturen und den Prinzipien, nach denen Anweisungen aufgebaut sind, besteht ein enger Zusammenhang. Tabelle 2 zeigt jeweils in der ersten Spalte das abstrakte mathematische Strukturierungsprinzip, in der zweiten Spalte das zugehörige Datenstrukturkonzept und in der dritten Spalte den algorithmischen Konstruktor, der für die Bearbeitung dieser Datenstruktur besonders geeignet ist.

Datenträger (engl. *data medium*): maschinenlesbares Medium zur dauerhaften Speicherung von ↑Daten. Die wichtigsten Datenträger waren früher ↑Lochkarten, ↑ Lochstreifen, heute sind es ↑ Magnetbandspeicher, ↑ Magnetplattenspeicher und die ↑optischen Speicher. Der ↑Hauptspeicher zählt nicht zu den Datenträgern, da er nicht für eine dauerhafte Speicherung vorgesehen ist.
Befindet sich ein Datenträger (z. B. ein Magnetband) auf einem zugehörigen Gerät (Magnetbandgerät), sodass er unmittelbar gelesen oder beschrieben werden kann, so sagt man: *„Der Datenträger ist montiert.“*

Datentyp (*Rechenstruktur;* engl. *data type*): grundlegender Begriff in der Informatik. Unter einem Datentyp versteht man die Zusammenfassung von Wertebereichen und Operationen zu einer Einheit. Liegt der Schwerpunkt auf den Eigenschaften, die die Operationen und Wertebereiche besitzen, dann spricht man von *abstrakten Datentypen;* steht

mathematisches Strukturierungsprinzip	Datenstrukturkonzept	algorithmischer Konstruktor
atomare Werte $1, 2, \sqrt{3}, \frac{1}{6}, 'q' \ldots$	elementare Datentypen integer, real, …	Zuweisung a := b
homogenes kartesisches Produkt $(\underbrace{M \times M \times \ldots \times M}_{n\text{-mal}})$	Feld array [1..n] of T	for-Schleife for i := 1 to n do S
heterogenes kartesisches Produkt $(M_1 \times M_2 \times \ldots \times M_n)$	Record record s_1: T_1; s_2: T_2; ⋮ s_n: T_n end	Sequenz von Anweisungen S_1; S_2; … ; S_n
Disjunkte Vereinigung $(M_1 \dot\cup M_2 \dot\cup \ldots \dot\cup M_n)$	varianter Record a) $n = 2$. record case b: boolean of true: (s_1: T_1; …; s_p: T_p); false: (s'_1: T'_1; …; s'_q: T'_q) end b) $n > 2$. record case s: T of c_1: (…); ⋮ c_n: (…) end	Fallunterscheidung a) if-Anweisung if b then S_1 else S_2 b) case-Anweisung case s of c_1: S_1; ⋮ c_n: S_n end
Bildung endlicher Folgen $\left(M^* = \bigcup_{i=0}^{\infty} M^i\right)$	File file of T	bedingte Schleife while b do S oder repeat S until b
Rekursion $(M = f(M))$	rekursive Datenstruktur	rekursive Funktionen und rekursive Prozeduren

Datenstruktur (Tab. 2): Zusammenhang zwischen Datenstrukturen und Anweisungen

dagegen die Darstellung in einer Programmiersprache im Vordergrund, so handelt es sich um *konkrete Datentypen*. Datentypen, bei denen die Operationen auf solche Operationen eingeschränkt sind, die nur den Aufbau der Wertebereiche betreffen (Zugriffsoperationen, Zusammensetzungsoperationen, Elementbeziehungen), bezeichnet man als ↑ Datenstrukturen, jedoch verbindet man mit Datenstrukturen oft auch weitere Operationen wie Löschen, Verändern, Aneinanderfügen, Größe usw.

Datentypen baut man gemäß dem Schema in Abb. 1 auf.

Konkrete Datentypen besitzen meist keine Axiome, abstrakte Datentypen enthalten keinen Implementierungsteil.

Konkrete Datentypen kann man in vielen höheren Programmiersprachen formulieren. Das entsprechende Programmstück bezeichnet man als *Modul*. Die Bezeichnung ist in verschiedenen Programmiersprachen unterschiedlich, z. B. „Klasse“ in ↑ SIMULA, „Modul“ in ↑ MODULA-2 und „Paket“ in ↑ Ada.

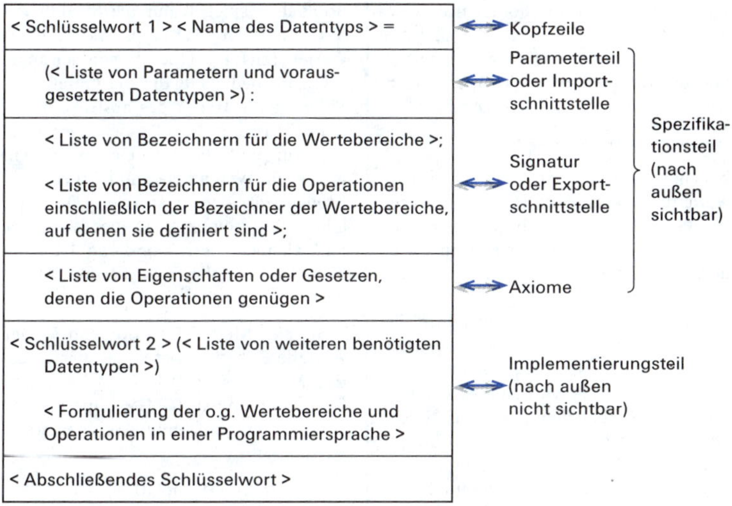

Datentyp (Abb. 1): Aufbau von Datentypen

Fügt man noch Vererbung und Nachrichtenaustausch hinzu, so kann man auch „Objekte“ als konkrete Datentypen auffassen (↑ objektorientierte Programmierung).
Als Schlüsselworte für Datentypen verwendet man oft:

für ⟨Schlüsselwort 1⟩:

class, structure, module, package;

für ⟨Schlüsselwort 2⟩:

begin (wie bei Blöcken), body;

als ⟨abschließendes Schlüsselwort⟩:

end, end structure, end package.

Übliche Beispiele für Datentypen sind die Standarddatentypen ↑integer, ↑real, ↑boolean und ↑char und zusammengesetzte Strukturen wie der längenbeschränkte ↑ Keller, die Schlange und die Menge der Teilmengen („Potenzmenge“) zu einer Menge. Im Folgenden werden die Begriffe an den Datentypen „boolean“ und „längenbeschränkter Keller“ ausführlich erläutert.

►*Beispiel 1:* Datentyp boolean.
Dieser Datentyp besitzt den Wertebereich {true, false}. Hierauf sind die Operationen not, and, or, equiv, impl und die Fallunterscheidung ifthenelse definiert. Der Datentyp boolean wird hier als abstrakter Datentyp formuliert (s. Prog. 1). Er ist folgendermaßen zu lesen:
Der Datentyp boolean 1 besitzt einen Wertebereich (mode, dt. *Art, Sorte*), der hier durch den Bezeichner w benannt wird. Es sind auf w gewisse Operationen zugelassen, und zwar

- die nullstellige Operation „true“, d. h., es gibt in w eine Konstante mit Namen „true“,
- die einstellige Operation „not“ (gemeint ist die logische ↑Negation),
- die zweistelligen Operationen „and“ (logische ↑ UND-Funktion), „or“ (logische ↑ODER-Funktion), „equiv“ (↑Äquivalenz oder Gleichheit von Werten) und „impl“ (logische Folgerung „⇒“, auch ↑Implikation genannt),
- die dreistellige Operation „ifthenelse“; statt ifthenelse (a, b, c) schreibt man üblicherweise „if a then b else c“.

Durch mode und functions wird die so genannte *Signatur* festgelegt, nämlich die Liste der Bezeichner für Wertebereiche und Operationen. Mit den Operationen wird stets ihre *Stelligkeit* angegeben:

functions (w, w) w qrs

bedeutet also: Es wird eine Operation (Funktion) qrs eingeführt, die zwei Argumente aus dem zu w gehörenden Wertebereich besitzt und deren Ergebnis wiederum ein Element aus dem zu w gehörenden Wertebereich ist.
Im Anschluss an die Signatur folgen die *Axiome* oder *Gesetze,* hier eingeleitet durch das Schlüsselwort laws (dt. Gesetze). Jedem Gesetz wird eine Abkürzung als Name gegeben, hier durch Großbuchstaben dargestellt. Das Gesetz ASS beschreibt die Assoziativität der Operation and, KOMM deren Kommutativität, NEG die Tatsache, dass die doppelte Negation wieder das Argument liefert, und EX den gegenseitigen Ausschluss von einem Argument und seiner Negation (↑ boolesche Algebra). Die Gesetze ODER, ÄQUI, IMPL, IF1 und IF2 definieren die übrigen Operationen mithilfe von true, not und and.
Der Parameterteil entfällt, was durch das Klammerpaar vor dem ersten Doppelpunkt angezeigt wird; ebenso fehlt der Implementierungsteil. ◀

boolean 1 spiegelt nur die Struktur eines konkreten Datentyps wider. Jeder Wertebereich mit Operationen der angegebenen Stelligkeit, die die Gesetze erfüllen, heißt *Modell* des abstrakten Datentyps. In der Regel möchte man die Signatur und die Gesetze so wählen, dass es im Wesentlichen nur ein einziges Modell für den abstrakten Datentyp gibt. Für boolean 1 ist dies nicht der Fall, vielmehr besitzt boolean 1 unendlich viele Modelle, z. B. die drei folgenden:

▶ *Beispiel:* Modell 1 zu boolean 1: Der Wertebereich von w sei die einelementige Menge $M_1 = \{0\}$. Es stehe „true" für das Element 0. Die Operationen können nur auf eine Weise gewählt werden, z. B.

and (0, 0) = 0, impl (0, 0) = 0,
ifthenelse (0, 0, 0) = 0.

Alle Gesetze sind erfüllt, auch die Gesetze IF1 und IF2, da true und not(true) und y und z zusammenfallen. ◀

▶ *Beispiel:* Modell 2 zu boolean 1: Man wähle als Wertebereich für w die Menge der Wahrheitswerte {true, false} und setze false = not(true). Die Operationen definiere man wie üblich auf der Menge der Wahrheitswerte (↑ boolean). Dann sind die Gesetze erfüllt. ◀

```
structure boolean 1 = ( ):
   mode w;
   functions  ( ) w true,
              (w) w not,
              (w, w) w and, or, equiv, impl,
              (w, w, w) w ifthenelse;
   laws ASS: and (and (x, y), z) = and (x, and (y, z)),
        KOMM: and (x, y) = and (y, x),
        NEG: not (not (x)) = x,
        ODER: or (x, y) = not (and (not (x), not (y))),
        ÄQUI: equiv (x, y) = or (and (x, y), and (not (x), not (y))),
        IMPL: impl (x, y) = or (not (x), y),
        IF1: ifthenelse (true, y, z) = y,
        IF2: ifthenelse (not(true), y, z) = z,
        EX: and (x, not (x)) = not(true)
endstructure
```

Datentyp (Prog. 1): Datentyp boolean

▶ *Beispiel 3:* Modell 3 zu boolean 1: Als Wertebereich für w wähle man die ganzen Zahlen ℤ. Es stehe „true" für die Zahl „1", und man wähle
- für not das Negative einer Zahl,
- für and und für or die Addition zweier Zahlen,
- für equiv die konstante Funktion *null*, d. h. *null* $(a, b) = 0$ für alle $a, b \in \mathbb{Z}$,
- für impl die Subtraktion *sub* der ersten Zahl von der zweiten, d. h. $sub\ (a, b) = b - a$ für alle $a, b \in \mathbb{Z}$,
- für ifthenelse die Funktion

$$f(a,b,c) = \begin{cases} b \text{ falls } a = 1, \\ c \text{ sonst.} \end{cases}$$

Man prüft leicht nach, dass wiederum alle Gesetze erfüllt sind. ◀

Ein abstrakter Datentyp heißt *monomorph,* wenn er im Wesentlichen nur ein Modell besitzt, anderenfalls heißt er *polymorph.* (Genauer: Das Modell muss aus den Operationen „erzeugbar" sein; Erläuterung siehe unten im Beispiel.) Um boolean 1 monomorph zu machen, füge man die drei Gesetze:

UND1 : and (true, true) = true
UND2 : and (not(true), not(true)) = not(true)
ZWEI : true ≠ not(true)

hinzu. Das Gesetz ZWEI erzwingt, dass mindestens zwei Elemente vorhanden sind, und die Gesetze UND1 und UND2 zusammen mit EX und KOMM definieren die Operation and auf der Menge {true, not(true)}. Wendet man auf true und not(true) alle Operationen des abstrakten Datentyps an, so erhält man wegen der Gesetze keine neuen Elemente mehr. Das *aus den Operationen erzeugbare Modell* ist somit eindeutig bestimmt. Den aus boolean 1 mit den drei weiteren Gesetzen erhaltenen abstrakten Datentyp nennen wir boolean; sein Modell ist der Standarddatentyp boolean, wie er in Programmiersprachen bekannt ist. (Wegen der Eindeutigkeit des Modells benutzen wir für den abstrakten Datentyp und für sein Modell hier die gleiche Bezeichnung.) Die Implementierung des Datentyps boolean ist geräteabhängig. Meist realisiert man true durch „1" und not(true) durch „0"; die Realisierung der Operationen ergibt sich dann zwangsläufig aus den Gesetzen des abstrakten Datentyps boolean.

▶ *Beispiel 2:* Datentyp *„längenbeschränkter Keller"* (vgl. Prog. 2).
Dieser Datentyp ist wie eine Groschenbox oder ein Ablagekorb aufgebaut

```
structure LBK = (mode Δ, nat max: max > 0,
                 based on boolean, based on nat):
  mode lbs Δ;
  functions ()lbs Δ empty,
            (lbs Δ) boolean isempty, isfull,
            (lbs Δ) Δ top,
            (lbs Δ) lbs Δ pop,
            (lbs Δ, Δ) lbs Δ push,
            (lbs Δ) nat length,
  laws LEER:  (x = empty) ⇔ isempty(x),
       VOLL:  (length(x) = max) ⇔ isfull(x),
       LIFO:  not isfull(x) ⇒ pop (push(x,d)) = x,
       KON:   not isempty(x) ⇒ push (pop(x), top(x)) = x,
       OBEN:  not isfull(x) ⇒ top (push(x, d)) = d,
       ANZ:   not isfull(x) ⇒ length (push(x, d)) = length(x)+ 1,
       ANZ0:  length (empty) = 0
end structure
```

Datentyp (Prog. 2): abstrakter Datentyp „längenbeschränkter Keller"

Eine **Groschenbox** kann Geldstücke aufnehmen, die man in umgekehrter Reihenfolge wieder herausziehen kann (Abb.2).

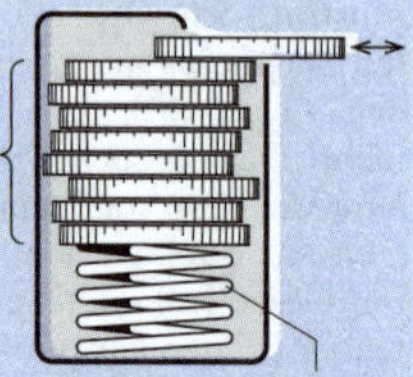

Abb.2: Groschenbox

Für den Benutzer bleibt das Innenleben der Groschenbox verborgen. Von außen sieht man die Groschenbox nur wie in Abb.3.

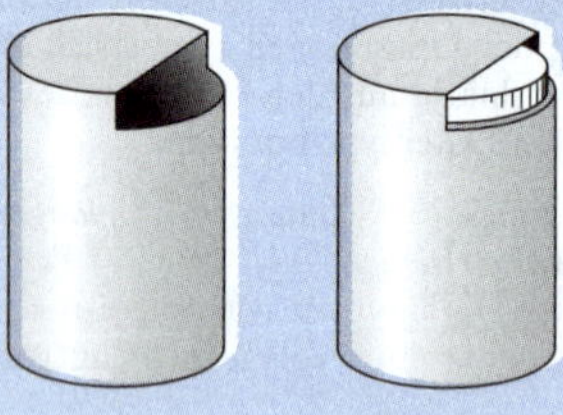

Abb.3: Außenansicht der Groschenbox

Eine Groschenbox ist entweder leer oder nicht leer. Man kann ein Geldstück hinzufügen, sofern die Groschenbox nicht voll ist, oder man kann das oberste Geldstück entfernen, sofern die Groschenbox nicht leer ist. Der konkrete Datentyp "Groschenbox" besitzt also die Operationen des längenbeschränkten Kellers:

- Abfragen: leer?, voll? (engl. *empty?, full?*)
- Hinzufügen (engl. *push*)
- Oberstes Geldstück entnehmen (engl. *pop*)

(Abb. 2 und 3). In einem Keller können Elemente, die vom gleichen Datentyp sind, übereinander gelegt werden („push“). Man kann jeweils nur das oberste Element („top“) des Kellers entfernen („pop“). Die maximale Höhe max des Kellers und der Datentyp Δ (Δ = griech. Buchstabe, sprich: Delta), den die Elemente des Kellers besitzen, werden als Parameter übergeben. Weiterhin muss man die Anzahl der Elemente im Keller („length“) kennen und man muss feststellen können, ob der Keller leer („isempty“) oder voll („isfull“) ist. Den abstrakten Datentyp „längenbeschränkter Keller“, abgekürzt LBK, findet man in Prog. 2. ◀

Bedeutung dieser Formulierung: Es wird ein abstrakter Datentyp LBK definiert, der einen Datentyp Δ und eine natürliche Zahl max, die größer als 0 sein muss, verwendet. Weiterhin werden die Datentypen boolean und nat (= natürliche Zahlen mit den üblichen Operationen +, –, ... und den Konstanten 0, 1, 2, ...) als bekannt vorausgesetzt („based on“). Eigentlich hätte man „structure Δ“ statt „mode Δ“ schreiben müssen; da wir aber hier von dem Datentyp Δ nur den Wertebereich (also die Datenstruktur der Elemente von Δ) und nicht die zugehörigen Operationen benötigen, genügt es, mode Δ zu verwenden. Damit ist der Parameterteil beendet und es werden anschließend die zu LBK gehörenden Bezeichner für die Wertebereiche (hier nur ein Wertebereich für den Keller, bezeichnet durch lbs Δ) und für die Operationen aufgelistet. Bei den Operationen (functions) muss jeweils die Stelligkeit angegeben werden. „(lbs Δ) nat length“ bedeutet also, dass es eine Funktion length vom Wertebereich, der durch lbs Δ bezeichnet wird, in die natürlichen Zahlen gibt; anschaulich ordnet length jedem Keller seine Länge, d. h. die Anzahl seiner Elemente zu. Analog bezeichnet dann „(lbs Δ, Δ) lbs Δ push“ eine Funktion, die jedem Keller x und jedem Element d aus Δ einen neuen Keller zu-

ordnet (und zwar den Keller, der aus x entsteht, wenn man d auf x legt). empty bezeichnet den leeren Keller.
Das Schlüsselwort laws leitet die Gesetze ein. Der leere Keller soll der einzige Keller sein, für den isempty den Wahrheitswert true besitzt; statt „isempty(x) = true“ schreibt man bei logischen ↑Ausdrücken nur „isempty(x)“. Der Keller ist voll, wenn die Anzahl seiner Elemente gleich der Maximalzahl max ist. Das Gesetz *LIFO* (Abkürzung für engl. *last in, first out*) beschreibt die Arbeitsweise des Kellers: Das zuletzt hinzugefügte Element d wird mittels pop wieder entfernt. Das Gesetz KON besagt: Wenn man das oberste Element top(x) wieder auf den um ein Element verringerten Keller pop(x) legt, so erhält man den ursprünglichen Keller x zurück, sofern x nicht leer war. Das in einen Keller zuletzt hineingelegte Element d ist stets sein oberstes Element (Gesetz OBEN). Die Gesetze ANZ und ANZ0 definieren die Funktion length.
Dieser abstrakte Datentyp ist (fast) monomorph. Zum Beispiel beschreibt length tatsächlich die Anzahl der Elemente eines Kellers: Denn aus ANZ folgt:

length(x) = length (push(x, d)) − 1

und aus LIFO erhält man dann:

length (pop(push(x, d))) =
length(x) = length(push(x, d)) − 1,

d. h.

length (pop(y)) = length (y) − 1

für jeden nichtleeren Keller y.
LBK ist aber nur fast monomorph, da die Fehlerfälle nicht geregelt sind. So kann man aus den Gesetzen keine Eigenschaften von pop(empty) oder top(empty) schließen. Man könnte einen besonderen Keller „error“ (engl. für „Fehler“) in den Datentyp aufnehmen, d. h. unter functions

( ) lbsΔ error

einfügen, und die Gesetze bezüglich error ergänzen; z. B.:

F1: pop(empty) = error,
F2: pop(error) = error,
F3: push(error, d) = error.

Damit ist aber noch nicht erklärt, was top(empty) sein soll. Man müsste auch für den Datentyp Δ ein Fehlerelement „error Δ“ einführen und die Gesetze entsprechend ergänzen. Da man aber den Parameter Δ nicht kennt, muss man entweder eine Annahme über ein Fehlerelement von Δ im Parameterteil einsetzen oder man muss statt Δ einen Datentyp Δ ∪ {error Δ} mit einem neuen Fehlerelement, das es in Δ nicht gibt, einführen. Hierdurch verkomplizieren sich Datentypen außerordentlich, sodass man den Datentyp bis auf die Fehlerfälle monomorph definiert und die Fehlerfälle der Implementierung überlässt.
Kommen wir nun zum konkreten Datentyp *„längenbeschränkter Keller“* (über einem Datentyp Δ). Einen Keller implementiert man meist als spezielle ↑lineare Liste, als ↑ Datei mit direktem Zugriff oder als eindimensionales ↑ Feld. Wir wählen das Feld. Ein Index t weist stets auf das oberste Element des Kellers. Die Operationen von LBK ergeben sich dann zwangsläufig. Den konkreten Datentyp LBK findet man in Prog. 3.
Da wir uns hier in einer konkreten Programmiersprache befinden, kann der Verweis „based on …“ entfallen. Ein Keller, der aus den Elementen d_1, d_2, …, d_k in dieser Reihenfolge besteht, wird im Feld s in den ersten k Komponenten abgelegt; es ist dann t = k, und es gilt s[i] = d_i für i = 1, 2, …, k. Die Operation pop kann einfach durch Herunterzählen von t realisiert werden; das zu entfernende Element braucht nicht gelöscht zu werden, da nur die ersten t Komponenten von s betrachtet werden und da beim Erhöhen von t, also bei einer push-Operation, die früher gespeicherten Elemente überschrieben werden. Der „Fehlerabbruch“ muss noch gesondert programmiert werden.
Wie setzt man einen solchen konkreten Datentyp in der Programmierung ein? Eine wichtige Möglichkeit ist: Man er-

zeugt ein Exemplar (↑Inkarnation, ↑Instanz) des konkreten Datentyps und kann die Operationen unmittelbar verwenden. Als Beispiel betrachte man das *Spiegeln* einer einzulesenden Folge von 1000 Zeichen. Diese Zeichen werden der Reihe nach in einem Keller abgelegt, und anschließend wird der Keller ausgelesen. Beim Erzeugen eines Exemplars muss man die Parameter angeben: char für Δ und 1000 für max.

```
var Keller: LBK; i: 1..1000; d: char;
.
.
.
new Keller (char, 1 000);
   (* Hierdurch wird ein Exemplar unter
   dem Namen „Keller" erzeugt *)
Keller.empty;
for i:= 1 to 1000 do
begin read(d); Keller.push(d) end;
for i:= 1 to 1000 do
begin write (Keller.top); Keller.pop
end;
.
.
.
```

In Programmiersprachen wie Ada und SIMULA können die Exemplare von konkreten Datentypen untereinander kommunizieren; sie können Daten austauschen und sich gegenseitig aktivieren. Dadurch kann man zusätzlich ↑Prozesse realisieren. Dies ist aber nur als „Hilfslösung" anzusehen, da die Prozesskommunikation mit den hier verwendeten Gesetzen nicht angemessen beschrieben werden kann. Dazu müssen die Gesetze um einen Zeit-Begriff erweitert werden. Datentypen schaffen größere beherrschbare Einheiten in der Programmierung. Die Import-Export-Teile definieren eine klare ↑ Schnittstelle, die Gesetze beschreiben die Eigenschaften, die für die Anwendung wesentlich sind, und sie erhöhen die Sicherheit im Umgang mit schwer überschaubaren Strukturen. Der Implementierungsteil bleibt vor dem Benutzer verborgen *(Kapselung, Geheimnisprinzip),* er kann unabhängig vom sonstigen Programm erstellt, verändert oder ausgetauscht werden. Ein abstrak-

```
structure LBK = (mode Δ, nat max: max > 0):
   mode lbsΔ;
   functions ( )lbsΔ empty,
               (lbsΔ) boolean isempty, isfull,
               (lbsΔ) Δ top,
               (lbsΔ) lbsΔ pop,
               (lbsΔ, Δ) lbsΔ push,
               (lbsΔ), nat length;
   begin (* Implementierungsteil, PASCAL-ähnlich formuliert *)
      var s: array [1 .. max] of Δ;
         t: 0..max;
      procedure empty; begin t:=0 end;
      function isempty: boolean; begin isempty:=(t=0) end;
      function isfull: boolean; begin isfull:=(t=max) end;
      function top: Δ;
         begin if isempty then „Fehlerabbruch" else top:=s[t] end;
      procedure pop;
         begin if isempty then „Fehlerabbruch" else t:=t-1end;
      procedure push (d:Δ);
         begin if isfull then „Fehlerabbruch"
            else begin t := t+1; s[t]:=d end end;
      function length: integer; begin length := t end
   end
end structure
```

Datentyp (Prog. 3): konkreter Datentyp „längenbeschränkter Keller"

ter Datentyp kann als „Blackbox mit Gebrauchsanleitung" aufgefasst werden. Datentypen fördern das Baukastenprinzip und modulartiges Vorgehen, wie es sich in den Ingenieurwissenschaften bewährt hat. Eine besondere Bedeutung besitzt hierbei die Spezifizierung und Normung von Schnittstellen, die durch das Konzept der Datentypen stark erleichtert wird.

Datenübertragung (engl. *data transmission, data transfer*): Transport von Daten zwischen zwei oder mehreren räumlich beliebig weit voneinander entfernten Geräten (Datenstationen). Die Übertragungen erfolgen in verschiedenen Schichten und laufen nach genau festgelegten Protokollen ab.

Von *Datenfernübertragung* spricht man, wenn die beteiligten Datenstationen mindestens mehrere Kilometer voneinander entfernt sind. Die zur Datenfernübertragung eingesetzten Verfahren unterscheiden sich meist wesentlich von denen, die zur Übertragung zwischen an einem Ort befindlichen Geräten verwendet werden.

Die allgemeine Situation bei der Datenübertragung zeigt Abb. 1: Zwei Datenstationen sind über einen Datenübertragungsweg verbunden.

Jede Datenstation besteht aus einer *Datenendeinrichtung* und einer *Datenübertragungseinrichtung,* die über eine genormte ↑ Schnittstelle miteinander verbunden sind. Dadurch wird die Datenendeinrichtung weitgehend unabhängig von der Art der Datenübertragungseinrichtung. Zugleich endet bei der Inanspruchnahme öffentlicher Datenübertragungswege (z. B. der Deutschen Telekom) die Zuständigkeit an der Schnittstelle. Alle Dienstleistungen werden „frei Schnittstelle" erbracht. Die verbreitetste normierte Schnittstelle zwischen Computern sowie ihren Peripheriegeräten ist unter der Bezeichnung ↑ V.24 bekannt. Der Übergang zu öffentlichen Netzen erfolgt über die X.25-Schnittstelle (siehe unten).

Datenendeinrichtung: Eine Datenendeinrichtung besteht aus einer *Fernbetriebseinheit* und einem *Datenendgerät.*

Die Fernbetriebseinheit hat folgende Aufgaben, die zum Teil auch von der Datenübertragungseinrichtung wahrgenommen werden:

- Schritttakterzeugung:
  Erzeugung eines regelmäßigen Taktes, mit dem Daten oder Datenblöcke übertragen werden;
- ↑ Synchronisation;
- Einhaltung des gleichen Schritttaktes bei zwei Datenstationen während der Datenübertragung;
- ↑ Parallel-Serien-Umsetzung;
- ↑ Datensicherung und Fehlerschutz;
- Steuerung und Koordinierung der Datenübertragung: Festlegung, welche Datenstation sendet und empfängt und wann die Übertragung beendet ist.

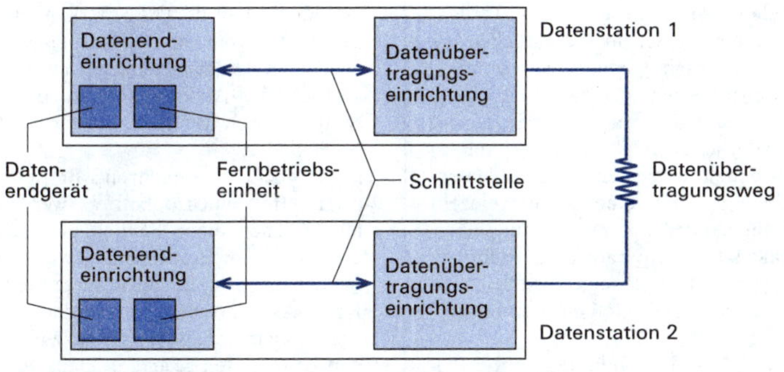

Datenübertragung (Abb. 1): allgemeine Situation bei der Datenübertragung

Das Datenendgerät enthält Ein- und Ausgabeeinheiten, einen Speicher und mindestens einen ↑Mikroprozessor.

Datenübertragungseinrichtungen: Sie verbinden (meist öffentliche) Übertragungswege über genormte Schnittstellen mit Datenendeinrichtungen und enthalten folgende Funktionseinheiten:

- *Signalumsetzer:* Anpassung zu sendender Daten an die Eigenschaften des Übertragungsweges und Umwandlung empfangener Signale in eine für die Schnittstelle vorgeschriebene Form.
- *Anschalteinheit:* Auf- und Abbau von Datenverbindungen, z. B. durch Sendung eines Rufsignals an eine andere Datenstation oder durch Anwahl einer Datenstation mithilfe einer in der Anschalteinheit integrierten manuellen oder automatischen Wähleinrichtung.
- *Synchronisiereinheit:* Erzeugung und Einhaltung eines konstanten Sende- und Empfangstaktes.
- *Fehlerschutzeinheit:* Erkennung und Behebung von Übertragungsfehlern.

Die Komponenten Synchronisiereinheit und Fehlerschutzeinheit sind häufig auch in der Datenendeinrichtung realisiert.

↑Modem und ↑Akustikkoppler sind Beispiele für Datenübertragungseinrichtungen zur Datenübertragung über das Telefonnetz.

Betriebsarten: Daten können in einem Datenübertragungssystem auf viele verschiedene Arten ausgetauscht werden. Man unterscheidet im Wesentlichen die folgenden, auch gemischt vorkommenden Betriebsarten:

- ↑serielle und ↑parallele Betriebsarten: Bei der seriellen Übertragung (Abb. 2) werden die einzelnen Bits eines Datenelements (z. B. eines Bytes) einzeln nacheinander über eine Leitung übertragen, bei der parallelen Betriebsweise (Abb. 3) werden alle Bits gleichzeitig über jeweils eine Leitung transportiert;
- ↑ Simplex-, ↑ Halbduplex- und ↑ Duplex-Betriebsarten: Im Simplexbetrieb (Abb. 4) kann ein System nur senden und das andere nur empfangen, im Halbduplexbetrieb (Abb. 5) kann jedes System senden und empfangen, aber nicht beides gleichzeitig, im Duplexbetrieb (Abb. 6) können beide Systeme nach Belieben senden und empfangen.
- synchrone und asynchrone Betriebsarten: Im Synchronbetrieb werden alle Zeichen einer Sendefolge nach einem festen Zeitschema zwischen Sender und Empfänger ausgetauscht. Beim Asynchronbetrieb werden die Zeichen einer Sendefolge zu zufälligen Zeitpunkten gesendet. Damit der Empfänger Sendungen erkennen

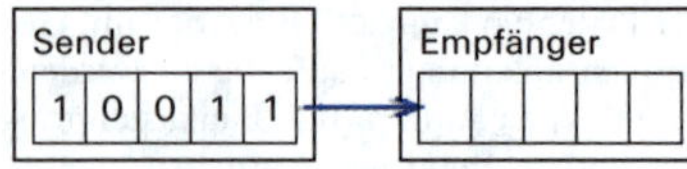

Datenübertragung (Abb. 2): serielle Betriebsart

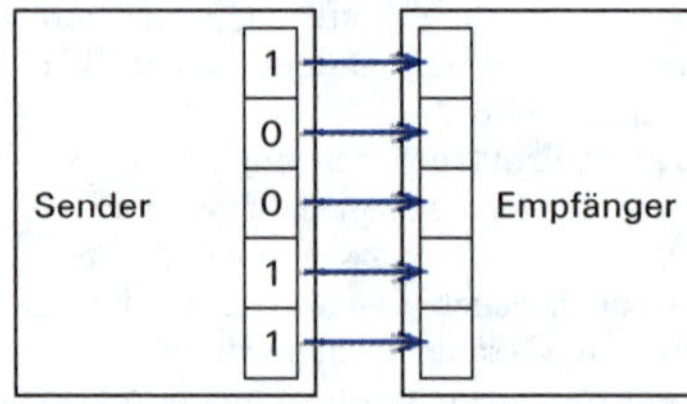

Datenübertragung (Abb. 3): parallele Betriebsart

Datenübertragung (Abb. 4): Simplex-Betriebsart

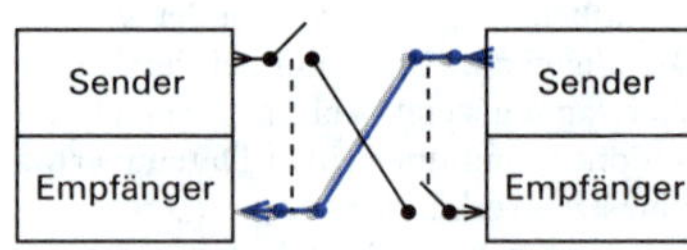

Datenübertragung (Abb. 5): Halbduplex-Betriebsart

kann, versieht der Sender Nachrichten mit Anfangs- und Endesymbolen (↑ Start-Stop-Betrieb; ↑ Synchronisation, ↑ATM).

Datenübertragungsverfahren: Bevor zwei Datenstationen Daten austauschen können, müssen zahlreiche Vereinbarungen nicht nur über technische Aspekte, z. B. verwendete ↑ Codes, Betriebsart, Übertragungsgeschwindigkeit usw., sondern insbesondere auch über den algorithmischen Ablauf der Übertragung getroffen werden, z. B. welche Station wann und wie lange sendet, wie empfangene Daten quittiert werden, was bei Übertragungsfehlern zu geschehen hat usw.

Die Festlegung dieses algorithmischen Ablaufs bezeichnet man als *Übertragungsprozedur* oder *Kommunikationsprotokoll* (auch kurz ↑ Protokoll). Eine Datenübertragung verläuft allgemein in fünf Phasen, von denen nur die 2. bis 4. Phase Bestandteil einer Übertragungsprozedur sind:

1. Phase: Verbindungsaufbau (bei Wählverbindungen);

2. Phase: Aufforderung einer Datenstation an eine andere, mit ihr Daten auszutauschen;

3. Phase: Datenaustausch;

4. Phase: Beendigung des Datenaustauschs;

5. Phase: Verbindungsabbau (bei Wählverbindungen).

Protokollhierarchie: Die ↑ Betriebssysteme verschiedener Rechenanlagen können meist keine Daten untereinander austauschen. Gerade dies muss aber beim Aufbau und Betrieb von ↑Rechnernetzen sichergestellt werden. Alle Rechenanlagen müssen daher eine „standardisierte Kommunikationsbasis" besitzen. Die erwähnten Übertragungsprozeduren sind für diese Zwecke zwar geeignet, aber zu schwerfällig, zu maschinennah und wenig benutzerfreundlich. Im Jahre 1979 entwickelte die ↑ ISO einen Vorschlag für ein *Schichtenmodell* (Abb. 7) in ↑offenen

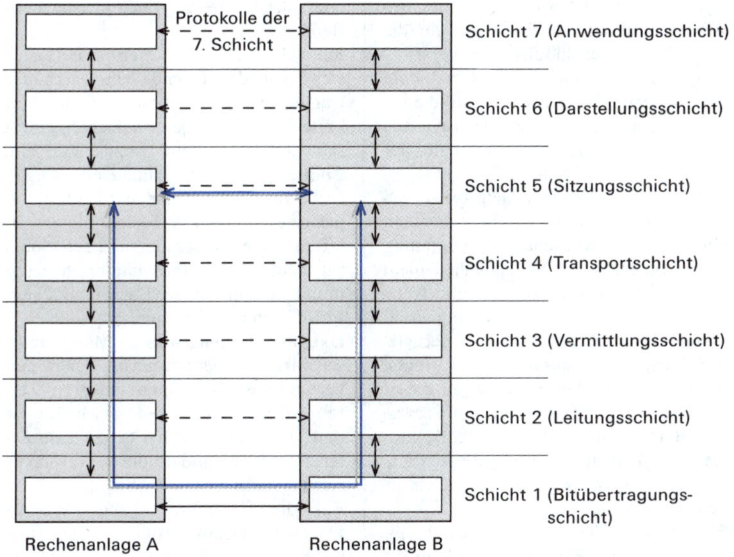

Datenübertragung (Abb. 7): ISO-Schichtenmodell

Systemen, genannt *OSI-Referenzmodell* (OSI = open systems interconnection). Jedes am Rechnernetz beteiligte Rechnersystem besteht aus sieben Schichten. Die Prozesse einer Schicht bilden eine Kommunikationsprotokollebene und werden nur durch Prozesse der unmittelbar darunter liegenden Schicht realisiert. Die gestrichelten Pfeile in Abb. 7 zeigen den logischen Kommunikationsfluss zwischen Prozessen einer Schicht auf verschiedenen Rechenanlagen. Die übrigen Pfeile markieren den tatsächlichen Kommunikationsfluss. Die auf allen Rechnern eines Rechnernetzes eingerichtete Protokollhierarchie bewirkt eine einheitliche Sichtweise und eine standardisierte Abwicklung aller Kommunikationsvorgänge.

Im Einzelnen haben die Schichten folgende Aufgaben:

1. Schicht – **Physikalische Schicht** (engl. *physical layer*): Diese Schicht baut physikalische Verbindungen zwischen Datenendeinrichtungen und Datenübertragungseinrichtungen auf, leistet den Transport der Daten in Form eines Bitstromes und sorgt anschließend für die Freigabe der Verbindung.

2. Schicht – **Leitungsschicht** (engl. *data link layer*): Datenübertragungsdienst, der die unterschiedlichen Eigenschaften von Datenverbindungen innerhalb der 1. Schicht vor der Schicht 3 verbirgt.

3. Schicht – **Netzwerkschicht** (engl. *network layer*): Möchte ein Benutzer mit einer anderen Rechenanlage kommunizieren, die mit seiner Rechenanlage nicht direkt verbunden ist, so sorgt die Netzwerkschicht für die Bestimmung eines Kommunikationsweges im Rechnernetz.

4. Schicht – **Transportschicht** (engl. *transport layer*): Dienstleistungen dieser Schicht sind: Adressierung von Prozessen, Bereitstellung von Fehlerkorrekturmechanismen, automatische Benachrichtigung von Prozessen über für sie eingehende Nachrichten usw.

5. Schicht – **Sitzungsschicht** (engl. *session layer*): Die Sitzungsschicht baut für kooperierende Prozesse gemeinsame Umgebungen auf, z. B. gemeinsame Datenbereiche. Sie stellt hierzu ↑ Dienste bereit, die die Zugriffe mehrerer Prozesse auf diese Datenbereiche synchronisieren.

6. Schicht – **Darstellungsschicht** (engl. *presentation layer*): Aufgabe dieser Schicht ist es, die in den Schichten 1 bis 5 vorherrschende geräte- und maschinenorientierte Sichtweise in eine problemorientierte umzuwandeln.

Dem Benutzer werden auf dieser Schicht u. a. angeboten:

- ein virtuelles Terminal,
- Protokolle zum Versenden von ↑ Dateien *(Dateitransfer),*
- Protokolle zum Versenden und Ausführen von ↑ Aufträgen auf anderen Anlagen *(Jobtransfer).*

7. Schicht – **Anwendungsschicht** (engl. *application layer*): In der Anwendungsschicht befinden sich alle Anwendungsprozesse. Alle übrigen Schichten erbringen für diese Schicht Dienstleistungen. Typische Anwendungsprozesse der Schicht 7 sind: Benutzerprogramme, Datenbanksysteme, im Dialog arbeitende Benutzer.

Die Schichten 1 bis 3 werden normalerweise von den öffentlichen Datenübertragungswegen angeboten. Für die konkrete Gestaltung dieser Schichten gibt es seit 1976 unter dem Namen *X.25* eine Empfehlung der damaligen *CCITT* (Abk. für **C**omité **C**onsultatif **I**nternational **T**élégraphique et **T**éléphonique = Internationaler Telegrafen- und Telefonbeirat, heute: *ITU* = international telecommunication union; der Buchstabe X steht für öffentliches Datennetz).

Datenübertragungswege: Man unterscheidet *Standleitungen,* bei denen eine Verbindung über einen längeren Zeitraum besteht und fest geschaltet ist, und *Wählleitungen,* bei denen eine Datenstation eine andere durch Anwahl erreichen kann.

Für die Datenübertragung stellt die Deutsche Telekom als der größte Anbieter im Wesentlichen drei verschiedene Übertragungswege zur Verfügung, die unter dem Namen *„Datel-Dienste“* (Datel = Abk. für **Da**ta **Tel**ecommunications) zusammengefasst sind: das *Fernsprechnetz,* das *Fernschreibnetz (Telexnetz)* und das *Datexnetz.* Alle erwähnten Netze lassen nur Wählverbindungen zu. Die Netze unterscheiden sich vorwiegend durch die maximal möglichen ↑ Datenübertragungsraten und die *Bitfehlerwahrscheinlichkeiten.* Letztere geben Auskunft darüber, auf wie viele übertragene ↑*Bits* im Mittel ein Bit falsch übermittelt wird.

Im Fernsprechnetz wurden Daten üblicherweise mit einer Datenübertragungsrate von 9 600 bis 33 600 Bit/s übertragen. Die Bitfehlerwahrscheinlichkeit lag bei etwa $5 \cdot 10^{-5}$ bis $2 \cdot 10^{-4}$ (d. h., auf 5 000 bis 20 000 übertragene Bits kommt ein Fehler).

↑ ISDN besitzt eine Datenrate von 192 000 Bit/s, wovon 56 600 für eine Anwendung genutzt werden können. Höhere Raten werden durch ADSL (↑ DSL) möglich.

In den obigen Netzen sind zwei Datenstationen während des Datenaustausches ununterbrochen direkt miteinander verbunden. Bei *Datenpaketdiensten* (z. B. im ↑ Internet) steht der Sender einer Nachricht nicht unmittelbar mit dem Empfänger in Verbindung. Der Sender übergibt seine mit der Adresse des Empfängers versehene Nachricht dem Netz, das diese selbstständig an den Empfänger übermittelt. Hier sind Raten von Hunderten von Millionen Bit/s bereits realisiert (↑ATM, ↑DATEX-Netze).

Datenübertragungsrate: Maß für die Geschwindigkeit, mit der Daten zwischen zwei Datenstationen übertragen werden (↑ Datenübertragung). Die Datenübertragungsrate ist gegeben durch die Zahl der innerhalb einer Sekunde übertragenen ↑Bits. Die Maßeinheit für die Datenübertragungsrate ist das *bps* (= **b**its **p**er **s**econd). Bei der Übertragung binärer Signale gilt:

1 bps = 1 ↑Baud. Übliche Übertragungsraten in öffentlichen Netzen liegen zwischen 56 000 bps (↑ISDN) und 140 Millionen bps (↑DATEX-Netze), vgl. auch ↑ATM und ↑DSL.

DATEX-Netze: Netze der Deutschen Telekom, um die Übertragung digitaler Daten abwickeln zu können. Die Übertragungsraten liegen meist zwischen 9 600 und 56 600 Bit/s. Man unterscheidet:

- DATEX-L: Netz für Leitungsvermittlung. Während des Datenaustauschs mit einem Partner wird die Verbindung stabil aufrechterhalten (synchroner Datenaustausch).
- DATEX-P: Paketvermittelter Dienst. Die Daten des Senders werden in so genannte *Pakete,* dies sind kleine Einheiten der Länge 128 Byte, zerlegt, mit der Empfängeranschrift versehen und einzeln zum Empfänger geschickt. Die beim Empfänger eintreffenden Pakete werden dort sortiert und angezeigt (asynchrone Datenübermittlung).
- DATEX-J: Netz für „jedermann“. Hier handelt es sich im Wesentlichen um den ehemaligen ↑ Bildschirmtext, worüber auch ein Datenaustausch zwischen Computern möglich ist. Für dieses Netz kann man Suchhilfen nach Anbietern, Sachgebieten oder Schlagwörtern nutzen.
- DATEX-M: Öffentliches Hochgeschwindigkeitsnetz im Übertragungsbereich von bis zu 140 Megabit pro Sekunde. Die unternehmensinterne Datenkommunikation kann unmittelbar angeschlossen oder mitversorgt werden.

Auf den Netzen sind die Dienste der Telekom verfügbar. Zurzeit ist der ↑T-Online-Dienst der wichtigste.

Datum: kleinstes unteilbares Element des Wertebereichs eines ↑Datentyps. In der Informatik definiert man den Begriff des Datums häufig sehr viel umfassender als spezielles ↑Signal bzw. als ↑Nachricht oder Teil einer Nachricht, die so dargestellt ist, dass sie maschinell verarbeitet werden kann.

Je nach Zielsetzung kann man Daten auf verschiedene Arten gruppieren.

▶*Beispiele:*
a) *Eingabedaten* und *Ausgabedaten*
Ein Programm löst i. A. eine Vielzahl von Problemen. Die Eingabedaten bestimmen, welches konkrete Problem hiervon bearbeitet wird; die Ausgabedaten liefern die Lösung dieses Problems.
b) *Aktive* und *passive Daten*
Aktive Daten (z. B. Programmbefehle) kontrollieren und steuern den Verarbeitungsprozess, passive Daten (z. B. Eingabedaten) werden dem Verarbeitungsprozess unterworfen.
c) *Numerische* und *alphanumerische Daten*
Numerische Daten setzen sich aus Ziffern und bestimmten Sonderzeichen (wie Vorzeichen + und −) zusammen, alphanumerische Daten bestehen aus beliebigen ↑Zeichen des Zeichenvorrats (Ziffern, Buchstaben, Sonderzeichen, ↑Code). ◀

Debugging [engl. 'di: 'bʌgɪŋ] *(Fehlerverfolgung und Fehlerbeseitigung):* Während und nach der Erstellung von Programmen müssen mögliche Fehler erkannt, lokalisiert und beseitigt werden. Diesen Vorgang bezeichnet man als Debugging (aus dem Amerikanischen: „bug" = kleines Insekt, speziell auch Wanze, im übertragenen Sinne: Fehler, „debug" = Beseitigen von Wanzen/Fehlern. Die Bezeichnung soll daher stammen, dass in einer der ersten Rechenanlagen im Jahre 1947 ein Fehler durch ein Insekt, vermutlich eine Motte, ausgelöst wurde). Vgl. ↑Testen.
Eine übliche Methode ist das Testen (↑Software-Engineering) von Programmen durch Protokollierung der Programmausführung. Um gezielt Teile des Programms auszutesten, besitzen viele ↑Betriebssysteme zu einigen Programmiersprachen ein Dienstprogramm, das als *Debugger* bezeichnet wird. Der Debugger verfolgt Schritt für Schritt die Ausführung des zu testenden Programms (↑Ablaufprotokoll). Der Programmablauf kann durch den Programmierer angehalten werden, um mithilfe des Debuggers an den Haltepunkten den aktuellen Verarbeitungsstand von Prozessen und die Inhalte von Variablen, Registern und Speicherzellen anzuzeigen. An jedem Haltepunkt kann der Programmierer angeben, bei welchen Adressen der Debugger das nächste Mal automatisch die Programmausführung unterbrechen soll. Diese Haltepunkte werden auch *Breakpoints* genannt.
Ähnlich geht man vor, um Hardwarefehler in den technischen Geräten aufzuspüren. Zur Unterstützung der Fehlererkennung besitzen viele Computer *„Diagnose"*-Programme, die möglichst viele Funktionen in kurzer Zeit durchprüfen. Solche Prüfroutinen werden in vielen Fällen als fester Bestandteil in Prozessoren integriert.

Decodierer (engl. *decoder*): Schaltung, die ↑binär verschlüsselte Eingangssignale entschlüsselt (Umkehrung des ↑Codierers). Decodierer sind kombinatorische Schaltwerke, die Schaltfunktionen (↑boolesche Funktion)

$$f\colon \{0,1\}^n \to \{0,1\}^m$$

realisieren, wobei nur Ergebnisse der Form $(y_1, y_2, \ldots, y_m)$, für die genau ein $y_i = 1$ ist, vorkommen.
Spezialfälle von Decodierern sind die n-aus-1-Decodierer, die n Eingangs- und 2^n Ausgangsleitungen besitzen. Liegt auf den Eingangsleitungen die Dualdarstellung der Zahl i an, so führt die i-te Ausgangsleitung eine 1.

▶*Beispiel:* 2-aus-1-Decodierer (Abb. 1)
Übergangstabelle:

x_0	x_1	y_0	y_1	y_2	y_3
0	0	1	0	0	0
0	1	0	1	0	0
1	0	0	0	1	0
1	1	0	0	0	1

Übergangsgleichung:

$$y_0 = \overline{x_0 + x_1}$$
$$y_1 = \overline{x}_0 x_1$$
$$y_2 = x_0 \overline{x}_1$$
$$y_3 = x_0 x_1$$

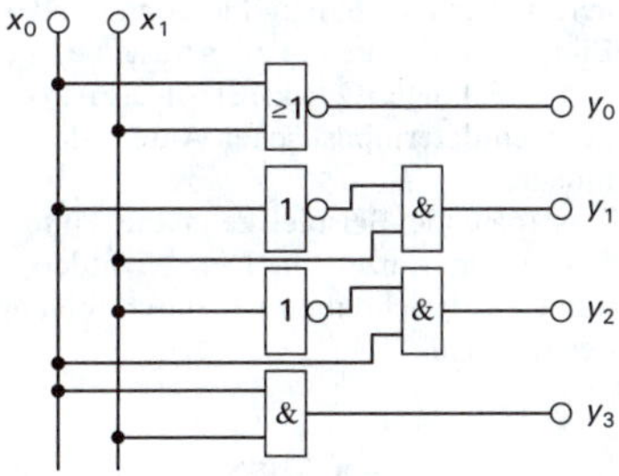

Decodierer (Abb. 1): Schaltung eines 2-aus-1-Decodierers ◀

Deklaration *(Vereinbarung):* Festlegung, welche Bedeutung ein ↑Bezeichner in einem nachfolgenden Programmtext besitzt.

Im Gegensatz zu ↑Anweisungen lassen Deklarationen bei der Ausführung den Programmzustand (Werte der Variablen, Inhalt der Ein- und Ausgabedateien) unverändert. Sie geben an, wie bestimmte Bezeichner bei der Ausführung der nachfolgenden Programmteile behandelt werden sollen und dürfen.

Nachfolgend sind einige Beispiele für Deklarationen aufgelistet, die in üblichen imperativen ↑ Programmiersprachen vorkommen.

a) Deklaration von ↑ Konstanten: Ein Bezeichner wird mit einem festen Wert identifiziert. Im nachfolgenden Programmtext ist mit diesem Bezeichner dann immer der deklarierte Wert gemeint.

▶*Beispiel:*

```
const pi = 3.14159265
```
◀

2. Deklaration von ↑Datentypen bzw. ↑ Datenstrukturen: Ein Bezeichner wird mit einem Datentyp identifiziert.

▶*Beispiel:*

```
type textzeile = array [1..80] of char
```
◀

c) Deklaration von ↑Variablen oder ↑ Objekten: Ein Bezeichner wird mit einer Variablen eines bestimmten Datentyps oder mit einer Instanz einer ↑Klasse identifiziert, und zugleich wird bei der Ausführung des Programms genügend viel Platz im Speicher für diese Variable oder dieses Objekt reserviert. Im nachfolgenden Programmtext sind bei Verwendung dieses Bezeichners immer die ↑Adresse des reservierten Speicherplatzes bzw. die in diesem Speicherplatz stehenden Werte gemeint.

▶*Beispiel:*

```
var i, j: integer;
      t: textzeile
```
◀

d) Deklaration von ↑ Prozeduren: Ein Bezeichner wird mit einer Prozedur identifiziert, d. h., kommt im nachfolgenden Programmtext dieser Bezeichner vor, so ist der ↑ Aufruf der Prozedur gemeint.

In manchen Programmiersprachen (z. B. ↑ BASIC, ↑ FORTRAN) sind *implizite Deklarationen* zugelassen. Das heißt: Ein bisher nicht vereinbarter Bezeichner gilt als deklariert, wenn er erstmals vorkommt; aus dem Text des Bezeichners oder aus der Stelle im Programm, an der er auftritt, muss dann eindeutig erkennbar sein, wie die fehlende Deklaration lautet. Implizite Deklarationen liegen auch vor, wenn man Programmteile mit ↑Marken versieht.

Deklarationen gelten nur für den jeweiligen ↑ Block oder das ↑ Modul, in dem sie stehen. Deklarationen tragen wesentlich dazu bei, ein Programm klarer und übersichtlicher zu machen. Sie erleichtern die Fehlersuche und erlauben oft dem ↑Übersetzer, einen effizienteren Maschinencode zu erzeugen.

Determiniertheit: Einen ↑ Algorithmus kann man als Abbildung von der Menge der möglichen Eingabewerte in die Menge der möglichen Ausgabewerte auffassen. Ist diese Abbildung eine Funktion, d. h. bildet sie jeden möglichen Eingabewert auf höchstens einen Ausgabewert ab, so nennt man den Algorithmus *determiniert.*

Vom Begriff Determiniertheit ist der Begriff ↑Determinismus zu unterscheiden. Deterministische Algorithmen sind immer auch determiniert. Die Umkehrung gilt jedoch nicht: Es gibt determinierte Algorithmen, die nichtdeterministisch sind (Beispiele siehe unter ↑Determinismus).

Eine Erweiterung des üblichen Algorithmenbegriffs bilden die *nichtdeterminierten Algorithmen.* Sie können bei gleichen Eingaben und Startbedingungen unterschiedliche Ergebnisse liefern. Nichtdeterminierte Algorithmen berechnen daher zu einem gegebenen Problem nicht notwendigerweise die korrekte Lösung. Häufig nimmt man diese Eigenschaft aber in Kauf, wenn zum Beispiel ein exakter (determinierter) Algorithmus zu aufwendig wäre oder eine hohe Laufzeit haben würde. Man verlangt dann aber von dem nichtdeterminierten Algorithmus, dass er nicht „zu oft" (d. h. mit geringer Wahrscheinlichkeit) eine falsche Lösung ausgibt. Die ↑stochastischen Algorithmen fallen beispielsweise unter diesen Algorithmenbegriff.

Ferner kann man nichtdeterminierte Algorithmen verwenden, wenn es nicht auf ein spezielles Ergebnis, sondern auf irgendein Ergebnis mit einer speziellen Eigenschaft ankommt. Beim ↑Damenproblem fragt man oft nur, ob eine Lösung existiert, und gibt sich dann mit irgendeiner Lösung zufrieden. Beim Programmieren verwendet man hierfür meist die ↑bewachte Anweisung.

Determinismus: Ein ↑ Algorithmus oder ↑Programm wird durch Maschinen schrittweise abgearbeitet. Der Algorithmus heißt *deterministisch,* wenn es zu jeder Programmsituation höchstens eine nachfolgende Situation geben kann, wenn also zu jedem Zeitpunkt der Folgeschritt eindeutig bestimmt ist. Programme in den meisten Programmiersprachen sind stets deterministisch.

Ein deterministischer Algorithmus ist stets determiniert (↑ Determiniertheit). Die Umkehrung gilt nicht: Es gibt determinierte Algorithmen, die nichtdeterministisch sind: Bei ↑Quicksort kann man die Wahl des Medians beliebig (nichtdeterministisch) vornehmen, das Verfahren liefert aber unabhängig hiervon zu jeder Eingabe immer genau eine Ausgabe, die sortierte Folge. Quicksort ist also trotz des nichtdeterministischen Anteils determiniert.

Das folgende Beispiel zeigt die Unterschiede im Einzelnen. Den Nichtdeterminismus beschreiben wir durch folgendes Konstrukt:

$$(a_1|a_2|\ldots|a_n).$$

$a_1, a_2, \ldots, a_n$ sind beliebige Anweisungen. Das Konstrukt bedeutet, dass willkürlich irgendeine der Anweisungen a_i ausgeführt werden darf. In Programmiersprachen benutzt man hierfür die ↑ bewachte Anweisung.

▶ *Beispiel:* Algorithmus zur Bestimmung des größten gemeinsamen Teilers ggT (a, b) zweier natürlicher Zahlen $a, b \in \mathbb{N}_0$.

a) deterministisch.

```
function ggt(a,b: integer): integer;
begin
   if b=0 then ggt:=a else
    if a<b then ggt:=ggt(b,a)
            else ggt:=ggt(a-b,b)
end;
```

b) nichtdeterministisch, aber determiniert.

```
function ggt(a,b: integer): integer;
begin
   (ggt:=ggt(b,a)|
   if b=0 then ggt:=a|
   if a≥b then ggt:=ggt(a-b,b))
end;
```

Bei diesem Algorithmus kann im Rumpf der Funktion nichtdeterministisch zwischen drei Alternativen gewählt werden. Da aber in jedem Fall nur gültige ggT-Gesetze angewendet werden können, berechnet das Programm den ggT zweier Zahlen a und b. Die Laufzeit des Programms kann allerdings größer sein als im deterministischen Fall, wenn häufig unnötigerweise bei Auswahl der ersten Alternative die Parameter a und b vertauscht werden.

c) nichtdeterministisch und nichtdeterminiert.

```
function g(a,b: integer): integer;
begin
   (g := g(b,a) |
   if b = 0 then g := a |
   if a ≥ b then g := g(a - b,b) |
   g := - 1)
end;
```

Bei diesem Algorithmus kann im Rumpf der Funktion nichtdeterministisch zwischen vier Alternativen gewählt werden. Wird bei festem *a* und *b* immer jeweils nur eine der ersten drei Möglichkeiten durchlaufen, so berechnet die Funktion wie in b) den ggT von *a* und *b* korrekt. Wird einmal die letzte Alternative ausgewählt, so liefert die Funktion unabhängig von den Werten von *a* und *b* den Wert −1, d. h. ein falsches Ergebnis. Bei gleicher Eingabe *a* und *b* kann die Funktion *g* also unterschiedliche Werte berechnen. Sie ist nichtdeterminiert. ◀

Die ↑ stochastischen Algorithmen sind ein weiteres Beispiel für nichtdeterministische (und meist auch nichtdeterminierte) Algorithmen.
Viele Probleme der Praxis lassen sich durch nichtdeterministische Algorithmen knapper und klarer lösen als durch deterministische. Da jedoch Computer deterministisch arbeiten, müssen letztlich deterministische Algorithmen entwickelt werden. Der Zusammenhang zwischen deterministischen und nichtdeterministischen Algorithmen in Bezug auf ihre Laufzeit und den benötigten Speicherplatz gehört zu den schwierigsten Fragestellungen der Informatik (siehe P = NP-Problem unter ↑NP). Weiterhin ist der Nichtdeterminismus ein wichtiges Konzept bei Korrektheitsbeweisen (↑Semantik), bei der Klassifizierung von Grammatiken und Maschinen (↑Chomsky-Hierarchie, ↑endlicher Automat) und bei der Beschreibung von ↑Prozessen.

Dezimalsystem *(Zehnersystem):* ↑Stellenwertsystem zur ↑Basis 10.

D-Flipflop ['de:flɪpflɔp] (D: Abk. für engl. **d**elay = Verzögerung): Bezeichnung für ein ↑ Flipflop mit einem Informations- und einem Takteingang (↑Takt). Schaltzeichen:

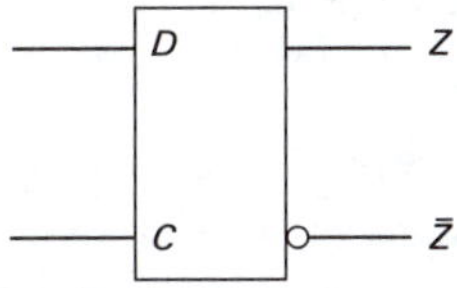

Ein Signal auf der *D*-Leitung erscheint um eine Taktzeit verzögert am Ausgang Z.
Das logische Verhalten zeigt folgende Übergangstabelle:

D	*Z*	*Z′*
0	0	0
0	1	0
1	0	1
1	1	1

Z′ ist der Folgezustand von Z.

Die Übergangsgleichung des D-Flipflops lautet:

$$Z' = D.$$

Das D-Flipflop lässt sich leicht mit einem ↑ RS-Flipflop und einigen vorgeschalteten ↑Gattern realisieren.

Diagonalisierung: mathematisches Beweisverfahren, das auf den Mathematiker *G. Cantor* (1845–1918) zurückgeht. Mit diesem Verfahren konnte Cantor zeigen, dass die reellen Zahlen nicht *abzählbar* sind, d. h., man kann die reellen Zahlen nicht umkehrbar eindeutig auf die natürlichen Zahlen abbilden (siehe ↑aufzählbar).
In der theoretischen Informatik wird eine Reihe wichtiger Sätze mithilfe der Diagonalisierung bewiesen, so z. B. die Unentscheidbarkeit des ↑Halteproblems für Turingmaschinen oder die Existenz nicht ↑berechenbarer Funktionen.

▶ *Beispiel:* Es wird gezeigt: Es gibt eine ↑totale Funktion, die nicht berechenbar ist.
Sei *A* ein ↑Alphabet mit der Menge A^* aller Wörter über *A*, sei $Rek = \{f_0, f_1, f_2, \ldots\}$ die Menge der totalen berechenba-

ren Funktionen von A^* in A^* (*Rek* ist abzählbar), und sei $w_0, w_1, w_2, \ldots$ die Folge aller Wörter über A in lexikographischer Reihenfolge. Für ein festes $a \in A$ sei die Funktion $\bar{f}: A^* \to A^*$ definiert durch:

$$\bar{f}(w_i) = f_i(w_i)a, \text{ für alle } i \geq 1.$$

Um $\bar{f}(w)$ für ein Wort $w \in A^*$ zu berechnen, stellt man zunächst fest, als welches w_j das Wort w in der Folge $w_0, w_1, w_2, \ldots$ aller Wörter vorkommt. Dann berechnet man $f_j(w_j)$ und hängt an das Ergebnis den Buchstaben a an. $\bar{f}$ ist also für jedes Wort $w \in A^*$ definiert, d. h., $\bar{f}$ ist total. $\bar{f}$ kann aber nicht in *Rek* liegen; denn dann gäbe es ein $f_k \in Rek$ mit $f_k = \bar{f}$, und man erhält die widersprüchliche Gleichung:

$$f_k(w_k) = \bar{f}(w_k) = f_k(w_k)\,a$$

Also ist $\bar{f}$ keine berechenbare Funktion. ◀

Der Name „Diagonalisierung" stammt daher, dass die Ungleichheit in der Diagonalen der Tabelle, die aus den Werten $f_s(w_t)$ für $s = 0, 1, 2, \ldots$ und $t = 0, 1, 2, \ldots$ besteht, hergestellt wird, siehe Tab. 1.

Anmerkung: Dass $\bar{f}$ nicht berechenbar ist, liegt daran, dass *Rek* zwar eine abzählbare, aber keine ↑aufzählbare Menge ist.

Dialekt: Wie bei natürlichen Sprachen versteht man bei Programmiersprachen unter einem Dialekt eine Abwandlung oder erweiterte Version der Sprache, wenn die Abweichungen nicht so gravierend sind, dass man von einer neuen Programmiersprache sprechen kann.

Dialekte können auf unterschiedliche Weise entstehen:

(1) Reichen die Sprachkonzepte für wichtige Anwendungen nicht aus, dann fügt man entsprechende Sprachelemente zu einer Sprache hinzu und ändert bestehende Konstrukte ab. Typische Änderungen sind die Erweiterungen um eine komfortable Ein- und Ausgabe, um Möglichkeiten der Textverarbeitung oder um Sprachelemente der ↑objektorientierten Programmierung oder zur Beschreibung von ↑Prozessen. In manchen Programmiersprachen kann man solche Erweiterungen mithilfe von Klassen oder Modulen vornehmen (z. B. ↑SIMULA, ↑Ada, ↑MODULA-2), wodurch die Entstehung von Dialekten begrenzt werden kann.

(2) Dialekte entstehen auch, wenn grundlegende Konstrukte verschieden interpretiert werden können. Standardbeispiele hierfür sind die Parameterübergabe und die Bindung von Objekten an Variable, wie sie in funktionalen ↑Programmiersprachen auftreten. Zusammen mit zusätzlichen imperativen Sprachelementen erklärt dies die vielen Dialekte der Sprache ↑LISP.

(3) Zu einer Programmiersprache werden in der Regel viele ↑Übersetzer erstellt. Diese unterscheiden sich stets in vielen Einzelheiten. Jeder Übersetzer akzeptiert daher eine andere Sprache, die ein Dialekt der vorgegebenen Programmiersprache ist. Diesem Effekt versucht man bei neueren Sprachen (z. B. ↑Ada) dadurch zu begegnen, dass jeder Über-

	w_0	w_1	w_2	w_3	...	
f_0	$f_0(w_0)$	$f_0(w_1)$	$f_0(w_2)$	$f_0(w_3)$	...	$\bar{f}(w_0) = f_0(w_0)a \neq f_0(w_0)$
f_1	$f_1(w_0)$	$f_1(w_1)$	$f_1(w_2)$	$f_1(w_3)$	...	$\bar{f}(w_1) = f_1(w_1)a \neq f_1(w_1)$
f_2	$f_2(w_0)$	$f_2(w_1)$	$f_2(w_2)$	$f_2(w_3)$	...	$\bar{f}(w_2) = f_2(w_2)a \neq f_2(w_2)$
⋮	⋮	⋮	⋮	⋮	⋮	⋮
						usw.

Diagonalisierung (Tab. 1): $\bar{f}$ ist nichtberechenbar; der blaue Strich bezeichnet die Diagonale

setzer von einer speziellen Institution geprüft wird.
Für den Benutzer sind Dialekte unerwünscht, da gegebenenfalls Programme nicht auf andere Datenverarbeitungssysteme übertragbar sind (↑*Portabilität*) und er daher von den Systemen eines Computerherstellers oder eines Softwareentwicklers abhängig wird.

Dienst (engl. *service*): In der Informatik wird dieser Begriff nicht wie im Alltag als „Erfüllung von Pflichten", sondern im Sinne von *Dienstleistung* verwendet: Ein Dienst ist eine Aktivität, Tätigkeit, Arbeit oder Leistung, die man für jemand anderen auf dessen Anforderung hin erbringt. Dienste können kostenlos oder kostenpflichtig sein; sie können direkt oder über einen Vermittler (engl. *broker*) angeboten, aufgefunden oder aktiviert werden, sie können in der Nähe oder aus der Ferne (↑ Prozedurfernaufruf) erbracht werden. In der Regel haftet der, der einen Dienst leistet, für die Korrektheit und die Qualität der Ausführung. Gerade in der Datenverarbeitung werden aber viele Dienste unter Ausschluss jeglicher Haftung durchgeführt, insbesondere bei der Nutzung von Editier-, Versand- oder Betriebssystemfunktionen. Im engeren Sinne ist ein Dienst eine fest umrissene Aufgabe, die allgemein in einem Rechnernetz oder von einem Betriebssystem angeboten wird und meist gegen Gebühren von jeder Einheit im System in Anspruch genommen werden kann.
Der, der den Dienst anfordert, ist der *Kunde* (engl. *client*); der, der den Dienst erbringt, ist der *Anbieter* (engl. *server*). Informatiksysteme, die auf diesen beiden Grundbausteinen aufbauen, bezeichnet man als ↑ Client-Server-Architekturen. In diesem Sinne sind die meisten Aktivitäten, die in einem Kommunikationssystem, zum Beispiel im ↑ Internet, ausgeführt werden, Dienste, z. B.: Suchen, im Netz navigieren, Übertragen von Daten, Auskünfte erteilen, Daten geordnet speichern oder sichern, schnellste Verbindungen berechnen, einen elektronischen Briefkasten verwalten und alle betriebswirtschaftlichen Anwendungen (↑elektronischer Markt).

digital (von lat. digitus = Finger): Eigenschaft eines Elements, nur diskrete, d. h. nicht stetig veränderbare Werte annehmen zu können.
Daten werden in ↑Digitalrechnern durch diskrete Zustände von Schaltelementen dargestellt und durch Zählvorgänge miteinander verknüpft.
„Digital" wird meist im Gegensatz zu ↑ analog verwendet. Ein digitales Zeichen gehört zu einem endlichen Zeichenvorrat mit gut unterscheidbaren Elementen. Der Übergang von einem digitalen Zeichen zu einem anderen geschieht „sprungartig". Im Gegensatz hierzu können analoge Signale stufenlos (kontinuierlich) ineinander übergehen.

Digital-analog-Umsetzung: Die Umwandlung ↑digitaler Signale in ↑analoge Signale zur Weiterverarbeitung durch ↑ Analogrechner oder analog arbeitende Geräte.
Damit eine digitale Rechenanlage analoge Geräte, z. B. Motoren, steuern kann, müssen digitale Ausgabesignale in analoge Signale umgewandelt werden. Diese Umsetzung leistet eine Funktionseinheit, die *Digital-analog-Umsetzer* oder kurz *DA-Umsetzer* bzw. *DA-Wandler* heißt.

digitale Geräte: Zusammenfassung aller (Peripherie-)Geräte, die Daten digitalisieren oder digital erfassen, übertragen und verarbeiten. Beispiele:
- ↑Scanner, der Bilder digital erfasst,
- digitale Kamera, die schon bei der Aufnahme ein Rasterbild erstellt, das unmittelbar von einem Computer weiterverarbeitet werden kann,
- grafikfähiger ↑Bildschirm,
- digital arbeitendes Mikrofon.

Digitalrechner (wird oft synonym für ↑Computer verwendet): Ein Digitalrechner verarbeitet ↑digitale Werte, die mithilfe zweier diskreter, gut unterscheidbarer ↑ Signale („0" und „1" genannt) dargestellt werden (zum Unterschied vgl. ↑ Analogrechner). Alle Daten und Programme werden rechnerintern als

Folgen von 0 und 1 verschlüsselt (↑Code). Alle Eingaben werden von den Eingabegeräten in die digitale Darstellung übersetzt, umgekehrt wandeln die Ausgabegeräte alle Ausgaben von der digitalen Darstellung in lesbare Form oder in analoge Signale um.
Zum Aufbau und zur Funktionsweise von Digitalrechnern siehe ↑Computer.

Dijkstra-Algorithmus (1959, nach dem niederländischen Informatiker Edsger W. Dijkstra): Gegeben sind ein kantenmarkierter gerichteter ↑ Graph $G = (V,E,d)$, wobei d jeder Kante eine nichtnegative reelle Zahl zuordnet, und ein Knoten $u \in V$. Gesucht sind die kürzesten Entfernungen von u zu allen anderen Knoten des Graphen G. Der Dijkstra-Algorithmus löst dieses Problem mit einem „gierigen" Verfahren (↑ Algorithmenentwurfsmethode), indem immer der Knoten v mit der von u nächstkleineren Entfernung D[v] ausgewählt wird.

```
setze D[v] = ∞ für alle Knoten v;
D[u] := 0; R := {u};
while R ≠ Ø do deletemin(R,v);
   for all Knoten w mit (v,w) ∈ E do
      h := D[v] + d(v,w);
      if h < D[w]
         then D[w] := h;
            if w liegt in R
            then decreasekey(R,w)
            else insert(R,w) fi
      fi
   od
od;
```

Die Bedeutung der drei verwendeten Operationen lautet:
deletemin(R,v): Entferne aus R einen bzgl. D kleinsten Knoten und weise ihn der Variablen v zu; reorganisiere R.
decreasekey(R,w): Für den Knoten w hat sich der Wert D[w] verringert, bringe daher w innerhalb von R an die jetzt korrekte Position.
insert(R,w): w wird in R eingefügt und bzgl. seines Wertes D[w] an die richtige Position in R gebracht.
Man kann den Dijkstra-Algorithmus auf verschiedene Weisen implementieren. Für R wählt man meist die Datenstruktur Heap (↑Heapsort). In diesem Fall ist die Laufzeit von der ↑ Ordnung $O((n+m) \cdot \log(n))$. Wählt man dagegen so genannte Fibonacci-Heaps (siehe einschlägige Literatur), so kann man die Laufzeit auf $O(n \cdot \log(n) + m)$ drücken.
Um die kürzesten Entfernungen zwischen allen Knotenpaaren zu berechnen, führt man den Dijkstra-Algorithmus für jeden Knoten u des Graphen durch. Besitzt der Graph relativ viele Kanten, so empfiehlt sich der Algorithmus von Floyd (↑Dynamisches Programmieren).

Diodenlogik (Abk. **DL**): Bezeichnung für eine ↑Schaltkreisfamilie, bei der die ↑Gatter durch Dioden und Widerstände realisiert sind. Abb. 1 zeigt ein UND-Gatter (↑ UND-Funktion), Abb. 2 ein ODER-Gatter (↑ ODER-Funktion) in Diodenlogik.

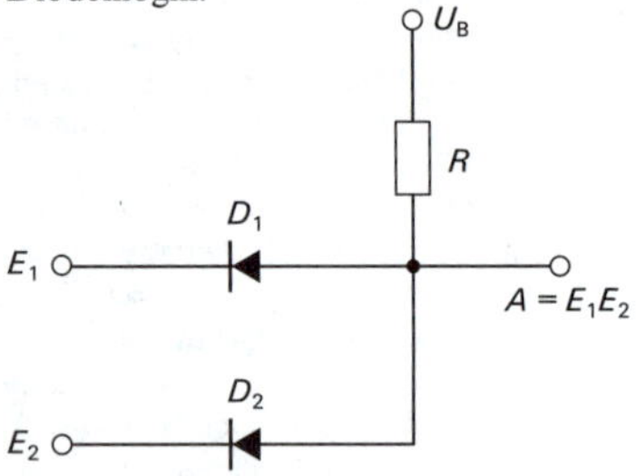

Diodenlogik (Abb. 1): UND-Gatter in Diodenlogik

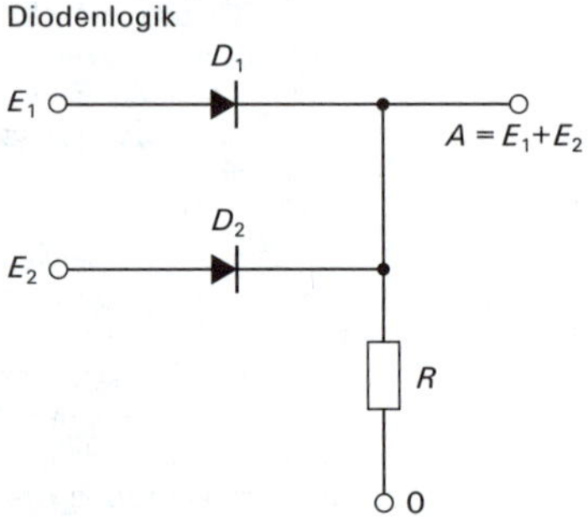

Diodenlogik (Abb. 2): ODER-Gatter in Diodenlogik

Sind beide Eingänge E_1 und E_2 in Abb. 1 mit der Betriebsspannung U_B verbunden, d.h. „logisch 1“, so liegt am Ausgang A ebenfalls die Spannung U_B. Ist einer der Eingänge auf 0 Volt („logisch 0“), führt der Ausgang 0 Volt, da die entsprechende Diode leitet.

Am Ausgang der Schaltung in Abb. 2 liegt genau dann 0 Volt, wenn beide Eingänge 0 Volt führen. Ist einer der Eingänge mit der Betriebsspannung U_B verbunden, so leitet die zugehörige Diode und der Ausgang wird „logisch 1“.

Dioden-Transistor-Logik (DTL): Bezeichnung für eine ↑ Schaltkreisfamilie, bei der die ↑Gatter durch Transistoren, Dioden und Widerstände realisiert sind. Die ↑UND- und die ↑ODER-Funktion werden durch Dioden (↑ Diodenlogik), die ↑NOT-Funktion durch Transistoren ausgeführt. Eine DTL-Schaltung besteht aus einem Diodennetzwerk und einem Verstärker, der gleichzeitig die Funktion des NOT-Gatters übernimmt. Abb. 1 zeigt ein NAND-Gatter (↑NAND-Funktion).

Das Diodennetzwerk bildet ein UND-Gatter. Der Punkt X führt die Betriebsspannung U_B („logisch 1“), wenn beide Eingänge E_1 und E_2 mit U_B verbunden, also „logisch 1“ sind. Der logische Wert 1 an X liegt ebenfalls an der Basis des Transistors T und macht ihn leitend. Dadurch wird der Ausgang A mit 0 Volt („logisch 0“) verbunden. Die *Diode* D_3 (*Übersetzerdiode* oder *Offsetdiode* genannt) gewährleistet, dass der Transistor sicher sperrt, wenn an X logisch 0 liegt. Der Widerstand R_2 erhöht die Schaltgeschwindigkeit des Transistors. Die Schaltzeit von DTL-Gattern beträgt unter 20 Nanosekunden.

Disassembler ['dɪs'əsɛmblər]: Programm, welches ein ↑ Maschinenprogramm in ein Assemblerprogramm übersetzt (↑ Assembler, ↑ Aufwärtsübersetzung), wobei die beiden Programme die gleiche Bedeutung (↑ Semantik) haben sollen. Dies ist jedoch nicht immer möglich, weil in Maschinenprogrammen kein Unterschied im Aufbau zwischen ↑Daten und ↑Befehlen besteht.

Disassembler dienen der Fehlersuche und der Wartung von Maschinenprogrammen. Hat man einen Fehler eingegrenzt, so kann das zu untersuchende Programmstück lesbar gemacht werden.

disjunktive Normalform: Bezeichnung für eine standardisierte Darstellung von ↑booleschen Funktionen durch ↑boolesche Ausdrücke.

Für eine Variable x bezeichnen wir mit $x^1 := x$ die Variable selbst und mit $x^0 := \overline{x}$ ihre Negation. Eine boolesche Funktion $f: \{0,1\}^n \to \{0,1\}$ kann man mit n Variablen $x_1, x_2, \ldots, x_n$ dann stets in der folgenden disjunktiven Normalform darstellen:

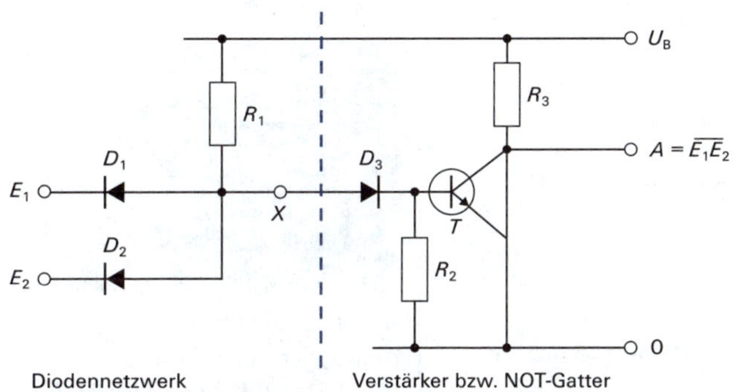

Dioden-Transistor-Logik (Abb. 1): NAND-Gatter in Dioden-Transistor-Logik

$$f(x_1, \ldots, x_n)$$
$$= (x_1^{a_{11}} \cdot x_2^{a_{21}} \cdot \ldots \cdot x_n^{a_{n1}})$$
$$+ (x_1^{a_{12}} \cdot x_2^{a_{22}} \cdot \ldots \cdot x_n^{a_{n2}}) + \ldots$$
$$+ (x_1^{a_{1k}} \cdot x_2^{a_{2k}} \cdot \ldots \cdot x_n^{a_{nk}}).$$

D

k ist gleich der Zahl der Stellen, an denen f den Wert 1 hat, und für alle $i \in \{1, \ldots, k\}$ gilt

$$f(a_{1i}, a_{2i}, \ldots, a_{ni}) = 1.$$

▶ *Beispiel:* Gegeben sei folgende boolesche Funktion:

	x	y	z	$f(x, y, z)$
1)	0	0	0	1
2)	0	0	1	0
3)	0	1	0	0
4)	0	1	1	1
5)	1	0	0	1
6)	1	0	1	0
7)	1	1	0	1
8)	1	1	1	0

Die disjunktive Normalform von f erhält man folgendermaßen: Jeder Klammerausdruck wird gebildet aus den Argumenten x, y, z einer Zeile der Wertetabelle, an der der Funktionswert von f gleich 1 ist. Die Argumente werden mit der ↑UND-Funktion verknüpft, wobei die Argumente, die den Wert 0 besitzen, negiert werden. Aus der Tabelle der obigen Beispielfunktion f folgt (man beachte $\bar{0} = 1$ und $\bar{1} = 0$, der Punkt für die UND-Funktion wird in der Regel weggelassen):

Zeile 1:

$f(0, 0, 0) = 1$
liefert den Klammerausdruck
$(x^0 \cdot y^0 \cdot z^0) = (\bar{x} \cdot \bar{y} \cdot \bar{z}) = (\bar{x}\bar{y}\bar{z})$

Zeile 4:

$f(0, 1, 1) = 1$
liefert den Klammerausdruck
$(x^0 \cdot y^1 \cdot z^1) = (\bar{x} \cdot y \cdot z) = (\bar{x}yz)$

Zeile 5:

$f(1, 0, 0) = 1$
liefert den Klammerausdruck
$(x^1 \cdot y^0 \cdot z^0) = (x \cdot \bar{y} \cdot \bar{z}) = (x\bar{y}\bar{z})$

Zeile 7:

$f(1, 1, 0) = 1$
liefert den Klammerausdruck
$(x^1 \cdot y^1 \cdot z^0) = (x \cdot y \cdot \bar{z}) = (xy\bar{z})$

Verknüpft man die einzelnen Klammerausdrücke in der vorgeschriebenen Form, erhält man die disjunktive Normalform von f:

$$f(x, y, z)$$
$$= (\bar{x}\bar{y}\bar{z}) + (\bar{x}yz) + (x\bar{y}\bar{z}) + (xy\bar{z})$$
$$= \bar{x}\bar{y}\bar{z} + \bar{x}yz + x\bar{y}\bar{z} + xy\bar{z}.$$ ◀

Eine andere Standarddarstellung für boolesche Ausdrücke ist die ↑konjunktive Normalform.

Diskette (engl. *Floppy disc*): Speichermedium, das vorwiegend bei Heimcomputern und Personalcomputern verwendet wird und in Form und Funktionsweise einem ↑Magnetplattenspeicher ähnelt. Eine Diskette ist eine früher 8 oder 5¼ (Minidisk), heute 3½ Zoll große, mit

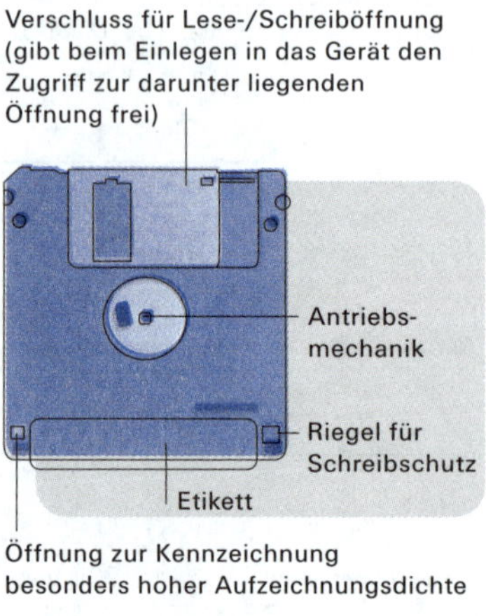

Diskette (Abb. 1)

einer magnetisierbaren Schicht versehene flexible Plastikscheibe, die sich in einem quadratischen festen Umschlag befindet (Abb. 1). Der Umschlag besitzt eine Aussparung, die einen Teil der Plattenoberfläche für den Lese-/Schreibkopf des Diskettenlaufwerks freilegt. Die Platte wird in das Laufwerk geschoben und rotiert beim Betrieb in der Schutzhülle. Die Speicherkapazität einer Diskette beträgt bis zu 100 MByte, die mittlere Zugriffszeit 50 bis 100 ms. Die Umdrehungszahl liegt bei 6 Umdrehungen pro Sekunde.

Divide-and-conquer-Verfahren [engl. dɪ'vaɪd ənd 'koŋkə] (engl. divide and conquer = teile und beherrsche, daher auch *Teile-und-beherrsche-* oder kürzer *Teile-und-herrsche-Verfahren* genannt): Bezeichnung für ein algorithmisches Lösungsverfahren, das sich in die beiden folgenden Schritte gliedert.

Divide-Schritt: Das Problem wird in zwei oder mehr möglichst gleich große Teilprobleme derselben Art wie das Originalproblem aufgespalten, die unabhängig voneinander gelöst werden.

Conquer-Schritt: Die Lösungen der Teilprobleme werden zu einer Lösung des Gesamtproblems zusammengefügt.

In der Praxis belässt man es im Allgemeinen nicht bei einem Divide-Schritt, sondern teilt die durch Spaltung entstandenen Teilprobleme erneut usw., bis schließlich so einfache Teilprobleme entstehen, dass man sie unmittelbar lösen kann. Da das Originalproblem im Divide-Schritt auf Probleme der gleichen Art zurückgeführt wird, eignet sich für die Programmierung dieses Verfahrens die ↑Rekursion. Beispiele sind ↑Quicksort und der ↑Strassen-Algorithmus.

Man kann Divide-and-conquer-Verfahren meist recht genau hinsichtlich ihrer ↑Komplexität analysieren. Zum Beispiel sei $T(n)$ die Anzahl der Schritte, die ein Divide-and-conquer-Verfahren benötigt, welches eine Folge der Länge n in genau zwei gleich große Teile zerlegt. Wenn die Anzahlen der benötigten Schritte beim Zerlegen und beim Conquer-Schritt jeweils proportional zu n sind, dann ergibt sich folgende Gleichung für die Laufzeit T mit einer Konstanten c:

$$T(n) = 2 \cdot T\left(\frac{n}{2}\right) + c \cdot n.$$

Diese Gleichung hat die Lösung

$$T(n) = c \cdot n \cdot \log_2(n) + d \cdot n$$

mit einer Konstanten d. Der Algorithmus besitzt dann also eine Laufzeit von der ↑Ordnung $O(n \cdot \log_2 n)$.

Ein Beispiel hierfür ist das ↑Sortieren durch Verschmelzen.

Dividierwerk: Die Division zweier Zahlen wird wie bei der üblichen Papier-und-Bleistift-Methode durch wiederholte Subtraktion und Stellenverschiebung realisiert. Dividiert werden nur die Beträge der Zahlen, die Bestimmung des Vorzeichens des Quotienten geschieht getrennt von der Berechnung. Der Quotient zweier n-stelliger ganzer Zahlen kann höchstens n ↑Bit lang sein. Der folgende Algorithmus realisiert die Division zweier ganzer Zahlen x und y. Die Variablen werden hierbei als Bezeichnungen für ↑Register aufgefasst. Die Register r und x werden zu einem doppelt langen Register rx verbunden.

Eingabe: Zwei nichtnegative Dualzahlen $x = x_{n-1} \dots x_0$, $y = y_{n-1} \dots y_0$ $(x_i, y_i \in \{0,1\})$, vgl. ↑Dualsystem.

Ausgabe: Der Quotient $q = \frac{x}{y}$ (ganzzahliger Anteil) und der Rest r, wobei gilt: $x = q \cdot y + r$ mit $0 \leq r < y$.

Methode:

```
if y = 0 then „Fehlerabbruch:
        Division durch 0" else
begin
   r := 0;
   for i := 1 to n do
   begin
      „Schiebe Doppelregister rx
      um eine Stelle nach links,
      wobei rechts eine Null nach-
      gezogen wird (↑Schiebe-
      register)";
      if r ≥ y then
      begin
```

```
            r:=r-y;
            x0:= 1; (* die am weitesten
            rechts liegende Stelle
            des Registers x
            wird auf 1 gesetzt *)
         end
      end;
      write (x,r)
   end;
```

▶ *Beispiel:* x = 1010, y = 0011

i	Register r	Register x	y
	0 0 0 0	1 0 1 0	0 0 1 1
1	0 0 0 1	0 1 0 0	
2	0 0 1 0	1 0 0 0	
3	0 1 0 1	0 0 0 0	hier gilt $r \geq y$
	0 0 1 0	0 0 0 1	
4	0 1 0 0	0 0 1 0	hier gilt $r \geq y$
	0 0 0 1	0 0 1 1	
	Rest	Quotient	

Ergebnis: 10 : 3 = 3 Rest 1 ◀

Abb. 1 zeigt das Blockschaltbild eines Dividierwerkes, das mit dem obigen Algorithmus arbeitet.

Die Division zweier Zahlen in ↑ Gleitpunktdarstellung $z_1 = m_1 \cdot b^{e_1}$ und $z_2 = m_2 \cdot b^{e_2}$ erfolgt nach der Formel

$$\frac{z_1}{z_2} = \frac{m_1}{m_2} \cdot b^{e_1 - e_2}.$$

Die Subtraktion der Exponenten kann mithilfe eines ↑ Subtrahierwerkes realisiert werden. Zur Division von m_1 und m_2 verwendet man den obigen Algorithmus in etwas abgewandelter Form. Vor der Division von m_1 und m_2 müssen die Mantissen durch Multiplikation in ganze Zahlen umgewandelt werden. In n-stelligen Registern gespeichert haben die Mantissen die Form

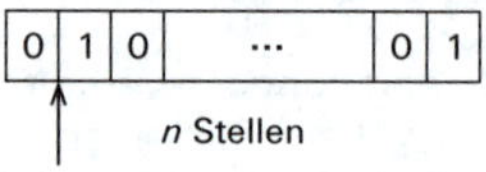

Der Pfeil markiert die Position des Dezimalpunktes. Multipliziert man eine Mantisse mit 2^{n-1}, so wird sie zur ganzen Zahl. Diese Idee nutzt man aus, indem man die Divisionsrechnung nicht mit Gleitpunktzahlen in der Form $m_1 = q \cdot m_2 + r$ durchführt, wobei q der Quotient und r der Rest ist, sondern mit den Zahlen $m_1 \cdot 2^{2n-2}$, $m_2 \cdot 2^{n-1}$, $q \cdot 2^{n-1}$ und $r \cdot 2^{n-1}$ anstelle von m_1, m_2, q bzw. r.
Man erhält die Gleichung

$$m_1 \cdot 2^{2n-2} = (q \cdot 2^{n-1}) \cdot (m_2 \cdot 2^{n-1}) + r \cdot 2^{n-1}.$$

Dies ist gleichbedeutend mit

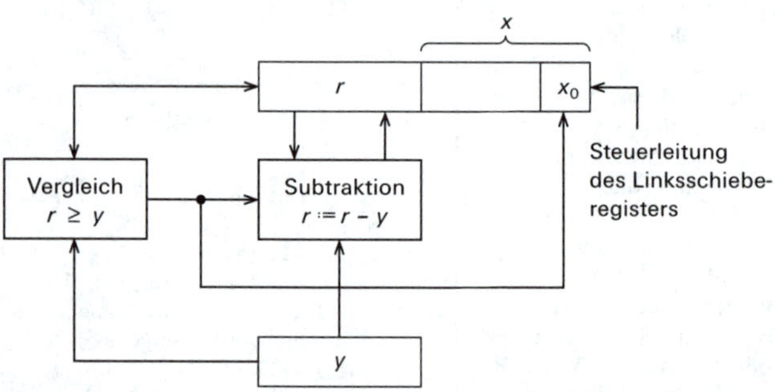

Dividierwerk (Abb. 1): Blockschaltbild eines Dividierwerks

$$m_1 = q \cdot m_2 + r \cdot 2^{n-1}.$$

oder

$$q = \frac{m_1}{m_2} - \frac{r}{m_2} \cdot 2^{1-n}.$$

Den Quotienten $\frac{m_1}{m_2}$ betrachtet man als Ergebnis der Division, das Korrekturglied $\frac{r}{m_2} \cdot 2^{1-n}$ vernachlässigt man. Damit das Ergebnis der Gleitpunktrechnung aber dennoch auf $n-1$ Stellen hinter dem Dezimalpunkt genau ist, muss q gerundet werden. q wird um 2^{1-n} erhöht, falls $\frac{r}{m_2} \geq 0{,}5$ ist. Für $\frac{r}{m_2} < 0{,}5$ wird q unverändert belassen. Der obige Algorithmus zur Ganzzahldivision kann nun vollständig für die Gleitpunktdivision übernommen werden, wobei lediglich eine andere Initialisierung des Doppelregisters rx sowie die Rundung und die Normalisierung des Quotienten hinzukommen. Bei der Initialisierung muss der Faktor 2^{n-1} berücksichtigt werden, d. h., m_1 wird im Doppelregister nicht in x, sondern um $n-1$ Stellen nach links verschoben platziert:

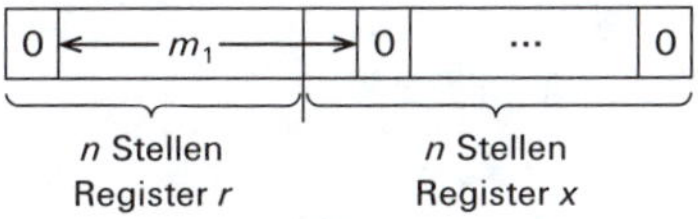

Der folgende Algorithmus realisiert die Gleitpunktdivision.

Eingabe: Zwei nichtnegative duale Gleitpunktzahlen $z_1 = m_1 \cdot 2^{e_1}$ und $z_2 = m_2 \cdot 2^{e_2}$ mit $m_1 = m_{11} \ldots m_{1n}$ und $m_2 = m_{21} \ldots m_{2n}$.

Ausgabe: Mantisse und Exponent des Quotienten der Division z_1/z_2.

Methode:

```
if m2 = 0 then „Fehlerabbruch:
          Division durch 0“ else
begin
   r := 0 m11 m12 ... m1n-1; e := 0;
   x := m1n 0 ... 0; y := m2;
   for i := 1 to n do
   begin
      „Schiebe Doppelregister rx
      um eine Stelle nach links,
      wobei rechts eine Null
      nachgezogen wird“;
      if r ≥ y then
      begin
         r := r - y;
         x0 := 1
      end
   end;
   (* Rundung *)
   „Schiebe r um eine Stelle nach
   links, wobei rechts eine Null
   nachgezogen wird“;
```

i	Register r	Register x		
	0 0 1 0 1	0 0 0 0 0		
1	0 1 0 1 0	0 0 0 0 0		
2	1 0 1 0 0	0 0 0 0 0	$r \geq y$	$e_1 = 4$
	0 1 0 0 0	0 0 0 0 1		$e_2 = 2$
3	1 0 0 0 0	0 0 0 1 0	$r \geq y$	$n = 5$
	0 0 1 0 0	0 0 0 1 1		
4	0 1 0 0 0	0 0 1 1 0		
	1 0 0 0 0	0 1 1 0 0	$r \geq y$	
	0 0 1 0 0	0 1 1 0 1		
Rundung	0 1 0 0 0	0 1 1 0 1	$r < y$, $x < 2^4$	

y				
0	1	1	0	0

Dividierwerk (Abb. 2): Gleitpunktdivision von 10 durch 3

```
    if r ≥ y then x := x + 1;
    if x ≥ 2^(n-1) then
    begin (* Normalisierung *)
      „Schiebe x um eine Stelle
      nach rechts, wobei links
      eine Null nachgezogen wird";
      e := 1
    end;
    e := e + e1 - e2;
    write (x, e)
end;
```

▶ *Beispiel:* Gleitpunktdivision (s. Abb. 2):

$$z_1 = 0.1010 \cdot 2^4 = 10,$$

$$z_2 = 0.1100 \cdot 2^2 = 3,$$

$$e := e_1 - e_2 = 2$$

Ergebnis: $\frac{10}{3} = 0.1101 \cdot 2^2 = 3\frac{1}{4}$.
Hier tritt ein Rundungsfehler auf. Der exakte Wert $3\frac{1}{3}$ muss angenähert werden. ◀

Es ist nicht unbedingt erforderlich, die Vorzeichen bei der Division getrennt zu behandeln. Es gibt auch Algorithmen, die die Vorzeichenbehandlung einschließen. Sie verarbeiten Operanden in ↑Komplementdarstellung und geben das Ergebnis unter Berücksichtigung der Vorzeichen in Komplementdarstellung aus.

Dokument: Oberbegriff für inhaltstragende und anzeigbare Einheiten. Der Inhalt eines Dokuments besitzt in der Regel einen syntaktisch klar definierten Aufbau und eine äußere Form (Layoutstruktur); weiterhin besitzt ein Dokument einen Titel (Bezeichnung) und diverse Klassifikationsmerkmale, Suchkriterien und Zugriffsrechte, die für die (fachliche) Einordnung, das Wiederauffinden und den Schutz benötigt werden. *Syntax, Layout,* Inhalt und Klassifikationen bilden zusammen das Dokument. Elektronische Dokumente werden verstärkt in *digitale Bibliotheken,* die auch über ein Netz verstreut sein können, eingelagert.
Bei der Arbeit allein oder in Teams spielen Dokumente eine entscheidende Rolle. Sie werden oft in speziellen Dokumentensystemen erfasst, gespeichert und verwaltet. Diese Systeme überwachen die Entstehung und die konfliktfreie Überarbeitung von Dokumenten, die hierbei Versionsnummern und Zeitstempel erhalten. Als Beispiel durchdenke man die Entstehung des vorliegenden Dudens, dessen Einzelartikel aus verschiedenen Bestandteilen (Text, Bild, Grafik; in Zukunft auch Animationen und Internet-Adressen) bestehen, aus Haupt- und Unterstichwörtern aufgebaut und durch Querverweise eng miteinander verflochten werden, wobei Autoren zu koordinieren, Layoutfragen zu klären, veraltete Stichwörter auszusondern sind usw.
Die Informationen, die in verteilten Systemen, z. B. im ↑Internet, gespeichert sind, werden meist als Dokumente angelegt und hierbei so in kleine Teile zerlegt, dass jedes Teil auf genau eine Bildschirm- oder eine DIN-A4-Seite passt. Ihre Layoutstruktur wird dann durch ↑HTML-Seiten oder vergleichbare Darstellungen beschrieben.
Aus Sicht der Informatik sind Dokumente spezielle ↑Objekte, die nach gewissen Regeln aufgebaut sind, Suchbegriffe und Querverweise (↑Hypertext-System) enthalten und neben Text-, Bild- und weiteren Algorithmen Methoden wie „wandele mich in Bildschirmseiten um", „zeige von mir den angeforderten Ausschnitt an", „benutze für mich folgendes ↑Ähnlichkeitsmaß", „extrahiere aus mir meine Dokumentstruktur" usw. besitzen.

Dominoproblem:
Problem 1: Gegeben sei eine Menge von Dominosteinen. Kann man die Steine so legen, dass ein geschlossener Kreis entsteht?
Im Folgenden wird ein Dominostein, der mit den Zahlen i und j beschriftet ist, durch die Menge $\{i, j\}$ dargestellt; dabei sei $i \neq j$.

▶ *Beispiel:* Gegeben seien folgende zweielementige Mengen:

$$\{1,2\}, \{2,3\}, \{2,7\}, \{3,4\},$$
$$\{3,6\}, \{4,5\}, \{5,6\}, \{6,2\},$$
$$\{6,7\}, \{7,3\}, \{7,8\}, \{8,1\}.$$

Abb. 1 zeigt eine Aneinanderreihung der Steine in der vorgeschriebenen Form. ◀

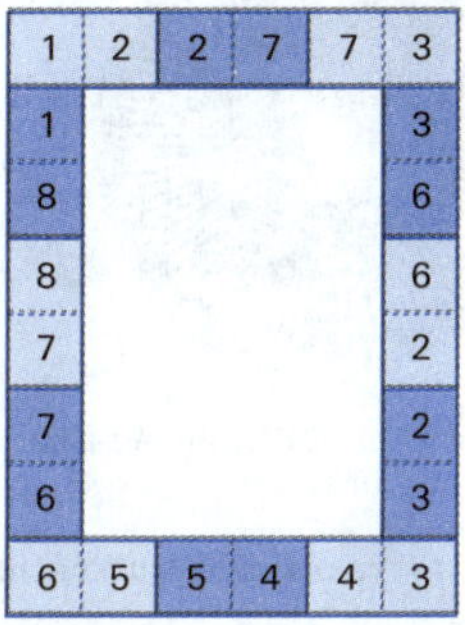

Dominoproblem (Abb. 1): Lösung des Dominoproblems für gegebene Steine

Man stellt die Menge der Dominosteine als ungerichteten ↑ Graph dar, indem man zu jeder auf einem Stein vorkommenden Zahl einen Knoten zeichnet und zwei Knoten i, j durch eine Kante verbindet, wenn es einen Dominostein $\{i, j\}$ gibt. Das Dominoproblem ist dann und nur dann lösbar, wenn der Graph einen *Eulerschen Kreis* (↑Königsberger Brückenproblem; Lösung siehe dort) enthält (Abb. 2).

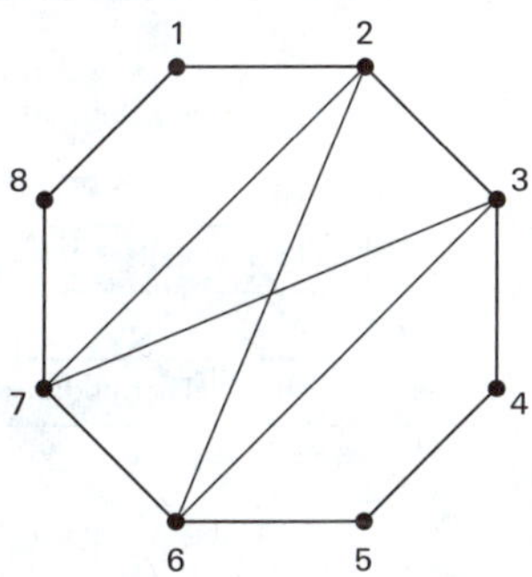

Dominoproblem (Abb. 2): Darstellung des Dominoproblems aus dem Beispiel als Graph

Also ist das Dominoproblem 1 genau dann lösbar, wenn jede Zahl auf einer geraden Anzahl von Dominosteinen vorkommt.

Problem 2: Eine Variante des Dominoproblems 1 lautet: Man lege einen geschlossenen Kreis, in dem jede Zahl auf genau 2 Dominosteinen vorkommt. Man sucht also eine Teilmenge, die so viele Steine enthält, wie es verschiedene Zahlen gibt, und die einen Kreis bildet. Jeder bekannte Algorithmus zur Lösung dieses Problems benötigt größenordnungsmäßig $O(2^n)$ Schritte, da dieses Problem NP-vollständig (↑NP) ist.

Problem 3: Gegeben sind endlich viele verschiedene Sorten von Steinen, die an allen *vier* Seiten mit Zahlen beschriftet sind. Von jeder Sorte gibt es unendlich viele Steine. Kann man mit den Steinen die gesamte Ebene parkettieren *(Parkettierungsproblem)?* Dieses Problem ist nicht entscheidbar (↑Entscheidbarkeit).

DOS (Abk. für engl. **d**isc **o**perating **s**ystem):

1. Teilsystem eines ↑ Betriebssystems, das alle Operationen der angeschlossenen ↑Magnetplattenspeicher startet und kontrolliert. Das DOS erhält seine Aufgaben vom ↑ Prozessor mitgeteilt und führt diese dann selbstständig aus.

2. Bezeichnung eines früher weit verbreiteten Betriebssystems für kleinere Computer, siehe ↑MS-DOS. Viele Kommandos dieses Betriebssystems beziehen sich auf die ↑Dateiverwaltung, auf ↑ Floppy discs oder Magnetplattenspeicher, zum Beispiel Anlegen und Ändern von Katalogen, Anlegen, Ändern und Löschen von Dateien, Erstellen von Kopien und Archivexemplaren, Suchen, Ausdrucken, Auflisten, Vergleichen von Dateien.

drag and drop [dræg ænd drop] (dt. mitschleppen und fallen lassen): übliche Unterstützungshilfe zum schnellen Verschieben von Daten innerhalb einer Anwendung oder zwischen mehreren Anwendungen: Mit der Maus angeklickte Daten werden mitgezogen und dann an einer Stelle durch Loslassen der Maustaste abgelegt oder eingefügt.

Drucker (engl. *printer*): Gerät zur ↑Ausgabe von Daten, z. B. Texte, Programme, Bilder und Grafiken, auf Papier. Unterschiedliche Anforderungen an die Geschwindigkeit, die Druckqualität und den Zeichensatz haben zu einer Reihe verschiedener Druckertypen geführt. Abb. 1 zeigt die wichtigsten Unterscheidungskriterien.

Typendrucker: Man spricht von Typendruckern, wenn für jedes druckbare Zeichen ein Typenträger vorgesehen ist. Typendrucker haben einen vom Typenträger bestimmten festen Zeichensatz. Der Wechsel eines Zeichensatzes kann nur durch Austausch der Typenträger erfolgen.

Seriendrucker (Zeichendrucker) bringen die Zeichen wie bei einer Schreibmaschine nacheinander zu Papier, *Paralleldrucker (Schnelldrucker, Zeilendrucker)* drucken jeweils eine ganze Zeile in einem Arbeitsgang. Die Druckgeschwindigkeit von Seriendruckern liegt bei 10 bis 50 Zeichen/s, die von Paralleldruckern bei 10 bis 50 Zeilen/s.

Bei Seriendruckern sind das ältere und mechanisch aufwendigere Kugelkopfsystem und das einfachere Typenradsystem (Abb. 2) weit verbreitet. Paralleldrucker können als Typenkettendrucker und als Typenwalzendrucker realisiert sein.

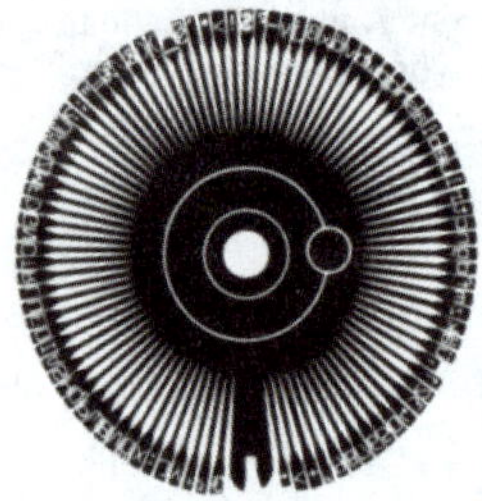

Drucker (Abb. 2): Typenrad eines Typenraddruckers

Bei Typenkettendruckern werden rotierende Ketten verwendet, wobei jedes Kettenglied eine Type, d. h. ein Zeichen, trägt. Für jede Druckposition einer Druckzeile ist ein Hammer vorgesehen, der genau in dem Moment anschlägt, wenn das Kettenglied mit dem richtigen Zeichen an ihm vorbeiläuft (Abb. 3).

Typenwalzendrucker *(Trommeldrucker)* besitzen eine rotierende Walze, deren Umfang je Druckposition alle Zeichen des Zeichensatzes trägt. Wie beim Typenkettendrucker schlägt auch hier ein für jede Druckposition vorgesehener Hammer genau dann an, wenn das rich-

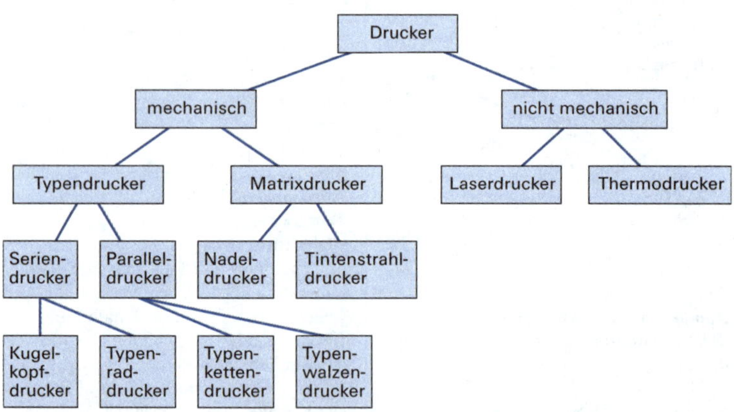

Drucker (Abb. 1): verschiedenartige Druckertypen

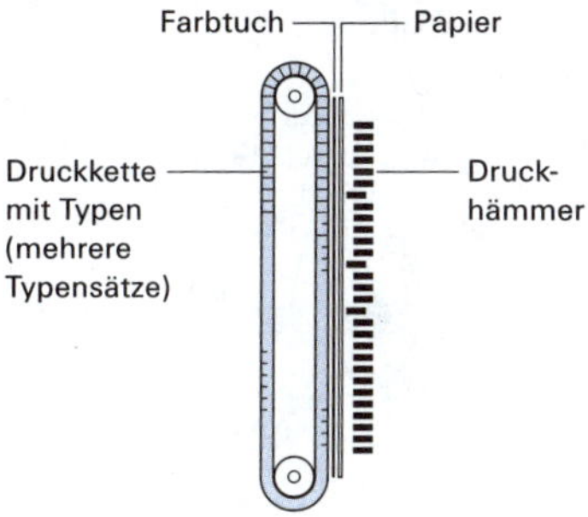

Drucker (Abb. 3): Schema eines Kettendruckers

tige Zeichen an ihm vorbeiläuft (Abb. 4). Mit einer Walzenumdrehung wird also eine Druckzeile vollständig gedruckt.

Die Druckgeschwindigkeit von Paralleldruckern lässt sich dadurch erhöhen, dass man einzelne häufig vorkommende Zeichen (z. B. „e“) oder den gesamten Zeichensatz mehrfach auf der Typenwalze bzw. der Typenkette anbringt.

Matrixdrucker: Bei Matrixdruckern wird jedes Zeichen aus einzelnen Punkten einer Matrix zusammengesetzt, deren

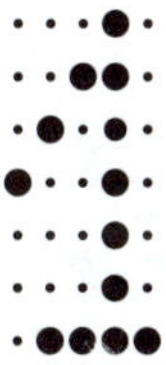

Drucker (Abb. 5): Darstellung der Ziffer 1 bei einem 5×7-Matrixdrucker

Größe meist 5 × 7 oder 7 × 9 Punkte beträgt (Abb. 5).

Werden die Zeichen durch einzelne Nadeln erzeugt, die entsprechend dem auszudruckenden Zeichen aus dem Druckkopf hervorschnellen und das Farbband auf das Papier drücken, so spricht man von *Nadeldruckern* (Abb. 6).

Bei *Tintenstrahldruckern* entfällt das Farbband. Stattdessen sind die Nadeln der Matrix als feine Röhrchen ausgebildet, durch die je nach zu druckendem Zeichen Tinte auf das Papier gespritzt wird (Abb. 7).

Tintenstrahldrucker arbeiten sehr leise, können als Mehrfarbdrucker ausgebildet sein und haben im Vergleich zu Nadel-

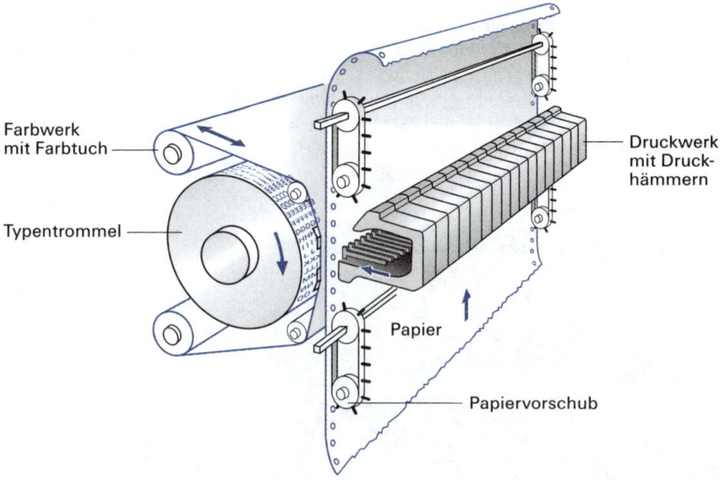

Drucker (Abb. 4): Typenwalzendrucker

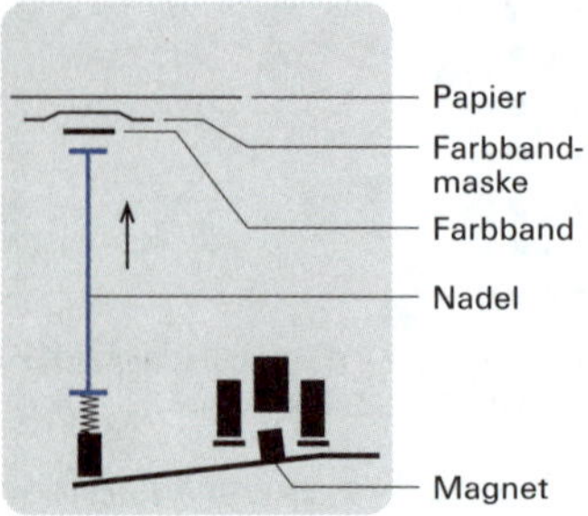

Drucker (Abb. 6): Prinzip des Nadeldruckers

druckern meist ein besseres Schriftbild, da die ausgespritzte Tinte geringfügig verläuft, wodurch das für Nadeldrucker typische Punktraster verschwindet.

Die Druckgeschwindigkeit von Nadel- und Tintenstrahldruckern liegt zwischen 30 und 500 Zeichen/s. Aufgrund der vielen Variationsmöglichkeiten des Punkterasters können mit Matrixdruckern viele verschiedene Schriftarten und auch Symbole und Sonderzeichen dargestellt werden.

Laserdrucker: Bei Laserdruckern werden die durch einen Laserstrahl erzeugten Zeichen elektrofotografisch auf das Papier aufgebracht. Ihre Funktionsweise ist vergleichbar mit der eines Kopierautomaten (Abb. 8).

Die Druckgeschwindigkeit von Laserdruckern beträgt bis zu 20 000 Zeilen/

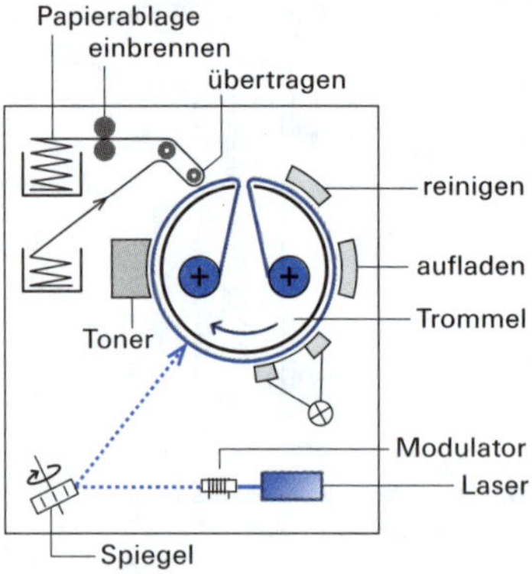

Drucker (Abb. 8): Schema eines Laserdruckers

min. Wegen der freien Bewegungsmöglichkeiten des Laserstrahls können Laserdrucker sowohl beliebige Zeichen ausgeben als auch grafische Darstellungen zeichnen. Der Nachteil eines Laserdruckers ist sein hoher Preis, Vorteile sind seine hohe Druckgeschwindigkeit und die hervorragende Druckqualität.

Thermodrucker: Thermodrucker arbeiten mit temperaturempfindlichem Spezialpapier. Durch gezielte Wärmeeinwirkung, bei der das Papier seine Farbe ändert, können Zeichen dargestellt werden (Abb. 9).

Die Leistungsfähigkeit von Thermodruckern entspricht in etwa der von Matrix-

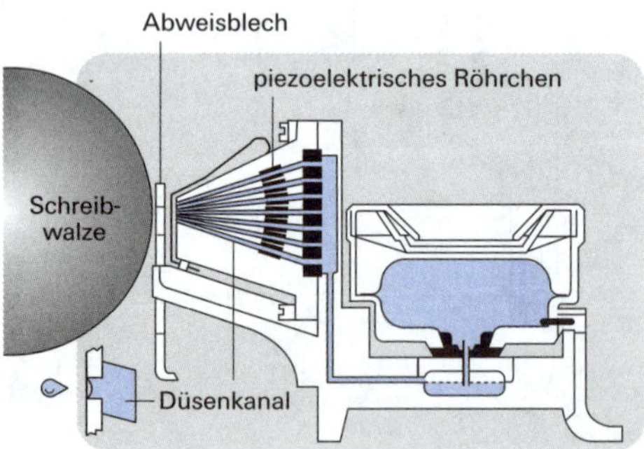

Drucker (Abb. 7): Prinzip des Tintenstrahldruckers

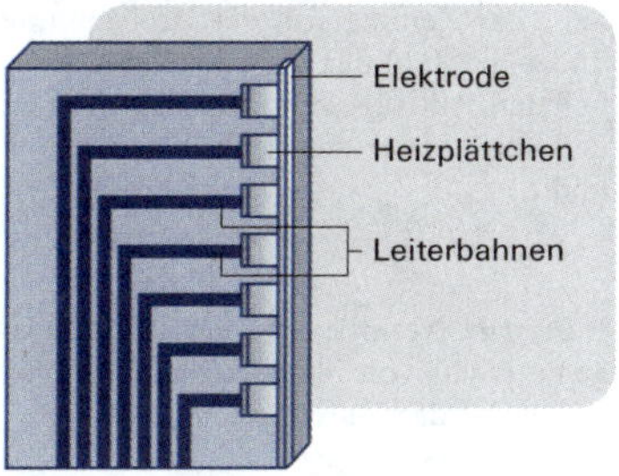

Drucker (Abb. 9): Druckkopf eines Thermodruckers

druckern. Wegen des relativ hohen Preises des Druckerpapiers werden Thermodrucker aber nur bei sehr kleinen Rechenanlagen (meist im Taschenrechnerformat) eingesetzt.

Magnetdrucksysteme: Auf der Oberfläche eines rotierenden Metallzylinders wird – Punkt für Punkt – ein latentes magnetisches Abbild der zu druckenden Seite erzeugt. Das geschieht durch 3 360 einzelne, in einer Zeile angeordnete Schreibköpfe (10 je Millimeter). Beim Passieren der Entwicklungsstationen ziehen die magnetisierten Punkte der Zylinderoberfläche Partikel des dort vorrätigen Trockentoners an und erzeugen so eine Pigmentauflage, die dem Druckbild genau entspricht. Unter hohem Druck wird das nun sichtbare Abbild auf das mit einer Walze gegen den Zylinder gepresste Papier übertragen. Anschließend wird das Druckbild fixiert.

Die mechanischen Drucker werden im Allgemeinen mit **Endlospapier** betrieben, das eine Breite von meist 80 oder 132 Druckstellen hat. Beide Ränder des Papiers sind in kurzen Abständen gelocht. In die Löcher greifen Zahnräder des Druckers (sog. *Traktor*), welche das in Zickzackstapeln gefaltete Endlospapier voranschieben.

Um Dokumente zwischen verschiedenen Rechnersystemen austauschen und jeweils in einheitlicher Form ausdrucken zu können, wurden grafische Programmiersprachen (sog. *Seitenbeschreibungssprachen*) entwickelt. Der Druckvorgang verläuft in diesem Falle in zwei Phasen: Zunächst wird bei Eingabe des Druckbefehls vom Rechner aus dem zu druckenden Dokument ein Programm in der Seitenbeschreibungssprache generiert. Dieses Programm, welches genau den Aufbau jeder Druckseite des Dokuments beschreibt, wird anschließend zum Drucker übertragen, dort interpretiert und in Druckersteuerbefehle umgesetzt, welche das Dokument zu Papier bringen (Drucker mit diesen Fähigkeiten müssen über einen eigenen leistungsfähigen Mikroprozessor verfügen). Eine weit verbreitete Seitenbeschreibungssprache ist ↑PostScript, vgl. auch ↑HTML, ↑World Wide Web.

DSL (Abk. für **d**igital **s**ubscriber **l**ine, dt. digitale Fernsprechleitung) ist eine Familie von Datenübertragungsverfahren (↑ ADSL, HDSL, VDSL, SDSL, UDSL). Ihr wichtigster Vertreter ist ASDL *(asymmetric DSL)*, bei dem Daten über eine Kupferdoppelleitung (z. B. zwischen Telefonanschluss und Vermittlungsstelle) durch Nutzung eines anderen Frequenzbandes im MHz-Bereich mit bis zu 8 MBit/s übertragen werden können.

Dualsystem *(Zweiersystem):* Bezeichnung für ein ↑Stellenwertsystem zur Basis 2, das über einen Vorrat von zwei Ziffern (0 und 1) verfügt. Der Stellenwert einer Ziffer steigt von rechts nach links in Potenzen zur Basis 2 an.

▶ *Beispiel:* Die Dualzahl 10110 hat die Dezimaldarstellung

$$1 \cdot 2^4 + 0 \cdot 2^3 + 1 \cdot 2^2 + 1 \cdot 2^1 + 0 \cdot 2^0 =$$
$$16 + 0 + 4 + 2 + 0 = 22$$ ◀

Das Dualsystem ist die Basis der heutigen ↑ Computer, da die elementaren Schalt- und Speicherelemente nur über zwei mögliche Zustände verfügen. Zur Codierung (↑ Code) von Zahlen bieten sich in Datenverarbeitungsanlagen zwei verschiedene Formen an: das reine Dualsystem und das dualverschlüsselte Dezimalsystem (↑BCD-Code).

Dummy [engl. 'dʌmɪ] (dt. Attrappe, Strohmann): Platzhalter für einen Programmteil, für ein ↑ Modul oder für Daten, der nach außen die Eigenschaften des Originals vortäuscht.
Dummys werden häufig beim Entwickeln und ↑Testen von Programmen eingesetzt, wenn noch nicht alle vom Programm benötigten Komponenten fertig gestellt sind. Noch nicht erarbeitete ↑Prozeduren kann man vorläufig durch eine Dummyprozedur ersetzen, die den gleichen Prozedurkopf wie die zu erstellende Prozedur besitzt, jedoch nur aus einem äußerst primitiven Prozedurrumpf besteht. Dieser Rumpf muss nur dafür sorgen, dass beim Übersetzen oder beim Testlauf kein Abbruch erfolgt.

Dump [engl. dʌmp] *(Speicherabzug, Speicherauszug):* Unter einem Dump versteht man das Sichtbarmachen eines zusammenhängenden Teils des ↑Speichers (dies kann der ↑Hauptspeicher sein oder auch Teile anderer Speichermedien wie z. B. ↑Magnetplattenspeicher).
Das Sichtbarmachen kann dabei durch Ausgabe auf einen ↑Drucker oder eine ↑ Datensichtstation erfolgen; häufig wird der Hauptspeicher z. B. auf eine Magnetplatte geschrieben und der Programmierer kann sich dann die Teile des Speicherabzuges anzeigen lassen, die er benötigt. Die Bedeutung von Speicherabzügen ist aber nur noch gering, da zum einen die Inhalte von Speichern ohne Hilfsmittel (↑ Disassembler) kaum lesbar sind, zum zweiten viel überflüssige Information die Lokalisierung eines Fehlers stark erschwert und zum dritten bessere Fehlererkennungsmethoden existieren (↑Debugging).

duplex: Kennzeichnung für einen Datenübertragungskanal, bei dem beide Datenendeinrichtungen gleichzeitig Daten senden und empfangen können (↑Datenübertragung). Ein Beispiel für einen Duplexkanal ist das Telefon (vgl. ↑simplex, ↑halbduplex, ↑multiplex).

Durchsatz (engl. *throughput, thru-put*): Anzahl der pro Zeiteinheit vollständig bearbeiteten ↑Aufträge.
Sei t das Zeitintervall der Beobachtung und n die Zahl der in t vollständig bearbeiteten Aufträge. Der Durchsatz D ist definiert durch den Quotienten aus n und t:

$$D = \frac{n}{t}.$$

▶ *Beispiel:* Verarbeitet eine Rechenanlage innerhalb von 10 Minuten 5 Aufträge, so beträgt der Durchsatz

$$D = \frac{5}{10\ \text{min}} = \frac{30}{\text{h}}.$$ ◀

Ein häufig angestrebtes Ziel beim Betrieb von Rechenanlagen, speziell im Stapelbetrieb (↑Betriebsart), besteht in der Maximierung des Durchsatzes.

Durchschnittsproblem: Dieses Problem fragt nach einem Algorithmus, der für zwei ↑ Sprachen L_1 und L_2 entscheidet, ob $L_1 \cap L_2 = \emptyset$ ist. Dieses Problem ist für ↑reguläre Mengen entscheidbar, jedoch schon nicht mehr für lineare Sprachen (↑lineare Grammatik). Die Unentscheidbarkeit für ↑kontextfreie Sprachen wird unter dem Stichwort ↑Postsches Korrespondenzproblem gezeigt.
Dieses Problem tritt bei der Konstruktion von Programmiersprachen auf: Man muss z. B. sicherstellen, dass ↑Bezeichner und Zahldarstellungen nicht miteinander verwechselt werden können, dass also die Menge L der aus dem Nichtterminalsymbol ⟨Bezeichner⟩ ableitbaren Zeichenfolgen und die Menge L' der Zeichenfolgen, die aus dem Nichtterminalzeichen ⟨Zahl⟩ abgeleitet werden können, durchschnittsfremd sind.

dyadisch *(zweistellig):* Häufige Bezeichnung für die Zweistelligkeit, also der Anzahl Zwei der Argumente, von ↑Operatoren in Programmiersprachen.

▶ *Beispiele* für dyadische Operatoren sind +, – (gemeint sind das Additions- und Subtraktionszeichen; nicht zu verwechseln mit den gleichbezeichneten ↑monadischen Operatoren + und –), die Multiplikation ∗ oder die Rest-Bildung mod. ◀

dynamisch (engl. dynamic): Merkmal für alle Vorgänge, die nicht im Voraus bekannt sind, sondern sich erst während der Verarbeitung ergeben. Gegenteil: *statisch.* Beispiele sind:

- *dynamische* ↑ *Bindung:* Zuordnung von Bezeichnern zu Objekten oder Adressen erst während der aktuellen Abarbeitung eines Programms.
- *dynamische* ↑ *Datenstruktur:* Die genaue Ausgestaltung der Datengeflechte ergibt sich meist erst im Laufe der Berechnung (↑Liste).
- *dynamische* ↑ *Schachtelung:* konkrete Aufrufstruktur bei Prozeduren und anderen (rekursiven) Programmeinheiten.
- *dynamisches* ↑ *Testen:* Wahl der konkreten Testfälle anhand der aktuellen Berechnungssituationen, etwa beim Interpretieren des Programmcodes (↑Ablaufprotokoll).
- *Lernvorgänge:* Das Erlernen von Fähigkeiten und der Wissenserwerb sind durch das ständige Ergänzen und Ersetzen des bereits Gelernten hochgradig dynamische Vorgänge.

Dynamisches Programmieren: ↑Algorithmen-Entwurfsmethode, bei der ein Problem der Größe k gelöst wird, indem erst alle Teilprobleme der Größe 0, hieraus alle der Größe 1, hieraus alle der Größe 2 usw. schrittweise berechnet werden.

▶ *Beispiel: Floyd-Algorithmus* zur Berechnung aller kürzesten Entfernungen eines kantenmarkierten gerichteten ↑Graphen $G = (V, E, d)$ mit n Knoten, wobei d jeder Kante eine nichtnegative reelle Zahl zuordnet. Man nummeriert die Knoten des Graphen irgendwie mit 1 bis n durch und berechnet zunächst alle kürzesten Entfernungen für Wege, die nur Knoten mit Nummern kleiner als 1 haben (die also keinen Zwischenknoten besitzen), dann für alle Wege, die nur Knoten mit Nummern kleiner als 2 haben (die also höchstens den Knoten mit der Nummer 1 als Zwischenknoten besitzen), dann für alle Wege, die nur Knoten mit Nummern kleiner als 3 haben, usw. bis für alle Wege, die nur Knoten mit Nummern kleiner als $n+1$ haben, und hiermit erhält man alle kürzesten Entfernungen. Wenn $d(i,j)$ das gegebene Kantengewicht der Kante (i,j) ist, so lautet dieser Algorithmus:

```
for i := 1 to n do
   for j := 1 to n do
      if (i,j) ist eine Kante
      then D[i,j] := d(i,j)
      else if i = j
         then D[i,j] := 0
         else D[i,j] := ∞ fi fi
od od;
for k := 1 to n do
   for i := 1 to n do
      for j := 1 to n do
      D[i,j] := Min (D[i,j], D[i,k]+D[k,j])
od od od
```

Falls man in der innersten for-Schleife immer dann, wenn ein neues Minimum gefunden wurde, den Knoten k mitnotiert, kann man am Ende auch kürzeste Wege rekonstruieren. Die Laufzeit ist in jedem Fall proportional zu n^3, weshalb man in der Praxis auf Graphen, die viele Knoten, aber nicht allzu viele Kanten besitzen, besser den ↑Dijkstra-Algorithmus für jeden Knoten anwendet. ◀

E

EBCDI-Code ['ɛptsdi] (Abk. für engl. **e**xtended **b**inary **c**oded **d**ecimal **i**nterchange code): Erweiterter ↑BCD-Code zur Darstellung von Ziffern, Buchstaben und Sonderzeichen.

Dieser Code benutzt zur Darstellung eines Zeichens ein ↑ Byte. Die erste Tetrade heißt auch *Zonenteil,* die zweite Tetrade *Ziffernteil.* Die darstellbaren Zeichen sind in Gruppen eingeteilt,

Codierungsvorschrift beim EBCDI-Code

Zonenteil

Ziffernteil

Spalte / Zeile	0	1	2	3	4	5	6	7	8	9	10	11	12	13	14	15
0	NUL				␣	&	–									0
1							/		a	j			A	J		1
2									b	k	s		B	K	S	2
3									c	l	t		C	L	T	3
4	PF	RES	BYP	PN					d	m	u		D	M	U	4
5	HT	NL	LF	RS					e	n	v		E	N	V	5
6	LC	BS	EOB	UC					f	o	w		F	O	W	6
7	DEL	IL	PRE	EOT					g	p	x		G	P	X	7
8									h	q	y		H	Q	Y	8
9									i	r	z		I	R	Z	9
10			SM		¢	!	∧	:								
11					.	$	,	#								
12					<	*	%	@								
13					(	)	_	'								
14					+	;	>	=								
15					'	¬	?	"								

Bedeutung der Steuerzeichen

Zeichen	Bedeutung	Zeichen	Bedeutung
NUL	Nil (Füllzeichen)	LF	Zeilenvorschub
PF	Stanzer Aus	EOB	Blockende
HT	Horizontal-Tabulator	PRE	Bedeutungsänderung der beiden Folgezeichen
LC	Kleinbuchstaben		
DEL	Löschen	PN	Stanzer Ein
RES	Sonderfolgenende	RS	Leser Stopp
NL	Zeilenvorschub mit Wagenrücklauf	UC	Großbuchstaben
		EOT	Ende der Übertragung
BS	Rückwärtsschritt	SM	Betriebsartenänderung
IL	Leerlauf	␣	Zwischenraum

die erste Tetrade kennzeichnet die Gruppe eines Zeichens. Innerhalb einer Gruppe werden die Zeichen durchnummeriert. Die zweite Tetrade enthält die Dualdarstellung der Nummer des Zeichens. Die Codierungsvorschrift ist oben dargestellt.

Es gibt zwei Möglichkeiten, Zahlen mithilfe des EBCDI-Codes darzustellen:

Bei der *ungepackten Darstellung* wird jede Ziffer einer Zahl gemäß dem EBCDI-Code in ein Byte verschlüsselt. Das Vorzeichen der Zahl wird im Zonenteil der letzten Ziffer festgehalten. Dabei gilt: Das Vorzeichen „+“ wird durch die Tetrade 1100, das Vorzeichen „–“ durch die Tetrade 1101 dargestellt.

▶ *Beispiel:*

a) Darstellung der Zahl –359

erstes Byte: 3

1	1	1	1	0	0	1	1

zweites Byte: 5

1	1	1	1	0	1	0	1

drittes Byte: 9

1	1	0	1	1	0	0	1

Vorzeichen –

b) Darstellung der Zahl +24

erstes Byte

1	1	1	1	0	0	1	0

zweites Byte

1	1	0	0	0	1	0	0

◀

Bei der *gepackten Darstellung* wird jede Ziffer einer Zahl unter Vernachlässigung des Zonenteils gemäß dem EBCDI-Code in eine Tetrade verschlüsselt.
Das Vorzeichen wird in der letzten Tetrade festgehalten.

▶ *Beispiel:*

a) Darstellung der Zahl –359.

erstes Byte

0	0	1	1	0	1	0	1

3 5

zweites Byte

1	0	0	1	1	1	0	1

9 –

b) Darstellung der Zahl +24

erstes Byte

0	0	1	0	0	1	0	0

2 4

zweites Byte

1	1	0	0	x	x	x	x

\+

◀

Für die gepackte Darstellung benötigt man durchschnittlich nur halb so viel Speicherplatz wie für die ungepackte Darstellung. Die Umwandlung einer ungepackten Darstellung in eine gepackte heißt *Packen,* der umgekehrte Vorgang *Entpacken.*

E-Commerce ↑elektronischer Markt

Editor ['e:ditɔr, e'di:tɔr] (aus dem Engl. to edit = einen Text herausgeben oder redigieren, editor = Herausgeber): Komponente eines Datenverarbeitungssystems zum Bearbeiten von Texten und/oder Grafiken im Dialog (↑Betriebsart). Texte können Zahlen, Programme, Briefe, Tabellen, ↑Dokumente und sonstige beliebige Daten sein; Grafiken sind Diagramme, Funktionsdarstellungen, Zeichnungen und beliebige Bilder, die sich mit einem Raster von Einzelpunkten beschreiben lassen. Mit einem interaktiven (d.h. im Dialog arbeitenden) Editor können Texte bzw. Grafiken erstellt, verändert, gelöscht, durchsucht und auf vielfältige Art manipuliert werden. Editoren sind auch wichtige Komponenten in ↑Browsern und im System zur ↑Textverarbeitung.
Ein Editor erhält die zu bearbeitenden Dokumente von einer ↑Datei und/oder einem Eingabegerät (meist: von der Tastatur) und liefert die erstellten oder überarbeiteten Dokumente an eine Datei und/oder ein Ausgabegerät (Bildschirm, Drucker, Telefonadapter usw.); während der Bearbeitung werden die Dokumente in der Form, wie sie zur Zeit im Editor vorhanden sind, die Art und der Stand der Bearbeitung (z.B. Einfügen, Justieren, Ersetzen)

ausschnittsweise am Bildschirm angezeigt (Abb. 1a).
Editoren nutzen das ↑ Betriebssystem. Sie sind wie ein Anwendungsprogramm auf das Betriebssystem „aufgesetzt" (Abb. 1b).
Die Eingabegeräte Tastatur und ↑ Maus bestimmen die Struktur und die Einsatzmöglichkeiten heutiger Editoren. Sobald gesprochene Sprache über Mikrofone eingegeben oder Bilder leicht eingefügt werden können, sind neue Typen von Editoren zu erwarten (↑ Multimedia).
Der Editor ist eines der wichtigsten Hilfsmittel bei der Arbeitsvorbereitung von Tätigkeiten, die eine Datenverarbeitungsanlage durchführen soll. Ein benutzerfreundlich geschriebener Editor, der typische Aufgaben der Arbeitsvorbereitung erledigen kann, hat deshalb wesentlichen Einfluss auf die Nutzung von Computern.
Ein Editor legt die zu bearbeitenden Objekte in einem eigenen Speicher *S* ab. Darüber hinaus verfügt er über mindestens zwei weitere Speicherbereiche, so genannte *Puffer,* von denen einer als Hilfsspeicher beim Einfügen, Verschieben, Löschen, Ersetzen von Objekten dient *(Editier-Puffer E)* und der andere den aktuellen Bildschirminhalt enthält, also den Ausschnitt des Speichers *S,* den der Benutzer gerade sieht *(Anzeige-Puffer A).* Wenn diese Puffer mehrfach vorhanden sind, kann der Benutzer mehrere Ausschnitte von *S* gleichzeitig bearbeiten (↑ Fenster-Technik). Das Grundprinzip der Funktionsweise eines Editors ist in Abb. 2 wiedergegeben.
Ein Editor enthält mindestens die folgenden Teile:
Editierkomponente: Überschreiben, Einfügen, Löschen, Ersetzen, Kopieren und Verschieben innerhalb von *S,* Einkopieren von externen Dateien in den Speicher *S.*
Durchlaufkomponente: verändert die aktuellen Bearbeitungspositionen in *A* und *E* und erneuert die Inhalte von *A* und *E* entsprechend. Typische Operationen sind: Übergang zu einer anderen Zeile oder zu einer anderen Seite (Durchblättern von *S*), Sprung an eine markierte Stelle, Auffinden eines speziellen Textes oder Musters in *S,* Umschalten auf andere Dateien, Bewegungen bezüglich der Struktur des Textes.
Anzeigekomponente: zeigt den aktuellen Ausschnitt von *S* an, listet zusätzliche Informationen über Status, Speicher usw. auf und steuert die Ausgabe der Daten auf den Drucker.
Gute Editoren besitzen weitere Funktionen, insbesondere:
- Unterbrechung und Abbruch der laufenden Operation,
- Sicherung von *S* auf Disketten oder Platten („*Backup*"-Kopien),
- Rückgängigmachen der letzten Operationen *(„undo"),*
- Hilfefunktionen, mit denen sich der Benutzer jederzeit zurechtfinden kann und die ihn auf irreparable Fehlermöglichkeiten rechtzeitig hinweisen,
- Zusammenfassen von Befehlsfolgen zu einem Befehl (↑ Makrobefehl),
- Eingabe und Ausgabe von Dokumenten, die von anderen Editoren erstellt wurden oder weiterbearbeitet werden können,
- Zusammenbinden von Texten, Grafiken und Bildern zu einem einheitlichen Dokument.

Man unterscheidet Text-, Grafik- und integrierte Editoren. Im Folgenden werden die Texteditoren kurz behandelt. Diese unterteilt man in
- zeilenorientierte,
- folgenorientierte,
- bildschirmorientierte,
- strukturbezogene,
- syntaxorientierte Editoren.

Diese Unterteilung spiegelt die geschichtliche Entwicklung der (interaktiven) Editoren wider. Mit der Einführung von interaktiven Timesharing-Systemen (Mehrbenutzersystem mit Dialogbetrieb, ↑ Betriebsart) in den 60er-Jahren wurden zeilenorientierte Editoren erstellt, die sich auf die damals noch vorherrschenden Lochkarten bezogen. Fol-

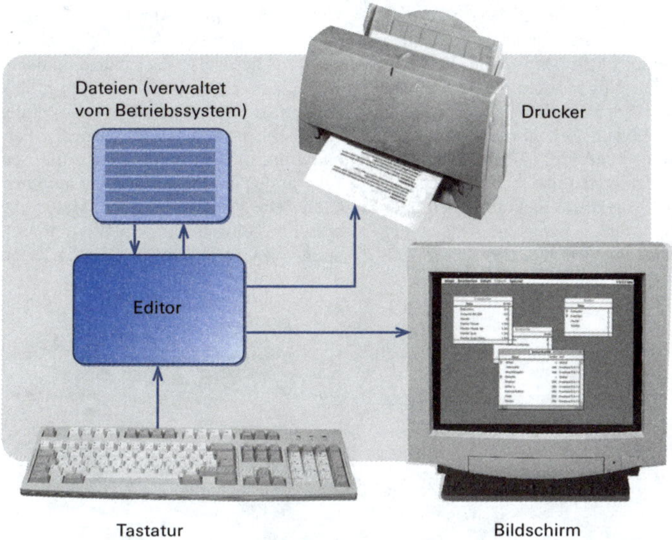

Editor (Abb. 1a): Beziehungen des Editors zu anderen Geräten

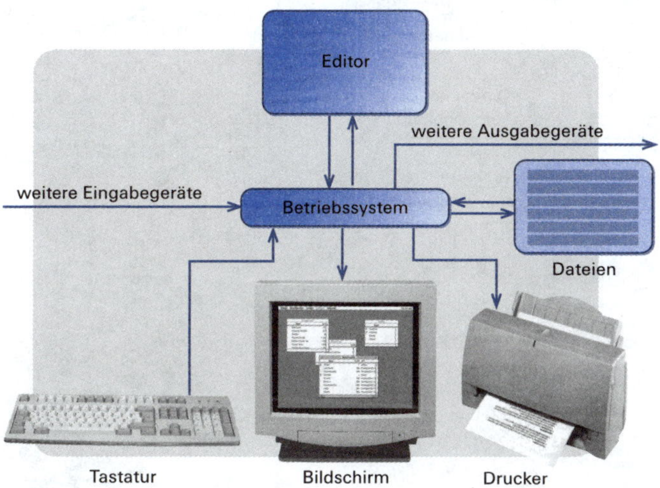

Editor (Abb. 1b): Auf das Betriebssystem „aufgesetzter“ Editor

genorientierte Editoren, die den Text als eine beliebig lange Folge von Zeichen auffassten, entstanden bald danach. Fast gleichzeitig wurden die ersten bildschirmorientierten Editoren vorgestellt, die den Text in Zeilen variabler Länge aufteilten, Teile des Textes am Bildschirm anzeigten und durch einen *Cursor* (↑Bildschirm) die aktuelle Bearbeitungsposition sichtbar machten. Anfang der 70er-Jahre wurden hierarchische Strukturen (z. B. Kapitel, Abschnitte, Paragraphen) und syntaktische, durch ↑Grammatiken definierte Zusatzbedingungen an den Text einbezogen und vom Editor unterstützt. Später kam die Kopplung zwischen dem Editor und speziellen Formatierungsprogrammen hinzu, die den Text für den jeweiligen Drucker aufbereiteten. Die Einführung der Maus, die besseren ↑Bildschirme und die Einbeziehung von Grafik führten zu integrierten

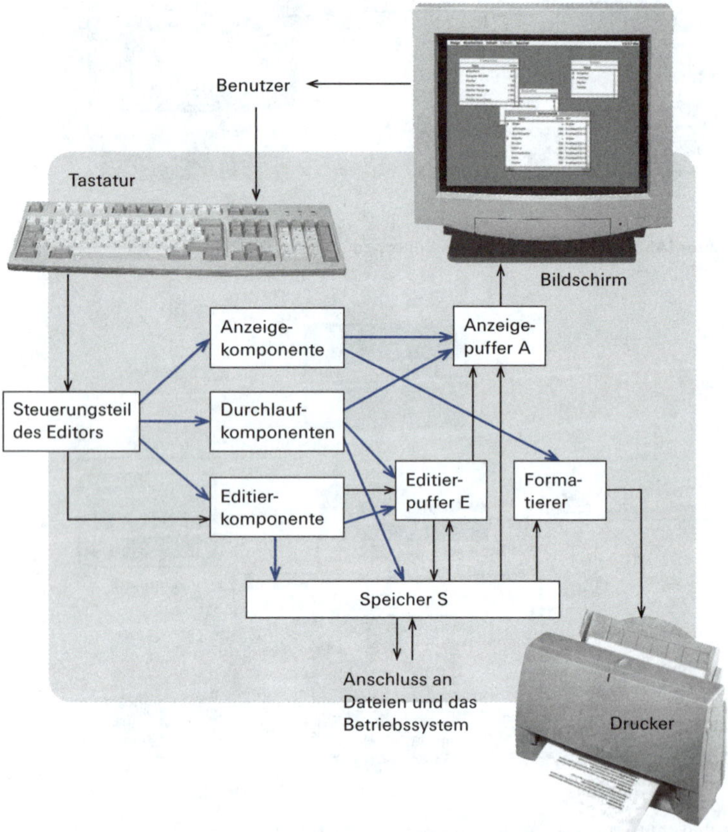

Editor (Abb. 2): Aufbau eines Editors. Schwarze Pfeile: Hier fließen Daten; blaue Pfeile: Hier fließen Kontrollinformationen

Text-Grafik-Editoren, die viele Dokumente gleichzeitig bearbeiten und anzeigen können.

Zeilenorientierte Editoren sind veraltet und werden nicht mehr weiterentwickelt. Der Text war hierbei in Zeilen aufgeteilt, die durchnummeriert sind. Der Editor bearbeitete stets nur eine Zeile von einer vorgegebenen maximalen Länge (z. B. 80 = Anzahl der Spalten einer Lochkarte, oder 132 = maximale Zeichenzahl einer Druckzeile).

Folgenorientierte Editoren (auch *„zeichenstromorientiert“* genannt) fassten den gesamten Text als eine Folge von Zeichen auf. Zur Strukturierung wurden in den Text spezielle Symbole für „nächste Seite“, „Ende einer Zeile“ und für Markierungen von Textteilen oder für die Steuerung von Ausgabegeräten (z. B. „Unterstreiche die nächsten *n* Zeichen“, „Schreibe gesperrt“, „Fettdruck“ für die Steuerung eines Druckers oder Bildschirms) eingestreut. Solche speziellen Symbole erlaubten Editorbefehle wie „nächste Zeile“, „nächste Seite“, „nächster unterstrichener Text“, „Springe zur mit *x* markierten Stelle“.

Neben „Finde“, „Ersetze“, „Rücke automatisch ein“ usw. konnten dem Benutzer auch kompliziertere Algorithmen zur Textverarbeitung angeboten werden, z. B. der Befehl „M 5,27“, der in einen Text das Symbol „↵“ für Zeilenende so einfügt, dass der Text, wenn man ihn nun als eine Folge von Zeilen auffasst, stets zwischen den Spalten 5 und 27 steht; hierbei werden zusätzliche Zwischenräume in den Text eingefügt, um den Randausgleich sicherzustellen. Durch „M 5,27“ (M: Abk. für engl. *m*argin = dt. Rand) wird folgender Text:

```
Informatik ist die Wissenschaft von der
systematischen Verarbeitung von Informationen.
Im Vordergrund stehen digitale Darstellungen
der Information, die in digitalen Rechenan-
lagen gespeichert und verarbeitet werden.
```

in folgenden Text umgewandelt:

Spalte 5 ↓ Spalte 27 ↓

```
Informatik    ist    die
Wissenschaft    von    der
systematischen
Verarbeitung          von
Informationen.         Im
Vordergrund        stehen
digitale  Darstellungen
der   Information,    die
...
```

Folgenorientierte Editoren konnten bereits eine „undo“-Operation durchführen. Unter *„undo“* versteht man das Rückgängigmachen einer Operation. Insbesondere beim irrtümlichen Löschen von Text möchte man die vorherige Situation wieder herstellen. In vielen Editoren werden Textteile nicht direkt gelöscht, sondern sie werden in einen gesonderten Puffer kopiert, dessen Inhalt man mittels „CB“ (= *c*opy *b*uffer) wieder an die aktuelle Zeigerposition zurückschreiben kann. Wird „CB“ mehrfach nacheinander eingegeben, so bewirkt dies eine entsprechende Vervielfachung eines Textteiles.

Bildschirmorientierte Editoren fassen den Text als einen Quadranten in der Ebene auf, der mit Zeichen gefüllt ist. Das am weitesten links stehende oberste Zeichen gibt den Koordinatenursprung an, von dem aus sich der Quadrant nach unten und rechts beliebig weit erstreckt (Abb. 3).

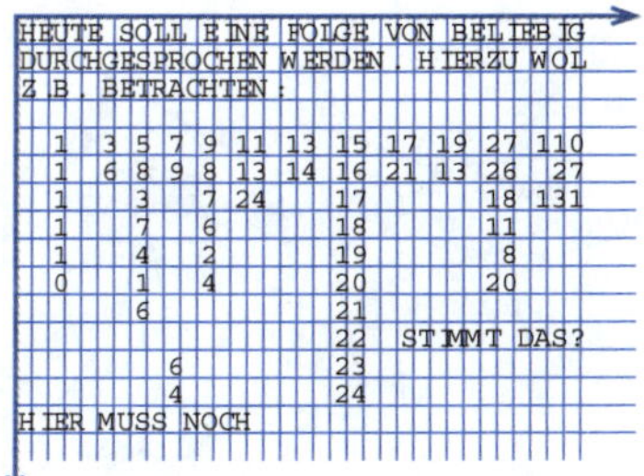

Editor (Abb. 3): Text als zweidimensionale Struktur

Der Quadrant ist *parkettiert,* d. h., er besteht aus einer zweidimensionalen unendlichen Folge von kleinen Quadraten, in denen jeweils ein Zeichen stehen kann. Auf dem Bildschirm erscheint stets nur ein rechteckiger Ausschnitt des Quadranten. Diesen Ausschnitt bezeichnet man als *Fenster* (engl. *window*). Das Fenster verfügt über einen Cursor, um die aktuelle Arbeitsposition anzugeben. Mit dem Editor kann man nur den Teil des Textes direkt bearbeiten, der im Fenster sichtbar ist. Typische Funktionen sind:

- Bewege das Fenster um *x* Einheiten nach rechts, links, oben oder unten über den Text.
- „Rolle" das Fenster über den Text in einer Richtung. Man rückt hierzu das Fenster genau um die Höhe bzw. Breite des Fensters weiter, sodass man den sich unmittelbar anschließenden Textbereich sehen kann (engl. *scrolling*).
- Markiere rechteckige Bereiche, sog. *Blöcke,* durch Fixieren des oberen linken und unteren rechten Punktes.
- Einfügen, Verändern, Ersetzen, Verschieben, Kopieren, Löschen und weitere Operationen beziehen sich sowohl auf einzelne Zeichen als auch auf ganze Blöcke.

Ein bildschirmorientierter Editor besitzt mindestens drei Speicherbereiche: Im ersten Speicherbereich wird der gesamte Text abgelegt, im zweiten Bereich liegt der Ausschnitt als Kopie, der gerade auf dem Bildschirm sichtbar ist (eventuell auch weitere Teile, deren Bearbeitung noch nicht abgeschlossen ist), und in den dritten Speicherbereich werden gelöschte oder zu verschiebende Teile gebracht, die somit wieder eingefügt werden können. Naheliegend ist es, mehrere Fenster gleichzeitig nebeneinander oder wie einen Stoß Papier etwas versetzt übereinander anzuzeigen, wobei unten liegende Fenster durch darüber liegende verdeckt werden (↑Fenstertechnik).

Der zu erstellende oder aufzuarbeitende Text besitzt meist eine innere Struktur. Abb. 4 zeigt als ↑Baum dargestellt ein Buch, das aus dem Inhaltsverzeichnis, aus drei Kapiteln mit jeweils 2, 3 und 2 Paragraphen, aus einem Literaturverzeichnis, aus einer Kurzbeschreibung verwendeter Begriffe (sog. Glossar) und einem Stichwortverzeichnis besteht.

Ein **strukturbezogener Editor** bietet Befehle an, die sich auf eine vorgegebene Struktur des Textes beziehen. Der Editierbefehl „Exchange (§ 2.1, § 2.2)" würde z. B. die Paragraphen 2.1 und 2.2 miteinander vertauschen; der Befehl „Insert H as § 3.3" würde den Text H als Paragraph 3.3 einfügen. Editierbefehle wie Löschen, Kopieren, Sortieren, Ersetzen usw. beziehen sich jeweils auf ganze Teile des Textes. Einen Brief kann man z. B. in

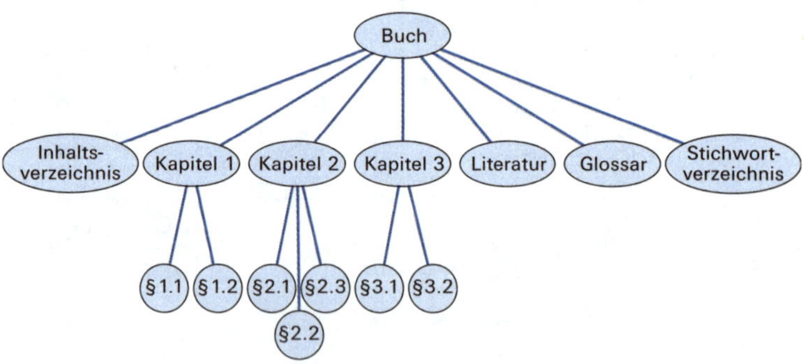

Editor (Abb. 4): Darstellung eines Buches als Baum

einer baumartigen Struktur (Abb. 5) schreiben.

Abb. 6 zeigt einen konkreten Brief, der von einem strukturbezogenen Editor gerade bearbeitet wird. Der Cursor befindet sich in „Absatz 2". Die oberste Zeile gibt den Zustand des Editors wieder: Es wird gerade Text eingefügt („Insert"); der Cursor befindet sich in Zeile 26, Spalte 25; durch Drücken der Taste H werden Hilfen gegeben (z. B. welche Befehle gerade möglich sind), die Taste „Escape" (ESC) führt zum Editormenü zurück, und die Taste „?" erläutert die Hinweise in der letzten Spalte. Bei diesem Beispiel wurde bereits angenommen, dass der Editor weitere Strukturinformationen aufnehmen kann, und zwar:

- In „Anrede" und „Empfänger. Name" muss ein gleiches Wort vorkommen.
- In „Adresse" kommen in zwei verschiedenen Zeilen Zahlen vor (Postleitzahl und Hausnummer).

Durch „?" in der letzten Spalte von Abb. 6 macht der Editor darauf aufmerksam, dass hier die Struktur verletzt ist (die beiden Namen Graber/Gruber sind verschieden, und es fehlt eine Hausnummer). Durch Drücken der Taste „?" werden die entdeckten Fehler erläutert. Weiterhin können Wörter, die sich nicht in einem internen „Lexikon" befinden, rot unterstrichen angezeigt werden.

Ein strukturbezogener Editor benötigt zusätzliche Befehle, um die Struktur erkennen und verwalten zu können. Zum Ersten muss die Struktur definiert werden können. Hierzu kann man ↑kontextfreie Grammatiken oder Formalismen, wie sie in ↑Datenbanken anfallen, verwenden. Zum Zweiten beziehen sich viele Befehle auf die aktuellen Unterstrukturen. Zum Beispiel muss der Löschbefehl „Delete" die aktuelle Unterstruktur löschen; hierzu fährt man den Cursor in den linken Teil „Angaben zur Struktur" und löscht durch „Delete" die Unterstruktur, in der sich der Cursor befindet. Man muss auch Teile des Textes als Unterstruktur markieren können. Zum Dritten muss man den Text strukturbezogen durchlaufen können; z. B. muss man den Cursor zur nächsten Unterstruktur oder zum Anfang der Oberstruktur bewegen können.

Während die strukturbezogenen Editoren den Text in Teilstrukturen aufteilen und entsprechend bearbeiten können, analysieren **syntaxorientierte Editoren** den Text auf seine syntaktische Struktur. Will man z. B. ein Programm in der Sprache ↑PASCAL editieren, so könnte der Editor auf fehlende Schlüsselwörter oder falsche Schachtelungen hinweisen, die sonst erst der ↑Übersetzer findet. Man kann also den syntaktischen Teil eines Übersetzers (Scanner und Parser) in den Editor integrieren. Diese Idee würde aber nur dazu führen, dass der Editor regelmäßig einen Test auf syntaktische Richtigkeit durchführt. Bei einem unfer-

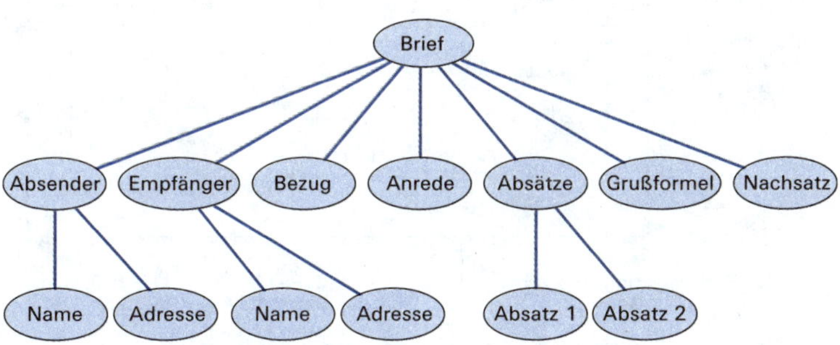

Editor (Abb. 5): Struktur eines Briefes

tigen Programmtext erscheinen dann an vielen Stellen irgendwelche Hinweise, die den Benutzer eher irritieren als unterstützen. Ein syntaxorientierter Editor geht daher grundsätzlich anders vor: Er orientiert sich an der syntaktischen Struktur, wie sie durch eine ↑kontextfreie Grammatik vorgegeben ist, und zeigt dem Benutzer ein Schema an, das aus dem bereits erstellten Text und aus Nichtterminalsymbolen der Grammatik besteht. Der Benutzer ersetzt nun schrittweise die Nichtterminalsymbole durch einen Text, in dem eventuell wieder Nichtterminalsymbole stehen.

Syntaxorientierte Editoren sind sehr aufwendige Softwaresysteme. Gewisse Operationen, die die Gesamtstruktur verändern, wie nachträgliches Einfügen (z. B. Einfügen weiterer Variablen), Hineinkopieren oder Ersetzen von Text sind nur schwer zu realisieren. Der Edi-

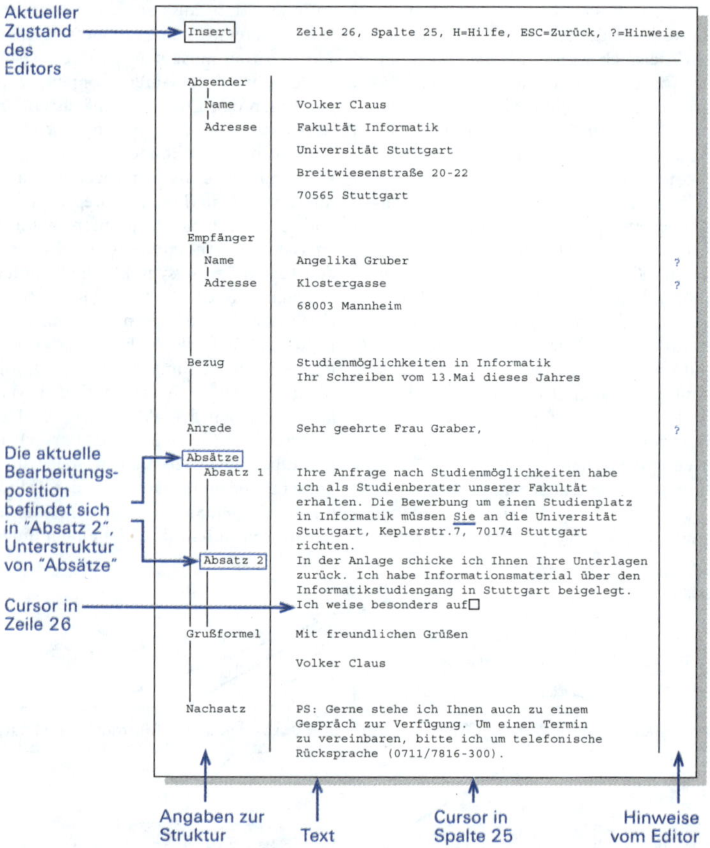

Editor (Abb. 6): Aktueller Bearbeitungszustand eines Textes in einem strukturbezogenen Editor

tor speichert im Allgemeinen den kompletten ↑ Ableitungsbaum, sodass der Benutzer leicht Operationen rückgängig machen kann.
Den strukturbezogenen Editor erhält man dann als Spezialfall, wenn man nur recht einfache Grammatiken zulässt.
Heute sind bildschirmorientierte Editoren, die Strukturen erlauben und die Grafik und Bilder in den Text einbauen können, üblich. Das reine Editieren wird bei solchen Systemen durch viele Funktionen ergänzt wie z. B.

- Randausgleich,
- Seitennummerierung,
- automatisches Einsetzen von Fußnoten,
- automatisches Erstellen des Stichwortverzeichnisses, das alle speziell markierten Worte umfasst,
- *Wörterbuch* zum automatischen Erkennen von Druckfehlern und zur Trennung von Wörtern (engl. spelling checker),
- Kopplung mit Datenbanken, z. B. für Serienbriefe.

Viele Editoren nutzen Spezialtasten zum Abkürzen von Befehlen, insbesondere die ESC-, DEL-, die Bewegungstasten und die Kombination mit der Kontrolltaste CTRL. Bekanntestes Textsystem für ↑Personalcomputer ist *MS-Word,* das auf dem Prinzip des bildschirmorientierten Editors beruht.
Die Ausgabe auf den Drucker oder eine ↑ Datensichtstation erfolgt oft nicht durch den Editor, sondern durch ein Formatierungsprogramm. Mithilfe dieses **Formatierers** kann man den Text in allen Einzelheiten aufbereiten: Man kann die Größe und Form der Zeichen angeben, man kann selbst definierte Zeichensätze benutzen (man denke an arabische oder chinesische Zeichen oder an mathematische Symbole wie

$$\sum_{i=1}^{n}, \int_{a}^{b}, \oplus, \text{ usw.},$$

↑Code), oder man kann Einrückungen, Beginn einer neuen Seite, Seitennummerierung usw. vorschreiben. Um einen Formatierer zu steuern, werden in den Text spezielle Markierungszeichen vom Editor eingefügt. Formatierer und Bildschirmausgabe des Editors sollten stets aufeinander abgestimmt sein (so genanntes *WYSIWYG-Prinzip,* Abk. für *w*hat *y*ou *s*ee *i*s *w*hat *y*ou *g*et, d. h., der Bildschirm zeigt immer die endgültige Form eines Dokumentes). Durch Einfügen von Bildern und durch spezielle Programme, mit denen man Seiten beliebig gestalten kann, wird der Editor zu einem „Verlagsprogramm". Man spricht dann vom *Desktop-Publishing* (Abk. *DTP*), also dem veröffentlichungsreifen Erstellen von Druckschriften auf dem Schreibtisch; angeschlossene Laserdrucker (↑Drucker) oder Lichtsatzanlagen erzeugen dann ohne jede weitere Hilfestellung unmittelbar die Druckvorlage für das endgültige Druckwerk (z. B. Zeitung, Buch).

Effizienz (engl. *efficiency*): Ein Algorithmus heißt effizient, wenn er ein vorgegebenes Problem in möglichst kurzer Zeit und/oder mit möglichst geringem Aufwand an ↑Betriebsmitteln löst. In der Praxis interessiert man sich meist für die benötigte Laufzeit (bzw. für die Anzahl der auszuführenden Operationen), für die Größe des Speichers oder für die Zahl der Zugriffe auf Hintergrundspeicher. Die ↑ Komplexitätstheorie untersucht die ↑Ordnung dieser Funktionen in Abhängigkeit von der Länge der Eingabe. Die gierige und „Teile-und-beherrsche" ↑ Algorithmen-Entwurfsmethode führt oft zu effizienten Verfahren. Als Probleme, die man nicht effizient bearbeiten kann, gelten die NP-vollständigen Probleme (↑NP).

Eiffel: relativ „schlanke" objektorientierte Programmiersprache mit wenigen, aber sehr leistungsfähigen Konzepten, die 1985 von dem amerikanischen Wissenschaftler B. Meyer entwickelt wurde. Eiffel lässt sich auch als Software-Entwurfsmethode auffassen, die den Entwickler in allen Phasen des Softwarelebenszyklus (↑Software-Engineering) von der Problemanalyse bis zur Wartung unterstützt.

Das Entwurfsziel von Eiffel steht unter der Maxime, die Qualität von Softwaresystemen weiter zu verbessern und die Produktivität des Entwicklungsprozesses zu erhöhen. Von den vielen Faktoren, die Softwarequalität und Produktivität beeinflussen, konzentriert sich Eiffel vor allem auf die folgenden vier Elemente, zu deren Verbesserung es Konzepte bereitstellt:

- *Zuverlässigkeit* (engl. *reliability*). Hierfür stellt Eiffel Konzepte wie die strenge Typisierung (↑typisierte Programmiersprache), disziplinierte, vom Benutzer zu steuernde Reaktionen des Systems auf Laufzeitfehler oder Zusicherungen zur Verfügung.
- *Erweiterbarkeit* (engl. *extendibility*). Hierfür gibt es die starke Kapselung der Daten in Objekten, die einen kompletten Austausch von Definitionen durch neue erlaubt, und die Möglichkeit, Software evolutionär durch Ergänzung von Unterklassen zu entwickeln.
- *Wiederverwendbarkeit* (engl. *reusability*). (Re-)Konfigurieren statt Programmieren, indem man auf vorliegende Softwaremodule und -pakete zurückgreift.
- *Portabilität.* Eiffel-Software ist bei voller ↑Kompatibilität mit nur geringem Aufwand an unterschiedliche Systeme anpassbar.

Das grundlegende Konzept, mit dem Eiffel diese Ziele zu erreichen sucht, ist der objektorientierte Entwurf (↑objektorientierte Programmierung), definiert als „Herstellung von Softwaresystemen durch strukturierte Zusammenstellung von Klassen", die als Implementierungen abstrakter ↑Datentypen verstanden werden. Die beiden zentralen Beziehungen zwischen den Klassen sind die *Vererbungsrelation* (engl. *inheritance relation*) und die *Kundenrelation* (engl. *client relation*), die etwas darüber aussagen, welche Objekte von welchen anderen Objekten „bedient" werden, indem sie auf deren Zustand zugreifen oder deren Methoden aufrufen.

Klassendefinition: Eine *Klasse* ist eine Zusammenstellung von *Features,* der charakteristischen Merkmale der Objekte der Klasse. Es gibt zwei Typen von Features: *Attribute,* d. h. Datenobjekte, und Methoden, in Eiffel als *Routinen* bezeichnet. Der Forderung nach maximaler *Datenkapselung (Geheimnisprinzip)* folgend, können die Features nach außen sichtbar und für alle oder ausgewählte andere Klassen zugreifbar oder aber geheim gehalten werden.

Beispiel: Es wird eine Klasse von Bankkonten mit den typischen Merkmalen wie Kontoinhaber, Kontostand, Kreditrahmen als Attributen und Einzahlen, Abheben, Eröffnen als Routinen definiert:

```
class Konto
feature
   Inhaber: Person;
   Kontonr: integer;
   Kontostand: real;
   Kreditrahmen: real is 1 000.00;
   eröffnen (p: Person; n: integer;
                 Kredit: real) is
require
   Kredit > 0.0;
   n > 0;
do
   Inhaber: = p;
   Kontonr: = n;
   Kontostand: = 0.00
end;
einzahlen (Betrag: real) is
   require
      Betrag > 0.0
   do
      add(Betrag)
   ensure Kontostand =
          old Kontostand + Betrag
   end;
abheben (Betrag: real) is
   require
      Betrag > 0.0;
      Betrag ≤ Kontostand
                + Kreditrahmen
   do
      add( - Betrag)
   ensure Kontostand =
           old Kontostand - Betrag
end;
```

```
überzogen: boolean is
    do
    Result: = Kontostand < 0.0
end;
    feature {none}
        add (Betrag: real) is
            do
               Kontostand: =
                   Kontostand + Betrag
        end;
    invariant
        Kontostand ≥ – Kreditrahmen
end.
```

Zur Erläuterung: Die Klasse enthält zwei Feature-Definitionen. Die erste zu Beginn ohne weiteres Kennzeichen sorgt dafür, dass alle nachfolgenden Definitionen für die Außenwelt sichtbar sind, also von allen anderen Klassen angesprochen, geändert bzw. aufgerufen werden können. Die Feature-Definition am Ende mit dem Parameter none macht alle nachfolgenden Definitionen (hier nur die Prozedur add) privat. Diese können nicht von außerhalb der Klasse aufgerufen werden.

In der öffentlichen Feature-Klausel werden die vier Attribute Inhaber, Kontostand, Kontonr, Kreditrahmen definiert. Inhaber, Kontonr, Kontostand sind Variablen, Kreditrahmen ist eine Konstante, die durch die Klausel is als festen Wert die Zahl 1 000.00 erhält. Inhaber kann als Wert Objekte der Klasse Person annehmen, die hier nicht definiert ist. Die beiden anderen Attribute sind vom Typ real.

In Eiffel existieren die üblichen elementaren Datentypen integer, real, double (real mit doppelter Genauigkeit), charakter und boolean, aber keine Aufzählungstypen. Weitere vordefinierte Typen sind ↑Felder und ↑lineare Listen, jedoch keine varianten ↑Records.

Im Beispiel werden ferner vier Routinen definiert: die drei Prozeduren eröffnen, einzahlen, abheben und die Funktion überzogen. Bei Funktionen wird die Rückgabe des Funktionsergebnisses durch die besondere Variable Result realisiert.

Zur Konstruktion von Programmstücken stehen in Eiffel die üblichen Konstruktoren zur Verfügung wie die ↑bedingte Anweisung (if), jedoch keine Fallunterscheidung (case), und die Schleife in der Form

- from ⟨Initialisierungsteil⟩
- until ⟨Abbruchbedingung⟩
- loop ⟨Schleifenrumpf⟩
- end.

Zusicherungen (engl. *assertions*): Neben den Features werden in der Klasse Konto gewisse Bedingungen mit require, ensure und invariant definiert. Solche Zusicherungen haben im Wesentlichen die Form boolescher Ausdrücke und können in drei verschiedenen Ausprägungen verwendet werden:

- als *Vorbedingungen* (engl. *preconditions*) mittels require. Sie legen fest, welche Bedingungen vor Ausführung der jeweiligen Prozedur oder Funktion gelten müssen. In obigem Beispiel muss also ein Nutzer der Prozedur abheben gewährleisten, dass der abgehobene Betrag positiv ist und das Kreditlimit durch die Abhebung nicht überschritten wird. (Dabei symbolisiert das Semikolon ein logisches UND.)
- als *Nachbedingungen* (engl. *postconditions*) mittels ensure, die nach Ausführung der jeweiligen Prozedur oder Funktion gelten müssen. In obigem Beispiel muss also ein Nutzer der Prozedur abheben gewährleisten, dass der Kontostand nach Abhebung dem alten Kontostand abzüglich des abgehobenen Betrags entspricht.
- als *Invarianten* mittels invariant, denen ein Objekt einer Klasse zu allen Zeitpunkten genügen muss, an denen es einen stabilen Zustand besitzt, also insbesondere nach der Erzeugung des Objekts, nach Zugriff und Änderung eines Attributs und nach jeder Ausführung einer nach außen sichtbaren Prozedur oder Funktion. Im Beispiel muss also die Invariante

  Kontostand ≥ – Kreditrahmen

  immer dann gelten, wenn eine der Prozeduren eröffnen, einzahlen, abheben, überzogen beendet ist oder ein

Zugriff auf die variablen Attribute Inhaber, Kontonr oder Kontostand erfolgt ist.

Hinter den drei Formen von Zusicherungen steckt folgende Idee (engl. *design by contract*): Auftraggeber (derjenige, der eine Routine aufruft) und Auftragnehmer (Routine, die aufgerufen wird) vereinbaren einen Vertrag, in dem sie ihre jeweiligen Aufgaben und die gewünschten Ergebnisse exakt festhalten.

Vererbung (engl. *inheritance*): Durch den Vererbungsmechanismus kann man zu gegebenen Klassen Unterklassen bilden, die alle Eigenschaften der zugehörigen Oberklassen übernehmen.

Eine weitere Konstruktion von Eiffel, die den Entwickler vor allem in den frühen Phasen beim Entwurf eines Softwareprodukts unterstützt, ist die *verzögerte Klasse* (engl. *deferred class*). Man darf eine Klasse definieren, ohne bereits alle Routinen ausprogrammieren zu müssen; erforderlich ist nur die Ankündigung, dass eine Routine einen gewissen Namen und bestimmte Parameter besitzt und ggf. gewisse Zusicherungen erfüllt. Die Programmierung kann man dann bis zur Implementierung der Unterklasse aufschieben.

In Eiffel sind weitere Konzepte wie generische Klassen, die ↑Ausnahme-Fehlerbehandlung und die Bindung von Objekten an Variablen vorhanden.

eindeutige Grammatik (engl. *unambiguous grammar*): Der Aufbau von Sätzen einer natürlichen Sprache wird von der Grammatik der Sprache bestimmt. Hierbei kann es zu Unklarheiten kommen. Nach der deutschen Grammatik kann in dem Satz

„Das Kind lobt die Mutter"

sowohl „das Kind" als auch „die Mutter" das Subjekt sein. Ebenso kann im Satz

„Das sagten die Kinder der Amme"

„der Amme" Genitiv oder Dativ sein, wodurch sich jeweils ein anderer Sinn ergibt. In beiden Beispielen ist die Syntax nicht eindeutig. Das gleiche kann (soll aber i. A. nicht!) bei Programmiersprachen, deren Syntax durch eine kontextfreie Grammatik beschrieben wird, auftreten.

Eine ↑kontextfreie Grammatik G heißt eindeutig, wenn es für jedes Wort in der von G erzeugten Sprache nur genau einen ↑Ableitungsbaum gibt. Dies ist gleichbedeutend damit, dass es für jedes Wort der Sprache nur genau eine ↑Rechtsableitung bzw. ↑Linksableitung gibt. Gibt es mindestens ein ableitbares Wort, für das es zwei verschiedene Ableitungsbäume gibt, so heißt G *mehrdeutig*. Es ist nicht entscheidbar (↑Entscheidbarkeit), ob eine kontextfreie Grammatik eindeutig ist oder nicht. Dies gilt sogar bereits für ↑lineare Grammatiken. Zur Beschreibung von ↑Programmiersprachen verwendet man eindeutige Grammatiken, da sonst die Bedeutung eines Programmes nicht eindeutig bestimmt werden kann.

Den Begriff „eindeutig" kann man auf beliebige ↑Grammatiken ausdehnen, wobei man „Ableitungsbaum" durch „allgemeine Ableitungsstruktur" (sog. *Ableitungsnetz*) ersetzen muss.

eindeutige Sprache: Eine ↑kontextfreie Sprache heißt eindeutig, wenn sie von einer ↑eindeutigen Grammatik erzeugt werden kann. Im Gegensatz dazu heißen diejenigen kontextfreien Sprachen, für die es keine eindeutige Grammatik gibt, *inhärent mehrdeutig*.

▶ *Beispiel:*

$$L_1 = \{a^n b^n | n \geq 1\}$$

ist eindeutig, da für $G_1 = (N, T, P, S)$ mit

$$N = \{S\},\ T = \{a, b\},$$
$$P = \{(S, aSb), (S, ab)\}$$

gilt: $L(G_1) = L_1$, und G_1 ist eindeutig.

$$L_2 = \{a^n b^n c^m | n \geq 1, m \geq 1\} \cup \{a^n b^m c^m | n \geq 1, m \geq 1\}$$

ist dagegen eine inhärent mehrdeutige Sprache. ◀

Allgemein heißt eine Sprache eindeutig bzgl. einer Klasse von Grammatiken, wenn es in dieser Klasse eine eindeutige Grammatik gibt, die die Sprache erzeugt.

Eingabe (engl. *input*): Vorgang, durch den Programme, Programmsysteme oder Datenverarbeitungsanlagen mit Werten (z. B. Daten, Programmen, Kommandos) versorgt werden. Die Eingabewerte, die meist die Arbeitsweise des Datenverarbeitungssystems steuern, werden von anderen Datenverarbeitungsanlagen oder von externen Speichern übertragen oder müssen über spezielle *Eingabegeräte* zur Verfügung gestellt werden. Zu den typischen Eingabegeräten einer Rechenanlage zählten in den 50er- und 60er-Jahren Lochstreifen- und Lochkartenleser (↑ Lochkarte), in den 70er- und 80er-Jahren die ↑ Tastatur und im technischen Bereich ↑ Lichtgriffel. Zurzeit sind es Tastatur, Maus, ↑ Scanner, Videokameras und Spracheingabegeräte.

eingebettetes System (engl. *embedded system*): Hard- und Softwaresysteme werden sehr oft in ein Gesamtsystem integriert. Beispiele sind das *Antiblockiersystem* (ABS) in Fahrzeugen, in dem Softwarekomponenten mit Sensoren und Steuerungsleitungen für das Bremssystem störungsfrei im Mikrosekundenbereich zusammenwirken müssen, die industriellen Handhabungsgeräte (↑ Roboter), in denen mechanische Antriebe und Greifwerkzeuge mit softwaregesteuerten Mikroprozessoren kooperieren, Fahrzeugleitsysteme (↑ GPS) oder Verkehrsleitwarten. Solche Systeme, in denen Computer mit technischen Geräten in enger Wechselwirkung stehen, bezeichnet man als eingebettete Systeme. Oft handelt es sich hierbei um ↑ Realzeitsysteme.

Eingebettete Systeme lassen sich in der Regel schwerer spezifizieren als normale Softwaresysteme, durch die Schnittstellen zwischen verschiedenen Technologien entstehen zusätzliche Restriktionen und Fehlerquellen, wodurch Überwachungsfunktionen notwendig werden, die Reaktionen müssen meist sehr rasch erfolgen, oft gibt es Platzbeschränkungen, korrigierende Eingriffe durch Menschen sind nicht erlaubt usw. Diese Zusatzanforderungen hängen von der jeweiligen Anwendung ab und erschweren die Lösung von Problemen oft um ein Vielfaches.

ELAN (Abk. für engl. elementary **lan**guage): imperative ↑ Programmiersprache, die in den 70er-Jahren als Ausbildungssprache entwickelt wurde mit dem Ziel, die Anwender zur ↑ strukturierten Programmierung hinzuführen. Da ELAN nicht von Softwarefirmen erstellt und weiterentwickelt wurde, ist es mittlerweile durch andere Sprachen verdrängt worden.

Das wesentliche, aus dem ↑ Software-Engineering übernommene und in ELAN eingebettete Konzept ist das Prinzip der *schrittweisen Verfeinerung*. Während bei anderen imperativen Programmiersprachen die schrittweise Verfeinerung vor dem Programmieren erfolgt und sich häufig nicht mehr im endgültigen Programm widerspiegelt, ist bei ELAN die schrittweise Verfeinerung Bestandteil dieser Sprache. Dies erleichtert einerseits die Programmentwicklung, andererseits lassen sich fertige ELAN-Programme leichter verstehen, weil der Programmentwicklungsprozess im endgültigen Programm dokumentiert ist.

elektronische Post (engl. *electronic mail*): Versendung von Dokumenten auf elektronischem Wege zwischen verschiedenen Datenendgeräten (↑ Datenübertragung) über ein ↑ Rechnernetz. Das Datenendgerät des Empfängers ist in der Regel mit einem Speicher ausgestattet, in dem die Dokumente abgelegt werden (sog. *Mailbox*), sofern die elektronischen Briefe nicht auf einen ↑ Server zwischengelagert werden; gleichzeitig (bzw. beim nächsten Einschalten des Gerätes) erfolgt eine Mitteilung an den Benutzer, dass Post eingegangen ist. Der Benutzer kann den elektronischen Brief einschließlich der ↑ Anlagen dann lesen, in seinem Rechnersystem archivieren oder sich ausdrucken lassen. An den Absen-

… automatisch nach dem Eintref-… Briefes oder auf Anweisung des …tzers eine Rückantwort geschickt …den. Ein elektronischer Brief besteht …us einer *E-Mail-Adresse,* dem Inhalt und den Anlagen. Eine E-Mail-*Adresse* hat die Form

⟨Empfängername⟩@⟨Rechnername⟩.

Kopien können an viele andere verschickt werden. Die Übertragung erfolgt durch ein besonders einfaches ↑ Protokoll, das *SMTP* (= simple mail transport protocoll) auf der Basis des 7-Bit-↑ASCII-Codes.

Die elektronische Post ist einer der ↑ Dienste, die jeder Benutzer des ↑Internets nutzen kann. Da im Jahre 2004 damit gerechnet wird, dass zwei Drittel der Deutschen einen Internetzugang besitzen, erwartet man, dass die normale Post durch das elektronische Medium bei Briefsendungen ersetzt werden wird. Neben Problemen der Übertragungstechnik treten neue Fragen auf. Beispiele sind:

(1) *Datensicherung:* Wie unterbindet man das Mitlesen durch Anzapfen der Übertragungsleitungen? Wie sichert man seinen Speicher gegen unberechtigtes Kopieren? Wie schützt man sich vor Viren (↑ Virus) in den Anlagen einer Mail?

(2) *Anonymität:* In heutigen Postsystemen kann man Briefe verschicken und zum Teil auch empfangen (postlagernd), ohne seinen Namen nennen zu müssen und ohne dass die Nachrichtenübermittlung bekannt wird. Eine solche Anonymität ist bei elektronischen Postsystemen nicht gewährleistet, z. T. sogar verboten. Der Grund liegt zum Teil in der Gebührenabrechnung.

(3) *Authentizität:* Kann man es einem elektronischen Brief ansehen, dass er tatsächlich von einem bestimmten Absender stammt und nicht gefälscht wurde? (Problem der elektronisch sicheren Unterschrift. ↑Authentifizierung.)

Diese Probleme treten auch bei der Nutzung von ↑T-Online auf. Lösungen erwartet man durch spezielle Hardware-Einrichtungen an den Datenendgeräten, durch spezielle ↑ Protokolle und durch Methoden der ↑Kryptographie.

elektronischer Markt (engl. *electronic commerce,* Abk.: *EC*): Abwicklung des Handels über Kommunikationsnetze, speziell über das ↑Internet. Alle Waren, die heute über Geschäfte oder den Versandhandel vertrieben werden, sollen in Zukunft von daheim oder von mobilen Empfangsstationen (z. B. Handys) auf elektronischem Wege angeboten und gekauft werden können. Da mittlerweile die elektronische Kommunikation extrem schnell und sehr preiswert geworden ist und da die Sicherheit im Netz (z. B. korrekte Übertragung, ↑Authentifizierung, elektronische Abbuchung) gewährleistet werden kann, so erwartet man einen steilen Anstieg beim elektronischen Handel.

Wie der heutige Handel so spielt sich auch der künftige elektronische Handel ab

(1) zwischen unterschiedlichen Partnern, z. B.
- Einzelkauf zwischen Warenhaus und Einzelpersonen,
- Einzelkauf bei Auktionen,
- Vertrags-/Wertschöpfungsketten zwischen Lieferanten,
- Angebote auf Ausschreibungen zwischen Firmen und Auftraggebern,

(2) mit unterschiedlichen Gütern, z. B.
- physische Produkte,
- Erbringen von Dienstleistungen,
- juristische Dienste (Behörde, Notar, Steuerberater usw.),

(3) nach unterschiedlichen Modalitäten, z. B.
- Auslieferung, Liefertermine,
- Produktqualität,
- Haftungsfragen, Garantien, Rücknahme,
- Zahlungsvereinbarungen.

Jede Kombination hieraus kann zu anderen informationstechnischen Lösungen führen. So muss bei Auktionen ständig eine Übersicht über das Geschehen gegeben und die Zahlungsfähigkeit der

Bietenden unmittelbar gesichert sein, bei Zulieferern spielen Kriterien wie bisherige Zahlungsmoral und Vertragstreue eine große Rolle, beim elektronischen Warenhaus muss man gut durch elektronische Kataloge navigieren können usw. Erwünscht sind daher allgemeine Plattformen für ↑verteilte Systeme mit möglichst vielen Spezialdiensten. Bekannt sind u. a. die Industriestandards *DCE* (distributed computing environment) und *CORBA* (common object request broker architecture).
Einzelpersonen werden den entstehenden riesigen Markt kaum überschauen können. Sie werden zielgerichtet ↑Agenten im Netz aussenden, sie werden Unterstützung beim Vertragsabschluss benötigen, sie sind auf *Vermittler* (engl. *broker*) angewiesen, die den Markt bereits durchforstet haben oder auftragsgerecht neu durchsuchen usw. Die hierfür notwendigen Informatikmethoden sind im Prinzip vorhanden, die Realisierungen sind aber wegen der Komplexität und der erforderlichen Normierungen außerordentlich schwierig.

emittergekoppelte Logik (Abk. **ECL** für engl. emitter-coupled logic): Bezeichnung für eine ↑Schaltkreisfamilie, bei der die ↑Gatter durch Transistoren und Widerstände realisiert sind. Durch besondere Schaltungstechniken wird erreicht, dass die Transistoren nicht in Sättigung geraten. Dies erlaubt sehr kurze Schaltzeiten im Bereich von Nanosekunden (= $5 \cdot 10^{-9}$ s). Abb. 1 zeigt ein ODER-Gatter (↑ ODER-Funktion) in emittergekoppelter Logik.

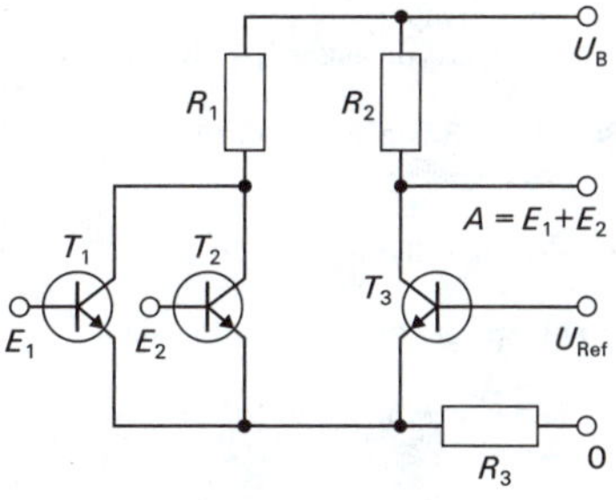

emittergekoppelte Logik (Abb. 1): ODER-Gatter in emittergekoppelter Logik

Liegt an einem der beiden Eingänge E_1 oder E_2 eine Spannung oberhalb der Referenzspannung U_{REF} („logisch 1"), so wird der entsprechende Transistor leitend und sperrt damit gleichzeitig T_3, wodurch der Ausgang A die Betriebsspannung U_B („logisch 1") erhält. Führen beide Eingänge eine Spannung unterhalb U_{REF} („logisch 0"), so ist T_3 leitend und verbindet den Ausgang mit 0 Volt („logisch 0").

Emulation (engl. emulation = dt. Nachbildung, Nacheiferung): Beim Wechsel einer Rechenanlage ist es von größter Wichtigkeit, dass alle vorhandenen Programme auf der neuen Anlage weiterhin funktionsfähig sind (↑ Kompatibilität). Die Anpassung und Abarbeitung des ↑ Befehlsvorrates einer Rechenanlage *A* durch geeignete ↑ Mikroprogrammierung in einer anderen Rechenanlage *B* heißt *Emulation.* Man sagt auch, *B emuliert A.* Bei der Emulation verhält sich die Rechenanlage *B* so, als ob sie gleich *A* wäre. Falls *B* nicht über mehrere Mikroprogrammspeicher verfügt, können während der Emulation die sonst auf *B* lauffähigen Programme nicht ausgeführt werden, wodurch der Mehrprogrammbetrieb und andere ↑Betriebsarten gestört werden. Gegenüber der ↑Simulation von *A* mithilfe eines Programmsystems spart die Emulation jedoch viel Rechenzeit.

endlicher Automat (engl. *finite automaton* oder *sequential machine*): mathematisches Modell für ↑ Automaten, die Informationen Zeichen für Zeichen einlesen, das eingelesene Zeichen sofort verarbeiten und eine Ausgabe erzeugen. Mit endlichen Automaten kann man Vorgänge beschreiben, die sich auf Tabellen stützen, z. B. Addieren, die Steuerung von Kaffeeautomaten oder Fahrstühlen (siehe Beispiel unten) usw. Operationen wie die Multiplikation von Zahlen lassen sich dagegen nicht mit endlichen Automaten beschreiben, da man hier viele Zwischenrechnungen benötigt, die alle

Modell eines endlichen Automaten

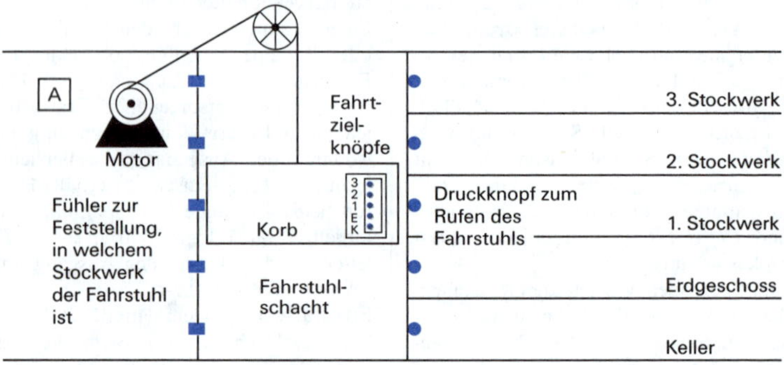

Abb. I: Vereinfachtes Modell eines Aufzugs

[A] bezeichnet die Steuereinheit, den endlichen Automaten, der mit allen Fühlern, Druckknöpfen und den Fahrtzielknöpfen im Inneren des Fahrstuhlkorbs verbunden ist. Die Ausgabesignale von *A* steuern den Motor. Das Schema für *A* ist in der Abb. II angegeben.

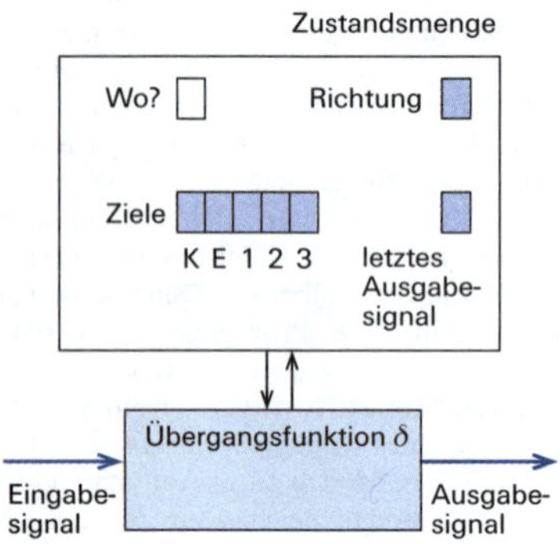

Abb. II: Steuereinheit *A* als endlicher Automat

Der endliche Automat ist beschrieben durch die Menge der Eingabesignale, die Menge der Ausgabesignale, die Menge der Zustände, den Anfangszustand und die Übergangsfunktion.

Eingabesignale sind:

I = {FüK, FüE, Fü1, Fü2, Fü3, /, ZK, ZE, Z1, Z2, Z3, RK, RE, R1, R2, R3};

hierbei bedeuten:

FüK: Fühler im Keller schickt das Signal, dass der Fahrstuhl im Kellergeschoss ist.

FüE, Fü1, Fü2, Fü3 analog für die übrigen Stockwerke.

ZK: Im Inneren des Fahrstuhls wurde der Knopf „Keller" gedrückt.

ZE, Z1, Z2, Z3 analog für die übrigen Stockwerke.

RK: Der Fahrstuhl wird zum Kellergeschoss von außen gerufen.

RE, R1, R2, R3 analog für die übrigen Stockwerke.

/: Kein aktuelles Eingabesignal.

Die Menge der Ausgabesignale lautet

O = {aufw, abw, stopp, türauf, türzu, warten, fehler};

hierbei bedeuten:

aufw: Der Motor zieht den Fahrstuhlkorb aufwärts.
abw: Der Motor bewegt den Fahrstuhlkorb abwärts.
stopp: Motor hält an.
türauf: Die Fahrstuhltür öffnet sich.
türzu: Die Fahrstuhltür wird geschlossen.
warten: Alle Geräte bleiben in Ruhe.
fehler: Es ist ein Fehler aufgetreten.

Die Menge der Zustände lautet

$Q = \{K, E, 1, 2, 3\} \times \{auf, ab\} \times \{ja, nein\}^5 \times O;$

der Zustand

$q =$ (E, auf,
(ja, nein, nein, nein, ja),
aufw)

bedeutet z. B.: Der Fahrstuhl befindet sich im Erdgeschoss (E), seine Fahrtrichtung ist aufwärts (auf), es sind noch die Fahrtziele „Keller" und „3. Stockwerk" zu bearbeiten („ja" in den Komponenten 1 und 5), und das letzte Ausgabesignal war aufw. Q besitzt $5 \cdot 2 \cdot 2^5 \cdot 7 = 2\,240$ Elemente.

Der Anfangszustand des Automaten (der Fahrstuhl sei anfangs im Keller) ist:

$q_0 =$ (K, auf,
(nein, nein, nein, nein, nein),
warten).

Die Übergangsfunktion

$$\delta : Q \times I \rightarrow Q \times O$$

die jedem Zustand und jedem Eingabesignal einen Folgezustand und ein Ausgabesignal zuordnet, kann man als große Tabelle aufschreiben, die aus

$$|Q| \cdot |I| = 2\,240 \cdot 16 = 35\,840 \text{ Zeilen}$$

besteht. Ein Ausschnitt ist unten abgebildet.

In der Praxis muss das Automatenmodell wesentlich verfeinert werden. Es ist die Zeit einzubeziehen, das Beschleunigen und Bremsen des Fahrstuhls ist zu beachten, der Fehlerfall muss vom System analysiert werden (z. B. ob Alarm auszulösen ist) usw. Als Menge von Endzuständen kann man die Zustände, in denen das Zeichen „fehler" auftritt, wählen.

Ausschnitt aus der Tabelle der Übergangsfunktion δ

Zustand q	Eingabesignal x	Folgezustand q'	Ausgabesignal y
⋮	⋮	⋮	⋮
(E, ab, (ja, nein, ja, nein, nein), abw)	FüK	(K, ab, (ja, nein, ja, nein, nein), stopp)	stopp
(K, ab, (ja, nein, ja, nein, nein), stopp)	/	(K, ab, (nein, nein, ja, nein, nein), türauf)	türauf
(K, ab, (nein, nein, ja, nein, nein), türauf)	/	(K, auf, (nein, nein, ja, nein, nein), türzu)	türzu
(K, auf, (nein, nein, ja, nein, nein), türzu)	/	(K, auf, (nein, nein, ja, nein, nein), aufw)	aufw
⋮	⋮	⋮	⋮
(E, ab, (ja, nein, ja, nein, nein), abw)	Fü1	(E, ab, (ja, nein, ja, nein, nein), fehler)	fehler
(E, ab, (ja, nein, ja, nein, nein), abw)	R3	(E, ab, (ja, nein, ja, nein, ja), abw)	abw
⋮	⋮	⋮	⋮
(E, ab, (nein, nein, nein, nein, nein), warten)	R2	(E, auf, (nein, nein, nein, ja, nein), aufw)	aufw
(E, ab, (nein, nein, nein, nein, nein), warten)	RE	(E, ab, (nein, nein, nein, nein, nein), türauf)	türauf
⋮	⋮	⋮	⋮

gespeichert werden müssen. Das Gleiche gilt für den Vergleich von Zeichenketten, da diese beliebig lang sein können und dann nicht mehr in einem beschränkten Speicher zwischengespeichert werden können. Viele Probleme der Informatik lassen sich jedoch durch dieses sehr einfache Automatenmodell beschreiben.

E

Ein endlicher Automat besitzt eine endliche Menge von Zuständen und keinen zusätzlichen Speicher. Mithilfe der Zustände kann er Informationen über die bereits eingelesene Eingabe zusammenfassen und zur Festlegung seines Verhaltens auf nachfolgende Eingabezeichen verwenden.

▶ *Beispiel:* Man kann das Steuerungssystem eines Fahrstuhls als endlichen Automaten darstellen: Durch Drücken eines Knopfes teilt der Benutzer der Steuereinheit einen Beförderungswunsch mit und macht auf diese Weise eine Eingabe in das System. Die Steuereinheit muss sich nicht merken, welche Beförderungswünsche früher bereits abgearbeitet worden sind. Sie merkt sich nur, in welchem Stockwerk sich der Fahrstuhlkorb gerade befindet, in welche Richtung er sich zur Zeit bewegt (aufwärts oder abwärts) und welche Beförderungswünsche noch nicht abgearbeitet worden sind. Die Ausgabe der Steuereinheit sind Signale an den Motor, der den Korb in die gewünschte Richtung bewegt. Einzelheiten sind den Darstellungen S. 218 – 219 zu entnehmen. ◀

Ein endlicher Automat enthält eine Eingabeeinheit, eine Steuereinheit (= Zustandsmenge mit Übergangsrelation) und eine Ausgabeeinheit: Die Eingabeeinheit besteht aus einem Eingabeband, auf dem die eingegebenen Zeichen stehen, und einem Lesekopf, die Ausgabeeinheit aus einem Ausgabeband und einem Schreibkopf (vgl. Abb. 2 unter dem Stichwort ↑Automat). Ist der Automat im Zustand q und befindet sich unter dem Lesekopf das Zeichen x, so finden folgende Operationen statt:

- der Schreibkopf schreibt Zeichen für Zeichen ein Wort auf das Ausgabeband, das bei jedem Zeichen um eine Position nach links weiterbewegt wird (meist verlangt man, dass in jedem Schritt nur genau ein Zeichen auf das Ausgabeband geschrieben werden darf),
- das Eingabeband wird um ein Zeichen nach links verschoben,
- die Steuereinheit bewirkt eine Zustandsänderung in einen vom Eingabezeichen x und dem alten Zustand q abhängigen Zustand q' (s. Abb. 1).

Mathematisch formuliert ist ein endlicher Automat ein Sechstupel $A = (I, O, Q, \delta, q_0, F)$, für das gilt: I bzw. O sind das Ein- bzw. Ausgabealphabet (↑ Alphabet), Q ist eine endliche nichtleere Menge von Zuständen, die *Übergangsrelation*

$$\delta: Q \times I \to 2^{Q \times O}$$

ist eine Abbildung von der Menge der Paare (q, x) bestehend aus einem Zustand q und einem Eingabezeichen x in die Potenzmenge über der Menge der Paare (q', y) bestehend aus einem Folgezustand q' und einem Ausgabezeichen $y \in O$; jedem (q, x) wird also eine Menge

endlicher Automat (Abb. 1): Arbeitsschritt des endlichen Automaten

$\delta(q,x) \subseteq Q \times O$ zugeordnet, die die möglichen Kombinationen aus Folgezustand und Ausgabezeichen angibt. $q_0 \in Q$ ist der Anfangszustand, und $F \subseteq Q$ ist eine Menge von Endzuständen.
Der auf diese Weise definierte endliche Automat ist nichtdeterministisch (↑ Determinismus). Wird dagegen jedem Paar (q,x) genau ein Paar (q',y) durch δ zugeordnet, so erhält man einen deterministischen endlichen Automaten. In diesem Fall ist δ eine Abbildung

$$\delta: Q \times I \to Q \times O,$$

die so genannte *Übergangsfunktion.*
In der Praxis treten oft deterministische endliche Automaten auf. Man kann sie durch endliche Tabellen beschreiben. Anwendungsbeispiele sind ↑Entscheidungstabellen, ↑lexikalische Analyse und Zustandsdiagramme in ↑Betriebssystemen.
Zur Veranschaulichung stellt man endliche Automaten auf die folgende Weise grafisch dar:
- Zustände werden als Kreise dargestellt;
- vom Zustand q wird ein Pfeil zum Zustand q' mit der Markierung x/y gezeichnet, wenn $(q',y) \in \delta(q,x)$ ist;
- der Startzustand wird angegeben und die Endzustände durch doppelte Kreise markiert.

▶ *Beispiel:* Der Automat A sei gegeben durch (Abb. 2):

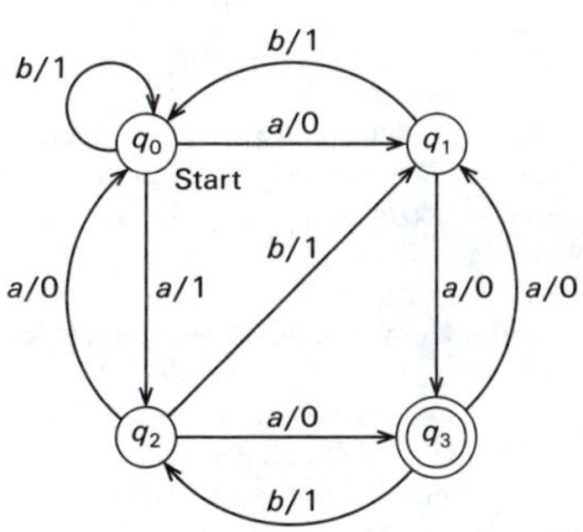

endlicher Automat (Abb. 2): grafische Darstellung eines endlichen Automaten

Hierbei sind:

$$I = \{a,b\},\ O = \{0,1\},$$
$$Q = \{q_0,q_1,q_2,q_3\},\ F = \{q_3\}.$$

q_0 ist der Startzustand. δ ergibt sich aus der Zeichnung; z. B. ist

$$\delta(q_0,a) = \{(q_1,0),(q_2,1)\}.$$ ◀

Eine augenblickliche Gesamtsituation, eine sog. *Konfiguration* des Automaten wird beschrieben durch die noch nicht gelesene Eingabe w, den Zustand q des Automaten und der bereits gelieferten Ausgabe v, also als Tripel (w, q, v). w und v sind hierbei Wörter, also Elemente von I^* bzw. O^*, siehe ↑Alphabet. Zwei Konfigurationen (xw, q, v) und (w, q', vy) mit

$$x \in I, w \in I^*, q, q' \in Q, y \in O, v \in O^*$$

stehen in der Folgerelation zueinander (Bezeichnung: $(xw, q, v) \vdash (w, q', vy)$), wenn gilt:

$$(q',y) \in \delta(q,y).$$

Diese Relation beschreibt einen Berechnungsschritt des Automaten. Erhält man durch die Hintereinanderausführung mehrerer Berechnungsschritte aus (uw, q, v) die Konfiguration (w, q', vv') (mit $u, w \in I^*, v, v' \in O^*$), so schreibt man:

$$(uw,q,v) \overset{*}{\vdash} (w,q',vv').$$

Der Automat startet in der Anfangskonfiguration (w, q_0, ε), d. h., w ist das Eingabewort, der Automat befindet sich im Anfangszustand q_0 und das Ausgabeband ist leer. Mit ε wird das leere Wort (= keine Ausgabe) bezeichnet. Der Automat stoppt, wenn das Eingabewort vollständig gelesen wurde. Die vom Automaten A definierte Übersetzung ist die Menge

$$T(A) = \{(w,v) | (w,q_0,\varepsilon) \overset{*}{\vdash} (\varepsilon,q,v) \text{ mit } q \in F\}.$$

Bei der Übersetzung tritt häufig der Fall auf, dass man anstelle eines einzelnen Zeichens in jedem Schritt ein Wort ausgeben muss. Man erweitert daher die Übergangsrelation δ zu einer Abbildung

$$\delta: Q \times I \to 2^{Q \times O^*},$$

wobei jede Menge $\delta(q,x)$ endlich sein muss. Die so abgeänderten Automaten nennt man *„verallgemeinerte endliche Automaten"* oder *„gsm"* (aus dem Englischen als Abkürzung für „*g*eneralized *s*equential *m*achine") oder *„endliche Übersetzer"*.

E

▶ *Beispiel:* Für den in Abb. 3 dargestellten verallgemeinerten Automaten ist:

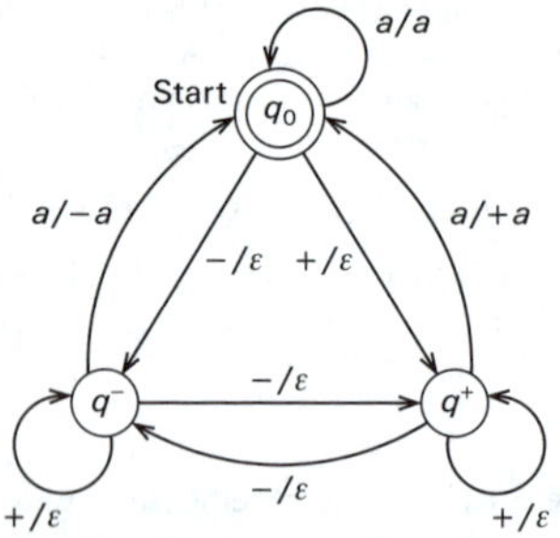

endlicher Automat (Abb. 3): verallgemeinerter Automat zur Übersetzung arithmetischer Ausdrücke für die Variable *a* in solche ohne überflüssige (+/−)-Zeichen

$$I = \{a, +, -\} = O,$$
$$Q = \{q_0, q^-, q^+\}, F = Q.$$

Dieser Automat prüft nicht, ob mehrere *a* aufeinander folgen; er zieht nur mehrere aufeinander folgende Operationszeichen „+" und „−" zu einem Zeichen zusammen. ◀

Ein Spezialfall sind die erkennenden endlichen Automaten, die sog. **endlichen Akzeptoren.** Bei diesen entfällt das Ausgabeband. Es werden alle Eingabewörter *w* akzeptiert, die den Automaten vom Anfangszustand q_0 in einen Endzustand überführen.

Ein erkennender endlicher Automat $A = (I, Q, \delta, q_0, F)$ *akzeptiert* also die Sprache

$$L(A) = \{w \in I^* | (w, q_0) \overset{*}{\vdash} (\varepsilon, q) \text{ mit } q \in F\}.$$

Die endlichen Akzeptoren akzeptieren genau die ↑regulären Sprachen (↑Chomsky-Hierarchie).
Die grafische Darstellung vereinfacht sich, da nun an die Verbindungspfeile nur noch die Eingabezeichen geschrieben werden.

▶ *Beispiel:* Der nichtdeterministische endliche Akzeptor in Abb. 4 akzeptiert alle durch 3 oder 4 teilbaren Folgen des Buchstabens *a*.

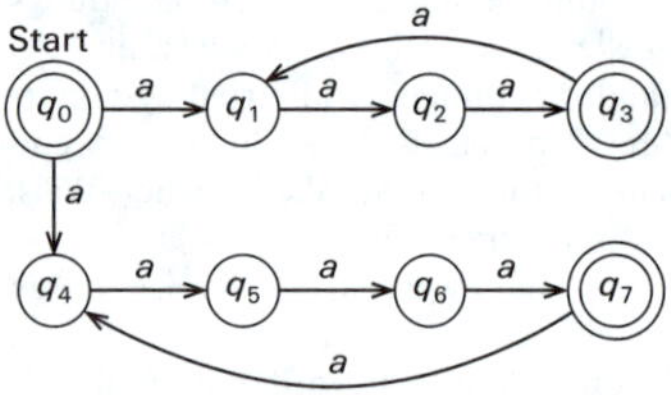

endlicher Automat (Abb. 4): endlicher nichtdeterministischer Akzeptor

Es ist $I = \{a\}$, $Q = \{q_0, q_1, \ldots, q_7\}$, q_0 der Anfangszustand, $F = \{q_0, q_3, q_7\}$,

$$L(A) = \{a^n | n \text{ ist durch 3 oder durch 4 teilbar}, n \in \mathbb{N}_0\}.$$ ◀

Man kann zeigen: Zu jedem nichtdeterministischen endlichen Akzeptor *A* kann man einen deterministischen endlichen Akzeptor *B* konstruieren, der die gleiche Sprache akzeptiert, d. h. $L(A) = L(B)$. Wenn *A* *k* Zustände besitzt, so enthält *B* bis zu 2^k Zustände. Als Zustandsmenge von *B* kann man die Potenzmenge der Zustandsmenge von *A* wählen. Der in Abb. 4 angegebene Akzeptor ist nichtdeterministisch. Durch Zusammenfassen der Zustände kann man hieraus den in Abb. 5 gezeichneten deterministischen Akzeptor konstruieren, der die gleiche Sprache akzeptiert. Es ist: $I = \{a\}$, q_0

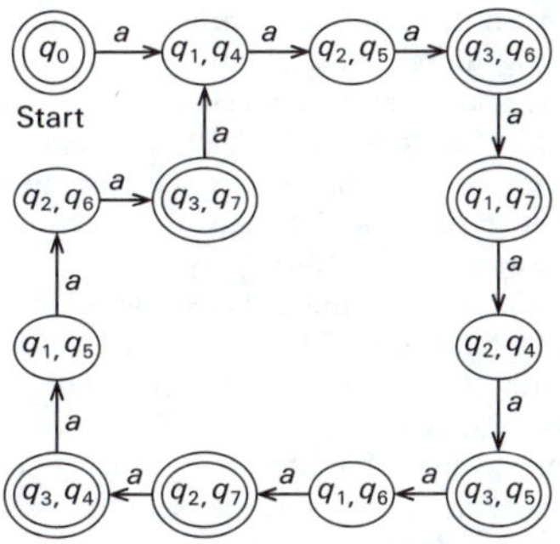

endlicher Automat (Abb. 5): deterministischer Akzeptor, der die gleiche Sprache akzeptiert wie der nichtdeterministische Akzeptor aus Abb. 4

der Anfangszustand, Q besteht aus den 13 angegebenen Zuständen, die Endzustände sind durch doppelte Kreise hervorgehoben.

Endlosschleife: Schleife, deren Ausführung nie abbricht. Die Ursache liegt häufig in einer fehlerhaften Abbruchbedingung (↑Schleife).

Entity-Relationship-Modell ['entɪtɪ rɪ'leɪʃnʃɪp] (Abk. **ER-Modell**): allgemeines computerunabhängiges Datenmodell, das vielen Anwendungen zugrunde liegt. Eine zentrale Voraussetzung für den Einsatz von Programmsystemen besteht fast immer darin, dass ein Ausschnitt der realen Welt so genau wie möglich im Rechner repräsentiert wird. Das Entity-Relationship-Modell geht davon aus, dass sich die zu modellierende „Welt" aus genau abgrenzbaren individuellen Exemplaren von Dingen, Personen, Begriffen usw. (engl. *entities*) zusammensetzt und dass zwischen diesen Exemplaren Beziehungen (engl. *relationships*) bestehen. Zu den Entities und Relationships gehören noch charakterisierende Größen, *Attribute* genannt. Zur Modellierung müssen daher zunächst die Entities definiert werden; anschließend werden die Zusammenhänge zwischen ihnen festgelegt. Grafisch verwendet man Rechtecke für Entities, Ka-

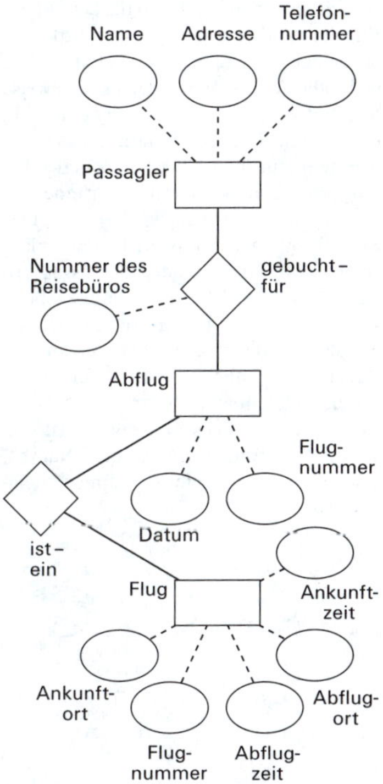

Entity-Relationship-Modell (Abb. 1): ein einfaches ER-Modell für den Flugdienst

ros für Relationships und Ovale für Attribute; Attribute werden durch gestrichelte Linien, Relationships durch durchgezogene Linien angebunden. Als Beispiel betrachten wir einige Beziehungen, die beim Flugdienst auftreten. Diese sind in Abb. 1 und in erweiterter Form in Abb. 2 als ER-Modell dargestellt.

Attribute sind die beobachtbaren Eigenschaften der Entities. In der realen Welt mag es neben den im Modell erfassten Attributen noch weitere Eigenschaften geben, die jedoch nicht in Anwendungsprogrammen verwendet werden können. Jedes konkrete Entity ist also eindeutig durch die Werte aller seiner Attribute charakterisiert. Analog ist jede konkrete

Beziehung eindeutig durch die beteiligten Entities und die Beziehungs-Attribute festgelegt. Häufig tritt der Fall auf, dass nicht alle Attribute, sondern nur gewisse benötigt werden, um ein Entity eindeutig festzulegen. Die Kombination dieser Attribute nennt man *Schlüssel.* Unter allen möglichen Schlüsseln wählt man einen als so genannten *Primärschlüssel* aus. Der Zugriff auf Daten z. B. in Datenbanken erfolgt oft über einen Schlüssel. In Abb. 2 sind die Schlüssel mitangegeben.

Hat man eine Situation als ER-Modell dargestellt, dann kann man es in der Regel recht einfach in ein ↑Datenmodell für eine Datenbank übertragen.

Ein Entity des Typs „Passagier" ist eindeutig durch die drei Attribute „Name", „Adresse" und „Telefonnummer" charakterisiert.

Ein Entity vom Typ „Abflug" wird eindeutig durch das „Datum" und die „Flugnummer" gekennzeichnet.

Ein Entity vom Typ „Flug", wie man es in einem Flugplan findet, besteht hier aus den fünf angegebenen Attributen.

Passagiere und Abflüge stehen miteinander in Beziehung. Diese Beziehung heißt hier „gebucht-für"; sie besitzt als Attribut die Nummer des Reisebüros, das diese Buchung durchgeführt hat.

Abflug und Flug stehen in einer sehr speziellen Beziehung, die sehr oft bei Datenmodellen auftritt, nämlich der „ist-ein"-Beziehung (engl. is-a). Das heißt: Jeder Abflug ist zugleich ein Flug, und man kann sich über Zeit und Ort des Abflugs informieren.

[Das Modell ist semantisch gesehen noch komplizierter. Zum Beispiel müssen die

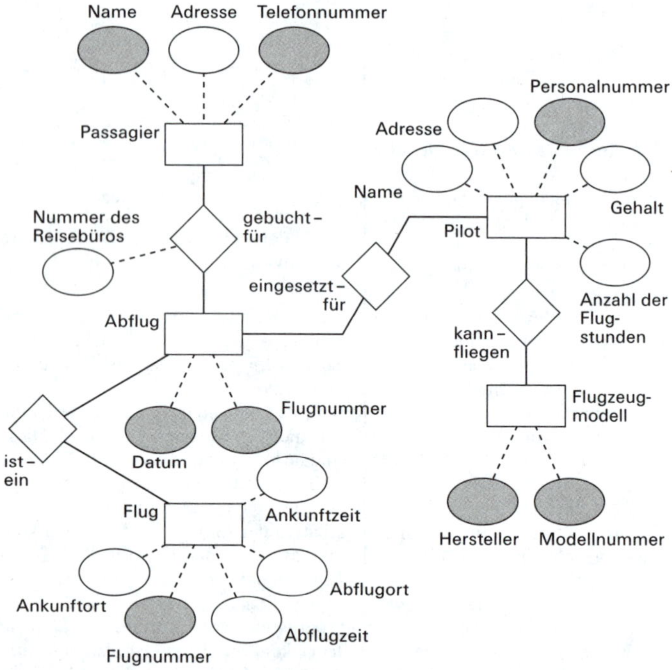

Entity-Relationship-Modell (Abb. 2): erweitertes ER-Modell aus Abb. 1

Flugnummern der in „ist-ein"-Beziehung stehenden Flüge und Abflüge übereinstimmen, und ein Passagier darf nicht für zwei zeitgleiche verschiedene Abflüge gebucht sein. Die Daten müssen also *konsistent* sein.]
Das ER-Modell aus Abb. 1 wurde um den für den Abflug eingesetzten Piloten, dessen Attribute und die Flugzeugmodelle, die die Fluggesellschaft einsetzt, erweitert (Abb. 2). Die Schlüssel sind schraffiert dargestellt. Weitere Beziehungen (z. B. zwischen Abflug und Flugzeugmodell) können leicht hinzugefügt werden.

entscheidbar *(rekursiv):* Anschaulich bezeichnet man eine Menge M als entscheidbar, wenn man für beliebige Werte eindeutig feststellen kann, ob sie zu M gehören oder nicht. Präziser definiert man:
Eine Menge M von Wörtern über einem ↑ Alphabet A, d. h. $M \subseteq A^*$ (oft auch (formale) ↑Sprache genannt), heißt entscheidbar, wenn es einen ↑Algorithmus gibt, der die folgenden Bedingungen erfüllt:
(1) Der Algorithmus hält für jedes Wort $w \in A^*$ an, d. h., er liefert nach endlich vielen Schritten ein Ergebnis,
(2) der Algorithmus stellt für jedes Wort $w \in A^*$ fest, ob $w \in M$ oder $w \notin M$ ist.

Eine Menge M ist also genau dann entscheidbar, wenn ihre ↑charakteristische Funktion

$$\chi_M(w) = \begin{cases} 0, & \text{falls } w \in A^* \backslash M, \\ 1, & \text{falls } w \in M, \end{cases}$$

eine ↑berechenbare Funktion ist.
Die entscheidbaren Mengen (Sprachen) sind eine echte Teilmenge der ↑aufzählbaren Mengen (Sprachen) und eine echte Obermenge der ↑kontextsensitiven Sprachen (↑Chomsky-Hierarchie). Daraus ergibt sich, dass das ↑Wortproblem für die kontextsensitiven Sprachen lösbar ist.

▶ *Beispiel:* Die (kontextsensitive) Sprache

$$L = \{a^p | p \text{ ist Primzahl}\} \subseteq \{a\}^*$$

ist entscheidbar, denn man kann für jede natürliche Zahl n feststellen, ob n eine Primzahl ist oder nicht. ◀

Es gibt aufzählbare Mengen, die nicht entscheidbar sind. Es gilt der Satz: Eine Menge $M \subseteq A^*$ ist entscheidbar genau dann, wenn M und $A^* \backslash M$ aufzählbare Mengen sind.

▶ *Beispiele* für nicht entscheidbare Mengen:
(1) Die Menge
$\{G | G \text{ ist Grammatik}, L(G) = \emptyset\}$,

d. h., die Menge der ↑ Grammatiken, deren erzeugte Sprache leer ist, ist nicht entscheidbar (↑Leerheitsproblem).

(2) Die Menge
$\{R | R \subseteq A^* \times A^*, |A| \geq 2,$
PKP hat für R eine Lösung$\}$,

d. h., die Menge der Relationen über A mit $|A| \geq 2$, deren ↑Postsches Korrespondenzproblem lösbar ist, ist nicht entscheidbar.

(3) P bezeichne im Folgenden Programme in einer beliebigen Programmiersprache. f_P bezeichne die von P berechnete Funktion:

a) $\{P | f_P = \text{const}\}$.

Es ist nicht entscheidbar, ob ein Programm eine konstante Funktion berechnet, also für jede Eingabe immer dieselbe Ausgabe liefert.

b) $\{P | f_P = f_Q\}$,

wobei Q ein festes Programm ist. Es ist nicht entscheidbar, ob zwei Programme die gleiche Funktion berechnen (Äquivalenzproblem).

c) $\{P | f_P(x) = f_Q(x) \text{ für ein } x\}$,

wobei Q ein festes vorgegebenes Programm ist. Es ist nicht entscheidbar, ob zwei Programme für irgendeinen Eingabewert den gleichen Ausgabewert erzeugen. ◀

Allgemein gilt folgender *Satz von Rice:* Sei E irgendeine nichttriviale Eigenschaft, d. h. eine Eigenschaft, die gewisse, aber nicht alle berechenbaren Funktionen erfüllen, dann ist die Menge

$$\{P | f_P \text{ erfüllt die Eigenschaft } E\}$$

nicht entscheidbar. Die Aufgabe, zu jedem beliebigen Programmtext P zu entscheiden, ob die berechnete Funktion f_P eine bestimmte nichttriviale Eigenschaft hat, ist also algorithmisch nicht lösbar.

Entscheidbarkeit: Bezeichnung für die algorithmische Lösbarkeit eines Problems. Ein Problem oder eine Fragestellung heißt für eine Menge K entscheidbar, wenn es einen ↑Algorithmus gibt, der für jedes Element aus K feststellt, ob die Frage für dieses Element mit „ja" oder mit „nein" zu beantworten ist.
Die Entscheidbarkeit bezieht sich meist auf Obermengen. Es sei M eine Teilmenge von N. M heißt relativ zu N entscheidbar, wenn es einen Algorithmus gibt, der zu jedem Element $u \in N$ feststellt, ob u in M liegt oder nicht. Ist N die Menge aller Wörter über einem Alphabet A, also $N = A^*$, und ist M relativ zu N entscheidbar, so sagt man auch kurz, M sei ↑entscheidbar.
Entscheidbare Probleme sind z. B. das ↑Wortproblem für die ↑kontextsensitiven Grammatiken oder das ↑Leerheitsproblem für die ↑kontextfreien Grammatiken. Unentscheidbare Probleme sind z. B. das ↑Postsche Korrespondenzproblem und das ↑Halteproblem für Turingmaschinen.

Entscheidungsbaum: Methode zur grafischen Darstellung und Bearbeitung von Entscheidungsproblemen; die Methode ähnelt dem ↑Backtracking.
Ein Entscheidungsbaum zu einem Entscheidungsproblem ist ein geordneter, gerichteter ↑Baum. Jeder Knoten des Baumes mit Ausnahme der Blätter enthält seinerseits ein Entscheidungsproblem, das Teil des Gesamtproblems ist. Diese Knoten nennt man daher *Entscheidungsknoten*. Die Kanten zwischen einem Entscheidungsknoten und seinen Söhnen repräsentieren mögliche Entscheidungsalternativen für das zugehörige Entscheidungsproblem.
Die Blätter enthalten die Ergebnisse der jeweiligen Entscheidungsfolgen. Dabei kann es sich um Situationen handeln, die man nach der entsprechenden Entscheidungsfolge erreicht, oder um Aktionen, die man befolgen muss.
Die Auswertung eines Entscheidungsbaums beginnt bei der Wurzel. Solange man noch kein Blatt erreicht hat, löst man das Entscheidungsproblem des gerade betrachteten Knotens durch Wahl einer der möglichen Alternativen und verzweigt zum entsprechenden Sohn. Erreicht man ein Blatt, so befolgt man gegebenenfalls die dort vorgeschriebene Aktion.
Ein wichtiges Anwendungsgebiet von Entscheidungsbäumen ist die Spielprogrammierung.

▶ *Beispiel:* Die Verwendung von Entscheidungsbäumen in der Informatik wird anhand der Schachprogrammierung erläutert. Die möglichen Zugfolgen beim Schachspiel kann man als Entscheidungsbaum darstellen. Abb. 2 zeigt einen kleinen Ausschnitt aus dem Entscheidungsbaum, den man ausgehend von der Anfangsstellung in Abb. 1 erhält. Mögliche Züge (Entscheidungen) sind in Abb. 1 für Weiß u. a.:

Ba7, Bc7, Kc5, ... ◀

In Schachcomputern wird vor jedem Zug ein Entscheidungsbaum gemäß Abb. 2 aufgebaut. Die Höhe des Baumes ent-

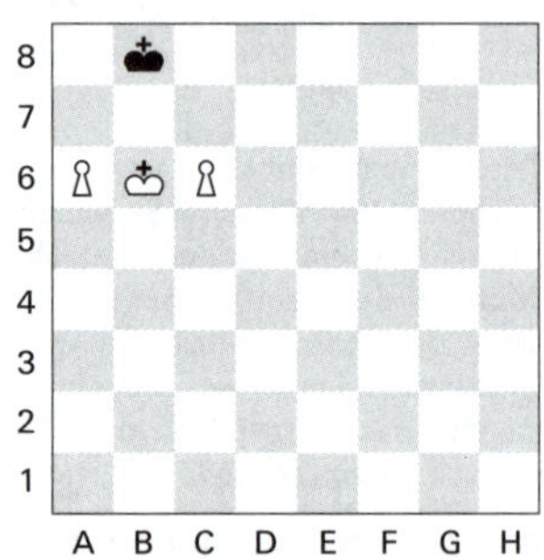

Entscheidungsbaum (Abb. 1): Ausgangsstellung

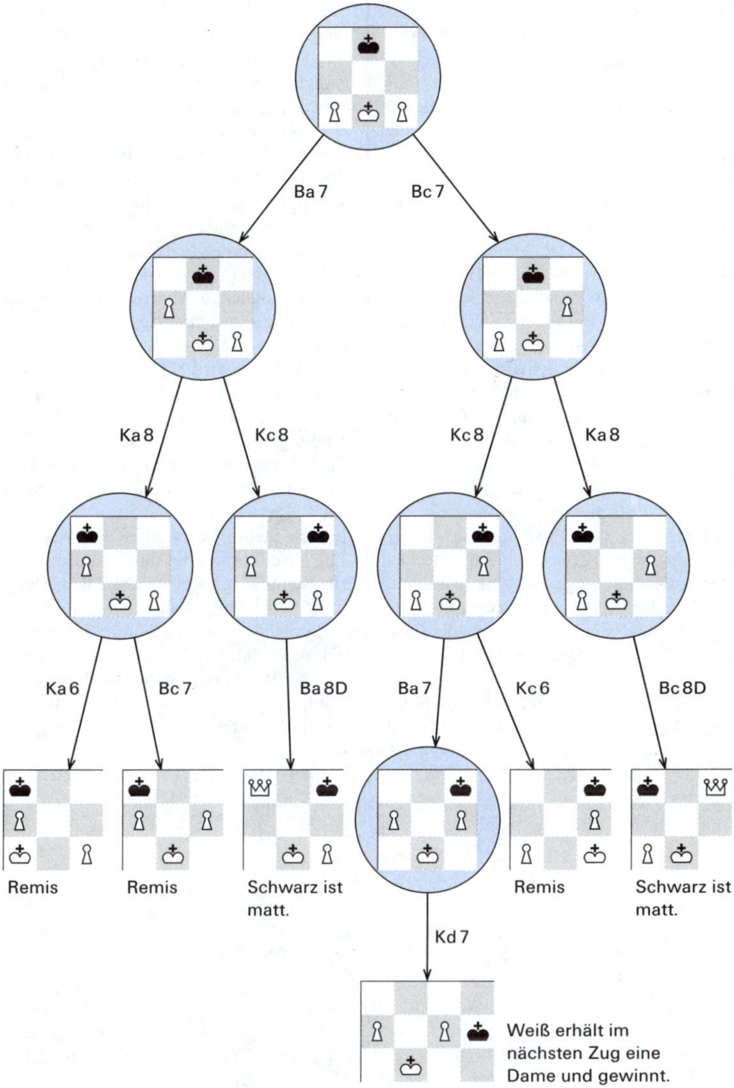

Entscheidungsbaum (Abb. 2): Auswahl von möglichen Folgestellungen zu Abb. 1, dargestellt als Entscheidungsbaum

spricht der Vorausplanungstiefe, d. h. der Anzahl der in Betracht gezogenen Züge und Gegenzüge. In den Blättern sind die jeweils erreichten Endstellungen verzeichnet. Diese werden vom Programm daraufhin analysiert, ob sie positiv für den Computer oder den Gegner sind. Die Analyse stützt sich dabei auf eine so genannte *Bewertungsfunktion,* die einer Stellung eine Zahl (meist zwischen −1 und +1) zuordnet. Der Wert −1 bedeutet, dass Weiß matt ist, +1 besagt, dass Schwarz matt ist. Bei ausgeglichener Stellung liefert die Bewertungsfunktion den Wert 0. Werte zwischen −1 und + 1 signalisieren Vorteile für Schwarz bzw. Weiß. Typische Einflussgrößen der Bewertungsfunktion sind Anzahl und Qualität der Figuren beider Spieler, Anzahl der kontrollierten Felder, Königstellung usw. Nachdem jede Stellung, die in einem Blatt des Entscheidungsbaums steht, bewertet ist, kann das Programm sich in der Ausgangsstellung für einen Zug entscheiden. Offensichtlich ist der Zug zu wählen, bei dem das Programm die beste Stellung erreicht, egal welche Gegenzüge der Gegner in den Folgestellungen wählt.

▸ *Beispiel:* Angenommen der Computer spielt Weiß, hat den Entscheidungsbaum aus Abb. 3 aufgebaut und die Endstellungen bewertet. Das Programm muss nun in der Ausgangsstellung den Zug wählen, der bei optimalem Spiel von Schwarz die größte Bewertung erwarten lässt. Hierzu verwendet es den so genannten *Minimax-Algorithmus,* der dem Postorder-Durchlauf (↑ Baumdurchlauf) ähnelt. Das Verfahren läuft folgendermaßen: Im letzten Zug vor Erreichen der Endstellungen ist Schwarz an der Reihe. Bei optimalem Spiel wird Schwarz von seinen möglichen Alternativen diejenige wählen, die zur niedrigsten Bewertung führt.
Zum Beispiel wird Schwarz in Stellung 9 den Zug ausführen, der zur Stellung 21 führt, in Stellung 10 den Zug, der zur Stellung 23 führt usw. Den besten Zug für Schwarz erhält man also durch Auswahl des *Minimums* der Bewertungen der Folgestellungen.
In den Stellungen 4 bis 8 ist Weiß am Zug. Weiß wählt jeweils den Zug, der zur Stellung mit der größten Bewertung führt, in Stellung 4 also den Zug, der zu Stellung 10 führt, in Stellung 5 den Zug, der zu Stellung 11 führt usw. Den besten Zug für Weiß erhält man also durch Auswahl des *Maximums* der Bewertungen der Folgestellungen. In der Ausgangs-

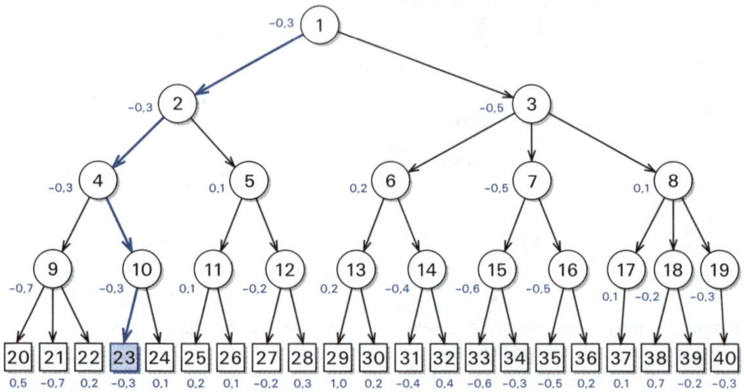

Entscheidungsbaum (Abb. 3): bewerteter Entscheidungsbaum

stellung kommt man zum Ergebnis, dass der Zug, der zu Stellung 2 führt, für Weiß am günstigsten ist. Bei optimalem Spiel von Weiß und Schwarz ergibt sich eine Zugfolge, die nacheinander zu den Stellungen 1, 2, 4, 10 und 23 führt. In der Stellung 23 besitzt Schwarz leichte Vorteile, was an der Bewertung –0,3 abzulesen ist. ◀

Die Bewertung jeder Endstellung ist eine recht rechenaufwendige Angelegenheit. Um dies zu beschleunigen, hat man ein Verfahren entwickelt, das unter dem Namen *α-β-cut-off* bekannt ist. Das Prinzip ähnelt dem ↑ Branch-and-Bound-Verfahren. Beim *α-β*-cut-off werden aus dem Entscheidungsbaum diejenigen Teilbäume entfernt (engl. cut off = dt. herausschneiden), die bezüglich der durch den Minimax-Algorithmus fortlaufend ermittelten Resultate keinen Informationsbeitrag leisten.
Ein weiteres Beispiel für die Anwendung von Entscheidungsbäumen findet sich unter dem Stichwort ↑Sortieren.

Entscheidungstabelle (engl. *decision table*): Sprachkonstrukt zur übersichtlichen und wartungsfreundlichen Darstellung verschachtelter bedingter Anweisungen.
Entscheidungstabellen bestehen aus einem Entscheidungsteil und einem Aktionsteil, denen eine Werte- bzw. eine Funktionsmatrix zugeordnet ist. Die allgemeine Form einer Entscheidungstabelle zeigt Abb. 1.

Bedingungen	Wertematrix	
b_1	w_{11} w_{12} ... w_{1k}	Entscheidungsteil
b_2	w_{21} w_{22} ... w_{2k}	
⋮	⋮ ⋮ ⋮	
b_n	w_{n1} w_{n2} w_{nk}	
a_1	f_{11} f_{12} ... f_{1k}	Aktionsteil
a_2	f_{21} f_{22} ... f_{2k}	
⋮	⋮ ⋮ ⋮	
a_p	f_{p1} f_{p2} f_{pk}	
Aktionen	Funktionsmatrix	

Entscheidungstabelle (Abb. 1): allgemeine Form einer Entscheidungstabelle

Jedes b_i ist eine Bedingung, und jeder „Wert" w_{ij} kann eines der Zeichen „T" (für true), „F" (für false) oder „–" (für „beliebig") sein. Jedes a_i ist eine Anweisung, und jedes f_{ij} kann eines der Zeichen „X" (für „Ausführung") oder „·" (für „Nicht-Ausführung") sein.
Eine Entscheidungstabelle wird folgendermaßen interpretiert: Man wertet alle Bedingungen $b_1, b_2, \ldots, b_n$ aus und erhält eine Spalte von Werten

$$\begin{pmatrix} w(b_1) \\ \vdots \\ w(b_n) \end{pmatrix}$$

Man prüft nun, ob diese Spalte mit der *j*-ten Spalte der Wertematrix übereinstimmt, wobei man den Wert „–" als „beliebig" deutet, d. h., man prüft, ob für $i = 1, \ldots, n$ gilt: w_{ij} = „–" oder $w(b_i) = w_{ij}$.
Wenn es eine solche Spalte *j* gibt, dann geht man zur gleichen Spalte *j* in der Funktionsmatrix über und führt (für $i = 1, 2, \ldots, p$) nacheinander genau die Aktionen a_i aus, für die f_{ij} = „X" gilt.

▶ *Beispiel:* Es seien x, y, z, u, v Variablen vom Typ integer.

u = v v = 2	T F	T T	F –
x := x+1 y := y+x z := z−2	X X ·	X X X	· · X

Fall 1: u und v haben beide den Wert 3. Dann ist u = v wahr und v = 2 falsch. Die Bedingungen werden also zu $\begin{pmatrix} T \\ F \end{pmatrix}$ ausgewertet. Dieser Vektor ist identisch mit der ersten Spalte der Wertematrix; es werden daher die Aktionen x := x+1 und y := y+x ausgeführt, da in deren Zeilen in der ersten Spalte jeweils ein „X" steht.

Fall 2: u hat den Wert 3 und v den Wert 2. Dann ist u = v falsch und v = 2 wahr. Die Auswertung der Bedingungen liefert $\begin{pmatrix} F \\ T \end{pmatrix}$. Dieser Vektor wird von der letzten Spalte der Wertematrix überdeckt; es wird die Aktion z := z - 2 ausgeführt, da in ihrer Zeile in der letzten Spalte ein „X“ steht. ◀

An diesem Beispiel erkennt man eine Zusatzforderung, die man an Entscheidungstabellen stellt: Es darf immer höchstens eine Spalte *j* der Wertematrix geben, die mit der Spalte der ausgewerteten Bedingungen übereinstimmt! Die Entscheidungstabelle muss also die durchzuführenden Aktionen eindeutig bestimmen; sie ist ein deterministisches Sprachelement (↑Determinismus).

Man kann zu jeder Entscheidungstabelle feststellen, ob sie diese Eigenschaft erfüllt.

Weiterhin sollte eine Entscheidungstabelle *vollständig* sein, d. h., es sollte zu jeder möglichen Spalte von Wahrheitswerten auch eine übereinstimmende Spalte *j* in der Wertematrix geben. Hierdurch werden frühzeitig logische Fehler bei der Programmentwicklung vermieden. Diese Vollständigkeit ist ebenfalls leicht nachprüfbar.

Entscheidungstabellen setzt man gerne dort ein, wo der Programmfluss durch umfangreiche Bedingungen gesteuert wird, also z. B. in Unterprogrammen, die umfangreiche Benutzereingaben verwalten. Entsprechende Probleme findet man oft bei betriebswirtschaftlichen Anwendungen. Entscheidungstabellen kann man jedoch nur in wenigen Programmiersprachen direkt programmieren. Häufig verwendet man daher Vorübersetzer (↑Übersetzer), die die in einem Programm vorhandenen Entscheidungstabellen in geschachtelte bedingte Anweisungen umsetzen.

▶ *Beispiel:* Die Entscheidungstabelle im obigen Beispiel wird durch folgende bedingte Anweisung, welche allerdings noch vereinfacht werden kann, ersetzt:

```
if u = v then
begin
   if v = 2 then
   begin
      x := x+1;
      y := y+x;
      z := z−2
   end else
   begin
      x := x+1;
      y := y+x
   end
end else z := z−2
```
◀

EPROM (Abk. für engl. **e**rasable **pro**grammable **r**ead **o**nly **m**emory): eine Speichereinheit (↑ Speicher), die den Speicherinhalt auch bei Stromausfall behält und die nur unter sehr speziellen Umständen gelöscht und dann neu beschrieben werden kann. Ein EPROM verbindet mit gewissen Einschränkungen die Vorteile eines ↑RAM und eines ↑PROM. Das EPROM kann vom Hersteller, manchmal auch vom Anwender mit einem dauerhaften Speicherinhalt versehen werden. Den gesamten Inhalt kann man wieder löschen, indem der Speicherbaustein einige Zeit lang einer starken ultravioletten Strahlung ausgesetzt wird. Hierzu besitzt das Gehäuse an seiner Oberseite ein verschließbares Fenster, durch das die Strahlung den Schaltkreis ungehindert erreichen kann. Anschließend kann das EPROM einen neuen Speicherinhalt erhalten.

Erfüllbarkeitsproblem (engl. *satisfiability problem,* Abk.: *SAT*): Gegeben sei ein ↑boolescher Ausdruck in konjunktiver Form, d. h., der Ausdruck besitzt die Form

$$D_1 \cdot D_2 \cdot \ldots \cdot D_r,$$

und jeder Ausdruck D_i ist von der Form

$$(y_{i_1} + y_{i_2} + \ldots + y_{i_m}),$$

wobei die y_{ij} Variablen oder negierte Variablen sind. „+“ und „·“ bezeichnen wie üblich die ↑ODER- bzw. ↑UND-Funktion. Das Erfüllbarkeitsproblem ist die Frage, ob es eine Belegung der Variablen des Ausdrucks mit den Werten true und false gibt, sodass der ganze Ausdruck den Wert true annimmt.

▶ *Beispiele:*
(1) Gegeben sei der boolesche Ausdruck

$$(\bar{x}_1 + x_2) \cdot (x_1 + \bar{x}_3 + \bar{x}_2) \cdot \bar{x}_3.$$

Setzt man x_1 = false, x_2 = true und x_3 = false, so nimmt der Ausdruck den Wert true an. Der Ausdruck ist also erfüllbar.
(2) Der folgende boolesche Ausdruck ist nicht erfüllbar. Bei jeder Variablenbelegung ist der Wert des Ausdrucks false:

$$x_1 \cdot (\bar{x}_1 + x_2) \cdot (\bar{x}_3 + \bar{x}_2) \cdot x_3.$$ ◀

Ein Algorithmus, der alle Kombinationen von Belegungen überprüft, um festzustellen, ob der Ausdruck erfüllbar ist, benötigt größenordnungsmäßig $O(2^n)$ Schritte (↑Ordnung), wobei n gleich der Zahl der Variablen des Ausdrucks ist (also $n = 3$ in Beispiel 1 und auch in Beispiel 2).
Bisher ist weder ein Algorithmus bekannt, der das Problem in Polynomialzeit löst, also von der Ordnung $O(p(n))$ (p sei ein Polynom) ist, noch weiß man, ob es solch einen Algorithmus überhaupt gibt. Jeder bekannte Algorithmus zur Lösung des Erfüllbarkeitsproblems benötigt $O(2^n)$ Schritte. Das Problem ist daher in der Praxis nicht in annehmbarer Zeit lösbar.

▶ *Beispiel:* Ein Computer, der in der Sekunde 100 000 Schritte durchführen kann, benötigt größenordnungsmäßig für
$n = 20$ etwa 10 Sekunden,
$n = 30$ etwa 3 Stunden,
$n = 40$ etwa 4 Monate,
$n = 50$ etwa 360 Jahre
Rechenzeit zur Ermittlung einer Lösung für das Erfüllbarkeitsproblem. ◀

1971 bewies der amerikanische Mathematiker *Stephen A. Cook,* dass das Erfüllbarkeitsproblem NP-vollständig (↑ NP) ist, und begründete dadurch die moderne ↑Komplexitätstheorie.

Ergonomie: wissenschaftliche Disziplin, die sich mit den Leistungsmöglichkeiten des arbeitenden Menschen und mit der Anpassung der Arbeitsmittel und der Arbeitsumgebung an die Eigenschaften und Bedürfnisse des Menschen beschäftigt.
In der Informatik unterscheidet man im Zusammenhang mit der Entwicklung von dialogorientierten Systemen zwischen Hardware- und Software-Ergonomie. Die *Hardware-Ergonomie* befasst sich mit der Anpassung der Arbeitsgeräte (Bildschirmtechnik, Tastaturtechnik usw.) und der Arbeitsumgebung (Tisch- und Stuhlgestaltung, Arbeitsbeleuchtung usw.) an die körperlichen und psychologischen Eigenschaften des Menschen. Die *Software-Ergonomie* entwickelt Kriterien und Methoden zur Gestaltung ↑interaktiver Programmsysteme, die den menschlichen Bedürfnissen der Benutzer nach einer ausgeglichenen Verteilung der geistigen, körperlichen und sozialen Belastungen weitgehend entgegenkommen.
Die Analyse und Gestaltung von Computerarbeitsplätzen unter ergonomischen Gesichtspunkten erfordert eine intensive Zusammenarbeit der Informatik mit verschiedenen anderen wissenschaftlichen Disziplinen, z. B. mit Medizin, Psychologie und Arbeitssoziologie.
Wichtige Kriterien zur Gestaltung und Beurteilung von dialogorientierten Systemen aus softwareergonomischer Sicht sind (siehe auch ↑Bewertungskriterien):
Problemangemessenheit: Das System soll vom Benutzer die Kenntnis nur derjenigen Operationen und Kommandos verlangen, die für die Durchführung der jeweiligen Arbeitsaufgaben notwendig sind.
Dialogflexibilität: Ein Benutzer soll, je nach Arbeitsaufgabe, Arbeitssituation, Kenntnisstand usw., ein Programm in unterschiedlicher Weise bedienen können. Beispiele sind: Wahl zwischen Kommandosteuerung oder Menüsteuerung (↑Menü), Verwendung verschieden komplexer Kommandos, Abkürzen oder Überspringen von Arbeitsschritten usw.
Selbsterklärungsfähigkeit (Transparenz): Die Dialogführung des Systems sollte so angelegt sein, dass ein Benutzer jederzeit weiß oder erfahren kann, auf welcher Ebene er sich gerade befindet (z. B. im

Menü „Datei ändern"), welchen Zustand das System hat (z. B. Warten auf Eingaben, Ausdrucken einer Datei, Bearbeiten einer Kommandosequenz), welche Kommandos zurzeit möglich sind und was diese bewirken.

Zuverlässigkeit: Die Reaktionen des Systems sollen einheitlich (z. B. Fehlermeldungen immer oben rechts auf dem Bildschirm) und für den Benutzer durchschaubar sein. Kommandos in gleichen Situationen sollen zu gleichen Ergebnissen führen. Das System soll einen hohen Grad an ↑ Fehlertoleranz besitzen. Begangene Fehler können weitgehend rückgängig gemacht werden („*Undo*"-Funktion). Das System soll Warnungen vor unwiderruflichen Operationen ausgeben, z. B. vor dem Löschen von Dateien. Diese Forderungen gelten insbesondere für häufig verwendete Programmsysteme, z. B. für ↑Editoren, für ↑Informationssysteme und für die interaktive Komponente von ↑Betriebssystemen.

Ethernet ['i:θəˌnet] (dt. Äther-Netz): (busartige) Übertragungsstruktur, bei der die Daten direkt in das Übertragungsmedium eingespeist werden, sofern keine Kollision mit anderen Sendern festgestellt wurde. Alle an den Bus angeschlossenen Stationen können hierbei mithören, was gesendet wird. Genaueres ↑Bus.

Im Ethernet werden mit Koaxialkabeln Übertragungsraten von 10 Millionen Bit/s erreicht, mit Glasfasern sogar über eine Milliarde Bit/s.

euklidischer Algorithmus: von *Euklid* (etwa 300 v. Chr.) angegebenes Verfahren zur Bestimmung des *größten gemeinsamen Teilers (ggT)* zweier natürlicher Zahlen *a* und *b*. Der euklidische Algorithmus lautet in moderner Formulierung (iterativ):

```
Eingabe:  natürliche Zahlen a, b
Ausgabe:  ggT (a, b)
Methode:  repeat
              r := a mod b;
              a := b; b := r
          until r = 0;
          write (a)
```

Der euklidische Algorithmus wird beendet, sobald der Rest r = 0 auftritt. Der letzte von Null verschiedene Rest ist der größte gemeinsame Teiler von a und b. Die Schleife wird höchstens $O(\log_2(a))$-mal (↑Ordnung) durchlaufen. Eine rekursive Version findet man unter dem Stichwort ↑Determinismus.

EUMEL ['ɔʏmɛl] (Abk. für **E**xtendable **M**ulti **U**ser **M**icroprocessor **EL**AN-System): EUMEL ist ein 1978 entwickeltes ↑ Betriebssystem für Kleinrechner, das speziell für den Schul- und Ausbildungsbereich konzipiert wurde. In Verbindung mit der ebenfalls für die Ausbildung entwickelten Programmiersprache ↑ELAN, die eine ganz wesentliche Stütze des EUMEL-Systems bildet, eignet sich EUMEL für Anwendungen in der Informatikausbildung, im Fachunterricht und in der Schulverwaltung, z. B. für Sekretariatsarbeiten.

Das System wird heute nicht mehr weiterentwickelt und daher kaum noch eingesetzt.

EVA-Prinzip: Die Ausführung einer Tätigkeit gliedert sich oft in die drei Phasen **E**ingabe, **V**erarbeitung und **A**usgabe (Abk. **EVA**). Die Eingabewerte legen die Art der Verarbeitung fest. Die Ergebnisse der Verarbeitung bilden die Ausgabewerte.

Das EVA-Prinzip spiegelt sich in der Struktur einer Rechenanlage wider: Eingabewerte werden durch spezielle Eingabegeräte entgegengenommen, die Verarbeitung der Eingabewerte geschieht im Wesentlichen in der ↑Zentraleinheit, Resultate werden durch spezielle Ausgabegeräte an die Außenwelt abgegeben.

Evolutionärer Algorithmus: Oberbegriff für ↑Evolutionsstrategie, ↑genetischer Algorithmus und ↑ genetisches Programmieren.

Evolutionsstrategie: Anfang der 1970er-Jahre entwickeltes Verfahren des ↑Softcomputing, um möglichst gute Lösungen zu schwierigen Problemen zu erhalten. Eine Menge von Lösungen nennt man eine *Population,* die man schrittwei-

se verändert, indem man anstrebt, im Schnitt immer bessere Lösungen zu erzeugen. Sucht man beispielsweise im n-dimensionalen reellen Raum $\mathbb{R}^n$ einen Vektor x, der bzgl. einer Bewertungsfunktion (auch *Fitnessfunktion* genannt) $f: \mathbb{R}^n \rightarrow \mathbb{R}$ optimal ist, d. h.: $f(x) \leq f(y)$ für alle zulässigen Vektoren y, dann bildet man zunächst eine Anfangspopulation aus μ (meist zufällig gewählten) Lösungen P_0. Hat man nun eine Population P_i für ein $i \geq 0$ gegeben, so wählt man einige „Individuen" $y \in P_i$ nach gewissen Kriterien (immer auch orientiert am Wert $f(y)$) aus, ändert die einzelnen Komponenten von y um einen zufälligen Wert ab, führt eventuell noch mehrere Crossover (↑ genetischer Algorithmus) durch und wählt aus den so entstandenen λ „Kindern" genau μ Individuen als Folgepopulation P_{i+1} aus. Dies nennt man die *(μ,λ)-Strategie;* wählt man dagegen die μ Individuen der Folgepopulation aus der vereinigten Menge der erzeugten Kinder und der Menge P_i aus, so spricht man von der *($\mu+\lambda$)-Strategie.*
Das Verfahren bricht man nach einer hinreichend großen Zahl von Populationen oder, wenn sich die Bewertungsfunktion fast nicht mehr verbessert, ab.
Evolutionsstrategien finden oft verblüffend gute Lösungen; manchmal verhalten sie sich aber auch schlecht. Es gibt viele Varianten und Erweiterungen. Sie werden in der Praxis häufig eingesetzt. Dort haben sich Verhältnisse von μ zu λ wie 1 zu 6 und Populationsgrößen μ zwischen 30 bis 100 bewährt.

Exklusiv-ODER-Funktion *(Antivalenz):* ↑ boolesche Funktion mit folgendem Funktionsverhalten:

x	y	$x \oplus y$
0	0	0
0	1	1
1	0	1
1	1	0

Schaltzeichen:

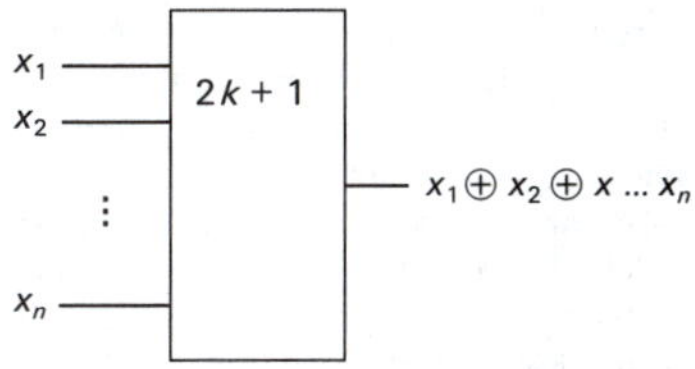

Der Eintrag $2k+1$ bedeutet, dass der Ausgang des Schaltkreises genau dann logisch 1 ist, wenn eine ungerade Zahl von Eingängen 1 führt.
Älteres Schaltzeichen:

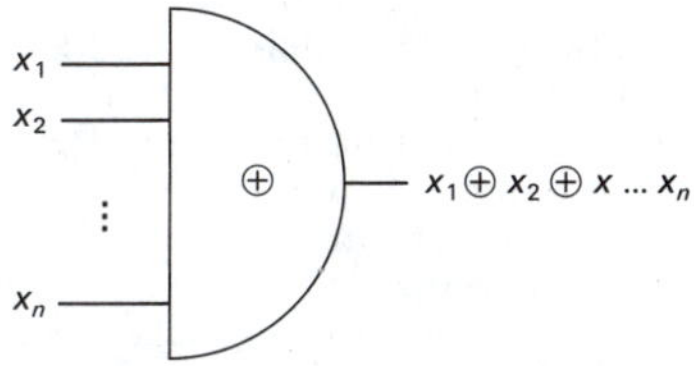

Anstelle des Symbols ⊕ verwendet man auch das Symbol ≢.
Mit den Operationen ⊕ als Addition und · (↑ UND-Funktion) als Multiplikation wird die Menge {0, 1} zu einem (algebraischen) Körper (vgl. Duden Rechnen und Mathematik).

Experiment: Methode, um eine Vermutung, eine These oder eine Theorie zu überprüfen, um einen Effekt zu untersuchen oder um die Einsatzmöglichkeiten zu demonstrieren. Da Systeme der Informatik oft unüberschaubar sind, überprüft man gewisse Eigenschaften durch Experimente. Man spricht aber erst von Experimenten, wenn hierbei entweder umfangreiche Messreihen erforderlich sind (Beispiel: Überprüfung der Wirksamkeit von Heuristiken für einen Problembereich) oder wenn der Einsatz von Methoden, Oberflächen, Schnittstellen usw. sich nur in der Praxis feststellen lässt (Beispiel: Ermittlung, welche Darstellungen auf dem Bildschirm sich für den Datenbankzugriff am besten eignen). In den Naturwissenschaften müssen Experimente in der Regel *„reproduzierbar"* sein, d. h., ihre Wiederholung

durch andere Personen muss innerhalb gewisser Genauigkeitsgrenzen zum gleichen Ergebnis führen; daher werden die Bedingungen, unter denen das Experiment abläuft, sehr genau beschrieben. Solche Experimente gibt es in der Informatik auch, wobei man durch vielfache Wiederholung unter anderen Randbedingungen meist nur statistisch gültige Resultate erhält. Oft sind aber bei den Experimenten Menschen beteiligt, wodurch man meist keine verallgemeinerungsfähigen Aussagen erhält.
Typische Experimente in der Informatik sind: Tests (↑Testen), Messreihen, ↑Fallstudien, ↑Feldbeobachtungen und kontrollierte Experimente.
Die Informatik besitzt noch keine „Experiment-Kultur“, vielmehr enthalten Artikel über Experimente meist viele ungenaue Anhaltspunkte und die Resultate lassen sich dann nur angenähert oder auch gar nicht reproduzieren, vor allem, wenn Menschen handelnd mitwirken. Dennoch sind Ergebnisse von Experimenten mangels anderer Kriterien in der Praxis oft die Basis für Entwurfs- und Gestaltungsentscheidungen.

Expertensystem: Programmsystem, das „Wissen“ über ein spezielles Gebiet speichert und ansammelt, aus dem Wissen Schlussfolgerungen zieht und zu konkreten Problemen des Gebietes Lösungen anbietet (↑Künstliche Intelligenz).
Expertensysteme, häufig auch als Systeme der fünften Generation bezeichnet, sind in der Lage,
- große Mengen auch diffusen, vagen und unformalisierten Wissens in problembezogener Weise zu repräsentieren,
- aus dem vorhandenen Wissen auf logischem und/oder heuristischem (↑Heuristik) Wege Schlussfolgerungen zu ziehen und neues Wissen zu gewinnen,
- zu konkreten vorgegebenen Problemen im Dialog mit dem Benutzer Lösungen zu finden und den Lösungsweg zu erläutern.

Zur Bewältigung dieser Aufgaben verfügen Expertensysteme meist über eine Struktur gemäß Abb. 1.
Über die *Dialogkomponente* teilt ein Benutzer meist im Frage-Antwort-Muster dem System das zu lösende Problem mit. Die *Problemlösungskomponente* be-

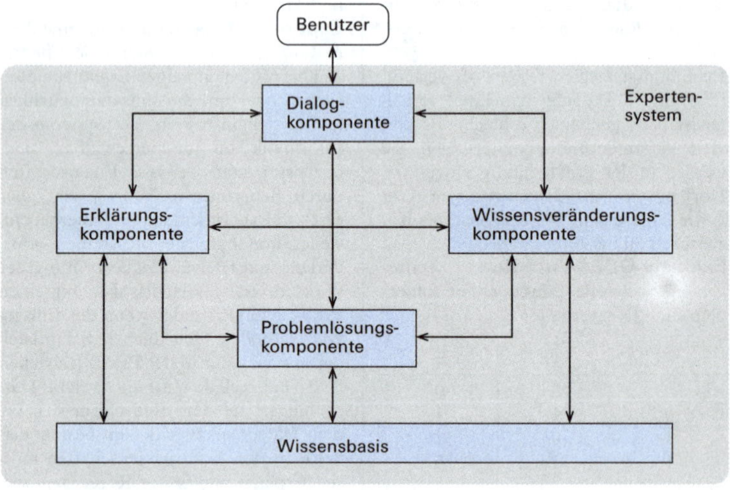

Expertensystem (Abb. 1): Struktur eines Expertensystems

arbeitet das Problem, indem sie in der Wissensbasis nach Lösungsmöglichkeiten sucht. Eine durch die Problemlösungskomponente gefundene Lösung wird in der *Erklärungskomponente* begründet, der Lösungsweg kommentiert und die Qualität und Verlässlichkeit der Lösung bewertet. Die Wissensveränderungskomponente unterstützt die erstmalige Erstellung und die fortlaufende Aktualisierung der Wissensbasis. Die *Wissensbasis* enthält das gesamte „Expertenwissen". Sie besteht mindestens aus *Fakten* und *Regeln*. Die Aufbereitung von Wissen für die maschinelle Verarbeitung, die Pflege der Wissensbasis und die Methodik zur Verarbeitung von Wissen durch Regel- und Programmsysteme bezeichnet man als *Knowledge Engineering*. Die Entwicklung eines Expertensystems empfiehlt sich besonders dann, wenn das Expertensystem umfangreiches, möglichst formalisierbares Wissen (Fakten, logische Schlusstechniken, Bewertungskriterien) auf einem relativ eng begrenzten Fachgebiet verwalten soll und dieses Wissen effizient (↑Effizienz) in einer Rechenanlage dargestellt werden kann oder wenn das Expertensystem Problemstellungen bearbeiten soll, für die es noch kein akzeptiertes oder wirtschaftlich realisierbares algorithmisches Lösungsverfahren gibt.

Typische Anwendungsgebiete von Expertensystemen liegen im Bereich der Medizin, Biologie und Chemie, aber auch im Spiel (z. B. Schachspiel). Eines der ersten Expertensysteme war das in den 70er-Jahren an der Stanford University, Kalifornien, entwickelte **MYCIN,** das einen Arzt bei der Diagnose und Therapie von Infektionskrankheiten, insbesondere bakteriellen Krankheiten des Blutes, unterstützen sollte. Das Programm stellte dem Benutzer (Arzt) Fragen über den Patienten, erläuterte seine Schlüsse und bewertete die vorgeschlagenen Diagnosen und die Therapie. Da in der Medizin relativ häufig mit vagem, d. h. mit nicht sicherem Wissen der Form „Wenn der Patient unter der Krankheit A leidet, so ist die Therapie B für gewöhnlich die geeignete" gearbeitet wird, konnte in MYCIN jedem Wissenselement eine Wahrscheinlichkeit zugeordnet werden. Sie legte fest, mit welcher Sicherheit das entsprechende Wissen zutrifft. Der schließlich von MYCIN abgegebene Diagnose- und Therapievorschlag war ebenfalls mit einer Wahrscheinlichkeit versehen und ermöglichte so dem Arzt eine Bewertung der Risiken des Vorschlags.

Der Wunsch, Expertensysteme zu konstruieren, hat zur Entwicklung und zum Einsatz von ↑Programmiersprachen geführt, in denen diese Probleme (z. B. Wissensdarstellung, logische Schlusstechniken) adäquat formuliert werden können. Eine dieser Programmiersprachen ist ↑PROLOG.

Exzess-3-Code *(Drei-Exzess-Code, Stibitz-Code):* Der Exzess-3-Code ist ein Tetradencode (↑BCD-Code). Den Dezimalziffern 0 bis 9 wird nach folgender Tabelle jeweils eine Tetrade (↑Byte) zugeordnet:

Dezimalziffer	Binärcode	Dezimalziffer	Binärcode
0	0011	5	1000
1	0100	6	1001
2	0101	7	1010
3	0110	8	1011
4	0111	9	1100

Beispiel: Die Dezimalzahl 197 hat die Darstellung 0100 1100 1010.

Der Name „Exzess-3" rührt daher, dass die Ziffer jeder Tetrade um 3 größer ist als die zur Tetrade gehörende Dualzahl (↑Dualsystem).

Der Exzess-3-Code ist wie der ↑Aiken-Code ein ↑Komplementärcode.

E

Fakultät: Funktion auf den natürlichen Zahlen, die das Produkt der ersten n Zahlen angibt. Man verwendet hierfür ein nachgestelltes Ausrufezeichen und spricht $n!$ als „n Fakultät“:

$$n! = \begin{cases} 1 & \text{für } n = 0, \\ 1 \cdot 2 \cdot \ldots \cdot n & \text{für } n > 0. \end{cases}$$

Da die Zahl der Möglichkeiten, n verschiedene Elemente hintereinander anzuordnen, gleich $n!$ ist, spielt die Fakultätsfunktion für Abschätzungen bei Sortierproblemen eine große Rolle. Ihr Wachstum wird durch die *Stirlingsche Formel* erfasst (J. Stirling, engl. Mathematiker, 1730): Zu jeder natürlichen Zahl n gibt es eine reelle Zahl δ_n mit $0 < \delta_n < 1$, sodass gilt:

$$n! = \left(\frac{n}{\mathrm{e}}\right)^n \cdot \sqrt{2\pi n} \cdot \mathrm{e}^{\frac{\delta_n}{12n}}$$

($\mathrm{e} \approx 2{,}7182818...$ ist die Basis des natürlichen Logarithmus). Beispielsweise muss ein ↑binärer Baum, der das Sortieren von n Elementen ausschließlich durch Vergleiche beschreibt, mindestens die Höhe

$$\begin{aligned} \log(n!) &\approx n \cdot \log(n) - n \cdot \log(\mathrm{e}) \\ &\approx n \cdot \log(n) - 1{,}44 \cdot n \end{aligned}$$

(log ist der Logarithmus zur Basis 2) besitzen, weshalb man zum ↑Sortieren durch Vergleichen mindestens diese Zahl an Schritten benötigt.

Fallbasiertes Schließen (engl. *case-based reasoning*): Als Menschen versuchen wir oftmals, Probleme dadurch zu lösen, dass wir sie auf ähnliche Fälle zurückführen. Analog kann ein Programmsystem vorgehen: Es kann die Erfahrung in Form einer so genannten *Fallbasis* zusammen mit Stichwörtern und Strukturangaben speichern, und sobald ein unbekanntes Problem zu bearbeiten ist, durchsucht man die Fallbasis nach einer Problemlösung, die bzgl. irgendeines ↑Ähnlichkeitsmaßes nahe an dem vorgegebenen Problem liegt, und schlägt diese dem Benutzer vor. In der Regel sind eine umfangreiche Anpassung und eine genaue Fehleranalyse notwendig. Das neue Problem mit seiner angepassten Lösung wird dann geeignet in die Fallbasis eingefügt. Entsprechende wissensbasierte Systeme sind in einigen Anwendungsbereichen (Kreditvergabe, Diagnose, Assistenzsysteme, Sprachverarbeitung) im Einsatz.

Man kann sich viele zukünftige Erweiterungen vorstellen: Im einfachsten Fall wächst die Fallbasis und ändert sich in der Weise ab, in der sich ihre Vorschläge als unzutreffend erwiesen haben. Sie kann aber auch aus Fehlern bei der Anpassung lernen, sie kann ihr Ähnlichkeitsmaß überprüfen und sich neu strukturieren, sie kann neue Zusammenhänge zu erschließen suchen (↑Data Mining) usw.

Fallstudie: tatsächliche oder gedachte, realitätsnahe Versuchsdurchführung (↑ Experiment), um Darstellungen, Abläufe, typische Probleme, Vorgehensweisen, Akzeptanz usw. zu studieren. Hierbei werden Anforderungen an das zu erstellende System, dessen Funktionsumfang, Reaktionsweisen künftiger Benutzer und diverse Einfluss- und Umgebungsgrößen systematisch ermittelt. Fallstudien bilden oft den Vorlauf eines umfangreichen *Projekts,* dessen Zielsetzungen und Erfolgschancen auf diese Weise mit recht geringem Aufwand grob geprüft, dessen vorläufige Anforderungen erweitert und konkretisiert und dessen zu erwartende Komplikationen frühzeitig entdeckt werden können. Fallstudien werden meist mit den zukünftigen Betroffenen und in der geplanten Einsatzumgebung des zu erstellenden Produkts durchgeführt.

Fano-Bedingung (nach *R. M. Fano*, dem Begründer einer statistischen Theorie der Nachrichtenübertragung): Bedingung für die Decodierbarkeit eines ↑Codes. Ein Code erfüllt die Fano-Bedingung, wenn kein Wort aus dem Code der Anfang eines anderen Wortes desselben Codes ist.

▶ *Beispiele:*
(1) In der üblichen Darstellung des Morsecodes gilt:

e = ·, i = ··, s = ···,
n = –·, v = · – ·

Dann lautet die Codierung der Worte „seen" und „eier" jeweils

· · · · · –·

Der Morsecode erfüllt nicht die Fano-Bedingung. Daher benötigt man zur Decodierung noch ein zusätzliches Zeichen, den Zwischenraum („Pause"); vgl. ↑Code.
(2) Gegeben sei der folgende Code:

a = 0, b = 10, c = 11.

Dieser Code erfüllt die Fano-Bedingung. Eine einwandfreie Decodierung beispielsweise der Zeichenfolge

1 0 1 1 1 0 1 1 0 0 1 0 1 1
b c b c a a b c

ist gesichert. ◀

Färbungsproblem: Ein ungerichteter Graph heißt *k-färbbar,* wenn man die Knoten des Graphen so mit k verschiedenen Farben belegen kann, dass je zwei durch eine Kante verbundene Knoten unterschiedliche Farben besitzen. Das Färbungsproblem ist die Frage, ob ein gegebener Graph k-färbbar ist (für eine vorgegebene natürliche Zahl k).

▶ *Beispiel:* Abb. 1 zeigt einen Graphen und eine 3-Färbung. Zur Färbung des Graphen in Abb. 2 benötigt man mindestens 4 Farben. (Die einzelnen Farben sind jeweils durch unterschiedliche Nummern gekennzeichnet.) ◀

Das Färbungsproblem ist NP-vollständig (↑NP). Alle bisher bekannten Algorithmen zur Lösung des Färbungsproblems

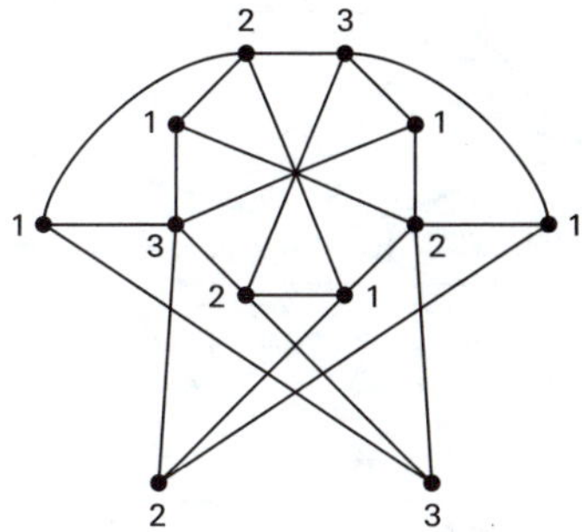

Färbungsproblem (Abb. 1): Graph mit einer 3-Färbung

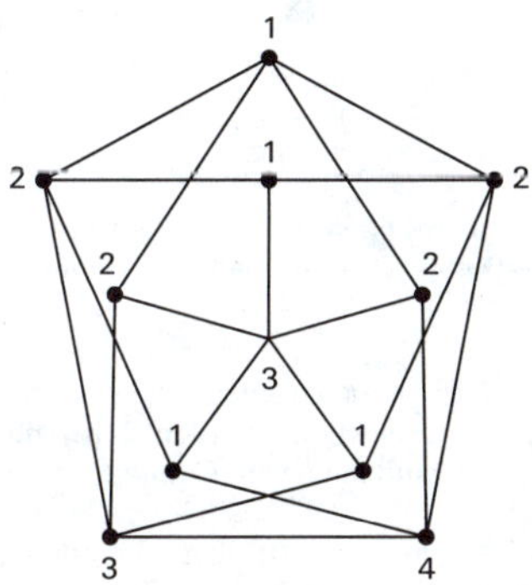

Färbungsproblem (Abb. 2): Graph mit einer 4-Färbung

besitzen eine Laufzeit, die exponentiell von der Anzahl der Knoten des Graphen abhängt.
Ein seit über hundert Jahren bekanntes Färbungsproblem ist das *Vierfarbenproblem:* Kann man jeden planaren ungerichteten Graphen mit vier Farben färben? Ein Graph ist planar, wenn er sich so in die Ebene zeichnen lässt, dass sich zwei Kanten höchstens in ihren Endknoten schneiden. Abb. 3 zeigt einen planaren Graphen und Abb. 4 eine kreuzungsfreie Darstellung des Graphen.
1976 haben die beiden Wissenschaftler K. Appel (geb. 1921) und W. Haken (geb. 1928) das Problem gelöst und gezeigt, dass bei planaren Graphen stets

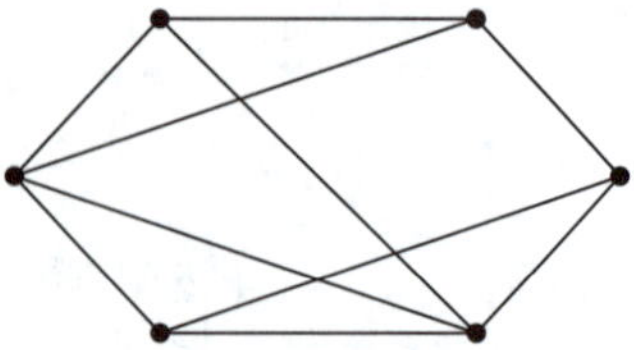

Färbungsproblem (Abb. 3): planarer Graph

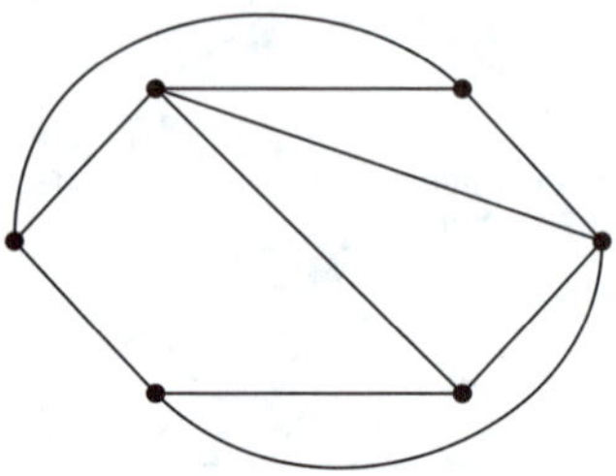

Färbungsproblem (Abb. 4): kreuzungsfreie Darstellung des planaren Graphen aus Abb. 3

vier Farben ausreichen. Wesentliche Teile ihres Beweises wurden dabei mit der Unterstützung von Computern geführt.

Fehler (engl. *error*): Ermittlung oder Ausgabe eines falschen Ergebnisses durch eine Rechenanlage. Man unterscheidet Hardware- und Softwarefehler (↑Hardware, ↑Software). *Hardwarefehler* beruhen auf einer fehlerhaften Funktion elektronischer Bauelemente, die durch Staub, Hitze, Betriebsspannungsschwankungen u. a. hervorgerufen werden können, oder sie treten bei gestörten Leitungen oder defekten Geräten auf. Solche Fehler lösen während des laufenden Betriebs eine ↑ Unterbrechung aus. Spezielle hardware- oder softwaremäßige Prüfprogramme können in der Regel den Fehler rasch eingrenzen und erkennen. *Softwarefehler* (auch *logische Fehler* genannt) basieren auf falschen Anweisungsfolgen innerhalb eines Programms, die durch eine fehlerhafte Implementierung oder durch falsche Algorithmen entstehen können. Derartige Fehler können durch ↑ Testen entdeckt werden. Vorzuziehen sind jedoch Methoden der ↑Verifikation.

Für die Erkennung von Fehlern sind spezielle Hardware-Einrichtungen und Mikroprogramme (↑ Mikroprogrammierung) zuständig, für ihre Analyse und Behebung hat das ↑Betriebssystem oder das ↑ Laufzeitsystem zu sorgen. Beim Auftreten eines Fehlers laufen folgende Phasen ab:
- Fehlererkennung,
- Fehlerkorrektur,
- Fehlerbehandlung,
- Fehlermeldung.

In der Fehlererkennungsphase wird der Fehler lokalisiert. Falls möglich wird der Fehler in der anschließenden Phase automatisch korrigiert, sodass das vom Fehler betroffene System seine Aktivität unbeeinträchtigt fortsetzen kann. Ist eine Fehlerkorrektur nicht möglich, wird in der Fehlerbehandlungsphase versucht, die durch den Fehler gestörte Aktivität auf andere Weise zu einem gegebenenfalls eingeschränkten Ziel zu führen. In jedem Fall wird bei misslungener Fehlerkorrektur eine Fehlermeldung an den Benutzer gesendet (↑ Laufzeitfehler, ↑ Rundungsfehler, ↑ Prüfbit, ↑ Hamming-Abstand, ↑ Fehlertoleranz, ↑ Testen). Das Erkennen und Beseitigen von Softwarefehlern bezeichnet man als ↑Debugging.

Fehlertoleranz (engl. *fault tolerance*): Eigenschaft eines Systems, auch dann noch korrekt zu arbeiten, wenn einige seiner Komponenten fehlerhaft sind. Auf Hardware-Ebene (↑ Hardware) erreicht man Fehlertoleranz z. B. durch die Bereitstellung mehrerer identischer Geräte. Die gleichartigen Geräte warten, bis ein Gerät fehlerhaft arbeitet, und übernehmen dann dessen Aufgaben („passive" ↑ Redundanz), oder alle Geräte bearbeiten das gleiche Problem und es wird dasjenige Resultat weiterverwendet, das von der Mehrzahl der Geräte geliefert wurde („aktive" *Redundanz*, *Resultat* durch *Voting*, engl. to vote = abstimmen).

▶ *Beispiel:* Die Steuerungscomputer in den Airbus-Flugzeugen sowie im amerikanischen Raumgleiter Spaceshuttle sind aus Sicherheitsgründen mehrfach vorhanden und arbeiten nach dem Prinzip der aktiven Redundanz. ◀

Fehlertoleranz ist unverzichtbar bei allen Systemen, die Prozesse unmittelbar überwachen, z. B. in der Medizin, bei der Flugüberwachung oder der Fertigungssteuerung. Dies gilt auch für ↑verteilte Systeme, bei denen ↑Fehler schwer zu lokalisieren sind und wegen der räumlichen Entfernungen oft erst nach längerer Zeit behoben werden.

Feld (engl. *array*): Aneinanderreihung von gleichartigen Elementen, wobei auf die Komponenten mithilfe eines Index zugegriffen wird. Felder gibt es in den meisten Programmiersprachen. Das Schlüsselwort lautet array oder manchmal DIMENSION (DIM). Die ↑ Datenstruktur Feld wird häufig wie folgt vereinbart:

```
type arraytyp = array [I] of grundtyp
```

I ist der *Index* des Feldes. Der Index ist ein Datentyp mit (meist) endlich vielen Elementen. Hat der Datentyp des Index *n* Elemente, so besteht jede ↑ Variable vom Datentyp arraytyp aus *n* Komponenten des Datentyps grundtyp. Auf die einzelnen Komponenten einer Feldvariablen kann man zugreifen, indem man einen festen Wert des Datentyps I angibt. Als Index wird häufig ein *Unterbereich* der ganzen Zahlen oder ein kartesisches Produkt von Unterbereichen wie im folgenden Beispiel benutzt.

▶ *Beispiel:*

```
type vektor = array [1..10]
              of integer;
matrix = array [1..10,1..10]
         of integer;
...
var a: matrix; v: vektor; i: 1..10;
...
v[2] := 3;
(* Setze 2. Komponente von v
   auf den Wert 3 *)
...
a[i,1] := v[i];
(* Setze Matrixelement in Zeile i
und Spalte 1 auf die
i-te Komponente von v *)
```
◀

Verwendet man als Index kartesische Produkte von Unterbereichen, so spricht man auch von der *Dimension eines Feldes*: Besteht der Index nur aus einem Unterbereich, so wird das Feld als eindimensional bezeichnet. Ist der Index das kartesische Produkt aus *N* Unterbereichen, so heißt das Feld *N*-dimensional. Jedes *N*-dimensionale Feld kann durch die Speicherabbildungsfunktion (↑ Adressfunktion) umkehrbar eindeutig auf ein eindimensionales Feld abgebildet werden.

Felder bezeichnet man oft auch als *Tabellen*. Zum Beispiel ist die Multiplikationstabelle für das kleine Einmaleins nichts anderes als ein Feld, das man durch Wiederholung der Addition aufbauen kann:

```
var mult: array [1..10,1..10]
          of 1..100;
    i,j: 1..10;
begin
  for i := 1 to 10 do mult[i,1] := i;
  for j := 2 to 10 do
    for i := 1 to 10 do
    mult[i,j] := mult[i,j-1] + i;
    ...
end
```

Einfache Codierungen und Verschlüsselungen (↑ Kryptographie) lassen sich ebenfalls mithilfe von Feldern beschreiben. Die Tabelle, die jeden Buchstaben zyklisch durch den nächsten Buchstaben im Alphabet ersetzt, also

Buchstabe	nächster Buchstabe
A	B
B	C
C	D
:	:
:	:
Y	Z
Z	A

wird durch das folgende Feld beschrieben:

```
var code: array ['A'..'Z'] of 'A'..'Z'
```

Dieses Feld code initialisiert man durch die Anweisungen (↑char):

```
code ['Z'] := 'A';
for ch := 'Y' downto 'A' do
    code[ch] := succ(ch);
```

wobei ch eine Variable vom Unterbereichstyp 'A'..'Z' ist und succ die Nachfolgerfunktion auf Buchstaben bezeichnet. Eine einzulesende Folge von Großbuchstaben (das Ende wird durch eof = end of file geprüft) wird dann folgendermaßen codiert ausgegeben:

```
while not eof do
begin read(ch);
      write (code[ch])
end
```

Man kann die Decodierung durch ein gleich großes Feld decode beschreiben, dessen Werte dann durch decode(code[x]) = x für alle x gegeben sind.

In ↑Maschinensprachen besitzen Felder eine große Bedeutung, da der zugrunde liegende ↑Speicher ein eindimensionales Feld von Speicherzellen ist, auf die über den Index ↑Adresse zugegriffen wird.

Feldbeobachtung: Bevor man Produkte der Hard- und Software flächendeckend einsetzt, testet man sie in der Regel unter realistischen Bedingungen mit möglichst vielen Beteiligten. Hierdurch kann man auch auf notwendige Abweichungen, die sich als erforderlich erweisen, frühzeitig reagieren und unter modifizierten Bedingungen die Feldbeobachtung fortführen. Da aber die Einflussfaktoren meist nicht analysiert oder durch gesonderte Tests in ihrer Wirkung erfasst werden, ist diese Form des ↑Experiments kaum reproduzierbar und es sind leicht Zufallsergebnisse möglich. Allerdings werden oft fehlerhafte Annahmen, die in den Produkten implementiert wurden, aufgedeckt, weshalb sich Feldbeobachtungen in der Praxis durchaus lohnen.

Fenstertechnik *(Window-Technik):* gleichzeitige Anzeige verschiedener Anwendungen auf dem ↑Bildschirm. Der Bildschirm wird in verschiedene Rechtecke, sog. *Fenster* (engl. *windows*) aufgeteilt. Jedem Anwenderprogramm wird ein Fenster fest zugeordnet. Alle Zeichenfolgen, die normalerweise auf den gesamten Bildschirm ausgegeben würden, erscheinen nur in dem zugeordneten Fenster. Die richtige Verteilung der Zeichen auf die einzelnen Fenster im Bildschirm besorgt ein spezielles Programm im ↑Betriebssystem, der sog. *Window-Manager.*

Der Benutzer kann Größe und Position der einzelnen Fenster selbst festlegen und nachträglich verändern. Fenster kann man übereinander legen; in diesem Fall ähnelt der Bildschirm einem Schreibtisch mit verschiedenen Schriftstücken. Die Fenstertechnik eignet sich daher besonders für Bürosysteme. Weitere Einsatzgebiete der Fenstertechnik sind ↑Editoren und Programmierumgebungen (↑inkrementeller Übersetzer). Ein Beispiel für eine Sprache zur Programmierung von Fenstertechniken ist ↑SMALLTALK-80. Seit 1986 bieten Betriebssysteme (auch für Kleinrechner) standardmäßig eine mehr oder weniger ausgereifte Fenstertechnik an (X-Windows).

Festpunktdarstellung *(Festkommadarstellung):* Zahldarstellung, bei der jede Zahl als Ziffernfolge dargestellt wird, in der ein gedachter, d. h. aus der Ziffernfolge nicht erkennbarer Dezimalpunkt an einer bestimmten festen Stelle steht. Zum Beispiel kann man in der Sprache ↑PL/I eine Variable X vom Typ real fixed decimal (5,2) deklarieren; X kann als Werte dann Dezimalzahlen annehmen, deren Betrag aus genau 5 Dezimalziffern (einschl. führender Nullen) besteht und die genau 2 Ziffern nach dem Dezimalpunkt besitzen, z. B. die Zahlen 372.08 oder −820.11 oder 000.18. Behandelt werden diese Zahlen wie die Ziffernfolge +37208, −82011 und +00018; die Stellung des Dezimalpunktes ergibt sich aus der Deklaration. Allgemein wird die Ziffernfolge $+a_n a_{n-1} \dots a_1$, die einer Variablen der Festpunktdarstel-

lung real fixed decimal (n,m) zugeordnet ist, als die Zahl $+a_n \ldots a_1 * 10^{-m}$ aufgefasst (hierbei kann m eine beliebige ganze Zahl sein). Das Paar (n,m) heißt Genauigkeit der Variablen. Arithmetische Operationen werden oft fehlerhaft, wenn die verwendeten Variablen eine unterschiedliche Genauigkeit besitzen. Im Allgemeinen wird die Verschiebung des Dezimalpunktes von der Maschine nicht automatisch durchgeführt, sondern muss vom Programmierer durch geeignete Befehle berücksichtigt werden.
Statt der Basis 10 (decimal) können auch andere ↑ Stellenwertsysteme verwendet werden.
Der Vorteil der Festpunktdarstellung besteht darin, dass für reelle Zahlen anstelle der Gleitpunktoperationen (↑ Gleitpunktdarstellung) die wesentlich schnelleren Festpunktbefehle des Computers benutzt werden können. Der Nachteil liegt in der möglichen unkorrekten Verwendung der Festpunktbefehle, die oft zu schwer auffindbaren Fehlern führt.

FIFO-Speicher (FIFO Abk. für engl. **f**irst **i**n **f**irst **o**ut): ↑ Datenstruktur, aus der Daten in genau der Reihenfolge ausgelesen werden müssen, in der sie eingegeben worden sind. Dem FIFO-Speicher entspricht der ↑ Datentyp ↑ Schlange.

File [engl. faɪl]: englische Bezeichnung für ↑ Datei. Files dienen zur geordneten Speicherung von Daten. Für ihre Organisation und Verwaltung gibt es in Rechnernetzen eigene *File-Server.* Die Übertragung erfolgt nach dem File-Transfer-Protokoll *ftp.*
Im engeren Sinne bezeichnet das Wort file einen ↑ Datentyp in Programmiersprachen, der sich oft an sequenziellen Dateien orientiert.
Das mathematische Strukturierungsprinzip, das dem file zugrunde liegt, ist die Bildung (potenziell) unendlicher Folgen (↑ Datenstruktur). Die einzelnen Glieder der Folge haben alle den gleichen Datentyp.
Ein File kann man sich als Magnetband (↑ Magnetbandspeicher) vorstellen, das in einzelne Zellen unterteilt ist. Jede Zelle kann genau ein Folgenglied aufnehmen. Die Bearbeitung einer Zelle des Magnetbandes ist nur dann möglich, wenn sich die Zelle unter dem Lese-/Schreibkopf befindet.
Der Lese-/Schreibkopf wirkt wie ein Sichtfenster, das zu jedem Zeitpunkt nur immer genau eine Zelle zeigt (Abb. 1).

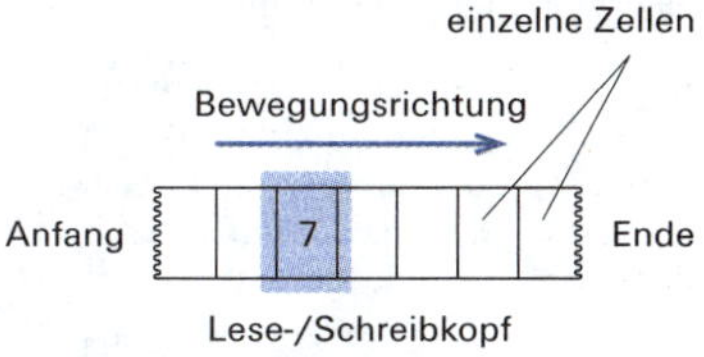

File (Abb. 1): Magnetband als Modell eines Files

Das Lesen und Bearbeiten eines Files erfolgt in ↑ PASCAL immer sequenziell und in einer Richtung. Befindet sich zurzeit das *n*-te Folgenglied im Sichtfenster, so erscheint nach dessen Bearbeitung stets das $(n + 1)$-te Folgenglied im Fenster. Andere Programmiersprachen erlauben meist auch die index-sequenzielle Bearbeitung von Files.
In PASCAL deklariert (↑ Deklaration) man eine file-Variable in der Form

var f: file of T.

T ist irgendein Datentyp. Er legt den Typ der Folgenglieder (Filekomponenten) fest.

▶ *Beispiele:*
a) var z: file of integer;
definiert ein File vom Typ integer. Die Komponenten dieses Files sind ganze Zahlen.
b) var t: file of char;
definiert ein File vom Typ char, also einen Text. Die Komponenten dieses Files sind Zeichen des PASCAL-Zeichenvorrats. ◀

Bei der Deklaration einer file-Variablen f wird automatisch eine sog. Puffervariable f↑ mit vereinbart. f↑ hat den Datentyp

T und besitzt immer den Wert der Komponente, die sich gerade unter dem Sichtfenster befindet (Abb. 2).

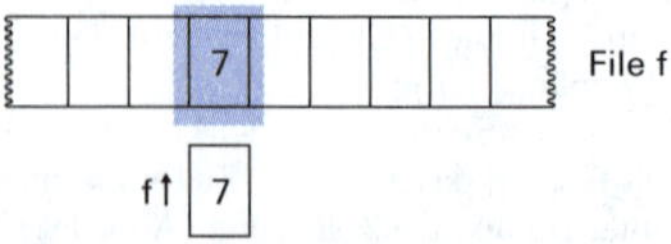

File (Abb. 2): Puffervariable f↑

Das Erreichen des Fileendes kann mithilfe der Standardfunktion eof (end of file) abgeprüft werden. eof(f) hat den Wert true, falls das Sichtfenster hinter dem rechten Ende des Files f steht (s. Abb. 3).

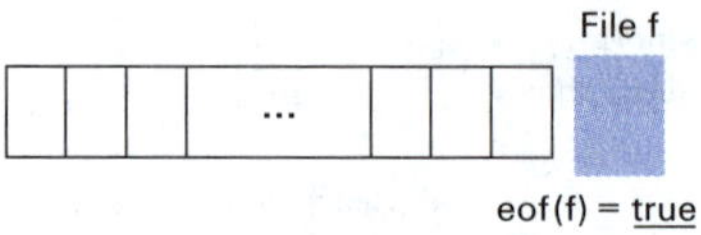

File (Abb. 3): Erreichen des Fileendes

Zur Bearbeitung des Files f stehen die folgenden weiteren Standardprozeduren zur Verfügung.

reset(f): setzt das Sichtfenster auf das erste Element des Files f. Die Puffervariable f↑ erhält den Wert des ersten Fileelements, sofern f nicht leer ist (Abb. 4). Ist f leer, so liefert der Aufruf von eof(f) den Wert true, und die Puffervariable ist undefiniert.

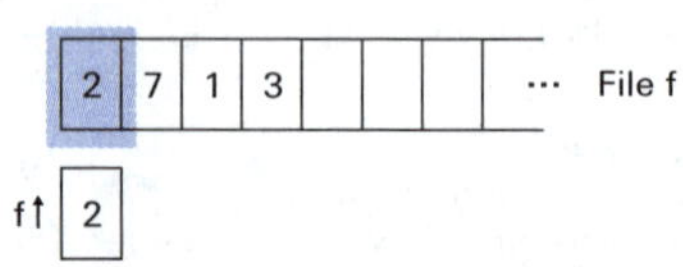

File (Abb. 4): Wirkung von reset(f)

get(f): verschiebt das Sichtfenster um eine Komponente nach rechts und weist der Puffervariablen f↑ den Wert dieser Komponente zu.

rewrite(f): Löscht den gesamten Fileinhalt. f↑ ist danach undefiniert.

put(f): fügt den Wert von f↑ am Ende des Files f an und setzt das Sichtfenster um eine Position weiter. f↑ hat danach einen undefinierten Wert.

Weitere Standardprozeduren für den lesenden und schreibenden Zugriff auf Files sind read und write, bei denen die explizite Verwendung der Puffervariablen entfällt.

read(f, x) ist gleichbedeutend mit dem Programmstück

```
x := f↑; get(f).
```

write(f, x) ist gleichbedeutend mit

```
f↑ := x; put(f).
```

▶ *Beispiele:*

a) Gegeben ist ein file of char namens f. f soll auf ein file of char namens g kopiert werden, wobei von mehreren aufeinander folgenden Leerzeichen nur eines übertragen werden soll.

```
var f, g: file of char;
begin
   reset(f); rewrite(g);
   while not eof(f) do
   begin
      g↑ := f↑; put(g);
      if f↑ = '' then
         repeat get(f) until f↑ ≠ ''
      else get(f)
   end
end.
```

b) Aneinanderhängen zweier Files f und g, deren Komponenten ganze Zahlen sind. f enthält nachher die Verknüpfung von f und g.

```
var f, g: file of integer;
begin
   reset(f); reset(g);
   while not eof(f) do get(f);
   while not eof(g) do
   begin
      f↑:= g↑; put(f); get(g)
   end
end.
```

Zunächst werden die Sichtfenster der Files f und g an den Anfang gesetzt. In der ersten while-Schleife wird dann das Sichtfenster von f an das Ende gesetzt. In der zweiten while-Schleife werden anschließend alle Elemente von g nachei-

nander an das Ende von f angehängt. g bleibt hierbei unverändert mit Ausnahme der Position des Sichtfensters.
c) Ein weiteres Beispiel findet sich unter dem Stichwort ↑Verschmelzen. ◂

Finitheit: Bezeichnung für die charakteristische Eigenschaft eines ↑Algorithmus, dass er zu jedem Zeitpunkt (vor, während und – falls er endet – nach seiner Abarbeitung) nur einen endlichen Bereich beeinträchtigt oder verändert hat. Man unterscheidet *statische* und *dynamische Finitheit.* Jeder Algorithmus muss *statisch finit* sein, d. h., er wird durch einen endlich langen Text beschrieben. Ein Algorithmus heißt *dynamisch finit,* wenn die von ihm verwendeten Objekte und Strukturen zu jedem Zeitpunkt endlich bleiben. Dies ist z. B. nicht der Fall, wenn die Menge der natürlichen Zahlen {1, 2, 3, ...} als Objekt benutzt wird (hier wird also nicht das Symbol $\mathbb{N}$, sondern eine unendliche Menge verwendet) oder wenn die Kontrollstruktur unendlich viele parallel zu verarbeitende Anweisungen vorschreibt. In der Praxis verwendbare Algorithmen müssen dynamisch finit sein.

Firmware [engl. 'fə:mwɛə]: Bei mikroprogrammierbaren (↑Mikroprogrammierung) Rechenanlagen bezeichnet Firmware die Menge aller in einem ↑Prozessor realisierten Mikroprogramme, die den ↑Befehlsvorrat des Prozessors bestimmen. Der Begriff „Firmware" drückt aus, dass die Mikroprogramme zwar prinzipiell verändert werden können, jedoch über einen längeren Zeitraum fest bleiben. Änderungen an der Firmware nimmt i. A. nur der Hersteller von Computern vor (vgl. ↑Software, ↑Hardware, ↑Emulation, ↑EPROM).

Fixpunkt: Sei $f: M \to M$ eine Funktion. Jedes Element $x \in M$, das unter f auf sich selbst abgebildet wird, d. h. $f(x) = x$, heißt Fixpunkt von f.
Beispiel: Es sei $f: \mathbb{N}_0 \to \mathbb{N}_0$ gegeben durch $f(x)$ = Summe der Teiler von x (aber ohne x selbst).
f besitzt Fixpunkte, z. B. 6 und 28:

$$f(6) = 1 + 2 + 3 = 6,$$
$$f(28) = 1 + 2 + 4 + 7 + 14 = 28$$

Die Fixpunkte von f sind gerade die vollkommenen Zahlen (vgl. Duden Rechnen und Mathematik).
In der Informatik werden Fixpunkte verwendet, um die Bedeutung (↑Semantik) von Schleifen, rekursiv dargestellten Funktionen und Prozeduren und Programmen festzulegen.

Flaggenproblem (nach dem niederländischen Wissenschaftler *E. W. Dijkstra*): Gegeben ist eine Folge von n Fächern:

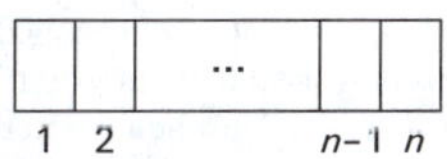

Jedes Fach enthält einen Stein, der entweder rot, weiß oder blau ist. Ein Roboter wird vor der Fächerreihe aufgestellt. Er soll programmiert werden, die Steine so umzuordnen, dass zuerst (an der linken Seite) die roten, dann die weißen und zuletzt die blauen Steine in den Fächern liegen. Der Name „Flaggenproblem" rührt daher, dass die Farbenfolge der Steine im geordneten Zustand mit der niederländischen Nationalflagge (rot/weiß/blau) übereinstimmt.
Der Roboter verfügt über zwei Grundoperationen, die bereits in seinen Steuerungsmechanismus eingebaut sind. Die eine Operation weist den Roboter an, den Inhalt zweier bestimmter Fächer, die nicht nebeneinander liegen müssen, zu vertauschen. Die andere Operation fordert den Roboter auf, ein bestimmtes Fach anzusehen und die Farbe des Steins zu melden, der sich in dem Fach befindet.
Da die Ausführung dieser beiden Operationen sehr viel Zeit benötigt (der Roboter ist ja ein langsames mechanisches Gerät), soll ein Algorithmus entworfen werden, der die beiden Grundoperationen so wenig wie möglich verwendet; genauer

a) die Operation „Farbe bestimmen“ darf für jedes Fach höchstens einmal angewendet werden;
b) die Zahl der Vertauschungsoperationen soll im Durchschnitt möglichst gering sein.

Man geht wie folgt vor: Zunächst definiert man drei Markierungen *r*, *w* und *b*, die jeweils angeben, welchen Teilbereich der Fächerreihe der Roboter schon sortiert hat. *r* markiert den roten, *w* den weißen und *b* den blauen Bereich. Abb. 1 zeigt einen Zwischenschritt des Sortierverfahrens. Der linke Bereich enthält nur rote, der zweite von rechts nur weiße und der rechte nur blaue Steine. In dem mit „?“ markierten Bereich sind die Steine noch ungeordnet. *r* zeigt auf den von links gesehen ersten nicht roten, *w* auf den von rechts gesehen ersten nicht weißen (*w* aber nie rechts von *b*) und *b* auf den von rechts gesehen ersten nicht blauen Stein.

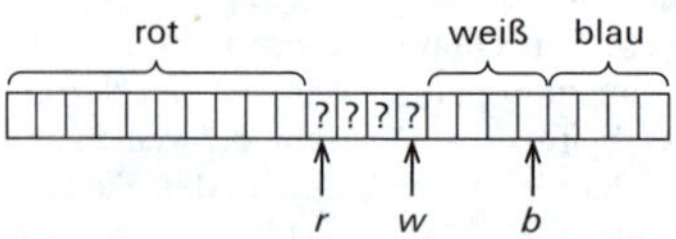

Flaggenproblem (Abb. 1): Zwischenschritt des Sortierverfahrens

Die Anfangs- und die Endsituation zeigen Abb. 2 und Abb. 3.

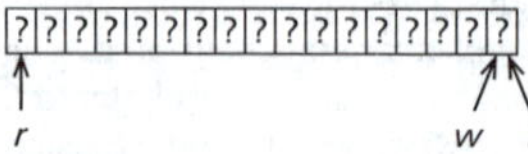

Flaggenproblem (Abb. 2): Anfangssituation beim Flaggenproblem

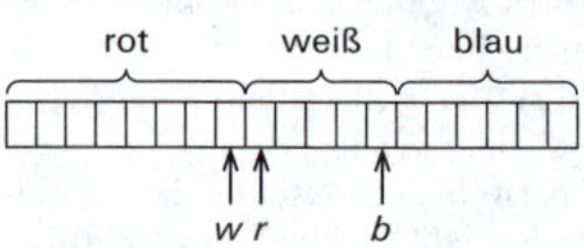

Flaggenproblem (Abb. 3): Endsituation beim Flaggenproblem

Durchsucht man den „?“-Bereich von rechts nach links, so kann man einen Algorithmus entwickeln, der das Problem effizient löst. Wir verzichten auf eine Herleitung und präsentieren den gesuchten Algorithmus als PASCAL-Programm:

```
const n = ...;
type index = 1..n;
     farbe = (rot, weiß, blau);
var r, w, b: index;
procedure vertausche (i, j: index);
   (* Diese Prozedur ist als Grundope-
      ration im Roboter vorhanden und
      braucht hier nicht definiert zu
      werden *)
function welchefarbe (i: index): farbe;
   (* Diese Funktion ist ebenfalls als
      Grundfunktion im Roboter vor-
      handen *)
begin (* Hauptprogramm *)
  r := 1; w := n; b := n;
  while w ≥ r do
  begin
    case welchefarbe(w) of
      rot: begin
             vertausche (w, r);
             r := r + 1
           end;
      weiß: w := w - 1;
      blau: begin
              vertausche (w, b);
              w := w - 1;
              b := b - 1
            end
    end
  end
end.
```

Flanke: Bezeichnung für den Wechsel von einem Signalwert zu einem anderen. Der Wechsel von einem niedrigeren zu

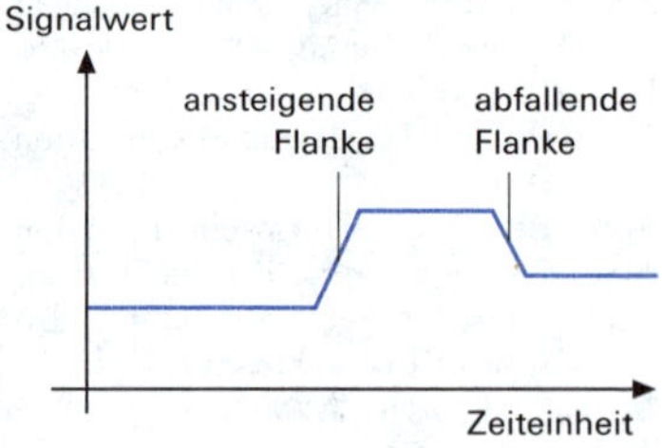

Flanke (Abb. 1): Flanken

einem höheren Signalwert heißt *ansteigende Flanke,* der umgekehrte Wechsel *abfallende Flanke* (Abb. 1).
Form und Steilheit der Flanken sind wichtig für das korrekte Schaltverhalten von elektronischen Bauelementen wie Dioden, Transistoren, Flipflops, Zähler, Codierer usw. Vgl. ↑JK-Flipflop.

Flipflop *(bistabile Kippschaltung):* Bezeichnung für eine Schaltung, die zwei stabile Zustände besitzt. Der Wechsel von einem Zustand in den anderen kann nur durch äußere Einflüsse veranlasst werden. Die Aufforderung an das Flipflop, seinen Zustand zu ändern, ergeht über mindestens einen Eingang, der Zustand des Flipflops wird an mindestens einem Ausgang bereitgestellt. Das Flipflop ist ein Speicherglied für ein ↑Bit. Beispiel für ein einfaches Flipflop ist ein Lichtschalter.
Unterschiedliche Anforderungen an das Verhalten von Flipflops haben zur Entwicklung von ↑RS-Flipflops, ↑T-Flipflops, ↑D-Flipflops und ↑JK-Flipflops geführt. Diese Flipflops sind rückgekoppelte ↑Schaltwerke, d. h., sie bestehen aus miteinander verbundenen ↑Gattern, bei denen Ausgangsleitungen zugleich auf Eingangsleitungen geschaltet sind (vgl. Abb. 2 bei ↑RS-Flipflop).
Sind Flipflops zu ↑Registern zusammengeschaltet, so können Signale durch mehrere Flipflops laufen und somit zu Fehlern führen. Man schaltet daher zwei Flipflops zu einem Speicherelement zusammen, wobei das erste nur bei der Ankunft von Signalen und das zweite nur beim Abklingen des Signals reagiert *(Master-Slave-Schaltung,* ↑JK-Flipflop).

FORTH [engl. fɔ:θ]: Programmiersprache zur interaktiven Arbeitsweise, deren zentrale ↑Datenstruktur ein ↑Keller ist. Jedes FORTH-Programm besteht aus ↑Anweisungen zur Manipulation dieses Kellers. Alle eingegebenen Werte werden nacheinander auf den Keller gelegt und können durch entsprechende Befehle verarbeitet werden. So nimmt etwa der Befehl „." das oberste Element vom Keller und gibt es am Bildschirm aus: Nach Eingabe von

```
1 2 .
```

antwortet der Computer

```
2 OK
```

Die arithmetischen Befehle verknüpfen die beiden obersten Kellerelemente und legen das Ergebnis auf dem Keller ab:

```
3 5 * .
```

ergibt als Ausgabe

```
15 OK
```

Mehrere Befehle kann man in FORTH hintereinander schreiben; sie werden dann sequenziell abgearbeitet. Zur Veränderung des Kellerinhalts gibt es in FORTH verschiedene Grundbefehle: „DUP" legt eine Kopie des obersten Kellerelements auf den Keller, „DROP" entfernt das oberste Element vom Keller, „SWAP" vertauscht die beiden obersten Kellerelemente.

▶ *Beispiel:*

Eingabe: 2 3 4 ...
Ausgabe: 4 3 2 OK
Eingabe: 2 3 4 DROP ..
Ausgabe: 3 2 OK
Eingabe: 2 3 4 SWAP ...
Ausgabe: 3 4 2 OK ◀

Weitere Befehle zur Kellermanipulation sind „OVER" (Kopieren des zweitobersten Elementes auf den Keller) und „ROT" (Rotieren der drei obersten Kellerelemente).

▶ *Beispiel:*

Eingabe: 2 3 4 OVER ...
Ausgabe: 3 4 3 2 OK
Eingabe: 2 3 4 ROT ...
Ausgabe: 3 2 4 OK ◀

Ein FORTH-Programm ist eine Menge benutzerdefinierter „Worte": Ein Wort ist jede beliebige Zeichenfolge, die keine Leerzeichen enthält. Sämtliche in FORTH bekannten Worte werden in einem zentralen „Wörterbuch" (engl. dictionary) gespeichert. In dieses Wörterbuch kann der Benutzer neue Worte in folgender Form eintragen:

: ⟨wort⟩ ⟨befehle⟩;

(⟨befehle⟩ ist eine Folge von schon bekannten Worten; sie werden dann abgearbeitet, wenn ⟨wort⟩ abgearbeitet werden soll, vgl. ↑Makrobefehl).

Für komplexere Anwendungen stellt FORTH auch ↑ bedingte Anweisungen und ↑ Schleifen zur Verfügung. Mit „DO ... LOOP“ wird eine Zählschleife formuliert, wobei sich die untere und die obere Grenze auf dem Keller befinden müssen und die Schrittweite 1 ist.

FORTH kann wegen seines einfachen Aufbaus auf vielen kleinen ↑Computern eingesetzt werden. Die erstellten Programme laufen in der Regel erheblich schneller ab als andere, in interaktiven Sprachen (z. B. ↑ BASIC) geschriebene Programme.

FORTRAN (Kurzwort aus engl. **for**mula **tran**slator): imperative ↑ Programmiersprache für naturwissenschaftliche und ingenieurmäßige Anwendungen. FORTRAN wurde Ende der 50er-Jahre entwickelt. Beim Entwurf der Sprache stand die schnelle Ausführbarkeit der Programme im Vordergrund. Daher hat FORTRAN einen recht einfachen Aufbau und bietet wenig Strukturierungsmöglichkeiten, ist aber auf den meisten Computern so implementiert, dass die Programme sehr effizient ausgeführt werden können. FORTRAN wurde seit 1958 ständig weiterentwickelt (FORTRAN II, IV und V, FORTRAN 90 und 95); FORTRAN 95 gilt als aktueller Standard, FORTRAN 2000 wird erarbeitet. Für Höchstleistungsrechner

FORTRAN-Programm zur Lösung einer quadratischen Gleichung

Die quadratische Gleichung $ax^2 + bx + c = 0$ soll für reelle Zahlen a, b, c gelöst werden. Sie hat für $a \neq 0$ die Lösungen

$$x_{1/2} = -\frac{b}{2a} \pm \frac{1}{2a}\sqrt{b^2 - 4ac}\,.$$

Den Wert $d := b^2 - 4ac$ bezeichnet man als Diskriminante der Gleichung. Es gibt nun 6 Lösungsfälle für die Ausgangsgleichung:

(1) $a = 0,\ b = 0,\ c = 0$: Jede reelle Zahl x ist Lösung.
(2) $a = 0,\ b = 0,\ c \neq 0$: Keine Zahl x ist Lösung.
(3) $a = 0,\ b \neq 0,\ c$ beliebig : $x = -b/c$ ist einzige Lösung.
(4) $a \neq 0,\ d < 0$: Die Gleichung besitzt keine reelle Lösung.
(5) $a \neq 0,\ d = 0$: $x = -b/2a$ ist eine (doppelte) Lösung.
(6) $a \neq 0,\ d > 0$: $x_1 = (-b + \sqrt{d})/2a$ und $x_2 = (-b - \sqrt{d})/2a$ sind die Lösungen.

Das folgende FORTRAN-Programm Prog.1 liest zehnmal drei Werte a, b, c ein und gibt die Lösung aus. Der Fall $a = 0$ wird im Hauptprogramm, der Fall $a \neq 0$ im Wesentlichen im Unterprogramm DISKR behandelt. Trotz der if-then-else-endif-Strukturierungen bleibt das Programm durch die Nutzung der Sprungbefehle return j (= springe zurück zur j-ten Marke der Parameterliste) maschinennah. Die Aufteilung des Programms in Zeilen erinnert noch an die frühere Verarbeitung mit ↑Lochkarten. In Spalte 1 bis 5 steht die Adresse oder Marke der Anweisung oder Vereinbarung, Spalte 6 bleibt frei (außer wenn Text notwendigerweise länger als eine Zeile ist und in der nächsten Zeile fortgesetzt wird), und ab Spalte 7 stehen dann die FORTRAN-Sprachelemente.

wurde *HPF* (= High Performance Fortran) entwickelt.
Die grundlegenden ↑ Datentypen von FORTRAN sind ganze Zahlen (↑integer), Zahlen in Gleitpunktdarstellung (↑real), real mit doppelter Genauigkeit (double precision), komplexe Zahlen (complex) und Wahrheitswerte (↑ boolean; in FORTRAN logical genannt). Zu den grundlegenden Datentypen zählen in FORTRAN auch die Zeichenketten (Schlüsselwort: character, mit Angabe der Länge der Zeichenkette, ↑Zeichen). Als ↑Datenstrukturen bietet FORTRAN nur ↑Felder und ↑Dateien an. ↑Konstanten müssen zu Beginn einer ↑ Prozedur durch eine „PARAMETER"-Anweisung definiert werden. ↑Variablen können, aber müssen nicht deklariert (↑ Deklaration) werden. Wird ein ↑ Bezeichner im Programm verwendet, der nicht deklariert worden ist, so gilt er als

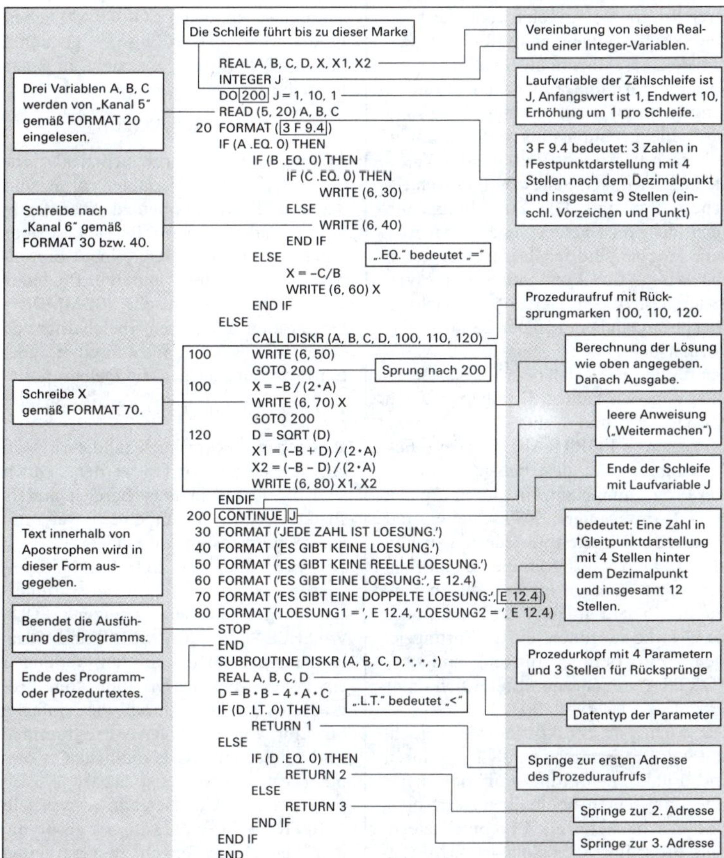

FORTRAN (Prog. 1): Beispiel für ein FORTRAN-Programm

implizit vereinbart, wobei der Datentyp vom ersten Buchstaben des Bezeichners abhängig ist: Beginnt der Bezeichner mit I, J, K, L, M oder N, dann wird er als integer, sonst als real vereinbart (diese Regel ist vom Benutzer veränderbar). Der FORTRAN-Anwender kann durch „EQUIVALENCE"-Vereinbarungen festlegen, dass bestimmte Variablen und Felder in denselben Speicherbereichen des Computers abgelegt werden sollen. Einfache Veränderungen in diesen Speicherbereichen können dann die Werte mehrerer Programmvariablen verändern.

Die ↑ Anweisungen in FORTRAN zeigen die maschinennahe Struktur dieser Sprache. Grundlegend ist die ↑ Zuweisung (Symbol „="). Bei der Zuweisung wird eine Typanpassung vorgenommen, falls der zugewiesene Wert und die Variable auf der linken Seite von unterschiedlichem Typ sind. Die Zuweisung kann auch auf ganze Felder angewendet werden. Hierbei sind mächtige Operatoren zugelassen. Zur Ein- und Ausgabe von Daten besitzt FORTRAN sehr mächtige Anweisungen, in denen der Benutzer das Format der Daten festlegen und Aktionen für den Fehlerfall oder für das Dateiende angeben kann. Mit einer einzigen Anweisung und „FORMAT"-Angabe kann man in FORTRAN komplette Felder einlesen oder ausgeben.

Der Programmablauf wird durch ↑Sprünge, ↑ if-Anweisungen, Zählschleifen und FOR-ALL-Schleifen gesteuert. Da man in FORTRAN Programme zeilenorientiert schreibt, kann man einzelnen Stellen im Programm eine Zeilennummer als ↑Marke zuordnen, die als Sprungziel dient. Ein Beispiel für ein einfaches FORTRAN-Programm findet sich unter Prog. 1.

Die wichtigste Strukturierungsmöglichkeit von Programmen sind ↑Prozeduren und Funktionen. Eine Funktion kann eine Zahl, einen booleschen Wert oder eine Zeichenkette als Ergebnis liefern. Eine Prozedur (Schlüsselwort: SUBROUTINE) berechnet Ergebnisse durch Veränderung der ↑Parameter (die ↑Parameterübergabe erfolgt in FORTRAN durch ↑call by reference) oder durch Veränderung der Variablen in COMMON-Bereichen, siehe unten. Ein FORTRAN-Programm besteht aus dem Hauptprogramm, gefolgt von einer Menge von Prozeduren und Funktionen, die alle separat übersetzt werden können. Innerhalb von Prozeduren oder Funktionen können keine neuen vereinbart werden, und alle deklarierten Variablen sind lokal (↑ lokale Variable). Um aber trotzdem Informationen zwischen Prozeduren auszutauschen, bietet FORTRAN neben Prozedurparametern so genannte „COMMON"-Blöcke an: Steht in einer Prozedur die Deklaration

```
COMMON/BLK/A,B,C(20)
```

so wird ein Speicherbereich deklariert, der die (lokalen) Variablen A, B und das aus 20 Komponenten bestehende Feld C enthält. Dieser Bereich ist aber unter dem Namen „BLK" global zugreifbar, d. h., in einer anderen Prozedur kann durch die identische „COMMON"-Deklaration auf diesen Speicherbereich zugegriffen werden. Wird in einer anderen Prozedur dagegen die Deklaration

```
COMMON/BLK/E(3,5),F(7)
```

angegeben, so kann auch auf diesen Speicherbereich zugegriffen werden, jedoch sind die Daten in dem Bereich anders strukturiert (in Form eines zwei- und eines eindimensionalen Feldes).

Die Freiheiten von FORTRAN, Speicherbereiche gemeinsam, aber unterschiedlich strukturiert zu nutzen („EQUIVALENCE" und „COMMON") und Variablen implizit zu deklarieren, verlangen ein hohes Maß an Disziplin vom Programmierer. Aber durch die einfache Struktur von FORTRAN-Programmen sind diese auf herkömmlichen Computern in schnell ausführbare ↑ Zielprogramme übersetzbar, weshalb FORTRAN in Bereichen, wo große numerische Datenmengen zu verarbeiten sind, eine starke Verbreitung gefunden hat. Auch existieren mittlerweile auf

FORTRAN-Basis viele Programmpakete im naturwissenschaftlich-technischen Bereich, die benutzungsfreundliche Schnittstellen besitzen, sodass die meisten Anwender nicht mehr in FORTRAN programmieren müssen.

Fragmentierung: ungeordnete Zergliederung eines Speichers in Bereiche, die von Programmen oder Daten belegt oder nicht belegt sind. Zur Fragmentierung kommt es vor allem bei der Verwendung dynamischer ↑ Datenstrukturen, wenn während des Programmlaufs fortwährend Datenobjekte erzeugt und gelöscht werden. Zur Kontrolle und Verwaltung belegter und unbelegter Bereiche des Speichers siehe ↑ Freispeicherverwaltung.

Freispeicherverwaltung: Die Kontrolle und Verwaltung von mit Programmen oder Daten belegten und unbelegten Bereichen des ↑Speichers ist Aufgabe der Freispeicherverwaltung; diese ist ein Teil des ↑ Betriebssystems. Bei der Verwendung dynamischer ↑ Datenstrukturen (z. B. Bäume und Listen) und in der ↑objektorientierten Programmierung kommt es während des Programmlaufs zu häufigem Löschen und Erzeugen von Datenobjekten. Beim Löschen wird ein zusammenhängender Speicherblock von der Größe des gelöschten Objekts frei, zum Erzeugen eines Objekts muss ein freier zusammenhängender Bereich von mindestens der Größe des Objekts bereitgestellt werden. Man betrachte eine einfache Speicherstruktur (Abb. 1).

0	1	0	1	0	1	1	0
g_1	g_2	g_3	g_4	g_5	g_6	g_7	g_8

Freispeicherverwaltung (Abb. 1): Schema einer Speicherstruktur

0 kennzeichnet einen Speicherblock als frei, 1 als belegt. g_i gibt die Länge des zugehörigen Blocks an.

Die Freispeicherverwaltung verfügt über eine ↑ lineare Liste, in der die freien Blöcke verkettet sind (*Freispeicherliste,* Abb. 2). Frei werdende Blöcke werden in diese Liste eingehängt (z. B. an das Ende angefügt oder innerhalb der Liste einsortiert); benötigter Speicherplatz wird bereitgestellt, indem ein Block genügender Größe aus der Liste entfernt wird. Liegen freie Blöcke im Speicher nebeneinander, so muss dies erkannt und die Blöcke zu einem Block verschmolzen werden.

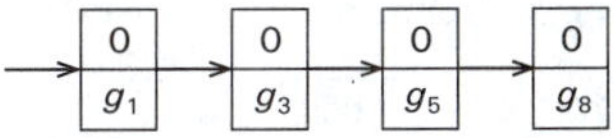

Freispeicherverwaltung (Abb. 2): lineare Liste der freien Blöcke

Fordert ein Programm g Speicherplätze zur Erzeugung eines Objekts an, so gibt es im Allgemeinen mehrere freie Blöcke mit $g \leq g_i$.

Für die Zuweisung eines geeigneten freien Bereichs an das Programm kommen verschiedene Algorithmen infrage:

First-fit-Algorithmus (dt. „der erste Block, der passt"): Das Programm erhält den ersten Block in der Liste zugewiesen, für den $g \leq g_i$ gilt.

Best-fit-Algorithmus (dt. „der Block, der am besten passt"): Die Liste der freien Blöcke sollte für diesen Fall nach deren Länge sortiert sein. Das Programm erhält den Block kleinster Größe zugewiesen, für den $g \leq g_i$ gilt.

In beiden Fällen wird dem Programm natürlich nur der effektiv erforderliche Speicherbereich zugewiesen. Den unbelegten Rest der Länge $g_i - g$ belässt man in der Liste der freien Blöcke.

Für die Praxis eignet sich der First-fit-Algorithmus besser, da der Best-fit-Algorithmus die Bildung kleiner nutzloser freier Blöcke *(Fragmente)* fördert.

Wegen der ↑ Fragmentierung steht oft kein ausreichend großer freier Block zur Verfügung, obwohl alle freien Blöcke zusammen mehr als g Speicherplätze umfassen. In diesem Fall sind die belegten und freien Speicherbereiche so umzuordnen, dass die freien Blöcke im Speicher aufeinander folgen. Diesen Vorgang nennt man *Speicherbereinigung* oder *Kompaktifizieren,* im Amerikanischen *„garbage collection“* (Müllbeseitigung) genannt, weil hierbei zugleich nicht mehr benötigte Blöcke („Müll“) aufgesammelt und der Freispeicherliste zugeschlagen werden. Hierbei müssen zugleich fast alle Daten im Speicher verschoben werden.

► *Beispiel:* Gegeben sei die Speicherstruktur aus Abb. 3.

0	1	0	1	0	1	1	0
2	4	3	1	3	2	5	4
1	2	3	4	5	6	7	8

Freispeicherverwaltung (Abb. 3): Speicherstruktur mit Fragmenten

Die Anforderung eines Programms, einen 8 Speichereinheiten großen freien Block zu belegen, kann nicht erfüllt werden. Daher wird kompaktifiziert. Danach ergibt sich die Speicherverteilung in Abb. 4.

1	1	1	1	0
4	1	2	5	12
2	4	6	7	1, 3, 5, 8

Freispeicherverwaltung (Abb. 4): Speicherstruktur aus Abb. 3 nach der Speicherbereinigung

Jetzt kann die Anforderung von 8 Speicherplätzen erfüllt werden. In der Praxis kann man das Kompaktifizieren hinauszögern, indem man bei frei werdenden Blöcken sofort überprüft, ob sie mit benachbarten freien Blöcken verschmolzen werden können. ◄

Algorithmen zur Speicherbereinigung benötigen quadratischen Aufwand $O(n^2)$ (↑ Ordnung), wobei n die Zahl der Speicherplätze bezeichnet. Dies lässt sich stark beschleunigen, sofern für den Algorithmus selbst genügend Speicherplatz reserviert wurde. In der Praxis muss man daher frühzeitig den Speicher bereinigen. Die Speicherbereinigung kann auch parallel zu einem laufenden Programm erfolgen; man spricht dann von „garbage collection *on the fly*“.

Funktion *(Abbildung):*

(1) Eindeutige Zuordnung der Elemente einer Menge A zu den Elementen einer Menge B. Jedem Element von A darf höchstens ein Element von B zugeordnet sein, verschiedenen Elementen von A kann aber dasselbe Element von B zugeordnet sein. Ist f eine solche Zuordnung, so schreibt man

$$f\colon A \to B$$

und sagt: f ist eine Funktion von A nach B. A heißt *Urbildbereich.* Nicht jedem Element von A muss ein Element von B zugeordnet sein. Ist einem Element $a \in A$ kein Element $b \in B$ zugeordnet, so sagt man: f ist für a nicht definiert. Gibt es Elemente, für die f nicht definiert ist, so heißt f *partiell,* anderenfalls *total.* Die Menge derjenigen Elemente von A, für die f definiert ist, heißt *Definitionsmenge* oder *Definitionsbereich* und wird mit $D(f)$ bezeichnet. B ist der *Wertebereich* (die *Wertemenge*) oder *Bildbereich* (die *Bildmenge*) von f und wird mit $B(f)$ bezeichnet.

Ordnet die Funktion f dem Element $a \in A$ das Element $b \in B$ zu, so heißt b das *Bild von a unter der Funktion f,* und man schreibt

$$f\colon a \to b \text{ oder } f(a) = b.$$

Eine Funktion $f\colon A \to B$ ist *injektiv,* wenn verschiedene Elemente verschiedene Bilder haben, wenn also für $x_1 \neq x_2$ ($x_1, x_2 \in D(f) \subseteq A$) stets $f(x_1) \neq f(x_2)$ gilt. Eine Funktion $f\colon A \to B$ heißt *surjektiv,* wenn jedes Element von B als Bild vorkommt, wenn also zu jedem $b \in B$ ein $a \in A$ mit $f(a) = b$ existiert.

Eine totale Funktion $f\colon A \to B$ heißt *bijektiv (umkehrbar eindeutig),* wenn sie sowohl injektiv als auch surjektiv ist. In diesem Fall gibt es eine eindeutig bestimmte Funktion

$$f^{-1}\colon B \to A,$$

die durch

$$f^{-1}(b) = a \Leftrightarrow f(a) = b$$

für alle $b \in B$ definiert ist. f^{-1} heißt *Umkehrfunktion* von f oder *inverse Funktion* zu f.
In der Informatik beschäftigt man sich überwiegend mit Funktionen, zu denen es einen ↑Algorithmus gibt, der für ein Argument des Definitionsbereichs der Funktion in endlich vielen Schritten das zugehörige Bild erzeugt (sog. ↑berechenbare Funktionen). Setzt man den Algorithmus in ein ↑Programm einer Programmiersprache um, so sagt man: *Das Programm berechnet die Funktion.* Die Funktion, die einem Programm P zugeordnet ist, bezeichnet man mit f_P. Die Vorschrift, welche einen Programmtext P auf die Funktion f_P abbildet, ist ihrerseits eine Funktion

F: Menge aller Programmtexte
→ Menge der berechenbaren Funktionen

$$P \to f_P$$

F ist eine surjektive Funktion, denn zu jeder berechenbaren Funktion f gibt es nach Definition ein Programm P, das diese Funktion berechnet, für das also $f = f_P$ gilt. F ist aber nicht injektiv, denn zwei verschiedene Programme können die gleiche Funktion berechnen.

► *Beispiel:*
a) Das folgende Programm P' berechnet eine Funktion $f_{P'}$, deren Definitionsbereich die gesamte Menge $\mathbb{Z}$ ist.

```
P': var n,s: integer;
    read(n); s:=0;
    while n > 0 do
    begin
       s:=s+n;
       n:=n-1
    end;
    write(s).
```

Die von P' berechnete Funktion $f_{P'}$ lautet:

$$f_{P'}: \mathbb{Z} \to \mathbb{N}_0$$

$$f_{P'}(n) = \begin{cases} \sum_{i=0}^{n} i, & \text{falls } n \geq 0, \\ 0 & \text{sonst} \end{cases}$$

b) Das Programm P ist verschieden von dem Programm P', berechnet jedoch die gleiche Funktion wie P'.

```
P: var i,s,n: integer;
   read(n); s:=0;
   for i:= 1 to n do s:=s+i;
   write(s).
```

Es gilt also $f_{P'} = f_P$.
In den obigen Beispielen waren der Urbild- und der Bildbereich der Funktion stets Zahlenmengen. Im allgemeinen Fall bestehen der Urbild- und Bildbereich von berechenbaren Funktionen aus Wörtern über einem endlichen ↑Alphabet, z. B. über dem Alphabet

$$\{A, B, \ldots, Y, Z, 0, 1, \ldots, 8, 9\}.$$ ◄

(2) Die Bezeichnung *„Funktion"* verwendet man häufig auch synonym zu „Funktionsprozedur" (↑Prozedur).

Fuzzy-Menge [fʌzi] (engl. **fuzzy set = unscharfe Menge,** 1965 von *L. Zadeh* eingeführt): Verallgemeinerung des Mengenbegriffs mit dem Ziel, unscharfe Konzepte zu beschreiben. Hierbei wird mit exakten Werten gearbeitet, aber die Frage, ob ein Wert m (z. B. die Sichtweite m = 195 Meter) zu einem Begriff (z. B. „diesig") gehört oder nicht, bleibt der persönlichen Erfahrung oder allgemeinen Einschätzung überlassen und kann daher nur vage beantwortet werden. Menschen müssen beobachtete Werte dauernd „schwammig definierten" Begriffen zuordnen, da sie hieran ihre Handlungen orientieren (z. B.: „wenn es diesig ist, dann fahre langsam"). Fuzzy-Mengen werden deshalb dort eingesetzt, wo menschliches Wissen dargestellt und verarbeitet werden soll (↑Künstliche Intelligenz, ↑Softcomputing).
Im Alltag verwenden wir viele unscharfe Begriffe wie „groß", „weit entfernt", „preiswert", „kalt" oder „jung". Oft weiß man nicht, ob ein beobachteter Wert einem Begriff zuzuordnen ist oder nicht. Manche werden den Wert „1,80 Meter" für die Länge eines Menschen als „groß" einstufen, andere nicht; 7 °C werden viele, aber nicht alle als „kalt"

bezeichnen und fast alle werden einen 3 Jahre alten Menschen als „jung" ansehen. Die menschliche Begriffswelt ist voller „unscharfer Konzepte".
Eine Fuzzy-Menge F ordnet Werten (aus einer Menge Ω) einen „Grad der Zugehörigkeit" zu, mit der diese Werte zu dem Konzept F gehören oder nicht. Dieser Grad wird als eine Zahl aus dem reellen Intervall [0,1] von 0 bis 1 beschrieben: Wird einem Wert m die Zahl 0 zugeordnet, so gehört m sicher nicht zu dem Konzept F, wird m die Zahl 1 zugeordnet, so gehört m (fast) sicher zum Konzept F. Als Beispiel betrachte man Abb. 1. Dort ist der Begriff „groß" bzgl. der Länge von Menschen dargestellt. Betrachtet werden die ganzen Zahlen von 140 bis 240 (Länge in Zentimetern), also $\Omega = \{140, 141, 142, \ldots, 240\}$. Unterhalb von 150 cm wird man Menschen sicher nicht mehr als groß bezeichnen; oberhalb von 220 cm wird man häufig nicht mehr von „groß", sondern von „riesig" sprechen. Dagegen wollen wir Längen von 185 bis 205 cm auf jeden Fall als groß bezeichnen. In Abb. 1 wird der Wert 180 cm auf die Zahl 0,7 abgebildet; dies bedeutet: 180 cm kann man mit dem Grad 0,7 als groß ansehen.

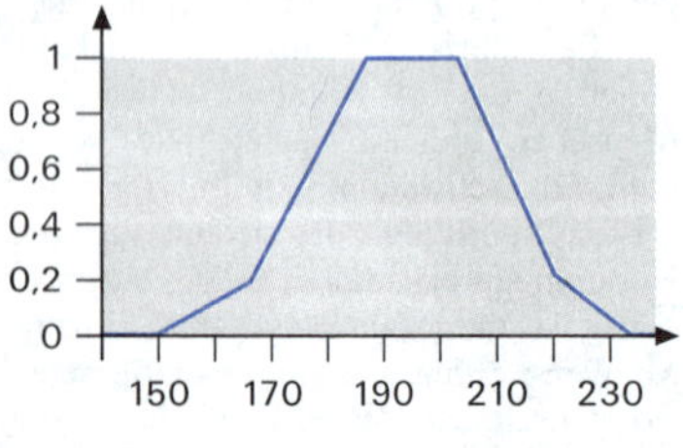

Fuzzy-Menge (Abb. 1): Das Konzept „groß" kann als Abbildung der Länge in das Intervall [0,1] dargestellt werden.

Wir finden also folgende Situation vor: Für exakte Werte aus einer Menge Ω (z. B. die Größenangabe in cm für die ganzen Zahlen von 140 bis 240) soll festgelegt werden, ob sie zu einem unscharfen Begriff F gehören. Dies geschieht durch eine Abbildung μ_F der gesamten Wertemenge Ω in das reelle Intervall [0,1]. Eine Fuzzy-Menge F (bzgl. Ω) ist definiert als Abbildung (sog. *Zugehörigkeitsfunktion,* engl. membership function)

$$\mu_F\colon \Omega \to [0, 1].$$

F heißt normiert, falls es mindestens ein Element $m \in \Omega$ mit $\mu_F(m) = 1$ gibt.
Jede Teilmenge von Ω ist insbesondere eine Fuzzy-Menge; hierzu definiere man für eine Teilmenge $M \subseteq \Omega$ folgende Zugehörigkeitsfunktion:

$$\mu_M(m) = \begin{cases} 1 & \text{für alle } m \in M \\ 0 & \text{für alle } m \in \Omega - M \end{cases}$$

d. h., als Zugehörigkeitsfunktion μ_M wird die ↑*charakteristische Funktion* der Menge M gewählt.
Die Menge aller Fuzzy-Mengen bzgl. Ω sei

$$\mathscr{F}(\Omega) = \{\mu | \mu : \Omega \to [0, 1]\}.$$

Auf $\mathscr{F}(\Omega)$ werden Verallgemeinerungen der entsprechenden Mengenoperationen Vereinigung, Durchschnitt, Komplement usw. definiert. Es seien F und G zwei Fuzzy-Mengen mit den Zugehörigkeitsfunktionen μ_F und μ_G, dann wird die Fuzzy-Menge $F \cup G$ definiert durch die Zugehörigkeitsfunktion

$$\mu_{F \cup G}(m) = \max\,\{\mu_F(m), \mu_G(m)\}$$
für alle $m \in \Omega$.

Man sagt auch, $\mu_{F \cup G}$ entsteht durch Vereinigung von μ_F mit μ_G, und schreibt $\mu_F \cup \mu_G := \mu_{F \cup G}$, wodurch die Vereinigung als Operation auf $\mathscr{F}(\Omega)$ festgelegt ist. In gleicher Weise definiert man den Durchschnitt $F \cap G$ durch

$$\mu_{F \cap G}(m) = \min\{\mu_F(m), \mu_G(m)\}$$
für alle $m \in \Omega$

und schreibt $\mu_F \cap \mu_G := \mu_{F \cap G}$. F heißt Teilmenge von G (im Sinne der Fuzzy-Mengen), wenn $\mu_F(m) \leq \mu_G(m)$ für alle $m \in \Omega$ gilt.
Das Komplement $\bar{F}$ von F erhält man durch

$$\mu_{\bar{F}}(m) = 1 - \mu_F(m) \text{ für alle } m \in \Omega$$

und man schreibt $\bar{\mu}_F := \mu_{\bar{F}}$.

Abb. 2 zeigt das Komplement von „groß" aus Abb. 1. Man beachte, dass $F \cap \bar{F}$ nicht die „leere Menge" ergibt, also die Menge, deren Zugehörigkeitsfunktion identisch null ist. Die Menge der Fuzzy-Mengen $\mathscr{F}(\Omega)$ bildet also keine ↑boolesche Algebra.

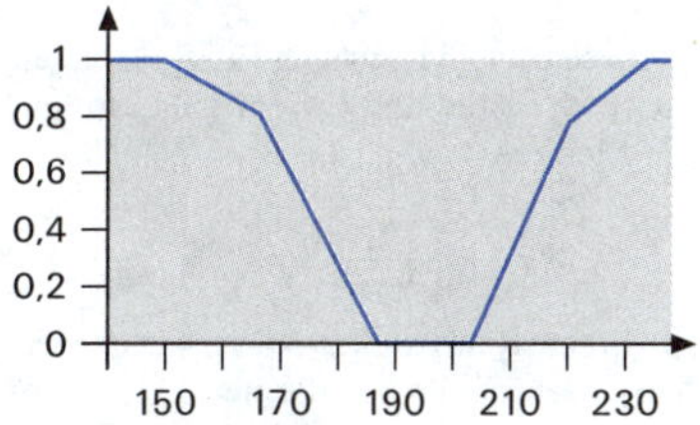

Fuzzy-Menge (Abb. 2): Die Fuzzy-Menge „nicht groß"; sie entsteht aus Abb. 1 durch Komplementbildung

Die Operationen verwendet man, um vorgegebene Aussagen zu einem Ergebnis zu verknüpfen.

▶ *Beispiel*: In Abb. 2 ist der Begriff „nicht groß" als Fuzzy-Menge dargestellt. In Abb. 3 wird die Aussage dargestellt, dass jemand etwa 170 cm groß ist, aber sicher nicht über 185 und sicher nicht unter 160 cm. Abb. 4 gibt dann die Fuzzy-Menge für die Aussage an, dass jemand „etwa 170 cm groß ist, aber sicher nicht über 185 und sicher nicht unter 160 cm, aber nicht groß" ist, die sich als Durchschnitt der Abbildungen 2 und 3 ergibt.

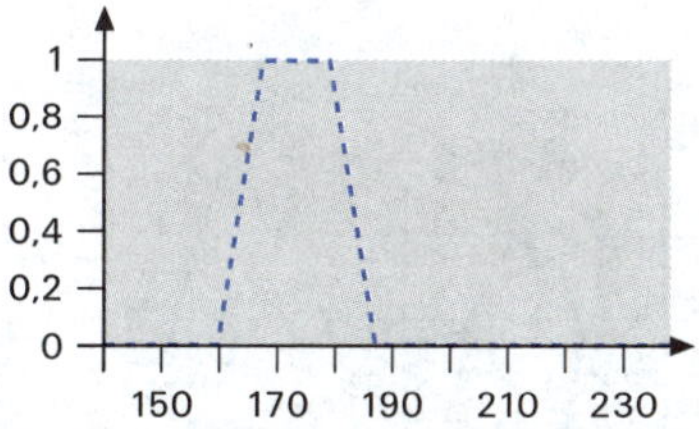

Fuzzy-Menge (Abb. 3): Die Fuzzy-Menge für „jemand ist etwa 170 cm groß, aber sicher nicht über 185 cm und sicher nicht unter 160 cm"

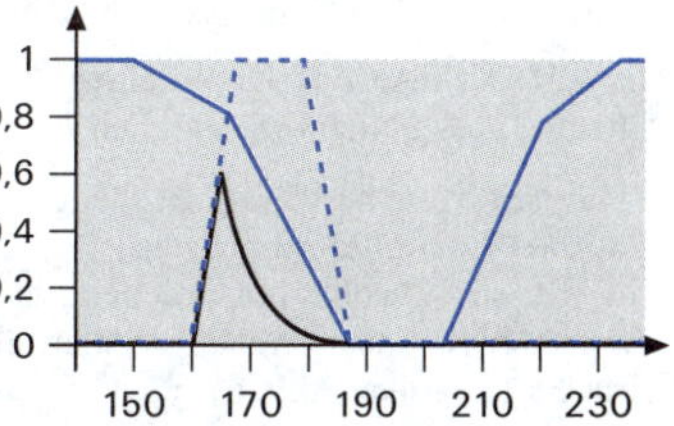

Fuzzy-Menge (Abb. 4): Die Fuzzy-Menge (schwarz) für „jemand ist etwa 170 cm groß, aber sicher nicht über 185 cm und sicher nicht unter 160 cm, aber er ist nicht groß". Blau ist die Fuzzy-Menge aus Abb. 2, gestrichelt blau die aus Abb. 3 eingetragen, um die Durchschnittsbildung zu veranschaulichen.

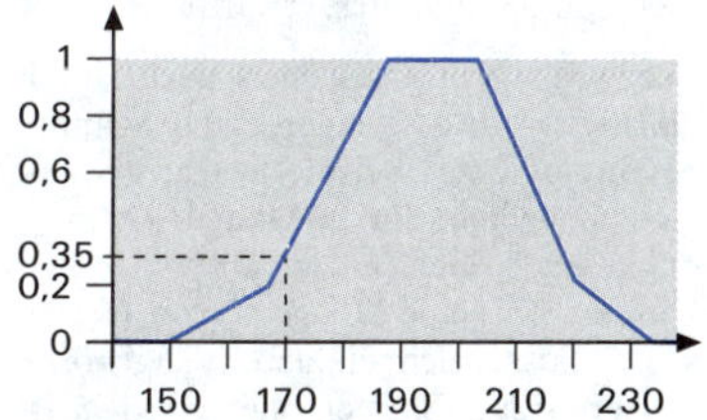

Fuzzy-Menge (Abb. 5): Möglichkeit, dass jemand höchstens 170 cm groß ist und zugleich als „groß" eingestuft wird ◀

Mit Fuzzy-Mengen kann man die Begriffe *„Möglichkeit"* (engl. *possibility*) und *„Notwendigkeit"* (engl. *necessity*) formalisieren. Wenn F eine Fuzzy-Menge bzgl. der Gesamtheit Ω ist, dann ist

$$\mathrm{Poss}_F\colon 2^\Omega \to [0,1]$$

die Abbildung, die jeder Menge $M \subseteq \Omega$ den größtmöglichen Grad der Zugehörigkeit eines $m \in M$ zu F zuordnet, d. h.

$$\mathrm{Poss}_F(M) = \sup\{\mu_F(m) | m \in M\}.$$

(sup bezeichnet das Supremum einer Menge, in allen endlichen Fällen kann man es durch das Maximum ersetzen; vgl. Duden Rechnen und Mathematik.) Umgekehrt ordnet $\mathrm{Nec}_F(M)$ den Grad der Notwendigkeit eines $m \in M$, zu F zu gehören, zu, also:

$$\mathrm{Nec}_F(M) = 1 - \mathrm{Poss}_F\,(\Omega\backslash M),$$

$\mathrm{Nec}_F(M)$ ist also das Komplement der Aussage, dass „Nicht-M" möglich ist.

▶ *Beispiel:* Man berechne die Möglichkeit, dass jemand, der höchstens 170 cm lang ist, als „groß" entsprechend der Fuzzy-Menge aus Abb. 1 eingestuft wird. Es gilt (siehe Abb. 5):

$$\mathrm{Poss}_F(\{140, 141, \ldots, 170\}) = \mu_F(170) = 0,35.$$

Die Notwendigkeit, dass jemand, der groß ist, höchstens 170 cm lang sein muss, beträgt

$$\mathrm{Nec}_F(\{140, 141, \ldots, 170\}) = 1 - \mathrm{Poss}_F(\{171, 172, \ldots, 240\}) = 0,$$

was man intuitiv auch erwartet. ◀

Fuzzy-Mengen lassen sich auch durch die Menge ihrer waagerechten Schnitte beschreiben. Als Beispiel betrachte man eine beliebige Fuzzy-Menge (Abb. 6, links) und eine Zahl p mit $0 \le p \le 1$. Durch p wird eine Menge C_p von Werten aus Ω ausgezeichnet, deren Zugehörigkeitsgrad zu F größer oder gleich p ist (Abb. 6, rechts):

$$C_p = \{m \in \Omega \,|\, \mu_F(m) \ge p\}.$$

C_p heißt *Schnittmenge* zum Schnittpunkt p oder kurz p-Schnitt.
Jede Fuzzy-Menge ist eindeutig durch die Menge aller p-Schnitte charakterisiert; denn es gilt für alle $m \in \Omega$:

$$\mu_F(m) = \sup\{p | m \in C_p\}.$$

(Wiederum wird das Supremum in der Definition verwendet, da das Maximum nicht für jedes p existieren muss).
In der Praxis ist die Menge der Zahlen, die als Bild von μ auftreten können, meist endlich, d. h.

$$\{\mu_F(m) | m \in \Omega\} = \{i_1, i_2, \ldots, i_r\} \subseteq [0, 1].$$

In diesem Fall lassen sich Fuzzy-Mengen durch ↑ Listen implementieren, indem die Mengen

$$C_{i_r}, C_{i_{r-1}}, \ldots, C_{i_1} \quad (\text{für } i_r > i_{r-1} > \ldots > i_1)$$

in dieser Reihenfolge so verkettet werden, dass immer nur die neu hinzukommenden Werte aus Ω an das nächste Listenelement gebunden werden.
Grundsätzlich dienen Fuzzy-Mengen der Zuordnung und Auswertung exakter Werte bezüglich nicht exakt definierter Konzepte. Vor allem kann man hiermit ungenaues Wissen und Vermutungen beschreiben. Fuzzy-Mengen setzt man oft dort ein, wo Schlussfolgerungen zu ziehen sind, wie sie von Menschen getroffen werden könnten. Wenn z. B. ein Hotel Zimmer mit unterschiedlich langen Betten besitzt, so muss für die Rezeption eine Regel der Art „wenn ein Gast groß ist, so benötigt er ein Zimmer mit längerem Bett" gelten. Man kann nun auf der Basis der Fuzzy-Mengen einen Kalkül definieren, in dem solche Regeln und andere Aussagen formuliert und ausgewertet sowie notwendige und mögliche Schlüsse ge-

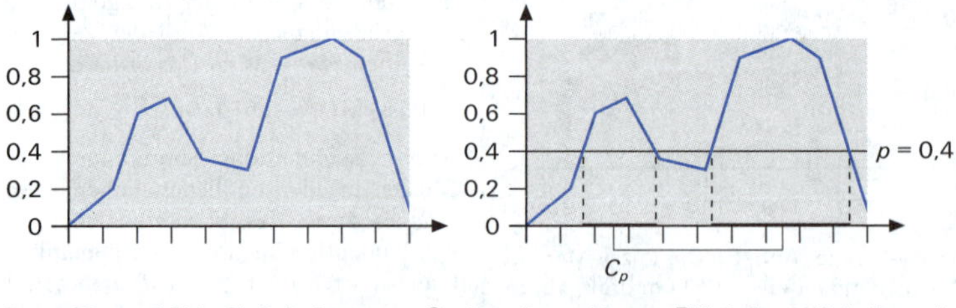

Fuzzy-Menge (Abb. 6): Schnittmenge C_p einer Fuzzy-Menge F (links) zum Schnittpunkt $p = 0,4$

zogen werden können. Auf diese sog. *Fuzzy-Logik* gehen wir nicht näher ein, obwohl sie für die Wissensverarbeitung von Nutzen ist. Es ist schwierig sie in der Praxis effizient zu implementieren.
Anwendungsbeispiele liegen in der Linguistik und in Steuerungsverfahren, wo sog. *Fuzzy-Controller* z. B. zur Steuerung von Fahrzeugen eingesetzt werden. Hierbei werden konkrete Eingangsgrößen intern Fuzzy-Mengen zugeordnet, die hierauf Aussagen wie „Ist die Temperatur zu hoch, dann öffne das Fenster etwas weiter“ anwenden und dann entsprechende Ausgangsgrößen ermitteln.

G

Gatter *(Schaltglied, Verknüpfungsglied):* Kleinstes unteilbares Schaltelement zur Verarbeitung ↑binärer Signale. Wichtige Gatter sind *UND-Gatter, ODER-Gatter, NOT-Gatter, NAND-Gatter* und *NOR-Gatter.*

Generizität: Parametrisierung von Datentypen, Klassen, Modulen, Schemata, Prozeduren usw., wobei als Parameter in der Regel Datentypen, in manchen Sprachen aber auch Algorithmen (in Form von Prozeduren) oder Modulen verwendet werden dürfen. Deklariert man beispielsweise eine Liste (↑ lineare Liste), so muss man in den meisten Programmiersprachen den Datentyp, der in den Listenelementen zugelassen ist, zuvor angeben, obwohl die Listenoperationen wie „einfügen“, „löschen“ usw. hiervon unabhängig sind. Man möchte daher die Liste gerne als

```
type Liste(T) = list of T
```

vereinbaren, ohne den Datentyp T näher zu spezifizieren. Eine solche Deklaration heißt *generisch,* weil hieraus später eine konkrete Liste über Zahlen oder Wörtern „generiert“ werden kann, d. h., in anderen Programmeinheiten wird dann eine Liste von ganzen Zahlen als

```
type ganzzahlliste = Liste(integer)
```

oder eine Liste von Wörtern (= Listen aus Zeichen, denn ein Wort ist selbst eine Liste aus Zeichen) als

```
type wörterliste = Liste(Liste(char))
```

deklariert.

Auch einen Sortieralgorithmus kann man generisch definieren: Man setzt in der Prozedur von dem Datentyp der Elemente nur voraus, dass er eine Ordnungsrelation "≤" besitzt, und dies reicht aus, um das Sortierverfahren zu beschreiben. Stellt man zusätzliche Anforderungen an den Parameter, so nennt man die Programmeinheit auch *beschränkt generisch.*
Generizität ist in Programmiersprachen wie ↑Ada, C++ oder Haskell erlaubt.

Genetischer Algorithmus: Algorithmus, der Strategien aus der Evolutionstheorie verwendet, um zu einem Problem eine möglichst gute Lösung zu finden. Das Verfahren zählt zum ↑ Softcomputing. Bei dieser ↑ Heuristik muss man die Lösungen eines Problems als „Individuen“, aufgebaut aus einer Folge oder Menge von diskreten Bausteinen *(„Gene“),* formulieren; eine Menge solcher Individuen, eventuell erweitert um zusätzliche Attribute, heißt „Population“. Ausgehend von irgendeiner Anfangspopulation erzeugt man durch „biologische Vererbungsmechanismen“ neue Individuen, bewertet diese mithilfe einer vorgegebenen Bewertungsfunktion μ und lässt gewisse Individuen „überleben“. Durch Wiederholung entsteht dann eine Folge von Populationen, in denen man hofft, eine besonders gute Lösung für das vorgegebene Problem zu entdecken. Statt „Bewertungsfunktion“ sagt man auch *„Fitnessfunktion“,* statt „Individuum“ manchmal auch *„Chromosom“.*

Als Vererbungsmechanismen verwendet man zumeist Kombinationen folgender Strategien:
- *Reproduktion:* Ein Individuum wird unverändert an die nächste Population vererbt.
- *Mutation:* Jedes Gen eines Individuums wird mit einer (geringen) Wahrscheinlichkeit bei der Vererbung zufällig abgeändert.
- *Crossover:* Auswahl und Teilen zweier Individuen und Vererbung des über

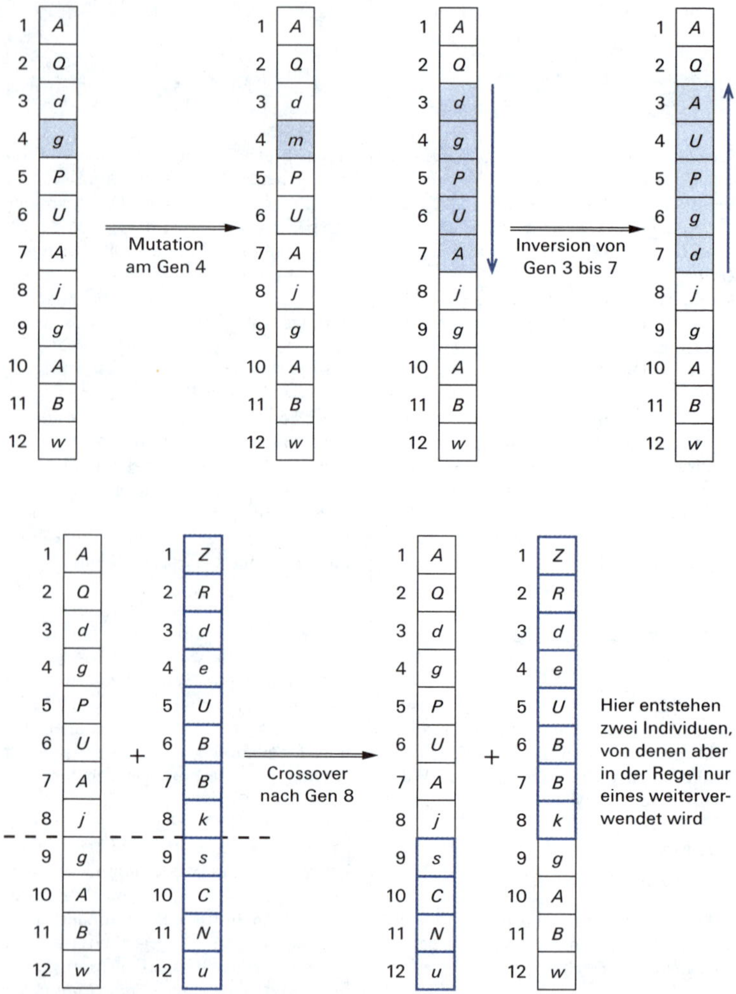

Genetischer Algorithmus (Abb. 1a): Illustration der genetischen Grundoperationen Mutation, Inversion und Crossover

Kreuz erzeugten Individuums. Hierbei muss man darauf achten, dass die Ergebnisse der Neukombination wieder „gültige" Individuen sind.
- *Inversion:* Umdrehen eines Teilstücks eines Individuums und Vererbung an die nächste Population.
- *Blockung:* Zusammenfassen bestimmter Gene zu einer Einheit, deren Teile bei der weiteren Vererbung bei einer Inversion oder einem Crossover nicht mehr getrennt werden dürfen.
- *Entblockung:* Aufhebung einer Blockung.
- *Selektion:* Auswahl gewisser Individuen, meist entsprechend ihrer Bewertungsfunktion.

In Abb. 1 werden diese Grundoperationen am Beispiel von Individuen, die aus 12 Genen bestehen, demonstriert. Der genetische Grundalgorithmus, der eine Population in eine andere überführt, ist in Abb. 2 ausformuliert. Zu dessen Realisierung müssen Zufallszahlen, der Test auf gleiche Teilwörter und eventuell Wahrscheinlichkeitsverteilungen als Funktionen vorhanden sein.

Durch dieses Verfahren werden
- stets die bisher besten oder zumindest doch relativ gute Individuen weitergereicht,
- sowohl kleine als auch große Veränderungen in Individuen vorgenommen,
- stets genügend viele Individuen vorrätig gehalten, aus denen sich durch Neukombination völlig neue Lösungen erhalten lassen (große Sprünge im Lösungsraum sind jetzt möglich).

Abb. 3 zeigt, wie eine Population aus 8 Individuen mit je 12 Genen in eine andere gleich große Population überführt wird, indem eine Reproduktion, 2 Mutationen, 3 Crossover und 2 Selektionen erfolgen.

Beim „Überleben" achte man darauf, nicht nur die jeweils am besten angepassten Exemplare, sondern zu einem gewissen Prozentsatz auch „schlechte" Individuen in die nächste Population zu übernehmen, da das Verfahren sonst zu rasch auf lokale Optimierungen zuläuft.

In der Praxis hat sich gezeigt, dass für viele Fälle Reproduktion, Mutation, Crossover und Selektion ausreichen, wo-

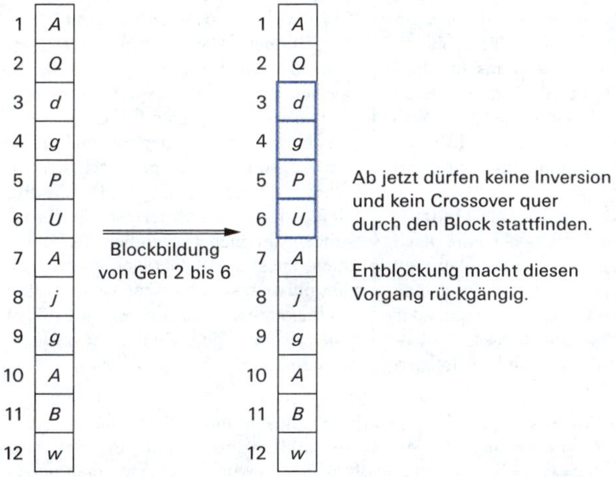

Genetischer Algorithmus (Abb. 1b): Illustration der genetischen Grundoperation Blockung

```
Lies eine Zahl m (= Zahl der Iterationen);
lies eine Zahl n (= Größe der Population);
lies positive Zahlen a, b, c, d, e, f, g (mit a + b + c + d + e ≥ n);
lege eine Menge X aus n Individuen nach irgendeinem Verfahren an;
for i = 1 to m do
begin Y := Ø;
   füge a verschiedene zufällig ausgewählte Elemente von X zu Y;
   erzeuge zufällig b Individuen aus Elementen von X mittels Mutation und füge sie
   zu Y hinzu;
   erzeuge zufällig c Individuen aus Elementen von X mittels Inversion und füge sie zu
   Y hinzu;
   erzeuge d Individuen aus d zufällig gewählten Paaren von Elementen von X mittels
   Crossover und füge sie zu Y hinzu;
   bewerte die Individuen von X mittels der Bewertungsfunktion μ und füge die e
   bestbewerteten Elemente von X zu Y hinzu;
   teste, welche linearen Teilstücke in vielen bezüglich μ gut bewerteten Individuen
   gemeinsam enthalten sind, und blocke diese Teilstücke in bis zu f Elementen von
   Y;
   entblocke einen Block in bis zu g Elementen von Y;
   entferne nach einem vorgegebenen Verfahren so viele Elemente aus Y, bis nur
   noch n übrig bleiben;
X := Y
end;
gib die bezüglich μ besten Individuen von X aus.
```

Genetischer Algorithmus (Abb. 2): ein möglicher genetischer Grundalgorithmus

bei die zugehörigen Parameter *a, b, d* und *e* sehr sorgfältig aufeinander abgestimmt werden müssen. Meist sollte *d* mindestens zehnmal größer sein als *b*, und *a* sollte gegenüber *e* nicht zu klein gewählt werden. Man kann für Problemklassen die Parameter an typischen Beispielen „eichen". Bei Problemen, deren gute Lösungen sich meist aus guten Teillösungen zusammensetzen, wird die Blockung rasch zu brauchbaren Lösungen führen.

In der Regel fügt man lokale Optimierungen in jedem Durchgang oder nach einer bestimmten Zahl von Populationen an; hierbei testet man z. B., ob durch eine feste Veränderung jedes Gens oder durch Vertauschungen bessere Individuen bzgl. μ entstehen. Solche lokalen Optimierungen benötigen meist weniger als $O(n^2)$ (↑Ordnung) Schritte und können daher meist noch vom Algorithmus „verkraftet" werden.

Es gibt viele Varianten der genetischen Algorithmen. Alle beruhen auf der Hoffnung oder der Erfahrung, dass sie für spezielle Probleme besonders rasch zu brauchbaren Lösungen führen.

An einem sehr einfachen Beispiel soll die Wirkungsweise eines genetischen Algorithmus gezeigt werden. Praktische Probleme sind viel schwieriger, da die Lösungen möglichst geeignet als Individuen, meist als 0-1-Folgen codiert werden müssen, wobei bisher kaum Techniken bekannt sind, wie zu einem Problem eine möglichst gute Codierung gefunden werden kann.

Genetischer Algorithmus (Abb. 3): beispielartige Überführung einer Population *X* in eine Population *Y* mit einer (nicht näher definierten) Bewertungsfunktion μ und Parametern $a = 1$, $b = 2$, $c = 0$, $d = 3$, $e = 2$. Auf die Blockbildung wurde nicht eingegangen; sie könnte in diesem Beispiel zu einer Blockung der Gene 5 bis 8 in Individuen, deren Gene an diesen Stellen die Werte *P, U, A, j* zeigen, führen.

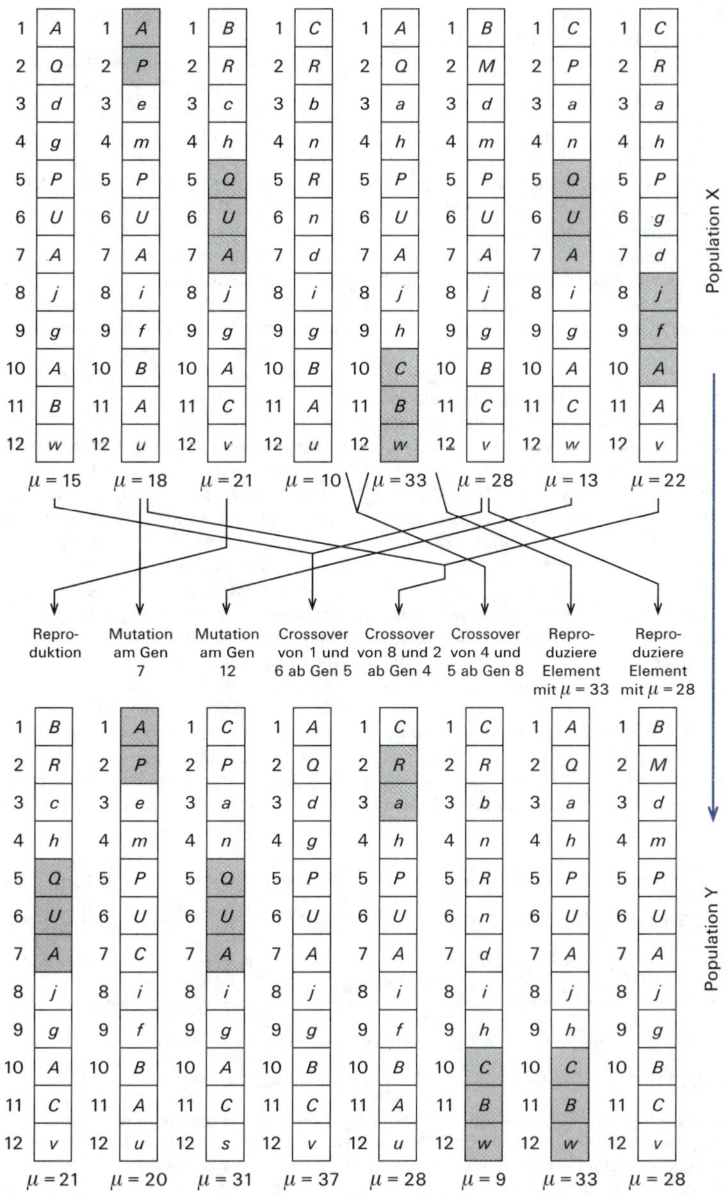
Population X
μ = 15
μ = 18
μ = 21
μ = 10
μ = 33
μ = 28
μ = 13
μ = 22
Repro-duktion
Mutation am Gen 7
Mutation am Gen 12
Crossover von 1 und 6 ab Gen 5
Crossover von 8 und 2 ab Gen 4
Crossover von 4 und 5 ab Gen 8
Repro-duziere Element mit μ = 33
Repro-duziere Element mit μ = 28
Population Y
μ = 21
μ = 20
μ = 31
μ = 37
μ = 28
μ = 9
μ = 33
μ = 28

▶ *Beispiel:* Durch einen genetischen Algorithmus sollen Werte $x, y, z \in \mathbb{Z}$ bestimmt werden, sodass die Bewertungsfunktion

$$\mu(x, y, z) = |x - y| + |y - z| + |z - x|$$

minimal wird. Offenbar ist dies gerade für $x = y = z$ der Fall. Als Individuen für die Populationen wählt man die Tripel (x, y, z), genau dieser Fall einer direkten Codierung ist bei praktischen Problemen äußerst selten.
Man startet mit einer Population von 5 zufällig gewählten Individuen:

$$(-7, 3, 6), (1, 4, -2), (3, -2, 6),$$
$$(1, 2, 5), (-3, 2, 1).$$

Diese Population kann sich nun evolutionär entwickeln. Hierbei wählen wir als Vererbungsmechanismen nur Mutation, Crossover und Selektion.
Die Zeugung eines neuen Individuums mittels Crossover verläuft hier folgendermaßen: Man bestimmt zufällig zwei Individuen A und B. Anschließend wählt man (ebenfalls zufällig) eine Crossover-Zahl $\gamma \in \{1,2\}$. Die Gene des neuen Individuums seien dann die ersten γ-Komponenten des Individuums A und die letzten 3-γ-Komponenten des Individuums von B. Mutationen werden hier wie folgt gebildet: Eine zufällig gewählte Komponente kann sich bei der Übertragung um 1 vergrößern oder vermindern. Zur Selektion: Wenn es mehrere Individuen mit gleichem μ-Wert gibt, so wird unter diesen zufällig die benötigte Anzahl ausgewählt.
In Abb. 4 sind die ersten drei Evolutionsschritte aufgelistet. Der blaue hintere Index zeigt den Wert der Bewertungsfunktion μ für das zugehörige Individuum an. Mutationen sind fett gedruckt; beim Crossover ist angegeben, welches Individuum A und welches B ist und wie der Wert von γ jeweils lautet. Man erkennt, dass immer mehr Individuen mit immer kleinerem μ-Wert entstehen. Nach einigen weiteren Schritten wird es vermutlich bereits Individuen geben, die das Minimum der Bewertungsfunktion erreichen, bei denen also alle drei Komponenten gleich sind. ◀

genetisches Programmieren (engl. *genetic programming*): in den 1960er-Jahren begonnene Methode des ↑Softcomputing, um zu Problembeschreibungen Lösungsverfahren in Form von Programmen automatisch zu erzeugen. Das Vorgehen entspricht dem von ↑evolutionären Algorithmen: Man stellt Programme durch einen Baum dar, z. B. durch den Ableitungsbaum des Programms aus der Grammatik der Programmiersprache (siehe Abb. 2 unter ↑Übersetzer) oder durch einen ↑Baum, der einen Ausdruck beschreibt (etwa wenn man als Sprache LISP verwendet). Als Bewertungsfunktion kann man irgendeinen

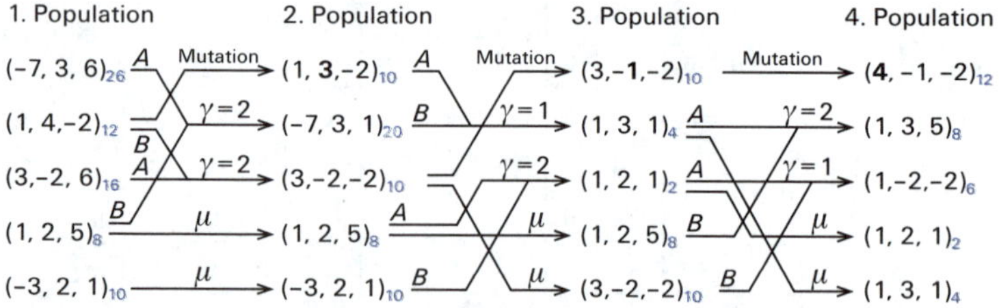

Genetischer Algorithmus (Abb. 4): Entwicklung der ersten Population über drei Schritte. Im Durchschnitt sinkt der Wert der Auslesefunktion μ (blaue Zahlen), auch wenn er zwischenzeitlich wieder steigen kann. Im Gegensatz zu Abb. 3 müssen hier die Individuen, die die bzgl. μ *kleinsten* Werte besitzen, selektiert werden.

Abstand zwischen den erwarteten Ausgaben und den tatsächlichen Ausgaben des Programms bei Eingabe von problemspezifischen Werten wählen. Viele Programme fasst man dann zu einer Population zusammen, auf deren Elemente man die üblichen evolutionären Operatoren (↑Genetischer Algorithmus) anwendet, allerdings in modifizierter Form für die hier vorliegende Datenstruktur „Baum"; z. B. muss der Mutationsoperator sowohl Variablen und Werte in Zuweisungen als auch ganze Unterbäume verändern können. Geht die Länge des Programms, also die Anzahl der Knoten im Baum, wesentlich in die Bewertungsfunktion ein, so kann man verhindern, dass in den Populationen immer längere Programme auftreten.

Geoinformationssystem (Abk.: **GIS**): Informationssystem, das auf einer ↑Datenbank für dreidimensionale Daten basiert und zusätzliche Funktionen zum Suchen, zur grafischen Ausgabe, zur Zusammenführung von Umweltdaten, zum Darstellen von komprimierten oder spezifizierten Daten und Attributen usw. besitzt. Ein GIS hat diverse Schnittstellen zu anderen Datenbanken und dort in speziellen Datenformaten gespeicherten Informationen, z. B. zu Datenbanken des Katasteramts, zu Datenbanken privater Anbieter von elektronischen Straßenkarten oder zu Wetter- und Umweltdatenbanken. Geoinformationssysteme sind für Planungen und Entscheidungen in Behörden und Firmen von zentraler Bedeutung.

Geräteverwaltung: Computer und Großrechner in einem ↑ Rechnernetz können im Allgemeinen auf viele verschiedene EA-Geräte (EA = Ein-/Ausgabe) zugreifen, die sich in der Arbeitsgeschwindigkeit, der verwendeten Codierung der Daten, den erlaubten Operationen und den möglichen Fehlern unterscheiden. Die Organisation aller dieser gerätespezifischen Eigenschaften ist Aufgabe der Geräteverwaltung, die als Komponente des ↑Betriebssystems selbst aus einer Vielzahl verschiedener Teilkomponenten zusammengesetzt ist.

Struktur eines EA-Systems: Angenommen, alle externen Geräte sind direkt mit der ↑ Zentraleinheit verbunden. Wenn ein laufendes Programm eine Ausgabe drucken möchte, dann überträgt die Zentraleinheit diese Ausgabe zeichenweise an einen Drucker und wartet jeweils auf die Bestätigung, dass das Zeichen gedruckt worden ist. Da die Zentraleinheit etwa 1 000-mal schneller arbeitet als der Drucker, ist sie die meiste Zeit unbeschäftigt.

Rechenanlagen besitzen daher häufig mehrere Ein-/Ausgabeprozessoren (↑ Prozessor), so genannte *Kanäle,* die der Zentraleinheit die Bedienung der externen Geräte abnehmen. Jeder Kanal ist eine selbstständig arbeitende Rechenanlage, die mit der Zentraleinheit verbunden ist und von ihr mit Aufträgen versorgt wird (Abb. 1).

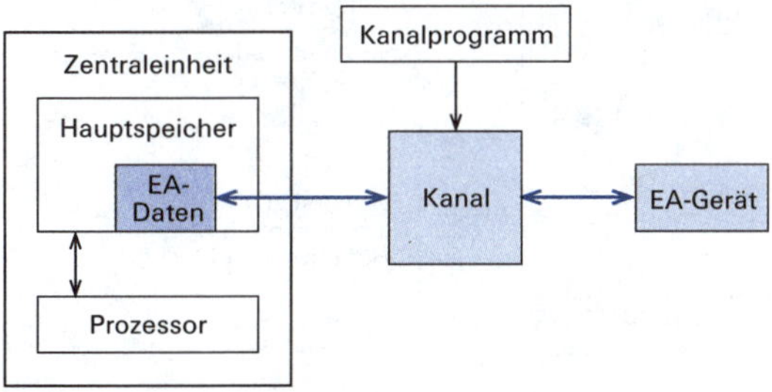

Geräteverwaltung (Abb. 1): Schema eines EA-Systems

Will ein Benutzerprogramm eine EA-Operation durchführen, so sendet die Zentraleinheit dem Kanal

- den Typ des Gerätes, auf dem die EA-Operation ausgeführt werden soll,
- die ↑Adresse eines Kanalprogramms,
- Anfangsadresse und Länge des Hauptspeicherbereichs, der die auszugebenden Daten enthält bzw. in den die einzulesenden Daten transportiert werden sollen.

Das *Kanalprogramm,* das in den Hauptspeicher des Kanals geladen und ausgeführt wird, erledigt folgende Aufgaben:

- Auswahl und Start eines geeigneten EA-Gerätes,
- Anpassung an den Code des EA-Gerätes; die Spezifikation des Codes und weitere Informationen enthält eine spezielle Datei, der *Gerätetreiber* oder kurz *Treiber,*
- Zugriff auf den Hauptspeicher der Zentraleinheit,
- Durchführung sonstiger Steuerfunktionen.

Mit der Übergabe des Auftrags an den Kanal arbeitet dieser völlig selbstständig und parallel zur Zentraleinheit. Da jedoch nicht beide Komponenten gleichzeitig auf den Hauptspeicher der Zentraleinheit zugreifen können, wird immer dann, wenn der Kanal zum Hauptspeicher zugreift, die Zentraleinheit um einen Speicherzyklus verzögert. Man sagt, der Zentraleinheit werden Speicherzyklen „gestohlen" (engl. *cycle stealing*). Dieses Problem kann teilweise durch ↑ Speicherverschränkung gelöst werden.

Den prinzipiellen Aufbau eines Kanals zeigt Abb. 2.

Das EA-Register (↑ Register) dient als Zwischenspeicher für zu übertragende Daten. Das Kontrollregister spezifiziert das angesprochene Gerät. Zusätzlich kann es Fehlerinformationen über den Kanal und das EA-Gerät enthalten. Das Adressregister enthält die Hauptspeicheradresse des nächsten zu übertragenden Datums. Im Längenzähler steht die Anzahl der noch zu übertragenden Daten. Erreicht diese den Wert 0, ist die EA-Operation beendet. Gleichzeitig wird das Kontrollregister mit einer entsprechenden Kontrollinformation belegt.

Es gibt zwei verschiedene Arten von Kanälen, *Multiplexkanäle* (↑Multiplexer) und *Selektorkanäle.* Multiplexkanäle versorgen gleichzeitig eine Gruppe von relativ langsamen Geräten. Von der Geräteseite her besteht jedoch der Eindruck, dass der Kanal nur das eine Gerät bedient. Selektorkanäle versorgen nur eines der angeschlossenen (meist schnellen) Geräte und bleiben während des ganzen EA-Vorgangs exklusiv mit dem Gerät verbunden. Zwischen Kanal und Gerät befinden sich noch sog. *Gerätesteuerungen,* die die Befehle des Kanals

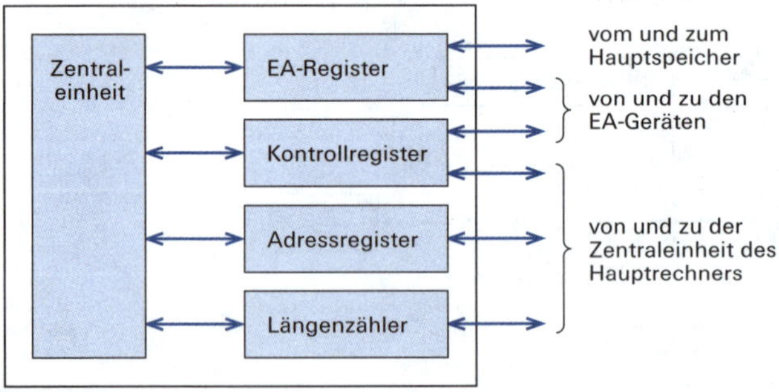

Geräteverwaltung (Abb. 2): prinzipieller Aufbau eines Kanals

in Steuersignale, z. B. zum Starten eines Motors oder zum Schalten eines ↑Relais, umsetzen. Je nach Gerät können auch mehrere Geräte von einer Gerätesteuerung versorgt und verwaltet werden.
Abb. 3 zeigt die Gesamtstruktur der Geräteverwaltung.

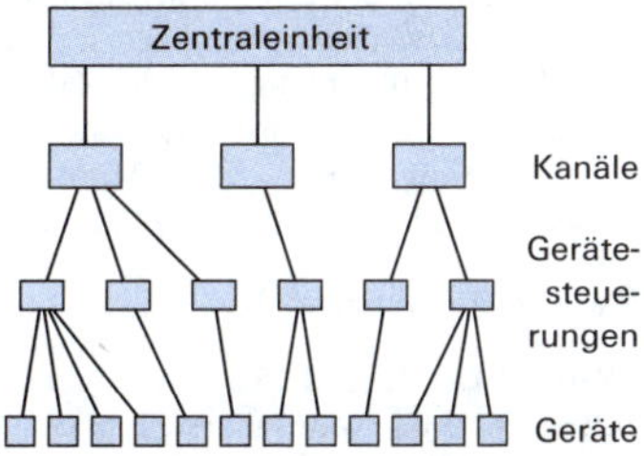

Geräteverwaltung (Abb. 3): Gesamtstruktur der Geräteverwaltung

Pufferungstechniken: Die bisherigen Darstellungen gehen davon aus, dass mit jeder EA-Anforderung durch ein Benutzerprogramm der gesamte obige Ablauf, also Übertragung von Kontrollinformationen, Start des Kanalprogramms etc., durchlaufen wird. Stattdessen ist es vorteilhafter, mehrere EA-Vorgänge zusammenzufassen und EA-Operationen „auf Vorrat" durchzuführen. Dadurch entfallen viele zeitaufwendige Einzelkontakte zu den Geräten. Diese Technik nennt man *Pufferung*. Ausgabedaten eines Programms werden nicht direkt zum Gerät übertragen, sondern in einem Puffer, der Teil des Hauptspeichers ist, abgelegt. Ist der Puffer voll, werden die Daten en bloc zum Gerät gesendet. Die Eingabepufferung wird analog behandelt. Die Größe des Puffers entspricht im Allgemeinen der Größe physikalischer Datenblöcke des betreffenden Gerätes: beim Zeilendrucker eine Zeile, beim ↑Magnetplattenspeicher ein Sektor usw.

Spooling: In Rechenanlagen gibt es EA-Geräte, die von mehreren Programmen gemeinsam benutzt werden können (z. B. Magnetplattenspeicher) und solche, die zu einer Zeit nur von einem Programm benutzt werden dürfen (z. B. Drucker). Die exklusive Belegung z. B. des Druckers durch ein Programm zwingt daher andere Programme, die ebenfalls Druckausgaben erledigen möchten, zum Warten. Die Lösung dieses Problems führt zum *Spooling* (SPOOL, Abk. für engl. **s**imultaneous **p**eripheral **o**perations **o**n **l**ine), bei Personalcomputern spricht man auch vom „Drucken im Hintergrund", wenn hierbei ein eigener Prozess gestartet wird. Anstatt Ausgaben direkt zum nicht gemeinsam benutzbaren Ausgabegerät zu senden, werden sie zunächst auf einem Magnetplattenspeicher in einer Spoolausgabedatei gesammelt und nach Beendigung des Programms von einem speziellen Spoolprogramm, das Teil des Betriebssystems ist, ausgegeben. Mit Ein gaben wird analog verfahren: Sie werden in einer Spooleingabedatei gesammelt, aus der das Benutzerprogramm die Daten nach Bedarf abruft. In beiden Fällen ist für das Benutzerprogramm nicht zu unterscheiden, ob die Daten direkt vom bzw. zum EA-Gerät übertragen werden oder ob auf eine Spooldatei zugegriffen wird.

Gesellschaft für Informatik (abgekürzt **GI**): In allen Industrienationen und in vielen weiteren Ländern haben sich Informatiker in Vereinen zusammengeschlossen. In den USA geschah dies bereits 1947 (↑ACM). In Deutschland wurde am 16. 9. 1969 die Gesellschaft für Informatik als eingetragener, gemeinnütziger Verein mit dem Ziel gegründet, die Wissenschaft Informatik in Forschung, Ausbildung und Anwendung zu fördern. Die GI veranstaltet regionale und überregionale Seminare und Tagungen, unterstützt Veröffentlichungen, erarbeitet Stellungnahmen zu Themen der Informatik, unterrichtet die Öffentlichkeit über Fragen zur Informatik, arbeitet in Normenausschüssen mit und vertritt die Bundesrepublik Deutschland in der internationalen Vereinigung ↑IFIP. Der Verein wird von einem vierköpfigen Vorstand und einem Präsidium geleitet; in der Regel stammt der Präsident abwechselnd aus einer Hochschule und einem Wirtschaftsunternehmen. Die bisherigen Präsidenten waren Prof. Hotz (1969–71), Prof. Paul (1972–73), Prof. Gumin (1974–77), Prof. Brauer (1978–79), Prof. Hackl (1980–83), Prof. Krüger (1984–85), Prof. Krückeberg (1986–89), Prof. Schwärtzel (1990–91), Prof. Vollmar (1992–93), Prof. Glatthaar (1994–95), Prof. Stucky (1996–97), Prof. Barth (1998–99) und Prof. Mayr (seit 2000). Inhaltlich gliedert sich die GI in folgende 9 Fachbereiche

- FB 0: Grundlagen der Informatik
- FB 1: Künstliche Intelligenz
- FB 2: Softwaretechnologie und Informationssysteme
- FB 3: Technische Informatik und Architektur von Rechensystemen
- FB 4: Informationstechnik und technische Nutzung der Informatik
- FB 5: Informatik in der Wirtschaft
- FB 6: Informatik in Recht und öffentlicher Verwaltung
- FB 7: Ausbildung und Beruf
- FB 8: Informatik und Gesellschaft

In diesen Fachbereichen sind 38 Fachausschüsse, 76 Fachgruppen und 54 Arbeitskreise tätig, was einen Eindruck von der Breite der heutigen Informatik und den Aktivitäten der GI vermittelt. Anfang 2000 hatte die GI knapp 21 000 Mitglieder. Die Geschäftsstelle befindet sich in der Ahrstraße 45 in 53175 Bonn.

Gleitpunktdarstellung *(Gleitkommadarstellung,* engl. *floating [point] representation):* Methode zur näherungsweisen Darstellung von reellen Zahlen auf Rechenanlagen.

Bei der Gleitpunktdarstellung werden Zahlen z in der Form

$$z = m \cdot b^e \text{ mit } b, e \in \mathbb{Z}$$

dargestellt ($\mathbb{Z}$ = Menge der ganzen Zahlen). Die *Mantisse m* gibt den Zahlenwert an, der *Exponent e* charakterisiert die Größenordnung der Zahl. b heißt *Basis.* In der Praxis wählt man für b meist eine der Zahlen 2, 10 oder 16. Um die Zahl z eindeutig darzustellen, normalisiert *(Normalisierung)* man die Mantisse durch die Forderung

$$\frac{1}{b} \leq m < 1 \text{ für } m \neq 0.$$

▶ *Beispiel:* Die Zahl 12,25 besitzt folgende normalisierte Gleitpunktdarstellungen:

$b = 2$: $0.110001 \cdot 2^4$,

$b = 10$: $0.1225 \cdot 10^2$,

$b = 16$: $0.C4 \cdot 16^1$. ◀

Bei der Darstellung in einer Rechenanlage reserviert man einen festen Teil einer Folge von Speicherzellen für die Mantisse und den Rest für den Exponenten (den Wert von b braucht man nicht zu speichern, da alle Rechnungen mit der gleichen Basis ausgeführt werden). Verwendet man zur Speicherung einer Zahl 32 ↑Bit, dann kann man zum Beispiel die ersten 26 Bit für die Mantisse m und die letzten 6 Bit für den Exponenten e verwenden (Abb. 1).

Diese interne Rechnerdarstellung von Gleitpunktzahlen berücksichtigt noch keine negativen Zahlen und keine negativen Exponenten. Negative Zahlen stellt man durch das ↑Komplement der Mantisse m dar, sodass das links stehende Bit das Vorzeichen anzeigt (↑Komplement-

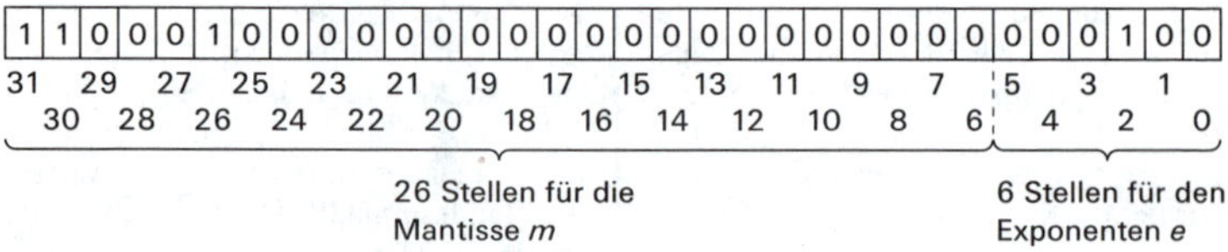

Gleitpunktdarstellung (Abb. 1): Speicherung der Zahl 12,25 in einer Speicherzelle mit 32 Bit (26 Bit für die Mantisse und 6 Bit für den Exponenten)

darstellung). Genauso kann man bei negativen Exponenten verfahren, jedoch ist es üblich, stattdessen vom gespeicherten Exponenten stets eine feste Zahl q abzuziehen. Steht im Exponententeil eine Zahl x, so wird diese als $x - q$ aufgefasst. In unserem Beispiel wählt man $q = 32$ und schreibt daher die Zahl 36 in den Exponententeil. Um das Vorzeichen bei der Mantisse zu berücksichtigen, bleibt das ganz links stehende Bit frei (Abb. 2).

Multiplikation und Division zweier Gleitpunktzahlen $z_1 = m_1 \cdot b^{e_1}$ und $z_2 = m_2 \cdot b^{e_2}$ werden realisiert durch

$$z_1 \cdot z_2 = m_1 \cdot m_2 \cdot b^{e_1 + e_2} \text{ und}$$

$$\frac{z_1}{z_2} = \frac{m_1}{m_2} \cdot b^{e_1 - e_2}.$$

Nach Ausführung der Operation muss normalisiert werden. Bei der Gleitpunktaddition von $z_1 = m_1 \cdot b^{e_1}$ und $z_2 = m_2 \cdot b^{e_2}$ ist zunächst eine Exponentenangleichung des kleineren an den größeren erforderlich. Sei $e_1 > e_2$. Durch Stellenverschiebung wandelt man z_2 um in

$$z_2^! = \frac{m_2}{b^{e_1 - e_2}} \cdot b^{e_1}$$

und addiert anschließend die Mantisse von z_1 und $z_2^!$, d. h.

$$\begin{aligned} z_1 + z_2 &= z_1 + z_2^! \\ &= m_1 \cdot b^{e_1} + \frac{m_2}{b^{e_1 - e_2}} \cdot b^{e_1} \\ &= \left(m_1 + \frac{m_2}{b^{e_1 - e_2}}\right) \cdot b^{e_1} \\ &= m \cdot b^{e_1} \end{aligned}$$

Die Summe $m \cdot b^{e_1}$ ist gegebenenfalls anschließend zu normalisieren. Die Subtraktion realisiert man durch Addition des Komplements, wobei nur die Mantisse zu komplementieren ist.

Im Rechner sind feste Genauigkeiten (↑Rechengenauigkeit) durch die Stellenzahl von Mantisse und Exponent vorgegeben. Dadurch kann es bei der Gleitpunktrechnung zu Rechenfehlern durch *Auslöschung* von Stellen (↑Rundung) kommen.

▶ *Beispiel:* Es sei $b = 10$ und die Mantisse sei auf 4 Stellen begrenzt. Dann erhält man

$$\begin{array}{rl} & 0.1000 \cdot 10^3 \\ + & 0.1000 \cdot 10^{-2} \\ \hline & 0.1000 \cdot 10^3 \end{array}$$

da beim Ausgleichen der Exponenten die zweite Zahl in $0.000 \cdot 10^3$ umgewandelt wird. ◀

Solche Fehler können das Ergebnis einer Rechnung stark verfälschen.

globale Variable: In einer Programmeinheit (z. B. ↑Modul, ↑Block, ↑Prozedur) wird eine ↑Variable als global bezeichnet, wenn sie außerhalb dieser Programmeinheit deklariert (↑Deklaration) worden ist und gleichzeitig innerhalb der Programmeinheit gültig ist (↑Gültigkeitsbereich).

▶ *Beispiel:*

```
begin
  var x,y: integer;
  . . .
  begin
    var z: integer;
    (*An dieser Stelle sind x und y glo-
      bale Variablen, z jedoch nicht *)
    . . .
  end
end;
```
◀

31	30	29	28	27	26	25	24	23	22	21	20	19	18	17	16	15	14	13	12	11	10	9	8	7	6	5	4	3	2	1	0
0	1	1	0	0	0	1	0	0	0	0	0	0	0	0	0	0	0	0	0	0	0	0	0	0	0	1	0	0	1	0	0

Vorzeichen der Mantisse (Bit 31) — Mantisse m, 25 Stellen (Bits 30–6) — Exponent e mit 6 Stellen (Bits 5–0)

Gleitpunktdarstellung (Abb. 2): Darstellung der Zahl 12,25 in einer Rechenanlage (negative Zahlen sind berücksichtigt)

Globale Variable sind meist für ↑Seiteneffekte und damit für schwer zu entdeckende Fehler verantwortlich; sie sollten daher in der Programmierung nur sehr sparsam verwendet werden. Bei Prozeduren sollten alle von außen benötigten Variablen als Parameter übergeben werden.

Gödelnummerierung oder Gödelabbildung (nach *K. Gödel*, 1906–1978): effektive Codierung von Wörtern und von ↑Funktionen durch natürliche Zahlen.

Eine Gödelabbildung (bezüglich eines ↑ Alphabets A) ist eine Abbildung $G: A^* \to \mathbb{N}_0$ mit folgenden Eigenschaften:

(1) Für alle $x_1, x_2 \in A^*$ mit $x_1 \neq x_2$ gilt $G(x_1) \neq G(x_2)$, d. h., G ist injektiv,

(2) es gibt einen Algorithmus, der $G(x)$ für jedes $x \in A^*$ in endlich vielen Schritten berechnet,

(3) für alle $n \in \mathbb{N}_0$ kann man in endlich vielen Schritten feststellen, ob es ein $x \in A^*$ mit $G(x) = n$ gibt oder nicht,

(4) ist $n = G(x)$, so kann man x in endlich vielen Schritten aus n ermitteln.

$G(x)$ heißt auch Gödelnummer des Wortes $x \in A^*$.

▶ *Beispiel:* Sei $A = \{a_1, \ldots, a_r\}$ ein Alphabet mit r Elementen. Ordnet man jedem Buchstaben a_i die Dualdarstellung (↑ Dualsystem) von i mit der Länge $[\log_2 r] + 1$ zu (Bezeichnung: bin(i)), so erhält man eine Gödelabbildung für die Wörter über A wie folgt: Für $w = b_1 b_2 \ldots b_k$ setzt man

$$G(w) = \text{bin}(b_1) \circ \text{bin}(b_2) \circ \ldots \circ \text{bin}(b_k)$$

(Dabei bedeutet „∘" die ↑ Konkatenation, nicht die Multiplikation). Sei z. B. $A = \{a, b, c\}$, bin(a) = 01, bin(b) = 10, bin(c) = 11. Dann ist

$$G(acbba) = 0111101001 = 489.$$ ◀

Programme sind ebenfalls Wörter über einem endlichen Alphabet. Jedem syntaktisch korrekten Programm P einer Programmiersprache kann man daher eine Gödelnummer $G(P)$ zuordnen. Auf diese Weise kann man Problemstellungen für Programme in Problemstellungen für natürliche Zahlen übertragen. Weiterhin kann man die zugehörigen berechenbaren Funktionen f_P (↑ Funktion) hierdurch mit einer Nummerierung versehen.

Mit diesem Verfahren lassen sich auch ↑Turingmaschinen codieren, da eine Turingmaschine im Wesentlichen durch die Angabe der Zustandsübergangsfunktion δ festgelegt wird. Dieses kann in Form einer endlichen Tabelle geschehen, die durch ein (endliches) Wort beschrieben wird. Auf diese Weise erhält man eine effektive Aufzählung aller berechenbaren Funktionen, woraus man leicht die Existenz ↑universeller Turingmaschinen folgert.

GOTO [engl. 'goʊtu:]: in (imperativen) Programmiersprachen verwendetes Sprachelement für einen unbedingten ↑Sprung.

GPS (Abk. für *global positioning system*, dt. globales Positionsbestimmungssystem): satellitengestütztes System, mit dessen Hilfe man den eigenen Standort auf der Erde auf wenige Meter genau ermitteln kann. Dies wird für Navigationssysteme, z. B. in Autos, Schiffen und Flugzeugen, seit einigen Jahren eingesetzt. GPS basiert auf 20 bis 30 Satelliten, die ständig so um die Erde kreisen, dass an jedem Punkt der Erde die Signale von mindestens 5 Satelliten empfangen werden können; welche Satelliten dies sind, ändert sich laufend. Jeder Satellit strahlt permanent eigene zeitabhängige Signale ab. Ein Empfänger kann hieraus den Namen des Satelliten und den Zeitpunkt, zu dem das Signal abgestrahlt wurde, entnehmen. Die Umlaufbahnen aller Satelliten sind exakt bekannt, sodass ein Mikroprozessor im Empfänger die genauen Positionen der Satelliten, von denen die Signale erhalten wurden, ausrechnen kann. Aus der Differenz zwischen der eigenen Zeit und dem Zeitpunkt, zu dem das Signal abgestrahlt wurde, kann der Empfänger nun die genaue Entfernung zu jedem der Satelliten berechnen. Da er deren Positionen im All zu den jeweiligen Zeitpunkten ebenfalls berechnen kann, ergibt sich seine eigene Position als der Schnittpunkt von 4 Kugeln, die man um die Satellitenpositionen mit den berechneten Entfernungen legt. Befindet sich der Empfänger auf der Erde, so kann man als vierte Kugel die Erdoberfläche verwenden, sodass dann drei Satelliten zur Ortsbestimmung ausreichen.

In der Praxis gibt es einige Probleme. Zum Beispiel müssen die Uhren aller Satelliten exakt synchronisiert sein, und in der Tat sind die Satelliten mit extrem genauen Atomuhren ausgestattet, wobei die jeweiligen Zeiten noch durch relativistische Effekte verfälscht sind. Der Empfänger verfügt jedoch nicht über diese Genauigkeit. Dieses Problem lässt sich prinzipiell durch Beobachtung eines fünften Satelliten gut lösen; dies gilt teilweise auch für Abschattungen und bei Reflexionen. Weiterhin hängt die Signalausbreitung von der Dichte des Mediums und damit von der Wettersituation und von dem Empfangswinkel ab. Die meisten Fehlerquellen lassen sich ausschalten, wenn es in der Nähe des Empfängers eine Bodenstation mit fester Position gibt, die den Messfehler, den sie zwischen ihrer eigenen Position und der aus den Satellitendaten berechneten Position feststellt, dauernd ausstrahlt, woraus die in der Nähe befindlichen mobilen Empfänger eine entsprechende Korrektur vornehmen können. Mit dieser Technik kann die Position auf wenige Zentimeter genau bestimmt werden.

Grammatik (engl. *grammar*): Damit sich zwei Menschen miteinander verständigen können, müssen sie eine gemeinsame ↑ Sprache sprechen. Sie müssen wissen, nach welchen Regeln die Sprache aufgebaut ist und was die einzelnen Zeichen (in der Schriftsprache) bzw. Laute (in der Sprechsprache) bedeuten. Die zulässige Form der Sätze einer Sprache nennt man ↑ Syntax, die Bedeutung der Sätze wird durch die ↑Semantik beschrieben. Zur Festlegung der Syntax einer Sprache verwendet man Grammatiken.

Eine Grammatik ist eine Menge von Regeln, die bestimmen, welche Sätze (= Folgen irgendwelcher Zeichen oder Laute) zur Sprache gehören und welche nicht. Für natürliche Sprachen (z. B. Deutsch, Englisch) ist eine präzise Festlegung der Syntax sehr aufwendig. Für den Umgang mit Computern hat man ↑Programmier-, Kommando- und Spezifikationssprachen entwickelt, deren Syntax durch Grammatiken festgelegt wird. Eine Grammatik für eine Sprache definiert man durch Angabe von vier Bestandteilen:

(1) *eine Menge von Terminalsymbolen.*
Terminalsymbole sind Zeichen oder Zeichenfolgen. Jeder Satz der Sprache ist eine Folge von Terminalsymbolen.

▶ *Beispiel:* Terminalsymbole der deutschen Sprache in diesem Sinne sind alle deutschen Wörter einschließlich der Modifikationen, die durch Deklination und Konjugation entstehen, also z. B.

Auto, der, die, das, Haus, laufen, schreiben, geschrieben, Duden, Textes, waren.

Terminalsymbole in der Programmiersprache ↑PASCAL sind u. a.

begin, end, :=, ; , integer, var, =. ◀

(2) *eine Menge von Nichtterminalsymbolen.*
Nichtterminalsymbole sind Zeichen oder Zeichenfolgen, die grammatikalische Konstrukte repräsentieren. Jedes Konstrukt lässt sich wieder in andere Konstrukte oder Terminalsymbole zerlegen.

▶ *Beispiel:* Nichtterminalsymbole der deutschen Sprache sind u. a.

Satz, Nebensatz, Subjekt, Prädikat, Objekt, Artikel.

Nichtterminalsymbole in der Programmiersprache PASCAL sind u. a.

Programm, Prozedurvereinbarung, Anweisung, Typdefinition. ◀

(3) *eine Menge von Grammatikregeln.*
Eine *Regel* legt fest, wie man aus bereits bekannten Konstrukten oder Sätzen neue Konstrukte oder Sätze erhält.

► *Beispiel:* Eine Regel der deutschen Sprache ist etwa

„Verbindet man zwei Sätze S und T durch die Zeichenfolge 'und', so erhält man wieder einen Satz.“,

z. B. ist für S = "das Auto ist rot" und T = "es regnet" auch "S und T" = "das Auto ist rot und es regnet" ein Satz.
Eine Regel in der Programmiersprache PASCAL lautet:

„Wenn S eine Anweisung und B eine Bedingung ist, so ist auch die Zeichenfolge "repeat S until B" eine Anweisung.“ ◄

Regeln schreibt man im Allgemeinen nicht wie oben umgangssprachlich, sondern in der folgenden exakten Form auf:

$$(X_1X_2 \ldots X_n, Y_1Y_2 \ldots Y_m)$$

oder

$$X_1X_2 \ldots X_n \to Y_1Y_2 \ldots Y_m.$$

$X_1, \ldots, X_n, Y_1, \ldots, Y_m$ sind dabei Terminal- oder Nichtterminalsymbole. Da Terminal- und Nichtterminalsymbole häufig aus den gleichen Alphabetzeichen bestehen, setzt man die Nichtterminalsymbole zur Unterscheidung von den Terminalsymbolen oft in spitze Klammern ⟨ ⟩.

► *Beispiel:*
Die obige Regel für die deutsche Sprache notiert man so:

(⟨Satz⟩, ⟨Satz⟩ und ⟨Satz⟩)

oder

⟨Satz⟩ → ⟨Satz⟩ und ⟨Satz⟩ ◄

(4) *ein Startsymbol oder Axiom.*
Das *Startsymbol* ist ein ausgewähltes Nichtterminalsymbol, gewissermaßen das allgemeinste Konstrukt der Sprache.

► *Beispiel:* In PASCAL ist das Nichtterminalsymbol ⟨Programm⟩ das Startsymbol. ◄

Grammatiken wurden in dieser Form im Jahre 1959 von dem amerikanischen Wissenschaftler *N. Chomsky* (*1928) eingeführt. Man spricht daher auch häufig von *Chomsky-Grammatiken.*

Eine (Chomsky-)Grammatik G definiert man formal als Viertupel $G = (N, T, P, S)$, für das gilt:
(1) N ist eine endliche, nichtleere Menge von Zeichen, den sog. *Nichtterminalsymbolen,*
(2) T ist eine endliche, nichtleere Menge von Zeichen oder Zeichenfolgen, den sog. *Terminalsymbolen.* N und T sind disjunkt, d. h., $N \cap T = \emptyset$,
(3) S ist ein Element von N und heißt *Startsymbol* oder *Axiom,*
(4) P ist eine endliche Menge von Paaren der Form (p,q) bzw. $p \to q$, wobei gilt: p und q sind Wörter (die Bezeichnung „Satz“ verwendet man nicht), die jeweils aus der Aneinanderreihung endlich vieler, nicht notwendig verschiedener Terminal- und Nichtterminalsymbole entstanden sind, d. h., $p,q \in (N \cup T)^*$. p muss mindestens ein Nichtterminalsymbol enthalten. P wird *Produktionssystem* oder *Regelsystem,* die Elemente von P werden *Produktionen, Produktionsregeln, Ersetzungsregeln* oder *Regeln* genannt.

► *Beispiele:*
(1) Die folgende Grammatik $G_1 = (N_1, T_1, P_1, S_1)$ definiert einen kleinen Auszug der deutschen Sprache.
Sei

N_1 = {⟨Satz⟩, ⟨Subjekt⟩, ⟨Prädikat⟩,
⟨Objekt⟩, ⟨Artikel⟩, ⟨Substantiv⟩},
T_1 = {die, Maus, Katze, jagt, beißt},
P_1 = {(⟨Satz⟩, ⟨Subjekt⟩ ⟨Prädikat⟩
⟨Objekt⟩),
(⟨Subjekt⟩, ⟨Artikel⟩ ⟨Substantiv⟩),
(⟨Objekt⟩, ⟨Artikel⟩ ⟨Substantiv⟩),
(⟨Prädikat⟩, jagt),
(⟨Prädikat⟩, beißt),
(⟨Artikel⟩, die),
(⟨Substantiv⟩, Maus),
(⟨Substantiv⟩, Katze)},
S_1 = ⟨Satz⟩.

Die erste Regel besagt beispielsweise, dass das Konstrukt ⟨Satz⟩ aus einem Subjekt, einem Prädikat und einem Objekt (in dieser Reihenfolge) besteht. Die beiden letzten Regeln definieren die Worte „Katze“ und „Maus“ als Substantive.

(2) Das folgende System ist eine Grammatik:

$$G_2 = (N_2, T_2, P_2, S_2)$$

mit

$$N_2 = \{S_2, A\},\ T_2 = \{a, b, c, d\},$$
$$P_2 = \{(S_2, aAbc), (A, aAb), (aAb, d)\}. ◀$$

Als Nächstes präzisieren wir, wie man aus einer Grammatik die syntaktisch korrekten Wörter gewinnt. Sei G eine Grammatik. Dann ist ein *Ableitungsschritt* von G wie folgt definiert: Sei x ein Wort, das aus Terminal- und Nichtterminalsymbolen von G gebildet ist, $x \in (N \cup T)^*$, und sei (p, q) eine Regel aus der Produktionsmenge von G, sodass p als Teilwort von x auftritt; x ist also darstellbar als $x = x'px''$ mit $x', x'' \in (N \cup T)^*$. Dann ist das Ergebnis der Anwendung von (p, q) auf x (im Kontext $x' \ldots x''$) das Wort y, das entsteht, indem man aus x das Teilwort p herausnimmt und an seine Stelle das Wort q einsetzt, d. h., $y = x'qx''$. Man schreibt dann

$$x \underset{(p,q)}{\longrightarrow} y \text{ oder } x \Rightarrow y$$

bzw. $x \rightarrow y$, wenn die konkrete Regel nicht interessiert, und sagt: x ist ableitbar nach y durch Anwendung der Regel (p, q). Auf ein Wort x_0 können mehrere Ableitungsschritte nacheinander angewendet werden, d. h., es gibt eine Folge von Wörtern $x_1, x_2, \ldots, x_n$, sodass gilt:

$$x_0 \rightarrow x_1, x_1 \rightarrow x_2, \ldots, x_{n-1} \rightarrow x_n (n \geq 0).$$

Man sagt in diesem Fall: x_0 ist *ableitbar* nach x_n bezüglich G, und schreibt

$$x_0 \underset{G}{\overset{*}{\longrightarrow}} x_n \text{ oder } x_0 \Rightarrow^* x_n.$$

Die Folge

$$x_0 \rightarrow x_1 \rightarrow x_2 \rightarrow \ldots \rightarrow x_{n-1} \rightarrow x_n$$

heißt *Ableitung* von x_0 nach x_n bezüglich G. Hiermit lässt sich nun jeder Grammatik $G = (N, T, P, S)$ eine (formale) Sprache zuordnen: Die *von G erzeugte Sprache* (Bezeichnung: $L(G)$) ist die Menge aller Wörter, die aus dem Startsymbol ableitbar sind und nur aus Terminalsymbolen bestehen. Also:

$$L(G) = \{w \in T^* | S \xrightarrow{*} w \text{ bezüglich } G\}.$$

▶ *Beispiele:*

(1) Sei G_1 die Grammatik aus obigem Beispiel. Das Wort (der Satz) „die Katze jagt die Maus" ist aus dem Startsymbol ⟨Satz⟩ ableitbar. Eine Ableitung hierfür ist z. B.

⟨Satz⟩ → ⟨Subjekt⟩ ⟨Prädikat⟩ ⟨Objekt⟩ →
⟨Artikel⟩ ⟨Substantiv⟩ ⟨Prädikat⟩ ⟨Objekt⟩ →
⟨Artikel⟩ Katze ⟨Prädikat⟩ ⟨Objekt⟩ →
⟨Artikel⟩ Katze jagt ⟨Objekt⟩ →
⟨Artikel⟩ Katze jagt ⟨Artikel⟩ ⟨Substantiv⟩ →
die Katze jagt ⟨Artikel⟩ ⟨Substantiv⟩ →
die Katze jagt die ⟨Substantiv⟩ →
die Katze jagt die Maus

Die durch G_1 erzeugte Sprache ist

$L(G_1)$ = {die Maus jagt die Katze,
die Maus jagt die Maus,
die Maus beißt die Katze,
die Maus beißt die Maus,
die Katze beißt die Maus,
die Katze beißt die Katze,
die Katze jagt die Maus,
die Katze jagt die Katze}

(2) Sei G_2 die Grammatik aus obigem Beispiel. Das Wort *daAbc* ist ableitbar nach *ddc* durch Anwendung der Regel (aAb, d), also: $daAbc \rightarrow ddc$.
$S \rightarrow aAbc \rightarrow aaAbbc \rightarrow adbc$ ist eine Ableitung von S nach *adbc* bezüglich G_2. Das Wort *adbc* ist also ein Wort aus der von G_2 erzeugten Sprache, denn *adbc* besteht nur aus Terminalsymbolen von G_2. Die von G_2 erzeugte Sprache besteht aus allen Wörtern w, die folgendermaßen aufgebaut sind:

$$w = \underbrace{aa\ldots a}_{n\text{-mal}}\ d\ \underbrace{bb\ldots b}_{n\text{-mal}}\ c \quad (n \geq 0).$$
◀

Grammatiken ordnet man, je nachdem, welche Form die Produktionsregeln haben, in verschiedene Klassen ein: Man unterscheidet ↑ kontextfreie Grammatiken, ↑ kontextsensitive Grammatiken,

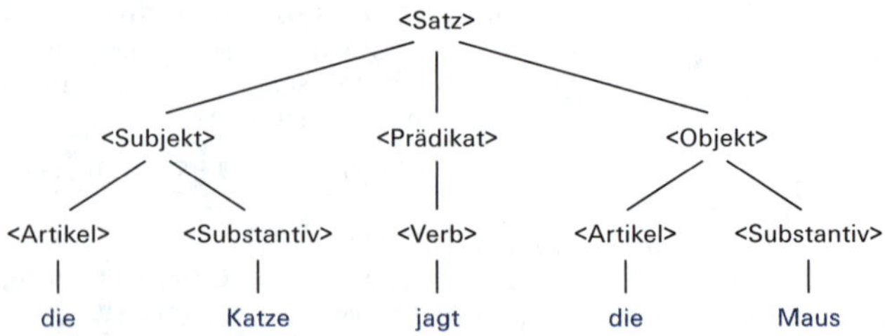

Grammatik (Abb. 1): Ableitungsbaum für die Ableitung des Satzes „die Katze jagt die Maus"

↑ lineare Grammatiken und ↑ reguläre Grammatiken.

Die wichtigste Klasse bilden die kontextfreien Grammatiken, die für die Definition der Syntax von Programmiersprachen überwiegend verwendet werden. Zur Darstellung von kontextfreien Grammatiken hat man eine Reihe von Formalismen entwickelt, von denen ↑ Syntaxdiagramme und die ↑Backus-Naur-Form die wichtigsten sind.

Zur grafischen Darstellung von Ableitungen bei kontextfreien Grammatiken verwendet man häufig ↑ Ableitungsbäume. Ein Ableitungsbaum ist ein geordneter, markierter ↑ Baum, dessen Knoten alle mit Terminal- oder Nichtterminalsymbolen markiert sind.

▶ *Beispiel:* Den Ableitungsbaum für den Satz „die Katze jagt die Maus" (vgl. obige Beispiele) zeigt Abb. 1. ◀

Durch Einschränkungen oder Abwandlungen des Ableitungsbegriffs sind in den letzten 30 Jahren viele andere Typen von Grammatiken entstanden, auf die hier nicht eingegangen werden kann (Stichworte: indizierte und programmierte Grammatiken, lexical function grammars, Unifikationsgrammatiken, Lindenmayer-Systeme).

Graph: anschauliches mathematisches Modell zur Beschreibung von Objekten, die untereinander in gewisser Beziehung stehen. Beispiele sind chemische Strukturformeln, Verkehrsnetze oder Verwandtschaftsbeziehungen (Abb. 1 und 2).

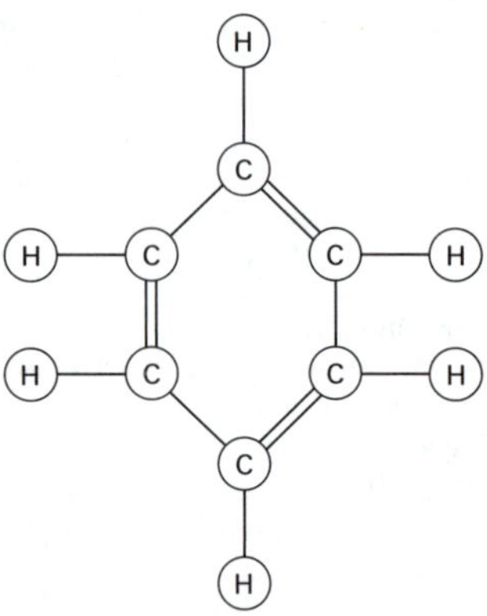

Graph (Abb. 1): Strukturformel für Benzol

Ein Graph besteht aus einer Menge von Punkten *(„Knoten")* und einer Menge von Linien *(„Kanten")*, die diese Punkte verbinden. Man unterscheidet zwischen ungerichteten und gerichteten Graphen oder *Digraphen* (engl. *di*rected *graph*). Mathematisch heißt $G = (V, E)$ ein *ungerichteter Graph,* wenn gilt:

(1) V ist eine endliche nichtleere Menge, die Menge der *Knoten;*

(2) E ist eine Menge von ein- oder zweielementigen Teilmengen von V. Ein Paar $\{u, v\} \in E$ heißt *Kante, u* und *v* sind dann *adjazent.* Ein Element $\{a\} \in E$ heißt *Schlinge.* Die anschauliche Darstellung des ungerichteten Graphen $G = (V, E)$ mit $V = \{a, b, c, d\}$ und $E = \{\{a, c\}, \{a, d\}, \{b, d\}, \{b\}, \{c, d\}\}$ zeigt Abb. 4.

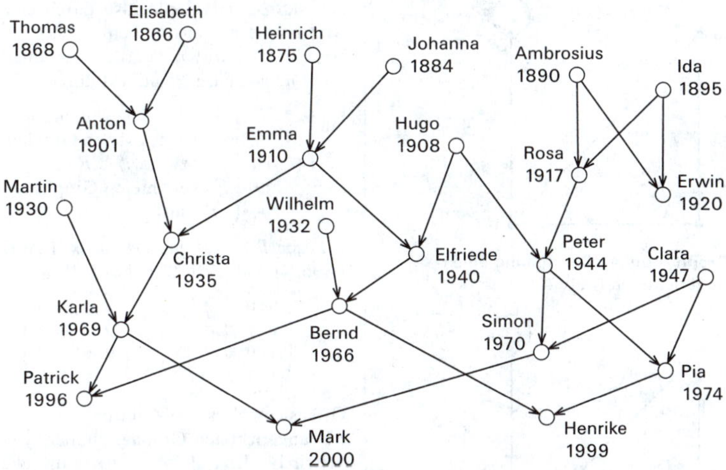

Graph (Abb. 2): gerichteter Graph mit Knoten und Kanten zur Darstellung von Eltern-Kind-Beziehungen. Eine Kante A → B bedeutet: „B ist Kind von A". Der Graph ist knotenmarkiert: Jedem Knoten sind ein Name und eine Zahl (Geburtsjahr) zugeordnet, mit denen die Knoten in der Abbildung beschriftet wurden

Bei *gerichteten Graphen* verlangt man, dass die Elemente von E geordnet sind, also E eine Teilmenge von $V \times V$ ist. Die gerichtete Kante von u nach v notiert man durch (u, v). Der gerichtete Graph $G' = (V', E')$ mit $V' = \{a, b, c, d\}$ und $E' = \{(a, c), (d, a), (b, d), (b, b), (d, c)\}$ ist in Abb. 5 anschaulich dargestellt.

Ein Graph $G = (V, E, c, d)$ heißt *knotenmarkiert* und/oder *kantenmarkiert*, wenn c eine Abbildung von der Knotenmenge in irgendeine Menge und d eine Abbildung der Kantenmenge in irgendeine Menge sind. Zum Beispiel führt man bei Verkehrsproblemen als Knotenmarkierung meist die Erdkoordinaten der jeweiligen Kreuzungen und als Kantenmarkierung die Länge der Kanten oder die Zeit, die man benötigt, um die Kante zu durchfahren, ein. Die Kantenmarkierung kann man auf Wege (siehe unten) fortsetzen: *Die Länge* $d(w)$ eines Weges $w = (v_0, v_1, \ldots, v_n)$ berechnet sich als Summe der Markierungen $d(v_i, v_{i+1})$ der Kanten (v_i, v_{i+1}) des Weges (für $i = 0, \ldots, n-1$). Die *kürzeste Entfernung* zwischen zwei Knoten u und v ist die kürzeste Länge eines Weges von u nach v. Ein *kürzester Weg* zwischen u und v ist ein Weg von u nach v, dessen Länge gleich der kürzesten Entfernung ist.

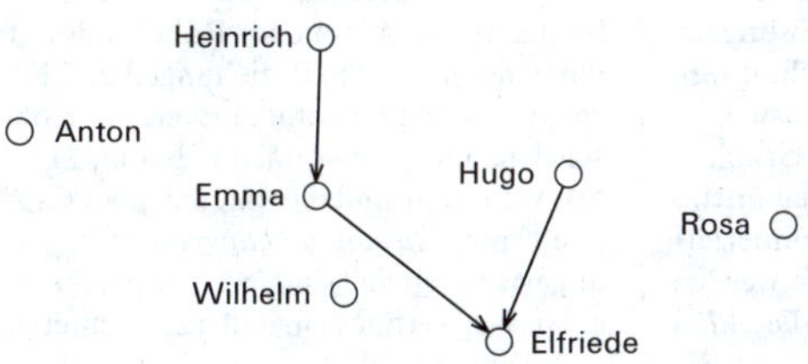

Graph (Abb. 3): Teilgraph aus Abb. 2. Teilgraphen müssen nicht zusammenhängend sein. Die zweite Knotenmarkierung (Geburtsjahr) ist in diesem Teilgraphen nicht enthalten.

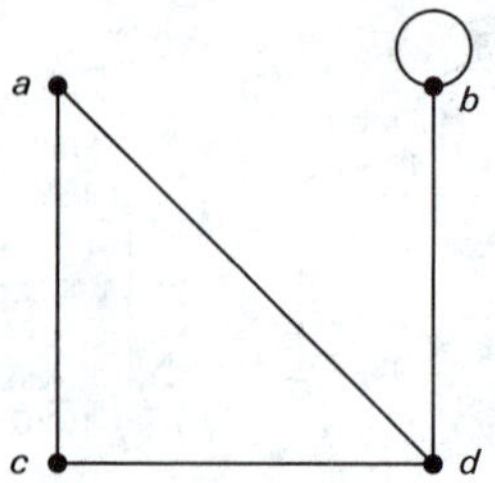

Graph (Abb. 4): Darstellung eines ungerichteten Graphen

G

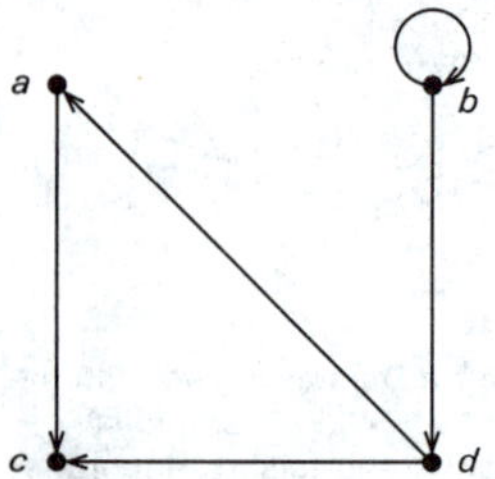

Graph (Abb. 5): Darstellung eines gerichteten Graphen

Ein Graph $H = (V', E')$ heißt *Teilgraph* (oder Untergraph) des Graphen $G = (V, E)$, wenn V' Teilmenge von V und E' Teilmenge von E sind. Bei knoten- oder kantenmarkierten Graphen können die Abbildungen c oder d eingeschränkt auf V' bzw. E' übernommen werden, siehe Abb. 3.
Graphen wurden 1736 erstmals von *L. Euler* (1707–1783) bei der Lösung des ↑Königsberger Brückenproblems benutzt. In der Informatik spielen Graphen eine große Rolle als universelles Beschreibungsmittel, etwa bei der Beschreibung von allgemeinen ↑Datenstrukturen, ↑Petri-Netzen und ↑Rechnernetzen, sowie als Basis für allgemeine Lösungsalgorithmen (↑Problem des Handlungsreisenden, ↑Dijkstra-Algorithmus usw.).
Eine Implementierung von Graphen sieht vor, dass die Knoten beginnend bei 1 irgendwie fortlaufend nummeriert werden. Die Kantenbeziehungen werden durch eine boolesche Matrix, die *Adjazenzmatrix,* dargestellt, also durch eine Matrix, die nur aus Nullen und Einsen besteht. Bei n Knoten definiert man diese $n \times n$-Adjazenzmatrix A durch

$$A\,(i,j) = \begin{cases} 1, & \text{falls } \{i,j\} \in E \text{ im} \\ & \text{ungerichteten Graphen} \\ & \text{bzw. } (i,j) \in E \text{ im} \\ & \text{gerichteten Graphen,} \\ 0, & \text{sonst.} \end{cases}$$

▶ *Beispiel:* Eine Adjazenzmatrix A zu G (Abb. 4) und A' zu G' (Abb. 5) lautet:

$$A = \begin{pmatrix} 0 & 0 & 1 & 1 \\ 0 & 1 & 0 & 1 \\ 1 & 0 & 0 & 1 \\ 1 & 1 & 1 & 0 \end{pmatrix}, \quad A' = \begin{pmatrix} 0 & 0 & 1 & 0 \\ 0 & 1 & 0 & 1 \\ 0 & 0 & 0 & 0 \\ 1 & 0 & 1 & 0 \end{pmatrix}$$ ◀

Offensichtlich ist die Adjazenzmatrix eines ungerichteten Graphen immer symmetrisch (d. h., $A(i,j) = A(j,i)$ für alle $i,j \in \{1, \ldots, n\}$).
In der Praxis werden listenartige Datenstrukturen bevorzugt. Die Knoten werden hierbei in irgendeiner Reihenfolge verkettet; an jedem Knoten hängt eine Liste von Verweisen auf die adjazenten Knoten. Abb. 6 zeigt eine Darstellung des Graphen aus Abb. 5 (vgl. auch ↑Baum).
Das Aneinanderhängen von benachbarten Kanten nennt man einen *Weg.* Genauer: Sei $G = (V, E)$ ein Digraph; $(v_0, v_1, \ldots, v_n)$ heißt Weg der Länge n, wenn $(v_{i-1}, v_i) \in E$ für $i = 1, \ldots, n$ gilt. Der Weg heißt *Kreis,* wenn $v_0 = v_n$ ist. Der Weg heißt *doppelpunktfrei,* wenn $v_i \neq v_j$ für $i \neq j$ gilt. Ein Kreis $(v_0, \ldots, v_n)$ heißt *Zyklus,* wenn $(v_1, \ldots, v_n)$ doppelpunktfrei ist. Diese Definitionen kann man sinngemäß auf ungerichtete Graphen übertragen.
In der Informatik spielen die zyklenfreien Graphen (= Graphen, die keine Zyklen besitzen) eine besondere Rolle, weil mit ihnen hierarchische Beziehungen und Erzeugungs- und Berechnungsverfahren beschrieben werden können (↑Baum, ↑Liste). Weiterhin sind die untersuchten Graphen meist *zusammenhängend,* d. h., im ungerichteten Fall sind je 2 Knoten durch einen Weg verbunden, und im gerichteten

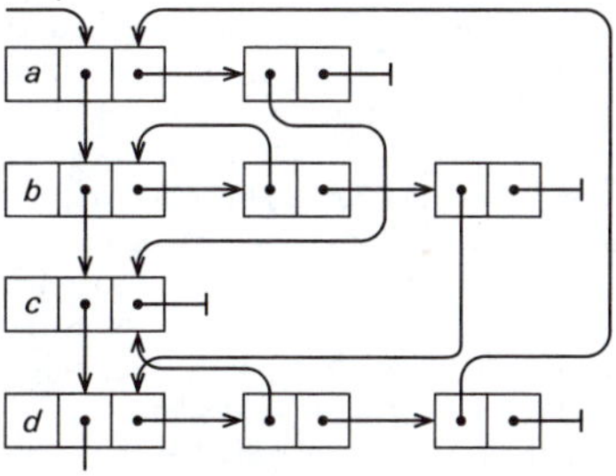

Graph (Abb. 6): Darstellung des Graphen von Abb. 5 *(Adjazenzlistendarstellung)*

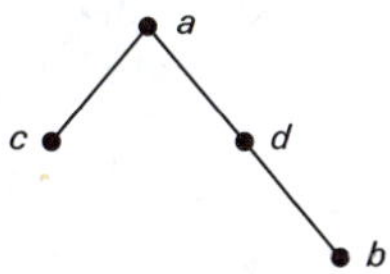

Graph (Abb. 7): möglicher Spannbaum zum Graphen aus Abb. 4

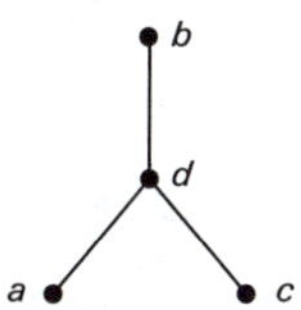

Graph (Abb. 8): möglicher Spannbaum zum Graphen aus Abb. 4

Fall gibt es zwischen je 2 Knoten einen (ungerichteten) Weg, wenn man die Richtung der Kanten weglässt.
Sei $G = (V, E)$ ein ungerichteter und zusammenhängender Graph. Ein *Spannbaum* $B = (V, E')$ ist ein Baum, der die gleiche Knotenmenge besitzt wie G und dessen Kantenmenge E' eine Teilmenge der Kantenmenge E von G ist. Einen Spannbaum erhält man aus G, indem man fortlaufend so lange Kanten entfernt, bis ein Baum entsteht. Abb. 7 und Abb. 8 zeigen zwei mögliche Spannbäume des Graphen aus Abb. 4.
Ist der zugrunde liegende Graph G nicht zusammenhängend, so bildet man für jede Komponente einen Spannbaum.

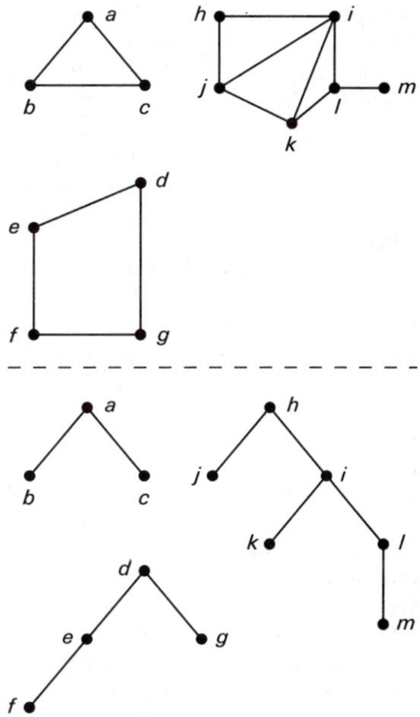

Graph (Abb. 9): nichtzusammenhängender Graph mit zugehörigem spannenden Wald

Alle Spannbäume zusammen bilden dann einen *spannenden Wald.* Abb. 9 zeigt einen (nichtzusammenhängenden) Graphen und einen zugehörigen spannenden Wald.
Typische Algorithmen auf Graphen ermitteln seine zusammenhängenden Komponenten (z. B. mittels eines ↑Tiefendurchlaufs), kleinste spannende Bäume (↑Spannbaumproblem), kürzeste Wege (↑Dijkstra-Algorithmus), optimale Rundwege (↑Problem des Handlungsreisenden) usw.

Großrechner (engl. *main frame*): für vielfältige Zwecke einsetzbare Computer der oberen Leistungsklasse. Sie werden vorwiegend von Rechenzentren betrieben. Tagsüber können sie aufgrund ihrer hohen Rechenleistung sehr viele Benutzer gleichzeitig bedienen; nachts führen sie sehr rechenintensive Arbeiten durch wie Lohn- und Gehaltsabrechnungen, das Aktualisieren von Datenbanken, Produktionsplanungen oder technische Berechnungen (z. B. Wettervorhersage, Optimierungen an Fahrzeugen, Konstruktion von Makromolekülen, Simulationen). Großrechner, die unterstützende Aufgaben wie Datenbankverwaltung, Finanzberechnungen, Reisebuchungen u. Ä. ausführen, werden allmählich durch Rechnernetze, in denen viele Arbeitsplatzstationen, File-Server und PCs zusammengefasst sind, ersetzt, dagegen werden sie vermehrt beim wissenschaftlich-technischen Höchstleistungsrechnen benötigt. Umgangssprachlich werden sie oft als *Supercomputer* bezeichnet.

Groupware (dt. Software für Gruppen): Bezeichnung für Hard- und Softwaresysteme, die der Unterstützung von Gruppenarbeit dienen. Hierzu gehören Werkzeuge zur Kommunikation zwischen Gruppen und Gruppenmitgliedern, Autorensysteme zur gleichzeitigen Bearbeitung von Artikeln und Büchern, Systeme für Verwaltung gemeinsamer ↑ Dokumente, Systeme zum gemeinsamen Lernen usw. Groupware ermöglicht und fördert das kooperative Arbeiten (↑ CSCW).

Gültigkeitsbereich *(Sichtbarkeitsbereich,* engl. *scope):* Jedem ↑ Bezeichner, der in einem Programm verwendet wird, wird ein Bereich zugeordnet, in dem das zu ihm gehörende Objekt (Variable, Konstante, Prozedur, Marke usw.) angesprochen und benutzt werden kann, in dem das Objekt, wie man auch sagt, *gültig* ist. Dieser Gültigkeitsbereich umfasst alle Stellen des Programms, an denen der Bezeichner unter seiner vereinbarten Bedeutung (↑ Deklaration) bekannt ist. In blockorientierten Programmiersprachen ist der Gültigkeitsbereich gleich dem ↑ Block, in dem der Bezeichner deklariert wurde, jedoch abzüglich aller Unterblöcke, in denen der Bezeichner neu deklariert wurde *(Scope-Regel).* In solchen Unterblöcken ist der betrachtete Bezeichner nicht „sichtbar", da in Blöcken stets die eigenen Deklarationen Vorrang vor den in äußeren Blöcken getroffenen Vereinbarungen besitzen und der Bezeichner durch eine Neudeklaration „abgedunkelt" oder „überschattet" wird. – Vgl. auch ↑ Bindungsbereich.

▶ *Beispiel:* In dem in Abb. 1 dargestellten Programm mit zwei inneren Blöcken einer blockorientierten Programmiersprache ist der Gültigkeitsbereich des Bezeichners x als integer-Variable mit $*$ markiert. ◀

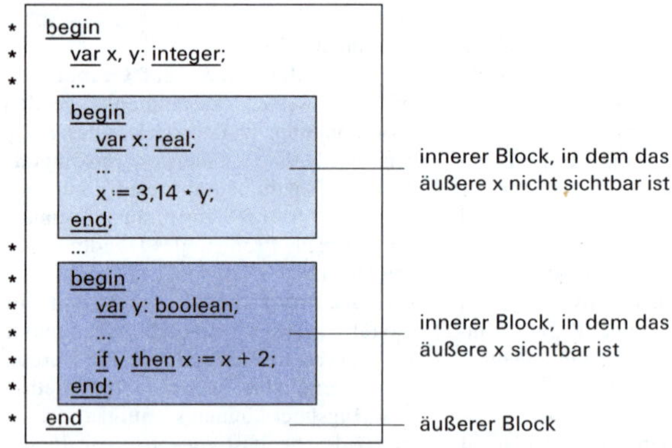

Gültigkeitsbereich (Abb. 1): Gültigkeitsbereich in dem Programm einer blockorientierten Programmiersprache

Halbaddierer (engl. *half adder*): Der Halbaddierer berechnet aus zwei ↑binären Ziffern ihre Summe:

$0 + 0 = 0$

$0 + 1 = 1$

$1 + 0 = 1$

$1 + 1 = 10$

Da das Ergebnis der Summe zweistellig sein kann, benötigt man zu dessen Darstellung zwei binäre Ziffern, von denen man die linke als Übertrag *u* und die rechte als Summe *s* (modulo 2) bezeichnet. Die Funktionstabelle des Halbaddierers lautet:

a	*b*	*u*	*s*
0	0	0	0
0	1	0	1
1	0	0	1
1	1	1	0

Aus der ↑disjunktiven Normalform erhält man die Gleichungen:

$$s = a\bar{b} + \bar{a}b$$

$$u = ab$$

Hieraus folgt die Gatterschaltung eines Halbaddierers gemäß Abb. 1.

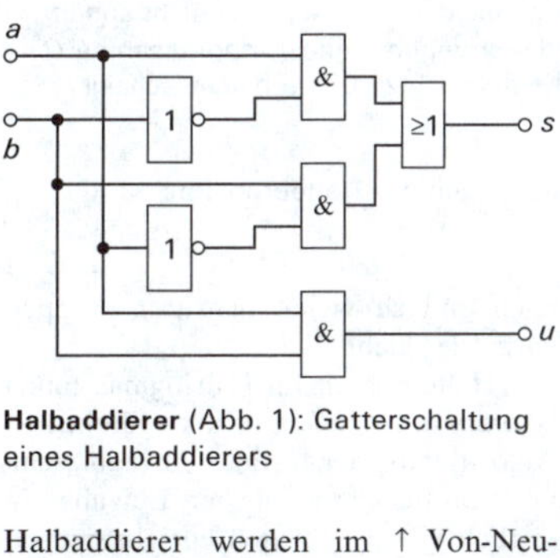

Halbaddierer (Abb. 1): Gatterschaltung eines Halbaddierers

Halbaddierer werden im ↑ Von-Neumann-Addierwerk benutzt. Da man z. B. im ↑ Paralleladdierer nicht nur zwei Ziffern, sondern zusätzlich noch den Übertrag von der vorherigen Stelle addieren muss, realisiert man Additionsschaltungen meist mit ↑Volladdierern.

halbduplex: Bezeichnung für einen Datenübertragungskanal, bei dem die eine Datenendeinrichtung als Sender und die andere als Empfänger verwendet werden kann (↑Datenübertragung).

Im Halbduplexbetrieb kann eine Datenendeinrichtung nicht gleichzeitig Sende- und Empfangsfunktionen übernehmen. Vielmehr verfügen beide Endeinrichtungen über Umschalter, mit denen sie je nach Bedarf auf Sendung oder Empfang geschaltet werden können.

Beispiel für einen Halbduplexkanal sind ältere Sprechfunkgeräte.

Halbleiterspeicher (engl. *semiconductor memory*): Beim Halbleiterspeicher sind die Speicherelemente durch ↑Flipflops in Halbleitertechnologie, also durch Transistoren, Kondensatoren und Widerstände realisiert (↑Transistor-Transistor-Logik).

Nach der Form der technischen Realisierung von Halbleiterspeichern unterscheidet man im Wesentlichen *bipolare* Speicher und *MOS-Speicher* (↑MOS-Logik). Bipolare Speicher sind schneller (Zugriffszeit: 30 bis 100 Nanosekunden), haben aber einen höheren Stromverbrauch und damit eine größere Wärmeabgabe und können nicht so hoch integriert werden. MOS-Speicher sind langsamer, verbrauchen aber weniger Strom und können sehr hoch integriert werden. Vgl. hierzu ↑integrierte Schaltung.

Wegen der geringen Zugriffszeit werden Halbleiterspeicher vorwiegend in ↑Hauptspeichern eingesetzt.

Halteproblem: Das Halteproblem fragt nach einem ↑ Algorithmus, mit dem man von Programmen, Automaten oder Computern feststellen kann, ob sie

Beweis der Unentscheidbarkeit des Halteproblems

Der Beweis, dass das Halteproblem unentscheidbar ist, basiert auf der Tatsache, dass jede Turingmaschine T eindeutig durch einen Text B_T beschrieben werden kann, z.B. durch das zeilenweise Hintereinanderschreiben der Zustandsübergangsfunktion oder durch ↑Gödelnummerierung und dass man die Arbeitsweise von T simulieren kann, wenn man B_T kennt (↑universelle Turingmaschine). Wir nehmen nun an, es gäbe eine Turingmaschine U, die zu jeder Turingmaschine T und zu jedem Wort W, also zur Eingabe (B_T, W) feststellt, ob T angesetzt auf das Wort W nach endlich vielen Schritten anhält oder nicht:

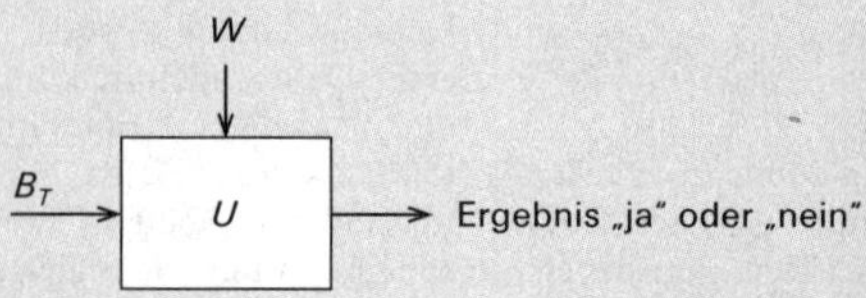

Dann kann man hieraus folgende Turingmaschine V konstruieren:

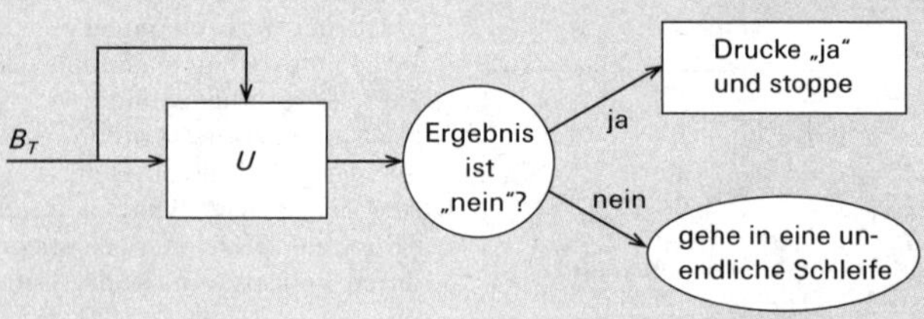

Gibt man in diese Maschine V die eigene Beschreibung B_V ein, dann gilt:

V hält bei Eingabe B_V an
$\Longleftrightarrow$ U liefert bei Eingabe (B_V, B_V) das Ergebnis „nein"
$\Longleftrightarrow$ V angesetzt auf die Eingabe B_V hält nicht an.

Die Maschine V hält also bei der Eingabe B_V genau dann an, wenn sie nicht anhält. Dies ist ein Widerpruch. Folglich kann es die angenommene Turingmaschine U nicht geben, d.h., das Halteproblem ist algorithmisch nicht lösbar, also unentscheidbar.

Halteproblem (Abb. 1): Beweis der Unentscheidbarkeit des Halteproblems

für gewisse oder für alle Eingaben anhalten oder nicht.

Sei K eine Klasse von ↑Automaten. Das Halteproblem für K ist die Frage nach einem Algorithmus, mit dem man für jeden beliebigen Automaten A aus K und jedes Eingabewort x entscheiden kann, ob A bei der Abarbeitung von x nach endlich vielen Schritten stoppen wird oder nicht.

Das Halteproblem für ↑Turingmaschinen ist nicht *entscheidbar,* d. h., es gibt keinen Algorithmus, der für alle Turingmaschinen und für alle möglichen Eingaben in endlich vielen Schritten entscheidet, ob die Turingmaschine mit dieser Eingabe anhält oder nicht. Dieser Satz schließt nicht aus, dass man für spezielle Turingmaschinen entscheiden kann, ob sie halten. Er besagt lediglich, dass es kein allgemeines Verfahren für *alle* Turingmaschinen und *alle* Eingaben gibt. Das Halteproblem bleibt *unentscheidbar*, wenn man die Eingabe fest vorgibt, z. B. stets das leere Wort, oder wenn man gewisse Turingmaschinen vorgibt (↑ universelle Turingmaschine). Die Unentscheidbarkeit des Halteproblems beweist man mithilfe eines Widerspruchs, den man durch ↑Diagonalisierung erzeugt; der Beweis ist recht kurz, siehe Abb. 1.

Da Programme und Turingmaschinen im Wesentlichen das Gleiche leisten (↑ Churchsche These), folgt aus diesem Satz: Es gibt kein automatisches Verfahren, mit dem man für jedes Programm entscheiden kann, ob es eine ↑ Endlosschleife enthält oder nicht, und es gibt kein automatisches Verfahren, mit dem man die Korrektheit (↑ Semantik, ↑ Verifikation) eines Programms, also die Eigenschaft, auf Eingabewerte immer mit den gewünschten Ausgabewerten zu antworten, automatisch überprüfen kann. Um die Korrektheit eines Programms zu beweisen, wird daher immer eine gewisse „Handarbeit" und die Intuition und Erfahrung des Menschen nötig sein, wobei der Computer unterstützende Dienste leisten kann. (Oder man muss Programme automatisch aus ihrer Beschreibung erzeugen lassen, wobei der Mensch sich „nur noch" von der Richtigkeit der Beschreibung überzeugt).

Weitere unentscheidbare Probleme, die man auf das Halteproblem zurückführt, sind z. B. das allgemeine ↑Wortproblem, das ↑ Leerheitsproblem, das ↑ Postsche Korrespondenzproblem.

Hamming-Abstand (nach *R. W. Hamming*, 1950) [engl. 'hæmɪŋ]: Vergleicht man zwei gleich lange, aber verschiedene Wörter eines ↑Codes Stelle für Stelle, so nennt man die Anzahl der unterschiedlichen Stellen den Hamming-Abstand dieser Wörter.

▶ *Beispiel:* Im ↑ASCII-Code werden die Buchstaben *A*, *B*, *C*, *O*, *X* folgendermaßen codiert:

A	0	1	0	0	0	0	0	1
B	0	1	0	0	0	0	1	0
C	0	1	0	0	0	0	1	1
O	0	1	0	0	1	1	1	1
X	0	1	0	1	1	0	0	0

Die folgende Tabelle gibt den Hamming-Abstand dieser Buchstaben an:

	A	*B*	*C*	*O*	*X*
A	0	2	1	3	3
B	2	0	1	3	3
C	1	1	0	2	4
O	3	3	2	0	4
X	3	3	4	4	0

Die beiden Wörter „*AX*" und „*XA*" haben den Hamming-Abstand 6

AX	0 1 0 0 0 0 0 1 0 1 0 1 1 0 0 0
XA	0 1 0 1 1 0 0 0 0 1 0 0 0 0 0 1

◀

Der Hamming-Abstand eines Codes ist der kleinste auftretende Hamming-Abstand verschiedener gleichlanger Codewörter.

▶ *Beispiel:* Der Hamming-Abstand des ASCII-Codes ist 1, weil z. B. die Buchstaben *A* und *C* den Hamming-Abstand 1 haben. ◀

Der Hamming-Abstand ist eine Maßzahl für die Störsicherheit eines Codes. Hat nämlich ein Code den Hamming-Abstand *d*, so können alle Fehler erkannt werden, die weniger als *d* ↑ Bits betreffen, und überdies können Fehler, die weniger als $\frac{d}{2}$ Bits betreffen, automatisch korrigiert werden, indem man zum empfangenen Codewort das nächstliegende sucht.

▶ *Beispiel:* Der folgende Code besitzt den Hamming-Abstand 3:

A	0	0	0	0	0
B	0	0	1	1	1
D	1	1	1	0	0
G	1	1	0	1	1.

Es können daher alle Fehler, die nur ein Bit eines Zeichens betreffen, korrigiert werden; Fehler, die zwei Bit betreffen, können noch erkannt werden. Die folgende gestörte Nachricht kann zumindest teilweise rekonstruiert werden:

10111	00000	11111	10001	10000	11100
?	*A*	?	?	?	*D*
↓	↓	↓	↓	↓	↓
00111	00000	11011	10001	00000	11100
B	*A*	*G*	?	*A*	*D*

Nur im vierten Zeichen hat ein Übertragungsfehler mehr als ein Bit verfälscht. Das Zeichen bleibt unbekannt.◀

H

Indem man ↑ Prüfbits hinzufügt, kann man den Hamming-Abstand eines Codes erhöhen und oft eine automatische Fehlerkorrektur erreichen.

Hardware [engl. 'ha:dwɛə] (dt. = harte Ware, Eisenware): Menge aller technischen Geräte einer Rechenanlage.
Zur Hardware zählen u. a. die ↑ Speicher, die ↑ Zentraleinheit, die ↑ Drucker, der ↑ Bildschirm, in Chips „gegossene“ Schaltungen, weitere Ein- und Ausgabegeräte und die Verbindungsleitungen.
Die Vorsilbe „Hard“ verdeutlicht, dass es sich bei der Hardware um die physikalisch materiellen Teile und damit um unveränderbare Komponenten einer Rechenanlage handelt.
Das andere wichtige Element einer Rechenanlage ist die ↑ Software, die auf der Hardware ausgeführt wird. Die ↑ Firmware zählt man weder zur Hardware noch zur Software; sie steht zwischen den Geräten und den Programmen.

Hash-Verfahren [engl. hæʃ] (dt. *gestreute Speicherung*): Das Hash-Verfahren ist ein Speicherungs- und Suchverfahren, bei dem die Adressen von ↑ Datensätzen aus den zugehörigen ↑ Schlüsseln errechnet werden. Das Verfahren eignet sich auch für die Speicherung auf Massenspeichern und ist dem ↑ B-Baum vorzuziehen, wenn die Daten nur eingefügt, aber sehr selten oder gar nicht gelöscht werden.

Formal definiert man eine Hash-Funktion $h\colon K \to A$ von der Menge der Schlüssel K in die Menge der Adressen A. Ziel ist es, h durch möglichst einfache arithmetische Operationen zu realisieren. Die Suche nach einem Datensatz mit dem Schlüssel k (Abb. 1) beschränkt sich dann auf die Berechnung von $h(k)$.

▶ *Beispiel:* Sei

$$K_1 = \{\text{JANUAR}, \text{FEBRUAR}, \text{MAERZ}, \text{APRIL}, \text{MAI}, \text{JUNI}, \text{JULI}, \text{AUGUST}, \text{SEPTEMBER}, \text{OKTOBER}, \text{NOVEMBER}, \text{DEZEMBER}\},$$

$$A = \{0, 1, 2, \ldots, 16\}.$$

Die Abbildung

$$f\colon \{A, B, C, \ldots, Z\} \to \{1, 2, 3, \ldots, 26\}$$

möge jedem Buchstaben seine Position im Alphabet zuordnen. Die Hash-Funktion

$$h_1\colon K_1 \to A$$

sei nun definiert durch

$$h_1(k) = (f(1.\ \text{Buchstabe von } k) + f(2.\ \text{Buchstabe von } k)) \bmod 17$$

Man erhält dann die in Tab. 1, Spalte 2 angegebenen Funktionswerte. Man sieht, dass hierbei verschiedene Schlüssel $k \in K_1$ auf gleiche Werte $h_1(k)$ abgebildet werden: Will man z. B. die Schlüssel MAI und JULI in einen Speicher mit den Adressen von 0 bis 16 eintragen, so würden beide unter der Speicheradresse 14 abgelegt werden müssen. Man spricht von einer *Kollision*. h_1 besitzt mehrere Kollisionen. Hätte man dagegen

$$h_2\colon K_1 \to A \text{ mit}$$
$$h_2\colon (k) = (f(2.\ \text{Buchstabe von } k) + f(3.\ \text{Buchstabe von } k)) \bmod 17$$

als Hash-Funktion gewählt, dann würde nur eine Kollision auftreten; die Hash-Funktion

$$h_3(k) = (2 \cdot f(1.\ \text{Buchstabe von } k) + 2 \cdot f(2.\ \text{Buchstabe von } k) + f(3.\ \text{Buchstabe von } k)) \bmod 17$$

ist kollisionsfrei (siehe Tab. 1).

k	$h_1(k)$	$h_2(k)$	$h_3(k)$
JANUAR	11	15	2
FEBRUAR	11	7	7
MAERZ	14	6	16
APRIL	0	0	1
MAI	14	10	3
JUNI	14	1	8
JULI	14	16	6
AUGUST	5	11	0
SEPTEMBER	7	4	13
OKTOBER	9	14	4
NOVEMBER	12	3	12
DEZEMBER	9	14	10

Hash-Verfahren (Tab. 1): Werte dreier Hash-Funktionen für K_1 ◀

In der Praxis hat man meist eine sehr große Schlüssel-Menge K gegeben, z. B. die Menge aller Namen, die aus höchstens 20 Buchstaben bestehen. Von diesen Namen erwartet man eine bestimmte Anzahl a in einer konkreten Anwendung, z. B. 300 000 Namen für eine Einwohnermeldekartei einer Großstadt. Dann wählt man eine Adressmenge A mit $|A| > a$, z. B. $A = \{0, 1, \ldots, 350\,000\}$, und eine Hash-Funktion h: $K \to A$. Zunächst ist der Datenspeicher, der zu den Adressen aus A gehört, frei; schrittweise werden nun die einzelnen Schlüssel k_1, k_2, … im Datenspeicher unter den Adressen $h(k_1)$, $h(k_2)$, … abgelegt. Hierbei treten häufig Kollisionen auf, d. h. Schlüssel k_i und k_j mit $h(k_i) = h(k_j)$, die aufgelöst werden müssen.

Der Entwurf einer Hash-Funktion und der zugrunde liegenden Datenstruktur gliedert sich daher in zwei Teilprobleme:

(1) Bestimmung einer Hash-Funktion h, die einfach zu berechnen ist und die die Menge der Schlüssel K möglichst gleichmäßig und zufällig auf die Menge der Adressen A abbildet,

(2) Festlegung einer Strategie zur Behandlung von Kollisionen.

Zu (1) Ein einfacher und guter Ansatz zur Bestimmung einer Hash-Funktion für $A = \{0, 1, \ldots, p-1\}$ ist

$$h(k) = k \bmod p.$$

Falls k nicht numerisch ist, muss k geeignet umgewandelt werden, vgl. Beispiel oben.

Zu (2) Die einfachste Möglichkeit, Kollisionen zu behandeln, besteht darin, Datensätze mit gleichen Hash-Funktionswerten in einer ↑ linearen Liste zu verketten.

Dieses Verfahren heißt *direkte Verkettung.* Um den Schlüssel k zu finden, berechnet man $h(k)$ und durchsucht dann die zu $h(k)$ gehörende Liste.

▶ *Beispiel.* In Abb. 1 kollidieren die Datensätze mit den Schlüsseln „Lauer“, „Lemke“ und „Schöpf“; sie werden direkt verkettet:

$$h(\text{Lauer}) = h(\text{Lemke}) = h(\text{Schöpf}) = 2\,096.$$ ◀

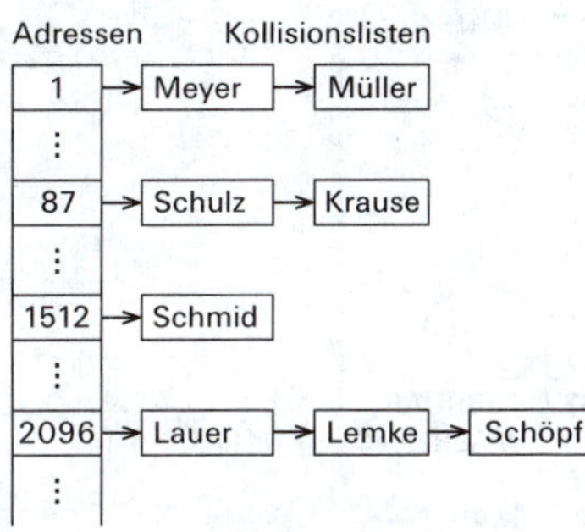

Hash-Verfahren (Abb. 1): direkte Verkettung bei Kollisionen

Gängige Kollisionsverfahren, die keinen „Überlaufbereich“ für lineare Listen verwenden, sondern nur den vorgegebenen Adressraum A benutzen, sind die lineare und die quadratische Verschiebung.

Lineare Verschiebung: Falls $h(k)$ bereits durch einen anderen Schlüssel besetzt ist, dann versuche, k unter der ersten freien Adresse $h(k)+c$, $h(k)+2c$, $h(k)+3c$, … zu speichern (c ist eine Konstante, die teilerfremd zur Zahl p sein sollte).

Quadratische Verschiebung: Probiere bei einer Kollision nacheinander, ob

$$h(k)+1,\ h(k)+4,$$
$$h(k)+9,\dots,h(k)+i^2,\dots$$

noch frei ist.

▶ *Beispiel:* Wir betrachten erneut die Menge K_1 der Monatsnamen, die Adressmenge A = {0, 1, …, 16} und die Hash-Funktion h_1. Wir wählen die lineare Kollisionsstrategie mit $c = 2$. Die Schlüssel (= Monatsnamen) sollen in der Reihenfolge JANUAR, FEBRUAR, MAERZ usw. in den Datenspeicher mit den Adressen 0 bis 16 eingetragen werden. JANUAR wird bei der Adresse h_1(JANUAR) = 11 abgelegt.

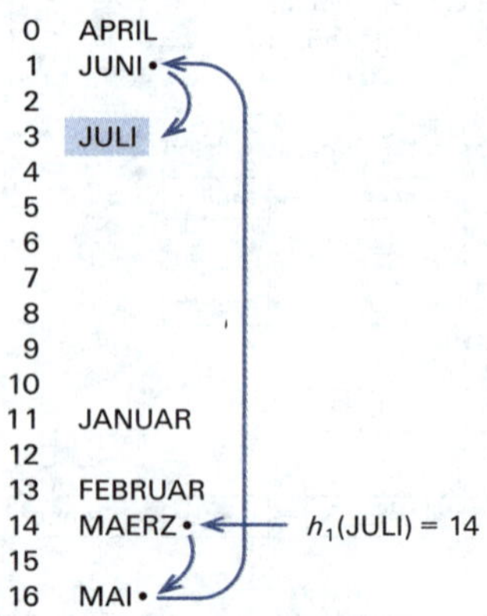

Hash-Verfahren (Abb. 2): Einfügen von „JULI" bei linearer Verschiebung

Da h_1(FEBRUAR) ebenfalls 11 ist, wird FEBRUAR um $c = 2$ Positionen im Speicher verschoben und somit unter der Adresse 13 eingetragen. Weitere Kollisionen treten für MAI, JUNI und JULI auf, wobei JULI dreimal um 2 Positionen verschoben werden muss, da die jeweiligen Speicherzellen bereits belegt sind. Das Einfügen von JULI zeigt Abb. 2. Die endgültige Hash-Tabelle zeigt Abb. 3. Die quadratische Kollisionsstrategie führt zur Hash-Tabelle der Abb. 4. ◀

0	APRIL
1	JUNI
2	
3	JULI
4	
5	AUGUST
6	
7	SEPTEMBER
8	
9	OKTOBER
10	
11	JANUAR
12	NOVEMBER
13	FEBRUAR
14	MAERZ
15	DEZEMBER
16	MAI

Hash-Verfahren (Abb. 3): Hash-Tabelle zur Speicherung der Menge K_1 mit der Hash-Funktion h_1 bei linearer Kollision mit Verschiebung 2

Theoretische Untersuchungen und praktische Messungen haben ergeben, dass der durch A gegebene Speicher höchstens zu 80 % gefüllt werden sollte. Man muss dann beim Suchen im Durchschnitt mit bis zu 3 Kollisionen rechnen. Bei mehr als 80 % steigt die Zahl der Kollisionen und damit die Zugriffszeit rasch an.

Hauptspeicher *(Arbeitsspeicher,* engl. *core, main memory, main store, primary memory):* Bezeichnung für den ↑Speicher, der die gerade auszuführenden Programme oder Programmteile und die benötigten Daten enthält. Der Hauptspeicher ist eine Komponente der ↑Zentraleinheit. Da der ↑Prozessor unmittelbar auf den Hauptspeicher zugreift, beeinflussen dessen Leistungsfähigkeit und Größe in entscheidendem Maße die Leistungsfähigkeit der gesamten Rechenanlage. Daher realisiert man den Hauptspeicher im Allgemeinen als ↑Halbleiterspeicher und fügt einen ↑ Cache hinzu. Die Speicherkapazität des Hauptspeichers beträgt zurzeit (2000) bis zu 256 MByte bei ↑ Personalcomputern und mehrere Gigabyte bei Großrechnern; sie wird auch durch den adressierbaren Speicherbereich bestimmt, der im ↑ Befehlsformat festgelegt ist (↑ Adressraum).

0	APRIL
1	JUNI
2	
3	
4	
5	AUGUST
6	JULI
7	SEPTEMBER
8	
9	OKTOBER
10	DEZEMBER
11	JANUAR
12	FEBRUAR
13	NOVEMBER
14	MAERZ
15	MAI
16	

Hash-Verfahren (Abb. 4): Tabelle bei quadratischer Kollision

Heap (engl. heap = Haufen): binärer Baum mit zwei Eigenschaften:
(1) Der Baum ist „vollständig ausgeglichen", d. h., wenn t die Höhe des ↑ Baums ist, dann besitzen alle Blätter des Baumes das Niveau t oder $t-1$ und alle Knoten eines Niveaus kleiner als $t-1$ haben genau zwei Söhne.
(2) Jeder Knoten enthält ein Element aus einer geordneten Menge und für jeden Knoten gilt, dass sein Element größer oder gleich den Elementen seiner Söhne ist.
Heaps werden in der Informatik vielfältig verwendet, vgl. ↑ Dijkstra-Algorithmus und ↑ Heapsort.

Heapsort [engl. 'hi:pso:t] (engl. heap = Haufen): schnelles internes Sortierverfahren (↑ Sortieren), das ohne zusätzlichen Speicher auskommt und auch im schlimmsten Fall nur $O(n \cdot \log(n))$ Vergleiche benötigt.

Heapsort wird in zwei Phasen durchgeführt: (1) Aufbau des ↑ Heaps und (2) Ausgabe des Heaps in sortierter Reihenfolge.
(1) *Aufbau des Heaps*
Die zu sortierende Folge aus n Elementen wird schichtweise in einen binären Baum, den Heap, eingetragen. Die Knoteninhalte werden anschließend so vertauscht, dass sich das größte Element jedes Teilbaumes in dessen Wurzel befindet. Das größte Element der Folge steht dann in der Wurzel des Heaps.

▶ *Beispiel:* Die Folge 57, 16, 62, 30, 80, 7, 21, 78, 41 wird schichtweise von links nach rechts in einen binären Baum geschrieben (Abb. 1).

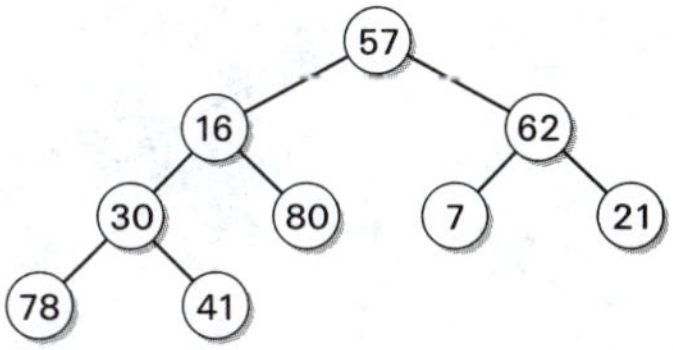

Heapsort (Abb. 1): binärer Baum für eine Zahlenfolge

Die Heap-Eigenschaft wird hergestellt, indem ausgehend von den Blättern jeder Knoteninhalt, der kleiner als mindestens einer der Knoteninhalte seiner direkten Nachfolgeknoten ist, durch Vertauschen nach unten „absinkt": zunächst die Zahl 30, dann die Zahl 16, anschließend die Zahl 57 (Abb. 2 bis 4).
Das Absinken kann (wie etwa bei der Zahl 57 in Abb. 4) über mehrere Schichten erfolgen. ◀

(2) *Ausgabe des Heaps*
In der Wurzel eines Heaps steht das größte Element der Folge. Man gibt es aus und setzt das am weitesten rechts in der untersten Schicht stehende Element an seine Stelle. Anschließend stellt man die Heap-Eigenschaft wieder her, indem man das Wurzelelement „absinken" lässt. Dieses Verfahren wiederholt man, bis der Baum leer ist. Die entfernten

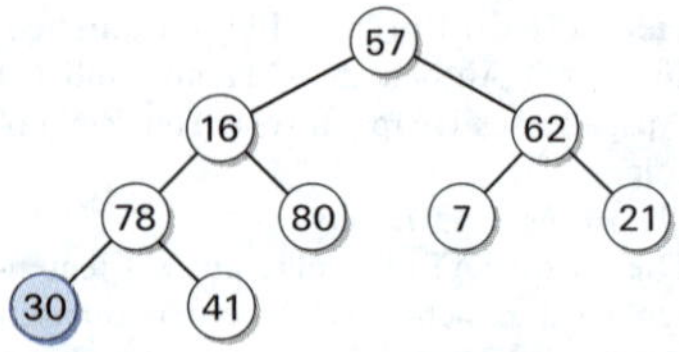

Heapsort (Abb. 2): Absinken der Zahl 30

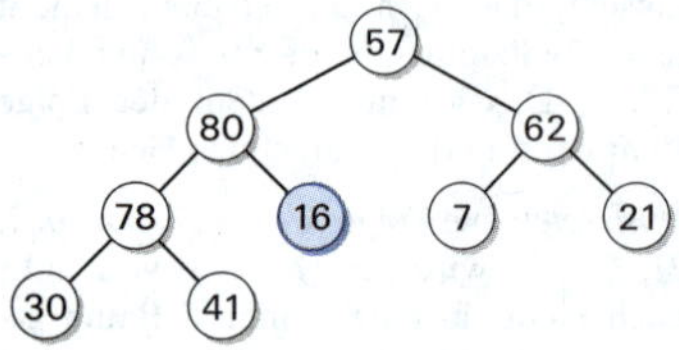

Heapsort (Abb. 3): Absinken der Zahl 16

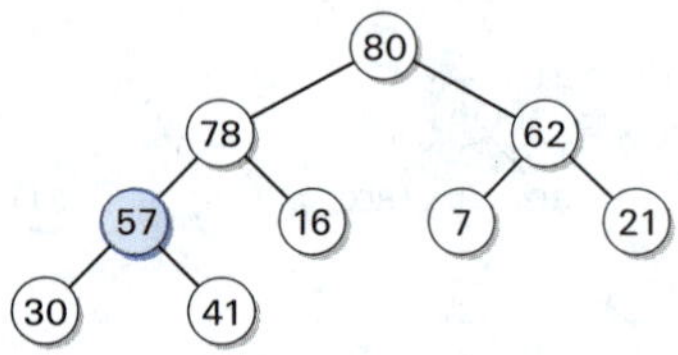

Heapsort (Abb. 4): Absinken der Zahl 57

Elemente ergeben in dieser Reihenfolge die sortierte Folge.

▶ *Beispiel* (Fortsetzung des obigen Beispiels): Zunächst entfernt man die Zahl 80 und fügt stattdessen die Zahl 41 ein (Abb. 5). Anschließend lässt man die Zahl 41 absinken (Abb. 6). Im nächsten Durchgang entfernt man 78, fügt an ihre Stelle 30 ein und lässt 30 absinken usw. Auf diese Weise werden nacheinander 80, 78, 62, 57, ... entfernt. ◀

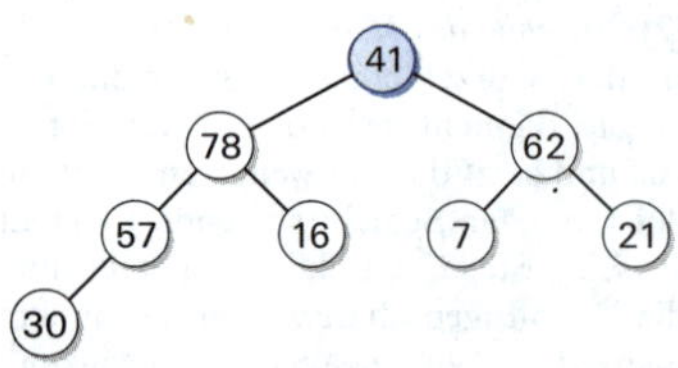

Heapsort (Abb. 5): Entfernen der Zahl 80 und Einfügen der Zahl 41

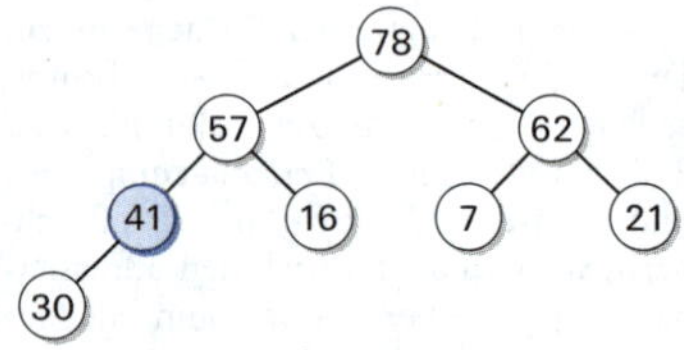

Heapsort (Abb. 6): Absinken der Zahl 41

Heapsort kann sehr gut mit ↑ Feldern implementiert werden. Legt man die Knoteninhalte bei der Wurzel beginnend schichtweise hintereinander in einem Feld A ab, dann lautet die *Heap-Eigenschaft:*

Für i ∈ {2, 3, ..., n} gilt:

A[i <u>div</u> 2] ≥ A[i].

Überträgt man den Baum aus Abb. 4 in ein Feld, so erhält man:

A:	80	78	62	57	16	7	21	30	41

Dieses Feld erfüllt die Heap-Eigenschaft. Statt die Wurzel A[1] zu entfernen, vertauscht man A[1] mit A[n], erniedrigt n um 1 und lässt das neue Element A[1] innerhalb des Feldes A[1], ..., A[n − 1] absinken.

▶ *Beispiel:* In obigem Feld A vertauscht man die Zahlen 80 und 41. Lässt man 41 absinken, so erhält man folgendes Feld:

A:	78	57	62	41	16	7	21	30	80

Nun vertauscht man die Zahlen 78 und 30, lässt die 30 innerhalb des Feldes von A[1] bis A[6] absinken und erhält:

A:	62	57	30	41	16	7	21	78	80

Ist das Verfahren beendet, dann ist das Feld A aufsteigend sortiert. ◀

Man kann zeigen, dass der Aufbau des Heaps in $O(n)$ Schritten (↑ Ordnung) erfolgt. Das Absinken eines Elementes von der Wurzel benötigt höchstens $2 \cdot \log_2(n)$ Vergleiche. Insgesamt ist Heapsort daher

ein garantiertes $O(n \cdot \log_2(n))$-Verfahren, das keinen zusätzlichen Speicherplatz benötigt. Experimentelle Messungen haben jedoch ergeben, dass ↑Quicksort im Mittel schneller arbeitet als Heapsort. Eine Variante von Heapsort, das so genannte *Bottom-up-Heapsort,* ist bei geeigneter Implementierung für relativ große n im Mittel schneller als Quicksort.
Heapsort wird auch verwendet, um externe Sortierverfahren wie das ↑Sortieren durch Verschmelzen zu beschleunigen.
Die algorithmische Formulierung von Heapsort lautet folgendermaßen: Von zentraler Bedeutung ist die Prozedur „sink", die das i-te Element eines Feldes im Indexbereich von 1 bis t absinken lässt:

```
procedure sink(i, t: integer);
var j,k: integer;
begin
   j:=2*i; k:=j+1;
   (*Ermittle das Maximum von A[i],
     A[2*i] und A[2*i+1]*)
   if j≤t then
     if A[i]≥A[j] then j:=i fi;
     if k≤t then
       if A[k]>A[j] then j:=k fi;
       (*Falls A[i] nicht das maximale
         Element war, dann weiter ab-
         sinken lassen *)
     if i≠j then
       „vertausche A[i] und A[j]";
       sink(j,t) fi
   fi
end
```

Heapsort (angewendet auf die Felddefinition var A: array [1..n] of ...;) lässt sich nun leicht beschreiben:

```
(*Aufbau des Heaps*)
for i:=(n div 2) downto 1 do
    sink(i,n) od;
(*Ausgeben des Heaps*)
for m:=n downto 2 do
    „vertausche A[1] und A[m]";
    sink(1,m-1) od;
```

Heimcomputer (engl. *home computer*): besonders klein ausgelegte Rechner für eingeschränkte Aufgaben im täglichen Bereich, die in den 1970er- und 1980er-Jahren gebaut wurden. Sie bestanden aus Mikroprozessor, Bildschirm, Tastatur, Diskettenlaufwerk und einem Drucker. Sie wurden oft für Spiele oder für einfache Aufgaben wie Haushaltsführung, Textverarbeitung, Adressverwaltung usw. eingesetzt. Mittlerweile sind sie weitgehend durch ↑Personalcomputer verdrängt worden.
Als eine Art Nachfolger der Heimcomputer werden seit mehreren Jahren die *Netzcomputer* angekündigt. Diese werden ebenfalls nur eine geringe Grundausstattung besitzen, sie sollen allerdings über die volle Leistungsfähigkeit aller im Netz vorhandenen Ressourcen verfügen können.

Herunterladen (engl. *download*): Übertragung von Daten von einem Server zu einem Kunden (↑Client-Server-Architektur). Die Übertragung geschieht in der Regel mithilfe des *File-Transfer-Protocol* (Abk. *FTP*). Mit diesem ↑Protokoll kann man die zu übertragenden Daten genauer bezeichnen und auch die Art der Übertragung festlegen. Verwendet man einen Internet-Browser, dann erledigt dieser alle Einzelheiten und es genügt, die jeweilige Adresse des ↑Dokuments (Server- und Dateinamen) anzugeben, um die Daten auf den eigenen Rechner zu transferieren. Den umgekehrten Vorgang, Dateien von einem Kundenrechner auf einen Server zu bringen, bezeichnet man als *upload.*
Die Technik des Bereitstellens und Herunterladens von Informationen verändert derzeit die Informationsbeschaffung: Schon heute kann man sich sehr viele und sehr umfangreiche Informationen über das Internet besorgen, die man früher mühsam über Bibliotheken oder durch Befragung von Fachleuten ermitteln musste.

Heuristik: Lehre von den möglichst erfolgreich arbeitenden Lösungsverfahren. In der Informatik: Bezeichnung für ein Lösungsverfahren, das nur zum Teil auf wissenschaftlich gesicherten Erkenntnissen, sondern vorwiegend auf Hypothesen, Analogien oder Erfahrungen aufbaut. Die Güte solcher Verfahren ist deshalb meist nicht beweisbar, sondern wird durch wiederholte Experimente an typischen Problemstellungen nachgewiesen (↑Bewertungsprogramme). Viele für die Praxis wichtige Aufgabenstellungen gehören z. B. zu den NP-vollständigen Problemen (↑NP), d. h. das Auffinden optimaler Lösungen wächst nach heutiger Kenntnis exponentiell mit der Länge der Eingabe und ist somit nicht realisierbar. Bei solchen Problemen verwendet man daher Strategien (*Heuristiken* genannt), die auf Vermutungen, plausiblen Annahmen und Erfahrungen beruhen und die i. A. relativ schnell recht gute Lösungen erzeugen. Faustregeln, stückweises Vortasten an eine Lösung, die Nachbildung der menschlichen Vorgehensweise zur Lösung komplexer Probleme, der Natur abgeschaute Verfahren (↑ Softcomputing) und viele Verfahren zum Durchmustern von ↑Entscheidungsbäumen sind Heuristiken.

Hexadezimalsystem (*Sedezimalsystem*): ↑Stellenwertsystem zur Basis 16.

Hintergrundprogramm (engl. *background program*): bei Rechenanlagen mit Stapelbetrieb und Dialogbetrieb (↑ Betriebsart) ein Programm, das ohne Eingriffsmöglichkeiten des Benutzers abläuft und immer dann bearbeitet wird, wenn für den Dialog keine Rechenleistung erbracht werden muss (z. B. weil auf Eingaben eines Benutzers gewartet wird). Das gegebenenfalls im Dialog ausgeführte Programm bezeichnet man entsprechend als *Vordergrundprogramm*.
Typisch ist das „Drucken im Hintergrund" (*Spooling*, ↑Geräteverwaltung).
Eine Datenverarbeitungsanlage, auf der Programme im Hintergrund ablaufen können, ist meist besser ausgelastet (↑Auslastung) als andere Computer.

HIPO-Methode: Verfahren zur Formalisierung und Veranschaulichung der Arbeitsvorgänge in der Entwurfsphase (↑ Software-Engineering) von Programmen. Das Programm selbst wie auch jedes Modul realisiert eine Abbildung $P: I \rightarrow O$ (*P*rocess) von der Menge der Eingabedaten I (*I*nput) in die Menge der Ausgabedaten O (*O*utput).
Zunächst definiert man die Ausgabedaten des Gesamtprogramms, danach die hierzu notwendigen Eingaben. Die Abbildung P wird in einfachere Abbildungen $P_1, \ldots, P_n$ zerlegt (Abb. 1), die jeweils umgangssprachlich beschrieben werden. Jede der Teilfunktionen P_i wird ihrerseits durch die Angabe der Eingabedaten I_i, der Ausgaben O_i und noch einfacherer Verarbeitungsschritte festgelegt. Dieser Vorgang wiederholt sich, bis die Funktionen so einfach werden, dass sie unmittelbar in eine Programmiersprache umgesetzt werden können. Auf diese Weise entsteht eine Hierarchie von Abbildungen $P: I \rightarrow O$ (daher die Bezeichnung HIPO = *H*ierarchy of *I*nput-*P*rocess-*O*utput).
Jedes Diagramm enthält links die Eingaben, in der Mitte die Verarbeitungs-

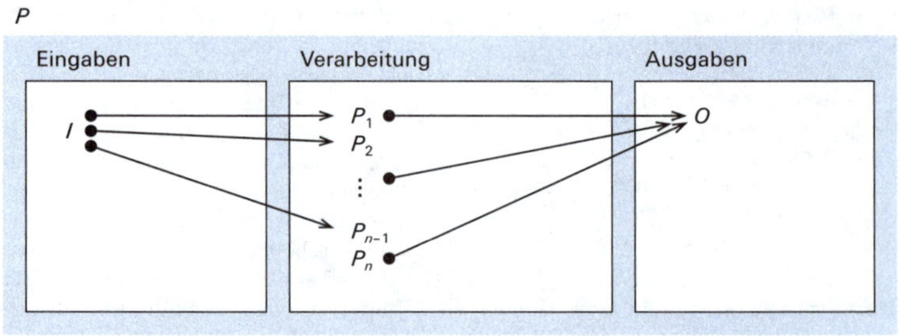

HIPO-Methode (Abb. 1): HIPO-Diagramm

schritte und rechts die Ausgaben. Die Pfeile zeigen an, welche Verarbeitungsschritte welche Eingaben benötigen, und welche Ausgaben sie daraus produzieren. Das Gesamtdiagramm wird mit der Bezeichnung der übergeordneten Funktion, hier *P*, markiert.

▶ *Beispiel:* Durchsuchen eines Textes nach einem Wort und Ausgabe aller Zei-

Wort suchen

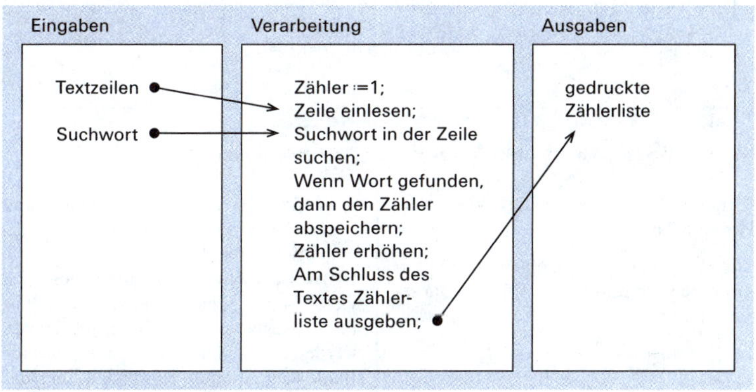

HIPO-Methode (Abb. 2): HIPO-Diagramm für „Wort suchen"

Zeile einlesen

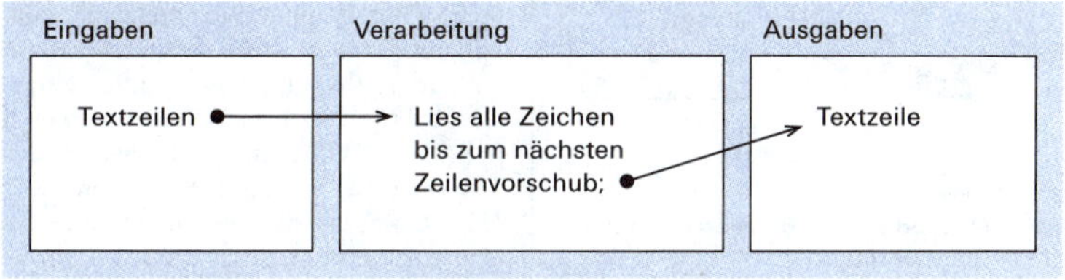

HIPO-Methode (Abb. 3): HIPO-Diagramm für „Zeile einlesen"

Suchwort in der Zeile suchen

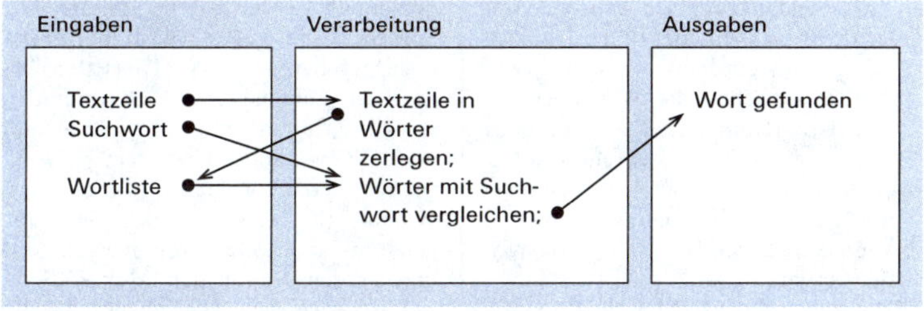

HIPO-Methode (Abb. 4): HIPO-Diagramm für „Suchwort suchen"

Textzeile in Wörter zerlegen

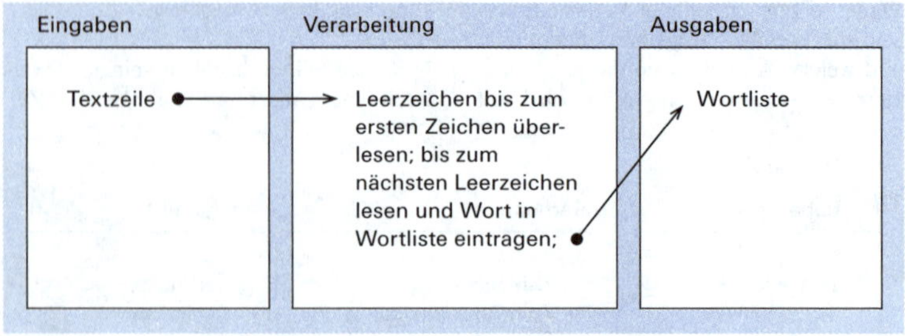

HIPO-Methode (Abb. 5): HIPO-Diagramm für „Textzeile zerlegen"

lennummern, in denen das Wort vorkommt (Abb. 2 bis 5). ◂

Die Hierarchie der einzelnen HIPO-Diagramme wird durch einen ↑Baum dargestellt (Abb. 6).

HIPO-Methode (Abb. 6): Hierarchie der HIPO-Diagramme

Die HIPO-Methode hat einige Nachteile und wird daher als Darstellungsmittel nur in geeigneten Problemen verwendet:

- Zwischendaten müssen entweder unter den Eingaben oder unter den Ausgaben angeordnet werden (vgl. Abb. 4, Zwischenwert: Wortliste).
- Zur Beschreibung des Kontrollflusses im Verarbeitungsteil steht nur die Aneinanderreihung von Verarbeitungsschritten zur Verfügung. Schleifen können beispielsweise nicht verwendet werden.
- Datenmodule, d. h. Module, die keine Eingaben verarbeiten, sondern Zugriffsfunktionen auf ↑Datenstrukturen bereitstellen, können nicht beschrieben werden.

Homebanking: Erledigung möglichst vieler Bankgeschäfte von zu Hause aus, in der Regel über das ↑Internet. Hierzu werden diverse Dienstleistungen, die eine Bank oder Sparkasse anbietet, über das Netz zugänglich, sofern die ↑Authentifizierung erfolgreich verlief.

HTML: Abkürzung für *Hypertext Markup Language*. Dies ist eine relativ einfache (Beschreibungs-)Sprache (language), mit der man Texte, die Querverweise enthalten (hypertext), mithilfe eingestreuter Markierungssymbole (markups) in Seiten aufteilen und die Einzelteile des Textes genau spezifizieren kann. Mit HTML werden die Dokumente im ↑Internet dargestellt, sodass sie von Browsern in gewünschter Weise angezeigt werden können. Hierdurch hat HTML eine große Verbreitung gefunden. HTML wird laufend weiterentwickelt, derzeit ist Version 3.2 im Einsatz. Die Sprache könnte aber bald durch Nachfolgesprachen wie XML (Extensible Markup Language, zur Beschreibung strukturierter Multimediadokumente) oder ↑SGML abgelöst werden.

In den Text eingestreute Markierungssymbole (in HTML werden sie „tag" genannt) treten meist klammerartig auf und werden dort in der Form <X> … </X> verwendet. Hierbei ist X der Name für ein solches Markierungssymbol. Ein HTML-Dokument ist unterteilt in den Kopf (HEAD) und den Rumpf (BODY) mit der eigentlichen Information. Der Kopf dient der Bezeichnung des Dokuments, er enthält die Markierungssymbole <TITLE> ... </TITLE>, in die der Name des Dokuments eingeschlossen wird. Den Text des Rumpfes gliedert man (durch maximal 6 Ebenen von Überschriften) in Kapitel, Unterkapitel, Unter-Unterkapitel usw., dargestellt durch die Markierungssymbole H1, H2, ..., H6. Bei deren Ende wird jeweils automatisch ein Zeilenumbruch eingefügt. Zusammengehöriger Text wird als Paragraph oder Abschnitt bezeichnet und in <P> ... </P> eingesetzt. Text, der fett (engl. bold) gedruckt werden soll, wird in <B> ... </B>, Text, der kursiv (engl. italic) zu drucken ist, in <I> ... </I> und zu unterstreichender Text (engl. underline) in <U> ... </U> eingeschlossen. Für Auflistungen benutzt man <OL> ... </OL> (für „ordered lists"), wenn man die einzelnen Teile, die jeweils mit einem <LI> (für „list item") gestartet werden, durchnummerieren möchte, und <UL> ... </UL> (für „unordered lists"), wenn man sie durch fette Punkte hervorheben will. HTML ignoriert im laufenden Text den Zeilenumbruch; dieser muss durch das Markierungssymbol
 (für „break") explizit bezeichnet werden. Ein Beispiel ist in Abb. 1 und Abb. 2 angegeben.

Weiterhin kann man Bilder, Grafiken und Tonmaterial einbinden. Bilder zu Beginn einer Seite werden z. B. durch <IMG ALIGN = TOP SRC="nr1"> eingefügt, wobei "nr1" eine Dokumentadresse auf dem eigenen oder einem Rechner im Netz ist. Verweise auf andere HTML-Seiten werden durch

<A HREF="nr"> text </A>

eingefügt: Als "nr" gibt man die ↑URL des Dokuments an; auf dem Bildschirm erscheint dann der zwischen <A ...> text </A> enthaltene "text" unterstrichen und meist in blauer Farbe; wird er angeklickt, so verzweigt der Browser zur Internetadresse "nr". Auf diese Weise bindet man meist auch Platz raubende Ton- und Bildinformationen an. Besonders wichtig ist die Ankopplung von ↑Applets (siehe auch ↑ Java). Steht im HTML-Dokument <APPLET CODE="nr" WIDTH=a, HEIGHT=b> </APPLET>, so lädt der Browser, sobald er an diese Stelle kommt, das unter der URL "nr" stehende Programm herunter (↑ Herunterladen) und interpretiert es in einem geschützten Bereich (dadurch wird verhindert, dass das Applet im Rechner

Kopf des Dokuments	<HTML> <HEAD> <TITLE> Notation </TITLE> </HEAD>	Der Titel gehört nicht zum Inhalt des Dokuments
	<BODY> <H1> <B> Notationen für Ausdrücke </B> </H1>	Oberste Überschriftenebene H1, Text wird fett gedruckt
	<H2> <U> Notationen für die Arithmetik </U> </H2>	Zweite Überschriftenebene H2, Text wird unterstrichen
	<P> In der Informatik sind die folgenden drei Notationen geläufig:	
Numerische Auflösung von drei Bereichen	<OL> <LI> <I> Infix-Notation </I> Hierbei schreibt man den (zweistelligen) Operator zwischen die beiden Operanden, z. B.: <UL> <LI> 13 + 37, <LI> 443·67 oder <LI> 196 <U> mod </U> 13. </UL>	Auflistung dreier Beispiele

```
<LI> <I>Präfix-Notation </I> <BR> Hierbei
schreibt man das Operatorzeichen jeweils vor
die beiden (oder mehr) Operanden, z. B.: + 13
37.
<LI> <I> Postfix-Notation </I> <BR> Das Ope-
ratorzeichen wird hier hinter die Operanden
gesetzt, z. B.: <UL> <LI> 13 37 + oder <LI> 196
13 <U> mod </U>. </UL> </OL>
```

Auflistung zweier Beispiele

```
Man beachte, dass bei der Präfix- und der
Postfixnotation die Stelligkeit des Operators
beliebig sein darf. </P>
<P> Während uns diese Notationen bekannt
sind, ist die folgende Notation weniger ge-
bräuchlich; sie wurde nur für dieses Beispiel
erfunden.
```

Ende und Neubeginn eines Abschnitts

```
</P>
```

Ende des Abschnitts

Letzter Abschnitt des Dokuments

```
<H2> <U> Notation für das iterierte Quadrieren
</U> </H2>
```

Zweite Überschriftenebene

```
<P> Wer eine Zahl a mit sich, dann das Ergebnis
ebenfalls wieder mit sich usw. k-mal iteriert
multiplizieren möchte, erhält a hoch der k-ten
Zweierpotenz. Hierfür schreiben wir qua(a,k).
Zum Beispiel ist <UL> <LI> qua(2,1) = 2•2 = 4,
<LI> qua(3,2) = (3•3)•(3•3) = 81 und <LI>
qua(5,3) = ((5•5)•(5•5)) • ((5•5)•(5•5)) =
390625. </UL>
```

Auflistung dreier Beispiele

```
Man lasse auf keinen Fall die runden Klammern
und das Komma weg, da es dann quaak statt
qua(a,k) heißen würde. Ein schneller Algorith-
mus, um qua(a,k) zu berechnen, findet sich <A
HREF= "http://www.informatik.uni-stuttgart.-
de/xyz"> hier </A>. Ein Bild, das das Wachstum
skizziert, erscheint, wenn Sie <A HREF= "http://
www.informatik.uni-stuttgart.de/xyz/Bild">
hier anklicken </A>. </P>
</BODY>
</HTML>
```

das Wort „hier" steht für eine (Internet-)Adresse, die durch Anklicken ← angesprochen wird, das Gleiche gilt für die Wörter „hier ← anklicken"

HTML (Abb. 1): Beispiel für eine HTML-Beschreibung. Dieser Text, wie er von einem Browser angezeigt wird, ist in Abb. 2 wiedergegeben. Man beachte, dass der Browser Zeilenumbrüche, die im HTML-Text stehen, ignoriert.

Schaden, etwa durch Viren, anrichten kann); das Applet kann auf dem Bildschirm ein Rechteck der Größe a mal b Pixel nutzen.

Kennt ein Browser ein Markierungssymbol <X> ... </X> nicht, so ignoriert er es; dadurch wird in HTML ein Fehlerabbruch verhindert. Durch ein so genanntes ↑Plug-in können dem Browser neue Markierungssymbole und deren Bedeutung bekannt gemacht werden.

Die Adresse einer Datei, in der ein HTML-Dokument steht, endet mit dem Zusatz ".html" oder ".htm".

Notationen für Ausdrücke

Notationen für die Arithmetik

In der Informatik sind die folgenden drei Notationen geläufig:

1. *Infix-Notation*
   Hierbei schreibt man den (zweistelligen) Operator zwischen die beiden Operanden, z. B.:
   - 13 + 37,
   - 443 * 67 oder
   - 196 mod 13.
2. *Präfix-Notation*
   Hierbei schreibt man das Operatorzeichen jeweils vor die beiden (oder mehr) Operanden, z. B.: + 13 37.
3. *Postfix-Notation*
   Das Operatorzeichen wird hier hinter die Operanden gesetzt, z. B.:
   - 13 37 + oder
   - 196 13 mod.

Man beachte, dass bei der Präfix- und der Postfixnotation die Stelligkeit des Operators beliebig sein darf.

Während uns diese Notationen bekannt sind, ist die folgende Notation weniger gebräuchlich; sie wurde nur für dieses Beispiel erfunden.

Notation für das iterierte Quadrieren

Wer eine Zahl a mit sich, dann das Ergebnis ebenfalls wieder mit sich usw. k-mal iteriert multiplizieren möchte, erhält a hoch der k-ten Zweierpotenz. Hierfür schreiben wir qua(a, k). Zum Beispiel ist

- qua (2,1) = 2*2 = 4,
- qua (3,2) = (3*3) * (3*3) = 81 und
- qua (5,3) = ((5*5) * (5*5)) * ((5*5) * (5*5)) = 390625.

Man lasse auf keinen Fall die runden Klammern und das Komma weg, da es dann quaak statt qua(a,k) heißen würde. Ein schneller Algorithmus, um qua(a,k) zu berechnen, findet sich hier. Ein Bild, das das Wachstum skizziert, erscheint, wenn Sie hier anklicken.

HTML (Abb. 2): Vom Browser formatierter Text aus der Abb. 1. Welche Größe für Buchstaben verwendet wird, ob Leerzeilen nach </P> eingefügt werden und manches andere wird oft im Browser selbst eingestellt. Der Titel (hier: „Notation") erscheint meist oben auf dem Bildschirm außerhalb der angezeigten Seite; er gehört nicht zum Inhalt des Dokuments.

HTTP: Abk. für *Hypertext Transport Protocol.* Dies ist das Standard-↑ Protokoll im Internet zum Übertragen von WWW-Dokumenten, die meist in der Beschreibungssprache ↑ HTML niedergelegt sind.

Hybridrechner: Rechenanlage, die ↑ analoge (↑ Analogrechner) und ↑ digitale Rechnerbausteine (↑ Digitalrechner) in sich vereint. Zwischen beiden Funktionseinheiten existiert eine Koppelelektronik, die im Wesentlichen die Umwandlung analoger Signale in digitale und umgekehrt vornimmt (↑ Analog-digital-Umsetzung, ↑ Digital-analog-Umsetzung). Hybridrechner werden z. B. zur Lösung von Differenzialgleichungen (vgl. Duden Rechnen und Mathematik) und zur ↑ Simulation eingesetzt. Hierbei kann man die analogen Rechnerbausteine vorteilhaft zur Berechnung guter Näherungslösungen einsetzen, die von den digitalen Bausteinen weiterverarbeitet werden.

Hypertext-System: System zur Speicherung und inhaltlichen Verknüpfung von Textdokumenten durch hierarchische und/oder Verweisstrukturen.

Hypertext-Systeme sind seit Ende der 1980er-Jahre kommerziell verfügbar. Sie entstanden aus dem Wunsch, im Rechner gespeicherte Texte, also wenig strukturierte lineare Folgen von Buchstaben, wie sie von einem ↑ Editor erzeugt werden, aufzubereiten, inhaltlich zu strukturieren und Beziehungen innerhalb von Texten sowie zwischen Texten in unterschiedlichen Dateien herzustellen. Ausgangspunkt für mögliche Beziehungen zwischen mehreren Texten sind z. B. gemeinsame Stichwörter, verwandte Sachgebiete, Assoziationen, zum Verständnis erforderliche Hilfsinformationen, vertiefende Erläuterungen usw. Einen Text, der Sprungmarken enthält, die von anderen Texten angesteuert werden können, oder in dem Verweise zu anderen Texten stehen, bezeichnet man als *Hypertext.*

Während Hypertext-Systeme sich in erster Linie auf die Verknüpfung von Texten beschränken, spricht man allgemein von *Hypermedia-Systemen*, wenn neben Texten auch Bilder, Töne, Musik, Filmsequenzen, Sprachanmerkungen, Geräusche usw. einbezogen werden. Hypermedia-Systeme in diesem Sinne sind also ↑ Multimedia-Systeme, bei denen die Informationen zusätzlich durch eine Verweisstruktur miteinander verknüpft sind. Solche Systeme sind unverzichtbar für die Benutzung vieler ↑ Informationssysteme und das ↑ Internet.

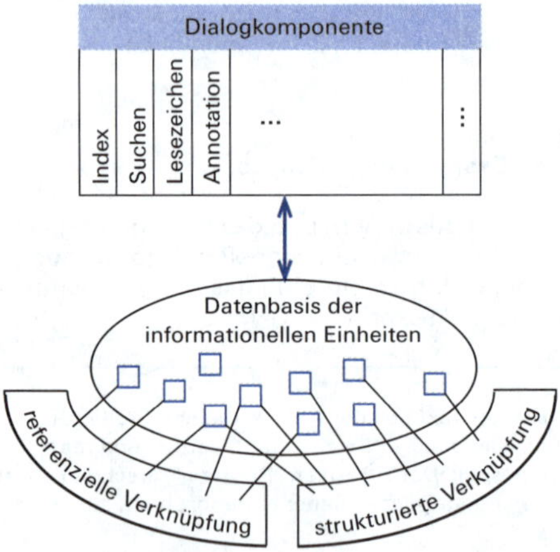

Hypertext-System (Abb. 1): Architektur eines Hypertext-Systems

Die grundlegende Architektur eines Hypertext-Systems zeigt Abb. 1.
Die Datenbasis des Systems besteht aus den so genannten *informationellen Einheiten.* Dies sind kleine, in sich abgeschlossene Bruchstücke von Informationen mit möglichst einheitlicher Struktur oder Gestaltung, die isoliert noch verständlich sind und sich andererseits gut in den Kontext, realisiert durch die Verknüpfungsstruktur, einbetten.
Zwischen den informationellen Einheiten in der Datenbasis bestehen *referenzielle* und gegebenenfalls *strukturierte,* insbesondere *hierarchische Verknüpfungen.* Die referenziellen Verknüpfungen, die man als *Hyperlinks* bezeichnet, realisieren Verweise zwischen Einheiten, die in irgendeiner Beziehung zueinander stehen. Mathematisch bilden die informationellen Einheiten zusammen mit ihren referenziellen Verknüpfungen einen gerichteten ↑Graphen.
Aus Gründen der Übersichtlichkeit werden die informationellen Einheiten häufig noch hierarchisch strukturiert. In diesem Fall ist der Datenraum baumartig in Teilgebiete zusammenhängenden Inhalts unterteilt. Referenzielle Verknüpfungen existieren dann nur innerhalb eines Teilgebiets. Der ungeordnete Wechsel zwischen den Teilgebieten ist nur noch durch Rückverfolgen der Baumstruktur möglich. Eine Datenbasis mit ihren referenziellen und hierarchischen Verknüpfungen hat also allgemein die Form aus Abb. 2.
Die Dialogkomponente ist der wichtigste Baustein eines Hypertext-Systems. Typische Funktionen sind:
- Aufstellen eines Index und Sprung zu ausgewählten Indexpunkten;
- Suchfunktionen nach Schlüssel- und Schlagwörtern;
- *geführte Rundreise* (engl. *guided tour*) durch die Datenbasis, um sich einen Überblick zu verschaffen;
- *Lesezeichen (bookmarks),* d. h. Markierungen gewisser informationeller Einheiten, zu denen man fortan nach Belieben zurückspringen kann;
- *Annotationen* (Anmerkungen), d. h. die elektronische Realisierung des An-den-Rand-Schreibens bei Büchern; Anmerkungen werden dauerhaft in der Datenbasis festgehalten;

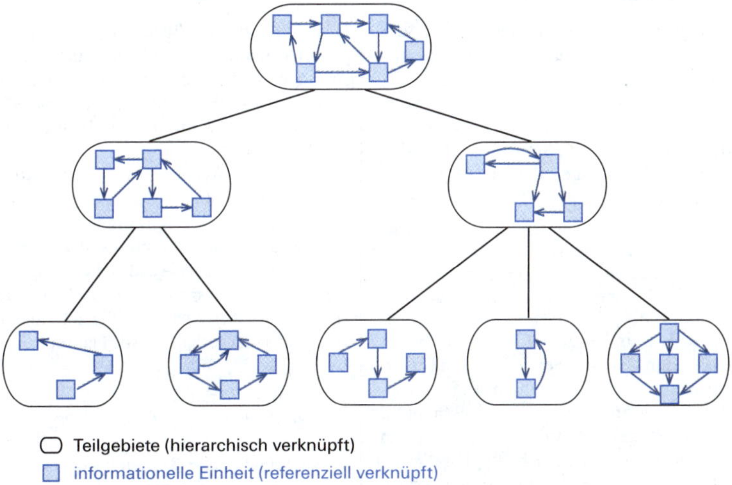

Hypertext-System (Abb.2): allgemeine Verweisstruktur

- Ergänzen der Datenbasis um weitere informationelle Einheiten;
- Hinzufügen oder Ändern der referenziellen oder hierarchischen Struktur;
- Exportieren von informationellen Einheiten oder Teilen aus dem Hypertext-Dokument in andere Dokumente, z. B. die Übernahme eines PASCAL-Programms aus einem Lehrtext in einen PASCAL-Übersetzer mit anschließender Ausführung.

Hypertext-Systeme, die auf dem Modell der Karteikarten beruhen, führen zu den so genannten *Hypercard-Systemen*. Bei ihnen sind alle informationellen Einheiten auf elektronischen Karteikarten erfasst. Diese Karteikarten können nach Belieben multimediale Informationen (Texte, Bilder, Geräusche usw.) aufnehmen. Sie können zu *Stapeln* zusammengefasst werden.

Ferner enthalten sie *Schaltflächen,* auch *Knöpfe* (engl. *buttons*) genannt, bestimmte, besonders gekennzeichnete Bereiche des Bildschirms, an die ein Programm gebunden ist, das durch einen Mausklick auf die Schaltfläche gestartet wird. Im einfachsten Fall führt das Programm nur einen Sprung entlang der Verknüpfungsstruktur zu einer anderen Karte aus, die dann auf dem Bildschirm erscheint. Im allgemeinen Fall können die Programme beliebige Funktionen realisieren und komplexe Abläufe auf dem Bildschirm generieren, z. B. bewegte Bilder. Die Programme sind in einer einfachen strukturierten Programmiersprache geschrieben und können interaktiv geändert werden.

Die WWW-Dokumente im Internet, die in der Sprache ↑ HTML verfasst sind, enthalten in der Regel Verweise auf andere Dokumente. Im WWW wird somit ein riesiges Hypermedia-System verwaltet, das die oben genannten „typischen Funktionen“ durch ↑ Client-Server-Beziehungen, ↑ Browser, ↑ Suchmaschinen, eindeutige Adressierung (↑ URL) und geeignete Datenbanken realisiert.

I

if: grundlegendes Sprachelement der Programmierung für die Fallunterscheidung und die Verzweigung. Es bewirkt die Entscheidung für eine von zwei Möglichkeiten *(Alternative)*.

Im mathematischen Sinne handelt es sich um den dreistelligen Operator:

$$\text{if } x \text{ then } a \text{ else } b \text{ fi} = \begin{cases} a, & \text{falls } x \text{ den Wahrheitswert true besitzt,} \\ b, & \text{falls } x \text{ den Wahrheitswert false besitzt.} \end{cases}$$

Was als a und b zugelassen wird, hängt von den verwendeten Programmiersprachen bzw. Kalkülen ab. In imperativen ↑Programmiersprachen sind a und b in der Regel ↑ Anweisungen, und man spricht dann von einer bedingten Anweisung. In funktionalen Programmiersprachen sind a, b Ausdrücke.

Das Wort fi schließt das Sprachelement ab. Es wirkt wie die „Klammer zu“, wenn man if als zugehörige „Klammer auf“ auffasst; daher auch „fi“ als Spiegelbild von „if“. Statt fi schreibt man oft auch end if.

(1) Die if-Anweisung (oder *Alternative* oder *bedingte Anweisung)* ermöglicht es in imperativen Programmiersprachen, Anweisungen in Abhängigkeit von den Werten ↑boolescher Ausdrücke auszuführen oder zu überspringen. Die allgemeine Form einer if-Anweisung (wie z. B. in der Programmiersprache ↑Ada) lautet:

```
if ⟨bedingung 1⟩ then
  ⟨anweisungsfolge 1⟩
elsif ⟨bedingung 2⟩ then
  ⟨anweisungsfolge 2⟩
elsif ⟨bedingung 3⟩ then
  ⟨anweisungsfolge 3⟩
elsif
```

```
  ...
  else
    ⟨anweisungsfolge⟩
  end if;
```

Falls ⟨bedingung 1⟩ erfüllt ist, so wird ⟨anweisungsfolge 1⟩ ausgeführt, falls ⟨bedingung 1⟩ nicht, wohl aber ⟨bedingung 2⟩ erfüllt ist, so wird ⟨anweisungsfolge 2⟩ ausgeführt usw. Sind alle angegebenen Bedingungen nicht erfüllt, so wird ⟨anweisungsfolge⟩ ausgeführt. Diese bedingte Anweisung ist eng mit der ↑case-Anweisung verwandt.

(2) Funktionale und einige imperative Programmiersprachen bieten die Möglichkeit, mittels if-then-else *bedingte Ausdrücke* zu formulieren, d. h. Ausdrücke, bei denen das Ergebnis direkt vom Wert eines booleschen Ausdruckes abhängt. Die allgemeine Form eines bedingten Ausdruckes ist

```
if ⟨boolescher ausdruck⟩
  then ⟨ausdruck 1⟩
  else ⟨ausdruck 2⟩
```

Ist ⟨boolescher ausdruck⟩ erfüllt, dann ist das Ergebnis ⟨ausdruck 1⟩, sonst ist es ⟨ausdruck 2⟩.

▶ *Beispiel:*
In imperativen Sprachen:

```
absolut := if x ≥ 0 then x else -x fi;
```

In funktionalen Sprachen:

```
fac(n) ≡ if n = 0 then 1 else
                 n * fac(n - 1) fi
```
◀

IFIP (Abk. für **I**nternational **F**ederation for **I**nformation **P**rocessing): internationaler Zusammenschluss von z. Zt. etwa 60 Ländern auf dem Gebiet der Informatik, der im Januar 1960 mit Unterstützung der UNESCO gegründet wurde; jedes Land ist durch genau eine Informatik-Gesellschaft in der IFIP vertreten. Für die Bundesrepublik Deutschland nimmt diese Aufgabe seit 1982 die ↑Gesellschaft für Informatik wahr. Die IFIP fördert die internationale wissenschaftliche und technische Zusammenarbeit auf dem Gebiet der Informatik, führt internationale Konferenzen und Seminare durch, unterstützt die Informatik-Ausbildung in den einzelnen Ländern, informiert die Weltöffentlichkeit über Fragen der Informatik und koordiniert viele Informatik-Aktivitäten. Fachlich gliedert sich die IFIP in zehn technische Komitees, die sich wiederum in diverse Arbeitsgruppen unterteilen.

Implikation (engl. *implication, inclusion*): zweistellige ↑boolesche Funktion mit folgendem Funktionsverhalten:

x	y	$x \Rightarrow y$
0	0	1
0	1	1
1	0	0
1	1	1

Es gilt die Beziehung

$$(x \Rightarrow y) \equiv (\bar{x} + y).$$

IMS [i:'ɛm''ɛs] (Abk. für **I**nformation **M**anagement **S**ystem): früher weit verbreitetes Datenbanksystem (↑Datenbank), das auf dem hierarchischen ↑Datenmodell basiert.

Infixnotation: Zweistellige Verknüpfungen $f: D \times D \to W$ schreibt man für zwei Operanden $x, y \in D$ oft in der Form xfy.

▶ *Beispiel:* f sei die Addition von Zahlen, $f: \mathbb{Z} \times \mathbb{Z} \to \mathbb{Z}$. Statt +(4,5) schreibt man 4+5. ◀

Die Schreibweise, den Verknüpfungsoperator f zwischen die Operanden x und y zu stellen, bezeichnet man als *Infixnotation*.

Treten in einem ↑Ausdruck mehrere zweistellige Verknüpfungen auf, so benötigt man bei der Infixnotation eine Vorschrift, die die eindeutige Auswertungsreihenfolge der Teilausdrücke regelt (Punkt-vor-Strich-Regel, Klammerung).

▶ *Beispiel:* Der Ausdruck $2+3*4+5$ erlaubt z. B. die folgenden Auswertungsmöglichkeiten:

a) $*(+(2,3),+(4,5)) = 45,$
b) $+(+(2,*(3,4)),5) = 19,$
c) $+(2,*(3,+(4,5))) = 29.$

Will man in Infixnotation unter Benutzung der Punkt-vor-Strich-Regel den Fall c) ausdrücken, so klammert man 2+3 * (4+5). ◀

Im Gegensatz zur Infixnotation ist die Auswertungsreihenfolge bei der ↑Präfixnotation und der ↑ Postfixnotation eindeutig; Klammerungen und Vorrangregeln sind dort überflüssig. Daher arbeitet man in der Informatik häufig mit Präfix- und Postfixdarstellungen anstelle der Infixnotation.

Informatik *(computer science):* Wissenschaft von der systematischen Darstellung, Speicherung, Verarbeitung und Übertragung von Informationen, besonders der automatischen Verarbeitung mithilfe von ↑Digitalrechnern (↑Computer). Siehe auch die Einleitung zu diesem Duden!

I

Informatik wurde in der Vergangenheit zunächst als Spezialgebiet innerhalb anderer wissenschaftlicher Disziplinen betrieben, spätestens seit 1960 kann sie jedoch nicht mehr nur als Ansammlung von aus anderen Wissenschaften (z. B. Logik, Mathematik, Elektrotechnik) entliehenen Methoden und Regeln aufgefasst werden; vielmehr hat sich die Informatik zu einem zusammenhängenden, theoretisch fundierten Gebäude, also zu einer neuen Grundlagenwissenschaft entwickelt, die auf andere Wissenschaften ausstrahlt. Zugleich führten Einsatz und Anwendungen zu einer Fülle von Erkenntnissen, Methoden und Techniken.

Heute stellt sich die Informatik überwiegend als eine Ingenieurwissenschaft dar, die (anstelle der Grundelemente „Materie" und „Energie") den Rohstoff „Information" modelliert, aufbereitet, speichert, verarbeitet und einsetzt. Die schnell wachsende Bedeutung der Informatik verbunden mit dem großen Bedarf an Fachleuten auf diesem Gebiet hat in den USA Anfang der 60er-, in Deutschland Anfang der 70er-Jahre zur Schaffung von Informatik-Studiengängen an Universitäten und Fachhochschulen geführt.

Ein zentraler Begriff der Informatik ist der Begriff des ↑Algorithmus und seine Realisierung in Form eines ↑Programms. Man beschränkt sich aber in der Informatik nicht auf die Programmierarbeit, sondern untersucht ganz allgemein die Struktur und das Zusammenwirken von Algorithmen (↑Prozess), von zu verarbeitenden Daten (↑Datenstruktur, ↑Objekt, ↑ Klasse) sowie von Sprachen zu ihrer Formulierung (↑ Programmiersprache). Die Anforderungen der Praxis, insbesondere die Herstellung von Systemen und Werkzeugen, erfordern eine ingenieurmäßige Ausrichtung, die die Informatik immer stärker prägt.

Aufbau der Informatik: Gemäß der verschiedenen Schwerpunkte unterscheidet man die theoretische, die praktische, die technische und die angewandte Informatik, deren Abgrenzungen aber heute kaum noch erkennbar sind. Theoretische, praktische und technische Informatik fasste man früher unter dem Oberbegriff *„Kerninformatik"* zusammen.

– *Theoretische Informatik:*

Sowohl für die Formulierung und Untersuchung von Algorithmen als auch für die Rechnerkonstruktion spielen formale Methoden und mathematische Modelle eine wesentliche Rolle. Beispiele für Teilgebiete der theoretischen Informatik sind die Theorie der formalen ↑Sprachen und der Graphen und Netze (↑ Petrinetz), die Automatentheorie (↑ Automat), die Theorie der ↑Berechenbarkeit, die ↑Kryptographie, die ↑Komplexitätstheorie und die ↑Semantik.

– *Praktische Informatik:*

Die praktische Informatik entwickelt Methoden, um Programmsysteme erstellen zu können, sowie konkrete Entwicklungsumgebungen und Softwarewerkzeuge zur Unterstützung von Programmierern und Anwendern. Beispiele für Teilgebiete der praktischen Informatik sind ↑ Programmiersprachen und ihre ↑ Übersetzer, ↑ Informationssysteme, ↑ Betriebssysteme, ↑ verteilte Systeme, ↑ Software-Engineering, ↑Simulation und ↑Künstliche Intelligenz.

– *Technische Informatik:*
In der technischen Informatik befasst man sich mit dem funktionellen Aufbau von Computern und den zugehörigen Geräten sowie mit dem logischen Entwurf von Rechnern, Geräten und Schaltungen (↑Hardware). Beispiele für Teilgebiete der technischen Informatik sind ↑ Rechnerarchitektur, Rechnernetze, Rechnerorganisation, ↑Prozessdatenverarbeitung und VLSI-Entwurf (↑Integrationsstufe).
– *Angewandte Informatik:*
Informatik versteht sich als anwendbare Wissenschaft, die andere Fachgebiete und viele Sparten des Lebens beeinflusst. Unter angewandter Informatik fasst man Anwendungen von Methoden der Kerninformatik in *anderen* Wissenschaften und dabei entstehende spezielle Erkenntnisse und Techniken zusammen. Die angewandte Informatik untersucht Abläufe in den unterschiedlichsten Bereichen auf ihre Automatisierbarkeit. Hierzu gehören die mit „CA“ beginnenden Fachgebiete: *CAD* = computer-aided design, *CAE* = computer-aided engineering usw. Neben anwendungsbezogenen Analysen entwickelt man ingenieurmäßige Methoden bei der Entwicklung von Software, d. h. von Programmsystemen, die solche Anwendungsfälle abdecken sollen. Da durch den Einsatz von Computern die Arbeitsbedingungen, Organisationsformen und Herstellungsverfahren stark beeinflusst oder sogar neu gestaltet werden, umfasst die angewandte Informatik auch Forschungsbereiche, die über die engere Wissenschaft Informatik hinausgehen und neben Fragen der Mensch-Maschine-Kommunikation, Akzeptanz, ↑Ergonomie und Technikbewertung zugleich umfangreiche Kenntnisse der jeweiligen Anwendungswissenschaft voraussetzen. Hieraus haben sich sogar eigene Disziplinen entwickelt wie die ↑Wirtschaftsinformatik, die Rechtsinformatik und die medizinische Informatik.

Veränderung durch Informatik: Computer und Netze bilden eine Infrastruktur, die zur Basis einer kommenden Informations- und Wissensgesellschaft wird. Hier werden viele neue Arbeitsplätze geschaffen, neue bisher unbekannte ↑ Dienste werden entstehen, neue Formen des Zusammenlebens von Menschen zeichnen sich ab usw. Hier liegen ungeahnte Zukunftschancen, deren Realisierung mithilfe der Informatik erprobt und implementiert werden kann.
Ein relativ neuer Aspekt der Informatik, der sich zugleich mit dem großen Bereich der „Technikfolgen-Abschätzung“ auseinander setzt, wird durch den Begriff *„Informatik und Gesellschaft“* ausgedrückt. Dieser Bereich behandelt die Auswirkungen der Informatik auf gesellschaftliche Entwicklungen: Ähnlich wie bei der Entwicklung mechanischer Maschinen (Schlüsselerfindung: Dampfmaschine, industrielle Revolution) wird auch der Computer als Instrument der ↑ Rationalisierung eingesetzt, woraus sich für die Betroffenen oft schwerwiegende soziale Folgen (Wandel von Arbeitsplätzen und beruflichen Anforderungen, ↑ Computer-Literacy) und Gefahren aus der schnellen Verfügbarkeit personenbezogener Daten und der Konzentration von Informationen in ↑Datenbanken ergeben (↑ Datenschutz). Computer werden zur Steuerung, Informationssammlung und -auswertung auf fast allen Gebieten von Wirtschaft, Wissenschaft, öffentlichem und privatem Leben eingesetzt und ermöglichen die Lösung neuer, immer komplexerer Probleme. Entsprechende Computersysteme werden für den Menschen undurchschaubar, was zur Abhängigkeit von Spezialisten führen und die Situation jedes Einzelnen nachhaltig in der Gesellschaft verändern kann.

Fundamentale Ideen der Informatik: Jede Wissenschaft muss sich der Frage stellen, aus welchen Grundlagen sie ihr Selbstverständnis bezieht und was ihre unverwechselbaren Denkweisen sind. Diese Aufgabe wird von der Wissenschaftstheorie, von philosophisch ausgerichteten Forschungsgruppen und von einem

Didaktikbereich der jeweiligen Wissenschaft wahrgenommen. Entsprechende Ausrichtungen entwickeln sich in der Informatik zurzeit. Im Folgenden wird daher der Versuch unternommen, mögliche Grundlagen und Grundbegriffe (so genannte *fundamentale Ideen*) vorzustellen, also Denk-, Handlungs-, Beschreibungs- oder Erklärungsschemata, die

(1) in verschiedenen Bereichen einer Wissenschaft vielfältig anwendbar oder erkennbar sind,
(2) auf jedem intellektuellen Niveau aufgezeigt und vermittelt werden können (also z. B. in der Mittelstufe der Schulen ebenso wie in der Universität oder der industriellen Praxis),
(3) in der historischen Entwicklung einer Wissenschaft beobachtet werden und langfristig relevant bleiben,
(4) einen Bezug zu Sprache und Denken des Alltags und der Lebenswelt besitzen.

Wie erkennt man fundamentale Ideen in der Informatik? Der wesentliche Zweck der Wissenschaft Informatik ist es im weitesten Sinne, den *Entwicklungsprozess* von Informatiksystemen (Hard- und Software) zu erforschen und Theorien, Methoden und Techniken hierfür bereitzustellen. Es ist daher sinnvoll, diesen Entwicklungsprozess auf möglichst allgemein gültige Ideen hin zu untersuchen. Analysiert man die einzelnen Phasen bei der Softwareentwicklung (Phasenmodell und Softwarelebenszyklus, vgl. Abb. 1 unter ↑ Software-Engineering) genauer, so stellt man Folgendes fest:

Problemanalyse: Zentrale Idee dieser Phase ist die strukturierte Zerlegung. Die noch vagen Vorstellungen des Auftraggebers werden präzisiert und strukturiert zu Papier gebracht sowie auf Durchführbarkeit untersucht. Die Struktur des gegebenen Systems wird durch Zerlegung in Komponenten und Ermittlung ihrer Beziehung aufgedeckt. Üblicherweise erfolgt solch eine Analyse schrittweise, indem man zunächst eine grobe Zerlegung vornimmt und einzelne ihrer Komponenten weiter verfeinert, bis ein hinreichend großer Detaillierungsgrad erreicht ist. So erhält man eine Hierarchie von *Abstraktionsstufen*. Die Durchführbarkeitsanalyse bezieht u. a. Fragen der Komplexität und Reduktion, der vorhandenen Systeme, Werkzeuge und Methoden sowie viele über die Informatik hinausgehende Fragen (Akzeptanz, Schulung, Auswirkungen usw.) ein.

Entwurf: Im Zentrum der *Entwurfsphase* steht die Erarbeitung von Komponenten (↑ Objekt), ihres Zusammenwirkens und ihrer Zusammenführung in einer Architektur, insbesondere also die Idee der Modularisierung (↑ Modul) mit ihren Ausprägungen (z. B. Top-down und Bottom-up). Auch hier führen Fragestellungen über die Informatik hinaus, wie z. B. die Frage der Gestaltung des geplanten Systems, der zulässigen Eingriffe künftiger Benutzer oder Systembetreuer, die wesentlichen ↑ Bewertungskriterien usw.

Implementierung: Kern der Implementierungsphase ist die Idee der Algorithmisierung (z. B. Realisierung in Kontroll- und Datenstrukturen, Aufbrechen in Einzelschritte) und die anschließende Umsetzung des Algorithmus in ein ablauffähiges Programm einer Programmiersprache bestehend aus ↑ Kontrollstrukturen und ↑ Datenstrukturen. Hierfür gibt es ↑ Algorithmen-Entwurfsmethoden. Bei der Programmierung ist systematisch vorzugehen. Die verwendete Sprache sollte über ein Prozess-, Modul-, Block- und ein Parameterkonzept sowie über Mittel zur grafischen oder sprachlichen Darstellung von Hierarchien (Klammern, begin ... end, Schachtelungen) verfügen.

Funktionsüberprüfung: Zentrale Idee in dieser Phase ist die *Qualitätskontrolle,* d. h. die Untersuchung des fertigen Programms oder seiner Teile auf Erfüllung der Anforderungen, auf Korrektheit (↑ Verifikation) und auf das Verhalten in Fehlerfällen. Bei nebenläufigen Programmen spielen hierbei auch Begriffe wie Konsistenz und Fairness eine Rolle.

Leistungsüberprüfung: Im Zentrum dieser Phase steht ebenfalls unter dem Qualitätsaspekt die Komplexität. Damit zusammenhängende Begriffe sind u. a. ↑Ordnung und Worst-Case-Laufzeit.
Die letzten Phasen des Softwarelebenszyklus bilden Integration, Installation, Abnahme und Wartung des Softwareprodukts. Hier werden die verwendeten Schnittstellen und Protokolle und Eigenschaften wie Robustheit, Benutzungsfreundlichkeit, Sicherheit, Wiederverwendbarkeit usw. überprüft.

Unter den genannten Begriffen fallen drei besonders auf, weil sie, gewissermaßen als phasenübergreifende Ideen, in allen Stadien der Softwareentwicklung eine wesentliche Rolle spielen. Der Aspekt der **Algorithmisierung** ist bereits explizit erwähnt worden, die beiden anderen treten nur implizit auf, die Aspekte der *Sprache* und der *strukturierten Zerlegung.* Diese beiden Begriffe liefern Anhaltspunkte für eine Reihe weiterer Ideen.
Sprache: Nicht nur in der Programmierung (Programmiersprachen), bei der Spezifikation (Spezifikationssprachen), bei der Verifikation (Logikkalküle), in Datenbanken (Anfragesprachen), bei Betriebssystemen (Kommandosprachen) spielen Sprachen eine herausragende Rolle, vielmehr besteht in der Informatik eine generelle Tendenz zur Versprachlichung von Sachverhalten. Dies gilt auch für Bereiche, bei denen zunächst kein unmittelbarer Bezug zu einer sprachlichen Darstellung besteht, z. B. beim Entwurf logischer Schaltungen. Dieses Vorgehen bietet u. a. folgende Vorteile:
- Es ermöglicht präzise Darstellungen (↑Syntax, ↑Semantik);
- es vereinheitlicht die Sichtweise;
- es ermöglicht Aussagen über die Verarbeitung; denn die Manipulation und Analyse von Sprachen, Ausdrücken und Wörtern sind relativ gut erforscht.

Zerlegung: Sie konkretisiert sich z. B.
- in der wiederholten Zerlegung eines Systems und seiner Teilsysteme in Komponenten,
- an der hierarchischen Modularisierung,
- an der Zerlegung des Entwicklungsprozesses in mehrere Phasen, die jeweils aus verschiedenen Unterphasen bestehen.

Offenbar kann man beim Zerlegungsbegriff einen horizontalen und einen vertikalen Aspekt unterscheiden, wobei die Hierarchisierung den vertikalen und die Modularisierung den horizontalen beschreibt. Die hierarchische Modularisierung entsteht dann hieraus als Mischform.
Jeder Zerlegungsprozess kommt irgendwann zum Ende, spätestens dann, wenn eine „atomare" Schicht erreicht wird. Diese Beobachtung führt auf die (aus der Mathematik bekannte) Idee der *Orthogonalisierung.* Unter Orthogonalisierung eines Bereichs versteht man die Angabe einer endlichen Zahl von Basiselementen und von Operationen hierauf, sodass jedes beliebige andere Element des Bereichs aus den Basiselementen durch endlich häufige Anwendung der Operationen erzeugt werden kann; zugleich müssen die Basiselemente *beliebig* miteinander verknüpft werden können, es darf also (fast) keine einschränkenden Bedingungen geben. (Z. B. sind die meisten Programmiersprachen nicht orthogonal konzipiert, da etwa der Konstruktor „procedure" nicht mit dem Konstruktor „array" zu einem „array [...] of procedure" kombiniert werden darf.) Die Fundamentalität der Orthogonalisierung erkennt man an ihrer vielfältigen Anwendbarkeit innerhalb und außerhalb der Informatik, z. B. bei
- der Kontrollstruktur imperativer Programmiersprachen: Die Strukturen Zuweisung, Konkatenation, if und while-Schleife bilden eine Basis; jede andere Anweisung lässt sich hierdurch simulieren;
- funktionalen Programmiersprachen: Die Grundoperationen bei Sprachen,

die sich am ↑Lambda-Kalkül orientieren, sind Abstraktion (= Definition einer Funktion mit Parametern), Applikation (= Anwendung einer Funktion auf aktuelle Parameter) und Substitution (= Parameterersetzung);

- ↑ primitiv-rekursiven und ↑ μ-rekursiven Funktionen: Es gibt eine Menge von Grundfunktionen (z. B. konstante Funktion 0, Nachfolgerfunktion) und eine Reihe von Operationen (Komposition, Einsetzung von Funktionen, primitives Rekursionsschema und μ-Operator), die beliebig miteinander kombiniert werden können;
- ↑ booleschen Funktionen: UND-, ODER- und NOT-Funktion bilden eine Basis (einen so genannten ↑Bausteinsatz);
- ↑ALGOL 68.

I

Diese Überlegungen kann man nun zu einem Katalog fundamentaler Ideen der Informatik zusammenstellen, der alle bisher genannten und einige weitere Ideen zur Abrundung thematisch gruppiert und hierarchisch angeordnet enthält (Abb. 1). Man beachte: Bei den kursiv dargestellten Bezeichnungen handelt es sich um Oberbegriffe für Ideengruppen, die zur Systematisierung hinzugenommen wurden, und nicht um Ideen.

Andere zentrale Begriffe, die in vielen Gebieten der Informatik auftreten, wurden in der Literatur vorgeschlagen. Zum Beispiel kann man die zentralen Ideen an Eigenschaften der zu erstellenden Systeme orientieren, wie Stimmigkeit *(Konsistenz),* Ressourcenwettbewerb *(Konkurrenz,* meist bei nebenläufigen Systemen) und Dauerhaftigkeit *(Persistenz).*

Anstelle von fundamentalen Ideen spricht man oft auch von Philosophien, Paradigmen, Grundprinzipien oder zentralen Methoden. Hierzu siehe ↑Methoden der Informatik.

Geschichte: Schon früh haben die Menschen begonnen, mechanische Abläufe exakt zu formulieren (siehe z. B. ↑euklidischer Algorithmus). Aber erst im 17. Jahrhundert konnten funktionsfähige Maschinen zur Durchführung der Grundrechenarten konstruiert werden. Einzelne Stationen dieser Entwicklung verliefen wie folgt:

Altertum – Mittelalter: Verwendung des ↑ Abakus (Brett mit verschiebbaren Kugeln) als Hilfsmittel für die vier Grundrechenarten.

9. Jh.: Der persische Mathematiker und Astronom *Ibn Musa Al-Chwarismi* schreibt das Lehrbuch „Kitab al jabr w'almuqabala" („Regeln der Wiedereinsetzung und Reduktion"). Das Wort „↑Algorithmus" geht auf seinen Namen zurück.

1524: *Adam Riese* (1492 – 1559) veröffentlicht ein Rechenbuch, in dem er die Rechengesetze des aus Indien stammenden Dezimalsystems (5. Jh. n. Chr.) beschreibt. In dieser Zeit setzt sich das Dezimalsystem in Europa durch. Nun ist eine Automatisierung des Rechenvorgangs möglich.

1623: *Wilhelm Schickard* (1592 – 1635) konstruiert für seinen Freund *Johannes Kepler* (1571 – 1630) eine Maschine, die addieren und subtrahieren und mit der man mit Zusatzstäbchen dann leichter multiplizieren und dividieren kann. Sie bleibt unbeachtet.

1641: *Blaise Pascal* (1623 – 1662) konstruiert eine Maschine, mit der man sechsstellige Zahlen addieren kann.

1674: *Gottfried Wilhelm Leibniz* (1646 – 1716) konstruiert eine Rechenmaschine mit verschiebbarem Schlitten und Staffelwalzen für die vier Grundrechenarten. In diesem Zusammenhang befasst er sich auch mit der binären Darstellung von Zahlen.

1774: *Philipp Matthäus Hahn* (1739 – 1790) entwickelt eine mechanische Rechenmaschine, die erstmals zuverlässig arbeitet und von der mehrere hergestellt werden.

ab ca. 1838: *Charles Babbage* (1792 – 1871) entwirft eine Maschine, die *„Analytical Engine",* bei der die Reihenfolge der einzelnen Rechenoperationen durch nacheinander eingegebene Lochkarten gesteuert wird. Die Maschine soll einen Zahlenspeicher,

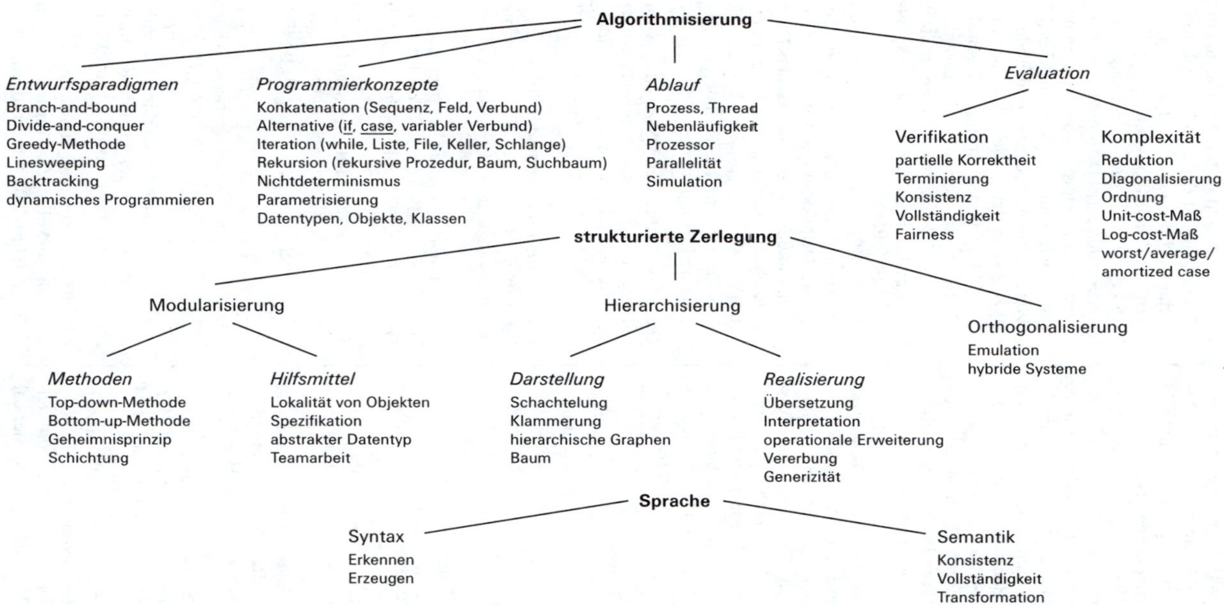

Informatik (Abb. 1): fundamentale Ideen der Informatik

ein Rechenwerk, eine Steuereinheit und einen Programmspeicher besitzen. Babbages modern anmutende Überlegungen wurden als nicht realisierbar aufgefasst. Auf seine Arbeiten stieß man erst wieder, als die modernen Rechner bereits konzipiert waren. Die Programmiersprache ↑Ada wurde nach dem Vornamen der Assistentin von Charles Babbage, Gräfin *Ada Augusta von Lovelace,* benannt.

ab ca. 1850 werden Rechenmaschinen für die vier Grundrechenarten serienmäßig hergestellt und dabei ständig weiterentwickelt.

1886: *Hermann Hollerith* (1860 – 1929) entwickelt in den USA elektrisch arbeitende Zählmaschinen für Lochkarten, mit denen die statistischen Auswertungen der Volkszählungen vorgenommen werden. Diese Technik wird später stark ausgebaut. Insbesondere werden Druck- und Stanzeinheiten angeschlossen, es werden Stecktafeln entwickelt, mit deren Hilfe man spezielle Arbeitsprogramme auswählen kann.

1934: *Konrad Zuse* (1910 – 1995) beginnt mit der Planung einer programmgesteuerten Rechenmaschine. Sie verwendet das binäre Zahlensystem und die halblogarithmische Zahlendarstellung.

1938: Die mechanische Anlage Z 1 von Zuse ist fertig.

1941: Die elektro-mechanische Anlage Z 3 von Zuse ist fertig. Dies ist der erste funktionsfähige programmgesteuerte Rechenautomat. Das Programm wird mit Lochstreifen eingegeben. Die Anlage verfügt über 2 000 Relais und eine Speicherkapazität von 64 Worten à 22 Bit. Multiplikationszeit: etwa 3 s.

1944: *Howard H. Aiken* (1900 – 1973) erstellt in Zusammenarbeit mit der Harvard-University und der Firma IBM die teilweise programmgesteuerte Rechenanlage MARK I. Additionszeit: $\frac{1}{3}$ s, Multiplikationszeit: 6 s.

1946: *J. P. Eckert* und *J. W. Mauchly* stellen die *ENIAC* (Electronic Numerical Integrator and Automatic Calculator) fertig. Dies ist der erste vollelektronische Rechner (18 000 Elektronenröhren). Multiplikationszeit: 3 ms.

1946 – 1952: Auf der Grundlage der Ideen *John v. Neumanns* (1903 – 1957) (Einzelprozessor, Programm und Daten im gleichen Speicher; ↑ Von-Neumann-Rechner) und anderer Wissenschaftler wie H. Goldstine (* 1913) und Arthur W. Burks (* 1915) am Institute of Advanced Study at Princeton werden weitere Computer in Universitätslabors entwickelt („Pionierzeit“).

1949: *M. V. Wilke* (University of Manchester) stellt mit der *EDSAC* (Electronic Delay Storage Automatic Calculator) den ersten universellen Digitalrechner (gespeichertes Programm) fertig.

ab 1950: industrielle Rechnerentwicklung und Produktion.

Die Entwicklung der DV-Anlagen wird seitdem in *Generationen* gezählt, wobei jede Generation durch die verwendete Schaltkreistechnologie charakterisiert ist:

1. Generation (bis Ende der 50er-Jahre): Elektronenröhren als Schaltelemente (Geschwindigkeit: etwa 1 000 Additionen/s);

2. Generation (bis Ende der 60er-Jahre): Halbleiterschaltkreise (Transistoren, Dioden; Geschwindigkeit: etwa 10 000 Additionen/s);

3. Generation (seit Mitte der 60er-Jahre): teilweise integrierte Schaltkreise (Geschwindigkeit: etwa 500 000 Additionen/s);

4. Generation (seit Anfang der 70er-Jahre): überwiegend hochintegrierte Schaltkreise (Geschwindigkeit: etwa 10 Mio. Additionen/s);

5. Generation (seit Anfang der 80er-Jahre): höchstintegrierte Schaltkreise; mehrere kleine Prozessoren auf einem ↑Chip.

Ab 2000 erwartet man Steigerungen, die zu etwa 50 Millionen Transistoren pro Chip im Jahre 2005 führen sollen.

Parallel zur technologischen Entwicklung (↑Hardware) verläuft die Entwicklung von Programmier- und Betriebshilfen (↑Software) ebenfalls in Generationen:
1. Generation: Programmierung im Maschinencode;
2. Generation: Entwicklung der problemorientierten, aber meist noch sehr maschinennahen und wenig strukturierten ↑ Programmiersprachen ↑ FORTRAN (ab 1956), ↑ALGOL-60 (ab 1958) und ↑ COBOL (1960). Einsatz der ersten Mehrprogrammbetriebssysteme;
3. Generation: Entwicklung und Einsatz von ↑ Betriebssystemen mit Dialogbetrieb und ↑ Datenbanken; Methoden der „↑strukturierten Programmierung" (↑PASCAL, ↑ELAN);
4. Generation: ↑verteilte Systeme, hohe Kommunikationsfähigkeit, gute Arbeits- und Programmierumgebungen, ↑objektorientierte Programmierung (zumindest in Ansätzen), Programmgeneratoren zur Erzeugung umfangreicher Programme aus relativ wenigen Angaben;
5. Generation (ab ca. 1995): Wissensverarbeitung, automatisches Schlussfolgern, hohe ↑ Parallelverarbeitung, ↑ mobile Programme, Komponententechnologie und Middleware.

Das Bild der Informatik: Dieses wird in der Öffentlichkeit stark von der Vorstellung geprägt, die sich der Einzelne von Computern, deren Möglichkeiten, Einsatz und Grenzen macht. In Abb. 2 ist skizziert, welche Eigenschaften bzw. Anwendungsmöglichkeiten den Computern seit 1940 beigemessen wurden. Galt der Computer anfangs als reine Rechenmaschine, so wurden ihm in den 50er-Jahren bereits hochintelligente Fähigkeiten unterstellt („Elektronengehirn"). Schon 10 Jahre später trat eine tiefe Ernüchterung ein, da große Softwaresysteme nicht mehr beherrschbar schienen. Die Informatik wandelte sich nun zu einer Ingenieurwissenschaft; das „Programmieren als künstlerische, individuelle Tätigkeit" wurde durch das „strukturierte Programmieren" abgelöst. Erneut begann mit dem Schlagwort „Künstliche Intelligenz" eine euphorische Phase, die durch das Problem der gewaltigen Softwarebestände, ihrer Anpassung und Wiederverwendung gebremst wurde. Das Konfigurieren und Zuschneiden von Soft- und Hardware begünstigt derzeit den Wechsel zur ↑objektorientierten Programmierung. Wir befinden uns im Jahre 2000 in einer euphorischen Phase der elektronischen Märkte und permanenten Unterstützung an jedem Ort der Erde, ausgelöst durch hochgradig parallele und vernetzte Systeme, die wegen des Problems, wie Menschen extrem schnelle, parallele Prozesse beherrschen können, in etwa 10 Jahren in eine neue Krise münden könnte. Welcher Programmierstil sich dann als Lösung anbieten wird, ist heute völlig offen (siehe Abb. 2, linker Teil). Insgesamt verschiebt sich unsere Vorstellung vom Computer immer mehr in Richtung eines „mitdenkenden, äußerst rasch arbeitenden Assistenten". Alles darüber hinausgehende, wie z. B. die Frage, ob Computer einst lebende Systeme sein werden, bleibt dagegen reine Spekulation, die aus der Wissenschaft Informatik hinausführt.

Informatiksystem: Als Informatiksystem bezeichnet man die spezifische Zusammenstellung von ↑Hardware, ↑Software und Netzverbindungen zur Lösung eines Anwendungsproblems. Eingeschlossen sind alle durch die Einbettung des Systems in den Anwendungsbereich beabsichtigten oder verursachten nichttechnischen Fragestellungen und ihre Lösungen, also Fragen der Gestaltung des Systems, der Qualifizierung der Nutzer, der Sicherheit sowie der Auswirkungen und Folgen des Einsatzes.
Informatik ist dann die Wissenschaft von Entwurf und Gestaltung von Informatiksystemen.
Die früher meist verwendeten Begriffe „Rechnersystem" oder „Computersystem" zur Zusammenfassung von Hard- und Software wurden mittlerweile weitgehend aufgegeben, da sie die technische Dimension überbetonen.

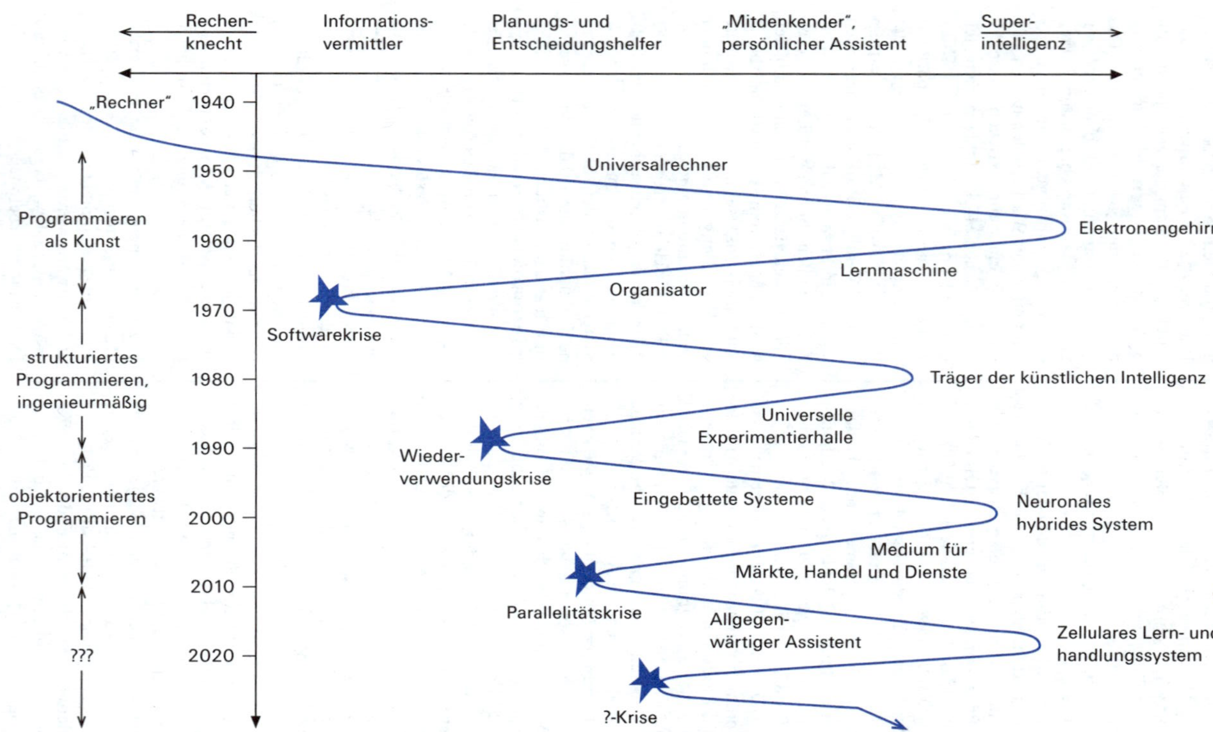

Informatik (Abb. 2): Vorstellung über Computer im Laufe der Zeit; links ist die jeweils dominierende Programmiermethodik angegeben

Information (aus dem Lateinischen „informare“ = „Gestalt geben“ und im übertragenen Sinne „jemanden durch Unterweisung bilden“): Energie, Materie und Information stellen die drei wichtigsten Grundbegriffe der Natur- und Ingenieurwissenschaften dar. Für die Informatik, die sich als die Wissenschaft von der systematischen Verarbeitung von Information versteht, ist der Begriff „Information“ von zentraler Bedeutung; trotzdem ist er bisher kaum präzisiert worden, weil mit einer Information auch stets Ziele und Absichten verfolgt werden, die sich noch nicht angemessen formalisieren lassen.

Über Information lässt sich manches aussagen: Sie

- wird dargestellt (durch Signale, Zeichen, Nachrichten, Sprache, ...),
- wird verarbeitet (Eingabe, Ausgabe, Übermittlung, Speicherung, Klassifizierung, Auffinden, Umwandeln in andere Darstellungen, Kombinieren, algorithmisch verknüpfen usw.),
- hat Eigenschaften, z. B.:

  (1) Information benötigt keinen fixierten Träger (d. h., Information ist unabhängig vom Ort, sie ist beliebig oft kopierbar, sie kennt keine Originale).

  (2) Information altert nicht.

  (3) Information ist fast beliebig kombinierbar. Man kann daher einer Information nicht ansehen, ob ihre Teile zueinander gehören (z. B. ob der Text des Nachrichtensprechers tatsächlich zu den gesendeten Bildern gehört; Manipulationen sind also beliebig möglich, vgl. auch ↑Datenschutz).

  (4) Information lässt sich stark komprimieren (z. B. oft in Computerprogrammen), aber auch inhaltsleer auswalzen.

  (5) Information dient dazu, Information zu verarbeiten, insbesondere auch sich selbst (↑Halteproblem).

  (6) Auch Bruchstücke und Verfälschungen einer Information gelten als Information, d. h. Information lässt sich prinzipiell analysieren, weiterdenken, vervollständigen oder sonstwie weiterverarbeiten (unvollständige, unsichere, vage Information).

Information ist also ein äußerst komplexer Begriff. Man interessiert sich daher für Schematisierungen. Eine grobe Einteilung lautet:

Eine Information besteht aus mindestens drei Teilen:

- einem syntaktischen Teil, der die zulässige Struktur der Bausteine, aus denen sich die Information zusammensetzt, beschreibt,
- einem semantischen Teil, der die Bedeutung der Information angibt,
- einem pragmatischen Teil, aus dem sich der Zweck der Information und die erhofften Handlungen ergeben.

Überprüfbar ist in jedem Fall der syntaktische Teil, der semantische Teil ergibt sich meist indirekt aus der Verarbeitung der Information, und der pragmatische Anteil bleibt in der Regel verborgen.

Für die Darstellung von Information verwendet man Signale, Daten oder Nachrichten. Diese Begriffe lassen sich umgangssprachlich folgendermaßen beschreiben:

Signal: elementare feststellbare Veränderungen, z. B. ein ↑Zeichen, ein Strich, ein Bildelement, ein Laut, ein Ton, eine Mimik, ein Lichtblitz, eine Farbveränderung, eine Bewegung, ein elektrischer Impuls usw.

Datum: Signal, dargestellt durch ↑digitale Zeichen.

Nachricht: Folge von Signalen einschließlich ihrer räumlichen und zeitlichen Anordnung.

Aus Sicht der Nachrichtentechnik stellte sich frühzeitig die Frage, wie man in die Signale möglichst viel „Wissen“ stecken kann, um z. B. kurze Übertragungszeiten zu erreichen. Als Maßeinheit für die Information wird das ↑Bit (= eine mit 0/1 ausdrückbare Nachricht, also eine Nachricht, die mit dem einfachsten Signal, nämlich einem Wechsel zwischen zwei Zuständen, beschreibbar ist) gewählt. Dies führte zum Shannonschen Informationsbegriff (↑Informationstheorie), der ein Maß für den mittleren Informationsgehalt ist, den man mit einer gegebenen Codierung übertragen kann. Dieser Begriff ist aber nur in wenigen Bereichen der Informatik von Interesse, nämlich nur dort, wo Nachrichten komprimiert oder ver- und entschlüsselt werden.

Im menschlichen Bereich gibt Information Auskunft über mindestens eine der Fragen „wer?", „was?", „wo?", „wann?", „wie?", „warum?", „mit wessen Hilfe?", „wozu?". Information ist daher eng mit Kommunikation verwandt. In Abhängigkeit von einem Ziel bildet sich die richtige Information im Verlauf einer Kommunikation heraus. Als Beispiel denke man an Abläufe in Büros, in denen Informationen gesammelt, aufbereitet, weitergegeben und zur Steuerung von Produktionsstätten, Verkehrssystemen oder Firmen verwendet werden. In diesem allgemeinen Sinne sind wir noch weit von einer Klärung des Begriffs „Information" entfernt. Welche Rolle spielt z. B. die zugrunde gelegte Darstellung? Welchen Einfluss hat die Sprache, in der die Informationen formuliert werden? Kann man allgemeine Gesetze für die Informationsverarbeitung angeben? Lässt sich Information stets in einzelne Bausteine zerlegen, und wie kann man aus den Bausteinen die Gesamtinformation zurückgewinnen? Was bewirken Werkzeuge? usw.

So erhält man folgende eingeschränkte Beschreibung des Informationsbegriffes: *Information* umfasst eine Nachricht zusammen mit ihrer Bedeutung für den Empfänger. Diese Bedeutung kann darin bestehen, dass ein Mensch der Nachricht einen Sinn gibt, oder die Bedeutung kann indirekt aus der Art der weiteren Verarbeitung der Nachricht geschlossen werden. Die Bedeutung kann aber auch aus der Nachricht erschlossen werden (↑Semantik, ↑Spezifikation). Als Maß für die Information kann man die kürzeste Beschreibung wählen, die eine Nachricht benötigt, welche dieselbe Bedeutung für den Empfänger besitzt wie die ursprünglich vorgegebene Information (so genannte *Beschreibungskomplexität*).

Informationssystem: System zur Speicherung, Wiedergewinnung (engl. *information retrieval*), Verknüpfung und Auswertung von Informationen. Ein Informationssystem besteht aus einem Datenbanksystem, ↑Datenmodellen, Klassifizierungen der Daten und den Auswertungsprogrammen. Das Informationssystem ist in der Regel auf mehrere Rechner in einem Betrieb oder auf mehrere Server im Netz verteilt. Informationssysteme, deren vorrangige Aufgabe nur die Speicherung und die schnelle und gezielte Bereitstellung gesuchter Informationen umfasst, bezeichnet man als *Informationswiedergewinnungssysteme*. Sie werden z. B. bei der Polizei verwendet, um etwa in Sekundenschnelle zu erfahren, ob das Auto mit dem eingegebenen Kennzeichen als gestohlen gemeldet ist.

Handelt es sich bei den verarbeiteten Informationen um Merkmale von Dokumenten (z. B. Titel, Autoren, Schlagwörter von Büchern, Zeitschriftenartikeln usw.), so spricht man einschränkend von *Dokumentationssystemen*. Dokumentationssysteme werden z. B. bei Bibliotheken eingesetzt.

Für Fragen der Umwelt, der Verkehrsplanung und der (Kommunal-)Politik setzt man Informationssysteme ein, die genau Ausschnitte der Erdoberfläche (Kataster, Vermessung, Versorgungsleitungen usw.) enthalten und auf Anfragen der Umweltbelastung, der Auswirkung von Baumaßnahmen, der Flugsicherung usw. antworten können (↑Geoinformationssystem).

Einen Spezialfall bilden die *Managementinformationssysteme* (Abk. *MIS*), in denen alle Größen und Kenndaten gespeichert sind, die zur optimalen Führung eines Unternehmens notwendig und sinnvoll sind. Speziell für die Entscheidungsfindung werden Entscheidungsunterstützungssysteme in der Wirtschaft eingesetzt.

Zurzeit werden Informationssysteme entwickelt, die auf Fragen, deren Antworten nicht direkt gespeichert sind, sondern aus der gespeicherten Information gefolgert werden müssen, ebenfalls reagieren können (*„deduktive"* Systeme).

Moderne Informationssysteme enthalten die unterschiedlichsten Formen von Informationen (Text, Ton, Bild usw.), die untereinander in engen Beziehungen stehen und durch Verweise (so genannte *Hyperlinks*) miteinander verknüpft sind, vgl. ↑ Hypertext-System. Das ↑ World Wide Web des Internets ist in diesem Sinne ein riesiges, allerdings wenig strukturiertes Informationssystem.

Informationstheorie: eine 1948 von dem amerikanischen Mathematiker *C. E. Shannon* (*1916) begründete mathematische Theorie, in der Probleme der Speicherung und Übertragung von ↑ Informationen behandelt werden (vgl. Duden Rechnen und Mathematik).

Initialisierung: Herstellung eines ganz bestimmten Startzustandes eines Computers, eines ↑Programms, einer ↑Prozedur, eines ↑Prozesses oder eines ↑Objekts.

Bei Computern erfolgt die Initialisierung durch das Einschalten *(Kaltstart)* oder durch Eingabe des Befehls zum Neustarten *(Warmstart)* ohne vorheriges Ausschalten. Bei Programmen und sonstigen Software-Einheiten sind alle ↑ Variablen vor der ersten Verwendung mit Anfangswerten zu belegen (zu „initialisieren"), um einen korrekten Ablauf des Programms zu gewährleisten, da anderenfalls mit den zufällig im Speicher stehenden Daten gearbeitet wird, was meistens zu fehlerhaften Ergebnissen führt.

In vielen Programmiersprachen gibt es für Objekte und ihre Variablen *Voreinstellungen* (*Default*-Werte); diese werden zum Zeitpunkt der Deklaration oder bei der Instanziierung (↑ Inkarnation, ↑ Instanz) automatisch initialisiert, z. B. erhalten ganzzahlige Variablen den Anfangswert 0, Variablen vom Typ ↑ boolean den Wert false usw.

Inkarnation (von inkarnieren = körperliche Gestalt annehmen; bei ↑ Datentypen und in der ↑ objektorientierten Programmierung spricht man meist von ↑Instanz, von lat. instans = gegenwärtig): Unter der Inkarnation einer ↑Prozedur *P* versteht man den Block, der einen ↑Aufruf von *P* nach der ↑Kopierregel ersetzt. An der Aufrufstelle nimmt hierdurch die Prozedur konkrete Gestalt an, während sie in der Prozedurdeklaration nur als Schema vorliegt. Bei rekursiven Prozeduren können bei der Abarbeitung des Programms mehrere ineinander geschachtelte Inkarnationen der gleichen Prozedur vorliegen.

Die Bezeichnungen „Inkarnation" und „Instanz" werden auch für Module und Objekte verwendet. Sie ist überall dort sinnvoll, wo im Programm nur ein „Rahmen" definiert wird, der bei der Ausführung des Programms unverändert oder in abgewandelter Form an anderen Stellen im Programm einzufügen und abzuarbeiten ist oder als Baustein erzeugt wird und dann selbstständig weiterexistiert. In der Praxis legt man entweder komplette Kopien der Prozeduren oder Module an, oder man verwendet – falls möglich – eine kellerartige (↑ Keller) ↑ Speicherverwaltung der ↑ lokalen Variablen (↑Kopierregel).

▶ *Beispiel:* Mechanismus der Erzeugung von Inkarnationen. Gegeben sind zwei Prozeduren, die sich gegenseitig aufrufen (Abb. 1). Die zusätzlich eingeführten lokalen Variablen y und z sollen die Behandlung der im Rumpf vereinbarten Variablen zeigen. Eine Variable b wird durch ↑ call by reference übergeben (↑ Parameterübergabe). Die Prozeduren berechnen, ob eine ganze Zahl gerade bzw. ungerade ist. Die Prozeduren sind in ↑ PASCAL formuliert (die forward-Deklaration wurde weggelassen).

Im weiteren Verlauf des Programms mögen die Anweisungen

```
n := 4; GERADE (n, istgerade);
```

stehen. Entsprechend der Kopierregel wird der Prozeduraufruf GERADE wie

folgt durch eine Inkarnation von GERADE ersetzt (Abb. 3); die Blockstruktur wird in Abb. 3 durch gestrichelte Linien sichtbar gemacht.
Man beachte, dass b im Rumpf durch den Verweis b↑ ersetzt werden muss (wegen call by reference).
Die erste Inkarnation von GERADE wird nun ausgeführt. Man trifft dann auf den Aufruf UNGERADE (y, b↑).
Dieser Aufruf wird entsprechend der Kopierregel ersetzt. Hierbei muss man die neu einzuführende Variable b in b1 umbenennen, da ein ↑ Namenskonflikt vorliegt. Anschließend wird die erste Inkarnation von UNGERADE ausgeführt, wobei man auf den Aufruf GERADE (z, b1↑) trifft, der nach der Kopierregel ersetzt wird, usw. Das Ergebnis des wiederholten Einsetzens ist für n = 4 in Abb. 2 dargestellt. istgerade erhält also den Wert true. ◀

In der Praxis werden nur die in den Inkarnationen deklarierten Variablen in einem Keller bei jedem Aufruf neu angelegt, zusammen mit der Stelle, an der im Programm bzw. Prozedurrumpf später weiterzuarbeiten ist (↑ Rückkehradresse).

inkrementeller Übersetzer: Ein gewöhnlicher ↑Übersetzer liest das ↑Quellprogramm ein, analysiert es und gibt das übersetzte ↑ Zielprogramm aus. Führt ein Programmierer kleine Änderungen an seinem Quellprogramm durch, so muss er das gesamte Programm erneut übersetzen lassen. Beim Testen großer Programme wird somit sehr viel Zeit aufgewendet, um große Programmteile immer wieder zu übersetzen, obwohl sie nicht verändert werden.
Dieser Nachteil wird mit einem inkrementellen Übersetzer vermieden: Ein inkrementeller Übersetzer hat immer das

```
...
var n: integer; istgerade: boolean;
procedure GERADE (x: integer; var b: boolean);
var y: integer;
begin if x > 0 then begin y := x - 1; UNGERADE (y, b) end
        else if x < 0 then begin y := x + 1; UNGERADE (y, b) end
        else b := true
end;
procedure UNGERADE (x: integer; var b: boolean);
var z: integer;
begin if > 0 then begin z := x - 1; GERADE (z, b) end
        else if x > 0 then begin z := x + 1; GERADE (z, b) end
        else b := false
end;
...
```

Inkarnation (Abb. 1): Mechanismus zur Erzeugung von Inkarnationen in PASCAL-Notation

```
var x: integer; b: ↑ boolean;
x := n; b := istgerade;
var y: integer;
   begin if x > 0 then begin y := x − 1; UNGERADE (y, b ↑) end
           else if x < 0 then begin y := x + 1; UNGERADE (y, b ↑) end
           else b ↑ := true
end
```

Inkarnation (Abb. 2): Situation nach dem ersten Aufruf von GERADE

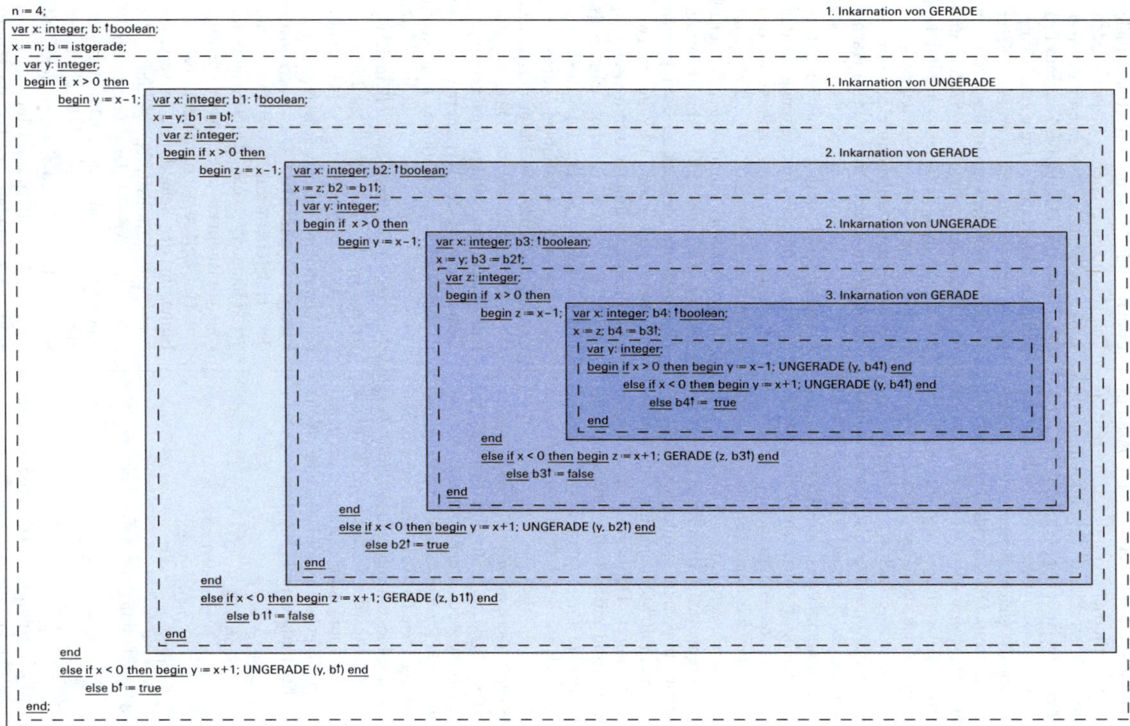

Inkarnation (Abb. 3): Inkarnationen von GERADE und UNGERADE

I

Quellprogramm und das Zielprogramm gleichzeitig im ↑Hauptspeicher. Der Programmierer kann sein Quellprogramm im Dialogbetrieb verändern (mithilfe eines ↑ Editors) und der inkrementelle Übersetzer ändert gleichzeitig das Zielprogramm so, dass die beiden Programme die gleiche Bedeutung (↑Semantik) besitzen. Die erneute Übersetzung von nicht veränderten Programmteilen entfällt in der Regel, vgl. auch ↑ Interpreter). Auch das Testen des Quellprogramms wird erleichtert, da man es jederzeit ausführen kann, sofern es syntaktisch korrekt (↑Syntax) ist. Der Nachteil von inkrementellen Übersetzern ist, dass ihre Erstellung einen erheblichen Mehraufwand bedeutet und sie einen größeren Arbeitsspeicher benötigen als herkömmliche Übersetzer.

I

Ein inkrementeller Übersetzer gehört zusammen mit einem ↑Editor für Quellprogramme, mit Möglichkeiten zur Fehlerbeseitigung (↑ Debugging) im Zielprogramm und mit weiteren Softwarewerkzeugen zur *Programmierumgebung* (für die Quellsprache) des Software-Entwicklers.

Instanz *(Ausprägung, Exemplar):* konkretes Objekt, das aus einer Klassenbeschreibung oder einem Schema gewonnen wurde (↑objektorientierte Programmierung). Die Beschreibung einer ↑Klasse von Objekten gibt die Struktur vor; alle Objekte, die nach dieser Struktur aufgebaut sind, sind Instanzen der Klasse. Im einfachsten Fall kann eine solche Beschreibung eine Typdeklaration sein:

```
type datum =
     record tag: 1..31;
            monat: 1..12;
            jahr: integer
     end;
```

und eine Instanz von datum ein konkretes Tripel

(28,9,1958).

Im Allgemeinen spezifiziert die Klassenbeschreibung, aus welchen Teilen eine Struktur zusammengesetzt ist, und reserviert diverse Positionen für beliebig komplexe Bereiche, z. B. Datentypen, Funktionen oder Kommunikationskanäle. Die Instanzen entstehen hieraus, indem konkrete Werte, z. B. Elemente des Wertebereichs des Datentyps, konkrete Prozeduren oder Kanäle, in die zugehörigen Positionen eingesetzt werden. Diesen Vorgang, bei dem erstmalig Werte in die Positionen eingefügt werden und ein eigenständiges Objekt entsteht, bezeichnet man als *Instanziierung.*

Beim Einsetzen von modifizierten Prozedurrümpfen spricht man von ↑Inkarnation.

integer [engl. 'ɪntɪdʒə]: in vielen Programmiersprachen Bezeichnung für den ↑ Datentyp der ganzen Zahlen mit den Operationen „+“, „–“, „*“, „div“ *(ganzzahlige Division),* „mod“ *(Rest bei ganzzahliger Division)* und Absolutbetrag. Man beachte, dass es zu zwei ganzen Zahlen x und y mit $y \geq 2$ genau zwei ganze Zahlen p und q gibt mit $x = p \cdot y + q$ und $0 \leq q < y$; man bezeichnet dann p als x div y und q als der Rest modulo y ($q = x \bmod y$). ↑ Variablen vom Typ integer können als Werte grundsätzlich ganze Zahlen annehmen. Da Computer jedoch eine beschränkte Speicherkapazität haben, wird der Wertebereich in der Praxis stark eingeschränkt, meist von $-2^{15}+1 = -32\,767$ bis $2^{15}-1 = 32\,767$, wenn jede Zahl durch zwei ↑Byte dargestellt wird, bzw. von $-2^{31}+1 = -2\,147\,483\,647$ bis $2^{31}-1 = 2\,147\,483\,647$ bei Darstellung durch vier Byte.

Integrationsstufe: Die Fortschritte der Halbleitertechnik verbunden mit der Fähigkeit, viele Bauelemente auf engstem Raum in ↑integrierten Schaltungen (↑ Chip) unterzubringen, hat zur Einteilung der Schaltkreise in verschiedene Integrationsstufen geführt, die sich in der Anzahl der ↑ Gatter unterscheiden, die auf einem Chip untergebracht sind:

SSI (engl. **s**mall **s**cale **i**ntegration) mit bis zu 12 Gattern pro Chip,

MSI (engl. **m**edium **s**cale **i**ntegration) mit 12 bis 100 Gattern pro Chip,

LSI (engl. **l**arge **s**cale **i**ntegration) mit 100 bis 500 Gattern pro Chip,

VLSI (engl. **v**ery **l**arge **s**cale **i**ntegration) mit mehr als 500 Gattern pro Chip.

Mit der derzeitigen (2000) Technik kann man Speicher mit einer Kapazität von 1 GBit (↑Byte) auf einem Chip unterbringen; für das Jahr 2006 ist ein 16-GBit-Speicherchip angestrebt, der viele Milliarden Gatter auf 100 mm^2 enthalten wird.

Die Möglichkeit, im Rahmen der VLSI mehrere ↑Prozessoren auf einem Chip unterzubringen, hat zu neuen Disziplinen innerhalb der Informatik geführt, z. B. „Algorithmen für VLSI" (↑paralleler Algorithmus), Entwicklung von VLSI-Schaltungen, CAD-Techniken für VLSI (↑computerunterstütztes Entwerfen) usw.

integrierte Schaltung (engl. **i**ntegrated **c**ircuit, Abk. **IC**): Schaltung, deren Bauelemente (Transistoren, Dioden, Widerstände) auf ein Siliziumplättchen (↑Chip) aufgebracht sind. Integrierte Schaltungen werden heute in zwei prinzipiell verschiedenen Technologien hergestellt, in der *bipolaren Technologie* und der *MOS-Technologie* (Abk. für *M*etal-*O*xide-*S*emiconductor). Bipolare Schaltungen sind sehr schnell, verbrauchen jedoch viel Energie. MOS-Schaltungen sind langsamer, haben aber einen niedrigen Stromverbrauch und können hoch integriert werden. Je nach der Zahl der Bauelemente, die auf einem Chip enthalten sind, unterteilt man integrierte Schaltungen nach ↑Integrationsstufen. Die heutige (2000) Technologie ermöglicht es, über 50 Millionen Bauelemente in einer integrierten Schaltung zusammenzufassen.

Speicherchips (↑Halbleiterspeicher) mit einer Kapazität von 64 KBit (↑Bit, ↑Byte) werden seit 1984 angeboten, Chips mit einer Kapazität von 1 MBit sind seit 1987 und mit 1 GBit seit 2000 verfügbar. Anfang der 1970er-Jahre haben Moore und Noyce die These aufgestellt, dass sich die Anzahl der Transistoren pro integriertem Schaltkreis jährlich fast verdoppelt *(mooresches Gesetz)*. Bisher beschreibt diese Aussage die Entwicklung der ICs recht gut.

Internet (das „Netz der Netze"): größtes weltumspannendes, allgemein zugängliches Rechnernetz, in dem (beliebig) viele Teilnetze und Einzelrechner miteinander verbunden sind. Das Internet ist für die elektronische Kommunikation das, was das weltweite Telefonnetz für die sprachliche Kommunikation ist.

Das Internet ist aus dem ↑ARPA-Netz entstanden, das seit 1969 in den USA aufgebaut wurde. In diesem Netz wurden einheitliche Protokolle zur Kommunikation zwischen den Teilnetzen entwickelt, insbesondere entstanden Anfang der 80er-Jahre das *Transmission Control Protocol* (Abk. *TCP*) und das *Internet Protocol* (Abk. *IP*). Das TCP/IP-Protokoll wurde am 1.1.1983 zum Standardprotokoll im ARPA-Netz, wodurch der Grundstein für das Internet gelegt worden war. Bis 1988 waren rund 60 000 Computer an das Netz angeschlossen, 1999 waren es bereits 45 Millionen. Wenn das Wachstum im bisherigen Tempo weitergeht, dann werden im Jahre 2005 rund 800 Millionen Computer im Internet erreichbar sein. Prinzipiell können auch alle anderen Geräte, wenn sie nur über einen Mikroprozessor verfügen, an das Internet angeschlossen werden (↑allgegenwärtige Kommunikation, ↑Java), wodurch ein Netz von gigantischem Ausmaß entstehen würde.

Als ↑Datenübertragung wurde im Internet die *Paketvermittlung* gewählt: Die Informationen werden in kleine Einheiten, *Pakete* genannt, zerlegt, mit einer Nummer, einer Absender- und Zieladresse versehen und zum nächsten *Router* im Netz geschickt; dies ist ein spezieller Rechner, der aus der Zieladresse den Weg, den das Paket im Netz nehmen sollte, berechnet und es dann an den nächsten Router schickt. Beim Zielrechner angekommen, werden die vielen Einzelpakete, die zu sehr unterschiedlichen Zeiten und in falscher Reihenfolge eintreffen können, wieder zur gesamten In-

formation zusammengesetzt; falls Teile fehlen, werden diese automatisch beim Sender angefordert, ohne dass die Benutzer hiervon etwas bemerken.
Jeder Rechner besitzt im Internet eine eindeutige Adresse, die *internet protocol address (IP-Adresse)*. Diese besteht aus vier Bytes, wobei die Rechner innerhalb einer größeren Organisationseinheit gleiche vordere Bytes erhalten. Die Rechner der Universität Stuttgart haben z. B. die IP-Adresse 129.69.xxx.xxx. Der Rechner, auf dem Teile dieses Informatik-Dudens editiert wurden, hat die IP-Adresse 129.69.181.142. Da man sich diese Nummern nicht merken kann, erhalten die Rechner eine weitere eindeutige Bezeichnung, genannt *Domain-Name,* von der Form:

<Rechnername>.<Arbeitsbereich>.
<Institution>.<Land>

Der oben genannte Rechner hat z. B. den Domain-Namen

akelei.informatik.uni-stuttgart.de

Die IP-Adressen werden in jedem Land von einer autorisierten Stelle vergeben; in Deutschland ist dies das Rechenzentrum der Universität Karlsruhe. Diese teilt speziellen Rechnern im Netz, den so genannten Name-Servern, jede neu vergebene IP-Adresse mit dem zugehörigen Domain-Namen mit. Will nun jemand einen Rechner unter dessen Domain-Namen ansprechen, so wird dieser Wunsch zunächst zu einem *Name-Server* geschickt, der die zugehörige IP-Adresse zurückmeldet, wodurch die Verbindung dann aufgebaut werden kann.
Im Internet befinden sich Rechner mit Spezialaufgaben, wie etwa die Name-Server und die Router. Hinzu kommen Rechner, die den Zugang zu anderen Netzen ermöglichen, die so genannten *Gateways* (engl. etwa für „das Tor, das zu etwas hinführt"). Diese müssen die Umsetzung zwischen dem TCP/IP-Protokoll und Protokollen in anderen Netzen durchführen.
Auf dieser technischen Basis setzen nun die ↑ Dienste des Internets auf. Jeder dieser Dienste besitzt ein eigenes Protokoll, das das TCP/IP nutzt. Die bekanntesten Dienste sind:
- ↑World Wide Web (WWW),
- ↑elektronische Post,
- Geplauder (↑Chat),
- ↑Nachrichtengruppen bzw. Diskussionsgruppen (engl. *newsgroups*),
- Dateiübertragung und Nutzen von Archiven (↑Herunterladen),
- Fernnutzung von Computern (↑ Telnet),
- kooperatives Arbeiten, Konferenzsysteme (↑CSCW),
- Volltextsuche in Datenbanken (WAIS),
- ↑Homebanking,
- ↑elektronischer Markt.

Manche Dienste werden bereits intensiv genutzt. Die elektronische Post verdrängt schrittweise die „gelbe Briefpost", da sie schneller und auch wesentlich preiswerter ist. In den Diskussionsgruppen kann man Gedanken mit anderen Personen, die man persönlich gar nicht kennen lernen muss oder will, über aktuelle Themen aus Politik, Kultur, Sport, Wirtschaft usw. austauschen, durch die Fernnutzung kann man sich in den eigenen Rechner einwählen und mit ihm arbeiten, auch wenn man an einem ganz anderen Ort ist (dies wird vermutlich irgendwann auch per Funk via Handys über ein erweitertes *wireless application protocol,* Abk. *WAP,* erfolgen können), die Dateiübertragung ersetzt das Verschicken großer Datenmengen, insbesondere werden allgemein zugängliche Archive zum Bereitstellen von Dokumenten und Programmen (engl. *shareware*) aufgebaut, und das *World Wide Web,* in dem mit ↑Suchmaschinen gesucht und auf dessen Dokumente mit ↑ Browsern zugegriffen wird, entwickelt sich zum größten Informationssystem der Welt. Da viele vor allem dieses WWW nutzen, wird das Internet oft mit diesem Dienst gleichgesetzt.
Von einer neuen Qualität sind Dienste wie die Unterstützung von Bankgeschäften oder der elektronische Handel, da diese zum einen juristische Verbindlich-

keiten und Haftungsfragen zur Folge haben, zum anderen durch sie nachhaltige Auswirkungen auf den Arbeitsmarkt und auf die Wirtschaftsstruktur zu erwarten sind. Da sich kaum jemand in den technischen Möglichkeiten des Internets auskennt, ist es von größter Bedeutung, dass jeder vor Manipulation, falscher ↑Authentifizierung, Auswirkungen unabsichtlich gestarteter Prozesse usw. geschützt ist. An diesen Problemen wird intensiv gearbeitet, um das Internet weiteren Anwendungen zugänglich zu machen.

Problematisch sind derzeit noch die geringen Sicherheitsvorkehrungen. Während diese in einem ↑ offenen System nur schwer zu installieren sind, könnten die Browser oder die Betriebssysteme der angeschlossenen Computer für den notwendigen Schutz sorgen. Zum Teil erfolgt dies wie z. B. bei der Ausführung von Java-Applets. Manche Benutzer schützen sich aber lieber selbst durch ein eigenes abgeschottetes Netz, ein ↑ Intranet, das durch besondere Hard- und Softwarevorkehrungen (engl. *firewall*) vor Eingriffen von außen geschützt ist.

Interpreter [ɪntər'pre:tər, engl. ɪn'tə:prɪtə]: ein Programm, welches ein Programm einer anderen Programmiersprache nach den notwendigen syntaktischen Überprüfungen sofort ausführt. Im Gegensatz zu einem ↑ Übersetzer muss das ↑Quellprogramm nicht erst in eine andere Programmiersprache übersetzt werden, sondern der Interpreter analysiert nacheinander jede ↑ Anweisung und ↑ Deklaration des Quellprogramms und führt diese unmittelbar aus. Interpreter werden vor allem für Programmiersprachen mit einer Ausrichtung zum Dialogbetrieb (↑ Betriebsart) eingesetzt, wie z. B. ↑ APL, ↑ BASIC, ↑ LISP oder ↑ PROLOG. Der Vorteil von Interpretern ist, dass einzelne Anweisungen oder Deklarationen im Quellprogramm geändert werden können und das Programm mit diesen Änderungen direkt ausführbar ist. Meist kann man auch Werte von ↑ Variablen während der Programmausführung abfragen und abändern. Dies erleichtert das Testen von Programmen wesentlich, und man kann relativ schnell erste lauffähige Programmversionen *(Prototypen)* erstellen. Der Nachteil von Interpretern ist die wesentlich längere Rechenzeit bei der Ausführung von Programmen: Zum Beispiel müssen bei jeder ↑ Zuweisung die ↑ Adressen der verwendeten Variablen mithilfe der ↑ Bezeichner gesucht werden, während bei Verwendung eines Übersetzers die Adressen einmalig während der Übersetzung berechnet werden. ↑ Inkrementelle Übersetzer vereinigen die Vorteile eines Interpreters (leichte Abänderbarkeit und Testbarkeit von Programmen) mit denen eines Übersetzers (schnelle Ausführung).

Intranet: Bezeichnung für ein in sich geschlossenes Rechnernetz (meist in einem Unternehmen), welches wie das ↑Internet aufgebaut ist und insbesondere die gleichen Übertragungsarten, Protokolle und Dienste verwendet. In der Regel ist ein Intranet also nur ein „lokales Internet“, das nach außen durch Sicherheitsmechanismen, so genannte *Firewalls* (engl. für „Schutzwall gegen Feuer“) bestens gesichert ist. Mit dem Internet und anderen Netzen ist es durch mit spezieller Kommunikationssoftware ausgestattete Rechner verbunden, in denen die Überprüfung der Weiterleitungsberechtigung, die Aufzeichnung der Kommunikationen und Protokollumsetzungen erfolgen. Intranets schützen besser gegen Spionage, Viren und Manipulationen und ermöglichen zugleich eine einfachere Überwachung aller Kommunikationsvorgänge.

Verbindet man Intranets oder andere in sich geschlossene Netze auf der Basis von Internet-Kommunikationen, sodass dieses neu entstehende Netz nach außen abgesichert ist, so spricht man auch von einem **Extranet.**

ISDN (Abk. für engl. **i**ntegrated **s**ervices **d**igital **n**etwork = dt. dienstintegriertes digitales Fernmeldenetz): ein ↑ digital arbeitendes Datennetz, das eine Vielzahl von Kommunikationsdiensten mit hoher Übertragungsgeschwindigkeit zwischen standardisierten Benutzer-Netz-Schnittstellen ermöglicht. Die Deutsche Telekom AG, die früher für die Einrichtung in der Bundesrepublik Deutschland zuständig war (Posthoheit), hat seit dem 1.1.1998 durch andere Anbieter Konkurrenz bekommen, außer im Nahbereich des Telefonierens.

Fernmeldedienste wurden bisher über Übertragungswege unterschiedlicher Technologie abgewickelt. Dabei benötigte man für jeden Dienst ein anderes Datenendgerät. Im Rahmen von ISDN werden alle diese Dienste schrittweise integriert, d.h., alle Dienste benutzen den gleichen Übertragungsweg. Als Zwischenschritt auf diesem Weg ist ↑T-Online anzusehen. Als Endgerät ist eine *multifunktionale* Arbeitsstation vorgesehen, mit der man alle Kommunikationsleistungen, also die Übertragung von Sprache, Text und Bildern, auf einheitliche Weise in Anspruch nehmen kann. Hierfür sind in Zukunft *Lichtwellenleiter* erforderlich. Diese erlauben hohe Datenübertragungsraten (bis zu 100 GByte/s) und sind sehr störsicher.

Gegenüber der früheren Technik (bis 1987) werden alle Nachrichten digital übertragen. Für das Telefonieren werden die Sprachsignale mit 64 KBit/s, also 2^{16} Bit pro Sekunde digitalisiert; da gleichzeitig in zwei Richtungen gesprochen wird und zugleich Steuerinformationen (Hörer aufgelegt, Weitervermittlung, Gebührenanzeige usw.) zu übertragen sind, werden zurzeit zwei ↑bidirektionale Kanäle, einer mit 64 KBit/s und einer mit 16 KBit/s, für das Telefonieren zur Verfügung gestellt. Stereohörfunk wird mit 2 MBit/s (also 2×2^{20} Bit pro Sekunde), Fernsehbilder werden mit 140 MBit/s digitalisiert. Fasst man mehrere Signale zu einem „Summensignal" zusammen, weil man Texte, Sprache, Musik und Bilder gleichzeitig übertragen möchte, so erreicht man Übertragungsraten von 500 MBit/s, die in einem künftigen **IBFN** (Abk. für **I**ntegriertes **B**reitband-**F**ernmelde**n**etz) zu verarbeiten sind *(Breitbandkommunikation).* Die flächendeckende Einführung von IBFN wird voraussichtlich bis zum Jahre 2020 dauern.

Über ISDN sind heute auch viele Rechner, die über ein geeignetes Modem verfügen, untereinander im Internet oder in anderen Netzen verbunden. Die Übertragungsraten können hierbei deutlich erhöht werden (↑DSL).

Die Umstellungen auf ISDN und später auf IBFN bedeuten einen Eingriff in alle menschlichen Lebensbereiche, dem sich kaum jemand entziehen kann. Über die Chancen und Gefahren dieser Umstellung wird sehr kontrovers diskutiert. DieWarnungen vor möglichen Folgen sind ernst zu nehmen; ihre Entkräftung ist jedoch kein technisches Problem, sondern erfordert politische, gesellschaftliche und juristische Anstrengungen.

ISO (Abk. für **I**nternational **O**rganisation for **S**tandardization): Dachorganisation von über 50 nationalen Normenausschüssen mit Sitz in Genf. Die Aufgabe der ISO ist es, die von den einzelnen Ländern vorgeschlagenen Standardisierungen abzustimmen und zu vereinheitlichen. Die von der ISO festgelegten Richtlinien werden an die nationalen Normenausschüsse (z.B. in Deutschland **DIN**, Abk. für **D**eutsches **I**nstitut für **N**ormung, in den USA **ANSI**, Abk. für **A**merican **N**ational **S**tandards **I**nstitute) als Empfehlungen weitergegeben und von den jeweiligen Ländern direkt oder in veränderter Form übernommen. Die Festlegung eines international einheitlichen Standards erleichtert den Handel und den Informationsaustausch zwischen den Ländern. Zwei Beispiele für Standardisierungsempfehlungen der ISO sind ein 7-Bit-Code, dessen amerikanische Norm der ↑ASCII-Code ist, und die Protokollhierarchie bei der ↑Datenübertragung.

ISO 9000: In der Regel werden Produkte besser, wenn ihr Herstellungs-

oder Entwicklungsprozess klar strukturiert ist, wenn Zuständigkeiten und Verantwortlichkeiten geregelt wurden, wenn routineartige Abläufe genau spezifiziert sind, wenn die Form der Dokumentationen gut durchdacht wurde und wenn Überwachungsmethoden von technischen Prüfverfahren über Experimente bis hin zu juristischen Regelungen sauber niedergelegt sind. Unter der Bezeichnung ISO 9000 bis 9004 wurden verschiedene betriebswirtschaftliche, juristische, arbeitswissenschaftliche, technische und informatische Verbesserungs- und Sicherungsverfahren für Prozesse zusammengefasst. Betriebe und Institute, die sich dieser umfangreichen ↑Qualitätssicherung unterziehen wollen, können die Prüfung durch hierfür zugelassene Firmen vornehmen lassen und im Erfolgsfall das ISO-9000-Zertifikat für eine begrenzte Zeit, in der Regel 3 Jahre, erhalten.

Iteration: **1.** *(Repetition)* Bezeichnung für das wiederholte Durchlaufen von ↑ Anweisungen oder Anweisungsfolgen oder die wiederholte Anwendung einer Funktion. Bekannte Darstellungen von Iterationen aus dem Bereich der Mathematik sind die Summen- und Produkt-Operatoren $\sum$ und $\prod$. Eine Iteration kann nach Durchführung einer bei Beginn der Iteration vorgegebenen Zahl von Iterationsschritten *(Zählschleife)* oder durch die Erfüllung einer Abbruchbedingung *(bedingte Schleife)* beendet werden (↑Schleife).
Sprachelemente für Iterationen sind for, while, repeat. Iterationen sind spezielle Formen der ↑Rekursion.
2. ↑Konkatenation.
3. ↑Jackson-Methode.

J

Jackson-Methode [engl. dʒæksn]: von *M. A. Jackson* 1975 vorgeschlagene Methode zum Entwurf von Programmen. Mit grafischen Darstellungsmitteln (vgl. ↑ Struktogramm) werden zunächst die ↑ Datenstrukturen beschrieben. Anschließend wird ein Programm entwickelt, dessen Struktur den Aufbau der Datenstrukturen widerspiegelt. Als Darstellungsmittel für die Datenstrukturen stehen drei Grundfiguren zur Verfügung (Abb. 1 bis Abb. 3), denen im Folgenden jeweils rechts die entsprechenden analogen Struktogramme gegenübergestellt sind.
Die in Abb. 1 dargestellte Figur *(Sequenz)* bedeutet, dass die Struktur A aus drei aufeinander folgenden Strukturen B, C und D besteht. Zu ihrer Bearbeitung verwendet man drei Anweisungen, von denen die erste die Struktur B, die zweite die Struktur C und die dritte die Struktur D behandelt.
Die in Abb. 2 dargestellte Figur *(Auswahl, Selektion)* bedeutet, dass die Struk-

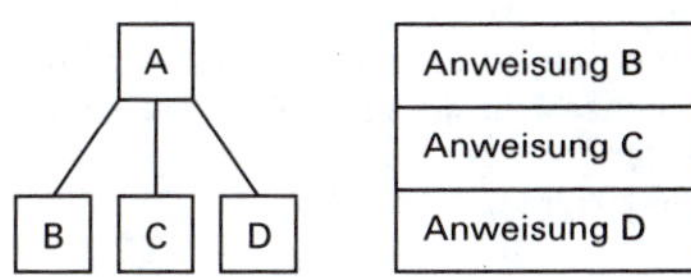

Jackson-Methode (Abb. 1): Sequenz

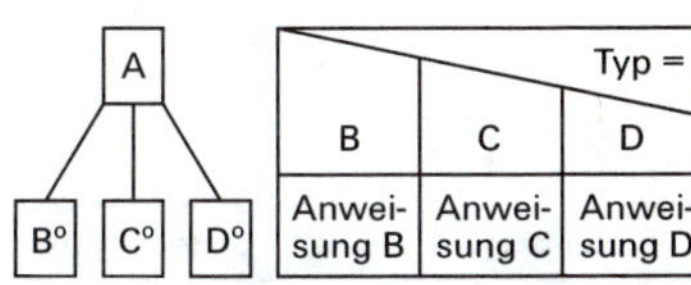

Jackson-Methode (Abb. 2): Auswahl oder Selektion

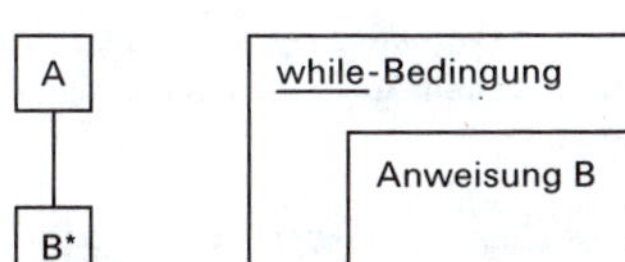

Jackson-Methode (Abb. 3): Iteration

tur A entweder aus der Struktur B oder aus der Struktur C oder aus der Struktur D besteht. Das Symbol „°“ unterscheidet die Selektion von der Sequenz. Zur Bearbeitung dieser Datenstrukturen verwendet man eine ↑case- oder eine ↑if-Anweisung, in der entsprechend dem Aufbau von A je eine Anweisung zur Bearbeitung der Struktur B, C und D aufgeführt sind. Die in Abb. 3 dargestellte Figur *(Iteration)* bedeutet, dass die Struktur A aus einer beliebig langen Folge von Strukturen B besteht. Das Symbol „*“ unterscheidet die Iteration von der Selektion und der Sequenz. Zur Bearbeitung einer Datenstruktur dieses Aufbaus verwendet man eine ↑ Schleife, deren Rumpf ein Exemplar der Struktur B behandelt. „Anweisung B“ wird so lange ausgeführt, bis die gesamte Folge der Struktur B vollständig bearbeitet ist.

► *Beispiel:* Es soll eine Eingabedatei, die ganze Zahlen enthält, ausgedruckt werden, wobei in jeder Zeile eine Zahl stehen soll und jeweils nach 50 Zeilen eine neue Seite begonnen wird. Bei jedem Seitenvorschub werden ein Titel und die Seitenzahl in die erste Zeile der neuen Seite gedruckt. Das zugehörige Jackson-Diagramm zeigt Abb. 4.

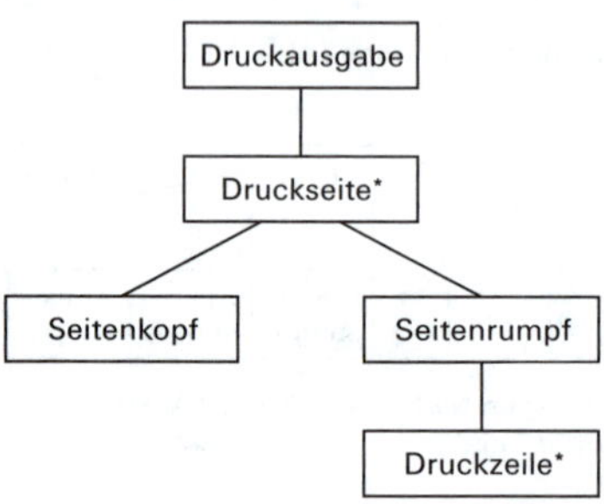

Jackson-Methode (Abb. 4): Jackson-Diagramm für den Ausdruck einer Eingabedatei

Dieses Diagramm liefert unmittelbar die hierarchische Struktur eines Programms (Abb. 5).

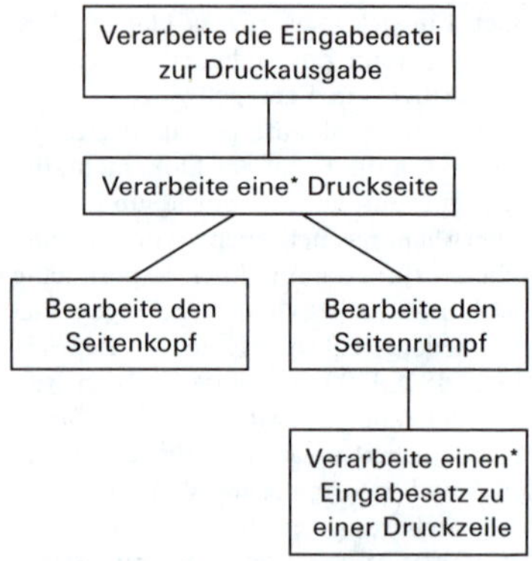

Jackson-Methode (Abb. 5): hierarchische Programmstruktur für die Druckausgabe

Abb. 5 lässt sich leicht in ein ↑ Struktogramm umwandeln (Abb. 6), aus dem man leicht ein Programm ableitet.

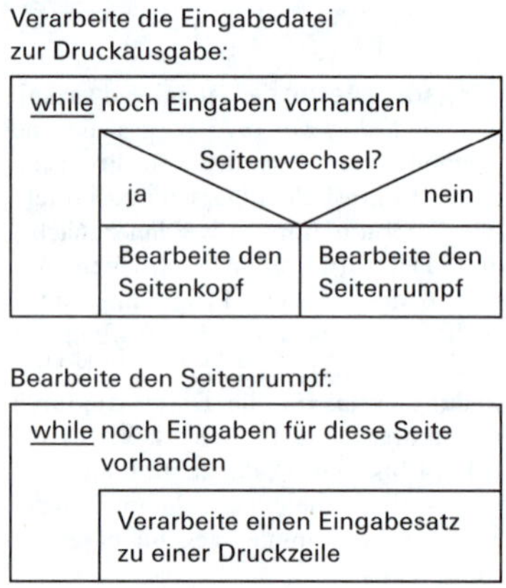

Jackson-Methode (Abb. 6): Struktogramm für die Programmstruktur aus Abb. 5 ◄

Das auf den o. g. Prinzipien aufbauende „Jackson Structured Programming“ wurde von Jackson 1983 auf miteinander kommunizierende Systemteile (↑ Prozess) ausgeweitet. Später wurden

Aspekte der ↑ objektorientierten Programmierung eingefügt.

Java: objektorientierte Programmiersprache mit einem relativ kleinen Sprachumfang, deren Syntax sich auf ↑ C++ stützt. Java ist eine interpretierte, plattformunabhängige, auf das World Wide Web ausgerichtete Sprache. Sie wurde seit 1991 von Sun Microsystems entwickelt, trägt seit 1995 den Namen Java (vorher Oak) nach der amerikanischen Bezeichnung für Kaffee.

Der Anlass zur Entwicklung von Java war die Auffassung, dass immer mehr technische Geräte an das Internet oder andere Netze angeschlossen werden. Um diese Geräte mit Programmen versorgen und über das Netz abfragen und steuern zu können, benötigt man eine Sprache, die klein und doch mächtig, zuverlässig und robust sowie objektorientiert und mit ↑ mobilen Programmen ausgestattet ist. Java wird ständig weiterentwickelt, seit Anfang 2000 ist Version 1.2 gültig.

Java besitzt die üblichen elementaren Datentypen boolean, integer, float (für ↑ Gleitpunktdarstellung) und character (↑ char), allerdings eingebettet in eine zugehörige Klasse. Als Datenstrukturen sind Felder (mit vorher festgelegten Grenzen) und Vektoren (mit veränderlichen Grenzen) zugelassen. Weitere Datentypen werden durch Klassen bereitgestellt, z. B. Zeichenfolgen (Klasse String), ↑Keller (Klasse Stack), gestreute Speicherung (↑Hash-Verfahren), Klassen für Grafiken, Fensterprogrammierung usw. Elementare Anweisungen sind die Zuweisung, Ein- und Ausgabeanweisungen (auch Nachrichten zwischen Objekten) und der Prozeduraufruf. Die grundlegenden Kontrollstrukturen sind Hintereinanderausführung, Fallunterscheidung, verschiedene Schleifen und das Durchlaufen aller Elemente einer Struktur („Enumeration"). In Klassen können Prozeduren definiert werden; Rekursion ist zugelassen. Ein Java-Programm ist eine Folge von Klassendefinitionen, von denen genau eine die Operation „main" besitzen muss (mit dieser startet das Java-Programm). Hierbei kann man auf umfangreiche Klassenbibliotheken zurückgreifen. Zusammengehörige Teile werden in Java in geschweifte Klammern gesetzt. Als Beispiel betrachte man in Abb. 1 ein Programm zur Berechnung und Ausgabe der Primzahlen zwischen 1 und 1000, das auch als C-Programm unter ↑ C beschrieben wurde (man beachte die Ähnlichkeit der beiden Programme). Abb. 2 zeigt den Algorithmus als Applet.

Java unterscheidet grundsätzlich zwischen zwei Arten von Programmen: *Applikationen* sind selbstständige Programme, die direkt mit dem Java-Interpreter ausgeführt werden. Im Gegensatz zu den ↑ Applets, die in HTML-Seiten eingebettet und im Rahmen der WWW-Browser ausgeführt werden, unterliegen sie keinen Sicherheitseinschränkungen.

Java ist unabhängig von der jeweiligen Rechnerumgebung, der ↑Übersetzer generiert plattformunabhängigen *Bytecode* für eine virtuelle Maschine *(Java Virtual Machine, JVM)*. Ein Interpreter für den Bytecode ist (kostenlos) verfügbar, ebenso wie nützliche Grafikbibliotheken (AWT bzw. Swing). Der Bytecode lässt sich wegen der einfachen Abbildung von JVM-Anweisungen auf Maschinenanweisungen effizient ausführen. Trotzdem ist der interpretierte Bytecode meist zwei- bis zehnmal langsamer als compilierter C++-Code.

Neben den Klassen gibt es in Java die Möglichkeit, Konstanten und Spezifikationen (vgl. „Signatur" unter ↑Datentyp) zu einer so genannten *Schnittstelle* (engl. *interface*) zusammenzufassen und diese wie Klassen zu behandeln; ihre Implementierung muss allerdings in Untertypen, also von Klassen vorgenommen werden. Klassen und Schnittstellen können zu übergeordneten Programmeinheiten, den so genannten *Paketen* (engl. *packages*) zusammengefasst werden. Java unterstützt alle Konzepte der Objektorientierung: Klassen und Interfaces mit Feldern (Attribute) und Methoden

auf Instanzebene und Klassenebene (static), Vererbung (Einfachvererbung bei Klassen, Mehrfachvererbung bei Interfaces), ↑ Polymorphie und dynamisches Binden.
In Java wurde auf fehleranfällige Sprachkonstrukte (wie Zeigerarithmetik, implizite Typkonvertierungen, Präprozessoranweisungen) verzichtet. Prüfungen finden zur Übersetzungszeit (streng ↑ typisierte Programmiersprache, Einhaltung der Klassenschnittstellen), zur Ladezeit (Bytecode-Verifizierung) und zur Laufzeit (Zugriff auf null-Zeiger, Array-Indexgrenzen, Typkonvertierungen (down-casting)) statt. Exceptions (↑ Ausnahme) geben bei auftretenden Fehlern dem Benutzer Hinweise. Statt expliziter Speicherallokation und -freigabe kommt eine ↑ Freispeicherverwaltung mit Garbage Collector zum Einsatz.
Die Spezifikation der Sprache überlässt nichts der Implementierung, so sind z. B. der Speicherbedarf und die Repräsenta-

```
class Primzahl {
   public static void main(String[ ] args) {
      System.out.println("Primzahlen von 1 bis 1000:\n2");
      prim_bis(1000);
   }
   private static void prim_bis(int u) {
      for (int t=3; t<=u; t+=2)
         if (primzahl(t))
            System.out.println(t);
   }
   private static boolean primzahl(int z) { // true, falls z Primzahl oder <=0 ist
      if (z== 1) return (false);
      for (int l=3; l*l<=z; l+=2)
         if (z % l == 0) return (false); // falls z durch l teilbar ist
      return (true);
   }
}
```

Hinweise:

- Mit class beginnen Klassendefinitionen.
- void bedeutet, dass diese Prozedur keinen Wert als Ergebnis hat, also keine ↑ Funktion ist. Die Prozedur „primzahl“ liefert dagegen als Ergebnis einen Wert vom Typ boolean.
- Der nach „//“ folgende Text bis zum Zeilenende ist Kommentar.
- Das Schlüsselwort private bedeutet, dass diese Einheit außerhalb der Klasse oder des Objekts nicht gültig ist *(Geheimnisprinzip*, vgl. ↑ Gültigkeitsbereich, ↑ Software-Engineering). Im Gegensatz dazu sind die durch public bezeichneten Einheiten außerhalb gültig und verwendbar.
- Das Schlüsselwort static bezeichnet Klassenattribute oder -operationen.
- Statt (z=1) verwendet Java wie C bei Gleichheit die Darstellung (z== 1), weil das Zeichen "=" für die Zuweisung benutzt wird.
- System.out.println ist die Verwendung einer Ausgabefunktion.
- Statt t:=t+2 schreibt man wie in C verkürzt t+=2.
- Laufvariablen können zu Beginn einer Schleife lokal deklariert werden. int t=3 bedeutet also: Es wird eine integer-Variable t vereinbart und mit 3 initialisiert.
- % bezeichnet hier den Rest bei der ganzzahligen Division.

Java (Abb. 1): ein Java-Programm für die Primzahlen von 1 bis 1000

tion von Typen spezifiziert (z. B. int: 32-Bit, Zweierkomplementdarstellung). Auf diese Weise werden ↑ Dialekte vermieden.
Java ist verteilt und verwendet viele Möglichkeiten heutiger Netze (Stichwörter: Bibliotheken für TCP/IP-basierte Netzwerkprotokolle wie HTTP und FTP, Zugriff im Netz über ↑URL, Client-Server-Programmierung mit Sockets, Prozedurfernaufruf, genormter Datenbankzugang, normierte Schnittstelle zu Corba).
Java bietet diverse Sicherheitskonzepte, um Codemanipulationen von außen oder durch eingeschleuste Programmteile zu verhindern. Insbesondere gilt für Applets von fremden Servern das *Sandkasten-Prinzip* (engl. *sandbox principle*), wodurch das importierte Applet in einer abgeschlossenen Umgebung überprüft und ausgeführt wird. In diesem „Sandkasten" sind Zugriffe auf das Dateisystem des lokalen Rechners verboten. Im Netzwerk können nur Verbindungen

```
import java.awt.Graphics;
import java.applet.Applet;

public class Primzahl extends Applet {
   public void paint(Graphics g) {
      int ykoord = 2;
      g.drawString("Primzahlen von 1 bis 1000:", 20, 10*ykoord++);
      g.drawString("2", 20, 10*ykoord++);
      for (int t = 3; t <= 1000; t += 2)
         if (primzahl(t))
            g.drawString(Integer.toString(t), 20, 10*ykoord++);
   }
   private static boolean primzahl(int z) { // true, falls z Primzahl oder <=0 ist
      if (z == 1) return (false);
      for (int l = 3; l*l <= z; l += 2)
         if (z % l == 0) return (false); // falls z durch l teilbar ist
      return (true);
   }
}
```

Eine zugehörige HTML-Einbindung lautet:

```
<HTML>
<HEAD><TITLE> Primzahl Applet </TITLE></HEAD>
<BODY>
<H1> Primzahlen von 1 bis 1 000 <H1>
<HR>
<applet code=Primzahl.class width=200 height=1000></applet>
<HR>
</BODY>
</HTML>
```

Hinweise:

- „import" bedeutet, dass die in „java.awt.Graphic" und in „java.applet.Applet" definierten gültigen Objekte und Methoden in diesem Applet unter Verwendung des Schlüsselworts „extends" genutzt werden können. „drawString" ist eine solche Methode zum Zeichnen.
- <HR> bedeutet: Füge eine horizontale Linie ein.

Java (Abb. 2): die Java-Applikation aus Abb. 1 als Applet

zum Server aufgebaut werden, ebenso lassen sich in der lokalen Umgebung keine Programme anstoßen. Ein Sicherheitsmanager des Browsers überprüft jede Ausführung einer Methode, die eine Einschränkung verletzen könnte, und bricht die Rechnung ggf. ab.
Java bietet Konzepte zur Parallelität; ↑Threads erlauben Nebenläufigkeit; Synchronisation (mittels Sperren) verhindert Konflikte bei gleichzeitigen Methodenaufrufen. Eine Besonderheit ist das dynamische Binden zur Ladezeit: Klassen werden bei Bedarf nachgeladen, ein Austausch von Komponenten ist (bei gleicher Schnittstelle) ohne erneute Übersetzung möglich, ebenso das Hinzufügen neuer Komponenten.

JK-Flipflop: ↑Flipflop, das die Eigenschaften eines ↑RS-Flipflops und eines ↑T-Flipflops verbindet (Abb. 1). Es verfügt über zwei Informationseingänge *J* und *K* und einen Takteingang *C* (↑Takt). Falls an *J* und *K* verschiedene Signale anliegen, so verhält sich das JK-Flipflop wie ein RS-Flipflop. Für $J = K = 1$ verhält sich das JK-Flipflop wie ein T-Flipflop.

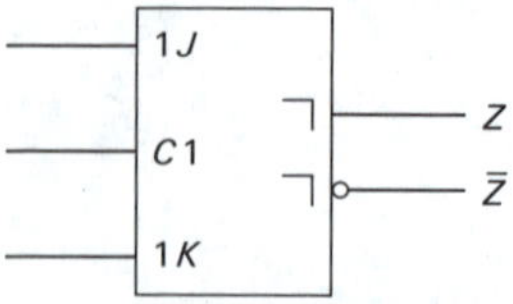

JK-Flipflop (Abb. 1): Schaltzeichen für ein JK-Flipflop

Das exakte logische Verhalten zeigt folgende Übergangstabelle (Z = gespeicherter Zustand, Z' = Folgezustand nach einem Taktimpuls):

J	*K*	*Z*	*Z'*
0	0	0	0
0	0	1	1
0	1	0	0
0	1	1	0
1	0	0	1
1	0	1	1
1	1	0	1
1	1	1	0

Die Übergangsgleichung des JK-Flipflops lautet $Z' = \bar{K}Z + J\bar{Z}$.
Technisch lässt sich ein JK-Flipflop z. B. aus zwei zusammengeschalteten Flipflops (*Master* und *Slave* genannt) realisieren, von denen das eine mit der ansteigenden ↑ Flanke, das andere mit der abfallenden Flanke des Taktimpulses Eingangssignale auf den Ausgang schaltet. Daher nennt man das JK-Flipflop auch manchmal *Master-Slave-Flipflop*. Das Haupteinsatzgebiet des JK-Flipflops sind ↑Zähler und ↑Schieberegister.

Joystick [engl. 'dʒɔɪstɪk] *(Steuerknüppel):* Gerät, das besonders bei Computerspielen zur Bewegung und Veränderung von Darstellungselementen der Bildschirmfläche verwendet wird. Im Allgemeinen können mit einem Joystick vier verschiedene Richtungen angesteuert werden: waagerecht, senkrecht und beide Diagonalen.

K

Kassensysteme: Handelsbetriebe haben seit etwa 1980 auf integrierte Erfassungs-, Verarbeitungs- und Informationssysteme umgestellt, die alle Verkaufsvorgänge elektronisch abwickeln, überwachen und planen. Die benötigten Daten werden im Wesentlichen an der Stelle erfasst, wo der Verkauf stattfindet; man spricht daher auch von *POS-Systemen* (POS = Point of Sale). Zusätzlich entstehen Daten bei Reklamationen, bei Bestellungen und bei der Inventur. Die Daten werden direkt einem Computersystem zugeführt, welches alle routinemäßigen Vorgänge des Handelsbetriebs erledigt, also Erstellen gut lesbarer Kassenbons, Bestandsveränderungen, Auslösen von Bestellungen, Ab-

rechnungswesen usw. Die Datenerfassung selbst geschieht mithilfe von Lesepistolen oder fest eingebauten Leseschlitzen.
Um Kassensysteme in standardisierter Weise durchgängig vom Hersteller über den Zwischenhandel bis zum Verbraucher nutzen zu können, müssen die Artikel bei der Herstellung mit einer genormten automationsgerechten Kennzeichnung versehen werden. Für europäische Staaten wurde 1977 die *Europäische Artikelnummerierung* (Abk. *EAN*) beschlossen, die aus 13 Ziffern besteht:

LL HHHHH AAAAA P

Zwei Ziffern (LL) bezeichnen das Herstellungsland (z. B. 40 bis 43 für die Bundesrepublik Deutschland oder 76 für die Schweiz), fünf Ziffern den Hersteller (diese Zahl wird in jedem Land von einer Gemeinschaftseinrichtung der Industrie zugeteilt) und fünf Ziffern den Artikel (dies bestimmt der Hersteller). Die letzte Ziffer ist eine Prüfziffer. EAN wird als Zahl und als Strichcode auf den Artikeln angebracht (Abb. 1).

9 783411 150717

Kassensysteme (Abb. 1): Strichcode

Die Vorteile der Kassensysteme liegen auf der Hand: Die Warenbewegung ist jederzeit abrufbar, Nachbestellungen erfolgen für jeden Artikel rechtzeitig, Preise, Sonderangebote oder Preisänderungen müssen nicht an den Waren angebracht werden (sie werden im System gespeichert, so genannter „price-look-up"), die Kassenbons weisen die Artikel in lesbarer Form aus („text-look-up"), die Abrechnung ist wesentlich sicherer und der Tagesabschluss geschieht automatisch. Darüber hinaus können zusätzliche Informationen erfasst werden wie die Häufigkeit von Reklamationen für jeden Artikel, die Geschwindigkeit von Zulieferern, die Auslastung der Kassen zu verschiedenen Tageszeiten, Veränderungen bei den Kaufgewohnheiten usw. Natürlich kann ein Kassensystem auch die Arbeitsgeschwindigkeit des Personals oder im Falle, dass Schecks und Kreditkarten miterfasst werden, die Eigentümlichkeiten einzelner Kunden beim Kauf erfassen. Um Missbrauch auszuschließen, bedarf es gesetzlicher Regelungen (↑ Datenschutz) und Betriebsvereinbarungen.

Keller (engl. *stack,* auch *Stapel*): Folge von Elementen eines gegebenen ↑Datentyps mit eingeschränkten Einfüge- und Ausfügeoperationen.

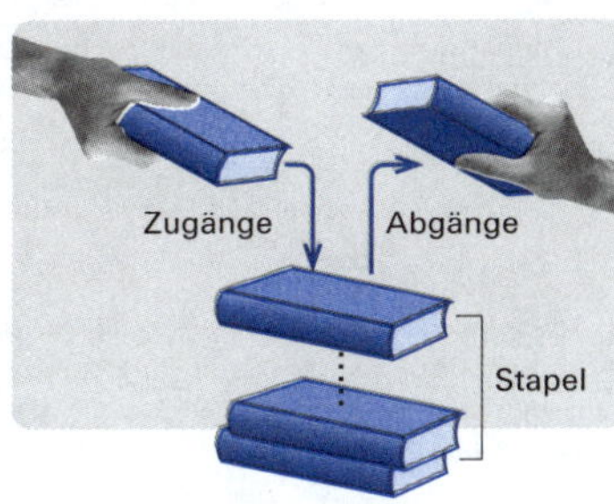

Keller (Abb. 1): Prinzip eines Kellers (Stapel)

Eine ↑Datenstruktur über einem Datentyp *T* bezeichnet man als *Keller, Stack* oder *Stapel* (Abb. 1), wenn die Einträge der Datenstruktur als Folge organisiert sind und es zwei Zugriffsoperationen gibt, von denen die eine ein Element von *T* stets an das Ende der Folge anfügt und die andere stets das letzte Element der Folge entfernt und als Ergebnis liefert. Die Einfügeoperation nennt man *push,* die Ausfügeoperation (Entfernoperation) *pop.*

▶ *Beispiel:* *T* sei die Menge der natürlichen Zahlen. Der Keller sei zu Beginn leer (Tab. 1).

Operation	Keller	Ausgabe
–	⟨ ⟩	–
push(1)	⟨1⟩	–
push(3)	⟨1, 3⟩	–
pop	⟨1⟩	3
push(2)	⟨1, 2⟩	–
push(4)	⟨1, 2, 4⟩	–
pop	⟨1, 2⟩	4
pop	⟨1⟩	2

Keller (Tab. 1): Keller über natürlichen Zahlen ◀

Das Prinzip, dass stets das zuletzt eingefügte Element eines Kellers als Erstes wieder entfernt werden muss, bezeichnet man als *LIFO-Prinzip* (Abk. für engl. **l**ast **i**n **f**irst **o**ut). Der Keller heißt auch *LIFO-Speicher.*

Bei der syntaktischen Analyse und beim Bau von ↑ Übersetzern spielen Keller eine wichtige Rolle. Sie sind von zentraler Bedeutung bei der Realisierung von ↑ Rekursionen (↑ Kopierregel). In der Praxis implementiert man Keller als eindimensionale ↑ Felder (Abb. 2) oder ↑ lineare Listen (Abb. 8). Häufig benötigt man mehrere Keller gleichen Datentyps, so genannte *homogene Keller.* In diesem Falle legt man ein Feld an, das alle Keller der Reihe nach aufnimmt (Abb. 3).

Die zugehörige Datenstruktur definiert man folgendermaßen: Der gesamte Speicherbereich möge l Speicherplätze für Kellerelemente vom Typ data besitzen; er wird deklariert durch

```
type speicher = array [1..l] of data.
```

Den *n*-fachen Keller und Datenstrukturen und Prozeduren für die zugehörigen

```
const max = ...; (• maximal zu erwartende Länge des Kellers •)
type data = ...; (• Datentyp der Elemente des Kellers •)
   keller = record
               top: 0..max;
               sp: array [1..max] of data
            end;

var k: keller;
procedure push (x: data; var k: keller);
begin
   if k.top < max then
   begin
      k.top := k.top + 1;
      k.sp [k.top] := x
   end else „Fehlermeldung: Keller ist voll"
end;
function pop (var k: keller): data;
begin
   if k.top > 0 then
   begin
      pop := k.sp [k.top];
      k.top := k.top - 1
   end else „Fehlermeldung: Keller ist leer"
end;
(• Initialisierung •) k.top := 0;
```

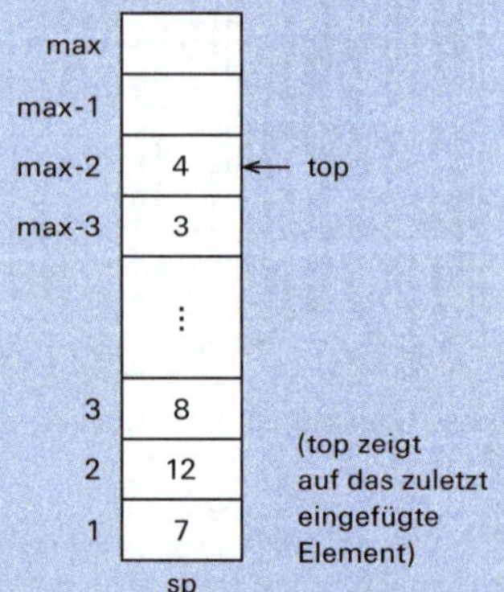

Keller (Abb. 2): Datenstrukturen und Prozeduren für die Realisierung eines Kellers als eindimensionales Feld in der Programmiersprache PASCAL

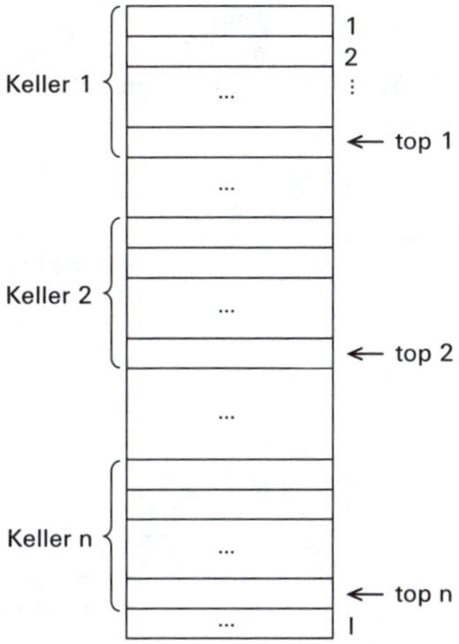

Keller (Abb. 3): homogene Keller in einem Feld

push- und pop-Operationen definiert man wie in Abb. 4 angegeben.
basis[i] und top[i] bezeichnen Anfang und oberstes Element des *i*-ten Kellers. basis[i] zeigt dabei immer auf das Element unmittelbar vor Beginn des *i*-ten Kellers. Die push-Operation und die pop-Operation erhalten gegenüber den Operationen des Einzelkellers einen zusätzlichen Parameter i, der die Nummer des Kellers angibt, auf den sich die Operation bezieht. Der Überlauf eines Kellers tritt auf, wenn ein Einfügen eines Elementes zu einer Überschneidung zweier Keller führen würde (top[i] > basis[i+1]). Die Komponente basis[n+1] dient nur der Vereinfachung der Algorithmen.
Die Initialisierung sorgt dafür, dass zu Beginn die einzelnen (noch leeren) Keller gleichmäßig über den Speicher verteilt sind.


```
type speicher = array [1..l] of data;
     nfachkeller = record
                       top: array [1..n] of 0..l+1;
                       basis: array [1..n+1] of 0..l;
                       keller: speicher
                   end

var k: nfachkeller;
procedure push (x: data; i: 1..n; var k: nfachkeller);
begin
  k.top[i] := k.top [i] + 1;
  if k.topf[i] > k.basis [i+1] then „Überlauf, ggf. Fehlermeldung"
  else k.keller [k.top[i]] := x
end;
function pop (i: 1..n; var k: nfachkeller): data;
begin
  if k.top[i] = k.basis[i] then „Unterlauf, ggf. Fehlermeldung";
  else begin
      pop := k.keller[k.top[i]];
      k.top[i] := k.top[i] - 1
  end
end;
(* Initialisierung *)
for i := 1 to n+1 do k.basis[i] := (l * (i - 1)) div n;
for i := 1 to n do k.top[i] := (l * (i - 1)) div n;
```

Keller (Abb. 4): Datenstruktur in der Sprache PASCAL zur Verwaltung von *n* Kellern in einem Speicher

▶ *Beispiel:* Abb. 5 zeigt die Anfangssituation für eine Speichergröße $l = 20$ und $n = 4$ Keller. ◀

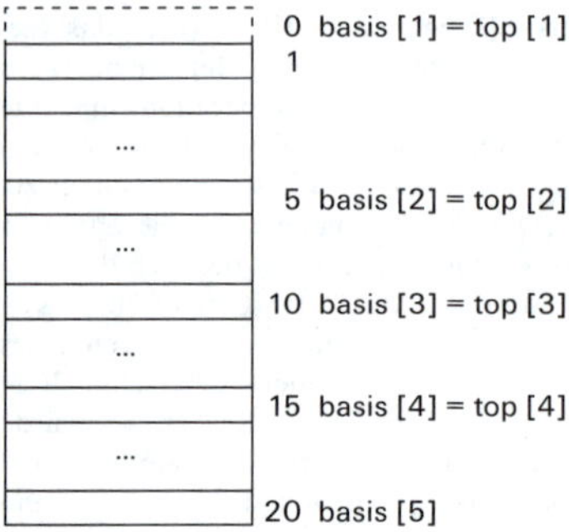

Keller (Abb. 5): Anfangssituation bei 4 Kellern und einer Speichergröße $l = 20$

Beim fortlaufenden Einfügen in einen der Keller (z. B. Keller *i*) kann der Fall eintreten, dass der Keller überläuft (top[i] > basis[i + 1]), obwohl noch nicht alle Elemente des Speichers belegt sind.

▶ *Beispiel:* Abb. 6 zeigt eine solche Situation mit drei Kellern, wobei der Keller 2 überläuft, aber noch insgesamt fünf Speicherplätze nicht belegt sind (weiß = freier Platz). ◀

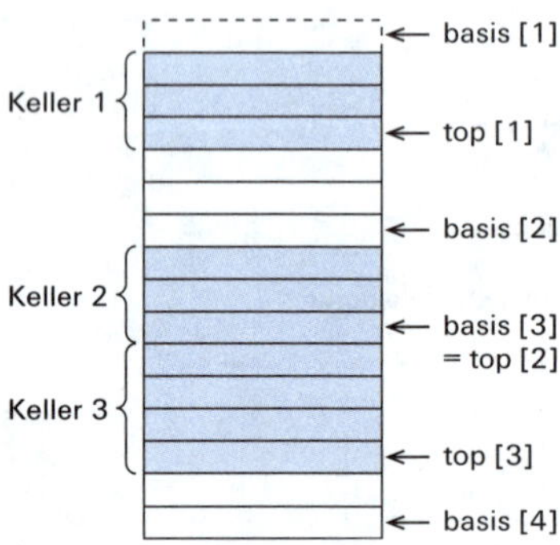

Keller (Abb. 6): Keller 2 läuft über

Um die Einfügeanforderung an Keller *i* trotzdem zu befriedigen, verschiebt man alle Keller innerhalb des Speichers so, dass am Ende von Keller *i* mindestens ein freier Speicherplatz entsteht, vgl. Abb. 7.

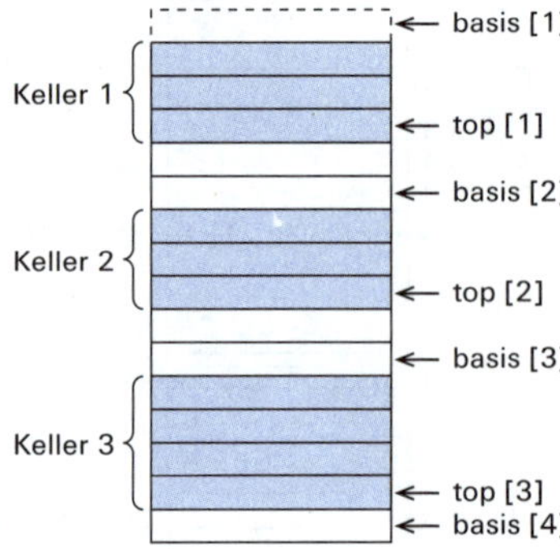

Keller (Abb. 7): Durch Verschieben der Keller erreicht man, dass die Einfügeoperation durchgeführt werden kann

Zur Lösung dieses Verschiebeproblems kennt man schnelle Algorithmen, die meist innerhalb der Komponente ↑Speicherverwaltung des ↑Betriebssystems implementiert sind.

Falls die Anzahl der Elemente eines Kellers vorher nicht abgeschätzt werden kann, wird er als ↑lineare Liste implementiert (Abb. 9).

Die Definition der Datenstruktur und der zugehörigen push- und pop-Operationen findet man in Abb. 8.

Die formale Beschreibung und die Mächtigkeit eines Kellers ist unter ↑Kellerautomat, der abstrakte Datentyp „längenbeschränkter Keller" ist als Beispiel 2 unter dem Stichwort ↑Datentyp beschrieben.

Kellerautomat (engl. *pushdown automaton*): Ein Kellerautomat ist ein um einen ↑Keller erweiterter ↑endlicher Automat. Mithilfe des Kellers kann sich der Automat beliebig viele Zeichen „merken" und Zustandsübergänge in Abhängigkeit von dem *zuletzt* gemerkten Zeichen machen. Dabei wird entweder ein neues Zeichen oben auf den Keller

```
type data = ...;
   element = record info: data; vorg, nachf: ↑ element end;
   keller = record top: ↑ element end;
var k: keller;
procedure push (x: data; var k: keller);
var p: ↑ element;
begin new(p); p↑.info := x; p↑.nachf := k.top; k.top := p end;
procedure pop (var k: keller): data;
var p: ↑ element;
begin if k.top = nil then „Fehler: Keller ist leer" else
   begin pop := k.top↑.info; k.top := k.top↑.nachf end
end;
(* Initialisierung *) K.top := nil;
```

Keller (Abb. 8): Datenstruktur Keller als lineare Liste

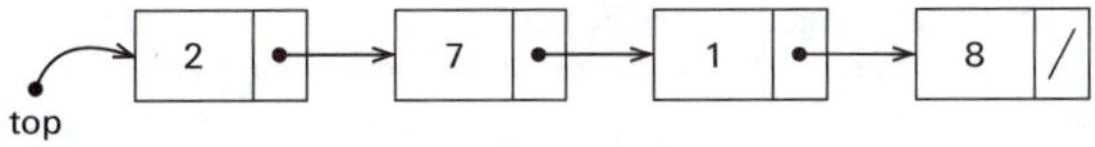

Keller (Abb. 9): Realisierung eines Kellers als lineare Liste

gelegt oder das oberste Zeichen wird vom Keller heruntergenommen und „vergessen" (Abb. 1).

Die Arbeitsweise eines Kellerautomaten lässt sich am besten anhand eines erkennenden Automaten für die Sprache der korrekt geklammerten arithmetischen Ausdrücke über einer festen Menge von Variablenbezeichnern veranschaulichen (zu deren Grammatik siehe ↑kontextfreie Sprache): Auf dem Eingabeband steht der zu prüfende arithmetische Ausdruck, der Lesekopf steht auf dem ersten Zeichen des Ausdrucks. Im untersten Feld des Kellerbandes befindet sich stets das Grundsymbol Z_0, das das Ende des Kellers anzeigt. Der Lese-/Schreibkopf des Kellerbandes steht auf dem Grundsymbol Z_0. Das Kellerband ist ansonsten leer. Der Automat beginnt seine Tätigkeit im Startzustand q_0.

Der Ausdruck wird nun Zeichen für Zeichen abgearbeitet. Dabei kann die Korrektheit der Teilausdrücke zwischen den Klammern mithilfe der endlichen Kontrolle des Automaten überprüft werden: Jeder Operator (+, −, ∗, ÷) muss zwischen zwei Operanden (Variablenbezeichner oder geklammerter Ausdruck)

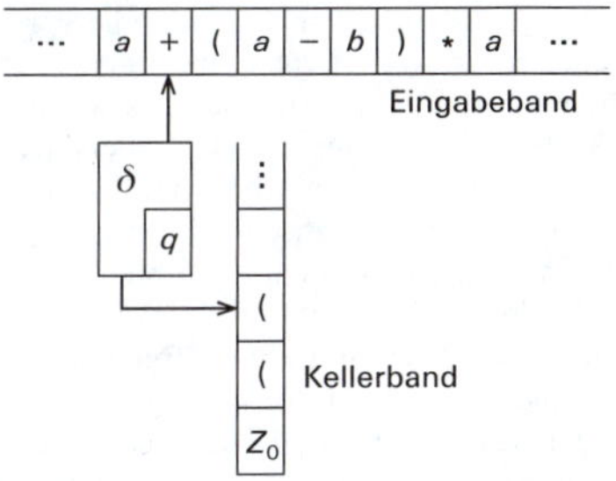

Kellerautomat (Abb. 1): Kellerautomat für korrekt geklammerte arithmetische Ausdrücke

stehen. Wird eine „Klammer auf" gelesen, so wird diese auf den Keller geschrieben. Dazu wird der Lese-/Schreibkopf des Kellerbandes ein Feld weiter nach oben bewegt.

Wird eine „Klammer zu" gelesen, so ist die zuletzt geöffnete Klammer, die oben auf dem Keller steht, dadurch abgearbeitet. Sie wird deshalb vom Keller gelöscht und der Lese-/Schreibkopf ein Feld nach unten bewegt. Wenn der arithmetische Ausdruck auf diese Weise vollständig abgearbeitet worden ist, sollte der Keller bis auf das Grundsymbol Z_0 leer sein. Enthält er noch Klammern, so wurden mehr Klammern geöffnet als geschlossen und es liegt ein fehlerhafter Ausdruck vor. Eine andere Fehlermöglichkeit besteht darin, dass eine Klammer geschlossen wird, die vorher nicht geöffnet wurde. Dieses erkennt der Automat daran, dass der Keller nur das Grundsymbol Z_0 enthält und somit beim Lesen von „Klammer zu“ keine „Klammer auf“ vom Keller entfernt werden kann. In diesem Fall stoppt der Automat sofort seine Berechnung und meldet: „Ausdruck nicht korrekt“.

Kellerautomaten und ↑ kontextfreie Grammatiken stehen in einer engen Beziehung: Die nichtdeterministischen (↑ Determinismus) Kellerautomaten erkennen genau die kontextfreien Sprachen (zur Einordnung in die Sprach-„Welten“ siehe ↑Chomsky-Hierarchie).

Da die ↑ Syntax von Programmiersprachen kontextfrei ist, führt ein ↑Übersetzer die ↑ syntaktische Analyse stets wie ein Kellerautomat durch. Da Übersetzer aber deterministisch arbeiten, muss man sich auf deterministische Kellerautomaten und die von ihnen erkannte Menge von Sprachen einschränken. Wegen der zentralen Bedeutung kontextfreier Grammatiken für die Informatik (vgl. etwa ↑Backus-Naur-Form, ↑Syntaxdiagramm) sollen daher die Begriffe Kellerautomat, deterministischer Kellerautomat, Arbeitsweise (symbolisiert durch $\overset{*}{\vdash}$) und akzeptierte Sprache definiert und an einem typischen Beispiel erläutert werden.

Ein (nichtdeterministischer) Kellerautomat ist ein 8-Tupel

$$A = (I, O, Q, \delta, q_0, F, \Gamma, Z_0),$$

wobei die ersten 6 Komponenten wie bei ↑Automaten üblich definiert sind (I: Eingabealphabet, O: Ausgabealphabet, Q: Zustandsmenge, δ: Zustandsübergangsrelation, d. h.

$$\delta \subset (Q \times (I \cup \{\varepsilon\}) \times \Gamma) \times (Q \times \Gamma^* \times O),$$

q_0: Anfangszustand, F: Menge der Endzustände). Zusätzlich bezeichnet Γ eine nichtleere endliche Zeichenmenge (das Kelleralphabet) und Z_0 das Grundsymbol des Kellers, $Z_0 \in \Gamma$. Das Grundsymbol Z_0 darf während der Berechnung des Automaten nicht gelöscht werden und auch nicht an anderer Stelle auf den Keller geschrieben werden.

Eine *Konfiguration* des Kellerautomaten A ist ein 4-Tupel (q, x, β, y), wobei $q \in Q$ den aktuellen Zustand des Automaten, $x \in I^*$ die noch nicht gelesene Eingabe, $\beta \in \Gamma^*$ den Inhalt des Kellerbandes (von oben nach unten gelesen) und $y \in O^*$ die bisher erfolgte Ausgabe bezeichnen.

Zwei Konfigurationen $(q_1, ax, Z\gamma, y)$ und $(q_2, x, \alpha\gamma, yz)$ mit $q_1, q_2 \in Q$, $a \in I \cup \{\varepsilon\}$, $x \in I^*$, $Z \in \Gamma$, $\alpha, \gamma \in \Gamma^*$, $y, z \in O^*$ stehen in Relation zueinander:

$$(q_1, ax, Z\gamma, y) \vdash (q_2, x, \alpha\gamma, yz),$$

wenn gilt: $(q_1, a, Z, q_2, \alpha, z) \in \delta$. Das Löschen auf dem Keller geschieht, wenn α das leere Wort ε ist. Falls $a = \varepsilon$ ist, wird nicht vom Eingabeband gelesen.

Diese Relation beschreibt einen Berechnungsschritt des Automaten. Man beachte, dass es zu einer Konfiguration mehrere *Folgekonfigurationen* geben kann, d. h. Konfigurationen, die man mit einem Berechnungsschritt erhalten kann (nichtdeterministische Arbeitsweise).

Mit $\overset{*}{\vdash}$ bezeichnet man die Hintereinanderausführung mehrerer Berechnungsschritte.

Der Kellerautomat von Abb. 2 befindet sich in der Konfiguration (q_3,) $*a$, $+Z_0$, $aab-$).

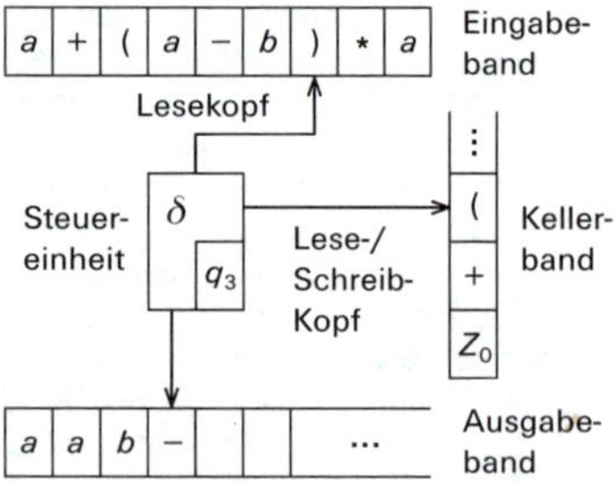

Kellerautomat (Abb. 2): Kellerautomat mit der Konfiguration (q_3,) $*a$, $+Z_0$, $aab-$)

Wenn $(q_3,)$, $(,q_4, \varepsilon, \varepsilon) \in \delta$ ist, dann erhält man als nächste Konfiguration $(q_4, *a, +Z_0, aab-)$, vgl. Abb. 3.

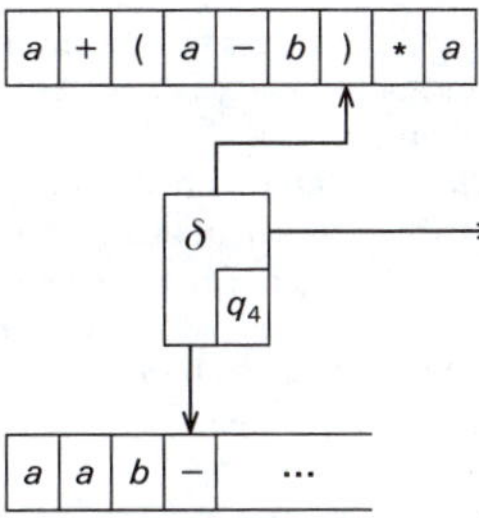

Kellerautomat (Abb. 3): Kellerautomat mit der Konfiguration $(q_4, *a, +Z_0, aab-)$

Jeder Kellerautomat A startet in der Anfangskonfiguration $(q_0, x, Z_0, \varepsilon)$, wobei $x \in I^*$ das Eingabewort ist. Die vom Automaten A definierte Übersetzung τ ist die Menge

$$\tau(A) = \{(x, y) | (q_0, x, Z_0, \varepsilon) \vdash^* (q, \varepsilon, \gamma, y) \text{ mit } q \in F, \gamma \in \Gamma^* \cdot \{Z_0\}, x \in I^*, y \in 0^*\}.$$

Bei erkennenden Automaten *(Akzeptor)* lässt man das Ausgabealphabet und die Ausgabekomponente innerhalb der Konfigurationen weg. Die vom erkennenden Kellerautomaten A akzeptierte Sprache ist dann

$$L(A) = \{x | (q_0, x, Z_0) \vdash^* (q, \varepsilon, \gamma) \text{ mit } q \in F, \gamma \in \Gamma^* \cdot \{Z_0\}, x \in I^*\}.$$

▶ *Beispiel* für einen erkennenden Kellerautomaten, so genannten *Push-down-Akzeptor:*

$$M = (I, Q, \delta, q_0, F, \Gamma, Z_0)$$

mit

$$I = \{a, b\}, \ \Gamma = \{Z_0, A, B\},$$
$$Q = \{q_0, q_1, q_2, q_3, q_4, q_5, q_6, q_7\},$$
$$F = \{q_4\},$$

Überführungsrelation

$$\delta \subset Q \times (I \cup \{\varepsilon\}) \times \Gamma \times Q \times \Gamma^*$$

mit

$$\begin{aligned}\delta = \{&(q_0, a, Z_0, q_1, AZ_0),\\ &(q_0, a, Z_0, q_5, Z_0),\\ &(q_1, a, A, q_1, AA),\\ &(q_1, b, A, q_2, \varepsilon),\\ &(q_2, b, A, q_2, \varepsilon),\\ &(q_2, a, Z_0, q_3, Z_0),\\ &(q_3, a, Z_0, q_3, Z_0),\\ &(q_3, \varepsilon, Z_0, q_4, Z_0),\\ &(q_5, a, Z_0, q_5, Z_0),\\ &(q_5, b, Z_0, q_6, BZ_0),\\ &(q_6, b, B, q_6, BB),\\ &(q_6, a, B, q_7, \varepsilon),\\ &(q_7, a, B, q_7, \varepsilon),\\ &(q_7, \varepsilon, Z_0, q_4, Z_0)\}.\end{aligned}$$

M akzeptiert die Sprache (selbst prüfen)

$$\begin{aligned}L(M) = &\{a^n b^n a^m | n, m \geq 1\}\\ &\cup \{a^m b^n a^n | n, m \geq 1\}.\end{aligned}$$

Z. B. für das Eingabewort a^2b^2a lautet eine Berechnungsfolge:

$$(q_0, a^2b^2a, Z_0) \vdash (q_1, ab^2a, AZ_0) \vdash$$
$$(q_1, b^2a, AAZ_0) \vdash (q_2, ba, AZ_0) \vdash$$
$$(q_2, a, Z_0) \vdash (q_3, \varepsilon, Z_0) \vdash$$
$$(q_4, \varepsilon, Z_0).$$ ◀

Wenn es zu jeder Konfiguration höchstens eine Folgekonfiguration gibt, dann nennt man den Kellerautomaten *deterministisch*. Die präzise Definition lautet: Ein Kellerautomat $(I, O, Q, \delta, q_0, F, \Gamma, Z_0)$ heißt deterministisch, wenn für alle $q \in Q$ und $Z \in \Gamma$ gilt:

(1) Falls $(q, \varepsilon, Z, q', \alpha, z,) \in \delta$ für $q' \in Q$, $z \in O$ und $\alpha \in \Gamma^*$, dann sind q', z und α eindeutig bestimmt, d. h., es existieren keine

$$a \in I, \ q'' \in Q, \ z' \in O, \ \alpha' \in \Gamma*$$

mit $(q, a, Z, q'', \alpha', z') \in \delta$.

(2) Anderenfalls gibt es für jedes $a \in I$ höchstens ein $q' \in Q$, $z \in O$ und $\alpha \in \Gamma^*$ mit $(q, a, Z, q', \alpha, z) \in \delta$.

Deterministische Kellerautomaten bzw. Push-down-Akzeptoren sind weniger leistungsfähig als die nichtdeterministischen Kellerautomaten. Zum Beispiel kann die oben angegebene Sprache $L(M)$ von keinem deterministischen Push-down-Akzeptor erkannt werden!

Klarschriftbeleg: Datenträger, bei dem die Daten von Hand in einer besonderen Schrift in meist vorgedruckte Felder oder Kästchen eingetragen werden. Die wichtigsten Schrifttypen für Klarschriftbelege sind die *OCR-A-Schrift* (Abb. 1) und die *OCR-B-Schrift* (Abb. 2; **OCR,** Abk. für engl. **o**ptical **c**haracter **r**ecognition = dt. optische Zeichenerkennung). Während die OCR-A-Schrift zur Vereinfachung des maschinellen Lesevorgangs noch stilisiert ist, wurde die OCR-B-Schrift weitgehend an die üblichen Zeichenformen angepasst.

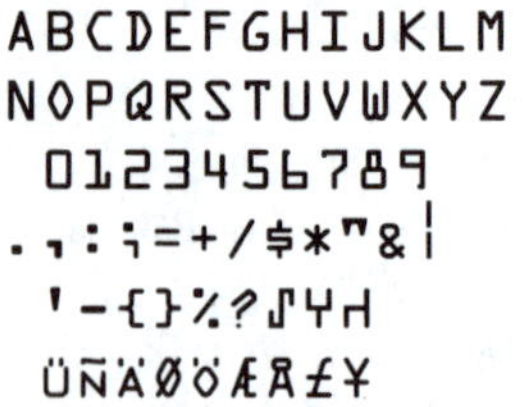

Klarschriftbeleg (Abb. 1): OCR-A-Schrift

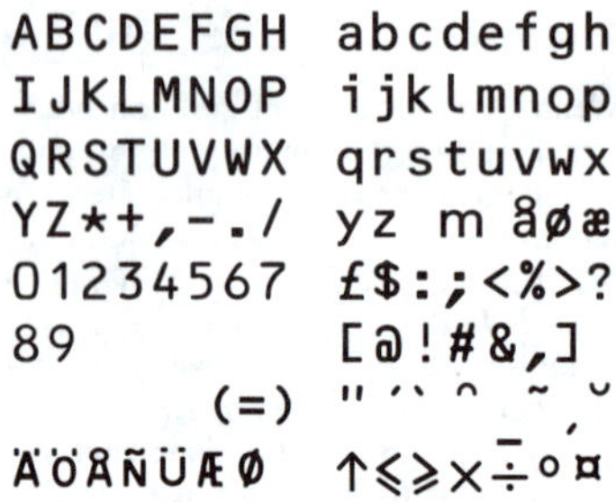

Klarschriftbeleg (Abb. 2): OCR-B-Schrift

Klarschriftbelege werden in *Klarschriftlesern* auf photoelektrischem Wege abgetastet und in die rechnerinterne Darstellung übersetzt.

Mithilfe von ↑Scannern lassen sich auch normale Schreibmaschinen- und Druckschrift und deutliche handgeschriebene Zeichen erkennen. Hierbei wird die Schrift durch ein sehr enges Raster punktweise abgetastet (↑ Pixel) und als Bild gespeichert. Dieses Punktraster wird anschließend durch ein spezielles Programm mit vorgegebenen Mustern verglichen und in eine Zeichenfolge umgewandelt. Durch die Tabelle der vorgegebenen Musterzeichen kann man die Fehlerquote bei der Zeichenerkennung einheitlich geschriebener Texte unter 1 %, bei besonders sauberen Vorlagen auch unter 1 ‰ drücken.

Klasse (engl. *class*):

(1) Zusammenfassen von Objekten gleicher Struktur und gleichen Verhaltens, die sich im Wesentlichen nur in ihren Zuständen unterscheiden. Allgemein versteht man in der Informatik unter einer Klasse eine Schablone oder ein Schema, das angibt,

- in welcher Weise Objekte aufgebaut sind,
- welche Zustände sie annehmen können (dies geschieht durch Typ- und Variablenvereinbarungen),
- welche Operationen oder Methoden sie besitzen (einschl. des Sendens und Empfangens von Nachrichten),
- welche Beziehungen und Abhängigkeiten zu anderen Klassen bestehen und
- wie die zugehörigen Objekte zu erzeugen und zu initialisieren sind.

Zu einer Klasse gehörende Objekte heißen auch Elemente oder ↑Instanzen der Klasse. Klassen sind eng mit ↑ Datentypen verwandt, jedoch kommen Beziehungen zwischen den Klassen (↑ Vererbung) hinzu: Von einer Klasse kann man eine Unterklasse bilden, indem man weitere Variablen-, Typ- und Methodenvereinbarungen hinzufügt und ggf. Bezeichner neu deklariert (↑Gültigkeitsbereich). Die *Unterklasse* ist also in der Regel reichhaltiger als die *Oberklasse*. Die Methoden können als Algorithmen ausformuliert oder nur grob spezifiziert sein (dann erfolgt die Ausformulierung in irgendeiner Unterklasse, vgl. auch ↑abstrakte Klasse). Beispiele zu Klassen siehe

↑Objekt, ↑objektorientierte Programmierung oder ↑Java.
(2) In objektorientierten Programmiersprachen (C++, Eiffel, Java, SIMULA, SMALLTALK) sind Klassen das wichtigste Strukturierungselement. Ein Großteil der Programmierung besteht hier im Entwurf und der Implementierung von Klassen. Sie werden meist durch Deklarationen der Form

```
class K is
<Oberklassen>
<Vereinbarungen>
<Initialisierungen>
end
```

eingeführt. Man gibt also an, aus welchen Oberklassen Variablen, Typen und Methoden übernommen werden, man vereinbart, welche Variablen und welche Methoden die Objekte dieser Klasse zusätzlich besitzen und wie der Nachrichtenaustausch zwischen Objekten erfolgt, und man legt Anweisungen fest, die bei der Erzeugung von Objekten auszuführen sind.
(3) In der Theorie oft gleichbedeutend mit „Äquivalenzklasse", also als Zusammenfassung von Elementen, die alle ein gleiches Merkmal tragen.
(4) Mathematischer Oberbegriff für die Zusammenfassung von irgendwelchen Elementen zu einem Ganzen, insbesondere von Mengen.

kombinatorisches Schaltwerk: Logische ↑Schaltwerke, bei denen die Ausgabe nur von der momentan anliegenden Eingabe abhängt, nennt man kombinatorische Schaltwerke oder *Schaltnetze.* Sie realisieren die ↑booleschen Funktionen. Kombinatorische Schaltwerke verfügen über keinerlei Speichermöglichkeiten. Man unterscheidet zwei Typen von kombinatorischen Schaltwerken, die *Verzweigungsschaltwerke* und die *Gatterschaltwerke.*
Das Verhalten eines Verzweigungsschaltwerkes wird durch Schalter bestimmt, die direkt im Verbraucherstromkreis liegen und diesen je nach Stellung der Schalter schließen oder unterbrechen. Hierfür verwendet man ↑Relais. Relaisschaltungen spielen aber wegen ihrer mechanisch bewegten Teile in modernen Digitalrechnern keine Rolle mehr.
In Gatterschaltwerken (↑Gatter) werden die Werte 0 und 1 durch unterschiedliche Spannungsniveaus dargestellt, die sich an den Anschlüssen des Schaltwerks einstellen können.
Gatterschaltwerke werden durch die Zusammenschaltung einfacher Grundgatter aufgebaut. Die gebräuchlichsten sind UND-Gatter, ODER-Gatter, NAND-Gatter, NOR-Gatter und NOT-Gatter.
In der Praxis realisiert man Gatterschaltwerke mittels elektronischer Bauelemente wie Dioden, Transistoren und Widerstände. (↑ Dioden-Transistor-Logik, ↑Transistor-Transistor-Logik, ↑Widerstandslogik, ↑Diodenlogik, ↑emittergekoppelte Logik).
Fügt man Speicherelemente hinzu, so spricht man von einem ↑sequenziellen Schaltwerk, dessen formales Modell ↑endliche Automaten sind. Der kombinatorische Teil des Schaltwerks entspricht der Übergangsfunktion δ des Automaten.

Kommandosprache *(Auftragskontrollsprache,* engl. *command language, job control language):* Bezeichnung für die Schnittstelle zwischen ↑Betriebssystem und Benutzer. In der Kommandosprache formuliert man ↑Aufträge an eine Rechenanlage.
Dem Verwendungszweck entsprechend ist der Sprachumfang von Kommandosprachen relativ gering. Die ↑Syntax einer Kommandosprache ist daher einfach. ↑Anweisungen, so genannte *Kommandos,* haben üblicherweise die Form

⟨Aktionswort⟩ ⟨Parameterliste⟩,

wobei die Parameter häufig weggelassen werden können und dann vom System automatisch durch Standardwerte ersetzt werden. ↑Schleifen oder ↑Variablen können oft nicht definiert werden. Kommandos werden vom Betriebssystem interpretiert und ausgeführt; den Kommandointerpreter nennt man *shell.*

K

Die meisten Kommandosprachen enthalten unter anderem folgende Kommandos:
a) Identifizierung des Benutzers und seines Auftrags (Aktionswörter: logon, job, ...);
b) Angabe der benötigten ↑ Betriebsmittel, z. B. ↑ Speicher (Aktionswort: jobparm, ...);
c) Ausführung von Programmen und Start von Prozessen (Aktionswörter: exec, run, ...);
d) Bearbeitung von ↑ Dateien, z. B. Anlegen, Löschen, Lesen, Schreiben, Verschieben, Kopieren (Aktionswörter: new, delete, read, write, move, copy, ...);
e) Ausgabe von Dateien (Aktionswörter: print, punch, ...);
f) Definition von *Kommandoprozeduren*, auch shell script genannt, d. h. Zusammenfassung häufig benötigter Kommandofolgen, die in einer Datei abgespeichert werden und mit Parametern aufgerufen werden können (Aktionswort: proc, ...) (↑ Makrobefehl);
g) Beendigung eines Auftrags (Aktionswörter: logoff, end, ...).

K

▶ *Beispiel:* Kommandofolge im Betriebssystem BS 2000 (Fa. Siemens) zur Übersetzung und Ausführung eines Programms in der Programmiersprache ↑ PASCAL:

```
(1)  /logon projekt, mueller,
      ‚superman', time = 10
(2)  /sysfile sysdta = ggt
(3)  /sysfile syslst = ggt.list
(4)  /exec pascal
(5)  /sysfile sysdta = (syscmd)
(6)  /sysfile tasklib = pascal.rts
(7)  /exec *
(8)  15 38
(9)  /eof
(10) /step
(11) /sysfile syslst = (primary)
(12) /print ggt.list, form = dina3, erase
(13) /logoff
```

Erläuterungen: Der Schrägstrich „/" unterscheidet Kommandos von anderen Eingaben an das System.

(1) Der Benutzer mit dem Namen mueller möchte unter der Benutzerkennung projekt rechnen. Die Kenntnis des Geheimwortes superman berechtigt ihn dazu. Der time-Parameter gibt an, dass mit einer maximalen Rechenzeit von 10 Sekunden gerechnet wird. Bei Überschreiten dieser Zeit wird der Auftrag vom Betriebssystem automatisch abgebrochen.
(2) Das zu übersetzende Programm steht in der Datei ggt.
(3) Die Ausgaben des Übersetzers und des Programmablaufs werden in die Datei ggt.list geschrieben.
(4) Aufruf des PASCAL-Übersetzers.
(5) Von nun an werden Daten nicht mehr aus der Datei ggt gelesen, sondern von der Stelle, von der auch die Kommandos kommen.
(6) Das ↑ Laufzeitsystem für den anschließend folgenden Aufruf des ↑ Bindeladers steht auf der Datei pascal.rts.
(7) Aufruf des Bindeladers, der das soeben übersetzte PASCAL-Programm bindet und ausführt.
(8) Eingabedaten; sie folgen unmittelbar auf Kommandos, wie in (5) spezifiziert.
(9) eof = engl. end of file. Kennzeichnung des Endes der Dateneingabe.
(10) Abschluss eines *Teilauftrags* (engl. *job step*). Wäre in einem der vorhergehenden Kommandos ein Fehler aufgetreten (z. B. bei der Übersetzung des Programms), so wären alle folgenden Schritte bis zum step-Kommando übersprungen worden.
(11) Bisher wurden alle Ausgaben von Programmen oder vom Betriebssystem auf die Datei ggt.list geschrieben. Dies wird rückgängig gemacht.
(12) Ausdruck der Datei ggt.list auf Papier des Formats dina3. Nach Abschluss des Ausdrucks wird die Datei automatisch gelöscht (erase).
(13) Beendigung des Auftrags.
Weitere Beispiele für konkrete Kommandosprachen befinden sich unter den Stichwörtern ↑ LINUX, ↑ UNIX, ↑ MS-DOS. ◀

Kommunikation (aus dem Lateinischen: *communicare* = etwas gemeinsam machen, mitteilen, sich besprechen): Oberbegriff für den Austausch von Nachrichten und Information zwischen mindestens zwei Beteiligten sowohl in direkter Form (durch Sprechen, Zeigen, Schreiben, Tasten usw.) als auch indirekt (durch Spiel, Gefühl, Andeutung usw.). Für Menschen ist Kommunikation etwas so Selbstverständliches, dass hierfür früher kein eigenes Wort existierte. Mit der Datenverarbeitung, den Medien, den höheren Rückkopplungen im Arbeitsleben und zunehmenden gesellschaftlichen Diskussionsprozessen entstand etwa im Jahre 1960 das Wort Kommunikation, um diese Vielfalt an Austauschmöglichkeiten und deren Beziehungen und Abhängigkeiten zu beschreiben.

In der Informatik bezeichnet man als Kommunikation vor allem den technisch unterstützten Austausch von Daten und Information. Wesentlich sind hierbei die semantischen und pragmatischen Aspekte der übertragenden Inhalte; da diese jedoch anwendungsspezifisch sind, konzentriert sich die Informatik vorwiegend auf die korrekte ↑ Datenübertragung und die verwendeten ↑Protokolle, auf zuverlässige Datenbanken und Informationssysteme, auf die Aufzeichnung der Datenströme, auf die (automatische) Informationsbeschaffung, auf Fragen der ↑ Visualisierung, auf Echtzeitprobleme, auf die Theorie der dahinter stehenden Prozesse, Nebenläufigkeit, Komplexität usw. Da der Austausch von Nachrichten ein Grundprinzip bei ↑ Objekten ist, spielt die Kommunikation auch in der ↑ objektorientierten Programmierung eine zentrale Rolle.

Zur Präzisierung der Kommunikation sind folgende Punkte wesentlich:

- Welcher Zeichenvorrat wird zugrunde gelegt? Bei vielen Kommunikationsformen (Sprache, Kunst) ist es oft schwer, die Zeichen eindeutig zuzuordnen.
- Welches Übertragungsverfahren wird gewählt? (Schriftlich, mündlich, mit oder ohne Codierung usw.)
- Über welches Medium (*„Kanal"*) verläuft die Kommunikation (und wer kann mithören und manipulieren)?
- Einbettung der Information in das Umfeld (Allgemeinwissen, vorliegende Situation, Historie, Kenntnisse der Gesprächspartner usw.).
- Strategie der Kommunikation, um ein bestimmtes Ziel zu erreichen.

Kommunikation kann *synchron* und *asynchron* erfolgen. Beim synchronen Austausch müssen alle Beteiligten zur gleichen Zeit an der Kommunikation mitwirken (Beispiel: Konferenzsystem); bei asynchroner Kommunikation wird die Information zwischengespeichert und später bearbeitet (Beispiel: elektronische Post). Die Information kann in einer Richtung *(unidirektional),* in zwei Richtungen *(bidirektional)* oder in viele Richtungen erfolgen.

Man verwendet oft das Übertragungsmodell der fünf Stationen: Sender, Codierung, Kanal, Decodierung, Empfänger. Dieses Modell lässt sich verallgemeinern auf die üblichen Kommunikationsformen:

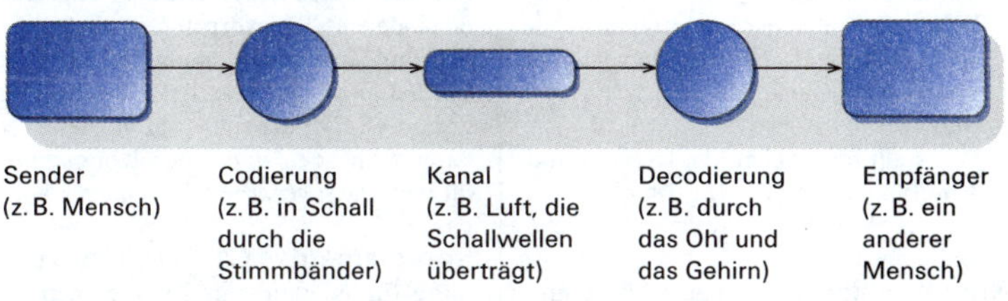

Kommunikation (Abb. 1): Modell für die Übertragung von Information

- *broadcast:* ein Sender, und jeder kann Empfänger sein. Beispiele: Rundfunk, Fernsehen, ↑GPS;
- *multicast:* ein Sender, eine spezielle Gruppe als Empfänger. Beispiele: Rundschreiben innerhalb einer Firma oder Abteilung, ↑Nachrichtengruppe;
- *point to point:* ein Sender, ein Empfänger (siehe Abb. 1);
- *gather:* mehrere Sender, ein Empfänger. Beispiele: Zusammenführen von Informationen bei einer zentralen Stelle, Ablage in einer Datenbank.

Bei der Kommunikation sind die verschiedenen Ebenen zu beachten, die unterschiedliche Eigenschaften der Kommunikation in den Vordergrund rücken. Hierfür wurde das ISO-OSI-Schichtenmodell entwickelt, vgl. letzte Abbildung unter ↑Datenübertragung.

Informatik befasst sich mit „der *Information*"; die Kommunikation ist daher ein zentraler Begriff, mit dem viele Probleme der Informatik verknüpft sind. Hiermit zusammenhängende Fragen lauten etwa:

- Wie ist die Codierung zu wählen? Möglichst so, dass die Decodierung leicht wird, aber einfach erkannt werden kann, ob die Übertragung im Kanal fehlerhaft war oder nicht (↑Code).
- Wie muss man codieren, damit kein Unberufener „mithören" kann? (↑Kryptographie)
- Wie müssen Kanäle aussehen, die von vielen gemeinsam benutzt werden? (↑Rechnernetz, ↑Datenübertragung)
- Wie synchronisiert man die Kommunikation, und wie lassen sich hierbei Fehler vermeiden? (↑Nebenläufigkeit)
- Wie müssen ↑ Kommunikationssysteme aufgebaut sein, um den verschiedenen Anforderungen gerecht zu werden?
- Wie stellt man sicher, dass Sender und Empfänger eine Information in gleicher Weise interpretieren? (gleiche ↑Semantik)

Kommunikationssystem: technisches System zur Unterstützung oder Ermöglichung gewisser Kommunikationen und Kommunikationsformen. Je nach Art der angestrebten ↑Kommunikation können diese sehr unterschiedlich sein; vgl. hierzu die Dienste im ↑Internet, ↑ Konferenzsysteme, Zuschauerbeteiligung bei Fernsehsendungen usw. Vor allem macht bei vielen Beteiligten der „Echtzeitbetrieb", der Zeitgleichheit realisiert oder vortäuscht, große Probleme.

Kompatibilität: Eigenschaft von verschiedenen ↑Hardware- oder Softwarekomponenten (↑Software), gegeneinander austauschbar zu sein oder gemeinsam zu einem System zusammengesetzt werden zu können. Speziell unterscheidet man Daten-, Programm- und Anlagenkompatibilität.

Datenkompatibilität ist gegeben, wenn zwei Komponenten die gleichen ↑Datenträger, Datencodierungen und Datenübertragungskanäle verwenden. Ist die Datenkompatibilität nicht gegeben, so lässt sie sich häufig durch Konvertierungsprogramme oder -geräte erreichen. Kompatible Programme müssen das gleiche beobachtbare Verhalten aufweisen. Die Programmkompatibilität ist oft von Bedeutung, wenn eine Rechenanlage gewechselt wird. Hierbei muss die neue Anlage alle Befehle auf die gleiche Weise ausführen wie die alte. Wird ein Computermodell durch ein größeres oder neueres Modell des gleichen Herstellers ersetzt, so ist dies meistens erfüllt (↑ Aufwärtskompatibilität). Wird jedoch auf die Anlage eines anderen Herstellers gewechselt, so kann man manchmal mithilfe von ↑ Crosscompilern bestehende Programme an den Befehlsvorrat des neuen Modells anpassen oder den Befehlsvorrat des alten Modells auf dem neuen emulieren (↑Emulation). Liefert der Hersteller solche Programme und arbeiten sie korrekt, so kann man auch von einer Kompatibilität von Datenverarbeitungsanlagen sprechen.

Komplement: (1) andere Bezeichnung für Negation in ↑booleschen Algebren.

(2) Das Komplement einer Folge von Nullen und Einsen erhält man, indem man jede 0 durch 1 und jede 1 durch 0 ersetzt.
(3) Bei der Darstellung ganzer Zahlen zur Basis b (↑ Stellenwertsystem) unterscheidet man zwischen dem *b-Komplement* und dem *(b − 1)-Komplement* einer Zahl. Das b-Komplement der Zahl z ist definiert als die Zahl $\bar{z}$, für die $z+\bar{z}=b^n$ ist (n ist gleich der Länge der Darstellung von z). Das $(b-1)$-Komplement von z ist diejenige Zahl $\bar{z}$, für die $z+\bar{z}=b^n-1$ ist. Das *Eins-Komplement* erhält man bei Binärzahlen, indem man Stelle für Stelle 1 durch 0 und 0 durch 1 ersetzt. Das *Zwei-Komplement* erhält man, indem man zunächst das Eins-Komplement bildet und zum Ergebnis 1 addiert.

▶ *Beispiel:* $b = 2$, $n = 4$, $z = 1011$.
a) Eins-Komplement von z:
$\bar{z} = 0100$;
b) Zwei-Komplement von z:
$\bar{z} = 0101$. ◀

Die Komplementbildung wird zur Darstellung negativer ganzer Zahlen (↑Komplementdarstellung) und bei der Durchführung arithmetischer Operationen auf Digitalrechnern verwendet. Die Subtraktion zweier Zahlen a und b realisiert man durch die Addition von a und dem Zwei-Komplement von b (↑ Subtrahierwerk, ↑Komplementdarstellung).

Komplementärcode: Ein Tetradencode (↑ BCD-Code) heißt Komplementärcode, wenn mit einer Tetrade $t=t_1t_2t_3t_4$ (mit $t_i \in \{0,1\}$ für $i=1,2,3,4$), die eine Dezimalziffer darstellt, auch das Eins-Komplement (↑ Komplement) $\bar{t}=\bar{t}_1\bar{t}_2\bar{t}_3\bar{t}_4$ (wobei $\bar{0}=1$ und $\bar{1}=0$ ist) wieder eine Dezimalziffer darstellt. Komplementärcodes haben günstige Eigenschaften bezüglich der technischen Realisierung der Dezimalarithmetik. Die bekanntesten Komplementärcodes sind der ↑ Aiken-Code und der ↑Exzess-3-Code.

Komplementdarstellung: Methode zur Dualdarstellung (↑Dualsystem) ganzer Zahlen. Da die Speicherzellen einer Rechenanlage eine feste Länge (z. B. 8 ↑Bits = 1 ↑Byte) haben, können nur endlich viele verschiedene Zahlen dargestellt werden (z. B. die Zahlen 0 bis $2^8-1=255$). Um auch negative Zahlen verarbeiten zu können, hat man bei der Komplementdarstellung folgende Konvention vereinbart: Sei n die Länge einer Speicherzelle. Von den 2^n verschiedenen Zuständen der Speicherzelle definiert man die Zustände

$$0, 1, \ldots, 2^{n-1}-1$$

als Darstellungen für positive Zahlen und die Zustände

$$2^{n-1}, 2^{n-1}+1, \ldots, 2^n-1$$

als Darstellungen für die negativen ganzen Zahlen

$$-2^{n-1}, -2^{n-1}+1, \ldots, -1.$$

Die Bezeichnung „Komplementdarstellung" rührt daher, dass man durch Bildung des Zwei-Komplements (↑Komplement) aus der Zahldarstellung von x die Zahldarstellung von $-x$ erhält. Ob eine Zahl positiv oder negativ ist, erkennt man am ersten Bit der Zahldarstellung: Bei positiven Zahlen ist es 0, bei negativen 1.

▶ *Beispiel:* $n = 8$. Darstellbare Zahlen: −128 bis 127.

0 1 1 1 1 1 1 1 = 127;
1 0 0 0 0 0 0 0 = −128;
1 1 1 1 1 1 1 1 = −1;
0 1 1 0 0 0 0 1 = 97;
1 0 0 1 1 1 1 1 = −97. ◀

Formal bezeichnet eine binäre Folge $a_{n-1}a_{n-2}\ldots a_1a_0$ in Komplementdarstellung die Zahl

$$-a_{n-1}\,2^{n-1}+\sum_{i=0}^{n-2}a_i2^i.$$

Statt des Zwei-Komplements kann man auch das Eins-Komplement für die negativen Zahlen verwenden, was in der Praxis aber nur selten erfolgt.

Komplexität (engl. *complexity*): Die Komplexität eines ↑ Algorithmus, bzw.

einer ↑berechenbaren Funktion ist der zu ihrer Berechnung erforderliche Aufwand an Betriebsmitteln wie Speicherplatz, Rechenzeit, benötigten Geräten usw. („Rechenaufwand"). Siehe auch ↑Komplexitätstheorie, ↑Komplexitätsklassen, ↑Laufzeit und ↑NP.

Damit die Untersuchung des Rechenaufwandes unabhängig von speziellen Computern ist, wird ein formales Berechnungsmodell zugrunde gelegt. Übliche Modelle sind hierbei z. B. ↑Turingmaschinen (mit mehreren Arbeitsbändern), ↑Registermaschinen und ↑kombinatorische Schaltwerke. Die Komplexität eines Algorithmus ist der erforderliche Rechenaufwand bei einer konkreten Realisierung des Algorithmus innerhalb des Berechnungsmodells. Die Komplexität einer Funktion oder eines Problems ist die Komplexität des bestmöglichen Algorithmus aus der Menge *aller* Algorithmen, die die Funktion berechnen oder das Problem lösen. Sei A ein Algorithmus, der die Funktion f berechnet. Dann ist die Komplexität von A eine obere Schranke für die Komplexität von f; umgekehrt ist die Komplexität von f eine untere Schranke für die Komplexität von A. Der Rechenaufwand wird dabei meist in Abhängigkeit von der Länge der Eingabe, also der Anzahl der einzugebenden Zeichen gemessen.

Für die Messung des Rechenaufwandes wird ein *Komplexitätsmaß* festgelegt. Man untersucht vor allem das Zeitverhalten und den Speicherplatzbedarf eines Algorithmus bzw. Problems in Abhängigkeit von der Länge der Eingabe. Die *Laufzeit* eines Algorithmus ist die Anzahl der Rechenschritte, die bei seiner Durchführung für eine Eingabe gemacht werden. Im Berechnungsmodell „Turingmaschine" entspricht beispielsweise ein Rechenschritt der einmaligen Anwendung der Überführungsfunktion δ. Bei kombinatorischen Schaltwerken ist die Laufzeit die maximale Zahl von Gattern, die auf einem Weg von einer Eingabestelle zu einer Ausgabestelle liegen. Der *Speicherplatzbedarf* bemisst sich nach der Zahl der benötigten Speicherzellen. Im Berechnungsmodell „Turingmaschine" entspricht einer Speicherzelle eine Zelle des Bandes. Da die Eingabe selbst schon auf dem Turingband steht, bezieht man in diesem Berechnungsmodell meist nur die zusätzlich zur Eingabe benötigten Speicherzellen in die Platzbedarfsrechnung ein.

Bei kombinatorischen Schaltwerken spricht man von der „Größe" der Schaltung und meint damit die Anzahl aller Gatter, die das Schaltwerk besitzt.

Platzbedarf und Laufzeit werden in der Regel als Funktionen $g: \mathbb{N} \to \mathbb{N}$ angegeben, wobei Eingaben gleicher Länge zusammengefasst werden. Im Allgemeinen ist man aber nicht an den genauen Werten von $g(n)$ für $n \in \mathbb{N}$ interessiert, sondern nur an dem qualitativen Verlauf, der so genannten ↑Ordnung von g.

In der Praxis möchte man die Komplexität minimieren. Bei den meisten Algorithmen kann man jedoch in der Regel nur eine Ressource verringern, wobei die anderen sich erhöhen. Vor allem Zeit und Platz verhalten sich gegenläufig: Schnelle Algorithmen brauchen meist viel Speicherplatz, während Platz sparende Algorithmen für das gleiche Problem recht langsam sind. Man spricht hier von einem *Trade-off.*

Man unterscheidet das Komplexitätsverhalten von Algorithmen im schlechtesten Fall (engl. *worst case complexity*) und im Mittel (engl. *average case complexity*). Die *Worst-Case-Komplexität* ist die maximale Laufzeit bzw. der maximale Speicherplatzbedarf für eine Eingabe der Länge n. Die *Average-Case-Komplexität* ist das gemäß einer Wahrscheinlichkeitsverteilung gewichtete Mittel der Laufzeit bzw. des Speicherplatzbedarfs eines Algorithmus für alle Eingaben der Länge n.

▶ *Beispiel:*

(1) Gegeben sei der folgende einfache Algorithmus, der testet, ob die Eingabe $n \in \mathbb{N}$ eine Primzahl ist, indem er prüft, ob n durch irgendeine der Zahlen $2, 3, 4, 5, \ldots, [\sqrt{n}]$ teilbar ist. $[x]$ be-

zeichnet die größte ganze Zahl, die kleiner oder gleich x ist.

```
var i, n, wurzel: integer;
    primzahl: boolean;
read(n); wurzel := trunc(sqrt(n));
i := 2; primzahl := true;
while primzahl and i ≤ wurzel do
    primzahl := (n mod i) ≠ 0;
    i := i + 1 od;
if primzahl then write ("n ist Primzahl")
    else write ("n ist keine Primzahl"); fi;
```

Die Laufzeit des Algorithmus im schlimmsten Fall (Worst-Case-Komplexität) beträgt

$$t(n) = C_1 + C_2 \cdot ([\sqrt{n}] - 1).$$

Die Konstante C_1 gibt die Zeit an, die zur Ausführung der Anweisungen außerhalb der while-Schleife benötigt wird. C_2 steht für die Zeit, die die Anweisungen innerhalb der while-Schleife (einschließlich der Abfragen im Schleifenkopf) benötigen.

Die Schleife wird bei Eingabe von n höchstens $([\sqrt{n}] - 1)$-mal durchlaufen, bis festgestellt ist, ob n Primzahl ist oder nicht.

Der Speicherplatzbedarf s des Algorithmus im schlimmsten Fall in Abhängigkeit von $n \in \mathbb{N}$ ist

$$s(n) = C_3 \cdot ([\log_2 n] + 1) + C_4,$$

denn zur Darstellung der Zahl n werden $([\log_2 n] + 1)$ Binärstellen benötigt.

Die so berechneten Funktionen für Laufzeit und Speicherplatzbedarf beziehen sich noch auf die Zahl $n \in \mathbb{N}$. Für Komplexitätsuntersuchungen muss man die Funktionen aber auf die Länge der Eingabe, d. h. auf die Länge von n umrechnen. Im Dezimalsystem benötigt man zur Darstellung der Zahl n

$$l_{10}(n) = [\log_{10} n] + 1$$

Ziffern, im Dualsystem

$$l_2(n) = [\log_2 n] + 1$$

Ziffern 0 oder 1. Rechnet man die Formeln für t und s auf die Länge von n (z. B. im Dualsystem) um, so erhält man

$$t(l_2(n)) = C_1 + C_2([\sqrt{2^{l_2(n)-1}}] - 1),$$
$$s(l_2(n)) = C_3 \cdot l_2(n) + C_4.$$

Die Ordnung von t und s ist dann

$$t(l_2(n)) = O(2^{\frac{1}{2} l_2(n)})$$

und

$$s(l_2(n)) = O(l_2(n)).$$

Man sagt auch, der obige Algorithmus benötigt im schlechtesten Fall exponentielle Laufzeit und linearen Speicher. ◀

Oft arbeitet ein Algorithmus schneller, als die Worst-Case-Analyse ergibt. Dann setzt man die *amortisierte Analyse* (engl. *amortized analysis*) ein, die weniger für die Analyse von Algorithmen als für die Analyse von Operations*folgen* auf Datenstrukturen eingesetzt wird. Diesem Ansatz liegt folgende Überlegung zugrunde: Bei einigen Datenstrukturen übernehmen die Zugriffsoperationen neben ihrer eigentlichen Aufgabe auch noch eine Reorganisation der Datenstruktur, die den Aufwand für nachfolgende Zugriffe verringert. Der hierfür benötigte zusätzliche Zeitbedarf verschlechtert zwar die Komplexität der Operation, zahlt sich aber bei nachfolgenden Operationen aus (*amortisiert* sich). Bei der amortisierten Analyse untersucht man daher die Laufzeit $T(n)$ einer Folge von n Operationen im schlechtesten Fall. Die amortisierte Laufzeit jeder Einzeloperation ist dann der Mittelwert

$$\frac{T(n)}{n}$$

Man kann sich den Zweck der amortisierten Analyse durch ein Benutzer-/Verkäufermodell veranschaulichen. Der Benutzer einer Datenstruktur möchte dem Verkäufer (Programmierer) der Datenstruktur für jede Operation den *gleichen* Betrag bezahlen, unabhängig davon, welche Kosten die einzelne Operation tatsächlich verursacht. Der Verkäufer möchte umgekehrt alle Kosten erstattet haben. Berechnet nun der Verkäufer pro Operation den festen Betrag $\frac{T(n)}{n}$, so sind beide Bedingungen erfüllt.

▶ *Beispiel:* Gegeben sei ein anfangs leerer ↑ Keller K von ganzen Zahlen. Es stehen die Kelleroperationen push und multipop zur Verfügung. push (x, K) ist die Standardoperation für Keller, die das Element x auf K ablegt. multipop (x, K) ist eine Erweiterung der Standardoperation pop, die vom Keller K (mittels pop) solange Elemente entfernt, bis zum ersten Mal die Zahl x als oberstes Element erscheint oder der Keller leer ist. x wird anschließend auch noch entfernt (Abb. 1).

Mit den üblichen Operationen der Datenstruktur Keller (s. Abb. 2 unter dem Stichwort ↑ Keller) realisiert man multipop durch die Prozedur:

```
procedure multipop (x: integer; var
                        K: keller);
var y: integer;
begin
   while K.top > 0 and x ≠ y do
         y := pop(K) od
end.
```

Nun analysiert man den Zeitbedarf einer Folge von n Zugriffen mittels push und multipop. Als Zeitmaß $T(n)$ sei die Zahl der Aufrufe der Elementaroperationen push und pop gewählt. Jeder Aufruf von push benötigt eine, jeder Aufruf von multipop im schlechtesten Fall $n-1$ Zeiteinheiten, die gesamte Operationsfolge also $O(n^2)$. Dieses Ergebnis ist zwar korrekt, aber zu grob, da es nicht berücksichtigt, dass zwischen den Laufzeiten der Einzeloperationen Abhängigkeiten bestehen. Denn offenbar können durch multipop-Operationen nur solche Elemente entfernt werden, die zuvor mittels push eingetragen worden sind. Die Laufzeit aller multipop-Operationen einer Zugriffsfolge ist also höchstens so groß wie die Zahl der push-Operationen. Der schlechteste Fall tritt bei einer Folge von n Zugriffen auf, wenn zunächst $n-1$ push-Operationen gestartet werden und der Keller anschließend mittels eines multipop vollständig geleert wird. Für diese Folge berechnet sich $T(n)$ durch

$$T(n) = (n-1) + (n-1) = 2n - 2.$$

Die amortisierten Kosten jeder Einzeloperation der Folge ist dann

$$\frac{T(n)}{n} = 2 - \frac{2}{n} \leq 2$$

also konstant. Während somit jede Operation im schlechtesten Fall $O(n)$ Zeit benötigt, betragen die amortisierten Kosten nur knapp 2. ◀

Komplexitätsklassen: Klassifikation von Funktionen und Sprachen nach dem *Aufwand* an Hilfsmitteln (vor allem Zeit oder Platz), die zu ihrer Berechnung höchstens erforderlich sind.

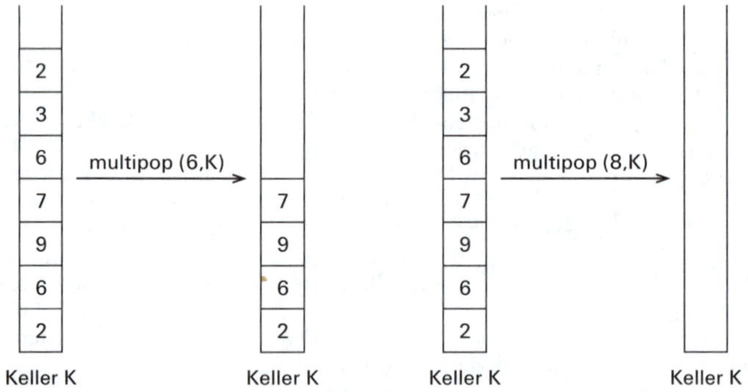

Komplexität (Abb. 1): Wirkung von multipop

Wer ein Programm einsetzt, möchte stets wissen, wie schnell es arbeitet, welchen Speicherplatz es beansprucht und welche sonstigen Betriebsmittel es braucht. Den jeweiligen Aufwand für Zeit, Platz oder andere Hilfsmittel bezeichnet man als seine ↑ Komplexität. Sie wird auf die Länge der Eingabe (= die Anzahl der eingelesenen Zeichen, also i. A. die Zahl der Bytes) oder auf die Anzahl der vorliegenden Objekte bezogen. Weiterhin möchte man wissen, ob es eventuell schnellere oder platzsparendere Programme gibt, die die gleiche Aufgabe erledigen.

Zunächst ist der Begriff „Aufwand" zu präzisieren. Ein Programm beschreibt einen ↑ Algorithmus. Dieser besteht aus elementaren ↑ Anweisungen (Zuweisungen, Sprünge, Aufrufe), deren Abarbeitungsreihenfolge durch Kontrollstrukturen (Sequenz, if, Schleifen usw.) bestimmt wird. Der Speicherplatz ergibt sich aus den Deklarationen und den durchzuführenden ↑ Aufrufen von Prozeduren, Modulen oder sonstigen Objekten. Wir betrachten im Folgenden nur Algorithmen, die für jede Eingabe anhalten. Dann kann man den zeitlichen Aufwand, also die *Laufzeit* eines Algorithmus A für eine Eingabe w definieren als die Anzahl der elementaren Anweisungen und Ausdrucksberechnungen (z. B. die Bedingungen in Kontrollstrukturen), die A bei Eingabe von w bis zum Ende der Berechnungen ausführt. Eingaben gleicher Länge fasst man stets zusammen und legt die Laufzeit $t_A: \mathbb{N}_0 \to \mathbb{N}_0$ von A grob wie folgt fest:

$t_A(n)$ = maximale Anzahl der elementaren Anweisungen und Ausdrucksberechnungen, die der Algorithmus A bei einer Eingabe, die die Länge n besitzt, ausführt.

▶ *Beispiele:*

1. Der Algorithmus zur *Addition* (vgl. ↑ Addierwerk) zweier $n/2$-stelliger Dualzahlen, deren Eingabelänge zusammen also n ist, benötigt $t_A(n) = c_1 \cdot n + c_2$ Operationen für geeignete Konstanten c_1 und c_2. Also kann man die Addition in einer Zeit proportional zur Länge der Eingabe ausführen.
2. Der in der Schule gelernte Algorithmus zur *Multiplikation* zweier $n/2$-stelliger Dezimal- oder Dualzahlen erfordert $t_A(n) = c_1 \cdot n^2 + c_2 \cdot n + c_3$ Operationen für geeignete Konstanten c_1, c_2 und c_3. Die Multiplikationsfunktion kann also stets in quadratischer Zeit (bezogen auf die Länge der Eingabe) berechnet werden.
3. Um n Zahlen mit dem Verfahren ↑ Heapsort zu sortieren, braucht man höchstens $t_A(n) = c_1 \cdot n \cdot log_2(n) + c_2 \cdot n + c_3$ Operationen mit geeigneten Konstanten c_1, c_2 und c_3.
4. Um eine maximale *Clique* in einem Graphen mit n Knoten zu finden, benötigt ein systematisches Probierverfahren, das für $k = n, n-1, n-2, \ldots$ alle k-elementigen Teilmengen der Knotenmenge durchprüft, höchstens $t_A(n) = c_1 \cdot n^2 \cdot 2^n + c_2$ Operationen mit geeigneten Konstanten c_1 und c_2 (↑ Cliquenproblem). ◀

In diesen Beispielen haben wir die Konstanten nicht beachtet. Sie mögen in der Praxis im Einzelfall sehr wichtig sein, jedoch ist in erster Linie die Abhängigkeit von n entscheidend. Sie besagt beispielsweise: Will man zwei n-stellige Zahlen genauso schnell addieren wie zwei $n/2$-stellige Zahlen, dann muss man einen doppelt so schnellen Computer verwenden; bei der Multiplikation dagegen braucht man wegen der quadratischen Abhängigkeit schon einen viermal schnelleren Rechner.

Weiterhin interessiert meist nur das am stärksten wachsende Glied; denn dieses bestimmt die (Größen-)↑ Ordnung der Laufzeit. Beispielsweise kann man zu $c_1 \cdot n^2 + c_2 \cdot n + c_3$ stets eine Konstante c' finden, sodass für alle $n \geq 1$ gilt:

$$c_1 \cdot n^2 + c_2 \cdot n + c_3 \leq c' \cdot n^2 \in O(n^2).$$

Nun gehen wir zu den ↑ berechenbaren Funktionen $f: X \to Y$ für zwei Mengen X und Y über. Ihre Laufzeit $t_f: \mathbb{N}_0 \to \mathbb{N}_0$

ist die Laufzeit eines „optimalen" Algorithmus, der f berechnet. Genauer: Man führt folgendermaßen die Komplexitätsklassen DTIME für die Laufzeit und DSPACE für den Speicherplatz ein. Vorgegeben seien zwei Funktionen s und t über den natürlichen Zahlen, $s, t: \mathbb{N}_0 \rightarrow \mathbb{N}_0$. Für totale berechenbare Funktionen $f: X \rightarrow Y$ definieren wir:

f liegt in DTIME(t) genau dann, wenn es einen Algorithmus A gibt, der die Funktion f berechnet und dessen Laufzeit t_A von der Ordnung t ist, also $t_A \in O(t)$.

f liegt in DSPACE(s) genau dann, wenn es eine Konstante c und einen Algorithmus gibt, der die Funktion f berechnet und der für jeden Eingabewert $w \in X$, der die Länge $|w| = n$ besitzt, höchstens $c \cdot s(n)$ Speicherzellen (gemessen in Bytes) verwendet. (Falls $s(n)$ kleiner als n ist, muss man die Eingabe auf einem gesonderten Eingabeband getrennt behandeln. Wir gehen hierauf nicht näher ein.)

Hierbei steht „D" für ein deterministisches Rechenmodell, z. B. eine deterministische Turingmaschine; TIME bezeichnet Zeit-, SPACE Platzkomplexitätsklassen.

Indem man zu „schnelleren Rechnern" übergeht, kann man einsehen, dass für den so definierten Aufwand die Konstanten keine Rolle spielen, d. h., es gilt für alle positiven rationalen Zahlen c:

$$\mathrm{DTIME}(t) = \mathrm{DTIME}(c \cdot t) \text{ und}$$
$$\mathrm{DSPACE}(s) = \mathrm{DSPACE}(c \cdot s).$$

Da man zum Betrachten von k Speicherzellen mindestens k Anweisungen ausführen, d. h. k Schritte machen muss, gilt stets:

$$\mathrm{DTIME}(t) \subseteq \mathrm{DSPACE}(t).$$

Aus den Definitionen folgt: Wenn für Funktionen t_1, t_2, s_1 und s_2 für alle $n \in \mathbb{N}_0$ stets $t_1(n) \leq t_2(n)$ und $s_1(n) \leq s_2(n)$ ist, dann gilt

$$\mathrm{DTIME}(t_1) \subseteq \mathrm{DTIME}(t_2) \text{ und}$$
$$\mathrm{DSPACE}(s_1) \subseteq \mathrm{DSPACE}(s_2).$$

Die Funktionen t und s gibt man meist als arithmetische Ausdrücke an: Man schreibt also kurz n^2 für die Funktion t, die für alle $n \in \mathbb{N}_0$ durch $t(n) = n^2$ definiert ist. Es gilt daher z. B.:

$$\mathrm{DTIME}(n) \subseteq \mathrm{DTIME}(n \cdot \log_2(n))$$
$$\subseteq \mathrm{DTIME}(n^2) \subseteq \mathrm{DTIME}(2^n).$$

▶ *Beispiele* (siehe oben):

a) Die Addition add: $\mathbb{N}_0 \times \mathbb{N}_0 \rightarrow \mathbb{N}_0$ kann in Zeit und Platz proportional zur Länge der Eingabe ausgeführt werden, d. h. add $\in$ DTIME(n) und add $\in$ DSPACE(n).

b) Die Multiplikation mult: $\mathbb{N}_0 \times \mathbb{N}_0 \rightarrow \mathbb{N}_0$ liegt in DTIME(n^2). Der Algorithmus unter ↑Multiplizierwerk zeigt, dass man mit n Speicherzellen auskommt, also mult $\in$ DSPACE(n). Man hat zeigen können, dass die *Multiplikation* bereits in der Klasse DTIME($n \cdot \log_2(n) \cdot \log_2(\log_2(n))$) liegt, allerdings ist der zugehörige Algorithmus für die tägliche Praxis ungeeignet. Man vermutet, dass die Multiplikation deutlich mehr Zeit benötigt als die Addition, dass also mult nicht in der Klasse DTIME(n) liegt, doch konnte dies bisher nicht bewiesen werden.

c) Das Sortieren sort: $(A^*)^n \rightarrow (A^*)^n$ von n Wörtern oder Zahlen kann in $O(n \cdot \log_2(n))$ Schritten durchgeführt werden, d. h.: sort $\in$ DTIME($n \cdot \log_2(n)$). (Hier bezieht sich die Abhängigkeit auf die Anzahl der Wörter und *nicht* auf die Eingabelänge. Mit ↑ Bucketsort kann man für einen Spezialfall sogar in linearer Zeit sortieren.) ◀

Lässt man in den Definitionen der Klassen nichtdeterministische Algorithmen zu, deren Laufzeit und Speicherplatzbedarf unter ↑ Nichtdeterminismus beschrieben sind, so erhält man die Klassen NTIME und NSPACE. Auch bei diesen Klassen spielen Konstanten keine Rolle. Da der Nichtdeterminismus das allgemeinere Konzept ist, folgt:

$$\mathrm{DTIME}(t) \subseteq \mathrm{NTIME}(t),$$
$$\mathrm{DSPACE}(s) \subseteq \mathrm{NSPACE}(s),$$
$$\mathrm{NTIME}(t) \subseteq \mathrm{NSPACE}(t).$$

Weiterhin gilt NTIME(g) $\subseteq$ NTIME(h) und NSPACE(g) $\subseteq$ NSPACE(h) für zwei Funktionen g und h mit $g(n) \leq h(n)$ für alle $n \in \mathbb{N}_0$.

► *Beispiel:* Die Lösung des Cliquenproblems lässt sich als Funktion cliq von der Menge der Graphen und der natürlichen Zahlen in die Wahrheitswerte {wahr, falsch} schreiben:

cliq(G,k) = „wahr" genau dann, wenn es eine *Clique* mit k Knoten im Graphen G gibt.

Es gilt cliq $\in$ DTIME($n^2 \cdot 2^n$). Nichtdeterministisch rät man einfach eine k-elementige Teilmenge der Knotenmenge und überprüft diese in höchstens k^2 ($\leq n^2$) Schritten auf vollständige Verknüpfung, d. h.: cliq $\in$ NTIME(n^2), wobei hier n die Anzahl der Knoten von G ist. ◄

Wir betrachten nun DTIME(p), wobei p ein *Polynom* ist, also eine Funktion $p: \mathbb{N}_0 \to \mathbb{N}_0$ der Form

$$p(n) = a_k n^k + a_{k-1} n^{k-1} + \ldots + a_1 n + a_0 \text{ mit } a_k > 0.$$

Die natürliche Zahl k heißt Grad des Polynoms. Man definiert die Klassen **P** und **NP** der *polynomialzeitbeschränkten* Funktionen durch

$$\mathbf{P} = \bigcup_{k=0}^{\infty} \mathrm{DTIME}(n^k)$$

und analog:

$$\mathbf{NP} = \bigcup_{k=0}^{\infty} \mathrm{NTIME}(n^k)$$

Man beachte, dass **P** echt in DTIME(2^n) enthalten ist.

Nach Definition ist **P** $\subseteq$ **NP**. Die Klasse **P** gilt als besonders wichtig, weil alle Funktionen, die in der Praxis Verwendung finden, hierin liegen sollten. Von vielen Funktionen aus der Praxis weiß man aber nur, dass sie in **NP** liegen, wie z. B. die Funktion cliq für das oben genannte Cliquenproblem, aber man weiß bisher nicht, ob sie auch in **P** sind, d. h. ob sie deterministisch in polynomieller Zeit berechnet werden können. Es ist ein zentrales, bisher ungelöstes Problem der theoretischen Informatik, ob **P** = **NP** ist (↑ NP-vollständig, dort finden sich auch Beispiele). Dieses Problem **P** = **NP?** zählt zu den sieben mathematischen „Millenniumsproblemen", für deren Lösung jeweils eine Million Dollar ausgesetzt wurde.

Mengen und Funktionen sind über die ↑ charakteristische Funktion miteinander verknüpft. Man definiert daher: Eine Menge M liegt in der Klasse DTIME(g), wenn die charakteristische Funktion von M in DTIME(g) liegt; analog für alle anderen Komplexitätsklassen.

Hiermit ist die Grundlage gelegt, um Algorithmen, Funktionen und Mengen, bzw. ↑Sprachen bezüglich des Aufwands einordnen und miteinander vergleichen zu können. Außerordentlich schwierig ist hierbei der Nachweis, dass eine Funktion nicht in einer bestimmten Klasse liegt. Zum Beispiel ist es bis heute unbekannt, ob die Multiplikation in DTIME(n) oder ob das Cliquenproblem in **P** liegen oder nicht. Die Komplexitätsklassen geben einen vertieften Einblick in die Struktur von Berechnungen.

Einige bekannte Sätze lauten umgangssprachlich:

Platzhierarchiesatz: Wenn eine Funktion s_2 deutlich stärker als die Funktion s_1 wächst, dann ist die Klasse DSPACE(s_2) echt größer als DSPACE(s_1).

Zeithierarchiesatz: Wenn eine Funktion t_2 deutlich stärker als die Funktion $t_1 \cdot \log_2(t_1)$ wächst, dann ist die Klasse DTIME(t_2) echt größer als DTIME(t_1). Man vermutet, dass dieser Satz in schwächerer Form (wie der Platzhierarchiesatz) gilt, kennt aber keinen Beweis.

Satz von Savitch (1970): NSPACE(s) $\subseteq$ DSPACE($s \cdot s$)

Satz von Immerman und Szelepcényi (1988): NSPACE(s) ist gegen Komplement abgeschlossen, d. h., wenn eine Menge L in NSPACE(s) liegt, dann auch ihr ↑Komplement.

Die Klassen DSPACE(n) und NSPACE(n) beschreiben genau die von deterministischen bzw. nichtdeterministischen ↑linear beschränkten Automaten berechneten Funktionen. Diese kann man durch kontextsensitive Sprachen charakterisieren. Aus dem obigen Satz folgt nun, dass kontextsensitive Sprachen gegen Komplementbildung abgeschlossen sind.

Gut untersucht ist die Klasse CF der von ↑kontextfreien Grammatiken erzeugten Sprachen. Für sie gilt:

$\mathrm{CF} \subseteq \mathrm{DTIME}(n^3)$ und
$\mathrm{CF} \subseteq \mathrm{NTIME}(n)$.

Man vermutet, dass CF in $\mathrm{DTIME}(n^2 \cdot \log_2(n))$ enthalten ist, kann es aber bisher nicht beweisen.

Die oben definierten Klassen beziehen sich auf deterministische und nichtdeterministische Turingmaschinen mit mehreren Bändern und ggf. einem gesonderten Eingabeband. Man kann nun entsprechende Klassen auf der Basis von deterministischen und nichtdeterministischen ↑ Registermaschinen definieren und dann beweisen, wie sich die auf Turingmaschinen basierenden zu den auf Registermaschinen basierenden Klassen verhalten. Auch kann man parallele Registermaschinen zugrunde legen. Mit ihnen können viele Probleme sehr effizient gelöst werden, allerdings auf Kosten vieler zusätzlicher Prozessoren.

↑ Kombinatorische Schaltwerke erfordern wesentlich andere Komplexitätsuntersuchungen, da hier kein *uniformes Modell* (in Form einer Maschine mit Eingabebändern) vorliegt, das für alle Eingaben das gleiche ist, sondern da nun für jede Eingabelänge n ein neues *Schaltnetz* mit n Eingabeleitungen gewählt werden muss. Die Klasse NC bezeichnet z. B. die Klasse aller Funktionen, die man durch eine Familie von kombinatorischen Schaltwerken mit jeweils polynomiell vielen Gattern und (poly-)logarithmisch beschränkten längsten Wegen (von irgendeinem Eingang zu irgendeinem Ausgang) berechnen kann. Solche Funktionen lassen sich besonders gut parallelisieren.

Anmerkung: Die Kenntnis der Aufwandsfunktion eines Programms ist in der Praxis sehr nützlich. Wenn man beispielsweise weiß, dass die Laufzeit für alle Eingaben der Länge n recht genau von der Form $t_A(n) = c_1 \cdot n^2 + c_2 \cdot n + c_3$ ist, dann kann man durch drei Zeitmessungen für verschiedene n drei Gleichungen für die drei Unbekannten c_1, c_2 und c_3 aufstellen und hieraus diese drei Konstanten bestimmen. Man kann dann vorhersagen, wie lange das jeweilige Programm für einen beliebigen Wert von n voraussichtlich laufen wird.

Komplexitätstheorie: Forschungszweig der theoretischen Informatik.

Die Komplexitätstheorie untersucht die ↑Komplexität von Funktionen und Algorithmen, d. h., sie befasst sich mit Berechnungsmodellen, mit dem für Berechnungen notwendigen Aufwand an Zeit oder Speicherplatz, insbesondere mit der Einteilung von Problemen in ↑Komplexitätsklassen und den Strukturen solcher Klassen und ihren wechselseitigen Beziehungen.

Komponente: Teil von einem Ganzen, der physikalisch oder logisch abgeschlossen und für sich funktionsfähig ist und über genau spezifizierte Schnittstellen nach außen verfügt. In diesem allgemeinen Sinne etwa gleichbedeutend mit einem (großen) ↑Modul.

Im Bereich des Software-Engineering versteht man unter einer Komponente ein wieder verwendbares Softwarepaket (engl. *component ware*), das eine (abgerundete) Anwendung anbietet, aber oft noch an die jeweilige Umgebung angepasst werden muss. In einem vernetzten System kann es für gesonderte Aufgaben, allgemein für einen ↑ Dienst, zur Verfügung gestellt werden. Wer solche Dienste nutzen möchte, muss sie im System auffinden, mit anderen Prozessen verknüpfen, die Nutzungsberechtigung erwerben, den meist entfernt erfolgenden Ablauf (Prozedurfernaufruf) sicherstellen usw. Dies erledigt die sog. ↑Middleware. Ent-

sprechende Aufgaben stellen sich z. B. im ↑elektronischen Markt.
Weiterhin rundet man vorhandene Softwarebausteine zu einer Komponente ab, indem man die realisierten Funktionen und Anschlussmöglichkeiten nach außen genau spezifiziert. Solche Komponenten kann man dann beim Zusammenbau von Softwaresystemen nutzen. Man spricht dann von *komponentenbasierter Entwicklung,* für die es eigene Unterstützungswerkzeuge gibt.

Kompressionsalgorithmus: Algorithmus, der die in Bytes gemessene Größe einer Datei ohne wesentlichen Informationsverlust reduziert, indem er gewisse ↑Redundanzen, also Teile der Datei, die wenig, gar keine oder immer die gleiche Information enthalten, eliminiert oder in sehr knapper Form darstellt.
Mit der zunehmenden Einbindung aller Rechner in ein globales Rechnernetz, wie z. B. das ↑ Internet, erhöht sich auch der Datenaustausch zwischen den Rechnern ständig. Um die Belastung der Speicher und der Kommunikationswege gering zu halten, benötigt man leistungsfähige Methoden zur *Datenkompression.*
Zurzeit gibt es eine Vielzahl von Verfahren für unterschiedliche Typen von Daten:

- für Textdateien z. B. das Huffman-Verfahren,
- für Bilder z. B. das JPEG-Verfahren (JPEG Abk. für engl. **J**oint **P**hotographic **E**xperts **G**roup) oder das GIF-Verfahren (GIF Abk. für engl. **G**raphical **I**nter**f**ace),
- für Filme z. B. das MPEG-Verfahren (MPEG Abk. für engl. **M**oving **P**ictures **E**xperts **G**roup),
- für Töne und Musik z. B. das MP3-Verfahren oder ADPCM-Verfahren (ADPCM Abk. für engl. **A**daptive **D**elta **P**ulse **C**ode **M**odulation).

Die Verfahren unterscheiden sich neben ihrem Einsatzzweck vor allem in der *Kompressionsrate,* also dem Quotienten aus Größe der ursprünglichen Datei und Größe der komprimierten Datei sowie der Genauigkeit, also der Informationsmenge, die beim Komprimieren unwiederbringlich verloren geht.

Textkompression mit dem Huffman-Verfahren: Während traditionelle Codes für jedes Zeichen ein gleich langes Codewort z. B. mit acht Bit vorsehen, besteht die Idee von D. A. Huffman darin, unterschiedlich lange Codewörter zu verwenden. Zeichen, die in den zu codierenden Texten häufig vorkommen, erhalten kürzere Codewörter als Zeichen, die nur selten vorkommen. Durch Übergang von einem Code mit gleich langen Codewörtern (etwa dem ASCII-Code) zu einem *Huffman-Code* erreicht man eine Textkompression.

▶ *Beispiel:* Gegeben sei ein Text, der nur aus den Zeichen a, b oder c besteht. a komme mit Häufigkeit 50%, b und c jeweils mit Häufigkeit 25% im Text vor. Traditionell codiert man a, b und c durch zwei Bits, z. B.

$$a = 00, b = 01, c = 10.$$

Ein Text mit 100 Zeichen beansprucht 200 Bits. Wählt man jedoch z. B.

$$a = 0, b = 10, c = 11,$$

so kommt man mit 150 Bits aus, denn die 50% a's, die im Text vorkommen, benötigen jetzt nur noch ein Bit. Beim Übergang zu einem Code mit verschiedenen langen Codierungen muss man jedoch, um eine eindeutige Decodierung zu ermöglichen, die ↑Fano-Bedingung einhalten; es darf also kein Codewort der Anfang eines anderen Codewortes sein. Oben hätte man folglich nicht $a = 1$ wählen dürfen, weil dann die Codierung von a Anfang der Codierungen von b und c ist und die Decodierung des Codewortes 11 nicht mehr möglich ist (aa oder c?). ◀

Genauer: Seien $A = \{a_1, a_2, \ldots, a_n\}$ ein Alphabet und $T \in A^*$ ein Text über A. $P = \{p_1, p_2, \ldots, p_n\}$ sei eine Menge von Häufigkeiten mit $p_1 \geq p_2 \geq \ldots \geq p_n$, wobei p_i angibt, mit welcher relativen Häufigkeit a_i in T vorkommt. Ist zum Beispiel $p_i = 0{,}3$, so sind 30% aller Zeichen in T

das a_i. a_1 kommt also am häufigsten in T vor, a_2 am zweithäufigsten usw.
Einen Huffman-Code erhält man nun nach folgendem Algorithmus: Man greift die beiden seltensten Zeichen heraus, also a_n und a_{n-1}. Diese beiden Zeichen müssen sich in der letzten Bitstelle unterscheiden, a_n erhalte also als letzte Stelle die 0, a_{n-1} die 1. a_n und a_{n-1} werden nun anschaulich zu einem Superzeichen $a_{n,n-1}$ in A verschmolzen, das die Häufigkeit $p_n + p_{n-1}$ zugeordnet bekommt. Man erhält also ein neues Alphabet

$$A' = \{a'_1, \ldots, a'_{n-1}\} \text{ mit}$$
$$a'_1 = a_1, \ldots, a'_{n-2} = a_{n-2},$$
$$a'_{n-1} = a_{n,n-1}$$

und eine neue Häufigkeitsmenge

$$P' = \{p'_1, \ldots, p'_{n-1}\} \text{ mit}$$
$$p'_1 = p_1, \ldots, p'_{n-2} = p_{n-2},$$
$$p'_{n-1} = p_n + p_{n-1}.$$

Nun ordnet man A' und P' derart um, dass wie in der Ausgangssituation $p'_1 \geq p'_2 \geq \ldots \geq p'_{n-1}$ gilt, und wendet das Verfahren erneut an. Schließlich erhält man einen optimalen Huffman-Code, der die Fano-Bedingung erfüllt. Sind $L_1, \ldots, L_n$ die Längen der Codes in Bits für die Zeichen $a_1, \ldots, a_n$, so beträgt die Kompressionsrate

$$\frac{[\log_2(n-1)]+1}{p_1L_1 + \ldots + p_nL_n},$$

wobei der Zähler die Zahl der Bits angibt, die man zur Codierung von n Zeichen benötigt, wenn die Codes aller Zeichen gleich lang sind.
Das Verfahren lässt sich gut mithilfe eines binären Baumes durchführen, dessen Blätter die Zeichen $a_1, \ldots, a_n$ bilden.
Praktische Kompressionsalgorithmen verwenden entweder feste Häufigkeitstafeln der Buchstaben der zugrunde liegenden Sprache oder sie durchlaufen den zu komprimierenden Text vorab, um die konkrete Häufigkeitsverteilung der Zeichen im Text und damit den optimalen Code zu ermitteln. Im ersten Fall kann es bei Texten, bei denen die Häufigkeit der Zeichen erheblich von der Häufigkeitstafel abweicht, statt zu einer Kompression zu einer Verlängerung des codierten Textes kommen. Im zweiten Fall ist eine Kompression zwar gesichert, um in diesem Fall aber eine Dekompression zu ermöglichen, muss der gewählte Code in der komprimierten Version gespeichert werden, wofür zusätzlicher Speicherplatz benötigt wird, der die Kompressionsrate wieder etwas verschlechtert.

Bildkompression mit dem JPEG-Verfahren: JPEG [dʒeɪpɛg] ist ein standardisiertes Kompressionsverfahren für Bilder. Es ist benannt nach einer Arbeitsgruppe der ↑ISO, die diesen Standard definiert hat.
JPEG ist vor allem gedacht für die Kompression von Fotos oder anderen Darstellungen natürlicher, in der Umwelt vorkommender Szenen. Es eignet sich weniger gut für Abbildungen von Zeichnungen, Cartoons oder Schrift.
JPEG komprimiert nicht verlustfrei, d. h., durch eine Kompression gehen Informationen des Bildes verloren. Dadurch erreicht JPEG jedoch eine erheblich größere Kompressionsrate, als sie mit verlustfreien Kompressionsverfahren möglich ist. Der Informationsverlust fällt bei Bildern natürlicher Situationen aber kaum auf, weil JPEG die bekannten Grenzen der menschlichen Wahrnehmung, speziell die mangelnde Fähigkeit des Auges, geringe Farbunterschiede wahrzunehmen, ausnutzt. Mit JPEG komprimierte Bilder sind also vor allem für die spätere Betrachtung durch einen Menschen gedacht; für eine maschinelle Auswertung kann sich der Informationsverlust und die damit verbundene Verfälschung des ursprünglichen Bildes als problematisch erweisen. Hier kann der Anwender eines JPEG-Algorithmus jedoch durch die Wahl gewisser Kompressionsparameter entscheiden, ob er eine besonders hoch komprimierte Datei mit entsprechendem Verlust an Bildqualität benötigt oder ob er weniger an einer maximalen Kompression als an einer

weitgehenden Erhaltung der Bildqualität interessiert ist.

Die Kompressionsrate beträgt bei Farbbildern etwa 10:1 bis 20:1 ohne sichtbaren Qualitätsverlust und 30:1 bis 50:1 bei geringfügigem Qualitätsverlust. Ein Farbpixel, für dessen Speicherung ursprünglich 24 Bit (= 2^{24} verschiedene Farb- und Helligkeitsabstufungen) benötigt werden, kann also ohne deutlich sichtbaren Qualitätsverlust im Mittel auf etwa ein Bit komprimiert werden.

Schwarzweißbilder mit Graustufen können nicht so hoch komprimiert werden, weil das menschliche Auge Helligkeitsunterschiede sehr viel empfindlicher wahrnimmt, als dies bei Farbunterschieden der Fall ist. Hier beträgt die Kompressionsrate ohne sichtbaren Qualitätsverlust etwa 5:1.

Filmkompression mit dem MPEG-Verfahren: MPEG ist benannt nach einer Arbeitsgruppe der ISO, die dieses Verfahren vorgeschlagen hat, das als MPEG-4 im Jahre 1999 zum Standard erhoben worden ist.

Während das JPEG-Verfahren nur für Standbilder funktioniert, können mit dem MPEG-Verfahren auch Filmsequenzen, bestehend aus digitalen Einzelbildern einschließlich ihrer Vertonung, komprimiert werden. Bild- und Tonsignale werden dabei getrennt komprimiert und erst beim Abspielen nach Dekompression mittels spezieller Zeitmarken wieder synchronisiert. Eine verlustfreie Kompression ist auch bei MPEG nicht möglich.

Die Bildkompression basiert auf der Überlegung, dass sich ein Film von Einzelbild zu Einzelbild jeweils nur wenig verändert. Große Teile, etwa der Hintergrund, bleiben über mehrere Bilder nahezu gleich. Es wird daher das erste Bild der Sequenz komprimiert, und anschließend sind nur die Veränderungen von Einzelbild zu Einzelbild festzuhalten. Auf diese Weise werden Kompressionsraten von etwa 26:1 erzielt. Das maschinelle Erkennen der Unterschiede zwischen zwei Bildern ist jedoch ein sehr zeitaufwendiger Vorgang, der anspruchsvolle mathematische Methoden erfordert.

Musikkompression mit dem MP3-Verfahren: *MP3* (Kürzel für MPEG Audio Layer 3) ist ebenfalls ein Verfahren, das von der Arbeitsgruppe MPEG zum Standard erhoben wurde. Es wurde ab 1987 am Fraunhofer Institut in Erlangen entwickelt und gestattet eine hohe Kompression von Musik. Die Kompression basiert auf der Unvollkommenheit des menschlichen Gehörs, indem Audio-Informationen, die vom Ohr nicht wahrgenommen werden können, etwa hohe Frequenzen, leise Töne, Überlagerungen von Tönen, bestimmte Stereo-Effekte usw., aus den Audio-Daten gelöscht werden. Die je nach Kompressionsrate entstehenden Qualitätseinbußen sollen weniger – wie zu erwarten – bei klassischer Musik deutlich werden, sondern vor allem bei elektronischer Musik, z. B. Techno-Musik, da bei der elektronischen Klang- und Rhythmuserzeugung besonders komplexe und damit schlechter komprimierbare Tonfolgen erzeugt werden.

Die durch MP3 erzielbaren Kompressionsraten liegen bei 10:1 bis 20:1. So benötigt etwa eine Minute Musik in Stereo-CD-Qualität in unkomprimierter Form etwa 10 MByte, in komprimierter Form bei gleicher Qualität nur noch etwa 1 MByte. Der Bedarf von etwa 10 MByte ergibt sich dadurch, dass akustische Signale mit einer Frequenz von 44,1 kHz abgetastet werden und je Abtastvorgang ein 16 Bit großes Audio-Datum (engl. *sample*) erzeugt und auf der CD aufgezeichnet wird. Im Gegensatz dazu werden beim MP3-Verfahren je nach geforderter Qualität zwischen etwa 50 Kbps (für Sprache) und 192 Kbps (für Musik höchster Qualität) aufgezeichnet. Für die üblichen Zwecke reicht dabei eine Aufzeichnung mit 128 Kbps. Die Aufzeichnungsrate kann vor der Aufzeichnung entweder fest vorgegeben (constant bit rate, CBR) oder variabel gehalten werden (variable bit rate,

VBR); in diesem Fall gibt man eine erwartete Qualität des zu komprimierenden Musikstücks vor, und die Bitrate passt sich entsprechend dynamisch an.
Das MP3-Verfahren hat in den letzten Jahren vor allem im Freizeitbereich besondere Bedeutung erlangt, da es die kostengünstige Speicherung und Übertragung von Musik im ↑Internet ermöglicht. Zugleich sind Unternehmen entstanden, die den kostenlosen Download, die kostenlose Publikation noch unbekannter Musiker oder den Tausch von Musik im Internet organisieren. Die damit verbundenen urheberrechtlichen Fragen sind noch weitgehend ungeklärt und Gegenstand zahlreicher Musterprozesse.

Konferenzsystem: System zur Realisierung von Besprechungen, Sitzungen, Tagungen usw., deren Mitglieder sich an verschiedenen Orten befinden. Die einzelnen Teilnehmer werden in einem „virtuellen Raum" zusammengeführt und das Konferenzsystem sorgt dafür, dass alles so abläuft, als ob sich die Beteiligten im gleichen Zimmer befänden. Hierzu muss jeder die anderen sehen und hören können, es muss eine Gesprächsleitung geben, es müssen Dokumente präsentiert werden können, es müssen Tafeln, Projektoren, Smartboards und andere Hilfsmittel vorhanden sein, es müssen Zwischenfragen gestellt werden können usw.
Realisiert wird dies durch Kameras, Mikrofone, Bildschirme und Lautsprecher bei allen Beteiligten und durch eine zentrale Verwaltung der sonstigen Hilfsmittel. Eine verteilte Software überträgt Bild und Ton synchron und möglichst in Echtzeit zu allen angeschlossenen Personen; eine ausgewählte Stelle steuert, wer aktuell das Wort hat und welche Hilfsmittel und Unterlagen sichtbar sind; die Teilnehmer können sich durch Knopfdruck oder Bewegungen auf dem Bildschirm zu Wort melden; derjenige, dem Tafel, Projektor oder andere Hilfsmittel gerade zugeordnet sind, kann sie benutzen, um einen Vortrag zu halten, Hinweise zu notieren oder Dokumente einzublenden; in gewissem Umfang dürfen Teilnehmer sofort Anmerkungen anbringen oder Fragen stellen. Jede Person hat auf ihrem Bildschirm im Prinzip die gesamte Information zur Verfügung. Die Praxis hat jedoch gezeigt, dass die Bilder der Mitglieder möglichst klein gehalten werden oder jeweils nur durch ein Symbol, das bei Bedarf geöffnet werden kann und dann den jeweiligen Gesprächspartner zeigt, repräsentiert sein sollten. Wichtiger ist es, die Tafeln, auf denen die Diskussion protokolliert wird oder Beiträge notiert werden, ständig einsehen und die (elektronischen) Dokumente auf dem eigenen Bildschirm nach persönlichem Arbeitsstil anordnen und lesen und zugleich ohne Verzögerung auf die eigenen Dateien zugreifen zu können. Da die Mimik der Partner und die feinen Untertöne meist nicht sichtbar sind, erfordert eine solche *Telekonferenz* andere Verhaltensmuster und einige Erfahrung, um sie erfolgreich nutzen zu können.
Grundvoraussetzungen sind ein zuverlässig arbeitendes Netz mit einer Übertragungsrate von mindestens 10 Megabit pro Sekunde und ein robust arbeitendes verteiltes Softwaresystem, das die Synchronisationen vornimmt, den ständigen Einblick in zentrale Dokumente und Hilfsmittel ermöglicht und auf alle Unterbrechungen sofort reagiert. Das ↑Internet garantiert bisher keine Echtzeitanforderungen und ständigen Zugriffe, sodass man bisher noch auf andere Netze ausweichen muss. Ein Spezialfall von Konferenzen, das kooperative Arbeiten (↑CSCW), ist mit dem Internet aber schon möglich.

Konfiguration: 1. Bezeichnung für eine konkrete Zusammenstellung einer Rechenanlage aus einer (oder mehreren) ↑Zentraleinheiten, Ein-/Ausgabegeräten und Speichergeräten (↑Speicher) sowie deren Vernetzungsstruktur (↑Rechnernetz). Abhängig von den Bedürfnissen der Anwender kann eine Rechenanlage auf viele verschiedene Arten konfiguriert werden, z. B. hinsichtlich einer Maximie-

rung der Rechenleistung oder einer möglichst großen Speicherkapazität.
Nicht nur die Geräte, sondern auch die ↑Software wird vor ihrer ersten Benutzung konfiguriert. Aufgrund der jeweiligen Anforderungen werden verschiedene Programme, die über gemeinsame ↑Schnittstellen verfügen und daher leicht miteinander verknüpft werden können, zusammengestellt und zu einem Gesamtsystem verbunden; hierbei sind diverse Parameter einzustellen, wodurch die Konfigurierung sehr aufwendig wird.
Zur grafischen Darstellung der Konfiguration einer Rechenanlage verwendet man *Konfigurationsdiagramme,* für deren Gestaltung es jedoch keine Richtlinien gibt.

2. In der theoretischen Informatik bezeichnet „Konfiguration" den Gesamtzustand eines ↑Automaten, ein Beispiel findet sich auch unter ↑Kellerautomat.

Königsberger Brückenproblem: Beispiel für ein Problem, dessen ↑Komplexität sich bei nur geringfügiger Änderung der Aufgabenstellung von Polynomialzeit auf Exponentialzeit erhöht.
L. Euler (1707 - 1783) löste im Jahre 1736 folgendes Problem, das den Beginn der Graphentheorie (↑Graph) markiert. In der Innenstadt von Königsberg vereinen sich der Alte und der Neue Pregel zum Pregelfluss. Im 18. Jahrhundert führten über die Flussläufe sieben Brücken, die das Süd-, Nord-, Ost- und Inselgebiet miteinander verbanden (Abb. 1). Angenommen, man befindet sich auf irgendeinem der Gebiete **N, S, I** oder **O.** Gibt es einen Weg vom Ausgangspunkt, bei dem man jede Brücke genau einmal passiert und schließlich zum Ausgangsort zurückkehrt?
Euler zeigte, dass es keinen solchen Weg gibt, indem er das Problem auf ein Graphenproblem zurückführte. Er ersetzte jede Landmasse **N, S, I** oder **O** durch einen Knoten im Graphen und jede Brücke zwischen zwei Gebieten durch eine Kante zwischen den zugehörigen Knoten. Abb. 2 zeigt den entsprechenden Graphen (mit Mehrfachkanten).

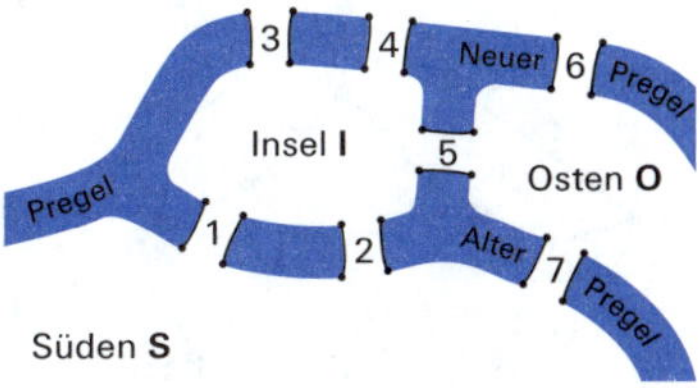

Königsberger Brückenproblem (Abb. 1): Königsberger Brückenproblem

Auf Graphen übertragen lautet das Königsberger Brückenproblem: Gibt es zu jedem Knoten einen Weg, der jede Kante genau einmal durchläuft und am Ende wieder am Ausgangsknoten ankommt (so genannter *Euler-Kreis*)?

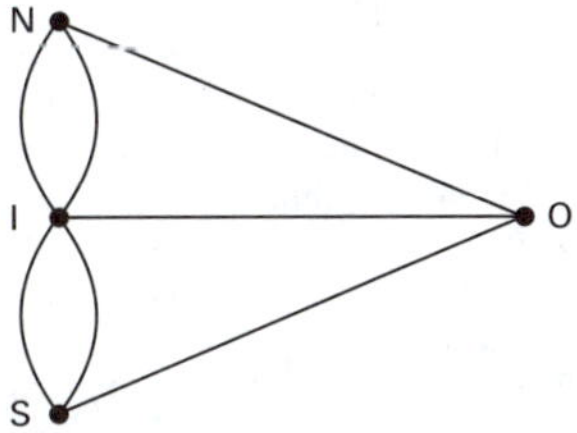

Königsberger Brückenproblem (Abb. 2): Graph zum Königsberger Brückenproblem

Euler bewies für Graphen, die auch Mehrfachkanten und Schlingen enthalten dürfen, dass ein Euler-Kreis dann und nur dann existiert, wenn der Grad jedes Knotens eine gerade Zahl ist, d. h. wenn an jedem Knoten eine gerade Anzahl von Kanten anliegt (eine Schlinge wird hierbei doppelt gezählt). Der Graph in Abb. 2 erfüllt diese Bedingung nicht. Also gibt es den gesuchten Rundweg über die Brücken des Pregel nicht.
Der Algorithmus in Prog. 1 stellt fest, ob ein beliebiger Graph (hier ohne Schlingen und Mehrfachkanten) einen Euler-Kreis enthält. Die Eingabe besteht aus der Knotenmenge $V = \{1, \ldots, n\}$ und der Kantenmenge E, die eine Teilmenge der Menge aller zweielementigen Teilmengen von V ist. Das Feld „zähler"

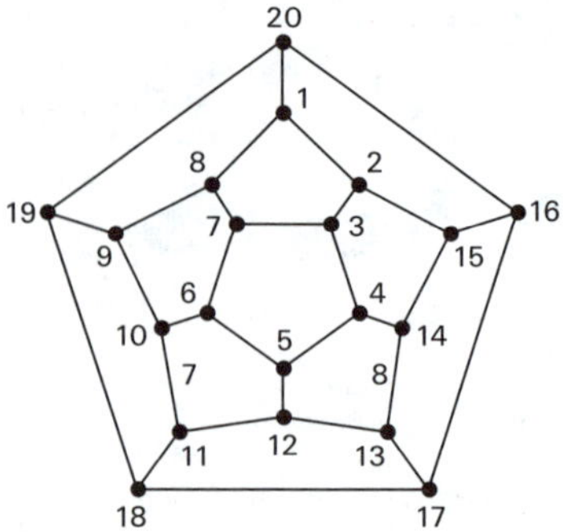

Königsberger Brückenproblem (Abb. 3): hamiltonsches Problem

enthält für jeden Knoten die Anzahl der anliegenden Kanten.

Die ↑ Laufzeit des Algorithmus hängt linear von der Größe des Graphen, d. h. von der Summe aus Knoten- und Kantenzahl, ab; sie hat die ↑ Ordnung $O(|V|+|E|)$.

Ein dem Königsberger Brückenproblem sehr ähnliches, aber ungleich komplizierteres Problem hat im Jahre 1859 Sir William Hamilton (1805 – 1865) eingeführt. Es wird seither *Hamiltonsches Problem* genannt. Gegeben ist ein Graph. Gibt es einen Weg, der nicht wie beim Königsberger Brückenproblem jede Kante, sondern jeden Knoten genau einmal passiert und schließlich am Ausgangsknoten wieder ankommt? Ein solcher Weg heißt *Hamiltonscher Kreis*. Abb. 3 zeigt einen Graphen. Einen Hamiltonschen Kreis erhält man, wenn man die Knoten in der Reihenfolge ihrer Nummerierung durchläuft.

Im Gegensatz zum Königsberger Brückenproblem sind beim Hamiltonschen Problem bisher keine Bedingungen bekannt, die eindeutig charakterisieren, wann ein Graph einen Hamiltonschen Kreis enthält und wann nicht.

Der Algorithmus in Prog. 2 stellt fest, ob ein beliebiger Graph einen Hamiltonschen Kreis enthält oder nicht. (Die Eingabe besteht wie oben aus der Knotenmenge $V = \{1, \ldots, n\}$ und der Kantenmenge E.) Der Algorithmus prüft für alle Permutationen von Knoten, ob sie einen Hamiltonschen Kreis bilden. Da es $n!$ verschiedene Permutationen von n Kno-

```
var zähler: array [1..n] of integer;
„Setze alle Komponenten des Feldes zähler auf 0";
for all „Kanten {x, y} ∈ E" do
begin
   zähler [x] := zähler [x] + 1;
   zähler [y] := zähler [y] + 1;
end
if „zähler[i] ist für alle i ∈ {1, ..., n} eine gerade Zahl" then
write ('Eulerscher Kreis existiert')
else write ('Eulerscher Kreis existiert nicht');
```

Königsberger Brückenproblem (Prog. 1): Programmstück zur Klärung der Frage: Enthält ein Graph einen Euler-Kreis?

```
for all „Permutationen i1, i2, ..., in von V" do
   if „E enthält alle Kanten {i1, i2}, {i2, i3}, ..., {in-1, in}, {in, i1}"
      then write ('G enthält einen hamiltonschen Kreis') fi od;
if „keine Lösung gefunden" then
   write ('G enthält keinen hamiltonschen Kreis'); fi;
```

Königsberger Brückenproblem (Prog. 2): Programmstück zur Klärung der Frage: Enthält ein Graph einen Hamiltonschen Kreis?

ten gibt, benötigt der Algorithmus größenordnungsmäßig $O(n!)$ Schritte, um eine Lösung zu finden. Dies sind größenordnungsmäßig $O\left(\left(\frac{n}{e}\right)^n\right)$ Schritte mit e = 2,718281..., siehe ↑Fakultät. Im Vergleich zum Königsberger Brückenproblem, das ein Algorithmus in linearer Zeit lösen kann, benötigt der Algorithmus für das Hamiltonsche Problem exponentielle Laufzeit. Da das Hamiltonsche Problem NP-vollständig ist (↑ NP), wird allgemein angenommen, dass es keinen *Polynomialzeitalgorithmus* gibt.

Ein dem Hamiltonschen Problem sehr ähnliches Problem ist das ↑Problem des Handlungsreisenden.

konjunktive Normalform: Bezeichnung für eine standardisierte Darstellung von ↑booleschen Funktionen durch ↑ boolesche Ausdrücke. Konjunktive Darstellungen treten z. B. beim ↑Erfüllbarkeitsproblem auf.

Sei $x^0 := \bar{x}$ und $x^1 := x$. Eine boolesche Funktion f in n Variablen stellt man dar durch

$$\begin{aligned} f(x_1, \ldots, x_n) &= (x_1^{\overline{a_{11}}} + x_2^{\overline{a_{21}}} + \ldots + x_n^{\overline{a_{n1}}}) \cdot \\ &\quad (x_1^{\overline{a_{12}}} + x_2^{\overline{a_{22}}} + \ldots + x_n^{\overline{a_{n2}}}) \cdot \ldots \cdot \\ &\quad (x_1^{\overline{a_{1k}}} + x_2^{\overline{a_{2k}}} + \ldots + x_n^{\overline{a_{nk}}}). \end{aligned}$$

Hierbei steht „+" für die ↑ODER-Funktion und „·" für die ↑UND-Funktion. k ist gleich der Zahl der Nullstellen von f, und für alle $i \in \{1, \ldots, k\}$ gilt

$$f(a_{1i}, a_{2i}, \ldots, a_{ni}) = 0.$$

▶ *Beispiel:* Gegeben sei folgende boolesche Funktion:

	x	y	z	$f(x, y, z)$
1)	0	0	0	1
2)	0	0	1	0
3)	0	1	0	0
4)	0	1	1	1
5)	1	0	0	1
6)	1	0	1	0
7)	1	1	0	1
8)	1	1	1	0

Die konjunktive Normalform von f erhält man folgendermaßen: Jeder Klammerausdruck wird gebildet aus den Argumenten x, y, z einer Zeile der Wertetabelle, an der der Funktionswert von f gleich 0 ist; die Argumente werden mit der ODER-Funktion verknüpft. Jedes Argument, das den Wert 1 besitzt, wird ignoriert.

Aus der Tabelle von f folgt:

Zeile 2: $f(0,0,1) = 0$ liefert den Klammerausdruck

$$(x^{\bar{0}} + y^{\bar{0}} + z^{\bar{1}}) = (x^1 + y^1 + z^0) = (x + y + \bar{z})$$

Zeile 3: $f(0,1,0) = 0$ liefert den Klammerausdruck

$$(x^{\bar{0}} + y^{\bar{1}} + z^{\bar{0}}) = (x^1 + y^0 + z^1) = (x + \bar{y} + z)$$

Zeile 6: $f(1,0,1) = 0$ liefert den Klammerausdruck

$$(x^{\bar{1}} + y^{\bar{0}} + z^{\bar{1}}) = (x^0 + y^1 + z^0) = (\bar{x} + y + \bar{z})$$

Zeile 8: $f(1,1,1) = 0$ liefert den Klammerausdruck

$$(x^{\bar{1}} + y^{\bar{1}} + z^{\bar{1}}) = (x^0 + y^0 + z^0) = (\bar{x} + \bar{y} + \bar{z})$$

Verknüpft man die einzelnen Klammerausdrücke in der vorgeschriebenen Form, erhält man die konjunktive Normalform von f:

$$\begin{aligned} f(x, y, z) &= (x + y + \bar{z}) \cdot (x + \bar{y} + z) \\ &\quad \cdot (\bar{x} + y + \bar{z}) \cdot (\bar{x} + \bar{y} + \bar{z}). \end{aligned}$$ ◀

Eine andere Standarddarstellung für boolesche Ausdrücke ist die ↑disjunktive Normalform.

Konkatenation *(Verkettung,* engl. *concatenation):* Die Konkatenation zweier Wörter x und y (Bez. $x \circ y$ oder kurz xy) ist das Wort, das sich durch Hintereinanderschreiben der beiden Wörter ergibt.

▶ *Beispiel:* Die Konkatenation der Wörter „BAUM" und „HAUS" ist das Wort „BAUMHAUS". ◀

Ist A ein festes ↑ Alphabet, so ist die Konkatenation eine assoziative Verknüpfung in der Menge der Wörter A^*, die das leere Wort ε als Einheit besitzt. Es gilt also:

K

$$x \circ (y \circ z) = xyz = (x \circ y) \circ z$$
$$x \circ \varepsilon = \varepsilon \circ x = x.$$

Eine Menge mit einer Verknüpfung $\circ$, die assoziativ ist und eine Einheit besitzt, bezeichnet man als *Monoid.*
Die Konkatenation ist nicht kommutativ:

$$\text{BAUMHAUS} \neq \text{HAUSBAUM}.$$

Sind L und L' (formale) ↑Sprachen über dem Alphabet A, so ist die Konkatenation von L und L' (Bezeichnung: $L \circ L'$ oder kurz LL') die Sprache

$$\tilde{L} = \{x \circ y | x \in L, y \in L'\}.$$

▶ *Beispiel:*

$$L = \{a, ab\}, \ L' = \{b, ba\},$$
$$L \circ L' = \{ab, aba, abb, abba\}.$$ ◀

Ist L eine Sprache, so bezeichnet L^n die n-fache Konkatenation von L mit sich selbst, auch *n-fach Iterierte* von L genannt:

$$L^0 = \{\varepsilon\},$$
$$L^1 = L,$$
$$L^2 = L \circ L,$$
$$\ldots,$$
$$L^n = L \circ L^{n-1} (n \geq 1),$$
$$L^* := \bigcup_{n \geq 0} L^n.$$

L^* bezeichnet man als *Iterierte von L* oder das *von L erzeugte Untermonoid.*

▶ *Beispiele:* Für ein Alphabet A ist A^n die Menge der Wörter der Länge n über A, und A^* ist die Menge aller endlichen Wörter über A.
Es seien $A = \{a, b\}$ und $L = \{a, ab\}$. In L^* liegen z. B. die Wörter

$$\varepsilon, a, aa, aaa, aba, aab,$$
$$aaaa, abab, aaaaba, \ldots .$$

Das von dieser Menge L erzeugte Untermonoid L^* besteht aus allen Wörtern w mit der Eigenschaft:

Wenn in w das Zeichen b vorkommt, dann steht unmittelbar vor dem b ein a, d. h.: aus $w = ubv$ folgt stets: u endet mit a. ◀

Die Konkatenation und die Untermonoidbildung gehören zu den drei Grundoperationen bei der Bildung von ↑regulären Mengen.

Konnektionismus: interdisziplinäre Forschungsrichtung im Grenzgebiet zwischen Informatik, Physik, Mathematik, Psychologie und Neurophysiologie, die sich mit der Analyse und Konstruktion informationsverarbeitender Systeme befasst, welche aus vielen gleichartigen und sehr einfachen Verarbeitungseinheiten zusammengesetzt sind. Den Ursprung des Konnektionismus bildete das Ziel, im Gehirn ablaufende Prozesse wie Lernen, Wissensrepräsentation, Assoziation usw. zu modellieren. Grundlegendes Verarbeitungsprinzip konnektionistischer Systeme ist die hochgradige interne Vernetzung verbunden mit einer nahezu unbegrenzten Interaktionsmöglichkeit der Einheiten.
Die üblichen konnektionistischen Modelle besitzen folgenden gemeinsamen Aufbau: Sie bestehen aus einem gerichteten ↑ Graphen, dessen Knoten und Kanten mit (meist) reellen Zahlen *(Gewichte)* markiert sind. Die Knoten symbolisieren Aktivitätszentren, der zugehörige Zahlenwert den Grad der Aktivität. Die Kanten dienen zur Kommunikation; die zugehörigen Zahlenwerte legen fest, inwieweit die Aktivitätsgrade der Vorgängerknoten die Aktivität eines Knotens beeinflussen. Ist der Zahlenwert einer Kante positiv, so verstärkt sie die Aktivität nachgeschalteter Knoten, anderenfalls hemmt sie sie. In der Verbindungsstruktur zusammen mit den zugehörigen Gewichten ist also das gesamte Wissen des konnektionistischen Modells gespeichert (Abb. 1).
Je nachdem, nach welchen Regeln das Netzwerk mit Eingaben versorgt wird, wie Ausgaben abgegeben werden und nach welchen funktionalen Vorschriften sich die Aktivierungszustände der Knoten ändern, teilt man konnektionistische Modelle in unterschiedliche Klassen ein. Ein bekanntes Modell ist das ↑neuronale Netz, dessen Funktionsprinzipien von

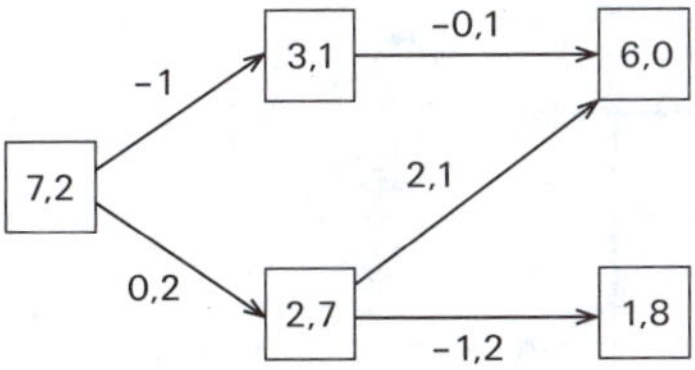

Konnektionismus (Abb. 1): Beispiel für ein konnektionistisches Modell

der Arbeitsweise von Nervenzellen abgeleitet sind.

Konsistenz (engl. *consistency*): Dieser Begriff wird in verschiedenen Teilgebieten der Informatik unterschiedlich benutzt. Man bezeichnet Aussagen, Formeln, Modelle oder Systeme als konsistent, wenn sie „in sich stimmig" sind, wenn sie also keinen Unsinn ergeben, keine Widersprüche enthalten, mit der Realität im Einklang stehen bzw. keine undefinierten Zustände annehmen können. Die Erhaltung der Konsistenz spielt bei jeder Informationsverarbeitung eine zentrale Rolle, wobei sich die Konsistenz sowohl auf die zu verarbeitenden Daten und die dadurch repräsentierten Modelle (z. B. in ↑Datenbanken) als auch auf die verarbeitenden Systeme bezieht.

Konsole: Ein-/Ausgabegerät an Großrechnern, dessen Benutzung dem ↑Operateur vorbehalten ist. Die Konsole ist meist eine ↑Datensichtstation; sie befindet sich in unmittelbarer Nähe der Rechenanlage. Über die Konsole kann der Operateur durch die Eingabe von Steuerkommandos, z. B. zum Starten bestimmter Systemprogramme oder zur Veränderung von Betriebssystemparametern (↑Betriebssystem, ↑Parameter), Einfluss auf die Arbeitsweise der Rechenanlage nehmen.

Konstante (engl. *constant*): fester Wert aus einem Wertebereich. In der Programmierung besitzt eine Konstante einen eindeutig festgelegten ↑Bezeichner, einen ↑Datentyp und einen festen Wert aus der Wertemenge des Datentyps. Bezeichner und Wert der Konstanten müssen in den meisten Programmiersprachen explizit vereinbart werden (↑Deklaration), während der Datentyp häufig aus dem Wert erkannt wird. Im ↑Gültigkeitsbereich der Konstantendeklaration wird der Bezeichner stets durch seinen Wert ersetzt. Nach der Deklaration darf einer Konstanten kein Wert mehr zugewiesen werden.

▶ *Beispiel:* Benutzung einer reellen Konstanten in ↑PASCAL:

```
{Deklaration:}
const pi = 3.1415926;
. . .
{Verwendung:}
umfang := 2 * pi * radius;
```

Hier wird der Datentyp ↑real aus dem Wert 3.1415926 geschlossen. Eine Zuweisung der Form pi := ... ist im Gültigkeitsbereich von pi verboten. ◀

kontextfreie Grammatik *(kontextunabhängige Grammatik;* engl. *context-free grammar):* wichtiger Formalismus für die Beschreibung der ↑Syntax von ↑ Programmiersprachen und für die damit zusammenhängenden Begriffe wie ↑Datentyp, ↑Ausdruck, ↑Kontrollstrukturen usw. Gleichwertige Beschreibungen sind die ↑ Backus-Naur-Form und die ↑Syntaxdiagramme.

Eine ↑Grammatik $G = (N, T, P, S)$ heißt *kontextfrei,* wenn ihr Produktionssystem P folgende einschränkende Bedingungen erfüllt: Ist (p, q), bzw. $p \to q$ eine Regel aus P, so ist p ein Element von N, d. h. als linke Regelseiten sind nur einzelne Nichtterminalsymbole erlaubt. Daher stammt auch die Bezeichnung „kontextfrei": Ein Nichtterminalsymbol wird unabhängig vom Kontext, also unabhängig von den benachbart stehenden Zeichen ersetzt. Hierdurch kann man Ableitungen in kontextfreien Grammatiken stets als Bäume darstellen (↑Ableitungsbaum).

▶ *Beispiel:* $G = (N, T, P, S)$ mit

$$N = \{S\},\ T = \{*, +, (,), a\},$$
$$P = \{(S, S+S), (S, S*S), (S, (S)), (S, a)\}$$

oder anders geschrieben:

$$P = \{S \to S+S, S \to S*S,\\ S \to (S), S \to a\}$$

ist eine kontextfreie Grammatik. Eine Ableitung bezüglich G ist z. B.

$$S \to S+S \to S+S*S \to\\ S+(S)*S \to S+(S+S)*S \to\\ \ldots \to a+(a+a)*a.$$

Den zugehörigen Ableitungsbaum zeigt Abb. 1. Die von G erzeugte ↑Sprache ist die Menge aller arithmetischen Ausdrücke mit den Verknüpfungssymbolen „+“ und „*“ und dem Symbol a. Dem Ableitungsbaum entnimmt man auch die Reihenfolge, in der der Ausdruck auszuwerten ist: Man beginnt bei den Blättern mit der Auswertung und bewegt sich in Richtung Wurzel.

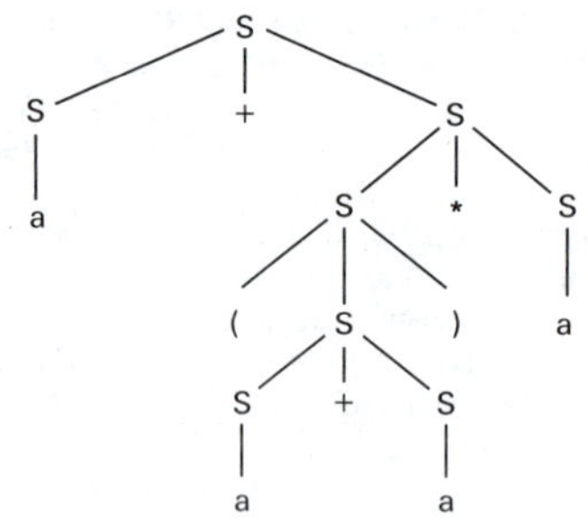

kontextfreie Grammatik (Abb. 1): Ableitungsbaum

Zum Vergleich: Die Darstellung der obigen kontextfreien Grammatik G in Backus-Naur-Form lautet:

$$S ::= S+S|S*S|(S)|a$$

Ein zugehöriges Syntaxdiagramm zeigt Abb. 2. ◀

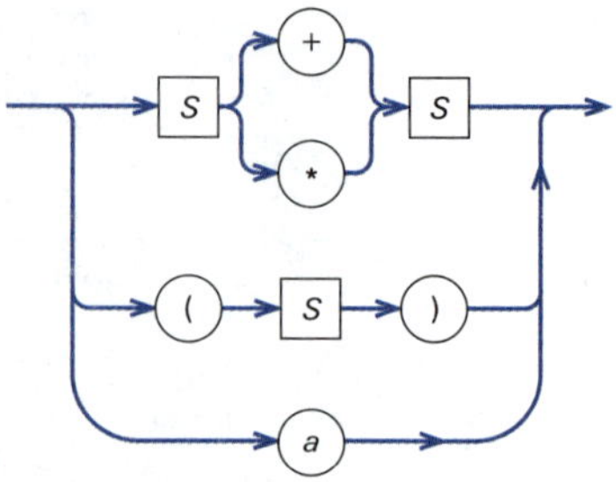

kontextfreie Grammatik (Abb. 2): Syntaxdiagramm für G

Kontextfreie Grammatiken werden meist zur Definition der Syntax von Programmiersprachen benutzt. Es gibt Sprachen bzw. Sprachstrukturen, die von einer Grammatik (ohne Einschränkungen) oder von einer ↑ kontextsensitiven Grammatik, nicht aber von einer kontextfreien Grammatik erzeugt werden können. Hierzu gehört z. B. die Forderung, dass jeder verwendete Bezeichner deklariert sein muss. Man beschreibt dann die Syntax einer Sprache trotzdem durch eine kontextfreie Grammatik und fügt die nicht-kontextfreien Forderungen umgangssprachlich hinzu.

Die Menge der von kontextfreien Grammatiken erzeugten Sprachen ist gleich der Menge der von nichtdeterministischen ↑Kellerautomaten erkannten Sprachen (↑Chomsky-Hierarchie).

Typische Beispiele für ↑ kontextfreie Sprachen sind klammerartig aufgebaute Sprachen, z. B. für $T = \{(,)\}$:

$$L_1 = \{(^n)^n | n \geq 1\}$$

oder für $T = \{(,),[,]\}$:

$$L_2 = \{w \in T^* | w \text{ ist korrekt geklammerter Ausdruck}\}.$$

„$(^n$“ bedeutet n-mal „Klammer auf“. Eine kontextfreie Grammatik für L_1 ist $G_1 = (\{S\}, T, P_1, S)$

mit $P_1 = \{S \to (S), S \to (\,)\}$.

L_2 wird durch $G_2 = (\{S\}, T, P_2, S)$

mit $P_2 = \{S \to S(S)S,\\ S \to S[S]S,\\ S \to (\,), S \to [\,]\}$

erzeugt. L_2 heißt auch *Klammersprache* oder *Dycksprache* der Ordnung 2, da zwei Klammerpaare vorliegen.

Dagegen kann man folgende Sprachen nicht mit einer kontextfreien Grammatik erzeugen:

$$L_3 = \{(^n[^m)^n]^m | n, m \geq 1\},$$
$$L_4 = \{a^n b^n c^n | n \geq 1\} \subseteq \{a, b, c\}^*,$$
$$L_5 = \{vv | v \in \{a, b\}^*\}.$$

L_3 bis L_5 werden jedoch von kontextsensitiven Grammatiken erzeugt.

kontextfreie Sprache: eine (formale) ↑Sprache, die von einer ↑kontextfreien Grammatik erzeugt werden kann; Definitionen und weitere Aussagen siehe dort.

▶ *Beispiel:* Die Menge aller *arithmetischen Ausdrücke* über den Variablen $x_1, \ldots, x_n$ und den Operationssymbolen +, ∗, −, / mit korrekter Klammerung ist eine kontextfreie Sprache, die von folgender kontextfreier Grammatik $G_1 = (N_1, T, P_1, S)$ erzeugt wird:

$$N_1 = \{S\},$$
$$T = \{+, *, -, /, (,), x_1, x_2, \ldots, x_n\},$$
$$P_1 = \{S \to S + S, S \to S - S,$$
$$S \to S * S, S \to S/S,$$
$$S \to (S), S \to x_1,$$
$$S \to x_2, \ldots, S \to x_n\}.$$

Diese Grammatik ist mehrdeutig (↑eindeutige Grammatik), da z. B. der Ausdruck $x_1 + x_2 * x_3$ auf zwei verschiedene Arten abgeleitet werden kann (Abb. 1 und Abb. 2).

Diese Ableitungsbäume geben die Auswertungsreihenfolge an: Man beginnt bei den Blättern und arbeitet sich in Richtung Wurzel vor. Während in Abb. 1 also zuerst $x_2 * x_3$ ausgewertet wird, wird in Abb. 2 zuerst $x_1 + x_2$ berechnet. Man muss daher mehrdeutige Grammatiken vermeiden. Eine eindeutige Grammatik für die arithmetischen Ausdrücke ist $G_2 = (N_2, T, P_2, E)$ mit

$$N_2 = \{E, F, J\},$$
$$T = \{+, *, -, /, (,), x_1, x_2, \ldots, x_n\},$$
$$P_2 = \{E \to E + F, E \to E - F,$$
$$F \to F * J, F \to F/J, F \to J,$$
$$J \to (E), J \to x_1, \ldots, J \to x_n\}.$$

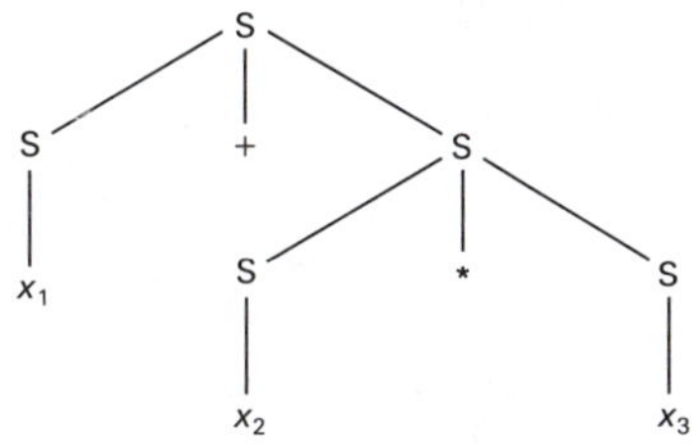

kontextfreie Sprache (Abb. 1): erste Ableitung für $x_1 + x_2 * x_3$

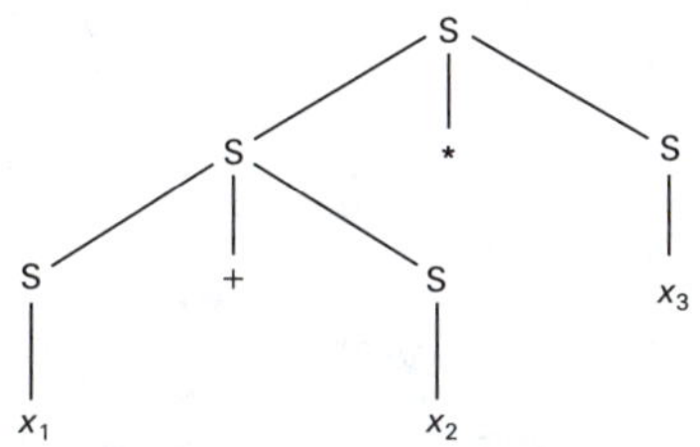

kontextfreie Sprache (Abb. 2): zweite Ableitung für $x_1 + x_2 * x_3$

Man möge sich überzeugen, dass ein Ableitungsbaum wie in Abb. 2 nicht mehr möglich ist, wohl aber ein solcher wie in Abb. 1. ◀

kontextsensitive Grammatik: Eine ↑Grammatik $G = (N, T, P, S)$ heißt *kontextsensitiv,* wenn alle Regeln aus P die folgende Form haben:

$$(v_1 A v_2, v_1 w v_2).$$

Dabei sind v_1 und v_2 Wörter über dem Zeichenvorrat $N \cup T$ (eventuell auch das leere Wort ε), A ist ein Nichtterminalsymbol aus N, und w ist ein nichtleeres Wort über $N \cup T$. Um auch das leere Wort erzeugen zu können, ist als einzige Ausnahme hiervon auch die Regel (S, ε) zugelassen; dann darf S aber in keiner rechten Seite irgendeiner anderen Regel vorkommen. Sind v_1 und v_2 stets das leere Wort, so erhält man Ableitungsregeln ohne einen Kontext $v_1 \ldots v_2$; dies führt zu den ↑kontextfreien Grammatiken.

▶ *Beispiel:* Die Grammatik

$$G = (N, T, P, S) \text{ mit}$$
$$N = \{S, A, B, A', B'\},\ T = \{a, b, c\},$$
$$P = \{(S, abc), (S, aAbc), (Ab, A'b), (A'b, A'A), (A'A, bA), (Ac, Bbcc), (bB, bB'), (bB', BB'), (BB', Bb), (aB, aaA), (aB, aa)\}$$

ist eine kontextsensitive Grammatik, die die Menge aller Wörter $a^n b^n c^n$ mit $n \geq 1$ erzeugt. (Dabei steht x^n für das Wort $\underbrace{xxx\ldots x}_{n\text{-mal}}$.) ◀

Die Menge dieser Wörter kann nicht durch eine ↑kontextfreie Grammatik erzeugt werden.
Kontextfreie Grammatiken reichen nicht aus, um die ↑Syntax von Programmiersprachen vollständig zu beschreiben. Zum Beispiel kann man durch eine kontextfreie Grammatik nicht erzwingen, dass jede Variable deklariert sein muss. Mit kontextsensitiven Grammatiken ist dies möglich; allerdings wird die Menge *P* der Regeln hierdurch so umfangreich und unübersichtlich, dass man in der Praxis lieber eine kontextfreie Grammatik zugrunde legt und die zusätzlichen syntaktischen Einschränkungen in Umgangssprache hinzufügt.

kontextsensitive Sprache: eine (formale) ↑Sprache, die von einer ↑kontextsensitiven Grammatik erzeugt werden kann.

▶ *Beispiel:* Die Sprache $\{a^n b^n c^n \mid n \geq 1\}$, d. h. die Menge aller Wörter der Form

$$\underbrace{a\ldots a}_{n\text{-mal}}\ \underbrace{b\ldots b}_{n\text{-mal}}\ \underbrace{c\ldots c}_{n\text{-mal}}$$

ist eine kontextsensitive Sprache; sie wird erzeugt von der kontextsensitiven Grammatik $G = (N, T, P, S)$, die unter dem Stichwort „↑ kontextsensitive Grammatik" angegeben ist. ◀

Die Menge der kontextsensitiven Sprachen ist gleich der Menge der von nichtdeterministischen ↑ linear beschränkten Automaten erkannten Sprachen (↑Chomsky-Hierarchie), also gleich der ↑Komplexitätsklasse NSPACE(n).

Kontrollstruktur (engl. *control structure*): in imperativen ↑Programmiersprachen Bezeichnung für ein Schema, welches die Reihenfolge der Abarbeitung von ↑Anweisungen festlegt. Die einfachste Kontrollstruktur ist die *Sequenz*: In der Anweisung `a1;a2` wird zuerst die Anweisung `a1` und danach die Anweisung `a2` ausgeführt. Weitere Kontrollstrukturen sind ↑bedingte Anweisungen und ↑Schleifen. Auch nichtdeterministische Konstrukte sind möglich, vgl. ↑bewachte Anweisung (↑Ada). Eine Sonderrolle hat der ↑Sprung: Er beeinflusst zwar die Abarbeitungsreihenfolge von Anweisungen, jedoch kann man ihm keine „Struktur" zuordnen. Aus diesem Grund versucht man, Sprünge in der ↑strukturierten Programmierung zu vermeiden, weil die Wirkung von Sprüngen im Vergleich zu „echten" Kontrollstrukturen viel schwerer zu überschauen ist.

konvexe Hülle: Gegeben seien *n* Punkte im *d*-dimensionalen Raum. Gesucht ist die kleinste konvexe Menge, die alle Punkte enthält. Hierbei heißt eine Menge *konvex,* wenn mit je zwei Punkten der Menge auch die Verbindungsstrecke ganz in der Menge liegt. Eine konvexe Menge enthält also weder „Inseln" noch „Halbinseln" (Abb. 1).

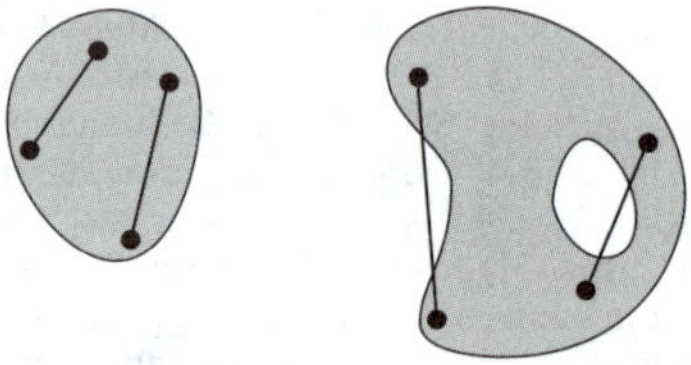

konvexe Hülle (Abb. 1): konvexe und nichtkonvexe Menge

In der Ebene ($d = 2$) kann man das Problem der konvexen Hülle wie folgt veranschaulichen: Gegeben sei eine Menge von Wasserstellen. Man zäune diese Wasserstellen mit einem möglichst kurzen Zaun ein. Die konvexe Hülle ist dann ein konvexes Vieleck (Abb. 2).

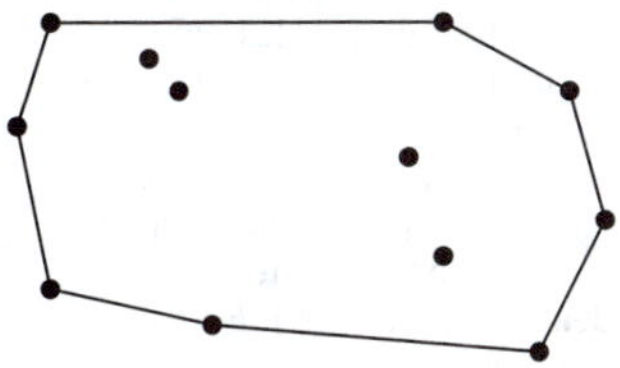

konvexe Hülle (Abb. 2): konvexe Hülle in der Ebene

In der Ebene kann man das Problem der konvexen Hülle mit einem Algorithmus lösen, der auf dem ↑ Divide-and-Conquer-Verfahren basiert. Man teilt die Punktemenge $P = \{p_1, \ldots, p_n\}$ durch eine senkrechte Linie in zwei Hälften. Hierzu muss man die Punkte vorab entsprechend ihrer x-Koordinate aufsteigend sortieren. Für jede der beiden Hälften berechnet man rekursiv (↑ Rekursion) die konvexe Hülle. Anschließend verbindet man die beiden konvexen Hüllen miteinander und erhält die gesuchte konvexe Hülle für alle Punkte (Abb. 3).
Der Algorithmus:

```
var P: „nach der x-Koordinate
       aufsteigend sortierte Folge
       von Punkten (p1, ..., pn)“;
       k: integer;
if |P| ≤ 3 then
       „Berechne die konvexe
       Hülle H von P auf direkte
       Weise“
else
       k:=[|P|/2];
       P1:=(p1, ..., pk);
       P2:=(pk+1, ..., pn);
       „Wende das Verfahren
       rekursiv auf P1 und P2 an und
       erhalte zwei konvexe Hüllen
       H1 und H2“;
       „Verbinde H1 und H2 und
       erhalte die gesuchte konvexe
       Hülle H von P“.
```

([x] bezeichne die größte ganze Zahl kleiner oder gleich x). Der problematische Schritt in diesem Algorithmus ist das

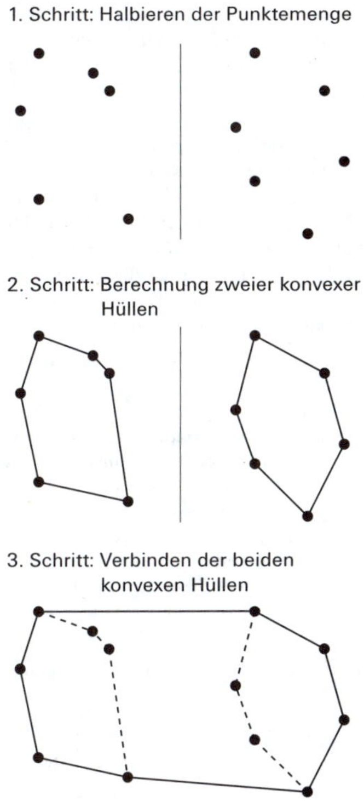

konvexe Hülle (Abb. 3): rekursive Berechnung der konvexen Hülle

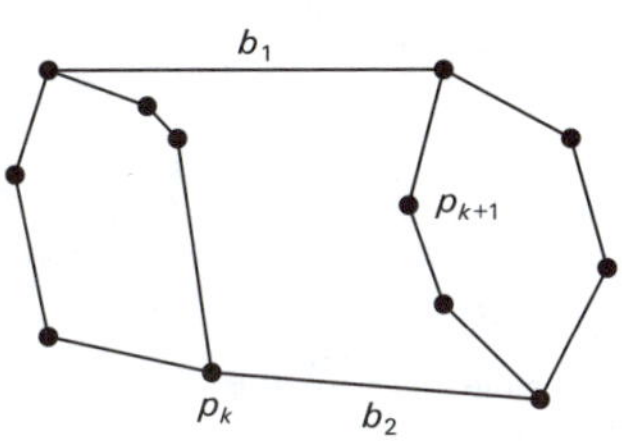

konvexe Hülle (Abb. 4): Verbinden zweier konvexer Hüllen

Verbinden zweier konvexer Hüllen zu einer einzigen. Hierzu muss man die beiden Verbindungslinien *(Brücken)* b_1 und b_2 finden (Abb. 4).

b_1 und b_2 gewinnt man folgendermaßen: Man startet mit der Kante zwischen dem rechtesten Punkt der linken konvexen Hülle und dem linkesten Punkt der rechten konvexen Hülle; man nennt sie anfangs s. Dies ist wegen der Sortierung der Punkte gerade die Strecke zwischen p_k und p_{k+1}. Um die obere Brücke b_1 zu finden, verschiebt man schrittweise den Endpunkt von s in der linken Hülle gegen den Uhrzeigersinn und den Endpunkt von s in der rechten Hülle mit dem Uhrzeigersinn nach folgendem Algorithmus:

```
{Seien u und v die Endpunkte von s}
u := pk;
v := pk+1;
while „der auf u gegen den Uhrzeiger-
      sinn in der linken Hülle folgende
      Punkt u′ oder der auf v im Uhr-
      zeigersinn in der rechten Hülle
      folgende Punkt v′ liegen ober-
      halb von s“ do
      if „die while-Bedingung trifft
      auf u zu“ then u := u′ else
      v := v′ fi od
```

Die untere Brücke findet man auf analoge Weise.

▶ *Beispiel:* Abb. 5 zeigt die vier Schritte, die zur Bestimmung der oberen Brücke erforderlich sind, und die jeweiligen Kanten s. ◀

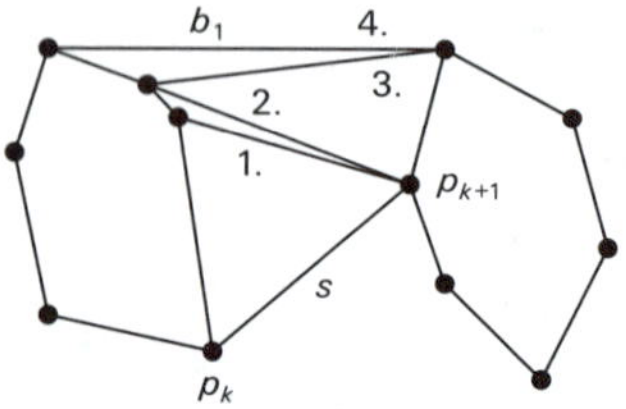

konvexe Hülle (Abb. 5): Bestimmung der oberen Brücke

Bei geeigneter Implementierung benötigt der obige Algorithmus zur Bestimmung der konvexen Hülle von n Punkten $O(n \cdot \log_2 n)$ Schritte. Man kann zeigen, dass diese Schranke optimal ist in dem Sinne, dass es keinen Algorithmus gibt, der das Problem wesentlich schneller löst. Hierzu reduziert man das Problem der konvexen Hülle auf die Sortierung von Zahlen und beweist, dass ein schnellerer Algorithmus für das Problem der konvexen Hülle einen schnelleren Algorithmus für das Sortieren liefern würde, was nicht möglich ist (↑Sortieren).

Im allgemeinen Falle kann man die konvexe Hülle von n Punkten im d-dimensionalen Raum in $O(n \cdot \log_2 n + n^{\lfloor (d+1)/2 \rfloor})$ Schritten bestimmen.

Kopierregel: präzise Formulierung der Bedeutung des ↑Aufrufs einer ↑Prozedur. Hierbei wird der Aufruf P(a_1, a_2, …, a_n) einer Prozedur P mit den aktuellen ↑Parametern $a_1, a_2, \ldots, a_n$ ersetzt durch den modifizierten Prozedurrumpf von P. Das Schema zeigt Abb. 1.

BLOCK 1 bezeichnet man auch als ↑Inkarnation der Prozedur P.

Die Bedeutung eines Aufrufs der Form P($a_1, a_2, \ldots, a_n$) wird durch folgende Vorschrift (= Kopierregel) wiedergegeben:

(1) Der ↑Bezeichner P muss in einer Prozedurdeklaration (↑Deklaration) vereinbart worden und an der Stelle des Aufrufs bekannt sein (↑Gültigkeitsbereich). Die Prozedurdeklaration muss folgende Form besitzen:

```
procedure P (t1 x1, t2 x2, ..., tn xn); R
```

Die genaue Prozedurdeklaration ist bei verschiedenen Sprachen unterschiedlich. Wichtig ist: Es muss genau n formale Parameter $x_1, \ldots, x_n$ geben. Deren ↑Datentyp sei jeweils $t_1, \ldots, t_n$. R sei der Prozedurrumpf.

(2) Wenn diese Prüfungen positiv verliefen, wird P($a_1, \ldots, a_n$) durch den ↑Block BLOCK 1, in dem der modifizierte Rumpf R′ als BLOCK 2 geschachtelt ist, ersetzt. BLOCK 1 besitzt meist folgende Gestalt:

```
begin
   〈Deklaration von x1 mit Typ t1〉;
   〈Deklaration von x2 mit Typ t2〉;
   ...
   〈Deklaration von xn mit Typ tn〉;
   x1 := a1; x2 := a2; ...; xn := an;
   BLOCK 2
end
```

BLOCK 2 ergibt sich aus dem Rumpf R der Prozedur durch folgende Modifikationen: Alle formalen Parameter x_i, deren Übergabe als ↑call by reference vereinbart ist, werden mit einem Weiterverweis versehen, d. h., solche x_i sind in R überall durch x_i↑ zu ersetzen. Für Parameter x_j, deren Übergabe mittels ↑call by value result erfolgt, muss nach BLOCK 2 noch jeweils eine Wertzuweisung $a_j := x_j$ eingefügt werden.
Abweichend hiervon sind alle ↑Call-by-name-Parameter x_k überall in R textuell durch a_k zu ersetzen. Genauere Einzelheiten, wie sich BLOCK 1 ergibt, sind unter ↑Parameterübergabe erläutert.
(3) Nun wird BLOCK 1 ausgeführt. Hierbei werden mögliche Übergabe-Fehler (z. B. Ungleichheit der Typen von aktuellen und formalen Parametern) erkannt, da dann gewisse Zuweisungen $x_i := a_i$ nicht ausführbar sind.
(4) Wurde BLOCK 1 und mit ihm BLOCK 2 vollständig abgearbeitet, dann wird BLOCK 1 entfernt, und an seine Stelle tritt nun wieder der ursprüngliche Aufruf $P(a_1, a_2, \ldots, a_n)$.
(5) Eine Sonderbehandlung erfahren ↑globale Variablen, die in der Prozedur P verwendet werden. Der Zugriff erfolgt nicht bezüglich der Aufrufstelle von P, sondern bezüglich der Deklarationsstelle.

▶ *Beispiel:* Gegeben sei folgendes Programmstück.

```
begin
   var x: integer;
   procedure P(...);
   begin
      ...
      x := 3;
      ...
   end;
   ...
   begin
      var x: real;
      ...
      P(...);
      ...
   end
end
```

Gemäß der Regeln (1) bis (4) (Einsetzen des Rumpfes von P in die Aufrufstelle) müsste beim Aufruf der Prozedur P die real-Variable x auf den Wert 3 gesetzt werden. Dies ist jedoch nicht der Fall. Der Zugriff auf die globale Variable x in P bezieht sich nicht auf die Aufrufstelle von P, sondern auf die Deklarationsstelle. Den Wert 3 erhält daher die integer-Variable x und nicht die real-Variable x. ◀

Man beachte, dass diese Kopierregel auch für rekursive Prozeduren (↑Rekur-

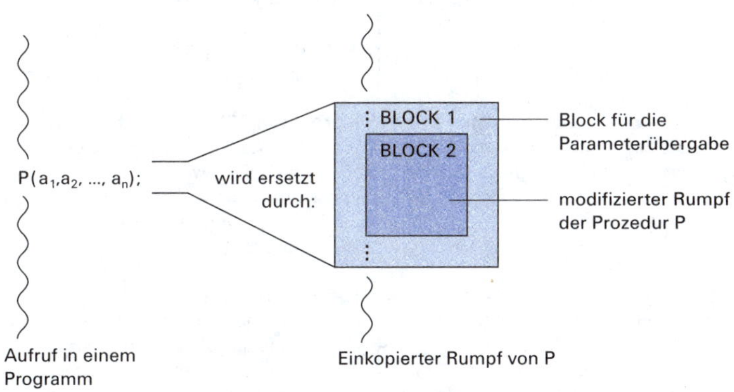

Kopierregel (Abb. 1): Kopierregel

sion) korrekt arbeitet. Ein anschauliches Beispiel hierzu findet sich unter dem Stichwort ↑Inkarnation.

Die Kopierregel gilt auch für den Aufruf von Funktionsprozeduren. Da man aber in einem ↑Ausdruck, in dem der Funktionsaufruf stattfindet, keinen Block einfügen darf, so denkt man sich die Auswertung des Ausdrucks so lange unterbrochen, bis mithilfe der Kopierregel der Funktionswert ermittelt ist.

In der Praxis muss die Kopierregel durch andere Mechanismen simuliert werden, da sie eine Änderung des Programmtextes zur Laufzeit fordert. Solche textuellen Veränderungen würden eine erneute Übersetzung (↑ Übersetzer) des Programms bedeuten, was zu hohen Rechenzeiten führt. Man lässt in der Praxis daher den Programmtext unverändert und kopiert stattdessen alle lokalen Variablen von BLOCK 1 (also die aus Parametern entstandenen Variablen x_i und die im Rumpf R vereinbarten Größen) in einen kellerartig (↑Keller) angelegten Speicherbereich und notiert dort zugleich die Stelle, an der man nach Beendigung des Prozeduraufrufs die Bearbeitung fortsetzen muss (↑ Rückkehradresse). Danach weist man den formalen Parametern die aktuellen Parameter zu und führt den Rumpf der Prozedur aus. Nach dessen Ausführung kopiert man die im Keller zwischengespeicherten Werte wieder zurück und setzt die Bearbeitung an der notierten Stelle im Programm bzw. im Prozedurrumpf fort.

Eine Call-by-name-Übergabe muss man allerdings anders realisieren: Man fasst den aktuellen Parameter a_i als lokale parameterlose Funktionsprozedur der Inkarnation auf, d. h., man fügt die Deklaration

```
function fi: ti;
begin fi := ai end;
```

ein und ersetzt x_i in allen Ausdrücken durch f_i; nur in Wertzuweisungen muss man x_i auf der linken Seite wie eine Call-by-reference-Variable behandeln, sofern a_i keine strukturierte Variable (z. B. ein Feldzugriff c[I]) ist. Sonst muss man den Index zunächst durch die Funktionsprozedur berechnen.

KOp/s [kɔps] (Abk. für **K**ilo (= 10^3) **Op**erationen pro **S**ekunde): Maß für die Rechengeschwindigkeit eines Computers. Beträgt die Rechengeschwindigkeit eines Computers 1 KOp/s, so besagt dies, dass der Computer in einer Sekunde 1 000 Maschinenbefehle (↑ Befehl) ausführen kann.

1 **MOp/s** (M = Mega = 10^6) entspricht 1 000 KOp/s.

1 **MFlOp/s** entspricht einer Geschwindigkeit von 10^6 Gleitpunktoperationen (engl. **fl**oating point **op**eration) pro Sekunde (↑Gleitpunktdarstellung).

Ein gewichtetes Maß, das die Zahl der pro Sekunde ausführbaren Additions- (70 %) und Multiplikationsbefehle (30 %) angibt, ist das ↑MIPS (**M**ega **I**nstruktionen **p**ro **S**ekunde). Ein Rechner arbeitet mit der Geschwindigkeit 1 MIPS, wenn er in einer Sekunde 700 000 Additionen und 300 000 Multiplikationen ausführen kann.

Personalcomputer haben Rechengeschwindigkeiten von 10 – 100 MOp/s, Großrechner von 10 000 MOp/s und mehr.

Rechner werden verstärkt für logische Schlussfolgerungen eingesetzt. Für derartige Aufgaben wurde als Maß das **LIPS** (= **l**ogical **i**nferences **p**er **s**econd = logische Ableitungsschritte pro Sekunde) eingeführt. Für Probleme der ↑ Künstlichen Intelligenz werden Rechner mit Millionen von LIPS benötigt.

Koroutine: ↑ Prozedur, deren Ausführung an einer beliebigen Stelle unterbrochen und später wieder fortgesetzt werden kann. Koroutinen verwendet man, um ↑Objekte und ↑Prozesse in gewissen Programmiersprachen ausführen zu können.

Der ↑Aufruf einer Prozedur P bewirkt, dass der modifizierte Prozedurrumpf (↑ Kopierregel) abgearbeitet wird. Werden dort weitere Prozeduren aufgerufen, dann kann der Rumpf von P erst weiter ausgeführt werden, wenn alle diese Prozeduraufrufe vollständig abgearbeitet sind. Bei Koroutinen kann man dagegen in aufrufende Prozeduren zurückkehren, die Abarbeitung erneut unterbrechen und in anderen Koroutinen die Berechnungen fortsetzen. Koroutinen existieren also wie unabhängige Objekte nebeneinander.

▶ *Beispiel:* Das Hauptprogramm ruft eine Prozedur P und diese wiederum eine Prozedur Q auf (Abb. 1).

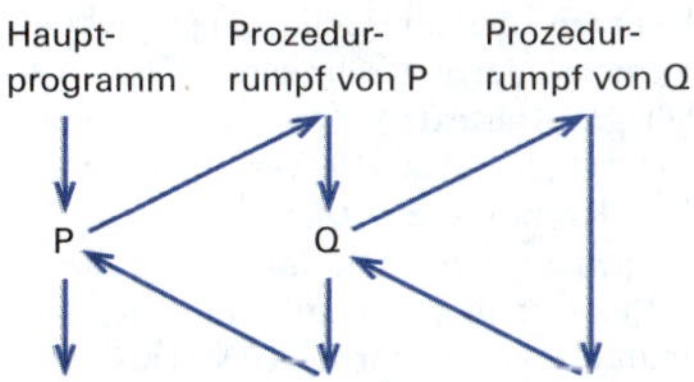

Koroutine (Abb. 1): Abarbeitungsreihenfolge bei ineinander geschachtelten Prozeduraufrufen

Koroutinen, die anfangs wie Prozeduren oder mithilfe des Sprachelements „call(...)“ aufgerufen werden (der Aufruf führt zur Inkarnation), können durch die Anweisung *„detach“* unterbrochen werden. Wenn mehrere Koroutinen existieren, so können diese sich durch die Anweisung *„resume*(...)“ gegenseitig aktivieren (Abb. 2). ◀

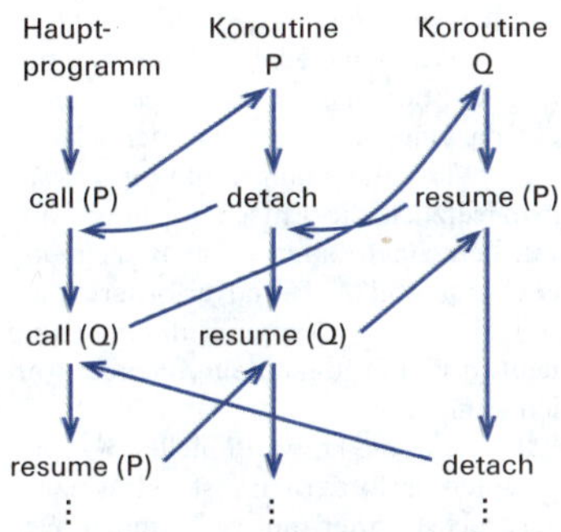

Koroutine (Abb. 2): Sprachelemente zum Aufruf, zur Unterbrechung und zur gegenseitigen Aktivierung von Koroutinen

An diesem Beispiel erkennt man, wie man mit Koroutinen ↑parallele Algorithmen oder ↑Nebenläufigkeit simulieren kann: Man fasse „Hauptprogramm“, „P“ und „Q“ als nebeneinander existierende Prozesse auf, die nach einem festgelegten Schema wechselseitig durch call, resume und detach aktiviert werden.

Das Koroutinenkonzept wurde in der Programmiersprache ↑SIMULA für Simulationen eingesetzt; es liegt ebenfalls der Sprache ↑MODULA-2 für den Ablauf von Prozessen zugrunde und wird bei der Implementierung objektorientierter Programmiersprachen verwendet.

Kryptographie: Disziplin, die sich mit der Entwicklung und Bewertung von Verschlüsselungsverfahren *(Kryptosysteme)* zum Schutz (geheimer) Daten vor unbefugtem Lesen und Verändern befasst.

Eine Möglichkeit, Daten zu schützen, besteht darin, den Zugriff z. B. mithilfe geheimer Kennwörter (Passwörter) zu kontrollieren. Dieses Verfahren hat jedoch mehrere gravierende Nachteile:

a) Personen, die mit dem Betriebssystem gut vertraut sind, können die Kontrolle relativ leicht umgehen;

b) alle externen, auf Platten oder Disketten gespeicherten Daten unterliegen nicht mehr der Zugriffskontrolle durch die Rechenanlage und müssen physikalisch, etwa durch Panzerschränke, geschützt werden.

Um diese Nachteile zu vermeiden, wurden Verfahren entwickelt, bei denen die Daten verschlüsselt werden. Unter der Annahme, dass solche Verschlüsselungsverfahren schwer oder gar nicht geknackt werden können, sind die Daten vor unbefugtem Zugriff geschützt.

Formal definiert man Kryptosysteme wie folgt (vgl. Abb. 1 unter ↑Kommunikation):

Man betrachte einen unsicheren Kanal, über den Nachrichten ausgetauscht werden (z. B. eine Telefonleitung, die von einem Unbefugten abgehört wird). Eine unverschlüsselte Nachricht bezeichnet

K

man als *Klartext.* Der Sender der Nachricht verschlüsselt den Klartext und sendet den *Schlüsseltext* über den Kanal. Der Empfänger entschlüsselt den Schlüsseltext und erhält die Nachricht wieder im Klartext. Die Verschlüsselung von Nachrichten erfolgt im Allgemeinen über einen *Schlüssel.* Jeder Schlüssel s bestimmt eine Verschlüsselungsfunktion V_s und eine Entschlüsselungsfunktion E_s. Ist w eine Nachricht im Klartext und c die gleiche Nachricht im Schlüsseltext, so gilt:

$$c = V_s(w),$$
$$w = E_s(c),$$
$$w = E_s(V_s(w)).$$

Die letzte Gleichung besagt, dass durch eine Verschlüsselung gefolgt von einer Entschlüsselung die Nachricht erhalten bleibt. Ein Kryptosystem *KS* ist ein Tripel $KS = (KT, ST, S)$, wobei *KT* eine Menge von Klartexten, *ST* eine Menge von Schlüsseltexten und *S* eine Menge von Schlüsseln ist. Jeder Schlüssel $s \in S$ bestimmt eine Verschlüsselungsfunktion $V_s: KT \to ST$ und eine Entschlüsselungsfunktion $E_s: ST \to KT$.

▶ *Beispiel:* Sei $KS = (KT, ST, S)$ ein Kryptosystem, wobei *KT* und *ST* die Menge aller Wörter über dem ↑Alphabet

$$\{a, b, \ldots, z\}$$

und

$$S = \{0, 1, 2, \ldots, 25\}$$

ist. Sei $s \in S$ ein Schlüssel. Die Verschlüsselungsfunktion V_s bildet jeden Buchstaben eines Wortes $w \in KT$ auf den Buchstaben ab, der s Stellen später im Alphabet steht (mod 26):

$$V_1(\text{abc}) = \text{bcd},$$
$$V_5(\text{auto}) = \text{fzyt},$$
$$V_0(\text{duden}) = \text{duden},$$
$$V_{25}(\text{computer}) = \text{bnlotsdq}.$$

Die zu s gehörende Entschlüsselungsfunktion ist $E_s = V_{26-s}$:

$$E_{25} = (\text{bnlotsdq}) = V_1(\text{bnlotsdq}) = \text{computer}.$$ ◀

Ein gutes Kryptosystem erfüllt folgende Bedingungen:

(1) Für jeden Schlüssel $s \in S$ und für jeden Klartext $w \in KT$ sind $V_s(w) = c$ und $E_s(c) = w$ auf einfache Weise zu berechnen.

(2) Für jeden Klartext $w \in KT$ hat der Schlüsseltext $c = V_s(w)$ keine wesentlich größere Länge als w selbst (Ziel: geringe Übertragungszeit von verschlüsselten Nachrichten).

(3) Aus einem Schlüsseltext c kann ohne Kenntnis der Entschlüsselungsfunktion E_s nicht oder nur sehr schwer der zugehörige Klartext w gewonnen werden (schwer zu knackende Verschlüsselung).

Das Kryptosystem *DES* (Abk. für *data encryption standard*), das sich an diesen Zielen orientiert, wurde in den 70er-Jahren von der Firma IBM entwickelt und 1977 zum Standard in den USA erhoben.

Alle früher entwickelten Kryptosysteme wie auch das DES teilen die Eigenschaft, dass sowohl die Verschlüsselungsfunktion als auch die Entschlüsselungsfunktion geheim gehalten werden muss, da ein Unbefugter in Kenntnis der Verschlüsselungsfunktion auch die Entschlüsselungsfunktion berechnen kann. Bei den seit 1975 entwickelten *Public-Key-Kryptosystemen (= Kryptosysteme mit öffentlichen Schlüsseln)* werden die Verschlüsselungsfunktionen jedoch öffentlich zugänglich gemacht, nur die Entschlüsselungsfunktionen bleiben geheim. Die beiden Funktionen sind allerdings so angelegt, dass ein Unbefugter aus der bekannten Verschlüsselungsfunktion zwar grundsätzlich die Entschlüsselungsfunktion berechnen kann, diese Berechnung jedoch so viel Aufwand erfordert, dass sie selbst mit Computerunterstützung nicht in vernünftiger Zeit vollendet werden kann.

Während es bei konventionellen Kryptosystemen erforderlich ist, dass zwei Gesprächspartner auf geheimem Weg ihre Verschlüsselungsfunktionen austauschen, kann dies bei Public-Key-Kryptosystemen entfallen: Jeder Teilnehmer X

gibt in einem Katalog seine Verschlüsselungsfunktion V_X bekannt, die Entschlüsselungsfunktion E_X hält er geheim. Wenn jemand dem Teilnehmer X eine Nachricht w schicken will, so sucht er im Katalog nach V_X, verschlüsselt w und sendet $V_X(w)$. Nur X kann diese Nachricht mit E_X entschlüsseln: $w = E_X(V_X(w))$. V_X ist eine *Einwegfunktion* (engl. *oneway function*), deren Umkehrfunktion nur schwer zu ermitteln ist. Einwegfunktionen findet man auch im täglichen Leben.

▶ *Beispiel:* Die Funktion

$$F\colon \{\text{Menge aller Namen}\} \to \{\text{Menge aller Telefonnummern}\}$$

in einer großen Stadt ist praktisch eine Einwegfunktion. F ist für jedes Argument (jeden Namen) leicht durch Nachschlagen im Telefonbuch zu „berechnen". Die Umkehrung von F, also das Problem, zu einer beliebigen Telefonnummer den Teilnehmer zu nennen, ist mit einem Telefonbuch allein kaum zu realisieren. ◀

Soll über einen unsicheren Kanal auch Geschäftsverkehr (↑elektronischer Markt) abgewickelt werden, so müssen nicht nur die Daten verschlüsselt werden, sondern man benötigt auch eine Art *elektronische Unterschrift,* aus der einerseits der Empfänger die Identität des Senders zweifelsfrei ermitteln kann (↑Authentifizierung) und zugleich der Sender vor dem Fälschen seiner Unterschrift durch den Empfänger geschützt ist. Beide Forderungen kann man mit Public-Key-Kryptosystemen erfüllen. Der Sender X unterschreibt eine Nachricht $w,$ indem er seine nur ihm bekannte Entschlüsselungsfunktion E_X auf w ansetzt: $u = E_X(w)$. Anschließend verschlüsselt er u mit der Verschlüsselungsfunktion V_Y des Empfängers Y und sendet Y die Nachricht w':

$$w' = V_Y(u) = V_Y(E_X(w)).$$

Y entschlüsselt die Nachricht w' mit seiner geheimen Entschlüsselungsfunktion E_Y und erhält:

$$\begin{aligned} E_Y(w') &= E_Y(V_Y(E_X(w)))) \\ &= E_X(w) = u, \end{aligned}$$

also zunächst die Unterschrift. Die öffentliche Verschlüsselungsfunktion V_X liefert dann die eigentliche Nachricht

$$w = V_X(u).$$

Die obigen Anforderungen sind gesichert, denn X kann nicht abstreiten, die Nachricht gesendet zu haben, da nur X die Unterschrift $u = E_X(w)$ erstellen kann. Umgekehrt kann Y die Nachricht w nicht fälschen, da dann die zugehörige Unterschrift u nicht mehr passt und Y mangels E_X zu der gefälschten Nachricht auch keine Unterschrift berechnen kann. Das wichtigste Public-Key-Kryptosystem ist das **RSA-System** (R. **R**ivest, A. **S**hamir, L. **A**dleman, 1978). Dieses System beruht auf der bisher nicht widerlegten Annahme, dass es praktisch nahezu unmöglich ist, zwei große Primzahlen p und q aus der alleinigen Kenntnis des Produkts $n = pq$ zurückzugewinnen (Problem der *Primfaktorzerlegung*). Zur Verschlüsselung genügt im Wesentlichen die Bekanntgabe von n, zur Entschlüsselung müssen beide Primzahlen p und q bekannt sein.

Das RSA-System verläuft folgendermaßen: Seien p und q zwei beliebige große Primzahlen; in der Praxis haben p und q ungefähr 100 Dezimalstellen; die Frage, ob eine Zahl Primzahl ist oder nicht, lässt sich „fast sicher" mit einem speziellen ↑stochastischen Algorithmus feststellen. Es sei $n = pq,$ und $\varphi\colon \mathbb{N} \to \mathbb{N}$ sei definiert durch $\varphi(n) = (p-1)(q-1)$, die so genannte eulersche φ-Funktion. Man wählt eine beliebige Zahl c zwischen 1 und $n,$ für die $\text{ggT}\,(c, \varphi(n)) = 1$ gilt. Anschließend bestimmt man eine Zahl $d \in \mathbb{N}$, sodass $cd = 1 \underline{\text{ mod }} \varphi(n)$ erfüllt ist. Mithilfe des ↑euklidischen Algorithmus kann dies auf einfache Weise maschinell erfolgen. Die Zahlen n und c legen dann die Verschlüsselungsfunktion V fest. Ein (vorher in Zahlen umzuwandelnder) Klartext w wird verschlüsselt durch die Abbildung

$$V(w) = w^c \underline{\text{mod}}\ n.$$

Die Entschlüsselungsfunktion wird durch die Zahlen n und d festgelegt und bestimmt sich für einen Schlüsseltext w durch

$$E(w) = w^d \underline{\text{mod}}\ n.$$

Es gibt Algorithmen die w^c $\underline{\text{mod}}$ n schnell berechnen.

▶ *Beispiel:* Seien

$$p = 47, q = 59, n = pq = 2773$$

und

$$\varphi(n) = (p-1)(q-1) = 2668.$$

Für c wählt man z. B. die Zahl 17 (wegen ggT(17,2 668) = 1) und für d die Zahl 157, denn es gilt:

$$cd = 2\,669 = 1 \underline{\text{mod}}\ 2\,668.$$

Die Verschlüsselungsfunktion V wird durch das Zahlenpaar (n, c), die Entschlüsselungsfunktion E durch das Zahlenpaar (n, d) festgelegt:

$$V(w) = w^c \underline{\text{mod}}\ n = w^{17} \underline{\text{mod}}\ 2773,$$

$$E(w) = w^d \underline{\text{mod}}\ n = w^{157} \underline{\text{mod}}\ 2773.$$

Um einen Text zu verschlüsseln, müssen zunächst die Buchstaben in Zahlen umgewandelt werden. In der Praxis verwendet man einen existierenden Code, z. B. den ↑ASCII-Code. Wir wählen hier willkürlich:

$$\mathrm{A} = 01, \mathrm{B} = 02, \mathrm{C} = 03, \ldots$$

Das Leerzeichen habe die Codierung 00. Das als Zahl dargestellte Wort wird anschließend in Blöcke gleicher Größe zerlegt, die getrennt verschlüsselt werden. Für die Blockgröße empfiehlt sich die Zahl i, für die $10^{i-1} \le n < 10^i$ gilt. Die Zahldarstellung des Wortes „STALL" lautet z. B.

1920011212.

Nach Zerlegung in Blöcke der Länge 4 ($10^3 \le 2\,773 < 10^4$) und Auffüllen mit Leerzeichen am Ende erhält man

1920 0112 1200.

Durch Anwendung der Verschlüsselungsfunktion folgt der Schlüsseltext:

2109 1084 1444,

denn es gilt z. B.

$$2109 = 1920^{17} \underline{\text{mod}}\ 2773.$$

Mithilfe der Entschlüsselungsfunktion erhält man den Klartext zurück:

$$1920 = 2109^{157} \underline{\text{mod}}\ 2773.$$ ◀

Künstliche Intelligenz (Abk. **KI;** engl. *artificial intelligence,* Abk. **AI**): Forschungsdisziplin der Informatik. In der KI wird untersucht, wie man intelligentes Verhalten von Computern erfassen und nachvollziehen lassen kann oder wie man allgemein mithilfe von Computern Probleme löst, die Intelligenzleistungen voraussetzen. Die Bezeichnung „Künstliche Intelligenz" weckt oft Erwartungen, die mit der Forschungsdisziplin nichts zu tun haben.

Begriffsbestimmung und Fragestellungen: Die Bezeichnung „Künstliche Intelligenz" entstand als Übersetzung von „artificial intelligence". Dieser Begriff war Mitte der 50er-Jahre in den USA geboren worden. Die Übersetzung von „artificial" als „künstlich" trifft die Bedeutung nur teilweise. „Artificial" bedeutet zugleich „unecht", „erkünstelt", „Schein-". Die Programme, die in der KI entstehen, verhalten sich also für den Betrachter so, *als ob* sie Intelligenz besäßen. Auch das Wort „intelligence" besitzt im Englischen eine weiter gehende Bedeutung als das Wort „Intelligenz" im Deutschen, es meint nämlich denkbezogene Information, Einsicht und Verständnis.

Um die Intelligenz eines Computers zu testen, schlug der englische Mathematiker A. Turing im Jahre 1950 den nach ihm benannten ↑Turing-Test vor.

Probleme, die man mit Intelligenz löst, sind meist außerordentlich komplex und lassen sich nicht unmittelbar durch einen überschaubaren ↑Algorithmus beschreiben. Standardbeispiele hierfür sind Strategiespiele, insbesondere Go und Schach. Um in einer Schachstellung einen möglichst guten Zug zu finden, muss man sich die Folgen, die aus dem Zug entstehen können, klargemacht haben. Diese „Folgen“ erkennt man erst, wenn man alle Züge, die der Gegner als nächste ziehen kann, durchdacht hat und wenn man sich für jeden dieser Züge einen guten Antwortzug überlegt hat; für jeden Antwortzug muss man sich ebenfalls über die Folgen klar geworden sein usw. Nimmt man an, dass man in einer gegebenen Stellung etwa 25 verschiedene Züge machen kann und dass man 10 Halbzüge (= 5 eigene und 5 gegnerische Züge) vorausdenken will, so muss man

$$25^{10} \approx 9,5 \cdot 10^{13}$$

Stellungen überschauen und bewerten können. Ein außerordentlich schneller Computer, der 10 Mio. Stellungen in der Sekunde untersuchen kann, wäre fast 4 Monate damit beschäftigt, zu einer Stellung einen optimalen Zug (innerhalb der 10 Halbzüge) zu finden. Eine typische Fragestellung in der KI lautet daher: Wie kann man sich in einer unüberschaubaren Fülle von Lösungsmöglichkeiten zurechtfinden und mit welchen Fähigkeiten müssen Programme ausgestattet sein, damit sie auf unvorhersehbare Tatbestände und auf Zigmilliarden von Entscheidungsmöglichkeiten angemessen reagieren? Selbstverständlich bemüht man sich, intelligentes Verhalten beim Menschen zu erfassen und in die Programmierung der Computer einfließen zu lassen. Zum Beispiel versucht der Mensch, Strukturen in ein Problem einzuführen und unter mehreren Strukturen eine möglichst nützliche auszuwählen. Wenn ein Arzt eine Diagnose bei einer Krankheit stellen will, so kann er mit einem sorgfältig über Jahre geführten Tagebuch des Patienten nichts anfangen, obwohl dort alle Fakten, die für die gegenwärtige Krankheit wichtig sein können, enthalten sind. Vielmehr muss die Fülle der Daten auf den wesentlichen Kern reduziert werden. Ein Computer findet sich in einer riesigen Sammlung von Fakten ebenso wenig zurecht wie ein Mensch. Daher müssen Ordnungs- und Bewertungsmethoden entwickelt werden, die das Datenmaterial auf eine überprüfbare Menge verringern. Solche Methoden, die nicht der Massenverarbeitung (also der Quantität) dienen, sondern sich an einem Ziel orientieren (also die Qualität betonen), stehen im Mittelpunkt der KI (↑Heuristik).

Teilgebiete der KI:

(1) *Automatisches Beweisen:*
Die Frage, ob ein mathematischer Beweis richtig ist, lässt sich automatisch beantworten (zumindest aus theoretischer Sicht, denn entsprechende Systeme sind noch viel zu komplex). Das eigentliche Problem besteht darin, einen Beweis für eine Aussage zu finden. Man entwickelt Techniken, um vorgelegte mathematische Behauptungen automatisch beweisen oder widerlegen zu lassen. Hierbei entstehen Programmsysteme, die bei der Beweisführung unterstützen und auf Fehler oder Lücken aufmerksam machen. Mit ihrer Hilfe kann man z. B. auch beweisen, ob Programme richtig arbeiten oder nicht (↑Semantik). Oder man kann die Problemlösung bei gewissen Programmiersprachen ermöglichen oder beschleunigen (↑PROLOG). Oder man kann Widersprüche oder Zustände in ↑Datenbanken ermitteln.

(2) *Expertensysteme:*
Dies sind Systeme, die Wissen über ein spezielles, eng begrenztes Gebiet speichern, aus dem Wissen Schlussfolgerungen ziehen können und zu konkreten Problemen des Gebietes Lösungen anbieten.

(3) *Natürlich-sprachliche Kommunikation:*
Hierbei geht es um das Erkennen von gesprochener und/oder geschriebener natürlicher Sprache, um die Verarbeitung der darin enthaltenen Information und um die Erzeugung von natürlicher Sprache zur Verständigung mit Menschen. Insbesondere das Erkennen gesprochener Sprache erweist sich immer noch als hartnäckiges Problem.

(4) *Bildverstehen* (↑ Mustererkennung) *und Animation:*
Eine Kamera liefert nur eine umfangreiche Menge einzelner Bildpunkte. Diese müssen zu Gebilden zusammengefasst und als einheitliche Gegenstände erkannt werden.
Hierbei gibt es eine Vielzahl von Randbedingungen. Zum *Beispiel* muss in verschiedenen Mengen von Bildpunkten ein Haus von einem Programmsystem wieder erkannt werden, wenn es von der Sonne beschienen wird, wenn es im Schatten oder unter einer Schneedecke liegt oder wenn es durch andere Objekte wie Autos oder Bäume teilweise verdeckt wird. Die Identifizierung eines Objektes endet aber nicht mit der Ermittlung des geometrischen Gebildes, sondern aufgrund des allgemeinen Wissens muss es als „Haus", als „Auto", als „Baum", als „Hammer" usw. erkannt werden. Schließlich muss das Bild noch interpretiert werden. Man muss die Beziehungen zwischen den verschiedenen Objekten entdecken, z. B., dass ein Auto anhält, während ein anderes in eine Garage fährt, die neben einem Haus vor einem Wald steht, usw.
Umgekehrt versucht man, Bilder und Bildsequenzen (Filme) zu synthetisieren. Typisches Problem hierbei ist die natürliche Beleuchtung von Gegenständen und Personen, das man heute durch Nachverfolgen sehr vieler Lichtstrahlen durch das Bild löst *(ray-tracing)*. Auch eine möglichst natürliche Bewegung stößt derzeit noch auf prinzipielle Schwierigkeiten. Kurze trickfilmartige Bildsequenzen von einer Minute Dauer benötigten 1988 noch etwa 50 bis 100 Stunden Rechenzeit auf einem Großrechner, mit besseren Rechnern und schnellerer Software gelingt dies im Jahre 2000 in wenigen Stunden.
Vor einigen Jahren hat das Projekt *Cyberspace* (dt. etwa kybernetische künstliche Welt) Aufsehen erregt. Man versucht hier, einen Menschen in eine künstliche Welt zu übertragen, in der er sich scheinbar frei bewegen und die er manipulieren kann. Dazu erhält die Versuchsperson eine spezielle Maske aufgesetzt. Die Maske ist an einen Computer angeschlossen und versorgt über kleine Bildschirme und Lautsprecher Augen und Ohren mit Bildern und Geräuschen der künstlichen Welt. Ferner registriert die Maske Augen- und Kopfbewegungen und überträgt die Daten an den Computer, der daraus die neuen Ansichten des künstlichen Raumes errechnet und der Versuchsperson über die Maskenbildschirme *(elektronische Brille)* zuleitet. Darüber hinaus bekommt die Versuchsperson einen besonderen Handschuh *(Datenhandschuh)*, mit dem auf gleiche Weise Arm- und Fingerbewegungen aufgezeichnet werden, die vom Computer in Bewegungen innerhalb des künstlichen Raumes umgesetzt werden, sodass für die Versuchsperson der Eindruck entsteht, Objekte greifen und manipulieren zu können. Hieraus entstanden konkrete Labors, z. B. unter der Bezeichnung *Cave*.
(5) *Robotik:*
Flexibel einsetzbare Handhabungsautomaten (↑ „Roboter" genannt) bestehen meist aus drei Baugruppen:
- Sensoren zur Kommunikation mit der Umgebung, insbesondere zur Aufnahme von Informationen (Photozellen, Kameras, Temperaturfühler, Rauchfühler usw.),
- Effektoren zur Durchführung von Tätigkeiten (Schalter, bewegliche Greifarme, Räder usw.),
- ↑ Prozessoren/Steuereinheiten zur Informationsverarbeitung und zur Steuerung der Effektoren.

Da man nicht alle Zustände und Störfälle vorhersehen kann, muss ein Roboter mit einem „Grundwissen" über die Umwelt, in der er aufgestellt wird, ausgestattet werden. Neue Herausforderungen bestehen auch für „mobile Roboter", die eigene Bewegungen durchführen können. Beispielsweise gibt es seit einigen Jahren Meisterschaften im Roboterfußball.
Weitere Gebiete entwickeln sich oder spalten sich von den oben genannten

ab. Zentrale Fragen, die in allen Gebieten auftreten, sind:
Wie kann man Wissen darstellen? Wissen besteht zum einen aus speziellen Details, zum anderen aus allgemein gültigen Informationen.
Wie kann man aus Wissen neues Wissen gewinnen? Aus der Aussage, dass jemand Vorsitzender des örtlichen Tennisvereins ist, folgert man in der Regel, dass er auch Tennis spielen kann. Es gibt also so etwas wie ein „Metawissen", ein Wissen, wie man aus Wissen neues Wissen ermitteln kann.
Wie kann man die einzelnen Komponenten eines KI-Systems zu einem funktionsfähigen Ganzen zusammenfügen? Der Aufbau von KI-Systemen ist oft netzartig angelegt; hierdurch kann die Reihenfolge, in der die einzelnen Komponenten tätig werden, sehr flexibel bleiben.

künstliches Leben (Abk. *KL*, engl. *artificial life,* Abk. *AL*): Teilgebiet der ↑Künstlichen Intelligenz bzw. Grenzgebiet der Mathematik und Informatik zur Biologie und Psychologie. Zentrales Thema ist die Frage nach anderen Lebensformen als denen der Natur.
Nach der Entdeckung der ↑universellen Turingmaschine wurde (u. a. von Alan Turing und John v. Neumann) darüber spekuliert, ob mit den Computern eine elektronische Lebensform in der physikalischen Welt entstehen wird und ob sich innerhalb der Computer virtuelle Welten mit gänzlich neuen (nicht mehr anfassbaren) Lebensformen entwickeln. Zugleich wurde ab den 1960er-Jahren gefragt, ob biologische Wesen letztlich mehr seien als extrem komplexe Maschinen. Die Frage „Was ist Leben?" führte zur Hypothese, dass wir derzeit am Beginn einer Fülle von Entdeckungen immer neuer Lebensformen stehen, unter denen die biologische Form nur eine von vielen Ausprägungen sei. Man kann „Leben" als ein „System mit einer Umwelt, das gewisse Eigenschaften besitzt", definieren. Solche Eigenschaften können u. a. „Entwicklungsphasen jedes Individuums, Selbstreproduktion evtl. mit Modifikationen, Energieumsatz" sein. Dann kann man diese Begriffe in ein formales Modell übertragen und versuchen, Beweise für Vermutungen zu finden.
Es wurde nach einfachsten Regeln zur Erzeugung und Fortentwicklung von Lebewesen gesucht. Ein Ergebnis war 1968 das *Game of Life* des Mathematikers John Horton Conway, der von einem in alle Richtungen unendlichen Schachbrett ausging: Auf jedem Feld kann ein Individuum vorhanden sein oder nicht. Die beiden Regeln zum Überleben, Sterben und Geburt lauten:

- Ist auf einem Feld ein Individuum und gibt es auf seinen 8 Nachbarfeldern genau 2 oder 3 Individuen, so existiert das Individuum auch noch im nächsten Takt, anderenfalls verschwindet es.
- Ist auf einem Feld kein Individuum und gibt es auf den 8 Nachbarfeldern genau drei Individuen, so wird auf diesem Feld ein Individuum erzeugt.

Es ist ein sehr aufwendiger Beweis, zu zeigen, dass man zu jeder Turingmaschine eine Anfangsbelegung mit endlich vielen Individuen angeben kann, sodass die Arbeitsweise der Turingmaschine durch obige Regeln simuliert werden kann; insbesondere ist die Frage, ob ausgehend von einer endlichen Startsituation durch ständige Anwendung dieser beiden Regeln eine Situation entsteht, bei der keine Veränderung mehr eintritt, nicht entscheidbar (↑Entscheidbarkeit).
Die Euphorie, die man den Untersuchungen von künstlichem lebensähnlichem Verhalten entgegenbrachte, ist zurzeit verebbt, doch man darf gespannt sein, ob in den nächsten Jahrzehnten neue Einsichten in die Prinzipien des Lebens gewonnen werden.

Kybernetik (griech. kybernetes = Steuermann): Disziplin, die sich mit der Untersuchung von Steuerungs- und Regelungsvorgängen in Biologie, Technik und Gesellschaft befasst und Modelle zur Darstellung, Umwandlung und Verarbeitung von Informationen entwirft. Alle automatischen Datenverarbeitungsanlagen sind in diesem Sinne kybernetische Maschinen, und die Informatik selbst umfasst die Wissenschaft von den kybernetischen Maschinen und Methoden.

L

Lader (engl. *loader*): Bezeichnung für ein Dienstprogramm, welches ausführbare ↑Maschinenprogramme von einem Hintergrundspeicher in den ↑Hauptspeicher transportiert. Der Lader erhält von der Komponente ↑ Speicherverwaltung des Betriebssystems den Speicherbereich mitgeteilt, in dem das Programm abgelegt werden soll. Der Lader rechnet die im Programm vorkommenden absoluten Adressen (↑Adressierungsarten) in gültige Adressen des betreffenden Speicherbereichs um. Die Tätigkeit des Laders heißt *Laden*.

Eine Mischform zwischen ↑Binder und Lader ist der ↑Bindelader. Eine Sonderform des Laders ist der *Urlader*. Beim Einschalten einer Rechenanlage befinden sich zunächst weder das Betriebssystem noch irgendwelche anderen Programme im Hauptspeicher. Der Urlader ist ein meist in ↑ ROMs gespeicherter sehr einfacher Lader, der beim Einschalten zunächst den eigentlichen Lader in den Hauptspeicher lädt, der dann seinerseits das Betriebssystem lädt. Diese Anfangsphase mit Beteiligung des Urladers nennt man *Bootstrapping* oder kurz *Booten*.

Lambda-Kalkül *(λ-calculus):* mathematischer Formalismus zur Beschreibung von Funktionen durch Rechenvorschriften mit möglichst wenig Grundkonzeptionen.

Der Lambda-Kalkül wurde Anfang der 30er-Jahre von *A. Church* (*1903) entwickelt, um den Begriff der ↑ Berechenbarkeit präzise zu formulieren. Der Lambda-Kalkül hat viele Konzepte in Programmiersprachen, vor allem in ↑ LISP beeinflusst; er enthält die Grundideen des funktionalen Programmierens (funktionale ↑ Programmiersprache).

Lambda-Terme werden induktiv definiert. Sei X eine Menge von Variablen, z. B. $X = \{x_1, x_2, x_3, \ldots\}$:

(1) Jede Variable $x \in X$ ist ein Lambda-Term.

(2) *Applikation:* Wenn M und N Lambda-Terme sind, dann auch (MN). (Man verwendet üblicherweise diese Notation für die Anwendung anstelle der gewohnten Funktionenschreibweise $M(N)$.)

(3) *Abstraktion* der Funktionsbildung: Wenn $x \in X$ eine Variable und M ein Lambda-Term ist, dann ist $(\lambda x.M)$ ein Lambda-Term.

Z. B. sind $(\lambda x.(\lambda x.x))$, $((\lambda x.x)(\lambda x.x))$ oder $(\lambda x.(xx))$ Lambda-Terme.

Die Anwendung einer Funktion $(\lambda x.M)$ auf ein Argument N wird durch die *β-Regel*

$$((\lambda x.M)N) = M[x \leftarrow N]$$

beschrieben, wobei $M[x \leftarrow N]$ den Term bezeichnet, den man erhält, wenn man in M die Variable x überall durch den Term N textuell ersetzt, außer in Teiltermen von M, in denen x durch ein λ gebunden ist (siehe unten).

► *Beispiel,* in dem zusätzlich die Symbole „*“ und „+“ verwendet werden:

$$((\lambda x.\underbrace{x * x}_{M})\underbrace{(3+4)}_{N})$$

wird ersetzt durch:

$$\underbrace{(3+4)*(3+4)}_{M[x \leftarrow N]}$$ ◄

Allerdings darf eine Variable x nur dann ersetzt werden, wenn sie in M nicht gebunden (↑Logik), d. h. nicht in der Form

$\ldots(\lambda x. \ \ldots x \ldots)\ldots,$

vorkommt. Aus $(\lambda x.(x(\lambda x.(xx)))z)$ wird z. B. der Term $(z(\lambda x.(xx)))$, da die inneren Vorkommen von x zusätzlich gebunden sind. Ferner darf die Substitution keine neue Bindungen zur Folge haben. So kann x in $(\lambda y.x)$ nicht durch y ersetzt werden, da dann die ungebundene Variable x zu einer gebundenen Variablen in $(\lambda y.y)$ würde. Man benennt daher gebundene Variablen gegebenenfalls um, bevor man substituiert. Zum Beispiel lässt sich x durch y in $(\lambda y.x)$ ersetzen, wenn man zuvor die gebundene Variable y umbenennt zu $(\lambda z.x)$. Solche Umbenennungen (genannt α-Konversionen) und die β-Regel reichen aus, um Lambda-Terme auszuwerten.
Die Auswertung eines Terms muss nicht in endlich vielen Schritten abgeschlossen sein.

► *Beispiel:* Für den Term

$$Y := (\lambda f.((\lambda x.(f(xx)))(\lambda x.(f(xx)))))$$

gilt dass

$$\begin{aligned}(YM) &= (\lambda x.(M(xx))\lambda x.(M(xx))) \\ &= (M((\lambda x.(M(xx)))(\lambda x.(M(xx))))) \\ &= (M(YM)) \\ &= (M(M(YM))) \\ &= (M(M(M(YM)))) \\ &= \ldots\end{aligned}$$

Y wird als *Fixpunktoperator* (↑Fixpunkt) bezeichnet, da $(YM) = (M(YM))$ gilt. ◄

Dieser recht einfach aussehende Kalkül ist sehr mächtig. Man kann zeigen, dass man mit Lambda-Termen genau die ↑berechenbaren Funktionen darstellen kann.

Laufzeit: (1) Zeit, die vom Start eines Programms bis zu seiner Beendigung (einschl. aller von ihm gestarteten Prozesse) vergeht. Diese Zeit ist für diverse Eingaben experimentell messbar. Sie ist proportional zum unter (2) genannten Komplexitätsmaß, sofern nicht Funktionen des Betriebssystems und des Laufzeitsystems dies verfälschen.
(2) Komplexitätsmaß für Algorithmen, Funktionen und Probleme, das die Basis für die Zeit-↑Komplexitätsklassen bildet. Die Laufzeit t_A eines Algorithmus A oder einer Berechnung durch ein Schaltnetz hängt vom Berechnungsmodell ab. Meist ist $t_A(w)$ die Anzahl der Rechenschritte, die die zu A gehörende Mehrband-Turingmaschine (↑ Turingmaschine) für die Eingabe w bis zum Halten benötigt, bzw. die maximale Zahl von Gattern, die auf dem Weg von einer Eingabestelle zu einer Ausgabestelle in einem ↑kombinatorischen Schaltwerk, das $|w|$ (= Länge von w) viele Eingabeleitungen besitzt, liegen. Diese Anzahl der Schritte ist im deterministischen Fall zugleich die Anzahl der Konfigurationen, die eine Mehrband-Turingmaschine bis zum Halten durchläuft. Daher kann man im Fall von ↑Nichtdeterminismus $t_A(w)$ als die kürzeste Folge von Konfigurationen definieren, die A bei Eingabe von w bis zum Halten durchläuft.
In der Regel fasst man alle Wörter gleicher Länge n zusammen und definiert für einen Algorithmus A als Laufzeit $t_A(n)$ die maximale Laufzeit, die A für irgendeine Eingabe w der Länge n braucht. Die Laufzeit einer Funktion oder eines Problems ist die kleinste Laufzeit, die ein Algorithmus, der diese Funktion berechnet bzw. das Problem löst, besitzt.
(3) Zeit, während derer ein Programm von einem Computer abgearbeitet wird (oft im Gegensatz zur *Übersetzungszeit,* die den Zeitraum angibt, in dem das Programm übersetzt wird). Vgl. auch ↑Laufzeitfehler, ↑Laufzeitsystem.

Laufzeitfehler (engl. *runtime error*): Fehler, der sich erst während der Abarbeitung eines Programms zeigt.
Um Programme auf einem Computer ablaufen zu lassen, müssen diese mithilfe eines ↑Übersetzers in ein Maschinenprogramm übertragen werden. Ein Übersetzer kann nur bestimmte ↑Fehler im Programm finden (z. B. einfache Schreibfehler, Verwendung nicht deklarierter ↑Variablen, Verstöße gegen die ↑ Syntax u. a.). Alle Fehler, die erst bei der Ausführung des Programms sichtbar wer-

den, bezeichnet man als Laufzeitfehler. Sie führen meistens dazu, dass die Ausführung des Programms mit einer entsprechenden Fehlermeldung abgebrochen wird.

▶ *Beispiele* für Laufzeitfehler sind: Division durch eine Variable, deren aktueller Wert Null ist, Einlesen von Daten eines falschen Typs oder einer ↑ Datei, deren Ende erreicht ist, ↑ Bereichsüberschreitung usw. ◀

Laufzeitsystem: Höhere ↑ Programmiersprachen bieten zur Programmierung sehr komplexe Ausdrucksmittel an, welche nicht direkt in eine kurze Befehlsfolge der ↑ Maschinensprache übersetzt werden können (Zugriff auf komplexe ↑ Datenstrukturen, z. B. in Datenbanken, rekursive Prozeduren), oder die von Werten abhängen, die erst während der Ausführung des Programms ermittelt werden (z. B. Erzeugung von ↑ Objekten, dynamisches Binden oder die dynamische ↑ Speicherverwaltung). Für die Bearbeitung solcher Operationen werden Prozeduren in in einer Softwareumgebung bereitgestellt, welche dann vom übersetzten Programm während der Ausführung aufgerufen werden. Die Zusammenfassung solcher Prozeduren bezeichnet man als Laufzeitsystem. Das Laufzeitsystem ist auch verantwortlich für die Ausgabe von ↑ Laufzeitfehlern.

Leerheitsproblem: Sei K eine Klasse von ↑ Sprachen. Das Leerheitsproblem für K ist die Frage nach einem ↑ Algorithmus, mit dem man für jede formale Beschreibung B (z. B. Automaten oder Grammatiken) für Sprachen aus K entscheiden kann, ob die durch B beschriebene Sprache leer ist, d. h. kein einziges Wort enthält, oder nicht.

Es gilt z. B.: Das Leerheitsproblem für die ↑ kontextfreien Grammatiken ist lösbar, d. h., es gibt einen Algorithmus, der zu jeder kontextfreien Grammatik G entscheidet, ob $L(G) = \emptyset$ ist oder nicht. Dagegen ist das Leerheitsproblem für die ↑ kontextsensitiven Grammatiken nicht entscheidbar (↑ Entscheidbarkeit).

Leistung (engl. *performance*): Geschwindigkeit und Qualität, mit der ein ↑ Auftrag oder eine Menge von Aufträgen von einer Datenverarbeitungsanlage verarbeitet wird. Zur Bewertung der Leistung zieht man Messgrößen heran, von denen die wichtigsten sind:

- *Durchsatz:* Zahl der pro Zeiteinheit bearbeiteten Aufträge;
- *Antwortzeit:* Zeit, die ein Auftrag vom Zeitpunkt seines Eintreffens bis zum Abgang nach erfolgter Bearbeitung im Datenverarbeitungssystem verbringt;
- *Verfügbarkeit:* Wahrscheinlichkeit, eine Anlage zu einem gegebenen Zeitpunkt in einem funktionsfähigen Zustand anzutreffen.

Zum Vergleich der Leistung unterschiedlicher Rechenanlagen objektiviert man die Messung obiger Größen durch die Verwendung von ↑ Bewertungsprogrammen, die unter einheitlichen Bedingungen auf verschiedenen Rechnern ausgeführt werden (vgl. auch ↑ MIPS).

lexikalische Analyse (engl. *lexical scan*): In einem ↑ Übersetzer ist die lexikalische Analyse das Bindeglied zwischen dem ↑ Quellprogramm und der ↑ syntaktischen Analyse. Hier wird das Quellprogramm (= Folge von Zeichen) in eine Folge von Terminalzeichen, die so genannten *Token,* übersetzt. Ein Token bezeichnet eine Folge von Zeichen, die bedeutungsmäßig zusammengehören. Ein Programm, das diese Übersetzung realisiert, nennt man *Scanner.* Ein Scanner liest das Quellprogramm zeichenweise ein und gibt die dazugehörige Tokenfolge aus.

▶ *Beispiel:* Ein Scanner für die Programmiersprache ↑ PASCAL übersetzt z. B. den Programmteil

„while n > 0 do n := n - 1;"

in die Tokenfolge

„while" „n" „>" „0" „do"
„n" „:=" „n" „-" „1" „;" ◀

Die lexikalische Analyse ist im Prinzip recht einfach: Den Grundbaustein bildet ein ↑endlicher Automat, der immer dann ein Token erkannt hat, wenn er vom Startzustand aus in einen Endzustand gelangt ist. Die Tokenmenge beschreibt man meist durch ↑reguläre Ausdrücke. Durch die Vielzahl der möglichen Token wird ein Scanner meist sehr umfangreich.

Bei der lexikalischen Analyse werden zugleich Bezeichner und Konstanten erkannt. Um die nachfolgenden Phasen des Übersetzers zu vereinfachen (↑semantische Analyse), wird daher während der lexikalischen Analyse zugleich eine erste Version der ↑Symboltabelle aufgebaut.

Lichtgriffel (engl. *light pen*): Stift, in dessen Spitze anstelle einer Mine eine lichtempfindliche Zelle (Photozelle) eingebaut ist. Durch Berühren der Bildschirmfläche mit der Griffelspitze können Punkte und Linien gezeichnet oder Bildelemente markiert werden. Die Position des Stifts auf dem Bildschirm kann der Computer nach folgendem Verfahren feststellen: In einer für das menschliche Auge nicht wahrnehmbaren Geschwindigkeit wird links oben beginnend nacheinander jeder Punkt des Bildschirms einmal hell und dunkel geschaltet. Der Bildschirmpunkt, dessen Hell-Dunkel-Schaltung in der Photozelle des Lichtgriffels einen Stromimpuls auslöst, entspricht der augenblicklichen Position des Stiftes.

Lichtgriffel werden vorwiegend beim ↑computerunterstützten Entwerfen und Zeichnen verwendet.

LIFO-Speicher (*Keller,* engl. *pushdown memory;* **LIFO** Abk. für engl. **l**ast **i**n, **f**irst **o**ut): Bezeichnung für eine ↑Datenstruktur, aus der Daten in genau der umgekehrten Reihenfolge ausgelesen werden müssen, in der sie eingegeben worden sind. LIFO-Speicher entsprechen dem ↑Keller, sie werden als ↑lineare Liste oder mithilfe eines ↑Feldes implementiert.

linear beschränkter Automat (Abk. **lba**): ↑Turingmaschine, deren Arbeitsband durch die Länge des Eingabewortes beschränkt ist. Dazu verwendet man zwei spezielle Bandsymbole ¢ und $, die das linke bzw. rechte Ende des Eingabewortes markieren und die während der Verarbeitung nicht überschrieben und auch nicht übersprungen werden dürfen. Die Menge der von nichtdeterministischen linear beschränkten Automaten erkannten Sprachen ist gleich der Menge der ↑*kontextsensitiven Sprachen* (↑Chomsky-Hierarchie). Es ist bisher ungeklärt, ob es zu jedem nichtdeterministischen linear beschränkten Automaten einen deterministischen lba gibt, der genau die gleiche Sprache akzeptiert **(lba-Problem)**, d. h. ob die ↑Komplexitätsklassen DSPACE(n) und NSPACE(n) gleich sind.

lineare Grammatik: Eine ↑Grammatik $G = (N, T, P, S)$ heißt *linear,* wenn alle Regeln aus P die folgende Form haben:

$$(A, w_1Bw_2) \text{ oder } (A, w_3).$$

Dabei sind A und B Nichtterminalsymbole aus N und w_1, w_2 und w_3 sind Wörter über dem Terminalalphabet T. Formal:

$$P \subset N \times (T^* \cdot N \cdot T^* \cup T^*).$$

► *Beispiel:* Die Grammatik $G = (N, T, P, S)$ mit

$$N = \{S\},\ T = \{a,b\},$$
$$P = \{(S,aSa),(S,bSb),(S,aa),(S,bb)\}$$

ist eine lineare Grammatik, die genau alle nichtleeren Wörter der Form w_1w_2 erzeugt, für die gilt: w_2 ist das „Spiegelbild" von w_1.

Zum Beispiel ist das Wort *aabbaa* in der von G erzeugten Sprache. ◄

Die Menge der Sprachen, die sich durch lineare Grammatiken beschreiben lassen, ist eine echte Teilmenge der ↑kontextfreien Sprachen und eine echte Obermenge der ↑regulären Sprachen. Für lineare Grammatiken ist bereits das ↑Durchschnittsproblem nicht mehr entscheidbar.

lineare Liste: Eine *Liste* ist eine verkettete Folge von Elementen eines gegebenen ↑Datentyps. Die lineare Liste ist die wichtigste dynamische Datenstruktur; sie wird mithilfe von ↑Zeigern realisiert. Man unterscheidet zwischen einfach verketteten und doppelt verketteten linearen Listen (Abb. 1 und 2).

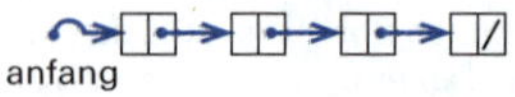

lineare Liste (Abb. 1): einfach verkettete lineare Liste

lineare Liste (Abb. 2): doppelt verkettete lineare Liste

Grundoperationen auf Listen sind: Aufbau einer Liste aus *n* Elementen, Durchlaufen einer Liste, Einfügen und Entfernen eines Elementes.

a) Datenstruktur für einfach verkettete lineare Listen, deren Elemente vom Datentyp *T* sind (zur Bedeutung des vorangestellten und des nachgestellten senkrechten Pfeils siehe ↑PASCAL und ↑Zeiger):

```
type element = record
                   inhalt: T;
                   next: ↑ element
               end;
var anfang, p,q,r: ↑ element;
```

b) Aufbau einer einfach verketteten linearen Liste mit *n* Elementen, deren Inhalt $t_1, t_2, \ldots, t_n$ ist:

```
anfang := nil;
for i := n downto 1 do
    new(p);
    p ↑.next := anfang;
    p ↑.inhalt := t_i;
    anfang := p
od;
```

Hierdurch wird die Liste von hinten nach vorne aufgebaut. Will man umgekehrt vorgehen, so muss man entweder am Ende dieses Programmstücks alle Zeiger der Liste umdrehen oder mit einem zusätzlichen Hilfszeiger arbeiten, der stets auf das letzte Element weist.

c) Durchlaufen einer linearen Liste:

```
p := anfang;
while p ≠ nil do
        „Bearbeite p ↑.inhalt";
        p := p ↑.next
od;
```

d) Einfügen eines Listenelements mit dem Inhalt t hinter p↑ (Abb. 3, 4):

```
new(q);
q ↑.inhalt := t;
q ↑.next := p ↑.next;
p ↑.next := q;
```

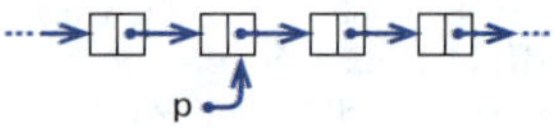

lineare Liste (Abb. 3): Situation vor Einfügen des Elements t

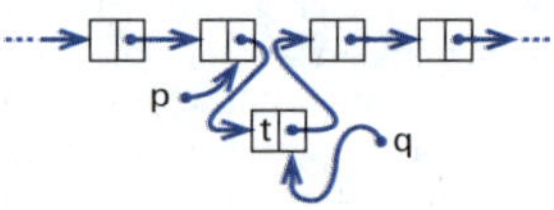

lineare Liste (Abb. 4): Situation nach Einfügen des Elements t

e) Einfügen eines Listenelements mit dem Inhalt t vor p↑:

```
new(q);
q ↑ := p ↑;
p ↑.next := q;
p ↑.inhalt := t;
```

f) Entfernen des Nachfolgers von p↑ (Abb. 5 und Abb. 6):

```
p ↑.next := p ↑.next ↑.next;
```

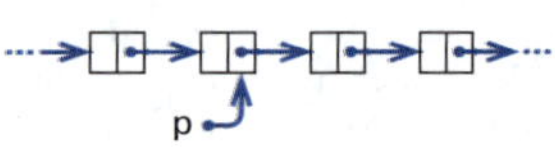

lineare Liste (Abb. 5): Situation vor Entfernen des Nachfolgers von p ↑

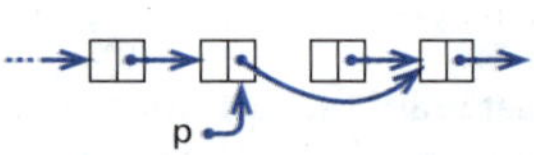

lineare Liste (Abb. 6): Situation nach Entfernen des Nachfolgers von p↑

g) Entfernen des Elements p↑ selbst (Abb. 5) unter der Voraussetzung, dass p↑ einen Nachfolger besitzt:

```
p↑:=p ↑.next ↑;
```

Spezielle lineare Listen mit besonderen Einfüge- und Löschoperationen sind ↑Keller und ↑Schlangen.
Allgemeine *Listen* erhält man, wenn man als Datentyp T wiederum Listen zulässt (↑LISP). Auf diese Weise kann man mit (linearen) Listen beliebige Graphen und somit beliebige dynamische Datenstrukturen darstellen. Als Beispiel hierzu siehe die Adjazenzlistendarstellung in ↑Graph. Zur Verwendung von Listen für die Organisation des Speichers siehe ↑Freispeicherverwaltung.
Anmerkung: Die lineare Liste realisiert die *Iterierte* des zugrunde liegenden Wertebereichs (↑Konkatenation).

lineare Sprache: eine (formale) ↑Sprache, die von einer ↑linearen Grammatik erzeugt werden kann.

►*Beispiel:* Die Sprache $\{a^nb^n \mid n \geq 1\}$, d. h. die Menge aller Wörter der Form

$$\underbrace{aa\ldots a}_{n-\text{mal}}\ \underbrace{bb\ldots b}_{n-\text{mal}},$$

ist eine lineare Sprache, denn sie wird von der linearen Grammatik $G = (N, T, P, S)$ mit $N = \{S\}$, $T = \{a, b\}$ und $P = \{(S, ab), (S, aSb)\}$ erzeugt. Diese Sprache ist nicht regulär. Die ↑Konkatenation mit sich selbst

$$\{a^nb^na^mb^m \mid n, m \geq 1\}$$

ist bereits nicht mehr linear. ◄

Die Menge der linearen Sprachen ist eine echte Teilmenge der Menge der ↑kontextfreien Sprachen und eine echte Obermenge der Menge der ↑regulären Sprachen (↑Chomsky-Hierarchie).

Linguistische Datenverarbeitung *(Computerlinguistik,* engl. *computational linguistics):* Wissenschaft, die sich mit Phänomenen und Strukturen natürlicher Sprachen befasst, die mit Computern verarbeitet werden können. Die Computerlinguistik hat ihre Anfänge in der maschinellen Sprachübersetzung der 50er-Jahre. Seit den 1980er-Jahren gibt es bereits Studiengänge für Computerlinguistik. Man unterscheidet mehrere große Arbeitsrichtungen, u. a.:

- Computer als Hilfsmittel in den Sprachwissenschaften: Es werden Methoden verwendet, um z. B. Sprachen analysieren, statistisch auswerten oder editieren zu können.
- Anwendungen der Informatik in den Sprachwissenschaften: Maschinelle Übersetzungen, Frage-Antwort-Systeme, computerunterstützte Lexikaerstellung mit geeigneten Datenbanken und Zugriffssystemen, Systeme zur Stil- und Strukturanalyse, Dokumentationssysteme usw.
- Einsatz formaler Methoden und computerbezogener Programmiersprachen (↑PROLOG) und Beschreibungsmodelle: Sprachmodelle, ↑Grammatiken und syntaktische Strukturen, quantitative Modelle, (Ansätze zur) Formalisierung linguistischer Begriffe wie Morphologie, Phonetik, ↑Semantik natürlicher Sprachen u. Ä.
- Computersimulation: Hier werden Reaktionen und Sprachverständnis modelliert. Dabei werden Informatikteilgebiete wie ↑ Künstliche Intelligenz, Benutzungsoberflächen und Mensch-Maschine-Kommunikation, ↑Informationssysteme und ↑ Datenbanken einbezogen.

In die Computerlinguistik fließen neben den Sprachwissenschaften und der Informatik auch Erkenntnisse aus der Logik, der Psychologie und den Geisteswissenschaften ein. Natürliche Sprachen sind außerordentlich komplexe Gebilde mit einem äußerst komplizierten Beziehungsgefüge. Daher wird es noch einige Zeit dauern, bis außer Textmanipulationssystemen und einfachen Übersetzern leistungsfähige Systeme zum elementaren Sprachverstehen und zur automatischen Sprachanalyse für jedermann verfügbar sind.

linkslineare Grammatik: Eine ↑Grammatik $G = (N, T, P, S)$ bezeichnet man als linkslinear, wenn alle Regeln

aus P die folgende Form haben: (A, Bw_1) oder (A, w_2). Dabei sind A und B Nichtterminalsymbole aus N und w_1 und w_2 Wörter über dem Terminalalphabet T.
Formal:

$$P \subset N \times (N \cdot T^* \cup T^*).$$

▶ *Beispiel:* Die Grammatik
$G_l = (N, T, P, S)$ mit

$$N = \{S, A, B\},\ T = \{a, b\},$$
$$P = \{(S, Bb), (S, Aa), (A, b),$$
$$(B, Ba), (B, a), (B, Ab)\}$$

ist linkslinear und erzeugt die Sprache

$$L = \{ba\} \cup \{a, bb\} \cdot \{a\}^* \cdot \{b\}.$$

Beim Vergleich dieser Grammatik mit der ↑ rechtslinearen Beispielgrammatik G_r sieht man, dass G_l die Wörter der Sprache von rechts nach links und G_r die Wörter der Sprache von links nach rechts erzeugt. ◀

Die Menge der Sprachen, die von linkslinearen Grammatiken erzeugt werden, ist gleich der Menge der von ↑ rechtslinearen Grammatiken erzeugten Sprachen, gleich der Menge der von ↑ endlichen Automaten akzeptierten Sprachen und gleich den durch ↑ reguläre Ausdrücke beschreibbaren Sprachen (↑ Chomsky-Hierarchie).

Linux: UNIX-Version für PCs. Linux ist ein sehr eng an UNIX angelehntes frei verfügbares ↑ Betriebssystem für Personalcomputer, vor allem für solche, die ↑ Mikroprozessoren der Firma Intel verwenden. Es besitzt alle wesentlichen Charakteristika von UNIX, z. B. ist es ein Multiuser- und (echtes) Multitasking-Betriebssystem, es unterstützt die virtuelle Speicherung, gemeinsame Bibliotheken oder Laden und Binden auf Anforderung. Es besitzt alle Funktionen zur Systemverwaltung wie UNIX, und es lässt sich über TCP/IP-Verbindungen in allen (lokalen) Netzen sowie im Internet und in Intranets benutzen. Es entwickelt sich verstärkt zum Betriebssystem für ↑ Arbeitsplatzstationen und Server.

Um ein effizient arbeitendes UNIX für PCs zu erhalten, hat Linus Torvalds (als Student an der Universität Helsinki) eine einfache Version entworfen und 1991 implementiert. 1994 erschien die Version 1.0 des Linux-Kerns *(kernel),* die die amerikanische Standardisierung POSIX von UNIX erfüllt. Dieser Kern steuert die Abläufe von Programmen und die angeschlossenen Geräte. Die Nutzung der Kommandos durch Benutzer erfolgt über die *shell* (engl. für Schale). Hinzu kommen das Dateiverwaltungssystem *(file system)* und die Dienstprogramme (*utilities,* z. B. Übersetzer, Editoren, Browser, Filter usw.; selbst geschriebene Software lässt sich einbinden). Eine minimale lauffähige Version von Linux erfordert nur 4 Megabyte Hauptspeicher.

Linux wird von vielen Idealisten ständig weiterentwickelt, wobei Linus Torvalds die Koordination für den Linux-Kern übernimmt. Die aktuelle Version des Kerns ist 2.2.16 (Stand Juni 2000).

Linux wird in so genannten Distributionen vertrieben, die neben dem Kern eine Vielzahl an frei verfügbaren Hilfsprogrammen, Compilern, das Fenstersystem X-Windows, Office-Applikationen usw. zur Verfügung stellen. Linux wurde und wird derzeit auf andere Prozessoren und Rechnerarchitekturen übertragen, wie z. B. auf Alpha CPUs, Power Macintosh, Ultra, SPARC, aber auch auf ältere Computer wie Atari und Amiga.

LISP (Abk. für engl. **lis**t **p**rocessing language): applikative ↑ Programmiersprache, deren wichtigste Datenstruktur ↑ lineare Listen sind und die im Bereich der ↑ Künstlichen Intelligenz stark verbreitet ist. LISP-Programme werden überwiegend durch ↑ Interpreter abgearbeitet. Um spezielle zusätzliche Sprachelemente verwenden zu können und wegen der nicht sehr benutzerfreundlichen Darstellung von LISP-Programmen (Verwendung von vielen Klammern) haben sich im Laufe der Zeit verschiedene ↑ Dialekte entwickelt (im Ausbildungsbereich ist die Variante *SCHEME* [ski:m] weit verbreitet). Nachfolgend wird ein

einfacher Dialekt eines Teiles der Sprache LISP vorgestellt, der daher nicht auf jedem LISP-Interpreter ablauffähig ist.
Die grundlegenden Objekte von LISP sind Atome: Ein *Atom* kann u. a. eine Zahl (z. B. „1", „134", „9 999"), ein Name (z. B. „A", „HALLO", „SUB") oder das spezielle Objekt mit dem Namen „NIL" sein. Atome sind die kleinsten, unteilbaren Bausteine von LISP. Jedes Objekt von LISP ist ein so genannter *s-Ausdruck* („s" steht für „symbolisch"). Ein s-Ausdruck ist entweder ein Atom oder von der Form

```
(x.y)
```

wobei x und y wiederum beliebige s-Ausdrücke sein können.

▶ *Beispiele* für s-Ausdrücke:

```
345
NIL
(A.1)
(PLUS.(3.4))
```
◀

Eine für LISP sehr wichtige Art von s-Ausdrücken sind die *Listen:* Eine Liste ist entweder eine Liste der Länge 0 (die leere Liste, bezeichnet durch den Namen „NIL") oder ein s-Ausdruck

```
(x.y)
```

wobei x ein s-Ausdruck ist und y eine Liste sein muss.

▶ *Beispiele* für Listen:

```
NIL
(HALLO.NIL)
(A.(B.NIL))
(HALLO.((A.(B.NIL))))
```
◀

Weil in LISP häufig mit Listen gearbeitet wird, gibt es für Listen eine vereinfachte Schreibweise: Für die leere Liste „NIL" kann man auch „( )" schreiben, und die Schreibweise

```
(s1 s2 ... sn)
```

steht für die Liste

```
(s1.(s2.(...(sn.NIL)...)))
```

Eine Liste besteht in dieser vereinfachten Schreibweise immer aus einer linken und rechten runden Klammer und zwischen den Klammern sind nacheinander die einzelnen Elemente der Liste aufgeführt.

▶ *Beispiele* für Listen in vereinfachter Schreibweise:

```
( )
(HALLO)
(A B)
(HALLO(A B))
```

Das letzte Beispiel ist eine 2-elementige Liste, deren erstes Element das Atom „HALLO" und deren zweites Element die 2-elementige Liste „(A B)" ist. Listen können also wiederum Listen als Elemente enthalten. Auf diese Weise kann man sehr komplexe Strukturen darstellen. ◀

s-Ausdrücke sind nichts anderes als binäre, geordnete ↑ Bäume, bei denen die Werte (= Atome) nur in den Blättern stehen dürfen. Listen ergeben sich als „rechtslastige" Bäume. Um die Ordnung im Baum anzugeben, bezeichnet man den linken Nachfolger eines Knotens im Baum mit car, den rechten mit cdr (Aussprache: „kahr" und „kudder"). Eine anschauliche Darstellung des s-Ausdrucks (x.y) zeigt Abb. 1.

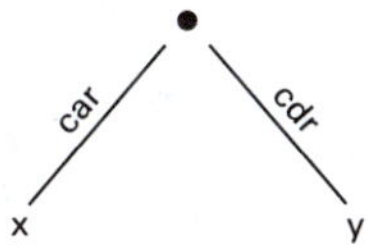

LISP (Abb. 1): Darstellung des s-Ausdrucks (x.y)

▶ *Beispiele:* Abb. 2 enthält Gegenüberstellungen von s-Ausdrücken und Baumdarstellungen.
Die Liste (s1 s2 ... sn) erhält also die Darstellung gemäß Abb. 3.
Man lässt die Angaben car und cdr aus Gründen der Übersichtlichkeit weg. ◀

Programmieren in LISP bedeutet Manipulieren von s-Ausdrücken und Listen. Da LISP eine applikative Programmier-

s-Ausdruck	Baumdarstellung
HALLO	HALLO
(A.(B.NIL))	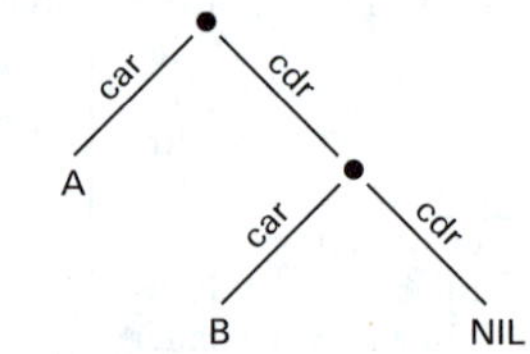
(HALLO.((A.(B.NIL))))	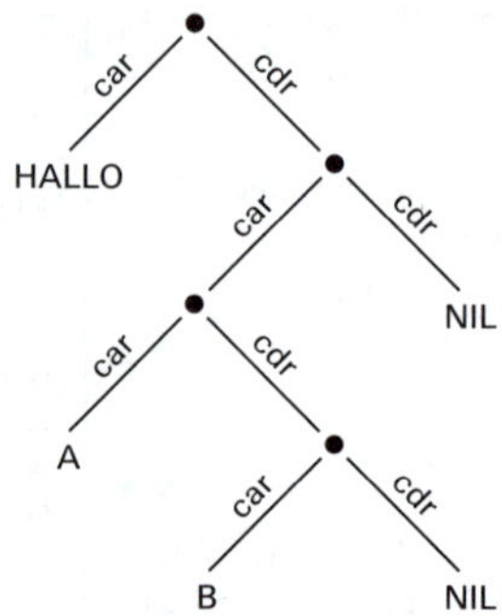

LISP (Abb. 2): s-Ausdrücke und ihre Baumdarstellungen

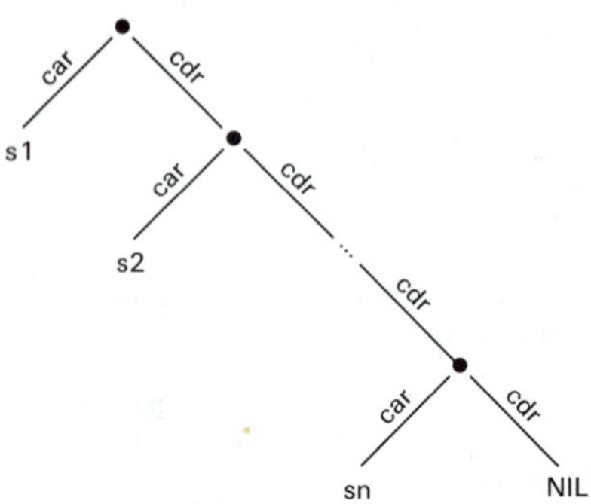

LISP (Abb. 3): Baumdarstellung der Liste (s1 s2 . . . sn)

sprache ist, werden solche Manipulationen durch Anwendung von Funktionen beschrieben. Eine Funktionsanwendung wird als Liste geschrieben, wobei das erste Listenelement der Name der Funktion und die restlichen Elemente die aktuellen ↑ Parameter sind. Es wird also eine ↑ Präfixnotation benutzt, d. h., der Operator (= Funktionsname) steht stets vor den Operanden. Man schreibt daher nicht „2+3", sondern (PLUS 2 3). Entsprechend steht

(PLUS (TIMES 2 3) 5)

für $((2 \cdot 3)+5)$; der erste Parameter ist hier das Ergebnis der Anwendung von der Multiplikation TIMES auf die Werte 2 und 3.

Listen werden grundsätzlich als Anwendung einer Funktion interpretiert. (A B C D) bedeutet also: Wende die Funktion A auf B, C und D an. Oft will man aber Listen selbst als Parameter benutzen. Will man z. B. die Liste

(81 23 36 42 14)

sortieren, so ist dies nicht unmittelbar möglich, da diese Liste als Anwendung der „Funktion“ 81 auf die Parameter 23, 36, 42 und 14 aufgefasst wird, und da 81 keine Funktion ist, würde der LISP-Interpreter mit einer Fehlermeldung abbrechen. Es gibt daher in LISP das Sprachelement QUOTE, das besagt: Fasse die folgende Liste nicht als Funktionsanwendung auf.

QUOTE (81 23 36 42 14)

bezeichnet also die Liste, die aus den fünf angegebenen Zahlen besteht. Da QUOTE oft in Programmen vorkommt, kürzt man es durch ein Apostroph ′ ab.
Zur Manipulation von s-Ausdrücken und Listen stellt LISP drei wichtige Grundfunktionen zur Verfügung, deren Wirkung nachfolgend skizziert wird (x und y sind dabei beliebige s-Ausdrücke):

```
(CAR (x . y) ) = x
(CDR (x . y) ) = y
(CONS x y ) = ( x . y )
```

CAR liefert den linken, CDR den rechten Teil eines s-Ausdrucks und CONS vereinigt zwei s-Ausdrücke zu einem. Auf Listen angewendet liefert CAR das erste Element, CDR die restliche Liste ohne das erste Element. CONS erzeugt eine Liste, deren erstes Element der erste aktuelle Parameter und deren Rest der zweite aktuelle Parameter ist.

▶ *Beispiele:*

```
(CAR ′( A B C ) )   = A
(CDR ′( A B C ) )   = ′( B C )
(CONS A ′( B C ) ) = ′( A B C )
```
◀

Mithilfe dieser und weiterer einfacher Grundfunktionen kann man in LISP neue Funktionen definieren. Eine Funktionsdefinition hat im Allgemeinen folgende Form:

```
(DE name (p1 p2 ... pn)
    s-Ausdruck)
```

p1, p2, ..., pn sind die formalen Parameter der Funktion. Der angegebene s-Ausdruck ist der Rumpf der Funktion. In diesem s-Ausdruck können die formalen Parameter als Platzhalter benutzt werden.
Wenn diese neue Funktion in der Form

(name a1 a2 ... an)

irgendwo im Programm benutzt wird, dann werden im Rumpf der Funktion name die formalen Parameter pi durch die korrespondierenden aktuellen Parameter ai ersetzt und der auf diese Weise modifizierte Rumpf wird ausgewertet. Die ↑ Parameterübergabe erfolgt durch ↑ call by name. Faktisch entspricht dies in LISP aber dem ↑ call by value, da die LISP-Variablen *keine Speicherplätze* sind. Hierin liegt ein wesentlicher Unterschied zu imperativen ↑ Programmiersprachen.

▶ *Beispiel:* Nachfolgend ist eine Funktion definiert, die das zweite Element einer Liste berechnet:

```
(DE ZWEI (liste) (CAR (CDR liste)))
```

Die Funktionsanwendung

```
(ZWEI ′(3 5 7))
```

bewirkt, dass im Rumpf der Funktion ZWEI der formale Parameter „liste“ durch ′(3 5 7) ersetzt wird:

```
(CAR (CDR ′(3 5 7)))
```

Wird dieser Ausdruck nach den obigen Regeln ausgerechnet, so erhält man den Wert „5“, das zweite Element der eingegebenen Liste. ◀

Zur Definition komplizierterer Funktionen verwendet man häufig ↑ bedingte Ausdrücke. In LISP werden daher auch Grundfunktionen zur Formulierung von Bedingungen zur Verfügung gestellt, wobei das Atom „NIL“ grundsätzlich für den Wahrheitswert „falsch“ und alle anderen Werte (insbesondere das häufig verwendete Atom „T“) für den Wahrheitswert „wahr“ stehen. Zum Beispiel kann man mit der Funktion „EQUAL“ zwei Objekte vergleichen:

```
(EQUAL 3 5) = NIL
(EQUAL 7 7) = T
```

Ähnlich zur ↑case-Anweisung in imperativen Programmiersprachen gibt es in LISP einen bedingten Ausdruck der folgenden Form:

```
(COND
  (Bedingung1 s-Ausdruck1)
  (Bedingung2 s-Ausdruck2)
  ...
  (BedingungN s-AusdruckN) )
```

Das Ergebnis eines solchen Ausdrucks ist der *i*-te s-Ausdruck, falls die *i*-te Bedingung den Wahrheitswert „wahr“ und alle vorhergehenden Bedingungen den Wert „NIL“ geliefert haben. Falls alle Bedingungen falsch sind, dann erhält der bedingte Ausdruck den Wert NIL.

▶ *Beispiele:*
(1) Funktion, der eine Liste eingegeben werden muss und die den Wert 0 liefert, falls die Liste leer ist, und den Wert 1, falls die Liste nicht leer ist:

```
(DE SIGN (liste)
  (COND
    ((EQUAL liste NIL) 0)
    (T 1)))
```

In dem Funktionsrumpf wird durch die erste Bedingung überprüft, ob die eingegebene Liste leer ist, die zweite Bedingung ist durch den angegebenen Wert „T“ immer erfüllt, d. h., ist die Liste nicht leer, dann ist das Ergebnis der Ausdruck „1“.
(2) Funktion, welche die Länge einer Liste berechnet:

```
(DE LENGTH (liste)
  (COND
    ((EQUAL liste NIL) 0)
    (T (PLUS (LENGTH
       (CDR liste)) 1))
))
```

In der ersten Bedingung wird überprüft, ob die Liste leer ist. In diesem Fall hat sie die Länge 0. Ist die Liste nicht leer (zweite Bedingung), dann ergibt sich die Länge der Liste dadurch, dass man zur Länge der um das erste Element verkürzten Liste 1 hinzuaddiert. Die Funktion ist also rekursiv definiert. ◀

Ein LISP-Programm ist eine Liste von Funktionsdefinitionen und ein Ausdruck, der auf der Basis dieser Funktionsdefinitionen ausgewertet werden soll:

```
((DE funct1 ...)
 (DE funct2 ...)
 ...
 (DE functN ...)
 s-Ausdruck)
```

In den Rümpfen der Funktionen können alle Grundfunktionen und alle selbst definierten Funktionen verwendet werden. Die ↑Rekursion ist somit das entscheidende Prinzip zum Aufbau von Funktionen.
Die gleichartige Behandlung von Funktionen und Daten bei LISP erlaubt es, dass Funktionen als aktuelle Parameter verwendet werden und dass Funktionen als Ergebnis einer Funktionsanwendung entstehen können!

▶ *Beispiel:* Man betrachte die Summation

$$\sum_{i=a}^{b} f(i) = f(a) + \ldots + f(b)$$

Dies ist eine Funktion sum, die als Parameter die untere und obere Grenze a und b, die reellwertige Funktion f und eine Funktion „nächstes“ besitzt, wobei „nächstes“ angibt, wie man das nächste Argument für f ermittelt:

$$\begin{aligned}\text{sum}(f, a, b, \text{nächstes}) = {}& f(a) + f(\text{nächstes}(a)) \\ & + f(\text{nächstes}(\text{nächstes}(a))) \\ & + \ldots + f(b)\end{aligned}$$

Dies kann man rekursiv darstellen:

$$\text{sum}(f, a, b, \text{nächstes}) = \begin{cases} 0, & \text{falls } a > b, \\ f(a) + \text{sum}(f,\ \text{nächstes}\ (a),\ b, \\ \quad \text{nächstes}), & \text{falls } a \leq b. \end{cases}$$

Dies lässt sich unmittelbar nach LISP übertragen:

```
(DE SUM ( F A B NÄCHSTES)
  (COND
    ((GREATER A B ) 0 )
    (T (PLUS (F A)
       (SUM F (NÄCHSTES A)
       B NÄCHSTES )))))
```

Setzt man nun NEXT(X) = X + 1 und $G(X) = \frac{1}{X^2}$, also:

```
(DE NEXT (X) (PLUS X 1))
(DE G (X) ( / 1 (* X X))),
```

so liefert

```
(SUM G 1 20 NEXT)
```

den Wert von

$$\sum_{i=1}^{20} \frac{1}{i^2} \approx 1.59616.$$

Man kann nun beliebige andere Funktionen einsetzen, z. B. liefert

```
(SUM NEXT 1 10 NEXT)
```

den Wert von

$$\sum_{i=1}^{10} (i+1) = 65.$$ ◀

Ein LISP-Programm ist selbst wiederum ein s-Ausdruck, d. h., in LISP haben Programme und Daten die gleiche Form. LISP-Programme können daher genauso wie Daten manipuliert werden. Durch diese Eigenschaft ist LISP besonders geeignet zur Lösung von Problemen, die sich mit der Manipulation von Programmen beschäftigen (↑ Übersetzer, ↑ Interpreter, ↑ Programmgenerator). Außerdem eignet sich LISP für Probleme, bei denen nicht numerische Berechnungen, sondern die Beziehungen und Verarbeitungen von Symbolen und Strukturen im Vordergrund stehen. Daher wird LISP seit langem in Bereichen der Künstlichen Intelligenz und bei mathematischen Systemen, bei denen nicht das Rechnen, sondern der Umgang mit Formeln (automatisches Beweisen) im Vordergrund steht, eingesetzt. In diese Bereiche dringt auch die Programmiersprache ↑ PROLOG vor.

LISP ist das Standardbeispiel für funktionale Programmiersprachen, bei denen die Anwendung einer Funktion auf Argumente (Parameter) im Mittelpunkt steht. LISP entstand aus dem ↑ Lambda-Kalkül und wurde Ende der 1950er-Jahre von *J. McCarthy* entwickelt. Gegen den Einsatz von LISP sprach lange Zeit die interpretative Verarbeitung der Sprache, die sehr viel Rechenzeit kostete. Mit der Herstellung von speziellen LISP-Maschinen seit Ende der 70er-Jahre wird LISP (oder einer ihrer vielen Dialekte) für einen wachsenden Kreis von Anwendern interessant. Für die Schule wurde auf der Basis von LISP die Sprache ↑ LOGO entwickelt.

Liste: siehe ↑ lineare Liste.

Lochkarte: veralteter Datenträger zur Ein- und Ausgabe von Informationen für ↑ Computer.

Eine Lochkarte besteht aus Spezialpapier und ist matrixartig in 12 Zeilen (auch Kanäle genannt) und 80 Spalten eingeteilt. Die ersten Lochkarten wurden zur Auswertung der 11. amerikanischen Volkszählung im Jahre 1890 von dem amerikanischen Ingenieur *H. Hollerith* (1860–1929) entwickelt und eingesetzt (↑ Informatik). Die Abmessungen entsprachen dem damals im Umlauf befindlichen Ein-Dollar-Schein (82,55 mm × 187,32 mm).

Jedes Zeichen wurde durch eine bestimmte Lochkombination dargestellt, wobei Ziffern durch ein Loch, Buchstaben und Sonderzeichen durch zwei oder drei Löcher codiert wurden. Jede der 80 Spalten einer Lochkarte konnte genau ein Zeichen aufnehmen.

Lochkarten sind durch Tastaturen und Disketten verdrängt worden.

Lochstreifen: veralteter Datenträger zur Ein- und Ausgabe von Informationen für ↑ Computer.

Ein Lochstreifen ist ein zwischen 17,5 mm und 25,5 mm breiter Papier- oder Kunststoffstreifen, in dem Zeichen quer zur Längsrichtung durch Löcher codiert (↑ Code) werden.

Ein Lochstreifen ist in mehrere parallel zur Längsrichtung verlaufende Spuren (auch Kanäle genannt) unterteilt, auf die die Löcher positioniert werden. Meist befindet sich auf einem Lochstreifen noch eine Takt- oder Transportspur, in die der Vorschubmechanismus eines Lese-Schreibgerätes eingreift. Es gibt 5-Kanal- und 8-Kanal-Lochstreifen. Abb. 1 zeigt einen 8-Kanal-Lochstreifen, in den das Wort „DUDEN" im ↑ASCII-Code eingelocht ist. Die Lochung in Kanal 8 dient Kontrollzwecken.

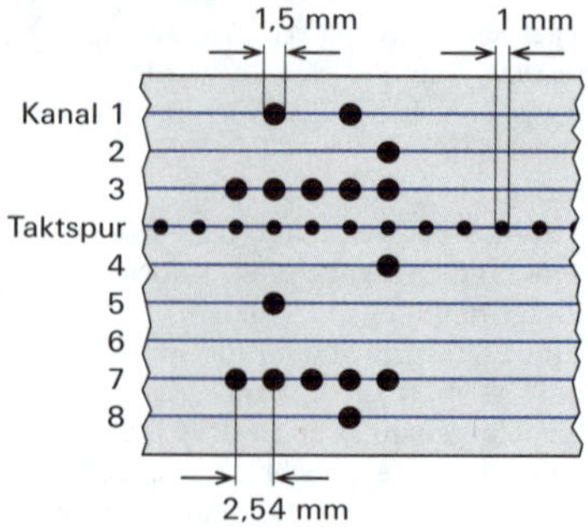

Lochstreifen (Abb. 1): Lochstreifen mit der Information „DUDEN" im ASCII-Code

Logik: allgemeine Theorie der folgerichtigen Aussagen und ihrer gültigen Beziehungen. Im engeren Sinne Teilgebiet der Mathematik (vgl. Duden Rechnen und Mathematik), in dem grundlegende mathematische Fragestellungen, z. B. die Widerspruchsfreiheit mathematischer Theorien, und mathematische Begriffe, z. B. „Beweis", „Definition", präzisiert und behandelt werden. Dabei wird eine Sprache *(Kalkül)* geschaffen, in der man logische Zusammenhänge besser, übersichtlicher und exakter darstellen kann. Außerdem führt man Regeln ein, mit denen man von gegebenen Formeln und Zeichenreihen zu anderen Formeln bzw. Zeichenreihen übergeht. Dadurch wird das logische Schließen präzisiert.

Der älteste Zweig der Logik ist die *Aussagenlogik,* in der Variablen und Konstanten durch „und", „oder" und „nicht" verknüpft werden. Die Aussagenlogik entspricht der ↑Schaltalgebra bzw. den dort angegebenen booleschen Ausdrücken.

Ein für die Informatik wichtiges Teilgebiet der Logik ist die *Prädikatenlogik,* die aus der Aussagenlogik durch Hinzunahme der Quantoren ∀ („für alle") und ∃ („es gibt mindestens ein") entsteht. Sie dient zur Formalisierung und zum Beweis von Eigenschaften von Programmen (↑Semantik, ↑Verifikation) und bildet zusammen mit Erweiterungen bzw. Abwandlungen (Modallogik, temporale Logik) die Grundlage großer Bereiche der ↑Künstlichen Intelligenz.

Zur Präzisierung definiert man eine formale ↑Sprache *(Prädikatenkalkül),* die die korrekten Zeichenreihen zur Darstellung der Eigenschaften beschreibt. Die Wörter, deren Gesamtheit die formale Sprache des Prädikatenkalküls ausmacht, heißen *Formeln.* Die zunächst sinnleere Folge von Symbolen (Buchstaben) einer Formel geht erst durch *Interpretation* der Zeichen in eine Aussage, ein so genanntes *Prädikat* über, das *wahr* oder *falsch* sein kann.

▶ *Beispiel 1:* Eine typische Formel des Prädikatenkalküls ist z. B.:

$$(\exists f)(f(a) = b \wedge (\forall x)(p(x) \Rightarrow f(x) = g(x, f(h(x)))))$$

Die Formel bedeutet in umgangssprachlicher Darstellung:

„*Es gibt* (Kürzel: ∃) eine Funktion f, für die $f(a) = b$ wahr ist, *und* (Kürzel: ∧) *für jedes* (Kürzel: ∀) x, für das $p(x)$ wahr ist, ist *dann auch* (Kürzel: ⇒) $f(x) = g(x, f(h(x)))$ wahr." ◀

Eine *Interpretation* der Formel ist bestimmt

a) durch eine (nichtleere) Menge M,

b) durch Zuordnung von a und b zu Elementen von M,

c) durch Zuordnung von p zu einem einstelligen Prädikat über M (d. h. einer Abbildung

$p\colon M \to \{\text{wahr}, \text{falsch}\}$),

d) durch Zuordnung von g zu einer zweistelligen Funktion über M

$g\colon M \times M \to M$,

e) durch Zuordnung von h zu einer einstelligen Funktion über M

$h\colon M \to M$.

Es folgen zwei Interpretationen der Formel aus Beispiel 1.

► *Beispiel:*
Interpretation 1:
M sei die Menge der natürlichen Zahlen $\mathbb{N}_0$, a sei die Zahl 0, b sei die Zahl 1, $p(x)$ sei die Bedingung $x > 0$, $g(x, y)$ sei die Multiplikation $x \cdot y$ und $h(x)$ sei die modifizierte Vorgängerfunktion, also $x-1$ für $x \geq 1$ und 0 sonst. Die Formel geht mit dieser Interpretation in folgendes Prädikat über:

$$(\exists f)(f(0) = 1 \wedge (\forall x)(x > 0 \Rightarrow f(x) = x \cdot f(x-1))).$$

Die Fakultätsfunktion $f(x) = x!$ erfüllt dieses Prädikat (↑Fakultät).
Interpretation 2:
M sei $\mathbb{N}_0$, a sei 0, b sei 1, $p(x)$ sei $x > 0$, $g(x,y)$ sei $y+1$ und $h(x)$ sei x.
Die Formel geht mit dieser Interpretation in folgendes Prädikat über:

$$(\exists f)(f(0) = 1 \wedge (\forall x)(x > 0 \Rightarrow f(x) = f(x) + 1))$$

Dieses Prädikat ist falsch, denn keine Funktion f besitzt die Eigenschaft $f(x) = f(x)+1$ für alle $x > 0$. ◄

Bei den obigen Interpretationen fällt auf, dass den Buchstaben f und x keine Bedeutung zugewiesen wurde. Der Grund ist, dass f und x durch die *Quantoren* $\exists$ und $\forall$ gebunden sind. f und x heißen auch *gebundene Variable*. Fest interpretierte Größen, z. B. a, b, p, g, h, heißen *Konstanten*. Der Prädikatenkalkül erlaubt auch die Verwendung nicht gebundener, d. h. *freier Variablen*.

► *Beispiel 2:*

$$(\exists y)(f(y) = x)$$

x ist eine freie, y eine gebundene Variable. f sei eine Konstante. Gegeben sei eine Interpretation durch die Zuordnungen: M sei $\mathbb{N}_0$ und $f(y)$ sei y^2. Die Formel geht mit dieser Interpretation in folgendes Prädikat über:

$$(\exists y)(y^2 = x).$$

In sprachlicher Form entspricht dieses Prädikat der Aussage: „x ist Quadratzahl". ◄

Im Gegensatz zu Beispiel 1 lässt sich dem Prädikat in Beispiel 2 nicht unmittelbar der Wert „wahr" oder „falsch" zuordnen. Der Wahrheitswert hängt vielmehr von der Belegung der freien Variablen x ab. Das (einstellige) Prädikat bildet damit die Menge der möglichen Werte von x auf die Menge {wahr, falsch} ab. Allgemein definiert man ein n-stelliges *Prädikat P* über einer Menge M als Abbildung

$$P\colon \underbrace{M \times \ldots \times M}_{n\text{-mal}} \to \{\text{wahr}, \ \text{falsch}\}.$$

Ein n-stelliges Prädikat heißt *erfüllbar,* wenn es $x_1, \ldots, x_n \in M$ gibt, sodass $P(x_1, \ldots, x_n) = \text{wahr}$ ist. Eine Formel heißt erfüllbar, wenn es eine Interpretation gibt, die die Formel zu einem erfüllbaren Prädikat macht. Ein Prädikat heißt *gültig,* wenn für alle $x_1, \ldots, x_n \in M$ $P(x_1, \ldots, x_n) = \text{wahr}$ ist. Eine Formel heißt *gültig,* wenn jede Interpretation die Formel zu einem gültigen Prädikat macht. Die Formel aus Beispiel 1 ist zwar erfüllbar (1. Interpretation), aber nicht gültig (2. Interpretation).
M zusammen mit den interpretierten Zeichen nennt man auch ein *Modell* der Formel oder des Prädikats, sofern die Formel oder das Prädikat hierdurch erfüllt wird. Vgl. auch Modelle bei ↑Datentypen.

► *Beispiel 3:* Die folgenden Formeln sind gültig ($\bar{p}$ ist die Negation von p):

a) $x = x$

b) $p \vee \bar{p}$

c) $(\forall x)(p(x)) \Rightarrow (\exists x)(p(x))$ ◄

Logische Formeln beschreiben Eigenschaften. Die Erfüllbarkeit von Formeln kann man daher zur Beschreibung von Problemen verwenden. Siehe ↑ PROLOG.

Ein anderer Zweig der Logik ist die *Modallogik*. Hier werden vor allem die Begriffe „Notwendigkeit" und „Möglichkeit" untersucht. Eine Aussage p ist nun nicht mehr in einem absoluten Sinne „wahr" oder „falsch", sondern dies hängt von den jeweiligen Umständen ab. Eine Aussage wie „Es regnet" ist möglicherweise wahr oder möglicherweise falsch. Wenn p eine Aussage ist, dann bezeichnet

$$\Diamond p$$

die Aussage „es ist möglich, dass p wahr ist" (abgekürzte Sprechweise: „möglich p"), und

$$\Box p$$

die Aussage „es ist notwendig, dass p wahr ist" (abgekürzt: „notwendig p"). Zusammen mit den Ausdrücken der Aussagenlogik und Konstanten für Prädikate und Funktionen wird mit diesen beiden Quantoren die modale Logik aufgebaut. Allerdings ist die Interpretation von solchen Formeln nun schwieriger, da „die Umstände", unter denen eine Aussage notwendig oder möglicherweise gilt, mit zu berücksichtigen sind. Wählt man als diese Umstände die Zeit (also eine Menge mit linear angeordneten Elementen, den Zeitpunkten), so erhält man eine *Zeitlogik*. Die Formel

$$\Diamond p$$

ist dann zu interpretieren als die Aussage „es gibt einen (späteren) Zeitpunkt, zu dem p gilt" und

$$\Box p$$

als die Aussage „ab jetzt gilt zu allen Zeitpunkten p".

Gewisse Sachverhalte können hiermit nicht ausgedrückt werden, etwa der Sachverhalt, dass eine Aussage solange in der Zukunft gilt, bis eine andere Aussage gültig wird. Hierfür benötigt man einen neuen Operator, den zweistelligen until-Operator U.

$$p \; U \; q$$

bedeutet, dass die Aussage p solange gilt, bis zum ersten Male q gilt, und dass es einen Zeitpunkt gibt, zu dem q gilt (abgekürzte Sprechweise: „p until q"). Hierbei wird nichts darüber ausgesagt, was nach dem Zeitpunkt, zu dem q das erste Mal gilt, sein wird, ob also p oder q anschließend nicht mehr oder manchmal oder immer gelten werden. Mit dem zusätzlichen Operator U erhält man aus der Zeitlogik die *temporale Logik*.

Die Zeitlogik und die temporale Logik werden bei der ↑Spezifikation eingesetzt. Die beiden Logiken sind nicht so ausdrucksfähig wie die Prädikatenlogik, da für sie die stets gültigen Formeln eine ↑entscheidbare Menge bilden, während dies für prädikatenlogische Formeln nicht zutrifft.

LOGO: Programmiersprache, die als Einstieg in das Programmieren für Anfänger, insbesondere für Kinder und Jugendliche, dienen soll und die zugleich eine hohe Ausdrucksfähigkeit besitzt. LOGO enthält viele Konzepte aus der Sprache ↑LISP. In LOGO kann man ↑ Prozeduren bzw. Funktionen definieren, die in anderen Prozeduren verwendet werden können. LOGO ist eine interaktive ↑Programmiersprache. Ein Editor und ein einfaches Dateisystem wurden in LOGO integriert, um Prozeduren erstellen, ablegen und abrufen zu können. Die Listenverarbeitung erlaubt es, mit Datenstrukturen zu arbeiten; hierdurch ist eine Symbolverarbeitung möglich, mit deren Hilfe man insbesondere LOGO-Programme manipulieren kann. Schließlich wurde eine spezielle Grafik, die so genannte *Turtle-Grafik* (engl. turtle = Schildkröte; im Deutschen *„Igelgrafik"* genannt), eingeführt, um LOGO-Prozeduren bei geometrischen Fragestellungen einzusetzen und zu veranschaulichen.

Die grundlegenden Daten und Datenstrukturen von LOGO sind Zahlen, Wörter und Listen.

Ein Wort ist eine Zeichenfolge, die mit Anführungsstrichen beginnt und kein Leerzeichen enthält.

▶ *Beispiel:*

"HANS "OTTO "STIFT ◀

Zahlen sind Zeichenfolgen, die nur Ziffern und eventuell Sonderzeichen für die übliche Darstellung negativer und Gleitpunktzahlen (↑ Gleitpunktdarstellung) enthalten.

▶ *Beispiel:*

1 4567 −12 2.5 −32.45E10 ◀

Listen sind geordnete Folgen von Objekten, die in LOGO durch eckige Klammern begrenzt sind. Eine Liste kann als Elemente wiederum Listen enthalten (vgl. ↑lineare Liste).

▶ *Beispiele:*

[HANS OTTO HUGO],
[[HANS 5] [HUGO 4]],
[ ] ◀

↑ Aufrufe von Funktionen werden in LOGO durch Angabe des Funktionsnamens und der zugehörigen aktuellen ↑ Parameter geschrieben. Vordefiniert sind in LOGO verschiedene arithmetische Funktionen (die man auch in ↑Infixnotation aufschreiben kann) und Funktionen zur Listenverarbeitung.

▶ *Beispiele:*

```
SUM 2 3                 = 5
2 * 3                   = 6
FIRST [HANS OTTO]       = HANS
BUTFIRST [HANS OTTO] = [OTTO]
```

FIRST liefert das erste Element einer Liste, BUTFIRST die Liste ohne ihr erstes Element. ◀

Weiterhin gibt es in LOGO „Befehle“ (wie z. B. „PRINT“), die vergleichbar mit Prozeduren sind („Funktionen“ ohne Ergebnis). Programmieren mit einem LOGO-System bedeutet Eingabe von Befehlen. Durch den Befehl „TO“ kann man neue Funktionen oder Prozeduren definieren.

▶ *Beispiel:* Definition einer Funktion, die das zweite Element einer eingegebenen Liste liefert:

```
TO ZWEI :LISTE
OUTPUT FIRST BUTFIRST :LISTE
END
```

Zunächst löscht BUTFIRST das erste Element der Parameterliste, worauf FIRST das erste Element der restlichen Liste liefert. ◀

Formale Parameter werden durch einen vorangestellten Doppelpunkt gekennzeichnet. Der Doppelpunkt hat eigentlich die Bedeutung „Wert von“ und führt hier zu einer Übergabe durch ↑ call by value. Das Ergebnis einer Funktion wird durch das Wort „OUTPUT“ gekennzeichnet (in einer Funktion können auch Kommandos vorkommen; fehlt die „OUTPUT“-Angabe, dann handelt es sich um eine Prozedur).
Zur Formulierung von ↑ Bedingungen gibt es in LOGO Funktionen, die TRUE oder FALSE als Ergebnis haben. Aus den imperativen Programmiersprachen wurden nach LOGO die Kontrollstrukturen GO (↑ Sprung) und REPEAT (entspricht der for-Schleife) und das Variablenkonzept übernommen: Durch den Befehl „MAKE“ wird einem ↑Bezeichner (einem LOGO-Wort) ein Wert zugewiesen. Die Funktion „THING“ liefert den Wert eines Bezeichners. Im Gegensatz zu vielen imperativen Programmiersprachen wird in LOGO klar unterschieden zwischen einem Bezeichner und seinem Wert.

▶ *Beispiel:* Nach Eingabe der folgenden Befehle wird die Zahl 11 ausgegeben:

```
MAKE "NUMMER 6
MAKE "ERGEBNIS
        SUM THING "NUMMER 5
PRINT THING "ERGEBNIS
```
◀

Ein weiterer Hauptaspekt von LOGO ist die so genannte *Turtle-Grafik,* durch die der Benutzer spielerisch die Grundprinzipien des Programmierens erlernen kann: Grundidee der Turtle-Grafik ist die Erzeugung grafischer Darstellungen durch programmierte Bewegungen einer

Turtle auf dem Bildschirm. Abstrakt ist die Turtle definiert als ein Pfeil, der auf einer bestimmten Position auf dem Bildschirm steht und eine aktuelle Richtung besitzt. In LOGO gibt es Prozeduren zum Verändern von Position und Richtung der Turtle. Z. B. bewegt die Prozedur „FORWARD" die Turtle um eine anzugebende Strecke in die aktuelle Richtung, „BACKWARD" in die entgegengesetzte Richtung. Die Prozedur „RIGHT" dreht die aktuelle Richtung der Turtle um einen anzugebenden Winkel nach rechts, die Prozedur „LEFT" dreht die Turtle nach links. Bei jeder Positionsänderung durch „FORWARD" und „BACKWARD" hinterlässt die Turtle einen Strich auf dem zurückgelegten Weg. Durch die Prozeduren „PENUP" bzw. „PENDOWN" kann das Zeichnen unterbrochen bzw. fortgesetzt werden.

▶ *Beispiel:* Die folgenden LOGO-Befehle zeichnen eine U-förmige Grafik auf dem Bildschirm (Abb. 1):

```
FORWARD 30
RIGHT 90
FORWARD 30
RIGHT 90
FORWARD 30
```

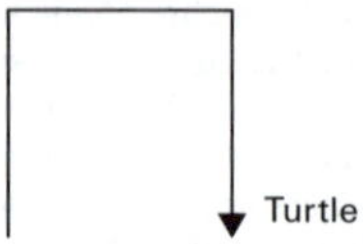

LOGO (Abb. 1): U-förmige Grafik ◀

Folgendes Beispiel demonstriert die Verwendung von Prozeduren in anderen Prozeduren (Baukastenprinzip).

▶ *Beispiel* (Abb. 2):

```
TO VAU
   LEFT 45
   FORWARD 20
   BACKWARD 20
   RIGHT 90
   FORWARD 20
   BACKWARD 20
   LEFT 45
END
```

LOGO (Abb. 2): V-förmige Grafik

Am Ende der Prozedur befindet sich die Turtle in der gleichen Position wie am Anfang (in der Spitze des „V"). Definiere nun (Abb. 3):

```
TO ZWEIG
   FORWARD 30
   VAU
   FORWARD 30
   VAU
   FORWARD 15
   BACKWARD 75
END
```

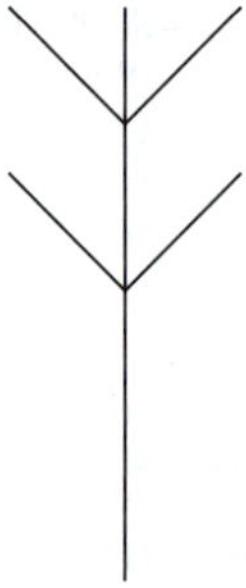

LOGO (Abb. 3): zweigförmige Grafik

Definiere weiter:

```
TO BUSCH
   LEFT 80
   REPEAT 7 [RIGHT 20 ZWEIG]
   LEFT 60
END
```

Der Befehl BUSCH liefert Abb. 4. ◀

lokale Variable: Eine Variable v heißt *lokal* bezüglich einer Programmeinheit A,

- wenn sie innerhalb von A, aber nicht innerhalb einer in A geschachtelten Programmeinheit deklariert ist (man sagt, v ist auf äußerster Ebene von A deklariert) und
- wenn sie höchstens solange existiert, wie es die Programmeinheit A gibt.

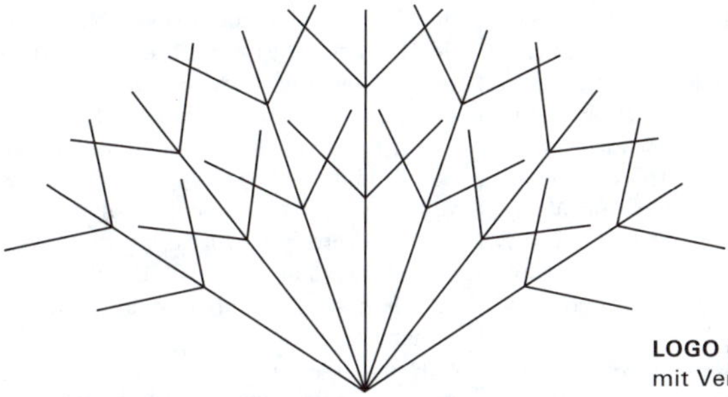

LOGO (Abb. 4): Struktur mit Verzweigungen

- Oft wird zusätzlich verlangt, dass auf v nicht direkt von außen zugegriffen werden kann (siehe unten).

Im Einzelnen: Ist die Programmeinheit A ein ↑ Block oder eine ↑ Prozedur, so muss v im Kopf der Programmeinheit vereinbart worden (↑ Deklaration) sein; nach Abarbeitung des Blocks bzw. der Prozedur wird die Variable wieder vernichtet, d. h., sie existiert nur während der Lebensdauer von A (siehe ↑ Bindungsbereich).

▶ *Beispiel 1:*

```
begin
  var x,y: integer;
  ...
  begin
    var z: integer;
    (* An dieser Stelle ist z eine
       lokale Variable, x und y
       dagegen nicht; x und y sind
       hier global*)
    ...
  end
  ...
  (* Hier sind x und y lokal, z
     existiert nicht mehr *)
end;
```
◀

Bei rekursiven Prozeduren besitzen die Instanzen P_i der Prozedur (↑Inkarnation) eigene lokale Variablen v_i, die jeweils Instanzen der deklarierten Variablen v sind; v_i ist dann eine zu P_i lokale Variable, die solange „lebt", bis P_i abgearbeitet und die Instanz P_i somit aufgelöst ist. Bei Blöcken und Prozeduren kann auf lokale Variable nur innerhalb der Programmeinheit zugegriffen werden; für Programmeinheiten, die bezüglich der ↑Schachtelung parallel oder übergeordnet zu A liegen, ist die Variable v verborgen; für Programmeinheiten, die in A geschachtelt sind, ist v eine ↑ globale Variable, auf die direkt zugegriffen werden kann.

Anmerkung: Man kann dieses „Verbergen" unterlaufen, indem man die lokale Variable mittels ↑call by reference oder call by name als aktuellen Parameter an eine übergeordnete Prozedur weiterreicht. Wegen der Undurchschaubarkeit gilt dies als besonders schlechter Programmierstil, da hierdurch Fehler entstehen können, die kaum aufzudecken sind.

▶ *Beispiel 2* (für solche bedenklichen Tricks) (↑Seiteneffekt):

```
begin
  procedure P (var a: integer);
  begin ... end;
  ...
  begin
    var b: integer;
        (* Hier ist b lokal *)
    ...
    P (b);
      (* Hier wird b nach außen
         gereicht, wodurch P auf
         den Wert von b zugreifen
         und diesen sogar
         verändern kann *)
    ...
  end;
  ...
end;
```
◀

L

Für ↑Objekte und ↑Koroutinen gilt das Gleiche wie für Prozeduren, nur existieren die lokalen Variablen weiter, wenn die Kontrolle an eine andere Programmeinheit abgegeben wird. Sobald das Objekt oder die Koroutine wieder aktiviert wird, besitzen die lokalen Variablen noch ihren letzten Wert. Daher müssen lokale Variablen beim ersten Aufruf einer Koroutine unbedingt initialisiert werden.

Variablen, die in ↑Modulen und in Objekten der ↑objektorientierten Programmierung deklariert sind, bezeichnet man meist nicht als lokale Variablen, da sie in der Regel von außen angesprochen werden können. Dies wird in der Spezifikation des Moduls bzw. des Objekts festgelegt. Diejenigen Variablen, die nicht direkt nach außen sichtbar sind, werden bei Modulen als *private* Variablen bezeichnet, vgl. ↑Java, sollen sie aber innerhalb der Vererbungshierarchie direkt verwendet werden können, so führt man *„geschützte"* Variablen ein (*protected* variables).

Hinweis: Die hier für lokale Variable genannten Prinzipien gelten in analoger Weise auch für andere Größen, bzw. für *lokale Bezeichner.*

M

Magnetbandspeicher (engl.: *magnetic tape memory*): Ein Magnetbandspeicher (↑ Magnetschichtspeicher, ↑ Speicher) ist eine meist etwa 750 m lange und etwa 13 mm breite Kunststofffolie, deren Oberfläche eine magnetisierbare Schicht trägt, auf der die Daten gespeichert werden. Das Magnetband wird (mit bis zu 20 km/h) von einer Bandspule auf eine andere Spule transportiert. Hierbei passiert es einen Bereich mit mehreren Lese-/Schreib-Köpfen, die gespeicherte Daten vom Band lesen oder das Band mit neuen Informationen beschreiben können (Abb. 1).

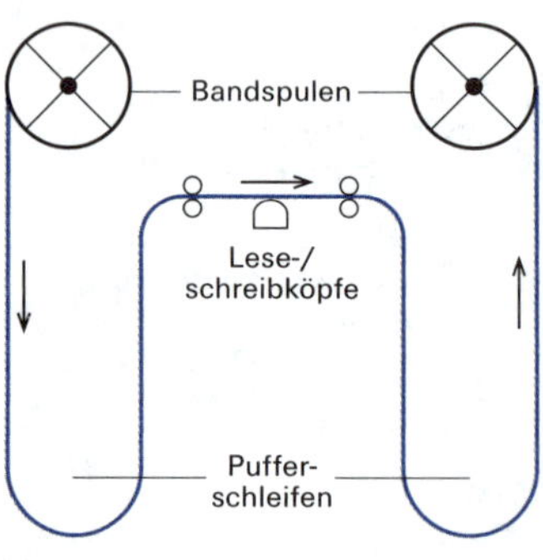

Magnetbandspeicher (Abb. 1)

Damit das Magnetband bei unregelmäßigen Zugriffen und den dadurch hervorgerufenen schnell wechselnden Spulgeschwindigkeiten nicht zerreißt, werden ständig *Pufferschleifen* aufrechterhalten.

Die Abspeicherung der Daten erfolgt nicht einzeln und unmittelbar hintereinander. Zum einen werden die Daten auf den Bändern in mehreren 100 Spuren parallel nebeneinander gespeichert, zum anderen wird eine größere Datenmenge (mindestens 2 000 ↑ Bytes) zu einem *Block* zusammengefasst, der dann in einem Arbeitsgang vom oder zum Magnetband übertragen wird. Zwischen zwei abgespeicherten Blöcken befindet sich ein unbenutzter Zwischenraum, der groß genug ist, damit das Magnetband nach Lesen/Schreiben des Blocks stoppen und zum Lesen/Schreiben des nächsten Blocks wieder auf seine volle Geschwindigkeit beschleunigt werden kann. Die Anzahl der Daten pro Block bezeichnet man als *Blocklänge.* Der *Blockfaktor* gibt an, wie viele Blöcke gleichzeitig in einem Arbeitsschritt verarbeitet und physikalisch (d. h. auf dem Magnetband) zusammenhängend als ein Block (also ohne Blocklücken) abgespeichert werden (Abb. 2).

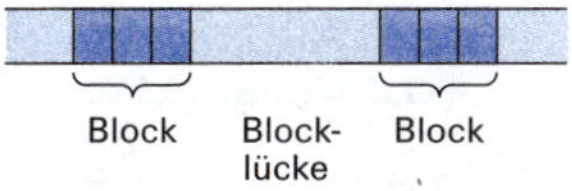

Magnetbandspeicher (Abb. 2): Abspeicherung in Blöcken (Blockfaktor = 3)

Der Zugriff zu einem gespeicherten Datum beginnt mit dem Aufsuchen des Blocks, der das Datum enthält. Da der Magnetbandspeicher nur sequenziellen Zugriff erlaubt, werden alle Blöcke zwischen dem augenblicklich betrachteten und dem gesuchten mit hoher Geschwindigkeit überlesen. Die Zugriffszeit kann daher abhängig von der Stellung des Bandes zwischen wenigen Sekunden und mehreren Minuten schwanken. Abhängig von Bandlänge und Aufzeichnungsdichte können auf einem Magnetband mehr als 100 Gigabyte gespeichert werden.
Magnetbänder werden oft verwendet, um die augenblickliche Situation eines Rechners zu protokollieren oder um den Inhalt von Speichern zu archivieren *(Sicherungskopie,* engl. *backup).* Dies ist vor allem wichtig, um nach dem Auftreten von Fehlern den früheren Zustand wieder herzustellen *(Recovery).*
Hierfür benutzt man bei Personalcomputern Magnetbandkassetten (so genannte *Streamer* [stri:mɐ]), die etwa viermal so groß sind wie Musikkassetten; die Bänder sind meist ¼ Zoll (≈ 0,63 cm) breit und können bis zu 10 Gigabyte speichern.

Magnetblasenspeicher (engl. *magnetic bubble memory*): magnetischer Externspeicher ohne mechanisch bewegte Teile. In bestimmten ferromagnetischen Substanzen, z. B. magnetischem Granat, lassen sich durch Anlegen von vertikalen magnetischen Feldern in der Schicht zylinderförmige magnetisierte Bereiche, so genannte *Magnetblasen,* erzeugen (Abb. 1). Es treten dabei nur zwei Magnetisierungsrichtungen auf. Die Magnetblasen lassen sich mithilfe eines zweiten Feldes sehr schnell transportieren. Durch geeignete Hilfsmittel gelingt es, die magnetischen Blasen auf vorgegebenen Bahnen wandern zu lassen. Befindet sich eine Blase an einer bestimmten Stelle, so repräsentiert sie die Information 1; ihre Abwesenheit entspricht der Information 0. Hat man die zylinderförmigen magnetischen Bereiche erzeugt, so bleiben sie (mithilfe von Permanentmagneten) erhalten; die Information geht also durch äußere Einflüsse, wie Stromausfall, nicht verloren.

Magnetkartenspeicher (engl. *magnetic card memory*): Ein Magnetkartenspeicher besteht aus einem Magazin, das

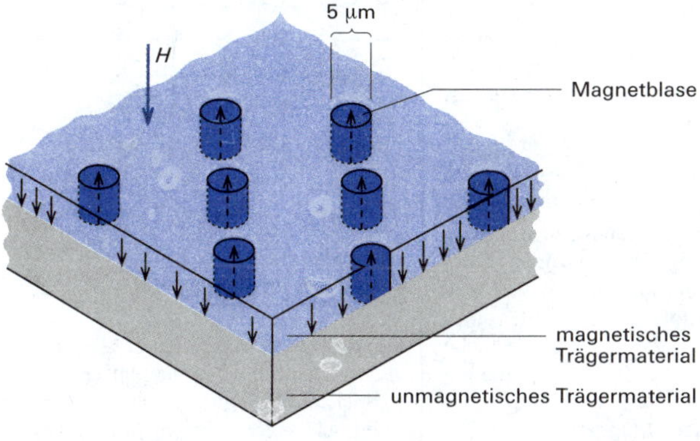

Magnetblasenspeicher (Abb. 1): Schnitt durch einen Magnetblasenspeicher

einige Hundert dünne, etwa 10 cm × 40 cm große Magnetkarten enthält. Ein mechanisch aufwendiger Mechanismus wählt eine Karte aus dem Magazin und transportiert sie auf eine Trommel. Das Lesen und Schreiben erfolgt durch Drehen der Trommel, wobei die Magnetkarte an Lese-Schreibköpfen entlanggeführt wird. Das Speicherprinzip entspricht dem des ↑ Magnetbandspeichers. Magnetkartenspeicher sind durch ↑Magnetplattenspeicher verdrängt worden.

Magnetkernspeicher: Die in den 1960er-Jahren verbreitete, heute völlig verdrängte Realisierung eines ↑ Hauptspeichers war der Magnetkernspeicher, auch *Ferritkernspeicher* oder kurz *Kernspeicher* genannt. Er ist ein ↑ Speicher mit wahlfreiem Zugriff, dessen grundlegende Speicherelemente kleine ringförmige Ferritkerne sind, die durch das elektromagnetische Feld zweier stromdurchflossener Drähte, auf die die Kerne aufgefädelt sind, magnetisiert werden können.

Die Magnetisierung kann zwei mögliche Polarisierungen einnehmen, welche durch die beiden Stromflussrichtungen erreicht werden können (Abb. 1). Eine der beiden Magnetisierungsrichtungen bezeichnet man als „logisch 1", die andere als „logisch 0". Zum Ändern der Magnetisierung ist ein gewisser Mindeststrom erforderlich; kleinere Ströme ändern den Zustand des Kerns nicht. Der Zustand eines Kerns wird mithilfe eines dritten Drahtes (*Lesedraht,* der durch alle Kerne gefädelt wird) gelesen, indem durch zwei Drähte Ströme geschickt werden, die den Kern auf logisch 0 setzen. War der Kern vorher auf logisch 1, so induziert die Änderung der Magnetisierung im Lesedraht einen Stromstoß, war er vorher auf logisch 0, wird im Lesedraht kein Strom induziert. Da das Auslesen den Informationsgehalt eines Kerns zerstört, muss der ursprüngliche Inhalt in einem zweiten Arbeitsgang zurückgeschrieben werden. Abb. 2 zeigt eine vollständige Magnetkernspeichermatrix.

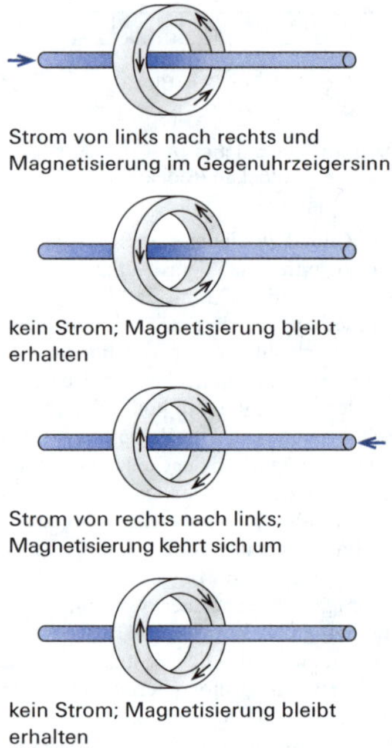

Magnetkernspeicher (Abb. 1): magnetisches Verhalten eines Ferritkerns

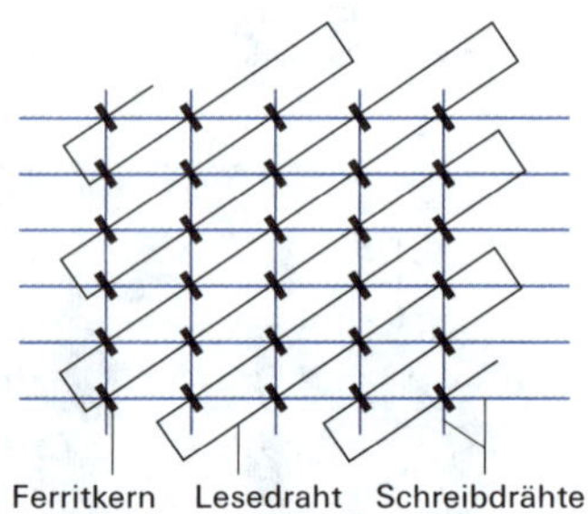

Magnetkernspeicher (Abb. 2): Magnetkernspeichermatrix

Magnetplattenspeicher (engl. *disc memory*): Ein Magnetplattenspeicher (↑Speicher, ↑Magnetschichtspeicher) besteht aus einer oder mehreren übereinander angeordneten Platten, die gemeinsam mit bis zu 150 Umdrehungen pro Sekunde um eine Achse rotieren (Abb. 1).

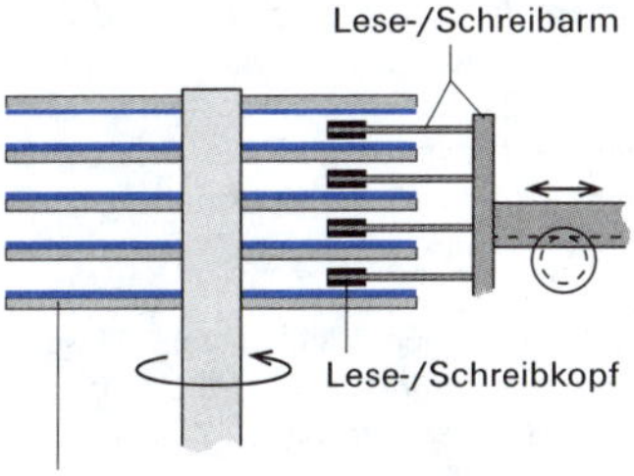

Magnetplattenspeicher (Abb. 1): Magnetplattenspeicher

Die Plattenoberflächen tragen eine weniger als 1 Mikrometer dicke magnetisierbare Schicht (Abb. 2), auf der die Daten dauerhaft gespeichert werden können. Jede der Plattenoberflächen enthält mehr als 10 000 *Spuren,* die als konzentrische Kreise um die gemeinsame Rotationsachse angeordnet sind. Für jede Plattenober- und -unterfläche ist je ein Lese-/Schreibkopf vorgesehen.

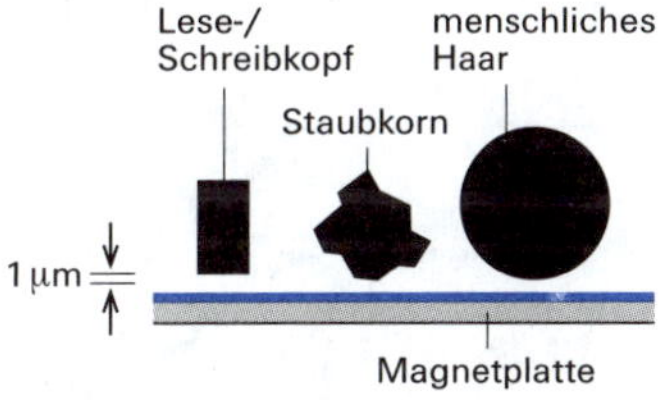

Magnetplattenspeicher (Abb. 2): Abstand eines Lese-Schreibkopfes bei Magnetplattenspeichern

Alle Lese-/Schreibköpfe sind an einem horizontal beweglichen Arm kammartig befestigt, sodass sie bei jeder Stellung des Arms auf Spuren gleicher Spurnummer auf den verschiedenen Plattenoberflächen zeigen. Die Spuren aller Plattenoberflächen zusammen, die sich mit einer Einstellung des Arms erreichen lassen, nennt man *Zylinder.* Die Daten auf einer Spur sind in gleich große Einheiten zusammengefasst, die jeweils nur als Ganzes adressiert (↑ Adresse) und gelesen oder beschrieben werden können. Eine solche Einheit heißt *Sektor* oder *Block* (Abb. 3).

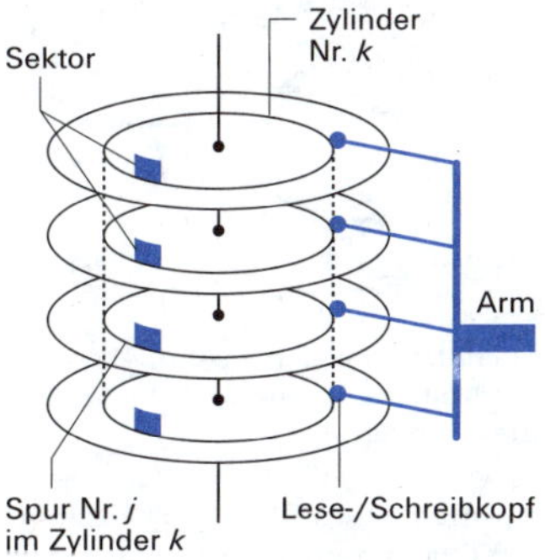

Magnetplattenspeicher (Abb. 3): Zylinder, Spur und Sektor eines Magnetplattenspeichers

Man unterscheidet Magnetplattenspeicher, deren Plattenstapel fest montiert ist *(Festplatten),* und solche, deren Plattenstapel durch einen anderen ersetzt werden kann *(Wechselplatten).* Wechselplatten werden heute nicht mehr hergestellt, da sie sich nicht extrem genau justieren lassen.

Der Zugriff auf ein Datum beginnt mit der Einstellung des Lese-/Schreibarms auf den entsprechenden Zylinder. Nach Auswahl der gewünschten Plattenoberfläche muss gewartet werden, bis der gesuchte Sektor unter dem Lese-/Schreibkopf hindurchläuft. Die *Zugriffszeit* (Abb. 4) setzt sich zusammen aus der *Einstellzeit* (Zeit zum Positionieren des Lese-/Schreibarms, also zum Auffinden des Zylinders) und der *Latenzzeit* (Zeit, bis sich der gesuchte Sektoranfang unter dem Lese-/Schreibkopf befindet). Die Zugriffszeit moderner Magnetplattenspeicher beträgt 2 ms bis 20 ms, ihre Speicherkapazität bis zu 2 Gigabyte je Plattenoberfläche. Bei sich um eine Achse drehenden Speichern werden die äu-

M

ßeren Bezirke nicht so gut ausgenutzt wie die inneren. Deshalb beschreibt man die äußeren Bezirke mit einer höheren Geschwindigkeit, wodurch die Kapazität der Platte vergrößert wird.

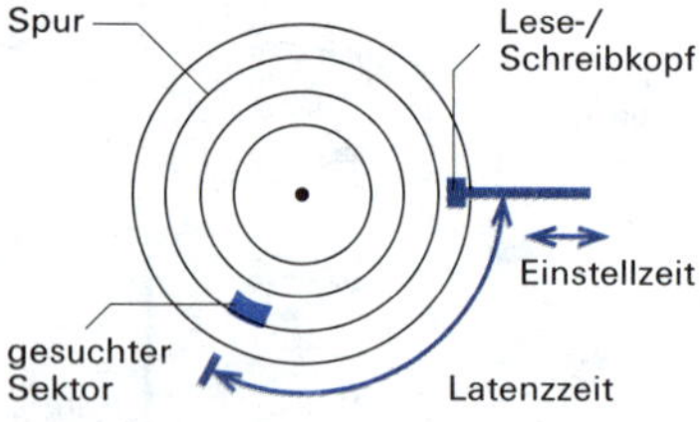

Magnetplattenspeicher (Abb. 4): Einstellzeit und Latenzzeit beim Magnetplattenspeicher

Festplatten mit ca. 16 Gigabyte gehören heute (2000) zum Grundumfang jeder Rechenanlage. Bei Heimcomputern oder Personalcomputern setzt man auch noch die nach dem gleichen Prinzip arbeitenden, aber wesentlich billigeren ↑Floppy Discs ein. Mehrere Plattenlaufwerke werden heutzutage zu einem Laufwerk zusammengefasst (RAID, ↑Datensicherung), um die Zuverlässigkeit solcher Speicher zu erhöhen.

Magnetschichtspeicher: Oberbegriff für ↑Speicher mit mechanisch bewegten Magnetschichten.

Auf Trägermaterialien (Trommeln, Platten, Folien) werden sehr dünne, meist weniger als ein Tausendstel Millimeter dicke, magnetisierbare Schichten aus Eisenoxid oder Nickel-Kobalt-Legierungen aufgetragen, die an Lese-/Schreibköpfen zum Lesen bzw. Speichern vorbeigeführt werden. Jeder Lese-/Schreibkopf überstreicht hierbei eine *Spur* auf der Schicht; auf dieser Spur kann er hintereinander Binärwerte ablegen. Die *Aufzeichnungsdichte* in Längsrichtung beträgt bis zu 5 000 Bit/mm. Die Spuren müssen gegeneinander einen gewissen Minimalabstand einhalten (Aufzeichnungsdichte in Querrichtung). Durch spezielle Leseköpfe und so genannte Dünnschichtschreibköpfe lassen sich Aufzeichnungsdichten von mehr als 100 000 Bit pro mm^2 erzielen.

Magnetschriftbeleg: Datenträger, bei dem die Daten durch magnetisierbare Schriftzeichen in einer für den Menschen lesbaren Form dargestellt werden. Die Magnetisierbarkeit der Zeichen erreicht man durch die Verwendung ferrithaltiger Druckfarben bzw. Schreibbänder.

Die beiden gebräuchlichsten Magnetschriftarten sind die *E-13-B-Schrift* und die *CMC-7-Schrift*. Die Zeichen der E-13-B-Schrift unterscheiden sich in der Schriftdicke einzelner Symbolelemente. Abb. 1 zeigt eine Teilmenge des Zeichenvorrats der E-13-B-Schrift. Jedes Zeichen der CMC-7-Schrift besteht aus sieben senkrechten Linien. Benachbarte Linien haben verschiedene Abstände zueinander. Für die Zeichenerkennung ist die Aufeinanderfolge von kurzen und langen Abständen maßgebend. Abb. 2 zeigt den Zeichenvorrat der CMC-7-Schrift.

Magnetschriftbeleg (Abb. 1): Teilmenge des Zeichenvorrats der E-13-B-Schrift

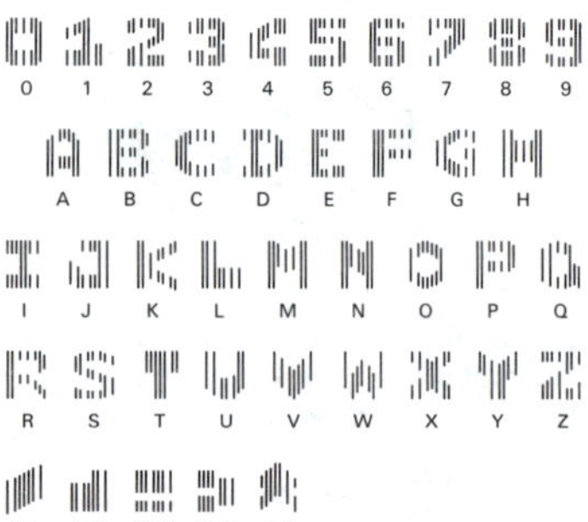

Magnetschriftbeleg (Abb. 2): Zeichenvorrat der CMC-7-Schrift

Magnetschriftbelege werden in *Magnetschriftlesern* auf magnetischem Wege durch Leseköpfe abgetastet und in die rechnerinterne Darstellung übersetzt.

Magnetschriftbelege werden in vielen Bereichen eingesetzt, haben jedoch den Nachteil, dass die Magnetschrift nur schwer von Hand aufgebracht werden kann. Verbesserte Erkennungsverfahren für Handschriften haben diese Schriften weitgehend verdrängt. Für manche Anwendungen bieten sich Strichcodes an, die mit optischen Geräten gelesen werden (↑Kassensysteme).

Magnettrommelspeicher (engl. *magnetic drum memory*): Ein Magnettrommelspeicher (↑Speicher) ist ein um seine Achse rotierender Zylinder, dessen Manteloberfläche eine magnetisierbare Schicht trägt, auf der die Daten gespeichert werden. Die Manteloberfläche ist in *Spuren* eingeteilt, die parallel zur Rotationsebene verlaufen. Für jede Spur ist ein feststehender Lese-/Schreibkopf vorgesehen. Die Daten einer Spur sind in gleich große Einheiten zusammengefasst, die jeweils nur als Ganzes adressiert (↑ Adresse) und gelesen oder beschrieben werden können. Eine solche Einheit heißt *Sektor* (Abb. 1).

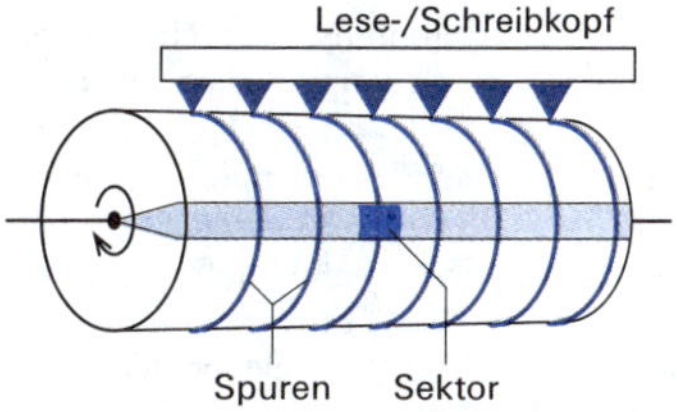

Magnettrommelspeicher (Abb. 1): Schema eines Magnettrommelspeichers

Der Zugriff auf ein Datum beginnt mit der Auswahl der betreffenden Spur und des zugehörigen Lese-/Schreibkopfes. Anschließend muss gewartet werden, bis der gesuchte Sektor unter dem Lese-/Schreibkopf hindurchläuft. Die Zugriffszeit besteht im Wesentlichen aus der *Latenzzeit* (Zeit, bis sich der gesuchte Sektoranfang unter dem Lese-/Schreibkopf befindet), die im Mittel ungefähr der Dauer einer halben Trommelumdrehung entspricht. Die Zugriffszeit moderner Magnettrommelspeicher beträgt wenige Millisekunden.

Makroassembler: Assemblersprache (↑ Assembler) oder Assemblierer, welcher als Pseudobefehle die Vereinbarung und Benutzung von ↑Makrobefehlen zulässt.

Makrobefehl (offenes Unterprogramm, engl. *macro instruction*): Wenn in einem Assemblerprogramm (↑ Assembler) mehrere ↑ Anweisungen, ↑ Befehle oder ↑ Deklarationen in einer bestimmten Reihenfolge häufig vorkommen, so ist es sinnvoll, diese abkürzend zu einer Einheit, zu einem so genannten Makrobefehl, zusammenzufassen. Man muss einem solchen Makrobefehl einen eindeutigen ↑ Bezeichner zuordnen. Im Programmtext kann an jeder Stelle dieser Bezeichner eingesetzt werden; er wird bei der so genannten *Makroexpansion* durch die Folge der zugehörigen Anweisungen oder Deklarationen ersetzt. Um textuell ähnliche Makrobefehle zu einem zusammenzufassen, kann man Makrobefehle mit ↑ Parametern versehen: Diese Parameter werden bei der Benutzung eines Makrobefehls durch die angegebenen aktuellen Parameter ersetzt. Diese Ersetzung des Makrobefehls (mit oder ohne Parameter) wird von einem speziellen Programm, dem *Makroexpander,* vorgenommen. Die Makroexpansion ist somit nur eine rein textuelle Umformung des mit Makrobefehlen versehenen Programms.

Marke (engl. *label*): Eine Marke ist eine mit einem Namen versehene Position in einem Programm. Sie wird verwendet, um bei Benutzung von ↑ Sprüngen das Ziel des Sprunges (die nächste auszuführende ↑Anweisung) anzugeben. In manchen höheren Programmiersprachen müssen die Namen der verwendeten Marken deklariert (↑Deklaration) werden.

▶ *Beispiel* (99 ist eine Marke):

```
if q = 0 then goto 99;
n := p/q;
...
99: write ('Fehler in Division');
```
◀

In Programmiersprachen, bei denen Deklarationen und Anweisungen in durchnummerierte Zeilen geschrieben werden (z. B. ↑ BASIC), gehören Marken zum Grundkonzept der Sprache; schließlich ist die Zeilennummer nichts anderes als eine Marke. Zeilenorientiert geschriebene Programme lassen sich leicht in eine ↑ Maschinensprache übersetzen, in der jeder Befehl eine Marke, nämlich die relative oder absolute ↑ Adresse der jeweiligen Speicherzelle, besitzt. Solche Programmiersprachen zwingen die Programmierer, Problemlösungen aus einer maschinenorientierten Sicht in Angriff zu nehmen. Problemorientierte Programmiersprachen schränken dagegen den Gebrauch von Marken und Sprüngen ein oder verbieten ihn ganz.

Markierungsbeleg: ↑ Datenträger, bei dem die Daten von Hand durch Ankreuzen, Strichmarkierung usw. in vorgedruckte Kästchen eingetragen werden (Abb. 1).

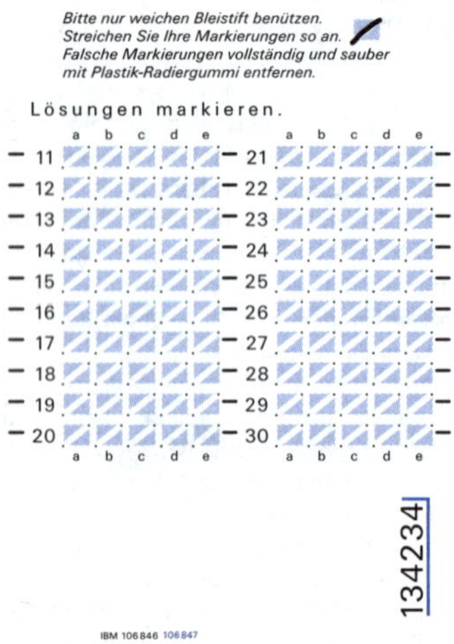

Markierungsbeleg (Abb. 1):
Markierungsbeleg (Ausschnitt)

Markierungsbelege werden in *Markierungslesern* auf photoelektronischem Wege abgetastet und in die rechnerinterne Darstellung übertragen. Ein wichtiger Verwendungsbereich für Markierungsbelege sind Meinungsumfragen, bei denen die Fragebögen viele Mehrfachwahlantworten zulassen.

Maschinenprogramm (engl. *machine program*): Programm, welches in einer ↑ Maschinensprache formuliert ist. Maschinenprogramme sind die einzigen Programme, welche von einem Computer direkt ausgeführt werden können. Programme in anderen Programmiersprachen müssen entweder interpretiert (↑ Interpreter) oder in ein Maschinenprogramm übersetzt (↑ Übersetzer) werden.

Maschinenprogramme sind für Menschen kaum verständlich, da sie aus einer Folge von elementaren, im ↑ Binärcode dargestellten ↑ Befehlen bestehen. Daher schreibt man Maschinenprogramme im ↑ Assembler, der zugleich weitere Hilfen beim Anlegen von Speicherbereichen, bei der Definition von Funktionen usw. bietet. ↑ Disassembler dienen dazu, Maschinenprogramme lesbarer zu machen.

Betrachtet man die Abarbeitung eines Maschinenprogramms durch einen Computer, so sieht man, dass auch die Maschinenbefehle nur interpretativ ausgeführt werden. Jedem Befehl ist nämlich eine Folge von Mikrobefehlen zugeordnet, die diesen Befehl auf Hardware-Ebene realisieren. Eine Addition zum Beispiel bewirkt, dass die beiden Operanden über Datenpfade (↑ Bus) in verschiedene Register des Rechenwerks gebracht werden, anschließend die stellenweise Addition abläuft und danach das Ergebnis in einem Register zur weiteren Verarbeitung bereitgestellt wird. Hierfür ist eine Vielzahl einfachster Operationen notwendig (↑ Mikroprogrammierung). Maschinenprogramme sind daher die Schnittstelle zur Benutzung von Computern auf „unterster Ebene“.

Maschinensprache (engl. *machine code, machine language*): Programmiersprache eines ↑ Computers. Programme in dieser Sprache sind im ↑ Binärcode dargestellt, wodurch sie vom Prozessor des Computers direkt ausgeführt werden können (↑ Maschinenprogramm, Beispiele für Maschinenbefehle findet man unter ↑ Mikroprozessor). Die Binärdarstellung ist für den Menschen schwer verständlich. Aus diesem Grund werden Programme, die direkt auf dem Computer ausgeführt werden sollen, nicht in der Maschinensprache, sondern in einer ↑Assemblersprache geschrieben.

Während die Maschinensprache bis etwa 1970 für das Grundverständis der Datenverarbeitung erforderlich war und gelehrt wurde, um Probleme „computergerecht" zu lösen, verbirgt man sie heute durch geeignete Betriebssoftware, damit sich die Benutzer auf „problemgerechte" Lösungen konzentrieren können. Insbesondere Anfänger sollten den Zugang zum Computer nicht über dessen Maschinensprache, sondern über problemorientierte Programmiersprachen und Anwendungssoftware suchen.

Maske (engl. *mask*): Folge von Zeichen oder Symbolen, die zur Auswahl von Teilen einer Zeichenfolge verwendet wird. Masken treten vor allem in den folgenden drei Bereichen auf:

Druckaufbereitung: Eine aus einem bestimmten Symbolvorrat gebildete Druckmaske legt fest, in welcher Form Ausgabewerte gedruckt werden sollen (z. B. mit oder ohne führende Nullen, mit Dezimalpunkt oder -komma usw.).

► *Beispiel:*

Maske: DM ⊔ ⊔ 9 900.00 -
Ausgabewert: − 1,2
Ausdruck: DM ⊔ ⊔ ⊔ ⊔ 01.20 -

Hierbei ist „9" ein Platzhalter für eine Ziffer mit Nullunterdrückung und „0" ein Platzhalter für eine Ziffer ohne Nullunterdrückung; „−" zeigt an, dass das Vorzeichen des Ausgabewertes nachgestellt werden soll. „⊔" bedeutet Zwischenraum. ◄

Sperrung von Unterbrechungen: Unterbrechungsmasken sind Folgen von Bits. Ein gesetztes Bit sperrt ↑ Unterbrechungen von allen Ereignissen, die diesem Bit zugeordnet sind. Mit einer solchen Maske kann ein Computer zu jedem Zeitpunkt festlegen, welche Arten von Unterbrechungen den gerade laufenden Prozess stoppen dürfen und welche nicht.

Bildschirmeingabe: Zur weitgehenden Vermeidung von Eingabefehlern an Bildschirmgeräten verwendet man häufig Bildschirmmasken. Werte können hierbei nicht an beliebiger Stelle des Bildschirms, sondern nur innerhalb von besonders markierten Feldern eingegeben werden und müssen aus dem für dieses Feld vorgesehenen Wertebereich stammen. Für viele Anwendungen (z. B. in Versicherungen, Banken, Behörden, Büros) stellen Bildschirmmasken eine wichtige ↑Benutzungsoberfläche dar, mit deren Hilfe auch Laien problemlos Datenverarbeitungsanlagen bedienen können.

Ein Programm, das die zeitraubende und immer wiederkehrende Programmierung von Masken erheblich verkürzt, bezeichnet man als *Maskengenerator.* Es erhält als Eingabe die Definition von Bildschirmmasken (Positionen und Wertebereiche der Felder) und ergänzt ein gegebenes lauffähiges Programm um die zur Verwaltung dieser Masken notwendigen Ein-/Ausgabeprozeduren. Entsprechende Hilfen gibt es mittlerweile in vielen Programmiersprachen (z. B. Anschluss an ↑HTML).

Im allgemeinsten Sinne zählen zu den Masken auch Formulare zur Datenerfassung, Schemata bei Objekten, die Festlegung von Ausschnitten in Datenbanken, Suchanfragen im Internet und Parametereinstellungen bei der Konfigurierung von Computern.

Maus (engl. *mouse*): ein meist auf Rollen gleitendes Eingabegerät, das auf dem Tisch oder einer speziellen Unterlage (engl. *mousepad)* hin und her bewegt wird, um den Cursor oder ein anderes Markierungssymbol auf dem Bildschirm zu steuern (Abb. 1). An einer Maus sind noch ein oder mehrere Tasten angebracht, mit denen angefahrene Positionen markiert und Aktionen ausgelöst werden können. Die Maus wird

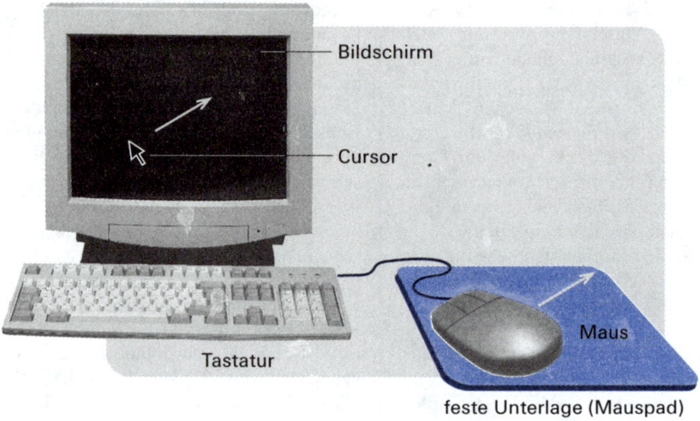

Maus (Abb. 1): Steuerung des Cursors durch die Maus

häufig in Verbindung mit menügesteuerten (↑Menü) Programmen eingesetzt, wobei angezeigte Kommandos zunächst mit der Maus ausgewählt (so genanntes *Anklicken*) und anschließend durch Tastendruck ausgeführt werden (meist als *Doppelklick* bezeichnet). Die Maus wurde entwickelt, um die Bedienung eines Computers benutzungsfreundlicher und tastaturunabhängiger zu gestalten. Sie gehört seit den 1980er-Jahren zur Standardausrüstung von Computern.

Maximalitätsproblem: Fragestellung der Form: „Gibt es für eine Klasse K von ↑ Sprachen einen Algorithmus, der zu jeder formalen Beschreibung einer Sprache aus K entscheidet, ob die hierdurch beschriebene Sprache alle Wörter über dem zugrunde gelegten Alphabet enthält oder nicht?" Das Maximalitätsproblem stellt einen Gegenpol zum ↑ Leerheitsproblem dar.

Während das Leerheitsproblem für kontextfreie Sprachen entscheidbar (↑ Entscheidbarkeit) ist, trifft dies für das Maximalitätsproblem nicht zu. Das heißt, es gibt keinen Algorithmus, der für jede ↑kontextfreie Grammatik G, deren Terminalalphabet T mindestens 2 Elemente enthält, feststellt, ob $L(G) = T^*$ ist oder nicht.

Menge *(set)*: (1) Grundbegriff der Mathematik. Eine Menge ist eine Zusammenfassung von gut unterscheidbaren Objekten zu einem Ganzen. Diese Objekte heissen *Elemente* der Menge. Man schreibt $x \in M$, wenn x ein Element der Menge M ist (vgl. Duden Rechnen und Mathematik).

(2) Spezielle ↑ Datenstruktur. Um eine endliche Menge von Elementen eines ↑ Datentyps T zu definieren, kann man in manchen Programmiersprachen den Typ

```
set of T
```

deklarieren (↑ Deklaration). Variablen dieses Typs besitzen als Werte endliche Mengen von Elementen aus T. Für die Datenstruktur set of T stehen üblicherweise die in Tabelle 1 angegebenen Operationen zur Verfügung. Ein Beispiel findet sich unter ↑Spannbaumproblem.

In der Praxis beschränkt man sich aus technischen Gründen meist auf Datentypen, die eine feste Anzahl von Elementen besitzen. Man realisiert sie durch Bitvektoren oder durch geordnete Felder. Doch gibt es auch Programmiersprachen (wie die auf Kleinrechnern nicht verfügbare Sprache *SETL*), die beliebige endliche Mengen zulassen; Men-

[ ]	leere Menge;
[t]	Menge, die nur aus einem Element t besteht. t hat den Typ T;
[$t_1, t_2, \ldots, t_n$]	Menge, die aus den n Elementen $t_1, t_2, \ldots, t_n$ besteht. $t_1, t_2, \ldots, t_n$ haben den Typ T;
t in S	liefert den Wert true, falls t in der Menge S enthalten ist, und sonst den Wert false;
$S_1 \cup S_2$	Vereinigung der Mengen S_1 und S_2 (für „∪" schreibt man auch „+");
$S_1 \cap S_2$	Durchschnitt der Mengen S_1 und S_2 (für „∩" schreibt man auch „*";
$S_1 \setminus S_2$	Differenz der Mengen S_1 und S_2: $S_1 \setminus S_2$ enthält alle Elemente, die in S_1, aber nicht in S_2 liegen (für „\" schreibt man auch „–";
card (S)	Anzahl der Elemente der Menge S;
$S_1 \subseteq S_2$	liefert den Wert true, falls die Menge S_1 in der Menge S_2 enthalten ist, und sonst den Wert false (statt „⊆ " schreibt man auch „≤" bzw. „< =").

Menge (Tab. 1): Operationen für die Datenstruktur set of T

gen werden dann mithilfe von ↑linearen Listen oder ↑Bäumen implementiert.

▶ *Beispiel:* T sei die Menge der darstellbaren Zeichen (↑char).

```
type zeichenmenge = set of char;
var neu, alt: zeichenmenge;
zeichen: char;
...
neu := ['a', 'e', 'i', 'o', 'u'];
   (* neu ist die Menge der Vokale *)
alt := alt + neu;
if zeichen in alt
   then alt  := alt - [zeichen]
   else neu := neu + [zeichen] fi;
```
◀

Menü (engl. *menu*): Liste von Kommandos, die als nächste Befehle erlaubt sind. Sie werden in der Regel auf dem Bildschirm angezeigt. Der Benutzer wählt eines oder mehrere der angezeigten Kommandos aus und legt damit die nächsten Aktionen des Computers fest.

▶ *Beispiel:* Abb. 1 zeigt ein Menü innerhalb eines Programms zur Verwaltung von Adressen. Jede Funktion kann durch eine der Tasten E, A, S, D, Q oder durch Anklicken mit der ↑ Maus angewählt werden. ◀

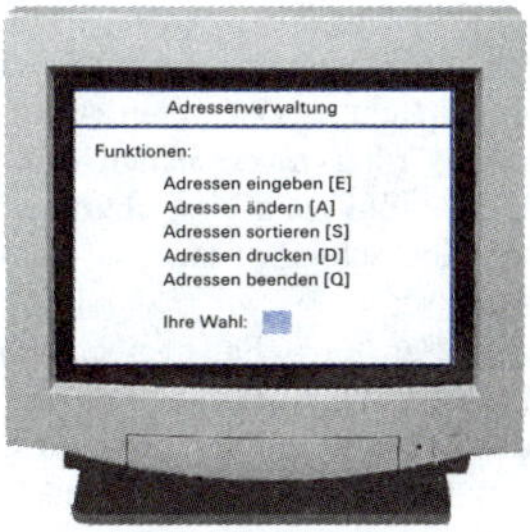

Menü (Abb. 1): Menü

Diese Menütechnik gilt als veraltet. Heutige Menüs sind wesentlich übersichtlicher, da sie zum einen Klartext enthalten und zum anderen erlauben, Kommandofolgen besser zu überschauen und sich gleichzig in mehreren Menüs zu bewegen. Man unterscheidet *Pull-down-* und *Pop-up-*Menüs:

a) Pull-down-Menü *(Rollladenmenü):* Hierbei ordnet man die in der jeweiligen Situation erlaubten Aktionen oder Gruppen von Aktionen in einer Befehlsleiste an (Abb. 2). Durch Anklicken eines Befehls in dieser Leiste erscheint das gesamte Untermenü, das zu diesem Befehl

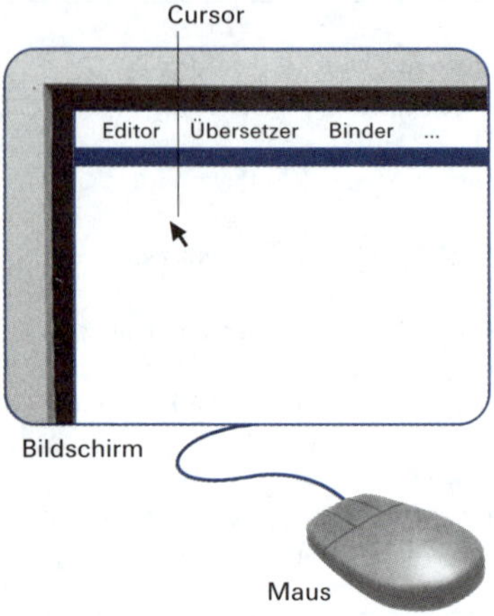

Menü (Abb. 2): Befehlsleiste für ein Pull-down-Menü

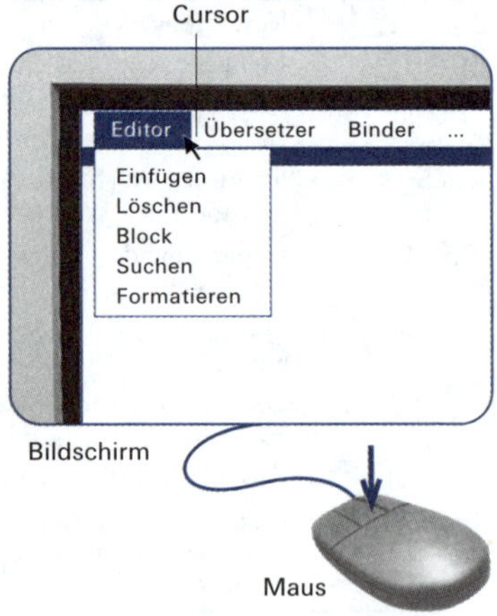

Menü (Abb. 3): Pull-down-Menü des Befehls „Editor" aus Abb. 2

gehört (Abb. 3). Eventuell kann man bei Auswahl eines Befehls ein weiteres Untermenü rechts oder links öffnen, falls die Anzahl der möglichen Fortsetzungen sonst schwer überschaubar ist.

b) Pop-up-Menü:

Sind mehrere Fenster (↑Fenstertechnik) auf dem Bildschirm geöffnet, dann reicht ein Pull-down-Menü nicht mehr aus. Stattdessen kann man sich durch Anklicken des jeweiligen Fensters oder eines Objekts die hierfür erlaubten Aktionen anzeigen lassen (Abb. 4); direkt daneben erscheinen deren Untermenüs dann durch Anklicken des jeweiligen Befehls usw. (Abb. 5). Meist benötigt man hierfür eine Maus mit mehreren Tasten. Dadurch kann man auch übergeordnete Funktionen wie Sichern, Beenden, Vergrößern oder Einblenden als zweites Menü parallel zur Verfügung stellen.

Menüs haben den Vorteil, dass ein Benutzer keine ↑ Kommandosprache beherrschen muss, um den Computer zu

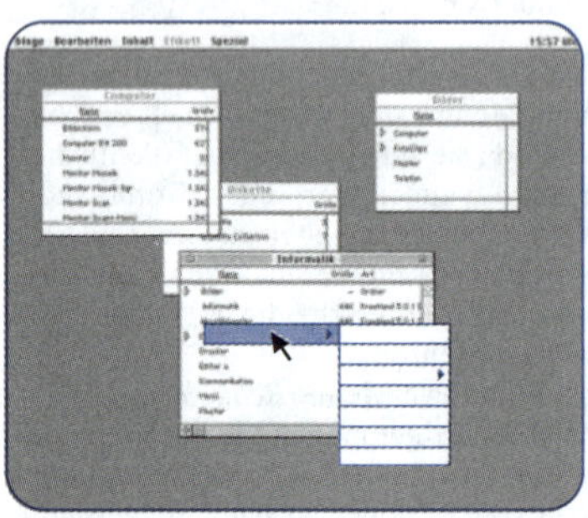

Menü (Abb. 4): Pop-up-Menü für eine Anwendung (erscheint durch Drücken der Maustaste)

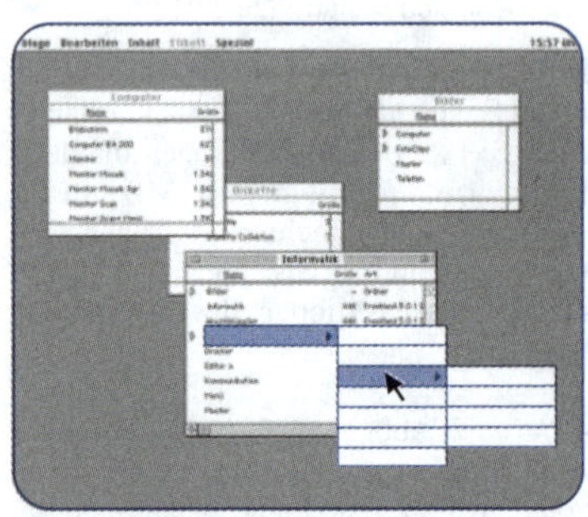

Menü (Abb. 5): Pop-up-Untermenü

bedienen. Menütechniken werden daher vor allem in Programmen eingesetzt, mit denen auch Laien arbeiten. Insbesondere erfolgt der Dialog mit dem Betriebssystem meist über Menüs.
Menüs werden heute in den meisten Programmsystemen verwendet. Beispiele sind ↑Editoren, grafische Systeme, Auskunftssysteme und Dienste im ↑Internet. Fortgeschrittene Benutzer empfinden Menüs häufig als lästig, da man keinen Schritt überspringen kann, sondern immer erst die vom Menü vorgeschriebenen Teilschritte durchlaufen muss, bis man die eigentliche Aufgabe bearbeiten kann. Hierfür kann man sich oftmals abkürzende Zugriffe (↑Makrobefehle, Referenzen oder Verknüpfungen genannt) einrichten. Menüs bieten jedoch eine gewisse Sicherheit vor unbeabsichtigten Fehlern und sorgen zugleich für eine zuverlässige Programmausführung.

Methode (aus dem Griechischen: nachgehen): eine planmäßige Vorgehensweise, um etwas zu erreichen.
(1) Eine Wissenschaft lebt von ihren Erkenntnissen und Methoden. Es gibt bereits viele ↑Methoden der Informatik, die sich in der Architektur von Systemen, im Zugang zu und Umgang mit Rechnern, im ↑Software-Engineering usw. zeigen.
(2) In der ↑objektorientierten Programmierung Bezeichnung für Operationen und Prozeduren, die in ↑Klassen definiert werden und dann den zugehörigen Objekten zur Verfügung stehen.

Methoden der Informatik: Die Informatik hat in ihrer kurzen Geschichte bereits eine Fülle von Methoden hervorgebracht, um Information darzustellen, zu strukturieren, aufzubereiten, zu verarbeiten, zu übertragen, zu speichern und um kleine und große Systeme zu planen, zu entwerfen, zu entwickeln, zu realisieren, zusammenzufügen, zu testen, zu reparieren, zu dokumentieren, zu vertreiben, anzupassen usw. Manche Methoden sind grundsätzlicher Natur und gehen über die Informatik hinaus; man spricht dann auch von *Philosophien.* Manche Methoden werden gerne durch typische Beispiele charakterisiert; man nennt solche Vorgehensmuster *Paradigmen.* Andere Methoden wiederum sind reine Techniken und beziehen sich auf ganz spezielle Einsatzgebiete.
Jede Wissenschaft besitzt eigene Methoden, und die Menge der Methoden legt in der Regel das Wesen und das Selbstverständnis einer Wissenschaft fest. In diesem Sinne ist die Informatik *die* Methodenlehre für den Bereich der Information. Im Folgenden werden zentrale Begriffe zusammengefasst definiert. Nicht berücksichtigt sind hierbei fundamentale Ideen, die unter dem Stichwort ↑Informatik behandelt werden.
Philosophie: Gemeint ist hier nicht die Philosophie als Wissenschaft, sondern der umgangssprachliche Begriff von der Aufstellung eigener Lebens- und Arbeitsregeln.
Wörtliche Bedeutung: „Liebe zur Weisheit", wobei Weisheit auch das profunde Sich-Auskennen bezeichnet. Bedeutung in der Informatik: persönliche (aber von vielen geteilte) Fundierung des gesamten Arbeitsbereichs. Zu einer Philosophie zählt man auch alle Grundsätze, die sich nicht aus der Informatik folgern lassen, die jedoch zentral für das fachliche Vorgehen sind. Diese Grundsätze müssen eine innere Einheit besitzen und in sich widerspruchsfrei sein. Übergreifende Philosophien der Programmierung innerhalb der Informatik waren bzw. sind:
1950 bis 1970: Informatik als „Kunst". Man betrachtete den Programm-Entwicklungsprozess als künstlerische Tätigkeit; diese Auffassung führte zu Problemen bei der Erstellung umfangreicher Systeme *(„Softwarekrise")*.
1970 bis mindestens 1990: die ↑strukturierte Programmierung. Die zu erstellenden Systeme und der Entwurfs-, Entwicklungs-, Wartungs- und Benutzungs-Prozess sind zu strukturieren. In der Regel geht man von einem Lebenszyklus der Programme aus, der aus relativ gut abgrenzbaren Phasen besteht, die wiederum hierarchisch in sequenzielle und

nebenläufige Teile zerlegt werden können (siehe ↑Software-Engineering).
Ab 1990: die ↑ objektorientierte Programmierung. Diese setzt in ihrer reinen Form auf die Begriffe Aktivität (innerhalb der Objekte), Kommunikation („Benutzt"-Relation zwischen den Objekten) und Vererbung („Ist-ein"-Relation zwischen den Objekten). Man stellt sich eine Welt vor, in der ausschließlich Objekte existieren, die sich nach außen einheitlich darstellen und die ihre Aktivitäten in eigener Verantwortlichkeit erledigen. Für die Praxis bedeutet dies: Konfigurieren und Anpassen anstelle von Neuentwickeln und ein ingenieurmäßiges Vorgehen.
Paradigma: Denkmuster, Musterbeispiel, also ein Beispiel, das typisch für eine Klasse von Beispielen ist, und somit auch Bezeichnung für das diesen Beispielen Gemeinsame. In der Informatik bezeichnet das Wort ein übergeordnetes Prinzip, das für eine ganze Teildisziplin typisch ist, das aber nicht klar ausformulierbar ist, sondern sich in Beispielen manifestiert.

► *Beispiel:* ↑ Divide-and-conquer-Verfahren sowie die Paradigmen der imperativen, funktionalen, prädikativen oder regelbasierten Programmierung (↑ Programmiersprache). ◄

Prinzip: der Ursprung, von dem man ausgeht. Ein Ausgangspunkt des Denkens oder Handelns, der selbst nicht weiter begründet wird oder werden kann, der aber Begründung für alles Weitere ist. Ob ein Prinzip eine breite Gültigkeit besitzt, kann man in der Regel nicht dem Prinzip, sondern nur den aus ihm geschlossenen Folgerungen ansehen. Ein Prinzip ist etwas Statisches, kaum Verrückbares. „Prinzip" wird oft gleichbedeutend mit „Grundsatz" verwendet.
Konzept: das Zusammengefasste, der Vorsatz oder (im Sinne von Konzeption) das Zusammenfassen. Bedeutung in der Informatik: Bauplan, um zu beginnen, oder in sich stimmiger, gedanklicher Entwurf mit Leitregeln, um eine Aufgabe in Angriff zu nehmen. Im Gegensatz zu Prinzipien besitzen Konzepte eine gewisse Vorläufigkeit und beziehen sich auf eine vorzunehmende Handlung, sind also etwas Austauschbares und Dynamisches. Konzepte legt man z. B. stets zu Beginn von Programm-Entwicklungsprozessen fest.
Modell: Abbild von etwas. In der ↑Logik sind Modelle mathematische Strukturen, die gegebenen Gesetzen genügen (also: Modell als „Beispiel für etwas"); in den Naturwissenschaften sind es formale Darstellungen, die Teile der Realität in mehr oder weniger stark vereinfachter Form beschreiben (also: Modell als vereinfachtes Bild von etwas). In der Informatik bilden Modelle die Basis für jede Form der Speicherung, Übertragung, Zerlegung und Verarbeitung (Berechnungsmodelle, ↑Datenmodelle, Rechnermodelle; Darstellung z. B. als abstrakter oder konkreter ↑Datentyp).
Methode: der planmäßige Weg zu etwas. Bedeutung in der Informatik: systematische zielgerichtete Vorgehensweise, sowie durchdachtes Verfahren, welches für eine Vielzahl von Problemen zu einer sinnvollen Lösung führt. In der Praxis versteht man darunter auch eingeübte Fertigkeiten oder formalisierte Abläufe, die sich als zweckmäßig und erfolgreich erwiesen haben. Für eine Methode sind das Ziel und die einzusetzenden Mittel entscheidend.
Technik: wörtliche Bedeutung: zur Kunst gehörige (handwerkliche) Fertigkeit. Bedeutung in der Informatik: Zusammenfassung von speziellen Hilfsmitteln, Maßnahmen und Verfahren, um ein Ergebnis, meist ein Produkt, zu erhalten. Dieser Begriff wird in einem konkreteren, handwerklicheren Sinne als der Begriff „Methode" verwendet, insbesondere wird er bei der Implementierung oft benutzt. Die Kenntnis von Techniken macht das „Know-how" (= gewusst wie) von Informatikern aus, während Methoden bereits Beziehungen zum „Know-why" (= wissen, warum etwas funktioniert) aufweisen. Mit Techniken ist vorwiegend die

geschickte Nutzung geeigneter Hilfsmittel (Informatikwerkzeuge) verbunden.

Middleware (dt. Vermittlungsprogramme): vermittelnde Software in vernetzten Systemen. Hiermit lassen sich ↑ Komponenten nutzen und zusammenfassen oder Dienste auffinden und ansprechen, die über klar definierte Schnittstellen verfügen. Sie spielen auch im aufkommenden ↑ elektronischen Markt eine wichtige Rolle (DCE, CORBA).

Beispiele aus der Betriebssoftware sind die Umsetzung von Objekten in ein relationales Datenmodell oder die Transaktionsmonitore, die die Verwaltung und Koordinierung von ↑Transaktionen bei vielen Benutzern anstelle des Datenbankmanagementsystems übernehmen.

Mikrocomputer: Zusammenfassung eines ↑ Mikroprozessors, eines ↑ Speichers und einer Steuerung für Peripheriegeräte (↑Peripherie) zu einer Einheit. Mikrocomputer sind in vielen technischen Geräten eingebaut, z. B. in Videorecordern, Taschenrechnern, elektrischen Schreibmaschinen, Waschautomaten, Motorsteuerungen usw.

Die Bezeichnungen Mikrocomputer und Mikroprozessor werden in zunehmendem Maß synonym verwendet.

Mikroprogrammierung (engl. *microprogramming*): Realisierung von ↑Befehlen einer ↑Maschinensprache innerhalb der Mikroprogrammeinheit des ↑Steuerwerks durch eine Folge von Elementaroperationen. Die Operanden sind die Bits der ↑Register des Steuerwerks, die möglichen Elementarbefehle sind bedingte und unbedingte ↑Sprünge sowie Signale an die mit dem Steuerwerk verbundenen Komponenten ↑Rechenwerk, ↑Speicher und weitere an den ↑Bus angeschlossene Einheiten.

Die Mikroprogrammeinheit lässt sich als „Computer im Computer“ auffassen: So wie die Rechenanlage Algorithmen als Programme verarbeitet, führt die Mikroprogrammeinheit Befehle als *Mikroprogramme,* d. h. als Folgen von *Mikrobefehlen,* aus.

Nach *M. V. Wilke* (1953) besteht eine Mikroprogrammeinheit aus folgenden Teilen:

Mikrobefehlszähler: Der Operationsteil des Befehlsregisters (vgl. Abb. 1 bei ↑ Steuerwerk) verbunden mit dem Mikrobefehlszähler bildet das *Mikrobefehlsadressregister,* das zusammen mit den Bedingungen (s. u.) den auszuführenden Mikrobefehl bestimmt.

Mikrobefehlsadressdecodierer: Dies ist ein n-aus-1-↑Decodierer, dessen Eingang am n Bit langen Mikrobefehlsadressregister liegt (Abb. 1).

Bedingungsgatter: Abhängig vom Ausgang bestimmter Ereignisse (z. B. Zähler = 0) können die Ausgänge des Mikrobefehlsadressdecodierers mit mehreren Leitungen alternativ verbunden werden (Abb. 2). Bei jeder Belegung des Mikrobefehlsadressregisters und jeder Bedingung liegt auf genau einer der Adressleitungen $m_1, \ldots, m_p$ eine 1. Sie bestimmt eindeutig den auszuführenden Mikrobe-

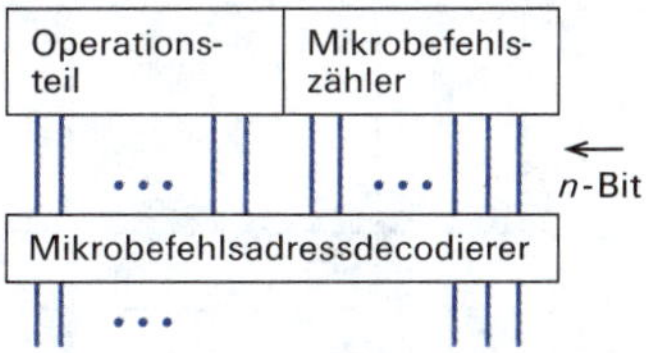

Mikroprogrammierung (Abb. 1): Mikrobefehlsadressdecodierer

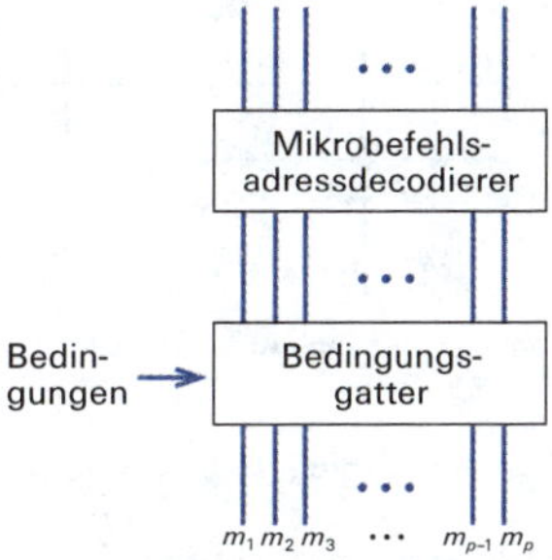

Mikroprogrammierung (Abb. 2): Bedingungsgatter

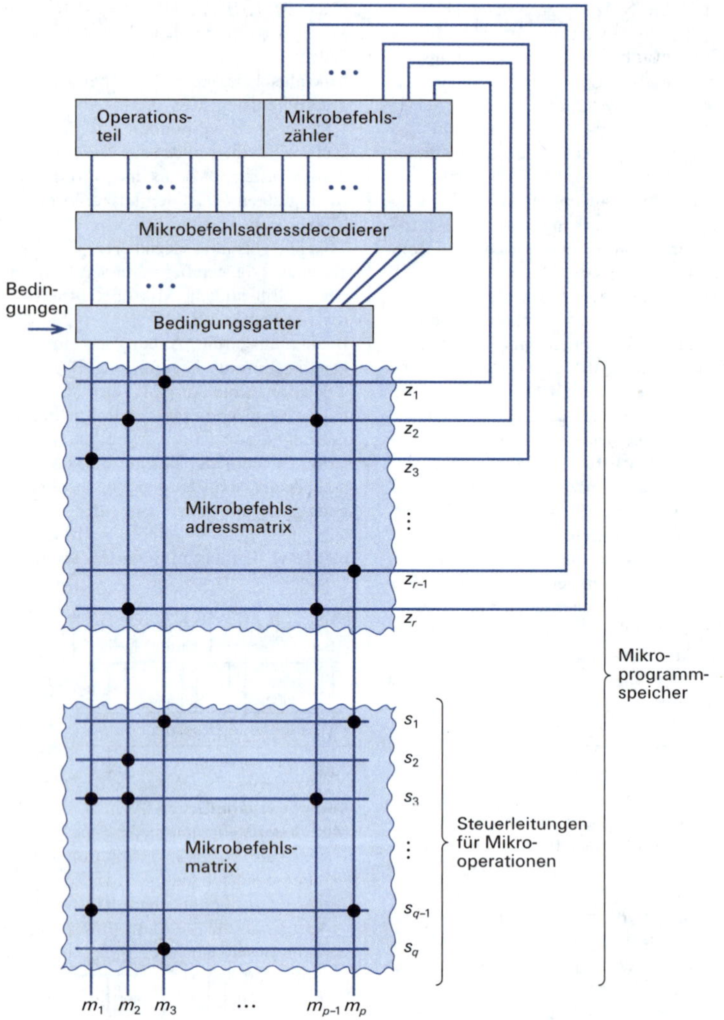

Mikroprogrammierung (Abb. 3): Mikroprogrammeinheit

fehl und die Adresse des nächsten Mikrobefehls.

Mikrobefehlsadressmatrix: Ein Signal auf einer Adressleitung m_i überträgt sich auf die mit m_i verbundenen z-Leitungen, die den Mikrobefehlszähler neu setzen (mittlerer Teil in Abb. 3).

Mikrobefehlsmatrix: Ein Signal auf einer Adressleitung m_i überträgt sich auf die mit m_i verbundenen Steuerleitungen s_j

und löst dadurch einen Mikrobefehl als Menge von gleichzeitig ablaufenden *Mikrooperationen* aus (unterer Teil in Abb. 3). Liegt z. B. in Abb. 3 auf der Adressleitung m_1 eine 1 an, dann werden (bei horizontaler Mikroprogrammierung, s. u.) die Mikrooperationen, die zu den Leitungen s_3 und s_{q-1} gehören, ausgeführt. Solche Mikrooperationen können sein: Lesen eines Registers, Schalten eines Gatters, Kontrollinformation für den Bus, Starten der Addition, Abfragen eines Statusbits usw. Hinsichtlich der Form, in der Mikrobefehle auf den Steuerleitungen $s_1, \ldots, s_q$ codiert werden, unterscheidet man die *vertikale* und die *horizontale Mikroprogrammierung*.

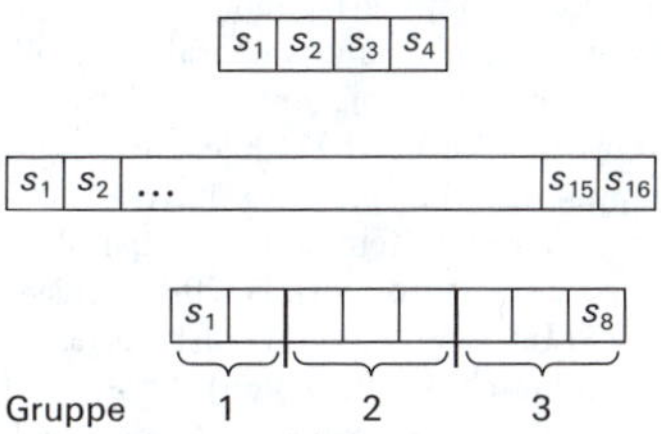

Mikroprogrammierung (Abb. 4): Steuerung von 16 Mikrooperationen

Wenn ein Mikrobefehl jeweils nur eine Mikrooperation auslöst, dann können mit den q Bits 2^q verschiedene Mikrooperationen codiert werden. In diesem Fall werden die Leitungen $s_1, \ldots, s_q$ zunächst in einen Schaltkreis geführt, der (bis zu) 2^q Ausgänge besitzt; auf genau einem Ausgang erscheint in jedem Mikrobefehlszyklus eine 1, die genau eine Mikrooperation auslöst. Jeder Mikrobefehl bewirkt also immer nur eine Mikrooperation. Ein Mikroprogramm besteht dann aus vielen Mikrobefehlen, deren Abarbeitung relativ lange dauert. Die Mikrobefehlsworte sind jedoch kurz. Diese Form heißt *vertikale Mikroprogrammierung.*

Bei der *horizontalen Mikroprogrammierung* ist jedem Bit s_i des Mikrobefehlswortes genau ein Steuersignal für eine Mikrooperation zugeordnet. Daher kann ein Mikrobefehl nur q verschiedene Mikrooperationen auslösen; diese können aber gleichzeitig ausgeführt werden. Ein Mikroprogramm besteht nun aus erheblich weniger Mikrobefehlen und kann schneller abgearbeitet werden. Bei der horizontalen Mikroprogrammierung muss die Länge q des Mikrobefehlswortes recht groß gewählt werden (in der Regel ist $q \leq 128$).

In der Praxis verwendet man meist eine „quasihorizontale“ Mischform aus beiden Verfahren, indem man sich gegenseitig ausschließende Mikrooperationen (z. B. Linksschieben und Rechtsschieben des Akkumulators) zu Gruppen zusammenfasst, innerhalb derer man vertikal codiert. Zwischen den Gruppen codiert man horizontal, sodass gleichzeitig Mikrooperationen verschiedener Gruppen ablaufen können.

▶ *Beispiel:* Bei einem Mikrooperationsvorrat von 16 möglichen Operationen besteht das vertikale Mikrobefehlswort aus 4 Bit ($2^4 = 16$) und das horizontale Mikrobefehlswort aus 16 Bit. Eine Mischform wäre eine Einteilung der 16 Operationen in drei Gruppen zu jeweils 3, 7 und 6 Operationen, zu deren vertikaler Codierung man 2, 3 bzw. 3 Bit benötigt. In diesem Fall können bis zu 3 Mikrooperationen (aus jeder Gruppe eine) gleichzeitig ausgelöst werden. Abb. 4 zeigt drei mögliche Fälle:

- vertikale Mikroprogrammierung: Hier benötigt man 4 Steuerleitungen $s_1, \ldots, s_4$, die auf einen 4-aus-1-Decodierer geführt werden; dieser steuert dann jeweils eine der 16 Mikrooperationen an,
- horizontale Mikroprogrammierung: Sie benötigt 16 Steuerleitungen $s_1, \ldots, s_{16}$ aus der Mikrobefehlsmatrix,
- eine quasihorizontale Mischform mit 8 Steuerleitungen $s_1, \ldots, s_8$ verteilt auf drei Gruppen wie oben beschrieben. ◀

Abb. 3 zeigt die vollständige Mikroprogrammeinheit. Eine feste Anfangsbele-

gung des Mikrobefehlszählers und der Operationsteil des Maschinenbefehls bestimmen den Mikrobefehl m_i, der seinerseits eine Menge von Mikrooperationen s_j auslöst und den Folgezustand des Mikrobefehlszählers über die Leitungen z_k festlegt, der den nächsten Mikrobefehl bestimmt, usw. Auf diese Weise wird ein Maschinenbefehl durch eine Folge von Mikrobefehlen, dem zugehörigen *Mikroprogramm,* abgearbeitet.
Die bisherige Betrachtung ging von einem festen Mikroprogrammspeicher aus *(statische Mikroprogrammierung).*
Legt man den Mikroprogrammspeicher jedoch als Schreib-Lese-Speicher (↑ RAM) an, so kann der Benutzer der Rechenanlage den ↑ Befehlsvorrat ändern und an eigene Bedürfnisse anpassen *(dynamische Mikroprogrammierung)* oder andere Rechenanlagen emulieren (↑Emulation).

Mikroprozessor (engl. *microprocessor*): universell verwendbare und frei programmierbare Funktionseinheit, die das vollständige ↑Steuerwerk und ↑Rechenwerk einer Rechenanlage enthält, Schnittstellen für die Kommunikation mit anderen Hardware-Einheiten (Speicher, weitere Prozessoren, Ein-/Ausgabegeräte usw.) besitzt, sich selbst testen und eigene Hardwarefehler entdecken kann und auf einem oder mehreren integrierten Schaltkreisen (↑Chip) untergebracht ist.
Man unterscheidet Mikroprozessoren vorwiegend hinsichtlich ihrer Arbeitsgeschwindigkeit, ihres ↑Befehlsformats, ihres ↑ Befehlsvorrats, ihrer Wortlänge, d. h. der Zahl der gleichzeitig zu verarbeitenden ↑Bits, und der Zahl adressierbarer Speicherzellen (↑ Adresse). Handelsübliche Mikroprozessoren werden mit Taktraten zwischen 500 und 1 000 Megahertz (MHz) betrieben. Ihre Arbeitsgeschwindigkeit liegt bei bis zu hundert Millionen ↑ Befehlen pro Sekunde. Üblich sind Wortlängen von 8, 16 oder 32 oder 64 Bit sowie ein Hauptspeicheradressraum von 8 MByte (↑Byte) bis 256 GByte. Zu den ersten 8-Bit-Mikroprozessoren der 1970er-Jahre zählen die Prozessoren 8080, 6502 und Z80. 16-Bit-Mikroprozessoren aus den 1970er- und 1980er-Jahren sind der Intel 8086 und der Motorola 68000 sowie deren Nachfolger 80186 bis 80386 bzw. 68010 bis 68030. Zu den CISC-Prozessoren (↑ CISC) der frühen 1990er-Jahre gehören der Pentium und der 68040, zu den RISC-Prozessoren (↑ RISC) der SPARC, der Alpha und der PowerPC-Prozessor. Die Geschwindigkeit bei der Entwicklung neuer Mikroprozessoren ist enorm, sodass vergleichende Auflistungen schnell veralten. Eine Übersicht für 1996 zeigt Tab. 1 auf den folgenden Seiten.
Ursprünglich wurden Mikroprozessoren für die Computertechnik entwickelt. Heute begegnen sie uns überall im täglichen Leben, und oft sind sie schon untereinander vernetzt (↑ allgegenwärtiges Computing). Beispiele sind: Kraftfahrzeuge (Kraftstoffeinspritzung, Antiblockiersystem, Autopilot), Nachrichtensysteme (Telefon, Fax), Haushaltsgeräte (Waschmaschine, Backofen), Spiel- und Unterhaltungselektronik (Videospiel, Hi-Fi-Anlage), Automaten (Geld-, Parkhausautomat) und elektronisches Geld.
Der Mikroprozessor übernimmt die Aufgaben einer aus zahlreichen elektronischen Bauelementen zusammengesetzten Schaltung. An die Stelle der Verdrahtung tritt das ↑ Programm. So wie sich der Arbeitsplatz eines Elektronikers dadurch zum Programmierplatz gewandelt hat, hat der Mikroprozessor dramatische Veränderungen der Arbeitswelt bewirkt, z. B. den Ersatz der Registrierkasse durch elektronische ↑ Kassensysteme oder die Automatisierung der Arbeit von Setzern; das Setzen einer Zeitung oder die Herstellung von Büchern kann z. B. direkt von den Journalisten durch Eingabe der Texte in den Computer vorgenommen werden.
Für die Erläuterung der Konzepte eignet sich am besten die Analyse des 8080. Er wird wegen seiner Wortlänge von 8 Bit nicht mehr hergestellt, ist jedoch über-

sichtlicher als andere Prozessoren und lässt die Konstruktionsprinzipien klarer erkennen.

Mikroprozessor 8080: Der *8080* war ein in ↑ Heimcomputern weit verbreiteter Mikroprozessor mit einer Wortlänge von 8 Bit. Er hat einen Adressraum von 64 KByte und eine Zykluszeit (↑Befehlszyklus) von etwa 2 Mikrosekunden.

Der 8080 verfügt über einen ↑Akkumulator und sechs Mehrzweckregister (↑ Register) mit jeweils 8 Bit. Die Mehrzweckregister können einzeln oder in Paaren adressiert werden, sodass auch arithmetische Operationen mit 16 Bit großen Zahlen durchführbar sind. Die arithmetischen und logischen Operationen bewirken Zustandsänderungen in fünf verschiedenen Statusbits (↑Status), von denen vier vom Programm abgefragt werden können. Das fünfte Statusbit wird nur bei der Dezimalarithmetik verwendet (Abb. 1).

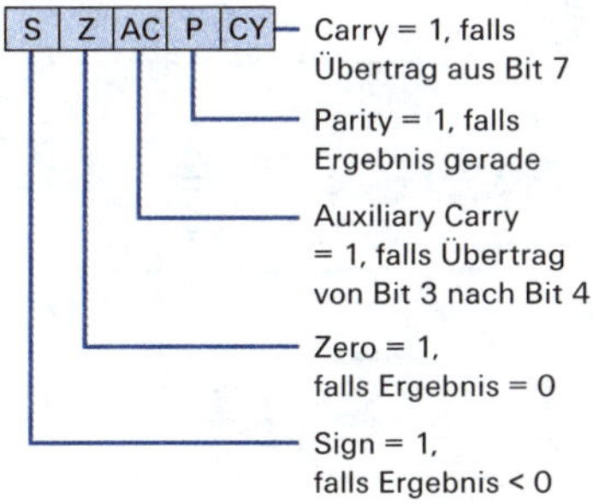

Mikroprozessor (Abb. 1): Belegung des Statusregisters beim Mikroprozessor 8080

Zur Verwaltung eines ↑ Kellers besitzt der 8080 einen 16 Bit großen Kellerzeiger. Der Keller kann an jeder beliebigen Stelle im ↑Hauptspeicher angelegt werden. Der Befehlsvorrat enthält Befehle, mit denen alle Mehrzweckregister, der Akkumulator, die Statusbits und der Befehlszähler auf dem Keller abgelegt werden können. Die Flexibilität des Kellermechanismus beim 8080 erlaubt eine nahezu beliebige Schachtelung von Unterprogrammaufrufen. Abb. 2 zeigt die Registerstruktur des 8080, Abb. 3 das Blockschaltbild.

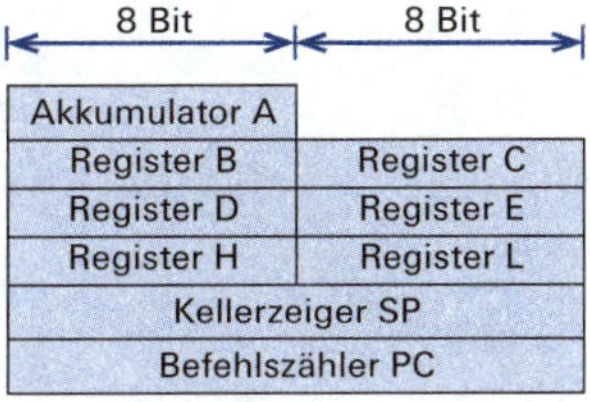

Mikroprozessor (Abb. 2): Registerstruktur des 8080

In Abb. 3 geben blaue Pfeile die Steuerleitungen (↑ Mikroprogrammierung) an, die schwarzen Pfeile gehören zu Daten- oder Adressleitungen.

Zum Befehlsvorrat gehören:

- arithmetische und logische Befehle, bei denen die Operanden über die direkte, indirekte oder unmittelbare Adressierung (↑ Adressierungsarten) erhalten werden;
- Transportbefehle, mit denen 8 oder 16 Bit große Daten zwischen Registern und Speicherzellen, die direkt, indirekt oder unmittelbar adressiert werden können, ausgetauscht werden;
- Sprungbefehle (↑Sprung), wobei zwischen bedingten, unbedingten und berechneten Sprüngen gewählt werden kann. Des Weiteren gibt es bedingte und unbedingte Befehle zum Aufruf von und zur Rückkehr aus Unterprogrammen. Der RST-Befehl eignet sich für die Behandlung von ↑ Unterbrechungen;
- Schiebebefehle (↑ Schieberegister) zum Rundschieben des Akkumulators nach links oder rechts;
- Inkrementierungs- und Dekrementierungsbefehle, welche die Mehrzweckregister, den Akkumulator oder Speicherzellen um eins erhöhen oder vermindern;
- Spezialbefehle, wie die leere Anweisung NOP, der Befehl HLT zum Stop-

M

Mikroporzessor (Tab. 1): Übersicht über verschiedene Mikroprozessoren (Stand 1996)

	80486 (DX2-66)	*Pentium*	*M 68000*	M 68040	*SAB-R-3000*	*PowerPC* 601/3	PowerPC 620	*Alpha* 21064	micro-*SPARC*-II
Entwickler	Intel	Intel	Motorola	Motorola	Mips, USA (Microprocessor without Interlocked Pipeline Stages)	IBM	Apple, Motorola, IBM	DEC	Sun
Hersteller	Intel	Intel	Motorola	Motorola	Siemens	IBM, Motorola	AIM	DEC	Fujitsu
Jahr der Einführung	1989	1993	1979	1990	Mitte der 1980er-Jahre	1992	1994	1992	1991
Maschinencode-Kompatibilität	80×86	80×86	–	M 680×0	–	–	–	(VMS/VAX)	–
Architektur (auch: Befehlssatz)	CISC	CISC	CISC	CISC, Nanocode in Hardware	RISC	RISC	RISC	RISC	RISC
Anzahl Transistoren	1,2 Millionen (HCMOS-IV)	3,3 Millionen (0,35 µ BiCMOS)	–	1,2 Millionen (HCMOS)	115 000 Millionen	7 1,2 Millionen	1,2 Millionen (CMOS)	1,68 Millionen (0,5 µ CMOS)	? (80,5 µ CMOS)
auf dem Chip implementierte Einheiten	Cache, FPU	Caches, FPU, MMU	–	Caches, FPU, MMU	Integer-Multiplizierer, Integer-Dividierer, MMU, Cache-Ansteuerung	FPU, MMU, IU, BPU (Branch Processing Unit)	FPU, MMU	Caches, FPU	FPU, MMU, S-Bus-Controller
externe Einheiten	–	–	FPU	–	FPU	–	–	Cache-Controller, MMU	–
Datenbusbreite (extern/intern) in Bit	32/32	64/64	16/32	32	32	64	64/128	64 bis 128	32
Adressbusbreite in Bit	32	32	32	32	32	32	40	34	32
Taktrate (extern/intern)	66 MHz	133 MHz bis 200 MHz	8 MHz/ 12,5 MHz	25 MHz/ 50 MHz	50 MHz/ 100 MHz	80 MHz// 80 MHz	133 MHz	275 MHz/ 275 MHz	70 MHz
SPECint92	32,2	64,5	–	–	–				
SPECfp89/92	16,1	56,9	–	–	–				
Integer-Register (Anzahl/ Breite)	6/32 Bit	6/32 Bit	15/32 Bit	16/32 Bit	32/32 Bit	32/32 Bit	64/64 Bit	32/64 Bit	–

Mikroporzessor (Tab. 1): *Fortsetzung*

Floating-Point-Register (Anzahl/Breite)	8/80 Bit	8/80 Bit	–	8/80 Bit	–	32/64 Bit	64/64 Bit	32/64 Bit	–
Verarbeitbare Datenformate (siehe Anmerkung	Byte (8Bit), Wort (16 Bit), Langwort (32 Bit); Little Endian	Byte (8 Bit), Wort (16 Bit), Langwort (32 Bit)	Byte (8Bit), Wort (16 Bit), Langwort (32 Bit)	(8Bit), Wort (16 Bit), Langwort (32 Bit)	(8Bit), Wort (16 Bit), Langwort (32 Bit); Little und Big Endian	(8Bit), Wort (16 Bit), Langwort (32 Bit) intern: Doppelwort (64 Bit)	64 Bit	64 Bit	–
1st Level Cache (Code/Daten)	8 KByte	8 KByte/ 8 KByte	–	4 KByte/ 4 KByte	2 KByte/ 2 KByte	32 KByte bzw. 3 KByte/ 3 KByte	32 KByte/ 32 KByte	8 KByte/ 8 KByte	16 KByte/ 8 KByte
2nd Level Cache	256 KByte	512 KByte	–	–	–	256 KByte	bis 128 MByte	512 KByte	–
Ausführungsmodell	2-Adress-Befehle	2-Adress-Befehle	2-Adress-Befehle	2-Adress-Befehle	3-Adress-Befehle	1-Adress-Befehle	1-Adress-Befehle		
Befehlspipeline	–	5-stufig (8-stufig für FP) Superskalar (zwei ident. parallele Pipelines)	Prefetch-Queue	6-stufig	5-stufig	Superskalar	–	Superskalar, Superpipelined	–
Bevorzugter Einsatz	Personalcomputer	Personalcomputer	Steuerungen, Heimcomputer, Personalcomputer	Multitasking-Betriebssysteme	Multitasking-Betriebssysteme, Controller- und Echtzeitanwendungen	–	–	Multiple Processor; Massively Parallel Processing	Multitasking-Betriebssysteme
Besonderheiten (zum Teil ohne nähere Erläuterung in diesem Buch)	–	M.E.S.I.-Protokoll für Shared Memory und lokale Caches in Multiprozessorsystemen wird unterstützt	–	Harvard-Architektur, Snoop-Logik für Cache-Kohärenz in Multiprozessorsystemen	keine Registerfenstertechnik, soll durch Codeoptimierung ausgeglichen werden	Four-State Cache-Kohärenz (M. E.S. I.-Protokoll)	3 Integer-Pipelines, Branch Prediction (4 Sprünge tief); Four-State Cache-Kohärenz (M. E. S. I.-Protokoll)	21 066 enthält PCI-Bridge, Cache-Controller, MMU; 7-Stage-Integer-Pipeline; 10-Stage Floating-Point-Pipeline	–

Anmerkungen: Wörter bestehen aus mehreren Bytes. Als Adresse eines Wortes kann man die Adresse des höchstwertigen Bytes (Big-Endian-Adressierung) oder des niedrigstwertigen Bytes (Little-Endian-Adressierung) Verwenden. In den davor bzw. dahinter stehenden Adressen befinden sich dann die übrigen Bytes des Wortes. Freigelassene Stellen bedeuten, dass den Autoren zu diesem Zeitpunkt die Informationen nicht vorlagen.

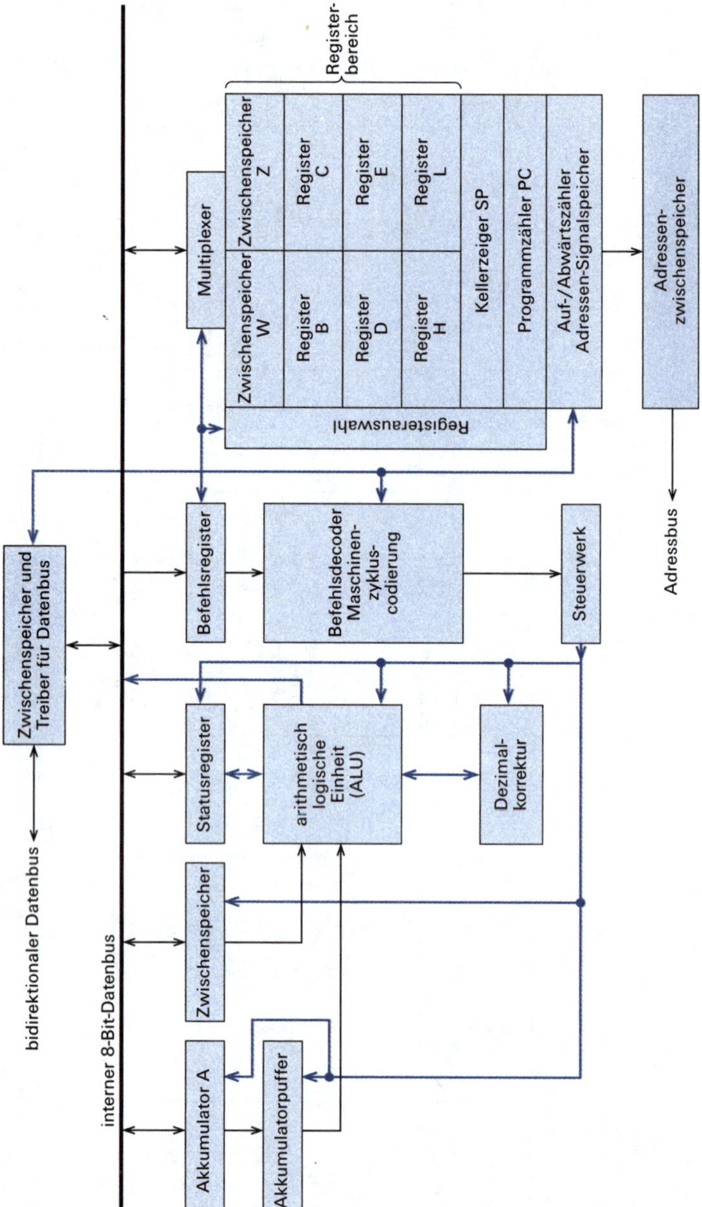

Mikroprozessor (Abb. 3): Blockschaltbild des 8080

pen des Prozessors, DAA bei Verwendung von Dezimalarithmetik, CMA zum Komplementieren (↑ Komplement) des Akkumulators und XCHG zum Austausch zweier Doppelregister.

Tabelle 3 zeigt einen Ausschnitt des Befehlsvorrats des 8080, Tabelle 2 die zugehörigen Abkürzungen.

Mikroprozessor 8086: Dieser Mikroprozessor war in ↑ Personalcomputern weit verbreitet. Er ist eine Weiterentwicklung des 8080 mit einer Wortlänge von 16 Bit und einem Adressraum von 1 MByte. Auch er wurde weiterentwickelt, weshalb man von der *80X86er-Familie* spricht:

Der 80186 ist ein 8086er-Prozessor mit auf dem Chip integrierten Taktgenerator-, Zeitgeber- und Steuerungsfunktionen; der 80286 führte Schutzebenen für Speicherzugriffe ein und umfasst einen 16 MByte-Adressraum sowie einen erweiterten Befehlsvorrat; mit dem 80386 wurden unter anderem die Register von 16 auf 32 Bit und der Adressraum auf 4 GByte erweitert; beim 80486 wurden die Einheit für die Gleitpunktoperationen und die Steuerung für den ↑ Cache mit auf dem Chip integriert. Der 80486 wurde in vielen Varianten produziert. Sein Nachfolger (aus lizenzrechtlichen Gründen nicht 80586, sondern *Pentium* genannt) besitzt einen 64-Bit-Datenbus und einen Prozessorkern mit mehreren parallelen Befehlspipelines *(superskalar);* er ist für den Multiprozessorbetrieb ausgelegt. Jeder der Prozessoren ist abwärtskompatibel zu seinen Vorgängern. Abb. 4 zeigt das Blockschaltbild des Pentiums.

Beim Nachfolger des Pentiums (P6) sind die Steuereinheit für den 2nd-level-Cache auf dem Chip integriert, die **FPU** (Abk. für engl. **f**loating **p**oint **u**nit „Einheit für Gleitpunktarithmetik“) weiter verbessert und die Anzahl der Pipelines erhöht worden.

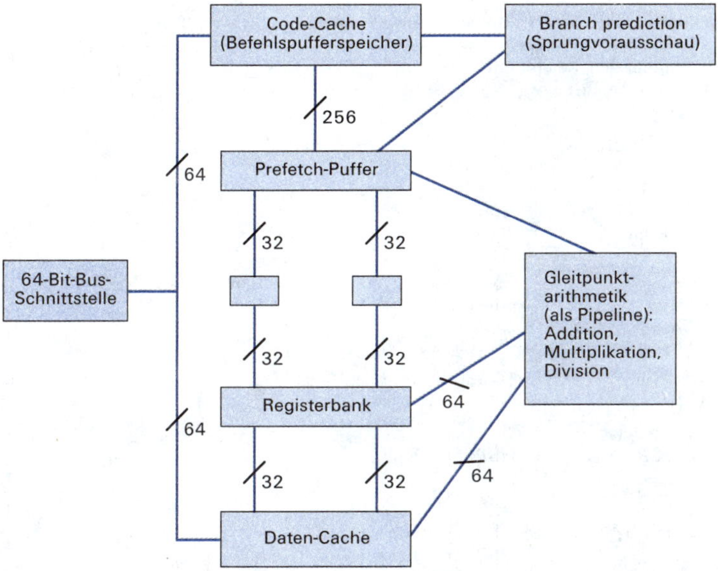

Mikroprozessor (Abb. 4): Blockschaltbild des Pentiums

cc:	Statusregistercode,						
	NZ	=	non zero	≙	Z	=	0,
	Z	=	zero	≙	Z	=	1,
	NC	=	non carry	≙	CY	=	0,
	C	=	carry	≙	CY	=	1,
	PO	=	parity odd	≙	P	=	0,
	PE	=	parity even	≙	P	=	1,
	P	=	positive	≙	S	=	0,
	M	=	negative	≙	S	=	1,
n:	8 Bit große Binärzahl,						
nn:	16 Bit große Binärzahl,						
r, r_1, r_2:	8-Bit-Mehrzweckregister B, C, D, E, H L oder Akkumulator A,						
R:	B, D oder H für 16-Bit-Doppelregister BC, DE oder HL,						
Index „L“:	die niederwertigen 8 Bits eines 16-Bit-Registers,						
Index „H“:	die höherwertigen 8 Bits eines 16-Bit-Registers,						
( )	Inhalt der Speicherzelle, die durch den geklammerten Ausdruck angesprochen wird.						

Mikroprozessor (Tab. 2): Abkürzungen für die Tabelle 3

M

Mikroprozessor (Tab. 3): Befehlsvorrat des Mikroprozessors 8080

mnemonischer Befehl	Beschreibung	Bemerkung
Transportbefehle		
MOV r_1, r_2	$r_1 := r_2$	
MOV M,r	(HL) := r	
MOV r,M	r := (HL)	
MVI r,n	r := n	
MVI M,n	(HL) := n	
LXI R,nn	(R) := nn	
STAX R	(R) := A	R = B,D
LDAX R	A := (R)	R = B,D
STA nn	(nn) := A	
LDA nn	A := (nn)	
SHLD nn	(nn) := L; . . . (nn + 1) := H	
LHLD nn	L := (nn); . . . H := (nn + 1)	
XCHG	DE ↔ HL	
Kellerbefehle		
PUSH R	(SP−1) := R_H; (SP−2) := R_L; SP := SP−2)	
PUSH PSW	(SP−1) := A; (SP−2) := F; SP := SP−2	

Mikroprozessor (Tab. 3): Befehlsvorrat des Mikroprozessors 8080 *(Fortsetzung)*

mnemonischer Befehl	Beschreibung	Bemerkung
Kellerbefehle *(Fortsetzung)*		
POP R	R_L := (SP); R_H := (SP+1); SP := SP+2	
POP PSW	A := (SP); F := (SP+1); SP := SP+2	
XTHL	(SP) → L; (SP+1) → H	
SPHL	SP := HL	
LXI SP, nn	SP := nn	
INX SP	SP := SP+1	
DCX SP	SP := SP−1	
Sprungbefehle		
JMP nn	PC := nn	
Jcc nn	if Bedingung cc erfüllt then PC := nn	cc := C,NC,Z,NZ P,M,PE,PO
PCHL	PC := HL	
Unterprogrammbefehle		
CALL nn	(SP−1) := PC_H; (SP−2) := PC_L; SP := SP−2; PC := nn	
Ccc nn	if Bedingung cc erfüllt then begin (SP−1) := PC_H; (SP−2) := PC_L; SP := SP−2; PC := nn end	cc := C,NC,Z,NZ P,M,PE,PO
RET	PC_L := (SP); PC_H := (SP+1) SP := SP+2	
Rcc	if Bedingung cc erfüllt then begin PC_L := (SP); PC_H := (SP+1) SP := SP+2 end	cc := C,NC,Z,NZ, P,M,PE,PO

Mikroprozessor (Tab. 3): Befehlsvorrat des Mikroprozessors 8080 *(Fortsetzung)*

mnemonischer Befehl	Beschreibung	Bemerkung
Unterprogrammbefehle *(Fortsetzung)*		
RST n	$(SP-1) := PC_H$; $(SP-2) := PC_L$; $SP := SP-2$; $PC_H := 0$; $PC_L := n$	
arithmetische Befehle		
INR r	r := r+1	
DCR r	r := r−1	
INR M	(HL) := (HL)+1	
DCR M	(HL) :=(HL)−1	
INX R	R := R+1	R = B,D
DCX R	R := R−1	R = B,D
ADD r	A := A+r	
ADC r	A := A+r+CY	
ADD M	A := A+(HL)	
ADC M	A := A+(HL)+CY	
ADI n	A := A+n	
ACI n	A := A+n+CY	
DAD R	HL := HL+R	R = B,D
DAD SP	Hl := HL+SP	
SUB r	A := A−r	
SBB r	A := A−r−CY	
SUB M	A := A−(HL)	
SBB M	A := A−(HL)−CY	
SUI n	A := A−n	
SBI n	A := A−n−CY	
logische Befehle		
ANA r	$A := A \wedge r$	
XRA r	$A := A \oplus r$	} bitweise
ORA r	$A := A \vee r$	
CMP r	A−r	
ANA M	$A := A \wedge (HL)$	} bitweise
XRA M	$A := A \oplus (HL)$	
ORA M	$A := A \vee (HL)$	
CMP M	A−(HL)	
ANI n	$A := A \wedge n$	} bitweise
XRI n	$A := A \oplus n$	
ORI n	$A := A \vee n$	
CPI n	A−n	

Mikroprozessor (Tab. 3): Befehlsvorrat des Mikroprozessors 8080 *(Fortsetzung)*

mnemonischer Befehl	Beschreibung	Bemerkung
Schiebebefehle		
RLC	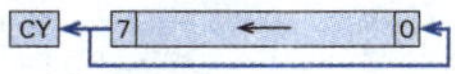	Alle Operationen bezogen auf den Akkumulator
RRC		
RAL	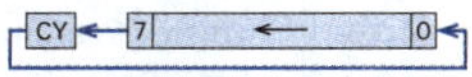	
RAR	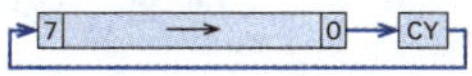	
Spezialbefehle		
CMA	$A := \bar{A}$	bitweise
STC	$CY := 1$	
CMC	$CY := \overline{CY}$	
DAA	Wandelt A in gepackte BCD-Darstellung um	
IN n	A := Datum an Port n	
OUT n	Gib A an Port n aus	
EI	Entsperre Unterbrechung	
DI	Sperre Unterbrechung	
NOP	keine Operation	
HLT	Halt	

Im Folgenden wird der Aufbau des 8086 skizziert (Abb. 5). Er unterteilt sich in zwei unabhängig voneinander arbeitende Einheiten, die Bus-Interface-Einheit (BIE) und die Ausführungseinheit (AE). Die AE führt die Befehle aus und transportiert Daten über einen internen Datenbus. Die Befehle und Operanden entnimmt die AE einer Befehlsschlange, die der BIE zugeordnet ist; die AE hat also keinen direkten Zugriff auf den Speicher. Der 8086 verfügt über acht Mehrzweckregister AH, AL bis DH, DL mit jeweils 8 Bit, die auch zu Paaren als 16-Bit-Register verwendet werden können und dann mit AX bis DX bezeichnet werden. Wenn es sich auch um Mehrzweckregister handelt, so hat doch jedes Register noch eine spezielle Funktion: AX dient als Akkumulator bei bestimmten arithmetischen Operationen, BX als Basisregister (wie BP, s. u.), CX als Zählregister für Textoperationen und Zählschleifen und DX als Datenregister für Ein-/Ausgabe-Operationen. Drei weitere 16-Bit-Register BP, SI und DI dienen als Basisregister bzw. Indexregister für Quell- (SI) und Zieloperanden (DI). Zur Verwaltung eines Kellers besitzt der 8086 einen 16 Bit großen Kellerzeiger SP. Der Befehlssatz enthält Befehle, mit denen beliebige Register auf dem Keller abgelegt werden können.

Die BIE kontrolliert den externen Bus, nimmt Adressberechnungen vor und kommuniziert mit den Speichern. Sie lädt fortlaufend 16-Bit-Worte und speichert sie in der Befehlsschlange (einem schnellen internen Pufferspeicher). Da die AE nur auf diesen Speicher zugreift und nicht durch langsame Speicher gebremst wird, beschleunigt dies die Verarbeitungsgeschwindigkeit des Prozessors. Dies ist die einfachste Form der ↑ Pipelineverarbeitung: Während sich ein Befehl noch in der Ausführungsphase befindet, wird der nächste Befehl bereits geladen (engl. *prefetching*). Nur bei Sprüngen muss die Befehlsschlange abgeändert werden, da dann die schon geladenen Befehle nicht mehr benötigt werden. Weiterhin verfügt die BIE über vier 16-Bit-Register, die *Segmentregister*. Mit ihrer Hilfe kann der gesamte von einem Programm benötigte Speicherbereich in ein Programm-, ein Daten- und ein Kellersegment sowie in ein weiteres beliebig zu verwendendes Segment aufgeteilt werden. Zur Adressierung von 1 MByte Adressraum ist eine physikalische Adresse von 20 Bit erforderlich. Diese wird je nachdem, ob es sich um eine Befehls-, Daten- oder Kelleradresse handelt, durch eine spezielle Addition der Inhalte des zugehörigen Segmentregisters und des Befehls-, Daten- oder Kellerregisters gebildet. Der Befehlsvorrat enthält die üblichen Adressierungsarten direkt, unmittelbar, indirekt (entweder bezüglich eines der Basisregister BP oder BX oder eines der Indexregister DI oder SI) und indirekt-indiziert (bezüglich eines der Basisregister *und* eines der Indexregister).

Zum Befehlsvorrat gehören die folgenden Befehle:

- arithmetische und logische Operationen einschließlich Multiplikation und

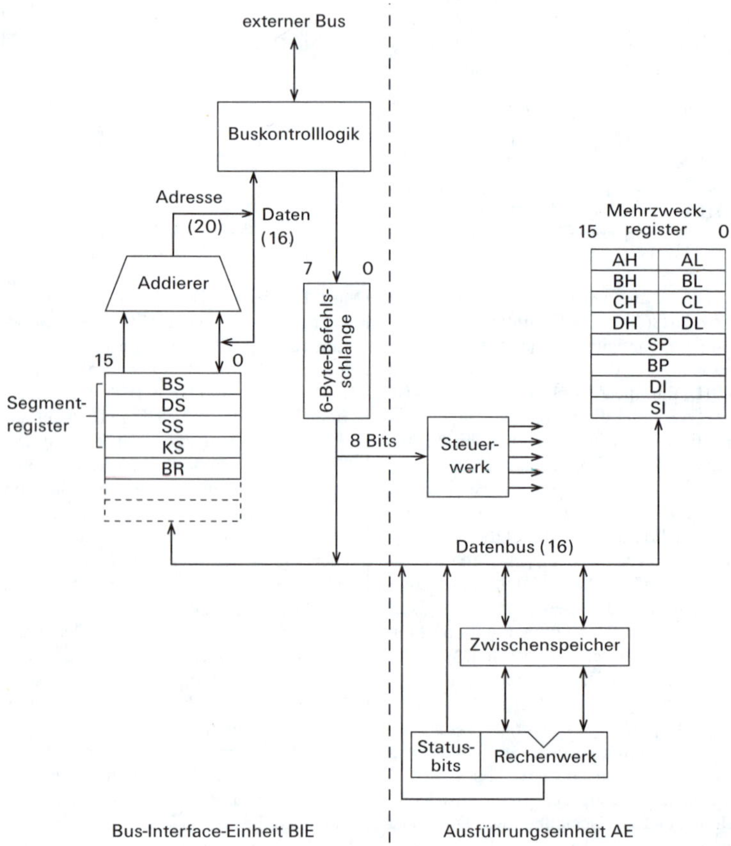

Mikroprozessor (Abb. 5): Blockschaltbild des 8086

Division, bei denen mindestens ein Register beteiligt sein muss,
- Transportbefehle, mit denen 8 Bit oder 16 Bit große Daten zwischen Speicherzellen und Registern ausgetauscht werden,
- Operationen auf Zeichenfolgen, mit denen man zusammenhängende Speicherbereiche durchlaufen und bearbeiten kann,
- Sprungbefehle für bedingte und unbedingte Sprünge,
- spezielle LOOP-Befehle zur Konstruktion von Zählschleifen (als Zähler dient dabei das Register CX),
- den unbedingten Aufruf von Unterprogrammen,
- Schiebebefehle zum (Rund-)Schieben von Registern und Speicherzellen,
- Spezialbefehle zum Einlesen und Ausgeben von Daten auf einem externen Gerät, zur Bearbeitung von Unterbrechungen usw.

Mikroprozessor 68000: Dieser Mikroprozessor war in kleinen und mittleren Rechenanlagen weit verbreitetet. Er besitzt einen Adressraum von 16 MByte und eine Zykluszeit von etwa 1,5 Mikrosekunden. Man spricht von der *68000er-Familie,* in der man mehrere Mikroprozessoren zusammenfasst: den 68000, den 68008 (eine eingeschränkte Version mit 8 Bit breitem Datenbus), den 68010 mit erweitertem Befehlsvorrat und zusätzlichem Register zur virtuellen ↑Speicherverwaltung, den 68020 mit 32-Bit-Daten- und Adressbus und höherer Taktfrequenz, den 68030 mit intern getrennten Daten- und Befehlspfaden mit zugehörigen Pufferspeichern und einer MMU (Abk. für engl. **m**emory **m**anagement **u**nit „Speicherverwaltungseinheit“) auf dem Chip und den 68040 mit FPU auf dem Chip und vergrößerten Daten- und Befehlspufferspeichern. Jeder der Prozessoren ist abwärtskompatibel zu seinen

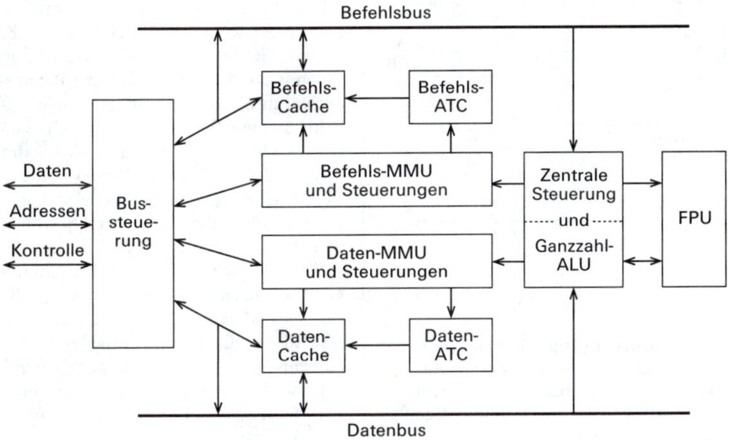

Mikroprozessor (Abb. 6): Blockschaltbild des 68040
FPU = Gleitpunktarithmetik, ALU = arithmetisch-logische Einheit, MMU = Speicherverwaltungseinheit, ATC = Address Translation Cache (zur schnelleren Umsetzung von logischen in physikalische Adressen).
Die zentrale Steuerung enthält die sechs Pipelinestufen Prefetch (vorab geholter Befehl), Decodierung des Befehls, Berechnung von Adressen, Holen von Daten unter diesen Adressen, Ausführen des Befehls, Zurückschreiben des Ergebnisses.

Vorgängern. Abb. 6 zeigt das Blockschaltbild des 68040.
Im Folgenden wird der 68000-Prozessor sehr knapp beschrieben. Er verfügt über acht Datenregister mit jeweils 32 Bit und sieben gleich große Adressregister. Jedes Datenregister kann auch als 8-Bit- oder 16-Bit-Register verwendet werden.

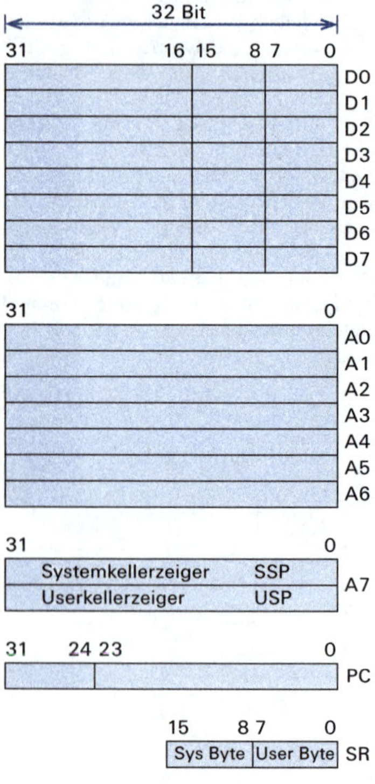

Mikroprozessor (Abb. 7): Registerstruktur des Mikroprozessors 68000 (Datenregister D0 bis D7, Adressregister A0 bis A6, Kellerzeiger A7, Befehlszähler PC, Statusregister SR)

Der 68000 kann in zwei verschiedenen Betriebsarten betrieben werden, im *Benutzermodus* und im *Systemmodus.* Dadurch wird eine strikte Trennung von Betriebssystem- und Benutzerprogrammen erreicht. Der Befehlsvorrat des 68000 enthält Befehle, die im Benutzermodus nicht ausgeführt werden dürfen, z. B. STOP, mit dem der Prozessor angehalten werden kann.
Zur Verwaltung der beiden Modi verfügt der 68000 über zwei 32 Bit große Kellerzeiger, einen für den Benutzer (engl. **u**ser **s**tack **p**ointer, Abk. USP) und einen für das System (engl. **s**ystem **s**tack **p**ointer, Abk. SSP). Durch Benutzerprogramme kann der Systemkellerzeiger nicht geändert werden. Beide Kellerzeiger erlauben eine beliebige Schachtelung von Unterprogrammaufrufen. Das 16 Bit große Statusregister ist wie der Kellerzeiger zweigeteilt: Ein Byte dient dem Systemmodus, das andere dem Benutzermodus. Abb. 7 zeigt die Registerstruktur des Mikroprozesors 68000, Abb. 8 das Blockschaltbild.
Der 68000 ist eine Zweiadressmaschine (↑ Befehlsformat). Er verfügt über 56 Grundbefehle mit bis zu 14 Adressierungsarten.
RISC-Mikroprozessoren: Neben den beschriebenen Mikroprozessoren mit einem recht komplexen Befehlssatz gibt es eine Reihe von RISC-Prozessoren, deren Besonderheit der einfache Befehlsaufbau und die Beschränkung auf möglichst wenige Befehle ist (↑ RISC). Beispiele sind der Alpha 21164, der PowerPC 620, der SAB-R4400 und der SPARC-Prozessor (vgl. Tabelle 1). Diese Prozessoren haben eine Datenbusbreite von 32, 64 oder 128 Bit. Sie besitzen meist 32 Ganzzahl- und 32 Gleitpunktregister sowie eine FPU auf dem Chip. Sie sind *superskalar,* d. h., sie besitzen mehrere identische parallel arbeitende Befehlspipelines, oder sind *superpipelined,* d. h., sie besitzen Pipelines mit verfeinerten Funktionsblöcken und höherer interner Taktrate. Sie unterscheiden sich hauptsächlich im Maschinencode, in der Arbeitsgeschwindigkeit, in der Größe der Code- und Daten-Caches, des 2nd-Level-Cache sowie in der Anzahl und Tiefe parallel arbeitender Pipelines und der Tiefe der Branch-Prediction-Einheit.

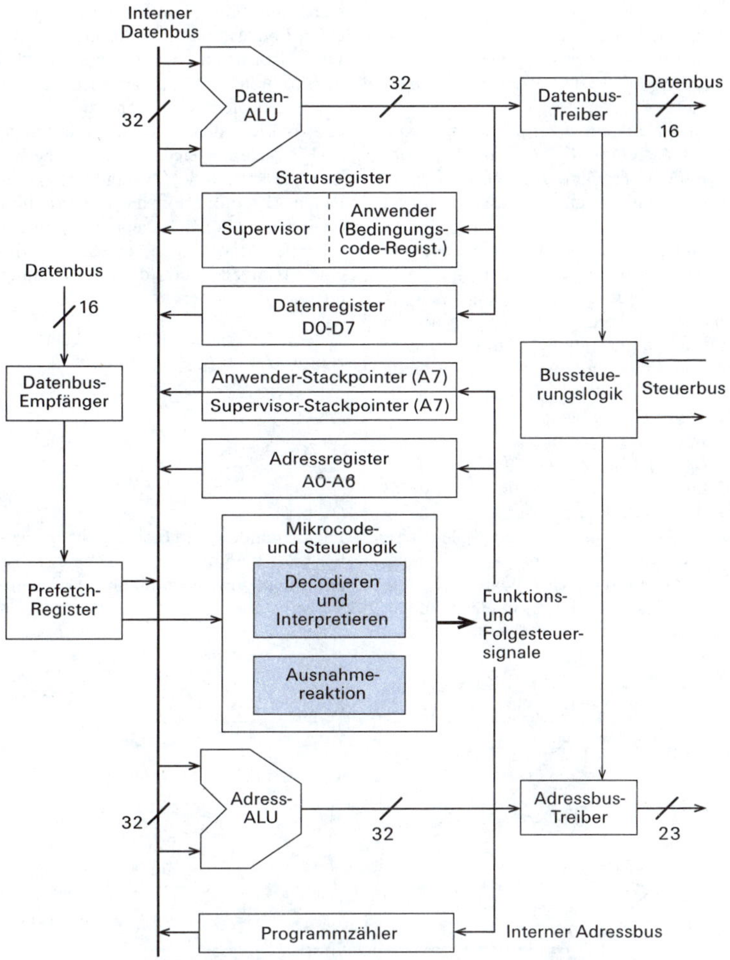

Mikroprozessor (Abb. 8): Blockschaltbild des 68000

minimaler Automat: kleinster Automat, der ein gegebenes beobachtbares Verhalten zeigt. Genauer: Zwei ↑ Automaten heißen *äquivalent,* wenn sie, im Falle übersetzender Automaten, das gleiche Ein-/Ausgabe-Verhalten zeigen oder, im Falle erkennender Automaten, die gleiche Sprache akzeptieren. Ein Automat heißt *minimal,* wenn es keinen äquivalenten Automaten mit weniger Zuständen gibt.

Bei fast allen Typen von Automaten gibt es zu einem Automaten mehrere wesentlich verschiedene minimale äquivalente Automaten. Bei deterministischen ↑ endlichen Automaten ist jedoch der mini-

male Automat eindeutig bestimmt und man kann ihn effektiv (algorithmisch) konstruieren. Dies soll für endliche Akzeptoren (also Automaten ohne Ausgabeband) erläutert werden:
Gegeben sei ein deterministischer endlicher Akzeptor $A = (I, Q, \delta, q_0, F)$, der irgendeine reguläre Sprache L erkennt. Man erhält den minimalen Akzeptor zu A, indem man
a) alle Zustände beseitigt, die nicht vom Startzustand aus erreichbar sind, d. h. alle Zustände q, für die kein Wort w existiert, sodass $(q_0, w) \vdash^* (q, \varepsilon)$ gilt;
b) alle äquivalenten Zustände in einem Zustand zusammenfasst. Zwei Zustände q_1 und q_2 heißen äquivalent, wenn für alle Worte $w \in I^*$ gilt: Falls

$(q_1, w) \vdash^* (q_3, \varepsilon)$ und
$(q_2, w) \vdash^* (q_4, \varepsilon)$,

dann sind entweder beide Zustände q_3 und q_4 Endzustände oder sie sind beide keine Endzustände. q_1 und q_2 sind also genau dann äquivalent, wenn sie sich nach außen in gleicher Weise verhalten, d. h., jedes Wort, das q_1 in einen Endzustand überführt, überführt auch q_2 in einen Endzustand und umgekehrt.
Diese Konstruktion kann man effektiv durchführen, da zwei Zustände schon dann äquivalent sind, wenn sie sich für alle Wörter, die höchstens die Länge $n-1$ besitzen, gleich verhalten; hierbei ist n die Anzahl der Zustände des gegebenen Akzeptors. Für die Konstruktion des minimalen Akzeptors wurden schnelle Algorithmen entwickelt, die eine Laufzeit von der ↑ Ordnung $O(n \cdot \log_2 n)$ besitzen.

▶ *Beispiel:* Gegeben sei der endliche Akzeptor $M = (I, Q, \delta, q_0, F)$ mit

$$I = \{0, 1\},$$
$$Q = \{A, B, C, D, E, F, G\},$$
$$q_0 = A,$$
$$F = \{C, E\}$$

(Abb. 1).
Die Zustände F und G sind nicht erreichbar, B ist äquivalent zu D und C ist äquivalent zu E. Den minimalen Akzeptor zeigt Abb. 2. ◀

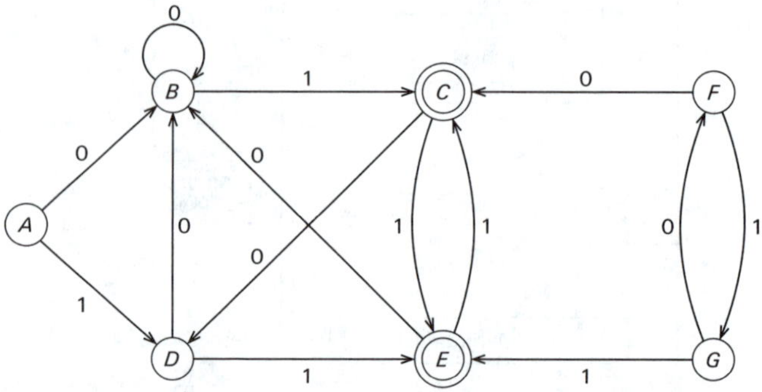

minimaler Automat (Abb. 1): Beispiel für einen endlichen Akzeptor

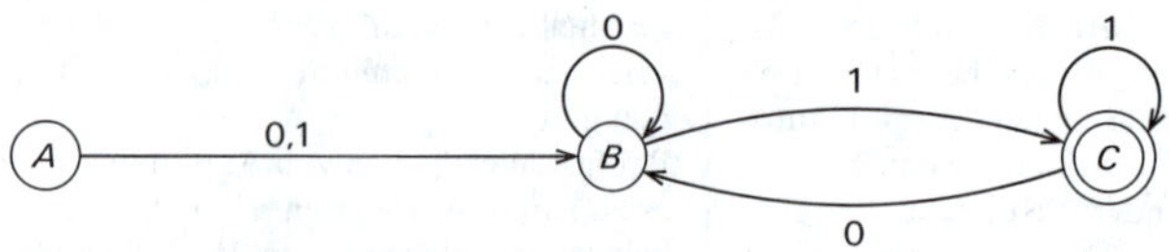

minimaler Automat (Abb. 2): minimaler Akzeptor zu dem in Abb. 1 dargestellten Akzeptor

MIPS: (Abk. für engl. **m**illion **i**nstructions **p**er **s**econd, „Millionen Befehle pro Sekunde"): Die Taktfrequenz eines Mikroprozessors (derzeit bei etwa eine Milliarde Takte pro Sekunde) gibt die interne Geschwindigkeit auf der Ebene der ↑ Mikroprogrammierung an. Sie sagt nur wenig darüber aus, wie schnell die Befehle, z. B. eine Multiplikation ganzer Zahlen, tatsächlich ausgeführt werden, da dies von dem Mikroprogramm oder der Software, von Pipelinemechanismen, vom Grad der Parallelisierung und anderen Gegebenheiten abhängt. Die Rechengeschwindigkeit von Mikroprozessoren und Computern misst man daher durch die Anzahl der pro Sekunde ausgeführten Befehle; bei Mikroprozessoren zählt man die durchschnittliche Zahl an Maschinenbefehlen, bei Computern verwendet man einfache Wertzuweisungen wie $C := A + B$ oder $C := A * B$ oder legt die Bearbeitungszeiten typischer Programme zugrunde.

Gängige Maßeinheiten für Mikroprozessoren sind:

KOp/s = Kilo (=10^3) Operationen pro Sekunde,

MOp/s = Mega (=10^6) Operationen pro Sekunde,

MFlOp/s = Mega Floating-Point-Operationen (= Gleitpunktoperationen) pro Sekunde,

GOp/s = Giga (=10^9) Operationen pro Sekunde,

TOp/s = Tera (=10^{12}) Operationen pro Sekunde.

Ein Mikroprozessor mit der Geschwindigkeit 1 KOp/s führt also im Schnitt tausend einfache Maschinenbefehle in der Sekunde aus. Mikroprozessoren für Personalcomputer liegen (im Jahre 2000) zwischen 5 und 100 MOp/s, solche für Großrechner und Spezialrechner bei 500 MOp/s und mehr.

Bei Computern interessiert weniger die interne Geschwindigkeit als die Abarbeitung typischer Anweisungen. Am gebräuchlichsten ist die Maßeinheit MIPS. Sie tritt in mehreren Bedeutungen auf:

(1) Gleiche Bedeutung wie MOp/s.

(2) Gewichtetes Maß, das die Zahl der ausführbaren Additions- (70 %) und Multiplikationsbefehle (30 %) in Millionen pro Sekunde angibt. Ein Rechner arbeitet demnach mit der Geschwindigkeit 1 MIPS, wenn er in der Sekunde 700 000 (Festpunkt-)Additionen und 300 000 (Festpunkt-)Multiplikationen ausführen kann.

(3) Normierung durch einen konkreten Rechner: Es wurde festgelegt, dass der (mittlerweile nicht mehr hergestellte) Computer VAX 11/780 genau die Leistung 1 MIPS besitzt. Nimmt man nun eine festgelegte Menge von Programmen, deren Gesamtlaufzeit auf der VAX 11/780 bekannt ist, und lässt sie auf dem zu testenden Computer laufen, so erhält man den MIPS-Wert des Computers als das Verhältnis der Laufzeiten.

Diese Maßeinheiten gaben brauchbare Anhaltswerte, solange die Computer bzw. die Mikroprozessoren alle nach dem gleichen Prinzip aufgebaut waren. Seit es jedoch ↑ RISC-Architekturen gibt, die ↑Pipelineverarbeitung eingesetzt wird und Parallelrechner gebaut werden (↑paralleler Algorithmus, ↑Transputer), verliert diese Maßeinheit an Bedeutung. Stattdessen verwendet man mehrere festgelegte Mengen von besonders typischen Programmen (↑ Bewertungsprogramm). Genormte Mengen von solchen größeren Programmen für numerische Probleme sind unter den Namen *Whetstone* und *Linpack,* solche für die Systemprogrammierung unter dem Namen *Drystone* bekannt.

Computer werden verstärkt für logische Schlussfolgerungen eingesetzt. Für derartige Aufgaben wurde als Maß das **LIPS** (= *logical inferences* per second = logische Folgerungsschritte pro Sekunde) eingeführt. Für Probleme der ↑Künstlichen Intelligenz benötigt man Rechner mit Millionen von LIPS.

ML (Abk. für engl. **M**eta **L**anguage): funktionale Programmiersprache mit Einbindung allgemeiner ↑ Datenstrukturen. Sie wurde Ende der 1970er-Jahre an

M

der University of Edinburgh entwickelt und 1987 standardisiert. Im Folgenden wird der 1984 entwickelte Dialekt **CAML-light** in kurzer Form behandelt. *CAML* besitzt gegenüber ML unter anderem den Vorteil, auf kleineren Rechnern eingesetzt werden zu können.

Die wichtigsten Eigenschaften von CAML sind:

- interaktive Programmentwicklung mit einem inkrementellen Übersetzer: Alle eingegebenen Programmstücke werden sofort syntaktisch überprüft und übersetzt.
- Strenge Typisierung, d. h., in jedem Programm der Sprache gehören alle Größen zu genau einem ↑ Datentyp. In streng typisierten Sprachen können auf die Werte eines Typs nur diejenigen Operationen angewendet werden, die für den Typ definiert sind.
- ↑ Polymorphie bei Datentypen und Funktionen: Typen und Funktionen können mit Typen parametrisiert werden. Man kann also z. B. Funktionen definieren, die auf Elemente mehrerer verschiedener Typen angewendet werden können, die allerdings alle eine gemeinsame Grundstruktur besitzen müssen.
- Leistungsfähiges Typinferenzsystem: Fast alle Typangaben können trotz Typisierung in CAML weggelassen werden, denn sie werden, sofern möglich, automatisch aus der Form der Parameter, der verwendeten Operationen und der ggf. beteiligten Konstanten abgeleitet.
- Auswertung von Ausdrücken durch ↑call by value.
- Übersichtlicher Zugriff auf Datenstrukturen mithilfe von Patternmatching anstelle von oder zusätzlich zu Selektoren.

Die funktionale Programmierung in CAML oder allgemein in funktionalen Programmiersprachen bietet für die Ausbildung mehrere Vorteile, z. B.:

- Funktionen in CAML sind Funktionen im mathematischen Sinne und besitzen daher angenehme Eigenschaften: keine Seiteneffekte und eine einheitliche, leicht verständliche Parameterübergabe *(referenzielle Transparenz).*
- CAML-Programme sind recht kurz und besitzen einen hohen Abstraktionsgrad. Maschinenorientierte Überlegungen der Art „Was macht der Rechner aus meinem Programm?“ entfallen fast vollständig.
- Die Syntax von CAML ist sehr einfach und prägnant, sie enthält kaum Ballast oder Ausnahmeregelungen: Man spricht in diesem Zusammenhang auch von der *Orthogonalität* der Programmiersprache CAML, weil die wenigen Sprachelemente in beliebiger Weise miteinander kombiniert werden können.

mnemonisch: Die Bezeichnung eines Objekts ist mnemonisch, wenn sie etwas über die Bedeutung des Objekts aussagt. In der Informatik spricht man von mnemonischen ↑ Codes, wenn die codierte Darstellung eines Wortes das codierte Wort erkennen lässt. Die Sprachelemente von ↑Assemblern sind meist mnemonische Bezeichnungen, z. B. SUB für die Subtraktion oder LDA für das Laden des Akkumulators.

In Programmiersprachen sollten die Namen von Variablen stets mnemonisch sein, d. h. den Zweck der Variablen und ihre Verwendung erkennen lassen.

mobiles Programm: Oberbegriff für Software, die nicht an einen festen Rechner gebunden ist, sondern sich in einem Netz von Computer zu Computer bewegen oder (Teil-)Prozesse zu einem anderen Computer senden und dort ausführen kann. Solche Programme führen die Werte ihrer Variablen mit sich (↑Objekt) oder sie besitzen Verweisketten, um direkt oder über ihre bisherigen Aufenthaltsorte auf Daten zugreifen zu können. Die Bewegung im Netz kann erfolgen durch

- Anforderung, z. B. kann ein Browser ein ↑ Applet anfordern und auf dem eigenen Rechner ausführen,

- Ziele in Form von genau spezifizierten Bedingungen, die ein Benutzer vorgegeben hat und nach denen sich das Programm im Netz voran tastet, z. B. mobile ↑Agenten, die zum Einkaufen geschickt werden,
- Fernsteuerung durch einen Benutzer, der laufend über den aktuellen Zustand seines mobilen Programms informiert wird und ihm entsprechende Anweisungen übermittelt,
- Selbststeuerung, z. B. Programme, die den Auftrag haben, die korrekte Funktionsweise bestimmter Kommunikationssoftware zu überwachen; zu dieser Gruppe zählen auch unerwünschte Programme wie einige spezielle Computerviren (↑Virus).

Das Verschicken von Programmen als ↑Anlage, wie es bei den meisten Computerviren der Fall ist, fällt nicht unter diesen Begriff.

Die Realisierung erfolgt durch ein Laufzeitsystem, das die mobilen Programme, deren Orte, ihre gerade laufenden Prozesse usw. verwaltet, die zulässigen Bewegungen im Netz genehmigt und die Zugriffe auf fremde Daten zumindest protokolliert (die Erlaubnis zum Zugriff erteilt das jeweilige Rechnersystem). Oft ist es so, dass ein mobiles Programm diverse Objekte (z. B. als Parameter) benötigt; dann müssen zusätzlich Objekte zum mobilen Programm oder das mobile Programm zu einzelnen Objekten bewegt werden. Schwierig wird es, wenn die Objekte zum Zeitpunkt eines Aufrufs oder der geplanten Weiterbewegung noch aktiv sind, eigene Unterprozesse aktiviert haben oder auf Synchronisation warten oder wenn die mobilen Programme nicht korrekt erkannt und im Rahmen einer Speicherbereinigung gelöscht werden.

Da die Wechselwirkungen zwischen mobilen Programmen schwer durchschaubar und Konflikte bis hin zu Systemabstürzen leicht möglich sind, muss die Arbeitsweise mobiler Programme klaren Regelungen unterworfen sein.

Modell: Abbild von etwas, oft unter Weglassen von Details, also im Sinne einer vereinfachenden Darstellung. Für die Entwicklung von (Hard- und Software-)Systemen ist die Modellbildung und der sich anschließende Entwurf einer Architektur von zentraler Bedeutung.

(1) Jede wirklichkeitsbezogene Anwendung der Datenverarbeitung basiert auf einem Modell, das einen Teil der Wirklichkeit angenähert widerspiegelt. Da die Wirklichkeit viel zu komplex ist, um sie direkt im Rechner wiedergeben zu können, werden die für die jeweilige Anwendung relevanten Anteile herauskristallisiert, analysiert, zu einer Struktur zusammengefügt und durch ein Modell, also durch entsprechende konkrete Datentypen, Objekte, Attribute, Operationen und deren Beziehungen untereinander dargestellt. Die Darstellung erfolgt meist auf der abstrakteren Ebene der ↑Klassen und deren hierarchischen Beziehungen (Vererbung), der Abbildungen, die die wechselseitigen Abhängigkeiten beschreiben, und der Architekturen, durch die diese Größen miteinander verknüpft werden. Meist fügt man noch Anforderungen hinzu, die sich auf zu erfüllende Eigenschaften, auf einzuhaltende Rahmenbedingungen usw. beziehen.

Die Erstellung eines Modells zu einer Anwendung bezeichnet man als *Modellierung*. Sie wird heute meist objektorientiert durchgeführt und mithilfe vorhandener Klassenbibliotheken realisiert, in denen entsprechende „Oberklassen" für viele Anwendungen bereits abgelegt sind. Diese Wiederverwendung erprobter und ausgetesteter Klassen macht eine Stärke des objektorientierten Entwurfs aus. Zur Unterstützung der Modellierung gibt es Schemata und Beschreibungssprachen, z. B. das ↑Entity-Relationship-Modell oder die ↑UML.

Modelle können sehr abstrakt sein (z. B. Darstellungen durch Grammatiken, Graphen, Automaten) und Gesetzmäßigkeiten enthalten, oder sie können sehr nahe an der Wirklichkeit sein und vornehmlich der Veranschaulichung von Sachverhalten dienen. Auf dem Modell

setzen dann Verarbeitungsalgorithmen und Simulationen auf. Die Güte eines Modells ergibt sich daraus, inwieweit die Ergebnisse der Berechnungen mit der Wirklichkeit übereinstimmen.
In der Informatik werden meist diskrete Modelle betrachtet. In den Natur- und Ingenieurwissenschaften verwendet man vorwiegend kontinuierliche Modelle, zum Beispiel auf der Basis von Differenzialgleichungen. Mischformen bezeichnet man als hybride Modelle.
(2) Mengen mit Operationen, die eine logische Formel (↑ Logik) oder die Gesetze eines ↑Datentyps erfüllen.

Modem ['mo:dɛm] (Kurzwort aus **Mo**dulator und **Dem**odulator): Gerät zur Umwandlung ↑ digitaler Gleichstromsignale eines Rechners in digitale Wechselstromsignale und umgekehrt. Die digitalen Wechselstromsignale können sich in Amplitude, Frequenz und/oder Phase unterscheiden. Entsprechend spricht man von Amplituden- (AM), Frequenz- (FM) oder Phasenmodulation.
Ein Modem verwendet man meist zur Übertragung von Daten oder zur Kommunikation mit einem Rechner über das Telefonnetz. Das Modem kann man sich dabei als Telefonapparat vorstellen, dessen Funktionen Wählen, Hören und Sprechen direkt vom Computer angesteuert werden. Hierbei sind meist nur kleine Übertragungsraten möglich (ca. 40 KBit/s).

Modul (engl. *module*): Der Begriff wird in mehreren Bedeutungen verwendet:
(1) Softwaremodul: Bausteine, aus denen sich ein Softwaresystem zusammensetzt, bezeichnet man als Module. Die Beziehungen zwischen Modulen werden durch ↑ Schnittstellen festgelegt. Viele Programmiersprachen unterstützen ein solches Modulkonzept (↑ MODULA-2, ↑Ada). Ausführliche Erläuterungen siehe unten.
Ein Modul wird in der Praxis als ein in sich zusammenhängender Baustein aufgefasst, der stets folgende Eigenschaften besitzen sollte (vgl. auch ↑ Software-Engineering):

- Er ist logisch oder funktional in sich abgeschlossen.
- Wie er arbeitet oder implementiert ist, braucht außen nicht bekannt zu sein (engl. *information hiding*).
- Er besitzt klar definierte Schnittstellen nach außen.
- Er ist überschaubar und somit leicht testbar.
- Er sollte auf möglichst wenige andere Module zugreifen müssen.

Die Eigenschaften von Modulen sollten beweisbar oder zumindest prüfbar sein. Deshalb spielen Formalisierungen dieses Begriffs (siehe (2)) eine immer wichtigere Rolle.
(2) Realisierung eines abstrakten ↑ Datentyps. Orientiert man sich an diesen theoretischen Grundlagen, so lassen sich die unter (1) genannten fünf wichtigen Eigenschaften recht gut erfüllen.
(3) Hardwarebaustein mit wohldefinierten Ein- und Ausgängen.
(4) In der Mathematik: Zahl, bezüglich derer der Rest bei einer Division gebildet wird (↑integer).
Im Folgenden wird der Modulbegriff, wie er im Softwarebereich verwendet wird, ausführlich erläutert. Hier bezeichnet man als Modul eine in sich geschlossene Programmeinheit, bestehend aus ↑ Konstanten, ↑ Variablen, ↑ Datentypen und Operationen, die genau definierte Funktionen ausführen kann und bestimmte Eigenschaften besitzt.
Ein System ist *modular* aufgebaut, wenn es aus abgrenzbaren Einheiten zusammengesetzt ist und wenn diese Einheiten einzeln ausgetauscht, verändert oder hinzugefügt werden können, ohne dass andere Teile des Systems hierdurch beeinflusst werden oder das System arbeitsunfähig wird.
Das Modulkonzept geht in seiner Leistungsfähigkeit über das Prozedurkonzept (↑ Prozedur) hinaus. Während sich beim Prozedurkonzept die Zerlegung auf die operationale Ebene beschränkt, d. h., nur eine *Operation* kann in mehrere andere zerlegt werden, verallgemeinert das Modulkonzept diese Idee auf die Daten-

und Operationsebene. Daten (Datentypen, Variablen, Konstanten) und Operationen darauf (Prozeduren, Funktionen) werden zu einer Einheit (einem Modul) zusammengefasst. Das Modul hat dann den Charakter einer vollständigen, in sich geschlossenen Problemlösung für einen bestimmten Anwendungsbereich. Wird ein Modul an einer allgemein zugänglichen Stelle, z. B. in einer so genannten ↑Programmbibliothek, im Computer abgespeichert, so kann es in andere Programme eingebunden werden. Einige Problemlösungen, die den Charakter eines Moduls haben, sind in den meisten Programmiersprachen bereits vorgegeben, z. B. in ↑ PASCAL das „Modul" file of mit der Puffervariablen und den Operationen read, write, eof usw.

Aus diesem umgangssprachlichen Zugang zum Begriff „Modul" erkennt man: *Ein Modul ist die konkrete Ausgestaltung eines (abstrakten) Datentyps.* Während beim Datentyp die Beziehungen und Eigenschaften von Operationen und Daten präzisiert werden, treten beim Modulkonzept noch praxisbezogene Überlegungen hinzu. Zum Beispiel ist großer Wert auf die Wiederverwendung in anderen Programmen zu legen, oder anders ausgedrückt: Ein Modul muss eine genau festgelegte ↑ Schnittstelle nach außen besitzen, während sein Innenleben dem Benutzer nicht bekannt zu sein braucht. Man sollte in der Praxis Module zunächst als abstrakte Datentypen entwickeln und erst anschließend in eine programmiersprachliche Form übertragen.

▶ *Beispiel:* Modulkonzept eines längenbeschränkten ↑ Kellers. Hier ist eine Zahl n, die maximale Länge des Kellers, vorgegeben und der Keller darf zu jedem Zeitpunkt höchstens n Elemente enthalten. Neben den üblichen Operationen push und pop kommt eine Funktion isempty vom Typ boolean hinzu, die angibt, ob der Keller leer ist. Eine weitere Operation empty erzeugt einen „leeren" Keller, also ein Element des Datentyps Keller, das noch kein Element enthält. Um zu prüfen, wann der Keller voll ist, wird eine Funktion isfull eingeführt, die genau dann den Wert true annimmt, wenn der Keller n Elemente enthält. Realisiert man den Keller als Feld mit n Elementen, so definiert man wie folgt:

```
const n = ...; { maximal zulässige
                 Länge des Kellers}
type keller = record
                 top: 0..n;
                 sp: array [1..n]
                     of integer
              end;
var k: keller;
function isfull: boolean;
begin isfull := (k.top = n) end;
function isempty: boolean;
begin isempty := (k.top = 0) end;
procedure empty;
begin k.top := 0 end;
procedure push (x: integer);
begin
   if not isfull then
        k.top := k.top + 1;
        k.sp[k.top] := x
   else writeln (,Fehler') fi
end;
function pop: integer;
begin
   if not isempty then
        pop := k.sp[k.top];
        k.top := k.top - 1
   else writeln (,Fehler') fi
end;
   {Initialisierung}
empty;
```

Benötigt man einen Datentyp „Keller" in einem Programm, so muss man in vielen Programmiersprachen die obigen Vereinbarungen in den Deklarationsteil und den Initialisierungsteil in den Anweisungsteil des Programms kopieren. Hierdurch können Namenskonflikte entstehen, die klare Struktur des Moduls ist nicht mehr erkennbar, der Programmierer wird „verführt", auf die Variable keller anders als über push und pop zuzugreifen, Modifikationen sind nicht leicht usw. ◀

Allen diesen Nachteilen wirkt das Modulkonzept entgegen: Eine Moduldefini-

M

tion ist dreigeteilt und besteht aus einer Spezifikation, einer Implementation und einem Initialisierungsteil, der zum Implementierungsteil gerechnet wird.
In der *Modulspezifikation* werden alle die Größen aufgeführt, die einem Benutzer des Moduls zugänglich sein sollen. Von den Prozeduren und Funktionen gibt man nur die Köpfe an. Wie eine Prozedur schließlich realisiert wird, interessiert im Spezifikationsteil nicht. Man bezeichnet die Gesamtheit dieser Bezeichner auch als *Exportschnittstelle,* da sie der Einsatzumgebung des Moduls zur Verfügung stehen. Die *Importschnittstelle,* d. h. die Menge aller vom Modul benötigten externen Größen, wird in einer Parameterspezifikation der Form, wie sie bei Prozeduren üblich ist, zusammengefasst.
In der *Modulimplementation* wird festgelegt, wie die im Spezifikationsteil definierten Einheiten, insbesondere die Funktionen und Prozeduren, in einer Programmiersprache realisiert werden. Zusätzlich benötigte Hilfsvariablen und -prozeduren deklariert man ebenfalls im Implementierungsteil. Im Gegensatz zu den Größen der Exportschnittstelle sind diese jedoch für einen Benutzer des Moduls nicht direkt zugänglich. Zugriffe können nur indirekt durch Aufruf exportierter Prozeduren erfolgen. Man bezeichnet diese Größen daher als *privat* oder als *verdeckt* (engl. hidden) bezüglich des Moduls; in manchen Sprachen werden sie explizit als „private" gekennzeichnet (vgl. ↑lokale Variable).
Den letzten Teil des Moduls bildet eine Sequenz von Anweisungen, mit denen erste Verwaltungsfunktionen realisiert werden können. Der Computer führt diese Anweisungen aus, wenn das Modul erstmalig benutzt wird. Typischerweise enthält der Anweisungsteil *Initialisierungen* von Datenstrukturelementen (im Kellerbeispiel z. B. die Anweisung `empty`).
Die Dreiteilung der Moduldefinition trennt den für den Benutzer wichtigen und relativ unveränderlichen Teil von dem privaten Teil, der überdies gelegentlich verändert wird. Anschaulich handelt es sich bei der Modulspezifikation um eine Beschreibung des *Leistungsumfangs,* bei der Modulimplementation um eine *Funktionsrealisierung.* Nur der Leistungsumfang interessiert einen potenziellen Benutzer des Moduls. Er hat den Charakter einer *Dokumentation.*
Die programmiersprachliche Darstellung von Modulen variiert von Programmiersprache zu Programmiersprache. Da man Module als spezielle ↑Objekte auffassen kann, geht ihre Bedeutung zurück. Sie finden sich noch in Programmiersprachen wie ↑Ada und ↑MODULA-2.

MODULA-2: von Nikolaus Wirth (* 1934) in den 1970er-Jahren entwickelte imperative ↑Programmiersprache, die auf ↑PASCAL aufbaut und als wichtigste Erweiterung ein Konzept für Module besitzt. Ein MODULA-2-Programm ist ein Modul, das wiederum implementiert ist unter Benutzung einer Reihe von anderen Modulen. MODULA-2 unterstützt daher entsprechende Entwurfsprinzipien des ↑Software-Engineering. Durch Verwendung verschiedener vordefinierter oder vom Benutzer definierter Module kann MODULA-2 sowohl für die Programmierung von Teilen des ↑Betriebssystems als auch für komplexe Anwendungen wie ↑Datenbanken, ↑Übersetzer u. a. verwendet werden.
MODULA-2 stellt ↑Datentypen und ↑Kontrollstrukturen in ähnlicher Weise wie PASCAL zur Verfügung. Wesentlich an MODULA-2 ist das Modulkonzept (↑Modul). Ein *Modul* ist eine Zusammenfassung von ↑Konstanten, Datentypen, ↑Variablen und ↑Prozeduren zu einer Einheit. Soll ein Modul an einer Stelle im Programm oder in einem anderen Modul benutzt werden, so muss man angeben, welche Teile dieses Moduls von außen sichtbar sein sollen. Grundsätzlich bleibt die Implementierung eines Moduls, also die konkrete Realisierung der Datentypen und Prozedurrümpfe, vor allen anderen Modulen verborgen.

Die Definition eines Moduls, das von anderen benutzt werden soll, unterteilt sich in ein *Definitionsmodul* und ein *Implementierungsmodul.* Im Definitionsmodul wird angegeben, welche Modulteile nach außen exportiert werden, d. h. welche ↑Bezeichner von Konstanten, Datentypen, Variablen und Prozeduren für andere Module sichtbar sind; (Exportschnittstelle des Moduls). Im Implementierungsmodul werden die exportierten Typen mithilfe der Datentypen von MODULA-2 definiert und die Rümpfe der exportierten Prozeduren ausprogrammiert. Im Implementierungsmodul können dabei weitere Variablen, Prozeduren usw. vereinbart werden; diese sind dann für alle anderen Module unsichtbar.

▶ *Beispiel:* Modul, das verschiedene mathematische Grundfunktionen zur Verfügung stellt. Im Definitionsmodul werden die Namen der Funktionen exportiert. Im Vereinbarungsteil des Definitionsmoduls müssen nur die Köpfe der Funktionen angegeben werden.

```
definition module MathFunct;
   export qualified fac,real,entier,sqrt;
   procedure fac(n: integer): integer;
   procedure real(n: integer): real;
   procedure entier(n: real): integer;
   procedure sqrt(x: real): real;
end MathFunct.
```

Im zugehörigen Implementierungsmodul werden die Funktionen ausprogrammiert:

```
implementation module MathFunct;
   procedure fac(n: integer): integer;
   var z,erg: integer;
   begin
      erg := 1; z := 1;
      while z ≤ n do
         erg := erg * z; z := z + 1
      end;
      return erg
   end fac;
   ... ⟨Hier folgen die drei anderen
         Funktionen⟩ ...
end MathFunct.
```

Dieses Modul kann ganz oder teilweise von jedem benutzt werden, der solche mathematischen Funktionen in seinem Programm benötigt. Wenn z. B. ein Programm zur Ausgabe von Fakultäten geschrieben werden soll, so kann man dazu das Modul „MathFunct" in folgender Weise benutzen:

```
module fakult;
(* Berechnung von Fakultaeten *)
from MathFunct import fac;
from InOut import WriteLn,
      WriteString, WriteInt;
var zaehler: integer;
begin
   WriteString („Dies sind die
      Fakultaeten von 0 bis 7:");
   WriteLn;
   for zaehler := 0 to 7 do
      WriteInt(zaehler,8);
      WriteInt(fac(zaehler),8);
      WriteLn
   end;
end fakult.
```

Weil dieses Programm nicht von anderen Modulen benutzt werden soll, braucht man kein Definitionsmodul anzugeben, und das Schlüsselwort implementation kann am Anfang weggelassen werden. In der zweiten Zeile ist angegeben, dass die Funktion „fac" aus dem Modul „MathFunct" hier benötigt wird. In der darauf folgenden Zeile ist vereinbart, dass einige Prozeduren zur Ausgabe von Daten vom Standardmodul InOut benötigt werden. Diese beiden Zeilen bilden die Importschnittstelle des Hauptprogramms, gekennzeichnet durch die Schlüsselworte from und import. ◀

Der Vorteil dieser Programmerstellung in Modulen ist neben der Übersichtlichkeit auch die Flexibilität: Im obigen Beispiel kann man die Implementierung der mathematischen Funktionen abändern, ohne dass das Hauptprogramm beeinträchtigt wird oder neu übersetzt werden muss; denn solange das Definitionsmodul nicht verändert wird, ist sichergestellt, dass die Schnittstelle zwischen den Modulen „MathFunct" und „fakult" korrekt ist (die Korrektheit wird durch den Übersetzer geprüft). Weiterhin kann man Programme auf der Basis von Modulen entwickeln, die ihrerseits noch nicht implementiert sind. Es muss von jedem Modul nur die Exportschnittstelle bekannt sein. Dadurch wird es einfacher, Programme mit ↑Dummy-Modulen in einer vorläufigen Version zu schreiben und später die Dummy-Module durch die konkreten Implementierungen zu ersetzen.

Ein weiterer Vorteil des Modulkonzeptes ist, dass der ↑Übersetzer für MODULA-2 sehr klein gehalten werden kann, weil in der Sprache selbst nur wenige Grundfunktionen definiert sind. Prozeduren zur Ein- und Ausgabe, die z. B. bei PASCAL Bestandteil der Sprache sind und daher vom Übersetzer verarbeitet werden müssen, sind in MODULA-2 in Modulen implementiert und brauchen daher dem Übersetzer nicht bekannt sein. Ferner stellt MODULA-2 ein Modul „system" zur Verfügung, in dem Datentypen wie „word", „address" etc. und Funktionen darauf definiert sind, mit denen man hardwareabhängige Anwendungen programmieren kann. Schließlich ist es durch Verwendung entsprechender Module möglich, in MODULA-2 ↑Prozesse und ↑Koroutinen zu programmieren.

MODULA-2 kann man als „ausgereiftes PASCAL" bezeichnen, welches in den Modulen ein Datentypkonzept enthält, gegenüber PASCAL einige Vereinfachungen besitzt und allgemeinere Parameter bei Prozeduren zulässt.

Eine ebenfalls von *N. Wirth* 1988 entwickelte objektorientierte Erweiterung (↑objektorientierte Programmierung) von MODULA-2 ist die Sprache **OBERON.** Wesentliche Neuerung gegenüber MODULA-2 ist die so genannte *Typerweiterung,* mit der man Hierarchien von logisch zusammengehörenden Records bilden kann (vgl. Klassenkonzept von ↑SIMULA). Gemeinsame Eigenschaften mehrerer Datentypen werden in einem *Basistyp,* die für jeden Datentyp spezifischen Eigenschaften in den *erweiterten Typen* definiert. Dabei werden die gemeinsamen Eigenschaften von den Basistypen an die Erweiterungen *vererbt* (↑Vererbung).

▶ *Beispiel:* Einen Typ datum definiert man in OBERON durch

```
type datum = record
                 tag, monat, jahr:
                 integer
             end.
```

Um das Tagesdatum mit zusätzlicher Angabe des Wochentags zu definieren, erweitert man den Typ datum zum Typ tagesdatum durch

```
type tagesdatum = record (datum)
        wochentag: array 2 of char
 end.
```

Über Variablen vom Typ tagesdatum kann man nun nicht nur die Objekte im Record tagesdatum, sondern auch die im Basistyp ansprechen, z. B.

```
v: tagesdatum;
v.wochentag := 'MO';
v.tag := 17;
```
◀

Umgekehrt kann man auch mit einer Variablen vom Basistyp alle Objekte von erweiterten Typen ansprechen. Da ein Objekt jedoch in unterschiedlichen Erweiterungen des gleichen Basistyps verschieden definiert sein kann, muss man die Variable beim Zugriff für die gewünschte Erweiterung qualifizieren, indem man den entsprechenden Typ in Klammern hinter der Variablen angibt. Deklariert man

```
w: datum
```

so greift man mittels

```
w(tagesdatum).wochentag := 'DO'
```

auf die Komponente der Erweiterung zu.

monadisch, einstellig. Wird häufig im Zusammenhang mit der Stelligkeit, also der Anzahl der Argumente, von ↑Operatoren in Programmiersprachen benutzt. Beispiele für monadische Operatoren sind +, − (gemeint sind die Vorzeichen; nicht zu verwechseln mit den gleichbezeichneten ↑dyadischen Operatoren +

(Addition) und − (Subtraktion)), not oder √ (Wurzel einer Zahl).

Monitor:
1. Funktionseinheit zur Beobachtung und Überwachung interner Abläufe von Rechenanlagen: Der Monitor ermittelt und registriert Messwerte, z. B. die Belastung der Zentraleinheit durch Programme, die Zahl der innerhalb einer Zeitspanne stattfindenden Ein-/Ausgabe-Vorgänge oder die Größe des belegten Hauptspeichers. Man unterscheidet Hardwaremonitore und Softwaremonitore. *Hardwaremonitore* sind selbstständig arbeitende Geräte, die ihre Aufgabe unabhängig von der beobachteten Rechenanlage durchführen. *Softwaremonitore* sind Programme, die in regelmäßigen Zeitabständen wie Benutzerprogramme auf der zu beobachtenden Rechenanlage ausgeführt werden und dabei deren Verhalten protokollieren und auswerten. Bei ↑Transaktionen werden Monitore eingesetzt, um die korrekte Abwicklung sicherzustellen.
2. Konzept zur Synchronisierung nebenläufiger ↑Prozesse: Ein Monitor verwaltet einen eigenen Speicherbereich und stellt ihn auf Anforderung einem Prozess zur Verfügung. Zu jedem Zeitpunkt darf höchstens ein Prozess den Monitor belegen (Prinzip des wechselseitigen Ausschlusses, ↑Nebenläufigkeit). Ein Monitor wird aufgebaut wie ein ↑Modul als eine selbstständige Programmeinheit aus Datenstrukturen, Prozeduren und einem Anweisungsteil, der vor der ersten Verwendung ausgeführt wird und Anfangsaufgaben erledigt *(Initialisierung)*. Beispiele sind Puffer oder die Verwaltung von Ein- und Ausgabeeinheiten (↑Geräteverwaltung).
3. Synonym für ↑Bildschirm.

MOS-Logik (**MOS,** Abk. für engl. **me**tal **o**xide **s**emiconductor): Schaltkreisfamilie, die heute für den Aufbau hochintegrierter Schaltungen weit verbreitet ist.
Die Möglichkeit, Schaltungen auf kleinstem Raum zu integrieren, beruht überwiegend auf der Betriebsart und dem einfachen Aufbau des MOS-Transistors, der die Basis der MOS-Technologie bildet. Der MOS-Transistor gehört zur Gruppe der Feldeffekttransistoren (Abk. FET). Dies sind Halbleiter, die im Gegensatz zu den bipolaren Transistoren mit einem elektrischen Feld, d. h. fast leistungslos gesteuert werden. Feldeffekttransistoren haben daher eine erheblich geringere Verlustleistung als bipolare Transistoren, was zu einer niedrigeren Wärmeabgabe und geringerem Stromverbrauch führt.

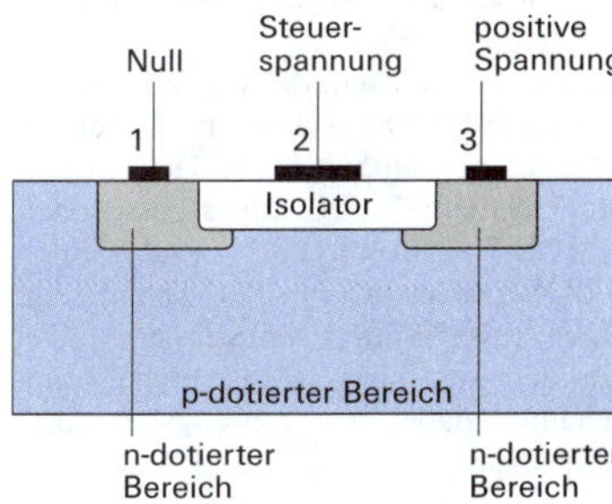

MOS-Logik (Abb. 1): Aufbau eines MOS-Transistors (schwarz: Metall)

Das Prinzip ist in Abb. 1 dargestellt. Ein Halbleiter (Silizium oder andere Stoffe) enthält Bereiche, die Elektronen liefern (so genannte *n*-dotierte Bereiche) oder Elektronen aufnehmen können (*p*-dotierte Bereiche). „*n*“ und „*p*“ stehen hierbei für negative bzw. positive Ladungsträger. Zwei *n*-dotierte Bereiche können durch ein *p*-dotiertes Gebiet („*p*-Kanal“) verbunden werden, über dem eine dünne isolierende Schicht (Siliziumoxid) und darüber eine Metallelektrode liegt. Die Bezeichnung MOS stammt von dieser Metall-Oxid-Halbleiter-Anordnung (engl. *m*etal-*o*xid-*s*emiconductor).
Legt man nun an den Anschluss 2 eine positive Steuerspannung, so fließt ein Strom von 1 nach 3, da dann unterhalb des Isolators Elektronen angereichert werden und eine leitende Verbindung entsteht. Liegt bei 2 keine Spannung, so ist der Strom unterbrochen.

Man unterscheidet nach dem Leitungstyp der Transistoren drei Klassen von MOS-Technologien: p-Kanal-MOS (PMOS, siehe oben), n-Kanal-MOS (NMOS) und CMOS (Abk. für engl. **C**omplementary MOS). PMOS-Elemente verursachen positive, NMOS-Elemente negative Ladungsüberschüsse. Die CMOS-Technologie bildet eine Kombination der NMOS- und der PMOS-Technologie und hat im Vergleich zu NMOS und PMOS einen noch geringeren Stromverbrauch. CMOS-Schaltkreise sind zurzeit in der Computertechnik am weitesten verbreitet.

Den Grundbaustein der digitalen Schaltungen in CMOS-Technologie bildet der Inverter. Er enthält zwei Transistoren unterschiedlichen Leitungstyps: einen NMOS-Transistor (T_1) und einen PMOS-Transistor (T_2). Die Abb. 2 zeigt einen Inverter in CMOS-Technik. Die „in der Luft hängenden" Pfeile kennzeichnen dabei den Leitungstyp eines Transistors.

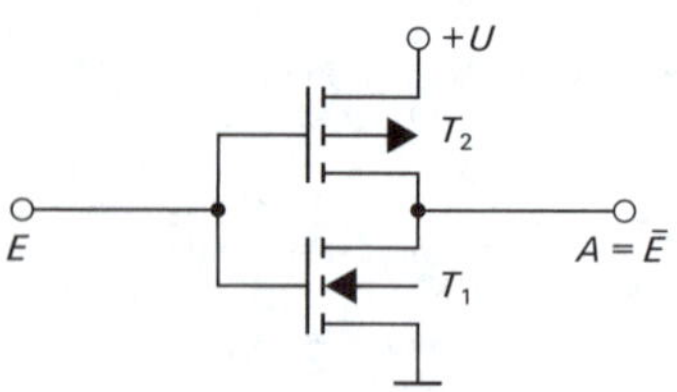

MOS-Logik (Abb. 2): Inverter in CMOS-Technik

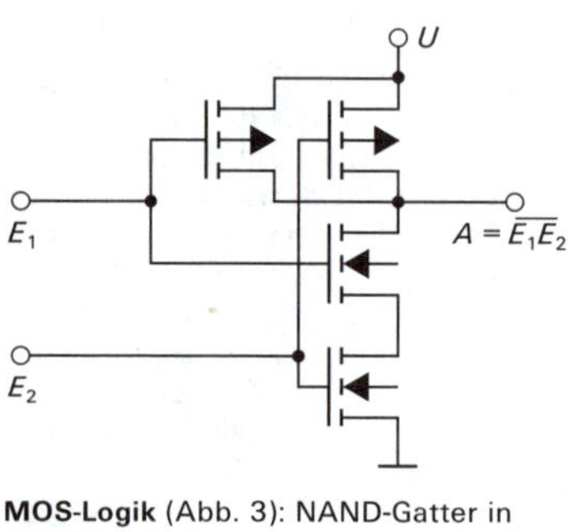

MOS-Logik (Abb. 3): NAND-Gatter in CMOS-Technik

Es leitet immer nur einer der beiden Transistoren T_1 oder T_2. Liegt am Eingang die Spannung 0 Volt („logisch 0"), dann ist der Transistor T_1 gesperrt und der Transistor T_2 leitend. T_2 verbindet den Ausgang A mit der Betriebsspannung U („logisch 1"). Führt der Eingang E die Spannung U („logisch 1"), so sperrt T_2. T_1 leitet und verbindet den Ausgang A mit 0 Volt („logisch 0").

Abb. 3 zeigt ein NAND-Gatter in CMOS-Technik.

MS-DOS [ɛm 'ɛs 'dɔs] (Abk. für engl. **m**icro**s**oft **d**isc **o**perating **s**ystem): veraltetes Betriebssystem für ↑ Personalcomputer. Da das Betriebssystem ↑ WINDOWS hierauf aufgesetzt ist, besitzt MS-DOS immer noch große Bedeutung.

MS-DOS wurde im Jahre 1979 von der Firma Seattle Computer Products entwickelt. Im Jahre 1981 kaufte die Firma Microsoft die Rechte an diesem System. Seit die Firma IBM ebenfalls MS-DOS (allerdings unter dem Namen PC-DOS) auf ihren Personalcomputern einsetzte, hat MS-DOS eine große Verbreitung erlangt. MS-DOS kann leicht an neue Computer angepasst werden und war lange Zeit ein Standardbetriebssystem für Personalcomputer.

MS-DOS ist ein Betriebssystem für einen einzelnen Benutzer und gestattet nur Einprogrammbetrieb; es ermöglicht den Dialogbetrieb sowie den Stapelbetrieb (↑Betriebsart). Den prinzipiellen Aufbau von MS-DOS zeigt Abb. 1.

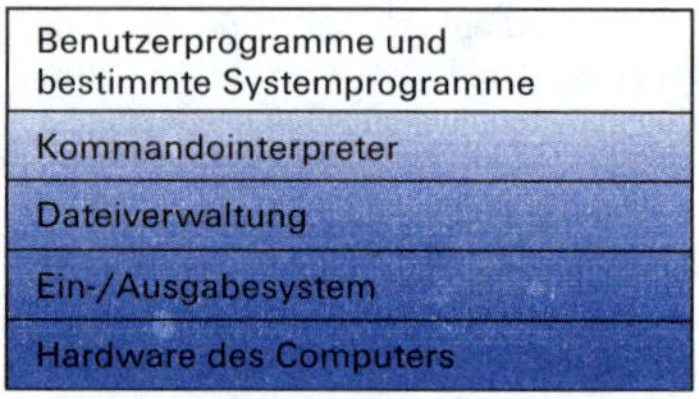

MS-DOS (Abb. 1): Aufbau von MS-DOS

Bis auf das Ein-/Ausgabesystem, das für jedes Computersystem neu gestaltet werden muss, sind alle Teile von MS-DOS hardwareunabhängig.

↑Dateien sind in MS-DOS in Sätze eingeteilt, die eine beliebige Länge haben können. Die voreingestellte Satzlänge beträgt 128 Bytes. Auf den Inhalt von Dateien kann sequenziell und direkt zugegriffen werden. Dateien haben eine Mindestgröße von 2 KB, jede andere Größe in KB ist durch 2 teilbar. Das Dateisystem von MS-DOS ist hierarchisch organisiert: In jeder *Directory* (↑ Dateiverwaltung) können weitere Directorys angelegt werden. Dadurch entsteht eine Baumstruktur (Abb. 2), die es ermöglicht, alle Datenbestände nach bestimmten Merkmalen systematisch zu ordnen. Jede Datei ist eindeutig über den Namen des Pfades zu identifizieren (z. B.: \projekt1\briefe\anpaul). Innerhalb des Dateibaumes bewegt man sich mit dem Kommando „cd" (**c**hange **d**irectory).

Für jede Datei kann man festlegen, ob sie schreibgeschützt oder eine Systemdatei sein soll.

MS-DOS unterscheidet zwischen Kommandos und Systemprogrammen. Kommandos werden vom Kommandointerpreter ausgeführt, die zugehörigen Routinen befinden sich ständig im Hauptspeicher des Computers. Systemprogramme werden beim Aufruf in den Speicher geladen und gestartet. Mehrere Kommandos können in einer Datei zusammengefasst und als Stapelauftrag verarbeitet werden. In diesen so genannten Stapeldateien kann der Ablauf mithilfe einer einfachen Programmiersprache, die for-Schleifen, if-Anweisungen und Sprünge enthält, gesteuert werden.

Verbindet man bestimmte Kommandos durch den Pipe-Operator „|" (engl. pipe = Röhre), so werden alle Ausgaben des links vom Pipe-Operator stehenden Kommandos zur Eingabe des rechts stehenden Kommandos. Man spart sich die Angabe von Zwischendateien.

▶ *Beispiel:* DIR | SORT

Diese Kommandozeile bewirkt, dass das Inhaltsverzeichnis einer Directory erstellt wird (mit dem Kommando DIR). Die Ausgabe von DIR erscheint nun aber nicht auf dem Bildschirm, sondern wird Eingabe des Sortierkommandos (SORT). Als Ausgabe von SORT erscheint das sortierte Inhaltsverzeichnis auf dem Bildschirm.

Einige weitere Möglichkeiten von MS-DOS zeigen die folgenden Beispiele:

Ausgabe einer Datei „brief" auf dem Bildschirm:

```
TYPE brief
```

Anlegen einer neuen Directory:

```
MKDIR neuprojekt
```

Erstellen eines sortierten Inhaltsverzeichnisses einer Directory und Abspeicherung in der Datei „inhalt":

```
DIR | SORT > inhalt
```

„>" kennzeichnet die nachfolgende Datei als Ausgabedatei. Falls noch keine Datei „inhalt" existiert, wird sie automatisch angelegt, anderenfalls wird sie überschrieben. Soll die Ausgabe von „DIR | SORT" an die bereits bestehende Datei „inhalt" angefügt werden, so verwendet man das Zeichen „>>":

```
DIR | SORT >> inhalt
```
◀

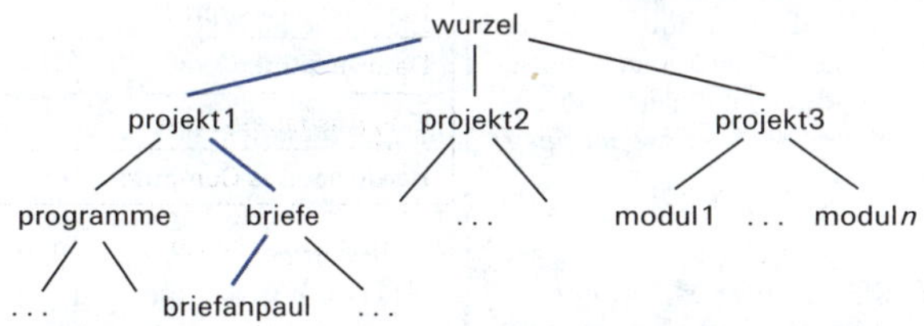

MS-DOS (Abb. 2): Baumstruktur des Dateisystems in MS-DOS

Eine Weiterentwicklung von MS-DOS, in die Erfahrungen mit dem Betriebssystem ↑UNIX eingeflossen sind, bildet das Betriebssystem **OS/2.** Es erlaubt im Unterschied zu MS-DOS den Mehrprogrammbetrieb und bietet eine grafische ↑ Benutzungsoberfläche. Nachfolger von MS-DOS wurde 1995 das Betriebssystem ↑ WINDOWS, das den vollen Leistungsumfang einer modernen grafischen Benutzungsoberfläche bietet, wie ↑ Fenstertechnik, Pop-up-Menüs (↑Menü), Steuerung durch eine ↑Maus usw.

Multimedia-System: Unter *Multimedia* versteht man die Zusammenführung verschiedener Informationsformen und Darstellungen, v.a. Audio- und Videoinformationen. Aufsätze, Grafiken, Bilder, Filme, Animationen, Musik, Reden, sprachliche und textuelle Anmerkungen usw. werden geeignet dargestellt, zueinander in Beziehung gesetzt und miteinander synchronisiert. Letzteres besagt, dass die Zeit eine wesentliche Rolle bei den meisten multimedialen Informationen spielt. Die Zusammenfassung solcher verschiedenartiger Informationen bezeichnet man auch als multimediales ↑Dokument.

Um die verschiedenen Informationsformen ein- und ausgeben zu können, werden entsprechende Geräte an einen Computer mithilfe geeigneter Schnittstellen angeschlossen, z.B. ↑ Scanner, ↑ Bildschirme, Videokameras, digitale Fotoapparate, Mikrofone, Projektoren (Beamer), Lautsprecher, Telefon usw. Mehrere Unternehmen bieten Programme zur Integration der verschiedenen Informationsarten und ihrer Darstellung auf dem Bildschirm an. So lassen sich Druckwerke, Videos und Filmsequenzen usw. „direkt auf dem Schreibtisch" erzeugen (*Desktop-Publishing*, Abk. DTP).

Die multimedialen Informationen werden meist auf kostengünstigen Compactdiscs (CD-ROM, WORM, ↑ optische Speicher) oder auf wieder beschreibbaren magnetooptischen Platten (Abk. MO) gespeichert. Deren Kapazitäten liegen bei mehreren hundert Gigabyte und sie besitzen Zugriffszeiten, die zwar etwa zehnmal langsamer als ↑Magnetplattenspeicher sind, aber für die meisten Anwendungen ausreichen. Durch ↑ Kompressionsalgorithmen kann die Informationsdichte deutlich erhöht werden.

Um Dokumente verschiedener Hersteller auf unterschiedlichen Rechnern bearbeiten zu können, sind Standards erforderlich. Zum Beispiel wurden für multimediale Bürodokumente ODA/ODIF und ODL, für medizinische Dokumente ACR-NEMA und für Text-Bild-Dokumente RTF (Abk. für engl. **R**ich **T**ext **F**ormat), PDF (Abk. für engl. **P**ortable **D**ocument **F**ormat) und ↑Postscript entwickelt (↑HTML, ↑SGML).

Zur Verwaltung multimedialer Informationen setzt man *Multimedia-Systeme* ein. Diese müssen in der Lage sein, die verschiedenartigen Datenströme in möglichst guter Qualität entgegenzunehmen, zu speichern, zu verarbeiten, zu präsentieren und die Beziehungen zwischen ihnen zu gewährleisten, vor allem die Realzeitanforderungen, damit z.B. Informationen ohne Verzögerungen weitergegeben werden, Sprache und Bild zusammenpassen und Videosequenzen mit der richtigen Geschwindigkeit vorgeführt werden. Mit solchen Systemen kann ein Personalcomputer im Jahre 2000 bereits Lieder oder Fernsehprogramme aus dem Netz herunterladen und abspielen, als Videorecorder verwendet werden oder als Schnittpult für Sprach- oder Bildaufzeichnungen, als Fotolabor oder als Grafikstudio dienen. Alle diese Dokumente können auch als ↑Anlagen zu elektronischen Briefen verschickt werden. Die Anwendungen sind vielfältig:

- *Annotationen*: Man kann in Texten und Bildern Teile hervorheben, durchstreichen und Notizen, Verweise oder gesprochene Anmerkungen einfügen.
- *Animationen*: Bilder können zu (Trick-)Filmen *(animated gif)* erweitert werden, Herleitungen, Erläuterungen, Abläufe, Produktionspro-

zesse und Ähnliches lassen sich durch schrittweise Entwicklung bildhaft illustrieren.
- Bessere Darstellung von Dokumentationen.
- Erläuterungen in Hilfesystemen, bei Produktbeschreibungen, von Bedienungsanleitungen oder bei der richtigen Ausfüllung von Formularen.
- Unterstützung der *Ferndiagnose,* z. B. bei Fernanfragen zur Bedienung oder zur Reparatur von Geräten, bei der Hinzuziehung von Experten bei Krankheiten usw.
- *Kiosksysteme* und *elektronische Litfaßsäulen*: Informations-, Präsentations- und Auskunftssysteme, meist bezogen auf die Möglichkeiten der örtlichen Umgebung. Beispiele sind Informationen zum Kinoprogramm, Werbung für in Kürze in der Nähe stattfindende Veranstaltungen, Verkauf elektronischer Zeitungen usw.

Einmal gespeicherte multimediale Dokumente wiederzufinden, ist in der Regel viel schwieriger als die Suche nach Textinformationen. Entsprechende *Retrieval-Systeme* müssen komplexe Anfragen zum Inhalt interpretieren können („Suche alle Bilder, in denen ein Haus mit einem blauen Auto abgebildet sind") und Strukturinformationen über die Dokumente besitzen oder sie selbstständig aus den Dokumenten extrahieren. Weiterhin müssen sie das Navigieren über Verweise unterstützen, da die Dokumente wie bei Hypertexten (↑ Hypertext-System) durch Beziehungen (z. B. „ist Verallgemeinerung von", „ist Kommentar zu", „wird genauer beschrieben durch") miteinander verflochten sind. Systeme zum Verwalten, Speichern und Wiederauffinden multimedialer Informationen nennt man daher auch *Hypermedia-Systeme*. Sie werden in Lehr- und Lernsystemen, zur Unterstützung virtueller Realitäten, zur Demonstration von Geräten oder für anschauliche Erläuterungen (z. B. als Museumsführer oder zur Vorstellung eines zu buchenden Urlaubsdomizils) verwendet.

Zurzeit entwickelt man verteilte *Multimedia-Systeme*. Hierunter versteht man die Koordinierung diverser Multimedia-Informationen für eine abgegrenzte gemeinsame Aufgabe, die von mehreren verschiedenen Stellen in einem Netz gleichzeitig bearbeitet wird. Arbeiten zum Beispiel mehrere Personen in verschiedenen Orten gemeinsam an einer Fragestellung, so tauschen sie untereinander Wörter in Telefonqualität, Bildmaterial mit zugehörigen Geräuschen in CD-Qualität und Grafiken und Texte in einfachster Qualität aus; diese Informationen werden auf einem geeigneten ↑Server zusammengefasst, zeitlich koordiniert und dann an alle Partner versandt, deren zugehörige Software die verschiedenen Daten zusammenführt und in einem individuell eingestellten Bildschirmformat präsentiert; für die korrekte Abwicklung müssen gesonderte ↑Protokolle genutzt werden und geeignete Software muss an vielen Stellen im Netz untergebracht sein. Komplexe Beispiele sind ↑Konferenzsysteme, ↑Telelernen, kooperatives Arbeiten (↑CSCW) oder interaktives Fernsehen. Für entsprechende Anwendungen ist das ↑ Internet, mit dem diese Technologie allen zugänglich gemacht werden soll, bisher nur beschränkt geeignet, da es keine Echtzeit-Übertragung ermöglicht und die Synchronisation verschiedener Datenströme nicht garantiert. Hier muss man andere Netze oder eine andere ↑Datenübertragung wählen. Multimedia-Systeme ermöglichen einen uneingeschränkten Informationsaustausch. Für die Zukunft erhofft man sich hierdurch eine höhere Mobilität, ohne dass die Menschen reisen müssen (mobile Daten statt mobile Menschen; die Erfahrung zeigt allerdings das Gegenteil: Multimediale Information macht neugierig und regt dazu an, zu den Originalen zu reisen).

multiplex: Kennzeichnung für einen Datenübertragungskanal (↑ Datenübertragung), bei dem entweder ein Sender mit mehreren Empfängern oder ein Empfänger mit mehreren Sendern verbunden ist. Eine *Multiplexverbindung* ist im Allgemeinen nur sinnvoll, wenn die Arbeitsgeschwindigkeit des Einzelgerätes (Sender bzw. Empfänger) wesentlich größer ist als die der angeschlossenen Geräte (Empfänger bzw. Sender). Multiplexkanäle lohnen sich zum Beispiel für die Verbindung mehrerer relativ langsamer Drucker mit einer Steuereinheit (↑ Geräteverwaltung). Das Herstellen der Verbindung zwischen dem Einzelgerät und einem der angeschlossenen Geräte ist Aufgabe des ↑ Multiplexers (↑simplex, ↑halbduplex, ↑duplex).

Multiplexer: Gerät, das Signale von mehreren Eingangsleitungen auf eine Ausgangsleitung überträgt (Abb. 1). Welche der Eingangsleitungen zu einem Zeitpunkt mit der Ausgangsleitung verbunden wird, kann entweder durch Steuerleitungen von außen festgelegt oder vom Multiplexer selbstständig bestimmt werden.

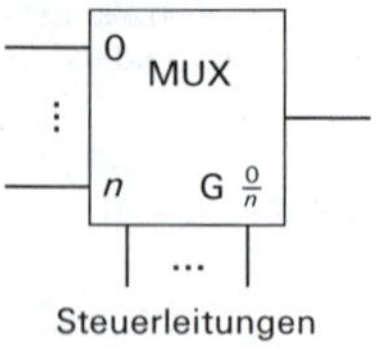

Multiplexer (Abb. 1): Schaltzeichen des Multiplexers

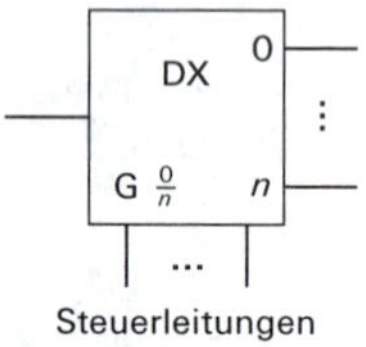

Multiplexer (Abb. 2): Schaltzeichen des Demultiplexers

Der *Demultiplexer* kehrt den Vorgang um, indem er Signale einer Eingangsleitung auf mehrere Ausgangsleitungen verteilt (Abb. 2). Das Multiplex-/Demultiplexverfahren bietet Vorteile bei der ↑Datenübertragung über große Entfernungen: Unabhängig von der Zahl der Sender-Empfänger-Paare wird in jedem Fall nur eine Verbindungsleitung benötigt. Allerdings verringert sich dabei die ↑Datenübertragungsrate zwischen einem Sender-Empfänger-Paar (↑multiplex).

Multiplizierwerk (engl. *multiplication unit*): Die Multiplikation zweier ganzer Zahlen wird analog zur geläufigen Papier-und-Bleistift-Methode durch wiederholte Addition und Stellenverschiebung durchgeführt. Bei der Darstellung zur Basis 2 gibt es nur die Ziffern 0 und 1. Dadurch entfällt die im Dezimalsystem übliche Multiplikation mit einer der Ziffern 2, 3, ..., 9, wodurch sich die Addition zu p+x (siehe unten) vereinfacht. Multipliziert werden nur die Beträge der Zahlen, die Bestimmung des Vorzeichens des Produkts geschieht getrennt von der Berechnung. Das Produkt zweier n-stelliger Dualzahlen kann höchstens $2n$ ↑Bit lang sein.

Seien $x = x_{n-1} \dots x_0$, $y = y_{n-1} \dots y_0$ zwei nichtnegative Dualzahlen in ↑ Komplementdarstellung mit $x_i, y_i \in \{0,1\}$. Der folgende Algorithmus realisiert die Multiplikation von x und y. Für das Ergebnis benötigt man ein doppeltlanges Register pp'. Das Produkt befindet sich anschließend in p und p'; p enthält den höherwertigen, p' den niederwertigen Teil.

```
p := 0; p' := 0;
for i := 1 to n do
    if y0 = 1 then p := p+x;
    „Schiebe Doppelregister pp' um
    eine Stelle nach rechts";
    (* ↑ Schieberegister *)
    „Schiebe y um eine Stelle
    zyklisch nach rechts"
  fi od;
```

▶ *Beispiel:* x = 0110, y = 0101

i	p	p′	y
	0000	0000	0101
1	0110	0000	
	0011	0000	1010
2	0001	1000	0101
3	0111	1000	
	0011	1100	1010
4	0001	1100	0101

Ergebnis: pp′ = 00011110. ◀

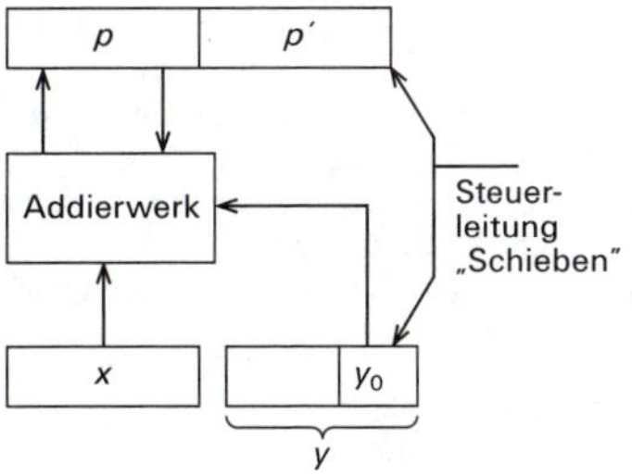

Multiplizierwerk (Abb. 1): Blockschaltbild eines seriellen Multiplizierwerks

Der Zahlenbereich der Faktoren wird genau dann verlassen, wenn der höherwertige Teil, also der Inhalt des Registers *p* oder das Bit p_n' des niederwertigen Teils am Ende ungleich null ist. In diesem Fall sollte ein Programm mit der Meldung, dass ein *Überlauf* (↑ Bereichsüberschreitung) vorliegt, abbrechen. Der Mikroprozessor signalisiert stets einen solchen Überlauf, indem ein Bit im Statusregister gesetzt und eine ↑ Unterbrechung ausgelöst wird.

Abb. 1 zeigt das Blockschaltbild eines Multiplizierwerks, das mit dem obigen Algorithmus arbeitet.

Anstelle der seriellen Realisierung der Multiplikation kann man auch parallele Multiplizierwerke verwenden, die zwar wesentlich schneller arbeiten, jedoch sehr aufwendige Schaltungen erfordern. Zur Multiplikation *n*-stelliger Dualzahlen benötigen diese Systeme $O(n^2)$ (↑Ordnung) Additionselemente und $O(n^2)$ UND-Gatter. Abb. 2 zeigt ein paralleles Multiplizierwerk für 3-Bit-lange Zahlen *x* und *y*. Die UND-Gatter realisieren die paarweise Multiplikation der einzelnen Bits der beiden Zahlen. Die jeweiligen Ergebnisse werden anschließend stellengerecht aufaddiert (↑Halbaddierer, ↑Volladdierer).

Die Multiplikation zweier Zahlen in ↑ Gleitpunktdarstellung $z_1 = m_1 \cdot b^{e_1}$ und $z_2 = m_2 \cdot b^{e_2}$ erfolgt nach der Formel

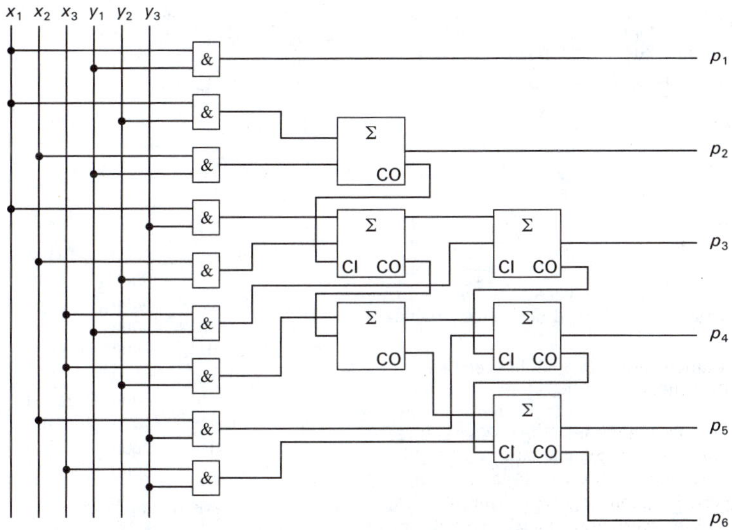

Multiplizierwerk (Abb. 2): paralleles Multiplizierwerk für 3-Bit-lange Zahlen (Erläuterung der Zeichen: siehe ↑UND-Funktion, ↑Halb-, ↑Volladdierer)

$$z_1 \cdot z_2 = m_1 \cdot m_2 \cdot b^{e_1+e_2}$$

Die Addition der Exponenten kann mithilfe eines ↑Addierwerkes durchgeführt werden. Vor der Multiplikation von m_1 und m_2 müssen die Mantissen durch Multiplikation in ganze Zahlen umgewandelt werden. In n-stelligen Registern gespeichert haben die Mantissen die Form

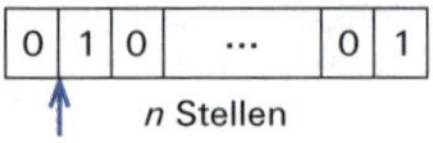

Der Pfeil markiert die Position des Dezimalpunktes. Multipliziert man eine Mantisse mit 2^{n-1}, so wird sie zur ganzen Zahl. Diese Idee nutzt man aus, indem man die Multiplikationsrechnung nicht in der Form $m = m_1 \cdot m_2$ durchführt, sondern mit den ganzen Zahlen $m_1 \cdot 2^{n-1}$ anstelle von m_1 und $m_2 \cdot 2^{n-1}$ anstelle von m_2. Anschließend setzt man den Dezimalpunkt neu. Man erhält die Gleichung

$$m_1 \cdot 2^{n-1} \cdot m_2 \cdot 2^{n-1} = m_1 \cdot m_2 \cdot 2^{2n-2}$$

Der Dezimalpunkt befindet sich nun an folgender Stelle im doppeltlangen Ergebnisregister pp':

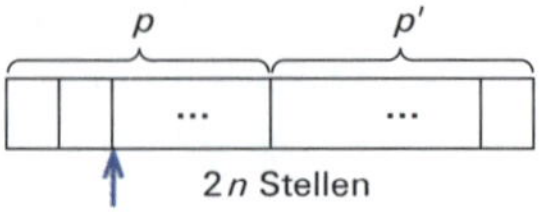

Um die gemäß der Gleitpunktdarstellung vorgeschriebene Position des Dezimalpunktes zu erreichen, muss das Ergebnisregister einmal nach links geschoben werden.

Damit das Ergebnis der Gleitpunktrechnung auf $n-1$ Stellen hinter dem Dezimalpunkt genau ist, muss p gerundet werden. Man addiert das höchste Bit von p' zu p hinzu. Der einfacheren technischen Realisierung wegen ist es auch üblich, einfach das unterste Bit von p auf 1 zu setzen. Die geringe Ungenauigkeit nimmt man in Kauf. Der obige Algorithmus zur Ganzzahlmultiplikation kann nun vollständig für die Gleitpunktmultiplikation übernommen werden, wobei lediglich die Normalisierung und die Rundung des Ergebnisses hinzukommen. Der folgende Algorithmus realisiert die Gleitpunktmultiplikation.

Eingabe: Zwei nichtnegative duale Gleitpunktzahlen

$$z_1 = m_1 \cdot 2^{e_1} \text{ und } z_2 = m_2 \cdot 2^{e_2}$$

mit

$$m_1 = m_{11} \ldots m_{1n} \text{ und } m_2 = m_{21} \ldots m_{2n}.$$

Ausgabe: Das Produkt der Multiplikation $z_1 \cdot z_2 = m \cdot 2^e$.

Methode:

```
p := 0; p' := 0; e := 0;
for i := 1 to n do
    if m2n = 1 then p := p + m1;
    „Schiebe Doppelregister pp' um
    eine Stelle nach rechts";
    „Schiebe m2 um eine Stelle
    zyklisch nach rechts"
fi od;
„Schiebe pp' um eine Stelle nach
links";
if p < 2^(n-1) then (* Normalisierung *)
    „Schiebe Doppelregister pp' um
    eine Stelle nach links";
    e := 1 fi;
p := p + pn'; (* Rundung *)
e := e1 + e2 - e;
write (p,e);
```

▶ *Beispiel:* $z_1 = 0.1010 \cdot 2^4 = 10$
$z_2 = 0.1100 \cdot 2^2 = 3$

i	p	p′	m_2
	00000	00000	01100
1	00000	00000	00110
2	00000	00000	00011
3	01010	00000	
	00101	00000	10001
4	01111	00000	
	00111	10000	11000
5	00011	11000	01100
	00111	10000	01100
	01111	00000	

Die letzte Zeile erhält man durch Normalisierung aus der vorletzten, denn es galt $p < 2^4$, was zu $e = 1$ führt. Die Rundung ändert das Ergebnis nicht, da $p_n' = 0$ ist.

Daher gilt: p = 0.1111 und

$e := e_1 + e_2 - e = 5$.

Ergebnis: 10 · 3 = 0.1111 · 2^5 = 30. ◀

Es ist nicht unbedingt erforderlich, die Vorzeichen bei der Multiplikation getrennt zu behandeln. Es gibt auch Algorithmen, die die Vorzeichenbehandlung einschließen. Sie verarbeiten Operanden in ↑ Komplementdarstellung und geben das Ergebnis unter Berücksichtigung der Vorzeichen in Komplementdarstellung aus.

Mustererkennung (engl. *pattern recognition*): Forschungsrichtung innerhalb der ↑ Künstlichen Intelligenz, die sich mit der Identifizierung von Eingabesignalen (Text, Ton, Bild usw.) durch die Erkennung eindeutiger Merkmale beschäftigt.

Verfahren zur Mustererkennung werden z. B. bei der Erkennung und Auswertung von Bildern (z. B. Luft- oder Röntgenbildern), beim Lesen von Handschriften und bei der Erkennung natürlicher Sprache eingesetzt. Die schwierige formale Erfassbarkeit und eine gewisse Unexaktheit z. B. der natürlichen Sprache oder von Handschriften verhindern oft den Einsatz mathematisch genau analysierter Verfahren. Oft verwendet man ↑ Heuristiken und ↑ neuronale Netze.

Die Mustererkennung verläuft gewöhnlich in mehreren Phasen, die im Folgenden am Beispiel der *Spracherkennung* aufgezeigt werden:

(1) Phase: Einlesen eines Wortes oder Satzes über ein Mikrofon und Abspeicherung.

(2) Phase: Zerlegung des Satzes in einzelne Wörter und der Wörter in einzelne Buchstaben.

(3) Phase: Erkennung von Merkmalen, anhand deren die einzelnen Buchstaben und Wörter identifiziert werden können (z. B. Tonhöhenwechsel, Pausen, Lautstärkeänderungen).

(4) Phase: Erkennung der eingelesenen Zeichen anhand der identifizierten Merkmale.

Textverarbeitungssysteme (↑ Editor, ↑ Browser) besitzen immer eine Suchfunktion, deren Aufgabe eine einfache Mustererkennung ist: In einem gegebenen Text w der Länge n (der also aus n Zeichen besteht, einschließlich der Zeichen „Zwischenraum", „nächste Zeile" und „Tabulator") soll ein Text v der Länge m gefunden werden. Genauer: Es seien $w = w_1 w_2 \ldots w_n$ und $v = v_1 v_2 \ldots v_m$ mit $m \leq n$ zwei Wörter über einem ↑ Alphabet A; gesucht ist die kleinste Zahl i mit $0 \leq i \leq n - m$, sodass

$$w_{i+j} = v_j \text{ für } j = 1, \ldots, m$$

gilt, bzw. die Antwort, dass v nicht als Teilwort in w enthalten ist. Das Wort v tritt also nach der Position i als Teilwort des Wortes w auf (so genanntes *Teilwort-* oder *Substring*-Problem).

Stellt man die Wörter w und v als Felder von Zeichen dar, so erhält man unmittelbar folgenden naiven Probieralgorithmus, den man sich leicht mithilfe von Abb. 1 veranschaulichen kann. Er vergleicht das Wort v für $i = 0, 1, \ldots, n - m$ mit dem nach der Position i beginnenden Teilwort von w. Aus technischen Gründen werden je eine Stelle $v[m+1]$ und $w[n+1]$ eingeführt und mit irgendeinem Zeichen belegt (hier wurde willkürlich ‚0' gewählt), damit in einem Spezialfall am Ende nicht auf eine undefinierte Position zugegriffen wird:

```
const n = ... ; m = ... ;
var i, j: integer;
    nng: boolean; (* Variable für
      „noch nicht gefunden" *)
    w: array [1..n+1] of char;
    v: array [1..m+1] of char;
begin ... (* lies w und v ein *);
  w[n+1] := '0'; v[m+1] :='0';
  i := 0; nng := true;
  while (i ≤ n-m) and nng do
        j := 1;
        while (j ≤ m) and (w[i+j] = v[j])
           do j := j+1 od;
        nng := (j ≤ m);
        i := i+1
  od;
```

M

```
    if not nng then
    write („Muster nach Position", i - 1)
    else write („Muster nicht Teil-
      text") fi
  end;
```

Aufwandsabschätzung: Im ungünstigsten Fall werden die äußere Schleife $(n-m+1)$-mal und die innere Schleife bis zu m-mal durchlaufen. Dieser ungünstigste Fall tritt z. B. ein, wenn $w = aaa \dots ab$ ist (also aus $n-1$ Zeichen a und einem b besteht) und $v = aa \dots ab$ gewählt wird, d. h. v besteht aus $m-1$ a's und einem folgenden b. Die ↑Ordnung des obigen Algorithmus ist also $O(n \cdot m)$. Falls m in der Größenordnung von n liegt, also beispielsweise $m \approx n/4$ ist, dann hängt die Laufzeit quadratisch von n ab. Er ist für die Praxis daher nur bedingt geeignet.

Es gibt Algorithmen, deren Laufzeit auch im ungünstigsten Fall $O(n+m)$ beträgt. Der von *D. E. Knuth*, *J. H. Morris* und *V. R. Pratt* 1977 veröffentlichte und nach ihnen benannte *KMP-Algorithmus* soll hier vorgestellt werden. Ein im Mittel etwas schnellerer Algorithmus, der die Texte von hinten nach vorne vergleicht, wurde von *R. S. Boyer* und *J. S. Moore* ebenfalls 1977 publiziert.

Der KMP-Algorithmus geht von folgender Beobachtung aus (vgl. Abb. 2): Wenn im Probieralgorithmus der Fall w[i+j] ≠ v[j] in der inneren Schleife auftritt, dann kann man das zu suchende Wort v in der Regel um wesentlich mehr als nur eine Position weiter nach rechts verschieben, d. h. i:=i+d statt i:=i+1 am Ende der äußeren Schleife.

Die Distanz d = d[j], um die i hier erhöht wird, hängt nur vom bisher verglichenen Muster $v_1 \dots v_j$ ab. Den Grund hierfür liefert die Aussage (∗), siehe unten. Da das Wort v bekannt ist, folgt: Bei gegebenem v hängt die Distanz d = d[j] nur von der Stelle j ab.

Zur Begründung im Einzelnen: Es sei $j \geq 2$. Sobald erstmals w[i+j] ≠ v[j] gilt, muss für die zuvor durchgeführten $j-1$ Vergleiche

$$(*)\ \text{w[i + k]} = \text{v[k]} \text{ für } k = 1, \dots, j-1$$

gegolten haben. Links von der Stelle $i+j$ steht daher das Teilwort

$$w_{i+1} w_{i+2} \dots w_{i+j-1} = v_1 v_2 \dots v_{j-1}.$$

Man kann also v um mindestens so viele Stellen $r-1 \geq 1$ nach rechts verschieben, bis erstmals

$$(**)\ v_1 v_2 \dots v_{j-r} = v_r v_{r+1} \dots v_{j-1}$$

gilt; denn dann kann offenbar keine Gleichheit des Wortes v ab einer der Stellen $i+1$, $i+2$, …, $i+r-2$ vorliegen. r wird höchstens gleich j, da im Fall $r = j$ auf beiden Seiten von (**) das leere Wort steht, also die Gleichung (**) erfüllt ist. Weiter als um $r-1$ Stellen darf v aber nicht verschoben werden, weil sonst eine mögliche Gleichheit nach der Position $i+r-1$ nicht entdeckt würde. Dieses minimale $r-1$ ist also gleich d[j].

Der Fall $j = 1$ spielt eine Sonderrolle. Wir setzen d[1]:= 1.

Ändert man i ab zu i+d[j], dann ist wegen der Verschiebung von v um d[j] Zeichen die Position j in j−d[j] abzuändern und erneut w[i+j] = v[j] zu testen. Im Falle $j \geq 2$ bleibt der Wert des Ausdrucks $i+j$ bei dieser Abänderung unverändert, sodass tatsächlich an der gleichen Stelle $i+j$ weiter getestet wird. Nur die Position j innerhalb des Wortes v, die mit w[i+j] verglichen wird, verringert sich. Im Falle $j = 1$ muss j unverändert bleiben, wodurch der erste Buchstabe von v mit der nächsten Stelle von w verglichen wird. So erhält man aus dem obigen Probieralgorithmus folgenden (leicht abgewandelten) KMP-Algorithmus:

```
const n = ... ; m = ... ;
var i, j: integer;
    nng: boolean; (* Variable für
      „noch nicht gefunden" *)
    w: array [1..n+1] of char;
    v: array [1..m+1] of char;
    d: array [1..m] of integer;

procedure DistanzenBerechnen;
begin (* Berechnet d aus v *) end;
begin... (* lies w und v ein *);
```

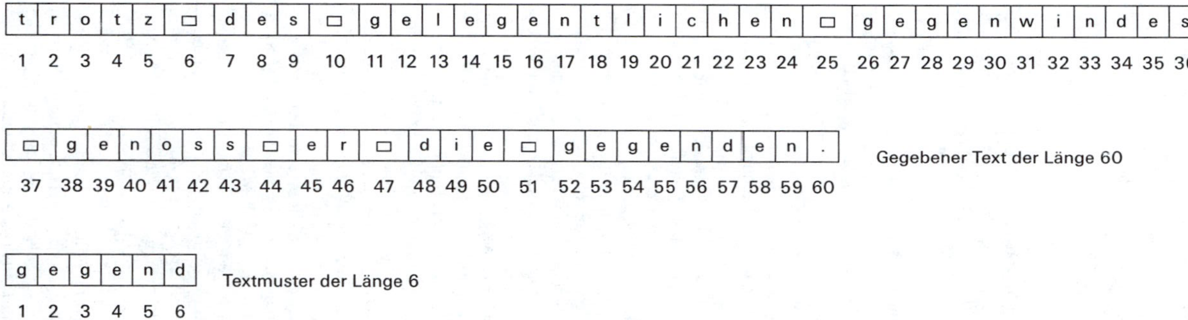

Mustererkennung (Abb. 1): Ausgangssituation für Suche nach einem Muster in einem gegebenen Text (□ bezeichnet den Zwischenraum)

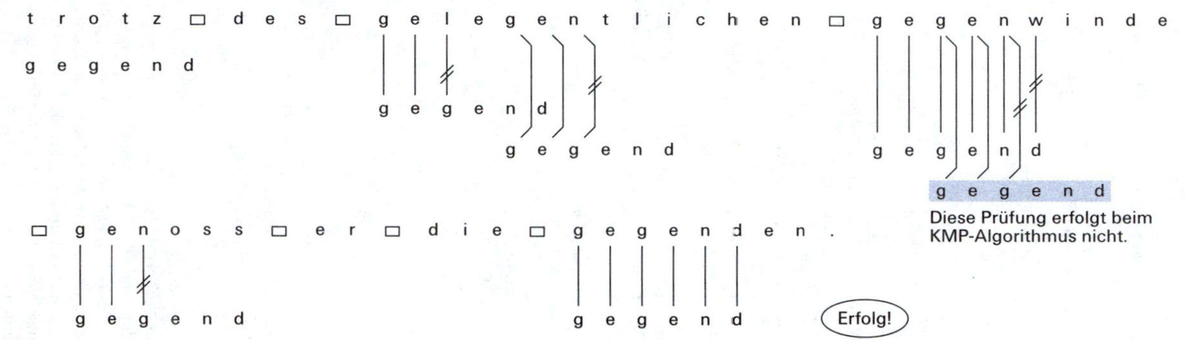

Mustererkennung (Abb. 2): Ablauf des Mustervergleichs. Der gegebene Text *w* ist blau unterlegt. Durch Verbindungen sind die erfolgreichen Vergleiche markiert; eine durchgestrichene Verbindung zeigt das Ende der Übereinst mmung an.

```
w[n+1]... (* wie oben *)
while (i≤n-m) and nng do
   j := 1;
   while (j≤m) and (w[i+j] = v[j])
      do j := j+1 od;
   nng := (j≤m);
   if nng then
     i := i+d[j];
     if j > 1 then j := j-d[j] fi
   fi
od;
if not nng then
write („Muster nach Position", i)
else write („Muster nicht Teiltext") fi
end
```

Nun sind noch die Distanzen zu berechnen. Man kann d ermitteln, indem man alle möglichen Vergleiche wie in (**) angegeben durchführt und jeweils prüft, ob die Erstmaligkeit vorliegt, ob also der Wert von d an dieser Stelle noch undefiniert ist (statt auf „undefiniert" prüfen wir auf den Anfangswert 0). So entsteht folgender Algorithmus mit einer Laufzeit der Ordnung $O(m)$:

```
procedure DistanzenBerechnen;
var r, k, q: integer;
   weiter: boolean;
begin d[1] := 1;
   for q := 2 to m do d[q] := 0 od;
   r := 2;
   while r ≤ m do
         k := 0; weiter := true;
         while (k ≤ m-r) and weiter do
            if v[1+k] = v[r+k]
               then k := k+1
               else weiter := false fi od;
         for q := 0 to k do
            if d[r+q] = 0 then
            d[r+q] := r-1 fi od;
         r := r+1+k
   od
end;
```

Die Aufwandsabschätzung liefert für den KMP-Algorithmus die Laufzeit $O(n+m)$. Zugleich wird das Wort w kontinuierlich ohne Rücksetzen eingelesen.

Für das Textmuster „gegend" aus Abb. 1 liefert die Prozedur DistanzenBerechnen folgende Werte:

j	d[j]
1	1
2	1
3	2
4	2
5	2
6	5

Anhand von Abb. 2 kann man die Verschiebung des Wortes v = gegend über das Wort w nachvollziehen. Wir nehmen an, wir seien an der Stelle $i+j = 11$ (dem ersten Buchstaben von „gelegentlich") angelangt. Es wird der erste Buchstabe v_1 (= g) mit w_{11} (= g) verglichen. Wegen der Gleichheit wird der nächste Buchstabe v_2 (= e) mit w_{12} (= e) verglichen. Erneut herrscht Gleichheit. Der nächste Vergleich (v_3 = g ist ungleich w_{13} = l) liefert eine Ungleichheit, und nun wird $v_{3-d[3]} = v_1$ = g mit w_{13} = l) verglichen usw. Beginnt man an der Stelle 26, so findet nach dem Testen an der Stelle 31 eine Verschiebung um d[6] = 5 Stellen statt.

Die Algorithmen können leicht erweitert werden, z. B. um alle Vorkommen eines Textes v in einem Text w zu finden oder um automatisch Ersetzungen im Text w vorzunehmen.

Der KMP-Algorithmus ist immer dann vorteilhaft, wenn häufig Teile von w mit einem längeren Anfangsstück von v übereinstimmen. In der Praxis tritt dies aber selten auf, weshalb in Editoren meist der *Boyer-Moore-Algorithmus* benutzt wird, der im günstigsten Fall eine Laufzeit $0(\frac{n}{m})$ aufweist.

In vielen Verfahren sind Muster zu erkennen und abzugleichen (engl. *pattern matching,* vgl. ↑ ML). Oft verwendet man Regeln der Form (p, q, e), um eine Struktur, zum Beispiel einen Graphen, in eine andere zu transformieren: (p, q, e) überführt eine Struktur S_1 in eine Struktur S_2, indem man in S_1 das „Muster" (= die Teilstruktur) p sucht und entfernt und q mithilfe der Einbettungsvorschrift e richtig in den Rest „S_1 ohne p" einsetzt; das Ergebnis ist S_2. Ein einfacher Fall einer Transformation ist ein Ableitungs-

schritt mithilfe einer ↑Grammatik: Eine Struktur ist hier ein Wort *w*, die Muster *p* und *q* sind Wörter und *e* besagt, dass der Kontext *x*... *y*, der rechts und links von *p* stand, bei der Ersetzung durch *q* erhalten bleibt (man gibt daher *e* nicht explizit an). Ableitungen in Grammatiken beginnen deshalb stets mit dem Auffinden von Teilwörtern.
Wesentlich komplizierter wird die Mustererkennung in zwei- und mehrdimensionalen Strukturen oder in Graphen. Das *Teilgraphisomorphieproblem* fragt danach, ob ein Graph *H* in einem Graphen *G* enthalten ist. Dieses Problem ist NP-vollständig (↑NP). Es tritt beispielsweise bei der Frage auf, ob in einer Datenbank oder in einem Multimedia-System spezielle Informationen, die untereinander in bestimmter Weise verzeigert sind, vorliegen. Hier werden in der Praxis Heuristiken zur Lösung eingesetzt.

N

Nachricht (engl. *message*):
(1) Eine Nachricht ist eine endliche Folge von Signalen (zur Definition siehe ↑ Information). In der Informatik ist eine Nachricht meist eine diskrete oder kontinuierliche Zeichenfolge, die von einem Sender an einen Empfänger geschickt wird, die entsprechend einer ↑ Syntax aufgebaut ist und die eine Information beinhaltet. Bei der Übertragung von Nachrichten müssen oft feste Regeln, so genannte ↑ Protokolle, eingehalten werden. Zum Beispiel bestehen (diskrete) Nachrichten meist aus einem fest formatierten Nachrichtenkopf (Adresse, Absender, Typ der Nachricht usw.), der eigentlichen Nachricht und einem Nachrichtenende (Kontrollinformation zur Fehlererkennung, Hinweise auf weitere Nachrichten, Trennsymbole usw.).
Nachrichten spielen z. B. eine wichtige Rolle in verteilten Systemen, vgl. ↑Internet, ↑elektronische Post, ↑Nebenläufigkeit.
(2) Zentraler Begriff in der ↑ objektorientierten Programmierung. Eine Nachricht, auch *Botschaft* oder *Message* genannt, dient dem Informationsaustausch zwischen Objekten. Ein ↑Objekt schickt einem anderen Objekt eine Nachricht, um dieses Objekt zu einer Aktivität, also zur Ausführung einer ↑Methode zu veranlassen. Hierunter fallen auch einfache Handlungen wie die Übermittlung von Daten (das empfangende Objekt führt die Methode „lesen" oder „senden" aus) oder die Aufforderung, seinen Zustand zu ändern. Die Interpretation der Nachricht nimmt das Empfängerobjekt in eigener Verantwortung vor, d. h., das sendende Objekt weiß grundsätzlich nicht, wie die Methoden des Empfängers realisiert sind *(Geheimnisprinzip)*.

Nachrichtengruppe (*Diskussionsgruppe,* engl. *newsgroup*): spezieller Dienst im ↑Internet, über den sich Benutzer in themenbezogenen Gruppen organisieren können, um Informationen zum jeweiligen Thema auszutauschen. Zur Zeit (2000) gibt es bereits fast 100 000 Nachrichtengruppen, in denen sich täglich entsprechend viele Beiträge sammeln.
Die Organisation geschieht wie bei einem Anschlagbrett: Jeder, der sich für eine Gruppe eingetragen (engl. *subscribe*) hat, kann die Beiträge, die an dem Anschlagbrett hängen, lesen und darauf durch eigene Beiträge reagieren. In den Diskussionen können die einzelnen Teilnehmer anonym bleiben. Die Beiträge werden wie bei der ↑elektronischen Post erstellt und mittels eines speziellen Protokolls (engl. **n**etwork **n**ews **t**ransfer **p**rotocol, Abk. nntp) übertragen. Die Beiträge werden nicht zentral vorgehalten, sondern an alle Server im Internet, die für diese Nachrichtengruppe bestimmt wurden, weltweit verteilt. Wegen der Viel-

zahl der Diskussionen werden sie wie Fäden (engl. *threads*) aneinander gereiht: A sagt etwas, B antwortet, C und D nehmen Stellung usw.; diese Mitteilungen müssen also miteinander verknüpft werden, damit man nicht den Überblick verliert. Die Teilnahme setzt eine gewisse Selbstdisziplin voraus.

Die Namen der Gruppen sind im *Network News Dienst* hierarchisch vom Allgemeinen zum Speziellen gegliedert. Eine Gruppe mit dem Namen (der Adresse) de.sci.stamps bezeichnet also eine deutsche Gruppe (de), die sich wissenschaftlich orientiert (sci von „science“) und Nachrichten über Briefmarken (engl. *stamps*) austauscht. Die großen Obergruppen sind:

science (sci)	für wissenschaftliche Themen,
society (soc)	für gesellschaftliche Fragen,
computer	für Themen der Informatik und Datenverarbeitung,
news (news)	für interne Themen der news-Dienste,
talk (talk)	für Debatten allgemein,
miscellaneous	(misc) für sonstiges.

Die Gruppen können regional (nach Ländern, Städten, Firmen usw.) oder nach weiteren Kriterien beschränkt sein.

Namenskonflikt: Wenn in einer Programmeinheit ein ↑Bezeichner mehrfach deklariert wird und verschiedene dieser ↑ Deklarationen gleichzeitig an einer Stelle im Programm bekannt sind (↑Gültigkeitsbereich), dann spricht man von einem Namenskonflikt.

▶ *Beispiel* (Namenskonflikt in ↑ Blöcken):

```
begin
   var x: integer;
   ...
   begin
      var x: real;
      ( ** )
      ...
   end;
end;
```
◀

An der Stelle (∗∗) existiert ein Namenskonflikt mit der Variablen x, da x im umfassenden Block als integer-Variable bekannt ist. Ältere Programmiersprachen haben folgende Regeln zur Auflösung von Namenskonflikten:

(1) Wird an einer Stelle im Programm ein Bezeichner angesprochen, so ist damit die Deklaration des Bezeichners gemeint, welche sich im kleinsten (textuell) umfassenden Block (oder der kleinsten Prozedur) befindet. Bei rekursiven Prozeduren ist der Text gemeint, der sich durch Anwendung der ↑Kopierregel ergibt.

(2) Mehrere Deklarationen des gleichen Bezeichners in einem Block bzw. in einer Prozedur sind nicht erlaubt.

Im obigen Beispiel wäre an der Stelle (∗∗) x als real-Variable des inneren Blocks bekannt.

In neueren Programmiersprachen darf man den gleichen Namen für verschiedene Zwecke innerhalb eines Blockes oder Objekts verwenden, wenn aus der Zahl der Parameter oder aus den verwendeten Operatoren eindeutig hervorgeht, welche Deklaration an der jeweiligen Stelle zutrifft. Man sagt, der Name sei *überladen* (Konzept des *Overloading*, vgl. ↑ Ada und ↑ Polymorphie). Solche Konflikte werden vom ↑ Übersetzer erkannt und aufgelöst. Ein Beispiel ist die Verwendung des Namens "+" für die real-Addition, die integer-Addition, die Vereinigung von ↑ Mengen und als Vorzeichen.

NAND-Funktion [nɛnt] *(Sheffer-Funktion* [nach *H. M. Sheffer*], *Antikonjunktion, Exklusion)*: ↑ boolesche Funktion mit folgendem Funktionsverhalten:

x	y	$\overline{x \cdot y}$
0	0	1
0	1	1
1	0	1
1	1	0

Als Operationszeichen schreibt man auch x/y oder $x \overline{\wedge} y$ oder $x \mid y$.

Schaltzeichen:

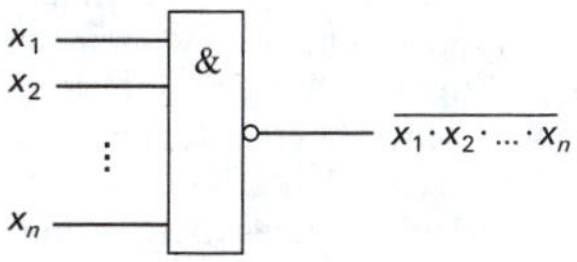

Älteres Schaltzeichen:

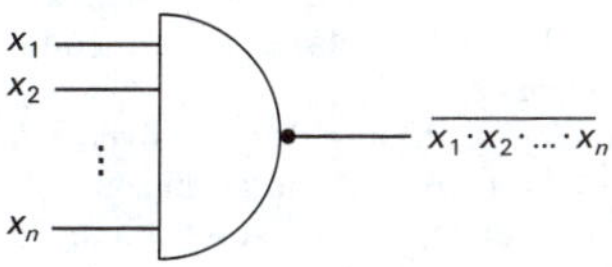

Jede *n*-stellige boolesche Funktion lässt sich durch ausschließliche Verwendung der NAND-Funktion darstellen (↑ Bausteinsatz), z. B.:

$$\bar{x} = x/x \text{ (↑NOT-Funktion)}$$
$$x \cdot y = (x/y)/(x/y) \text{ (↑UND-Funktion)}$$
$$x \Rightarrow y = x/(x/y) \text{ (↑Implikation).}$$

NAND-Gatter reichen daher aus, um beliebige Schaltkreise zu realisieren. (Vergleiche auch ↑NOR-Funktion.)

NC-Maschine [ɛn 'tse:] (Abk. für engl. **n**umerical **c**ontrol): Maschine (meist Werkzeugmaschine), deren Arbeitsablauf durch numerisch dargestellte Informationen gesteuert wird.

Statt durch Hebel, Schalter, Handkurbeln o. Ä. wird eine NC-Maschine durch ein in einer bestimmten Form codiertes NC-Programm gesteuert, das die für einen Arbeitsablauf (z. B. Bearbeitung eines Werkstücks) erforderlichen Bewegungen und Operationen enthält.

Während einfache NC-Maschinen im Allgemeinen keinen Speicher besitzen, sodass nach Beendigung eines Arbeitsablaufs ein erneuter Arbeitsgang mit einer Neueingabe des NC-Programms beginnen muss, werden *CNC-Maschinen* (Abk. für engl. **c**omputer **n**umerical **c**ontrol) über Mikroprozessoren oder Computer gesteuert. Viele CNC-Maschinen werden durch „Demonstration" programmiert: Jemand führt anfangs die notwendigen Operationen mit der Maschine per Hand durch; die Maschine speichert die Positionen und Abläufe und kann diese später beliebig oft wiederholen (so genanntes *Teach-in-Verfahren*). CNC-Maschinen sind meist über Mikroprozessoren mit Sensoren verbunden, um etwa Werkstücke abzutasten und automatisch das richtige Werkzeug einzuspannen. Man bezeichnet eine NC-Maschine als ↑ Roboter, wenn sie sehr komplexe Vorgänge ausführen und sich in gewissem Umfang auf veränderte Situationen einstellen kann.

Nebenläufigkeit (engl. *concurrency* [kən'kʌrrᵉnsie], concurrent = dt. gleichzeitig, gemeinsam, auch: zusammenlaufend): Mehrere Vorgänge, (mobile) Programme, Objekte oder ↑Prozesse heißen *nebenläufig*, wenn sie voneinander unabhängig bearbeitet werden können. Für zwei nebenläufige Vorgänge A und B ist es also gleichgültig, ob erst A und dann B, oder ob erst B und dann A, oder ob A und B zur gleichen Zeit ausgeführt werden. Nebenläufig ist somit ein allgemeinerer Begriff als ↑parallel. Nebenläufigkeit ist die Regel in ↑Rechnernetzen, im ↑Internet und in der ↑objektorientierten Programmierung. Gegenteil: sequenzielle Verarbeitung.

Mit der Nebenläufigkeit von Prozessen findet zugleich ein Wettstreit um notwendige Ressourcen (↑Betriebsmittel) statt. Zwei nebenläufige Prozesse sind also nur bezüglich ihrer Abarbeitung unabhängig; sie sind jedoch indirekt voneinander abhängig, wenn sie auf gleiche Betriebsmittel zugreifen wollen. Weiterhin tauschen nebenläufige Prozesse auch Nachrichten untereinander aus oder sie verschmelzen miteinander; durch diese ↑Synchronisation entstehen ebenfalls Abhängigkeiten (z. B. durch Warten auf Empfang und Bestätigung von Informationen).

In modernen Rechenanlagen und in Rechnernetzen werden viele Vorgänge nebenläufig, also zeitlich nacheinander oder ineinander verzahnt und unabhängig voneinander, abgewickelt mit dem

Ziel, alle Komponenten des Systems (Betriebsmittel) gleichmäßig auszulasten. Da jedoch nur selten genügend viele Betriebsmittel zur Verfügung stehen, um die Anforderungen aller Prozesse gleichzeitig zu erfüllen, müssen Vorsorgen getroffen werden, damit durch die wechselseitige oder gemeinsame Benutzung der Betriebsmittel keine Konflikte entstehen.

▶ *Beispiele:* Mögliche *Konflikte* und ihre Lösungen:

(1) Zwei Prozesse möchten auf demselben Drucker Daten ausgeben. Damit die Ausgaben der beiden Prozesse nicht gemischt auf dem Papier erscheinen, muss ein Prozess so lange gesperrt werden, bis der andere seine Ausgabe vollständig beendet hat (wechselseitiger Ausschluss, siehe unten).

(2) Zwei Prozesse greifen schreibend auf dieselbe Datei zu. Wie im Beispiel (1) muss ein Prozess auf das Ende des anderen warten.

(3) Ein Prozess möchte Daten von einem ↑ Magnetbandspeicher auf einen ↑ Magnetplattenspeicher transportieren. Hierzu belegt er das Betriebsmittel „Magnetbandspeicher" und wartet auf das Freiwerden des Betriebsmittels „Magnetplattenspeicher". Ein anderer Prozess hat eben diesen Magnetplattenspeicher belegt und wartet auf die Freigabe des für den weiteren Prozessfortschritt benötigten Magnetbandgeräts. Keiner der beiden Prozesse kann seine Verarbeitung fortsetzen. Nur ein „gewaltsamer" Eingriff von außen kann verhindern, dass beide Prozesse sich gegenseitig unendlich lange blockieren. ◀

Die Beispiele zeigen die übliche Strategie zur Vermeidung bzw. Lösung von Konflikten: Die Benutzung von Betriebsmitteln durch nebenläufige Prozesse wird synchronisiert, d. h., gleichzeitig ausführbare Operationen werden im Konfliktfall nacheinander (↑ sequenziell) abgearbeitet und durch weitere Überprüfungen werden gegenseitige Blockierungen (Verklemmungen, siehe unten) verhindert. In diesem Zusammenhang spielen die Betriebsmittel-Variablen eine besondere Rolle: Sie zeigen den Zustand und die Beanspruchung von Betriebsmitteln an und dienen dem Datenaustausch zwischen Prozessen *(Prozesskommunikation)*. Die Belegung eines Betriebsmittels reduziert sich dann auf zwei Tätigkeiten:

- auf eine Abfrage der Variablen auf den Wert „Betriebsmittel frei" und, falls dies zutrifft,
- auf eine Änderung der Variablen auf den Wert „Betriebsmittel belegt" als Signal für andere Prozesse, die auch das Betriebsmittel belegen wollen.

Zur Vermeidung von Konflikten muss jedoch sichergestellt sein, dass zwei Prozesse nicht gleichzeitig gemeinsam benutzbare Datenbereiche *(gemeinsame Variablen)* verändern können.

Das folgende Beispiel zeigt die Wirkung eines unkontrollierten Zugriffs zweier Prozesse auf eine gemeinsame Variable.

▶ *Beispiel:* Gegeben seien zwei parallel ablaufende Prozesse mit der gemeinsamen Variablen x.

Sei zu Beginn x = 2.

Prozess 1	*Prozess 2*
1a) x := 2 * x;	2a) x := x - 1;
1b) write(x);	2b) write(x);

Tab. 1 gibt die Ausgaben der Prozesse in Abhängigkeit von der Reihenfolge der Bearbeitung der Anweisungen an. Diese Prozesse sind nicht unabhängig, da die Ergebnisse von der Reihenfolge der Bearbeitung bestimmt werden.

Ausführungsreihenfolge				Ausgabe	
1 a,	1 b,	2 a,	2 b	4	3
1 a,	2 a,	1 b,	2 b	3	3
1 a,	2 a,	2 b,	1 b	3	3
2 a,	1 a,	1 b,	2 b	2	2
2 a,	1 a,	2 b,	1 b	2	2
2 a,	2 b,	1 a,	1 b	1	2

Nebenläufigkeit (Tab. 1): Ausgaben von Prozess 1 und Prozess 2 in Abhängigkeit von der Reihenfolge der Bearbeitung der Anweisungen ◀

Zur Synchronisierung der Zugriffe auf gemeinsame Variable führt man kritische Abschnitte ein. Ein *kritischer Abschnitt* kann z. B. der Teil eines Prozesses sein, in dem auf eine gemeinsame Variable zugegriffen wird. Die Anweisungsfolge eines kritischen Abschnitts darf also nicht durch Zugriffe von anderen Prozessen auf die gemeinsame Variable gestört oder unterbrochen werden. Wird sichergestellt, dass sich immer nur ein Prozess innerhalb eines kritischen Abschnitts bezüglich einer gemeinsamen Variablen befindet, können keine Konflikte entstehen. Diese Lösung des Problems nennt man *Prinzip des wechselseitigen Ausschlusses* (engl. *mutual exclusion*).

Ist dieser wechselseitige Ausschluss nicht gegeben, so spricht man vom *interleaving* ['intə'li:wing]. Hiermit bezeichnet man die Möglichkeit, dass ein Prozess sich in den sequenziellen Ablauf eines anderen Prozesses hineinschiebt (wie beim Mischen zweier Kartenstöße) und dadurch völlig unkontrollierte Zugriffsfolgen auf gemeinsame Daten oder Betriebsmittel erfolgen.

Semaphorkonzept (*E. W. Dijkstra,* 1968): Die Realisierung des wechselseitigen Ausschlusses erfolgt in der Praxis oft durch *Semaphore.* Ein Semaphor s ist eine ganzzahlige nichtnegative Variable verbunden mit einer *Warteschlange* W(s) (↑ Schlange). Auf einen Semaphor kann nur mit zwei Operationen zugegriffen werden, mit der *P-Operation* (holl. **P**asseer = Betreten), auch *Warteoperation* genannt, und der *V-Operation* (holl. **V**erlaat = Verlassen), auch *Signaloperation* genannt. Die P-Operation wird im Allgemeinen zu Beginn eines kritischen Abschnitts, die V-Operation zum Ende eines kritischen Abschnitts ausgeführt.

Die P- und V-Operationen sind in Prog. 1 definiert.

Der Anfangswert von s legt fest, wie viele Prozesse sich gleichzeitig in dem durch s kontrollierten kritischen Abschnitt befinden, also das durch die Zustandsvariable s kontrollierte Betriebsmittel belegen dürfen. Damit der Zugriff auf eine Semaphorvariable nicht selbst wieder zu Konflikten führt, müssen sich P- und V-Operationen eines Semaphors wechselseitig ausschließen, also eigene kritische Abschnitte bilden.

Eine Realisierung des wechselseitigen Ausschlusses kann hardwaremäßig erfolgen. Es gibt aber auch softwaremäßige Lösungen.

```
type semaphor = 0 .. „unendlich";
procedure P (var s: semaphor);
begin
   if s ≥ 1 then s := s − 1 else
   begin
      „Stoppe den ausführenden Prozess";
      „Trage ihn in die Warteschlange W(s) ein"
   end
end;
procedure V (var s: semaphor);
begin
   s := s + 1;
   if „Warteschlange W(s) nicht leer" then
   begin
      „Wähle einen Prozess Q aus W(s) aus";
      „Springe zu der P-Operation in Q, durch die Q gestoppt wurde"
   end
end;
```

Nebenläufigkeit (Prog. 1): Definition der P- und V-Operation

▶ *Beispiel:*

Prozess 1	*Prozess 2*
P(s);	P(s);
„kritischer Abschnitt";	„kritischer Abschnitt";
V(s);	V(s);
„unkritischer Abschnitt";	„unkritischer Abschnitt"; ◀

▶ *Beispiel:* Die in obigem Beispiel angegebenen beiden Prozesse erfüllen durch die in Prog. 2 angegebenen Programmstücke den wechselseitigen Ausschluss. Durch die Variablen s1 bzw. s2 signalisieren die Prozesse, dass sie in ihren kritischen Abschnitt eintreten möchten. Der Nachteil der softwaremäßigen Lösung ist, dass durch das Aufeinanderwarten der Prozesse innerhalb der repeat-Schleifen ständig Rechenzeit verbraucht wird *(aktives Warten)*. Weiterhin könnte der Fall eintreten, dass die Zuweisungen „s1 := true" und „s2 := true" immer exakt gleichzeitig erfolgen. Theoretisch können dann die Prozesse unendlich lange in den repeat-Schleifen verweilen. Die Lösung in Prog. 3 schließt diese Situation aus, die while-Schleifen mit leerem Schleifenrumpf bewirken, dass genau einer der Prozesse wartet. ◀

Das folgende Beispiel demonstriert die Funktionsweise des Semaphorkonzepts anhand einer innerhalb eines ↑Betriebssystems häufig vorkommenden Aufgabenstellung, des *Erzeuger-Verbraucher-Problems.*

▶ *Beispiel:* Zwei Prozesse, der Erzeuger und der Verbraucher, liefern Daten bzw. nehmen Daten in Empfang. Der Erzeuger legt seine Daten in einem Puffer (z. B. Lager oder Briefkasten) ab, der Verbraucher übernimmt sie von dort. Dieser Vorgang ist z. B. typisch für die gepufferte Kommunikation zwischen einem Benutzerprogramm und einem Kanal bei der ↑Geräteverwaltung. Das Erzeuger-Verbraucher-System ist in Abb. 1 als ↑ Petrinetz dargestellt. Abb. 2 zeigt das System, wenn der Puffer eine feste Kapazität (hier: 5) nicht überschreiten darf.
In der programmiersprachlichen Realisierung Prog. 4 schreibt der Erzeuger

```
                    var s1, s2: boolean;
                    s1 := false; s2 := false;
                    .
                    .
                    .
Prozess 1                            Prozess 2
.                                    .
.                                    .
.                                    .
var fertig1: boolean;                var fertig2: boolean;
fertig1 := false;                    fertig2 := false;
repeat                               repeat
   s1 := true;                          s2 := true;
   if not s2 then                       if not s1 then
      „kritischer Abschnitt";              „kritischer Abschnitt";
      fertig1 := true                      fertig2 := true
   fi;                                  fi;
   s1 := false                          s2 := false
until fertig1;                       until fertig2;
„unkritischer Abschnitt";            „unkritischer Abschnitt";
.                                    .
.                                    .
.                                    .
```

Nebenläufigkeit (Prog. 2): wechselseitiger Ausschluss ohne Semaphore (einfache Version)

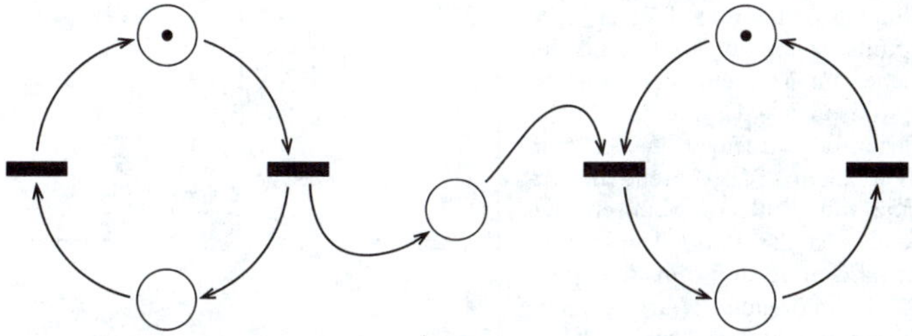

Nebenläufigkeit (Abb. 1): Erzeuger-Verbraucher-System, dargestellt als Petrinetz

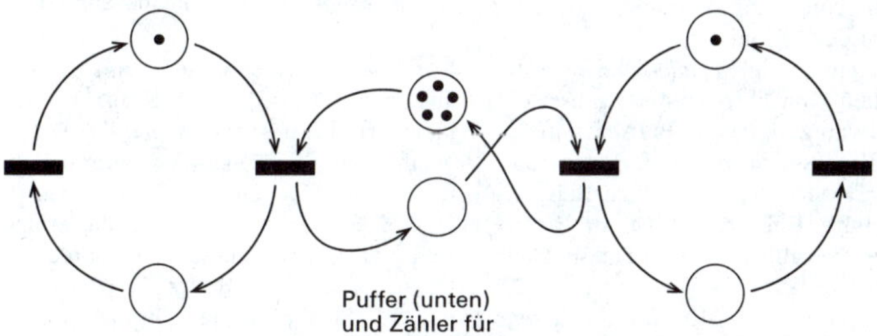

Nebenläufigkeit (Abb. 2): Erzeuger-Verbraucher-System, mit beschränktem Puffer (hier: Puffergröße = 5)

```
                    var s1, s2: boolean;
                        turn: integer;
                    s1 := false; s2 := false; turn := 1;
                    .
                    .
                    .
Prozess 1                             Prozess 2
.                                     .
.                                     .
.                                     .
s1 := true;                           s2 := true;
turn := 2;                            turn := 1;
while s2 and (turn = 2) do;           while s1 and (turn = 1) do;
   „kritischer Abschnitt“;               „kritischer Abschnitt“;
s1 := false;                          s2 := false;
„unkritischer Abschnitt“;             „unkritischer Abschnitt“;
.                                     .
.                                     .
.                                     .
```

Nebenläufigkeit (Prog. 3): wechselseitiger Ausschluss ohne Semaphore (verbesserte Version)

ein Datum in den Puffer, falls er noch nicht gefüllt ist (nichtvoll > 0) und der Verbraucher im Moment nicht auf ihn zugreift (gesperrt = 1). Ist der Puffer voll, wartet der Erzeuger in der zum Semaphor „nichtvoll" gehörenden Warteschlange auf Entleerung durch den Verbraucher; ist der Puffer leer, wartet der Verbraucher in der zum Semaphor „nichtleer" gehörenden Warteschlange auf Füllung durch den Erzeuger. Der Semaphor „gesperrt" sorgt dafür, dass höchstens einer der beiden Prozesse auf den Puffer zugreifen kann. ◀

Eine andere Möglichkeit, wechselseitigen Ausschluss zu realisieren, ist das Konzept des ↑Monitors.

Verklemmung (engl. *deadlock*): Einer der möglichen Konflikte bei der wechselseitigen Benutzung von Betriebsmitteln durch Prozesse lässt sich folgendermaßen charakterisieren (vgl. auch Beispiel zu Beginn): Ein Prozess ist im Besitz eines Betriebsmittels A und benötigt im weiteren Verlauf das Betriebsmittel B, welches jedoch im Moment im Besitz eines anderen Prozesses ist. Der letztere Prozess benötigt seinerseits das Betriebsmittel A, um seine Verarbeitung fortsetzen zu können.

Ergebnis: Keiner der Prozesse kann weiterarbeiten.

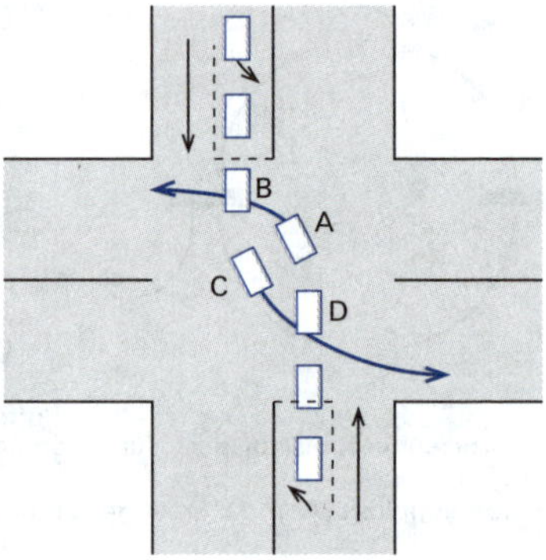

Nebenläufigkeit (Abb. 3): Linksabbiegen

▶*Beispiel:* Verklemmung beim Linksabbiegen (Abb. 3). Die Kreuzung ist blockiert. Keines der in die Kreuzung gefahrenen Fahrzeuge kann seine Fahrt fortsetzen. Nur ein radikaler Eingriff (z. B. Rückwärtsfahren) kann die Situation klären. Die Fahrzeuge entsprechen Prozessen, die im Besitz des Betriebsmittels „Straßenfläche" sind. A wartet auf die Freigabe von Straßenraum durch B, B auf C, C auf D und D wiederum auf A. Das Beispiel zeigt eine charakteristische Bedingung für eine Verklemmung: eine geschlossene Kette des gegenseitigen Aufeinanderwartens. ◀


```
          var nichtvoll, (* Puffer ist nicht voll *)
              nichtleer, (* Puffer ist nicht leer *)
              gesperrt (* Puffer wird gelesen oder beschrieben *)
                 : semaphor;
              nichtvoll := n; (* Der Puffer hat n Plätze *)
              nichtleer := 0; gesperrt := 1;

Erzeuger                                  Verbraucher
repeat                                    repeat
   „Erzeuge Datum";                          P(nichtleer);
   P(nichtvoll);                             P(gesperrt);
   P(gesperrt);                              „Entnimm Datum aus den Puffer";
   „Transportiere Datum in den Puffer";      V(gesperrt);
   V(gesperrt);                              V(nichtvoll);
   V(nichtleer)                              „Verbrauche Datum"
until „unbestimmt";                       until „unbestimmt";
```

Nebenläufigkeit (Prog. 4): Erzeuger-Verbraucher-Problem

Eine einfache, jedoch nicht immer günstige Strategie zur Vermeidung von Verklemmungen erhält man durch die Festlegung, dass Prozesse alle benötigten Betriebsmittel nicht nacheinander im Laufe ihrer Abarbeitung anfordern dürfen, sondern immer auf einmal im Voraus anfordern müssen. Diese Strategie des frühzeitigen Sperrens verwendet man oft beim Zugriff auf Teile von Datenbanken und spricht dort von *Sperrprotokollen.*
Ein weiteres Beispiel zur Nebenläufigkeit und damit zusammenhängenden Problemen befindet sich unter dem Stichwort ↑ Philosophenproblem. Zur Programmierung nebenläufiger Prozesse eignen sich Sprachen wie ↑ Ada, ↑ Java und ↑ OCCAM.

Nebenstellenanlage [engl. *private automatic branch exchange,* daher auch *PABX-System* oder kurz *PBX-System* genannt]: Anlage zur Verbindung von Endgeräten durch Anwählen innerhalb eines Privatgeländes, vorzugsweise gedacht und genutzt für Telefon und Fax. Die Verbindung zwischen zwei Teilnehmern wird bis zur Beendigung dauerhaft aufrechterhalten (Durchschalteprinzip); sie wird durch Steuersignale, die durch das Abheben und Wählen ausgelöst werden, aufgebaut, sofern Kanäle frei sind, und durch Einhängen oder Neuwählen wieder abgebaut. Bei Nebenstellenanlagen können Verbindungen zeitweise zurückgestellt (z. B. Unterbrechungen für Rückfragen mit anderen Dienststellen) oder umgelenkt (Weiterleiten des Anrufs) und allgemein Dienste wie bei ↑ ISDN realisiert werden. Diese Anlagen werden schrittweise durch ↑ Intranets verdrängt.

Netzcomputer (NC): Heutige (Personal-)Computer besitzen eine Festplatte hoher Kapazität, auf der alle benötigten Informationen und Betriebs- und Anwendungssoftware vorhanden sind, und verfügen über eine große Rechenleistung. Dies ist prinzipiell nicht notwendig: Alle Software und Daten könnten auch irgendwo im ↑ Internet verbleiben und würden bei Bedarf entweder auf den eigenen Rechner geladen oder über ↑ Prozedurfernaufruf auf fremden Rechnern ausgeführt. Ein Benutzer benötigt dann nur noch einen robusten und preiswerten kleinen Rechner mit Netzzugang. Solche Rechner, die nur über eine minimale Grundsoftware verfügen müssen, um mit anderen Rechnern im Netz zu kommunizieren, bezeichnet man als Netzcomputer. Wichtige Vorteile sind: Die gesamte Software liegt stets in ihrer aktuellsten Form vor und wird zentral betreut und gewartet, alle Installationen entfallen, jeder Benutzer kann auf beliebige Großrechnerfunktionen zugreifen und Bedienungsfehler können stark verringert werden. Anbieter solcher ↑ Dienste bezeichnet man als Application Service Provider (Abk. ASP). Als nachteilig empfinden viele Benutzer, dass sie für jeden Informationsvorgang zahlen müssen, auch wenn diese Beiträge klein sind und man bei der Anschaffung Kosten spart, dass sie nicht mehr autonom arbeiten, sondern von externen Verhältnissen abhängig werden können und dass sie für aufwendige Bildverarbeitungen und andere Berechnungen eventuell wegen Netz- oder Serverüberlastungen größere Wartezeiten in Kauf nehmen müssten. Netzcomputer wurden vielfach angekündigt, sind aber bisher noch nicht für jedermann verfügbar.

neuronales Netz [engl. neural network]: Verschaltung von gleichartigen, relativ einfachen Bausteinen zu einem Netzwerk und Informationsweiterleitung in diesem Netz nach Prinzipien, wie sie bei biologischen Nervenzellen *(Neuronen)* vorliegen. Neuronale Netze sind Modelle für spezielle Formen der Parallelverarbeitung, wobei die Systeme ihre künftigen Tätigkeiten in einem vorgeschalteten Prozess erlernen. Für diese massiv *parallele* Informationsverarbeitung werden auch die Begriffe ↑ Konnektionismus und *Parallel Distributed Processing,* abgek. *PDP,* verwendet. Neuronale Netze werden zur ↑ Mustererkennung, zur Sprachanalyse, zur Spracherzeugung (↑ linguistische Datenverarbeitung) und zur Bildverarbeitung (↑ Künstliche Intelligenz), zur Realisierung von ↑Assoziativspeichern, zum schnellen Auffinden guter Näherungslösungen bei aufwendigen Problemen (↑Komplexität) und in Theorien und Modellierungen der Physik, der Biologie und der Psychologie eingesetzt. Man zählt sie heute zum Bereich des ↑Softcomputing.

Die Bausteine neuronaler Netze sind modifizierte Schwellenwertelemente, meist mit eigenem Speicher. Die Weiterleitung von Werten geschieht längs der Verbindungen im Netz, wobei die Werte in unterschiedlicher Weise gewichtet werden und sowohl aktivierend *(excitatorisch)* als auch hemmend *(inhibitorisch)* auf andere Bausteine wirken können. Entsprechend der Verschaltungen, der Einbeziehung der Zeit und der Funktionsberechnung in den Bausteinen unterscheidet man unterschiedliche Typen von neuronalen Netzen. Weiterhin muss man zwischen der Lernphase und der Einsatzphase der Netze trennen.

Die Untersuchung von Netzwerken, die sich am menschlichen Gehirn orientieren, gehen auf Arbeiten von *W. S. McCulloch* und *W. Pitts* (1943), *M. Minsky* (1954), *J. von Neumann* (1956) und *F. Rosenblatt* (1958) zurück. Neuronenmodelle erwiesen sich für die damalige Technik aber als zu komplex. Erst seit 1980 entsteht eine Flut von Modellbildungen, Resultaten und Realisierungen. Das menschliche Gehirn besteht aus etwa 10^{10} Nervenzellen. Die meisten dieser Neuronen besitzen den in Abb. 1 skizzierten Aufbau: Sie bestehen aus einem Zellkörper, von dem aus manchmal nur wenige, oft aber eine Vielzahl von Auswüchsen, so genannte *Dendriten,* und ein spezieller längerer Fortsatz, das *Axon,* ausgehen. Das relativ lange Axon kann baumartig in viele tausend Verästelungen auslaufen; jedes solche Ende kann mit einem Dendriten oder dem Zellkörper einer anderen Nervenzelle verbunden sein. Die etwas verdickte Verbindungsstelle zwischen einem Dendriten und dem Ende eines Axons nennt man *Synapse* (Abb. 2). Zellen befinden sich in einem „Aktivierungs"-Zustand, der einem elektrischen Potenzial an der Zellmembran entspricht. Die Informationsübertragung erfolgt durch Veränderung des elektrischen Potenzials (so genannte *Erregung)*

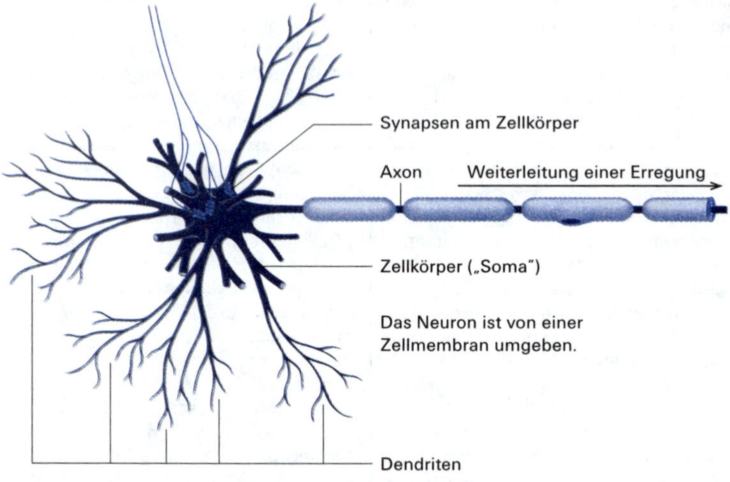

neuronales Netz (Abb. 1): Aufbau eines Neurons

an den Zellmembranen der Neuronen: Über Synapsen werden die Dendriten von außen erregt; übersteigt hierbei die Summe der Erregungen zusammen mit dem Aktivierungszustand einen Schwellenwert, so breitet sich ein elektrischer Impuls aus, der über das Axon an andere Neuronen weitergeleitet wird. Die Stärke des Impulses hängt von der Stärke der Erregungen an den Dendriten ab; wie stark der Impuls als Erregung von den nachfolgenden Neuronen aufgenommen wird, wird durch die Größe der Synapse bestimmt. Eine Synapse wächst oder schrumpft, wenn sie häufig bzw. nur selten zur Weiterleitung herangezogen wird. Welches Axon mit welchen Dendriten verbunden ist, liegt zunächst nicht fest. Vielmehr wachsen Axone und Dendriten aufeinander zu, was man zusammen mit der Größe der Synapsen als einen Teil des Lernprozesses von Lebewesen auffasst.

Aus diesen Beobachtungen lassen sich nun Modelle für Neuronen und ihre Verschaltungen entwickeln, die die biologischen Verhältnisse nicht realitätsgetreu nachbilden, sondern nur als theoretische Modelle für abstrakte parallele Systeme dienen.

Das Grundmodell für Neuronen zeigt Abb. 3. Die n Eingabeleitungen, an denen die Eingabewerte x_i anliegen, entsprechen den Enden von (in der Regel verschiedenen) Axonen, die über Synapsen mit Dendriten der Zelle verbunden sind. Entsprechend der unterschiedlichen Größe der Synapsen werden die Eingabeleitungen mit Faktoren w_i gewichtet. z ist der (Aktivierungs-)Zustand, der durch die Eingaben und die Gewichte entsprechend einer Funktion F zum Zustand z' verändert wird. Das Axon wird durch die Ausgabeleitung, die sich vielfach verzweigen darf, dargestellt. Der durch das Axon weitergeleitete Ausgabewert $y = f(x, w, z)$ ist abhängig von den Eingaben, den Gewichten und dem Zustand.

Das Axon kann mit vielen weiteren Neuronen verbunden sein. Man stellt daher die Bauelemente der neuronalen Netze

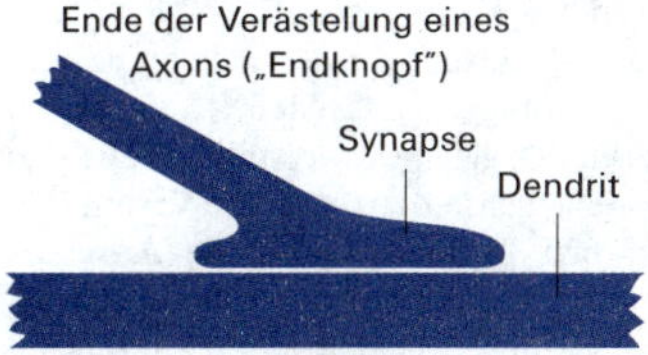

neuronales Netz (Abb. 2): Synapse (Verbindung zwischen einer Verästelung eines Axons mit einem Dendriten oder dem Zellkörper eines anderen Neurons)

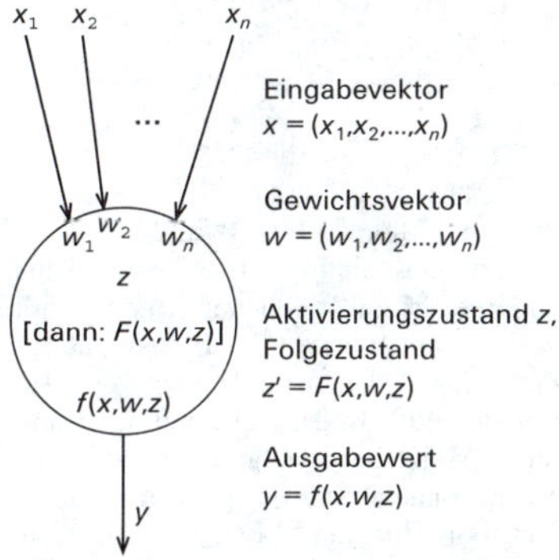

neuronales Netz (Abb. 3): Modell für ein Neuron

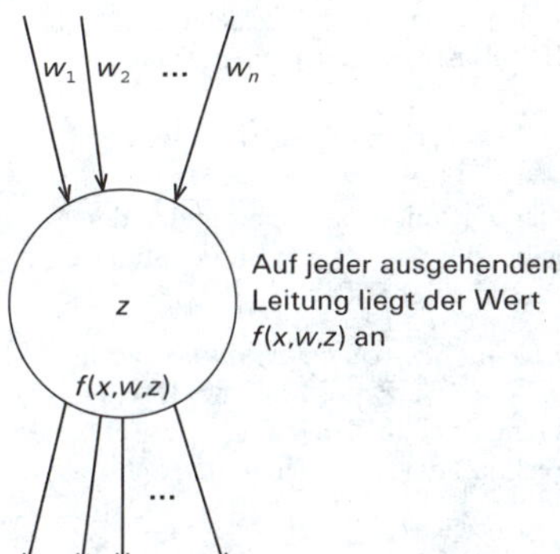

neuronales Netz (Abb. 4): Darstellung eines formalen Neurons

wie in Abb. 4 angegeben dar, d. h., von einem Neuron können viele Verbindungsleitungen ausgehen, auf denen überall der gleiche Wert anliegt. Die Gewichte w_i schreibt man an die Verbindungen; den Zustand z und die Ausgabefunktion f lässt man in der Regel weg, da sich diese Größen aus dem Zusammenhang ergeben.

Ein *formales Neuron* $N = (I, O, Z, n, f, F)$ ist somit eindeutig bestimmt durch

- die Eingabemenge I,
- die Ausgabemenge O,
- die Zustandsmenge Z,
- die Gewichtsmenge W,
- die Zahl der Eingänge n,
- die Zustandsübergangsfunktion $F: I^n \times W^n \times Z \to Z$,
- die Ausgabefunktion $f: I^n \times W^n \times Z \to O$.

Wenn die Mengen I, O, W und Z endlich sind, dann ist ein formales Neuron nichts anderes als ein ↑endlicher Automat mit Ausgabe (man fasse I^n als Eingabemenge und $W^n \times Z$ als Zustandsmenge des Automaten auf). In den Anwendungen sind diese Mengen meist gewisse Intervalle der rationalen oder der ganzen Zahlen.

Der Folgezustand z' und der Ausgabewert y können auf unterschiedliche Weise aus dem Eingabevektor $x = (x_1, \ldots, x_n)$ und dem Gewichtsvektor $w = (w_1, \ldots, w_n)$ entstehen. Übliche Funktionen sind:

Lineare Funktionen: Es seien I, O, Z und W Teilmengen der reellen Zahlen.

$$F(x, w, z) = f(x, w, z) = \sum_{i=1}^{n} x_i \cdot w_i$$

Der Zustand z ist immer gleich der Ausgabe, die sich als gewichtete Summe der Eingaben ergibt.

Lineare Schwellenwertfunktionen: Es seien $I = O = Z = \{0,1\}$ und W eine Teilmenge der reellen Zahlen. Es sei s eine reelle Zahl (die so genannte „Schwelle").

$$F(x, w, z) = f(x, w, z) = \begin{cases} 1, & \text{sofern } \sum_{i=1}^{n} x_i \cdot w_i - s \geq 0 \\ 0, & \text{sonst.} \end{cases}$$

Nur, wenn die Schwelle s überstiegen wird, erfolgt also eine Ausgabe.

Sigma-Pi-Funktionen: Es seien I, O, Z und W Teilmengen der reellen Zahlen. Jeder Eingabevektor x wird in k Teile $(x_{11}, \ldots, x_{1n_1})$, $(x_{21}, \ldots, x_{2n_2})$, $\ldots$, $(x_{k1}, \ldots, x_{kn_k})$ zerlegt, d. h.:

$$\begin{aligned} x &= (x_1, \ldots, x_n) \\ &= (x_{11}, \ldots, x_{1n_1}, x_{21}, \ldots, x_{2n_2}, \ldots, \\ &\quad x_{k1}, \ldots, x_{kn_k}), \end{aligned}$$

der Gewichtsvektor besteht nur noch aus k Komponenten $(w_1, \ldots, w_k)$,

$$F(x, w, z) = f(x, w, z) = \sum_{i=1}^{k} (w_i \cdot \prod_{j=1}^{n} x_{ij}).$$

Es werden also die Eingabewerte der Teilvektoren miteinander multipliziert und die Ergebnisse werden dann gewichtet summiert. Dadurch können Verbindungen durch andere Verbindungen direkt gesteuert werden. (Der Name „Sigma-Pi" kommt von dem Summen- und dem anschließenden Produktzeichen.)

Vorzeichenfunktion: $O = Z = \{-1, 1\}$, I wird nicht betrachtet, und W ist eine Teilmenge der reellen Zahlen. s sei eine reelle Zahl. Die Ausgabe ist gleich dem Zustand: $f(x, w\, z) = z$. Den Folgezustand erhält man durch:

$$F(x, w, z) = \text{sign}'(\sum_{i=1}^{n} x_i \cdot w_i - s),$$

wobei $\text{sign}'(u) = 1$ für $u \geq 0$ und $\text{sign}'(u) = -1$ für $u < 0$ die im Nullpunkt auf 1 gesetzte Vorzeichenfunktion ist.

Sonstige Funktionen: Als Menge Z wählt man auch gerne die Mengen $\{-1,1\}^r$ für eine natürliche Zahl r; dies entspricht den Ecken eines r-dimensionalen Würfels. Die Funktion F addiert dann zu einzelnen Komponenten eine gewichtete (Teil-)Summe der Eingaben und wendet sign' auf alle Komponenten an.

Der biologischen Vorlage entspricht als Zustandsmenge ein reelles Intervall von einem minimalen bis zu einem maximalen Potenzial, $Z = [\text{min, max}]$. Als F wählt man eine Funktion, die bei Eingabe 0 den Zustand allmählich, bei negativen Eingaben schneller auf den Wert min herunterfährt und bei positiven Eingaben in Richtung max erhöht.

Ebenso wählt man als Ausgabe gerne Mengen der Form $[-q, q]$ für eine Konstante q. Als Ausgabefunktion verwendet man dann eine „Rampen"-Funktion (mit einer Konstanten K; oberhalb von K, bzw. unterhalb von $-K$ wird der Wert q ausgegeben, sonst ein proportional dazwischen liegender Wert, Abb. 5):

$$f(x,w,z) = \begin{cases} q, & \text{falls } z > K \\ (q/K)\cdot z, & \text{falls } -K \le z \le K \\ -q, & \text{falls } z < -K \end{cases}$$

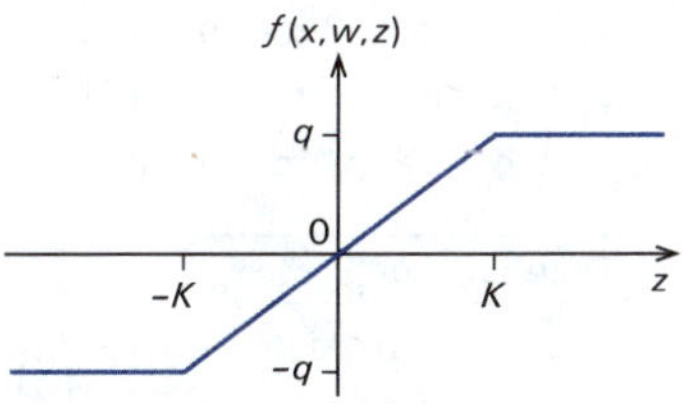

neuronales Netz (Abb. 5): Ausgabefunktion als „Rampen"-Funktion

In der Praxis werden je nach Problem zugeschnittene Varianten dieser Funktionen eingesetzt.

Ein *neuronales Netz* besteht aus vielen formalen Neuronen eines bestimmten Typs, die untereinander verbunden sind. Ein neuronales Netz ist somit ein gerichteter ↑Graph, dessen Knoten formale Neuronen sind. Gewisse Eingabeleitungen kommen von außen; die formalen Neuronen, in die diese Leitungen einlaufen, bilden die Eingänge des Netzes. Andere Leitungen führen nach außen; die entsprechenden Neuronen stellen die Ausgänge des Netzes dar. Bezüglich der Anordnung der formalen Neuronen und ihrer Verbindungen unterscheidet man

- zyklenfreie und rückgekoppelte,
- geschichtete, vollständig vernetzte

und beliebige Netzwerkstrukturen. *Linear geschichtet* heißt ein Netz, wenn die Knoten zu verschiedenen „Schichten" (engl. layer) gehören, wobei die Ausgänge aller Knoten einer Schicht nur zu Knoten der folgenden Schicht führen, also Schichten nicht übersprungen werden dürfen. Besondere Bedeutung besitzen

- *Feed-forward-Netze;* das sind zyklenfreie Strukturen, bei denen alle Kanten in Richtung zu den Ausgängen gerichtet sind. Ein wichtiger Spezialfall sind die *Back-propagation-Netze* (Abb. 6).
- *Top-down-Systeme;* das sind zyklenfreie Strukturen, bei denen alle Kanten in Richtung zu den Eingängen gerichtet sind,
- *interaktive Systeme* (im engeren Sinne); das sind geschichtete beliebige Strukturen, bei denen insbesondere Rückkopplungen zwischen zwei benachbarten Schichten zugelassen sind,
- *Hopfield-Netze* (nach *J. J. Hopfield,* amerikanischer Physiker); in diesen Netzen sind alle Knoten miteinander direkt verbunden (Abb. 7).

Zu einem Graphen gibt die Adjazenzmatrix an, welche Knoten miteinander verbunden sind. Bei Netzwerken bezieht man die Gewichte in diese Matrix W mit ein. Es sei $\{v_1, v_2, \ldots, v_r\}$ die Menge der formalen Neuronen des Netzes, dann sei

$$w_{i,j} = \begin{cases} \text{das Gewicht des formalen Neurons } v_j, \text{ das zu der Verbindung von } v_i \text{ nach } v_j \text{ gehört,} \\ 0, \text{ falls keine Verbindung von } v_i \text{ nach } v_j \text{ vorhanden ist.} \end{cases}$$

Die Matrix $W = (w_{i,j})_{i,j} = 1, \ldots, r$ heißt die Gewichts-, Verbindungs- oder *Konnektionsmatrix* des Netzes. Als Eingabevektoren e werden Vektoren $(e_1, \ldots, e_r)$ bezeichnet, die genau an der i-ten Position den Eingabewert besitzen, der von außen in das formale Neuron v_i eingegeben wird, und an allen anderen Positionen den Wert 0. Für jeden Ausgang v_j ist der Ausgabevektor a der Spaltenvektor, der an der j-ten Position eine 1 und sonst überall Nullen besitzt. Bei linearen Funktionen kann das beobachtbare Verhalten des Netzes für diesen einen Ausgang durch das Matrix-Vektorprodukt

$$e\, W^k\, a$$

beschrieben werden, wobei k die Anzahl der Schichten (ohne die Eingabeschicht) ist, siehe Abb. 6. Liegen m Ausgänge vor, so beschreibt der Vektor

$$(e\, W^k\, a_1, \ldots, e\, W^k\, a_m)$$

das Ein-Ausgabeverhalten des Netzes, wobei a_i der Ausgabevektor zum i-ten Ausgang ist. Bei anderen Funktionen gibt es keine derart einfache Darstellung. Neben den formalen Neuronen und deren Verknüpfungsstruktur gehören zu

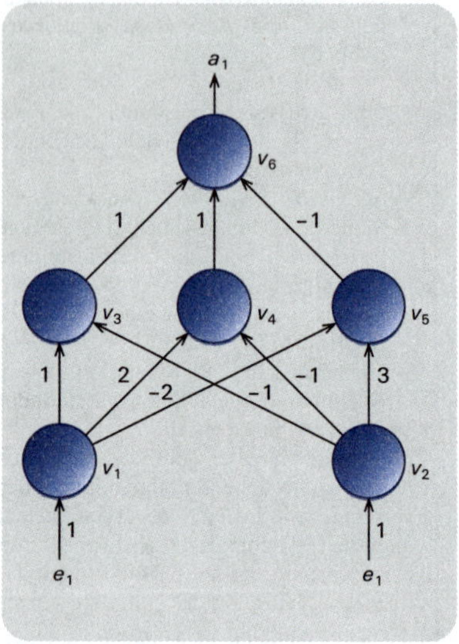

Verbindungsmatrix W

	v_1	v_2	v_3	v_4	v_5	v_6
v_1	0	0	1	2	-2	0
v_2	0	0	-1	-1	3	0
v_3	0	0	0	0	0	1
v_4	0	0	0	0	0	1
v_5	0	0	0	0	0	-1
v_6	0	0	0	0	0	0

Eingabevektor (Beispiel)

$e = (1\,2\,0\,0\,0\,0)$

Vektor für die Ausgabe $\quad a = \begin{pmatrix} 0 \\ 0 \\ 0 \\ 0 \\ 0 \\ 1 \end{pmatrix}$

Resultat nach zwei Schritten:

$e\,W\,W\,a = -5$

neuronales Netz (Abb. 6): ein Back-propagation-Netz (hier mit linearen Funktionen, in den Anwendungen werden meist Schwellenwert- und Sigma-Pi-Funktionen benutzt)

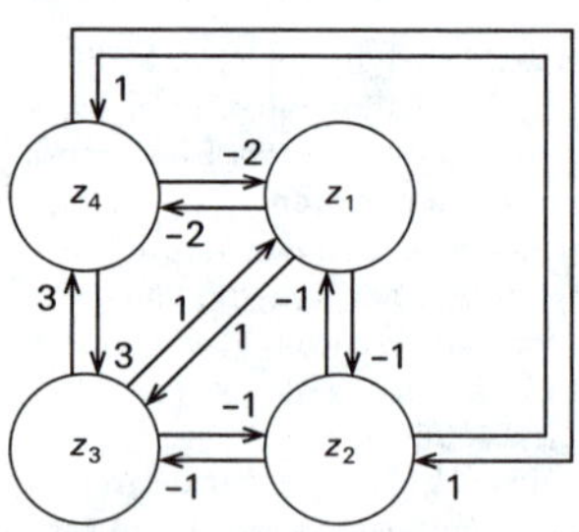

$Z = \{-1, 1\}$

Verbindungsmatrix W

0	-1	1	-2
-1	0	-1	1
1	-1	0	3
-2	1	3	0

Schwelle $s = 0.5$

Anfangssituation:
Alle Zustände haben den Wert 1.

Neuronales Netz (Abb. 7): Hopfield-Netz

den neuronalen Netzen noch die *Lernregeln.* Diese geben an, wie die Gewichte $w_{i,j}$ im Netz zu bestimmen sind, um eine vorgegebene Aufgabe bearbeiten zu können. Hierbei kann man zum einen zu erlernende Muster vorgeben und das Netz dazu bringen, diese zu klassifizieren *(überwachtes Lernen),* oder man kann das Netz alleine arbeiten lassen, wobei es Regelmäßigkeiten selbst entdecken oder in einen stabilen Gesamtzustand übergehen soll *(selbstständiges Lernen).*

Beim Lernen durch Vorgaben wird mit irgendwelchen Anfangsgewichten begonnen. Dann wird ein Eingabevektor e (ein sog. *Muster*) eingegeben und das Ergebnis an den Ausgängen des Netzes abgewartet. An jedem Ausgang v_j werden nun die Abweichungen $\delta_j = g_j - a_j$ der ausgegebenen (a_j) zu den gewünschten Werten (g_j) abgelesen, wobei bei der Ermittlung der Fehler auch die Veränderungen der Zustände zu berücksichtigen sind. Es sei y_i die Ausgabe des formalen Neurons v_i, dann ändert man das Gewicht $w_{i,j}$, das zur Verbindung von v_i zum Ausgang v_j gehört, meist mit der so genannten *Delta-Regel* ab:

$$\begin{aligned}\Delta w_{i,j} &= w_{i,j}(\text{neu}) - w_{i,j}(\text{alt}) \\ &:= \gamma \cdot \delta_j \cdot y_i.\end{aligned}$$

Hierbei ist γ eine geeignet gewählte reelle Konstante, die *Lernrate.* Sie sollte klein, aber nicht zu klein sein. Das Problem besteht bei fast allen Typen von neuronalen Netzen darin, die Lernregel in das Innere des Netzes, das ja von außen nicht beobachtet werden kann, fortzusetzen.

Beim selbstständigen Lernen kann man entweder ein Problem in ein neuronales Netz codieren und das Netz dann sich selbst überlassen oder man gibt dauernd irgendwelche Eingaben in das Netz, das sich aufgrund einer Lernregel hierbei laufend verändern kann, und wartet, bis die Gewichte sich kaum noch ändern. Im ersten Fall werden entweder alle Zustände gleichzeitig oder jeweils nur einige Zustände, die zufällig ausgewählt werden, neu berechnet; man hofft hierbei, dass das Netz in einen stabilen Gesamtzustand übergeht, der eine Lösung des codierten Problems darstellt. Im zweiten Fall wendet man oft das *Wettbewerbs-Lernen* (engl. *competitive learning*) an. Man geht von einem linear geschichteten Netzwerk ohne Rückkopplungen aus und unterteilt jede Schicht in paarweise disjunkte Cluster von Neuronen. Innerhalb jedes Clusters sind Querverbindungen erlaubt, die sämtlich inhibitorisch wirken müssen. Zur jeweils nächsten Schicht sind nur excitatorische Verbindungen zulässig. Das Lernen geschieht wie folgt: Bei einer Eingabe darf innerhalb eines Clusters immer nur das formale Neuron eine Ausgabe produzieren, das den größten Aktivierungszustand besitzt *(winner-take-all-network).* Es werden nun die Neuronen, die in ihrem Cluster den Wettbewerb gewonnen haben, für alle Schichten ermittelt und ihre Gewichte werden dann geeignet abgeändert.

Neuronale Netze klassifiziert man bzgl. ihrer Bauelemente, ihrer Netzstruktur und ihrer Lernregeln. Einige Beispiele sind:

Lineares Modell:
- Bauelemente: lineare Funktion
- Netzstruktur: linear geschichtet feedforward
- Lernregel: vereinfachte Delta-Regel
- Einsatzbereich: gering; denn lineare Modelle können stets auf eine Eingabe- und eine Ausgabeschicht reduziert werden.

Lineares Schwellenwert-Modell:
- Bauelemente: lineare Schwellenwertfunktion
- Netzstruktur: linear feed-forward
- Lernregel: Delta-Regel
- Einsatzbereich: Funktionsberechnungen, Assoziativspeicher

Back-propagation-Netzwerk:
- Bauelemente: beliebige Funktionen mit $f = F$
- Netzstruktur: linear geschichtet feedforward, vollständige Verbindung zur nächsten Schicht; meistens verwendet

man neben der Eingabeschicht nur eine innere Schicht („hidden layer") und eine Ausgabeschicht.
- Lernregel: Delta-Regel mit Back-propagation-Algorithmus, d. h., man ermittelt den Fehler, den das Netz macht, und propagiert ihn rückwärts durch das Netz, um die Gewichte geeignet abzuändern.
- Einsatzbereich: Sprachanalyse, Lernen komplexer Muster

Hopfield-Modell:
- Bauelemente: Vorzeichenfunktion
- Netzstruktur: vollständig vernetzt
- Lernregel: Es wird nicht gelernt, sondern das Netz soll schrittweise einem stabilen Gesamtzustand zustreben. Hierfür wird zufällig ein formales Neuron ausgewählt, das seinen Zustand neu berechnet. Dies wiederholt man, bis sich kein Neuron mehr verändert (oder erkennbare Zyklen auftreten). In Abb. 7 kann man z. B. mit $(z_1, z_2, z_3, z_4) = (1,1,1,1)$ starten. Zufällig wählt man z_2 aus und erhält den neuen Gesamtzustand $(1,-1,1,1)$. Wählt man nun zufällig z_1, danach z_3 und dann z_2, so durchläuft das Netz die Situationen $(-1,-1,1,1)$, $(-1,-1,1,1)$ und $(-1,1,1,1)$. Der zuletzt erreichte Gesamtzustand bleibt stabil; die Berechnung ist beendet. Das Beispiel besitzt drei stabile Zustände, nämlich $(-1,1,1,1)$, $(-1,1,-1,-1)$ und $(1,-1,-1,-1)$. Ausgehend von $(1,1,1,1)$ erreicht man nur $(-1,1,1,1)$. Von $(1,1,-1,1)$ aus kann man dagegen je nach Wahl der Zustandsfolge in jeden der stabilen Gesamtzustände gelangen. Wandelt man das Modell so ab, dass alle Zustände parallel neu berechnet werden, so erhält man ein zusätzliches Phänomen: Das Netz kann dann zwischen $(1,-1,-1,1)$ und $(-1,1,1,-1)$ hin und her oszillieren.
- Einsatzbereich: Gute Näherungslösungen für aufwendige Probleme (↑NP); Untersuchung physikalischer Modelle.

Man hofft, mit neuronalen Netzen relativ rasch Systeme erstellen zu können, die ihre Aufgaben durch Lernen, Training und Erfahrung erledigen, also ohne die sehr aufwendigen Programmierarbeiten des ↑Software-Engineering und ohne die teuren Wartungsprobleme. Die biologischen Vorbilder zeigen, dass dies möglich sein kann. Entsprechende Rechnerarchitekturen und Entwicklungsumgebungen zur Unterstützung neuronaler Systeme sind bereits auf dem Markt. Problematisch ist jedoch, dass bisher wenig theoretische Aussagen hergeleitet werden konnten. Für manche Modelle, wie das Hopfield-Modell, konnte man Stabilitätsaussagen beweisen, für die meisten Modelle liegen aber nur experimentelle Erfahrungen vor. Wie sich neuronale Netze in Grenzsituationen verhalten, ist weitgehend unbekannt, weshalb ihr Einsatz in Sicherheitsbereichen (Medizin, Verkehr, Militär usw.) noch nicht infrage kommt. Da auf dem Gebiet der neuronalen Netze intensiv geforscht wird, lassen sich zurzeit die künftigen Einsatzbereiche kaum abschätzen.

Nichtdeterminismus: Heutige Computer arbeiten *deterministisch,* d. h., zu jeder Situation können sie nur in höchstens eine Folgesituation übergehen. Für viele Zuordnungs- und Optimierungsprobleme (↑NP) lässt sich eine effiziente Lösung jedoch nur *nichtdeterministisch* beschreiben, d. h., der jeweils nächste Verarbeitungsschritt wird willkürlich oder auf irgendeine nicht näher erläuterte Weise aus einer endlichen Menge von Möglichkeiten gewählt. Führt jede dieser Möglichkeiten letztlich zur gleichen Lösung, so nennt man das Verfahren *determiniert* (↑ Determiniertheit). Ein typisches Beispiel ist die Wahl des Feldelements x bei ↑Quicksort: Quicksort liefert stets die sortierte Folge; die nichtdeterministische Auswahl von x beeinflusst nur die Laufzeit des Verfahrens. Im Allgemeinen liefert ein nichtdeterministisches Verfahren jedoch eine Vielzahl von Lösungen; man denke z. B. an die möglichen Zugfolgen bei einem Spiel, an die möglichen Wege bei der

Suche in einer fremden Stadt oder an die Lösungen beim ↑Rucksackproblem.

Um deterministische und nichtdeterministische Verfahren miteinander vergleichen zu können, muss man die Laufzeit und den Platzbedarf eines nichtdeterministischen Verfahrens definieren. V sei ein Verfahren, das das Entscheidungsproblem zu einer Sprache L löst, also als Eingaben Wörter w über einem Alphabet A erhält und ausgibt, ob $w \in L$ ist. Die nichtdeterministische Laufzeit $t_V(w)$ ist nur für Wörter $w \in L$ definiert, und zwar als die minimale Zahl von Schritten, die das Verfahren V benötigt, um zum Ende zu kommen. Die nichtdeterministische Laufzeit von V ist folgende Funktion T_V über den natürlichen Zahlen:

$$T_V(n) := \mathrm{Max}\{t_V(w) \mid w \in L \text{ und } |w| = n\}$$

für alle natürlichen Zahlen n. Für ein Backtrackingverfahren BR zur Lösung des Rucksackproblems ist die nichtdeterministische Zeitfunktion T_{BR} höchstens eine quadratische Funktion in der Länge n der vorgegebenen Zahlenfolge, da die Auswahl von k Zahlen der Folge nur linear viele Schritte und die Bildung der Summe nach der Schulmethode höchstens $\mathrm{c} \cdot n \cdot k \leq \mathrm{c} \cdot n^2$ viele Schritte (für eine geeignete Konstante c) benötigt.

Analog definiert man den Speicherplatzbedarf $S_V(n)$ für ein nichtdeterministisches Verfahren V als das Maximum aller Felder oder Speicherplätze, die das Verfahren für irgendeine Eingabe $w \in L$ der Länge n während irgendeiner Berechnung besucht oder nutzt.

Es ist noch unbekannt, ob man nichtdeterministische Verfahren effizient (d. h. zeitlich mit weniger als exponentiellem Zusatzaufwand oder platzmäßig günstiger als mit quadratischem Zusatzspeicher) durch deterministische Verfahren simulieren kann. Der Zusammenhang zwischen den entsprechenden ↑ Komplexitätsklassen DTIME und NTIME bzw. DSPACE und NSPACE ist Gegenstand intensiver Untersuchungen.

NOR-Funktion *(Peirce-Funktion* [nach *C. S. Peirce*], *Nicod-Funktion* [nach *I. Nicod*], *Antialternative):* eine ↑boolesche Funktion mit folgendem Schaltverhalten:

x	y	$\overline{x+y}$
0	0	1
0	1	0
1	0	0
1	1	0

Als Operationszeichen verwendet man auch $x \downarrow y$ oder $x \triangledown y$. Schaltzeichen:

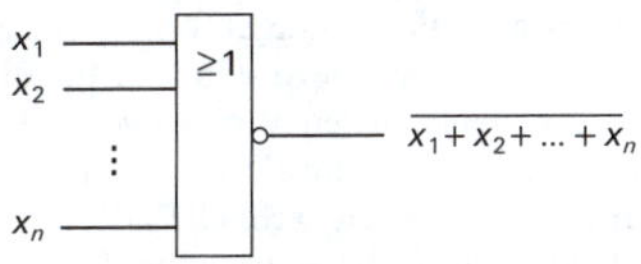

Älteres Schaltzeichen:

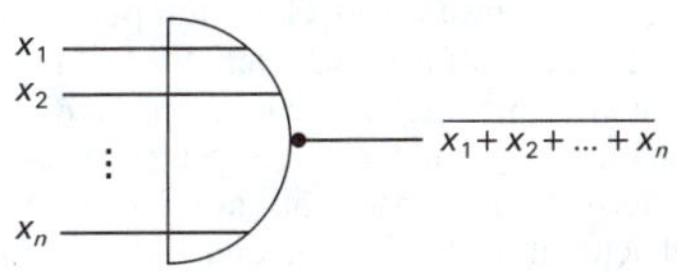

Jede n-stellige boolesche Funktion lässt sich durch ausschließliche Verwendung der NOR-Funktion darstellen, z. B. NOT und UND:

$$\bar{x} = x \downarrow x$$
$$x \wedge y = (x \downarrow x) \downarrow (y \downarrow y)$$

NOR-Gatter reichen aus, um beliebige Schaltkreise zu realisieren (vgl. ↑NAND-Funktion, ↑Bausteinsatz).

NOT-Funktion **(Negation):** einstellige ↑ boolesche Funktion mit folgendem Funktionsverhalten:

x	$\bar{x}$
0	1
1	0

Schaltzeichen:

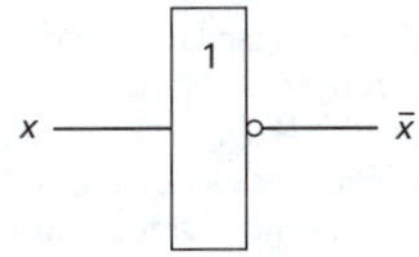

Älteres Schaltzeichen:

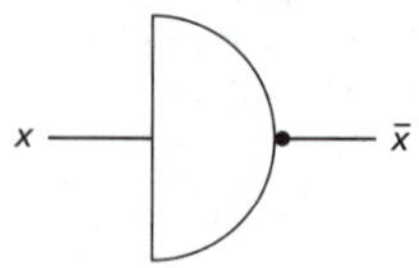

Statt $\bar{x}$ schreibt man auch $\neg x$ oder NOT x.

NP (**NP**-vollständig): **NP** ist die Menge aller Sprachen, die von einer **n**ichtdeterministischen ↑ Turingmaschine in **p**olynomialer Laufzeit erkannt werden können. Hinter dem Kürzel NP verbirgt sich eines der schwierigsten und für die Praxis bedeutsamsten Probleme der Informatik, nämlich die Frage, ob gewisse Aufgabenstellungen schnelle Lösungsverfahren besitzen oder nicht. Betrachten Sie als *Beispiel* folgende Aufgabe:

▶ Jemand besitzt 50 Goldklumpen von $g_1, g_2, \ldots, g_{50}$ Gramm. Der Einfachheit halber nehmen wir an, dass $g_1, g_2, \ldots, g_{50}$ natürliche Zahlen sind. Nach seinem Tode soll der Reichtum gleichmäßig an seine beiden Kinder fallen. Im Testament wurde festgelegt, dass das ältere Kind nur soviel Gramm mehr als das jüngere erben soll, als unumgänglich nötig ist, ohne die Goldklumpen zu zerschlagen.
Die Aufgabe lautet also: Man teile eine Menge von n natürlichen Zahlen $\{g_1, g_2, \ldots, g_n\}$ so in zwei Teile, dass die Summen der Zahlen in jeder der Teilmengen möglichst nahe beieinander liegen (im besten Falle gleich sind). Die Menge $\{7, 12, 15, 28\}$ muss man beispielsweise in die Teilmengen $\{7, 12, 15\}$ und $\{28\}$ zerlegen. Mit einem nichtdeterministisch arbeitenden Verfahren (↑Rucksackproblem) kann man das Problem sehr schnell, mit einem deterministischen dagegen bisher nur *sehr* zeitaufwendig lösen. ◀

Dieses Verteilungsproblem ist keineswegs theoretischer Natur, sondern es tritt in der Praxis sehr oft auf. Zum *Beispiel* mögen im Speicher eines Computers auszudruckende Daten von n Benutzern liegen, die jeweils $z_1, z_2, \ldots, z_n$ Zeilen umfassen, und es mögen zwei Drucker gleichen Typs zur Verfügung stehen. Dann sind alle Daten zum frühestmöglichen Zeitpunkt ausgedruckt, wenn man die Menge $\{z_1, z_2, \ldots, z_n\}$ in zwei Teilmengen so zerlegt, dass sich in jeder Teilmenge möglichst gleich viele auszudruckende Zeilen befinden. Entsprechende Algorithmen werden in Betriebssystemen benötigt, um ↑ Betriebsmittel optimal zuordnen zu können.

Mit **P** bezeichnet man die Menge aller Sprachen (Probleme), die ein deterministischer Algorithmus in **P**olynomialzeit, d. h. mit der Ordnung $O(p(m))$ (p Polynom), akzeptiert (löst). **NP** ist die Menge aller Sprachen (Probleme), die ein **n**ichtdeterministischer Algorithmus in **P**olynomialzeit akzeptiert (löst).

Offensichtlich gilt $\mathbf{P} \subseteq \mathbf{NP}$, denn jeder deterministische Polynomialzeitalgorithmus ist auch ein nichtdeterministischer Polynomialzeitalgorithmus. Es ist ein zentrales offenes Problem **(P = NP-Problem)** ob **P** = **NP** oder $\mathbf{P} \neq \mathbf{NP}$ ist, d. h. ob man mit deterministischen Algorithmen in Polynomialzeit genauso viele oder weniger Probleme (Sprachen) lösen (akzeptieren) kann wie mit nichtdeterministischen Algorithmen. Zu den Definitionen der Laufzeit siehe ↑Komplexitätsklassen und ↑Nichtdeterminismus.

▶ *Beispiele:*

(1) Offensichtlich liegt das ↑ Erfüllbarkeitsproblem in **NP**, da man eine Belegung der Variablen raten und in höchstens $O(n^2)$ Schritten prüfen kann, ob dadurch der boolesche Ausdruck erfüllt wird.

(2) Sei $L = \{vv^R \mid v \in \{0,1\}^*\}$ eine Sprache, wobei v^R das Spiegelbild von v bezeichnet. L enthält also alle 0-1-Folgen, wobei die zweite Hälfte der Folge das Spiegelbild der ersten Hälfte ist.
Der folgende deterministische Algorithmus akzeptiert L, d. h. er gibt „ja“ aus, falls das Eingabewort w aus L ist, und „nein“ sonst. Die Laufzeit des Algorithmus beträgt $O(|w|)$.

```
var w: array [1..„unendlich"] of {0,1};
    i,n: integer;
    gleich: boolean;
begin
   n := 0;
   while not „Eingabeende" do
      n := n + 1; read (w[n]) od;
   if „n ist gerade Zahl" then
      i := 1; gleich := true;
      while i ≤ n/2 and gleich do
         gleich := (w[i] = w[n + 1 - i]);
         i := i + 1 od;
      if gleich then write (‚ja')
                else write (‚nein') fi
   else write (‚nein') fi
end.
```

Man kann auch einen nichtdeterministischen Algorithmus für dieses Problem angeben. Da der deterministische Algorithmus beim Einlesen nicht feststellen kann, wo die Mitte des Eingabewortes $w = vv^R$ liegt, wo also v endet und wo v^R beginnt, muss er die gesamte Eingabe abspeichern. Der nichtdeterministische Algorithmus „rät" im Gegensatz dazu die Mitte von w. Er speichert nur v und vergleicht beim Lesen von v^R jedes Zeichen rückwärts mit den gespeicherten Zeichen. Im Vergleich zum deterministischen Algorithmus hat der nichtdeterministische nur eine halb so große Laufzeit (einmaliges statt zweimaliges Lesen der Eingabe) und einen halb so großen Speicherplatzbedarf (nur Abspeichern von v statt von v und v^R). Die Ordnung des nichtdeterministischen Algorithmus bleibt jedoch hiervon unberührt. Sie beträgt ebenfalls $O(|w|)$. Man beachte, dass der nichtdeterministische Algorithmus nur „ja"-Antworten gibt.

```
var v: array [1..„unendlich"] of {0,1};
       ziffer: {0,1};
       i,n: integer;
       gleich, mitte: boolean;
begin
   n := 0; mitte := false;
   while not „Eingabeende"
                        and not mitte do
      n := n+1;
      read (v[n]);
      (mitte := true | mitte := false)
   od;
   gleich := true;
   while n ≥ 1 and gleich
                 and not „Eingabeende" do
      read(ziffer);
      gleich := (ziffer = v[n]);
      n := n - 1 od;
   if gleich and n = 0
     and „Eingabeende"
     then write (‚ja') fi
end.
```

Wir haben hier die nichtdeterministische Anweisung

```
(mitte := true | mitte := false)
```

verwendet. Allgemein soll für n Anweisungen $a_1, \ldots, a_n$ die Anweisung

$$(a_1|a_2|\ldots|a_n)$$

bedeuten, dass willkürlich eine der n Anweisungen gewählt und ausgeführt wird.

(3) ↑Färbungsproblem: gegeben ist ein ↑Graph und eine Zahl k. Frage: Ist der Graph mit k Farben färbbar? Das Färbungsproblem ist in **NP.** Ein nichtdeterministischer Algorithmus belegt jeden Knoten des Eingabegraphen beliebig mit einer Farbe. Anschließend prüft er deterministisch nach, ob diese Färbung das Problem löst. Die Laufzeit des Algorithmus hängt linear von der Größe des Graphen ab.

```
„Lies den Graphen ein";
for all „Knoten v" do
   („Färbe v mit Farbe 1"|
   „Färbe v mit Farbe 2"|...
   |„Färbe v mit Farbe k") od;
if „für alle Kanten {x,y}
   des Graphen gilt:
   Farbe von x ≠ Farbe von y"
   then write (‚ja') fi;
```

(4) Hamiltonsches Problem (↑ Königsberger Brückenproblem): gegeben ist ein Graph. Frage: Gibt es einen Hamiltonschen Kreis, d. h. einen Weg, der an einem Knoten beginnt, alle Knoten des Graphen genau einmal passiert und wieder zum Ausgangsknoten zurückkehrt?

Das Hamiltonsche Problem ist in **NP:** Ein Algorithmus „rät" nichtdeterministisch eine Anordnung der Knoten und prüft anschließend nach, ob diese Anordnung einen Hamiltonschen Kreis bildet.
(5) Weitere Probleme in **NP** sind das ↑ Rucksackproblem, das ↑ Problem des Handlungsreisenden und das ↑ Cliquenproblem. ◀

Das Erfüllbarkeitsproblem und die obigen Beispiele (1) und (3) bis (5) haben die Eigenschaft, Elemente von **NP** zu sein. Trotz intensiver Bemühungen konnte bisher weder bewiesen noch widerlegt werden, dass diese Probleme auch in **P** liegen, also deterministisch in Polynomialzeit lösbar sind.
Diese Beobachtung hat zur Definition des Begriffs der **NP-Vollständigkeit** eines Problems bzw. einer Sprache geführt. Eine Sprache L (ein Problem Q) heißt NP-vollständig, wenn sie (es) zu den „schwierigsten" Sprachen (Problemen) in **NP** gehört. Das heißt: Die Laufzeit eines Algorithmus, der eine beliebige Sprache L' aus **NP** akzeptiert, unterscheidet sich von der Laufzeit eines geeigneten Algorithmus, der die Sprache L akzeptiert, höchstens um einen polynomialen Faktor. (Entsprechendes gilt für Probleme.) Findet man also einen deterministischen polynomial-zeitbeschränkten Algorithmus für ein NP-vollständiges Problem, so kann man aus diesem einen polynomial-zeitbeschränkten Algorithmus für *jedes* Problem aus **NP** ableiten. Zugleich gilt dann **P** = **NP.**
Hat man umgekehrt **P** ≠ **NP** gezeigt, so kann man kein NP-vollständiges Problem mit einem deterministischen Algorithmus in polynomial beschränkter Zeit lösen.
Der Begriff der NP-Vollständigkeit wird mithilfe der polynomiellen ↑ Reduktion definiert. Seien A und B Alphabete und $K \subseteq A^*$ und $L \subseteq B^*$ Sprachen. Dann heißt K auf L *polynomiell reduzierbar,* wenn es eine Abbildung $f: A^* \to B^*$ gibt, die in Polynomialzeit berechnet werden kann, sodass für alle $u \in A^*$ gilt: $u \in K \Leftrightarrow f(u) \in L$. Eine Sprache L heißt **NP-hart,** wenn *jede* Sprache $K \in$ **NP** polynomiell auf L *reduzierbar* ist. Liegt ein solches L zusätzlich in **NP,** so heißt L **NP-vollständig** (engl. *NP-complete).*
Eine Sprache ist also NP-vollständig, wenn sie einerseits selbst in **NP** liegt und wenn sich ihre Komplexität von der Komplexität *jeder* anderen Sprache in **NP** um nicht mehr als ein Polynom unterscheidet. NP-vollständige Sprachen sind (komplexitätsmäßig betrachtet) die schwierigsten Sprachen in **NP.** Eine NP-vollständige Sprache ist dann und nur dann in **P,** d. h. kann dann und nur dann durch einen deterministischen Polynomialzeitalgorithmus akzeptiert werden, wenn **P** = **NP** gilt. Man vermutet, dass **P** ≠ **NP** gilt und dass daher kein NP-vollständiges Problem mit einem effizienten Verfahren gelöst werden kann.

▶ *Beispiele:* Die folgenden Probleme sind NP-vollständig:
- *Färbungsproblem*
- *Hamiltonsches Problem*
- *Rucksackproblem*
- *Problem des Handlungsreisenden*
- *Erfüllbarkeitsproblem*
- *Cliquenproblem.* ◀

Um festzustellen, ob eine Sprache L NP-vollständig ist, gibt es eine relativ einfache Beweistechnik: Kennt man bereits eine NP-vollständige Sprache L_0, so zeigt man zunächst, dass $L \in$ **NP** gilt, und gibt anschließend eine polynomielle Reduktion von L_0 auf L an.
Im Jahre 1971 wies der Amerikaner *S. A. Cook* erstmals nach, dass das Erfüllbarkeitsproblem NP-vollständig ist, und begründete damit die Theorie der NP-Vollständigkeit. *R. M. Karp* bewies im Jahre 1972, aufbauend auf der NP-Vollständigkeit des Erfüllbarkeitsproblem, die NP-Vollständigkeit einer Reihe weiterer Probleme. Derzeit kennt man viele tausend NP-vollständige Probleme.

▶ *Beispiel:* Problem der *überdeckenden Knotenmenge.*

Gegeben ist ein ungerichteter Graph $G = (V, E)$ und eine natürliche Zahl k.

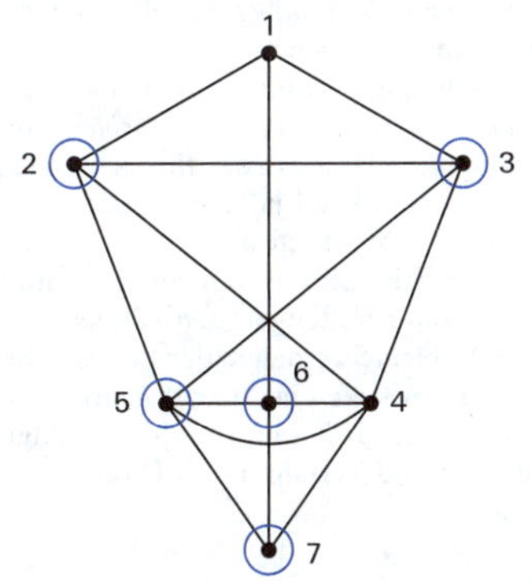

NP (Abb. 1): Graph mit einer überdeckenden Knotenmenge

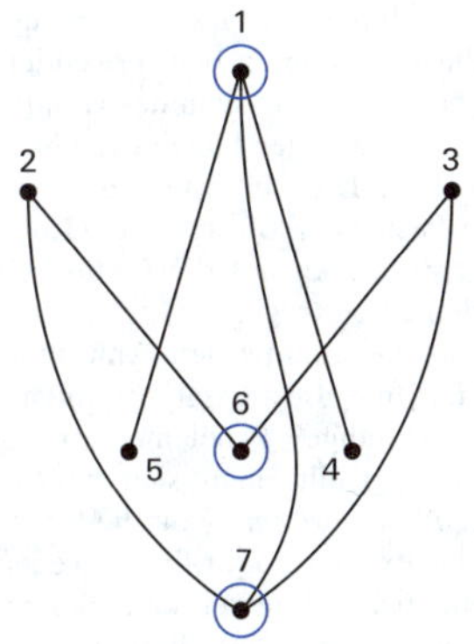

NP (Abb. 2): Komplementgraph des Graphen aus Abb. 1

Gesucht wird eine Teilmenge der Knoten $V' \subseteq V$ mit k Elementen, sodass mindestens einer der Endknoten *jeder* Kante in V' liegt, d. h. für alle $\{v, w\} \in E$ gilt $v \in V'$ oder $w \in V'$.
Abb. 1 zeigt einen Graphen und in blau eine überdeckende Knotenmenge.
Behauptung: Dieses Problem ist NP-vollständig.
1. Schritt: Das Problem der überdeckenden Knotenmenge ist in **NP.**
Ein nichtdeterministischer Algorithmus wählt zunächst nichtdeterministisch k Knoten aus. Dann überprüft er für jede Kante des Graphen, ob einer ihrer beiden Endknoten zu den k ausgewählten Knoten gehört. Führt der Test für alle Kanten zum Erfolg, so antwortet der Algorithmus mit „ja". Die Laufzeit des Algorithmus ist polynomiell zeitbeschränkt. Es folgt, dass das Problem in **NP** liegt.
2. Schritt: Das Cliquenproblem ist polynomiell auf das Problem der überdeckenden Knotenmenge reduzierbar. Sei $G = (V, E)$ ein Graph und k eine natürliche Zahl. $\bar{G}$ sei der Graph mit der gleichen Knotenmenge wie G. Zwischen je zwei Knoten von $\bar{G}$ gebe es genau dann eine Kante, wenn es zwischen den Knoten in G *keine* Kante gibt. $\bar{G}$ ist der *Komplementgraph* von G. Sei $k' = |V| - k$. Dann hat G genau dann eine Clique der Größe k, wenn $\bar{G}$ eine überdeckende Knotenmenge der Größe $k' = |V| - k$ besitzt.
Abb. 2 zeigt den Komplementgraphen des Graphen aus Abb. 1. Der Graph in Abb. 1 besitzt genau dann eine Clique der Größe 4, wenn der Graph in Abb. 2 eine überdeckende Knotenmenge der Größe 3 hat. Die drei blau markierten Knoten in Abb. 2 bilden eine solche Überdeckungsmenge. Die übrigen Knoten 2, 3, 4 und 5 bilden daher im Graphen aus Abb. 1 eine Clique.
Die Reduktion f, die das Paar (G, k) auf das Paar $(\bar{G}, \bar{k}) = (\bar{G}, |V| - k)$ abbildet, kann durch einen polynomiell zeitbeschränkten Algorithmus berechnet werden.
Aus den Schritten 1 und 2 folgt, dass das Problem der überdeckenden Knotenmenge NP-vollständig ist. ◄

Bei allen bisher aufgeführten Beispielen handelte es sich immer um Entscheidungsprobleme, bei denen nur die Antworten „ja" und „nein" möglich sind. Viele der obigen Probleme kommen in der Praxis aber als Optimierungsproblem vor, bei denen z. B. auch Zahlenwerte als Antworten möglich sind. Beim Färbungsproblem kann man z. B. nach einer Färbung des Graphen fragen, bei der die wenigsten Farben verwendet werden, oder beim Problem des Handlungsreisenden nach der Länge der kürzesten Rundreise. Die vorgestellten Konzepte lassen sich aber oft von den Entscheidungsproblemen auf die Optimierungsprobleme übertragen.

Ist man bei praktischen Anwendungen gezwungen, Lösungsalgorithmen für NP-vollständige Probleme zu entwickeln, so behilft man sich häufig mit *Näherungsalgorithmen,* da die bisher bekannten exakten Algorithmen wegen der exponentiellen Laufzeit kaum eingesetzt werden können. Diese liefern dann Lösungen, die von den exakten höchstens um einen vorzugebenden Prozentsatz abweichen. Für das Problem des Handlungsreisenden kennt man z. B. einen Näherungsalgorithmus, der in größenordnungsmäßig $O(n^2 \cdot \log_2 n)$ Schritten (n = Zahl der Städte) einen Rundweg findet, der höchstens doppelt so lang ist wie der kürzeste Weg (↑ Problem des Handlungsreisenden).

Häufig helfen aber auch Näherungsverfahren nicht weiter. Man kann bei vielen NP-vollständigen Problemen zeigen, dass auch jedes Näherungsverfahren, welchen Fehlerprozentsatz man auch immer vorgibt, wieder NP-vollständig ist. Ein Problem mit diesen Eigenschaften ist daher praktisch auf keiner Rechenanlage lösbar. Die Rechenzeit zur Lösung selbst kleiner Fragestellungen des Problems kann leicht ein Menschenalter überschreiten. Man sagt dann auch *„das Problem ist nicht effizient lösbar“,* um anzudeuten, dass es zwar theoretisch lösbar ist (man kann ja einen Algorithmus angeben), praktisch aber nach heutiger Kenntnis die Lösungen nicht in vernünftiger Zeit ermittelt werden können. Solche Probleme werden in der Praxis daher mit ↑Heuristiken in Angriff genommen, neuerdings auch mit ↑ parallelen Algorithmen und Verfahren des ↑Softcomputing.

Anmerkung: Zu den NP-vollständigen Problemen gehört auch das *Stundenplanproblem.* Hierbei muss man jeder Schulklasse zu jeder Stunde einen Lehrer mit einem Fach zuordnen, wobei Nebenbedingungen einzuhalten sind; z. B. wird für jede Klasse angegeben, wie viele Stunden jedes Fach zu unterrichten ist; es sind Freistunden für Klassen zwischen Unterrichtsstunden zu vermeiden; Lehrer können nicht gleichzeitig in verschiedenen Klassen unterrichten usw. In der Praxis löst man das Stundenplanproblem mit plausiblen Näherungsverfahren und beseitigt verbleibende Konflikte durch Absprachen. Will man jedoch für eine Schule den optimalen Stundenplan ermitteln, so würde eine heutige Rechenanlage an dieser Aufgabe noch arbeiten, wenn alle betroffenen Schüler die Schule bereits verlassen haben.

Objekt:

(1) Umgangssprachlich bezeichnet man als Objekt ein Element, eine Einheit, einen Gegenstand, etwas soeben Betrachtetes oder eine sonstige Größe.

(2) In der Informatik versteht man unter einem Objekt oft irgendeine Einheit, die durch einen Bezeichner benannt werden oder in Form von Daten oder als Zwischenergebnis in der Programmierung auftreten kann.

(3) Seit etwa 1990 verwendet man den Begriff Objekt in der Informatik vorwiegend für die Grundelemente der ↑objektorientierten Sprachen. Ein Objekt ist eine ausführbare Programmeinheit, die einen Zustand (dieser besteht in der Regel aus den Inhalten der lokalen Variablen des Objekts) besitzt, über gewisse Algorithmen (*Methoden* genannt) verfügt und *Nachrichten* (auch *Botschaften* oder Messages genannt) verschicken

und empfangen kann. Ein Objekt ist nach einem bestimmten Schema aufgebaut, genannt die ↑ Klasse, zu der das Objekt gehört. Diese Klassen können ihre Strukturen an aus ihnen abgeleitete Klassen weitergeben oder von anderen Klassen übernehmen; man spricht von ↑ Vererbung und Vererbungshierarchien auf Klassen, die sich in den Objekten widerspiegeln (vgl. Abb. 1). Ein Objekt ist eine Verkörperung, d. h. ein konkret ausgestaltetes Exemplar seiner Klasse und wird auch als ↑ Instanz der Klasse bezeichnet. Als spezielle Objekte fasst man z. B. ↑ Agenten, ↑ Applets und ↑ Module auf. Aus theoretischer Sicht handelt es sich bei Objekten um Exemplare von (abstrakten) ↑ Datentypen mit vollständiger Implementierung der Methoden, angereichert um die Vererbung und um den Informationsaustausch durch Nachrichten.

In der ↑ objektorientierten Programmierung basiert alles auf Objekten: Jede

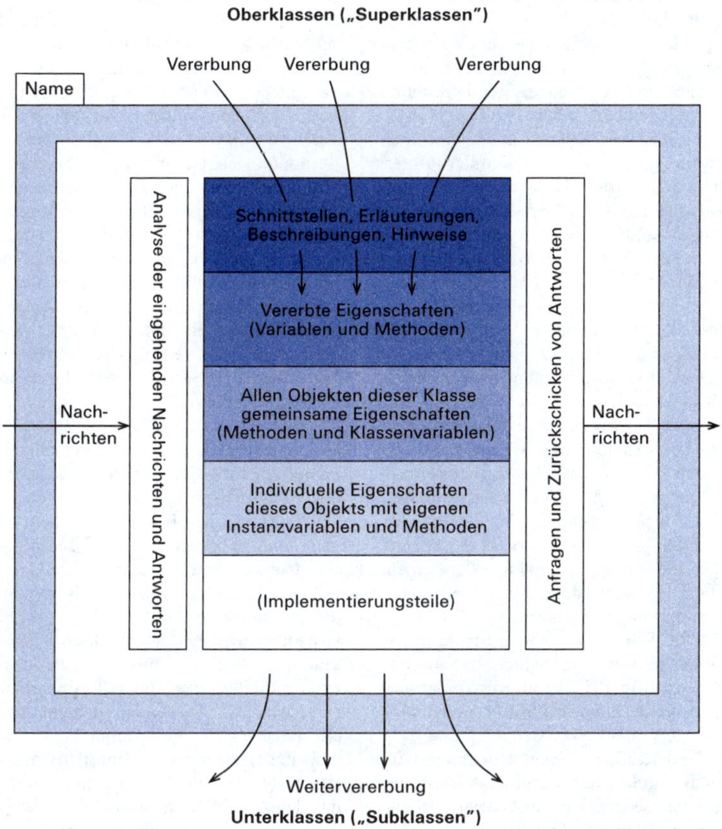

Objekt (Abb. 1): Definitionsschema für Objekte. Objekte sind Instanzen der durch das Schema definierten Klasse

Zahl, jeder Text, jede Matrix, jede abgeschlossene Programmeinheit usw. wird als Objekt mit einer einheitlichen Grundstruktur dargestellt. Dieses für alle Objekte gültige Schema ist in Abb. 1 wiedergegeben.

Zur Erläuterung von Abb. 1: Ein Objekt ist ein in sich abgeschlossenes Gebilde (blauer Rahmen). Von außen sieht man nur die Vererbungen und die Methoden, die das Objekt ausführen kann. Bei der Vererbung gibt man die „Eltern“ an, also die Namen anderer Objekte, deren gesamte Eigenschaften das neue Objekt dann ebenfalls besitzt.

Man kann beliebig viele Objekte erzeugen, die genau nach diesem Schema aufgebaut sind, aber nach ihrer Erzeugung ein Eigenleben führen und sich bzgl. ihrer Zustände (Werte) und damit auch ihrer Reaktionen voneinander unterscheiden werden. Objekte besitzen individuelle „Instanz“-Variablen (zum Anbinden anderer Objekte, meist einfach nur zum Ablegen von Werten); ihre Methoden (Algorithmen und zulässige Operationen) sind bereits in dem Schema (der Klassendefinition) festgelegt. Zusätzlich können alle Objekte einer Klasse gewisse Variablen gemeinsam nutzen (Klassenvariable). Im Implementierungsteil wird präzise ausformuliert, wie die Variablen und Methoden zu realisieren sind. Diesen Teil kann man austauschen, ohne dass es außen bemerkt wird. Was im Inneren der Objekte tatsächlich geschieht, interessiert nur den, der die Objekte implementiert, nicht aber diejenigen, die die Objekte in ihren Anwendungen einsetzen.

Die in Abb. 1 angegebene Struktur von Objekten muss sprachlich beschrieben werden. Ein Beispiel hierfür findet sich unter dem Stichwort ↑SMALLTALK-80.

▶ *Beispiele:* Der Objektbegriff wird oft auch anhand des Luftdrucks erläutert, der in einem geschlossenen Gefäß herrscht. Das Modell besteht aus *n* Objekten (den Molekülen des Gases), die Instanzen der gleichen Klasse sind, und aus einem Objekt, das die Gefäßwand repräsentiert. Die einzelnen Objekte im Inneren des Gefäßes tauschen durch „Zusammenstoßen“ Nachrichten untereinander aus: Geschwindigkeit, Richtung und jeweilige Stärke des Objekts werden hierbei wechselseitig mitgeteilt. Zugleich teilen die Objekte, die an die Gefäßwand stoßen, der Gefäßwand ihre Kenngrößen in Form einer Nachricht mit. Die Reaktionen der einzelnen Objekte auf diese Nachrichten sind: Die Moleküle ändern hierbei ihren Zustand, d. h. ihre aktuellen Werte für Geschwindigkeit und Richtung. Die Gefäßwand besitzt die Methode, alle Einzelnachrichten aufzusummieren und diesen Gesamtwert an ein Objekt „Messvorrichtung“ weiterzugeben, welches ihn als Luftdruck anzeigt. Nach diesem Modell kann man viele Naturvorgänge beschreiben, auch wenn man sie wegen der ungeheueren Vielfalt nur schwer simulieren kann. Ein anderes Beispiel sind Skatspieler: Man definiert eine Klasse „Skatspieler mit eigener Strategie“; Skatspieler sind dann Instanzen dieser Unterklasse. Hinzu kommt ein Objekt „Tisch“, welches die Karten verteilt, die sichtbaren und abgelegten Karten verwaltet und die Punkte anschreibt. ◀

In letzter Zeit stattet man Objekte mit immer mehr „Eigenleben“ aus. Dies kann dazu führen, dass Objekte Situationen erfassen, ihre Umgebung erkennen und dann aufgrund einer Wissensbasis selbstständig Entscheidungen fällen können, dass also die Objekte sich allmählich zu *Subjekten* wandeln.

Objẹktcode *(Objektprogramm):* Programm in ↑Maschinensprache, das von einem ↑Übersetzer oder ↑Assembler erzeugt wurde. Es handelt sich also um ein spezielles ↑Zielprogramm.

objektorientierte Programmierung: Philosophie des Programmierens, die von einer Welt ausgeht, die aus gleichberechtigten und einheitlich erscheinenden ↑Objekten besteht (↑Methoden der Informatik). Wie bei vielen Prinzipien, die in der Praxis „den Erfordernissen angepasst“ werden, gibt es auch beim objektorientierten Programmieren eine „Reine Lehre“. Diese baut nicht auf Prozeduren und Daten auf, sondern auf Zuständen, Aktivitäten und Kommunikation:

a) Es gibt *nur* Objekte, die sich nach außen alle einheitlich verhalten und alle gleichberechtigt sind.

b) Objekte besitzen Zustände, führen Operationen (*Methoden* genannt) aus und können Nachrichten empfangen und verschicken.

c) Um die Fähigkeiten von Objekten zu nutzen, schicken sich Objekte gegenseitig Nachrichten, durch die sie um die Erledigung einer bestimmten Aufgabe mithilfe einer Methode nachsuchen; das benachrichtigte Objekt antwortet dann mit einem Objekt, welches als Ergebnis an das fragende Objekt zurückgeschickt wird.

d) Objekte erledigen Aufgaben prinzipiell in eigener Verantwortung, d. h., sie lassen sich nicht vom fragenden Objekt aufzwingen, *wie* sie eine Aufgabe zu erledigen haben, sondern man kann ihnen nur sagen, *was* sie erledigen sollen.

e) Die Fähigkeiten und Zustände von Objekten können an andere Objekte *„vererbt“* werden.

f) Objekte treffen Zuordnungen prinzipiell dynamisch.

Oberstes Prinzip des objektorientierten Vorgehens ist es, Objekte stets nur von außen zu betrachten und ihren inneren Aufbau zu ignorieren. Dies ist für viele Programmierer eine völlige Umstellung, die gelernt haben, sich zuerst das Innenleben aller Programmteile genau anzusehen. Zugleich erfordert dies sehr viel Vertrauen: Da man Objekten nicht mehr die eigenen Algorithmen aufzwingen kann, muss man sich darauf verlassen, dass Objekte tatsächlich „richtig“ arbeiten. Diese Denkweise ist der menschlichen Denkwelt viel näher als die heutige gängige Form der Datenverarbeitung.

Derjenige jedoch, der Objekte konstruieren und definieren muss, benötigt ein klares Schema von der inneren Struktur von Objekten. Die Struktur wird durch so genannte *Klassen* festgelegt. Siehe hierzu Abb. 1 unter ↑Objekt.

Programmieren bedeutet aus objektorientierter Sicht nun: Man beschreibe Klassen von Objekten mithilfe der genannten Schemata, man kreiere konkrete Objekte (Instanzen) mittels der Operation „new“ und dann schicke man einem Objekt eine Nachricht, damit es eine Methode ausführe, um eine Aufgabe zu lösen. Dieses Objekt wird weiteren Objekten Nachrichten zur Lösung von Teilaufgaben schicken und deren Antworten werden die gestellte Aufgabe bearbeiten und schließlich eine Lösung zurückgeben.

Das objektorientierte Programmieren führt zu einer anderen Form der Programmierung: Probleme werden nicht dadurch gelöst, dass man die Lösung von Grund auf neu entwickelt, sondern man versucht, aufbauend auf einem Grobkonzept, Klassen zu finden, deren Zusammenwirken möglicherweise die Fragestellung lösen kann. Hierfür stehen in ↑objektorientierten Sprachen umfangreiche Klassenbibliotheken zur Verfügung. Zu diesen Klassen werden dann Unterklassen konstruiert, die speziell auf die Problemstellung zugeschnitten sind. Auf diese Weise erhält man frühzeitig ein erstes lauffähiges System (↑Prototyp), und das gewünschte Programmsystem entsteht durch schrittweises Annähern dieses Prototyps an die Erfordernisse. Man spricht deshalb von *„Konfigurieren“* als zentraler Vorgehensweise und von *„evolutionärer Systementwicklung“*.

In der Praxis kommen zu den genannten Prinzipien weitere Konzepte hinzu. Man spricht erst dann von objektorientierter Programmierung, wenn die *Vererbung* (möglichst als Mehrfachvererbung), die ↑ Polymorphie (Vielfältigkeit, dies ist die Möglichkeit, dass eine Variable zu verschiedenen Zeitpunkten auf Objekte verschiedener Klassen verweisen kann) und *dynamische Bindung* voll genutzt werden können, d. h.:

- Objekte bzw. Klassen müssen ihre Eigenschaften von anderswo beziehen und an andere weitergeben können.
- Eine Variable kann auf ein Objekt einer Klasse oder seiner Oberklassen verweisen; dies erkennt man erst zur Laufzeit und muss diese Zuordnung vornehmen. Ist die Sprache nicht typisiert, so muss man prüfen, ob diese Bindung zum aktuellen Zeitpunkt zulässig ist.
- Hat man herausgefunden, auf welches Objekt eine Variable verweist, dann muss man die auszuführende Methode in der Klasse dieses Objekts oder in einer seiner Oberklassen auffinden und starten.

In der Regel erwartet man auch ↑ Generizität, Behandlung von ↑ Ausnahmen und eine umfangreiche *Klassenbibliothek* (mit z. B. 50 grundlegenden und rund 500 weiteren, oft anwendungsspezifischen Klassen). Zusätzlich muss eine Entwurfsumgebung zur Verfügung stehen. Systeme zur objektorientierten Programmierung werden dadurch so umfangreich, dass es großer Erfahrung bedarf, um hiermit erfolgreich und effizient zu programmieren.

O

objektorientierte Sprache: Programmiersprache, die auf ↑ Objekten und ihrem Zusammenwirken beruht. In objektorientierten Programmiersprachen werden ständig Objekte erzeugt, aktiviert oder beendet und das Programmieren erfolgt durch Kooperation der jeweils aktiven Objekte. Die Objekte kommunizieren miteinander über Nachrichten, denen wiederum Objekte als Parameter angehängt sein können. Die Nachrichten können direkt an Objekte adressiert werden oder die Kommunikation erfolgt über „Kanäle“, die zwischen bestimmten Objekten fest installiert sind. Auf diese Weise verändern Objekte ihre Zustände und stoßen sich gegenseitig an, um Methoden auszuführen.

Objekte sind in sich abgeschlossene Einheiten: Man kann nicht von außen in sie eingreifen, sondern sie sind nur über Nachrichten ansprechbar und teilen Informationen auch nur auf diesem Weg mit *(Datenkapselung).* Weiterhin ist von außen nicht erkennbar, wie sie implementiert sind *(Geheimnisprinzip).* In manchen Sprachen sind diese beiden Prinzipien allerdings aufgeweicht. Weiterhin sind Objekte einzigartig, d. h., ein Objekt gibt es immer nur genau einmal. Die exakte Kopie eines Objekts ist daher ein neues und anderes Objekt.

Mit SIMULA 67 lag bereits frühzeitig eine Sprache vor, die viele objektorientierte Eigenschaften besaß. Bekannte objektorientierte Programmiersprachen sind C++, Eiffel, Java, Oberon und SMALLTALK; außerdem gibt es zu den meisten Programmiersprachen mittlerweile objektorientierte Erweiterungen. Vgl. auch ↑ objektorientierte Programmierung.

OCCAM (benannt nach *William of Occam*, engl. Philosoph, geb. um 1285, gest. 1347): prozessorientierte Programmiersprache zur Beschreibung ↑ paralleler Algorithmen. Sie gehört zu den imperativen ↑ Programmiersprachen. OCCAM besitzt die elementaren Datentypen ↑ integer, ↑ boolean, ↑ real, ↑ char, ↑ Byte mit den darauf definierten Standardoperationen (wie Addieren, Multiplizieren, Vergleiche, Anordnung usw., Ausdrücke sind vollständig zu klammern). Als zusammengesetzte Datentypen (↑ Datenstrukturen) können hierüber ↑ Felder und für Kommunikationskanäle ↑ Records gebildet werden; dynamische Datenstrukturen (↑ Listen) sind nicht zugelassen. Programmteile können zu ↑ Prozeduren zusammengefasst werden. ↑ Rekursion ist nicht erlaubt.

In OCCAM werden Prozesse und deren Kommunikation beschrieben. Zu den Prozessen zählen auch alle Kontrollstrukturen wie Zuweisungen, Ein- und Ausgabe, Fallunterscheidungen und Schleifen. Die Kommunikation erfolgt über bidirektionale Kanäle ohne Pufferung. Ein Kanal wird durch

```
CHAN ⟨Kanalname⟩
```

und Angabe der beteiligten Prozesse deklariert. Der Kanal kann zusätzlich einen Datentyp erhalten (CHAN OF ⟨Datentyp⟩), der dann als Protokoll für die Kanalkommunikation dient. Ein beteiligter Prozess kann von einem Kanal mit Namen ⟨Kn⟩ durch die Anweisung

```
⟨Kn⟩ ? ⟨Vn⟩
```

einen Wert lesen und der Variablen mit dem Namen ⟨Vn⟩ zuordnen. Durch

```
⟨Kn⟩ ! ⟨Ausdr⟩
```

wird der Wert des Ausdrucks ⟨Ausdr⟩ errechnet und auf den Kanal ⟨Kn⟩ gelegt. Die Variable, der Ausdruck und ggf. der Kanal müssen vom gleichen Datentyp sein. Sind zwei Prozesse über einen Kanal verbunden, dann wartet der Prozess, der eine Ausgabe produziert, so lange, bis der andere Prozess die Eingabe abruft, und umgekehrt; es findet also eine streng *synchrone Kommunikation* statt.

Für Realzeitverarbeitung (↑Betriebsart) steht ein Kanaltyp TIMER zur Verfügung, über den man die Systemuhr ansprechen kann. Die Ausführung von Prozessen kann durch das Sprachelement AFTER auf bestimmte Zeiten festgelegt werden. Hierdurch kann man auch das unbestimmte gegenseitige Warten umgehen.

Ein OCCAM-Programm ist im Wesentlichen eine Folge von Kanaldeklarationen der Form

```
CHAN ⟨Kanalname⟩ ⟨Angabe der beteiligten Prozesse durch deren Namen⟩
   ⟨Prozessname 1⟩:
      ⟨Programmstück 1⟩
   ⟨Prozessname 2⟩:
      ⟨Programmstück 2⟩
         ⋮
   ⟨Prozessname n⟩ :
      ⟨Programmstück n⟩
```

In den Programmstücken können nun übliche Anweisungsfolgen bestehend aus Wertzuweisungen (:=), Prozeduraufrufen, Anhalten des Programms (STOP), Schleifen (WHILE), Fallunterscheidungen (CASE und IF, deren Bedingungen nacheinander abgearbeitet werden; trifft keine Bedingung zu, so stoppt das Programm) und ↑bewachten Anweisungen (ALT) stehen. Klammerungen geschehen implizit durch Einrückungen (statt durch begin und end). Die Anweisungsfolgen können explizit als sequenziell auszuführen (Sprachelement SEQ), als parallel zu verarbeiten (PAR) oder als alternativ durchzuführen (ALT) gekennzeichnet werden. In einer Alternative müssen Kanalabfragen enthalten sein (siehe unten). Zusätzlich kann man für alle Prozesse einen Prozessreplikator (FOR) verwenden, der einen Prozess endlich oft vervielfacht. Das Programmstück

```
SEQ i = 0 FOR 9
  ein ? z[i]
```

bewirkt, dass die 10 Prozesse ein ? z[0], ein ? z[1], ..., ein ? z[9] nacheinander erzeugt und ausgeführt werden.

▶ *Beispiel:* Standardbeispiel ist der Erzeuger-Verbraucher-Prozess (↑Nebenläufigkeit), der sich aus einem produzierenden und einem konsumierenden Prozess zusammensetzt. Der Einfachheit halber erzeugen wir hier die ganzen Zahlen ab der Null:

```
CHAN ausliefern
   PAR
      ERZEUGER
      VERBRAUCHER
ERZEUGER:
   VAR ware: integer
   ware := 0
   WHILE true
      SEQ ausliefern ! ware
          ware := ware + 1
VERBRAUCHER:
   VAR kauf: integer
   WHILE true
      SEQ ausliefern ? kauf
          ⟨weitere Verarbeitung
          von kauf⟩
```

Eine ↑bewachte Anweisung (Alternative) kann neben den üblichen logischen Ausdrücken auch den Ausdruck

```
⟨Kn⟩ ? ⟨Vn⟩
```

enthalten. Die Bedeutung ist, dass die hierdurch bewachte Anweisung nur ausgeführt werden kann, falls der Kanal ⟨Kn⟩ mit einem Wert belegt wurde. In OCCAM muss eine bewachte Anweisung sogar stets solche Kanalabfragen enthalten. Die allgemeine Form der Alternative lautet:

```
ALT
⟨log.Ausdr_1⟩ & ⟨Kn_1⟩ ? ⟨Vn_1⟩
   [Programmstück 1]
      .
      .
      .
⟨log.Ausdr_m⟩ & ⟨Kn_m⟩ ? ⟨Vn_m⟩
   [Programmstück m]
```

Diese Anweisung kann nur ausgeführt werden, wenn mindestens einer der Kanäle ⟨Kn_1⟩ bis ⟨Kn_m⟩ mit einem Wert belegt ist und zugleich der zugehörige logische Ausdruck ⟨$log.Ausdr_i$⟩ den Wert true ergibt; treffen mehrere Auswertungen gleichzeitig zu, so wird einer (beispielsweise der j-te) nichtdeterministisch ausgewählt, die Anweisung

```
⟨Kn_j⟩ ? ⟨Vn_j⟩
```

ausgeführt und anschließend [Programmstück j] bearbeitet. Man kann jedoch die Auswahl eines Prozesses auch mithilfe einer Prioritätsangabe (PRI) steuern. In den Alternativen wird nicht auf *Fairness* (↑Petrinetz) geachtet. ◀

▶ *Beispiel:* Man betrachte:

```
WHILE true
   ALT
      kn_1 ? x_1 : y := y + x_1
      kn_2 ? x_2 : y := y + x_2
      kn_3 ? x_3 : y := y + x_3
```

Wenn in diesem Programmstück stets alle drei Kanäle einen Wert besitzen, so kann es (implementierungsabhängig!) geschehen, dass stets nur eine der drei Anweisungen zum Zuge kommt und die anderen beiden nie ausgeführt werden (unfaires Verhalten). ◀

OCCAM besitzt nur eine so genannte statische Parallelität, d.h., zu Beginn der Abarbeitung eines OCCAM-Programms muss feststehen, wieviele Prozesse parallel auftreten können. Hierdurch werden ernste Probleme bei der Implementierung vermieden, wie sie beispielsweise bei ↑ Ada auftreten, deren Programme beliebig viele parallele Prozesse erzeugen können und daher durch ein aufwendiges Laufzeitsystem überwacht werden müssen.

In OCCAM-Programmen müssen Angaben über die verwendete Rechnerarchitektur gemacht werden („Konfigurieren"). Durch Anweisungen der Form

```
PLACE ⟨Kn⟩ AT ⟨Zahl⟩
```

werden die Prozesse und Kanäle des Programms konkreten Prozessoren und Verbindungsleitungen, die durch Zahlen charakterisiert sind, zugeordnet. Insbesondere die spezielle Rechnerarchitektur der ↑Transputer, die vier Kommunikationskanäle besitzen, eignet sich gut für die Konfigurierung von OCCAM-Programmen. Aus diesem Grunde und wegen der (z. B. verglichen mit Ada) nicht sehr problemorientierten Sprachelemente hat man OCCAM auch schon als „hohen Transputer-Assembler" bezeichnet. In der Möglichkeit zur Konfigurierung liegt jedoch eine Stärke von OCCAM, da die Programmierer durch die Parallelverarbeitung deutliche Geschwindigkeitssteigerungen erzielen können.

ODER-Funktion *(OR-Funktion, Alternative, logische Summe, Disjunktion)*: Bezeichnung für eine ↑boolesche Funktion mit folgendem Funktionsverhalten:

x	y	$x+y$
0	0	0
0	1	1
1	0	1
1	1	1

Schaltzeichen:

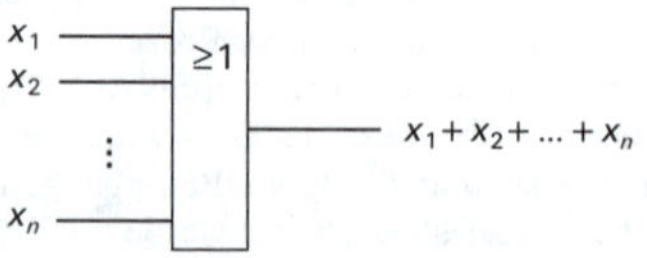

Älteres Schaltzeichen:

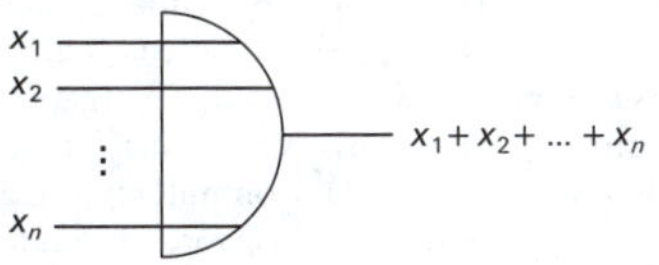

Anstelle des Symbols + verwendet man auch die Symbole ∨ und *OR*.

offenes System (engl. *open system*) *(offenes Kommunikationssystem):* System von miteinander verbundenen Datenendsystemen (auch *Teilhaber* oder *Anwendungsinstanzen* genannt, z. B. Terminals, Rechner, Drucker, Sensoren, Server usw.), deren Kommunikation durch Anforderungen festgelegt ist, sodass jedes weitere Endsystem, das diese Anforderungen erfüllt, in das System aufgenommen werden kann. Wichtige Kriterien für offene Systeme sind:

- Die Anforderungen sind nicht hersteller- oder geräteabhängig und auch nicht an eine spezielle Rechner- oder Netzarchitektur gebunden; sie beschreiben nur das für die Endsysteme sichtbare Kommunikationsverhalten. (Ein Netz, das verschiedene Hardwareeinrichtungen miteinander koppelt, ist daher in der Regel noch kein offenes System.)
- Die Endsysteme erledigen ihre Aufgaben in eigener Verantwortung; insbesondere sind sie unabhängig vom offenen System arbeitsfähig, nehmen aufgrund eigener Entscheidungen eine Kommunikation mit anderen Endsystemen auf und bauen die Kommunikationsverbindungen selbstständig auf und ab.
- In einem offenen System müssen verteilte Anwendungen problemlos realisierbar sein, d. h., die Verteiltheit darf keine Zusatzprobleme aus Sicht des Netzes bereiten. Weiterhin müssen verschiedene Anwendungen in einem offenen System integriert werden können.
- Alle Endsysteme „sprechen eine gemeinsame Sprache“, die in der Regel durch ↑Protokolle festgelegt wird.

Ein offenes System ist nun nicht etwa nur ein „dummes“ Übertragungsnetz, sondern es muss durch Bereitstellung von Dienstleistungsfunktionen (↑ Dienste) die Kommunikationsfähigkeit der einzelnen Endsysteme sicherstellen. Welche Protokolle und Dienste vorhanden sind, legt man durch ein Modell fest. Das wichtigste Modell für offene Systeme ist das sog. *ISO-Referenzmodell,* das aus sieben Schichten besteht, von denen die unteren vier Schichten transportorientiert und die oberen drei anwendungsorientiert sind; die 5. Schicht *(Sitzungsschicht,* engl. *session layer)* spielt hierbei eine wichtige Rolle, da sie die wechselseitigen Abstimmungen zwischen Endsystemen während einer Kommunikation regelt. Näheres siehe Protokollhierarchie unter ↑Datenübertragung. Um in einem solchen offenen System sinnvoll mitwirken zu können, müssen die Endsysteme über eigene Computersysteme verfügen, da sonst die Kommunikation nicht abzuwickeln ist.

Die zentrale Aufgabe offener Systeme ist die Gewährung freizügiger, ökonomischer und sicherer Kommunikation zwischen Endsystemen. Kommunikation muss problemlos zwischen unterschiedlichen Anwendern über das Netz möglich sein. Hierin liegt die wirtschaftliche Bedeutung offener Systeme: Sie können national (↑ISDN) und international (↑Internet) eingerichtet werden, aber auch innerhalb eines Büros oder einer Firma (↑Intranet) kann ein lokales Netz nach den gleichen Kriterien arbeiten. Zugleich liegen hier Kritikpunkte, die spätestens bei der Installation solcher Netze geklärt werden sollten: Wie lässt sich totale Überwachung verhindern, wer hat letztlich den Nutzen von solchen Systemen, kommt es zur Informationsüberflutung, in welche Abhängigkeiten gelangen Unternehmen und Individuen (↑Datenschutz) usw.?

Im Gegensatz zu offenen Systemen nennt man ein System *geschlossen,* wenn in ihm nur herstellergebundene Geräte eingesetzt werden können oder wenn die Kommunikation zwischen den

Endgeräten nicht in der Verantwortung der dort laufenden Prozesse liegt. Geschlossene Netze werden über ein Gateway an offene Systeme angeschlossen.

Oktalsystem: ↑Stellenwertsystem zur Basis 8.

Online [engl. ɔn 'laɪn]: Bezeichnung für den Tatbestand, dass ein Gerät unmittelbar mit einem anderen Gerät verbunden ist, sodass zwischen beiden Geräten ein verzögerungsfreier Kommunikationsverkehr möglich ist. Im Gegensatz dazu sind zwei Geräte *offline* verbunden, wenn zwischen ihnen keine direkte Verbindung besteht.

▶ *Beispiel:* Eine *Online-Verbindung* besteht bei einem Telefongespräch. Der Telegrammdienst ist eine *Offline-Verbindung,* da zwischen den beiden Partnern kein direkter und verzögerungsfreier Nachrichtenaustausch möglich ist. ◀

Im weiteren Sinne kennzeichnen die beiden Begriffe „online“ und „offline“ den zeitlichen Unterschied zwischen der Entstehung von Daten und ihrer Verarbeitung. Eine Rechenanlage arbeitet *online,* wenn eingegebene Daten sofort verarbeitet werden (Echtzeitbetrieb; ↑Betriebsart), und *offline,* wenn zwischen der Eingabe von Daten und ihrer Verarbeitung ein (theoretisch) beliebig langer Zeitraum liegen kann (Stapelbetrieb).

O

Operand: Objekt, mit dem eine ↑Operation durchgeführt werden kann, insbesondere Konstanten, Variablen und Ausdrücke. Formal definiert man den Operanden als Element der Definitionsmenge einer Operation. Häufig verwendet man die Bezeichnung „Operand“ nicht nur für einen an der Operation beteiligten Wert, sondern auch für die den Wert enthaltende Speicherzelle (oder Register).

Operateur [...'tø:r] *(Systemverwalter, Bediener,* engl. *operator):* Person, die (meist von einer ↑Konsole aus) eine Rechenanlage bedient. Zu den Aufgaben eines Operateurs gehören das Starten der Rechenanlage, das Einlegen von ↑Datenträgern in die zugehörigen Geräte, die Bedienung der Ein- und Ausgabegeräte und die Überwachung des Betriebsablaufs. Die Bedeutung des Operateurs hat in den letzten Jahren stark abgenommen, da seine Aufgaben heute vom ↑Betriebssystem wahrgenommen werden und da Computersysteme immer zuverlässiger geworden sind. Auch ↑Großrechner werden teilweise bereits ohne Operateure betrieben.

Operation (engl. *computer operation, instruction*): elementarer Arbeitsschritt oder Arbeitsvorgang in einer Rechenanlage. Hinsichtlich der Art einer Operation unterscheidet man folgende wichtige Typen:

a) arithmetische Operationen, z. B. Addition, Subtraktion;

b) logische Operationen, z. B. ↑UND-Funktion, ↑ODER-Funktion;

c) Transportoperationen, z. B. Kopieren des Inhalts einer Speicherzelle in ein ↑Register oder Verschieben eines Bereichs im Speicher;

d) Ein-/Ausgabeoperationen;

e) Operationen zur Steuerung des Kontrollflusses, z. B. ↑Sprünge;

f) Sonstige Operationen, z. B. zur Behandlung einer ↑Unterbrechung.

Der ↑Operationsteil eines ↑Befehls (↑Befehlsformat) bestimmt, welche Operation durchgeführt wird.

In der *Mathematik* definiert man eine Operation auf einer nichtleeren Menge M als Abbildung

$$f\colon M^n \to M;$$

n heißt *Stelligkeit* der Operation f. In der Praxis treten meist ein- und zweistellige *(unäre* und *binäre)* Operationen auf wie z. B. Negieren einer Zahl, Spiegeln eines Wortes, Addieren zweier Zahlen, Multiplikation zweier Matrizen, ↑Konkatenation zweier Wörter.

Eine Berechnung ist im Wesentlichen durch eine Folge von Operationen bestimmt. Dies nutzt man bei der operationalen ↑Semantik aus, um die Bedeutung eines Programms zu ermitteln.

Operations Research [engl. ɔpə 'rɛɪʃənz rɪ'sə:tʃ] (auch: *Unternehmensforschung*): wissenschaftliche Disziplin, die

sich mit Verfahren zur Vorbereitung von Entscheidungen bei der Führung von Betrieben, Verwaltungen und anderen Organisationen durch Anwendung mathematischer Methoden und Modelle befasst.
Lineare Probleme – meist handelt es sich um Zu- und Verteilungsprobleme im Beschaffungs-, Produktions- und Absatzbereich eines Betriebes – werden durch lineare Gleichungen und Ungleichungen beschrieben. Gesucht wird der Höchstwert (Mindestwert) einer linearen *Zielfunktion,* der gleichzeitig noch die *Nebenbedingungen* erfüllt.

▶ *Beispiel:* Ein Landwirt möchte höchstens 40 Hektar seines Landes bebauen. Er will Weizen und Zuckerrüben anbauen, das bedeutet 4 Tage bzw. 8 Tage Arbeitsaufwand pro Hektar. Er hat höchstens 220 Arbeitstage im Jahr und 13 600 DM Kapital für sein Vorhaben zur Verfügung. Der Anbau von 1 Hektar Weizen kostet 320 DM, der Anbau von 1 Hektar Zuckerrüben kostet 425 DM. Beim Verkauf erhält er einen Reinerlös von 1 800 DM je Hektar Weizen und 2 100 DM je Hektar Zuckerrüben. Gesucht ist eine Aufteilung der Anbaufläche in Weizen und Zuckerrüben, bei deren Verkauf der Gesamtertrag maximal wird. Bezeichnet man die Anzahl der mit Weizen bepflanzten Hektare mit x und die Anzahl der mit Zuckerrüben bepflanzten mit y, so beschreibt die *Zielfunktion*

$$z(x, y) = 1800x + 2100y$$

den zu maximierenden Gesamtertrag. Die Nebenbedingungen bezüglich Anbaufläche, Arbeitszeit und Kapitaleinsatz beschreiben die Ungleichungen

$$\begin{aligned} &x \geq 0, y \geq 0,\\ &x + y \leq 40,\\ &4x + 8y \leq 220,\\ &320x + 425y \leq 13600. \end{aligned}$$

Als Lösung (vgl. Duden „Rechnen und Mathematik“) erhält man

$$x = 32{,}4 \text{ und } y = 7{,}6.$$ ◀

Die Beschränkung auf lineare Zusammenhänge wird bei der nichtlinearen Optimierung aufgehoben. Sie arbeitet mit nichtlinearen Gleichungen und Ungleichungen sowie einer nichtlinearen Zielfunktion. Die Lösungsverfahren nennt man *lineare* bzw. *nichtlineare Programmierung.*
Statische Operations-Research-Probleme beziehen sich immer auf ein festes Entscheidungsproblem. Sollen dagegen Entscheidungsfolgen untersucht werden, die sich über mehrere Planungsperioden erstrecken, so liegt ein *dynamisches Problem* vor.
Stammen die Variablen und Konstanten aus der Menge ℝ der reellen Zahlen, so spricht man von einem *kontinuierlichen Problem.* Bei *diskreten Problemen* dürfen die Konstanten und Variablen nur Werte einer höchstens abzählbaren Wertemenge (Beispiele: ℤ, ℚ) annehmen.
Weitere Verfahren zur Lösung von Operations-Research-Problemen stammen aus dem Bereich der *Spieltheorie,* der ↑Simulation oder beruhen auf ↑Heuristiken. Viele der Lösungsmethoden sind rechnerisch sehr aufwendig und können erst seit der Entwicklung leistungsfähiger Datenverarbeitungsanlagen in angemessener Zeit durchgeführt werden.

Operationsteil (engl. *operating part*): Der Teil eines ↑Befehls, der angibt, welche ↑ Operation durchgeführt werden soll (↑Befehlsformat). Der Name der auszuführenden Operation ist im Operationsteil im Allgemeinen in verschlüsselter Form enthalten. Der der Verschlüsselung zugrunde liegende ↑ Code heißt *Operationscode* (Abk. *Op-Code*).

Operator (engl. *operator*):
(1) Allgemeine Bezeichnung für eine Abbildung $f: A \times \ldots \times A \rightarrow B$. In der *Informatik* bezeichnet man mit dem Begriff „Operator“ meist die Funktionszeichen für arithmetische ↑ Operationen (z. B. +, −, *, /) und logische Operationen (z. B. =, <, >, ≠, and, not, or).
(2) Häufig verwendete Bezeichnung für ↑Operateur.

0

optimaler Suchbaum: Es sei $a_1, a_2, \ldots, a_n$ eine Folge von Zahlen, auf die jeweils mit den Wahrscheinlichkeiten $p_1, p_2, \ldots, p_n$ zugegriffen wird, d. h. $0 \leq p_i \leq 1$ und

$$\sum_{i=1}^{n} p_i = 1.$$

Die Zahlenfolge möge in einem binären ↑Suchbaum B abgespeichert sein, wobei die Zahl a_i auf dem Niveau $\lambda(a_i)$ im ↑Baum B steht (für $i = 1, \ldots, n$). Dann ist die mittlere Suchdauer $s(B)$ gegeben durch:

$$s(B) = \sum_{i=1}^{n} \lambda(a_i) \cdot p_i$$

Gesucht wird nun ein binärer Suchbaum B_{opt} für diese Zahlenfolge mit ihren Wahrscheinlichkeiten, dessen mittlere Suchdauer $s(B_{opt})$ minimal ist. Ein solcher Suchbaum heißt optimaler Suchbaum.

Da die Zahl der binären Suchbäume mit n Knoten gleich der n-ten Catalanschen Zahl ist, kann man einen optimalen Suchbaum nicht durch systematisches Durchprobieren finden. Es gibt Algorithmen die einen solchen Baum mithilfe des dynamischen Programmierens (↑Algorithmenentwurfsmethoden) in $O(n^2)$ Schritten aufbauen. Statt Zahlen kann man jede andere total geordnete Menge, z. B. Texte oder Anordnungen in Datenbanken, und statt Wahrscheinlichkeiten die gemessenen Häufigkeiten verwenden.

Optimale Suchbäume eignen sich zum Speichern von Datenbeständen, deren Zugriffswahrscheinlichkeiten sich kaum verändern, z. B. für die Erkennung von Schlüsselwörtern in den Programmen einer festen Programmiersprache. Ändern sich dagegen die Wahrscheinlichkeiten oder werden die Daten häufiger ausgewechselt, so lohnen sich diese Bäume nicht, da der quadratische Aufwand für die Restrukturierung zu groß ist.

optischer Speicher: Optische Speicher bestehen aus beschichteten Kunststoffplatten, die wie ↑Magnetplattenspeicher in Spuren und Sektoren eingeteilt sind. Die Scheiben rotieren, wobei die Informationen mithilfe eines stark fokussierten Laserstrahls geschrieben und gelesen werden. Der Lese-/Schreibkopf muss nicht wie bei magnetischen Techniken dicht über der Plattenoberfläche schweben, sondern er ist in der Regel weiter entfernt angebracht, wodurch keine zerstörenden Berührungen (engl. *headcrash*) möglich sind. Dafür ist er aber etwas schwerer, wodurch er langsamer über die Platte bewegt wird und der Zugriff auf andere Spuren etwas länger dauert. Dies wird jedoch oft durch einen Trick ausgeglichen: Man lässt den Strahl auf einen beweglichen Spiegel fallen, durch dessen Bewegungen man rasch einen größeren Bereich von Spuren (engl. *span*) überstreichen kann. Die Rotationsgeschwindigkeit der Platten ist meist konstant. Um die äußeren Bereiche besser auszunutzen, wird die Information in die äußeren Zonen mit einer höheren Übertragungsrate geschrieben.

Das Schreiben erfolgt durch einen Laserstrahl höherer Energie (größer als 5 Milliwatt), der die physischen Eigenschaften der Oberfläche verändert. Diese Veränderung kann in der Regel nicht rückgängig gemacht werden. Die Information wird binär als veränderte oder nicht veränderte Punkte (engl. *spot*) auf den Spuren der Platte dargestellt. Das Lesen geschieht mit einem Laserstrahl geringer Energie, der keine Veränderungen bewirkt. Die Intensität des von den Punkten reflektierten Strahls wird mit einem Fotodetektor gemessen und als logische 0 oder 1 interpretiert (Abb. 1).

Auf einem anderen physikalischen Effekt basieren die *magnetooptischen Platten.* Diese bestehen aus einem magnetisierbaren Material, dessen Magnetisierungsrichtung bei hoher Temperatur geändert werden kann. Um eine Information zu schreiben, erhitzt man den jeweiligen Punkt mit dem Laserstrahl, wobei dieser Punkt beim Abkühlen die Magnetisierungsrichtung des außen angelegten Magnetfeldes übernimmt. Man kann auf diese Weise die Information beliebig abändern. Das Lesen beruht auf der Tatsache, dass der reflektierte Laserstrahl je nach Magnetisierungsrichtung eine andere Phasenverschiebung besitzt.

Man unterteilt optische Speicher in folgende drei Typen:

CD-ROM (Abk. für engl. **c**ompact **d**isk **r**ead-**o**nly-**m**emory): Kompaktdiskette, die nur gelesen oder – wenn sie noch leer ist – einmal beschrieben werden kann (↑ROM). Diese Platten sind weit verbreitet bei Personalcomputern. Sie ähneln den Musik-CDs, haben aber eine andere Aufzeichnungstechnik. Die Informationen werden meist von den Herstellern auf die Platten geschrieben.

WORM (Abk. für engl. **w**rite **o**nce **r**ead **m**any times): Die Information wird vom Benutzer einmal mit einem *CD-Brenner* geschrieben, kann aber nicht mehr verändert werden. Diese Platten eignen sich gut zum Archivieren von Informationen.

DVD (Abk. für engl. **d**igital **v**ersatile **d**isc): Äußerlich einer CD ähnlich, verfügt die DVD über eine deutlich höhere Speicherkapazität von bis zu 17 GB. Sie wird vor allem zur Speicherung von aufwendigen Multimedia oder für Filme verwendet und soll alle vorhandenen Multimedia-Speicher wie CD, Video, CD-ROM ersetzen.

MO (Abk. für **m**agneto**o**ptische Platte): Sie können wie andere Sekundärspei-

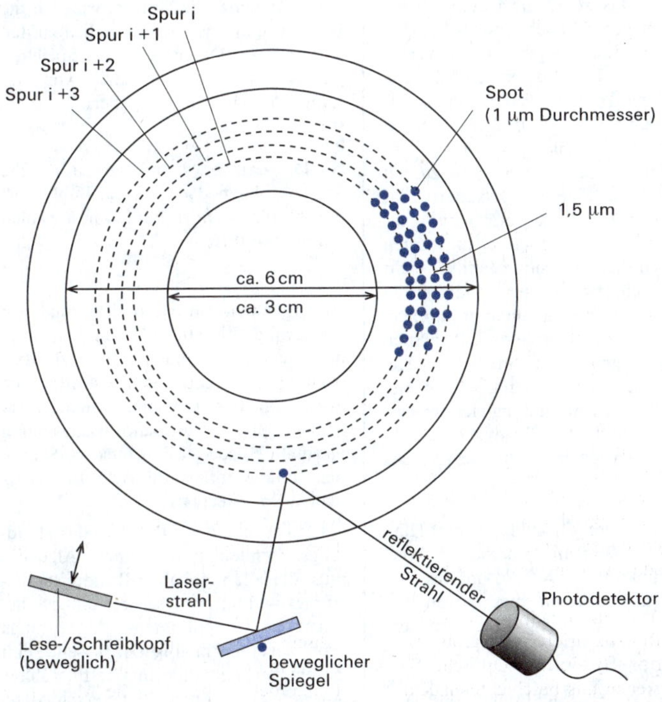

optischer Speicher (Abb. 1): Speicherung und Lesevorgang bei optischer Platte

cher (↑Speicherhierarchie) verwendet werden.

Technische Daten: Der Durchmesser der Platten beträgt meist 3½, 5¼ oder 12 Zoll. Bei den 8-cm-Platten liegen in dem Kreisring zwischen 3 und 6 cm rund 20 000 Spuren im Abstand von 1,5 µm. Die Punkte haben einen Durchmesser von etwa 1 µm. Die Laufwerke sorgen für rund 40 Umdrehungen pro Sekunde bei einer Zugriffsgeschwindigkeit von etwa 20 Millisekunden. Die Speicherkapazität beträgt 530 bis 2 000 MB (↑Byte) bzw. 128 bis 1 Gigabyte bei MO. Die Lebensdauer wird mit mindestens 10 Jahren angegeben.

Um die Sicherheit der Datenspeicherung zu erhöhen, werden alle Informationen mit einem fehlerkorrigierenden Code gespeichert. Das heißt, die Daten werden redundant verschlüsselt, sodass bei Verkratzungen oder altersbedingten Veränderungen die Informationen noch gelesen werden können. Ein Großteil der Speicherkapazität optischer Platten dient somit der Fehlerkorrektur.

Die ↑Magnetschichtspeicher, die zurzeit in Form von Platten, Disketten oder Bändern in der Datenverarbeitung als Sekundärspeicher vorherrschen, werden voraussichtlich in zehn Jahren nicht mehr ausreichen, um die ständig wachsende Datenflut aufnehmen zu können. Der Trend wird daher zu optischen Speichermedien gehen, die eine höhere Kapazität versprechen, weniger mechanische Teile besitzen und zugleich wesentlich billiger sind. Das Gigabyte optischen Speichers kostet in 2000 weniger als 1 Euro.

Ordnung:

1. (im Sinne von Größenordnung) Häufig ist man nicht an dem exakten Wert einer Funktion $f\colon \mathbb{N} \to \mathbb{R}$ interessiert, sondern nur an ihrem qualitativen Verlauf, der sog. Ordnung O (gesprochen: „groß o"). O nennt man auch *landausches Symbol.*

Seien $f, g\colon \mathbb{N} \to \mathbb{R}$ Funktionen. Man sagt, *f hat die Ordnung von g,* in Zeichen $f(n) = O(g(n))$, wenn es Konstanten $c, n_0 \in \mathbb{N}$ gibt, sodass für alle $n \in \mathbb{N}$, $n \geq n_0$ gilt:

$$|f(n)| \leq c|g(n)|.$$

▶ *Beispiele:*

a) $f(n) = n!$ (↑Fakultät), dann gilt $f(n) = O(n^n)$;

b) $f(n) = \log_b n$, $b \in \mathbb{R}_+$ beliebig, dann gilt $f(n) = O(\log_2 n)$, da $\log_b(n) = \log_b(2) \cdot \log_2(n)$ ist;

c) $f(n)$ sei ein Polynom vom Grad m: $f(n) = c_m n^m + c_{m-1} n^{m-1} + \ldots + c_1 n + c_0$, dann gilt $f(n) = O(n^m)$. Speziell: für die konstante Funktion $f(n) = c$ (c reelle Konstante) gilt $f(n) = O(1)$. ◀

Die Ordnung eines ↑Algorithmus ist ein wichtiges Kriterium zur Bewertung seiner ↑Effizienz. Sie gibt an, wie sich die Laufzeit und/oder der zusätzlich zu den vorhandenen Daten benötigte Speicherplatzbedarf in Abhängigkeit von der Länge der Eingabe vergrößern.

▶ *Beispiele:*

(1) Die Laufzeit t und der zusätzliche Speicherplatzbedarf s von ↑Bubblesort beträgt für die Sortierung von n Zahlen durchschnittlich

$$t(n) = O(n^2) \text{ und } s(n) = O(1).$$

Angenommen Bubblesort benötigt zur Sortierung von 1 000 Zahlen 10 Sekunden Rechenzeit und 100 Byte zusätzlichen Speicherplatz, dann erfordert die Sortierung der doppelten Menge (also 2 000 Zahlen) größenordnungsmäßig viermal (2^2) so viel Zeit (also 40 Sekunden) und ebenfalls 100 Byte an zusätzlichem Speicherplatz.

(2) Löst man das ↑Problem des Handlungsreisenden durch einen Algorithmus, der alle möglichen Rundreisen bestimmt und unter diesen die billigste heraussucht, so benötigt der Algorithmus größenordnungsmäßig $O(n!)$ Zeit, denn es gibt bei n Städten und festgewählter Ausgangsstadt $O((n-1)!)$ verschiedene Rundreisen. Die Bestimmung der Kos-

ten jeder Rundreise und das Heraussuchen der billigsten Rundreise benötigen größenordnungsmäßig $O(n)$ Zeit. Die Lösung des Gesamtproblems erfordert daher

$$O((n-1)! \cdot n) = O(n!)$$

Zeit. Probleme solcher Größenordnung können selbst bei relativ kleinen Werten von n nicht in vernünftiger Rechenzeit gelöst werden. Probleme dieser Art nennt man daher auch „nicht effizient lösbar“ (↑NP, ↑Komplexitätstheorie). ◄

2. (im Sinne von Anordnung) Eine ↑Relation $R \subseteq M \times M$ auf einer Menge M heißt *partielle Ordnung,* falls für beliebige Elemente $a, b, c \in M$ gilt:

a) $(a, a) \in R$ *(Reflexivität),*
b) Aus $(a, b) \in R$ und $(b, a) \in R$ folgt $a = b$ *(Antisymmetrie* von *R),*
c) Aus $(a, b) \in R$ und $(b, c) \in R$ folgt $(a, c) \in R$ *(Transitivität).*

Gilt zusätzlich:

d) Für alle $a, b \in M$ mit $a \neq b$: $(a, b) \in R$ oder $(b, a) \in R$ *(Totalität),* so ist R eine *lineare* oder *totale Ordnung.*

Vgl. Duden Rechnen und Mathematik.

P

Paradigmen: typische Beispiele, Vorgehensweisen und Schemata in einer Wissenschaft. Für den Bereich der Algorithmen siehe ↑Algorithmenentwurfsmethoden, für Objekte sind z. B. ↑Keller und Warteschlange (↑Schlange) typische weit verbreitete ↑Datentypen. Allgemein siehe ↑Methoden der Informatik.

parallel: Arbeitsabläufe bzw. deren Einzelschritte heißen *parallel,* wenn sie gleichzeitig und voneinander unabhängig durchgeführt werden können. Beispiele für parallele Arbeitsprozesse sind die parallele ↑Datenübertragung, bei der die einzelnen Bits eines zu übertragenden Datums gleichzeitig über eine entsprechende Anzahl von Leitungen gesendet werden, die parallele Verarbeitung von ↑ Aufträgen (Mehrprogrammbetrieb; ↑ Betriebsart) und die parallele Auswertung und Weiterleitung von Daten in ↑neuronalen Netzen. Im Vergleich zur ↑seriellen Verarbeitung erfordert die parallele Verarbeitung größeren technischen Aufwand bezüglich der Hardware (z. B. mehrere Prozessoren, gleichzeitiger Zugriff auf Speicher) und der Software (aufwendigere Verwaltungsprogramme, Überwachungs- und Synchronisierungsaufgaben usw., ↑paralleler Algorithmus). Im engeren Sinne versteht man unter paralleler Verarbeitung die gleichzeitige Durchführung mehrerer Tätigkeiten (als Spezialfall der ↑Nebenläufigkeit).

Im Inneren von Rechnersystemen und von Mikroprozessoren werden möglichst viele Tätigkeiten parallel ausgeführt, vorwiegend um die Verarbeitungsgeschwindigkeit zu erhöhen und um die einzelnen Komponenten besser auszulasten. Besondere Probleme entstehen, wenn eine Aufgabe von verschiedenen Prozessoren oder Programmen bearbeitet werden soll. Man muss hierzu die Aufgabe in parallelisierbare Teile zerlegen, wozu es bisher wenig Methoden gibt.

Erste Programmiersprachen, mit denen man parallele Abläufe beschreiben kann, sind seit 1987 verfügbar (Beispiel: ↑OCCAM).

Paralleladdierwerk: Die Addition zweier n-stelliger binärer Zahlen $a = a_{n-1} \ldots a_0$ und $b = b_{n-1} \ldots b_0$, wobei $a_i, b_i \in \{0, 1\}$ ist, wird auf einem Paralleladdierwerk (Abb. 1) realisiert, indem jedes Ziffernpaar a_i und b_i mittels eines eigenen ↑Volladdierers unter Berücksichtigung des Übertrags der Verknüpfung von a_{i-1} und b_{i-1} addiert wird. Die Additionszeit des Paralleladdierwerks wird bestimmt durch die Laufzeit der Überträge von rechts nach links von Volladdierer zu Volladdierer. Zur Be-

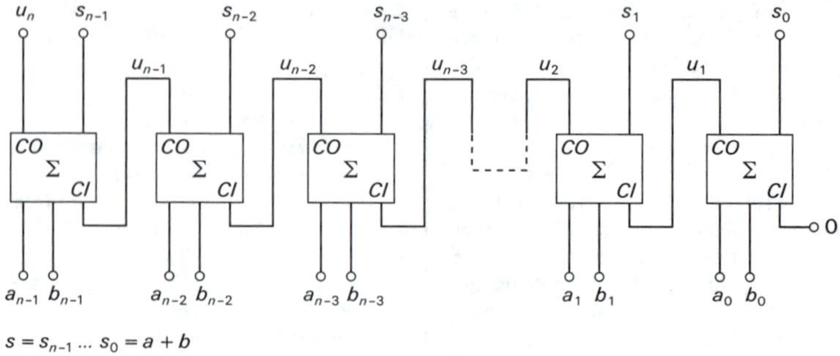

Paralleladdierwerk (Abb. 1): Schaltbild eines Paralleladdierwerks

schleunigung der Übertragsfortpflanzung gibt es die Methode der *Übertragsvorausschau* (engl. *carry look ahead*), bei der die Überträge für Gruppen von Binärstellen gleichzeitig erzeugt werden, und die Methode der *Übertragsumleitung* (engl. *carry bypass*), bei der die Überträge an Gruppen von Addierern vorbeigeführt werden, wenn sie sonst unverändert durch die Gruppe hindurchlaufen würden.

paralleler Algorithmus (auch: *VLSI-Algorithmus,* von VLSI = Abk. für very large scale integration, dt. Höchstintegration): Algorithmus, der in viele einzelne gleichzeitig ablaufende Teile zerlegbar ist und der mithilfe von parallelen Prozessoren realisiert werden kann.

Die Rechengeschwindigkeiten, die die leistungsfähigsten Rechner erreichen, werden in den kommenden Jahrzehnten an physikalische Grenzwerte stoßen. So kann z. B. ein Signal von einem Verarbeitungselement zu einem anderen nicht schneller als mit Lichtgeschwindigkeit transportiert werden. Eine weitere Leistungssteigerung scheint nur durch Parallelisierung möglich: Indem mehrere Prozessoren gleichzeitig an einem Problem arbeiten, werden höhere Verarbeitungsgeschwindigkeiten erzielt.

Nimmt man an, dass p parallel arbeitende Prozessoren ein Problem bis zu p-fach schneller lösen als ein einzelner Prozessor, so ergibt sich bei einer in Zukunft realisierbaren Verknüpfung von 10^5 bis 10^6 Prozessoren eine entsprechende Leistungssteigerung. Diese Parallelverarbeitung setzt jedoch voraus, dass das zu lösende Problem in irgendeiner Weise parallelisierbar ist, d. h. auf die Prozessoren verteilt werden kann. Dies ist jedoch nicht immer möglich.

► *Beispiele:*

(1) Die Addition zweier Vektoren

$$a = (a_1, a_2, \dots, a_n),$$
$$b = (b_1, b_2, \dots, b_n)$$

kann leicht auf n Prozessoren in SIMD-Architektur (↑ Rechnerarchitektur) verteilt werden, wobei der i-te Prozessor die Summe $a_i + b_i$ berechnet.

(2) Die Berechnung der Potenz x^{2k} ist unter Verwendung der vier Grundrechenarten nicht parallelisierbar, d. h., eine Aufteilung der Berechnung auf mehrere Prozessoren führt nicht schneller zum Ergebnis als die Berechnung auf einem einzigen Prozessor; denn im ersten Schritt kann keine höhere Potenz als x^2, im zweiten keine höhere als x^4 usw. gebildet werden. ◄

Löst ein paralleler Algorithmus ein Problem der Größe n in $T(n)$ Schritten und mit $P(n)$ Prozessoren, so benötigt ein sequenzieller Algorithmus, der die Arbeitsweise der Prozessoren schrittweise nacheinander simuliert, höchstens $P(n) \cdot T(n)$ Schritte. Das Produkt $P(n) \cdot T(n)$ ist also nach unten beschränkt durch die Laufzeit des besten bekannten sequenziellen Algorithmus. Offenbar muss man bestrebt sein, dieser Schranke möglichst nahe zu kommen. D. h. umgekehrt betrachtet: Benötigt der beste sequenzielle Algorithmus für ein Problem der Größe n genau $T(n)$ Schritte, so sollte ein paralleler Algorithmus mit $P(n)$ Prozessoren und $T(n)/P(n)$ Laufzeit angestrebt werden. Hier gibt es gewisse Beschränkungen, vgl. ↑Amdahls Gesetz.

Formal: Sei $T_p(n)$ die Laufzeit eines Algorithmus, der zur Ausführung p Prozessoren benötigt, in Abhängigkeit von der Länge der Eingabe n. Die Größe

$$S_p(n) = T_1(n)/T_p(n)$$

bezeichnet man als *Speed-up (Beschleunigungsfaktor)*. Es gilt:

$$1 \leq S_p(n) \leq p.$$

Die *Effizienz* $E_p(n)$ eines parallelen Algorithmus mit p Prozessoren ist der Quotient aus erreichtem Speed-up $S_p(n)$ und theoretisch möglichem Speed-up p, also

$$E_p(n) = S_p(n)/p.$$

Offenbar gilt:

$$^1/_p \leq E_p(n) \leq 1.$$

Anzustreben ist also stets ein paralleler Algorithmus mit $E_p(n) = 1$. Solche Algorithmen bezeichnet man als *optimal.*

▸ *Beispiel:* Der sequenzielle Algorithmus zur Vektoraddition benötigt n Schritte, also $T_1(n) = n$. Mit n Prozessoren erreicht er eine Laufzeit von $T_n(n) = 1$. Daher gilt für den Speed-up

$$S_n(n) = T_1(n)/T_n(n) = n$$

und für die Effizienz

$$E_n(n) = S_n(n)/n = 1.$$

Der Algorithmus ist also optimal.

Leicht rechnet man nach, dass im Potenzierungs-Beispiel ein Speed-up von $S_p(n) = 1$ und eine Effizienz von $^1/_p$ erreicht wird. ◂

Sequenzielle Algorithmen spezifiziert man leicht durch Angabe eines (sequenziellen) Programms und eines Prozessors, der den Algorithmus verarbeiten soll. Ein zugehöriges theoretisches Berechnungsmodell ist die ↑ Registermaschine. Für parallele Algorithmen ist dies wesentlich aufwendiger. Ein wichtiges theoretisches Modell hierfür ist die parallele ↑ Registermaschine *(PRAM)*. In der Praxis wird ein paralleler Algorithmus festgelegt

a) durch Angabe einer Menge von Programmen und einer Menge von möglicherweise verschiedenen Prozessoren sowie einer Spezifikation, welcher Prozessor welches Programm ausführen soll;
b) durch Angabe, auf welche Weise die einzelnen Prozessoren zum Austausch von Daten durch Kommunikationsverbindungen miteinander verschaltet werden sollen (anschaulich spezifiziert man hierbei einen ↑Graphen (man spricht auch von *Netzwerken*), bei dem Knoten Prozessoren und Kanten Verbindungsleitungen repräsentieren);
c) durch Angabe, an welchen Stellen des Prozessornetzwerkes und zu welchen Zeitpunkten Eingabedaten bereit gestellt werden müssen und Ausgabedaten entgegen genommen werden können.

Wichtige Vertreter der parallelen Algorithmen sind die *systolischen Algorithmen*. Der Begriff „Systole“ erinnert an einen Vergleich mit dem Blutkreislauf: Wie das Blut von Körperteil zu Körperteil werden bei systolischen Algorithmen die Daten durch ein Netzwerk von Prozessoren gepumpt.

Im Sinne der obigen Definition eines parallelen Algorithmus sind systolische Algorithmen besonders einfach:

a) Alle Prozessoren führen synchron identische Programme auf unterschiedlichen Datenströmen (SIMD-Prinzip) aus.
b) Nur jeweils benachbarte Prozessoren sind miteinander durch Kommunikationsleitungen verbunden und können Daten austauschen (Abb. 1).

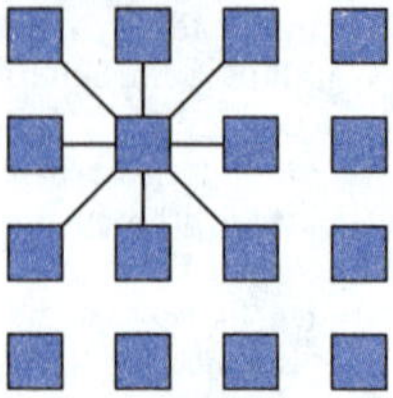

paralleler Algorithmus (Abb. 1): mögliche Vernetzung der Prozessoren bei systolischen Algorithmen

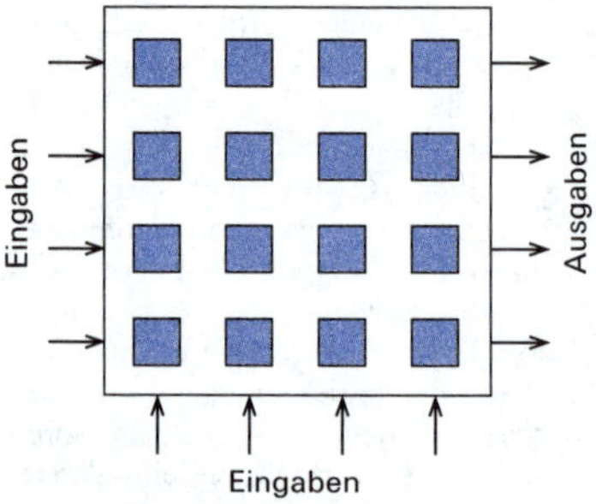

paralleler Algorithmus (Abb. 2): Ein- und Ausgaben für systolische Algorithmen

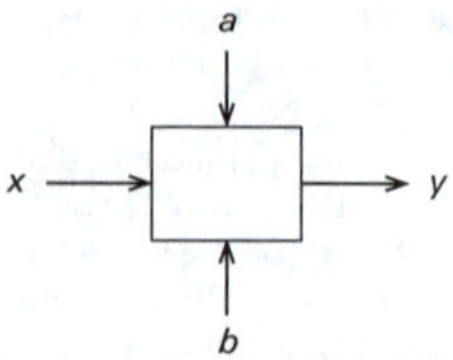

paralleler Algorithmus (Abb. 3): Prozessor für Multiplikation einer Vektorkomponente mit $y = x + a{\cdot}b$

c) Die Eingabedaten werden äußeren Prozessoren übergeben, Ausgabedaten werden von äußeren Prozessoren abgeliefert (Abb. 2).

▶ *Beispiele:*

(1) Systolischer Algorithmus zur Multiplikation $a_i \cdot b_i = \sum_{j=1}^{4} a_{ij} \cdot b_{ij}$ einer Folge von Vektorpaaren a_i, b_i mit

$$\begin{aligned} a_1 &= (a_{11}, a_{12}, a_{13}, a_{14}), b_1 = (b_{11}, b_{12}, b_{13}, b_{14}),\\ a_2 &= (a_{21}, a_{22}, a_{23}, a_{24}), b_2 = (b_{21}, b_{22}, b_{23}, b_{24}),\\ &\vdots \qquad\qquad\qquad\qquad \vdots\\ a_n &= (a_{n1}, a_{n2}, a_{n3}, a_{n4}), b_n = (b_{n1}, b_{n2}, b_{n3}, b_{n4}),\end{aligned}$$

Man benötigt hierzu 4 identische Prozessoren der Form aus Abb. 3 mit folgendem Ein-/Ausgabeverhalten:

$$y = x + a \cdot b.$$

Abb. 4 zeigt die Verschaltung der 4 Prozessoren in der gewünschten Weise. Eine Organisation der Prozessoren in der abgebildeten Weise bezeichnet man als (lineares) *systolisches Array.* Ein systolisches Array ist ein Beispiel für eine ↑ Rechnerarchitektur nach dem SIMD-Prinzip.

Versorgt man die Prozessoren zeitlich versetzt (blaue Treppenlinie in Abb. 4) mit den Komponenten der Vektoren, so berechnet P_1

$$y_1 = 0 + a_{11} \cdot b_{11}$$

und sendet das Ergebnis an P_2. Während P_2 den Wert

$$\begin{aligned} y_2 &= x_2 + a_{12}b_{12}\\ &= 0 + a_{11}b_{11} + a_{12}b_{12}\end{aligned}$$

berechnet und an P_3 sendet, beginnt P_1 bereits mit der Multiplikation der Komponenten a_{21} und b_{21}. Nach vier Takten erscheint am Ausgang y_4 das Gesamtergebnis der Vektormultiplikation $a_1 \cdot b_1$, nach fünf Takten das Ergebnis von $a_2 \cdot b_2$ usw. Für die Multiplikation von n Vektorpaaren benötigt das obige systolische Array $n+4$ Takte. Ein einzelner Prozessor würde $4n$ Takte erfordern. Der Speed-up beträgt also für große n

$$\begin{aligned} S_4(n) &= T_1(n)/T_4(n)\\ &= 4_n/(n+4) \approx 4\end{aligned}$$

und die Effizienz

$$E_4(n) = S_4(n)/4 \approx 1.$$

Der Algorithmus ist also fast optimal.

(2) Systolischer Algorithmus, der testet, ob ein eingegebenes Wort ein bestimmtes Teilwort enthält (↑ Mustererkennung).

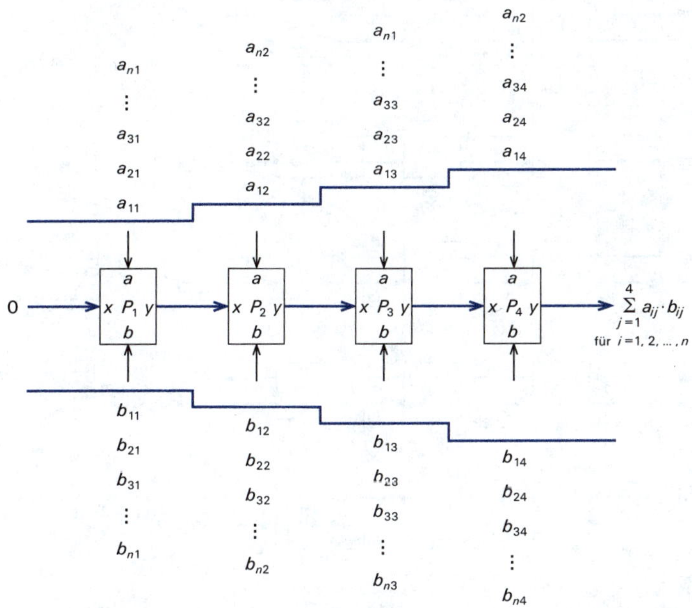

paralleler Algorithmus (Abb. 4): Prozessorverschaltung zur Vektormultiplikation

Beispiel: Das Wort „Warmwasser" enthält das Teilwort „arm".
Sei $w = x_1 x_2 \ldots x_n$ das Eingabewort und $t = t_1 t_2 t_3$ das gesuchte Teilwort aus 3 Zeichen.

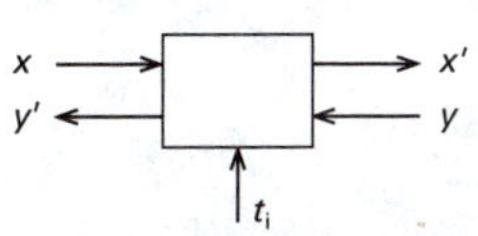

paralleler Algorithmus (Abb. 5): Prozessor für den Test, ob ein eingegebenes Wort ein bestimmtes Teilwort enthält; auf den Leitungen *x, x'* und t_i fließen Zeichen, auf *y* und *y'* Wahrheitswerte

Zur Realisierung der Aufgabe benötigt man drei identische Prozessoren der Form aus Abb. 5 mit folgendem Ein-/Ausgabeverhalten:

$$x' = x,$$
$$y' = y \wedge (x = t_i).$$

Abb. 6 zeigt die Verschaltung.
Gibt man von links die einzelnen Buchstaben des Wortes *w* im Abstand von zwei Takten ein, so wird links der Wahrheitswert <u>true</u> ausgegeben, wenn die letzten drei eingelesenen Buchstaben gleich dem gesuchten Teilwort *t* waren.

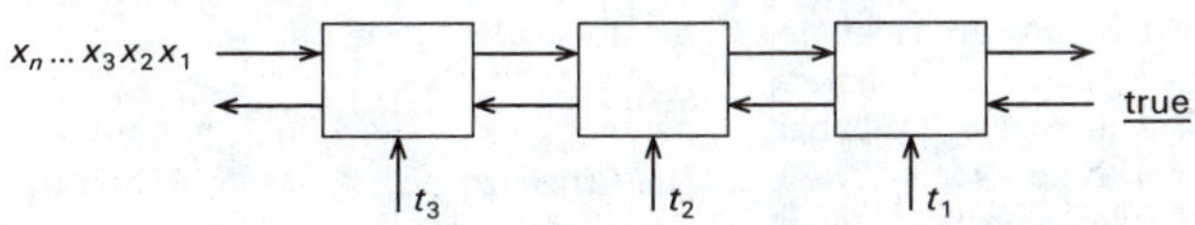

paralleler Algorithmus (Abb. 6): Verschaltung der Prozessoren aus Abb. 5

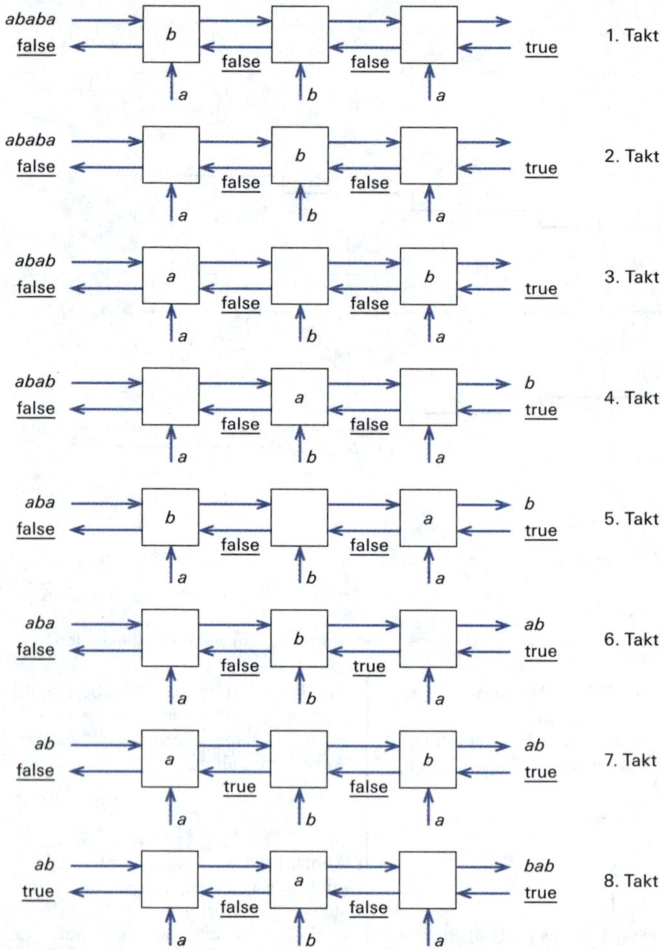

paralleler Algorithmus (Abb. 7): acht Takte für das systolische Array aus Abb. 6

Abb. 7 zeigt acht Takte. Im achten Takt wurde das erste Vorkommen des Teilworts *aba* im Wort *bababa* entdeckt, erkennbar an der Ausgabe true am linken Ende des systolischen Arrays. Offenbar benötigt der Algorithmus genau $2n-1$ Takte, um alle Vorkommen von t in w zu ermitteln. Gegenüber dem gleichartigen sequenziellen Algorithmus (↑ Mustererkennung) der Laufzeit $3n$ ergibt sich folgender Speed-up:

$$S_3(n) = T_1(n)/T_3(n) = 3n/(2n-1) \approx \frac{3}{2},$$

Die Effizienz

$$E_3(n) = S_3(n)/3 \approx \frac{1}{2}$$

zeigt, dass der Algorithmus nicht optimal ist.

(3) Der folgende parallele Algorithmus zum *bitonischen Sortieren* stammt von *K. E. Batcher* 1968. Eine Folge $a_1, a_2, \ldots, a_n$ von ganzen Zahlen heißt *bitonisch,* wenn der erste Teil der Folge aufsteigend und der zweite Teil absteigend sortiert ist, oder wenn man die Folgenglieder so verschieben kann (wie beim Rundschieben von ↑ Schieberegistern), dass diese Bedingung gilt.

Beispiel: Bitonische Folgen sind

7, 12, 13, 16, 29, 17, 12, 1 oder
16, 29, 17, 12, 1, 7, 12, 13 oder
1, 2, 3, 4, 5, 6, 7, 8.

Der Algorithmus von Batcher arbeitet folgendermaßen: Angenommen es liegt bereits eine bitonische Folge vor. Dann mischt man die beiden sortierten Teilfolgen zu einer sortierten Folge und ist fertig. Anderenfalls geht man rekursiv vor und versucht den gewünschten Zustand herzustellen, indem man die beiden Hälften der Folge sortiert, die erste aufsteigend, die zweite absteigend.

Beispiel: Abb. 8 zeigt die Einzelschritte des Verfahrens für eine Folge mit acht Elementen. Man benötigt drei Sortierphasen.

Zum Mischen einer bitonischen Folge $a_1, a_2, \ldots, a_{2n}$ der Länge $2n$ geht man wie folgt vor:

1. Schritt: Jedes Element a_j, $1 \le j \le n$, der ersten Hälfte wird mit dem korrespondierenden Element a_{j+n} der zweiten Hälfte verglichen; beide werden vertauscht, wenn sie in der falschen Reihenfolge stehen, falls also $a_j > a_{j+n}$ ist.

Nach diesem Schritt sind alle Elemente in der ersten Hälfte der Folge kleiner als alle Elemente in der zweiten Hälfte. Beide Hälften sind wieder bitonisch.

2. Schritt: Man wendet das Verfahren rekursiv getrennt auf die beiden Hälften der Folge an.

Offenbar ist die Folge sortiert, wenn die Rekursion abbricht.

Mithilfe eines parallelen Algorithmus realisiert man das Verfahren wie folgt: Man verwendet hierzu einen Prozessor zum Vergleichen und Vertauschen zweier ganzer Zahlen (Abb. 9) mit folgendem Funktionsverhalten:

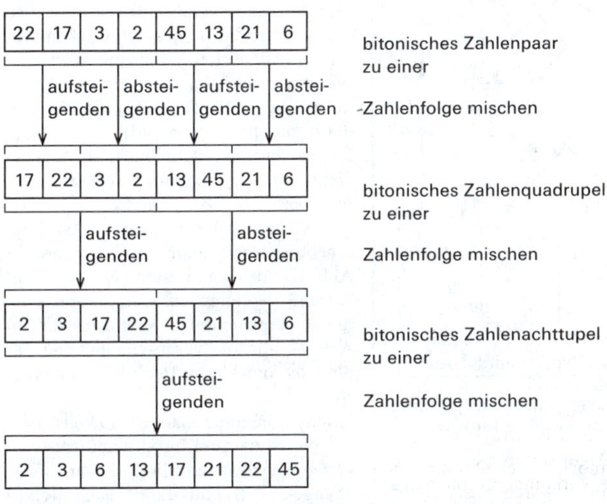

paralleler Algorithmus (Abb. 8): Prinzip des bitonischen Sortierens

$$X' := \min(X, Y),$$
$$Y' := \max(X, Y),\ X, Y, X', Y' \in \mathbb{Z}$$

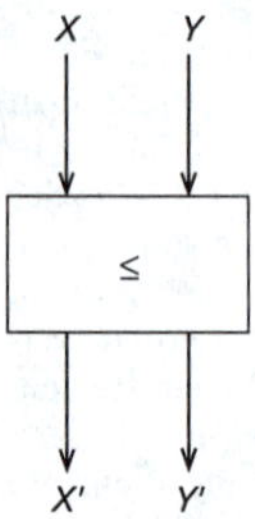

paralleler Algorithmus (Abb. 9): Vergleicher

Offenbar müssen nur alle Paare a_j und a_{j+n}, $1 \le j \le n$, jeweils in einem der n Prozessoren zusammengeführt, verglichen und anschließend ggf. vertauscht an ihre Plätze j und $j+n$ zurücktransportiert werden. Die beiden Hälften werden anschließend rekursiv bitonisch gemischt. Abb. 10 zeigt das entsprechende Netzwerk.

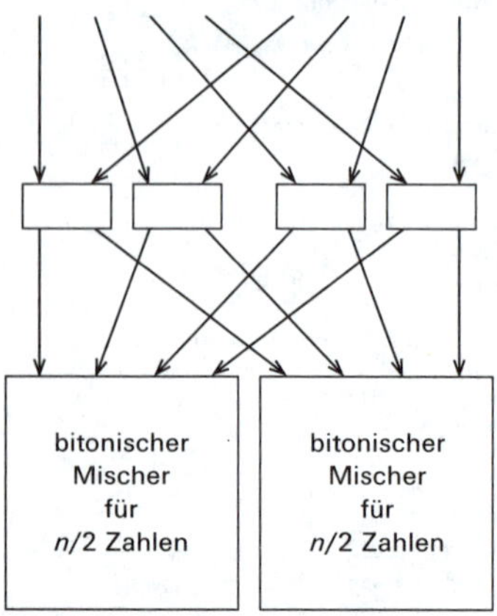

paralleler Algorithmus (Abb. 10): Prozessornetzwerk für bitonisches Mischen

Die Zusammenführung der Operanden der Vergleichsprozessoren bezeichnet man als *Shuffling* (von engl. *to shuffle* = Karten mischen). Dieser Bezeichnung liegt folgende Anschauung zugrunde: Man stelle sich einen Stapel von acht Spielkarten vor, die von oben nach unten mit 1 bis 8 durchnummeriert sind. Mischt man die Karten nach der amerikanischen Methode, so teilt man das Spiel in zwei gleich große Hälften, die man mit beiden Händen zu einem neuen Stapel zusammenschiebt. Führt man dies exakt aus, so befindet sich nachher abwechselnd eine Karte der einen und der anderen Hälfte hintereinander (Abb. 11). Umgekehrt stellt man die ursprüngliche Reihenfolge der Karten wieder her, indem man die Karten des Stapels abwechselnd auf zwei Häufchen verteilt, die man anschließend aufeinander legt. Diese Operation heißt analog *Unshuffling*.

Das Netzwerk aus Abb. 10 besteht also aus einer *Shuffle-Stufe* gefolgt von einer Vergleichs-/Vertauschungsstufe *(Exchange-Stufe)* und einer Unshuffle-Stufe. Man nennt es daher *Shuffle-Exchange-Netzwerk* (der Ordnung 8). Es besitzt eine Vielzahl von wichtigen praktischen Anwendungen, von denen hier aber nur das Sortierproblem behandelt wird.

Das Netzwerk in Abb. 10 realisiert also den ersten Schritt des bitonischen Mischens. Alle weiteren Schritte führt man rekursiv nach dem gleichen Verfahren durch, da die beiden Hälften selbst wieder bitonische Folgen bilden. Man schaltet also zwei parallele Shuffle-Exchange-Netzwerke der Ordnung 4 hinter das Netzwerk in Abb. 10, und danach noch vier weitere der Ordnung 2. Als Endergebnis erhält man das Netzwerk in Abb. 12, das man zum Netzwerk in Abb. 13 vereinfachen kann, wenn man die Übergabepunkte weglässt, die in Abb. 12 nur zur Veranschaulichung der Shuffle- und Unshuffle-Stufen eingefügt sind.

Offenbar benötigt man für ein vollständiges Netzwerk zum bitonischen Mischen von n Zahlen genau $[\log_2 n]$ Shuffle-Exchange-Stufen und damit auch $[\log_2 n]$ Takte, wobei $[\log_2 n]$ die kleinste ganze

Zahl bezeichnet, die größer oder gleich $\log_2 n$ ist.

Soweit das bitonische Mischen als grundlegende Operation. Nun zum Sortieren. Wie stellt man aus der anfangs unsortierten Zahlenfolge eine bitonische Folge her, die man anschließend zur sortierten Folge mischt? Der Einfachheit halber sei die Länge der Folge $a_1, a_2, \ldots, a_n$ eine Potenz von 2, also $n = 2^r$ für ein geeignetes $r \in \mathbb{N}$. Anderenfalls ergänzt man die Eingabefolge zur nächsthöheren Zweierpotenz um sehr große Zahlen.

Der Algorithmus arbeitet wiederum rekursiv. Im ersten Schritt ordnet man die Elemente der Folge so an, dass je vier aufeinander folgende Elemente eine bitonische Folge bilden. Dies ist sehr einfach: Von zwei benachbarten Paaren von Elementen sortiert man das erste aufsteigend und das zweite absteigend. Nun besteht die Folge aus $^n/_4$ bitonischen Folgen der Länge 4. Anschließend verwendet man den bereits bekannten Algorithmus zum bitonischen Mischen und erzeugt aus den $^n/_4$ bitonischen Folgen gleichviele Folgen, die im Wechsel aufsteigend und absteigend sortiert sind. Ergebnis: $^n/_8$ bitonische Folgen der Länge 8. Mit diesen Folgen arbeitet man nach dem gleichen Verfahren weiter, bis eine sortierte Folge entsteht.

Das Prozessornetzwerk für diesen Algorithmus ergibt sich unmittelbar. Man benötigt jedoch, um aufsteigend *und* absteigend sortierte Folgen herstellen zu können, neben dem Prozessor für „≤“ ge-

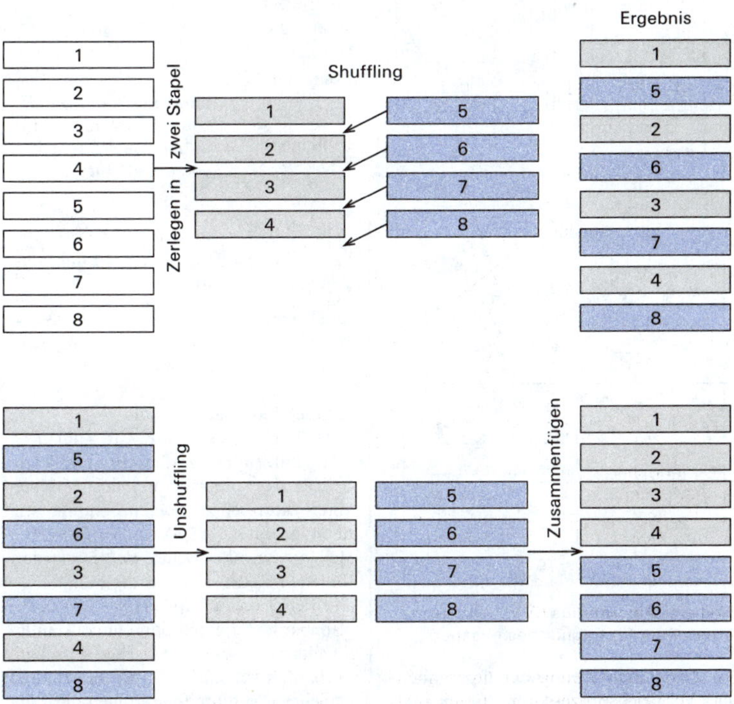

paralleler Algorithmus (Abb. 11): Shuffling und Unshuffling

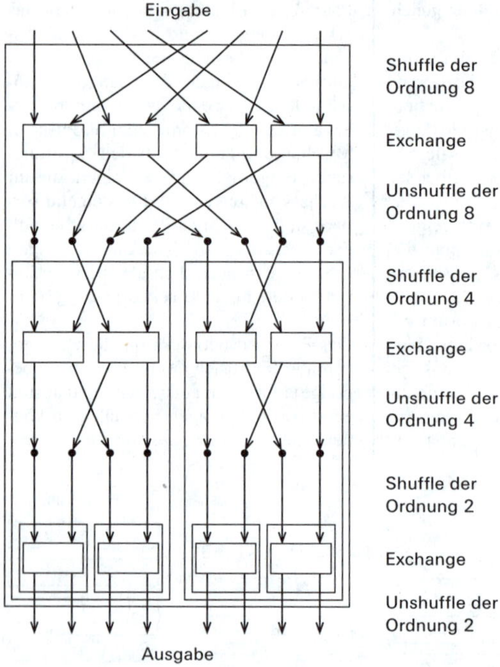

paralleler Algorithmus (Abb. 12): Netzwerk für bitonisches Mischen von acht Zahlen

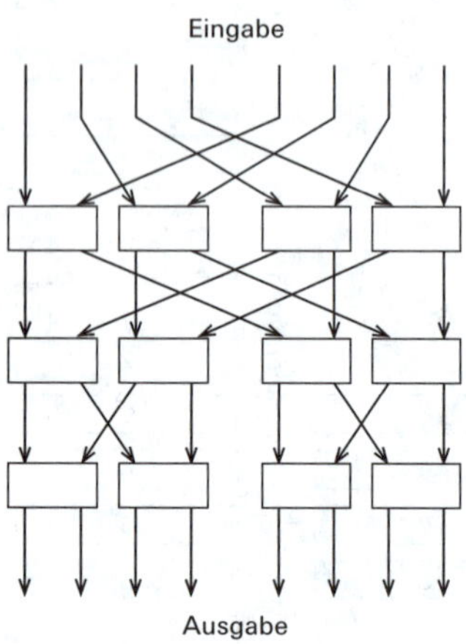

paralleler Algorithmus (Abb. 13): vereinfachtes Netzwerk für bitonisches Mischen von acht Zahlen

mäß Abb. 9 noch einen Prozessor für „≥" mit folgendem analogen Funktionsverhalten:

$$X' := \max(X, Y),$$
$$Y' := \min(X, Y),$$
$$X, Y, X', Y' \in \mathbb{Z}.$$

Abb. 14 zeigt das vollständige Netzwerk für die Sortierung von n = 16 Zahlen.

Zur Laufzeit des Verfahrens: Der letzte Schritt des Algorithmus, das Mischen einer bitonischen Folge, benötigt wie oben gesagt $O(\log_2 n)$ Takte. Das Herstellen einer bitonischen Folge erfordert folgende Takte:

- einen Takt, um im ersten Schritt $^n/_4$ bitonische Folgen der Länge 4 zu erzeugen,
- dann zwei Takte, um im zweiten Schritt $^n/_8$ bitonische Folgen der Länge 8 zu erzeugen,

- dann drei Takte, um im dritten Schritt $^{n}/_{16}$ bitonische Folgen der Länge 16 zu erzeugen,

...

- dann k Takte, um im k-ten Schritt $^{n}/_{2^{k+1}}$ bitonische Folgen der Länge 2^{k+1} zu erzeugen,

usw.

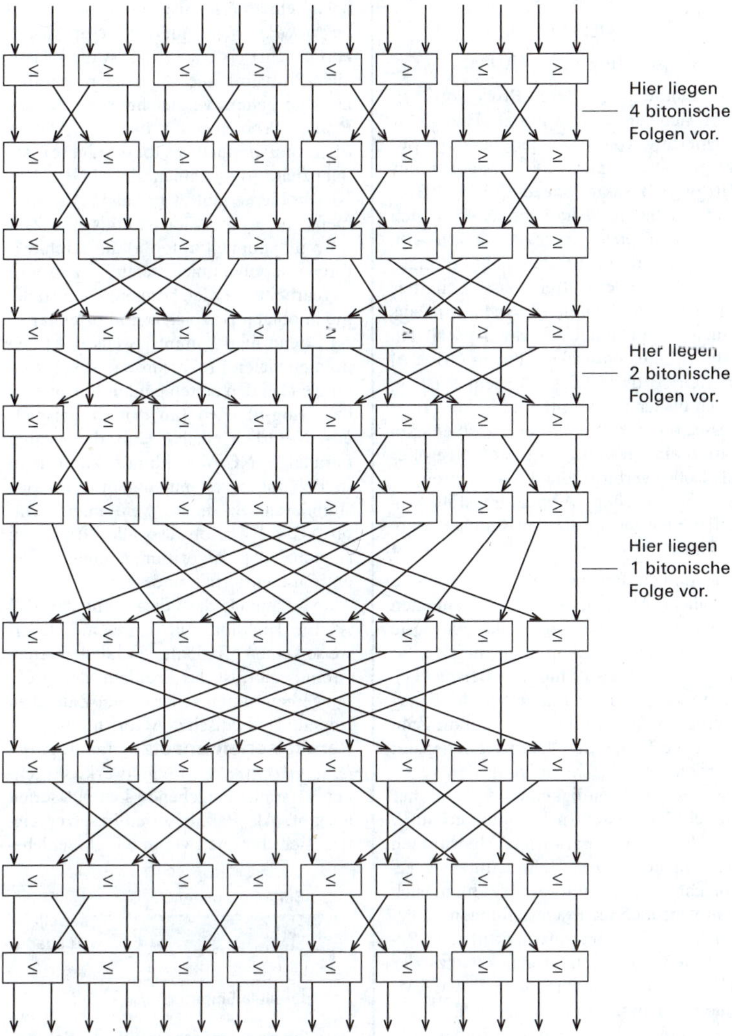

paralleler Algorithmus (Abb. 14): Prozessornetzwerk zum Sortieren von 16 Zahlen

Addiert man die Takte auf, so erhält man für die Anzahl der Takte T des gesamten Netzwerkes in Abhängigkeit von n folgende Formel:

$$\begin{aligned} T(n) &= 1 + 2 + 3 + \ldots + (\log_2 n - 1) \\ &\quad + \log_2 n \\ &= {}^1/_2(\log_2 n)(\log_2 n + 1) \\ &\approx {}^1/_2(\log_2 n)^2 = O((\log_2 n)^2). \end{aligned}$$

Die Zahl der benötigten Prozessoren ergibt sich zu $O(n \cdot (\log_2 n)^2)$. Fazit: Zur Sortierung von n Zahlen benötigt der vorgestellte parallele Algorithmus $O((\log_2 n)^2)$ Takte. Speed-up bzw. Effizienz des Batcher-Algorithmus errechnen sich zu $O(n/\log_2 n)$ bzw. $O(1/\log_2 n)$. Der Algorithmus ist also nicht optimal.

1983 haben die drei Wissenschaftler *M. Ajtai*, *J. Komlós*, *E. Szemerédi* aus Ungarn und den USA einen parallelen Algorithmus entwickelt, der in $O(\log_2 n)$ Takten sortiert. Dieses Ergebnis ist jedoch bisher nur von theoretischem Interesse, da sich hinter der „groß-O"-Notation eine gewaltige Konstante (größer als 6 000) verbirgt, die das Verfahren für alle praktischen Anwendungsfälle ineffizienter macht als den Batcher-Algorithmus. ◀

Die obigen Beispiele zeigen, dass sich parallele Algorithmen im Allgemeinen nur für Probleme eignen, die eine feste „Problemgröße" nicht überschreiten. So versagt der Algorithmus aus Beispiel (1), wenn Vektoren der Länge 5 multipliziert werden sollen; er müsste erst auf die Zahl 5 für die Länge der Vektoren angepasst werden. Die Beschleunigung der Verarbeitungsgeschwindigkeit wird also immer mit einer gewissen Inflexibilität erkauft.

Im Bereich der parallelen Algorithmen wird in den letzten Jahren intensiv geforscht. Dabei interessiert man sich hauptsächlich für Fragestellungen im Bereich der ↑Rechnerarchitekturen (↑Registermaschine, ↑neuronales Netz), der ↑Programmiersprachen (z. B. ↑OCCAM) und der Komplexitätstheorie.

Kern innerhalb der Komplexitätstheorie ist die Frage: Wie schnell kann man Probleme, für die es bereits effiziente sequenzielle Algorithmen gibt, im parallelen Fall bestenfalls lösen? Als Konzept, welches diese Zusammenhänge akzeptabel beschreibt, hat sich mittlerweile die Klasse **NC** (Abk. für „Nick's class" nach dem amerikanischen Wissenschaftler *Nick Pippenger*, auf den dieser Ansatz zurückgeht) erwiesen. **NC** ist die Klasse aller Probleme, die als effizient parallelisierbar gelten, vergleichbar zur Klasse **P** aller Probleme, für die es effiziente (d. h. polynomiell zeitbeschränkte) sequenzielle Algorithmen gibt (↑NP). Für NC-Probleme gibt es parallele Algorithmen, die in poly-logarithmischer Zeit (also polynomiell in $\log_2 n$) auf Architekturen mit polynomiell vielen Prozessoren abgearbeitet werden können. Die Probleme in obigen Beispielen sind offenbar in **NC**, denn man kommt jeweils mit polynomiell vielen Prozessoren und konstanter Zeit (in den ersten beiden Beispielen) bzw. $(\log_2 n)^2$ Zeit (im dritten Beispiel) aus. Natürlich gilt $\mathbf{NC} \subseteq \mathbf{P}$, denn jeden parallelen NC-Algorithmus kann man in Polynomialzeit mit einem Prozessor simulieren. Bis heute weiß man nicht, ob $\mathbf{NC} \neq \mathbf{P}$ ist, ob also alle effizienten sequenziellen Algorithmen auch effizient parallelisierbar sind.

Man vermutet, dass dies nicht der Fall ist. Ein Kandidat, für den es möglicherweise keinen effizienten parallelen Algorithmus gibt, ist das Problem, den größten gemeinsamen Teiler zweier Zahlen zu finden (↑euklidischer Algorithmus).

Parallelserienumsetzer (engl. *parallel serial converter*): ↑Schaltwerk, das zeitlich ↑parallel eingehende Daten ↑seriell ausgibt. Als Parallelserienumsetzer eignet sich beispielsweise ein ↑ Schiebe-

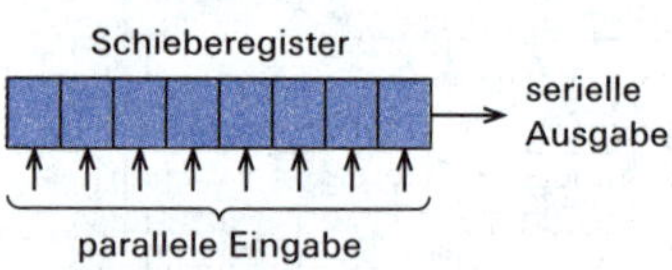

Parallelserienumsetzer (Abb. 1): Schieberegister als Parallelserienumsetzer

register für *n* Bit, in das mit einem ↑Takt *n* Bit gespeichert werden. In *n* weiteren Takten wird jeweils ein Bit seriell ausgegeben (Abb. 1).
Die Umkehrung wird durch den ↑Serienparallelumsetzer realisiert.

Parallelverarbeitung (engl. *parallel processing*): gleichzeitige Verarbeitung eines Programms durch mehrere ↑Prozessoren. Bei *n* Prozessoren ergibt sich in diesem Fall eine Beschleunigung der Verarbeitung um den Faktor *n*. Dies setzt jedoch voraus, dass sich das Programm so aufteilen lässt, dass die einzelnen Prozessoren ihre Teilaufgaben unabhängig voneinander bearbeiten können. Andernfalls müssen Prozessoren auf die Ergebnisse anderer Prozessoren warten (↑Pipeline-Verarbeitung, ↑paralleler Algorithmus.

Parameter: Platzhalter in einer Programmeinheit, der erst bei der konkreten Verwendung (↑Aufruf) der Programmeinheit festgelegt wird. Die in der Programmeinheit stehenden Platzhalter bezeichnet man als *formale Parameter,* die im Aufruf der Programmeinheit stehenden Werte als *aktuelle Parameter.* Programmeinheiten sind ↑Prozeduren, ↑Funktionen, ↑Module oder andere spezielle Konstrukte (↑Ada, ↑SMALLTALK 80, ↑SIMULA, ↑Generizität). Formale Parameter werden im Kopf der Programmeinheit deklariert.
Will man die zulässigen aktuellen Parameter eingrenzen, so ordnet man den formalen Parametern ↑Datentypen und einen Übergabemechanismus bei der Deklaration zu. Parameter können ↑Konstanten, ↑Variablen, ↑Marken, ↑Objekte, Prozeduren, Funktionen usw., d. h. prinzipiell alle in einem Programm definierbaren Größen sein. Viele Programmiersprachen lassen allerdings nur gewisse Typen von Parametern und spezielle Formen der ↑Parameterübergabe zu.
In Rechnersystemen und bei ↑Heuristiken versteht man unter einem Parameter eine Hilfsgröße, die man so einzustellen hat, dass das System in der jeweiligen Umgebung möglichst gut arbeitet. Solche Größen können sein: Zahl der Benutzer, Anzahl und Umfang von Hilfsspeichern, Prioritäten für Programme usw.

Parameterübergabe: Bei einem Prozedur- oder Funktionsaufruf (↑Aufruf) müssen die formalen Parameter auf festgelegte Art durch die aktuellen Parameter ersetzt werden. Bei imperativen Programmiersprachen kennt man die folgenden Konzepte:

↑call by value,
↑call by reference,
↑call by name,
↑call by value-result.

Bei dem selten zugelassenen *call by name* wird der formale Parameter als Platzhalter aufgefasst, der überall im Prozedurrumpf durch den aktuellen Parameter textuell ersetzt wird.
Bei den drei übrigen Parameterübergabearten wird der formale Parameter als lokale Variable eines (gedachten) ↑Blocks betrachtet, der den Prozedurrumpf unmittelbar umfasst; an diese lokale Variable, die den gleichen Bezeichner und den gleichen Datentyp wie der formale Parameter besitzt, wird der aktuelle Parameter als Wert *(call by value* und *call by value-result)* oder als Variable, d. h. als Verweis auf einen Speicherplatz *(call by reference),* per ↑Zuweisung übergeben. Im Fall call by value-result erfolgt am Ende des (gedachten) Blockes eine weitere Zuweisung an die Variable, die als aktueller Parameter verwendet wurde; hierdurch wird ein Wert, den die Prozedur ohne Beeinträchtigung des aktuellen Parameters errechnet hat, an das aufrufende Programm gegeben.
Die Parameterübergabearten unterscheiden sich in dem gedachten Block, der an die Stelle des Prozeduraufrufs tritt und ausgeführt wird. Das folgende allgemein gehaltene Beispiel präzisiert, wie dieser Block im Einzelnen aussieht.

▸ *Beispiel:* Gegeben sei folgendes Programmstück (angelehnt an die Schreibweise in PASCAL):

```
var i: integer;
  w: array [1..2] of integer;
procedure P (S x, y: integer);
```

```
  var i:  integer;                 }
  begin i := 1;                    }  Rumpf R
        x := i + 1;                }  der
        y := y + 5                 }  Prozedur
  end;                             }
```

```
begin i := 1;
      w[1] := 1; w[2] := 10;
      P (i,w[i]);
      ...
end.
```

Um ausgewertet werden zu können, wird der Prozeduraufruf P(i,w[i]) ersetzt durch ein Programmstück, das aus dem gedachten Block („BLOCK 1“) und dem hierin geschachtelten Rumpf („BLOCK 2“) der Prozedur besteht. Dieses Programmstück besitzt folgende Gestalt:

```
var x: integer; y: ...                    Block 1
begin x := ... ; y := ... ;
   var i:  integer;               Block 2
   begin i := 1;
         x := i + 1;
         y := y + 5
   end;
   ...
end
```

Die Deklaration von x und y hängt davon ab, welche Art der Parameterübergabe, manchmal auch Spezifikation genannt, S in die Definition der Prozedur P eingesetzt wird. Die vier Möglichkeiten lauten:

a) **call by name:** S = name.
In diesem Fall entfällt BLOCK 1, und nur der textuell geänderte Rumpf der Prozedur bleibt stehen; wegen des ↑Namenskonflikts „i“ wird die lokale Variable in „i1“ umbenannt:

```
var i1: integer;
begin i1 := 1;
      i := i1 + 1;
      w[i] := w[i] + 5
end;
```

Wird also S = name gesetzt, dann besitzen i und w nach dem Prozeduraufruf folgende Werte:

i = 2, w[1] = 1, w[2] = 15.

b) **call by value:**
In diesem Fall lässt man meist die Angabe für S weg. Man erhält das Programmstück:

```
var x, y: integer;
begin x := i; y := w[i];
   var i: integer;
   begin i := 1; x := i + 1;
         y := y + 5
   end
end
```

Da nur die lokalen Variablen verändert werden, bleiben die Werte von i und w erhalten; anschließend gilt also:

i = 1, w[1] = 1, w[2] = 10.

c) **call by value-result:** S = result.
Das Programmstück ist genau so wie im Fall call by value aufgebaut; jedoch wird jedem aktuellen result-Parameter am Ende von BLOCK 1 der Wert der zugehörigen lokalen Variablen zugewiesen, d. h. vor dem letzten end ist einzufügen:

i := x; w[i] := y.

Hierbei wird bei w[i] stets der Index i genommen, der beim Aufruf vorlag. Man erhält also nach dem Prozeduraufruf folgenden Zustand:

i = 2, w[1] = 6, w[2] = 10.

d) **call by reference:** S = ref oder S = var.
Die Referenz-Parameter werden jetzt durch lokale Variablen repräsentiert, die auf die aktuellen Parameter verweisen. Man arbeitet also mit den Variablen des aufrufenden Programms (über ↑Zeiger). Das Programmstück, das den Prozeduraufruf ersetzt, lautet nun:

```
var x, y: ↑integer;
begin x := i; y := w[i];
   var i: integer;
   begin i := 1;
         x↑ := i + 1;
         y↑ := y↑ + 5
   end
end
```

Der Rumpf (BLOCK2) muss in diesem Fall leicht modifiziert werden: Alle ref-Parameter müssen durch die Variablen, auf die sie zeigen, ersetzt werden, weshalb die lokalen Zeigervariablen (hier: x und y) mit einem Weiterverweis (hier: x↑ und y↑) zu versehen sind. Die Werte von i und w lauten nach dem Prozeduraufruf:

i = 2, w[1] = 6, w[2] = 10. ◀

Durch die verschiedenen Arten der Parameterübergabe erhält ein Prozeduraufruf auch eine unterschiedliche Bedeutung. Die unterschiedlichen Arten treten vor allem bei imperativen Programmiersprachen auf, da dort die formalen Parameter nicht als Platzhalter, sondern als Variablen mit Speicherplätzen aufgefasst werden, wodurch die unterschiedlichen Übergabemechanismen erst möglich werden. Bei funktionalen Programmiersprachen fallen dagegen call by value und call by name zusammen, wodurch nur eine Parameterübergabe übrig bleibt. Zur Parameterübergabe zählt man auch den Zeitpunkt, zu dem der aktuelle Parameter ausgewertet wird.

▶ Als *Beispiel* betrachte man

```
function Q (b: boolean; x: real): real;
begin if b then Q:=x*x
          else Q:=1.0 fi
end
```

Wenn nun F eine aufwendig zu berechnende Funktion ist, dann bedeutet der Aufruf

... Q (false, F(7.5)) ...

dass zunächst die aktuellen Parameter ausgerechnet und übergeben werden. Hier wird also F(7.5) berechnet, obwohl der Wert wegen b = false später gar nicht gebraucht wird. Manche Programmiersprachen schieben daher die Parameterübergabe auf, bis sie unumgänglich geworden ist *(call by need)*. Diese verzögerte Auswertung (engl. *lazy evaluation*) der aktuellen Parameter kann (je nach Implementierung) unerwünschte Effekte haben. ◀

Parnas-Methode: Methode zur Spezifikation (↑ Software-Engineering) von Programmsystemen (nach *D. L. Parnas*, 1972).

Ein ↑Modul wird als abstrakter ↑Datentyp aufgefasst und spezifiziert. Die Wirkung des Moduls wird umgangssprachlich beschrieben. Man unterteilt die Funktionen, die auf dem Datentyp operieren, in zwei Klassen, nämlich in Funktionen, die den Zustand des Datentyps ändern, und in Funktionen, die Werte abliefern, aber sonst keine Wirkung haben. Jede Funktion wird durch folgende Angaben beschrieben:

- Beschreibung der Funktion,
- mögliche Werte der Funktion,
- Anfangswert der Funktion,
  d. h. Wert, der geliefert wird, solange noch keine zustandsändernde Funktion angewendet wurde, gegebenenfalls ist der Anfangswert undefiniert,
- Namen und Typen der ↑Parameter,
- Wirkung der Funktion auf die Daten des Moduls und im Fehlerfall,
- erläuternde Zusätze.

▶ *Beispiel:* Spezifikation eines längenbeschränkten ↑Kellers ganzer Zahlen, der die maximale Höhe max nicht überschreiten darf (Prog. 1).

Das Gleichheitszeichen in den Funktionsspezifikationen steht für Gleichheit und nicht für Zuweisung. Ein in eckige Klammern eingeschlossener Ausdruck bezeichnet den Wert des Ausdrucks vor Anwendung der entsprechenden Funktion: Liefert z. B. der Aufruf von top vor Ausführung von push den Wert n, so liefert er, Fehler ausgenommen, nach Ausführung von push den Wert n+1 (top = [top] + 1). ◀

Die Parnas-Methode hat den Vorteil, dass eine Modulspezifikation keinerlei Bezug auf die Realisierung der ↑Datenstrukturen und ↑ Algorithmen nimmt (was für die Spezifikation auch nicht zulässig ist). So kann der oben spezifizierte Keller als ↑Feld, als ↑lineare Liste oder als Feld von ↑Zeigern auf die Kel-

```
modul Keller (max: integer):
   Beschreibung: Definition eines Kellers ganzer Zahlen,
                 max = maximale Höhe des Kellers
funktion push (x: integer):
   Beschreibung: Eintragen eines Elementes x in den Keller.
   mögliche Werte: keine
   Anfangswert: - -
   Wirkung: if top = max then „Fehlerabbruch" else
            topelem = x; top = [top] + 1 fi
funktion pop:
   Beschreibung: Entfernen des obersten Kellerelementes
   mögliche Werte: integer
   Anfangswert: undefiniert
   Wirkung: if top = 0 then „Fehlerabbruch" else top = [top] − 1 fi
funktion top:
   Beschreibung: Gibt die Zahl der im Keller vorhandenen Elemente an
   mögliche Werte: 0 bis max
   Anfangswert: 0
   Wirkung: keine
funktion topelem:
   Beschreibung: Ausgabe des obersten Kellerelementes, ohne es zu entfernen
   mögliche Werte: integer
   Anfangswert: undefiniert
   Wirkung: if top = 0 then „Fehlerabbruch" fi
Zusatzbemerkung: Für 0 ≤ top < max und x ∈ ℤ hat die
Anwendungsreihenfolge „push (x)", „pop" keine Wirkung.
ende Keller.
```

Parnas-Methode (Prog. 1): Spezifikation eines längenbeschränkten Kellers

lerelemente realisiert werden, ohne die Spezifikation zu verletzen.

Nachteile der Parnas-Methode:

- Vollständigkeit und Widerspruchsfreiheit einer Spezifikation sind, speziell bei größeren Modulen, nur schwer nachzuweisen.
- Zusammenhänge und Abhängigkeiten zwischen Funktionen können nicht formal wiedergegeben werden. In obigem Beispiel musste daher die Spezifikation um eine Zusatzbemerkung ergänzt werden, die den Bezug zwischen push und pop herstellt und garantiert, dass nur der Keller die Spezifikation erfüllt. Lässt man die Bemerkung weg, erfüllt auch die ↑Schlange diese Spezifikation.

PASCAL (benannt nach dem französischen Mathematiker *B. Pascal*, 1623–1662, entwickelt von *N. Wirth*, 1972): imperative ↑Programmiersprache, die die ↑strukturierte Programmierung unterstützt und für Ausbildungszwecke gut geeignet ist. Durch ihre leichte Erlernbarkeit und die Entwicklung effizienter Übersetzer (↑Pass) wurde sie in vielen Anwendungsbereichen eingesetzt. PASCAL ist eine Weiterentwicklung von ↑ALGOL 60 und zeichnet sich insbesondere durch das Datenstrukturkonzept aus.

Als Standarddatentypen werden ↑boolean, ↑integer, ↑real und ↑char mit entsprechenden Operationen zur Verfügung gestellt. Andere elementare Datentypen kann man durch Aufzählung aller zugehörigen Werte definieren (↑Aufzählungstyp):

```
type farbe = (weiss,schwarz,rot,gelb,blau);
type tag = (mo,di,mi,don,fr,sa,so);
```

Zu den elementaren Datentypen zählen ferner die endlichen ↑Unterbereiche anderer elementarer Datentypen (außer real):

```
type werktag = mo..fr;
type monat = 1..12;
```

Aufbauend auf den elementaren Datentypen besitzt PASCAL verschiedene Konstruktoren (↑ Datenstruktur), um aus gegebenen Datentypen neue zu erzeugen. Bei ↑Feldern muss der Index in jeder Dimension ein elementarer Datentyp mit endlichem Wertebereich sein.

▶ *Beispiele* für die Deklaration von Feldtypen:

```
type arbeitstage = array
        [werktag,monat] of boolean;
type zeile = array [1..80] of char;
type seite = array [1..60] of zeile;
```
◀

Der zweite Typkonstruktor sind ↑ Records und variante Records.

▶ *Beispiel:*

```
type datum = record
                 tag: 1..31;
                 monat: 1..12;
                 jahr: integer
             end;
```
◀

Außerdem kann man ↑Mengen von elementaren Datentypen mit endlichem Wertebereich und ↑Files bilden (Folgen von Elementen gleichen Typs, wobei die Länge der Folge nicht festgelegt ist und im Laufe der Verarbeitung beliebig wachsen kann).

▶ *Beispiel:*

```
type mischfarbe = set of farbe;
type eingabe = file of char;
type ausgabe = file of datum;
```
◀

Auf Mengen sind die Operationen „Vereinigung", „Durchschnitt" usw., auf Files die Operationen „Lies nächstes Element" (read, readln), „Füge ein Element am Ende des Files an" (write, writeln), „Lösche File" (rewrite) usw. vordefiniert. Dynamische Datentypen vereinbart man mithilfe von Zeigertypen (↑Zeiger):

```
type listenzeiger = ↑ liste;
type liste =
    record
      wert: integer;
      nächstes: listenzeiger
    end;
```

Der senkrechte Pfeil „↑" vor „liste" bedeutet: „Zeiger auf ...". Anschaulich hat ein Element vom Typ ↑ liste dann die Form aus Abb. 1.

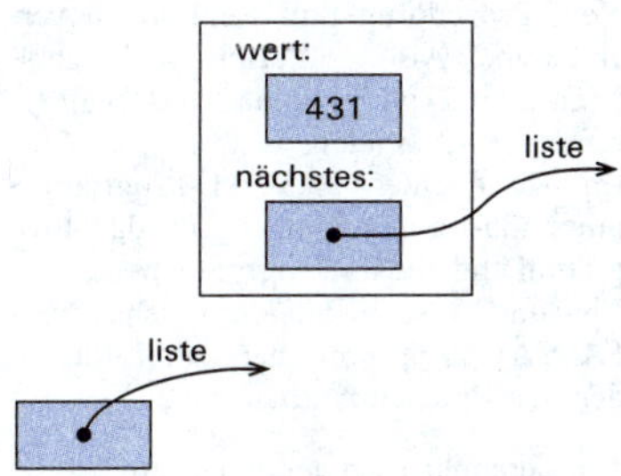

PASCAL (Abb. 1): Elemente vom Typ liste (oben) und vom Typ ↑liste (unten)

↑liste bedeutet: Der Wert ist ein Zeiger auf ein Element, das vom Typ liste sein muss. Wenn der Zeiger auf nichts weisen soll, so erhält er den Wert nil. Eine Liste (bestehend aus drei Elementen vom Typ liste) für die Zahlen 431, −309 und 66 zeigt Abb. 2.

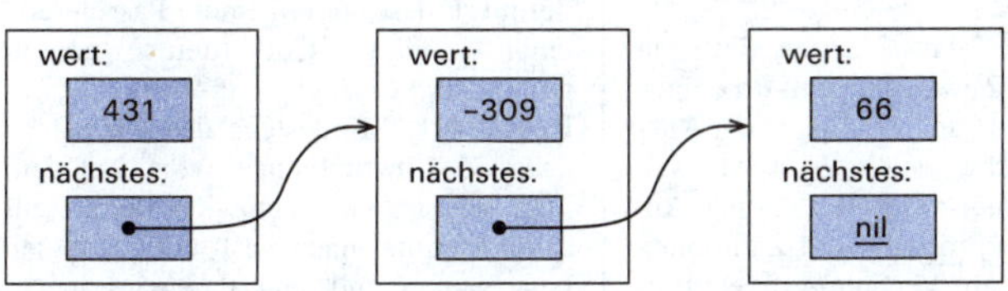

PASCAL (Abb. 2): Liste für die Zahlen 431, −309 und 66

Die Liste in Abb. 2 schreibt man auch kürzer gemäß Abb. 3.

PASCAL (Abb. 3): Kurzschreibweise für die Liste aus Abb. 2

In PASCAL kann man mit diesem Konzept beliebige ↑ Graphen beschreiben und verarbeiten. Neben Typen kann man im Deklarationsteil eines PASCAL-Programms auch ↑Marken, ↑Konstanten, ↑ Variablen, ↑ Prozeduren und Funktionen vereinbaren. Prozeduren und Funktionen sind wie ein PASCAL-Programm aufgebaut, d. h. in ihrem Deklarationsteil kann man wiederum beliebige Typen, Marken, Konstanten, Variablen, Prozeduren und Funktionen vereinbaren. Als ↑ Parameterübergabe kann man ↑call by value und ↑call by reference verwenden.

Im Kopf eines PASCAL-Programms muss man einen Namen für das Programm und alle im Programm benutzten Ein- und Ausgabedateien angeben. Ein PASCAL-Programm hat somit folgenden prinzipiellen Aufbau:

```
program beispiel (input,output);
label ...;
const ...;
type ...;
var ...;
procedure ...;
function ...;
begin
   ⟨Anweisungen⟩
end.
```


Die ↑Syntaxdiagramme für Programm, Block und Datentyp sind in Abb. 4 abgebildet.

Als elementare ↑Anweisungen gibt es in PASCAL die ↑Zuweisung, den Prozeduraufruf (↑Aufruf) und den ↑Sprung. An ↑ Kontrollstrukturen stellt PASCAL weiterhin die Sequenz, ↑if- und ↑case-Anweisung, while-, repeat- und Zählschleifen (↑Schleife) zur Verfügung. Viele Programmbeispiele in diesem Duden sind angelehnt an PASCAL geschrieben, sodass wir an dieser Stelle auf ein Beispiel verzichten.

↑Dialekte von PASCAL bestehen meist in der Erweiterung um eine ↑Textverarbeitung, um zusätzliche Dateiverarbeitungsmöglichkeiten und um weitere Datentypen. Das Modulkonzept fehlt; hierfür wurde PASCAL zu ↑ MODULA-2 weiterentwickelt. In anderen PASCAL-Versionen sind auch ein eingeschränkter Objektbegriff und das Vererbungsprinzip aus der ↑objektorientierten Programmierung enthalten. PASCAL hat zwischen 1975 und 1995 stark zur strukturierten Programmierung im Schulunterricht beigetragen. Ihre Bedeutung ist heute nur noch gering.

Pass (dt. = *Durchlauf*): in einem ↑Übersetzer ein vollständiges Lesen des zu übersetzenden ↑ Quellprogramms oder des zwischenzeitlich entstandenen übersetzten Codes.

Da es wichtig ist, wie oft ein Programm gelesen werden muss, bis es übersetzt ist (denn jedes Lesen benötigt Rechenzeit), unterteilt man Übersetzer nach der Anzahl der Pässe, die sie benötigen. Ein 1-Pass-Übersetzer liest das Quellprogramm nur einmal und erzeugt gleichzeitig das ↑Zielprogramm. Sehr oft werden 2-Pass-Übersetzer eingesetzt: Im ersten Pass wird das Programm gelesen, der ↑ Ableitungsbaum aufgebaut und die Adressen für eventuelle ↑ Sprünge im Zielprogramm berechnet. Im zweiten Pass wird der Ableitungsbaum von links nach rechts durchlaufen und dabei das Zielprogramm erzeugt.

Manche Übersetzer benötigen zehn oder mehr Durchläufe zur Erzeugung des Zielprogramms. ↑ PASCAL wurde so definiert, dass man in einem Pass bereits einen lauffähigen Code (den so genannten *P-Code*) erzeugt.

Passwort: Mindestens drei-, meistens acht- oder mehrstelliges Wort, mit dem man gegenüber einem Rechnersystem seine Identität nachweist. Gibt man seinen Namen und sein Passwort an, so kann man auf alle zugehörigen Dateien

Programm

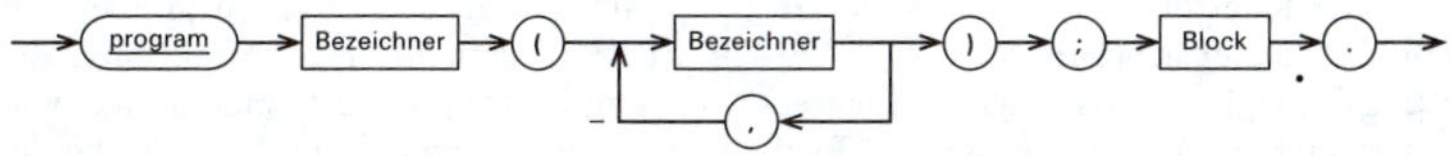

Block

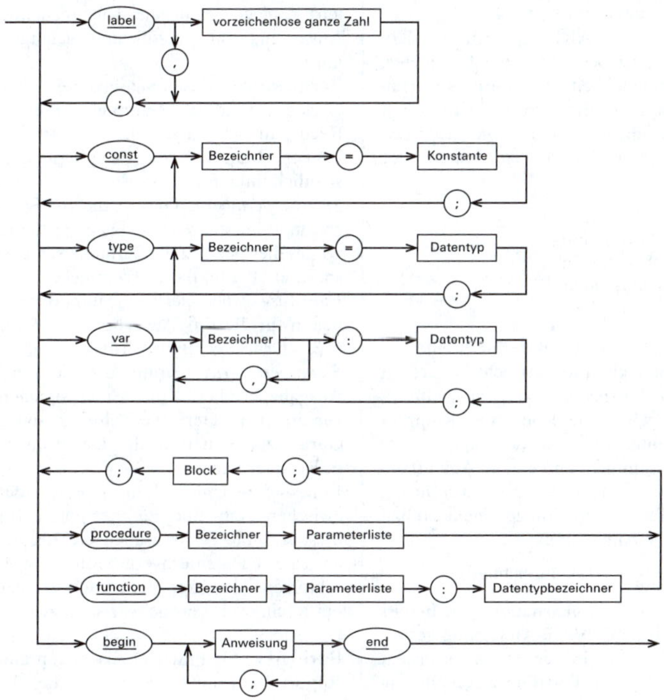

Datentyp

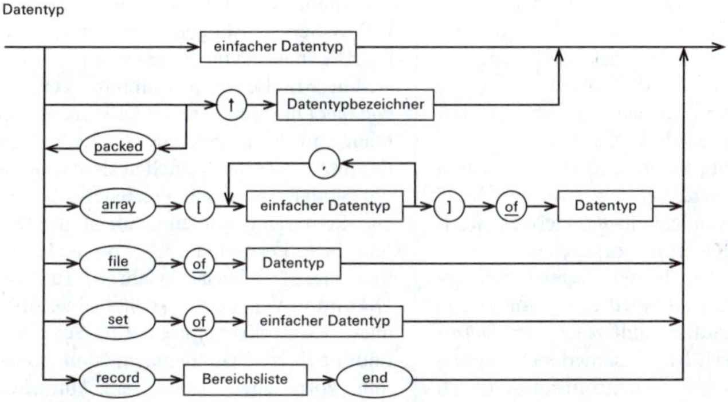

PASCAL (Abb. 4): Syntaxdiagramme für Programm, Block und Datentyp

und Programme zugreifen. Diese relativ einfache Kontrolle birgt auch viele Gefahren (↑Datensicherung).

PEARL [engl. pəːl] (Abkürzung für **P**rocess and **E**xperiment **A**utomation **R**ealtime **L**anguage): Echtzeitsprache für die ↑Prozessdatenverarbeitung.

Prozesse in PEARL erinnern an ↑Koroutinen; sie besitzen keine Parameter; ihre Dringlichkeit wird durch Prioritäten gesteuert. Ein Prozess wird durch die Ausführung einer *Task* realisiert. Eine Task wird durch ein Schema der Form

```
⟨Task-Bezeichner⟩:
   TASK ⟨Priorität⟩;
   ⟨Deklarationen⟩
   ⟨Anweisungen⟩
END;
```

deklariert. Wird im Programm eine solche Taskdeklaration erreicht, so erfolgt eine *Taskinkarnation* (↑ Inkarnation), d. h. es wird eine Kopie des Rumpfes „⟨Deklarationen⟩ ⟨Anweisungen⟩" der Task zusammen mit einem Ablaufkontrollobjekt angelegt. Die Ausführung dieser Taskinkarnation geschieht explizit durch die Anweisung

```
ACTIVATE ⟨Task-Bezeichner⟩;
```

Falls diese Taskinkarnation aber bereits durch eine ACTIVATE-Anweisung gestartet wurde, so wird sie erst dann erneut gestartet, wenn die frühere Ausführung beendet ist. Durch die Anweisung SUSPEND (bzw. SUSPEND ⟨Task-Bezeichner⟩) wird die Taskausführung angehalten, durch CONTINUE wird sie dann weiter fortgesetzt und durch TERMINATE wird sie beendet.

Eine explizite Kommunikation zwischen den Prozessen, wie sie etwa in ↑ Ada durch das Rendezvous-Konzept existiert, ist in PEARL nicht vorgesehen.

Prozesse haben in der Regel Unterprozesse. In PEARL wird eine dynamische (also zur Laufzeit gültige) *Prozesshierarchie* definiert. Bei verschiedenen Prozessen erfolgt die Synchronisation durch Semaphore (↑Nebenläufigkeit).

In einer Echtzeitsprache müssen Zeitpunkte vorgegeben werden können. In PEARL kann für jede Anweisung, die einen Prozess steuert, eine Folge von Zeitplänen angegeben werden, wobei jeder Zeitplan (= eine Liste von Zeitpunkten) festlegt, wann die entsprechende Anweisung zur Ausführung gelangen muss.

Peripherie: Zusammenfassung aller Geräte, die an die ↑Zentraleinheit einer Rechenanlage angeschlossen werden können. Man teilt die Peripherie hinsichtlich ihrer Funktion ein:

Speicherperipherie: Geräte, die zur Speicherung umfangreicher Datenbestände vorgesehen sind, z. B. ↑ Magnetschichtspeicher (Platte, Band, Trommel).

Ein-/Ausgabeperipherie: Funktionseinheiten für die Ein-/Ausgabe von Daten, z. B. ↑Drucker, ↑Bildschirm.

Steuerperipherie: Geräte, die die Ein-/Ausgabeperipherie mit Steuersignalen versorgen (↑ Geräteverwaltung) sowie Geräte zur Steuerung des Datenflusses in Rechnernetzen.

Eine andere Unterteilung unterscheidet zwischen Nah- und Fernperipherie. In diesem Sinne gehören auch Geräte, die an eine ↑ Datenfernverarbeitung angeschlossen oder über das ↑Internet oder ein Rechnernetz erreichbar sind, zur Peripherie.

Perl (Abk. für Practical Extraction and Report Language) ↑ Skriptsprache, die vor allem für die Programmierung von WWW-Serverlösungen geeignet ist und das Bearbeiten von Formularen, das Erstellen von Datenbankanbindungen sowie das Durchsuchen von beliebigen Dateien und die Extraktion von Daten unterstützt. Perl besitzt neben dem Datentyp Skalar, zu dessen Wertebereich Zeichenketten und Zahlen gehören, die Datentypen ↑Feld, eine Folge von Skalaren, und Hash (↑ Hash-Verfahren) für die Definition von Hash-Tabellen. Die üblichen Kontrollstrukturen für Schleifen und bedingte Anweisungen sind ebenfalls vorgesehen, ferner ein einfaches Prozedur- und Modulkonzept.

Die Stärken von Perl bestehen in der Textverarbeitung und in der Web-Programmierung. Für die Textverarbeitung stellt Perl ein Konzept zur Definition ↑ regulärer Ausdrücke zur Verfügung, mit dem gesuchte Teiltexte beschrieben und aus beliebigen Texten extrahiert werden können. Zur Web-Programmierung steht eine Reihe von Modulen zur Verfügung, in denen Zugriffsoperationen vordefiniert sind z. B. für den skriptgesteuerten Filetransfer, für das automatische Abrufen und Versenden von elektronischer Post über einen Mailserver, für die skriptgesteuerte Systemverwaltung, wie das Einrichten von Benutzerkonten usw.

Perl ist für unterschiedliche Plattformen verfügbar und kostenlos erhältlich.

Permutationsproblem: Als Permutation bezeichnet man die Umordnung einer vorgegebenen Zeichenfolge (vgl. Duden „Rechnen und Mathematik"). Mathematisch handelt es sich um eine bijektive Abbildung $f: M \to M$ einer (endlichen) Menge M in sich.

Sei $M = \{1, 2, \ldots, n\}$, $n \geq 1$. Gesucht ist ein Programm, das alle Permutationen von M in lexikographischer Reihenfolge nacheinander ausgibt. Eine Permutation $p = (p_1, \ldots, p_n)$, $p_i \in M$ ist hierbei ein lexikographischer Vorgänger einer anderen Permutation $q = (q_1, \ldots, q_n)$, $q_i \in M$, wenn für das kleinste $k \in \{1, \ldots, n\}$ mit $p_k \neq q_k$ die Bedingung $p_k < q_k$ gilt.

▶ *Beispiel:* Die Permutationen zur Menge $M = \{1, 2, 3\}$ lauten in lexikographischer Reihenfolge $(1, 2, 3)$, $(1, 3, 2)$, $(2, 1, 3)$, $(2, 3, 1)$, $(3, 1, 2)$, $(3, 2, 1)$. ◀

Anmerkung: Die lexikographische Reihenfolge bildet eine lineare ↑ Ordnung auf der Menge der Permutationen von M.

Das zentrale Problem bei dem gesuchten Programm besteht in der Bestimmung des unmittelbaren lexikographischen Nachfolgers einer gegebenen Permutation. Man geht wie folgt vor: p sei ein ↑ Feld der Länge n und enthalte eine Permutation der Zahlen 1 bis n.

1. Schritt: Bestimmung des größten Index i mit 1 ≤ i ≤ n, für den p[i] < p[i+1] gilt.
2. Schritt: Bestimmung der kleinsten Zahl p[j] im Bereich i+1 ≤ j ≤ n, die die Ungleichung p[j] > p[i] erfüllt.
3. Schritt: Vertauschung von p[i] und p[j].
4. Schritt: Sortierung der (neuen) Zahlenfolge p[i+1], …, p[n] in aufsteigender Reihenfolge. Da der Schritt 3 die Reihenfolge der gegebenen Zahlen p[i+1], …, p[n] nur unwesentlich verändert, reduziert sich dieser Schritt auf eine einfache Umordnung.

▶ *Beispiel:* Es sei n = 9, und das Feld enthalte die Permutation

p = (1, 4, 6, 2, 9, 5, 8, 7, 3).

1. Schritt: i = 6, p[i] = 5.
2. Schritt: j = 8, p[j] = 7.
3. Schritt: p = (1, 4, 6, 2, 9, 7, 8, 5, 3).
4. Schritt: p = (1, 4, 6, 2, 9, 7, 3, 5, 8). ◀

Es folgt der Gesamtalgorithmus in der Programmiersprache PASCAL. Der Algorithmus erzeugt nacheinander alle Permutationen in lexikographischer Reihenfolge beginnend mit (1, 2, …, n). Der Algorithmus bricht ab, wenn die letzte Permutation (n, n−1, …, 2, 1) erreicht ist. Dies erkennt man daran, dass in dem oben genannten Verfahren im ersten Schritt kein Index i existiert. Im Algorithmus verwenden wir hierfür die Hilfskomponente p[0], d. h., der Index i wird am Ende des Algorithmus den Wert 0 annehmen.

```
program permutation (output);
const n = ...; (* n ≥ 2 wählen *)
var p: array [0..n] of 0..n;
    i, j, k, t: 0..n;
    beenden: boolean;
begin
   for i:=0 to n do p[i]:=i;
   beenden:=false;
   repeat
     „Ausgabe von p";
     i:=n-1; (* 1. Schritt *)
     while p[i] > p[i+1] do i:=i-1;
     beenden:=(i=0);
```

```
      j := n; (* 2. Schritt *)
      while p[j] ≤ p[i] do j := j - 1;
      (* 3. Schritt *)
      t := p[i]; p[i] := p[j]; p[j] := t;
      i := i+1; j := n; (* 4. Schritt *)
      while i < j do
      begin
         t := p[i]; p[i] := p[j]; p[j] := t;
         i := i+1; j := j - 1
      end
   until beenden
end.
```

Die innere Schleife wird n!-mal (↑Fakultät) durchlaufen, sie benötigt jeweils höchstens 3 · n Schritte. Der Gesamtalgorithmus braucht somit $O(n \cdot n!)$ Schritte (↑Ordnung). Auf Personalcomputern sollte man daher n nicht größer als 12 wählen.

Persistenz: Dauerhaftigkeit. Bezieht sich in der Regel auf Daten: Daten in Programmen sind „flüchtig", können leicht überschrieben, verschickt, ausgetauscht werden; Daten in Datenbanken dagegen sind dauerhaft gespeichert (das ist der Hauptzweck von Datenbanken) und können i. A. nur durch erfolgreich abgeschlossene ↑Transaktionen verändert werden. Das Ziel der Programmierung ist es meist, aus Eingaben persistente Daten zu erzeugen und in geeigneten Speichern (Festplatten, Papier, optischen Platten usw.) abzulegen.

Personalcomputer (dt. persönlicher Rechner, Abk.: **PC**): Rechenanlage begrenzter Leistungsfähigkeit, deren Anwendungsbereich vor allem im privaten und im einfachen kommerziellen Bereich liegt. Diese Rechner verfügen (im Jahre 2000) über einen schnellen ↑Mikroprozessor mit Wortlängen von 16 oder 32 Bit, über eine Hauptspeicherkapazität von 128 bis 512 MByte und über eine Festplatte von mindestens 10 GByte. Zu ihnen gehören mindestens ein Bildschirm, eine Tastatur, eine Maus, ein CD-ROM- und ein Diskettenlaufwerk. Sie verfügen über mehrere Schnittstellen, lassen sich an Rechnernetze anschließen und besitzen in der Regel mehrere „Zusatzkarten", um die Verbindungen zu Netzen zu verbessern, spezielle Grafiken darzustellen, gewisse, meist arithmetische Operationen schneller durchführen zu können usw. Üblicherweise ist auf ihnen mindestens eines der Betriebssysteme WINDOWS 95, 98 oder 2000, Mac OS, WINDOWS NT oder LINUX installiert.

PCs werden heute oft als tragbare Computer mit einem aufklappbaren Bildschirm angeboten; sie heißen *Laptop.* Man kann sie auch mit Akku über mehrere Stunden betreiben. Besonders kleine handliche Personalcomputer mit spezieller Software zur Terminplanung, zum Aufzeichnen von Notizen, zur Verwaltung persönlicher Informationen und zur Kommunikation bezeichnet man als *Notizbuchrechner* (engl. *notebook*).

PCs kosten derzeit 1 000 bis 2 000 Euro und sind daher für viele Menschen erschwinglich. Über sie läuft großenteils der Zugang zum ↑Internet, an das im Jahre 2000 bereits rund 100 Millionen Computer (meist PCs) weltweit angeschlossen sein sollen. Die PCs entwickeln sich daher neben den Funktelefonen (Handys) zu einem wichtigen Hilfsmittel der Kommunikation.

Personalinformationssystem (engl. *personnel information system,* Abk. **PIS**): Informations- und Verwaltungssystem für die Bewältigung personalwirtschaftlicher Aufgaben im betrieblichen oder öffentlichen Bereich.

Zu den Aufgaben eines Personalinformationssystems gehören u. a.

- Speicherung und Wiedergewinnung von persönlichen und betriebsbezogenen Daten von Mitarbeitern, z. B. Geschlecht, Alter, Lohn oder Gehalt, Arbeitsplatz, Kranken-, Urlaubs- und Fehlzeiten, Ausbildung usw.;
- Organisation des Personaleinsatzes (Urlaub, Vertretung, Freistellung, Versetzung usw.) und Feststellung des Personalbedarfs;
- Lohn- und Gehaltsabrechnung, Leistungskontrolle und -bewertung von Mitarbeitern;

- Erstellung von Statistiken über Arbeitszeiten, Krankenstand, Altersstruktur, Einstellungen, Entlassungen, Personalkosten usw.

Wegen der Vielzahl gespeicherter Daten verbunden mit der Möglichkeit, diese in Sekundenschnelle abzurufen und zu verknüpfen, werden an Personalinformationssysteme hohe Anforderungen bezüglich des ↑Datenschutzes gestellt. Wegen der Problematik des Datenschutzes, der umfangreichen Kontrollmöglichkeiten und des möglichen Missbrauchs sind Personalinformationssysteme in der Öffentlichkeit umstritten.

Von Personalinformationssystemen sind *Arbeitnehmerinformationssysteme* zu unterscheiden, die Arbeitnehmer z. B. über die wirtschaftliche Lage des Betriebs, über arbeits- und sozialrechtliche Fragen usw. informieren.

Petrinetz (engl. *petri net*): Modell zur Beschreibung und Analyse von Abläufen mit nebenläufigen (↑ Nebenläufigkeit) ↑Prozessen und nichtdeterministischen Vorgängen. Dieses Modell wurde 1962 von *C. A. Petri* vorgeschlagen.

Petrinetze eignen sich zur Beschreibung dynamischer Systeme, die eine feste Grundstruktur besitzen. Beispiele hierfür sind Rechenanlagen, Betriebssysteme, Organisationsabläufe (z. B. Büroabläufe oder Herstellungsverfahren).

Ein Petrinetz ist ein gerichteter ↑Graph, der aus zwei verschiedenen Sorten von Knoten besteht: Stellen und Transitionen. Eine *Stelle* entspricht einer Zwischenablage für Daten, eine *Transition* beschreibt die Verarbeitung von Daten. Stellen (auch Plätze genannt) werden durch Kreise ○, Transitionen (auch Hürden genannt) durch Balken ▬ oder durch Rechtecke dargestellt. Die Kanten (= Verbindungen zwischen den Knoten) dürfen jeweils nur von einer Sorte zur anderen führen. Die Stellen, von denen Kanten zu einer Transition t laufen, heißen *Eingabestellen* oder *Vorbereich* von t, und die Stellen, zu denen von t aus Kanten führen, heißen *Ausgabestellen* oder *Nachbereich* von t (Abb. 1).

In Abb. 1 ist

$$\{s_1, s_2, s_3, s_4, s_5, t_1, t_2, t_3, t_4\}$$

die Knotenmenge. Die Kanten sind durch Pfeile angegeben. s_1 und s_3 sind die Eingabestellen von t_1, s_2 ist die Ausgabestelle von t_1.

Der Graph spiegelt die feste Ablaufstruktur wider. Um dynamische Vorgänge zu beschreiben, werden die Stellen mit Objekten belegt, die durch die Transitionen weitergegeben werden. Die Objekte sind Elemente eines ↑ Datentyps. Verwendet man den Datentyp boolean, dann nennt man das Petrinetz auch *„Bedingungs-Ereignis-System"* oder bool-Petrinetz. Verwendet man den Datentyp nat (natürliche Zahlen), so spricht man von *„Stellen-Transitions-Netzen"* oder von S/T-Netzen. In diesen beiden Fällen werden die Objekte als „Marken" bezeichnet und als fette Punkte in die Stellen des Petrinetzes eingetragen (Abb. 2).

In Abb. 2 befinden sich also je eine Marke in s_1 und s_3 und zwei Marken in s_5. Diese Situation *(„Markierung")* beschreibt man durch den Vektor

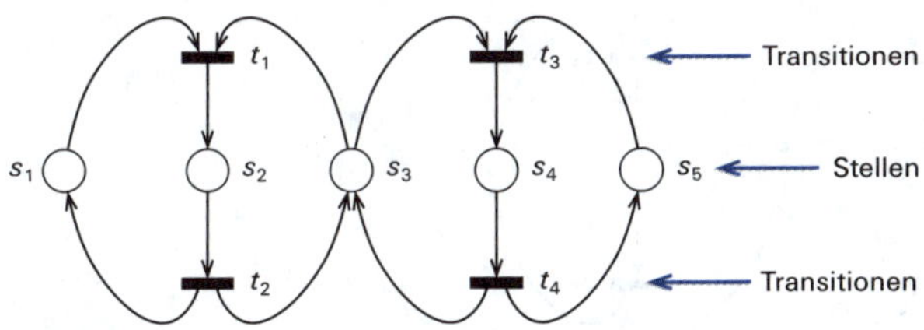

Petrinetz (Abb.1): Petrinetz

(1, 0, 1, 0, 2), der in der i-ten Komponente die Anzahl der Marken der Stelle s_i enthält.

Der Bewegungsablauf der Marken im Petrinetz wird durch folgende *Schaltregel* für Transitionen festgelegt:

a) Eine Transition t kann schalten (oder „zünden" oder „feuern"), wenn jede Eingabestelle von t mindestens eine Marke enthält.

b) Schaltet eine Transition, dann wird aus jeder Eingabestelle eine Marke entfernt und zu jeder Ausgabestelle eine Marke hinzugefügt.

In Abb. 2 können nur die Transitionen t_1 und t_3 schalten; sie können aber nicht gleichzeitig schalten, da die in s_3 liegende Marke entweder für t_1 oder für t_3 verwendet werden muss. Lässt man t_3 schalten, dann entsteht die in Abb. 3 angegebene Situation („Folgemarkierung" der Markierung von Abb. 2), der der Vektor (1, 0, 0, 1, 1) entspricht.

Anschließend kann nur t_4 schalten, wobei der Vektor (1, 0, 1, 0, 2) entsteht. Dieses Petrinetz beschreibt den wechselseitigen Ausschluss (↑ Nebenläufigkeit) zweier ↑Prozesse: Der durch die Stellen s_1 und s_2 und die Transitionen t_1 und t_2 gegebene Prozess P_1 kann nur arbeiten, wenn der durch s_4, s_5, t_3, t_4 gegebene Prozess P_2 nicht aktiv ist und umgekehrt. Die Stelle s_3 stellt diese sich ausschließenden Aktivitäten sicher. Konkret kann man sich z. B. vorstellen, dass die Prozesse P_1 und P_2 den gleichen Drucker benutzen wollen, wobei sie den Drucker für die Handlungen, die durch t_1 bzw. t_3 beschrieben sein mögen, benötigen und ihn dann durch t_2 bzw. t_4 wieder freigeben. Durch s_3 wird ein *Semaphor* (↑Nebenläufigkeit) realisiert.

Ein weiteres Beispiel ist das *Erzeuger-Verbraucher-System*, siehe Abb. 1 und 2 unter ↑Nebenläufigkeit.

Es gibt viele Modifizierungen dieses Petrinetz-Grundtyps, z. B.:

(1) Jede Stelle s erhält eine „Kapazität" $K(s)$, die angibt, wie viele Marken höchstens in s liegen dürfen.

(2) Jede Kante erhält eine Gewichtsfunktion, mit deren Hilfe man mehrere Marken gleichzeitig aus Stellen abziehen und in Stellen fließen lassen kann.

(3) Statt der einfachen Datentypen boolean und nat werden allgemeinere

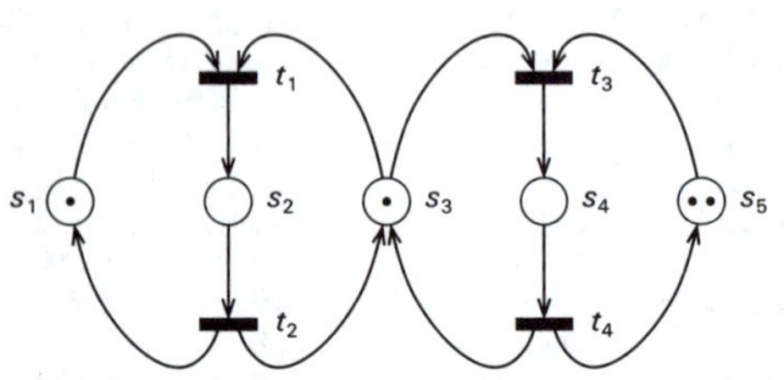

Petrinetz (Abb. 2): Petrinetz mit eingetragenen Marken

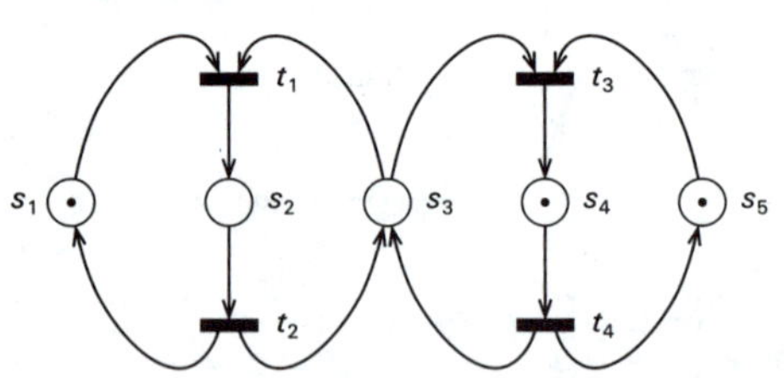

Petrinetz (Abb. 3): Folgemarkierung der Markierung in Abb. 2 nach Schalten von t_3

Datentypen zugelassen. In Büros „fließen“ z. B. Objekte von Datentypen „Formular“ und „Akte“.

(4) Man lässt weitere Sorten von Stellen und Transitionen zu, z. B. Transitionen zur Beschreibung der Fallunterscheidung

if ... then ... else ... .

(5) Man verwendet verschiedene Arten von Kanten, z. B. Kanten, die verhindern, dass eine Transition schalten darf. Solche Erweiterungen erzwingen Änderungen an der Schaltregel. Wenn z. B. eine Kapazität vorgegeben wird, dann darf eine Transition nur schalten, wenn anschließend keine Ausgabestelle mehr Marken enthält, als der Kapazität entspricht.

Petrinetze benutzt man zum Modellieren von Ablaufstrukturen, bei denen mehrere Prozesse und möglicherweise verschiedene Objekttypen auftreten, die nebeneinander existieren oder in einer bestimmten Weise miteinander Daten austauschen oder miteinander um Hilfsmittel im Wettstreit stehen (Synchronisieren und Konkurrieren). Petrinetze kann man aus zehn Grundelementen zusammensetzen (Abb. 4).

Ablaufstrukturen, die aus diesen Grundelementen zusammensetzbar sind, kann man durch Petrinetze beschreiben. Hat man einen Vorgang auf diese Weise dargestellt, so kann man ihn analysieren. Typische Fragestellungen sind:

Terminiert das Petrinetz? Das heißt, kann man (ausgehend von einer Startsituation) stets nur endlich oft Transitionen schalten? (Abb. 1 terminiert z. B. nicht, da unendlich oft nacheinander geschaltet werden kann.)

Ist jede Transition *lebendig?* Das heißt, kann man (ausgehend von einer Startsituation) die Transitionen stets so schalten, dass eine vorgegebene Transition *t* im weiteren Verlauf nochmals schalten kann? Anderenfalls heißt *t tot.* (In Abb. 1 sind alle Transitionen lebendig.)

Treten vermeidbare *Verklemmungen* auf? Das heißt, gibt es Situationen, in denen keine Transition schalten kann?

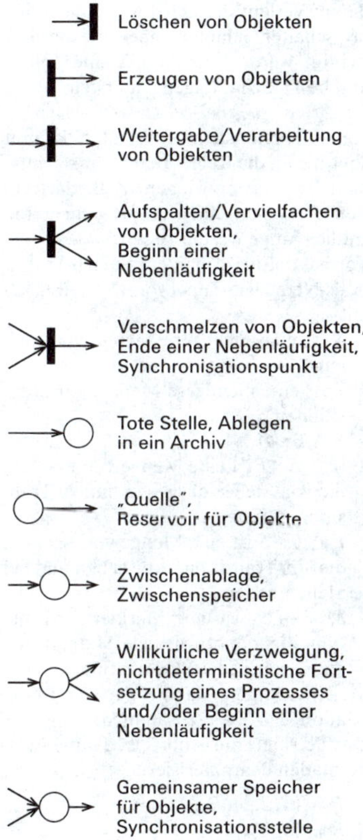

Petrinetz (Abb. 4): Grundstrukturen von Petrinetzen

Erreichbarkeitsproblem: Es seien zwei Markierungen M_1 und M_2 gegeben; gibt es eine Schaltfolge, sodass das Netz von der Markierung M_1 in die Markierung M_2 übergeht? (Für nat-Petrinetze lässt sich dieses Problem tatsächlich lösen, allerdings nur mit sehr großem Aufwand.)

Bleibt das Netz *beschränkt?* Das heißt, gibt es eine Zahl *k,* sodass bei jeder erreichbaren Markierung höchstens *k* Marken in jeder Stelle liegen? (Das Netz in Abb. 1 ist beschränkt mit $k = 2$.)

Fairness: Eine unendliche Schaltfolge heißt unfair, wenn es Transitionen gibt, die im Verlauf der Schaltfolge unendlich oft schalten könnten, aber nie berücksichtigt werden. In Abb. 2 sind solche unfairen Schaltfolgen möglich, z. B. $t_1 t_2 t_1 t_2 t_1 t_2 \ldots$, also $(t_1 t_2)^\infty$. Hierbei könnte t_3 unendlich oft schalten, kommt aber nie an die Reihe. In der Praxis muss man Fairness erzwingen. Z. B. darf ein Betriebssystem einen Auftrag nicht unendlich lange warten lassen.

Formal definiert man ein Stellen-Transitions-Netz als 5-Tupel $P = (S, T, A, E, M)$ mit:

- S ist eine nichtleere Menge von Stellen,
- T ist eine nichtleere Menge von Transitionen,
- $S \cap T = \emptyset$,
- $A \subset S \times T$ ist eine Menge von Kanten, die von Stellen ausgehen und zu Transitionen führen,
- $E \subset T \times S$ ist eine Menge von Kanten, die von Transitionen ausgehen und bei Stellen enden,
- M: $S \rightarrow \mathbb{N}_0$ ist eine Markierungsfunktion, die angibt, wieviele Marken sich anfangs in jeder Stelle befinden.

Meist fasst man A und E zur sog. Flussrelation $A \cup E = F$ zusammen.

Das Petrinetz aus Abb. 2 ist dann folgendermaßen charakterisiert:

$$
\begin{aligned}
&P = (S, T, A, E, M) \text{ mit}\\
&S = \{s_1, s_2, s_3, s_4, s_5\},\\
&T = \{t_1, t_2, t_3, t_4\},\\
&A = \{(s_1, t_1), (s_2, t_2), (s_3, t_1),\\
&\qquad (s_3, t_3), (s_4, t_4), (s_5, t_3)\},\\
&E = \{(t_1, s_2), (t_2, s_1), (t_2, s_3),\\
&\qquad (t_3, s_4), (t_4, s_3), (t_4, s_5)\},\\
&M(s_1) = M(s_3) = 1,\\
&M(s_5) = 2,\\
&M(s_2) = M(s_4) = 0.
\end{aligned}
$$

Sei für jedes $t \in T$

$$^\bullet t = \{s \in S | (s, t) \in A\}.$$

$^\bullet t$ der Vorbereich von t.

$$t^\bullet = \{s \in S | (t, s) \in E\}$$

ist für jedes $t \in T$ die Menge der Stellen, zu denen eine Kante von t führt, also der Nachbereich von t. Eine Transition $t \in T$ kann schalten, wenn $M(s) > 0$ für alle $s \in {^\bullet t}$ gilt, d. h. alle Eingabestellen mit Marken belegt sind. Die Folgemarkierung M' ist definiert durch

$$
M'(s) = \begin{cases} M(s) + 1, & \text{falls } s \in t^\bullet \\ & \text{aber } s \notin {^\bullet t}, \\ M(s) - 1, & \text{falls } s \in {^\bullet t} \\ & \text{aber } s \notin t^\bullet, \\ M(s), & \text{sonst.} \end{cases}
$$

Die Definition eines Petrinetzes und sein dynamisches Verhalten machen keinerlei Aussagen über das zeitliche Verhalten und die Behandlung von Konflikten (z. B.: Schaltet in Abb. 2 die Transition t_1 oder die Transition t_2?). Hierfür sind in der Praxis zusätzliche Strategien oder Kontrollalgorithmen erforderlich.

Petrinetze werden in zunehmendem Maße zur Modellierung und Simulation von allgemeinen Vorgängen insbesondere von Arbeitsabläufen („Workflow“) verwendet. Petrinetze besitzen jedoch eine statische Natur. Will man z. B. Vorgänge beschreiben, bei denen dauernd neue Prozesse erzeugt werden (vgl. task-Konzept bei ↑ Ada, ↑ OCCAM), dann erweisen sich Petrinetze als ungeeignet.

Philosophenproblem: Klassisches Problem zur Erläuterung nebenläufiger ↑Prozesse und damit zusammenhängender Begriffe wie *wechselseitiger Ausschluss, Verklemmung, Semaphor* usw. (↑ Nebenläufigkeit). Zugleich verdeutlicht das Problem die Unüberschaubarkeit bereits sehr einfacher nebenläufiger Strukturen.

Fünf Philosophen $P_0, \ldots, P_4$ sitzen rund um einen Tisch. Jeder Philosoph beschäftigt sich eine Weile mit Nachdenken, bis er hungrig wird und zu essen beginnt. Nach dem Essen beginnt er wieder nachzudenken usw. Jeder Philosoph besitzt einen eigenen Teller Spaghetti und zwischen je zwei Tellern liegt eine Gabel. Links von dem i-ten Philosophen liege die Gabel g_i, rechts von ihm liege die Gabel $g_{(i+1) \underline{\text{mod}} 5}$ (Abb. 1). Zum Essen benötigt jeder Philosoph die *beiden* Gabeln zur Rechten und Linken seines Tellers. Es können also höchstens zwei Philosophen, die nicht nebeneinander sitzen dürfen, gleichzeitig essen, da nicht mehr Gabeln zur Verfügung stehen.

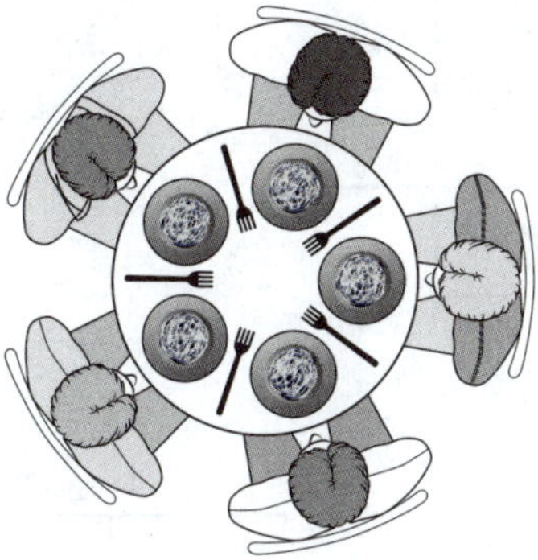

Philosophenproblem (Abb. 1): Situation beim Philosophenproblem

Modelliert man das Verhalten jedes Philosophen algorithmisch durch einen Prozess, so muss man berücksichtigen, dass die Gabeln *gemeinsame Variablen* repräsentieren und dass der Zugriff zu den Variablen ein *kritischer Abschnitt* ist, der zur Vermeidung von Konflikten (zwei Philosophen greifen gleichzeitig zur selben Gabel) durch *Semaphore* mit deren P- und V-Operation synchronisiert wird. Führt man für jede Gabel einen Semaphor g_i ein, so erhält man für den *i*-ten Philosophen folgenden Algorithmus:

```
var g0, ..., g4: semaphor;
g0 := 1, ..., g4 := 1;
```

Philosoph i

```
repeat
  denken;
  hungrig werden;
  P(gi);
  P(g(i+1) mod5);
  essen;
  V(g(i+1) mod5);
  V(gi)
until false.
```

Diese naive Lösung besitzt einen entscheidenden Fehler: Es können *Verklemmungen (Deadlocks)* auftreten. Wenn z. B. alle Philosophen gleichzeitig hungrig sind und jeweils ihre linke Gabel ergreifen, so sind anschließend alle Gabeln belegt und kein Philosoph kann mit dem Essen beginnen oder sonst noch irgendeine Tätigkeit ausführen. Diese Situation verhindert man, indem man für die einzelnen Zustände der Philosophen Kontrollvariablen einführt und den Programmablauf in Abhängigkeit der Werte der Kontrollvariablen steuert.

Auf Details verzichten wir hier. Es sei nur angemerkt, dass eine Lösung zwar Verklemmungen vermeidet, aber i. A. nicht „fair“ ist, d. h. es kann vorkommen, dass ein Philosoph durch das Verhalten seiner beiden Nachbarn für immer vom Essen abgehalten wird, also verhungert (*Fairness*-Problem).

Philosophie (in der Informatik): fundamentale Ausrichtung, an der sich konkrete Darstellungen und Lösungen orientieren. Siehe ↑Methoden der Informatik.

Piktogramm: formelhaftes grafisches Symbol zur Darstellung von Gegenständen oder Sachverhalten mit international festgelegter Bedeutung (z. B. Totenkopf als Symbol für Gift).

In der *Informatik* treten Piktogramme vorwiegend bei der ↑ Fenstertechnik und bei der Programmierung von Menütechniken (↑Menü) auf. Sie werden dort anstelle von oder zusätzlich zu (Kommando-)Texten verwendet und erleichtern die Kommunikation zwischen Programm und Benutzer. Die Auswahl eines Dokuments oder eines Kommandos erfolgt dann nicht mehr über die Tastatur, sondern durch Ansteuern des gewünschten Piktogramms mithilfe einer ↑Maus. Beispiele für Piktogramme in Menüs sind: „Bleistift“ für eine Funktion „Schreiben“, „Auge“ für eine Funktion „Lesen“, „Radiergummi“ für eine Funktion „Löschen“.

Pipelineverarbeitung ['paɪplaɪn] (engl. *pipelining*): Konzept zur Beschleunigung der Arbeitsgeschwindigkeit einer Rechenanlage durch ↑ Parallelverarbeitung innerhalb des ↑Steuerwerks.

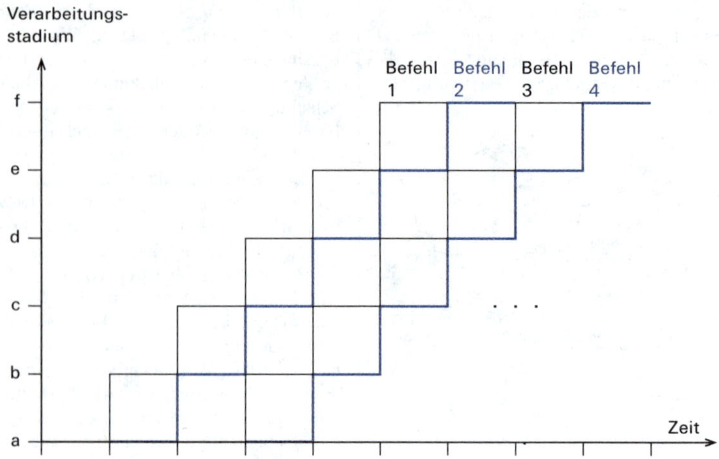

Pipelineverarbeitung (Abb. 1): Schema der Pipelineverarbeitung

Die Abarbeitung eines ↑ Befehls setzt sich aus einer Reihe von Einzeloperationen zusammen (↑Befehlszyklus), z. B.:
a) Holphase,
b) Decodierphase,
c) Erhöhen des Befehlszählregisters,
d) Laden der Operanden,
e) Ausführungsphase,
f) Abspeichern des Ergebnisses.
Jede der Aktionen kann selbst wieder aus noch kleineren Operationen bestehen.
Bei der Pipelineverarbeitung ist innerhalb des Steuerwerks für jede mögliche Einzeloperation eine Funktionseinheit vorgesehen. Alle Funktionseinheiten arbeiten fließbandartig gleichzeitig an der Ausführung der Befehle. Befindet sich z. B. der $(n-1)$-te Befehl im Verarbeitungsstadium c), so wird der n-te Befehl schon decodiert (Stadium b)) und der $(n+1)$-te bereits in das Steuerwerk geladen (Stadium a)). Das Steuerwerk bearbeitet also genau so viele verschiedene Befehle gleichzeitig wie Funktionseinheiten vorhanden sind (Abb. 1). Diese verzahnte Verarbeitung wird auch bei RISC-Rechnern (↑Befehlsvorrat) ausgenutzt.
Probleme treten auf, wenn ein Befehl Ergebnisse benötigt, die einer seiner noch in Verarbeitung befindlichen Vorgänger liefern muss. In diesem Fall muss die Ausführung des Befehls und seiner Nachfolger verzögert werden, bis die erforderlichen Ergebnisse zur Verfügung stehen. Die Abarbeitung muss ebenfalls abgebrochen werden, wenn ein Sprungbefehl auftritt.

Pixel (Kurzwort für engl. **pic**ture **el**ement): Bildpunkt; kleinstes Element eines Rasterbildschirms, dem Farbe und Intensität zugeordnet werden können. Auf einem *Bildschirm* sind die Pixel matrixartig angeordnet. Der Bildschirm eines Personalcomputers besitzt rund 1 Million Pixel, für spezielle Anwendungen benötigt man wesentlich mehr (↑Bildschirm).

Plane-sweeping [plein 'swi:pıŋ] („Überstreichen der Ebene") auch *scanline*-Prinzip genannt: Bezeichnung für ein algorithmisches Lösungsverfahren, das im Bereich der ↑ algorithmischen Geometrie zahlreiche Anwendungen bei Problemen in der Ebene besitzt.
Beim Plane-sweeping wird die Ebene, in der sich die geometrischen Objekte befinden, mit einer Geraden (sog. *Front*) parallel zur y-Achse von links nach

rechts überstrichen. Dabei ist das Problem für die Objekte links der Geraden zu jedem Zeitpunkt gelöst (Abb. 1). Wenn die Front nun das nächste Objekt überstreicht, wird dieses in das Lösungsverfahren einbezogen und die Lösung aktualisiert. Anfangs startet man das Verfahren mit der Lösung für die leere Objektmenge, und das Verfahren endet, wenn die Front alle Objekte überstrichen hat.

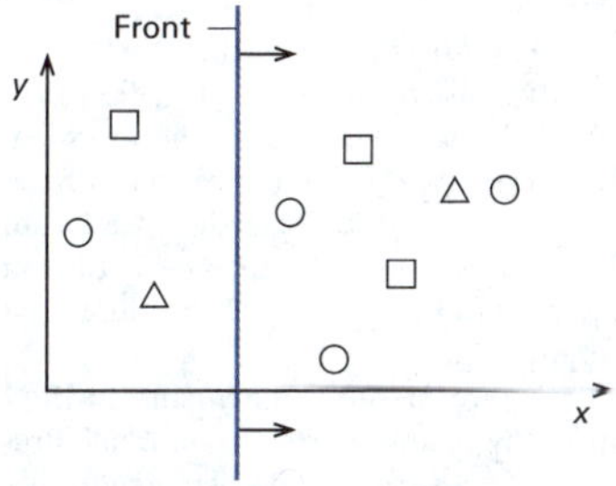

Plane-sweeping (Abb. 1): Prinzip des Plane-sweeping

▶ *Beispiel:* Gegeben seien n Punkte in der Ebene. Gesucht ist der kleinste Abstand zwischen zwei Punkten sowie ein zugehöriges Paar von Punkten. Anfangs befindet sich die Front links von allen Punkten. Zu diesem Zeitpunkt liegen noch keine Informationen über den kürzesten Abstand vor. Nun wird die Front nach rechts bewegt, bis sich etwas an der Information ändert. Dies geschieht zum ersten Mal, wenn die Front den zweiten Punkt von links erreicht hat. Der Algorithmus merkt sich, dass unter den Punkten links von der Front P_1 und P_2 den kleinsten Abstand d besitzen (Abb. 2).
Offenbar kann sich beim Weiterbewegen der Front an der Information, welches Paar links von der Front den kleinsten Abstand besitzt, nur dann etwas ändern, wenn die Front auf einen neuen Punkt P trifft. Dann ist zu überprüfen, ob P mit einem der anderen Punkte links von der Front ein neues Paar mit kleinstem Abstand bildet. Hierfür muss man nur die Abstände zwischen P und den Punkten im Halbkreis mit Radius d um P (Abb. 3) berechnen. Befinden sich keine Punkte in dem Halbkreis, so bleibt das bisherige Punktepaar mit kürzestem Abstand unverändert. Anderenfalls wählt man als neues Paar den Punkt P und den zu P nächsten Punkt aus dem Halbkreis. Man beachte, dass sich in dem Halbkreis höchstens vier solcher Punkte befinden können, weil links von der Front keine zwei Punkte einen Abstand kleiner als d besitzen und höchstens vier solche Punkte in einem Halbkreis vom Radius d untergebracht werden können. Die Zahl der erforderlichen Abstandsberechnungen reduziert sich damit auf höchstens $4n$.
Durch die Wahl einer geeigneten Datenstruktur, mit der man die Punkte eines Halbkreises effizient bestimmen kann, kann man einen Algorithmus angeben, der das Problem in $O(n \cdot \log_2 n)$ Schritten löst. ◀

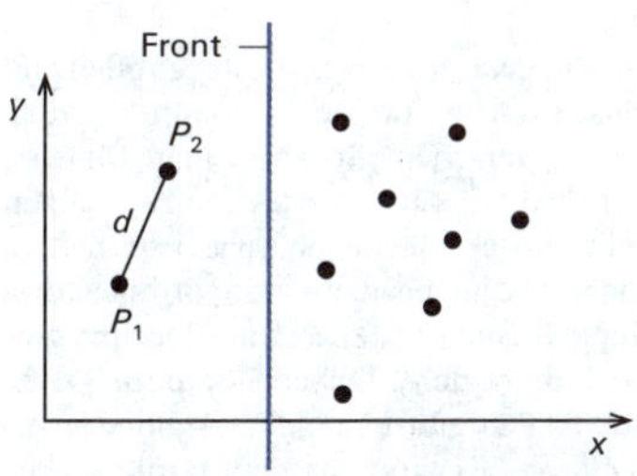

Plane-sweeping (Abb. 2): Zwischensituation nach Überstreichen zweier Punkte

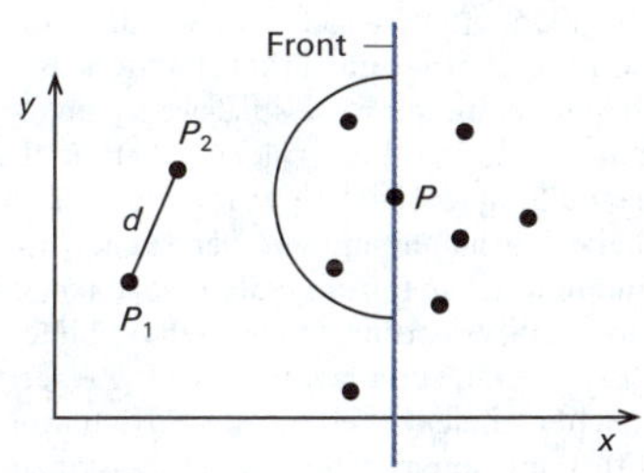

Plane-sweeping (Abb. 3): Einbeziehen eines neuen Punktes P

Plattform: standardisierte Entwicklungs- und Laufzeitumgebung, die die Entwicklung und Ausführung von verteilten Anwendungen ermöglicht. Hierzu werden Dienste und Werkzeuge bereit gestellt, die zwischen Angebot und Nachfrage, Aufruf und Ausführung vermitteln (↑ Middleware). Hier werden auch wieder verwendbare Softwaremodule, sog. ↑ Komponenten, vorgehalten. Beispiele sind *DCE* (distributed computing environment, dt. verteilte Bearbeitungsumgebung) und *CORBA* (common object request broker architecture, dt. einheitliche Vermittlungsarchitektur für Objektanforderungen) zur Unterstützung von Prozedurfernaufrufen und objektorientierten Anwendungen (↑elektronischer Markt).

Oft bezeichnet man als Plattform die von den Computerherstellern auf ihrer Hardware durch die Betriebssoftware vorgegebenen Umgebungen. Von solchen Plattformen möchte man im Zeitalter der ↑offenen Systeme und des ↑Internet möglichst unabhängig werden.

PL/I [pe: 'ɛl ''aıns] (Abk. für „**Pro**gramming **L**anguage no. **one**"): imperative ↑Programmiersprache aus den 60er-Jahren, die Konzepte aus ↑FORTRAN, ↑COBOL und ↑ALGOL 60 miteinander verbindet. PL/I ist eine universelle Programmiersprache, die für wissenschaftliche und kommerzielle Anwendungen und zur Systemprogrammierung geeignet ist. Durch die Vielzahl der angebotenen Möglichkeiten ist PL/I eine umfangreiche und schwer überschaubare Programmiersprache.

Die ↑Datentypen von PL/I wurden von COBOL übernommen und erweitert. Bei Zahlen kann man beispielsweise angeben, ob sie in ↑Fest- oder ↑Gleitpunktdarstellung gespeichert werden, wie viele Stellen sie haben, mit welcher Skalierung und in welcher Form sie als Zeichenkette ausgegeben werden sollen. Ferner bietet PL/I als Grunddatentypen ↑ Zeiger, Zeichen, Zeichenketten und Folgen von ↑ Bits mit entsprechenden Operationen an. Zeiger sind in PL/I nicht von einem bestimmten Datentyp, sondern sie werden als Adressen im Speicher aufgefasst. Zur Strukturierung der Daten bietet PL/I ↑ Felder und ↑ Records (in PL/I „STRUCTURE" genannt) an. Zur Ein- und Ausgabe von Daten kann man ↑Dateien vereinbaren, die entweder als Folge von Bits oder Zeichen oder als Folge von Records aufgefasst werden können. Für Dateien gibt es wie in FORTRAN zahlreiche Lese- und Schreiboperationen mit Möglichkeiten zur Formatierung der Daten.

Aus ALGOL 60 wurde die Programmstruktur übernommen: Ein PL/I-Programm besteht aus einer Reihe von separat übersetzbaren (↑Übersetzer) ↑Prozeduren, wobei jede Prozedur wiederum Prozeduren und ↑ Blöcke enthalten kann. ↑ Rekursion bei Prozeduren ist möglich.

Elementare ↑Anweisungen sind in PL/I die ↑Zuweisung, der ↑Aufruf einer Prozedur, der ↑Sprung, Anweisungen für die Ein- und Ausgabe, Anweisungen für die Speicherplatzzuweisung und nichtnormale Beendigungen („EXIT" und „STOP").

Bei Zuweisungen brauchen in PL/I die Datentypen auf der linken und rechten Seite nicht übereinzustimmen. In PL/I wird der zugewiesene Wert automatisch in den Typ des Empfängers umgewandelt.

An ↑Kontrollstrukturen besitzt PL/I die Sequenz, die ↑ if-Anweisung, die while- und die Zählschleife (↑Schleife). Zur Behandlung von Laufzeitfehlern können Ausnahmen (wie in ↑Ada definiert werden).

In PL/I kann man fast alle Größen mit Zusatzinformationen, genannt „Attribute", versehen. So kann man für eine Variable, deren Werte ganze Zahlen sein dürfen, festlegen, wieviele Stellen diese Werte besitzen und ob sich dies auf die Binär- oder auf die Dezimaldarstellung bezieht. Insbesondere für Dateien (FILES) gibt es eine Vielzahl von Attributen. Es sind oft die Attribute, die Anweisungen unübersichtlich machen. Denn auch ein erfahrener Programmierer kann kaum überschauen, was eine einfache Zuweisung

A = B + C + D

tatsächlich bewirkt, wenn A, B, C und D vom Typ ↑ real (in PL/I „FLOAT" genannt) sind, aber unterschiedliche Stelligkeit und Darstellungsart besitzen.
PL/I bietet noch weitere Möglichkeiten, unter anderem das Überladen von Prozedurnamen (↑ Ada) und die ↑ Parallelverarbeitung (Schlüsselwort „EVENT", oder auch „TASK" und „PRIORITY"). Insbesondere die Vielfalt von PL/I hat die grundsätzliche Diskussion ausgelöst, ob Programmiersprachen universell verwendbar und für jede Anwendung möglichst vordefinierte Lösungen anbieten oder ob sie klein und einfach erlernbar, aber dafür leicht erweiterbar sein sollen.

Plotter (von engl. *plot* = zeichnen): elektromechanisches Ausgabegerät zum Zeichnen von Kurven.
Ein Flachbettplotter verfügt über einen oder mehrere verschiedenfarbige Zeichenstifte, die an einem Schlitten befestigt sind. Der Schlitten kann durch Motoren in zwei senkrecht zueinander verlaufenden Richtungen, die *x*- und *y*-Richtung, bewegt werden (Abb. 1).
Bei Walzenplottern ist der Zeichenschlitten nur in der *y*-Richtung beweglich. Das Zeichnen in *x*-Richtung wird durch entsprechende Bewegung des Zeichenpapiers ermöglicht (Abb. 2).

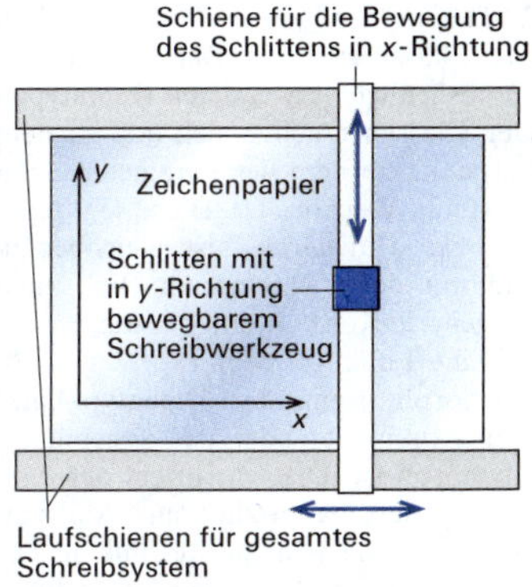

Plotter (Abb. 1): Flachbettplotter

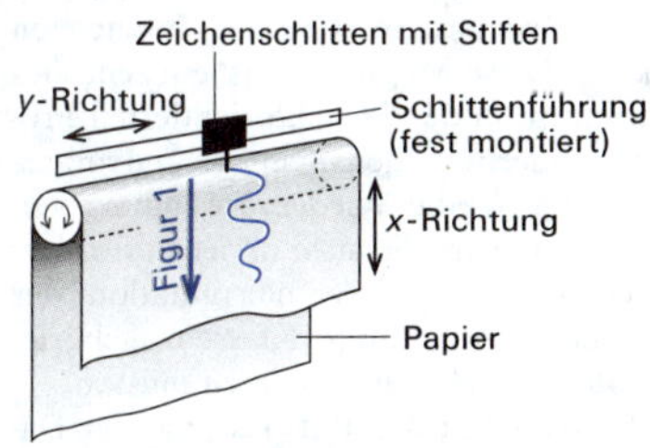

Plotter (Abb. 2): Walzenplotter

Plug-in (von engl. *to plug in* „einstecken"): Einsteck-Schnittstellen zum Anschließen zusätzlicher Fähigkeiten, etwa zur Behandlung von neuen Formaten, vor allem um einen ↑ Browser um Funktionen zu erweitern. Zum Beispiel wird hierdurch ein Browser in die Lage versetzt, Text, Ton und Bild, die in speziellen Formaten codiert sind, zu präsentieren. Beispiele sind *pdf* (portable document format) zum Darstellen von ↑ Dokumenten und *VRML* (virtual reality modeling language) zum Behandeln dreidimensionaler Daten.

Polymorphie (aus dem Griechischen: „vielgestaltig"): Ein Bezeichner heißt *polymorph,* wenn er sich je nach der Umgebung, in der er verwendet wird, unterschiedlich darstellt. Dies kann in der Informatik auf verschiedene Arten geschehen:
(1) Man kann Bezeichner *überladen,* d. h., man kann einen Bezeichner mehrere Male mit einer anderen Bedeutung deklarieren, wobei sichergestellt sein muss, dass sich die aktuelle Bedeutung stets eindeutig aus dem jeweiligen Kontext, in dem der Bezeichner steht, ergibt. Das Standardbeispiel ist der Bezeichner „–", der je nach Umgebung als Vorzeichen für ganze und für reelle Zahlen, als Subtraktion ganzer Zahlen, als Subtraktion von Gleitpunktzahlen, als Differenz von endlichen Mengen usw. interpretiert wird. Vgl. *overloading* unter ↑ Ada.

(2) Datentypen oder Klassen erhalten einen Parameter für Datentypen und die tatsächlich verwendeten Datentypen oder Klassen ergeben sich erst zu dem Zeitpunkt, zu dem der Parameter einen konkreten Wert besitzt. Diese sog. *parametrische Polymorphie* ist gleichbedeutend mit der ↑ Generizität. Vgl. auch das generic-Konzept unter ↑Ada.

(3) Eine Funktion oder Prozedur heißt polymorph, wenn der Datentyp eines ihrer Argumente oder des Ergebnisses polymorph ist. Dies entspricht der Ausweitung der Generizität auf Algorithmen, was eine gängige Technik in der Mathematik ist (Integrale, Sortierfunktionen, Funktionenräume, Algebren).

(4) Eine Variable heißt polymorph, wenn sie je nach aktueller Umgebung verschiedenartige Größen bezeichnen kann. Diese Möglichkeit ist ein zentrales Konzept in der ↑objektorientierten Programmierung. Sie ist eine Grundvoraussetzung für die Wiederverwendung von Programmen, die auch in neuen Einsatzgebieten durch Neuinterpretation der Variablen und ihrer Klassenzugehörigkeiten korrekt funktionieren müssen.

(5) Während der Entwicklung von Datentypen, von Modulen, von Werkzeugen und Systemen möchte man sich so lange wie möglich Freiheiten über die konkrete Ausgestaltung gewisser Größen erhalten. Beispielsweise lässt man es lange offen, ob zur Abspeicherung von zwischenzeitlich auftretenden Ergebnissen oder Protokollen eine Liste, ein Keller, ein Feld oder eine Menge verwendet werden soll und von welcher Art die einzutragenden Daten im Detail sind; der hierfür während der Entwicklung verwendete Bezeichner bleibt möglichst lange polymorph und eventuell erfolgt seine konkrete Ausgestaltung nicht einmal bei der Implementierung.

Polymorphie ist in voller Allgemeinheit bei einigen funktionalen und bei mehreren objektorientierten Programmiersprachen anzutreffen. Als Prinzip sollte sie bei jeder Systementwicklung genutzt werden.

P

Port: Schnittstelle zwischen ↑Mikroprozessor oder ↑ Mikrocomputer und Außenwelt. Meist bilden Ports das Bindeglied zwischen prozessorinternen und -externen ↑Bussen. Ports werden in der Regel als Speicher ausgelegt, in denen Daten abgelegt und über Adressen wieder abgerufen werden können. Man unterscheidet unidirektionale und ↑bidirektionale Ports.

Portabilität *(Übertragbarkeit, Maschinenunabhängigkeit;* engl. *portability):* Eigenschaft von Programmen, ohne größere Änderungen auf unterschiedlichen Rechenanlagen ausgeführt werden zu können. Portabilität erreicht man häufig durch die Verwendung standardisierter Programmiersprachen wie Ada. Eine weitere geläufige Methode ist die Zweiteilung von Programmen und Modulen in einen maschinenunabhängigen und einen maschinenabhängigen Teil, der bei einer Übertragung des Programms auf ein anderes Rechnersystem neu geschrieben werden muss. Die meisten Betriebssysteme sind nach diesem Prinzip entwickelt worden.

Postfixnotation: Zweistellige Verknüpfungen $f\colon D \times D \to W$ schreibt man oft (für zwei Operanden $x, y \in D$) in Form der ↑ Infixnotation xfy anstelle von $f(x, y)$.

► *Beispiel:* Bei der Addition schreibt man $x+y$ statt $+(x, y)$. ◄

Steht der Verknüpfungsoperator f stets hinter seinen Operanden, so spricht man von *Postfixnotation*. xyf ist also die Postfixnotation von $f(x, y)$.

► *Beispiel:* Statt $+(4, 5)$ schreibt man in Postfixnotation 4 5 +. ◄

Im Gegensatz zur Infixnotation tritt bei der Postfixnotation keine Mehrdeutigkeit von ↑ Ausdrücken auf, die bei der Infixnotation durch Regeln (Punkt-vor-Strich-Regel) oder Klammern beseitigt werden muss. Ebenso wie bei der ↑Präfixnotation werden also auch bei der Postfixnotation keine Klammern benötigt.

▶ *Beispiel:* Die Postfixnotation

$5\,3 + 2\,*$

erlaubt in Infixnotation nur die Interpretation

$(5 + 3) * 2.$ ◀

Man kann sich Ausdrücke in Postfixnotation durch ↑Bäume veranschaulichen, die man von den Blättern zur Wurzel hin aufbaut (Abb. 1 und 2).

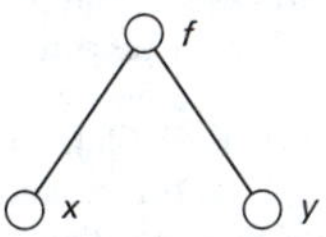

Postfixnotation (Abb. 1): Darstellung von *xyf*

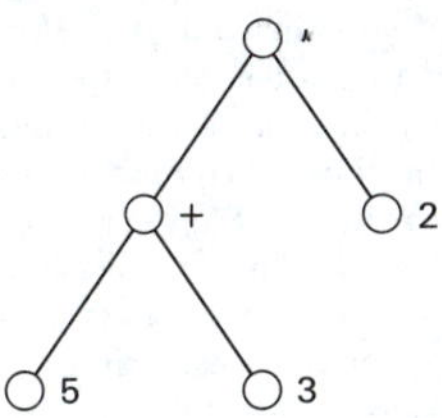

Postfixnotation (Abb. 2): Darstellung von 5 3 + 2*

Die Postfixnotation wird in der Regel verwendet, wenn Ausdrücke mithilfe eines ↑ Kellers ausgewertet werden. Diese Notation tritt daher bei vielen Übersetzungsvorgängen (↑ Übersetzer) auf. In einigen Programmiersprachen (↑ FORTH) gehört sie zum Konzept der Sprache.

Postsches Korrespondenzproblem: Das Postsche Korrespondenzproblem ist ein wichtiges Entscheidungsproblem (↑Entscheidbarkeit).

Sei A ein ↑Alphabet und

$$R = \{(u_1, v_1), (u_2, v_2), \ldots, (u_n, v_n)\} \subset A^* \times A^*$$

eine endliche Relation. Dann sei

$$R^+ := \{(u_{i_1} u_{i_2} \ldots u_{i_l},\ v_{i_1} v_{i_2} \ldots v_{i_l}) | l \geq 1,\ (u_{i_j}, v_{i_j}) \in R,\ 1 \leq i_j \leq n \text{ für } j = 1, \ldots, l\}.$$

Das Postsche Korrespondenzproblem (Abk. **PKP**) über A lautet:

Gibt es zu einer gegebenen endlichen Relation $R \subset A^* \times A^*$ ein Paar $(u, v) \in R^+$ mit $u = v$? u heißt dann *Korrespondenz* bzgl. R.

▶ *Beispiel:*

a) Seien $A = \{0, 1\}$ und

$$R = \{(1, 111), (10111, 10), (10, 0)\}$$

Es gibt eine Lösung in R, nämlich

$$(\underbrace{10111}_{u_2}|\underbrace{1}_{u_1}|\underbrace{1}_{u_1}|\underbrace{10}_{u_3},\ \underbrace{10}_{v_2}|\underbrace{111}_{v_1}|\underbrace{111}_{v_1}|\underbrace{0}_{v_3})$$

Dabei markiert „|" die Wortgrenzen zwischen den u_i's bzw. v_i's.

b) Für $R = \{(10, 101), (011, 11), (101, 011)\}$ besitzt das PKP keine Lösung.

c) Das PKP für $R = \{001, 0), (01, 101), (01, 011), (10, 001)\}$ besitzt eine Korrespondenz, die aber derartig lang ist, dass sie hier nicht angegeben werden kann (selbst ausprobieren!). ◀

Es gibt also Relationen, die bzgl. PKP eine Lösung besitzen, und solche, die keine Lösung haben.

Es gilt: Hat A mindestens zwei Elemente, so ist das PKP über A nicht entscheidbar. Dies liegt daran, dass man für Relationen, die eine Lösung besitzen, diese zwar in endlicher Zeit finden kann (durch systematisches Ausprobieren). Für diejenigen Relationen aber, die keine Lösung haben, gibt es keine berechenbare obere Schranke dafür, wie lange man suchen muss, um sicher zu sein, dass es keine Lösung gibt.

Die Nichtentscheidbarkeit des Postschen Korrespondenzproblems wurde erstmals 1946 von dem Mathematiker *E. L. Post* (1897–1954) bewiesen.

Das Postsche Korrespondenzproblem hat große Bedeutung als Hilfsmittel für Unentscheidbarkeitsbeweise nach dem Schema: „Wäre das (gegebene) Problem entscheidbar, so wäre auch das Postsche Korrespondenzproblem entscheidbar" *(Reduktion auf das PKP).*

P

▶ *Beispiel:* Das Durchschnittsproblem für ↑kontextfreie Grammatiken lautet: Gibt es einen Algorithmus, der für zwei beliebige kontextfreie Grammatiken G_1 und G_2 feststellt, ob $L(G_1) \cap L(G_2) \neq \emptyset$ gilt, d. h. ob es ein Wort w gibt, das von beiden Grammatiken erzeugt wird? Um zu zeigen, dass dieses Durchschnittsproblem unentscheidbar ist, konstruiert man zu einem beliebigen Alphabet A und zu einer beliebigen endlichen Relation $R \subset A^* \times A^*$,

$$R = \{(u_1, v_1), \ldots, (u_n, v_n)\}$$

die kontextfreie Grammatik

$$G_1 = (N, T, P_1, S) \text{ mit}$$
$$N = \{S\},\ T = A \cup \{c\} \text{ und}$$
$$P_1 = \{(S, c)\} \cup \{(S, u_i S v_i^R) | \; i = 1, \ldots, n\}$$

wobei c ein neues Zeichen ist und v^R die gespiegelte Version von v bezeichnet. Es ist

$$L(G_1) = \{ucv^R | (u, v) \in R^+\} \cup \{c\}.$$

Weiterhin sei $G_2 = (N, T, P_2, S)$ definiert durch

$$P_2 = \{(S, aSa), (S, aca) | a \in A\}.$$

G_2 erzeugt die Sprache

$$L(G_2) = \{ucu^R | u \in A^* \backslash \{\varepsilon\}\},$$

und offenbar gilt:

$$L(G_1) \cap L(G_2) \neq \emptyset$$

genau dann, wenn es eine Korrespondenz bezüglich R gibt, d. h., es gibt ein $ucv^R \in L(G_1) \cap L(G_2)$ genau dann, wenn $(u, v) \in R^+$ (wegen $ucv^R \in L(G_1)$) und $u = v$ (wegen $ucv^R \in L(G_2)$) gilt. Könnte man das Durchschnittsproblem lösen, dann hätte man zugleich einen Algorithmus zur Lösung des Postschen Korrespondenzproblems gefunden. Also kann das Durchschnittsproblem für kontextfreie Grammatiken nicht entscheidbar sein. ◀

PostScript: einfache imperative ↑Programmiersprache, die vorwiegend für die geräteunabhängige Beschreibung von Druckseiten für Raster-Ausgabegeräte wie Tintenstrahl-, Laser- oder Matrixdrucker (↑ Drucker) vorgesehen ist, wobei die Druckseiten aus einer beliebigen Kombination von Text, Bildern und Grafiken bestehen können (so genannte *Seitenbeschreibungssprache*). PostScript wurde etwa 1982 von der amerikanischen Firma Adobe Systems entwickelt und hat sich mittlerweile zu einem Quasi-Standard herausgebildet.

Die Ausgabe einer Druckseite mithilfe von PostScript verläuft in zwei Schritten: Zunächst erzeugt das Anwendungsprogramm auf einen Ausgabebefehl hin ein PostScript-Programm, das Format und Gestaltung des auszugebenden Dokuments beschreibt, und sendet es an das Ausgabegerät. Das Gerät interpretiert (↑ Interpreter) anschließend das Programm und setzt es in die gerätespezifischen Steuerbefehle zur Ausgabe des Dokuments um. Diese Trennung des Ausgabevorgangs in zwei Phasen ermöglicht den geräteunabhängigen Versand und die Speicherung druckfertiger Dokumente, die durch PostScript-Programme beschrieben sind.

PostScript lässt sich einerseits als Grafiksprache auffassen, die umfangreiche Sprachelemente besitzt, um

- beliebige Figuren aus Linien, Bögen und Kurven zu beschreiben, wobei die Umrisse ggf. mit Farbe gefüllt werden können (Abb. 1),
- gerasterte Bilder, die von Vorlagen eingescannt wurden, in unterschiedlichen Auflösungen und Kontrastierungen darzustellen,
- Texte mit unterschiedlichen Schriftarten darzustellen zu können.

Ferner verfügt PostScript über ein allgemeines Koordinatensystem, mit dem die obigen Darstellungen diversen Transformationen unterworfen werden können, wie Verschiebung, Drehung, Vergrößerung, Verkleinerung, Streckung, Stauchung. Die Einheit des Koordinatensystems ist der *Punkt* (engl. *point*), eine typographische Maßeinheit, die etwa einem Drittel Millimeter bzw. $^1/_{72}$

Zoll, genauer: einer Größe von 0,3528 mm entspricht.

Andererseits besitzt PostScript die Möglichkeiten einer universellen imperativen Programmiersprache. Sie enthält die üblichen ↑Datentypen wie ↑integer, ↑ real, ↑boolean, Zeichenketten (Strings), ↑Felder, ↑ Files und Kontrollstrukturen wie ↑bedingte Anweisungen und ↑Schleifen. Ferner bietet PostScript ein einfaches ↑ Prozedurkonzept.

Ein PostScript-Programm ist zweigeteilt: Es besteht aus einem *Prolog* (Deklarationsteil), in dem anwendungsspezifische Prozeduren und Objekte definiert werden, und einem *Script* (Hauptprogramm), das unter Verwendung der Prolog-Objekte den Aufbau der Druckseiten beschreibt.

Die Verarbeitung eines PostScript-Programms ist kellerorientiert und ähnelt der eines ↑FORTH-Programms: Es gibt vier verschiedene ↑ Keller, den Operandenkeller, den Ausführungskeller, das Wörterbuch (Dictionary) und einen Grafikkeller.

Der Operandenkeller enthält die Operanden und Ergebnisse von Operationen. Eine *n*-stellige Operation entfernt die obersten *n* Elemente des Kellers, verwendet sie als Argumente und schreibt das Ergebnis oben auf den Keller zurück.

Der Ausführungskeller dient zur korrekten Abwicklung geschachtelter Prozeduraufrufe. Er enthält alle noch nicht vollständig abgearbeiteten Prozedurinkarnationen (↑Inkarnation).

Im Wörterbuch sind alle Größen (Variablen, Prozeduren usw.) gespeichert, die im Laufe eines Programms deklariert wurden. PostScript verwendet stets ein Systemwörterbuch (Systemdict) und ein Benutzerwörterbuch.

Das oberste Element des Grafikkellers enthält die aktuellen Grafikkontrollparameter, wie aktueller Zeichensatz, aktuelle Darstellung von Linien (z. B. gestrichelt) oder aktuelles Muster für die Färbung von Objekten.

Der Zugriff auf die Keller erfolgt in ↑Postfix-Notation, d. h., Operationssym-

Rechteck	Deklaration einer Prozedur, die ein Rechteck mit den Seitenlängen 1 Punkt und 2 Punkt zeichnet (1 Punkt = 0,035 cm);
{newpath	Eröffnen eines PostSkript-Pfades;
00 moveto	Zeichenstift in den Koordinatenursprung bewegen;
01 lineto	Linie zur Koordinate (0,1) zeichnen;
21 lineto	Linie zur Koordinate (2,1) zeichnen;
20 lineto	Linie zur Koordinate (2,0) zeichnen;
closepath}	Beenden des Pfads: Von der aktuellen Position wird gleichzeitig eine Linie zum Anfangspunkt des Pfades (0,0) gezeichnet;
def	Ablegen der Prozedur im Wörterbuch;
gsave	Speichern des aktuellen Grafikzustandes;
28.35 28.35 scale	Vergrößerung aller folgenden Anweisungen um das 28,35fache. Eine Einheit entspricht dann etwa 1 cm;
Rechteck fill	Zeichnen des Rechtecks und Färbung mit Schwarz. Wegen der Skalierung ist das Rechteck 1 cm · 2 cm groß. Die linke untere Ecke befindet sich im Koordinatenursprung;
34 translate	Verschieben des Koordinatensystems um 3 cm nach rechts und 4 cm nach oben;
Rechteck	Erneutes Zeichnen des Rechtecks ohne Färbung, die linke untere Ecke befindet sich im Ursprung des verschobenen Koordinatensystems, also im Punkt (3,4) des ursprünglichen Systems;
grestore	Der ursprüngliche Grafikzustand wird wiederhergestellt. Die zwischenzeitlichen Skalierungen und Koordinatentransformationen sind damit unwirksam.

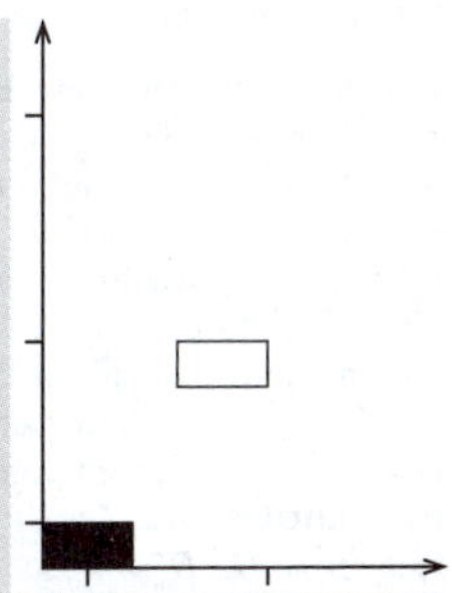

PostScript (Abb. 1): Beispiel einer Beschreibung in PostScript

bole stehen hinter den zugehörigen Parametern.

▶ *Beispiele:*

a) add

entfernt die beiden obersten Elemente des Operatorkellers, addiert sie und schreibt das Ergebnis auf den Keller zurück.

b) 13 17 add

schreibt zunächst 13 und 17 auf den Operandenkeller und addiert dann wie in Beispiel 1.

c) /Mittelwert {add 2 div} def

definiert eine (Funktions-)Prozedur unter dem Bezeichner „Mittelwert" und trägt sie mittels „def" in das Benutzerwörterbuch ein. Dabei sind „/Mittelwert" und der Ausdruck in geschweiften Klammern (Prozedurrumpf) die beiden Operanden der Operation „def".

d) Mittels des Befehls

13 17 Mittelwert

kann nun der Mittelwert aus 13 und 17 gebildet werden. ◀

Für die Darstellung am Bildschirm, unabhängig vom Gerät, wurde das PostScript-Format von der Fa. Adobe mittlerweile zum *pdf-Format* (portable document format) weiterentwickelt, das zum einen Funktionen zum Schutz gegen Kopieren und Verändern, zum anderen Funktionen zum Annotieren und Ergänzen von Dokumenten enthält.

Präfixnotation: Zweistellige Verknüpfungen $f\colon D \times D \to W$ schreibt man oft (für zwei Operanden $x, y \in D$) in Form der Infixnotation xfy anstelle von $f(x, y)$.

▶ *Beispiel:* Bei der Addition schreibt man $x+y$ statt $+(x, y)$. ◀

Steht der Verknüpfungsoperator f stets vor seinen Operanden, so spricht man von Präfixnotation. fxy ist also die Präfixnotation von $f(x, y)$.

▶ *Beispiel:* Statt $+(4, 5)$ schreibt man in Präfixnotation + 4 5. ◀

Wie bei der ↑ Postfixnotation werden auch bei der Präfixnotation keine Klammern benötigt.

▶ *Beispiel:* Die Präfixdarstellung

$$* + 5\ 3\ 2$$

erlaubt in Infixnotation nur die Interpretation

$$(5+3) * 2.$$ ◀

Man kann sich Ausdrücke in Präfixnotation durch ↑ Bäume veranschaulichen (Abb. 1 und 2).

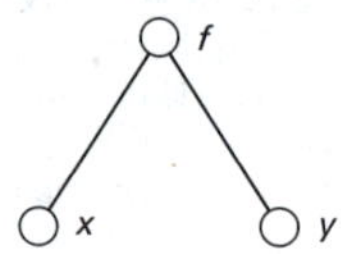

Präfixnotation (Abb. 1): Darstellung von *fxy*

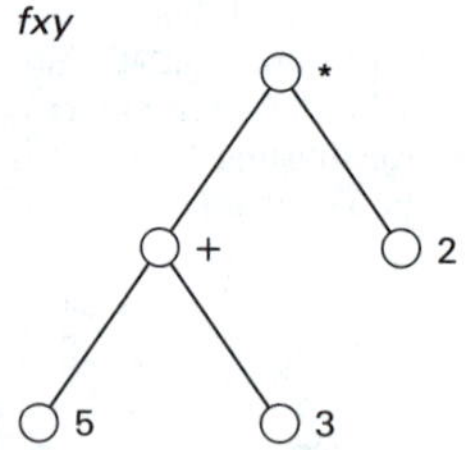

Präfixnotation (Abb. 2): Darstellung von * + 5 3 2

primitive Rekursion: Es seien $g\colon \mathbb{N}_0 \to \mathbb{N}_0$ und $h\colon \mathbb{N}_0^3 \to \mathbb{N}_0$ Funktionen über den natürlichen Zahlen $\mathbb{N}_0$. Das Definitionsschema

$$f(0, n) = g(n),$$
$$f(m+1, n) = h(m, f(m, n), n)$$

für eine Funktion $f\colon \mathbb{N}_0^2 \to \mathbb{N}$ heißt primitives Rekursionsschema (↑ Rekursion). Hiermit definiert man die ↑ *primitiv-rekursiven Funktionen.*

Ersetzt man den Wertebereich $\mathbb{N}_0$ durch andere Bereiche (insbesondere durch die Menge A^* aller Wörter über einem ↑ Alphabet A) und modifiziert die Definitionen entsprechend, dann spricht man von allgemeiner *syntaktischer Rekursion.*

primitiv-rekursive Funktion: Primitiv-rekursive Funktionen entstehen aus sehr einfachen Grundfunktionen (über den natürlichen Zahlen), indem man endlich viele Operationen hierauf anwendet. Grundfunktionen sind die konstante Funktion 0, die Nachfolgerfunktion $N(x) = x+1$ und die Projektionen $p_1(x_1, \ldots, x_n) = x_i$ für $i \in \{1, \ldots, n\}$; Operationen sind die Einsetzung und die ↑primitive Rekursion.

Definition: Die Klasse der primitiv-rekursiven Funktionen ist die kleinste Klasse P von Funktionen über den natürlichen Zahlen, für die gilt:

a) Für alle $n \in \mathbb{N}_0$ ist die konstante Funktion $c^n\colon \mathbb{N}_0^n \to \mathbb{N}_0$ mit $c^n(x) = 0$ für alle $x \in \mathbb{N}_0^n$ in P.
b) Die Funktion $N\colon \mathbb{N}_0 \to \mathbb{N}_0$ mit $N(x) = x + 1$ ist in P. N heißt Nachfolgerfunktion.
c) Für alle $n \in \mathbb{N}_0$ und $1 \le i \le n$ ist die *Projektion* $p_i^n\colon \mathbb{N}^n \to \mathbb{N}$ mit $p_i^n(x_1, x_2, \ldots, x_n) = x_i$ in P.
d) Sind die Funktionen $f\colon \mathbb{N}_0^n \to \mathbb{N}_0$ und $g_1, \ldots, g_n\colon \mathbb{N}_0^m \to \mathbb{N}_0$ in P, dann ist auch $h\colon \mathbb{N}_0^m \to \mathbb{N}_0$ mit $h(x) = f(g_1(x), \ldots, g_n(x))$ in P. h entsteht durch *Einsetzung* oder *Substitution* der g_i in f.
e) Sind die Funktionen $g\colon \mathbb{N}_0^n \to \mathbb{N}_0$ und $h\colon \mathbb{N}_0^{n+2} \to \mathbb{N}_0$ in P, dann ist auch jede Funktion $f\colon \mathbb{N}_0^{n+1} \to \mathbb{N}_0$ in P, welche die folgenden Gleichungen erfüllt:

$$f(0, y) = g(y) \text{ für alle } y \in \mathbb{N}_0^n,$$
$$f(x + 1, y) = h(x, f(x, y), y)$$

für alle $x \in \mathbb{N}_0^n$ und alle $y \in \mathbb{N}_0^n$. Man sagt, f entsteht aus g und h durch ↑ primitive Rekursion.

Primitiv-rekursive Funktionen sind immer total, d. h. auf ganz $\mathbb{N}_0{}^n$ definiert (↑totale Funktion).

▶ *Beispiele:*

(1) Die Addition $f(x, y) = x + y$ ist primitiv-rekursiv.
Man setzt hierzu:

$$g(x) = p_1^1(x) = x$$

für alle $x \in \mathbb{N}_0$,

$$h(x_1, x_2, x_3) = N(p_2^3(x_1, x_2, x_3))$$

für alle $(x_1, x_2, x_3) \in \mathbb{N}_0^3$.
f erhält man aus g und h durch primitive Rekursion

$$f(0, y) = g(y),$$
$$f(x + 1, y) = h(x, f(x, y), y).$$

In dieser Konstruktion werden die folgenden Eigenschaften der Addition ausgenutzt:

$$0 + y = y,$$
$$(x + 1) + y = (x + y) + 1.$$

(2) Da die Addition in Beispiel (1) als primitiv-rekursiv erkannt wurde, erweist sich auch die Multiplikation $q(x, y) = x \cdot y$ als primitiv-rekursiv, indem man die folgenden Gleichungen verwendet:

$$0 \cdot y = 0,$$
$$(x + 1) \cdot y = x \cdot y + y.$$

Formal (f sei die Addition):

$$q(0, y) = c^1(y),$$
$$q(x + 1, y) = p_2^3(x, f(q(x, y), y), y).$$ ◀

Die Klasse der primitiv-rekursiven Funktionen ist eine Teilklasse der ↑berechenbaren Funktionen, insbesondere sind die primitiv-rekursiven Funktionen durch ↑ Turingmaschinen berechenbar, bzw. sie sind spezielle *μ-rekursive Funktionen*. Es gibt aber berechenbare Funktionen, die nicht primitiv-rekursiv sind. Eine solche Funktion ist die ↑Ackermann-Funktion $A\colon \mathbb{N}_0^2 \to \mathbb{N}$, die schneller wächst als jede primitiv-rekursive Funktion.

Für jede berechenbare Funktion kann man ein Programm in einer Programmiersprache angeben, das diese Funktion berechnet. Voraussetzung ist, dass die Sprache mindestens über folgende Konstrukte verfügt: den Datentyp nat (natürliche Zahl), die Zuweisung, die if-Anweisung, das „;" (d. h. die Hintereinanderausführung von Anweisungen) und die while-Schleife (↑ Schleife). Für primitiv-rekursive Funktionen genügt statt der while-Schleife eine Zählschleife (for-Schleife) der Form

```
for i := 0 to n do begin ... end
```

P

wobei als Einschränkung gefordert ist, dass die Laufvariable i und die als Endwert verwendete Variable n innerhalb des Schleifenrumpfs nicht verändert werden dürfen. Man kann zeigen, dass jede primitiv-rekursive Funktion durch ein Programm in dieser eingeschränkten Programmiersprache beschrieben werden kann und dass, umgekehrt auch jedes in dieser Sprache geschriebene Programm eine primitiv-rekursive Funktion berechnet.

Da die Ackermann-Funktion nicht primitiv-rekursiv ist, kann man kein Programm für diese Funktion schreiben, das als Schleifenkonstrukt nur die Zählschleife besitzt.

Die primitiv-rekursiven Funktionen kann man statt über den natürlichen Zahlen auch über den Wörtern eines ↑ Alphabets definieren. Man erhält dadurch aber keine grundsätzlich neue Funktionenklasse, da man die Wörter über einem Alphabet eineindeutig in die natürlichen Zahlen codieren kann.

Problem des Handlungsreisenden (engl. *traveling salesman problem*): Ein Handlungsreisender soll n Städte nacheinander, aber jede nur einmal besuchen. Am Ende der Reise soll er wieder in seine Ausgangsstadt zurückkehren. Sei p eine vorgegebene Schranke. Gibt es einen Rundweg, dessen Gesamtentfernung kleiner oder gleich p ist?

Präziser formuliert: Gegeben sind n Städte $s_1, s_2, \ldots, s_n$ und eine Entfernungstabelle, die alle Abstände

d_{ij} = „Entfernung der Stadt s_i von der Stadt s_j“

enthält. s_1 sei die Stadt, in der der Handlungsreisende seine Reise beginnt. Gibt

	Hamburg	Oldenburg	Berlin	Hannover	Duisburg	Halle	Dresden	Kassel	Aachen	Frankfurt	Mainz	Saarbrücken	Erfurt	Nürnberg	Stuttgart	Freiburg
Hamburg	0	160	300	180	380	305	480	360	505	530	565	730	405	640	700	810
Oldenburg		0	450	165	270	380	560	335	360	450	470	695	470	600	675	745
Berlin			0	290	570	170	190	430	660	560	590	755	295	500	680	830
Hannover				0	265	225	395	180	370	345	380	570	240	450	525	625
Duisburg					0	460	650	265	95	290	250	360	425	530	450	520
Halle						0	160	275	580	370	405	600	100	345	520	645
Dresden							0	375	735	490	530	715	225	390	590	770
Kassel								0	360	200	235	400	155	310	390	450
Aachen									0	285	230	240	530	510	450	500
Frankfurt										0	40	205	260	240	200	280
Mainz											0	165	280	275	200	270
Saarbrücken												0	440	455	260	300
Erfurt													0	250	370	540
Nürnberg														0	200	415
Stuttgart															0	220
Freiburg																0

Problem des Handlungsreisenden (Tab. 1): Entfernungstabelle einiger deutscher Städte

es eine Anordnung $s_{i_1}, s_{i_2}, \ldots, s_{i_n}$ von $s_1, \ldots, s_n$ mit $i_1 = 1$, für die die Summe der Entfernungen kleiner oder gleich der vorgegebenen Schranke p ist, d. h.

$$\sum_{k=1}^{n-1} d_{i_k i_{k+1}} + d_{i_n i_1} \leq p.$$

▶ *Beispiel:* Gegeben seien 16 deutsche Städte und deren jeweilige Entfernung (Tab. 1) zueinander. Gibt man als Schranke $p = 3\,400$ km vor, so findet man zum Beispiel folgende Rundreise, die diese Schranke unterschreitet: Hamburg, Oldenburg, Duisburg, Aachen, Saarbrücken, Freiburg, Stuttgart, Mainz, Frankfurt, Kassel, Hannover, Halle, Erfurt, Nürnberg, Dresden, Berlin, Hamburg. Die Länge dieser Strecke beträgt 3 360 km. ◀

Das Problem des Handlungsreisenden ist ↑ NP-vollständig. Jeder zurzeit bekannte Algorithmus, der das Problem löst, besitzt eine exponentielle Laufzeit mindestens der ↑ Ordnung $O(2^n)$. Es wird allgemein angenommen, dass es keinen wesentlich schnelleren Algorithmus gibt. Eine gewisse Beschleunigung erreicht man durch das ↑ Branch-and-Bound-Verfahren (siehe Beispiel dort), jedoch lässt sich dadurch die exponentielle Laufzeit im schlechtesten Fall nicht vermeiden.

Das Problem des Handlungsreisenden kann man nicht nur als Entscheidungsproblem (mögliche Antwort ja oder nein), sondern auch als Optimierungsproblem (Ausgabe eines Wertes) formulieren: Man bestimme einen entfernungsmäßig kürzesten Rundweg. Dieses Problem wurde einmal als Wettbewerb ausgeschrieben: Gesucht wurde eine optimale Rundreise durch die 50 Hauptstädte der USA.

Auch das Problem, einen optimalen Rundweg zu finden, ist wegen der hohen Laufzeit aller bekannten Algorithmen in der Praxis auf diese Weise nicht lösbar. Häufig behilft man sich bei solch „schwierigen" Problemen mit Algorithmen, die Näherungslösungen bestimmen. Diese Näherungslösungen sollen meist um höchstens einen vorgegebenen Prozentsatz von der optimalen Lösung abweichen.

Im Folgenden wird ein Näherungsverfahren für das Problem des Handlungsreisenden angegeben. Man beginnt in einer beliebigen Stadt. In jedem Schritt vergrößert man die bereits bestehende Rundreise um eine Stadt. Von den noch nicht zur Rundreise gehörenden Städten nimmt man immer diejenige neu hinzu, bei der der zusätzliche Weg am geringsten ist.

▶ *Beispiel:* Man habe bereits eine Teilrundreise durch die Städte A, B, C und D gemäß Abb. 2 konstruiert. Es stehen zwei weitere Städte E und F zur Auswahl, von denen eine im nächsten Schritt in die Rundreise einbezogen wird. Die jeweiligen Entfernungen von A, B, C und D zu E und F, sowie innerhalb der Rundreise sind in Abb. 1 vermerkt. Der zusätzliche Weg ist am geringsten, wenn man den Besuch der Stadt E zwischen die Besuche der Städte A und B schaltet. Der Gesamtweg erhöht sich dadurch um $15 + 17 - 22 = 10$ (Abb. 2). ◀

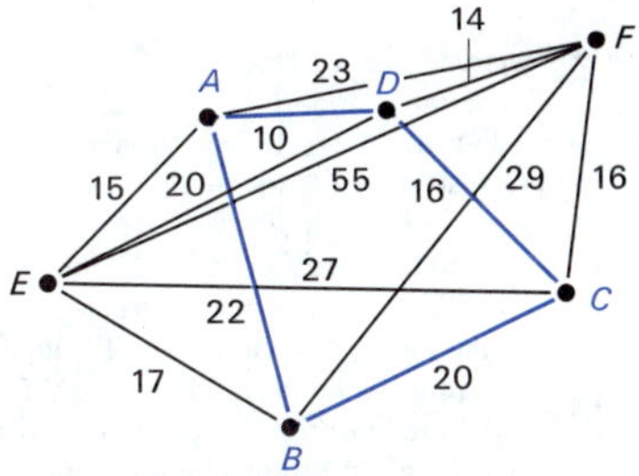

Problem des Handlungsreisenden (Abb. 1): Hinzunahme einer weiteren Stadt zur Rundreise

Der Algorithmus in Prog. 1 bestimmt nach dem angegebenen Verfahren eine Rundreise. Die Städte sind von 1 bis n durchnummeriert. Die Variable „reise" ist eine Liste von Städten und gibt die bisher gebildete Rundreise an. „reise" kann z. B. Werte der Form (1, 7, 3, 4, 1) annehmen; die Rundreise beginnt dann bei Stadt 1, geht von dort nach Stadt 7 usw. „länge" enthält die Länge der Rundreise. d ist die Entfernungstabelle.

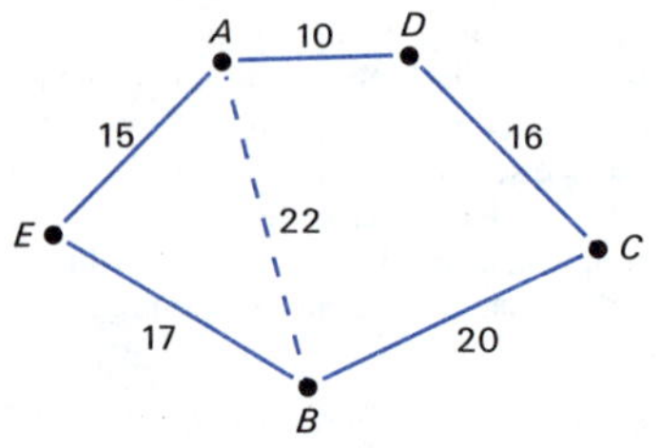

Problem des Handlungsreisenden (Abb. 2): Situation nach Hinzunahme der Stadt *E*

Der Algorithmus bestimmt eine Rundreise in $O(n^2 \cdot \log_2 n)$ Schritten. Man kann zeigen, dass die Länge der durch diesen Algorithmus bestimmten Rundreise höchstens doppelt so groß ist wie die Länge der kürzesten Rundreise. Der Fehlerprozentsatz beträgt also höchstens 100 %.

Ein dem Problem des Handlungsreisenden eng verwandtes Problem ist das *Hamiltonsche Problem* (↑ Königsberger Brückenproblem und ↑NP).

Programm (engl. *program*): Formulierung eines ↑Algorithmus und der zugehörigen Datenbereiche sowie Darstellung von ↑Prozessen und ↑Objekten in einer ↑Programmiersprache.

Während Algorithmen relativ allgemein beschrieben werden können und an keine formellen Vorschriften gebunden sind, sind Programme wesentlich konkreter:

- Sie sind im exakt definierten und eindeutigen Formalismus einer Programmiersprache geschrieben.
- Sie nehmen Bezug auf eine bestimmte Darstellung der verwendeten Daten.
- Sie müssen die Schnittstellen zu anderen Programmen, Systemen (Datenbanken, Programmbibliotheken usw.) und zur Hardware einhalten.
- Sie sind auf einer Rechenanlage ausführbar.

Ein und derselbe Algorithmus kann in verschiedenen Programmiersprachen formuliert werden; er bildet eine Abs-

```
var reise: liste of (1..n);
        i, länge: integer;
        d: array [1..n, 1..n] of real;
begin reise := (1); länge := 0;
    for i := 1 to n-1 do
        „Wähle 3 Städte p, q und r mit
        a) r liegt noch nicht auf ‚reise'
        b) p und q sind aufeinander folgende Städte auf ‚reise' für i = 1 ist p = q = 1;
           (auf die letzte Stadt in ‚reise' folgt die erste)
        c) für alle übrigen Städtetripel p', q' und r',
           die a) und b) erfüllen, gilt:
           d[p,r]+d[r,q]-d[p,q] ≤ d[p',r']+d[r',q']-d[p',q'],
           d. h. der Längenzuwachs, den die Hinzunahme von r zwischen p und
           q verursacht, ist minimal.";
        „Ersetze in ‚reise' (p,q) durch (p,r,q)";
        länge := länge+d[p,r]+d[r,q]-d[p,q];
    od;
    write (reise, länge);
end.
```

Problem des Handlungsreisenden (Prog. 1): Näherungsverfahren für das Rundreiseproblem

traktion aller Programme, die ihn beschreiben.

Mathematisch gesprochen realisiert ein Programm *P* eine ↑Funktion f_P von der Menge der Eingabedaten *E* in die Menge der Ausgabedaten *A*, d. h. $f_P\colon E \to A$. Zur Ausführung von *P* auf einer Rechenanlage gibt man *P* zusammen mit einer Eingabe $e \in E$ ein, worauf der Rechner eine Ausgabe $a \in A$ produziert, für die $f_P(e) = a$ gilt (Abb. 1).

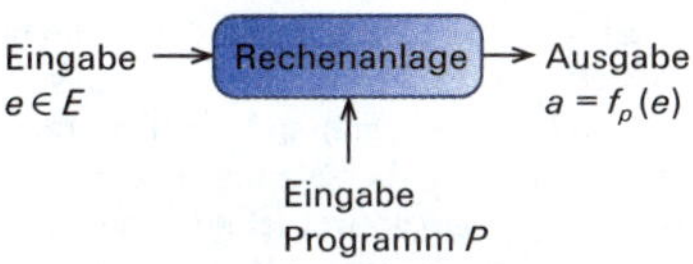

Programm (Abb. 1): Schema der Ausführung eines Programms

Mit der Vernetzung von Rechnern entsteht das Problem, Programme zu zerlegen und die einzelnen Programmstücke auf verschiedene ↑Prozessoren zu verteilen. Abb. 1 ist dann durch eine entsprechend kompliziertere Skizze zu ersetzen (↑paralleler Algorithmus, ↑verteiltes System, ↑Prozedurfernaufruf).

Programmablaufplan *(Ablaufplan, Ablaufdiagramm, Flussdiagramm):* normierte Methode zur grafischen Darstellung von Programmen. Die wichtigsten Darstellungsmittel für Programmablaufpläne sind in Abb. 1 wiedergegeben.

Außerdem gibt es Symbole für auszuführende Unterprogramme (↑ Prozedur) und besondere Operationen. Die Darstellungselemente sind durch Linien (Pfeile) miteinander verbunden.

Programmablaufpläne dienen der übersichtlichen Darstellung kleinerer Programmteile. Für mittlere und umfangreiche Programme sind sie ungeeignet. Zwei Nachteile von Programmablaufplänen sind die maschinenorientierte Darstellung der Sprungstruktur eines Programms und die fehlenden Darstellungsmittel für ↑Schleifen und ↑Rekursion, Kommunikation und Datenstrukturen.

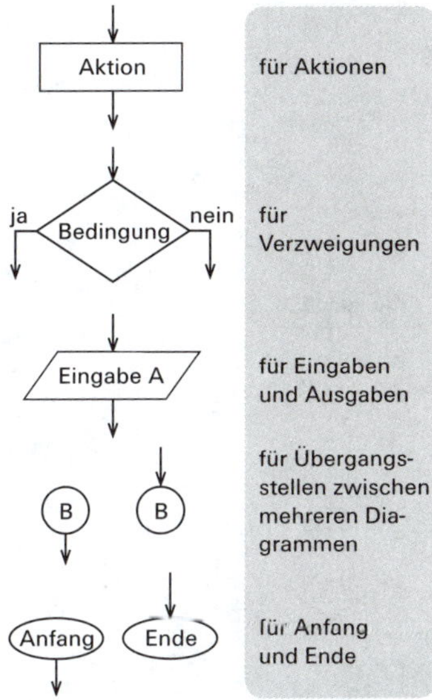

Programmablaufplan (Abb. 1): wichtige Darstellungsmittel für Programmablaufpläne

► *Beispiel:* Einfaches Programmstück, das die *Primzahlen* bis einschließlich zur Zahl $n \geq 2$ ermittelt, indem durch alle ungeraden Zahlen *t*, die höchstens gleich der Wurzel der zu testenden Zahl *p* sind, geteilt wird:

```
read(n);
if n ≥ 2 then
   write ('2'); t:= 1; p:= 3;
      while p ≤ n do
      repeat t:= t+2
      until (p mod t = 0) or (t*t > p);
      if t*t > p then write (p) fi;
      p:= p+2; t:= 1
   od
fi;
```

Einen zugehörigen Programmablaufplan zeigt Abb. 2. ◄

Programmablaufpläne werden heute kaum noch verwendet, da diese Darstellungsmethode zu beliebig unübersichtlicher, schwer verständlicher und unstruk-

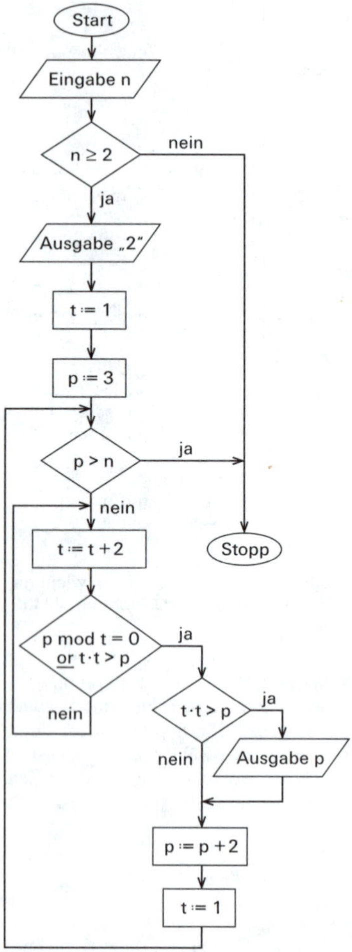

Programmablaufplan (Abb. 2): Programmablaufplan für die Ermittlung von Primzahlen

turierter Programmierung (so genannte „Spaghetti-Programmierung") und zur Anpassung der eigenen Denkweise an die Maschinenstruktur verführt. Vgl. ↑Struktogramme.

Programmbibliothek (kurz *Bibliothek,* engl. *program library*): Zusammenfassung von oft verwendeten ↑Programmen oder Programmteilen (z. B. ↑Prozeduren, ↑Modul, ↑Klasse) in einer ↑Datei. Die von allen Benutzern der Rechenanlage häufig benutzten Programme und ↑Objekte können in *Systembibliotheken* untergebracht werden. Systembibliotheken werden vom ↑Betriebssystem verwaltet. *Private Bibliotheken* enthalten jeweils nur die von einem Benutzer verwendeten Programme und werden von ihm selbst organisiert.

Die Programme einer Bibliothek können entweder direkt aufgerufen und ausgeführt werden oder mit anderen Programmen bei der Übersetzung oder beim Binden gekoppelt werden. Hierzu gibt es für jede Rechenanlage Sprachelemente, um dem ↑Übersetzer oder ↑Binder mitzuteilen, welchen Programmteil er aus welcher Bibliothek einbeziehen soll. Diese Sprachelemente haben häufig die Form

```
copy ⟨Programmteil⟩,
lib = ⟨Bibliothek⟩
```

oder

```
include ⟨Programmteil⟩,
lib = ⟨Bibliothek⟩
```

Programmgenerator: Programm, das als Eingabe ↑Parameter erhält und daraus als Ausgabe ein anderes Programm erzeugt.

Programmgeneratoren werden verwendet, wenn viele (strukturell) ähnliche Programme benötigt werden, die sich nur an genau definierten Stellen voneinander unterscheiden. Diese Stellen werden (nicht unbedingt in Form der verwendeten Programmiersprache) als Parameter in den Programmgenerator eingegeben. Mit Programmgeneratoren ist es leichter, die gewünschten Programme zu erzeugen, als sie in einer Programmiersprache von Hand zu schreiben; zugleich werden hierdurch Fehler vermieden. Der Nachteil besteht darin, dass Programmgeneratoren auf einen ganz bestimmten Problemkreis zugeschnitten sind und daher nicht so universell einsetzbar sind wie Programmiersprachen. Bekannte Programmgeneratoren sind ↑RPG und verschiedene ↑Compiler-Compiler. Manche Programmiersprachen bieten ↑Generizität an.

programmierbare Logikanordnung (engl. **p**rogrammable **l**ogic **a**rray, Abk. **PLA**): ein aus zwei Ebenen bestehendes matrixartiges Netz logischer ↑ Gatter, das für die Realisierung ↑ kombinatorischer Schaltwerke verwendet werden kann. Die Realisierung einer konkreten Schaltfunktion erfolgt (meist beim Hersteller) durch Programmierung. Hierbei werden nicht benötigte Gatter der beiden Ebenen zerstört.

Die eine Ebene ist die sog. UND-Ebene (↑ UND-Funktion), die andere Ebene heißt ODER-Ebene (↑ODER-Funktion; Abb. 1).

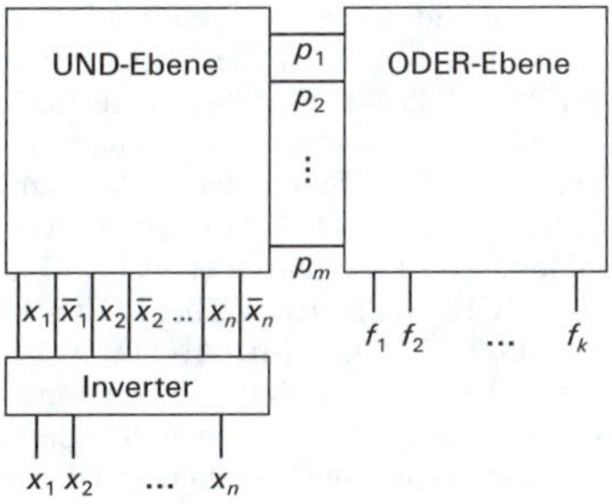

programmierbare Logikanordnung (Abb. 1): Blockschaltbild

Der Inverter erzeugt aus den Eingabesignalen $x_1, \dots, x_n \in \{0,1\}$ die jeweils negierten Signale $\bar{x}_1, \dots, \bar{x}_n$. In der UND-Ebene werden beliebige Kombinationen der Signale $x_1, \dots, x_n$, $\bar{x}_1, \dots, \bar{x}_n$ UND-verknüpft und auf die Leitungen $p_1, \dots, p_m$ gegeben. Die p_i realisieren also boolesche Funktionen der Form

$$p_i(x_1, \dots, x_n) = x'_{i_1} \cdot \ldots \cdot x'_{i_j}$$

mit

$$x'_{i_t} \in \{x_1, \dots, x_n, \bar{x}_1, \dots, \bar{x}_n\}$$

für $1 \le i_1 \le i_t \le i_j \le n$.

In der ODER-Ebene werden beliebige Kombinationen der Eingabesignale p_i ODER-verknüpft und die Ergebnisse als Signale f_j ausgegeben. Die f_j realisieren also boolesche Funktionen der Form

$$f_j(p_1, \dots, p_m) = p_{i_1} + \ldots + p_{i_l}$$

mit

$$p_{i_t} \in \{p_1, \dots, p_m\}$$

für $1 \le p_{i_1} \le i_t \le i_l \le m$. Die f_j sind dann in ↑disjunktiver Normalform.

Programmierbare Logikanordnungen werden z. B. als Mikroprogrammspeicher (↑ Mikroprogrammierung) verwendet.

Programmiersprache (engl. *programming language*): Sprache zur Formulierung von Rechenvorschriften, d. h. von ↑ Datenstrukturen, ↑ Algorithmen und ↑Prozessen, die von einem Computer ausgeführt werden können. Programmiersprachen bilden die wichtigste Schnittstelle zwischen Benutzern und Computern. Jedes Problem, das einem Computer übergeben werden soll, muss in einer Programmiersprache formuliert werden. Um Mehrdeutigkeiten bei der Programmierung zu vermeiden, müssen ↑Syntax und ↑Semantik einer Programmiersprache eindeutig definiert sein, damit der Anwender jederzeit nachvollziehen kann, welche Zeichenfolgen als Programme zugelassen sind (Syntax) und was diese Zeichenfolgen auf dem Rechner bewirken (Semantik). Die meisten Programmiersprachen sind ↑ kontextsensitive Sprachen, aber meist wird die Syntax mit ↑kontextfreien Grammatiken und umgangssprachlichen Zusätzen (wie z. B. „Jede Variable muss vor ihrer Verwendung deklariert werden") beschrieben. Die Semantik einer Programmiersprache wird häufig nur umgangssprachlich beschrieben, jedoch gibt es zu vielen Programmiersprachen formale Definitionen. Je nach dem Grad, mit dem die ↑Hardware bei der Programmierung beachtet werden muss, klassifiziert man Programmiersprachen in Maschinensprachen (direkte Programmierung der Hardware), *niedere, maschinenorientierte Programmiersprachen* oder *Assembler-Sprachen* (Programmierung der Hardware mit symbolischen Namen, ↑Assembler) und *höhere* oder *problemorientierte Programmiersprachen* (sie sind von der Hardware unabhängig und an den zu bearbeitenden Problemfeldern orientiert). Höhere Sprachen können mithilfe von ↑Interpretern ausgeführt werden; meist werden sie in niedere Sprachen durch ↑ Übersetzer übertragen, manchmal überführt man auch niedere Sprachen mit Aufwärtsübersetzern (↑ Aufwärtsübersetzung) in höhere.

Jeder Programmiersprache liegt ein bestimmtes Konzept oder Denkschema zugrunde. Auf der Basis dieser Konzepte unterteilt man die höheren Programmiersprachen in folgende Kategorien:

Imperative und prozedurale Programmiersprachen (lat. imperare = befehlen): Bei diesen Sprachen besteht ein Programm aus einer Folge von Befehlen an den Computer, wie z. B. „Schreibe in die Variable *a* den Wert 3“, „Springe an die Stelle *x* im Programm“. Wesentlich an diesen Sprachen ist das *Variablenkonzept:* ↑Variablen sind Behälter, in denen Werte aufbewahrt werden. Folgen von Befehlen werden zu ↑Prozeduren zusammengefasst, die den ↑Zustand des Computer verändern. In diesen Sprachen spiegelt sich deutlich die Architektur des ↑ Von-Neumann-Rechners wider. Beispiele für imperative Sprachen sind ↑ Ada, ↑ ALGOL 60, ↑ ALGOL 68, ↑BASIC, ↑C, ↑COBOL, ↑COMAL, ↑ FORTRAN, ↑ MODULA-2, ↑ PASCAL, ↑PL/I, ↑SIMULA, ↑SNOBOL.

Funktionale und applikative Programmiersprachen: Programme berechnen Funktionen, die Eingabedaten in Ausgabedaten abbilden. In der funktionalen Programmierung beschreibt man daher die Beziehungen zwischen Ein- und Ausgabedaten mithilfe mathematischer Gleichungen (so genannte Funktionalgleichungen), indem man elementare Ausdrücke für einfache Funktionen zugrunde legt und hieraus mit Operationen, die auf Funktionen definiert sind, komplexere Funktionen darstellt, insbesondere auch Funktionen, die auf Funktionenräumen definiert sind (das Integral ist z. B. eine solche „höhere“ Funktion, da es eine stetige Funktion als Parameter enthält und als Ergebnis wiederum eine Funktion, die Stammfunktion, liefert). Das wichtigste Konstruktionsprinzip ist hierbei die ↑Rekursion. Ein Programm besteht aus einer Menge von Ausdrücken, die Funktionen definieren. Eine Berechnung ist die Anwendung einer Funktion auf eine Liste von Werten oder Ausdrücken. Eine solche Anwendung einer Funktion auf einen Ausdruck nennt man *Applikation* (lat. applicare = anwenden), weshalb man auch von applikativen Programmiersprachen spricht. Dass dieser Ansatz tatsächlich geeignet ist, alle algorithmischen Aufgabenstellungen bearbeiten zu können (↑ Churchsche These), zeigt der ↑Lambda-Kalkül, auf dem das funktionale Programmieren letztlich basiert.

Beispiele für funktionale Programmiersprachen sind ↑ LISP (für Ausbildungszwecke dient der LISP-Dialekt SCHEME), HASKELL, HOPE, ↑ LOGO, ↑ML und MIRANDA, wobei die in der Praxis verfügbaren Versionen von LISP und LOGO zusätzlich imperative Sprachelemente enthalten und daher nicht als reine funktionale Sprachen gelten.

Das funktionale Programmieren erfordert eine eigene Denkweise bei der Entwicklung von Programmen, d. h. einen eigenen „Programmierstil“. Von zentraler Bedeutung ist der Begriff der Variablen: *Variablen* sind keine Behälter, denen Werte zugewiesen werden, sondern sie sind Platzhalter für Werte und Funktionen, mit denen im mathematischen Sinne symbolisch gerechnet wird.

▶ *Beispiel:* Ein Programm zur Berechnung der *Fakultät* einer natürlichen Zahl kann man auffassen als Funktion von ℕ nach ℕ, die wie folgt definiert ist:

```
function fac (n : ℕ) ℕ :
if n = 0 then 1 else n * fac(n - 1) fi
```

Die Function fac hat als Eingabewert eine natürliche Zahl n und als Ausgabewert ebenfalls eine natürliche Zahl (die Fakultät des Eingabewertes). Die Funktion „fac" wird definiert durch Anwendung der Funktionen „=", „*", „−", „fac" und „if-then-else-fi" auf die Parameter. ◀

Die Mächtigkeit des funktionalen Programmierens erkennt man jedoch erst bei der Programmierung höherer Funktionen. Hierzu betrachten wir das

▶ *Beispiel:* Differenzieren von Polynomen in einer Variablen x. Polynome seien wie üblich aus Klammern, der Variablen „x", den ganzen Zahlen, den üblichen Operatoren +, −, ∗, ↑n (= n-te Potenz eines Polynoms für $n \geq 0$) und dem Kompositionsoperator „∘" aufgebaut. „∘" ist definiert durch:

$$(p_1 \circ p_2)\ (x) = p_1(p_2(x)).$$

Für die Potenzierung gelte $p \uparrow 0 = 1$ für alle Polynome p, insbesondere $0 \uparrow 0 = 1$. Um Mehrdeutigkeiten zu vermeiden, sollen alle Ausdrücke stets vollständig geklammert sein.
Beispiele für Polynome sind

$$p_1 = (x + 4)$$
$$p_2 = ((2 * (x \uparrow 3)) + ((x - 1) \uparrow 2))$$
$$p_3 = (((x \uparrow 2) + 3) * (p_2(((x \uparrow 2) - 7)) +5))$$

In üblicher Notation lauten p_2 und p_3:

$$p_2(x) = 2x^3 + (x-1)^2$$
$$p_3(x) = (x^2+3) \cdot (p_2(x^2-7)+5)$$
$$= (x^2+3) \cdot (2(x^2-7)^3 + ((x^2-7)-1)^2+5).$$

Für die Ableitung $\mathrm{d}p/\mathrm{d}x = p'$ gelten folgende Regeln:

$$n' = 0, \text{ für alle } n \geq 0$$
$$x' = 1$$
$$(p+q)' = (p' + q')$$
$$(p-q)' = (p' - q')$$
$$(p * q)' = ((p' * q) + (p * q'))$$
$$(p \uparrow q)' = (n * ((p \uparrow (n-1)) * p'))$$
$$(p \circ q)' = ((p' \circ q) * q')$$

Die Operationen +, −, ∗ und ↑n dürfen nicht mit den entsprechenden Operationen auf Zahlen verwechselt werden (auch wenn sie auf dem Bereich der natürlichen Zahlen übereinstimmen). Wir schreiben daher plus, minus, mal und hoch (um die Operatoren eindeutig von freidefinierten Namen für Polynome unterscheiden zu können, unterstreichen wir sie hier). plus beschreibt also eine Abbildung von Paaren von Polynomen in Polynome, wobei plus (p, q) zu p und q die Summe der Polynome liefert. Ebenso sind minus, mal und „∘" Abbildungen von Paaren von Polynomen in Polynome, und hoch bildet Polynome auf Polynome ab.
In einer Deklaration wird zunächst der Typ „polynom" definiert, wobei der Typ „integer" für ganze Zahlen als bekannt vorausgesetzt wird. Wie bei Funktionen dürfen auch Typdeklarationen rekursiv sein. Anschließend verwendet man die Gleichungen für die Ableitung unmittelbar als Definition der Funktion Abl. (Wir benutzen hier eine MIRANDA-ähnliche Notation, siehe auch ↑Backus-Naur-Form; in der Praxis muss genauer zwischen Zahlen, Ausdrücken usw. unterschieden werden, weshalb Zusatzsymbole einzuführen sind, z. B. % für ganze Zahlen).
Typdeklaration:

```
polynom ::= integer |x|
        polynom plus polynom  |
        polynom minus polynom  |
        polynom mal polynom  |
        polynom hoch integer  |
        polynom ∘ polynom
```

Funktionsdefinition:

```
define Abl:: polynom → polynom:
    Abl (z) = 0,
    Abl (x) = 1,
    Abl (p plus q) = Abl (p)
        plus Abl (q),
    Abl (p minus q) =
        Abl (p) minus Abl (q),
    Abl (p mal q) = (Abl (p) mal q)
        plus (p mal Abl (q)),
    Abl (p hoch z)
        =1, z = 0,
```

P

= (z mal ((p hoch
(z−1)) mal Abl (p))), z > 0,
= 0, otherwise,
Abl (p ∘ q) = ((Abl (p) ∘ q)
mal Abl (q)).

Bei Applikation der Funktion Abl auf die obigen Polynomausdrücke p_1 = (x plus 4) und p_2 = ((2 mal (x hoch 3)) plus ((x minus 1) hoch 2)) liefert dieses funktionale Programm die Ergebnisse:

(1 plus 0) bzw.
((0 mal (x hoch 3)) plus (2 mal
(3 mal ((x hoch 2) mal 1)))
plus (2 mal (((x minus 1)
hoch 1) mal (1 minus 0))))

Man sieht hieran: Es sind zusätzlich Vereinfachungsregeln der folgenden Form einzuführen:

Ersetze (p plus 0) durch p,
ersetze (n mal m) durch (n ∗ m) usw.

Solche Umwandlungen lassen sich leicht durch eine Funktion „Auswertung" definieren, wodurch gut lesbare Ausdrücke entstehen (vgl. ↑Seiteneffekt). Auf diese Weise kann man rasch ein Programm zur Differenzation von Polynomen schreiben. ◀

Mit mehr Aufwand, aber wesentlich schneller als in imperativen Programmiersprachen kann man z. B. auch Compiler, Lernsysteme oder Planungssysteme erstellen. Funktionale Sprachen setzt man häufig in der ↑ Künstlichen Intelligenz und beim ↑ Rapid-Prototyping ein.

Prädikative Programmiersprachen: Bei diesen Sprachen wird Programmierung als Beweisen in einem System von Tatsachen und Schlussfolgerungen aufgefasst: Der Anwender gibt eine Menge von Fakten (gültige Prädikate; ↑ Logik) und Regeln (d. h. wie man aus Fakten neue Fakten gewinnt) vor und die Aufgabe des Rechners ist es, eine gestellte Frage als richtig oder falsch zu beantworten.

▶ *Beispiel:* Die Berechnung der *Fakultät* einer natürlichen Zahl kann man auffassen als Prädikat „fac" mit zwei Komponenten, wobei die erste Komponente eine natürliche Zahl und die zweite ihre Fakultät ist. Wir haben somit folgende Fakten und Regeln:

fac(1,1). „Die Fakultät von 1 ist 1"
fac(N − 1,F) ⇒ fac(N, N ∗ F).
„Wenn die Fakultät von N - 1
gleich F ist, dann ist die
Fakultät von N gleich N ∗ F"

Die Berechnung der Fakultät von 6 ist gleichbedeutend mit der Frage, für welche Zahl F das Prädikat fac(6,F) erfüllt ist. ◀

Ein Beispiel für eine prädikative Programmiersprache ist ↑PROLOG.

Objektorientierte Programmiersprachen: Bei diesen Sprachen werden alle zum Lösen eines Problems notwendigen Informationen (Daten und Anweisungen bzw. Regeln) als ↑ Objekte aufgefasst. Objekte können durch Senden von „Nachrichten" (Mitteilungen an andere Objekte) miteinander Informationen austauschen. Für jedes Objekt sind die Nachrichten, die es verstehen kann, festgelegt. Empfängt ein Objekt eine Nachricht, so antwortet es mit einem anderen Objekt. Eine ausführliche Behandlung findet sich unter ↑objektorientierte Programmierung.

Beispiele für objektorientierte Programmiersprachen sind C++, ↑ Eiffel, ↑ Java und ↑SMALLTALK-80.

Es gibt schätzungsweise über 1 000 Programmiersprachen, von denen die meisten auf spezielle Problembereiche zugeschnitten sind. Weit verbreitet sind etwa 20 Programmiersprachen. Neuere Entwicklungen sind bei den Sprachen zu erwarten, in denen man ↑ Datentypen, unscharfe Informationen (↑ Softcomputing, ↑ Künstliche Intelligenz) und Wissen beschreiben kann oder die Parallelverarbeitung und Höchstleistungsrechnen unterstützen. Dagegen ist die Entwicklung der imperativen Sprachen mit ↑ALGOL 68 und ↑Ada zu einem gewissen Abschluss gebracht worden; ihre Sprachkonzepte werden zur Darstellung

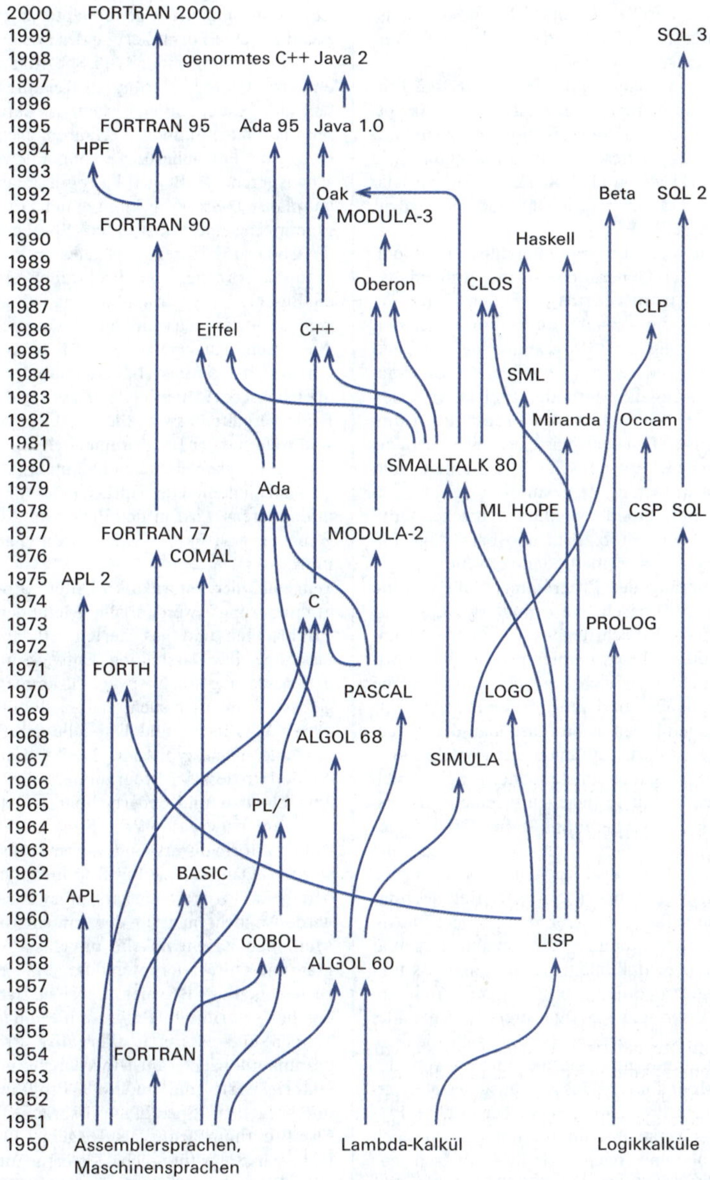

Programmiersprache (Abb. 1): Stammbaum der Programmiersprachen

von Parallelität und ↑ Nichtdeterminismus in Zukunft vermutlich weiter verfeinert bzw. erweitert.
Einen Stammbaum der wichtigsten Programmiersprachen zeigt Abb. 1. ↑Skriptsprachen, ↑Spezifikationssprachen und andere Beschreibungssprachen (wie ↑ HTML und ↑ XML) sowie visuelle Programmiersprachen sind hier nicht aufgeführt.
Zu den Programmierstilen und den Sprach-Generationen siehe ↑Informatik.

Programmierung: Unter Programmierung versteht man zum einen den Vorgang der Programmerstellung und zum anderen das Teilgebiet der Informatik, das die Methoden und Denkweisen beim Entwickeln von Programmen umfasst. (Daneben wird dieser Begriff als lineare, dynamische, ganzzahlige und nichtlineare Programmierung als Lösungsmethode bei mathematischen Optimierungsproblemen und bei ↑ Algorithmenentwurfsmethoden verwendet).

Vorgang der Programmerstellung: Eine algorithmisch vorformulierte Lösungsidee wird schrittweise in ein Programm einer ↑ Programmiersprache überführt. Handelt es sich um eine umfangreiche Aufgabe, an deren Lösung mehrere Personen arbeiten, so muss man die Aufgabe zunächst aufteilen, die zwischen den Teilaufgaben entstandenen ↑ Schnittstellen genau festlegen und einen Arbeitsplan vereinbaren. Galt die Tätigkeit des Programmierens bis ca. 1968 als eine Kunst, so wird sie heute als ingenieurmäßige Arbeit (↑ Software-Engineering) aufgefasst, die sehr diszipliniert in Angriff genommen, gut strukturiert und präzise dokumentiert werden muss und bereits vorhandene Lösungen durch Anpassen und Konfigurieren nutzen sollte. Im Schulbereich erstreckt sich die Programmierung auf die Phasen von der Modellbildung bis zum ausgetesteten fertigen Programm; in der beruflichen Praxis versteht man hierunter auch noch vor- und nachgeschaltete Phasen aus der ↑ Systemanalyse und der Anpassung und Wartung von Software.

P

Zur Programmierung gehören auf jeden Fall die exakte Formulierung der Lösung und des Lösungsmodells (↑ Spezifikation), die Untergliederung in Teilaufgaben, die Festlegung auf ↑ Datenstrukturen und algorithmische Verfahren, eventuell eine Formulierung in einer Zwischensprache (z. B. als ↑ Programmablaufplan, ↑ Struktogramm oder Programm in einer abstrakten Sprache), die Codierung in der vorgegebenen Programmiersprache, die Programmtests, die Beschreibung der maschinenabhängigen und der maschinenunabhängigen Anteile und Aussagen über die Fähigkeiten des Programms (Laufzeitverhalten, Speicherbedarf, benötigte Ressourcen, Fehlerverhalten usw.). Alle diese Punkte sind während der Programmerstellung in einer arbeitsbegleitenden Dokumentation festzuhalten. Die Tätigkeit des Programmierens wird in der Praxis im Allgemeinen von *Programmierern* durchgeführt.

Teilgebiet der Informatik: Unter „Programmierung“ werden alle Methoden, Erfahrungen und gesicherten Erkenntnisse über die Darstellung, Entwicklung und Änderung von Software zusammengefasst. Zum einen sucht man nach optimalen Vorgehens- und Darstellungsweisen und nach typischen Denkweisen, um den Prozess der Programmerstellung überschaubar und beherrschbar zu halten, zum anderen soll die Software-Erstellung formalisiert und automatisiert werden. Da viel Zeit für Routineaufgaben beim Programmieren aufgewendet wird, versucht man in der Informatik, Methoden zu entwickeln, um das Programmieren rechnerunterstützt ablaufen zu lassen. Zum Beispiel entstehen ständig neue normierte Programmierumgebungen und es treten alternative Programmierkonzepte auf (funktionale, objektorientierte und andere ↑ Programmiersprachen, ↑Spezifikationssprachen). Die Programmierung als Teilgebiet der Informatik legt für solche Untersuchungen die notwendigen Grundlagen, erprobt entsprechende Modelle und entwickelt neue Denkweisen.

Programmpaket *(Programmsystem):* Menge von ↑ Programmen, die gemeinsam einen Anwendungsbereich abdecken. Die einzelnen Programme gestatten jeweils die Bearbeitung eines Teilproblems dieses Anwendungsbereichs.

▶ *Beispiel:* Programmpaket zur Unterstützung einer Arztpraxis. Programme dieses Pakets können sein: Buchhaltungsprogramm, Patientenkartei, Arzneimittelkartei, Bilddatei typischer Krankheitsmerkmale, medizinische Literaturdatei usw. ◀

PROLOG (Abk. für „**PRO**gramming in **LOG**ic"): prädikative ↑ Programmiersprache. In imperativen Programmiersprachen wird ein gegebenes Problem dadurch gelöst, dass der Programmierer eine Folge von ↑ Anweisungen zusammenstellt, durch deren Ausführung man die Lösung erhält. In PROLOG formuliert man stattdessen sein eigenes Wissen über das Problem und der Computer versucht mithilfe dieses Wissens selbstständig eine Lösung des Problems zu finden. In der Sprache der ↑ Logik besteht das Wissen aus einer Menge von *wahren Aussagen* und *Regeln,* die wahre Aussagen in wahre Aussagen überführen. Gibt der Benutzer eine *Behauptung* ein, so versucht das PROLOG-System diese auf der Grundlage des Wissens zu *beweisen.*
Als *Beispiel* wird im Folgenden das Problem von Verwandtschaftsbeziehungen betrachtet. Das Grundwissen sind die Beziehungen „verheiratet" und „istKind". Grundwissen wird in PROLOG als eine Menge von *Fakten* dargestellt. Fakten haben die allgemeine Form

name (O_1, O_2, ..., O_n)

wobei „name" ein beliebiger, mit einem Kleinbuchstaben beginnender ↑ Bezeichner ist und die O_i irgendwelche Größen sind. Diese Darstellung ist eine Kurzform für die logische Aussage: „O_1, O_2, ... und O_n stehen in der Beziehung name zueinander". Fakten sind im Beispiel der Verwandtschaftsbeziehungen

```
verheiratet(Mann,Frau)
```

und

```
istKind(Kind,Mutter).
```

Zeichenfolgen, die die syntaktische Form von Fakten besitzen, bezeichnet man auch als *Literale.*
Man kann einem PROLOG-System daher folgende Fakten mitteilen (jedes einzelne Faktum muss durch einen Punkt abgeschlossen werden):

```
istKind(heinz,emma).
istKind(emma,elfriede).
istKind(hugo,elfriede).
verheiratet(anton,emma).
verheiratet(wilhelm,elfriede).
verheiratet(hugo,rosa).
```

Man kann dem PROLOG-System nun *Fragen* stellen (Behauptungen aufstellen) und das PROLOG-System gibt die Lösungen aus (beweist die Behauptung), falls möglich (Fragen sind mit einem Fragezeichen und Ausgaben des Systems mit einem Stern gekennzeichnet):

```
  ? istKind(emma,elfriede).
* yes
  ? verheiratet(anton,rosa).
* no
```

Man kann auch in den Fragen für bestimmte Werte ↑ Variablenbezeichner einsetzen. In diesem Fall gibt das PROLOG-System alle Werte für die Variablen aus, für die es eine Lösung findet. Will man z. B. wissen, mit wem „hugo" verheiratet ist und welche Kinder „elfriede" hat, so muss man folgende Fragen stellen (Variablen beginnen immer mit einem Großbuchstaben):

```
  ? verheiratet(hugo,Frau).
* Frau = rosa
  ? istKind(Kind,elfriede).
* Kind = emma
* Kind = hugo
```

Mehrere Fragen kann man zu einer verknüpfen. In diesem Fall gibt das PROLOG-System nur solche Werte für die

Variablen aus, für die alle Fragen gleichzeitig *erfüllt* sind (logisch gesehen kann man also mehrere Fragen durch und verknüpfen). Wenn man den Vater von „heinz" herausfinden will, so muss man fragen, welche Mutter er hat und mit wem sie verheiratet ist (mehrere Fragen müssen durch Kommata getrennt werden):

```
? istKind(heinz,Mutter),
      verheiratet(Vater,Mutter).
* Mutter = emma, Vater = anton
```

Die syntaktische Form einer Frage lautet allgemein

$? L_1, L_2, \ldots, L_n.$

Hierbei sind $L_1, \ldots, L_n$ Literale. Diese Darstellung ist eine Kurzform für die Frage: „Sind L_1 *und* L_2 *und* ... *und* L_n wahr?".
Kommt eine Variable in mehreren Teilfragen vor, so bedeutet dies, dass bei einer Lösung auch der Wert an allen Stellen der gleiche sein muss.
Wenn man öfters den Vater eines Kindes wissen will, so ist es sehr umständlich, immer die beiden obigen Teilfragen zu stellen. Aus diesem Grund kann man in PROLOG neben dem Grundwissen in Form von Fakten auch Regeln aufschreiben. Eine Regel hat die allgemeine Form

P

$L :- L_1, L_2, \ldots, L_n.$

Hierbei sind $L, L_1, \ldots, L_n$ Literale. Anschaulich hat eine Regel die Bedeutung: „Wenn L_1 *und* L_2 *und* ... *und* L_n wahr ist, dann ist auch L wahr". Diese Schlussregel bezeichnet man als *Modus ponens*. Zur Abfrage des Vaters kann man dem PROLOG-System eine Regel „istVater" mitteilen:

```
istVater(Vater,Kind) :-
      istKind(Kind,Mutter),
      verheiratet(Vater,Mutter).
```

Diese Regel besagt: „Vater" ist der Vater von „Kind", wenn (Zeichen :-) „Kind" das Kind von „Mutter" und „Mutter" mit „Vater" verheiratet ist (die Problematik der Stiefväter und der nicht verheirateten Väter ist hier nicht berücksichtigt). Nachdem das PROLOG-System diese Regel erhalten hat, kann man den Vater von „hugo" oder die Kinder von „wilhelm" durch folgende Fragen herausfinden:

```
  ? istVater(Vater,hugo).
* Vater = wilhelm
  ? istVater(wilhelm,Kind).
* Kind = emma
* Kind = hugo
```

Entsprechend kann man Regeln für Geschwister (Kinder sind hier Geschwister, wenn sie die gleiche Mutter haben) oder Großväter (Vater des Vaters) definieren:

```
geschwister(Kind1,Kind2) :-
        istKind(Kind1,Mutter),
        istKind(Kind2,Mutter).
grossvater(Opa,Enkel) :-
        istVater(Opa,Vater),
        istVater(Vater,Enkel).
```

Fakten und Regeln sind die wesentlichen Grundelemente von PROLOG. Um logisch zusammengehörende Daten unter einem Bezeichner zu *einer* Größe zusammenfassen zu können (Prinzip des ↑Record), bietet PROLOG das Konzept der *Struktur*. Eine Struktur hat die syntaktische Form eines Literals, also

$s(O_1, O_2, \ldots, O_n).$

s nennt man *Funktor;* $O_1, \ldots, O_n$ sind die *Komponenten;* n ist die *Stelligkeit* von s. In ↑PASCAL entspricht die obige Struktur einem Record der Form

```
var s: record
         O1; ...; On
       end.
```

Man kann z. B. beide Elternteile zu einer Einheit mit der Bezeichnung „eltern" zusammenfassen:

eltern(wilhelm,elfriede) oder
eltern(anton,emma).

Konstanten, Variablen und Strukturen bezeichnet man allgemein als *Terme*. Durch Bildung solcher Strukturen ist es möglich, jedes in einer anderen Programmiersprache lösbare Problem auch mit PROLOG zu lösen. In allen PROLOG-Systemen sind Regeln zum Rechnen mit Zahlen definiert, sodass man die Sprache auch für arithmetische Anwendungen benutzen kann. Es ist relativ einfach, in PROLOG einen *Parser* (↑ syntaktische Analyse) für ↑ kontextsensitive Grammatiken zu schreiben. Deshalb wird PROLOG auch zur Verarbeitung von umgangssprachlichen Sätzen benutzt.

Die Lösungen einer gegebenen Anfrage findet das PROLOG-System durch ein ↑ Backtracking-Verfahren, d. h., es werden alle Möglichkeiten systematisch ausprobiert, bis eine Lösung gefunden wird oder keine weiteren Alternativen mehr existieren.

Grundlage des Backtracking-Verfahrens ist das *Resolutionsprinzip.* Um eine Behauptung

$$? A_1, \ldots, A_{k-1}, A_k, A_{k+1}, \ldots, A_n.$$

zu beweisen, geht PROLOG nach folgenden Vorschriften vor:

(R1) Kann das Literal A_k mit einem Faktum „gleich gemacht" (unifiziert, s. u.) werden, so ist die ursprüngliche Behauptung beweisbar, wenn die Behauptung (ohne A_k)

$$? A_1, \ldots, A_{k-1}, A_{k+1}, \ldots, A_n.$$

beweisbar ist.

(R2) Kann das Literal A_k mit der linken Seite L einer Regel der Form

$$L :- L_1, \ldots, L_p$$

unifiziert werden, so ist die ursprüngliche Behauptung beweisbar, wenn die Behauptung

$$? A_1, \ldots, A_{k-1}, L_1, \ldots, L_p, A_{k+1}, \ldots, A_n.$$

beweisbar ist.

(R3) Eine Behauptung ist bewiesen, wenn sie durch fortlaufende Anwendung der Resolutionsschritte (R1) und (R2) in die leere Behauptung

? .

überführt werden kann.

► *Beispiel:* Man betrachte folgende Wissensbasis:

```
istKind(heinz,emma).
istKind(emma,elfriede).
verheiratet(anton,emma).
verheiratet(wilhelm,elfriede).
istVater(wilhelm,emma):-
        verheiratet(wilhelm,elfriede),
istKind(emma,elfriede).
```

Um die Behauptung

```
? istVater(wilhelm,emma).
```

nach dem Resolutionsprinzip zu beweisen, muss man wegen (R2) die Behauptung

```
? verheiratet(wilhelm,elfriede),
            istKind(emma,elfriede).
```

beweisen. Das erste Literal ist ein Faktum, daher ist nach (R1) zu beweisen:

```
? istKind(emma,elfriede).
```

Dieses Literal ist ebenfalls ein Faktum. Nach (R1) erhält man die Behauptung

? .

also die leere Behauptung. Damit ist nach (R3) die ursprüngliche Behauptung bewiesen. ◄

Enthalten Fakten, Regeln oder Fragen Variablen, so lassen sich die Resolutionsschritte (R1) und (R2) meist nicht unmittelbar anwenden, weil die zu ersetzenden Literale nicht zueinander passen.

► *Beispiel:* Die Vater-Kind-Beziehung ist definiert durch:

```
istVater(Vater,Kind):-
            istKind(Kind,Mutter),
        verheiratet(Vater,Mutter).
```

Um die Behauptung

```
? istVater(anton,heinz).
```

zu beweisen, muss man nach dem Resolutionsprinzip eine Regel der Form

```
istVater(anton,heinz):- ...
```

oder ein entsprechendes Faktum finden. Beides ist in der Wissensbasis nicht vorhanden. Setzt man jedoch in der obigen Regel den Wert „anton" für die Variable

Vater und den Wert „heinz" für die Variable Kind ein, so kann man die obige Behauptung auf die Behauptung

? istKind(heinz,Mutter),
verheiratet(anton,Mutter).

zurückführen. Diese Behauptung kann man in die leere Behauptung überführen, wenn man die Variable Mutter durch „emma" ersetzt und zweimal den Resolutionsschritt (R1) durchführt. ◀

Den Prozess, zwei Literale durch konsistente Ersetzung von Variablen durch andere Terme gleich zu machen, bezeichnet man als *Unifikation.* Das Ergebnis der Unifikation ist ein *Unifikator,* d. h. eine Abbildung

U: {Menge der Variablen} →
{Menge der Terme},

die beschreibt, welche Variablen durch welche Terme ersetzt werden müssen.

▶ *Beispiel:* Ein Unifikator U für die Terme

datum(1,M,J) und
datum(Tag,Monat,1968)

lautet:

U(Tag) = 1, U(M) = 4,
U(Monat) = 4, U(J) = 1968.

Unifikatoren sind meist nicht eindeutig. Ein anderer Unifikator U' ist:

U'(Tag) = 1, U'(M) = Monat,
U'(Monat) = Monat,
U'(J) = 1968. ◀

Während U bereits einen konkreten Wert für M und Monat festlegt (den Wert 4), lässt U' hier noch „Freiheiten". Man ist meist an einem Unifikator interessiert, der möglichst viele Variablen variabel lässt. Solche Unifikatoren nennt man *allgemeinste Unifikatoren.*

▶ *Beispiele:* In den folgenden Beispielen 1) und 2) handelt es sich stets um allgemeinste Unifikatoren:

(1) Die Frage

? istVater(anton,heinz).

und die Frage

? istVater(Vater,Kind).

werden durch den Unifikator U mit

U(Vater) = anton,
U(Kind) = heinz

unifiziert.

(2) Gegeben seien die beiden Terme

p(1,A,f(g(X))) und p(X,f(Y),f(Y)).

Offensichtlich gilt für jeden Unifikator

U(X) = 1.

Dann folgt durch Unifikation von f(g(X)) und f(Y)

U(Y) = g(U(X)) = g(1)

und daraus

U(A) = f(U(Y)) = f(g(1)).

(3) Die beiden Terme

p(f(g(X)),Y,X) und p(Z,h(X),i(Z))

sind nicht unifizierbar. Denn ein Unifikator U müsste folgende Eigenschaft besitzen:

U(X) = i(U(Z)),
U(Z) = f(g(U(X)).

Hieraus folgt durch Einsetzen:

U(Z) = f(g(i(U(Z)))),

d. h., es muss Z mit f(g(i(Z))) unifiziert werden. Diese rekursive Gleichung ist jedoch unlösbar, die Terme sind also nicht unifizierbar. ◀

Es gibt einen effizienten Algorithmus, mit dem man zu einem beliebigen Paar von Termen einen allgemeinsten Unifikator bestimmen kann, sofern er existiert.
Der Baum, der durch das Backtracking aufgebaut wird, ist in der Regel riesig. Daher gibt es in PROLOG die Möglichkeit, gewisse Teile dieses Baums zu überspringen oder abzuschneiden; der hierfür eingeführte „*cut*"-Operator sollte jedoch nur von erfahrenen Programmierern verwendet werden.
Durch die Grundidee der Wissensverarbeitung wird PROLOG vornehmlich in

Bereichen der ↑Künstlichen Intelligenz, der ↑Expertensysteme, der Verarbeitung natürlicher Sprachen und zur Entwicklung von ↑Prototypen eingesetzt, jedoch ist PROLOG durch seine allgemeinen Konzepte nicht auf diese Bereiche beschränkt.

PROLOG-Systeme nutzen hauptsächlich ↑ Interpreter oder ↑ inkrementelle Übersetzer. Nachfolgesprachen (GÖDEL, PROLOG II und III) wurden entwickelt, um effizienter vorgehen zu können und um Bereiche, die aufgrund zusätzlicher Nebenbedingungen *(Constraints)* keine Lösungen enthalten können, frühzeitig auszuschließen.

PROM (Abk. für engl. **p**rogrammable **r**ead-**o**nly-**m**emory): Speicher, dessen Inhalt einmal vom Anwender (in einem speziellen Programmiergerät) festgelegt wird und danach nicht mehr verändert werden kann. Nach der Programmierung verhält sich ein PROM wie ein Festwertspeicher mit den gleichen Eigenschaften wie ein ↑ROM. Der Speicherinhalt eines PROM bleibt bei Stromausfall erhalten.

Abb. 1 zeigt eine Möglichkeit, ein PROM zu realisieren. Der Anwender kann in seinem PROM-Programmiergerät gezielt bestimmte Dioden „durchbrennen" lassen. Zerstörte Dioden repräsentieren eine 0, unbeschädigte Dioden eine 1. Der Inhalt einer 4-Bit-Speicherzelle (eine Zeile in der Matrix aus Abb. 1) wird durch Anlegen eines Stromes an die entsprechende Adressleitung abgerufen. Nur die funktionsfähigen Dioden leiten den Strom zu den zugehörigen Ausgangsleitungen weiter.

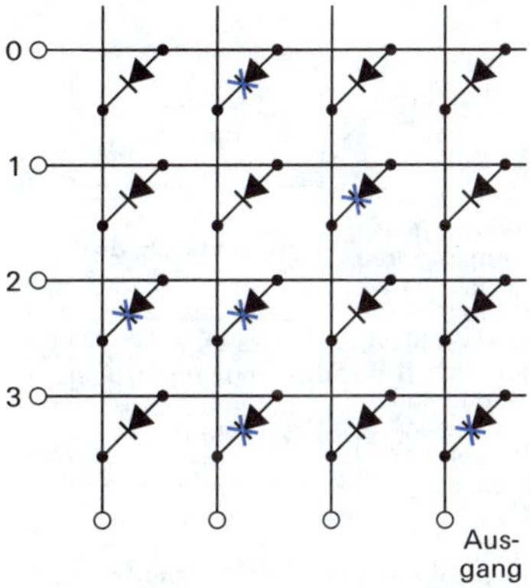

PROM (Abb. 1): Realisierung eines PROM als Diodenmatrix

Die Matrix in Abb. 1 repräsentiert also folgenden Speicherinhalt:

Adresse	Inhalt			
0	1	0	1	1
1	1	1	0	1
2	0	0	1	1
3	1	0	1	0

Ein PROM, das unter bestimmten Umständen gelöscht und neu programmiert werden kann, bezeichnet man als ↑ EPROM. Bei ↑ optischen Speichern spricht man von **WORM** (Abk. für engl. **w**rite **o**nce **r**ead **m**ultiple).

Protokoll: Vereinbarung über den geordneten Ablauf einer Kommunikation, wobei die Vereinbarung in der Informatik diktatorischen Charakter besitzt: Wer sich nicht an sie hält, wird von der Kommunikation ausgeschlossen. Entsprechend der aufeinander aufbauenden Schichten bei der Übertragung von Informationen wird für jede Ebene ein eigenes Protokoll vereinbart, dessen Realisierung sich auf das Protokoll der nächst tieferen Ebene abstützt (↑Datenübertragung). Protokolle sind bei der Kopplung von Systemen und in ↑offenen Systemen, insbesondere im ↑ Internet unverzichtbar.

Ein Protokoll muss sicherstellen, dass die Verbindung zuverlässig ist, dass die *richtigen* Partner miteinander kommunizieren, dass die Daten korrekt übertragen wurden (↑Prüfbit), dass die Übertragung quittiert wird (↑ Quittungsbetrieb), dass erkannte Fehler korrigiert werden, dass Zeitbegrenzungen eingehalten werden, dass die Übertragung mit einer gewissen Qualität erfolgte usw. Für die genaue

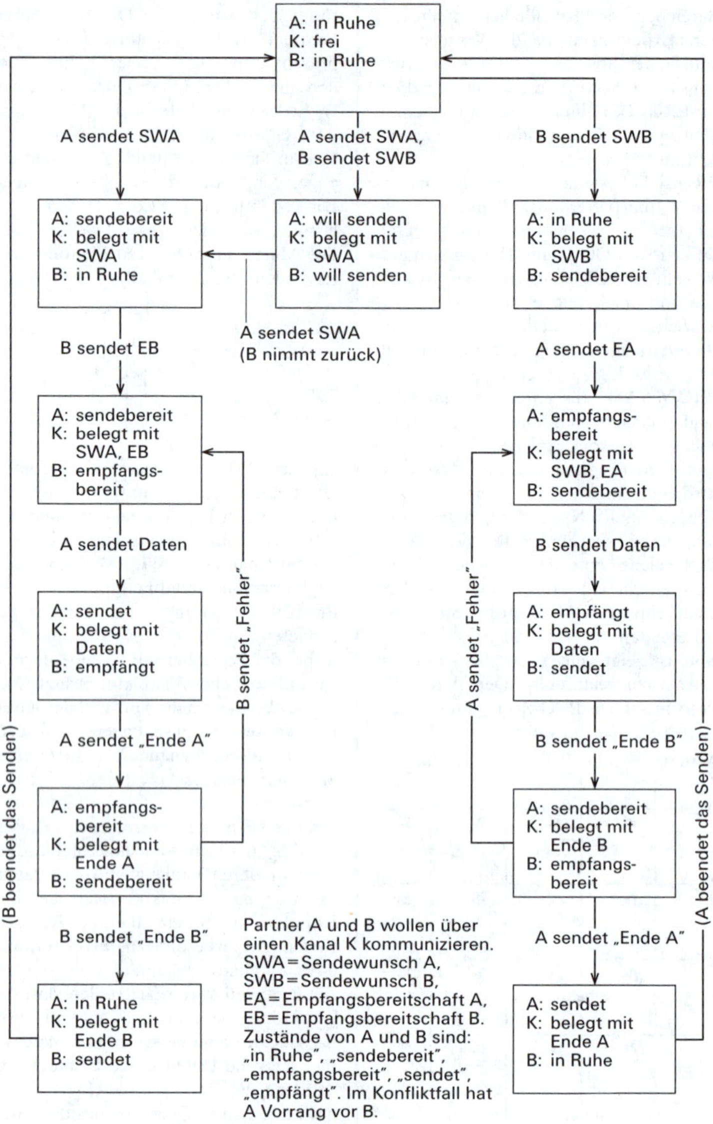

Protokoll (Abb. 1): Grafik eines *Handshake*-Protokoll zwischen zwei Partnern A und B über einen gemeinsamen Kommunikationskanal K. Die Skizze ist nicht vollständig, sie zeigt aber das Prinzip der Präzisierung von Protokollen

Festlegung von Protokollen und für den Nachweis, dass sie widerspruchsfrei sind, eignen sich ↑endliche Automaten, ↑Petrinetze und algebraische Spezifikationstechniken. In Abb. 1 ist das einfache Beispiel eines Handshake-Protokolls ohne explizite Zeitangaben skizziert. In der Praxis eingesetzte Protokolle sind meist aufwendiger; allerdings dürfen sie nicht zu kompliziert werden, da sonst Realzeitanforderungen nicht mehr zu erfüllen sind. Insbesondere müssen zeitliche Reihenfolgen beschreibbar sein, wofür man sog. *Weg-Zeit-Diagramme* oder *Message-Sequence-Charts* einsetzt. Hierbei ordnet man jedem beteiligten Partner eine Spalte zu, verwendet die Senkrechte als nach unten gerichtete Zeitachse und zeichnet die Übermittlung von Nachrichten entsprechend des Zeitverlaufs als Pfeile von der jeweiligen Spalte des sendenden Partners zu der des Empfängers ein.

Der Entwurf, die Implementierung und Fragen der Zuverlässigkeit, Effizienz und Verifikation von Protokollen sind Inhalte des *Protocol-Engineering*. Protokolle spielen eine zentrale Rolle in Rechnernetzen, speziell im ↑Internet.

Prototyp: ablauffähiges, meist stark eingeschränktes Modell des angestrebten (Anwendungs-)Systems mit dem Ziel, frühzeitig Experimente durchführen und Eigenschaften des künftigen Systems untersuchen zu können. An einem Prototyp können Systementwickler und Anwender die Fähigkeiten und das Verhalten des zu erstellenden Systems schon in den ersten Phasen der Systementwicklung studieren; so kann die Spezifikation frühzeitig angepasst und für einen neuen Prototyp oder für das geplante System verwendet werden. Je nach Reifegrad des Prototyps unterscheidet man zwischen Labormustern, Demonstrationsmodellen, realistischen Prototypen (meist schon mit geeigneter Benutzungsoberfläche) und Pilotsystemen. Dementsprechend kann man Prototypen entwickeln, um nur die Anforderungen zu präzisieren, oder man kann sie so konstruieren, dass aus ihnen heraus das spätere System entwickelt werden kann.

Die Technik, durch Erstellung eines Prototyps schnell Aussagen zu gewinnen und erste Anwendungen ausführen zu können, bezeichnet man im ↑Software-Engineering als (↑ Rapid-)*Prototyping*. Vor allem bei nicht klar definierbaren Projektzielen, bei noch unbekannten späteren Einsatzumgebungen oder zur Abschätzung des technischen Aufwands wird diese Form des Vorgehens gerne gewählt. Die ↑ objektorientierte Programmierung unterstützt die Erstellung von Prototypen.

Prozedur *(Unterprogramm,* engl. *procedure, subroutine):* Das *Prozedurkonzept* ist eines der mächtigsten Konzepte imperativer ↑Programmiersprachen: Hierdurch kann jede als Programm formulierte Vorschrift zu einer elementaren Anweisung in einem anderen Programm werden. Durch Parameter kann eine große Vielfalt erreicht werden (↑ Polymorphie). Darüber hinaus dienen Prozeduren der Zerlegung und Strukturierung umfangreicher Programme, und sie erlauben die Verwendung rekursiver Techniken (↑ Rekursion). Prozeduren müssen sich nicht unbedingt auf dem gleichen Rechner wie das aufrufende Programm befinden (↑Prozedurfernaufruf RPC).

Eine Prozedur besteht aus einem Schlüsselwort (z. B. procedure) gefolgt von einem ↑ Bezeichner (= Name der Prozedur), aus einer Liste von formalen ↑Parametern, aus einer Folge von ↑Deklarationen und aus einer Folge von ↑Anweisungen. Der Bezeichner und die Liste der formalen Parameter bilden den *Prozedurkopf,* die Deklarationen und Anweisungen den *Prozedurrumpf* (Abb. 1). Der Prozedurrumpf ist in der Regel ein ↑Block.

Jede Programmiersprache besitzt ein eigenes Schema für die Definition von Prozeduren. Die Definition einer Prozedur erfolgt im Deklarationsteil eines Programms oder eines Blocks; Prozeduren können in ihrem Deklarationsteil selbst wieder Prozedur-Deklarationen enthalten.

Der Sinn einer Prozedurdeklaration (mit dem Namen P, den formalen Parametern $x_1, \ldots, x_n$ und dem Rumpf R) besteht in der Zusammenfassung von Anweisungen zu einer abrufbaren Einheit. Verwendet man irgendwo im Programm den Namen P (↑Aufruf einer Prozedur), so wird dort der Rumpf der Prozedur P ausgeführt. Der Rumpf enthält noch variable Anteile, die durch die formalen Parameter gekennzeichnet werden. Diese variablen Anteile müssen beim Prozeduraufruf durch die Angabe von aktuellen Parametern festgelegt werden; die aktuellen Parameter ersetzen hierbei nach gewissen Vorschriften (↑ Parameterübergabe) die entsprechenden formalen Parameter im Rumpf.

An die Stelle des Prozeduraufrufs tritt nun also eine modifizierte Kopie des Rumpfes R (man bezeichnet diese Kopie als ↑ Inkarnation von P). Wenn diese Kopie ausgeführt ist, dann tritt an ihre Stelle wieder der ursprüngliche Prozeduraufruf. Die genaue Vorschrift für das Einkopieren wird durch die ↑Kopierregel festgelegt.

▶ *Beispiele* für Prozeduren:

(1) Spiegeln eines Textes:
Die Prozeduren in Prog. 1 spiegeln den Text, der in einem Feld von Zeichen von Position „unten" bis Position „oben" steht. Die erste Prozedur arbeitet iterativ und enthält alle benötigten Informationen (das Feld A usw.) als Parameter; die zweite Prozedur läuft rekursiv ab, sie verwendet einen Parameter für die aktuelle Position im Feld und die ↑globa-

```
procedure <Bezeichner>                                   } Prozedurkopf
          (<Liste von formalen Parametern>);
-----------------------------------------------
begin <Folge von Deklarationen>                          } Prozedurrumpf
      <Folge von Anweisungen>
end
```

Prozedur (Abb. 1): Aufbau einer Prozedur; oben: Prozedurkopf, unten: Prozedurrumpf


```
type feldtext = array [1..1000] of char;
var unten, oben: 1..1000; T: feldtext;
procedure SPIEGELN 1 (var A: feldtext; von, bis 1..1000);
var 1 : 1..1000; hilf: char;
begin
   if von < bis then
      for i := von to (von + bis) div 2 do
            hilf := A[i]; A[i] := A[bis-(i-von)];
            A[bis-(i-von)] := hilf od fi
end;
procedure SPIEGELN2 (aktpos: 1..1000);
var hilf: char;
begin if aktpos ≤ oben then
   hilf := T[aktpos];
   SPIEGELN2 (aktpos+1);
   T[oben-(aktpos-unten)] := hilf fi
end;
...
```

Prozedur (Prog. 1): Spiegeln eines Textes

len Variablen T für den Text und „unten" und „oben". Als Obergrenze der Felder haben wir hier willkürlich 1000 gewählt. Der Typ des Feldes wurde in SPIEGELN1 durch einen Namen in einer Typdeklaration vereinbart; das Feld wird als ↑call by reference übergeben.
Die Aufrufe

```
SPIEGELN1(T, unten, oben)
```

und

```
SPIEGELN2(unten)
```

bewirken beide die gewünschte Spiegelung der Zeichenfolge, die im Feld T von der Position unten bis zur Position oben steht. Falls unten > oben ist, geschieht keine Veränderung. Die zweite Prozedur lässt sich leicht auch für sequenzielle ↑Files formulieren.
(2) Standardbeispiele für Prozeduren, die sich selbst aufrufen (rekursive Prozeduren), sind die ↑Türme von Hanoi, das ↑Damenproblem, das ↑Springerproblem und ↑Quicksort.
(3) Ein weiteres Beispiel findet sich unter dem Stichwort ↑Inkarnation. ◀

Prozeduren besitzen keinen Ergebnistyp; dies unterscheidet sie von Funktionen, die in ↑Ausdrücken (und nicht in Form einer eigenen Anweisung) aufgerufen werden. Da Funktionen und Prozeduren fast den gleichen Aufbau besitzen, bezeichnet man Funktionen auch als *Funktionsprozeduren:* Dies sind Prozeduren, in deren Prozedurkopf der Ergebnistyp anzugeben ist und in denen dem Bezeichner der Prozedur im Prozedurrumpf das Ergebnis zugewiesen wird.

▶ *Beispiel* (Funktionsprozedur): Iterative Berechnung der ↑Fakultät

```
(* Prozedurkopf *)
function fac (n: integer): integer;
(* Prozedurrumpf *)
var z,erg: integer;
begin
   z := 1; erg := 1;
   while z ≤ n do
      erg := erg * z;
      z   := z+1 od;
   (* Ergebniszuweisung *)
   fac := erg
end (* fac *);
```
◀

In vielen imperativen Programmiersprachen wird ein Programm definiert als eine Menge von Prozeduren, wobei eine Prozedur dadurch ausgezeichnet ist, dass sie zur Ausführung des Programms aufgerufen wird (vergleiche z. B. ↑PL/I und ↑C). Diese Prozedur bezeichnet man daher auch als *Hauptprogramm,* da in dieser alle anderen Prozeduren direkt oder indirekt aufgerufen werden.

Prozedurfernaufruf (engl. *remote procedure call,* Abk. **RPC**): Wenn ein Kunde in einer ↑Client-Server-Architektur einen Auftrag ausführen möchte, dann sucht er einen Server, der die entsprechende Funktionalität besitzt und startet auf ihm per Prozedurfernaufruf die entsprechende Software; der Server liefert dann die Ergebnisse über das Netz an den Kunden. Der Kunde merkt oft gar nicht, dass er eine Prozedur auf einem fremden Rechner aktiviert, weil er in der Regel einen lokal aussehenden Aufruf durchführt, der von seiner Software interpretiert, in eine Nachricht eingeschlossen und zu einem zuständigen Server über das Netz geschickt wird. Wegen dieser zwischengeschalteten Software kann es auch vorkommen, dass ein zuständiger Server nicht von Vornherein feststeht, sondern zunächst gesucht und dann erst aktiviert werden muss.
Ein Prozedurfernaufruf wird in der Regel mit Parametern versehen; der ↑Aufruf wird meist ↑call by value erfolgen, da der Server auf andere Weise kaum an die Daten oder Objekte gelangen kann. Der Aufruf ist als Prozess in einem verteilten System aufzufassen; die Software des Kunden sollte daher dafür sorgen, dass während des Aufrufs andere Prozesse weiterarbeiten und das System nicht blockiert ist. Zugleich muss die Software in regelmäßigen Abständen den Stand des Fernaufrufs überwachen, da mit einer Vielzahl von Fehlern beim Server, im Netz oder im aufgerufenen Pro-

gramm zu rechnen ist; insbesondere muss es möglich sein, einen aus der Ferne gestarteten Prozess auch aus der Ferne wieder beenden und löschen zu können.

Statt des Prozedurfernaufrufs kann man auch ↑Agenten ins Netz schicken, mobile Programme über das Netz abrufen oder für eine einheitliche objektorientierte Umgebung auf allen Rechnern sorgen. Insbesondere die Unterstützung durch ↑Middleware (z. B. CORBA) könnte solchen Ansätzen in der Zukunft den Vorzug gegenüber dem Prozedurfernaufruf geben.

Prozess: Nach DIN 66 201 bezeichnet man als Prozess die Umformung und/oder den Transport von Materie, Energie und/oder Information. In der *Informatik* fasst man den Begriff etwas enger: Ein Prozess ist der *„Vorgang einer algorithmisch ablaufenden Informationsbearbeitung"*.

Aus diesem Oberbegriff leiten sich einige übliche Definitionen ab:

- Ein Prozess beschreibt den Ablauf eines Systems oder einer Systemkomponente in Zeit und Raum.
- In ↑Betriebssystemen ist ein Prozess ein Vorgang, der durch ein Programm kontrolliert wird, welches zur Ausführung einen ↑Prozessor benötigt.
- Aus Sicht der Rechnerstruktur stellt ein Prozess das Aktivitätszentrum dar, das bei der Abarbeitung eine Folge von Anweisungen oder Operationen in einem (den Prozessor steuernden) Programm durchläuft.

Man kann Prozesse formal als eine Folge von Aktionen in einem Zustandsraum definieren (siehe unten). Für das Verständnis sind jedoch die Eigenschaften von Prozessen wichtig. So laufen Prozesse in der Regel geordnet ab, d. h., sie werden überwacht, gestartet, beendet und von anderen Prozessen beeinflusst. Prozesse lassen sich von einem Prozessor ausführen. Man kann gleichzeitig oder nacheinander ablaufende Prozesse zu einem Prozess zusammenfassen. Prozesse können sich aufspalten („fork") und wieder zusammengeführt („join") werden.

▶ *Beispiel:* Die Bearbeitung einer Bestellung bei einer Firma führt zur Aufspaltung des Bearbeitungsvorgangs, indem ein Prozess „Überprüfe Bestellung und schreibe eine Antwort" und ein Prozess „Trage den Vorgang in die Kundenkartei und sonstige Datenbestände ein" gestartet werden, die nach Beendigung des gesamten Bestellvorganges wieder zu einem Prozess „Schließe Vorgang ab" zusammengeführt werden. ◀

Prozesse kommunizieren miteinander, d. h., sie tauschen Werte aus oder benutzen gemeinsame Informationen. Hierdurch beeinflussen sie gegenseitig ihren weiteren Ablauf. Stellt z. B. der Prozess „Überprüfe Bestellung und schreibe Antwort" fest, dass der Kunde unzuverlässig ist und nicht mehr beliefert werden darf, so teilt er diese Information dem parallel ablaufenden Prozess mit, der dann ganz anders fortgesetzt wird. Diese gegenseitige Information kann über gemeinsame Speicherbereiche, über Monitore, über wechselseitiges Warten (↑OCCAM), über ein Rendezvous-Konzept (↑Ada) oder andere Konzepte realisiert werden (↑Nebenläufigkeit).

Prozesse laufen also in gegenseitiger Abstimmung *(„synchron")* oder unbeeinflusst voneinander *(„asynchron")* ab.

Wechselt eine Rechenanlage von einem Prozess zu einem anderen, so kann dies mit großem Aufwand verbunden sein, z. B. um die Situationen, in denen sich Unterprogramme oder abhängige Objekte befinden, festzuhalten. In vielen Anwendungen kommt man mit einem geringen Aufwand aus. Die Prozesse bewegen sich dann wie Fäden durch eine entsprechende Umgebung, und man nennt solche „aufwandsarmen" oder „leichtgewichteten" Prozesse ↑Threads.

Zur Darstellung des Ablaufs von Prozessen existieren mehrere Ansätze (einer davon sind ↑Petrinetze). Zur Realisierung können geeignete ↑Programmier-

P

sprachen genutzt werden (↑ Prozessdatenverarbeitung). Der Prozessbegriff wurde eingeführt, um die Beschreibung eines Ablaufs, welche gewöhnlich durch ein Programm einer Programmiersprache erfolgt, von der Ausführung des Ablaufs auf einer Rechenanlage zu trennen. Mehrere verschiedene Prozesse können von ein und demselben Programm kontrolliert werden, z. B. indem verschiedene Benutzer dasselbe Sortierprogramm gleichzeitig verwenden. Andererseits kann die Ausführung einer Anweisung des Programms selbst wieder eine Reihe von Prozessen des Betriebssystems auslösen, welche die korrekte Ausführung der Anweisung steuern und überwachen. So löst beispielsweise die Ausführung einer Ausgabeanweisung einen Prozess aus, der einen Ausgabewert zum Drucker transportiert, einen weiteren, der andere ausgabewillige Prozesse so lange anhält, bis vom Drucker der korrekte Ausdruck bestätigt wird, und gegebenenfalls einen dritten, der die Ausführung des Programms abbricht, falls an irgendeiner Stelle ein Fehler aufgetreten ist.

Zur Ausführung eines Prozesses wird stets ein Prozessor benötigt. Meist, speziell im Mehrprogrammbetrieb, stehen zahlreichen Prozessen nur wenige (meist ein) Prozessoren gegenüber, die die Prozesse abwechselnd stückweise bearbeiten. Man unterscheidet daher fünf Prozesszustände: *aktiv, bereit, blockiert, initiiert* und *terminiert* (Abb. 1).

Im Zustand „aktiv“ wird der Prozess (d. h. die Anweisungen des Programms, das den Prozess kontrolliert) auf einem Prozessor ausgeführt. Prozesse im Zustand „blockiert“ warten auf bestimmte Ereignisse, die für den weiteren Ablauf der Prozesse notwendig sind, z. B. auf die Zuteilung von Speicherplatz, die Antwort auf eine Anfrage, das Eintreffen einer Nachricht usw. Prozesse, die ihren Ablauf fortsetzen können, befinden sich im Zustand „bereit“. Sie warten auf das Freiwerden eines Prozessors, der momentan noch mit der Bearbeitung eines anderen Prozesses beschäftigt ist. Prozesse, die die Rechenanlage gerade betreten, bzw. sie nach vollständiger Verarbeitung gerade verlassen, gelangen in die Zustände „initiiert“ bzw. „terminiert“. Die Zustandsübergänge steuert die ↑Prozessorverwaltung.

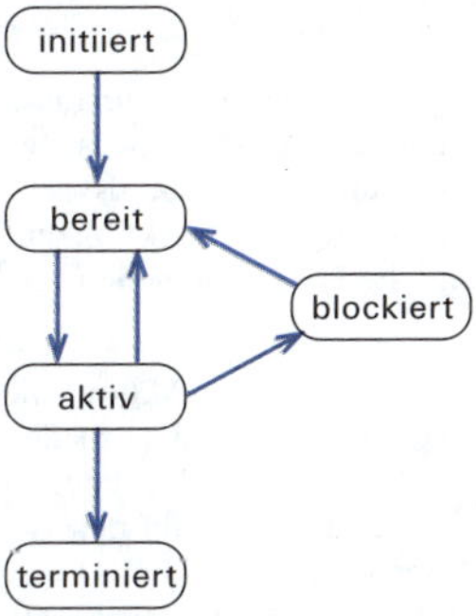

Prozess (Abb. 1): mögliche Zustände eines Prozesses und die damit verbundenen Zustandsübergänge

Zur formalen Definition des Prozessbegriffs führt man folgende Begriffe ein: Ein ↑ Zustand ist die Belegung von Zustandsvariablen mit konkreten Werten. Eine Zustandsvariable ist eine elementare Größe, die gewisse definierte Werte annehmen kann. Alle Zustände, die eine Menge von Zustandsvariablen annehmen kann, nennt man *Zustandsraum.*

► *Beispiel:* Sei $V = \{x, y\}$ eine Menge von Zustandsvariablen, wobei x und y jeweils beliebige natürliche Zahlen als Werte annehmen können. Für $x = 1$ und $y = 5$ ist dann (1,5) ein Zustand. Der Zustandsraum S ist die Menge aller Belegungen von x und y mit natürlichen Zahlen:

$$S = \{(x, y) | x, y \in \mathbb{N}\}.$$ ◄

Eine Berechnung in einem Zustandsraum ist eine (möglicherweise unendliche) Folge von Zuständen des Zustandsraumes. Das erste Folgenglied heißt *Anfangszustand,* das letzte, sofern vorhanden, *Endzustand.*

▶ *Beispiel:* Eine Berechnung im Zustandsraum S sei die Folge $B_1 = (1,5)$, $(2,4)$, $(2,2)$, $(2,3)$. Der Anfangszustand von B_1 ist der Zustand $(1,5)$, der Endzustand der Zustand $(2,3)$. Eine andere Berechnung in S sei die Folge $B_2 = (3,3), (3,6), (3,9), (3,12), \ldots, (3,3 \cdot i), \ldots$. B_2 ist eine unendliche Berechnung mit dem Anfangszustand $(3,3)$. ◀

Eine *Aktion* in einem Zustandsraum nennt man eine Menge von Wertzuweisungen (↑Zuweisung) an Zustandsvariable. Die Anwendung einer Aktion auf einen Zustand liefert einen neuen Zustand.

▶ *Beispiel:* $\{y := 2\}$ ist eine Aktion, die angewendet auf den Zustand $(1,5)$ den Zustand $(1,2)$ liefert. Die Anwendung der Aktion $\{x := y - 1, y := 1\}$ auf den Zustand $(1,2)$ liefert den Zustand $(1,1)$.
Es ist auch erlaubt, zwei widersprüchliche Wertzuweisungen in einer Aktion zu definieren, z. B. $\{x := 1, x := 2\}$. In diesem Fall hängt der neue Zustand nichtdeterministisch von der Reihenfolge ab, in der die Zuweisungen ausgeführt werden. Eine *Aktionsfunktion* in einem Zustandsraum ist eine Abbildung von dem Zustandsraum in die Menge der Aktionen über diesem Zustandsraum. ◀

Eine *Berechnung* erhält man, beginnend beim Anfangszustand, durch fortlaufende Anwendung der Aktionsfunktion auf die Zustände und Ausführung der Wertzuweisungen, welche die Aktionsfunktion liefert. Ist die Aktionsfunktion für einen Zustand nicht definiert, so bricht die Berechnung ab. Der folgende Algorithmus skizziert das beschriebene Verfahren (s_0 ist der Anfangszustand, f die Aktionsfunktion):

```
s := s0;
while „f(s) ist definiert“ do
begin
   „s ergibt sich durch Ausführung der
   Wertzuweisungen in f(s)“
end;
```

▶ *Beispiel:* Die Berechnung B_2 (vgl. obiges Beispiel) erhält man ausgehend von $(3,3)$ mittels der Aktionsfunktion $f_2(x, y) = \{y := 3 + y\}$. Die folgende Tabelle zeigt die ersten Berechnungsschritte.

Zustand	Aktion	Folgezustand
(3,3)	$f_2(3,3) = \{y := 3+3\}$	(3,6)
(3,6)	$f_2(3,6) = \{y := 3+6\}$	(3,9)
(3,9)	$f_2(3,9) = \{y := 3+9\}$	(3,12)
⋮	⋮	⋮

Definiert man die Aktionsfunktion

$f_1(1,5) = \{x := 2, y := 4\}$,
$f_1(2,4) = \{y := y - 2\}$,
$f_1(2,2) = \{y := y + 1\}$,

so erhält man ausgehend vom Anfangszustand $(1,5)$ die Berechnung B_1 (vgl. obiges Beispiel). Die Tabelle zeigt die Berechnung.

Zustand	Aktion	Folgezustand
(1,5)	$f_1(1,5) = \{y := 2, y := 4\}$	(2,4)
(2,4)	$f_1(2,4) = \{y := 4 - 2\}$	(2,2)
(2,2)	$f_1(2,2) = \{y := 2 + 1\}$	(2,3)
(2,3)	$f_1(2,3)$ ist undefiniert	

◀

Formal definiert man einen *Prozess P* als ein Tripel $P = (S, f, s)$, wobei S ein Zustandsraum, f eine Aktionsfunktion und $s \subset S$ eine Menge von Anfangszuständen sind. Ein Prozess erzeugt alle Berechnungen, die durch die Aktionsfunktion aus den Anfangszuständen erhalten werden können.

▶ *Beispiel:* Der Prozess $P_2 = (S, f, s)$ mit $S = \{(i, j) \mid i, j \in \mathbb{N}\}$, $f = f_2$ (vgl. obiges Beispiel) und $s = \{(3,3)\}$ erzeugt die Berechnung B_2 (s. o.). ◀

Ein *Programm* (in einer imperativen ↑ Programmiersprache) mit den Variablen $x_1, x_2, \ldots, x_r$ beschreibt einen Prozess (S, f, s), wobei gilt:
- S enthält alle Folgen von Werten $(a_1, a_2, \ldots, a_r, m)$, die die Variablen $x_1, \ldots, x_r$ besitzen können, gefolgt von der Stelle m, an der man sich im Programm befinden kann;
- f ermittelt für jede Stelle im Pro-

gramm die mögliche Aktion entsprechend der dort stehenden Anweisung;
- *s* ist die Menge der Anfangsbelegungen der Variablen gefolgt von der Stelle, an der die erste Anweisung steht.

Anmerkung: Die Definition von Prozessen hängt eng mit der Arbeitsweise eines ↑abstrakten Automaten zusammen. Hier spricht man von Zuständen, Anfangs-, Endzuständen und Aktionen, dort von Konfigurationen, Eingabefunktion, Haltepradikat und Übergangsfunktion.

Prozessdatenverarbeitung: Überwachung und Steuerung technischer ↑Prozesse mit Rechenanlagen, meist als ↑Realzeitsystem realisiert.

Solche technischen Prozesse sind zum Beispiel die Steuerung eines Fließbandes, einer Werkzeugmaschine oder mehrerer Ampelanlagen im Straßenverkehr. Da die Prozesse in hohem Maße zeitkritisch gesteuert werden müssen – auf Signale, z. B. Überdruck eines Dampfkessels, muss der Rechner sofort reagieren –, werden an *Prozessrechner* besondere Anforderungen gestellt:

- Ein Prozessrechner muss mit den verschiedenartigsten ↑analogen und ↑digitalen Eingabegeräten (z. B. Messgeräte für Temperatur, Druck oder Spannung) und Ausgabegeräten (z. B. Stellmotoren oder Messwertschreibern) verbunden werden können, die vom Programm aus kontrollierbar sind;
- ein Prozessrechner muss über einen exakt arbeitenden Zeitgebermechanismus verfügen, mit dem zu definierten Zeitpunkten Aktionen ausgelöst werden können (z. B. Abfrage einer Temperatur);
- Programme müssen beliebig unterbrechbar (↑ Unterbrechung) sein, sodass auf bestimmte Situationen (z. B. Überdruck eines Kessels) schnell reagiert werden kann;
- die Verarbeitung aller Programme muss im Echtzeitbetrieb (↑ Betriebsart) ablaufen.

Zur Lösung von Problemen der Prozessdatenverarbeitung wurden spezielle Programmiersprachen entworfen, in denen zeitkritische Vorgänge formuliert werden können. Ältere Beispiele für diese Programmiersprachen sind ↑ PEARL und **BASEX** (Abk. für **BASIC** for **Ex**periments). In ↑ Ada, ↑ Java, ↑ MODULA-2, ↑ OCCAM und Sprachen der ↑ objektorientierten Programmierung können Prozesse ebenfalls leicht dargestellt und ausgeführt werden.

Prozessor (heute meist synomym zu ↑ Mikroprozessor verwendet): Funktionseinheit einer Rechenanlage, in der mindestens das ↑ Steuerwerk, das ↑ Rechenwerk und die zugehörigen ↑Register zusammengefasst sind. Der Prozessor ist ein Element der ↑ Zentraleinheit. Er dient der Abarbeitung eines ↑Prozesses.

Prozessorverwaltung: Teil des ↑ Betriebssystems. An heutigen Rechenanlagen können viele Benutzer gleichzeitig und unabhängig voneinander arbeiten (Mehrbenutzerbetrieb; ↑ Betriebsart). Wenn der Rechner jedoch nur über einen ↑Prozessor verfügt, kann zu jedem Zeitpunkt nur ein ↑ Auftrag bearbeitet werden. Die Auswahl des Auftrags, der den Prozessor als Nächstes belegen darf (Problem der *Zuteilung*), ist Aufgabe der Prozessorverwaltung.

In vereinfachter Form liegt folgende Situation vor: Viele in Art und Umfang unterschiedliche Aufträge sollen ausgeführt werden. Einige warten auf den Zugang zur Rechenanlage und den Beginn ihrer Verarbeitung, andere warten auf die Zuteilung des Prozessors und die Fortsetzung der bereits begonnenen Verarbeitung. Genau ein Auftrag belegt den Prozessor, wird also bearbeitet.

Die Abarbeitung von Aufträgen wird meist durch zwei Teilprogramme wahrgenommen, durch den *Scheduler* (engl. *schedule* = Verzeichnis, Fahrplan) und den *Dispatcher* (engl. *dispatch* = Abfertigung). Der Scheduler kontrolliert den Zugang von Aufträgen zur Rechenanlage und bestimmt die Bearbeitungsreihenfolge der bereits begonnenen Aufträge, der Dispatcher regelt den Zugang zum Prozessor.

P

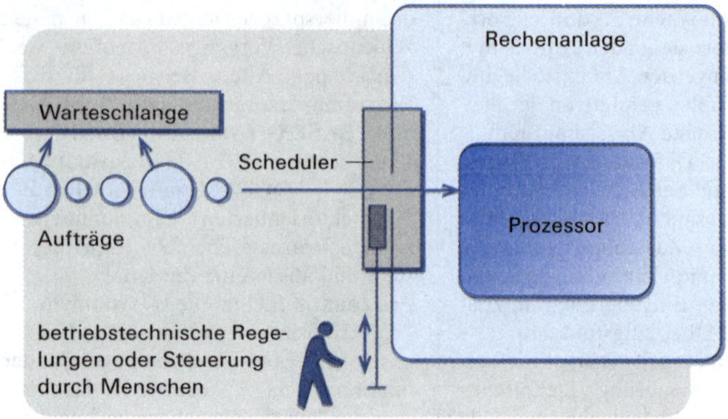

Prozessorverwaltung (Abb. 1)

Die Reihenfolge des Zugangs zur Rechenanlage und zum Prozessor wird durch *Prioritäten* festgelegt. Jeder Auftrag ist mit einer Priorität versehen, die etwas über die Dringlichkeit aussagt, mit der der Auftrag bearbeitet werden soll. Hohe Priorität bedeutet hohe Dringlichkeit, niedrige Priorität niedrige Dringlichkeit. Aufträge hoher Priorität werden bevorzugt ausgeführt.

Die Zuordnung von Prioritäten an jeden Auftrag erfolgt auf zwei verschiedene Arten durch den Scheduler:

(1) Zuordnung einer Priorität zu jedem eingehenden Auftrag und Festlegung, welche Aufträge Zugang zur Rechenanlage erhalten sollen (Abb. 1). Welche Priorität ein Auftrag erhält, hängt maßgeblich von Art und Umfang des Auftrags, von der Zahl der in der Auftragsbeschreibung angeforderten ↑ Betriebsmittel und von dem vom Scheduler verfolgten *Zuteilungsverfahren* ab; sie kann auch im Dialog vom Benutzer oder Operateur festgesetzt werden. Aufträge, die eine hohe Betriebsmittelanforderung haben, also z. B. viel Speicher benötigen oder eine lange Rechenzeit haben, erhalten meist eine niedrige, kurze und kleine Aufträge eine hohe Priorität. Überschreitet die Priorität eines Auftrags einen bestimmten Grenzwert, so wird der Auftrag zur Verarbeitung zugelassen und gestartet. Andere Aufträge werden abgewiesen, bzw. in eine *Warteschlange* eingereiht.

(2) Zuordnung einer Priorität (die verschieden von der obigen sein kann) zu jedem Auftrag, der sich im Verarbeitungszustand befindet: Sie legt fest, in welcher Reihenfolge bereits begonnene Aufträge fortgesetzt werden (Abb. 2).

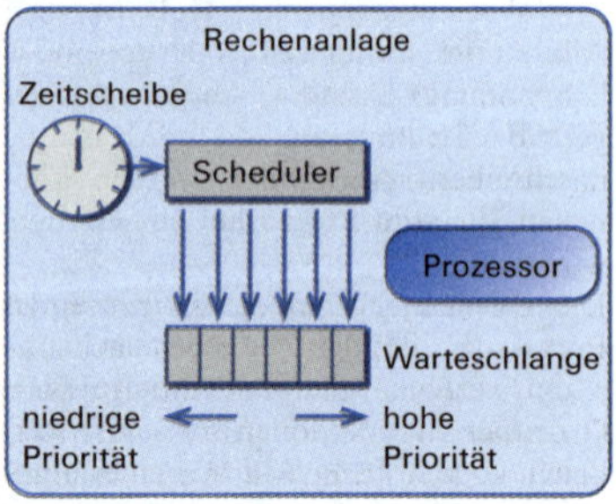

Prozessorverwaltung (Abb. 2)

In vielen Betriebssystemen wird prinzipiell folgendes Verfahren eingesetzt: Jeder Auftrag darf den Prozessor nicht länger als eine bestimmte vorgegebene Zeitspanne zusammenhängend beanspruchen. Diese Zeitspanne nennt man *Zeitscheibe;* sie beträgt meist zwischen 10 ms und 100 ms. Jeweils nach Ablauf einer

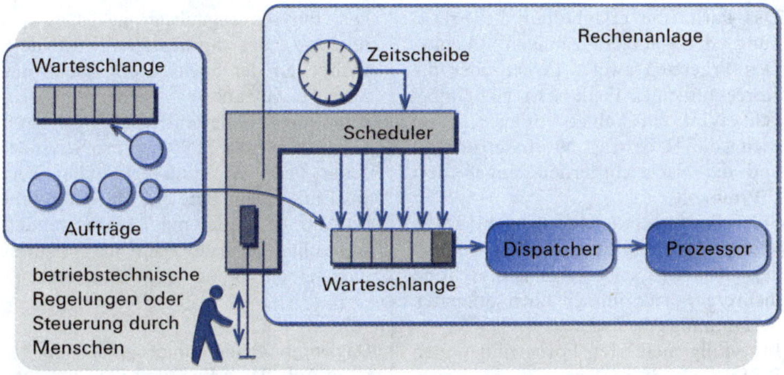

Prozessorverwaltung (Abb. 3): Gesamtstruktur der Prozessorverwaltung

Zeitscheibe berechnet der Scheduler für jeden Auftrag eine neue Priorität: Aufträge, die innerhalb der letzten Zeitscheibe den Prozessor wenig oder gar nicht belegt haben, z. B. weil das Programm auf eine Eingabe warten musste, erhalten eine höhere, Aufträge, die den Prozessor lange belegt haben, eine niedrigere Priorität. In der Regel erhalten auch leichtgewichtige Prozesse (↑Thread) eine höhere Priorität.

Alle Aufträge innerhalb der Rechenanlage befinden sich in einer Warteschlange, die nach Prioritäten geordnet ist und nach Ablauf einer Zeitscheibe gemäß der neuen Prioritätenvergabe umgeordnet wird.

Der Dispatcher führt die Zuteilung des Prozessors auf die einzelnen Aufträge nach den vom Scheduler vorgegebenen Grundsätzen effektiv durch, indem er den ersten Auftrag der Warteschlange, also den mit der höchsten Priorität, auf dem Prozessor zur Ausführung bringt.

Abb. 3 zeigt die prinzipielle Gesamtstruktur der Prozessorverwaltung.

Die Prozessorverwaltung muss in der Praxis verschiedene einander widersprechende Anforderungen erfüllen. Neben der grundsätzlichen Forderung, Verklemmungen (engl. deadlocks; ↑Nebenläufigkeit) zu verhindern, muss der Prozessor optimal ausgelastet werden, die Benutzer müssen rasch bedient werden, die Kontrollalgorithmen müssen möglichst effizient sein und Sonderfälle, insbesondere ↑Unterbrechungen und Fehler, müssen schnell erkannt und zügig bearbeitet werden. Da die optimale Zuteilung ein ↑NP-vollständiges Problem ist, werden die Algorithmen zur Prozessorverwaltung durch heuristische (↑Heuristik) Verfahren ergänzt oder abgewandelt. Besondere Anforderungen werden in ↑Realzeitsystemen an die Prozessorverwaltung gestellt.

Prüfbit: In der Datenverarbeitung gibt es zu jedem ↑Byte ein oder mehrere zusätzliche ↑Bits, die sog. Prüfbits. Sie ermöglichen die Kontrolle und gegebenenfalls die Korrektur von Verfälschungen einzelner Bytes durch Übertragungsfehler.

Die bekannteste und einfachste Form des Prüfbits ist das *Paritätsbit.* Das Paritätsbit hat den Wert 1, wenn die Anzahl der Einsen im zugehörigen Byte eine gerade Zahl ist, und sonst den Wert 0.

▶ *Beispiel:*

Byte								Paritätsbit
1	0	1	1	0	1	0	1	0
0	1	1	0	1	0	1	0	1

◀

Das Paritätsbit erlaubt nur die Erkennung der „ungeradzahligen" Fehler. Das Erkennen zweier Fehler oder die Korrektur eines Fehlers ist nicht möglich. Wird ein Fehler entdeckt, dann wird die Übertragung unterbrochen und die Nachricht erneut angefordert (↑Protokoll).

Spezielle Computer können hingegen häufig einen einzelnen Fehler anhand der Prüfbits selbst korrigieren und mehrere Fehler immer noch erkennen (↑Hamming-Abstand).

In verallgemeinerter Form findet man Prüfbits als Prüfziffern z. B. im Strichcode (↑ Kassensysteme) oder in den ISBN-Nummern, die für jedes Druckwerk vergeben werden. Die ISBN-Nummer der Neuauflage dieses Duden Informatik lautet: 3-411-05233-3. Die ISBN-Nummer besitzt die Form

$$b_1\text{-}b_2 b_3 b_4\text{-}b_5 b_6 b_7 b_8 b_9\text{-}b_{10}$$

Hierbei sind die b_i Ziffern aus der Menge $\{0, 1, \ldots, 9\}$. b_1 bezeichnet das Herkunftsland, $b_2 b_3 b_4$ den Verlag und $b_5 b_6 b_7 b_8 b_9$ die vom Verlag vergebene interne Nummer des Druckwerks. Auch ISBN-Nummern der Form

$$b_1\text{-}b_2 b_3 b_4 b_5\text{-}b_6 b_7 b_8 b_9\text{-}b_{10}$$

werden vergeben. Die Prüfziffer b_{10} wird durch die Formel

$$\begin{aligned} b_{10} &= \sum_{i=1}^{n} i \cdot b_i \ \underline{\text{mod}}\ 11 \\ &= (1 \cdot b_1 + 2 \cdot b_2 + 3 \cdot b_3 + \ldots \\ &\quad + 9 \cdot b_9)\ \underline{\text{mod}}\ 11. \end{aligned}$$

errechnet. Ergibt die ganzzahlige Division durch 11 den Rest 10, so erhält b_{10} den Wert „X". Mit der Prüfziffer kann man Fehler bei der Eingabe oder in der Nummer mit großer Wahrscheinlichkeit feststellen.

Pulsecodemodulation (Abk. **PCM**): Codierung der menschlichen Sprache für die digitale Übertragung. Beim Telefonieren werden mindestens die Töne zwischen 300 und 3 400 Hertz (= Schwingungen pro Sekunde) übertragen. Für die Digitalisierung ist es ausreichend, das Sprachsignal mit dem Doppelten der höchsten Frequenz der Sprache abzutasten (siehe Abb. 1b), d. h. mit mindestens $2 \cdot 3\,400 = 6\,800$ Hertz, also rund 7 000 mal pro Sekunde. Jeder beim Abtasten ermittelte Wert wird mit einem Byte = 8 Bit dargestellt (in Abb. 1b wurden nur 7 Bit verwendet; das achte Bit kann dann als ↑ Prüfbit dienen oder immer 0 gesetzt werden).

Das vorgegebene Sprachsignal (Abb. 1a) ist in Abb. 1b in Richtung der Zeitachse stark gedehnt dargestellt worden. Das Signal wird mit doppelter Frequenz abgetastet; die abgetasteten Werte sind als ganze Zahlen angegeben, darunter folgt ihre binäre Darstellung (hier mit 7 Bit pro Wert). Der Strom dieser Binärziffern wird dann übertragen (ganz unten) und muss beim Empfänger in ein Sprachsignal zurücktransformiert werden.

Die Codierung erfolgt hier so, dass dem Intervall von −64 bis +63 die Binärdarstellung von 0000000 und 1111111 zugeordnet werden. Die Zahl −62 wird also auf 0000010, die Zahl −5 auf 0111011, die Zahl 0 auf 1000000 und die Zahl 25 auf 1011001 abgebildet. Die sieben Ziffern der Binärzahlen werden unten in Abb. 1b wegen der besseren Lesbarkeit untereinander geschrieben.

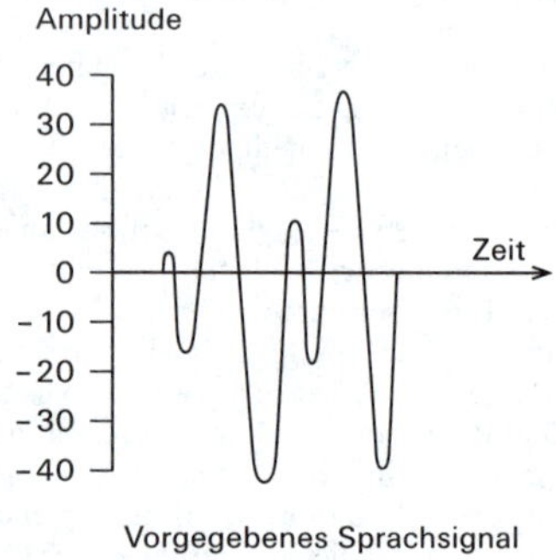

Pulsecodemodulation (Abb. 1a): digitale bzw. binäre Codierung eines Sprachsignals

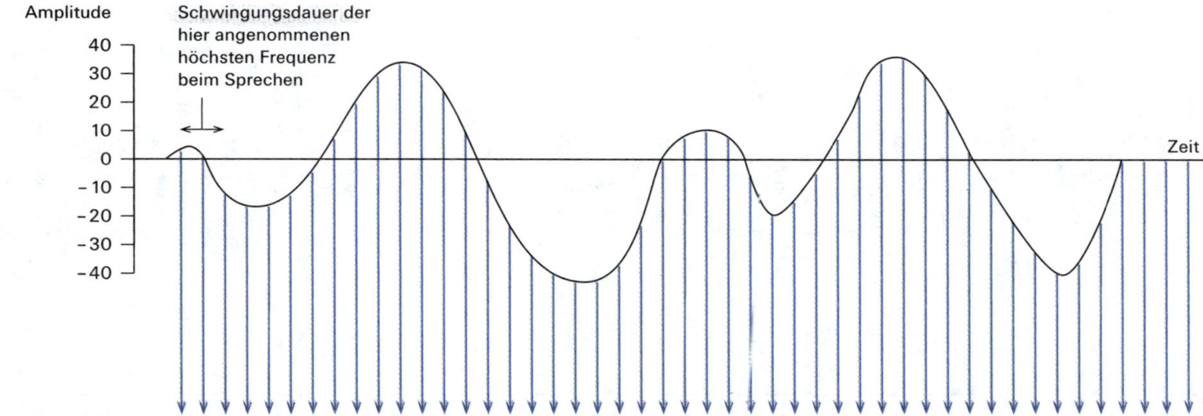

Abgetasteter Wert: 0 3 −2 −12 −15 −16 −11 −5 7 20 30 33 31 22 9 −6 −20 −31 −38 −41 −40 −34 −20 0 8 10 9 −7 −18 −13 −3 9 22 34 34 27 15 4 −8 −19 −29 −39 −36 −22 0 0 0

Binäre Darstellung des abgetasteten Wertes:

1 1 0 0 0 0 0 0 1 1 1 1 1 1 1 0 0 0 0 0 0 0 0 1 1 1 1 0 0 0 0 1 1 1 1 1 1 1 0 0 0 0 0 0 1 1 1
0 0 1 1 1 1 1 1 0 0 0 1 0 0 0 1 1 1 0 0 0 0 1 0 0 0 0 1 1 1 1 0 0 1 1 0 0 0 1 1 1 0 0 1 0 0 0
0 0 1 1 1 0 1 1 0 1 1 0 1 1 0 1 0 0 1 1 1 1 0 0 0 0 0 1 0 1 1 0 1 0 0 1 0 0 1 0 0 1 1 0 0 0 0
0 0 1 0 0 1 0 1 0 0 1 0 1 0 1 1 1 0 1 0 0 1 1 0 1 1 1 1 1 0 1 1 0 0 0 1 1 0 0 1 0 1 1 1 0 0 0
0 0 1 0 0 1 1 0 1 1 1 0 1 1 0 0 0 0 0 1 1 1 0 0 0 0 0 0 1 0 1 0 1 0 0 0 1 1 1 1 0 0 0 0 0 0 0
0 1 0 1 0 1 0 1 1 0 1 0 1 1 0 0 1 0 0 1 1 0 1 0 0 1 0 0 0 1 0 0 1 1 1 1 1 0 1 0 1 0 1 0 0 0 0
0 1 1 1 0 1 0 0 1 0 0 1 1 0 1 1 1 0 1 0 1 1 1 0 0 0 1 0 1 0 0 1 0 0 0 1 1 0 1 0 0 0 1 1 0 0 0

Binäre Übertragung des Sprachsignals: 10000001000011011110101100110110000010111101010001110101000111101...100101111011000011011111101011010

(Die vierundzwanzig Zahlen von „−38“ bis „−39“ wurden hier nicht aufgelistet.)

Pulsecodemodulation (Abb. 1b)

Um menschliche Sprache auf diese Weise zu übertragen, beträgt somit die ↑Datenübertragungsrate 56 000 Bit pro Sekunde, ein Wert, der beim Telefonieren in den USA weit verbreitet ist. In Deutschland hat man sich jedoch auf die höhere Abtastfrequenz von 8 000 Hertz festgelegt, weshalb hier eine Übertragungsrate von 64 000, also 64 KBit/s erforderlich ist. Diese Bitrate liegt der Übertragung im ↑ISDN zugrunde.

Q

Qualitätssicherung (abgekürzt: **QS**): eine der zentralen Aufgaben des ↑Software-Engineering. Nach einer DIN-Norm gilt als Qualität die Gesamtheit von Eigenschaften und Merkmalen eines Produkts oder einer Tätigkeit, die sich auf die Erfüllung festgelegter oder erwünschter Erfordernisse beziehen. Alle Maßnahmen, um eine angestrebte Qualität zu erzielen, bezeichnet man als Qualitätssicherung. Geprüft werden hierbei alle Dokumente und Ergebnisse, die im Laufe eines Planungs-, Entwicklungs- und Herstellungsprozesses entstehen.

In der Regel misst man die Qualität durch Zahlenwerte, etwa das Drehmoment eines Motors, die Steifigkeit von Stahlträgern oder die mittlere Anzahl von Versuchen, wie oft eine Festplatte neu beschrieben werden kann, ohne dass eine bestimmte Fehlerrate durch Materialermüdung auftritt. Eine quantitative Beschreibung von Qualitätsmerkmalen entsteht zurzeit im Bereich der Software, ist aber noch in den Anfängen; vieles lässt sich aber nicht messtechnisch erfassen. Daher verwendet man überwiegend menschlichen Sachverstand, empirische Prüf- und Testverfahren sowie Methoden, die das Voranschreiten des Herstellungsprozesses überwachen. Wichtige Methoden, die auf menschlichem Wissen aufsetzen, sind Besprechungen im Kreise von Experten *(Review)* und die genaue Durchsicht von Materialien durch Einzelne, die sog. *Inspektion*.

Im Software-Engineering orientiert man sich meist an einem Phasenmodell und erledigt in verschiedenen Phasen unter anderem folgende QS-Arbeiten:

- Inspektionen: Einzelne Personen führen hierbei eine inhaltliche Untersuchung der Software-Komponenten und ihrer Dokumentation durch. Dies geschieht vorwiegend durch detailliertes Nachvollziehen am Schreibtisch, durch Prüfen auf Klarheit und Verständlichkeit, durch anschließende Gespräche mit den Entwicklern und/oder den künftigen Benutzern usw.
- ↑Reviews: Genaue Analysen im Kreise von Gutachtern oder Kunden. Hier werden auch formale Methoden genutzt, z. B. der Versuch, Beweise der Korrektheit aufgrund der Spezifikation zu führen (↑Verifikation) oder das Überprüfen von Zusicherungen.
- Tests: Durchspielen vieler automatisch erzeugter oder gezielt konstruierter Testfälle, deren Ergebnisse bekannt sind, die symbolische Ausführung von Programmcode, Vollständigkeit von Verzweigungsmöglichkeiten, Simulation typischer Anwendungsabläufe (↑Testen).
- Messen: Auflisten und Bewerten aller zahlenmäßig erfassbaren Größen wie Zahl der Programmzeilen, Zahl der Module und deren Schachtelungstiefe, Größe des Datenraums und erforderlicher Speicherplatz, Laufzeit, Antwortverhalten, Auslastungen, Korrelationen zwischen Dokumentation und Systemstruktur, Klassifikation und Zahl der gefundenen Fehler usw. (↑Softwaremetriken).
- Überwachung der Erstellungsvorgänge, vgl. ↑ISO 9000.
- Diskussion übergeordneter Kriterien wie Portabilität, sinnvolle Schnittstel-

len, Fehlermeldungen, Zuverlässigkeit, Wiederverwendbarkeit, Einhaltung von Normen usw. Eventuell werden ↑Prototypen erstellt, um die Auswirkungen studieren zu können.

Wichtig ist, dass sowohl der Entwicklungsprozess als auch das Produkt qualitativ überprüft und bewertet werden müssen. Hierzu wurden qualitätsverbessernde Vorgehensweisen und eine Vielzahl von Unterstützungswerkzeugen (↑ CASE-Werkzeuge = engl. *computer aided software engineering tools*) erarbeitet und teilweise standardisiert. Diese fließen in Modelle, Entwurfsverfahren und Bewertungskriterien ein und nehmen somit Einfluss auf künftige Programmier- und Spezifikationssprachen und Entwicklungsumgebungen.

Quantencomputing: Berechnungsverfahren, bei denen ein quantenmechanischer Effekt ausgenutzt wird. Der Amerikaner Richard Feynman postulierte 1982, dass ein hierauf basierender *Quantenrechner* wesentlich effizienter arbeiten müsste als herkömmliche Rechner. Unter der Annahme, dass der Effekt umfassend genutzt werden kann, wurde in den 90er-Jahren nachgewiesen, dass hiermit große Zahlen recht schnell in ihre Faktoren zerlegt werden könnten. Damit wäre das *RSA-Verfahren* (vgl. ↑ Kryptographie) ab sofort für Verschlüsselungen nicht mehr zu gebrauchen.

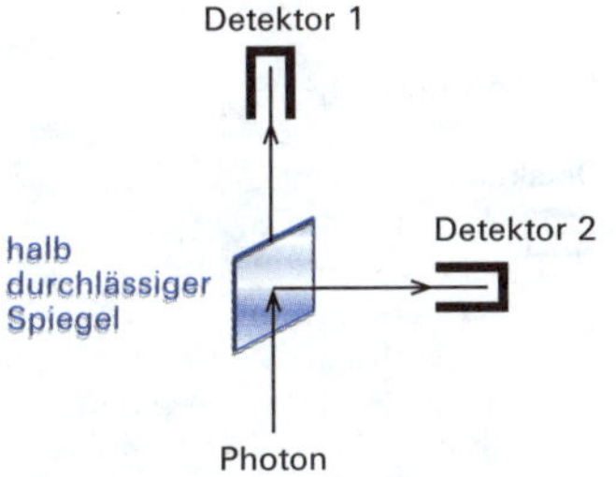

Quantencomputing (Abb. 1)

Der zugrunde liegende Quanteneffekt widerspricht unserer Erfahrung aus dem (makroskopischen) Alltag. Er besagt, dass sich ein System zu einem Zeitpunkt nicht nur in einem Zustand, sondern in der Überlagerung zweier Zustände befinden kann. Diesen Effekt kann man mit folgendem Experiment illustrieren. Man schickt ein Photon (Lichtquant) auf einen im 45 Grad Winkel aufgestellten halb durchlässigen Spiegel, wiederholt dieses Experiment und misst jedes Mal die Menge der Photonen in zwei Detektoren, die geradlinig und im rechten Winkel hinter dem Spiegel platziert sind. Jeder Detektor zeigt erwartungsgemäß etwa die Hälfte der Photonen an (Abb. 1). Über einen von beiden Seiten halb durchlässigen Spiegel, hinter dem sich erneut zwei Detektoren befinden führt man in einem zweiten Experiment die beiden Strahlen wieder zusammen. Überraschenderweise erreichen die einzelnen Photonen nur den Detektor 2; vom Detektor 1 wird in der Regel kein Photon gemessen (Abb. 2).

Dieses Ergebnis lässt sich erklären, wenn man annimmt, dass sich ein Photon gleichzeitig auf beiden Wegen bewegt, d. h., jedes Photon befindet sich in einer *Überlagerung* (eine sog. *kohärente Superposition*) der beiden möglichen Zustände „oberen Weg nehmen" (= „ich lasse mich nicht ablenken") und „unteren Weg nehmen" (= „ich lasse mich ablenken"), wobei dieser Zustand beim Auftreffen auf den zweiten halb durchlässigen Spiegel beibehalten wird. Im atomaren Bereich kann ein System also in zwei Basiszuständen gleichzeitig sein, wobei sein aktueller Zustandswert eine gewichtete Überlagerung der beiden Zustände ist. Während ein Bit in einem Computer nur einen der Werte 0 oder 1 besitzen kann, definiert man nun ein *Qubit* als die gewichtete Überlagerung zweier Basiszustände. Das aktuelle Gewicht für jeden Basiszustand bezeichnet man als dessen *Amplitude* im Qubit. Die Detektoren können nur Basiszustände anzeigen; die relative Gewichtung gibt die Wahrscheinlichkeit an, mit der man den einen oder den anderen Basiszustand bei häufiger Wiederholung dieser Messung erhält.

Um die Möglichkeiten, die solche Qubits bieten, zu erahnen, betrachten wir eine Blackbox, die eine (unbekannte) Funktion $f: \{0,1\} \rightarrow \{0,1\}$ berechnet. Wir möchten ermitteln, ob sie eine konstante Funktion realisiert oder nicht. Dies können wir mit zwei Testfragen feststellen, indem wir einmal 0 und einmal 1 eingeben und die Ergebnisse $f(0)$ bzw. $f(1)$ miteinander vergleichen. Ein Quantencomputer würde dagegen nur eine Testfrage benötigen: Er bringt ein Qubit in die Zustände 0 und 1 mit gleicher Amplitude und gibt dieses Qubit in die Blackbox ein. Die Blackbox liefert als Ausgabe eine Superposition der beiden Funktionswerte, und wenn das Ergebnis ein Basiszustand ist, dann waren beide Funktionswerte gleich, anderenfalls wurden zwei verschiedene Funktionswerte geliefert.

Hätte man nun ein System aus n Qubits, so könnte man damit eine beliebige gewichtete Überlagerung von 2^n Basiszuständen darstellen. Wie kann man eine solche Vielfalt zur Lösung komplizierter Probleme nutzen?

Hierzu betrachten wir ein Zugriffsproblem: In einer Datenbank liegen n verschiedene Datensätze $d_1, \ldots, d_n$ vor. Man soll feststellen, ob ein gegebener Datensatz y in der Datenbank vorkommt oder nicht, d.h. ob ein i existiert mit $y = d_i$. Ein normaler Computer braucht hierfür größenordnungsmäßig n Operationen, da er jeden Datensatz d_j mit y vergleichen muss. Ein Quantenalgorithmus benutzt dagegen nur $\log(n)$ viele Qubits und erzeugt eine gleich verteilte Superposition der Indizes von 1 bis n. Dann prüft er (gleichzeitig in Quantensuperposition für alle Indizes), ob unter dem gespeicherten Index das Element y steht. Die Antwort auf diese Frage kann in der Superposition notiert werden. Allerdings lässt sich die Frage, ob in der Superposition ein Basiszustand vorkommt, in dem die Anwort "ja" gespeichert ist, nicht beantworten. Stattdessen muss man allmählich durch Anwendung geeigneter Operationen die Wahrscheinlichkeit, dass man bei einer Messung des gespeicherten Index gerade denjenigen bekommt, an dem y in der Datenbank steht (falls ein solcher existiert), erhöhen, bis sie hoch genug ist, um notfalls durch mehrmaliges Ausführen eine zuverlässige Aussage zu erhalten. Eine sorgfältige Analyse ergibt, dass man auf diese Weise in proportional zu $\sqrt{n}$ Schritten eine mit hoher Wahrscheinlichkeit richtige Aussage finden kann.

Welche Beschleunigung ist durch das Quantencomputing möglich? Theoreti-

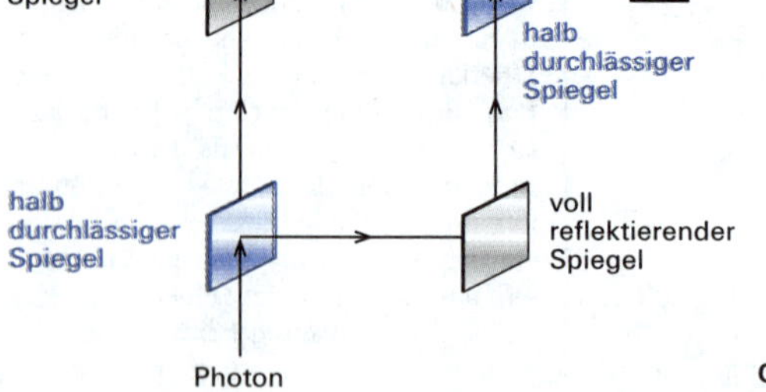

Quantencomputing (Abb. 2)

sche Untersuchungen legen es nahe, dass die besonders interessanten ↑ NP-vollständigen Probleme vermutlich nicht in polynomieller Zeit gelöst werden können. Der erwähnte Quantenalgorithmus zum Faktorisieren großer Zahlen lässt aber auf deutliche Beschleunigungen hoffen, etwa um einen polynomiellen Faktor; doch auch die obige Beschleunigung um den Faktor $\sqrt{n}$ ist bereits ein großer Fortschritt.

Es gibt aber schwerwiegende technische Probleme bei der Realisierung. Qubits müssen gegenüber äußeren Einflüssen völlig abgeschirmt werden. Auch lassen sich die Amplituden nur schwer innerhalb einer gegebenen Fehlerbreite einstellen. Daher konnte man bis zum Jahr 2000 erst Systeme mit maximal 5 Qubits herstellen. Weiterhin ist es im Allgemeinen kaum möglich, *alle* Informationen, die in einer Überlagerung von 2^n Basiszuständen enthalten sind, in die Außenwelt zu übertragen. Denn das System muss mittels einer Messung in einen seiner Basiszustände übergehen, da nur dieser von außen wahrgenommen werden kann. Der quantenmechanische Effekt muss also vor allem durch Wiederholungen, aus denen mit hoher Wahrscheinlichkeit das gesuchte Ergebnis hervorgeht, genutzt werden. Falls man aber die technische Probleme lösen kann, könnte mit den Quantenrechnern ein neues Paradigma der Berechnungen beginnen.

Quellprogramm: Programm, das von einem anderen Programm verarbeitet werden soll. Speziell bezeichnet man das Programm, das von einem ↑ Übersetzer in ein ↑ Zielprogramm übersetzt oder das von einem ↑ Interpreter ausgeführt werden soll, als Quellprogramm. Ferner versteht man unter dem Quellprogramm oder dem Quelltext die Originalversion eines übersetzten Programms. Korrekturen und Veränderungen nimmt man am Quellprogramm vor, wenn man Fehler oder unerwünschte Verhaltensweisen während der Ausführung eines Programms festgestellt hat. Beim Kauf eines Programms erhält man meist ein ablauffähiges Zielprogramm und nicht das verständlichere Quellprogramm.

Quicksort [engl. 'kwɪksɔːt]: schnelles internes Sortierverfahren (↑ Sortieren), das 1962 von dem englischen Wissenschaftler C. A. R. Hoare vorgeschlagen wurde. Sei A ein Feld mit den Indexgrenzen von m bis n mit m < n und sei x ein beliebiges Feldelement, dann wird A in zwei Teilfelder A[m..k] und A[k+1..n] zerlegt, sodass alle Werte im linken Teil nicht größer als x und alle Werte im rechten Teil nicht kleiner als x sind, d. h., man berechnet ein k (m ≤ k < n) mit A[i] ≤ x für m ≤ i ≤ k und A[j] ≥ x für k+1 ≤ j ≤ n. Der linke und der rechte Teil werden nun rekursiv nach dem gleichen Verfahren umgeordnet (↑ Divide-and-conquer-Verfahren). Falls A[k+1] = x ist, kann man A[k+2..n] statt A[k+1..n] nehmen (vgl. Beispiel unten).

Die Umsortierung erfolgt mithilfe zweier Indizes i und j. Zu Beginn setzt man i := m und j := n und wählt irgendein A[r] als x. Mit dem Index i durchläuft man A von links nach rechts, bis man ein A[i] ≥ x findet; in entsprechender Weise sucht man von rechts nach links ein j mit A[j] ≤ x. Man vertauscht dann die Elemente A[i] und A[j] miteinander. Dieses Vorgehen wird solange wiederholt, bis i > j ist.

▶ *Beispiel:* Wähle x = A[3] = 23:

i = 1, j = 8:

28	58	23	17	91	11	80	54
↑ i							↑ j

i bleibt unverändert, j läuft zwei Stellen:

i = 1, j = 6:

28	58	23	17	91	11	80	54
↑ i					↑ j		

Nun werden A[i] und A[j] vertauscht und dann i und j um 1 weitergeschoben:

11	58	23	17	91	28	80	54
	↑ i			↑ j			

i bleibt wiederum unverändert, da 58 ≥ 23 ist; j wird um 1 verringert. Danach werden 58 und 17 vertauscht, und i und j zeigen beide auf das Element 23:

11	17	23	58	91	28	80	54
		↑i ↑j					

i und j bleiben nun unverändert, und es wird das Element 23 mit sich selbst „vertauscht“. Dies sieht sinnlos aus, vermeidet aber zusätzliche Abfragen im Programm und mögliche Fehler. Die Endsituation lautet:

11	17	23	58	91	28	80	54
	↑j		↑i				

Anschließend werden

11	17

und

58	91	28	80	54

rekursiv nach der gleichen Methode sortiert. ◀

Rekursive Prozedur für Quicksort: Der Datentyp „element“ sei der Typ der zu sortierenden Werte (z. B. integer):

```
const n = ...;
type index = 1..n;
var A: array [index] of element;
procedure quicksort
   (links, rechts: index);
var i,j: index;
   x: element;
begin
   i := links; j := rechts;
   if j > i then
      „Wähle ein x, z. B. x := A[links]“;
      repeat
         while A[i] < x do i := i + 1;
         while A[j] > x do j := j - 1;
         if i ≤ j then
            „Vertausche A[i] und A[j]“;
            i := i + 1; j := j - 1 fi
         until i > j;
         quicksort (links, j);
         quicksort (i, rechts)
   fi
end;
```

Man beachte, dass man die Bedingung A[i] < x nicht durch A[i] ≤ x ersetzen kann. Das Gleiche gilt für A[j] > x und i > j. Das Beispiel oben zeigt: Die Bedingung i ≤ j darf nicht durch i < j ersetzt werden, da sonst eine Endlosschleife entstehen kann.

Die für die Rekursion erst später benötigten Indexgrenzen i und rechts werden in einem ↑ Keller abgelegt. Die Länge dieses Kellers kann man durch $2 \cdot \log(n)$ begrenzen, wenn man immer erst den kleineren Teil rekursiv bearbeitet. Die beiden rekursiven Aufrufe von quicksort sind dann durch

```
if (j - links) < (rechts - i) then
  quicksort (links, j);
  quicksort (i, rechts)
else quicksort (i, rechts);
     quicksort (links, j) fi
```

zu ersetzen.

Die Laufzeit von Quicksort hängt wesentlich von der Auswahl des Elements x im Feld ab. Wählt man als x stets das größte (oder das kleinste) Element dieses Bereichs, dann wird das Teilfeld der Länge r = n - m + 1 in zwei Teilfelder der Länge (r - 1) und der Länge 1 aufgespalten, und die gesamte Sortierung benötigt $O(n^2)$ Schritte (↑ Ordnung), d. h. Quicksort wird zum „Slowsort“. x sollte daher so gewählt werden, dass möglichst zwei gleich große Teilfelder entstehen; in diesem Fall beträgt die Laufzeit $O(n \cdot \log_2 n)$ Schritte. In der Praxis wählt man für x meist den mittleren Wert der drei Elemente A[links], A[rechts] und A[(links + rechts) div 2]. Quicksort besitzt eine durchschnittliche Laufzeit proportional zu $n \cdot \log(n)$ und gilt aufgrund von vielen Tests im Mittel als schnellstes internes Sortierverfahren. Allerdings sollen gewisse Verbesserungen von ↑ Heapsort für sehr große Felder etwas schneller sein.

Quittungsbetrieb (engl. *handshaking*): Verfahren zur ↑ Datenübertragung, bei dem die beteiligten Datenstationen die Absendung und den Empfang der Daten gegenseitig „quittieren“.

Der Quittungsbetrieb wird häufig verwendet, wenn nicht genau feststeht, zu welchen Zeitpunkten jeweils Sender und Empfänger sende- bzw. empfangsbereit sind. Der Sender stellt seine Daten dann so lange auf dem Übertragungsweg bereit, bis der Empfänger sie übernommen hat und dies durch eine Rückmeldung bestätigt. Das Verfahren ist unter ↑Protokoll näher skizziert.

R

Rahmen (engl. *frame,* auch *framework*): Zusammenfassung von Dingen in einer normierten Form, z. B. durch eine Maske oder als Schema. Im Einzelnen:

1. In der ↑Künstlichen Intelligenz gibt man mit einem Rahmen eine Grundstruktur vor, aus der man dann einzelne ↑Instanzen erzeugen kann. Im Rahmen sind mehrere Fächer (oder „Einschübe", engl. *slots*) angebracht, in die die jeweiligen Daten, Objekte, Verweise (z. B. auf weitere Rahmen) oder andere Informationen eingetragen werden. Mit den Fächern sind Nebenbedingungen, unter denen die Einträge erfolgen dürfen, und Module, die beim Benutzen dieser Fächer aktiviert werden, verbunden. Durch die Verweise auf weitere Rahmen kann man beliebige Beziehungsgeflechte anlegen, durch die Eintragungen von Daten können hierarchische Anordnungen beschrieben werden. Es besteht eine große Ähnlichkeit zum Begriff der ↑Klasse, doch gibt es im Detail Unterschiede bei der Lokalität von Größen, bei der Vererbung usw.

2. Für einen Browser ist ein Frame ein Teilfenster (mit oder ohne sichtbaren Rahmen) innerhalb des Browserfensters. In der Regel werden verschiedene Arten von ↑Dokumenten jeweils einem Frame zugeordnet und insgesamt durch den Browser dargestellt. Ein solcher Rahmen ist somit ein Teilbegriff der ↑Fenstertechnik oder des electronic publishing (vgl. Schlussabsatz unter ↑Editor).

3. In der Anwendungsprogrammierung spricht man von einem Rahmen (engl. *„application framework"*), wenn man zu einer Vielzahl von Anwendungsproblemen ein vollständiges Programmpaket in Form eines Grundgerüstes erstellt hat, das weitgehend nur durch Festlegung geeigneter Parameter (↑Generizität, ↑Polymorphie) und durch Hinzufügen von spezifischen Anwendungsfunktionen (z. B. aus einer Programmbibliothek) zur Lösung eines der konkreten Anwendungsprobleme eingesetzt werden kann.

4. Einzelnes Bild aus einer Videosequenz.

RAM (Abk. für engl. **r**andom **a**ccess **m**emory): Schreib-Lese-Speicher, bei dem jede Speicherzelle einzeln adressierbar und inhaltlich veränderbar ist. RAMs werden als Daten- und als Programmspeicher eingesetzt. RAMs, die durch Halbleiter realisiert sind, verlieren bei Stromausfall ihren Inhalt. Um dem vorzubeugen, rüstet man Computer und auch Taschenrechner mit Schaltungen aus, die bei Stromausfall oder versehentlichem Ausschalten die RAMs über Akkumulatoren oder Batterien mit Strom versorgen, sodass ihr Speicherinhalt erhalten bleibt. Das zugehörige Berechnungsmodell ist die ↑Registermaschine.

Rapid-Prototyping [engl. 'ræpɪd 'prəʊtətaɪpɪŋ] (dt. rasche Prototyp-Entwicklung): Besonders schnelle Erstellung eines lauffähigen (Demonstrations-)Modells, das möglichst viele Eigenschaften des geplanten Systems besitzt.

Bei der Planung eines Systems werden in einer Problemanalysephase (↑Software-Engineering) Anforderungen, die das zu erstellende System erfüllen muss, festgelegt. Hierin sind oft Annahmen enthalten, die in der künftigen Einsatzumgebung nicht einzuhalten sind, oder es werden wichtige Aspekte vergessen. Fehler, die in der Analyse- und Entwurfsphase entstehen, werden bei üblichen Vorgehensweisen oft erst erkannt, wenn das System bereits weitgehend implementiert ist; dann sind sehr aufwendige Änderungen erforderlich, die unbedingt vermieden werden sollten. Man entwickelt daher zunächst ein Modell, welches bereits wichtige Eigenschaften des künftigen Systems besitzt, den so genannten ↑Prototyp; dieses Vorgehen nennt man *Prototyping*.

Am Prototyp studiert man die Probleme, die in der jeweiligen Arbeitsumgebung entstehen werden, wie ↑ Schnittstellen, Funktionsumfang, Sicherheits- und Geschwindigkeitsanforderungen usw.

Das „normale" Prototyping modifiziert nun die Anforderungen und baut den Prototypen systematisch zum gewünschten System aus.

Beim „schnellen" Prototyping wird der erstellte Prototyp als Wegwerfmodell angesehen: Er dient ausschließlich dazu, möglichst schnell einen vollständigen Überblick über alle Wünsche und Probleme zu erhalten, die mit dem angestrebten Einsatz des zu erstellenden Systems verbunden sind. Die greifbaren Ergebnisse des Rapid-Prototyping sind daher

- Präzisierung der Anforderungen (und zwar unter Einbeziehung der Auftraggeber, bzw. der künftigen Benutzer).
- Kompletter, in sich stimmiger und durchschaubarer Systementwurf.

Das Rapid-Prototyping als Teildisziplin des Software-Engineering entwickelt nun Methoden, um einen lauffähigen Prototypen unter Ausnutzung sehr hoher Programmiersprachen, vorhandener Werkzeuge und Programmteile (*Konfigurieren* statt Neu-Programmieren) besonders schnell zu erstellen, z. B. mit Techniken der ↑objektorientierten Programmierung. Da der Prototyp in dieser frühen Phase der Systemerstellung in den Händen der Software-Entwickler bleibt, entfallen für ihn Anforderungen wie Robustheit, ausgefeilte ↑ Benutzungsoberflächen, Erklärungskomponenten oder andere zeitaufwendige Entwicklungsarbeiten; man vergleiche dies mit den (oft aus Resten zusammengeklebten) Gebäudemodellen der Architekten.

Prototypen werden in der Regel vernichtet, da sie auf den ursprünglichen und somit fehlerhaften Konzepten aufbauen. Sonst müssen Anforderungen dauernd an unverträgliche Konzepte angepasst (was erhöhten Implementierungsaufwand und Effizienzverlust des Systems zur Folge hat) und die im System enthaltenen Entwurfsentscheidungen im Nachhinein gegen offensichtliche Unstimmigkeiten verteidigt werden. Dieses „nachträgliche Begründen von Entwurfsentscheidungen" (engl. *code first, design later*) gilt ohnehin als Todsünde des Software-Engineerings.

Rationalisierung bezeichnet im Allgemeinen das Ersetzen eines herkömmlichen Verfahrens durch eine überarbeitete leistungsfähigere Version. Im Rahmen der Informatik versteht man unter Rationalisierung das Ersetzen von menschlicher Routinearbeit durch technische, insbesondere computergesteuerte Maschinen und die Übertragung geistiger Routinevorgänge auf Datenverarbeitungsanlagen.

Typische Beispiele für Berufszweige, in denen in den letzten Jahren erhebliche Rationalisierungsmaßnahmen eingeleitet wurden, sind:

- *Druckgewerbe:* Elektronische Satzverfahren verdrängen den Beruf des Setzers zusehends. Redakteure und/oder Schreibkräfte geben den Artikel selbst in den Computer ein, der automatisch das Druckbild erstellt.
- *Fabrikation:* Die Fertigung z. B. von Kraftfahrzeugen wird heute teilweise automatisch durchgeführt. Die Herstellung und Montage der Teile erledigen Handhabungsgeräte (↑ Roboter). Für die Überwachung der Fertigung werden in der Regel weniger Arbeitskräfte benötigt.

- *Büro:* Anstelle von Schreibmaschinen werden Personalcomputer verwendet, die vorgefertigte Texte und Textteile gespeichert haben, eine höhere Schreibleistung erlauben und die Briefe direkt in elektronischer Form verschicken (↑elektronische Post).

Die Rationalisierung von Betrieben durch moderne Informationsverarbeitung wird von starken Änderungen der Arbeitsbedingungen und der (Arbeits-) Organisation begleitet.

real [engl. rɪəl]: Standarddatentyp in vielen Programmiersprachen. ↑ Variablen vom ↑ Datentyp real können als Werte grundsätzlich reelle Zahlen annehmen. Da Computer jedoch eine beschränkte Speicherkapazität haben, wird der Wertebereich auf Zahlen in ↑ Gleitpunktdarstellung eingeschränkt, wobei die Genauigkeit (d. h. die Anzahl der zur Darstellung vorgesehenen Stellen) in manchen Sprachen wählbar ist. Für den Datentyp real sind die Operationen „+", „−", „*", „/" und mathematische Funktionen (wie Sinus, Logarithmus etc.) vordefiniert.

Realzeitsystem [engl. *real-time system*] (auch *Echtzeitsystem*): System zur „unmittelbaren" Steuerung und Abwicklung von ↑Prozessen. Hierbei besteht das System in der Regel aus Hardware- und Softwarekomponenten und die zu bearbeitenden Prozesse laufen in einer Umgebung ab, mit der das System in dauerndem Informationsaustausch steht. Mit einem Realzeitsystem verbindet man die Vorstellung, dass es auf Anfragen oder Umweltänderungen „sofort" reagiert. Statt von „sofort" sprechen wir von *harten Zeitbedingungen;* das sind Zeitschranken, die unbedingt eingehalten werden müssen, damit das System korrekt arbeitet. Die Zeitbedingungen versucht man, durch ↑ Parallelverarbeitung oder ↑ verteilte Systeme einzuhalten; dadurch wird die ↑Synchronisation der zu steuernden Prozesse zum vordringlichen Problem.

Ein Realzeitsystem muss unterbrechbar sein (↑Unterbrechung), um auf unvorhergesehene oder katastrophale Ereignisse unverzüglich reagieren zu können. Es erledigt meist folgende Aufgaben:

- Erfassung von Daten aus der Umwelt,
- Auswertung der Daten,
- Reaktion durch Ausgabe von Steuerdaten,
- ständige Überprüfung des Geschehens, um die Sicherheit der zu steuernden Prozesse zu gewährleisten,
- Informationen über den Zustand des Systems (auf Anfrage oder Daueranzeige),
- Auflösung von Konflikten,
- Protokollierung der Abläufe, Dokumentation und aufbereitete Darstellungen (z. B. Statistiken oder Erklärungen).

Falls die Umwelt ein technisches System (z. B. Ampelanlage, Verladestation, Walzwerk, Ölaufbereitungsanlage) ist, nennt man das gesamte aus Hard- und Software bestehende Realzeitsystem ein *Prozessrechnersystem* (↑Prozessdatenverarbeitung).

Einfache Realzeitsysteme sind Regel- und Steuerkreise, z. B. die Steuerung eines *Gasbrenners* (Abb. 2). Aufwendiger sind schon Heizungssteuerungssysteme, die auf verschiedene Energiearten umschalten können und deren Ziel es ist, Brennstoff einzusparen. Extreme Sicherheitsanforderungen werden an Realzeitsysteme in Krankenhäusern, Fahrzeugen, Flugzeugen oder Kraftwerken gestellt. Besonders komplex sind weitflächig eingesetzte Systeme, die sehr viele Einzelprozesse mit nur geringem Zeitverzug steuern und koordinieren müssen, z. B. die Ausstellung von Bahnfahrkarten mit gleichzeitiger Reservierung (Abb. 1) oder der kostengünstige Transport von Waren durch eine Transportgesellschaft.

Realzeitsysteme werden in der Regel analog zu den in der Umwelt ablaufenden Prozessen entworfen. Man spricht von der *Dualität* zwischen dem zu überwachenden System und dem Realzeitsystem.

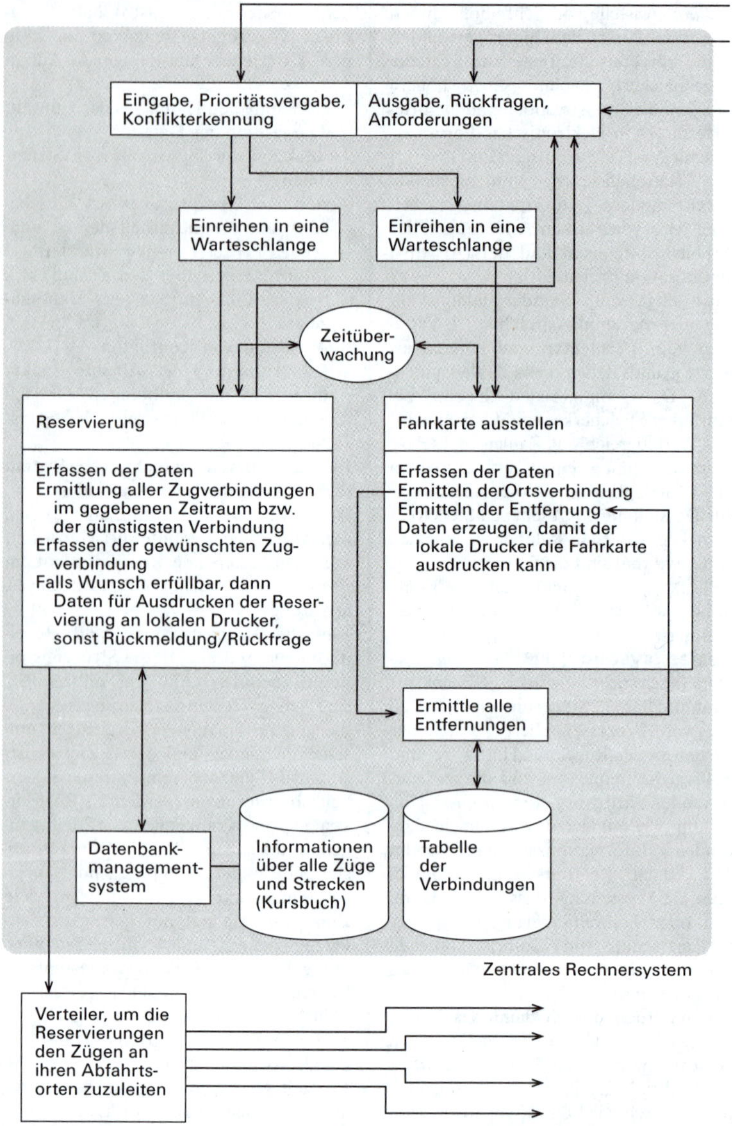

Realzeitsystem (Abb. 1): Skizze zum Verkauf von Bahnfahrkarten einschließlich der Reservierung. Hier greifen viele Benutzer (Fahrkartenschalter) auf das gleiche Realzeitsystem zu. Nur wenige Aspekte der Synchronisierung und der tatsächlich auftretenden Probleme sind in dieser Skizze erfasst

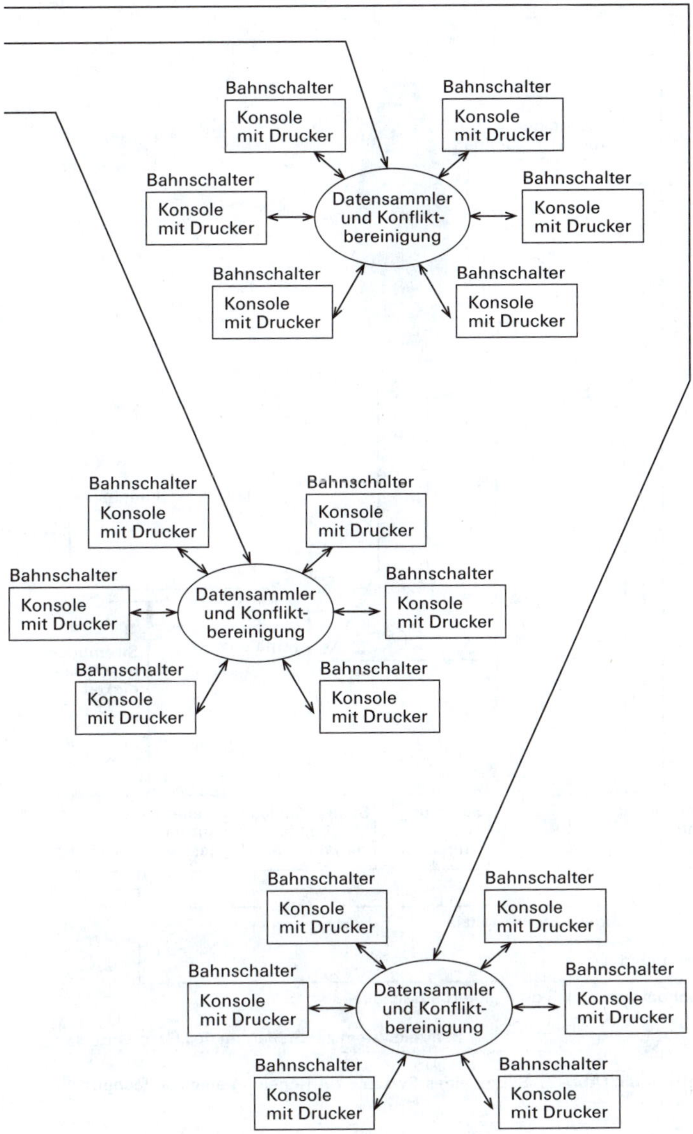
Bahnschalter
Konsole mit Drucker
Bahnschalter
Konsole mit Drucker
Bahnschalter
Konsole mit Drucker
Datensammler und Konflikt-bereinigung
Bahnschalter
Konsole mit Drucker
Bahnschalter
Konsole mit Drucker
Bahnschalter
Konsole mit Drucker
Bahnschalter
Konsole mit Drucker
Bahnschalter
Konsole mit Drucker
Bahnschalter
Konsole mit Drucker
Datensammler und Konflikt-bereinigung
Bahnschalter
Konsole mit Drucker
Bahnschalter
Konsole mit Drucker
Bahnschalter
Konsole mit Drucker
Bahnschalter
Konsole mit Drucker
Bahnschalter
Konsole mit Drucker
Bahnschalter
Konsole mit Drucker
Datensammler und Konflikt-bereinigung
Bahnschalter
Konsole mit Drucker
Bahnschalter
Konsole mit Drucker
Bahnschalter
Konsole mit Drucker

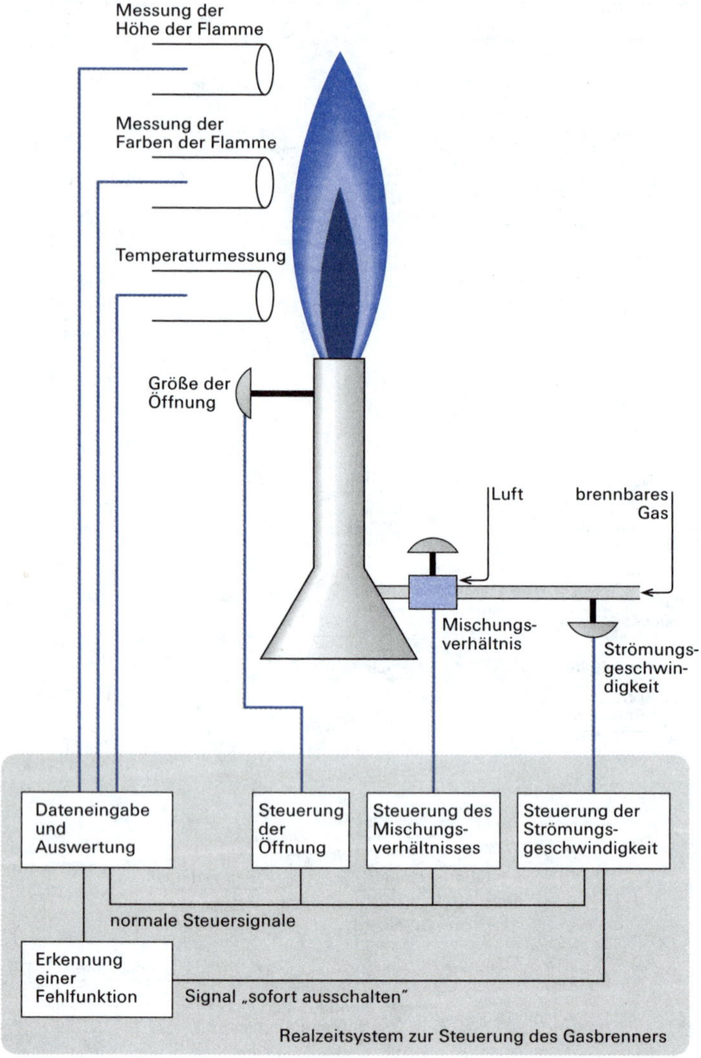

Realzeitsystem (Abb. 2): Skizze eines Systems zur Regelung eines einfachen Gasbrenners

▶ *Beispiel:* Die Steuerung des Gasbrenners (Abb. 2) besteht aus drei Prozessen: der Einstellung der Strömungsgeschwindigkeit, der Regulierung des Mischungsverhältnisses von Gas und Luft und der Verengung der Austrittsdüse. Analog wird ein Realzeitsystem drei Komponenten enthalten, die für diese drei Prozesse zuständig sind, zuzüglich einer Überwachungskomponente, um die drei Prozesse zu synchronisieren und um unter bestimmten Bedingungen den Gasbrenner auszuschalten. ◀

Rechenwerk (*arithmetisch-logische Einheit,* engl. **a**rithmetic **l**ogical **u**nit, Abk. **ALU**): der Teil eines Computers, der arithmetische (Addition, Subtraktion, Multiplikation, Division), logische (UND-, ODER-, NICHT-Verknüpfung) und Bit-orientierte (SHIFT, Komplementieren) Operationen ausführt. Die benötigten Operanden werden dem Rechenwerk durch das ↑ Steuerwerk zur Verfügung gestellt. Alle arithmetischen Operationen können auf Verschiebungen, Komplementbildung und die Addition zurückgeführt werden: Subtraktion ist die Addition des ↑Komplements, Multiplikation die wiederholte Addition und Division (mit Rest) die wiederholte Subtraktion. Daher sind die grundlegenden Verknüpfungselemente des Rechenwerks binäre ↑ Addierwerke und Komplementierer. Die Operationen können entweder in ↑ serieller oder in ↑ paralleler Arbeitsweise durchgeführt werden. Serielle Organisation benötigt nur *ein* binäres Addierwerk, ist jedoch relativ langsam. Parallele Methoden sind wesentlich schneller, erfordern jedoch viele gleichartige Bausteine; bei sehr hoher ↑ Integrationsstufe spielt dies aber nur noch eine untergeordnete Rolle.

Das Steuerwerk versorgt das Rechenwerk mit den für die richtige Durchführung der arithmetischen Operationen notwendigen Steuersignalen. Die Algorithmen der Multiplikation und Division sind ebenfalls im Steuerwerk implementiert.

Weitere Einheiten des Rechenwerks sind diverse ↑ Register und der ↑ Akkumulator, sowie eine Operationssteuerung, die dafür sorgt, dass die durch das Steuerwerk veranlassten Rechenoperationen korrekt ablaufen. Meist enthält das Rechenwerk spezielle Schaltungen, um zu kontrollieren, ob die Rechenoperationen richtig durchgeführt worden sind oder ob Störungen das Ergebnis verfälscht haben (↑ Prüfbit, ↑ Bereichsüberschreitung, ↑ Unterbrechung). Die Beziehungen zwischen den einzelnen Komponenten des Rechenwerks zeigt Abb. 1. Vgl. auch ↑ Multiplizierwerk und ↑ Dividierwerk.

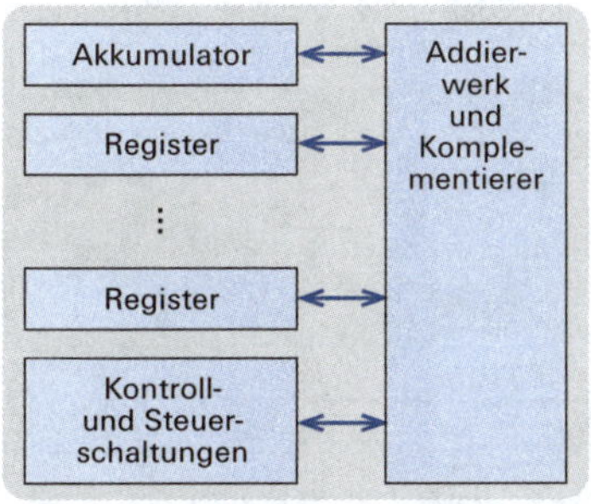

Rechenwerk (Abb. 1): Rechenwerk

Rechenzentrum: selbstständige oder in ein Unternehmen integrierte Organisationseinheit, die für den Betrieb von Datenverarbeitungsanlagen und Netzen verantwortlich ist. Zu den Aufgaben eines Rechenzentrums gehören

- der Betrieb der Datenverarbeitungsanlagen in einer Form, die den Wünschen aller Benutzer gerecht wird. Maßnahmen, die diesem Ziel dienen, sind z. B. die Beschaffung und Bereitstellung von benötigter Rechenleistung, die Wartung von Geräten, die Anpassung der ↑ Konfiguration der Rechenanlagen an den Bedarf, die Anbindung an ↑ Rechnernetze und der Ausbau von vernetzten Systemen;
- die Anpassung bestehender und die Entwicklung neuer (Dienst-)Programme entsprechend den Bedürfnis-

sen der Benutzer. Hierzu zählt auch die Einweisung von Benutzern in die Bedienung von Programmen und Anwendungssystemen und Schulungen zu Sprachen und Systemen;
- die Beratung bei der Umstellung auf die automatische Datenverarbeitung oder bei der Nutzung neuer Konzepte und Systeme. Oft verändern sich hierdurch Tätigkeitsbereiche, z. B. die ↑ Datenerfassung, die Informationsübermittlung, das Archivwesen, die Arbeitskontrollen usw.

Zentrale Rechnersysteme wurden in vielen Unternehmen durch dezentrale über ein Rechnernetz verbundene ↑ Arbeitsplatzstationen oder ↑ Personalcomputer ergänzt oder abgelöst, die in ihrer Gesamtheit oft leistungsfähiger sind und die den einzelnen Benutzern ein breiteres individuelles Arbeiten ermöglichen. Auf diesen Computern und über das Netz werden diverse Programmsysteme und allgemeine Dienste (Internet, Intranet) angeboten, die gewartet und ständig betreut werden müssen. Die Aufgaben von Rechenzentren haben sich daher oft von dem Betrieb großer Rechner und der Weiterentwicklung zentraler Programmpakete zur Einrichtung und Betreuung von ↑ Diensten, zur Beratung und Koordinierung bei Beschaffungen, zur Installation und Aufrechterhaltung von Netzen (insbesondere eines ↑ Intranets) und zur Verwaltung umfangreicher Softwaresysteme, Archiven und Backups gewandelt. Daneben gibt es weiterhin die „klassischen" Rechenzentren in den Bereichen, in denen Großrechner oder massiv paralleles Rechnen unverzichtbar sind, z. B. bei technischen Konstruktionen, bei physikalischen, chemischen oder genetischen Berechnungen, bei Optimierungsproblemen, bei Simulationen oder bei umfangreichen Datenbanken.

Rechnerarchitektur: Gesamtheit der Bauprinzipien einer Datenverarbeitungsanlage. Hierzu gehören die Festlegung der internen Darstellung von Daten und der hierauf ablaufenden Operationen, der Aufbau der Grundbefehle (Maschinenbefehle), die Struktur und Anordnung von Funktionseinheiten, die Definition von ↑ Schnittstellen zwischen den Funktionseinheiten und zu externen Geräten, der „Bauplan", nach dem die Einzelteile zu einem Ganzen zusammengeschaltet werden, um vorgegebene Anforderungen zu erfüllen, sowie das Verteilen und Zusammenwirken von Rechnerfunktionen in einem ↑ Rechnernetz.

Man klassifiziert eine Rechnerarchitektur grob bezüglich der Befehls- und Datenströme, die ein Rechner dieser Architektur gleichzeitig verarbeiten kann. Diese Unterteilung führt zu vier verschiedenen Klassen:

(1) *SISD-Architektur* (Abk. für single instruction stream, single data stream): Rechner dieser Klasse beruhen auf der klassischen sequenziellen Architektur, wie sie John von Neumann vorgeschlagen hat. Der ↑ Von-Neumann-Rechner besteht aus den Funktionseinheiten Steuerwerk, Rechenwerk, Speicher, Eingabe- und Ausgabegeräte. Die wichtigste Eigenschaft dieses Rechnertyps ist die Universalität, d. h., diese Rechner sind nicht auf bestimmte Einsatzbereiche festgelegt, sondern können jeder Anwendungssituation angepasst werden. Der Von-Neumann-Rechner besitzt *einen* ↑ Prozessor (bestehend aus Steuerwerk und Rechenwerk) und verarbeitet *einen* Befehlsstrom und *einen* Operandenstrom, d. h., die auszuführenden Befehle werden *einzeln* nacheinander abgearbeitet und jeder Befehl bezieht nacheinander zu verarbeitende Operanden (Daten) (Abb. 1). Die meisten heutigen ↑ Mikroprozessoren sind nach diesem Prinzip aufgebaut.

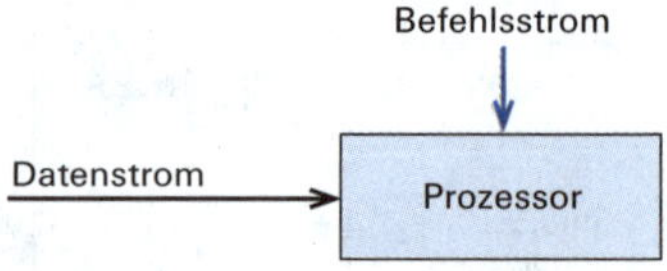

Rechnerarchitektur (Abb. 1):
SISD-Architektur

Die Geschwindigkeit einer Datenverarbeitungsanlage kann deutlich erhöht werden, wenn man mehrere Prozessoren gleichzeitig verwendet, die zusammen oder sogar jeder für sich mehrere Befehlsströme auf vielen Operandenströmen ausführen und die untereinander in geeigneter Weise verbunden sind, um Nachrichten effizient austauschen zu können.

Die drei folgenden Architekturklassen berücksichtigen diese Überlegungen:

(2) *SIMD-Architektur* (Abk. für single instruction stream, multiple data stream): Rechner dieser Architektur bestehen aus einer großen Anzahl von Prozessoren, die jeweils einen eigenen Speicher besitzen. Alle Prozessoren führen gleichzeitig denselben Befehl aus, jedoch mit unterschiedlichen Daten aus verschiedenen Datenströmen (Abb. 2). Typische Rechner mit SIMD-Architektur sind die systolischen Arrays (↑paralleler Algorithmus) und die Vektor- und Feldrechner. Die erste Rechenanlage dieser Architektur war der ILLIAC IV (Ende der 60er-Jahre). Er verfügte über 64 Prozessoren, die als 8×8-Feld organisiert waren.

(3) *MISD-Architektur* (Abk. für multiple instruction stream, single data stream): Rechner dieser Architektur bestehen ebenfalls aus einer Vielzahl von Prozessoren. Alle Prozessoren führen gleichzei-

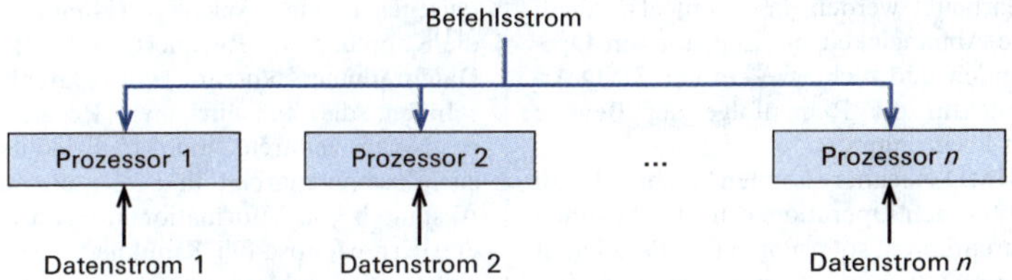

Rechnerarchitektur (Abb. 2): SIMD-Architektur

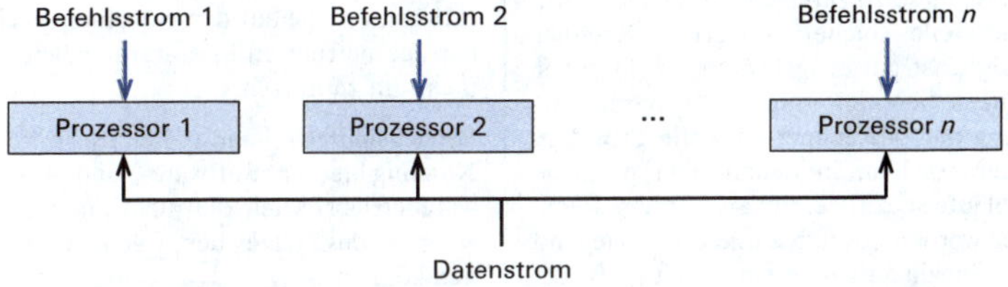

Rechnerarchitektur (Abb. 3): MISD-Architektur

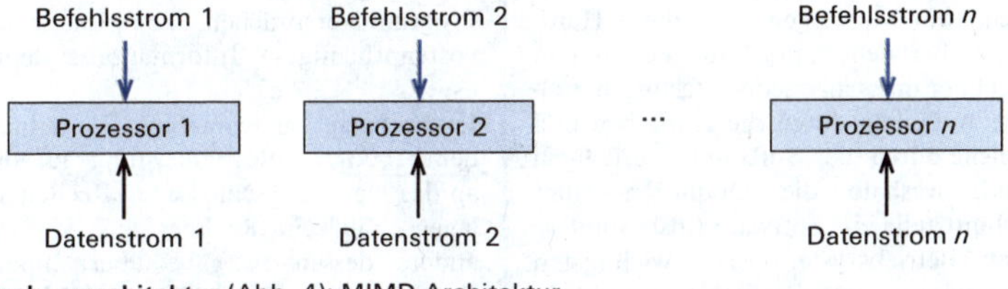

Rechnerarchitektur (Abb. 4): MIMD-Architektur

tig verschiedene Befehle auf den Daten eines einzigen Datenstromes aus (Abb. 3). Zu dieser Architektur werden derzeit keine Rechner hergestellt.

(4) *MIMD-Architektur* (Abk. für multiple instruction stream, multiple data stream): Hierbei handelt es sich um das allgemeinste Architekturmodell. Eine Vielzahl von Prozessoren führt gleichzeitig verschiedene Befehle auf den Daten mehrerer Datenströme aus (Abb. 4). Wichtige Vertreter dieser Klasse sind die sog. *Datenflussrechner.* Jeder Prozessor dieses Rechnertyps bearbeitet alle Befehle *datengetrieben,* d. h., jeder Befehl wird sofort ausgeführt, wenn alle hierzu benötigten Daten (die ggf. von anderen Prozessoren berechnet werden) vorliegen. Die Reihenfolge, in der Befehle abgearbeitet werden, bestimmt also allein die Abhängigkeit der zugehörigen Operanden und nicht wie bei der SISD-Architektur die Reihenfolge der Befehle im Programmtext.

MIMD-Rechner können mehr als 10 Milliarden Operationen in der Sekunde durchführen, sofern man ihre Parallelität optimal ausnutzt. Genau hier liegt aber das Problem: Man kennt bisher nur wenige Techniken, um eine umfangreiche Aufgabe so zu zerlegen, dass gleichzeitig alle Teile solcher modernen Rechner möglichst gut ausgelastet sind. Darüber hinaus benötigt man zur Programmierung dieser Rechner spezielle Programmiersprachen, in denen man parallele Abläufe spezifizieren kann. Solche Rechner werden deshalb zurzeit überwiegend für Spezialaufgaben eingesetzt (z. B. Berechnungen in der Meteorologie oder Kernforschung).

Der Begriff Rechnerarchitektur bezieht sich zwar vorwiegend auf die ↑ Hardware; bei den Anforderungen an den Rechner muss man jedoch festlegen, welche Aufgaben durch die Hardware und welche durch die ↑Software zu erledigen sind, weshalb die Definition einer Schnittstelle zur Software (insbesondere zum ↑Betriebssystem) zu den wichtigsten Anforderungen an die Rechnerarchitektur gehört. Die Rechnerarchitektur und die Struktur von Betriebssoftware sollten daher gemeinsam konzipiert und entworfen werden *(Hardware-Software-Codesign);* hierbei sind gegebenenfalls Funktionalitäten von der Software in die Hardware zu verschieben (z. B. die Verwaltung von ↑ Kellern für verschiedene Aufträge oder für dynamische Prozesse) oder umgekehrt; man spricht von *Migration* der Aufgaben.

Rechnernetz *(Rechnerverbund,* engl. *computer network):* Kopplung von mehreren, möglicherweise verschiedenen und meist räumlich getrennten Rechenanlagen. Allgemein spricht man von einem Rechnernetz, wenn mehrere unabhängige Rechner so miteinander verbunden werden, dass sie Informationen austauschen können. Wichtige Gründe für die Kopplung von Rechnern sind z. B.:

Datenverbund: Nutzung von Datenbeständen, die auf einzelnen Rechnern des Netzes verstreut sind, Möglichkeiten zur Zusammenarbeit in Projekten und Austausch von Informationen (etwa für die Ferndiagnose bei Krankheiten oder technischen Fehlern oder beim Zugriff auf verteilte Information.

▶ *Beispiel:* Kopplung aller Bibliotheksrechner, um die auf den einzelnen Rechnern gespeicherten Literaturangaben gemeinsam zu nutzen. ◀

Betriebsmittelverbund (↑ Betriebsmittel): Nutzung teurer Software- und Hardwarebetriebsmittel, die nicht auf jedem Rechner des Netzes bereit gehalten werden können.

Beispiele für solche Betriebsmittel sind Spezialrechner mit hoher Rechengeschwindigkeit, Übersetzer für bestimmte Programmiersprachen, komplexe oder kostenpflichtige Informationssysteme usw.

Lastverbund: gleichmäßige Verteilung der benötigten Rechenleistung auf die an das Netz angeschlossenen Rechenanlagen. Fällt ein Rechner aus, können andere dessen Aufgabe übernehmen. Der Lastverbund wird sehr erleichtert,

wenn die einzelnen Rechner kompatibel (↑ Kompatibilität) sind, sodass an das Rechnernetz gegebene ↑ Aufträge auf jedem beteiligten Rechner in gleicher Weise ausgeführt werden können. Rechnernetze mit dieser Eigenschaft heißen *homogen.* Nicht homogene Rechnernetze heißen *heterogen.*
Generell werden Rechnernetze zum Austausch von ↑ Nachrichten, Dateien *(file transfer),* Aufträgen (↑ Prozedurfernaufruf), Befehlen *(manufacturing message service)* und anderen Diensten verwendet. Weitere wichtige Einsatzgebiete von Rechnernetzen sind

- *Leistungsverbund* zur Verringerung der ↑ Antwortzeiten,
- *Kommunikationsverbund* zum Austausch von Informationen,
- *Wartungsverbund* zur einfacheren Wartung verschiedener Rechner,
- *Funktionsverbund* zur Bereitstellung spezieller Funktionen,
- *Kapazitätsverbund* zur Erzielung eines höheren Nutzens bei geringeren Kosten.

Neben diesem funktionalen Nutzen bieten Rechnernetze jedoch noch weitere Vorteile, z. B.:

- höhere Verlässlichkeit,
- einfache Erweiterbarkeit,
- Unabhängigkeit, da leichtere Umstellung auf andere Hersteller/Generationen,
- Verwendung von Spezialhardware,
- Diversifikation,
- größere Reichweiten.

Wird zwischen zwei Teilnehmern einer Kommunikation eine feste Verbindung aufgebaut und muss der Empfänger die Nachricht mit exakt der gleichen Geschwindigkeit entgegennehmen, mit der der Sender sie abschickt, so spricht man von *Leitungsvermittlung (circuit switched).* Kann ein Sender seine Information in beliebigen Teilen abgeben, die beim Empfänger, teilweise sogar vertauscht, eintreffen können, so nennt man dieses *Speichervermittlung (store-and-forward).* Muss vor dem Austausch von Daten eine Verbindung aufgebaut werden, so spricht man von *verbindungsorientierter Kommunikation;* kann einem Empfänger jederzeit ein Datenpaket gesandt werden, so spricht man von *verbindungsloser Kommunikation.* Vgl. hierzu ↑ Datenübertragung.
Häufig werden Rechnernetze nach ihrer Ausdehnung klassifiziert. Beträgt der maximale Abstand von Rechnern nur wenige hundert Meter, so spricht man von einem *lokalen Rechnernetz* (*LAN,* Abk. für engl. **l**ocal **a**rea **n**etwork). Typische Vertreter sind ↑ Ethernet, ↑ Tokenring sowie Tokenbus; darüber hinaus gibt es herstellerspezifische Netze mit Übertragungsgeschwindigkeiten bis zu 140 MBit/s und Funknetze mit zurzeit etwa 11 MBit/s Bandbreite (WLAN = Wireless LAN), die eine immer weitere Verbreitung finden. Die Anzahl weltweit installierter lokaler Netze kann nur geschätzt werden und dürfte sich auf mehrere Millionen belaufen. Lokale Netze, die nur andere lokale Netze untereinander verbinden (also keine eigentlichen Rechneranschlüsse besitzen) werden auch als *Backbone-Netze* bezeichnet. Sie werden häufig als MAN-Netze (siehe unten) ausgelegt.
Bei sehr großen Entfernungen der Rechner, die auch den gesamten Globus umspannen können, nennt man das Rechnernetz ein **WAN** (Abk. für engl. **w**ide **a**rea **n**etwork). Zur Kopplung von Rechnern über eine private Grundstücksgrenze hinweg werden öffentliche Netze angeboten (↑ DATEX-Netze, ↑ ISDN); analoge Signale (wie die Sprache) werden digitalisiert, und beim Empfänger wieder in analoge Sprachschwingungen umgewandelt (↑ Pulsecodemodulation, ↑ DSL). Es besteht die Möglichkeit, statt digitalisierter Sprache beliebige digitale Information über das gleiche Netz zu übertragen.
Ein frühes öffentliches WAN-Netz wurde in den USA unter dem Namen ↑ ARPA-Netz (**ARPA**: Abk. für engl. **A**dvanced **R**esearch **P**roject **A**gency) entwickelt. Es überspannte Nordamerika und konnte auch von anderen Ländern und Erdteilen

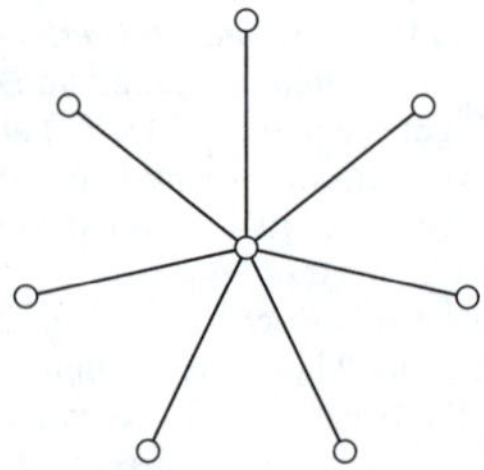

Rechnernetz (Abb. 1): Rechnernetz mit zentraler Topologie

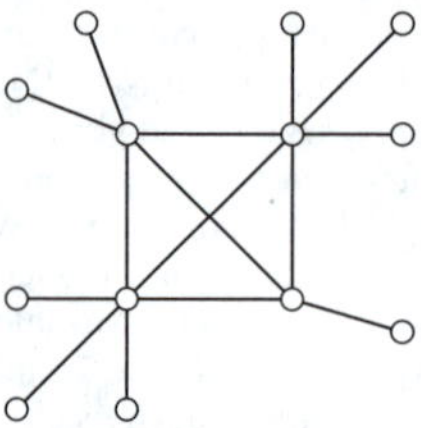

Rechnernetz (Abb. 2): Rechnernetz mit dezentraler Topologie

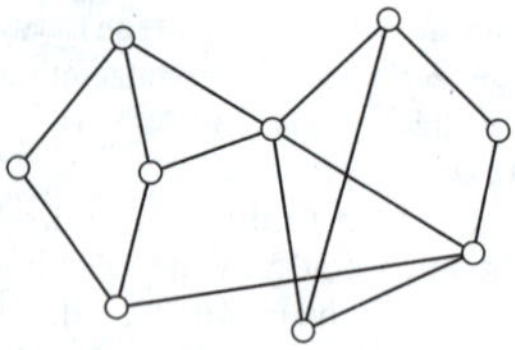

Rechnernetz (Abb. 3): Rechnernetz mit verteilter Topologie

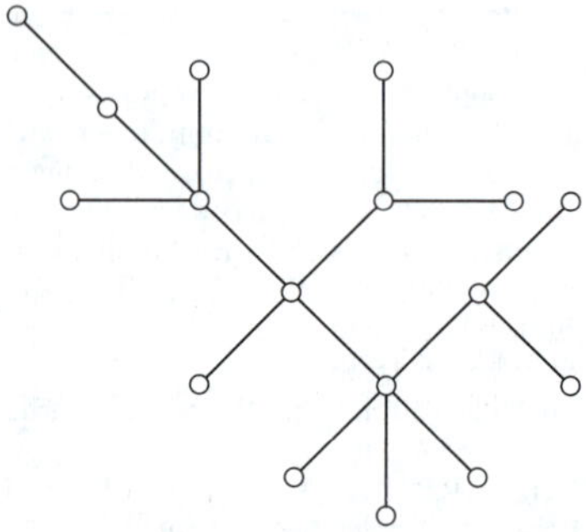

Rechnernetz (Abb. 4): Rechnernetz mit hierarchischer Topologie

erreicht werden. Sein Nachfolger ist das weltweite ↑Internet. Durch Lichtwellenleiter sind sehr hohe Übertragungsraten möglich. Beschränkt sich der Abstand verschiedener Rechner auf eine Region, z. B. eine Stadt, so wird dieses auch als **MAN** (Abk. für engl. **m**etropolitan **a**rea **n**etwork) bezeichnet.

In einem Rechnernetz sind viele Verwaltungsaufgaben zu erledigen. Man strebt oft eine klare Trennung zwischen den eigentlichen Anwendungen, die auf Rechnern ablaufen, und den Kommunikations-, Abrechnungs- und Überwachungsaufgaben sowie den Diensten an. Einen Rechner, der Verbindungen zwischen anderen Rechnern oder (Teil-) Netzen herstellt und hier insbesondere die Umsetzung in andere Protokolle vornimmt, bezeichnet man als Vermittlungsrechner oder *Gateway;* einen Rechner, der für die Ausführung von Anwendungsprogrammen, also für die von Benutzern zu bearbeitenden Aufgaben zuständig ist, nennt man Hostcomputer oder kurz *Host* (engl. Gastgeber); Rechner, die Dienstleistungen anbieten, heißen ↑ Server. Einen Rechner, der zu einem „normalen Benutzer", dem sog. „Kunden", gehört, bezeichnet man als *Client,* vgl. ↑Client-Server-Architektur.

Zu den wichtigsten Netzwerkkomponenten auf Hardware-Ebene gehört der *Hub* (engl. *hub* = (Rad-)Nabe) als Knotenpunkt eines (meist) sternförmigen Netzes und der *Switch,* ein aktiver Hub, der zusätzlich Vermittlungsfunktionen von Datenpaketen ausführen kann.

Als *Topologie* eines Rechnernetzes bezeichnet man die Form der Verteilung der Rechner und deren Verschaltung. Wichtige Topologien sind die zentrale (Abb. 1), die dezentrale (Abb. 2), die verteilte (Abb. 3) und die hierarchische oder baumartige (Abb. 4) Topologie.

Unter *offener Kommunikation* versteht man die Übertragung zwischen Rechnern verschiedener Hersteller über unterschiedliche Übertragungswege (↑offenes System); jeder, der eine entsprechende Zugangsberechtigung besitzt, kann an der Kommunikation teilnehmen. Offene Kommunikation ist nur möglich, wenn alle Teilnehmer an diesem Verkehr die gleiche Sprache sprechen. Man bezeichnet eine solche Sprache häufig als ↑Protokoll (engl. *protocol*), womit eine Vereinbarung über die Bedeutung der verwendeten Zeichen sowie über das Verhalten in bestimmten Situationen gemeint ist. Insbesondere die Anmeldung eines Kommunikationswunsches (der Verbindungsaufbau), die Datenübertragung, das Verhalten im Fehlerfalle, der Verbindungsabbau usw. müssen in solchen Protokollen vereinbart werden. Damit alle Rechner sich gleichartig verhalten, werden solche Protokolle international standardisiert. Das wichtigste Modell für die Rechnerkommunikation ist das von der ↑ISO vorgeschlagene Schichtenmodell (↑Datenübertragung).

Ein Standardprotokoll für die unteren drei Schichten ist das *X.25*-Protokoll. Ein anderes wichtiges Protokoll wurde in den Sechziger- und Siebzigerjahren im Rahmen der Forschungen am ARPA-Netz entwickelt und wird heute als *TCP/IP* bezeichnet. Es arbeitet auf der dritten Schicht (IP, Netzwerkschicht), mittels Datagrammen, welche in jedem Paket eine vollständige Adressierung sowohl des Empfängers als auch des Absenders besitzen. Dadurch entfallen komplizierte Verbindungsauf- und -abbauprozeduren, wie sie beim X.25-Protokoll notwendig sind; allerdings werden die Datenpakete durch die langen Datagrammköpfe deutlich größer. Zusätzlich gibt es eine Reihe von standardisierten Meldungen (**ICMP,** Abk. für engl. **i**nternet **c**ontrol **m**essage **p**rotocol), die für Fehlermeldungen, Abgleichen der Uhrzeit u. a. verwendet werden.

TCP (Abk. für engl. **t**ransmission **c**ontrol **p**rotocol) wird zur verbindungsorientierten Kommunikation im ↑Internet verwendet; es benutzt den verbindungslosen IP-Dienst. Durch TCP wird dem Benutzer eine gesicherte Verbindung zur Verfügung gestellt, die er ähnlich wie den Transportdienst im X.25-Protokoll verwenden kann. Darüber hinaus wird mit **UDP** (Abk. für engl. **u**ser **d**atagram **p**rotocol) dem Benutzer auch ein Datagrammprotokoll zur Verfügung gestellt.

Werden vertrauliche Daten über ein Netz übertragen, so besteht die Gefahr, dass diese auch Unbefugte abhören. Dieser Aspekt zählt zum ↑Datenschutz (im Gegensatz zur ↑Datensicherung, die sich mit dem Wiederherstellen aufgrund technischer Defekte verloren gegangener Daten beschäftigt). Zur Erhaltung des Datenschutzes kann man verschiedene Wege gehen, die sich auch gegenseitig ergänzen. Der rechtliche Aspekt verbietet das Mithören solcher Daten, kann es aber nicht verhindern. Technisch lassen sich solche Daten mittels geeigneter Verschlüsselungsverfahren kodieren, sodass ihr Informationsgehalt nur von Personen entschlüsselt werden kann, die den Schlüssel kennen (z. B. beim **DES,** Abk. für engl. **d**ata **e**ncryption **s**tandard); dazu ist jedoch der Schlüssel geheim zu halten, was nicht immer möglich ist. Aus diesem Grunde wurden aufwendigere Verfahren entwickelt, z. B. das RSA-Verfahren (↑Kryptographie).

Die Datensicherung bei der Datenübertragung wird in der Regel durch die Kombination zweier Verfahren durchgeführt. Zum einen wird den Daten zusätzliche Information beigefügt, die die Veränderung einzelner Zeichen mit einer großen Wahrscheinlichkeit zu erkennen gestattet (meist durch das **CRC**-Verfahren, ↑Code); zum anderen wird bei der Erkennung eines Fehlers die Datenübertragung wiederholt; dieses Verfahren wird **ARQ** (Abk. für engl. **a**utomatic **r**epeat **r**equest) genannt. Zwar kann man Daten so kodieren, dass bei einer begrenzten Fehlerzahl die Ausgangsinformation wieder restauriert werden kann. Dieses verbietet sich jedoch wegen der sehr großen zusätzlichen Information (↑Redundanz), die dazu notwendig wäre.

Rechnernetze sind komplexe, nebenläufige Systeme, die aufgrund von fehlerhafter Hard- oder Software, aber auch

durch nicht beeinflussbare Einwirkungen wie Strahlung, Benutzer oder Zerstörung von Leitungen ständig zu überwachen und zu steuern sind. Die Überwachung und Steuerung, aber auch andere Aspekte wie Wartung, Rekonfiguration oder Neuinstallation, werden unter dem Begriff *Netzwerkmanagement* (engl. *network management*) zusammengefasst.
Es gibt auf verschiedenen Ebenen Hilfsmittel, Netze zu überwachen. Die meisten Systeme kennen einfache Anfragen, mit denen z. B. andere Rechner, Gateways oder Leitungen kontrolliert werden können. In TCP/IP werden diese in dem **ICMP**-Protokoll (**ICMP,** Abk. für engl. **i**nternet **c**ontrol **m**essage **p**rotocol) zusammengefasst; die dort spezifizierten Datagramme können z. B. Echo-Pakete auslösen, Durchlaufzeiten messen, die Uhren verschiedener Rechner synchronisieren usw.
Auf einer höheren Ebene werden neben solchen Basisfunktionen jedoch auch komplexere Überwachungen standardisiert. Dabei sind zwei Problemgruppen zu behandeln. Zum einen ist der Zustand des Netzes systematisch abzufragen. Die dafür notwendigen Strukturen von Datenbanken **MIB** (Abk. für engl. **m**anagement **i**nformation **b**ase) und Abfrageprotokollen werden z. B. für das IP-Protokoll in dem **SNMP** (Abk. für engl. **s**imple **n**etwork **m**anagement **p**rotocol) festgelegt.
Die zweite Problemgruppe untersucht die Funktionen, die ein Netzwerkmanagementsystem zur Verfügung zu stellen hat. Hier werden von der ISO einige Funktionen festgelegt, die im Wesentlichen fünf Gruppen zugeordnet werden können:

- Sicherheit und Schutz,
- Leistungsabrechnung,
- Leistungsbewertung,
- Störungsbehandlung,
- Konfigurationsüberwachung.

Es ist darüber hinaus stets zu berücksichtigen, dass die Netzverwaltung selbst das Netz u. U. stark belasten kann, sodass hier ein Kompromiss zwischen vollständiger Überwachung und möglichst geringer Beeinflussung des Netzes durch die Überwachung zu finden ist.
Die Fähigkeiten, die Rechnernetze besitzen müssen, bilden die Basis, um ↑verteilte Systeme und z. B. das Internet zu realisieren.

Rechtsableitung: Eine Ableitung bezüglich einer ↑kontextfreien Grammatik $G = (N, T, P, S)$ heißt Rechtsableitung, wenn in jedem *Ableitungsschritt* jeweils das am weitesten rechts stehende Nichtterminalsymbol des Zwischenwortes abgeleitet wird, d. h. für jeden Zwischenschritt

$$v_1 A v_2 \underset{G}{\rightarrow} v_1 w v_2$$

mit $A \in N$, $(A, w) \in P$ gilt $v_2 \in T^*$.
Entsprechend ist eine *Linksableitung* eine Ableitung, bei der jeweils das am weitesten links stehende Nichtterminalsymbol ersetzt wird, d. h., für jeden Zwischenschritt

$$v_1 A v_2 \underset{G}{\rightarrow} v_1 w v_2$$

gilt, dass $v_1 \in T^*$ ist.
Man sieht: Zu jeder Ableitung (jedem ↑Ableitungsbaum) gibt es genau eine Rechts- und genau eine Linksableitung, die das gleiche Wort erzeugt (durch geeignete Umstellung der Reihenfolge der Ableitungsschritte).
Eine Grammatik heißt ↑eindeutig, wenn es für jedes Wort der erzeugten Sprache genau eine Rechts- bzw. Linksableitung gibt.

rechtslineare Grammatik: Eine ↑Grammatik $G = (N, T, P, S)$ heißt rechtslinear, wenn alle Regeln aus P die Form $(A, w_1 B)$ oder (A, w_2) besitzen. Dabei sind A und B Nichtterminalsymbole aus N und w_1 und w_2 Wörter über dem Terminalalphabet T.
Formal: $P \subset N \times (T^* \cdot N \cup T^*)$.

▶ *Beispiel:* $G_3 = (N, T, P, S)$ mit

$$\begin{aligned} N &= \{S, A, B\},\ T = \{0, 1\}, \\ P &= \{(S, 0\,S), (S, 1\,A), (S, \varepsilon) \\ &\qquad (A, 0\,B), (A, 1\,S), \\ &\qquad (B, 0A), (B, 1\,A)\} \end{aligned}$$

ist eine rechtslineare Grammatik, die genau die durch 3 teilbaren Zahlen erzeugt, d. h.: $w \in \{0,1\}^*$ ist genau dann aus S ableitbar, wenn w als Zahl zur Basis 2 aufgefasst durch 3 teilbar ist (führende Nullen und ε sind hierbei zugelassen). Dies folgt aus der Tatsache, dass für $S \xrightarrow{*} u\,X$ gilt:

$$X = S \Rightarrow u \bmod 3 = 0,$$
$$X = A \Rightarrow u \bmod 3 = 1,$$
$$X = B \Rightarrow u \bmod 3 = 2.$$ ◄

Unter ↑regulärer Ausdruck ist dieses Beispiel ohne führende Nullen beschrieben. Die Menge der Sprachen, die von rechtslinearen Grammatiken erzeugt werden, ist gleich der Menge der von ↑linkslinearen Grammatiken erzeugten Sprachen und gleich der Menge der ↑regulären Sprachen.

Rechtsschutz: Die Datenverarbeitung hat eine Fülle von rechtlichen Problemen zur Folge. Hier sollen folgende große Bereiche angesprochen werden:

- Schutz der durch die Datenverarbeitung direkt oder indirekt betroffenen Personen. Hierzu siehe ↑Datenschutz.
- Schutz der Erfinder und Hersteller von Software vor Nachahmung (Patentrecht, Urheberrecht, unlauterer Wettbewerb).
- Schutz der Abnehmer vor fehlerhaften Hard- und Softwaresystemen (Gewährleistungs- und Haftungsrecht).

Patentieren von Software: Zunächst müssen die Produkte, die man schützen will, genau definiert werden. Man unterscheidet meist zwischen dem eigentlichen Programm und der Software. Unter einem *Computer-Programm* versteht man die vollständige und ablauffähige Formulierung eines Algorithmus und der zugehörigen Datenstrukturen in einer Programmiersprache oder in Form von Schaltkreisen. Unter *Software* versteht man in der Regel Computer-Programme oder Teile von ihnen zusammen mit Anleitungen, Dokumentationen, Wartungshinweise usw. Ein Arbeitskreis der ↑Gesellschaft für Informatik hat 1992 folgende Formulierung vorgeschlagen:

„Software ist jedwede von DV-Maschinen interpretierbare Anordnung von Information, die dazu dient, die Daten- oder Kontrollstrukturen von Computer-Programmen zumindest teilweise zu definieren. Diese Definition umfasst sowohl unvollständige und daher nicht ausführbare Programmteile, also Datenbeschreibungen, Syntax-Tabellen, Bildschirmmasken oder Ikonogramme, als auch Ansammlungen von Programmen. Sie charakterisiert diejenigen Datenelemente und Zubehörteile eines DV-Systems, aus denen Programme gebildet werden können."

Nach früherer deutscher Rechtsprechung konnten Erfindungen nur patentiert werden, wenn sie prinzipiell wiederholt werden können, überwiegend technischer Natur sind und wesentlich auf der Beherrschung physikalischer Kräfte beruhen. Software in Form von Programmen, die einer mathematischen Berechnung oder der (kommerziellen) Datenverarbeitung ohne physikalisch-technische Auswirkungen dienen, ist somit nicht patentierungsfähig, was auch explizit im § 52 des Europäischen Patent-Übereinkommens niedergelegt ist. Erfordert die Software dagegen eine Veränderung der zugrunde liegenden Rechnerarchitektur oder greift sie in technische Abläufe ein, so kann eine Patentierung möglich sein. Neuerdings setzt sich aber die Auffassung durch, dass auch immaterielle Ablaufstrukturen patentfähig sein können, wenn sie für Zwecke der Steuerung oder spezifische Anwendungen verwendet werden.

Eine uneingeschränkte Patentierung von Software, die ja oft „nur" die Realisierung eines (mathematischen) Verfahrens ist, hätte abenteuerliche Konsequenzen. Beispielsweise würden für gängige Such- und Sortieralgorithmen Lizenzgebühren anfallen. Schon die Überprüfung, ob eine selbst entwickelte Software in ähnlicher Form bereits vorhanden ist, erforderte einen gewaltigen Aufwand, und im zutreffenden Falle würde durch Umstellungen und Abänderungen der Patentschutz vermutlich umgangen werden können. Entscheidend für eine Patentierung ist somit der Nachweis, dass eine „überwiegend technische Erfindung" vorliegt. Beispiele hierfür sind Systemprogramme (Betriebssystemkomponenten, Compiler), in eine technische Umgebung integrierte Systeme der Sprach- und Bildverarbeitung oder Systeme zur Prozesssteuerung.

Urheberschutz: Das Urheberrecht gilt in vielen Ländern; es geht auf die Berner Übereinkunft aus dem Jahre 1886 zurück. Es schützt ein (individuelles, konkretes) geistiges oder künstlerisches Werk und seine Verwertung, auch in veränderter Form. Hiervon sind mathematische und organisatorische Schöpfungen ausgeschlossen, zu denen Software oft gezählt wird. Verbindlich in Europa ist ab 1993 eine Richtlinie über den Rechtsschutz von Programmen, den der Ministerrat der Europäischen Gemeinschaft 1991 beschlossen hat. Danach werden Programme wie literarische Werke eingestuft, für die die individuelle geistige Schöpferleistung als Kriterium gilt. Nicht geschützt sind allgemeine Konzepte, Algorithmen, Sprachen und sonstiges Allgemeingut, das im Programm verwendet wurde.

Inhaber des Urheberrechts sind zunächst die Ersteller. Wird die Software allerdings im Rahmen eines Arbeitsverhältnisses erstellt, so geht die Ausübung aller Rechte auf den Arbeitgeber über, z. B. weitere Bearbeitung, Verkauf, Demonstrationen, Lizenzen, Vermietung usw. (in Großbritannien gelten abweichende Regelungen). Unter bestimmten Bedingungen müssen aber Ausnahmen gemacht werden. Zum Beispiel muss es den Abnehmern von Systemprogrammen gestattet sein, Anpassungen vornehmen und aufbauende Programme ohne Genehmigung durch den Urheber hinzufügen zu können.

Sonstiger Schutz von Programmen: Der Vertrieb von Programmen, die man nicht selbst geschrieben hat, ist bereits durch das Gesetz gegen unlauteren Wettbewerb geschützt. Auch dürfen Personen keine Programme, die sie im Rahmen ihrer Berufstätigkeit in einer Firma erstellt haben, weitergeben oder vermarkten. Weiterhin kann man besonders gestaltete Darstellungen auf dem Bildschirm als Muster patentieren lassen.

Anmerkung: Informatiker, die mit einem Computersystem bestens vertraut sind, kennen in der Regel verschiedene Möglichkeiten, ihr Programm etwa durch einen Kopierschutz oder einen Abgleich mit einer Systemnummer zu schützen. Oft wird auch in Programme ein ↑Virus eingebaut, der beim Kopieren aktiv werden kann; dies ist aber juristisch ein äußerst bedenkliches Vorgehen, das zu Schadensersatzansprüchen führen kann.

Schutz der Käufer von Software: Ein Verkäufer haftet gegenüber dem Käufer stets dafür, dass die Ware keine erheblichen Mängel besitzt und alle zugesicherten Eigenschaften erfüllt. Hier ergeben sich unkalkulierbare Haftungsfolgen, wenn z. B. ein Steuerungsprogramm (etwa in einem Flugzeug) fehlerhaft ist oder ein ↑Kassensystem sich nach einiger Zeit als mangelhaft erweist und die Firma dadurch in ihrer Existenz bedroht ist. In der Regel versucht ein Hersteller von Software sich durch Haftungsausschluss zu schützen. Fraglich ist jedoch, ob ein solcher Haftungsausschluss von der Rechtsprechung anerkannt wird. In wichtigen Bereichen sollte daher nur ausgereifte und erprobte Software zum Einsatz kommen.

Record *(Verbund, Datensatz):* Zusammenfassung von mehreren ↑Datentypen zu einem Datentyp. Der neue Wertebereich ist das kartesische Produkt der Wertebereiche der einzelnen Datentypen, wobei die Anordnung keine Rolle spielt. In der Praxis wird ein Record als ↑Datensatz bezeichnet.

▸ *Beispiel:* einfache Personaldatei. Für jeden Mitarbeiter sind folgende Informationen festzuhalten:

Name	vom Typ text	
Geburtsdatum	vom Typ	
	array [1..3] of integer	
Gehalt	vom Typ real	
Geschlecht	vom Typ (m, w)	

In ↑PASCAL gehört hierzu der folgende Record:

```
type mitarbeiter =
      record
      name: text;
      gebdat: array [1..3] of integer;
      gehalt: real;
      geschl: (m, w)
      end;
```
◀

Allgemein definiert man einen Record in PASCAL durch das Schema:

type ⟨Typname⟩ = record
  $\langle S_{11}\rangle, \langle S_{12}\rangle, \ldots, \langle S_{1m_1}\rangle$: ⟨Typ1⟩;
  $\langle S_{21}\rangle, \langle S_{22}\rangle, \ldots, \langle S_{2m_2}\rangle$: ⟨Typ2⟩;
  ⋮
  $\langle S_{n1}\rangle, \langle S_{n2}\rangle, \ldots, \langle S_{nm_n}\rangle$: ⟨Typ n⟩
  end;

Die $\langle S_{ij}\rangle$ sind ↑ Bezeichner und heißen *Selektoren*. Eine Variable des obigen Recordtyps

var ⟨Recordvariable⟩ : ⟨Typname⟩;

enthält insgesamt $m_1 + m_2 + \ldots + m_n$ Komponenten.
Jede Variablen-Komponente eines Records kann innerhalb eines Programms wie eine Variable des zugehörigen Typs der Komponente verwendet werden.
Der Zugriff auf eine Komponente des Records (die sog. *Selektion* der Komponente) erfolgt in der Punktschreibweise:

⟨Recordvariable⟩.⟨Selektor⟩

▶ *Beispiel:* Vereinbarung einer Variablen meier vom Typ mitarbeiter (s. o.) und Zugriff auf die Jahreszahl des Geburtsdatums

```
var meier: mitarbeiter;
meier.gebdat[3] := 1942;
```
◀

In den meisten Programmiersprachen können zwei Records des gleichen Datentyps durch eine Wertzuweisung kopiert werden.

▶ *Beispiel:*

```
var meier, mueller: mitarbeiter;
meier := mueller;
```
◀

Die innerhalb eines Records auftretenden Typen können selbst wieder Records sein.

▶ *Beispiel:*

```
type mitarbeiter =
      record
      name: text;
      gebdat: record
               tag: 1..31;
               monat: 1..12;
               jahr: 1900..2000
               end;
      gehalt: real;
      geschl: (m, w)
      end;
```

Der Zugriff auf das Geburtsjahr der Variablen meier erfolgt durch die Anweisung

```
meier.gebdat.jahr := 1942;
```
◀

Eine Erweiterung des Record-Konzepts bildet der *variante Record*, bei dem sich Zahl und Art von Komponenten nach dem Wert anderer Komponenten richten (vgl. Generalisation, ↑Datenstruktur).

▶ *Beispiel:* Ergänzt man den oben definierten Record mitarbeiter um eine Komponente, die bei weiblichen Mitarbeitern (geschl = w) einen eventuell vom Namen abweichenden Geburtsnamen und bei männlichen einen Hinweis auf das Tragen eines Bartes enthält, so erhält man einen varianten Record:

```
type mitarbeiter = record
      name: text;
      gebdat: array [1..3] of integer;
      gehalt: real;
      case geschl: (m, w) of
        m: (bart: boolean);
        w: (gebname: text)
      end;
```

Jede Variable vom Typ mitarbeiter enthält die Komponenten name, gebdat, gehalt und abhängig vom Wert des *Typ-Diskriminators* geschl, der seinerseits vom Typ (m, w) ist, gegebenenfalls zusätzlich die Komponente gebname oder bart. Wurde die Variable geschl auf den Wert m gesetzt, so führt der Zugriff auf die Komponente gebname zu einem Fehler. ◀

Das Record-Konzept kommt in abgewandelter Form in den meisten Programmiersprachen vor (z. B. in ↑COBOL, ↑Ada, ↑MODULA-2). ↑SIMULA zum Beispiel sieht in Erweiterung des Record-Konzepts (dort Klassenkonzept genannt) die Möglichkeit vor, am Ende eines Records Anweisungen anzufügen, die beim Erzeugen eines Record-Objekts ausgeführt werden und z. B. eine ↑Initialisierung der Record-Komponenten vornehmen.

Reduktion (engl. *reduction*): Zurückführen eines Sachverhalts, einer Aussage oder eines Lösungsverfahrens auf etwas anderes, meist auf etwas bereits Bekanntes.

1. Grundbegriff in der Informatik für das Prinzip, eine Fragestellung konstruktiv auf eine andere zurückzuführen. Die meisten Beweise der Informatik beruhen auf Reduktionen.

Formal definiert man: Es seien A und B ↑Alphabete. Eine Menge $K \subseteq A^*$ heißt genau dann *reduzierbar* auf die Menge $L \subseteq B^*$, im Zeichen $K \leq L$, wenn es eine total definierte ↑berechenbare Funktion $f: A^* \to B^*$ gibt, sodass für alle $u \in A^*$ gilt:

$$u \in K \Leftrightarrow f(u) \in L.$$

Eine solche Abbildung f heißt *Reduktion* von K auf L.

Zur Bedeutung dieser Definition: Gibt es eine Reduktion von K auf L und kennt man bereits ein Verfahren, um für alle $w \in B^*$ zu entscheiden, ob $w \in L$ ist, so liefert dies zugleich ein Verfahren, um für alle $u \in A^*$ die Frage $u \in K$ zu entscheiden: Zu $u \in A^*$ berechne man $f(u)$ und ermittle nach dem bereits bekannten Verfahren, ob $f(u) \in L$ gilt. Weiß man andererseits, dass für beliebige $u \in A^*$ das Problem, ob $u \in K$ ist, nicht entscheidbar ist, und gilt $K \leq L$, dann muss auch das Problem, ob $w \in L$ für beliebige $w \in B^*$ ist, unentscheidbar sein, da sonst die Reduktion ein Lösungsverfahren für K ergeben würde.

Oft stellt man zusätzliche Bedingungen an Reduktionen. Am bekanntesten ist die *Polynomialzeit-Reduktion* $\leq_{pol}$, die für die ↑NP-Vollständigkeit fundamental ist:

$K \leq_{pol} L$:⇔ Es gilt $K \leq L$ mit einer zugehörigen Reduktion $f: A^* \to B^*$, die sich in polynomieller Zeit berechnen lässt, d. h., es gibt ein ganzzahliges Polynom p und einen Algorithmus (d. h. eine ↑Turingmaschine) zur Berechnung von f, der für jede Eingabe $u \in A^*$ nach höchstens $p(|u|)$ Schritten anhält.

Von Reduktionen erwartet man Transitivität, d. h., aus $K \leq L$ und $L \leq M$ muss stets $K \leq M$ folgen. Die allgemeine Reduktion $\leq$ und die polynomielle Zeit-Reduktion $\leq_{pol}$ sind transitiv.

▶ Beispiele zu Reduktionen finden sich unter ↑NP und ↑Postsches Korrespondenzproblem. ◀

2. Umkehrung von Erzeugungs- und Ableitungsprozessen. Um festzustellen, ob ein Wort $w \in T^*$ von einer ↑Grammatik erzeugt werden kann, versucht man, das Wort w schrittweise auf das Startsymbol S der Grammatik zu reduzieren, indem man die Grammatikregeln rückwärts anwendet. Solche Techniken werden in ↑Übersetzern verwandt. Sie liegen auch der Semantik und der Verifikation zugrunde.

3. Minimierung von Strukturen (Automaten, Grammatiken, Programme, Dateien usw.). Hierbei werden gleichartige Teile identifiziert und überflüssige (z. B. nicht erreichbare) Teile entfernt. Für endliche Automaten lässt sich eine solche Reduktion zum ↑minimalen Automaten effektiv durchführen, aber nicht für Grammatiken oder für Programme, deren ↑Äquivalenzproblem nicht entscheidbar ist. Bei kontextfreien Grammatiken kann man jedoch ↑reduzierte Grammatiken einführen, indem man

Nichtterminalzeichen, die in keiner Ableitung verwendet werden, entfernt.

Redundanz: Bezeichnung für die Anteile einer ↑Nachricht, die keine ↑Information vermitteln, also überflüssig sind. Redundante Teile sorgen jedoch dafür, dass eine Nachricht auch dann noch verstanden werden kann, wenn sie Fehler (z. B. Druckfehler) enthält. Natürliche Sprachen enthalten sehr viel Redundanz, sodass auch stark verstümmelte Sätze (z. B. durch Weglassen aller Vokale) noch verständlich bleiben: „Ds st n Stz, dr knn Vkl nthlt“.

Zur Fehlererkennung ergänzt man Nachrichten bei der Übertragung um redundante Anteile, z. B. erweitert man ↑Codes durch ↑Prüfbits.

reduzierte Grammatik: Eine ↑ kontextfreie Grammatik $G = (N, T, P, S)$ heißt reduziert, wenn für jedes Nichtterminalsymbol $A \in N$, $A \neq S$ die folgenden Bedingungen gelten:

a) Es gibt eine Ableitung vom Startsymbol S zu einem Wort, das das Zeichen A enthält, d. h., es existieren $w_1, w_2 \in (N \cup T)^*$ mit $S \xrightarrow{*} w_1 A w_2$.

b) Zu jeder Regel $(A, v) \in P$ gibt es eine hiermit beginnende Ableitung von A zu einem Wort w, das nur aus Terminalzeichen besteht: Es gibt ein $w \in T^*$ mit $A \rightarrow v \xrightarrow{*} w$.

Anschaulich gesprochen heißt eine kontextfreie Grammatik G reduziert, wenn G keine überflüssigen Regeln enthält, also jede Regel bei mindestens einem Ableitungsprozess gebraucht wird.

Zu jeder kontextfreien Grammatik G kann man effektiv eine reduzierte Grammatik G' konstruieren, die die gleiche Sprache erzeugt.

▶ *Beispiel:* Sei $G = (N, T, P, S)$ mit

$$N = \{S, A, B, C\},\ T = \{a, b\},$$
$$P = \{(S, aC), (S, aAb), (A, AbS), (B, SbC), (B, AB), (C, Sb), (C, b)\}.$$

G ist nicht reduziert: Es gibt nur eine Regel (A, AbS) für das Nichtterminalsymbol A, in der A aber erhalten bleibt. Somit gibt es kein Wort $w \in T^*$, mit $A \xrightarrow{*} w$ (Bedingung b) ist nicht erfüllt). Deshalb können A und alle Regeln, in denen A vorkommt, weggelassen werden, ohne dass sich die erzeugte Sprache ändert.

Es ergibt sich $G' = (N', T, P', S)$ mit

$$N' = \{S, B, C\},$$
$$P' = \{(S, aC), (B, SbC), (C, Sb), (C, b)\}$$

und

$$L(G) = L(G').$$

Nun sieht man, dass das Nichtterminalsymbol B mit keiner Ableitung von S aus erreicht werden kann. Bedingung a) ist nicht erfüllt. Es kann B einschließlich der entsprechenden Regeln weggelassen werden. Man erhält schließlich die reduzierte Grammatik $G'' = (N'', T, P'', S)$ mit

$$N'' = \{S, C\}$$
$$P'' = \{(S, aC), (C, Sb), (C, b)\}$$

und

$$L(G) = L(G'') = \{a^n b^n | n \geq 1\}.$$ ◀

Aufgrund der Bedingung b) der Definition gilt: Die reduzierte Grammatik G' ist genau dann leer (d. h., sie enthält keine Regeln), wenn die Ausgangsgrammatik G die leere Sprache erzeugt, d. h. wenn $L(G) = \emptyset$ ist.

Folgerung: Das ↑ Leerheitsproblem für kontextfreie Grammatiken ist ↑ entscheidbar.

Die in der Praxis verwendeten kontextfreien Grammatiken, die die ↑ Syntax von Programmiersprachen definieren, sind reduziert. Anderenfalls würde der zugehörige ↑ Übersetzer sinnlose Teile für die ↑syntaktische Analyse enthalten.

Man kann den Begriff „reduziert“ auf beliebige ↑ Grammatiken verallgemeinern: Eine Grammatik heißt reduziert, wenn es zu jeder Regel r mindestens eine Ableitung vom Startsymbol S zu einem Wort w der erzeugten Sprache gibt, in der die Regel r mindestens einmal benutzt wird. In einer reduzierten

Grammatik ist also keine Regel überflüssig.
Im Falle von kontextfreien Grammatiken sind die beiden Definitionen für „reduziert“ gleichwertig. Für ↑kontextsensitive und somit für allgemeine Grammatiken ist es nicht entscheidbar, ob sie reduziert sind.

Reengineering: ingenieurmäßiges Neukonzipieren und Verändern bereits existierender Systeme. Unter Reengineering versteht man alle Methoden und Aktionen, die einige Zeit nach Einführung eines technischen oder organisatorischen Systems anfallen und die der Modernisierung oder der Anpassung an aktuelle Gegebenheiten, aber nicht der ohnehin erforderlichen Pflege und Wartung dienen. In der Informatik sind dies Tätigkeiten wie Neuimplementierung von Komponenten, Einbettung in moderne Umgebungen, Wiederverwendung, Restrukturierung von Objekten, Verfügbarmachen für neue Entwicklungsumgebungen oder Verbesserung der Bedienbarkeit und Wartbarkeit.
Bei diesen Tätigkeiten kann die Semantik der zu modifizierenden Dinge eine geringe oder eine wesentliche Rolle spielen. Bei der Umstrukturierung von Daten mit dem Ziel, sie mit Datenbanksystemen eines anderen Typs verarbeiten zu können, werden in der Regel nur die Zugriffspfade auf die Daten oder die Reihenfolge der Bestandteile verändert, ohne dass die Bedeutung der Daten dabei bekannt sein muss. Will man dagegen ein Programm von einer maschinennahen Sprache in eine höhere Sprache übersetzen (↑Aufwärtsübersetzung), z. B. um das Programm einem Dokumentenverwaltungssystem zugänglich zu machen oder um es mit neuen Werkzeugen bearbeiten zu können, dann wird sich die Übersetzung eng an der Bedeutung der einzelnen Programmteile orientieren müssen. In diesen beiden genannten Fällen muss natürlich die Funktionalität des Systems erhalten bleiben. Meist will man die Funktionalität jedoch ausweiten. Dann muss man die Bedeutung der existierenden Software ermitteln *(„Software-Verstehen“)*, was nicht ↑ *entscheidbar* ist und daher generell nicht automatisiert werden kann. Deshalb arbeiten Systeme, die den Reengineeringprozess unterstützen, weitgehend im Dialog, wobei der Benutzer die Verantwortung dafür zu tragen hat, dass die Modifizierungen korrekt sind. Da bei Modifizierungen und Ausweitungen zugleich eine Neuentwicklung stattfindet, verwischt sich in diesem Fall die Grenze zwischen dem Reengineering und dem Neuentwicklungsprozess; daher engt man das Reengineering oft darauf ein, dass die Funktionalität (fast) unverändert bleiben soll.
Seit über 30 Jahren werden große Systeme mit riesigem Kostenaufwand erstellt. Große Industrie- und Wirtschaftsunternehmen verfügen über Tausende von umfangreichen Programmen, von denen alle Abläufe und damit die Existenz der Unternehmen abhängig sind. Software ist mittlerweile ein Investitionsgut geworden, das man nicht einfach wegwerfen kann, wenn es veraltet. Ohne Modernisierung (und das gilt auch für den Softwarebereich) bleiben die Unternehmen aber nicht wettbewerbsfähig. Wie in der Verwaltung oder der Fertigung muss daher auch bei den Programmsystemen eine ständige Aktualisierung und ein Austausch von Komponenten stattfinden, ohne dass der Gesamtbetrieb beeinträchtigt werden darf. Neuentwicklungen sind zu teuer und oft zu zeitaufwendig. Deshalb spielt das Reengineering eine immer größere Bedeutung für die Praxis (aber auch für die Wissenschaft Informatik, vgl. ↑Methoden der Informatik).
Reengineering ist zu unterscheiden vom ↑Reverse Engineering.

Register (engl. *register*): Speicherzelle (vor allem im ↑Steuerwerk und im ↑Rechenwerk), auf die sehr schnell zugegriffen werden kann und die bei der Verarbeitung von Daten, z. B. zur Speicherung von Zwischenergebnissen, Basisadressen oder oft benutzten Werten, eingesetzt wird. Register können universell oder für spezielle Zwecke verwendet werden. So besitzen Speicher im Allgemeinen ein Speicheradressregister, in das man die Adresse der Speicherzelle schreibt, die man ansprechen will, und ein Speicherpufferregister, in das beim Lesen der Inhalt einer Speicherzelle, bzw. beim Schreiben der zu speichernde Wert geladen wird. Weiter gibt es Register für arithmetische Operationen, ↑ Unterbrechungen, Prioritäten usw. Der geschickte Einsatz von Registern kann die Rechenzeit von Programmen verringern, weshalb gute Übersetzer über ↑ Codeoptimierungen verfügen, die unter anderem die Verwendung der Register optimieren.

Ein spezielles Register ist der ↑Akkumulator. ↑ Mikroprozessoren verfügen im Allgemeinen über mehrere Register, oftmals 16 bis 64 frei verfügbare Datenregister und eine Reihe weiterer Adress- und Spezialregister.

Registermaschine

1. (engl. *register machine*): Modell eines ↑Automaten, dessen Speicher aus einer festen endlichen Anzahl von Registern besteht. Jedes Register kann eine beliebig große natürliche Zahl aufnehmen. Auf ein Register j können drei verschiedene Operationen angewendet werden: A_j = Erhöhen des Inhalts um 1, S_j = Vermindern des Inhalts um 1 (0 darf jedoch nicht unterschritten werden) und T_j = Abfrage des Inhalts auf 0.

Das Programm der Maschine besteht aus Anweisungen der Form

i: do f; goto j;

oder

i: if t then goto j else goto k;

Jede Anweisung ist mit einer anderen *Marke* i versehen. Die erste der beiden obigen Anweisungen bewirkt, dass die Maschine die Registeroperation f ausführt und anschließend zur Anweisung mit der Marke j verzweigt. f muss von der Form „Erhöhe um 1" oder „Erniedrige um 1" sein. Die zweite Anweisung testet mithilfe der Registeroperation t den Inhalt eines Registers auf den Wert 0. War der Inhalt des Registers 0, so wird zur Anweisung mit der Marke j, anderenfalls zur Anweisung mit der Marke k verzweigt.

Registermaschinen mit m Registern berechnen Funktionen

$$f: \mathbb{N}_0^r \to \mathbb{N}_0^s \text{ mit } r, s \leq m.$$

Die Eingabe $(x_1, \ldots, x_r) \in \mathbb{N}_0^r$ wird zu Beginn in den ersten r Registern gespeichert. Die übrigen $m-r$ Register werden auf 0 gesetzt. Dann führt die Maschine das Programm beginnend bei der mit 0 markierten Anweisung aus. Sie stoppt, wenn sie zu einer Marke verzweigen soll, die in dem Programm nicht existiert. Der Inhalt der ersten s Register bildet dann die Ausgabe.

In allen übrigen Fällen, speziell, wenn zu einer Marke verzweigt werden soll, die es im Programm nicht gibt, ist die Zustandsübergangsfunktion δ undefiniert. Die Abarbeitung des Programms startet mit $\delta(0, x_1, \ldots, x_r, 0, \ldots, 0)$. Dann wird δ so lange angewendet, bis der Wert „undefiniert" erreicht wird. Der Inhalt der ersten s Register ist dann das Ergebnis von $f(x_1, \ldots, x_r)$. Wird der Wert „undefiniert" nicht von R_m erreicht, so ist $f(x_1, \ldots, x_r)$ nicht definiert.

▶ *Beispiele:*

a) Addition zweier Zahlen $a, b \in \mathbb{N}_0$.
Eine 2-Registermaschine ($m = 2$) R_2 soll die Abbildung

$$g: \mathbb{N}_0 \times \mathbb{N}_0 \to \mathbb{N}_0$$
$$g(a, b) = a + b$$

realisieren.

Wir betrachten also folgendes Programm:

0: if T_2 then goto 3 else goto 1;
1: do A_1; goto 2;
2: do S_2; goto 0;

Startet man die Maschine mit den Registerinhalten (3, 2), so erhält man folgendes Ablaufprotokoll, wobei (q, i, j) bedeutet, dass sich die Registermaschine bei der Marke q des Programms befindet und dass sich die Zahl i im ersten und j im zweiten Register befindet:

$$\begin{aligned}(0,3,2) &\to (1,3,2) \to (2,4,2)\\ &\to (0,4,1) \to (1,4,1)\\ &\to (2,5,1) \to (0,5,0)\\ &\to (3,5,0).\end{aligned}$$

Nun stoppt die Maschine, da es keine Programmzeile mit der Marke 3 gibt. Die Ausgabe von R_2 ist daher der Wert 5. Es folgt, dass die Addition mit zwei Registern realisiert werden kann.

b) Ganzzahlige Division (div) durch die Konstante 2.

Die Abbildung

$$h\colon \mathbb{N}_0 \to \mathbb{N}_0$$
$$h(a) = a \text{ div } 2$$

wird durch folgendes Programm dargestellt:

```
0: do S1; goto 1;
1: if T1 then goto 4 else goto 2;
2: do S1; goto 3;
3: do A2; goto 0;
4: if T2 then goto 7 else goto 5;
5: do A1; goto 6;
6: do S2; goto 4;
```

Startet man die Maschine mit den Registerinhalten (5, 0), so erhält man schrittweise:

$$\begin{aligned}(0,5,0) &\to (1,4,0) \to (2,4,0)\\ &\to (3,3,0) \to (0,3,1)\\ &\to (1,2,1) \to (2,2,1)\\ &\to (3,1,1) \to (0,1,2)\\ &\to (1,0,2) \to (4,0,2)\\ &\to (5,0,2) \to (6,1,2)\\ &\to (4,1,1) \to (5,1,1)\\ &\to (6,2,1) \to (4,2,0)\\ &\to (7,2,0)\end{aligned}$$

Hier stoppt die Maschine. Die Ausgabe ist der Wert 2 = 5 div 2. Die Anweisungen 4 bis 6 haben nur die Aufgabe, das Ergebnis der Division vom Register 2 in das Register 1 zu kopieren. Dies ist nach Definition der Maschine notwendig, denn die Ausgabe befindet sich immer in den ersten s Registern. ◀

Trotz der Einfachheit der Registeroperationen ist dieses Maschinenmodell sehr leistungsfähig. Man kann zeigen, dass es zu jeder ↑ berechenbaren Funktion $f\colon \mathbb{N}_0 \to \mathbb{N}_0$ eine Registermaschine mit höchstens 3 Registern gibt, die f berechnet. Trotz der Einfachheit ist die Arbeitsweise von Registermaschinen kaum zu durchschauen: So ist das ↑Halteproblem für Registermaschinen mit nur 2 Registern bereits unentscheidbar.

2. *verallgemeinerte Registermaschine* (engl. **r**andom **a**ccess **m**achine, Abk. **RAM**): eine Maschine mit wahlfreiem Zugriff auf die Speicherzellen. Sie besteht aus einer zentralen Recheneinheit, einem Speicher, einem Eingabeband, einem Ausgabeband und einem Programm. Dieses Maschinenmodell ist realen, sequenziell arbeitenden Computern nachgebildet und verfügt über Befehle, wie sie in ↑Mikroprozessoren vorliegen.

Der Speicher enthält abzählbar viele Speicherzellen oder Register, die mit 1, 2, 3, 4, ... nummeriert sind. Die Nummer einer Speicherzelle heißt ihre Adresse. Jede Speicherzelle kann eine beliebig große natürliche Zahl speichern. Das Programm ist eine endliche, nummerierte Folge von Befehlen aus einer Befehlsliste, die weiter unten erläutert wird.

Die zentrale Recheneinheit besteht aus einem speziellen Register mit der Adresse A, dem *Akkumulator,* und dem *Befehlszähler* B (Abb. 1). Der Akkumulator kann außer Zahlen auch einzelne Zeichen aus einem endlichen ↑Alphabet X speichern. Der Befehlszähler enthält stets eine Zahl. Diese Zahl entspricht jeweils einem Befehl des Programms: Steht die Zahl i im Befehlszähler, so wird als nächstes der mit i nummerierte Befehl des Programms ausgeführt. Auf dem Eingabeband steht ein Wort $w \in X^*$. Das Eingabeband kann nur einmal Zeichen für Zeichen von links nach rechts gelesen und nicht beschrieben werden. Das Ausgabeband kann nur einmal von links nach rechts mit Zeichen

aus X beschrieben und nicht gelesen werden.
Zu Beginn jeder Rechnung ist der Inhalt des Befehlszählers gleich 1 und der aller Register gleich 0. In einem Schritt werden in Abhängigkeit von dem Befehl, der gerade ausgeführt wird, der Inhalt höchstens eines Registers, der Befehlszähler und evtl. die Position des Lesekopfes auf dem Eingabeband geändert oder die Inschrift des Ausgabebandes verlängert.
Der Befehlssatz der Registermaschine ist eine abstrakte Assemblersprache (↑ Assembler). Tabelle 1 enthält die Befehle der verallgemeinerten Registermaschine und eine Beschreibung ihrer Wirkung in Form von ↑ PASCAL-ähnlichen Anweisungen.
Dabei ist C[i] für $i \in \mathbb{N}$ der Inhalt des Registers i, B der Befehlszähler, w_p das p-te Zeichen des Eingabewortes w ($1 \leq p \leq |w|$), p die Position des Lesekopfes auf dem Eingabeband, $a \in X$ ein Zeichen und $x \in X^*$ die Inschrift des Ausgabebandes. $\dot{-}$ ist wie oben eine modifizierte Subtraktion, bei der das Ergebnis nicht negativ wird, z. B. $5 \dot{-} 7 = 0$, $7 \dot{-} 5 = 2$.

▶ *Beispiel:* Auf dem Eingabeband stehe eine Eingabe der Form w#, $w \in \{0,1\}^*$.

Befehl	Wirkung
load i	A := C[i]; B := B + 1
store i	C[i] := A; B := B + 1
add i	A := A + C[i]; B:= B + 1
sub i	A := A $\dot{-}$ C[i]; B := B + 1
dsub i	A := A $\dot{-}$ i; B := B + 1
read	A := w_p; p := p + 1; B := B + 1
write a	x := xa; B := B + 1
goto i	B:= i
if i then j	if A = i then B := j else B := B + 1 ($i \in \mathbb{N}$ oder $i \in X$)
dload i	A := i
iload i	A := C[C[i]]; B := B + 1 ($i \geq 1$, indirekte Adressierung)
istore i	C[C [i]] := A; B := B + 1 ($i \leq 1$)
end	die Maschine hält an

Registermaschine (Tab. 1): Befehlsvorrat

Die Maschine soll w einlesen und in gespiegelter Form wieder ausgeben. Die Befehle 3 bis 9 lesen Zeichen für Zeichen ein und speichern sie kellerartig (↑ Keller) in den Registern ab. Register 1 zeigt dabei immer auf das Register, in dem das zuletzt eingelesene Zeichen steht. In der Befehlsfolge 12 bis 21 werden die eingelesenen Zeichen in umgekehrter Reihenfolge wieder ausgegeben.

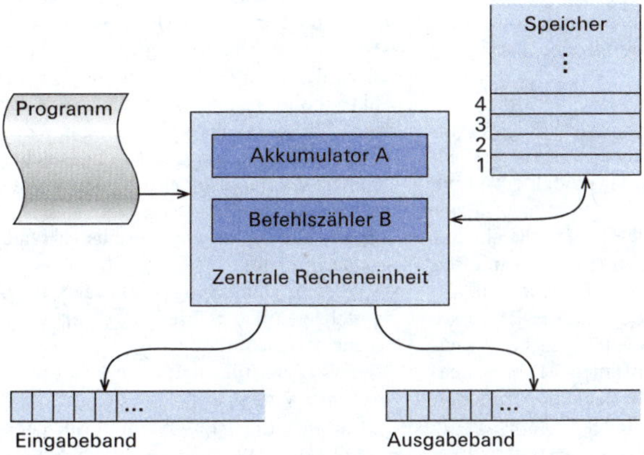

Registermaschine (Abb. 1): verallgemeinerte Registermaschine

```
 1 dload 1
 2 store 1
 3 dload 1
 4 add 1
 5 store 1
 6 read
 7 if # then 10
 8 istore 1
 9 goto 3
10 load 1
11 dsub 1
12 store 1
13 if 1 then 20
14 iload 1
15 if 1 then 18
16 write 0
17 goto 10
18 write 1
19 goto 10
20 end
```

In der ↑Komplexitätstheorie sind verallgemeinerte Registermaschinen ein wichtiges Hilfsmittel für die Berechnung der Laufzeit von Algorithmen und der Komplexität von Problemen, da sie wesentliche Strukturen von realen Computern beschreiben.

Dabei besteht ein polynomialer Zusammenhang zwischen der Anzahl der Rechenschritte, die eine Turingmaschine zur Ausführung eines Algorithmus benötigt, und der Anzahl der Rechenschritte einer entsprechenden Registermaschine. Umgekehrt besteht dieser Zusammenhang auch bei der Simulation einer Registermaschine durch eine Turingmaschine.

Parallel arbeitende ↑Rechnerarchitekturen werden durch *parallele Registermaschinen* (engl. **p**arallel **r**andom **a**ccess **m**achine, Abk. **PRAM**) modelliert. Eine PRAM besteht aus einer Menge identischer Prozessoren $P_1, \ldots P_p$, die alle auf einen gemeinsamen Speicher M mit den Speicherzellen $M_1, \ldots M_m$, $p, m \geq 0$, zugreifen können (Abb. 2). Alle Prozessoren arbeiten ↑synchron, d. h., sie werden durch einen gemeinsamen ↑Takt gesteuert und führen die Rechenoperationen gleichzeitig aus. Jeder Prozessor P_i gleicht einer verallgemeinerten sequenziellen Registermaschine (RAM) mit einem privaten Speicher. Jede Speicherzelle des gemeinsamen oder privaten Speichers kann eine natürliche Zahl speichern.

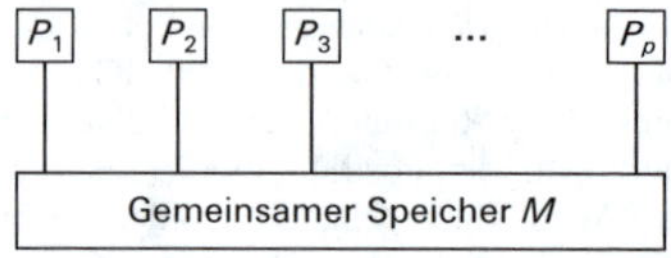

Registermaschine (Abb. 2): parallele Registermaschine (PRAM)

Der Befehlssatz der Prozessoren umfasst mindestens die in Tabelle 1 angegebenen arithmetischen und logischen Befehle, Vergleichsbefehle, Sprünge sowie Befehle zum direkten und indirekten Zugriff auf den privaten oder gemeinsamen Speicher. Die Eingabedaten $x_1, \ldots, x_r$ sind anfangs in den ersten r Speicherzellen von M abzulegen, die Ausgabedaten $y_1, \ldots, y_s$ befinden sich am Schluss der Rechnung in den ersten s Zellen von M.

Beim Zugriff auf den gemeinsamen Speicher können Konflikte auftreten, wenn verschiedene Prozessoren die gleiche Speicherzelle lesen oder schreiben. Diese Problematik vereinfacht man zunächst, indem man jeden Befehlszyklus in drei getrennte Phasen zerlegt. Zuerst liest jeder Prozessor ggf. eine Speicherzelle, dann führt er eine Operation aus und schließlich schreibt er ggf. in eine Speicherzelle. Damit gibt es nur noch Konflikte beim gemeinsamen Lesen oder beim gemeinsamen Schreiben einer Zelle. Hinsichtlich der Auflösung solcher Konflikte unterscheidet man drei wichtige Modelle:

EREW (Abk. für engl. **e**xclusive **r**ead, **e**xclusive **w**rite):
: Weder gleichzeitiges Lesen noch gleichzeitiges Schreiben einer Speicherzelle ist erlaubt.

CREW (Abk. für engl. **c**oncurrent **r**ead, **e**xclusive **w**rite):
: Gleichzeitiges Lesen einer Speicherzelle ist erlaubt, gleichzeitiges Schreiben nicht.

CRCW (Abk. für engl. concurrent read, concurrent write):

Sowohl gleichzeitiges Lesen wie auch gleichzeitiges Schreiben einer Speicherzelle ist erlaubt. Bei gleichzeitigem Schreiben muss bei diesem Modell noch präzisiert werden, welchen Wert die Speicherzelle nach einem gemeinsamen Schreibzugriff mehrerer Prozessoren übernimmt.

Die PRAMs, bei denen gemeinsame Lese- und/oder Schreibzugriffe erlaubt sind, können gewisse Probleme effizienter lösen als jene, bei denen nur exklusive Zugriffe möglich sind.

▸ *Beispiele:*

(1) In der ersten Zelle des gemeinsamen Speichers einer PRAM mit p Prozessoren stehe eine Zahl x. Gesucht ist ein Programm, das x in jede der ersten p Zellen kopiert.

Offenbar kann eine CREW-PRAM das Problem in einem Schritt lösen: Jeder Prozessor P_i liest gleichzeitig die Zelle 1 und schreibt den Wert in Zelle i.

Dagegen benötigt eine EREW-PRAM hierfür mindestens $O(\log_2 p)$ Rechenschritte.

(2) In den ersten p Zellen einer PRAM mit p Prozessoren sei jeweils ein Bit $x_i \in \{0, 1\}$, $i = 1, \ldots, p$, gespeichert. Gesucht ist ein Programm, das die ↑ODER-Funktion realisiert und

$$x_1 \vee x_2 \vee \ldots \vee x_p$$

in Zelle 1 abliefert. Offenbar kann eine CRCW-PRAM das Problem in einem Schritt lösen: Jeder Prozessor P_i liest die Zelle i und schreibt, falls $x_i = 1$ ist, eine 1 in die Zelle 1. Eine CREW-PRAM braucht hierfür aber mindestens $O(\log_2 p)$ Schritte. ◂

Besondere Probleme bereitet die hardwaremäßige Realisierung von PRAMs. Hauptschwierigkeit ist hier die Beherrschung des gleichzeitigen Zugriffs der Prozessoren auf den gemeinsamen Speicher. Heutige Speichertechnologien ermöglichen diesen gleichzeitigen Zugriff nicht. Vielmehr kann in einem Schritt nur eine Speicheranforderung befriedigt werden. Dieses Problem löst man auf zwei Arten: Man zerlegt zunächst den gemeinsamen Speicher M in p Module $M_1, \ldots, M_p$, also in so viele Module, wie Prozessoren vorhanden sind. Anschließend ordnet man entweder jedem Prozessor ein Modul zu und verbindet die Prozessoren zum Zwecke des Datenaustausches durch ein Kommunikationsnetzwerk (Abb. 3), oder man verbindet die Speichermodule und die Prozessoren durch ein sog. *Switching-Netzwerk,* das auf eine Zugriffsanforderung des Prozessors P_i zu einer Speicherzelle im Modul M_j das gewünschte Datum bereitstellt (Abb. 4). Einige Switching-Netzwerke basieren auf dem Shuffle-Exchange-Netzwerk (↑ paralleler Algorithmus).

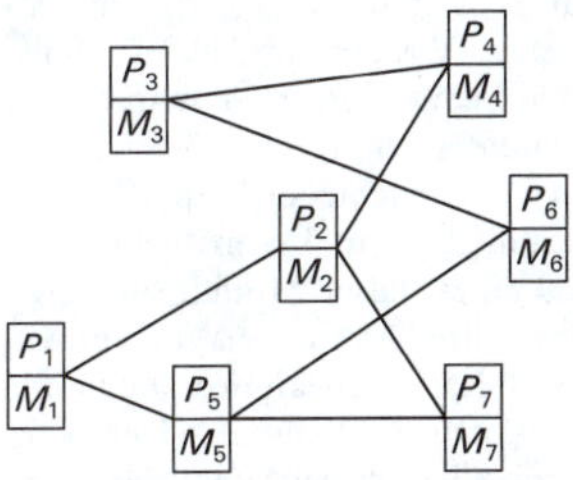

Registermaschine (Abb. 3): Netzwerkrealisierung einer PRAM

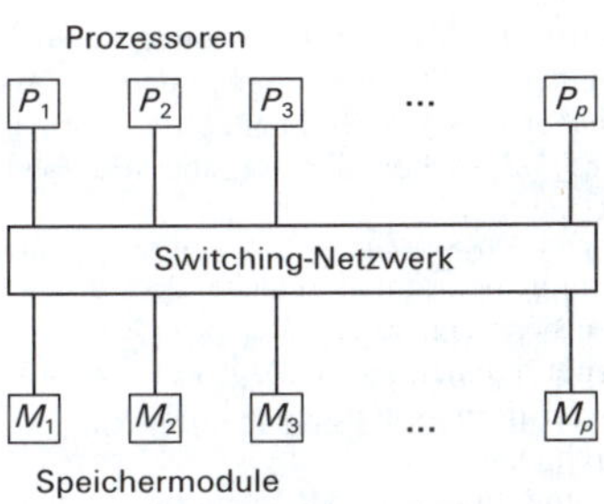

Registermaschine (Abb. 4): Realisierung einer PRAM durch ein Switching-Netzwerk

Bei beiden Realisierungen können jedoch Zeitverzögerungen entstehen, wenn mehrere Prozessoren auf dasselbe Speichermodul zugreifen. Von besonderem Interesse sind daher *universelle* Netzwerklösungen, also solche, bei denen die Prozessoren unabhängig vom Kommunikations- und Zugriffsmuster eines speziellen parallelen Algorithmus möglichst verzögerungsfrei auf die benötigten Daten zugreifen können.
Handelt es sich um die gleiche Speicherzelle und die gleiche Zugriffsart (z. B. Lesen), so bündelt man die Zugriffe, liest die Zelle nur einmal und verteilt die Information im Netzwerk an die entsprechenden Prozessoren. Beim Zugriff auf verschiedene Speicherzellen desselben Moduls müssen die Zugriffe nacheinander bearbeitet werden. Einige der zugreifenden Prozessoren müssen also einige Zyklen warten. Dieses Warten im Konfliktfalle kann man reduzieren, indem man von allen Daten mehrere Kopien anlegt, die man auf verschiedene Speichermodule verteilt. Beim Lesen genügt es dann, auf eines dieser Module zuzugreifen, beim Schreiben müssen zur Vermeidung von Inkonsistenzen der Daten alle Kopien aktualisiert werden. Der Zeitverlust bei allen diesen Realisierungen von PRAMs durch universelle Netzwerke liegt in der Größenordnung von $O(\log_2 p)$ bis $O((\log_2 p)^2)$, ist also relativ gering.

reguläre Menge: Die Menge Reg der regulären Mengen über einem ↑ Alphabet A ist die Teilmenge der (formalen) ↑ Sprachen über A, die wie folgt definiert ist:
(1) $\emptyset \in$ Reg, d. h., die leere Menge ist regulär;
(2) $\{\varepsilon\} \in$ Reg (ε = leeres Wort);
(3) $\{a\} \in$ Reg für alle $a \in A$;
(4) Falls $P \in$ Reg und $Q \in$ Reg sind, so ist auch
a) $(P \cup Q) \in$ Reg (Vereinigung),
b) $(P \cdot Q) \in$ Reg (↑Konkatenation),
c) $P^* \in$ Reg (↑ Iteration, ↑ Konkatenation).
(5) Eine Menge L ist genau dann in Reg, wenn L in endlich vielen Schritten mit den Regeln (1) bis (4) gewonnen werden kann.
Die Menge Reg ist gleich der Menge der ↑ regulären Sprachen, d. h., man kann jede reguläre Menge durch eine ↑rechtslineare Grammatik beschreiben, und jede reguläre Sprache ist in Reg.

▶ *Beispiel:* Die Menge

$$M = \{0\} \cup \{1\} \cdot \{1\}^* \cdot (\{01\} \cup \{\varepsilon\})$$

ist eine reguläre Menge. Eine rechtslineare Grammatik, die M erzeugt, ist

$$G = (N, T, P, S) \text{ mit}$$
$$N = \{S, A\},\ T = \{0, 1\},$$
$$P = \{S \to 0, S \to 1A, A \to 01,$$
$$A \to 1A, A \to \varepsilon\}.$$ ◀

Reguläre Mengen lassen sich unmittelbar durch ↑reguläre Ausdrücke beschreiben.

regulärer Ausdruck (engl. *regular expression*): Zeichenfolge zur konstruktiven Beschreibung von ↑regulären Mengen.
Die Menge der regulären Ausdrücke über einem ↑Alphabet A und der durch sie beschriebenen regulären Mengen ist die kleinste durch (1) bis (4) definierte Menge.
(1) „Ø“ ist ein regulärer Ausdruck, der die reguläre Menge Ø (leere Menge) bezeichnet.
(2) „ε“ ist ein regulärer Ausdruck, der die reguläre Menge $\{\varepsilon\}$, die nur aus dem leeren Wort ε besteht, bezeichnet.
(3) „a“ mit $a \in A$ ist ein regulärer Ausdruck für die reguläre Menge $\{a\}$.
(4) Sind p und q reguläre Ausdrücke, die die regulären Mengen P und Q bezeichnen, so ist
a) „$(p)^*$“ ein regulärer Ausdruck, der die reguläre Menge P^* (↑ Iteration, ↑ Konkatenation) bezeichnet,
b) „$(p+q)$“ ein regulärer Ausdruck, der die reguläre Menge $P \cup Q$ (Vereinigungsmenge) bezeichnet,
c) „(pq)“ ein regulärer Ausdruck, der die reguläre Menge $P \cdot Q$ (↑ Konkatenation) bezeichnet.

Eine reguläre Menge kann in der Regel durch mehrere Ausdrücke beschrieben werden.

▶ *Beispiel:* Die reguläre Menge $M = \{aa, ab, ba, bb\}$ über dem Alphabet $\{a, b\}$ wird beschrieben durch die Ausdrücke:

$$((((aa) + (ab)) + (ba)) + (bb)),$$
$$((a(a+b)) + (b(a+b))),$$
$$((a+b)(a+b)).$$ ◀

Reguläre Ausdrücke beschreiben genau die ↑regulären Sprachen. Zu jedem regulären Ausdruck p kann man leicht einen ↑endlichen Automaten angeben, der die durch p beschriebene reguläre Menge akzeptiert.

▶ *Beispiel:* Über dem Alphabet $A = \{0, 1\}$ betrachte man den regulären Ausdruck

$$(0 + ((1(0(1)^*0)^*1)^*(0)^*)^*).$$

Die zugehörige reguläre Sprache bezeichnen wir mit M. Zum Beispiel gehören die Wörter

$$0 = 0,$$
$$11 = 3,$$
$$1001 = 9,$$
$$10101110 = 174$$

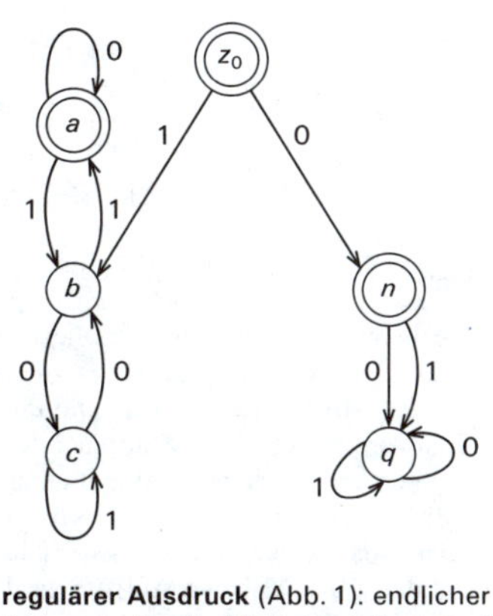

regulärer Ausdruck (Abb. 1): endlicher Automat, der die Binärdarstellungen der durch 3 teilbaren Zahlen akzeptiert

zu M. Fasst man die Zeichenfolgen als Dualdarstellung (ohne führende Nullen) von natürlichen Zahlen auf, so ergeben sich die rechts daneben stehenden dezimal dargestellten Zahlen. Man kann zeigen: Die Menge M enthält genau die Binärdarstellungen der durch 3 teilbaren Zahlen. Ein zugehöriger endlicher Automat, der M akzeptiert, ist in Abb. 1 dargestellt. Vgl. auch das Beispiel unter ↑rechtslineare Grammatik. ◀

reguläre Sprache: (formale) ↑ Sprache, die von einer ↑ rechtslinearen Grammatik erzeugt werden kann.

▶ *Beispiel:* Die Menge L aller Dualdarstellungen von natürlichen Zahlen (ohne führende Nullen) ist eine reguläre Sprache. Die rechtslineare Grammatik $G = (N, T, P, S)$ erzeugt L mit

$$N = \{S, A\},\ T = \{0, 1\},$$
$$P = \{(S, 0), (S, 1A), (A, 0A),$$
$$(A, 1A), (A, \varepsilon)\}.$$ ◀

Die Menge der regulären Sprachen ist gleich der Menge der von ↑ endlichen Automaten erkannten Sprachen sowie gleich der Menge der durch ↑ reguläre Ausdrücke beschreibbaren Sprachen und gleich der Menge der von ↑ linkslinearen Grammatiken erzeugbaren Sprachen (↑Chomsky-Hierarchie).

Rekursion: Definition eines Problems, einer Funktion oder eines Verfahrens durch sich selbst. Genauer: Das Ergebnis eines Verfahrens für die Eingabe x wird auf das Ergebnis des gleichen Verfahrens für eine Eingabe y zurückgeführt (ist hierbei $x = y$, dann lässt sich kein Ergebnis ermitteln). Ebenso wird das Ergebnis bzgl. y auf das Ergebnis des Verfahrens bzgl. z zurückgeführt usw. Damit dieses Vorgehen endet, muss mindestens für einen Wert das Ergebnis des Verfahrens bekannt sein.

Rekursive Darstellungen sind im Allgemeinen kürzer und leichter verständlich als andere Darstellungen, da sie charakteristische Eigenschaften einer Funktion betonen.

R

► *Beispiele:*

(1) Fakultätsfunktion „!" über $\mathbb{N}_0$ (↑Fakultät):

a) $0! = 1$,

b) Für $n > 0$ gilt:
$n! = n \cdot (n-1)!$.

(2) *Größter gemeinsamer Teiler* ggT.
Für alle $m, n \in \mathbb{N}_0$ gilt:

a) $\mathrm{ggT}(m, 0) = m$,

b) $\mathrm{ggT}(n, m) = \mathrm{ggT}(m, n)$,

c) $\mathrm{ggT}(m, n) = \mathrm{ggT}(m, n-m)$ für $n \geq m$.

(3) ggT-Definition, wie sie für den ↑euklidischen Algorithmus benutzt wird:

a) $\mathrm{ggT}(m, 0) = m$,

b) $\mathrm{ggT}(n, m) = \mathrm{ggT}(m, n \,\underline{\mathrm{mod}}\, m)$ für $m > 0$.

(4) *Ulam-Funktion* $c: \mathbb{N} \rightarrow \mathbb{N}_0$:

a) $c(1) = 0$,

$$c(n) = \begin{cases} 1 + c\left(\frac{n}{2}\right), n & \text{gerade,} \\ 1 - c(3 \cdot n + 1), n & \text{ungerade.} \end{cases}$$

Diese Funktion besitzt beispielsweise die Funktionswerte

$$c(2) = 1,\ c(3) = 7,$$
$$c(4) = 2, \ldots, c(27) = 111.$$

(5) mc: $\mathbb{N} \rightarrow \mathbb{N}$

a) $mc(n) = n - 10$, für $n > 100$,

b) $mc(n) = mc(mc(n+11))$, sonst.

Hier tritt die Funktion in der rekursiven Definition zugleich als ihr eigenes Argument auf. Die Funktion wurde von J. McCarthy „erfunden" und als *„McCarthy 91"* bezeichnet, da $mc(n) = 91$ für $1 \leq n \leq 101$ ist. ◄

Weitere bekannte Beispiele für die Rekursion sind ↑Quicksort, die ↑Türme von Hanoi, das ↑Damenproblem, das ↑Springerproblem, die ↑Ackermann-Funktion sowie das ↑Backtracking- und das ↑Branch-and-bound-Verfahren.

Rekursion ist eine unverzichtbare Methode in der Informatik. Nur wenige Programmiersprachen unterstützen rekursive Definitionen nicht. Die Rekursion ist das wichtigste Prinzip in der funktionalen Programmierung (↑Programmiersprache), vgl. auch ↑LISP, ↑LOGO.

Ein Spezialfall der Rekursion ist die ↑Iteration. Die rekursive Verwendung des Verfahrens erfolgt hierbei stets am Anfang *(head recursion)* oder am Ende *(tail recursion)*.

► *Beispiel:* Es seien B eine Bedingung und A eine Folge von Anweisungen:

```
procedure P;
begin
   if B then A; P fi
end
```

Der Prozeduraufruf „P" kann in diesem Fall iterativ durch die Anweisung

```
while B do A od
```

ersetzt werden. ◄

Rekursive Problemlösungen dienen in erster Linie der Einsicht in das Problem. Häufig ist jedoch die rekursive Formulierung auch effizient (↑Effizienz), wie man an Quicksort oder an vielen Algorithmen sieht, die auf den dynamischen Datenstrukturen ↑lineare Liste, ↑Baum oder ↑Graph operieren.

Bei der *direkten Rekursion* ruft sich eine Prozedur P selbst auf, siehe obiges Beispiel. Wird in einer Prozedur P die Prozedur Q aufgerufen und in Q die Prozedur P, so spricht man von *indirekter Rekursion.*

► *Beispiel:*

```
procedure P (...);
begin
   ...; Q (...); ...
end;
procedure Q (...);
begin
   ...; P (...); ...
end;
```

◄

Zur Auswertung rekursiv definierter Prozeduren siehe ↑Inkarnation.

Rekursionstiefe: Durch Verwendung der ↑Rekursion bei ↑Prozeduren oder Funktionen kann sich beim Ablauf eines Programmes eine Prozedur innerhalb eines ↑Aufrufs wieder aufrufen usw. Die Anzahl der geschachtelten Aufrufe wird als *Rekursionstiefe* der Prozedur bezeichnet. Details siehe unter ↑Inkarnation.

▶ *Beispiel:*

```
function fac (n: integer): integer;
begin
  if n = 0 then fac := 1
    else fac := n * fac(n - 1) fi
end (* fac *);
```

Aufrufe für fac (4)	Rekursionstiefe
Aufruf: fac(4)	0
Aufruf: fac(3)	1
Aufruf: fac(2)	2
Aufruf: fac(1)	3
Aufruf: fac(0)	4 ◀

Bei ↑primitiv-rekursiven Funktionen bezeichnet die Rekursionstiefe die Schachtelung gemäß der primitiven Rekursion, d. h.: Alle Grundfunktionen c^n, N und p_i^n erhalten die Rekursionstiefe 0; die Einsetzung verändert die Rekursionstiefe nicht; sind h eine Funktion der Rekursionstiefe k und g eine Funktion der Rekursionstiefe höchstens $k+1$ und entsteht f aus g und h durch primitive Rekursion, dann besitzt f die Rekursionstiefe $k+1$. Jede primitiv-rekursive Funktion besitzt eine feste minimale Rekursionstiefe. Der ↑ Ackermann-Funktion kann man dagegen keine solche Rekursionstiefe zuordnen, womit man beweisen kann, dass die Ackermann-Funktion nicht primitiv rekursiv ist.

rekursiv (aus dem Lateinischen: recursare = zurückkehren): Definition von Funktionen, indem man die Berechnung für jedes Argument wieder auf das gleiche Schema oder auf die eigene Definition zurückführt. Dies erkennt man gut im ↑Lambda-Kalkül und in ↑LISP.

(1) Bei mathematischen Funktionen: Eine Funktion heißt *rekursiv,* wenn sie total und ↑berechenbar ist. Sie heißt *partiell rekursiv,* wenn es einen Algorithmus (genauer: eine ↑ Turingmaschine) gibt, der sie berechnet. Partiell rekursive und μ-rekursive Funktionen stimmen überein. Rekursive und partiell rekursive Funktionen unterscheiden sich also nur darin, dass rekursive Funktionen für alle Argumente definiert sind. Da der Haltebereich von Turingmaschinen i. A. keine ↑ entscheidbare Menge ist, kann man auch nicht entscheiden, ob ein Algorithmus eine rekursive Funktion beschreibt.

(2) Bei Mengen: Es sei A ein Alphabet. Eine Menge $M \subseteq A^*$ heißt *rekursiv,* wenn M eine ↑entscheidbare Menge ist, wenn es also einen stets anhaltenden Algorithmus gibt, der zu jedem $u \in A^*$ nach endlich vielen Schritten feststellt, ob $u \in M$ ist oder nicht. Rekursive Mengen sind somit genau die Mengen, für die das ↑Wortproblem lösbar ist bzw. deren ↑ charakteristische Funktion rekursiv ist. M heißt *rekursiv aufzählbar,* wenn M ↑aufzählbar ist.

(3) Bei Prozeduren: In der Programmierung nennt man eine ↑Prozedur *rekursiv,* wenn sie sich selbst unmittelbar oder auf dem Umweg über andere Prozeduren aufrufen kann, vgl. ↑Rekursion.

μ-rekursive Funktion ['my:...]: Die μ-rekursiven Funktionen bilden eine Funktionenklasse, die nach dem gleichen Schema wie die ↑ primitiv-rekursiven Funktionen aufgebaut ist: Man gibt eine Reihe von einfachen Grundfunktionen an und Verfahren, wie man aus bereits bekannten Funktionen neue gewinnt. Zur Funktionenklasse gehören dann genau diejenigen Funktionen, die man durch endlich viele Anwendungen der Erzeugungsverfahren aus den Grundfunktionen erhält.

Die Klasse der μ-rekursiven Funktionen ist die kleinste Klasse R von Funktionen über den natürlichen Zahlen, für die gilt:

a) Für alle $n \in \mathbb{N}_0$ ist
$$c^n: \mathbb{N}_0^n \to \mathbb{N}_0 \text{ mit } c^n(x) = 0$$
für alle $x \in \mathbb{N}_0^n$ in R.

b) Die Nachfolgerfunktion
$$N: \mathbb{N}_0 \to \mathbb{N}_0 \text{ mit } N(x) = x+1$$
für alle $x \in \mathbb{N}_0$ ist in R.

c) Für alle $n \in \mathbb{N}_0$ und $1 \le i \le n$ ist die Projektion p_i^n: $\mathbb{N}_0^n \to \mathbb{N}_0$ mit
$$p_i^n(x_1, \ldots, x_n) = x_i \text{ in } R.$$

d) Sind $f: \mathbb{N}_0^n \to \mathbb{N}_0$ und $g_1, \ldots, g_n: \mathbb{N}_0^m \to \mathbb{N}_0$ in R, dann ist $h: \mathbb{N}_0^m \to \mathbb{N}_0$ mit
$$h(x) = f(g_1(x), \ldots, g_n(x))$$
in R. Dabei ist $h(x)$ genau dann defi-

R

niert, wenn alle $g_i(x)$ und $f(g_1(x), \ldots, g_n(x))$ definiert sind.

e) Sind $g: \mathbb{N}_0^n \to \mathbb{N}_0$ und $h: \mathbb{N}_0^{n+2} \to \mathbb{N}_0$ in R, dann ist auch die Funktion
$f: \mathbb{N}_0^{n+1} \to \mathbb{N}_0$ in R,
welche die folgenden Gleichungen erfüllt:
- $f(0, y) = g(y)$
- $f(x+1, y) = h(x, f(x, y), y)$, für alle $x \in \mathbb{N}_0$ und für alle $y \in \mathbb{N}_0^n$.

Dabei ist $f(0, y)$ genau dann definiert, wenn $g(y)$ definiert ist. Für $x \geq 0$ ist $f(x+1, y)$ genau dann definiert, wenn $h(x, f(x, y), y)$ und $f(u, y)$ für alle $u < x$ definiert sind.

f) Ist $f: \mathbb{N}_0^{n+1} \to \mathbb{N}_0$ in R, dann ist auch $\mu f: \mathbb{N}_0^n \to \mathbb{N}_0$ mit

$$\mu f(y): \begin{cases} \min\{x | f(x,y) = 0 \\ \quad \text{und für alle} \\ \quad u \leq x \text{ ist } f(u,y) \\ \quad \text{definiert}\}, \\ \quad \text{falls ein solches } x \\ \quad \text{existiert,} \\ \text{nicht definiert,} \\ \quad \text{falls ein solches } x \\ \quad \text{nicht existiert.} \end{cases}$$

in R. Man sagt, μf entsteht aus f durch Anwendung des **µ-Operators**.

Da μf nicht unbedingt für jedes Argument definiert ist, gehören auch ↑partielle Funktionen zur Klasse der µ-rekursiven Funktionen. Lässt man die letzte Bedingung weg, so erhält man genau die ↑primitiv-rekursiven Funktionen, die also eine Teilklasse der µ-rekursiven Funktionen bilden. Eine total definierte µ-rekursive Funktion, die nicht primitiv-rekursiv ist, ist die ↑Ackermann-Funktion; siehe auch ↑Rekursionstiefe.

▶ *Beispiele:*

a) Sei $f(x, y) = x + y$ für alle $x, y \in \mathbb{N}_0$. Dann gilt:

$$\mu f(y) = \begin{cases} 0, & \text{falls } y = 0, \\ \text{nicht definiert sonst} \end{cases}$$

Denn min $\{x | f(x, y) = x + y = 0\}$ ist nur definiert und dann gleich 0, falls $y = 0$ ist.

b) Sei

$$f(x,y) = \begin{cases} 0, & \text{falls } x = y, \\ \text{undefiniert sonst} \end{cases}$$

Dann ist

$$\mu f(y) = \begin{cases} 0, & \text{falls } y = 0, \\ \text{nicht definiert sonst.} \end{cases}$$

Zwar ist min $\{x | f(x, y) = 0\}$ für alle $y \in \mathbb{N}_0$ definiert und gleich y. Jedoch gilt nur für $y = 0$ die Zusatzbedingung, dass $f(u, y)$ auch für alle $0 \leq u \leq x = y$ definiert ist.

Der µ-Operator ist eine Formalisierung der ↑while-Schleife. Man kann ihn mit folgendem Programmstück beschreiben:

```
x := 0;
while f(x, y) ≠ 0 do x := x + 1 od;
```

Ist μf nicht definiert, so terminiert die Schleife nicht. ◀

Die Klasse der µ-rekursiven Funktionen ist gleich der Klasse der durch ↑Turingmaschinen berechenbaren Funktionen und somit nach der ↑churchschen These gleich der Klasse der ↑berechenbaren Funktionen.

Die µ-rekursiven Funktionen können auch über den Wörtern eines Alphabets definiert werden. Da man diese aber eineindeutig in die natürlichen Zahlen codieren kann, bleibt die Funktionenklasse im Wesentlichen die gleiche.

Relais [rə'lɛ:]: Bezeichnung für ein (heute in Datenverarbeitungsanlagen nicht mehr verwendetes) elektromagnetisches Schaltgerät.

Ursprünglich wurde das Relais entwickelt, um im Telegrafendienst den Signalstrom zu verstärken.

Im Jahre 1941 stellte K. Zuse (Geschichte der ↑Informatik) die erste funktionsfähige programmierbare Rechenanlage der Welt fertig. Sie verfügte über insgesamt 2 600 Relais.

Relation: Eine binäre Relation R auf einer Menge M ist eine Teilmenge von $M \times M$. Sind $a, b \in M$ und gilt $(a, b) \in R$, so sagt man, „a und b stehen in der Relation R“. Gelegentlich schreibt man statt $(a, b) \in R$ auch aRb. Eine Relation ist

- *reflexiv,* wenn für alle $a \in M$ $(a, a) \in R$ gilt;
- *transitiv,* wenn für alle $a, b, c \in M$ aus $(a, b) \in R$ und $(b, c) \in R$ stets $(a, c) \in R$ folgt;
- *symmetrisch,* wenn für alle $a, b \in M$ aus $(a, b) \in R$ stets $(b, a) \in R$ folgt;
- *antisymmetrisch,* wenn für alle $a, b \in M$ aus $(a, b) \in R$ und $(b, a) \in R$ stets $a = b$ folgt.

Eine reflexive, symmetrische und transitive Relation ist eine *Äquivalenzrelation*; eine reflexive, antisymmetrische und transitive Relation ist eine ↑Ordnung.

Allgemein ist eine n-stellige Relation R eine Teilmenge eines kartesischen Produktes $M_1 \times M_2 \times \ldots \times M_n$, siehe ↑Record und ↑Datensatz. Solche Relationen kann man durch Tabellen mit n Spalten darstellen. Hierauf beruhen die Darstellungen in relationalen ↑Datenbanken.

repeat [engl. rɪ'pi:t]: Mittels der repeat-*Schleife* (↑Schleife) kann man in vielen imperativen Programmiersprachen ↑Anweisungen in Abhängigkeit von einer Bedingung einmal oder mehrfach ausführen. Eine repeat-Schleife wird beispielsweise wie folgt notiert:

```
repeat
  write('Positive Zahl eingeben:');
  read(n)
until n > 0;
```

Bei Abarbeitung der repeat-Schleife werden zunächst die Anweisungen zwischen repeat und until ausgeführt. Danach wird die Bedingung geprüft, und falls sie nicht zutrifft, wird die repeat-Schleife erneut ausgeführt. Die repeat-Schleife wird immer dann benutzt, wenn eine Folge von Anweisungen mindestens einmal ausgeführt werden soll (↑while).

resident: Programme und Daten, die beim Start eines Computersystems in den ↑Hauptspeicher geschrieben werden und dort während des Systemlaufs verweilen, heißen *resident.* Typische residente Programme sind das ↑Betriebssystem und ↑Laufzeitsysteme. Die Bezeichnung resident wird auch für Teile von Benutzerprogrammen verwendet, die während der Bearbeitung dauernd im Hauptspeicher verweilen (vgl. ↑Speicherverwaltung). Zu den residenten Teilen gehören in modernen Systemen insbesondere Programme des „Schreibtischzubehörs" oder der „Accessories". Hier kann der Benutzer Hilfsprogramme nutzen, z. B. eine Zeitanzeige oder die Bildschirmschoner.

Reverse Engineering: ingenieurmäßig durchgeführter Analysevorgang, der den Synthese- oder Konstruktionsvorgang rückwärts durchläuft. In der Informatik wird ausgehend von einem Softwaresystem der Entwicklungsprozess in umgekehrter Reihenfolge durchlaufen mit dem Ziel, die gestaltenden Ideen und die abstrakten Konzepte, die dem konkreten System zugrunde liegen, automatisch oder im Dialog aufzuspüren. Wenn möglich sollte am Ende dieses Prozesses eine ↑Spezifikation des Softwaresystems stehen; dies ist aber zurzeit nicht erreichbar. Man gibt sich daher mit der Erkennung von Strukturen, Datentypen und Nebenläufigkeiten zufrieden. Allerdings legt man größten Wert auf die *Redokumentation,* d. h. auf die Beschreibung der Systemteile wie ↑Modul oder ↑Objekt(klasse), ihrer Schnittstellen und der Verflechtung mit anderen Programmen. Die Benutzer analysieren Durchläufe durch das System, sie experimentieren mit einer ↑Aufwärtsübersetzung, sie untersuchen die zugrunde liegenden Datenstrukturen usw. und sie fügen anschließend alle Erkenntnisse zu einer Dokumentation zusammen. Dieses Vorgehen dient somit zugleich einem besseren Verständnis von (undokumentierter) Software, weshalb Methoden des Reverse Engineering im ↑Reengineering Verwendung finden.

Review (dt. nochmalige Prüfung): Standardtätigkeit bei allen Projekten, insbesondere im ↑Software-Engineering. Ein Review dient der Überprüfung von Modulen, Klassen und anderen Programmeinheiten, der Mängelbeseitigung, dem Überdenken von und Abgleichen mit Spezifikationen und allgemein der ↑Qua-

litätssicherung. Ein Review sollte nicht länger als zwei Stunden dauern und mit einer Prüfgeschwindigkeit von höchstens zwei Zeilen Programmcode pro Minute ablaufen. Die Fehleraufdeckung und die Erkennung anderer Schwächen erfolgt durch inhaltliche Diskussionen während der Reviewsitzung, wobei qualitative und quantitative Aspekte einfließen und meist Checklisten mitverwendet werden. Im Gegensatz zum Testen werden keine Probeläufe im Computer durchgeführt, sondern der Ablauf wird von dem Gutachterteam nur manuell nachvollzogen, die Programmeinheiten werden auf Widersprüche untersucht und es werden Methoden der ↑Verifikation eingesetzt.
Auch in frühen Phasen der Softwareentwicklung sollen Reviews stattfinden, insbesondere um die Spezifikation durchzusprechen und gemeinsam zu verabschieden. Die Praxis zeigt, dass über 60% der vorhandenen Fehler bei Reviews gefunden werden. Erfahrungsgemäß werden hierbei zugleich viele Mängel in der Konzeption aufgedeckt. Daher wird in keinem Informatikprojekt auf diese Technik verzichtet.
Reviews müssen gründlich vorbereitet, von erfahrenen Personen geleitet und in offener, vorurteilsfreier Atmosphäre durchgeführt werden. Insbesondere dürfen die Autor(inn)en nicht persönlich angegriffen werden und Überheblichkeiten der Begutachter(innen) sind vom Moderator zu unterbinden.

R

RISC (Abk. für *reduced instruction set computer,* dt. Computer mit verringertem ↑Befehlsvorrat): In den 70er-Jahren wurden die ↑Mikroprozessoren immer komplexer. Zum einen konnten durch Miniaturisierung immer mehr Funktionen auf einem ↑Chip untergebracht werden, zum anderen versuchte man, Befehle zu realisieren, die sich an die Anweisungen in höheren Programmiersprachen anlehnten. Es entstanden Mikroprozessoren mit sehr komplexen Grundbefehlen, die man mit dem Kürzel ↑CISC (engl. *complex instruction set computer*) bezeichnet. Diese enthalten viele Befehle, die vermutlich niemals von Programmierern (und schon gar nicht von ↑Übersetzern) verwendet werden und deren Realisierung nur den kostbaren Platz auf dem Chip belegt.
In den 80er-Jahren hat man daher damit begonnen, RISC-Mikroprozessoren aus möglichst wenigen (ca. 40–80) Befehlen aufzubauen. Entwurfsziele waren:
- Verringerung des Entwicklungsaufwands für einen Mikroprozessor,
- einheitliche kurze Zykluszeit für alle Befehle,
- Vermeidung von Adressberechnungen wo immer möglich (dies bedeutet, dass der Zugriff auf den Hauptspeicher nur durch wenige normierte Befehle stattfinden soll; man spricht vom „Load-store-Prinzip“),
- Minimierung der benötigten Fläche auf dem Chip (wodurch Platz für andere Komponenten entsteht),
- Nutzung von Optimierungstechniken, vor allem ↑Pipelineverarbeitung,
- Unterstützung der Übersetzer höherer Programmiersprachen; hierzu erstellt man eine Statistik über die benutzten Befehle in Zigtausenden von übersetzten Programmen und konzipiert hiermit einen einfachen, aber wirkungsvollen Befehlsvorrat,
- Unterstützung von Betriebssystemen.

In der Praxis stellen sich die erhofften Vorteile der RISC- gegenüber den CISC-Architekturen nur allmählich ein, insbesondere zeigen sich bei den Bewertungsprogrammen kaum Unterschiede. Für viele Anwendungen (etwa in der Prozessdatenverarbeitung und zur optimalen Nutzung von Systemen) werden auch weiterhin CISC-Rechner die wichtigere Rolle spielen.

Roboter (von tschech. robota = Frondienst): umgangssprachliche Bezeichnung für flexible *Handhabungsgeräte.* Oft sind Roboter programmgesteuerte Maschinen, deren Arbeitsweise der eines Menschen nachgebildet ist und die komplexe manuelle Tätigkeiten eines Menschen ausführen können. Um Gegenstände (z. B. Werkzeuge) greifen und

mit ihnen manipulieren zu können, verfügen Roboter über mechanische Dreh- und Greifvorrichtungen und über Sensoren, mit denen sie ihre Umwelt wahrnehmen können. Die Programmierung eines Roboters für wechselnde Aufgaben geschieht im Allgemeinen nicht durch Neueingabe oder Änderung seines Programms, sondern durch ein so genanntes *Teach-in-Verfahren*. Hierbei werden dem Roboter die auszuführenden Bewegungen und Handgriffe von einem Menschen an der konkreten Aufgabe „gezeigt". Ferngesteuert von einem Menschen führt der Roboter den neuen Bewegungsablauf durch und speichert ihn gleichzeitig ab. Die im Zusammenhang mit Robotern auftretenden Probleme sind Forschungsaufgaben im Bereich der ↑ Künstlichen Intelligenz.
In der Science-Fiction-Literatur werden „Roboter" meist mit denkenden Maschinenmenschen gleichgesetzt.

ROM (Abk. für engl. **r**ead **o**nly **m**emory = Nurlesespeicher): Festwertspeicher; Speicher, dessen Inhalt bereits bei der Herstellung festgelegt wird und nicht mehr verändert werden kann. ROMs werden vorwiegend als Speicher für feste Programme (z. B. für Betriebssystemkomponenten) und für unveränderbare Daten verwendet (↑ PROM, ↑ RAM, ↑ optische Speicher).

RPG (Abk. für engl. **r**eport **p**rogram **g**enerator) [ɛr pe: 'ge:]: problemorientierte Programmiersprache und ↑ Programmgenerator für Programme zur Verarbeitung von Datenlisten. RPG wurde vor allem im kaufmännischen Bereich eingesetzt, wenn z. B. eine ↑ Datei eingelesen werden sollte, in der gleich strukturierte ↑ Datensätze stehen. Dabei mussten gewisse Berechnungen auf den Datensätzen ausgeführt und die Datensätze zusammen mit den Ergebnissen der Berechnungen in einem festgelegten Format ausgedruckt werden.
RPG ermöglicht die Spezifikation solcher Listenverarbeitungen.

RS-Flipflop [ɛr ''ɛs]: einfaches Speicherelement (↑ Flipflop). Es besitzt die Eingänge r (Abk. für engl. **r**eset = rücksetzen) und s (Abk. für engl. **s**et = setzen) und die Ausgänge z und seine Negation $\bar{z}$ (Abb. 1).

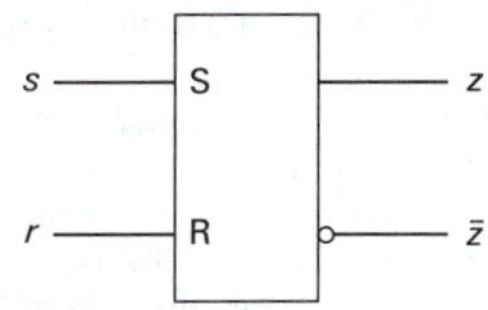

RS-Flipflop (Abb. 1): Schaltzeichen

Ein RS-Flipflop kann mithilfe zweier über Kreuz geschalteter NOR-Gatter (↑ NOR-Funktion) realisiert werden (Abb. 2).
Die folgende Wertetabelle gibt die neuen Zustände z' und $\bar{z}'$ in Abhängigkeit der alten Zustände z und $\bar{z}$ und der Eingaben r und s an:

r	s	z	$\bar{z}$	z'	$\bar{z}'$	
0	0	0	1	0	1	Speichern
0	0	1	0	1	0	
0	1	0	1	1	0	Setzen
0	1	1	0	1	0	
1	0	0	1	0	1	Rücksetzen
1	0	1	0	0	1	
1	1	0	1	–	–	
1	1	1	0	–	–	

Die Eingabe $r = s = 1$ ist verboten, da die Ausgabe dann keinen definierten Wert besitzt.

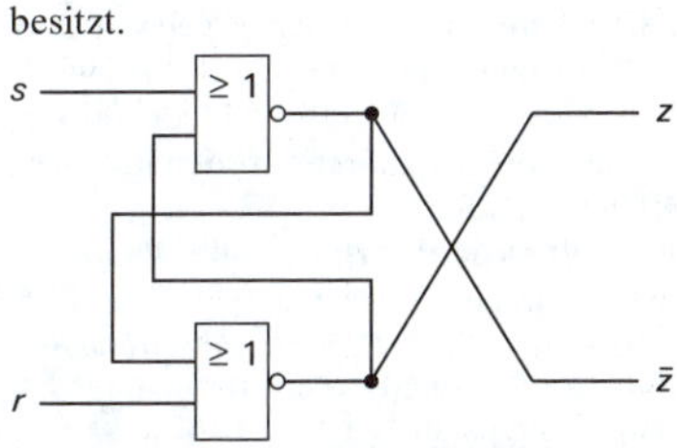

RS-Flipflop (Abb. 2): Darstellung des RS-Flipflops durch zwei NOR-Gatter

Setzt man die Funktionswerte für verbotene Eingangskombinationen auf 1, so erhält man folgende Übergangsgleichung:

$$z' = \bar{r}z + s,$$

Nebenbedingung: $rs = 0$.
Ein Beispiel für die Verwendung eines RS-Flipflops steht unter ↑ Schaltwerke mit Speichergliedern.

Rückkehradresse: Wenn eine ↑Prozedur an einer Stelle in einem Programm aufgerufen wird, so soll nach Beendigung des Aufrufs die nächste Anweisung nach dem Prozeduraufruf ausgeführt werden. Hierzu notiert man sich anfangs die Stelle hinter dem Prozeduraufruf, um nach Abarbeitung des Prozedurrumpfs zu dieser Stelle zurückzuspringen (↑Sprung). Eine solche Stelle bezeichnet man als Rückkehradresse. In vielen Maschinensprachen existieren ↑Befehle, welche die Speicherung der Rückkehradresse organisieren. So kann man z. B. in einigen Assemblersprachen (↑ Assembler) Befehle der Form

```
call ausgabe
```

angeben, wodurch die Adresse der Anweisung, die hinter dem call-Befehl (Rückkehradresse) steht, gespeichert und anschließend zur ↑ Marke „ausgabe" gesprungen wird. Am Ende der Prozedur mit der Anfangsadresse „ausgabe" steht dann der Befehl

```
return,
```

welcher bewirkt, dass die Rückkehradresse aus dem Speicher gelesen und ein Sprung dorthin ausgeführt wird. Die Adressen, die zu verschiedenen Rekursionstiefen gehören, werden in einem Keller verwaltet.

Rucksackproblem (engl. *knapsack problem*): Hierunter versteht man Entscheidungs- und *Optimierungsprobleme,* die eine möglichst gute Teilmenge aus einer gegebenen Menge liefern sollen. Ein typisches Beispiel ist das optimale Beladen eines U-Boots oder einer Raumfähre: Es sind n Gegenstände vorhanden, es dürfen aber nur Gegenstände im Gesamtgewicht von höchstens G Kilogramm mitgenommen werden, weil sonst die Tragfähigkeit des Fahrzeugs überschritten wird. Jeder Gegenstand hat für die Fahrt einen gewissen Wert. Es soll nun eine Teilmenge der Gegenstände so ausgewählt werden, dass die Summe ihrer Gewichte höchstens G ist und der Gesamtwert der ausgewählten Gegenstände möglichst groß wird. Man kann annehmen, dass alle auftretenden Gewichte und Werte natürliche Zahlen sind (anderenfalls addiert man eine Konstante zu allen Größen, geht zu rationalen Zahlen über und multipliziert mit dem Hauptnenner).
Formal: Gegeben sind ein Gesamtgewicht $G \in \mathbb{N}$, ein Gesamtwert $W \in \mathbb{N}$ und n Gegenstände; jeder Gegenstand besitzt ein Gewicht $g_i \in \mathbb{N}$ und einen Wert $w_i \in \mathbb{N}$, für $i = 1, \ldots, n$. Für eine Teilmenge $J \subseteq \{1, 2, \ldots, n\}$ definieren wir deren Gewicht

$$g(J) = \sum_{j \in J} g_j$$

und deren Wert

$$w(J) = \sum_{j \in J} w_j.$$

Gesucht ist nun eine Teilmenge $J \subseteq \{1, 2, \ldots, n\}$ mit $g(J) \leq G$ und $w(J) \geq W$.
Die Antwort auf diese Frage lautet stets „Ja" oder „Nein"; es handelt sich also um ein Entscheidungsproblem. Mithilfe von ↑Nichtdeterminismus lässt sich eine Lösung leicht beschreiben, indem man eine Menge J rät und die gewünschte Eigenschaft deterministisch nachprüft.
Meist ist man aber an einem Optimierungsproblem interessiert, wobei man den maximalen Wert erreichen möchte, d. h., man sucht eine Teilmenge J mit $g(J) \leq G$, sodass für alle $J' \subseteq \{1, 2, \ldots, n\}$ mit $g(J') \leq G$ gilt: $w(J') \leq w(J)$. Der Wert W wird hierbei nicht benötigt. Algorithmisch findet man eine Lösung mittels ↑Backtracking, indem man alle Teilmengen J' von $\{1, 2, \ldots, n\}$ mit $g(J') \leq G$ durchprobiert und die beste auswählt; das zugehörige rekursive Programm zeigt Prog. 1.

▶ *Beispiel:* $n = 4$.

$$g_1 = 1,\ g_2 = 3,\ g_3 = 4,\ g_4 = 7;$$
$$w_1 = 2,\ w_2 = 4,\ w_3 = 3,\ w_4 = 5;$$
$$G = 11.$$

Abb. 1 zeigt die möglichen Fälle, einen Gegenstand einzupacken oder nicht einzupacken, und die zugehörigen Gesamtwerte und Gesamtgewichte in Form eines ↑ Baumes. Die Indexmenge $I = \{1, 2, 4\}$ ist eine (und in diesem Beispiel auch die einzige) Lösung zu diesem Problem. In Abb. 1 wurden die Äste, die zu einem Gesamtgewicht größer als G führen, weggelassen. ◀

Beide Varianten des Rucksackproblems sind ↑NP-vollständig, sofern alle natürlichen Zahlen wie üblich in einem ↑Stellenwertsystem zu einer Basis, die mindestens 2 ist, dargestellt werden. Stellt man dagegen jede Zahl z als eine Folge von z Strichen dar, so lässt sich das Problem polynomiell in der Länge der Eingabe lösen. Eine Vereinfachung des Rucksackproblems lautet: Gegeben sei eine Folge von n natürlichen Zahlen $a_1, a_2, \ldots, a_n$ und eine natürliche Zahl b. Gibt es eine Teilfolge $a_{i_1}, a_{i_2}, \ldots, a_{i_k}$ dieser Zahlen, deren Summe gleich b ist? Auch dieses Problem ist NP-vollständig. Insbesondere kennt

```
var n, G, i, optimum, summe_g, summe_w: integer;
   g, w: array [1..n] of integer;
   x, ergebnis: array [1..n] of {0,1};
procedure rucksack (j: integer);
begin
   if j ≤ n then
      (* Nimm den j-ten Gegenstand nicht zur Menge J. *)
      x[j] := 0;
      rucksack(j+1);
      (* Füge den j-ten Gegenstand zur Menge J hinzu. *)
      x[j] := 1; summe_g := summe_g+g[j];
      if summe_g ≤ G then
         summe_w := summe_w+w[j];
         rucksack(j+1);
         summe_w := summe_w-w[j] fi;
      summe_g := summe_g-g[j]
   else
      (* Aktuelle Menge J besser als die bisher beste Menge? *)
      if summe_w > optimum then optimum := summe_w;
         for i:= 1 to n do ergebnis[i] := x[i] od
      fi
   fi
end;
...
(* Die Zahlen G, n, g[1], ..., g[n], w[1], ..., w[n] einlesen.
   Dabei stelle man sicher, dass alle Zahlen ≥ 1 sind. *)
optimum := 0; summe_g := 0; summe_w := 0;
rucksack(1);
if optimum > 0 then write("Lösungsmenge: ");
   for i := 1 to n do if ergebnis[i] = 1 then write (i) fi od
else write ("Es gibt keine Lösung.") fi
...
```

Rucksackproblem (Prog. 1): rekursives Programm zur Lösung des Optimierungsproblems mittels Backtracking. Die aktuell untersuchte Menge J enthält genau die Indizes j, für die x[j] = 1 ist.

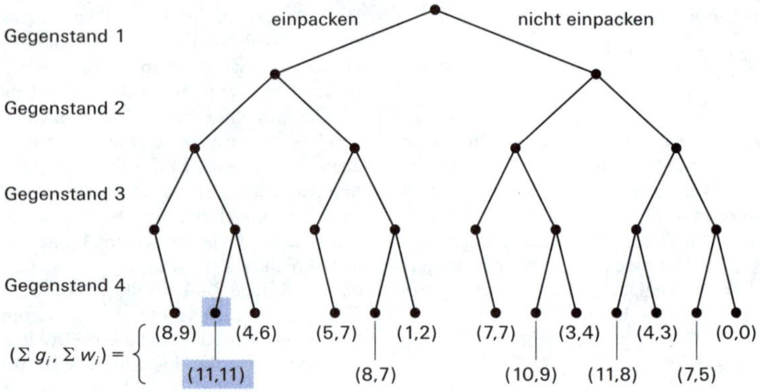

Rucksackproblem (Abb. 1): Baumstruktur eines Rucksackproblem-Beispiels

man bis heute kein Verfahren, welches die Entscheidung in polynomieller Zeit (gemessen bezüglich der Länge der Eingabe) fällt. Dies gilt sogar für den Spezialfall, dass man b nicht frei wählt, sondern

$$b = \frac{1}{2} \cdot \sum_{i=1}^{n} a_i$$

setzt. Vor diesem Problem steht man z. B., wenn man n Gegenstände, die jeweils die Werte a_i besitzen, auf zwei Parteien gleichmäßig aufteilen will.

Rundung: In einer Rechenanlage werden reelle Zahlen durch eine feste Anzahl von Stellen (↑ Bits) dargestellt. Ziffern, die außerhalb des Darstellungsbereichs liegen, müssen entweder vernachlässigt werden (Abschneiden) oder die Zahl wird durch die nächstgelegene darstellbare Zahl ersetzt („runden"; ist die neue Zahl größer als die gegebene Zahl, so spricht man von *„aufrunden"*, sonst von *„abrunden"*).

▶ *Beispiel:* Die unterschiedliche Wirkung von Runden und Abschneiden bei der ↑ Gleitpunktdarstellung zeigt folgende Tabelle. Hierbei wird angenommen, dass zur Darstellung der Mantisse 4 Stellen nach dem Dezimalpunkt und zur Darstellung des Exponenten 2 Stellen zur Verfügung stehen.

reelle Zahl	normalisierte abgeschnittene Gleitpunktzahl	normalisierte gerundete Gleitpunktzahl
$\frac{1}{2}$	$0.5000 \cdot 10^{00}$	$0.5000 \cdot 10^{00}$
$\frac{1}{6}$	$0.1666 \cdot 10^{00}$	$0.1667 \cdot 10^{00}$
12 345.3	$0.1234 \cdot 10^{05}$	$0.1235 \cdot 10^{05}$
1000100	$0.1000 \cdot 10^{07}$	$0.1000 \cdot 10^{07}$ ◀

Die Abweichung der im Rechner dargestellten Gleitpunktzahl von der wahren reellen Zahl bezeichnet man als *Rundungsfehler.*

Stehen zur Darstellung der Mantisse einer Gleitpunktzahl n Stellen im ↑Stellenwertsystem zur Basis b zur Verfügung, so ist der relative Rundungsfehler, der auftritt, wenn man statt mit der gegebenen reellen Zahl x mit der gerundeten Zahl $\bar{x}$ rechnet,

$$\frac{|x - \bar{x}|}{|x|} \leq \frac{1}{2} \cdot b^{1-n}.$$

▶ *Beispiel:* Sei $x = \frac{1}{6}$, $b = 10$, $n = 4$. Dann ist $\bar{x} = 0.1667 \cdot 10^{00}$. Der relative Rundungsfehler errechnet sich zu

$$\frac{|x - \bar{x}|}{|x|} = 0.0002 \leq \frac{1}{2} \cdot 10^{-3} = 0.0005.$$ ◀

Die Konstante

$$\frac{1}{2} \cdot b^{1-n}$$

bezeichnet man auch als *Maschinengenauigkeit.*
Wegen des Einflusses von Rundungsfehlern kann eine mathematisch korrekte Rechnung trotzdem zu falschen Ergebnissen führen. Bei manchen Rechenanlagen kann man die Genauigkeit vergrößern und mit der doppelten Stellenzahl rechnen *(doppelte Genauigkeit,* engl. *double precision).* Dies ist bei vielen numerischen Problemen empfehlenswert, häufig aber noch nicht ausreichend. Gewisse Programmiersprachen arbeiten daher mit beliebig vorgebbarer Genauigkeit (z. B. Dialekte von ↑LISP) oder es werden die maximal möglichen Fehler mitgeführt.
Rundungen werden dem Benutzer beim Rechnen mit reellen Zahlen nicht angezeigt. Verlässt man dagegen beim Rechnen mit ganzen Zahlen den Darstellungsbereich, so wird das Programm in der Regel mit einem Überlauf-Fehler (↑Bereichsüberschreitung) abgebrochen.

SADT-Methode [ɛs'a: de: 'te:] (Abk. für engl. **s**tructured **a**nalysis and **d**esign **t**echnique): Verfahren zur hierarchischen Analyse und grafischen Darstellung bestehender Systeme und Hilfsmittel für den Entwurf von Systemen.
Mit der SADT-Methode kann man sowohl die Ergebnisse der Problemanalysephase (↑Software-Engineering) formulieren und zusammenfassen als auch in der nachfolgenden Entwurfsphase das Verhalten des zukünftigen Systems spezifizieren.
Die grafischen Darstellungen eines Systems werden bei der SADT-Methode aus den beschrifteten Grundelementen Kasten und Pfeil aufgebaut (Abb. 1) und nach folgenden Prinzipien gebildet:
a) Jedes System wird möglichst auf zwei verschiedene Weisen dargestellt, einmal unter dem *funktionalen* und einmal unter dem *objektbezogenen* Aspekt. Im ersten Fall enthält der Kasten in Abb. 1 die Funktion, und die Pfeile geben die verarbeiteten Objekte an (Abb. 2), im zweiten Fall umgekehrt (Abb. 3).
Beide Darstellungen sind für eine vollständige Beschreibung des Systems notwendig und erleichtern die Überprüfung des grafischen Modells auf Korrektheit.

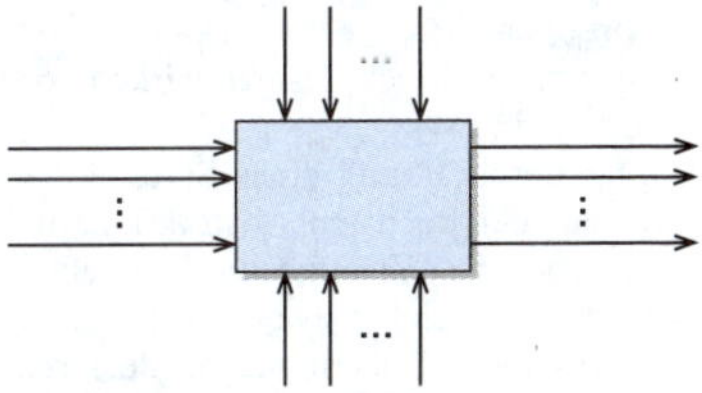

SADT-Methode (Abb. 1): Grundelement eines SADT-Diagramms

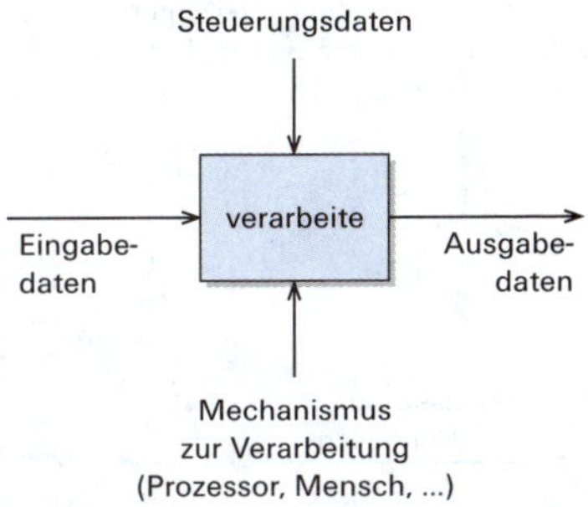

SADT-Methode (Abb. 2): funktionale Sicht eines Systems

Unabhängig von der funktionalen bzw. objektbezogenen Darstellung besitzen die Pfeile an den Kästen stets die gleiche Bedeutung:

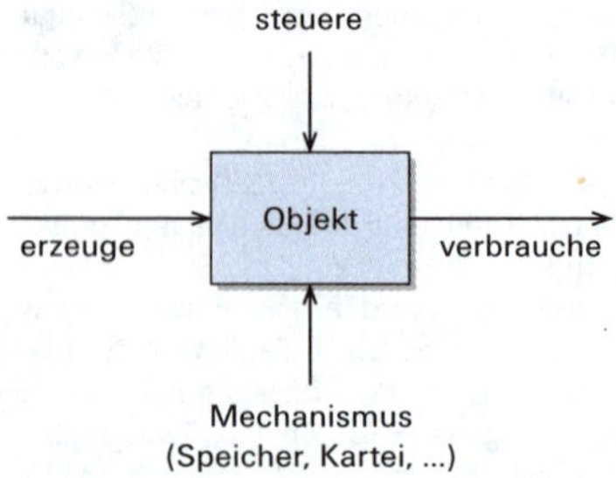

SADT-Methode (Abb. 3): objektbezogene Sicht eines Systems

- Eingabe erfolgt von links (E),
- Ausgaben gehen nach rechts (A),
- Steuerungsinformationen kommen von oben (S),
- zusätzliche Mechanismen wirken von unten ein (M).

b) Die Beschreibung eines Systems beginnt auf der höchsten Abstraktionsstufe. Durch die Verfeinerung einzelner Teilsysteme, welche jeweils nicht mehr als sechs neue Teilsysteme produzieren sollten, wird das System hierarchisch zergliedert. Die Beschränkung auf höchstens sechs neue Teilsysteme hat den Zweck, eine zu starke Verfeinerung einzelner Teilsysteme gegenüber anderen und damit eine wachsende Unübersichtlichkeit zu verhindern. Innerhalb einer Verfeinerung werden die neuen Teilsysteme treppenartig von links oben nach rechts unten angeordnet, vgl. Abb. 5. Diese Anordnung legt aber keine Ablaufreihenfolge fest.

c) Jedes System sollte jeweils von mehreren verschiedenen Standpunkten aus betrachtet und beschrieben werden.

d) Mit der SADT-Methode können keine Kontrollflüsse dargestellt werden. Dadurch vermeidet man, dass in die Beschreibung eines Systems bereits algorithmische Lösungsansätze eingehen.

Weitere Darstellungselemente werden anhand des folgenden Beispiels erläutert.

▶ *Beispiel:* Verwaltung eines Ersatzteillagers (funktionale Sichtweise: Abb. 4 und 5; objektbezogene Sichtweise: Abb. 6). Die markierten Pfeile E_1, E_2, A_1, A_2, S_1, S_2, M_1 korrespondieren mit Ein- und Ausgängen des übergeordneten Diagramms. Pfeile, deren Anfänge durch ein Klammerpaar gekennzeichnet sind, stehen für Objekte, die auf der übergeordneten Abstraktionsstufe noch unsichtbar waren. Pfeile, die auf den unteren Rand eines Kastens zeigen, symbolisieren die *ausführenden* Elemente. So wird zum Beispiel die Funktion „bediene Kunden“ durch „Verkaufspersonal“ erledigt. Pfeile auf dem oberen Rand eines

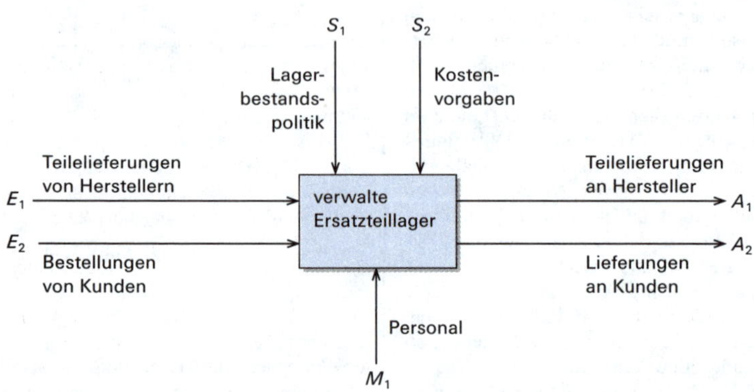

SADT-Methode (Abb. 4): höchste Abstraktionsstufe der Ersatzteillagerverwaltung

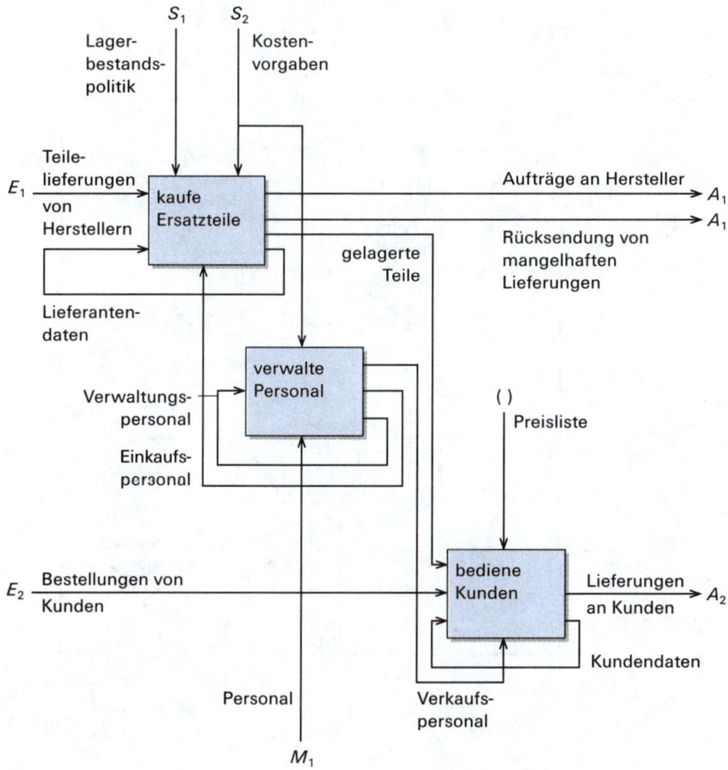

SADT-Methode (Abb. 5): Verfeinerung des Diagramms aus Abb. 4

Kastens repräsentieren *steuernde* Elemente. So steuert z. B. die Kostenvorgabe S_2 die Durchführung der Funktion „verwalte Personal". ◀

Das Problem besteht hier wie bei anderen Entwurfstechniken darin, eine präzise Semantik anzugeben. Hierarchisch verfeinerte ↑Petrinetze sind ein geeigneter Ansatz.

Scanner [von engl. to scan = abtasten, überstreichen]:
(1) Programm zum Einlesen und vorläufigen Aufbereiten von Texten, Bildern oder Sprache für die weitere Verarbeitung in einem Rechner. Speziell bezeichnet man die erste Phase eines ↑Übersetzers als Scanner (↑lexikalische Analyse).
(2) Gerät zur Eingabe von Bildern in einen Rechner. Hierbei werden Farbe und Intensität der Vorlage punktweise durch lichtempfindliche Zellen, die über die Vorlage geschoben werden, aufgenommenen und gespeichert. Die Auflösung des Scanners *(Granularität)* wird durch die Anzahl der abgetasteten Punkte pro cm bestimmt, die in der Praxis zwischen 100 und 300 liegt. Bei einer Auflösung von 100 Punkten je cm werden von einer DIN-A4-Seite über 6 Millionen Daten (zu je 16 bis 1024 ↑Bit, je nach Zahl der Graustufen und

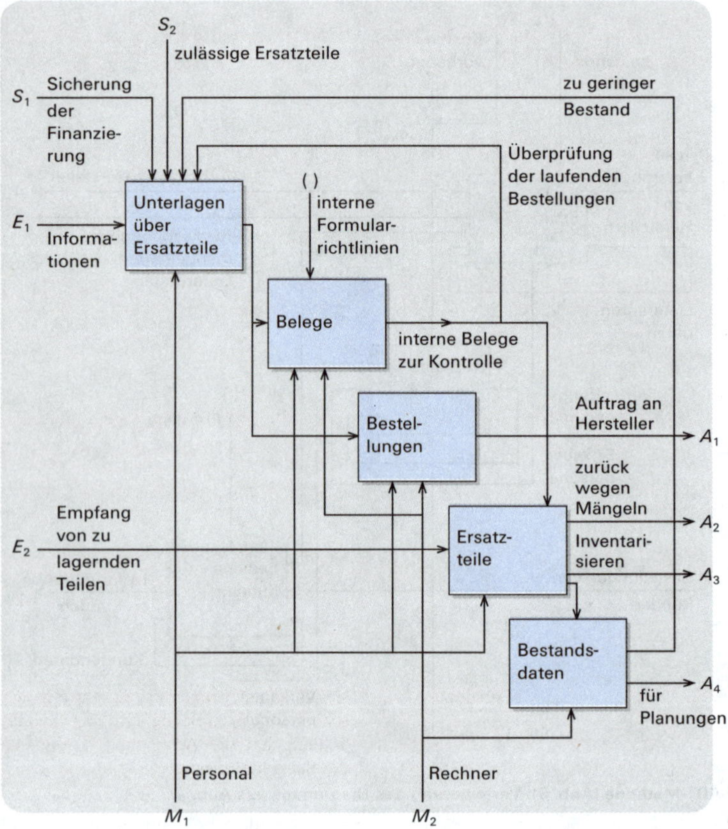

SADT-Methode (Abb. 6): mögliche objektbezogene Sichtweise

Farben, ↑ Pixel) erzeugt, wodurch sich der riesige Speicherbedarf erklärt, der beim Scannen benötigt wird. Man setzt meist ↑ Kompressionsalgorithmen ein, durch die beispielsweise größere zusammenhängende Bereiche gleicher Farbe und Graustufe speziell codiert oder statt der vollständigen Einzelinformation je Punkt nur die Veränderungen gegenüber dem linken Nachbarpunkt notiert werden.

Zu einem Scanner gehört stets ein Softwarepaket, mit dessen Hilfe die Art der Datenerhebung gesteuert wird, z. B. ob farbig oder schwarz-weiß gearbeitet werden soll, welcher Ausschnitt der Vorlage auszuwählen ist, welcher Kontrast gewünscht wird usw. Zugleich wird die vom Scanner gelieferte Information direkt in eine Darstellung übertragen, die für die weitere Verarbeitung von bildverarbeitenden Systemen benutzt wird (siehe z. B. ↑ PostScript). Will man den im Bild enthaltenen Text weiterverarbeiten, so muss man ein Zeichenerkennungsprogramm einsetzen.

Schachtelung:
(1) Schachtelung von ↑Prozeduren oder Funktionen: Eine Prozedur ist in einer anderen Prozedur geschachtelt, wenn sie in ihr deklariert (↑Deklaration) oder aufgerufen (↑ Aufruf, ↑ Inkarnation) wird. Im ersten Fall spricht man von *statischer,* im zweiten Fall von *dynamischer Schachtelung* bzw. „Abstützen" einer Prozedur (Funktion) auf eine andere. Stellt man die Aufrufe als Baum dar, so gibt die Tiefe in diesem Baum die Schachtelungstiefe bzw. ↑Rekursionstiefe an.

▶ *Beispiel:*

```
procedure P (...);
   procedure Q (...);
   begin
      ...
      P (...);
      ...
   end;
begin
   ...
   Q (...);
   ...
end;
```

Die Prozedur Q ist in P sowohl statisch als auch dynamisch geschachtelt. Die Prozedur P ist in Q nur dynamisch geschachtelt.
(2) Schachtelung von ↑ Anweisungen, vorwiegend Blöcken und Schleifen: Eine Anweisung ist in einer anderen Anweisung geschachtelt, wenn sie, textuell betrachtet, vollständig in der anderen enthalten ist.

▶ *Beispiel:*

```
while ... do
   ...
   repeat
      ...
      y:=y+1;
      ...
   until ...;
   ...
   x:=1;
   ...
od;
```

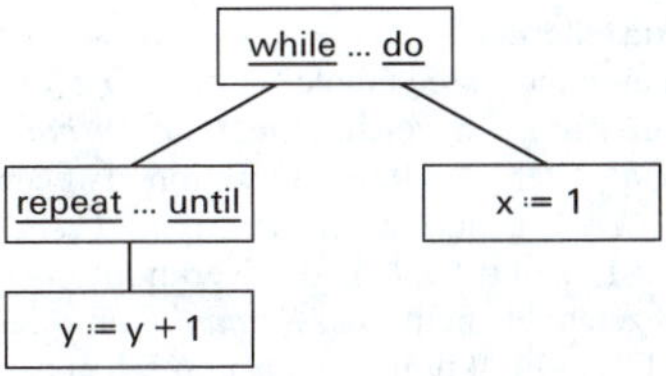

Schachtelung (Abb. 1): Darstellung einer Schachtelung als Baum

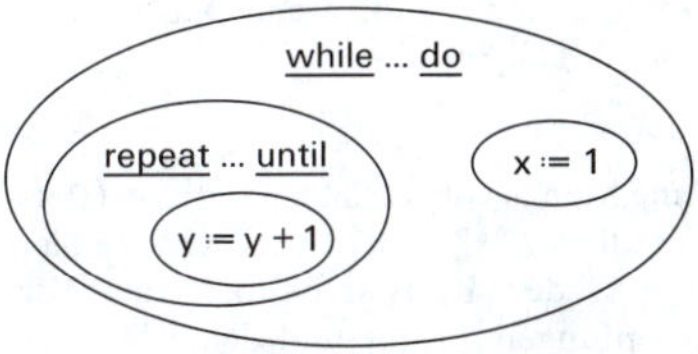

Schachtelung (Abb. 2): mengenorientierte Darstellung einer Schachtelung

Die repeat-Schleife und die Anweisung „x:= 1" sind in der while-Schleife geschachtelt, „y:=y+1" ist in der repeat-Schleife geschachtelt.
Die *Schachtelungstiefe* einer Anweisung gibt an, in wie viel anderen Anweisungen sie in einem gegebenen Programm geschachtelt ist. Bezüglich der while-Schleife hat die Anweisung „y:=y+1" die Schachtelungstiefe 2. ◀

Schachtelungen stellt man meist durch ↑Bäume oder mengenorientiert mithilfe geschlossener Flächen dar (Abb. 1 und 2), siehe auch ↑Block.

Schaltalgebra: eine Anwendung der ↑ booleschen Algebra zur Beschreibung und Untersuchung logischer Schaltungen. *M* sei eine Menge mit zwei Elementen, welche mit 0 und 1 oder O und L bezeichnet werden. Gemäß der Definition einer booleschen Algebra führt man zwei Verknüpfungen „+" und „·" sowie eine weitere Verknüpfung „‾" durch folgende Vorschriften ein:

+	0	1
0	0	1
1	1	1

·	0	1
0	0	0
1	0	1

	‾
0	1
1	0

Anstelle der Symbole +, ·, ¯ verwendet man auch die Symbole ∨, ∧, ¬. Die Verknüpfung + bezeichnet man als *Disjunktion* oder ↑ ODER-Funktion (wegen $a+b=1$ genau dann, wenn $a=1$ *oder* $b=1$; $a,b \in \{0,1\}$); die Verknüpfung · bezeichnet man als *Konjunktion* oder ↑ UND-Funktion (wegen $a \cdot b = 1$ genau dann, wenn $a=1$ *und* $b=1$; $a,b \in \{0,1\}$); die Verknüpfung ¯ heißt *Negation* oder ↑ NOT-Funktion (wegen $\bar{a}=1$ genau dann, wenn *nicht* $a=1$; $a \in \{0,1\}$). Sei

$$X = \{x_1, x_2, \ldots, x_n\}$$

eine Menge von Variablen mit $x_i \in \{0,1\}$ für alle $i \in \{1, \ldots, n\}$. Aus den Variablen $x_i \in X$, den Konstanten 0, 1, den Verknüpfungen ¯, ·, + und den Klammersymbolen (,) lassen sich *boolesche Ausdrücke* aufbauen, die nach einer Belegung der Variablen mit den Werten 0 und 1 ausgewertet werden können und als Resultat 0 oder 1 liefern. Ein boolescher Ausdruck mit k verschiedenen Variablen realisiert also eine k-stellige ↑boolesche Funktion.

Die Menge A_n aller booleschen Ausdrücke über den Variablen $x_1, \ldots, x_n$ ist folgendermaßen definiert:

(1) $0, 1 \in A_n$;

(2) für alle $i \in \{1, \ldots, n\}$ ist $x_i \in A_n$;

(3) wenn $A \in A_n$ ist, so sind $(A) \in A_n$ und $(\bar{A}) \in A_n$;

(4) wenn $A, B \in A_n$, so sind $(A \cdot B) \in A_n$ und $(A+B) \in A_n$;

(5) A_n besteht nur aus den durch Anwendung der Regeln (1) bis (4) gewonnenen Zeichenreihen.

►*Beispiele:* A_2 enthält die booleschen Ausdrücke

$$x_1, (x_2 \cdot 1), ((\bar{x}_1) + x_2),$$
$$(((\overline{x_1 + x_2})) \cdot ((x_1 \cdot 1) + 0)).$$

Um abzukürzen, vereinbart man, dass ¯ stärker bindet als · und · stärker bindet als +. Nach dieser Konvention bedeutet z. B.

$$\overline{x_1 + x_2} \cdot (x_1 \cdot 1 + 0)$$

dasselbe wie

$$((\overline{x_1 + x_2}) \cdot ((x_1 \cdot 1) + 0)).$$

Ferner lässt man häufig das ·-Zeichen weg. Die obigen Beispiele lauten dann:

$$x_1, x_2 1, \bar{x}_1 + x_2, \overline{x_1 + x_2}(x_1 1 + 0)$$ ◄

Eine realisierte boolesche Funktion

$$f : \{0,1\}^k \to \{0,1\}$$

kann man als Tabelle aufschreiben, die 2^k Zeilen besitzt.

►*Beispiel* ($k = 3$): Betrachte den booleschen Ausdruck

$$x_1 x_2 + x_1 x_3 + x_2 x_3.$$

Zu ihm gehört folgende boolesche Funktion g:

x_1	x_2	x_3	$g(x_1, x_2, x_3)$
0	0	0	0
0	0	1	0
0	1	0	0
0	1	1	1
1	0	0	0
1	0	1	1
1	1	0	1
1	1	1	1

Diese boolesche Funktion g beschreibt den Übertrag bei der Addition von drei Binärstellen. ◄

Ein boolescher Ausdruck, der nur aus der Konjunktion von Variablen oder negierten Variablen besteht und in dem jede Variable genau einmal vorkommt, heißt *Produktterm*. Jeder Produktterm beschreibt eine Funktion, die genau an einer Stelle den Wert 1 annimmt. Zum Beispiel besitzt der Produktterm $x_1 \bar{x}_2 \bar{x}_3$ genau für $x_1 = 1$, $x_2 = 0$ und $x_3 = 0$ den Wert 1 und sonst stets den Wert 0. Jede boolesche Funktion f lässt sich als *Disjunktion von Produkttermen* darstellen (vgl. ↑disjunktive Normalform). Manchmal wird der Begriff „Produktterm" auch allgemeiner verwendet. Ein solcher Produktterm im allgemeinen Sinne ist dann ein Term, bei dem beliebig viele x_i oder $\bar{x}_i$ UND-verknüpft sind. Einen Produktterm im engeren Sinne bezeichnet man dann als *Minterm*.

Um eine Disjunktion von Produkttermen zu erhalten, bildet man zu jeder Zeile in der Funktionstabelle, in der der Funktionswert 1 ist, den zugehörigen Produktterm und verbindet alle diese Produktterme durch Disjunktionen.

▶ *Beispiel:* Die oben angegebene Funktion g besitzt vier Zeilen, in denen der Funktionswert 1 ist. Zur ersten dieser Zeilen $(011 \mid 1)$ gehört der Produktterm $\bar{x}_1 x_2 x_3$. Die weiteren drei Produktterme sind $x_1 \bar{x}_2 x_3$, $x_1 x_2 \bar{x}_3$ und $x_1 x_2 x_3$. Die disjunktive Normalform zu g lautet daher:

$$\bar{x}_1 x_2 x_3 + x_1 \bar{x}_2 x_3 + x_1 x_2 \bar{x}_3 + x_1 x_2 x_3.$$

Hierzu kann man bereits eine Schaltung angeben, da den Operationen +, · und ¯ ↑Gatter entsprechen. Das Schaltbild für g zeigt Abb. 1. ◀

Mithilfe von Rechengesetzen der Schaltalgebra (die denen der ↑booleschen Algebra entsprechen) kann man boolesche Ausdrücke vereinfachen.
Einige Rechengesetze für beliebige boolesche Ausdrücke A und B lauten:

(1) $A + B = \overline{\bar{A} \cdot \bar{B}}$ } de Morgansche Gesetze
(1′) $A \cdot B = \overline{\bar{A} + \bar{B}}$ }
(2) $A + A = A$
(2′) $A \cdot A = A$
(3) $A \cdot B + \bar{A} \cdot B = B$

▶ *Beispiel:* Wendet man diese Gesetze auf die disjunktive Normalform von g an, so kann man mittels Gesetz (2) statt $x_1 x_2 x_3$ auch

$$x_1 x_2 x_3 + x_1 x_2 x_3 + x_1 x_2 x_3$$

schreiben. Wegen Gesetz (3) gewinnt man aus

$$x_1 x_2 \bar{x}_3 + x_1 x_2 x_3$$

den kürzeren Ausdruck $x_1 x_2$. Aus der disjunktiven Normalform erhält man also den kürzeren Ausdruck, von dem wir ausgegangen sind:

$$x_1 x_2 + x_2 x_3 + x_1 x_3.$$

Die zugehörige einfachere Schaltung zeigt Abb. 2.

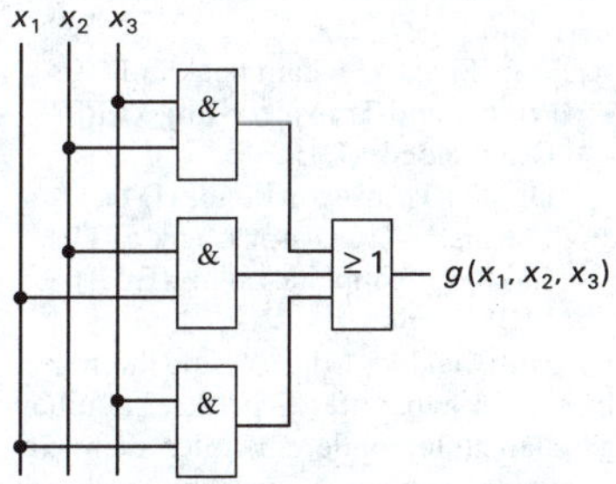

Schaltalgebra (Abb. 2): vereinfachtes Schaltbild zur Berechnung von g ◀

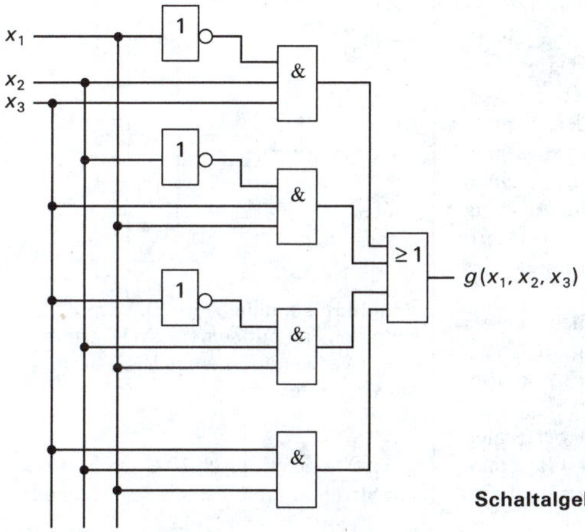

Schaltalgebra (Abb. 1): Schaltbild für g

Es gibt viele Verfahren, um möglichst einfache boolesche Ausdrücke zu erhalten. Nicht alle solche Ausdrücke sind jedoch für die Praxis interessant, da durch sie technische Zusatzforderungen entstehen. Zum Beispiel müssen die Laufzeiten der elektrischen Signale und die Versorgung der Gatter und Speicherelemente mit Taktleitungen und Verstärkern beachtet werden. Diese und weitere Probleme werden in der Schaltwerktheorie und in der Technischen Informatik untersucht.

Schaltkreisfamilie: Gesamtheit aller logischen Grundbausteine (z. B. ↑Gatter, ↑ Flipflop), die durch eine bestimmte technische Zusammenschaltung gleichartiger elektronischer Bauelemente realisiert sind.

Wichtige Schaltkreisfamilien sind
- ↑Widerstand-Transistor-Logik (RTL),
- ↑Diodenlogik (DL),
- ↑Dioden-Transistor-Logik (DTL),
- ↑Transistor-Transistor-Logik (TTL),
- ↑Emittergekoppelte Logik (ECL),
- ↑MOS-Logik.

Die Entwicklung dieser und weiterer, hier nicht genannter Schaltkreisfamilien geschah unter anderem unter dem Gesichtspunkt, dem logischen Verhalten des so genannten *idealen Gatters* möglichst nahe zu kommen.

Das ideale Gatter liefert am Ausgang zur Darstellung von „logisch 0“ die Spannung 0 Volt und für „logisch 1“ die Betriebsspannung U_B. Damit das ideale Gatter keine undefinierten Spannungen zwischen 0 und U_B liefert, muss es bei einer bestimmten Eingangsspannung *(Umschaltspannung U_U)* einen Sprung von 0 Volt auf U_B am Ausgang machen, der keine Zeit erfordert. Abb. 1 zeigt das Schaltverhalten des idealen Gatters.

Das Schaltverhalten des idealen Gatters ändert sich unter Belastung, d. h. bei Verbindung des Ausgangs mit den Eingängen anderer Gatter, nicht.

Ganz anders verhält es sich bei realen Gattern. Hier benötigt jeder Gattereingang abhängig vom Eingangssignal „logisch 0“ oder „logisch 1“ einen bestimmten Strom, nimmt also eine gewisse Leis-

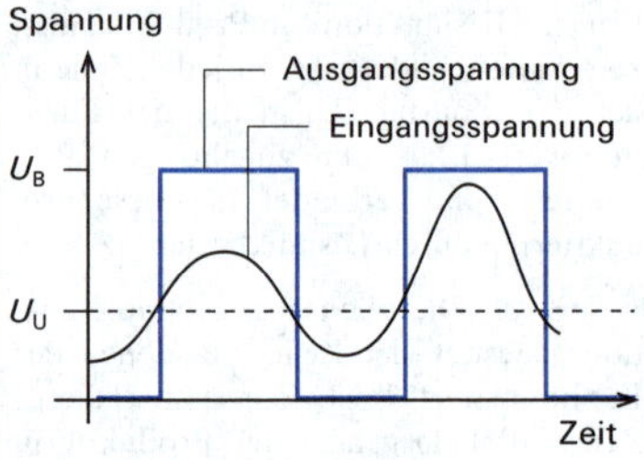

Schaltkreisfamilie (Abb. 1): Schaltverhalten eines idealen Gatters

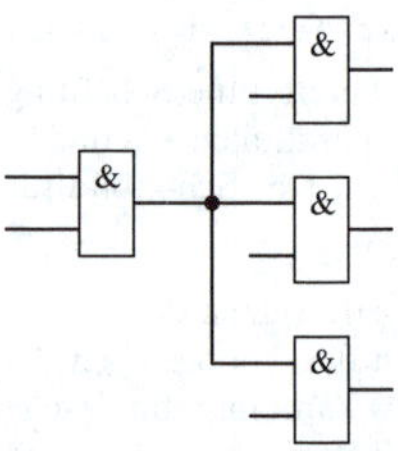

Schaltkreisfamilie (Abb. 2): UND-Gatter mit Fan-out 3

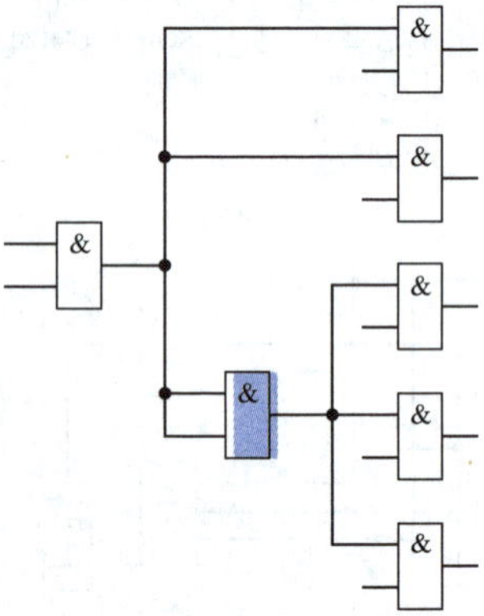

Schaltkreisfamilie (Abb. 3): Vergrößerung des Fan-outs eines UND-Gatters durch Verwendung eines UND-Gatters als Verstärker

tung auf. Diese Leistung bezeichnet man als *Fan-in*. Verbindet man die Eingangsleitung eines Gatters mit der Ausgangsleitung eines anderen Gatters, so muss die Fan-in-Leistung von diesem Gatter erbracht werden.
Die Anzahl der Fan-in-Leistungen, die eine Ausgangsleitung aufbringen kann, bezeichnet man als *Fan-out*. Besitzt also ein Gatter ein Fan-out von 3, so kann man an seinen Ausgang bis zu drei Eingänge identischer Gatter anschließen (Abb. 2). Für höhere Anschlusszahlen benötigt man entweder gesonderte Verstärker oder man schaltet für geringe Verstärkungsfaktoren Gatter dazwischen, die dann als Verstärker fungieren. So fungiert in Abb. 3 z. B. das blau markierte Gatter als Verstärker, wodurch der Fan-out des links stehenden Gatters praktisch auf 5 erhöht wurde.
Fan-in und Fan-out variieren je nach Schaltkreisfamilie. Die oben genannten Familien besitzen Fan-outs von etwa 10, TTL und MOS sogar von über 100.

Schaltwerk (engl. *sequential circuit, sequential network*): Die Verarbeitung ↑binärer Informationen erfolgt in digitalen Rechenanlagen mithilfe logischer Schaltungen, den *Schaltwerken,* welche binäre Wörter in andere binäre Wörter umwandeln. Ein Schaltwerk habe n Eingangsleitungen und m Ausgangsleitungen (Abb. 1).
Auf den Eingangsleitungen können binäre Wörter

$$x_1 x_2 \ldots x_n \text{ mit } x_i \in \{0,\ 1\}$$

eingegeben werden und auf den Ausgangsleitungen erscheinen in Abhängigkeit von der Eingabe binäre Wörter

$$y_1 y_2 \ldots y_m \text{ mit } y_j \in \{0,\ 1\}.$$

Hängt bei einem logischen Schaltwerk die Ausgabe nur von der momentan anliegenden Eingabe ab, so spricht man von einem ↑ kombinatorischen Schaltwerk oder von einem *Schaltkreis* bzw. *Schaltnetz*. Hängt die Ausgabe außerdem noch von früheren Eingaben ab,

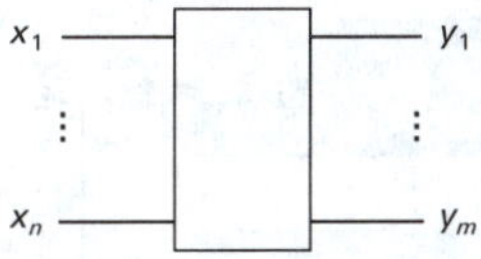

Schaltwerk (Abb. 1): Schaltwerk mit n Eingängen und m Ausgängen

so handelt es sich um eine Schaltung „mit Gedächtnis“, d. h. um ein *sequenzielles Schaltwerk* (logisches ↑Schaltwerk mit Speichergliedern). Schaltwerke werden aus ↑ Gattern und Speicherelementen (↑ Flipflop) aufgebaut. Beschreibungsmittel für Schaltwerke sind die ↑Schaltalgebra und die ↑endlichen Automaten.

Schaltwerk mit Speichergliedern (*sequenzielles Schaltwerk,* siehe auch ↑ Schaltwerk): Nicht alle Schaltprobleme können durch ↑ kombinatorische Schaltwerke, bei denen die Ausgabe nur von der aktuellen Eingabe abhängt, gelöst werden. In vielen Fällen müssen zur Bestimmung der Ausgabe auch Eingaben herangezogen werden, die zu früheren Zeiten erfolgten.

▶*Beispiel:* Als Sicherung gegen unbeabsichtigtes Brennenlassen der Beleuchtung soll in einem Auto eine Klingel genau dann ertönen, wenn bei brennenden Lampen die Zündung ausgeschaltet wird. Seien b, z, k die Variablen für Beleuchtung, Zündung und Klingel, 0 entspreche „aus“ und 1 entspreche „an“.
Die folgende Wertetabelle gibt die Beziehung zwischen den Variablen b, z und k an:

b	z	k	
0	0	0	
0	1	0	
1	0	{ 0	wenn vorher $z = 0$,
		{ 1	wenn vorher $b = z = 1$
1	1	0	◀

Zur Realisierung dieser Schaltfunktion benötigt man Speicherglieder, die verschiedene Zustände annehmen und

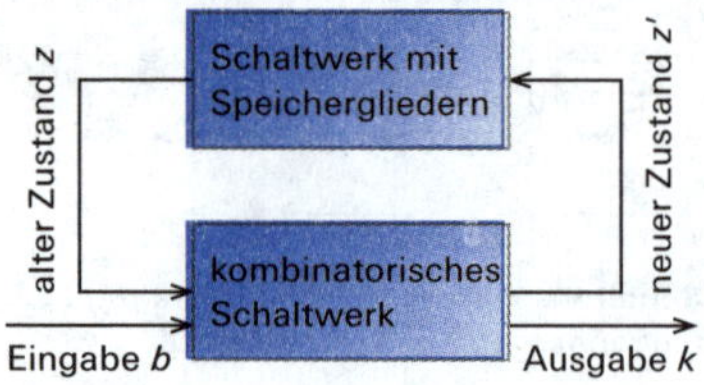

Schaltwerk mit Speichergliedern (Abb. 1)

über einen längeren Zeitraum festhalten können (Abb. 1).
Nach einer Eingabe hängt der Zustand z' der Speicherglieder und die Ausgabe k von der Eingabe b und dem alten Zustand z der Speicherglieder ab.

► *Beispiel* (Fortsetzung): Das Problem löst man mit einem ↑ RS-Flipflop. Das Flipflop wird auf Eins gesetzt, wenn $b = z = 1$ gilt. Trifft $b = 1$ und $z = 0$ zu und hat das Flipflop eine Eins gespeichert, so wird $k = 1$ und die Klingel ertönt. Bezieht man den Zustand x des Flipflops in den Werteverlauf ein, so erhält man folgende Tabelle:

b	z	x	x'	k
0	0	0	0	0
0	0	1	0	0
0	1	0	0	0
0	1	1	0	0
1	0	0	0	0
1	0	1	1	1
1	1	0	1	0
1	1	1	1	0

x' bezeichnet den Folgezustand des Flipflops. Aus der Tabelle gewinnt man über die ↑ disjunktive Normalform die Gleichungen für x' und k:

$$x' = bx + bz,$$

$$k = b\bar{z}x.$$

Durch Vergleich der ersten Gleichung mit der Übergangsgleichung für das RS-Flipflop

$$x' = \bar{r}x + s$$

folgt für r und s

$$r = \bar{b} \text{ und } s = bz.$$

Aus diesen Gleichungen ergibt sich unmittelbar das Schaltbild (Abb. 2). ◄

Als weiteres Beispiel denke man an die Zwischenspeicherung des Übertrags bei ↑ Addierwerken.

Schieberegister (engl. *shiftregister*): Bezeichnung für eine lineare Verkettung von Speichereinheiten, bei der der Speicherinhalt jeder Einheit auf den linken *(Linksschieben)* bzw. rechten Nachbarn *(Rechtsschieben)* übertragen werden kann. In das ganz rechte bzw. ganz linke Speicherelement wird eine Null geschoben.
Wird beim Linksschieben der Inhalt des links außen liegenden bzw. beim Rechtsschieben der Inhalt des rechts außen liegenden Speicherelements auf das rechts außen bzw. links außen liegende Element übertragen, so spricht man vom *Linksrotieren (Linksrundschieben)* bzw. *Rechtsrotieren (Rechtsrundschieben)*

S

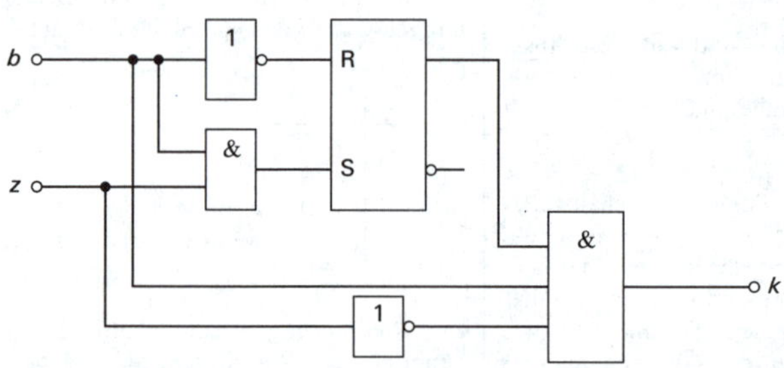

Schaltwerk mit Speichergliedern (Abb. 2): Schaltbild für Autobeleuchtung

oder allgemein vom *zyklischen Verschieben*.

▶ *Beispiele:*

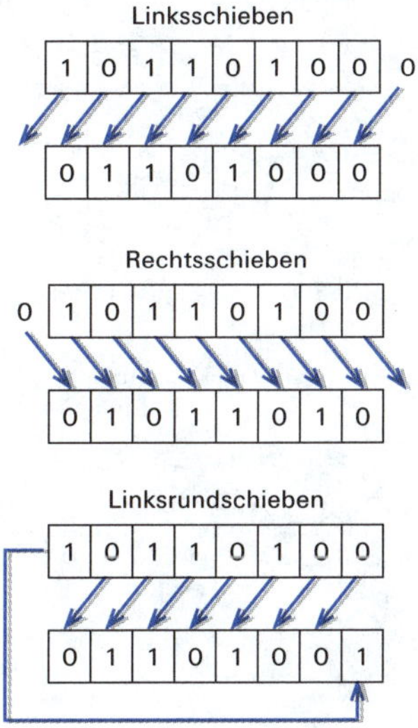

Zur Darstellung eines Schieberegisters verwendet man folgendes Schaltsymbol:

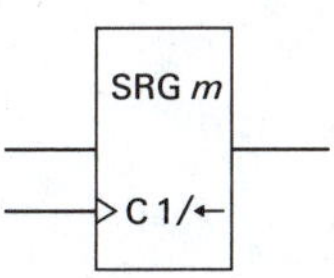

Bemerkung: m ist durch die Anzahl der Bits zu ersetzen. „→" symbolisiert „Rechtsschieben", „←" symbolisiert „Linksschieben". C (engl. *clock*) ist der Takteingang.

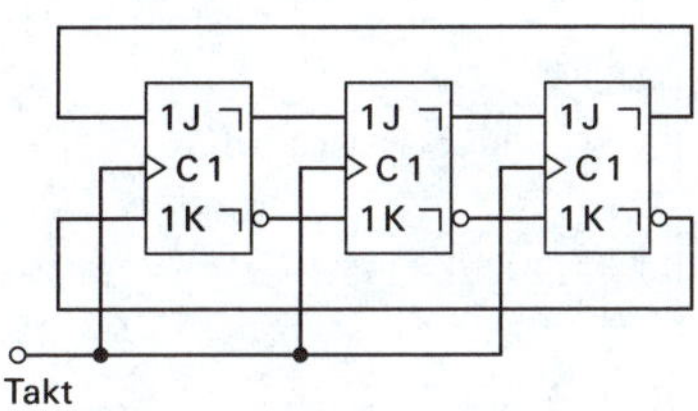

Schieberegister (Abb. 1): Realisierung eines Rechtsrundschieberegisters für drei Bit

Im Allgemeinen realisiert man Schieberegister mit ↑JK-Flipflops. Abb. 1 zeigt eine Realisierung eines Rechtsrundschieberegisters für drei ↑Bit (die Herstellung einer Anfangsbelegung wurde hier vernachlässigt).

Schieberegister werden z. B. in ↑ Multiplizier- und ↑ Dividierwerken benötigt.

Schlange (engl. *queue*): Eine Folge heißt Schlange, wenn Elemente nur am Ende eingefügt und am Anfang entfernt werden dürfen (Abb. 1). Genauer: Gegeben sei ein ↑Datentyp *T*. Elemente aus *T* werden in der Schlange als Folge organisiert, und es gibt zwei Zugriffsoperationen, von denen die eine ein Element aus *T* stets an das Ende der Folge anfügt und die andere stets das erste Element der Folge entfernt und als Ergebnis liefert. Die Einfügeoperation wird oft mit enter oder enqueue, die Ausfügeoperation mit remove oder dequeue bezeichnet. Eine Schlange heißt daher auch *FIFO-Speicher*.

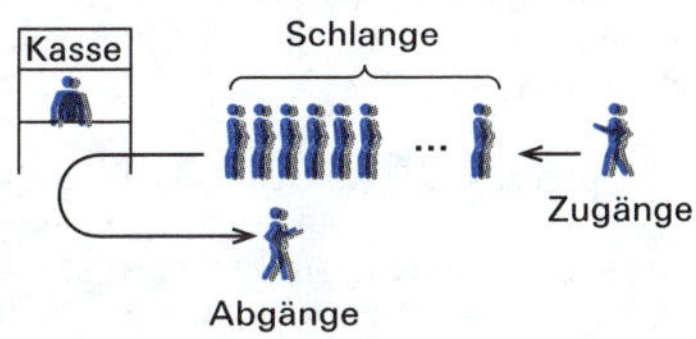

Schlange (Abb. 1): Beispiel für eine Schlange

In der Praxis implementiert man Schlangen in der Regel als ↑ lineare Listen (Abb. 2).

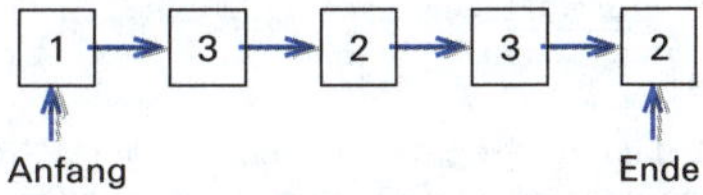

Schlange (Abb. 2): Schlange als lineare Liste

Die Hintereinanderausführung einer enter- und einer remove-Operation ergibt dann Abb. 3.

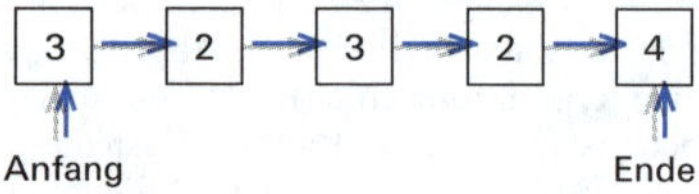

Schlange (Abb. 3): Schlange aus Abb. 2 nach Ausführung der Operationen enter (4) und remove

In Programmiersprachen, die die Implementierung von linearen Listen nicht gestatten, oder bei längenbeschränkten Schlangen kann man eine Schlange auch als Feld (hier kreisförmig dargestellt) implementieren (Abb. 4 und Abb. 5).
Zwei Variablen anfang und ende begrenzen den von der Schlange belegten Teil des Feldes. anfang weist dabei immer auf das Feldelement unmittelbar vor Beginn der Schlange. Eine Implemtierung längenbeschränkter Schlangen ist in Prog. 1 angegeben.

Schleife: Folge von ↑ Anweisungen, die mehrfach durchlaufen werden kann (↑ Iteration). Ihrem Aufbau nach unterteilt man die Schleife in den Schleifen-

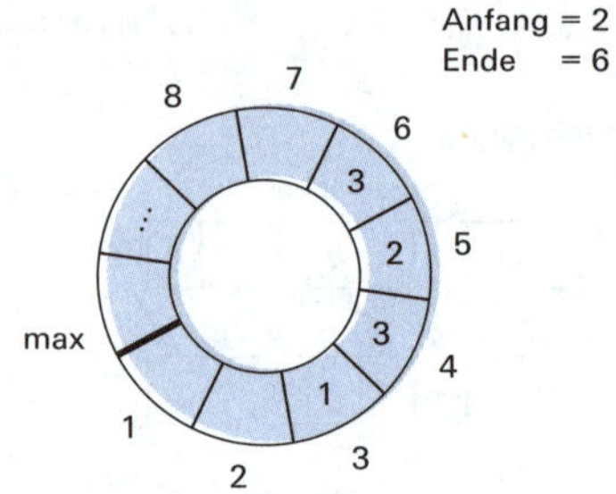

Schlange (Abb. 4): Schlange als Feld

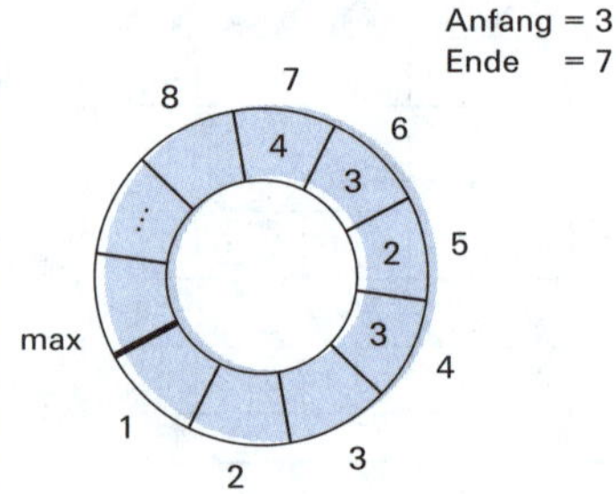

Schlange (Abb. 5): Schlange aus Abb. 4 nach Ausführung der Operationen enter (4) und remove

```
const max = ...; (* maximal mögliche Länge der Schlange hier festlegen *)
type data = ...; (* Typ der Elemente der Schlange hier deklarieren *)
type lbs = record q: array [1..max] of data; anfang, ende: 1..max; länge: 0..max end;
procedure enter (var s: lbs; x: data);
begin if s.länge = max then "Fehler: Schlange ist voll"
   else if s.ende = max then s.ende := 1 else s.ende := s.ende + 1 fi
      s.länge := s.länge + 1; s.q [s.ende] := x fi
end;
procedure remove (var s: lbs; var erster: data)
begin if s.länge = 0 then "Fehler: Schlange ist leer"
   else if s.anfang = max then s.anfang := 1 else s.anfang := s.anfang + 1 fi;
   s.länge := s.länge − 1; erster := s.q [s.anfang] fi
end;
procedure initialisieren (var s: lbs);
begin s.anfang := max; s.ende := 1; s.länge := 0 end;
```

Schlange (Prog. 1): längenbeschränkte Schlange lbs: Implementierung der Initialisierung und der Operationen enter und remove mithilfe eines Feldes q aus max Elementen des Typs data. Hierbei steht in s.q[s.ende] stets das letzte Element der Schlange; s.anfang verweist immer auf den Platz *vor* dem ersten Element der Schlange.

kopf und den Schleifenrumpf. Der *Schleifenkopf* enthält die Kontrollinformation für die Anzahl der Schleifendurchläufe; die mehrfach zu durchlaufende Anweisungsfolge heißt *Schleifenrumpf.* Man unterscheidet verschiedene Arten von Schleifen:

Zählschleife: Hier wird die Anzahl der Schleifendurchläufe durch einen Zähler, die *Laufvariable,* bestimmt, der beginnend bei einem *Startwert* in jedem Durchlauf bis zum *Endwert* um einen festen Wert, die *Schrittweite,* erhöht *(Inkrement)* oder erniedrigt *(Dekrement)* wird. Bei Erreichen des Endwertes wird die Schleife zum letzten Mal durchlaufen. Startwert, Endwert und Schrittweite werden im Schleifenkopf festgelegt. In vielen Programmiersprachen wird eine Zählschleife durch das Schlüsselwort for eingeleitet.

►*Beispiel:*

```
for i := 0 step 2 until 10 do }  Schleifenkopf
   ...                         }
   x := x+i;                   }  Schleifenrumpf
   ...                         }
od                             }
```

Laufvariable: i; Startwert: 0; Schrittweite: 2; Endwert: 10. ◄

Bedingte Schleife: Die Beendigung der Schleifenausführung wird bei diesem Schleifentyp durch eine Bedingung im Schleifenkopf gesteuert, die *Abbruchbedingung.* Der Schleifenrumpf wird so oft durchlaufen, bis die Abbruchbedingung erfüllt ist. Viele Programmiersprachen erlauben die Verwendung dieses Schleifentyps. Das kennzeichnende Schlüsselwort lautet oft: ↑ while bzw. do.

►*Beispiel:* Berechnung des ggT von a und b (↑euklidischer Algorithmus):

```
while b ≠ 0 do          }  Schleifenkopf
   r := a mod b;        }
   a := b;  b := r      }  Schleifenrumpf
od;                     }
```

Abbruchbedingung: b = 0. ◄

Man beachte, dass eine while-Schleife im Gegensatz zu einer Zählschleife nicht immer abbricht. In großen Programmen sind Schleifen mit dieser unerwünschten Eigenschaft oft schwer zu erkennen und eine häufige Fehlerquelle (↑ Endlosschleife).

Eine Besonderheit in manchen Programmiersprachen ist die ↑ repeat-Schleife, bei der sich die Abbruchbedingung nicht im Schleifenkopf, sondern am Ende des Schleifenrumpfs befindet. Dies bewirkt, dass die Schleife mindestens einmal durchlaufen wird, bevor die Abbruchbedingung überprüft wird.

Programme, die neben der Zuweisung und der Hintereinanderausführung von Anweisungen nur Zählschleifen besitzen, führen zu ↑primitiv-rekursiven Funktionen, solche mit bedingten Schleifen zu den ↑μ-rekursiven Funktionen.

Im Schleifenrumpf sind auch nichtdeterministische Konstrukte möglich, siehe ↑bewachte Anweisung, ↑Ada.

Schlüssel (engl. *key*): Element oder Kombination von Elementen eines ↑Datensatzes zur Identifizierung des Datensatzes. Ist die Identifizierung eindeutig, dann haben je zwei Datensätze verschiedene Schlüssel (vgl. auch ↑Datenbank, dort meist Primärschlüssel genannt). Typische Beispiele für Schlüssel sind die Personalnummern in Personalkarteien oder auch Kombinationen von Name, Vorname und Geburtsdatum. Da beim Verwalten von Daten nur die eindeutige Identifikation von Datensätzen wichtig ist, werden beim Suchen und Sortieren die betrachteten Elemente meist ebenfalls als Schlüssel bezeichnet. Von Schlüsseln spricht man auch, wenn Daten codiert werden (↑Kryptographie).

Schlüsselwort: In fast allen Programmiersprachen sind Zeichenfolgen definiert, die eine in der Sprache genau festgelegte Bedeutung haben, wie z. B. in ↑ PASCAL die Zeichenfolgen „program", „var", „begin" „procedure", „while" usw. Solche Zeichenfolgen bezeichnet man als Schlüsselwörter der Programmiersprache. Die Schlüsselwörter dürfen in der Regel nicht als ↑ Bezeichner in Programmen verwendet werden. In diesem Fall bezeichnet man die Schlüsselwörter auch als *reservierte Wörter* der Programmiersprache.

Schnittstelle (engl. *interface*): Vorrichtung zum Zweck des Informationsaustausches mit anderen informationsverarbeitenden Systemen. Die Schnittstelle eines Systems ist die Zusammenfassung aller von außen benötigten *(Importschnittstelle)* und aller von außen abrufbaren *(Exportschnittstelle)* Größen sowie allgemeiner Informationen für die Verwendung des Systems. Zugleich umfasst sie Vereinbarungen, sog. ↑ Protokolle über die Art und Weise, wie Informationen ausgetauscht werden (↑ Datenübertragung).

Innerhalb eines Systems existieren verschiedene Schnittstellen zwischen den Teilsystemen und zwischen einzelnen Funktionseinheiten (Abb. 1).

(1) Selbstständig arbeitende Funktionseinheiten einer Datenverarbeitungsanlage (z. B. Speicher, Eingabegeräte, Rechenwerk, Leitwerk) sind über *Hardware-Schnittstellen* miteinander verbunden. Hierbei handelt es sich meist um physikalische Steckverbindungen (Kabel) oder um Funkverbindungen. Die Hardware-Schnittstelle wird beschrieben durch die Eigenschaft der Übertragungsstrecke (Kabel, Stecker usw., z. B. ↑SCSI-Schnittstelle) und durch die Art und Bedeutung der auf den Leitungen übertragenen Signale. Weit verbreitet ist die ↑V.24-Schnittstelle.

(2) Unter einer *Hardware-Software-Schnittstelle* versteht man die Festlegung, welche Funktionen eines Rechnersystems von der Hardware und welche von der Software übernommen werden, wie diese Funktionen zu benutzen sind und auf welche Weise man sie abrufen kann.

(3) *Software-Schnittstellen* definiert man zwischen Programmen und zwischen in sich abgeschlossenen Programmteilen (↑ Modul, ↑ Objekt). Hierzu formuliert man die auszuführenden Aufgaben, die erforderlichen Attribute (Geschwindigkeit, Belegung von Speichern und anderen ↑Betriebsmitteln usw.), die bereitgestellten Funktionen einschließlich ihrer Parameter, die Zugriffsmöglichkeiten auf Daten und die Beziehungen zwischen ihnen, z. B. wechselseitigen Ausschluss

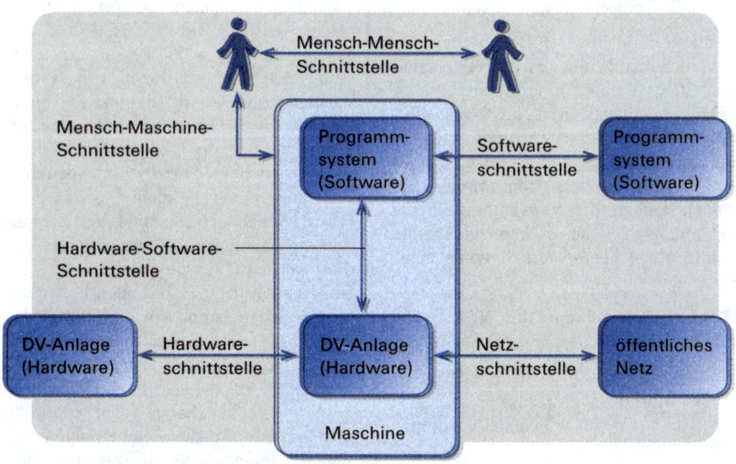

Schnittstelle (Abb. 1): verschiedene Schnittstellen

(↑Nebenläufigkeit), Reihenfolge der Benutzung, Vorbedingungen für die Verwendung usw. Die Schnittstelle enthält alle von außen sichtbaren Informationen über das Modul bzw. das Objekt. Die Spezifikation solcher Schnittstellen ermöglicht beim Software-Entwurf die unabhängige Implementierung von Programmeinheiten, sie erleichtert die Benutzung und die Fehlersuche und sie ist Voraussetzung für die Wartung und Aktualisierung von Programmsystemen (↑Software-Engineering).

(4) Die *Mensch-Maschine-Schnittstelle* (engl. *Computer-Human-Interface,* Abk. *CHI* oder *HCI*), auch *Benutzerschnittstelle* oder *Benutzungsschnittstelle* genannt, umfasst die Sprachen, Programme und Geräte, die dem Benutzer für den Umgang mit einem Datenverarbeitungssystem zur Verfügung gestellt werden, sowie deren Darstellung und menschengerechte Gestaltung. Sie kann für verschiedene Benutzer unterschiedlich festgelegt werden; z. B. können Administratoren oder ↑Operateure gegenüber normalen Benutzern in der Regel auf wesentlich mehr Funktionen zugreifen. Die Benutzerschnittstelle definiert die „Benutzersicht“, d. h. den Ausschnitt vom Leistungsumfang des Systems, den der Benutzer nutzen kann (↑Benutzungsoberfläche). Durch einheitliche Softwareanforderungen und verbesserte Geräte bemüht man sich darum, die Mensch-Maschine-Schnittstelle an Denk- und Arbeitsweisen der Benutzer anzupassen. Die Gestaltung dieser Schnittstellen ist ein aufwendiger Prozess, bei dem Erkenntnisse aus der Pädagogik, der Psychologie und den Geistes- und Sozialwissenschaften eine wichtige Rolle spielen.

(5) *Netzschnittstellen* sind unter ↑Datenübertragung beschrieben.

Schnittstellen werden immer stärker normiert, um unterschiedliche Systeme miteinander koppeln zu können. Die präzise Festlegung der Schnittstellen gestattet es, die einzelnen Komponenten eines Systems unabhängig voneinander zu entwickeln und gegen andere leistungsfähigere Komponenten mit gleicher Schnittstelle auszutauschen. Um diesen Prozess so einfach wie möglich zu gestalten, lautet ein Leitziel für die Schnittstellenspezifikation: Eine Schnittstelle sollte so klein wie möglich sein, d. h. als Hardware-Schnittstelle möglichst wenige Leitungen und als Software-Schnittstelle möglichst wenige und vom Typ her einfache Parameter umfassen. Für die Beschreibung verwendet man neben natürlichen Sprachen ↑ Spezifikationssprachen, ↑Klassen und ↑Datentypen.

SCSI-Schnittstelle [ska:zi-] (SCSI Abk. für engl. **s**mall **c**omputer **s**ystems **i**nterface): Häufig verwendete parallele Schnittstelle zwischen einem Computer und bis zu sieben Peripheriegeräten. Bei der SCSI-Schnittstelle werden alle Geräte kettenartig (↑ Bus) miteinander verbunden (Abb. 1). Dabei kann es sich bei den Geräten sowohl um bereits im Computer eingebaute interne als auch um externe Geräte wie z. B. Magnetplattenspeicher, Magnetbandspeicher, Drucker, Scanner sowie andere Computer handeln. Jedes Gerät erhält eine Nummer zwischen 0 und 7 zugeordnet, durch die es eindeutig zu identifizieren ist. Diese Nummer legt zugleich seine Priorität fest. Geräte hoher Priorität sind vor Geräten niedriger Priorität bevorrechtigt, Daten zu übertragen. Für alle diese Geräte sind Kommunikationsprotokolle (↑ Datenübertragung) definiert. Der Bus muss auf beiden Seiten durch einen so genannten *Terminator* abgeschlossen werden, um zu verhindern, dass die elektrischen Signale, die über den Bus übertragen werden, an einem Ende reflektiert werden und durch Überlagerung zu Störungen führen.

Segmentierung (engl. *segmentation*): Aufteilung eines Programms oder eines Datenbereichs in logisch zusammengehörende, aber weitgehend unabhängige Blöcke variabler oder fester Größe *(Segmente)*. Typische Segmente sind Datenbereiche oder ↑Prozeduren. Programme segmentiert man häufig dann, wenn sie

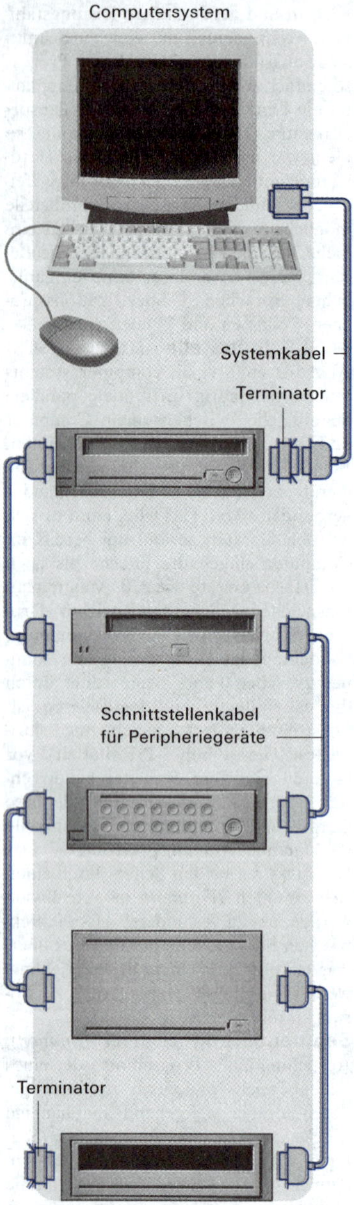

als Ganzes nicht in den zur Verfügung stehenden ↑Hauptspeicher passen. Die Segmentierung erfolgt in der Regel automatisch durch die ↑Speicherverwaltung; sie kann aber auch dem Programmierer überlassen werden.

►*Beispiel:* Einige Dialekte der Programmiersprache ↑BASIC enthalten eine Anweisung der Form

CHAIN ABC,

mit der das aktuell im Hauptspeicher befindliche Segment durch das Segment mit Namen ABC ersetzt wird. Welche Variablen für das neue Segment erhalten bleiben, kann im alten Segment durch eine Anweisung der Form

COMMON ⟨Variablenliste⟩

festgelegt werden. ◄

Seiteneffekt *(Nebenwirkung):* Werden innerhalb einer ↑Prozedur (oder Funktion) ↑globale Variablen verändert, die nicht als ↑aktuelle Parameter an diese Prozedur übergeben werden, so wird dies als *Seiteneffekt* bezeichnet. In der ↑strukturierten Programmierung verbietet man Seiteneffekte, weil der Anwender einer Prozedur (oder Funktion) meist keine Kenntnis der Seiteneffekte hat. Ein beliebter Seiteneffekt ist das Zählen des Aufrufs einer Funktion.

►*Beispiel:*

```
function quadrat (a: integer): integer;
begin z:=z+1; quadrat:=a*a end
```

Hier ist z eine globale Variable, die bei jedem Funktionsaufruf (↑Aufruf) um 1 erhöht wird. Wenn man z in Ausdrücken gleichzeitig mit quadrat verwendet, geschehen undurchsichtige Berechnungen:

z+quadrat(x)

liefert z. B. einen anderen Wert als

quadrat(x)+z,

SCSI-Schnittstelle (Abb. 1): Konfiguration eines SCSI-Busses mit einem Computer und verschiedenen Peripheriegeräten

weil im zweiten Ausdruck der um 1 erhöhte Wert von z addiert wird. Das Vertauschungsgesetz der Addition ($a+b=b+a$) ist in diesem Falle nicht mehr gültig. ◄

Im Zusammenhang mit der Forderung nach Programmiersprachen, die Seiteneffekte ausschließen, spricht man von referenzieller Transparenz: Eine Programmiersprache heißt *referenziell transparent,* wenn alle in ihr möglichen Ausdrücke folgenden Prinzipien genügen:
- *Extensionalitätsprinzip:* Das einzig wichtige Merkmal eines Ausdrucks ist sein Wert. Es ist völlig unwichtig, *wie* dieser Wert berechnet wird (intensionale Sicht).
- *Leibnizsches Prinzip der Ersetzung von Identitäten:* Der Wert eines Ausdrucks ändert sich nicht, wenn man irgendeinen seiner Teilausdrücke durch irgendeinen anderen gleichen Werts ersetzt.
- *Prinzip der Definitheit:* Der Wert eines Ausdrucks ist innerhalb eines gewissen Kontexts (↑ Gültigkeitsbereich der Variablen) immer gleich, unabhängig von der Stelle, an der der Ausdruck im Kontext auftritt.

►*Beispiele:* Imperative ↑ Programmiersprachen sind referenziell intransparent:

(1) Bei der obigen Funktion quadrat ist das Leibnizsche Prinzip verletzt und auch das Extensionalitätsprinzip, denn es ist offenbar wichtig zu wissen, wie quadrat(x) unter Verwendung von z berechnet wird.

(2) Man betrachte die Anweisungsfolge

```
x := x - 1;
y := x - 1.
```

Hier ist das Prinzip der Definitheit verletzt, weil die Teilausdrücke x - 1 jeweils unterschiedliche Werte repräsentieren. ◄

Dagegen sind funktionale ↑ Programmiersprachen überwiegend referenziell transparent.

Semantik *(Bedeutungslehre):* Lehre von der inhaltlichen Bedeutung einer Sprache. In der Informatik bezieht man sich dabei auf ↑ Programmiersprachen oder mathematische Kalküle.

Die Notwendigkeit, die Semantik von Programmiersprachen formal und exakt zu beschreiben, ergibt sich aus der Forderung, Programme in unmissverständlicher Art und Weise interpretieren zu können. Ein Programmierer kann dann sein Programm präzise daraufhin untersuchen, ob es das leistet, was er beabsichtigt hat. Das Schlagwort „sichere Software“ wird in der Praxis ständig wachsende Bedeutung erlangen; letztlich kann Software nur durch Methoden der Spezifikation und ↑ Verifikation und durch Beweistechniken als zuverlässig nachgewiesen werden. Hierfür muss die Semantik exakt definiert sein.

Zur Beschreibung der Semantik von Programmiersprachen gibt es eine Reihe verschiedener Ansätze, von denen die wichtigsten
- die Übersetzersemantik,
- die operationale Semantik,
- die denotationale Semantik,
- die axiomatische Semantik

sind. Weitere Konzepte wie ↑ Nebenläufigkeit, ↑ Parallelität, Objektorientierung und ↑ Nichtdeterminismus erfordern Erweiterungen oder neue Ansatzpunkte, auf die wir hier nicht eingehen können.

Die genannten Ansätze werden anhand der Definition der Semantik einer einfachen imperativen ↑ Programmiersprache (MINI genannt) erläutert. Diese Programmiersprache kennt nur Variablen vom Datentyp ↑ integer. Die ↑ Syntax von MINI sei durch die in Prog. 1 beschriebene Grammatik in ↑ Backus-Naur-Form gegeben.

null bezeichnet die leere Anweisung.

►*Beispiel:* Das folgende Programm in MINI berechnet die Summe zweier Zahlen a und b, falls b ≥ 0 ist (anderenfalls endet das Programm nicht):

```
read a, b;
while b ≠ 0 do a := a+1; b := b-1 end;
write a.
```
◄

S

Übersetzersemantik: Die Bedeutung von Konstrukten einer neuen Programmiersprache *N* wird auf die Bedeutung einer bereits bekannten Programmiersprache *B* zurückgeführt. Hierzu gibt man in formaler Weise mithilfe von Methoden der Automatentheorie oder der Theorie der formalen ↑ Sprachen einen Übersetzer von *N* nach *B* an.
Diese Form der Semantik wird oft bei der Konstruktion von Übersetzern verwendet. Da die Semantik jedoch immer die Semantikdefinition einer anderen Sprache voraussetzt, wird das Grundproblem nur verlagert. Ein weiterer Nachteil der Übersetzersemantik ist die große Abhängigkeit von einem konkreten Maschinenmodell mit gegebener Assemblersprache. Ein Beispiel findet sich unter ↑Übersetzer.
Operationale Semantik *(Interpretersemantik): Grundprinzip:* Man definiert einen ↑Interpreter für eine Programmiersprache, der aus Eingabedaten durch schrittweise Abarbeitung des Programms die Ausgabedaten erzeugt.
Das Adjektiv „operational" verdeutlicht, dass ein konkretes Verfahren angegeben wird, wie der Ausgabewert durch eine Folge von Rechenschritten *(Operationen)* effektiv aus der Eingabe erzeugt werden kann. Zur exakten Definition des Interpreters eignen sich verschiedene Modelle von ↑Automaten. Der Automat führt das abzuarbeitende Programm und die aktuelle Position im Programm sowie die jeweiligen Werte der Programmvariablen (den sog. ↑ Zustand) mit, d. h., er vollzieht den Übergang von ↑Konfigurationen nach.

▶ *Beispiel:* Man betrachte das folgende Programm *H* mit der Eingabe a = 2 und b = 1:

```
read a, b;
if b = 0 then a := 0 else
  while b ≠ 0 do b := b - 1 end
end;
write a, b.
```

Wir beginnen mit der Konfiguration bestehend aus dem Programm *H* und dem Zustand (2,1):

```
(if b = 0 then a := 0 else
  while b ≠ 0 do b := b - 1 end
end; 2, 1).
```

Da b ≠ 0 ist, entsteht in einem Schritt die Folgekonfiguration:

```
(while b ≠ 0 do b := b - 1 end; 2, 1)
```

Als nächste Konfiguration erhält man durch einmaliges Ersetzen der while-Anweisung:

```
(if b = 0 then null else b := b - 1;
  while b ≠ 0 do b := b - 1 end
  end; 2, 1).
```

Wegen b = 1 folgt die Konfiguration

```
(b := b - 1; while b ≠ 0 do b := b - 1 end;
2, 1).
```

Nun wird durch die Subtraktion zum ersten Mal auch der Zustand verändert:

```
(while b ≠ 0 do b := b - 1 end; 2, 0).
```

Danach entsteht die Konfiguration:

```
⟨Programm⟩ ::= read ⟨Variablenliste⟩; ⟨Anweisung⟩; write ⟨Variablenliste⟩.
⟨Variablenliste⟩ ::= ⟨Bezeichner⟩ | ⟨Bezeichner⟩, ⟨Variablenliste⟩
⟨Bezeichner⟩ ::= a | b | c | ... | z
⟨Anweisung⟩ ::= ⟨Bezeichner⟩ := 0 |
                ⟨Bezeichner⟩ := ⟨Bezeichner⟩ + 1 |
                ⟨Bezeichner⟩ := ⟨Bezeichner⟩ - 1 |
                ⟨Anweisung⟩; ⟨Anweisung⟩ | null |
                if ⟨Bezeichner⟩ = 0 then ⟨Anweisung⟩
                                    else ⟨Anweisung⟩ end |
                while ⟨Bezeichner⟩ ≠ 0 do ⟨Anweisung⟩ end
```

Semantik (Prog. 1): Syntax von MINI

(if b = 0 then null else b := b − 1;
while b ≠ 0 do b := b − 1 end
end; 2, 0).

Wegen b = 0 folgt die Konfiguration

(null; 2, 0).

Es ist eine Endkonfiguration erreicht. Das Ergebnis lautet daher:

(a, b) = (2, 0),

d. h., es werden die Zahlen 2 und 0 ausgegeben. Man findet rasch, dass das Programm *H* folgende Funktion berechnet:

$$f_H : \mathbb{Z} \times \mathbb{Z} \to \mathbb{Z} \times \mathbb{Z}$$

$$f_H(x,y) = \begin{cases} (x,0), & \text{falls } y > 0, \\ (0,0), & \text{falls } y = 0, \\ \text{undefiniert}, & \text{falls } y < 0. \end{cases}$$ ◀

Die Konfigurationsübergänge lassen sich durch Regeln exakt beschreiben. Nachteilig ist aber, dass man für jede Eingabe einen Ablauf nachvollziehen muss und daher nur mühsam (oder gar nicht) auf die realisierte Funktion schließen kann.

Denotationale Semantik *(Funktionensemantik):* Bei der denotationalen Semantik abstrahiert man von einem konkreten Maschinenmodell und untersucht nur noch die Wirkung, die Anweisungen auf Zustände, also auf die Belegungen von Variablen haben. Sei *Z* die Menge aller möglichen Zustände. Die „Wirkung“, die eine Anweisung a_0 auf Zustände hat, ist, formal gesprochen, eine Abbildung

$$F[a_0] : Z \to Z,$$

die einem Zustand $z \in Z$ einen Folgezustand $z' \in Z$ zuordnet: Bei Ausführung der Anweisung a_0 geht ein Zustand *z* in einen Zustand *z'* über.

▶ *Beispiel:* Sei *z* ein Zustand, für den die Variablen x und y den Wert 1 bzw. 3 haben. Bei Anwendung der MINI-Anweisung x := y + 1 erhält man einen neuen Zustand *z'*, für den x = 4 und y = 3 gilt. *Formal:*

F [x := y + 1] (1, 3) = (4, 3) ◀

F heißt *semantische Funktion* und ordnet einem syntaktischen Konstrukt (Anweisung) eine Zustandsänderung als Bedeutung zu.
Mithilfe der denotationalen Semantik definiert man für jede Sprache diese semantischen Funktionen durch Bestimmungsgleichungen, ohne sich dabei auf irgendeinen konkreten Interpreter zu beziehen.
Die Definition von F für die Anweisungen von MINI lautet folgendermaßen:
(1) Die leere Anweisung null ändert den Zustand nicht:

$$F[\text{null}](z) = z.$$

(2) Den Zustand nach Ausführung einer Zuweisung erhält man, indem man im alten Zustand den Wert der Variablen der linken Seite durch den Wert des Ausdrucks der rechten Seite ersetzt.
(3) Für die Anweisungsfolge $a_1; a_2$ und einen Zustand z gilt:

$$F[a_1; a_2](z) = F[a_2](F[a_1](z)).$$

(4) Sei *z* (*b*) der Wert, den *b* im Zustand *z* besitzt, dann gilt:

$$F[\text{if } b = 0 \text{ then } a_1 \text{ else } a_2 \text{ end}](z) = \begin{cases} F[a_1](z), & \text{falls } z(b) = 0, \\ F[a_2](z), & \text{falls } z(b) \neq 0. \end{cases}$$

(5) Man überlegt sich leicht, dass für die while-Schleife folgende Gleichheit gelten muss:

$$F[\text{while } b \neq 0 \text{ do } a_0 \text{ end}](z) = \begin{cases} z, & \text{falls } z(b) = 0, \\ F[\text{while } b \neq 0 \text{ do } a_0 \text{ end}](F[a_0](z)), & \text{falls } z(b) \neq 0. \end{cases}$$

Die Theorie der denotationalen Semantik beschäftigt sich unter anderem mit der Frage, wann solche Gleichungen *(Fixpunktgleichungen)* eine Lösung (↑ Fixpunkt) besitzen.

▶ *Beispiel:* Das oben verwendete Programm *H* führt auf das Gleichungssystem der semantischen Funktionen in Prog. 2. Dies sieht recht unübersichtlich aus. Es

F [<u>if</u> b = 0 <u>then</u> a := 0 <u>else</u>
<u>while</u> b ≠ 0 <u>do</u> b := b − 1 <u>end</u> <u>end</u>] (z) =
$\begin{cases} \text{F [a := 0] } (z), \text{ falls } z(\text{b}) = 0 \\ \text{F [while b} \neq 0 \text{ do b := b} - 1 \text{ end } (z), \text{ falls } z(\text{b}) \neq 0 \end{cases}$
F [a := 0] (z) = z ⟨a ← 0⟩
F [<u>while</u> b ≠ 0 <u>do</u> b := b − 1 <u>end</u>] (z) =
$\begin{cases} z, \text{ falls } z(\text{b}) = 0 \\ \text{F [while b} \neq 0 \text{ do b := b} - 1 \text{ end] (F [b := b} - 1] (z)), \text{ falls } z(\text{b}) \neq 0 \end{cases}$
F [b := b − 1] (z) = z ⟨b ← z(b) − 1⟩

Semantik (Prog. 2): Gleichungssystem der semantischen Funktionen.
Anmerkung: Der Zustand $z\langle x \leftarrow \alpha \rangle$ ist für einen Ausdruck α gleich dem Zustand z, bis auf die Variable x, die den Wert $z(\alpha)$ erhält.

handelt sich aber nur um vier Gleichungen, denen vier Funktionen genügen müssen. Setzt man zur Abkürzung:

f_1 = F [<u>if</u> b = 0 <u>then</u> a := 0 else
<u>while</u> b ≠ 0 <u>do</u>
b := 1 <u>end</u> <u>end</u>],
f_2 = F [a := 0],
f_3 = F [<u>while</u> b ≠ 0 <u>do</u> b := b − 1 <u>end</u>],
f_4 = F [b := b − 1],

und beachtet man, dass alle vier Funktionen von $\mathbb{Z} \times \mathbb{Z}$ nach $\mathbb{Z} \times \mathbb{Z}$ führen, dass also das Argument z sich als $z = (z_1, z_2)$ mit $z_1, z_2 \in \mathbb{Z}$ schreiben lässt, so muss man folgendes Gleichungssystem lösen:

$$f_1(z_1, z_2) = \begin{cases} f_2(z_1, z_2), & \text{falls } z_2 = 0, \\ f_3(z_1, z_2), & \text{falls } z_2 \neq 0, \end{cases}$$

$$f_2(z_1, z_2) = (0, z_2)$$

$$f_3(z_1, z_2) = \begin{cases} (z_1, z_2), & \text{falls } z_2 = 0, \\ f_3(f_4(z_1, z_2)), & \text{falls } z_2 \neq 0, \end{cases}$$

$$f_4(z_1, z_2) = (z_1, z_2 - 1).$$

Die zum Programm H gehörende Funktion f_1 ist dann die Bedeutung von H (im Sinne des denotationalen Ansatzes). ◀

Das Gleichungssystem der semantischen Funktionen, das zum Programm H gehört, besitzt mehrere Lösungen. Man kann aber allgemein beweisen: Unter allen Lösungen gibt es genau eine, die für die wenigsten Argumente definiert ist. Diese sog. „schwächste Lösung" definiert man daher als Semantik des vorgegebenen Programms *(Fixpunktsemantik)*. In obigem Beispiel wird dies gerade die Funktion f_H.

Axiomatische Semantik *(Prädikatensemantik):* Die axiomatische Semantik ist noch eine Abstraktionsebene höher angesiedelt. Während man bei der denotationalen Semantik einer Anweisung a_0 eine Funktion F[a_0]: $Z \rightarrow Z$ zuordnet, die die Zustandsänderung beschreibt, die eine Ausführung von a_0 verursacht, arbeitet man in der axiomatischen Semantik nur noch mit Eigenschaften (*Prädikaten;* ↑Logik) von Zuständen.

S

Um darzustellen, welche Auswirkungen Anweisungen auf die Eigenschaften von Zuständen haben, schreibt man kurz: {P} a_0 {Q}.

Diese Zeichenreihe nennt man *Programmformel* und liest sie folgendermaßen: Wenn vor Ausführung der Anweisung a_0 die Eigenschaft (das Prädikat) P erfüllt ist, so ist nach Ausführung von a_0 das Prädikat Q erfüllt. Dies gilt allerdings nur, wenn a_0 terminiert, d. h. nach endlich vielen Schritten beendet ist. Anderenfalls ist die Aussage gegenstandslos. In der Sprache der denotationalen Semantik lautet {P} a_0 {Q} folgendermaßen: Wenn ein Zustand $z \in Z$ vor Ausführung von a_0 die Bedingung P erfüllt, so erfüllt der Folgezustand z' = F [a_0] (z) die Bedingung Q. P nennt man *Vorbedingung* (engl. *precondition*), Q heißt *Nachbedingung* (engl. *postcondition*).

▶*Beispiele:*

a) {x = 0} <u>null</u> {x = 0}
b) {x ≥ 1} x := x − 1 {x ≥ 0}

c) $\{x \geq 0\}$ while $x \neq 0$ do $x := x - 1$ end $\{x = 0\}$
d) $\{y \geq 2\}$ if $x \neq 0$ then $y := y + 1$ else $y := y - 1$ end
$\{(y \geq 3 \wedge x \neq 0) \vee (y \geq 1 \wedge x = 0)\}$
e) $\{x = 4\}$ while $x \neq 0$ do $x := x - 1$ end $\{x = 0\}$
f) $\{x = -4\}$ while $x \neq 0$ do $x := x - 1$ end $\{x = 0\}$
$\{x = -4\}$ while $x \neq 0$ do $x := x - 1$ end $\{x = 1125\}$

Die while-Schleife ist in beiden Fällen von f) eine ↑Endlosschleife. Daher ist rechts jedes beliebige Prädikat möglich. ◀

Die axiomatische Semantik benutzt nun die Relation $\{\cdot\}\ a_0\ \{\cdot\}$ zur Definition der Semantik von a_0. Diese Art der Darstellung eignet sich gut, um Eigenschaften von Programmen, z. B. deren Korrektheit (↑Verifikation), zu beweisen. Die in diesem Zusammenhang auftretenden Prädikate nennt man auch *Zusicherungen*. Schreibweise: $P\langle x \leftarrow w\rangle$ bezeichnet dasjenige Prädikat, welches aus P entsteht, indem jedes freie Vorkommen von x durch w textuell ersetzt wird. Unter einem „freien" Vorkommen versteht man nur die Stellen in einem Ausdruck, die nicht im Bindungsbereich eines Quantors liegen (↑Logik).

▶ *Beispiel:* Sei $P = (x \leq 1 \wedge y \geq x)$.
Dann ist $P\langle x \leftarrow 2z - 1\rangle = (2z - 1 \leq 1 \wedge y \geq 2z - 1)$. ◀

Die axiomatische Semantik von MINI lautet nun folgendermaßen:
(1) Die leere Anweisung null verändert die Eigenschaften von Variablen nicht; d. h., für alle Prädikate P gilt: $\{P\}$ null $\{P\}$
(2) Die Wirkung der Wertzuweisungen lautet für jedes Prädikat P:

$\{P\langle b \leftarrow 0\rangle\}\ b := 0\ \{P\}$,
$\{P\langle b \leftarrow b' + 1\rangle\}\ b := b' + 1\ \{P\}$,
$\{P\langle b \leftarrow b' - 1\rangle\}\ b := b' - 1\ \{P\}$.

▶ *Beispiele:*
a) $\{0 = 0\}\ b := 0\ \{b = 0\}$
b) $\{0 < 5\}\ b := 0\ \{b < 5\}$
c) $\{y + 1 \geq 2 \wedge y = 1\}\ x := y + 1\ \{x \geq 2 \wedge y = 1\}$ ◀

Die Regeln (1) und (2) haben den Charakter von Axiomen, d. h. von immer gültigen Aussagen. Die Bezeichnung „axiomatische Semantik" geht hierauf zurück. Die folgenden Regeln haben den Charakter von Ableitungsregeln (auch *Inferenz-* oder *Deduktionsregeln* genannt), mit deren Hilfe aus bekannten Beziehungen neue gewonnen werden können. Diese Ableitungsregeln haben die Form $\frac{\alpha_1, \alpha_2, \ldots \alpha_n}{\beta}$. Diese Schreibweise bedeutet: Aus der Gültigkeit von α_1 und α_2 und ... und α_n folgt die Gültigkeit von β.

S

Die weiteren Semantikdefinitionen für MINI lauten:

(3) Wenn vor Ausführung von a_1 das Prädikat P und nach Ausführung das Prädikat Q gilt und wenn weiterhin vor Ausführung von a_2 das Prädikat Q und danach R gilt, dann gilt nach Ausführung von $a_1; a_2$ ebenfalls R, wenn vorher P galt:

$$\frac{\{P\}\, a_1 \{Q\}, \{Q\}\, a_2 \{R\}}{\{P\}\, a_1; a_2\, \{R\}}$$

▶ *Beispiel:*

$$\frac{\{y + 1 = 8\}\ x := y + 1 \{x = 8\}, \{x = 8\}\ y := x + 1 \{y = 9\}}{\{y + 1 = 8\}\ x := y + 1;\ y := x + 1 \{y = 9\}}$$

◀

Man sieht hieran, dass man die Prädikate recht willkürlich wählen kann. Sie besitzen dann allerdings auch kaum praktischen Nutzen. Die Aufgabe besteht vielmehr darin, die Prädikate so zu wählen, dass sie das Verhalten des Programms möglichst genau beschreiben.

(4) Vor Ausführung von a_1 bzw. a_2 seien die Prädikate $P \wedge (b = 0)$ bzw. $P \wedge (b \neq 0)$ gültig. Nach Ausführung von a_1 bzw. a_2 gelte jeweils das Prädikat Q. Dann gilt Q ebenfalls nach Ausführung einer if-Anweisung, wenn vorher P galt:

$$\frac{\{P \wedge (b = 0)\}\, a_1 \{Q\}, \{P \wedge (b \neq 0)\}\, a_2 \{Q\}}{\{P\}\ \underline{\text{if}}\ b = 0\ \underline{\text{then}}\ a_1\ \underline{\text{else}}\ a_2\ \underline{\text{end}}\ \{P\}.}$$

▶ *Beispiel:*

$$\frac{\{y = 0 \wedge b = 0\} x := 1 \{y = 0\}, \{y = 0 \wedge b \neq 0\} x := 2 \{y = 0\}}{\{y = 0\}\ \underline{\text{if}}\ b = 0\ \underline{\text{then}}\ x := 1\ \underline{\text{else}}\ x := 2\ \underline{\text{end}}\ \{Q\}.}$$ ◀

(5) Gilt vor Ausführung von a_0 das Prädikat $P \wedge (b \neq 0)$ und nach Ausführung von a_0 das Prädikat P, so gilt nach Ausführung einer while-Schleife $P \wedge (b = 0)$, falls vorher P galt:

$$\frac{\{P \wedge (b \neq 0)\}\ a_0\ \{P\}}{\{P\}\ \underline{\text{while}}\ b \neq 0\ \underline{\text{do}}\ a_0\ \underline{\text{end}}\ \{P \wedge (b = 0)\}}$$

▶ *Beispiel:*

$$\frac{\{y + z = 10 \wedge y \neq 0\} z := z + 1; y := y - 1 \{y + z = 10\}}{\{y + z = 10\}\ \underline{\text{while}}\ y \neq 0\ \underline{\text{do}}\ z := z + 1; y := y - 1\ \underline{\text{end}}\ \{y + z = 10 \wedge y = 0\}}$$ ◀

Ein Prädikat P, das diese Ableitungsregeln erfüllt, nennt man *Schleifeninvariante*, da P vor und nach Ausführung der Schleife gilt. Im Beispiel ist $\{y + z = 10\}$ eine Schleifeninvariante. Man beachte, dass die Deduktionsregel auch für $y < 0$ gilt, obwohl die Schleife dann nicht endet. Merke: Das Terminieren einer Schleife muss unabhängig von den Deduktionsregeln gesondert nachgewiesen werden!

(6) Die folgende Regel dient zur Anpassung von Prädikaten. Gilt $\{Q\}\, a_0\, \{R\}$ und folgt aus P das Prädikat Q und aus R das Prädikat S so gilt auch $\{P\}\, a_0\, \{S\}$:

$$\frac{P \Rightarrow Q, \{Q\}\ a_0\ \{R\}, R \Rightarrow S}{\{P\}\ a_0\ \{S\}}$$

▶ *Beispiel:*

$$\frac{x = 0 \Rightarrow x \geq 0, \{x \geq 0\}\ a_0\ \{x \geq 1\}, x \geq 1 \Rightarrow x \neq 0}{\{x = 0\}\ a_0\ \{x \neq 0\}}$$ ◀

Mithilfe der axiomatischen Semantik kann man den Nachweis führen, ob ein Programm die gewünschte Funktion berechnet oder nicht. Das Hauptproblem lautet hierbei: Wie findet man die passenden Prädikate, insbesondere die Schleifeninvarianten? Am leichtesten sind diese Prädikate vom Programmierer selbst zu finden: Wenn der Programmierer ein Programmstück erstellt, so hat er eine genaue Vorstellung, welche Teilfunktionen hierdurch realisiert werden sollen; durch die Prädikate müssen genau diese Teilfunktionen logisch formuliert werden.

Eine spezielle Vorgehensweise ist die Technik der „*schwächsten Vorbedingung*“ (engl. *weakest precondition*): Das Prädikat R, das am Ende des Programms gelten soll, gibt die zu berechnende Funktion an; die letzte Nachbedingung R ist also bekannt. Dann durchläuft man die Anweisungen von hinten nach vorne und formuliert zu jeder Nachbedingung und zu jeder Anweisung a_0 das allgemeinste Prädikat P, aus dem die gegebene Nachbedingung durch Ausführen von a_0 gerade noch gefolgert werden kann (schwächste Vorbedingung). Trifft man schließlich auf eine Vorbedingung P des gesamten Programms, die nur noch dem Einlesen von Variablen entspricht, also ein Prädikat der Form ($x \in \mathbb{Z}$, $y \in \mathbb{R}$, ...), dann hat man den gewünschten Nachweis führen können.

Auf weitere Details verzichten wir hier. Man erkennt jedoch rasch, dass Beweise trotz der wenigen Regeln nur schwer zu führen sind. Man entwickelt daher Programme, mit deren Hilfe der Computer diese Aufgabe selbst erledigt, wenn man die zu berechnende Funktion in einer mathematischen Formulierung oder in einer geeigneten Spezifikationssprache eingibt. Die operationale Semantik eignet sich nicht für solche Nachweise, da sie nur für feste und nicht für alle Eingabewerte arbeitet.

Die Semantik von Programmen wird durch ↑Datentypen und ↑Deklarationen, durch ↑Blöcke, durch Funktionen und ↑Prozeduren, die Funktionen und Prozeduren als Parameter und möglicherweise auch als Ergebnis haben (z. B. ↑LISP), durch ↑Prozesse, durch ↑Objekte und durch ↑Sprünge außerordentlich kompliziert. Auf diesen Gebieten wird zurzeit intensiv geforscht.

semantische Analyse: eine Phase, die ein ↑Übersetzer bei der Übersetzung eines Programms durchläuft.

Die semantische Analyse erfüllt vorwiegend zwei Aufgaben:

(1) *Überprüfung des Ableitungsbaums auf Fehler:* Programmiersprachen werden der Einfachheit halber durch ↑kontextfreie Grammatiken beschrieben. Programme müssen aber mehrere kontextsensitive Zusatzbedingungen erfüllen (↑kontextsensitive Grammatik), die man umgangssprachlich zur Sprachdefinition hinzufügt.

▶ *Beispiele* für kontextsensitive Zusätze:
a) Jeder verwendete ↑Bezeichner muss deklariert werden (↑Deklaration).
b) Jede Variable muss ihrem Datentyp entsprechend verwendet werden: z. B. ist „<u>var</u> x: <u>boolean</u>; x := 3“ verboten. ◀

Die Einhaltung dieser Zusatzbedingungen kann innerhalb der Phase der ↑syntaktischen Analyse nicht überprüft werden. Mögliche Fehler können erst während der semantischen Analyse entdeckt werden.

a) *Vorbereitung der Codeerzeugung:* Gleichzeitig mit der Überprüfung des Ableitungsbaumes auf kontextsensitive Fehler werden Vorbereitungen für die folgende Phase, den ↑Codegenerator, getroffen. Der Ableitungsbaum wird durchlaufen, wobei jeder Variablen, jedem Ausdruck (auch Zwischenergebnissen) und gegebenenfalls auch Anweisungen ↑Adressen innerhalb des ↑Zielprogramms zugeordnet werden. Bei Variablen beziehen sich die Adressen dann auf den Speicher, bei Zwischenergebnissen meist auf ↑Register, da die Ergebnisse sofort weiterverwendet werden und nicht dauerhaft festgehalten werden müssen. Dies realisiert man mithilfe von ↑Symboltabellen, in denen man alle Variablen zusammen mit ihrem deklarierten ↑Datentyp und ihrer Adresse speichert.

sequenziell: aufeinander folgend, oft auch als Gegensatz zu ↑parallel oder nebenläufig verwendet.

(1) Bei der Kennzeichnung von ↑Datenträgern und ↑Datenstrukturen bedeutet „sequenziell“, dass die Datenträger und Datenstrukturen nur in einer festen vorgegebenen Reihenfolge gelesen oder beschrieben werden können. Beispiel für einen sequenziellen Datenträger ist der ↑Magnetbandspeicher, Beispiel für eine sequenzielle Datenstruktur ist die ↑lineare Liste. Vgl. auch ↑Datei.

(2) Bei der Kennzeichnung des Zugriffs zu Datenträgern oder Datenstrukturen

bedeutet „sequenziell“, dass zum ↑ Suchen eines Datenelements alle oder eine gewisse Anzahl von vorhergehenden Daten zunächst untersucht werden.

sequenzielles Suchen: Sei $a_1, a_2, a_3, \ldots$ eine Folge von Objekten, die in einem ↑ Feld oder als ↑ lineare Liste abgespeichert wird. Beim sequenziellen ↑ Suchen untersucht man nacheinander alle Objekte a_i, bis man ein Objekt gefunden hat, das das Suchkriterium erfüllt.

Die Laufzeit für das sequenzielle Suchen beträgt bei n Objekten durchschnittlich $O(n)$ (↑ Ordnung). Für die Praxis ist sequenzielles Suchen zu zeitaufwendig. ↑Binäres Suchen ist in jedem Fall vorzuziehen, wenn die Folge sortiert ist.

seriell: Arbeitsabläufe bzw. deren Einzelschritte heißen *seriell,* wenn sie nicht gleichzeitig (↑ parallel), sondern zeitlich aufeinander folgend durchgeführt werden. Beispiele für serielle Arbeitsprozesse sind die serielle ↑ Datenübertragung, bei der die Daten Bit für Bit nacheinander über *eine* Leitung gesendet werden, und die serielle Verarbeitung von ↑Aufträgen.

Serienaddierwerk: einfaches Schaltwerk für die Addition zweier n-stelliger ↑binärer Zahlen. Es benötigt nur einen ↑Volladdierer und ein ↑ D-Flipflop zur Speicherung eines Übertrags. Zusätzlich muss für die beiden Summanden und die Summe je ein ↑Schieberegister zur Verfügung stehen (Abb. 1).

Mit jedem Takt werden zwei Bits der beiden Schieberegister a und b in den Volladdierer transportiert und verknüpft. Das Resultat wird im Schieberegister c gespeichert. Ein eventuell auftretender Übertrag wird im D-Flipflop zwischengespeichert und beim nächsten Takt in die Addition einbezogen; hier kann man auch eine Bereichsüberschreitung prüfen. Bei der obigen Schaltung mit Rundschieberegistern für die Summanden a und b bleiben diese nach Ausführung der Addition erhalten. Verzichtet man auf diese Eigenschaft und speichert das Ergebnis in einem der Summanden-

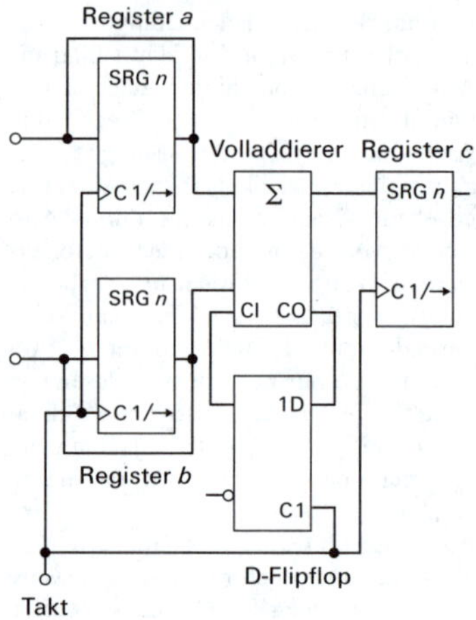

Serienaddierwerk (Abb. 1)

register a oder b, so spart man ein Schieberegister. Das Summanden-Ergebnisregister heißt dann ↑Akkumulator.

Da Serienaddierwerke relativ langsam arbeiten, verwendet man in der Praxis ↑ Paralleladdierwerke.

Serienparallelumsetzer (engl. *serial parallel converter*): Schaltwerk, das zeitlich ↑seriell eingehende Daten ↑parallel ausgibt. Als Serienparallelumsetzer eignet sich beispielsweise ein ↑Schieberegister für n Bit, in das mit n Takten jeweils ein eingehendes Bit gespeichert wird. In einem weiteren Takt werden die gespeicherten Daten parallel ausgegeben (Abb. 1).

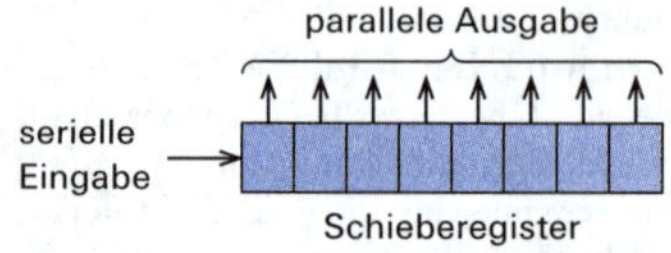

Serienparallelumsetzer (Abb. 1): Schieberegister als Serienparallelumsetzer

Die Umkehrung wird durch den ↑ Parallelserienumsetzer realisiert.

Server (dt. jemand, der einen Dienst erbringt): In der Informatik versteht

man unter einem Server einen Computer in einem Rechnernetz, der einen ↑Dienst anbietet und die zugehörige Dienstleistung durchführt. Präziser gesprochen ist das Programmpaket, das auf dem Computer installiert ist und für den Dienst zuständig ist, gemeint. Besteht der Dienst im Wesentlichen darin, Daten zu liefern und zu verwalten, dann spricht man von einem *File-Server.* Weitere Programmpakete, um die der Anbieter seinen Dienst ergänzt, nennt man auch ↑Komponenten. Server sind ein zentraler Bestandteil in ↑Client-Server-Architekturen, etwa im ↑Internet.
Innerhalb eines Systems bezeichnet man Programme, die eine gewisse Funktionalität bereitstellen oder Geräte steuern und verwalten, ebenfalls als Server, z. B. den Druckserver und den Bildschirmserver.

SGML (Abk. für **S**tandard **G**eneralized **M**arkup **L**anguage): Weiterentwicklung der Beschreibungssprache ↑HTML für *Dokumente,* die nicht nur auf Browser im Internet zugeschnitten, sondern ganz allgemein für die Arbeit in Büros und das Verlagswesen konzipiert wurde. Prinzipiell werden die ↑Dokumente durch inhaltliche Beziehungen und semantische Strukturen vor Beginn ihrer Erstellung spezifiziert; das System überwacht dann z. B. beim Schreiben, ob diese Strukturen eingehalten wurden und ob die Querverweise zwischen den Teilen des Dokuments korrekt gesetzt sind. Auch multimediale Dokumente wie Formeln, Grafiken und Bilder können angeschlossen werden. Der vorliegende Duden Informatik und seine Strukturen wurden beispielsweise in einer Version von SGML spezifiziert und erfasst.

Sieb des Eratosthenes: Von dem griechischen Philosophen Eratosthenes (276 – 195 v. Chr) entwickeltes Verfahren zur Berechnung aller *Primzahlen* bis zu einer vorgegebenen Zahl $n \in \mathbb{N}$:
(1) Man schreibe alle Zahlen von 1 bis n hin und streiche die Zahl 1 durch.
(2) Sei i die kleinste noch nicht durchgestrichene und nicht eingerahmte Zahl. Man rahme i ein und streiche alle Vielfachen von i durch. (Die Vielfachen von i werden „ausgesiebt".)
(3) Man wiederhole (2) so lange, bis $i^2 > n$ ist.
(4) Die eingerahmten und die nicht durchgestrichenen Zahlen sind die Primzahlen von 1 bis n.

▶ *Beispiel* für n = 100:

	2	**3**	~~4~~	**5**	~~6~~	**7**	~~8~~	~~9~~	~~10~~
11	~~12~~	13	~~14~~	~~15~~	~~16~~	17	~~18~~	19	~~20~~
~~21~~	~~22~~	23	~~24~~	~~25~~	~~26~~	~~27~~	~~28~~	29	~~30~~
31	~~32~~	~~33~~	~~34~~	~~35~~	~~36~~	37	~~38~~	~~39~~	~~40~~
41	~~42~~	43	~~44~~	~~45~~	~~46~~	47	~~48~~	~~49~~	~~50~~
~~51~~	~~52~~	53	~~54~~	~~55~~	~~56~~	~~57~~	~~58~~	59	~~60~~
61	~~62~~	~~63~~	~~64~~	~~65~~	~~66~~	67	~~68~~	~~69~~	~~70~~
71	~~72~~	73	~~74~~	~~75~~	~~76~~	~~77~~	~~78~~	79	~~80~~
~~81~~	~~82~~	83	~~84~~	~~85~~	~~86~~	~~87~~	~~88~~	89	~~90~~
~~91~~	~~92~~	~~93~~	~~94~~	~~95~~	~~96~~	97	~~98~~	~~99~~	~~100~~

Die Primzahlen unter 100 sind also

2, 3, 5, 7, 11, 13, 17, 19, 23,
29, 31, 37, 41, 43, 47, 53, 59,
61, 67, 71, 73, 79, 83, 89, 97. ◀

Das Sieb des Eratosthenes benötigt zur Berechnung der ersten n Primzahlen proportional zu $n \cdot \log_2(n)$ Schritte. Es eignet sich daher nur zum Aufstellen kleinerer Primzahltabellen. Zum Primzahltest vgl. ↑ stochastischer Algorithmus.
Das Sieb des Eratosthenes ist das Standardbeispiel für Siebverfahren, bei denen aus einer Tabelle von Zahlen nach Kriterien, die sich aus den in der Tabelle verbliebenen Zahlen ergeben, Elemente herausgestrichen werden. Ein anderes Beispiel solcher Siebverfahren ist die Erzeugung der „Glückszahlen" von 1 bis n:
(1) Man schreibe alle Zahlen von 1 bis n hin. Man setze einen Zeiger auf die Zahl 2.
(2) Sei i die Zahl, auf die der Zeiger zeigt. Man entferne aus der Tabelle jede i-te Zahl. Dann setze man den Zeiger auf die nächste Zahl nach i, die in der Tabelle verblieben ist.

(3) Man wiederhole (2) so lange, bis *i* größer als die Anzahl der verbliebenen Tabellenelemente ist.

(4) Die verbliebenen Zahlen sind die Glückszahlen von 1 bis *n*.

Man beachte, dass bei jedem Sieb die Tabelle laufend verkleinert wird.

▶ *Beispiel* für *n* = 20:

1 ~~2~~ 3 ~~4~~ ~~5~~ ~~6~~ 7 ~~8~~ 9 ~~10~~

~~11~~ ~~12~~ 13 ~~14~~ 15 ~~16~~ ~~17~~ ~~18~~ ~~19~~ ~~20~~

Zuerst werden die Zahlen entfernt, die einmal durchgestrichen sind, danach die, die doppelt durchgestrichen sind, usw. Als Ergebnis erhält man die Zahlen 1, 3, 7, 9, 13, 15. (Die Glückszahlen besitzen ein ähnliches Verhalten wie die Primzahlen.) ◀

Signal [engl. *signal*]: Informationen werden physikalisch durch Folgen von Signalen dargestellt. Hierbei ist ein Signal eine elementare feststellbare Veränderung, z. B. ein Zeichen, ein Strich, ein Bildelement, ein Laut, ein Ton, eine Mimik, ein Lichtblitz, eine Farbveränderung, eine Bewegung, ein elektrischer Impuls usw. Wesentlich ist, dass sich diese Veränderung physikalisch durch Messgeräte erfassen lässt, also durch Lesegeräte, Scanner, Kameras, Mikrofone, Bewegungsmesser, Spannungsmesser, lichtempfindliche Zellen, magnetische Ablenkung usw.

Signale besitzen einen *Träger;* beim Schall ist es Luft oder ein Material, bei Zeichen ist es das Material, das als Unterlage dient (z. B. Papier), bei elektrischen Impulsen ist es ein elektrischer Leiter. Die Kenngröße eines Signals, deren Wert oder Werteverlauf die Nachricht oder die Daten darstellt, nennt man *Signalparameter.* Zum Beispiel ist bei der Rundfunkübertragung das Signal eine amplituden- oder frequenzmodulierte Wechselspannung, und der Signalparameter ist hierbei die Amplitude bzw. die Frequenz. Betrachtet man nur Signalparameter, die aus einem diskreten Wertebereich stammen (z. B. nur den ganzzahligen Anteil der Amplitude oder gut unterscheidbare Zeichen), so heißen die Signale *diskret;* ist dieser Wertebereich endlich, so spricht man von *digitalen* Signalen. Speziell bezeichnet man digitale Signale, die durch ↑Zeichen dargestellt werden, als *Daten.* Stellt der Signalparameter dagegen eine kontinuierlich veränderbare Größe dar, so spricht man von einem ↑analogen Signal.

Während die physikalische Erkennung (und damit die Syntax) von Signalen letztlich durch die Messgeräte definiert wird, bleibt die Bedeutung von Signalen meist der anschließenden Verarbeitung überlassen, siehe ↑Information.

Signaturgesetz (Abk.: SigG): Seit dem 1. 8. 1997 ist das „Gesetz zur digitalen Signatur“ (Signaturgesetz) in Kraft. Es geht auf eine europäische Rahmenvereinbarung zurück, die in allen Mitgliedsstaaten der Europäischen Union umgesetzt wird. § 1 (1) lautet: „Zweck des Gesetzes ist es, Rahmenbedingungen für digitale Signaturen zu schaffen, unter denen diese als sicher gelten und Fälschungen digitaler Signaturen oder Verfälschungen von signierten Daten zuverlässig festgestellt werden können.“ Eine begleitende Signaturverordnung SigV vom 1. 11. 1997 regelt weitere Einzelheiten.

Eine *sichere elektronische Signatur,* auch *elektronische Unterschrift* genannt, muss eindeutig das jeweilige Dokument einem *Signator* zuordnen; sie dient daher zum einen der ↑Authentifizierung dessen, der ein Dokument verbreitet, und zum anderen seiner *Identifizierung.* Ein Signator ist eine natürliche oder eine juristische Person, die im eigenen oder im fremden Auftrag unterschreibt oder die eine solche Identifizierung bestätigt („zertifiziert“). Ein Zertifizierungsdiensteanbieter stellt sichere elektronische Signaturen bereit, die von Kunden erworben werden können; dies wird durch ein Zertifikat bestätigt. Zur Überwachung der technischen Verfahren und zur Akkreditierung der Anbieter wurde die Regulierungsbehörde für Telekom-

munikation und Post RegTP als Aufsichtsstelle ernannt.
Das Signaturgesetz garantiert, dass als sicher eingestufte elektronische Signaturen den Charakter einer eigenhändigen Unterschrift besitzen und daher verbindlich sind. Entsprechende Gesetzesänderungen liegen zurzeit 2001 im Entwurf vor. Danach dürfen nur wenige Rechtsgeschäfte nicht durch eine elektronische Signatur besiegelt werden, z. B. Bürgschaften und bestimmte Regelungen zum Verbraucherschutz.
Schwachstelle ist vor allem die Verwahrung der Signaturerstellungsdaten bei jedem Einzelnen. Hierbei handelt es sich meist um sehr große Schlüssel (mindestens 1024 Bit lang, vgl. RSA-Verfahren, ↑Kryptographie), die niemand auswendig lernen kann. Sie in einem Computer zu hinterlegen, erleichtert den Missbrauch. Vielleicht werden sie bald auf Kredit- oder anderen Chipkarten gespeichert und zusätzlich über Passwörter gesichert.

Signum-Funktion *(Vorzeichenfunktion):* Funktion, die das Vorzeichen einer reellen Zahl liefert. Es gilt:

$$\text{sgn: R} \to \{-1,0,1\} \text{ mit}$$

$$\text{sgn}(x) = \begin{cases} -1, & \text{falls } x < 0, \\ 0, & \text{falls } x = 0, \\ 1, & \text{falls } x > 0. \end{cases}$$

In den meisten Programmiersprachen ist die Signum-Funktion als Standardfunktion verfügbar.

simplex: Kennzeichen für einen Datenübertragungskanal, bei dem die eine Datenendeinrichtung nur als Sender von Daten und die andere nur als Empfänger verwendet werden kann. Typische Beispiele für Simplexkanäle sind Radio- und Fernsehübertragungen (↑ halbduplex, ↑duplex, ↑multiplex, ↑Datenübertragung).

SIMULA (Abk. für engl. **simu**lation **la**nguage): imperative ↑ Programmiersprache mit speziellen Möglichkeiten zur Ausführung von ↑Simulationen. Die Sprache wurde 1967 aus der Sprache ↑ALGOL 60 entwickelt. Sie besitzt bereits anspruchsvolle Datenstrukturen (Klassen und Referenzen) und ein Modul- und Vererbungskonzept. Daher gilt SIMULA als Vorläufer der ↑ objektorientierten Programmierung.
Ein SIMULA-Programm ist immer ein ↑ Block. Innerhalb eines Blocks werden die ↑lokalen Variablen deklariert, wobei als grundlegende ↑Datentypen unter anderem ↑integer, ↑real, ↑boolean, ↑char und complex (für komplexe Zahlen) zur Verfügung stehen. Darauf aufbauend kann man ↑Felder und ↑Records (mithilfe von „Klassen") definieren. ↑Prozeduren und Funktionen kann man wie in anderen höheren Programmiersprachen vereinbaren, wobei die ↑ Parameterübergabe durch ↑call by value, ↑call by reference und ↑ call by name erfolgen kann. Elementare ↑ Anweisungen sind die ↑ Zuweisung, der Prozeduraufruf (↑Aufruf) und der ↑Sprung. An ↑Kontrollstrukturen stellt SIMULA unter anderem die ↑if-Anweisung, eine spezielle Form der ↑ case-Anweisung, while-Schleifen und Zählschleifen (↑ Schleife) zur Verfügung.
Das wichtigste Konzept, das mit SIMULA eingeführt wurde, ist das *Klassenkonzept.* Eine *Klasse* ist in ihrer einfachsten Form eine Zusammenfassung mehrerer Datentypen und Prozeduren zu einer Einheit. Objekte vom Typ dieser Klasse werden durch die Funktion new erzeugt (oder „generiert"), wobei man als Ergebnis einen ↑Zeiger auf das neue Objekt erhält. Zusätzlich können in Klassendefinitionen auch Anweisungen für die Initialisierung angegeben werden. Weiterhin können Klassen auch ↑ Parameter enthalten. Die Parameter sind Komponenten der Klasse, jedoch muss man ihren ersten Wert bei Erzeugung der Klasse mittels new angeben.
Wenn mehrere Klassen, die sich nur in der Existenz einiger Komponenten unterscheiden, in SIMULA definiert werden sollen, dann kann man durch Verwendung so genannter Ober- und Unterklassen Hierarchien von Klassen bilden. Allgemeinere Eigenschaften der Klassen

werden in Oberklassen, speziellere Eigenschaften in Unterklassen definiert. Eigenschaften von Oberklassen werden von den Unterklassen übernommen („vererbt").
Außerdem stellt SIMULA ein Konzept für ↑ Koroutinen zur Verfügung, mit dem man selbstständig agierende und miteinander kommunizierende Objekte erzeugen kann (↑Prozess).
Die Idee des Klassenkonzeptes hat in viele andere Programmiersprachen Eingang gefunden, vor allem in die ↑objektorientierte Programmierung. SIMULA wurde 1992 zur Sprache BETA weiterentwickelt.

Simulation: In der Informatik bezeichnet Simulation die Nachbildung von Vorgängen auf einer Rechenanlage auf der Basis von ↑Modellen (das sind im Computer darstellbare Abbilder der realen Welt). Sie wird meist zur Untersuchung von Abläufen eingesetzt, die man in der Wirklichkeit aus Zeit-, Kosten-, Gefahren- oder anderen Gründen nicht durchführen kann. Typische Beispiele sind die Ermittlung von Lagerstandorten zur bestmöglichen Belieferung, die Auswirkungen von Maßnahmen auf die Umwelt, Steuerung von Fluggeräten, Ausbreitung und Bekämpfung von Krankheiten, Entwicklung und Test von Programmen für Computer, die sich noch im Planungsstadium befinden, usw. Jede Simulation beginnt mit der Entwicklung eines *Simulationsmodells,* das die wesentlichen Eigenschaften der zu simulierenden Vorgänge und ihre gegenseitige Beeinflussung widerspiegelt. Alle Ergebnisse einer Simulation beziehen sich nur auf dieses Modell. Inwieweit solche Ergebnisse auf die Wirklichkeit übertragen werden können, hängt daher entscheidend davon ab, wie gut die Wirklichkeit durch das Modell nachgebildet wird.

▶ *Beispiel:* Simulation der Vermehrung von Kaninchen. Ein Kaninchenpaar erzeugt alle 30 Tage 6 Junge. Aus n Kaninchen werden nach 30 Tagen also

$$n + \frac{n}{2} \cdot 6 = 4n$$

Kaninchen; aus einem Kaninchenpaar sind nach einem Jahr somit

$$2 \cdot 4^{12} = 33\,554\,432$$

Kaninchen geworden.
Dieses Modell beschreibt die Wirklichkeit nur unvollkommen. Es berücksichtigt weder die Sterblichkeit, noch die Zeugungsunfähigkeit von Jungtieren, noch das Nahrungsangebot, noch die Feinde. Erweitert man das Modell um diese Eigenschaften, so ignoriert das neue Modell seinerseits wiederum einen möglichen Sterblichkeitsanstieg durch Seuchen oder die Begrenzung der Vermehrung durch Platzmangel. ◀

Man unterscheidet zwischen der deterministischen (↑Determinismus) und der stochastischen Simulation. Bei der *deterministischen Simulation* sind alle an dem Modell beteiligten Größen exakt definiert oder aufgrund mathematischer Zusammenhänge berechenbar. Bei der *stochastischen Simulation* werden in dem Modell auch zufallsabhängige Größen verwendet. Die Simulation kann diskret oder kontinuierlich erfolgen, sie kann in festen Takten erfolgen oder durch Ereignisse gesteuert werden usw.
Zur Programmierung von Simulationen wurden spezielle Programmiersprachen entwickelt, z. B. ↑ SIMULA und *GPSS* (Abk. für **G**eneral **P**urpose **S**imulation **S**ystem), in denen bestimmte Simulationskonzepte einfach formuliert werden können.

Skriptsprache: übergeordnete Sprache, um vorhandene Programme oder Prozeduren kontrolliert nacheinander oder miteinander kooperierend ablaufen zu lassen. Einfachste Skriptsprachen sind erweiterte ↑Kommandosprachen, z. B. die *shell scripts* der Betriebssysteme UNIX und LINUX. Bekannte mächtigere Skriptsprachen sind ↑ Perl und *Tcl/Tk.* In der Regel werden Skriptsprachen durch ↑Interpreter ausgeführt.

SMALLTALK-80 [engl. 'smɔ:ltɔ:k]: objektorientierte Programmiersprache und zugleich vollständige Programmierumgebung, in der die Prinzipien der ↑objektorientierten Programmierung gut realisiert sind und in der viel Wert auf ein einheitliches benutzungsfreundliches Erscheinungsbild gelegt wurde. Der Benutzer braucht sich nicht mehr in Betriebssysteme, Dateiverwaltungssysteme, Programmiersprachen, Übersetzer oder Editoren einzuarbeiten; denn in SMALLTALK-80 stellt sich das Computersystem in einheitlicher Form dar, durch das der Benutzer mit ↑Menüs geführt wird. Nach außen sichtbar ist stets nur ein spezielles Objekt, nämlich der Bildschirm. Eingaben erfolgen mit der Maus oder über die Tastatur.

Das SMALLTALK-80-System ist aus Benutzersicht eine Menge von ↑Objekten, wie z. B. Zahlen, Texte, Grafiken, Editoren, Übersetzer usw. Jedes dieser Objekte ist für den Benutzer transparent, d. h., er kann die Eigenschaften jedes Objekts jederzeit abwandeln, wodurch er das System seinen Vorstellungen anpassen kann.

Zum SMALLTALK-80-System gehört auch ein Übersetzer für eine spezielle Programmiersprache, die ebenfalls als

Klassenname (class name)	Punkt
Oberklasse (super class)	Object
Namen der Instanzvariablen	x y
Namen der Klassenvariablen	pi
Klassennachrichten und Methoden (class messages and methods)	< Erzeuge eine Instanz dieser Klasse und setzte die Klassenvariable pi >

newX: xWert Y: yWert | | ↑ self new x: xWert y: yWert
newRadius: radius: Winkel: winkel | |
↑ self new x: radius • winkel sin y: radius • winkel cos
setpi | | pi ← 3,1415926

Instanznachrichten und Methoden (instance messages and methods)	< Verwaltung der Koordinaten des Punktes und Arithmetisches >

x: xKoord y: yKoord | | x ← xKoord. y ← yKoord
x | | ↑ x
y | | ↑ y
radius | | ↑ (x • x) + (y • y) wurzel
winkel | | ↑ (x/y) arctan
+ einPunkt | | ↑ Punkt newX: x + einPunktx Y: y + einPunkt y
– einPunkt | | ↑ Punkt newX: x – einPunktx Y: y – einPunkt y
• skalarFaktor | | ↑ Punkt newX: x • skalarFaktor
Y: y • skalarFaktor
kreisFläche |z| z ← self radius. ↑ pi • z • z
ersterQuadrant | | ↑ (x > 0) and (y > 0)

SMALLTALK-80 (Abb. 1): Definition der Klasse Punkt in der Sprache SMALLTALK-80. Die blau markierten Teile stellen das allgemeine Schema zur Definition von Klassen dar.

S

SMALLTALK-80 bezeichnet wird. Diese Programmiersprache ist objektorientiert. Jedes Objekt gehört einer sog. ↑ Klasse an, es ist eine ↑ Instanz dieser *Klasse*. Zum prinzipiellen Aufbau von Klassen und Objekten siehe ↑ Objekt. Die dort als Abb. 1 angegebene Struktur von Objekten wird in SMALLTALK durch ein Schema dargestellt, welches hier in Abb. 1 verwendet wird.

Für eine Klasse ist anzugeben, wie die Klasse heißt, von welcher Klasse Eigenschaften übernommen werden (Oberklasse), welche Zustände ein Objekt dieser Klasse annehmen kann *(Instanzvariablen)*, welche Mitteilungen oder *Nachrichten* man einem solchen Objekt schicken darf (Namen der Methoden) und wie diese Nachrichten verarbeitet werden (Methoden, die in der SMALLTALK-80-Sprache ausformuliert werden; diese Realisierung bleibt nach außen verborgen; *Geheimnisprinzip*). Weiterhin können Klassenvariablen benannt werden, auf die alle Objekte, die zu dieser Klasse gehören, zugreifen dürfen (dies entspricht globalen Werten, die nur Objekten einer Klasse zur Verfügung stehen), und es werden Methoden angegeben, die man der Klasse selbst senden kann, wie z. B. die Methode, ein konkretes Objekt zu erzeugen. Erhält ein Objekt eine Nachricht (mit ↑ Parametern), so antwortet es mit einem anderen Objekt.

Wie eine Nachricht zu verarbeiten ist, wird durch eine entsprechende Methode definiert. Eine *Methode* besitzt folgenden Aufbau:

⟨Name und Parameter⟩
⟨Kommentar⟩
⟨Lokale Variablen⟩
⟨Anweisungen⟩.

► *Beispiel:* Die iterative Berechnung der ↑ Fakultät lautet in SMALLTALK:

```
fak
    |result hilf|
    result ← 1.
    hilf ← self.
    [hilf > 0] whileTrue:
        [result ← result * hilf.
        hilf ← hilf - 1].
    ↑result.
```

Diese Methode wird nun der Klasse natural, die die natürlichen Zahlen definiert, hinzugefügt. Schickt man dann einem Objekt dieser Klasse, z. B. der Zahl 5, die Nachricht fak, dann antwortet das Objekt 5 mit dem Objekt 120.

Erläuterung: Zunächst wird der Name fak für die Methode festgelegt. Dann werden die ↑ lokalen Variablen zwischen zwei senkrechten Strichen aufgelistet; hier result und hilf. Da SMALLTALK keine ↑ typisierte Programmiersprache ist, genügt es, die Bezeichner der lokalen Variablen anzugeben. Nun folgen die Anweisungen, die durch einen Punkt voneinander getrennt werden. Durch die Anweisungen „result ← 1" und „hilf ← self" werden die Objekte 1 und self an die Variablen result und hilf gebunden. „self" bedeutet hierbei, dass der Variablen hilf das Objekt zugeordnet wird, dem die Nachricht fak geschickt worden ist (also beispielsweise das Objekt 5). Anschließend wird eine Bedingung ausgewertet; Ergebnis ist eines der Objekte true oder false (↑ boolean). Diesem wird die Nachricht whileTrue: mit dem Parameter

```
[result ← result * hilf.
hilf ← hilf - 1]
```

geschickt (Parameter werden durch einen Doppelpunkt vom Namen der Nachricht abgetrennt). Die beiden Anweisungen „result ← result * hilf" und „hilf ← hilf - 1" werden nun so oft durchgeführt, bis hilf kleiner oder gleich null geworden ist. Als Ergebnis der Methode fak wird das Objekt, das an die Variable result gebunden ist, zurückgegeben; dieses Zurückgeben wird durch den senkrechten Pfeil dargestellt. ◄

Man beachte: Ausdrücke in der Sprache SMALLTALK-80 werden von links nach rechts ausgewertet. Ein Ausdruck der Form

A B C

bedeutet also: Zunächst wird dem Objekt A die Nachricht B geschickt, und anschließend erhält das hierbei als Ergebnis entstandene Objekt die Nachricht C.

Im Folgenden wird ein Beispiel für eine Klassendefinition vorgestellt. Diese kann (auch während der Laufzeit von Programmen) um neue Methoden erweitert werden, wie es oben mit fak für die Klasse natural erläutert wurde.

▶ *Beispiel:* Punkt im zweidimensionalen Raum.
Er ist in Abb. 1 beschrieben. Hierzu folgende Erläuterungen: Einen Punkt mit den Koordinaten 5 und 8 erzeugt man durch

```
Punkt newX: 5 Y: 8.
```

Die Abarbeitung dieses Ausdrucks geschieht folgendermaßen: Die Nachricht

```
newX: 5 Y: 8
```

wird an die Klasse Punkt, die ebenfalls ein Objekt ist, geschickt. Diese erkennt, dass „newX: Y:" eine zulässige Methode mit den Argumenten 5 und 8 ist. Also wird

```
„↑ self new x: 5 y: 8"
```

ausgeführt. Dies bedeutet: Dem Empfänger der ursprünglichen Nachricht (also der Klasse selbst), dargestellt durch self, wird die Nachricht „new" geschickt; diese Nachricht bezieht sich auf eine Klassenmethode; sie bewirkt, dass eine Instanz (also ein konkretes Objekt) der Klasse Punkt erzeugt wird; diese Instanz erhält nun die Nachricht „x: 5 y: 8", also die Aufforderung, die Methode „x: y:" mit den jeweiligen Argumenten 5 und 8 auszuführen. Die Methode „x: y:" ist dem konkreten Objekt bekannt, da sie (hier als erste) unter den Instanzmethoden definiert ist; dadurch werden den Instanzvariablen x und y die Werte 5 und 8 zugeordnet. Somit ist das gewünschte Objekt, der Punkt mit den Koordinaten 5 und 8, entstanden. Dieses wird als Ergebnis zurückgegeben, was durch den senkrechten Pfeil „↑" dargestellt wird. ◀

Auf die Mehrfachverwendung („Überladen", ↑ Polymorphie), die Vererbung und auf die Objekthierarchien kann hier nicht eingegangen werden. Manches geht auf die Sprache ↑SIMULA zurück. Hiermit kann man recht schnell aus vorhandenen Objekten ↑Prototypen zur Lösung von neuen Problemstellungen entwickeln. Zu diesem Zweck werden im SMALLTALK-80-System Hunderte von vordefinierten Klassen mitgeliefert, die man leicht an sehr viele praktische Fragestellungen anpassen kann.

SNOBOL: imperative ↑ Programmiersprache zur ↑ Textverarbeitung, die in den 1960er-Jahren eingeführt und später zu SNOBOL 4 weiterentwickelt worden ist. Der wichtigste ↑ Datentyp in SNOBOL sind Zeichenketten. Die Grundoperation auf Zeichenketten ist die Zusammensetzung (↑Konkatenation), die durch ein Leerzeichen beschrieben wird: Der Ausdruck

```
'TEXT' 'VERARBEITUNG'
```

steht für die Zeichenkette 'TEXTVERARBEITUNG'. Variablen werden durch eine ↑ Zuweisung automatisch vereinbart. Nach Ausführung der SNOBOL-Anweisung

```
A = 'SNOBOL'
```

steht A für die Zeichenkette 'SNOBOL'. Damit steht der Ausdruck

```
A '4'
```

für die Zeichenkette 'SNOBOL4'. Die allgemeine SNOBOL-Anweisung hat folgende Form:

```
marke zeichenkette muster
  = ersetzung sprung.
```

Jede Anweisung kann mit einer ↑Marke versehen werden, die später als Ziel eines ↑ Sprunges verwendet werden kann. Durch obige Anweisung wird die angegebene Zeichenkette nach dem Muster durchsucht, und falls die Suche erfolgreich war, wird das gefundene Muster durch die Zeichenkette hinter dem „=" ersetzt. Zusätzlich kann angegeben werden, dass nach dieser Anweisung zu einer anderen gesprungen wird (falls das Muster gefunden wird oder nicht).

▶ *Beispiel:* Die nachfolgende Anweisung bewirkt, dass die Zeichenkette, welche die Variable A enthält, nach dem Muster 'OBO' durchsucht wird. War die Suche erfolgreich, ist die nächste Anweisung die mit der Marke „WEITER":

START A 'OBO' :S(WEITER)

Das Symbol „S" steht für „Erfolg" (engl. success) und deutet an, dass nur dann zur Marke „WEITER" gesprungen wird, wenn die Suche nach der Zeichenkette „OBO" erfolgreich war. ◄

Für komplizierte Manipulationen stellt SNOBOL verschiedene Funktionen auf Zeichenketten zur Verfügung. Außerdem kann der Benutzer neue Funktionen und Datentypen definieren. Ein weiterer wichtiger Aspekt von SNOBOL ist die *dynamische Abarbeitung* aller Programmteile: Die Typen von Variablen, die Definitionen von Funktionen usw. können sich während des Programmablaufes ändern. In SNOBOL ist es möglich, den Programmtext einer Funktion durch das Programm selbst zu erzeugen (Programmtexte sind auch Zeichenketten) und diese Funktion beim weiteren Programmablauf zu verwenden.

Softcomputing (dt. weiches Berechnen, im Sinne von vage, unscharf, anpassbar): Computer setzen Exaktheit voraus: Alles muss bis ins Detail geregelt sein und schon kleinste Abweichungen von den vorgegebenen Festlegungen führen zum Abbruch. Diese Form des Rechnens basiert also auf bis ins Letzte geregelten Begriffen und auf „harten" Rechenregeln, weshalb sie manchmal auch *Hardcomputing* genannt wird. Auch die Einführung von Ausnahmesituationen (exceptions, vgl. ↑Ada, ↑Eiffel) ändert an diesem Stil nichts. Menschen dagegen arbeiten meist anders. Sie gehen mit nicht klar definierten Begriffen um, erlauben Unexaktheiten oder verwenden vage Informationen. Für Vorgehensweisen, die mit unscharfem Wissen, mit ungenauen Werten und intuitiven Begriffen operieren, die Methoden einsetzen, deren Güte kaum abschätzbar ist, oder die sich nach zufallsabhängigen Methoden an gute Lösungen herantasten, führte der Amerikaner Lotfi A. Zadeh das Wort Softcomputing ein. Hierzu gehören ↑evolutionäre Algorithmen, ↑fallbasiertes Schließen, ↑Fuzzy-Mengen, ↑neuronale Netze sowie manche Methoden der ↑Künstlichen Intelligenz. Solche Verfahren werden mittlerweile bei vielen ↑Heuristiken angewendet, sie werden bei Entscheidungsfindungen, bei Diagnosen, in der Maschinensteuerung oder der Wissensverarbeitung eingesetzt und sie spielen zunehmend ein Rolle bei Systemen, die in häufigem Dialog mit Menschen stehen.

Software [engl. 'sɔftwɛə] (dt. weiche Waren, im Sinne von: veränderbare Teile): Der materielle, anfassbare Teil eines Computers wurde als „Hardware" bezeichnet; für die anpassbaren Programme entstand das Kunstwort „Software". Heute versteht man allgemein unter Software alle ↑Programme, ↑Prozeduren und ↑Objekte, die ein Rechnersystem lauffähig machen oder die in einem (vernetzten) Rechnersystem ablaufen können, zusammen mit zugehörigen Daten und der Dokumentation (vgl. auch die unter ↑Rechtsschutz genannte Definition). Die Begriffe Hardware für die physikalischen und Software für die Programmkomponenten fasst man als *„Rechnersystem"* oder besser als ↑Informatiksystem zusammen.

Bei der Software unterscheidet man oft zwischen Systemsoftware, Anwendungssoftware und Softwarewerkzeugen. Zur *Systemsoftware* zählen alle Programme, die für den korrekten Ablauf von Rechnern oder Rechnernetzen erforderlich sind, also Betriebssysteme, Übersetzer, Verwaltung von Geräten, Netzsoftware usw. Die *Anwendungssoftware* wird zur Lösung von Problemen bei Anwendern eingesetzt, z. B. Finanzabwicklungsprogramme, Bibliotheksauskunftssysteme, Berechnung der Energiepotenziale in Molekülen, Aufdeckung der Gensequenzen bei Lebewesen, Steuerung von Verkehrsanlagen, Gewährleistung von Kundenwünschen bei der Automobilherstellung, Steuerung von Flugzeugen usw.

Softwarewerkzeuge stellen ein uorl;Metalevel" der Programmierung dar: Sie unterstützen die Erstellung oder die Konfigurierung von Software, vgl. ↑ CASE; prinzipiell dienen sie auch (↑ rekursiv) der Erstellung neuer Softwarewerkzeuge.
Mathematisch gesehen realisiert Software stets eine Abbildung der Eingabe- auf die Ausgabedaten. Liegt diese Abbildung als formale Spezifikation vor, dann ist die Softwareerstellung nichts anderes als ein mathematischer Beweis, dass die Software die gegebene Funktion tatsächlich berechnet. Diese Sicht bleibt aber in der hochgradig komplexen Praxis reine Abstraktion.

Informatiker(innen) benutzen heute die Software wie einen Werkzeugkasten: Sie besitzen eine große Menge von Bausteinen, genannt ↑ Klassen und ↑ Prozeduren, die sie in Bibliotheken aufbewahren und ständig ergänzen oder effizienter implementieren; aus ihnen konstruieren sie laufend neue Systeme, passen vorhandene Software an, koppeln Softwaresysteme miteinander usw.

Die Bedeutung der Software ist im Laufe der letzten 30 Jahre enorm gestiegen, obwohl dies in der Öffentlichkeit kaum bewusst geworden ist: Software ist *das* zentrale Wirtschaftsgut geworden: Kein Industrieunternehmen, keine Bank, kein Krankenhaus, keine Verwaltung kann heute mehr ohne Software arbeiten, und ebenso wenig wäre es ohne sie möglich oder bezahlbar, Geräte wie Kameras, Waschmaschinen, HiFi-Anlagen oder Autos in der für uns selbstverständlichen Vielfalt und Qualität zu bauen. Software durchdringt mittlerweile alle Lebensbereiche und die Vorstellung vom „allgegenwärtigen Computing" (↑ Allgegenwärtige Kommunikation) ist keineswegs abwegig, wenn man sie nüchtern betrachtet und nicht sofort mit der Vorstellung der totalen Überwachung verbindet.

Einige Besonderheiten der Software, die sie von anderen Gegenständen der Ingenieurwissenschaften unterscheiden, sind:

- Software ist nicht materiell. Diese offensichtliche Tatsache hat diverse Konsequenzen, z. B.: alltägliche „sinnliche" Erfahrungen lassen sich nicht auf den Softwarebereich übertragen; Software kennt keine Originale mehr, denn Kopien und Originale sind ununterscheidbar; Software unterliegt keiner Materialermüdung und muss daher nicht gewartet werden; wenn man trotzdem von „Wartung" spricht, so meint man damit im Gegensatz etwa zur Wartung eines Autos, dass man die Software an neue Aufgaben anpasst oder schon lange vorhandene Fehler beseitigt.
- Bei der Software gibt es keinen Nachbarschaftsbegriff. Je zwei Programme sind im Allgemeinen immer gleich weit voneinander entfernt, d. h. insbesondere, jedes Programm kann jedes andere (egal wo es sich befindet) beeinflussen, es sei denn, dies wurde durch Programmierung explizit ausgeschlossen.
- Programme existieren in einer unvorstellbar großen diskreten Welt. Kleinste Veränderungen haben undurchschaubare Auswirkungen und Tests zeigen jedem, der sie durchführt, oft die eigene Hilflosigkeit. Diese Unvorhersehbarkeit sei durch folgenden Limerick aus den 70er-Jahren veranschaulicht:

  An algorithm of Maine
  was implemented in Spain.
  One line was inserted,
  its meaning perverted,
  but computable it did remain.

  Größere Software ist in der Regel nicht ein wenig, sondern immer extrem komplex. Merkwürdigerweise ist sich aber fast niemand dieser Komplexität bewusst, weshalb die Erstellung und die Wirkung von Software ständig unterschätzt wird.
- Softwaresysteme müssen ohne Eingriffe von außen funktionieren. Ein heutiger Rechner führt etwa 10 Millionen Operationen in der Sekunde aus; müsste jemand nach jeweils einer Milliarde Operationen in den Ablauf eingreifen (wie bei der regelmäßigen Au-

toinspektion), so würde niemand das System benutzen wollen. Daher muss man beim Entwickeln der Software alle Möglichkeiten im Auge haben und kann sich nicht auf den korrigierenden Eingriff eines Menschen verlassen.

Zunehmend hängt auch das Leben von Menschen von korrekt arbeitender Software ab, etwa im Krankenhaus, beim Fliegen, im Verkehr oder im Kontakt mit Industrierobotern. Dem ↑Software-Engineering, also der Entwicklung, Veränderung und Bereitstellung qualitativ guter Software, kommt daher eine zentrale Bedeutung zu. Hier wird Software als ein Produkt aufgefasst, das nach gewissen ingenieurmäßigen Regeln und Verfahrensweisen konzipiert, konstruiert, implementiert und eingesetzt wird. Die Undurchschaubarkeit der Systeme macht Fehler prinzipiell unvermeidlich. Skeptiker erwarten, dass im Falle von Unfällen, die durch unkorrekte Software ausgelöst werden, nicht diejenigen zur Verantwortung gezogen werden, die entschieden haben, nicht beherrschte Systeme einzusetzen, sondern es werden stets diejenigen bestraft, die die Systeme erstellen. Die Ausführungen dieses Stichworts zeigen, dass auf den Software-Ingenieur(inn)en eine hohe Verantwortung lastet, wenn sie Software „in Umlauf bringen", da das „stets beherrschbare System" immer nur angenähert realisiert werden kann.

Software-Engineering [engl. 'sɔftwɛəɛnddʒɪˌnɪərɪŋ] *(Softwaretechnik, Programmiertechnik):* Anwendung von Prinzipien, Methoden und Techniken auf den Entwurf und die Implementierung von großen Softwaresystemen. Der Begriff Software-Engineering steht für die Auffassung, dass die Erstellung, Anpassung und Pflege von Programmsystemen kein „künstlerischer", sondern vorwiegend ein ingenieurmäßig ablaufender Prozess ist.

Der Begriff entstand Ende der 1960er-Jahre, als die Entwicklung immer umfangreicherer ↑Software zunehmend problematischer wurde (sog. *Softwarekrise*, vgl. ↑Informatik). Er sollte einen Umdenkprozess in der Softwareproduktion einleiten, ↑Bewertungskriterien stärker berücksichtigen und zu qualitativ hochwertigen Produkten führen. Die Qualität eines Programms wird hierbei bestimmt durch seine

- *Benutzungsfreundlichkeit,* das heißt leichte und verstehbare Handhabung (↑Benutzungsoberfläche),
- *Zuverlässigkeit* und *Robustheit,* d. h., das System arbeitet auch bei ungewöhnlichen Bedienungsmaßnahmen und bei Ausfall gewisser Komponenten so korrekt wie möglich weiter, stürzt auf keinen Fall ab, liefert aussagekräftige Fehlermeldungen und ist weiterhin bedienbar,
- *Wartbarkeit,* d. h., das Programm kann auch von anderen Programmierern als dem Autor verstanden und korrigiert und auf geänderte Verhältnisse eingestellt werden,
- *Anpassbarkeit,* d. h., das Programm kann leicht an weitere Benutzeranforderungen angepasst werden,
- ↑Portabilität,
- ↑Effizienz,
- ↑Ergonomie.

Die Methoden des Software-Engineerings hängen von den grundlegenden „Philosophien" ab (↑Methoden der Informatik, ↑strukturierte Programmierung, ↑objektorientierte Programmierung, fundamentale Ideen der ↑Informatik). Im Folgenden werden die wichtigsten Methoden, die sich zumindest für Programmentwicklungen bis ca. 50 000 Zeilen bewährt haben, vorgestellt. Übersteigt man diese Größenordnung, dann kommen neue Faktoren ins Spiel: Es sind mehrere Entwicklungsteams erforderlich, es ist ein umfangreiches Projektmanagement zu installieren, man muss mit mehr Spannungen und Konflikten rechnen, die Unternehmensorganisation ist einzubeziehen usw.

Die Grundlage für die Untersuchung von Fragestellungen bei der Softwareentwicklung bildet das *Phasenmodell*

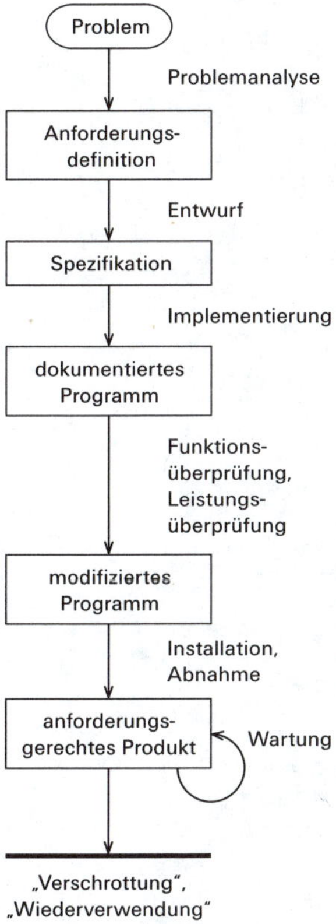

Software-Engineering (Abb. 1): Phasenmodell (software life cycle)

(Abb. 1), das die verschiedenen Stadien eines Softwareprodukts von seiner Entstehung bis zum Ende seiner Verwendung enthält (engl. *software life cycle* = dt. Software-Lebenszyklus).

Die einzelnen Phasen entsprechen den Phasen eines Softwareentwicklungsprojekts. Wir legen hier ein *Wasserfallmodell* zugrunde. Der Name kommt daher, dass man die Phasen nacheinander wie bei einem Wasserfall durchläuft und nach dem Abschluss einer Phase nicht mehr in diese zurückkehrt. Dies ist eine idealisierte Annahme, die in der Praxis (mit gutem Grund) ständig durchbrochen wird; doch versucht man sich auch dort stets an einem fortschreitenden Modell zu orientieren.

Abb. 2 gibt einen Gesamtüberblick über Elemente der Softwareentwicklung. Bei allen Phasen empfiehlt es sich, ständig den Auftraggeber, den so genannten *Kunden,* und die künftigen Benutzer in den Entwicklungsprozess einzubeziehen *(partizipative Systementwicklung).*

Die Stationen der Softwareentwicklung werden im weiteren Verlauf gelegentlich anhand des folgenden Projekts erläutert: Projekt: Entwurf und Implementierung eines Bibliothekssystems für eine Bücherei.

Problemanalyse: Ziel der Problemanalyse ist es, das zu lösende Problem und alle wichtigen Umgebungsbedingungen vollständig und eindeutig zu erfassen und die Durchführbarkeit der geplanten Softwareentwicklung zu untersuchen. Die Problemanalyse gliedert sich in vier Unterphasen, die zum Teil zeitlich nebeneinander ablaufen können:

- Istanalyse
- Sollkonzeptentwicklung
- Durchführbarkeitsstudie
- Projektplanung.

Die *Istanalyse* untersucht und beschreibt das vorliegende System durch Betrachtung der einzelnen Systemkomponenten, die durch den Einsatz einer Rechenanlage beeinflusst werden, ihrer Funktionen und ihres Zusammenwirkens.

▶ *Beispiel* (Bibliothekssystem):
Welche Abteilungen gibt es in der Bücherei und was sind ihre Funktionen?
Welche Ausleihvorgänge können auftreten?
Welche Kennzeichen eines Buches (z. B. Autor, Titel) werden wo erfasst und wo benötigt? ◀

Zur Formalisierung der Ergebnisse der Istanalyse eignen sich ↑Datenflusspläne. Das *Sollkonzept* umfasst einerseits die Aufgaben der Software, andererseits Hinweise auf die Umstrukturierung des übrigen Systems. Es enthält nur Aussa-

S

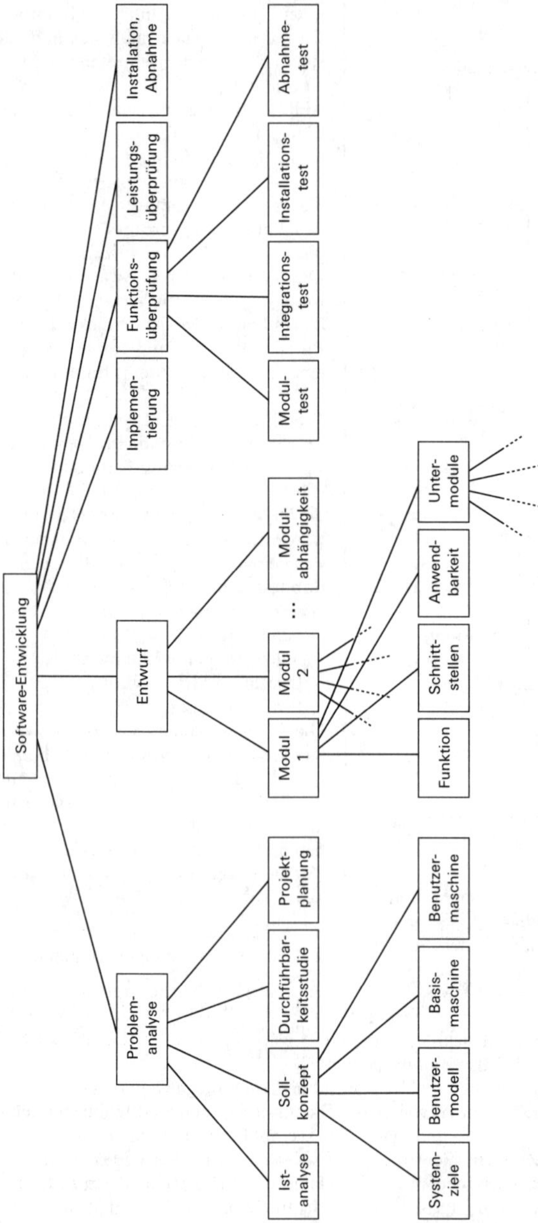

Software-Engineering (Abb. 2): Elemente der Softwareentwicklung

gen über die Anforderungen an die Software, jedoch keine Aussagen über die programmtechnische Realisierung der Funktionen. Das Sollkonzept beschreibt mindestens

a) die *Systemziele,* d. h. die wesentlichen Aufgaben des geplanten Systems,

b) das *Benutzermodell,* d. h. die Anforderungen an die zukünftigen Benutzer bezüglich ihrer Aufgaben, der notwendigen Fach- und Informatikkenntnisse und der Benutzungshäufigkeit des Systems,

c) die *Basismaschine,* d. h. Minimalforderungen an die später zu benutzende Rechenanlage, die notwendige Systemsoftware (↑ Betriebssystem) und die zusätzlich erforderlichen ↑ Betriebsmittel (z. B. Ein- und Ausgabegeräte) und Programmsysteme),

d) die *Benutzermaschine* oder *Benutzungsschnittstelle,* d. h. die Bedienung des Systems aufgeteilt auf die verschiedenen Benutzer (siehe b), das Verhalten bei auftretenden Fehlern (Fehlermeldungen) und das Format, in dem Eingaben erwartet und Ausgaben produziert werden, sowie die Gestaltung und sichtbaren Darstellungen (↑Benutzungsoberfläche),

e) die *Erweiterungsmöglichkeiten des Systems,* also z. B. die Hinzunahme weiterer Systemfunktionen oder die Umstellung auf eine andere ↑Betriebsart.

In dieser Phase ist es wichtig, die Wünsche des Kunden zu ermitteln und möglichst genau zu beschreiben. Hierfür werden *Szenarien* durchgespielt, das sind realitätsnahe Abläufe mit dem künftigen System in der Anwendungsumgebung. Erste ↑ Fallstudien können erstellt werden.

▶ *Beispiel* (Bibliothekssystem, jeweils Auszüge):

a) *Systemziele:*
- Automatisierung des Leihverfahrens der Bücherei,
- Erstellen von Mahnbriefen für verspätet zurückgegebene Bücher,
- Ausdruck von Rechnungen für Gebühren und tägliche Kassenabrechnungen,
- Verwaltung des Gesamtbestandes an Büchern,
- Ausdruck von Bestandslisten, Katalogen und Ausleihstatistiken.

b) *Benutzermodell:* Zur Bedienung des Systems sind keine Informatikkenntnisse erforderlich. Fachkenntnisse im üblichen Umfang sowie Kenntnisse der ↑ Kommandosprache des Systems werden vorausgesetzt. Die Benutzungshäufigkeit des Systems beträgt täglich ca. 10 Stunden.

c) *Basismaschine:* Das einzusetzende Rechnersystem sollte mindestens über Befehle, wie sie in einem bestimmten Betriebssystem enthalten sind, verfügen und mehrere Benutzer gleichzeitig im Realzeitbetrieb bedienen. Es benötigt einen ↑ Drucker, einen ↑ Magnetplattenspeicher, eine Hauptspeicherkapazität von 512 MByte und fünf ↑ Datensichtstationen. Das Datenbanksystem (↑ Datenbank) von einem bestimmten Typ ist erforderlich.

d) *Benutzermaschine:* Es werden möglichst viele typische und ungewöhnliche Abläufe aufgelistet, z. B. das Eintragen eines neuen Buches in den Bestand:

Kommando: NEU oder N.

Das System fragt anschließend alle Daten des Buches in folgender Form ab:

Autor: ?
Titel: ?
...

Nach Abschluss jeder Eingabe ist die Taste ⟨return⟩ zu drücken. Mögliche Fehlermeldungen:

***Fehler: Buch bereits vorhanden

Bedeutung: Es wurde versucht, ein Buch in den Bestand einzutragen, das bereits existiert. Abhilfe: Eingabe korrigieren.

e) *Erweiterungsmöglichkeiten:*
- Einbeziehung der Stadtteilbüchereien in das Bibliothekssystem,
- Erfassung der Bücher und Ausleihvorgänge durch Klarschriftleser (↑ Klarschriftbeleg). ◀

Zur anschaulichen Beschreibung des geplanten Systemverhaltens verwendet man z. B. ↑SADT-Diagramme.

Die *Durchführbarkeitsstudie* gibt eine Aussage darüber, ob die entwickelten Vorstellungen über das Softwareprodukt überhaupt realisiert werden können, also ob sie technisch durchführbar (generelle Lösbarkeit der Probleme; Lösbarkeit der Anforderungen unter den gegebenen Rahmenbedingungen) und ökonomisch vertretbar (innerhalb eines Zeit- und Kostenplans, mit angemessenem Kosten-Nutzen-Verhältnis) sind. Zugleich wird versucht, mögliche Auswirkungen, die der künftige Einsatz des geplanten Produkts mit sich bringen wird, vorherzusagen und zu bewerten.

Das Ergebnis der Durchführbarkeitsstudie führt entweder zur Aufgabe des Projekts, zur Revision der Anforderungen oder zum Start des Projekts.

▶ *Beispiel* (Bibliothekssystem): Die Durchführbarkeitsstudie hat ergeben, dass

(1) die Leistungsfähigkeit der vorhandenen Rechenanlage nicht ausreicht, um das Projekt durchzuführen;

(2) der Personalaufwand zur Entwicklung des Produkts fünf Personenjahre beträgt (ein *Personenjahr* ist die Entwicklungsleistung, die ein Mensch innerhalb eines Jahres erbringt);

(3) die Gesamtkosten bei Anschaffung einer Erweiterung des Hauptspeichers ca. X DM betragen.

Kosten und Entwicklungszeit des Projekts liegen innerhalb der kalkulierten Spanne. Arbeitsstrukturen werden durch das System in überschaubarem Maße verändert, Arbeitsplätze sind nicht gefährdet und die Dienstleistungen für Besucher der Bibliothek werden deutlich verbessert. Es wird entschieden, das Projekt weiterzuführen. ◀

Zum Abschluss der Problemanalyse erfolgt die *Projektplanung*. In dieser Phase erstellt man Zeitpläne, plant die Verteilung des Personals, legt die ↑Qualitätssicherung fest und ermittelt die erforderlichen Hilfsmittel. Nach Schätzung der Größe des fertigen Softwareprodukts (Anzahl der Anweisungen) erhält man einen ungefähren Zeitplan durch die Faustregel: Ein Programmierer entwirft, programmiert und testet, je nach Schwierigkeit der Aufgabe, etwa 7 000 bis 10 000 Anweisungen pro Jahr (Abb. 3).

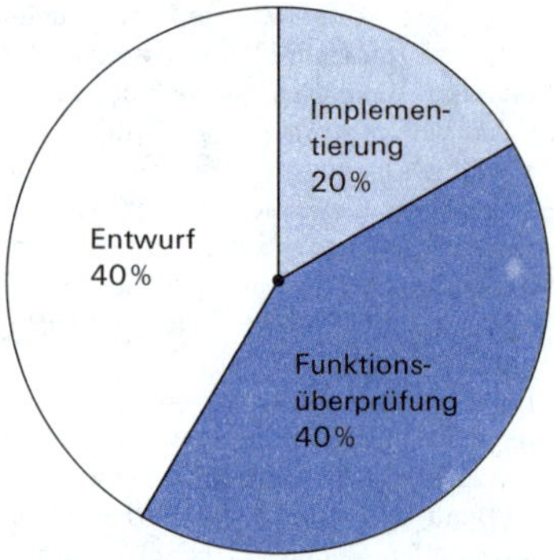

Software-Engineering (Abb. 3): relativer Zeitbedarf der Phasen Entwurf, Implementierung und Funktionsüberprüfung; der Anteil der Funktionsüberprüfung geht seit einiger Zeit durch bessere Planung, Spezifikation und Qualitätssicherung zurück.

Die Ergebnisse der gesamten Problemanalyse werden in einem Dokument, der so genannten *Anforderungsdefinition,* auch *Pflichtenheft* genannt, festgehalten. Sie bildet ein verbindliches Dokument zwischen Auftraggeber und Softwareproduzent und ist Grundlage für den abzuschließenden Vertrag, nach dessen Unterzeichnung sie nur im gegenseitigen Einverständnis geändert werden darf. Da die Anforderungsdefinition nicht nur ein zentrales Dokument des fachkundigen Softwareherstellers, sondern auch des fachunkundigen Auftraggebers ist, muss sie in ihrer Form und sprachlichen Gestaltung für beide Seiten verständlich und präzise sein. Da Anwender und Entwickler einander nur selten verstehen, versucht man, aus der Anforderungsdefinition zunächst ein lauffähiges Modell, einen so genannten ↑ Prototyp, zu entwickeln, an diesem wichtige Eigenschaften des Systems zu studieren und hieraus dann eine präzisere Anforderungsdefinition zu erarbeiten (↑ Rapid Prototyping).

Entwurf: In der Problemanalysephase werden Anforderungen an ein Softwaresystem in einer Form beschrieben, die keine Hinweise auf eine konkrete Realisierung enthalten sollte. Dieses Vorgehen erleichtert die Portabilität, die Wartbarkeit und Anpassbarkeit der zu erstellenden Software.

In der Entwurfsphase entwickeln die Programmierer ein Modell des Gesamtsystems, das, umgesetzt in ein Programm, die Anforderungen erfüllt. Dabei geht es darum, den „Abstand" zwischen der Benutzermaschine und einem vorhandenen oder zu beschaffenden Computersystem (Basismaschine) zu überbrücken (Abb. 4). Auch diese Phase wird von Inspektionen, ↑ Reviews und anderen Arten der Qualtitätssicherung intensiv begleitet.

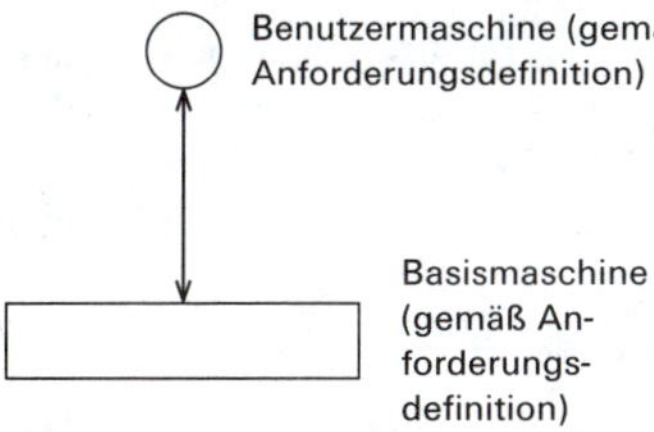

Software-Engineering (Abb. 4): Computersystem und Benutzermaschine

Hierzu werden das komplexe Gesamtsystem in unabhängig voneinander realisierbare und in ihrem Zusammenwirken überschaubare Einzelbausteine (↑ Modul) oder ↑ Objekte unterteilt und die Funktionen dieser Bausteine und ihre Beziehung, die ↑ Schnittstellen, beschrieben *(Modularisierung).*

Die Vorteile sind u. a.:

- Verteilung der Aufgaben auf mehrere Programmierer,
- (Wieder-)Verwendung bereits vorhandener Bausteine,
- Austauschen eines Programmteils durch einen anderen bei der Wartung,
- Beschränkung der Details, die ein Programmierer über andere Programmteile wissen muss.

Das Ziel der Modularisierung ist es, den Entwurf transparent und nachvollziehbar zu machen. Hierzu ist es notwendig, dass

- die Modularisierung die Problemlösung verständlich und ihre Korrektheit nachprüfbar macht,
- die Module unabhängig voneinander entwickelt werden können und erst später integriert werden,
- jedes Modul durch ein anderes Modul gleicher Funktion ersetzt werden kann.

Ein verbreitetes Konzept, das die obigen Bedingungen erfüllt, ist die *hierarchische Modularisierung,* zu deren Durchführung es im Wesentlichen zwei verschiedene Strategien gibt, die Top-down-Methode (engl. top down = „von oben nach unten") und die Bottom-up-Methode (engl. bottom up = „von unten nach oben"). Die *Top-down-Methode (schrittweise Verfeinerung)* beginnt bei der Benutzermaschine und legt bei jedem Entwurfsschritt fest, was die Untermodule leisten sollen, nicht jedoch, wie sie es leisten sollen. Die Funktionen der Module jeder Ebene werden nur durch die Funktionen der Module der unmittelbar darunter liegenden Ebene realisiert.

Die *Bottom-up-Methode* beginnt bei einem vorhandenen Computersystem. In jedem Entwurfsschritt werden die Funktionen der jeweils obersten Entwurfsebene zu komfortableren Funktionen zusammengesetzt, welche für die Problemlösung besser geeignet sind. Diese bilden eine neue höhere Entwurfsebene. Als Ergebnis erhält man oft eine andere Struktur als bei der Top-down-Methode. Grundsätzlich ist die Top-down- der Bottom-up-Methode vorzuziehen. In der Praxis werden beide Methoden häufig gemischt angewendet, indem man ein Programm sowohl vom Problem her als auch mit Blick auf die Möglichkeiten des zu verwendenden Computersystems (also z. B. der ↑ Programmiersprache) aufbaut („Jo-Jo-Methode").

Zielt man auf eine objektorientierte Realisierung, so werden ↑Klassen und deren Beziehungen untereinander herausgearbeitet und definiert. Um das Zusammenwirken der Module oder der Objekte möglichst übersichtlich zu gestalten, sollte

a) jede Einheit die Funktionen möglichst weniger anderer Einheiten verwenden,

b) die Zahl der notwendigen Annahmen über ein Modul möglichst gering sein (bei Objekten versucht man, solche Annahmen zu vermeiden),

c) jede Einheit möglichst viele Informationen über ihre Struktur vor anderen Einheiten verbergen *(Geheimnisprinzip,* engl. *information hiding).*

▶*Beispiel* (Geheimnisprinzip):
Verbergen von Verschlüsselungen, Sortierverfahren und Sortierreihenfolgen in einem Modul oder einem Objekt. ◀

Das Ergebnis der Entwurfsaktivität wird in einer *Spezifikation* festgehalten, in der für jedes Modul die Funktion, die Schnittstellen und Hinweise zur Anwendbarkeit sowie ein Gesamtüberblick über die Abhängigkeit der einzelnen Module untereinander enthalten sind. Beim objektorientierten Vorgehen sind die Klassen einschl. der ↑ Vererbung und des Zusammenwirkens zu präzisieren. Die Darstellung sollte mit ↑ Spezifikationssprachen (z. B. mit der ↑HIPO-Methode), dem ↑ Entity-Relationship-Modell oder ↑UML erfolgen. Beim objektorientierten Vorgehen kann man nun relativ leicht einen Prototyp erstellen und hieran erste Tests und Demonstrationen durchführen (z. B. Umsetzung von UML nach ↑Java).

▶*Beispiel* (Bibliothekssystem): Die Entwurfsphase hat zu einer Modularisierung des Gesamtprogramms (Ausschnitt) gemäß Abb. 5 geführt.

Die Spezifikation des Moduls „Sortieren der Bücher" hat beispielsweise folgende Form:

Name: sortbuch

Funktion: Sortieren einer Bücherdatei wahlweise nach Autorennamen oder Buchtiteln.

Schnittstelle: Der 1. Parameter vom Typ „file of buch" bestimmt die zu sortierende Bücherdatei.
Der 2. Parameter vom Typ „(autor, titel)" legt fest, nach welchem Kriterium sortiert werden soll.

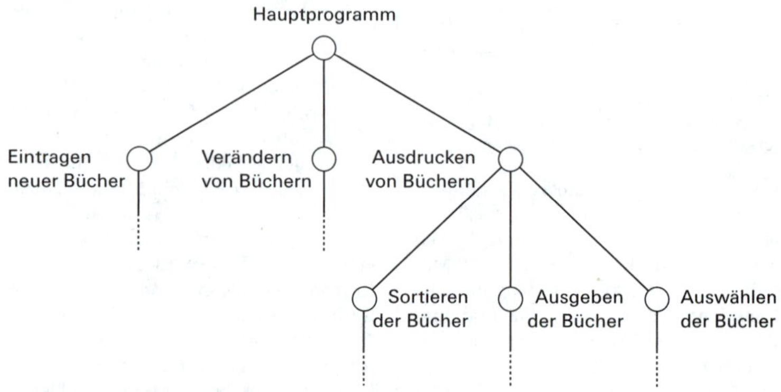

Software-Engineering (Abb. 5): Ausschnitt aus der Modularisierung des Bibliothekssystems

Anwendbarkeit: Bei mehreren Autoren eines Buches und Sortierkriterium „autor“ wird nur nach dem Namen des ersten Autors sortiert. Bei gleichen Autoren wird nach dem Titel sortiert.

Modulabhängigkeit: s. Abb. 6. ◂

Implementierung: Erstellung eines lauffähigen Programms, das in seinem Ein-/Ausgabeverhalten der Spezifikation entspricht.

Von besonderer Bedeutung ist die Wahl einer geeigneten Programmiersprache. Aus Gründen der Effizienz wählt man oft eine maschinennahe Sprache des vorhandenen Computersystems; oder man programmiert in einer problemorientierten Sprache, da das Programm dann viel schneller erstellt und leichter getestet werden kann, und übersetzt es anschließend teilweise per Hand in einen ↑ Assembler. In einigen Bereichen, z. B. der ↑ Künstlichen Intelligenz, ist man auf spezielle Programmiersprachen und -systeme angewiesen.

Bei der Formulierung der ↑Algorithmen und ↑Datenstrukturen bzw. der Objekte in einer Programmiersprache sind Prinzipien zu beachten, um die Einheiten einfacher testen und verändern zu können und um die Implementierungsentscheidungen nachvollziehbar zu machen. Zu diesen Prinzipien gehören:

a) ↑Strukturierte Programmierung,

b) Verwendung möglichst weit verbreiteter Sprachelemente der Programmiersprache, zugleich Vermeidung von maschinenabhängigen Sprachkonstrukten,

c) klare Schnittstellen, z. B. durch Parametrisierung (↑Parameter),

d) Nutzung von Klassen- oder Modulbibliotheken,

e) Verwendung von aussagekräftigen Bezeichnern, z. B. getX/putX für Prozeduren, die eine Datenstruktur X lesen/schreiben,

f) übersichtliche Gestaltung des Programmtextes durch Kommentare, Gliederung, Hervorhebung usw.

Wesentlich ist, dass sich die Entwurfsmodule bzw. die spezifizierten Klassen als überschaubare Einheiten im Programm wieder finden.

Das Ergebnis der Implementierungsphase ist ein dokumentiertes Programm. Die Dokumentation enthält die Beziehung zwischen Spezifikation und erstelltem Programm, eine Übersicht über den Programmaufbau und die Implementierung der einzelnen Einheiten. Sie kann durch weitere Informationen ergänzt werden, beispielsweise durch eine ↑ Crossreferenztabelle.

Funktionsüberprüfung (↑ Testen): Überprüfung des Ein-/Ausgabeverhaltens von Programmen anhand ihrer Spezifikation. Durch Testen kann immer nur die Anwesenheit von Fehlern, nie jedoch deren Abwesenheit bewiesen werden. Arbeitet also ein Programm für die überprüften Eingaben korrekt, so sagt das nichts darüber aus, ob es für *alle* Eingaben korrekt arbeitet (↑Verifikation).

Die Funktionsüberprüfung gliedert sich in den Modultest, den Integrationstest, den Installationstest und den Abnahmetest.

Beim *Modultest* oder Klassentest prüft man, ob jede Einheit die in der Spezifikation vorgegebenen Funktionen korrekt

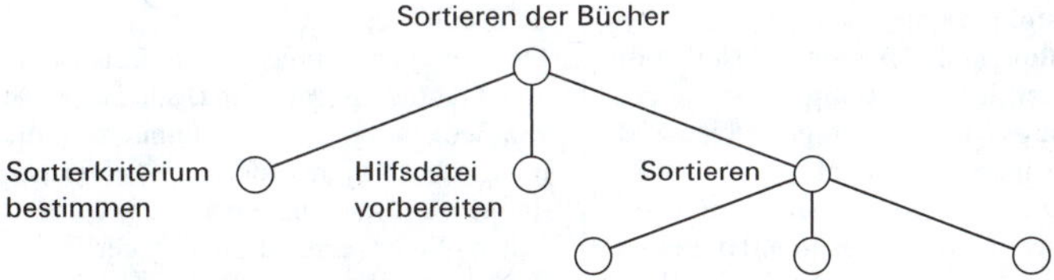

Software-Engineering (Abb. 6): Modulabhängigkeit des Moduls „sortbuch“

realisiert. Da solche Einheiten im Allgemeinen alleine nicht lauffähig sind, besteht ein Großteil der Arbeit darin, *Testumgebungen* zu schreiben, d.h. Programme zu entwickeln, die die Einheiten mit Testdaten versorgen.

Zur Lokalisierung von Fehlern dienen *Testhilfen,* die meist vom Betriebssystem bereitgestellt werden und bei auftretenden Fehlern automatisch alle Variablen und die letzten vom Programm durchlaufenen Anweisungen ausgeben (↑ Ablaufprotokoll) oder mit denen man das Programm schrittweise abarbeiten kann.

Der Zusammenbau der getesteten Einheiten zum Gesamtsystem heißt *Integration.*

Beim *Integrationstest* erfolgt die Funktionsüberprüfung anhand der Anforderungsdefinition. Die Auswahl der Testdaten wird bei größeren Projekten durch eine Testgruppe vorgenommen, die unabhängig von den Programmentwicklern arbeitet.

Sofern das Softwaresystem nicht auf der Rechenanlage entwickelt wurde, auf der es eingesetzt wird, ist zusätzlich ein *Installationstest* erforderlich.

Im *Abnahmetest* überprüft der Auftraggeber, ob das Programm die vertraglichen Vereinbarungen erfüllt. Als Grundlage dient die Anforderungsdefinition.

Das Ergebnis der Testphase ist ein modifiziertes Programm, das den Anforderungen genügt, und eine dementsprechend geänderte Dokumentation.

Leistungsüberprüfung: Spätestens nachdem das Programm durch Testen auf Korrektheit überprüft worden ist, müssen Leistungsmessungen durchgeführt und z. B. das Laufzeitverhalten (↑ Effizienz) theoretisch und mithilfe umfangreicher Testdaten untersucht werden.

Installation und Abnahme: Installation bezeichnet die Einbettung in die Systemumgebung des Auftraggebers, z. B. durch Anpassung an die speziellen Eigenschaften der Rechenanlage und die betrieblichen Gegebenheiten. Hierzu gehört unter anderem auch die Schulung der künftigen Benutzer. Nach der Installation führt man i. A. ↑ Experimente durch, z. B. ↑ Feldbeobachtungen.

Wartung: Befinden sich die Programme in Betrieb, so werden an ihnen oft Veränderungen und Erweiterungen vorgenommen. Mögliche Wartungsarbeiten sind der Austausch von bestimmten Algorithmen durch leistungsfähigere (z. B. schnellere) oder der Einbau zusätzlicher Anwendungsfunktionen. In der Regel enthält das Programm noch Fehler, die sich erst im laufenden Betrieb herausstellen und im Rahmen der Wartung korrigiert werden. Viele Programme hängen auch von gesetzlichen Bestimmungen oder Tarifvereinbarungen ab und müssen regelmäßig aktualisiert werden.

Dokumentation: Verlauf und Ergebnisse aller Phasen müssen *projektbegleitend* dokumentiert werden. Alle diese Dokumente zusammen bilden die Dokumentation. Jedes einzelne Dokument ist an eine bestimmte Lesergruppe gerichtet.

Anfänger geben sich oft damit zufrieden, in ihre Programme Kommentare einzustreuen. Dies hat wenig mit der anzufertigenden Dokumentation zu tun, aus der die Problembeschreibung, Lösungsansätze, der Entwicklungsprozess, Entwurfsentscheidungen, Leistungsmessungen, Testumgebungen usw. hervorgehen müssen.

Die wichtigsten Teile der Dokumentation sind

- die Benutzerdokumentation (Leserkreis: Programmbenutzer),
- die Entwicklungsdokumentation (Leserkreis: Projektbeteiligte),
- die Technische Dokumentation (Leserkreis: Wartungspersonal).

Die Dokumentation wird stets auch rechnergestützt erstellt.

Die *Benutzerdokumentation* enthält (wie eine Gebrauchsanweisung) alle Hinweise zur Bedienung des Programms, z. B. die möglichen Kommandos, die Fehlermeldungen und die zur Korrektur erforderlichen Benutzerreaktionen, aber keine Aussagen über die Realisierung der Funktionen. Sie unterteilt sich in ein Ein-

führungshandbuch und ein Nachschlagebuch (engl. *reference manual*).
Die *Entwicklungsdokumentation* enthält den inneren Aufbau und die Arbeitsweise des Systems. Jeder Entwicklungsschritt ist dokumentiert und nachvollziehbar.
Die Entwicklungsdokumentation ist unterteilt in
a) eine *Verwaltungsakte,* die alle Absprachen zwischen Auftraggeber und Softwarehersteller enthält.
b) ein *Projekttechnikhandbuch,* das organisatorische Projektinformationen enthält, z. B. die Festlegung von Aufgaben der Projektmitarbeiter, Programmierrichtlinien, ein Verzeichnis der projektinternen Fachbegriffe usw. Die wesentlichen Teile des Projekttechnikhandbuchs bleiben häufig für alle Projekte fest.
c) eine *Systementwicklungsbeschreibung,* die alle phasenabschließenden Dokumente enthält (also Anforderungsdefinition, Spezifikation usw.), wobei jeweils nicht nur die Ergebnisse, sondern auch ihr Entstehungsprozess dokumentiert werden.
Die *Technische Dokumentation* entsteht aus der Entwicklungsdokumentation, indem Verwaltungsakte und Projekttechnikhandbuch, also die projektspezifischen Teile, entfernt und die Systementwicklungsbeschreibung auf das Wesentliche reduziert werden. Sie enthält Informationen, die für spätere Wartungsarbeiten gebraucht werden.

Für alle Phasen und für das Testen, Dokumentieren und Modellieren setzt man Werkzeuge ein. Diese fasst man unter dem Begriff *CASE* (Abk. für engl. **c**omputer **a**ided **s**oftware **e**ngineering) zusammen. Während sich früher diese Werkzeuge auf die Unterstützung der Implementierungs- und Testphase beschränkten, sind heute auch CASE-Werkzeuge für die Anfangsphasen der Softwareentwicklung verfügbar, z. B. Editoren für ↑Datenflusspläne, ↑Petrinetze, ↑Entity-Relationship-Diagramme, ↑UML usw. zur Unterstützung der Problemanalyse- oder der Entwurfsphase. Werden diese mehr oder weniger isolierten Einzelwerkzeuge zu einem universellen Werkzeug mit einheitlicher Benutzungsschnittstelle und gegenseitiger ↑Kompatibilität der Schnittstellen integriert, so spricht man von einer *CASE-Umgebung* oder *Softwareentwicklungsumgebung.*
Softwareentwicklungsumgebungen enthalten Systeme zur
- Verwaltung und Bearbeitung multimedialer Informationen (Text, Grafik, Ton, Bild usw.),
- Projektplanung und Verlaufskontrolle,
- Übersetzung von Quellprogrammen,
- Verwaltung von Modulbibliotheken,
- Kontrolle von Versionen einzelner Projektteile und der Dokumentation,
- Unterstützung einfacher Bürotätigkeiten (z. B. ↑elektronische Post)

sowie ein ↑Informationssystem, um diverse Informationen über das zu entwickelnde Produkt und den Verlauf des Projekts abzurufen (z. B. Schnittstellenbeschreibungen, Zeitpläne, Teameinteilungen, Zuständigkeiten).
Eine besondere Anforderung an ein integriertes CASE-System gegenüber einer Ansammlung voneinander unabhängiger Werkzeuge besteht in der automatischen Überwachung von Konsistenzbedingungen, also der Überprüfung der einzelnen Produkte des Phasenmodells (Anforderungsdefinition, Spezifikation usw.) auf Vollständigkeit und Eindeutigkeit, ferner in der Unterstützung der Teamarbeit.

Softwaremetrik: Um technische Produkte beurteilen zu können, führt man Kenngrößen, Maßzahlen oder charakteristische Parameter ein. Dies erweist sich bei Programmen und allgemein bei der Software als schwierig, da hier sehr unterschiedliche Merkmale zu messen sind, die oft nicht quantitativ erfassbaren Größen entsprechen. Wegen der vielen verschiedenen Aspekte spricht man von *„Metriken"*. Beispiele hierfür sind:
- Kenngrößen eines (Quell-)Programms: Anzahl der Zeilen (LOC =

lines of code), Zahl der Datenfelder, Zahl der Sprünge und Verzweigungen, Zahl und Größe der Module, Prozeduren und Klassen, Struktur des Kontrollflussgraphen und des Datenflussgraphen, Schachtelungstiefen bei Vererbungen oder Aufrufstrukturen usw.,

- Kenngrößen der Anwendung: Grenzwerte, die nicht überschritten werden können, Platzbedarf und Laufzeiten in Abhängigkeit der Eingaben (↑Komplexitätsklassen, ↑ Bewertungsprogramme), Aufrufhäufigkeiten von Programmeinheiten, Auslastung der Pfade durch die Programme, Antwortzeiten, auch abhängig von der Zahl der Benutzer und der Verteiltheit des Systems, Fehler- und Absturzhäufigkeiten, Bedienungsfreundlichkeit, evtl. auch Auswirkungen auf den Arbeitsprozess,
- Kenngrößen der Entwicklungsprozesse: Zeitmessungen zu den einzelnen Phasen sowie Überstunden, Wiederverwendung von Klassen und Modulen, Statistiken über Fehlerentdeckungen unterteilt nach Analysemethoden (z. B. ↑ Review, ↑ Testen, ↑Verifikation), Fehlertypen und Gewicht des Fehlers,
- Kenngrößen im Betrieb: Erlernbarkeit, Bedienbarkeit und Schulung, Wartungsintervalle, Korrekturen während des laufenden Betriebs, Fehlerhäufigkeit und Dauer der Beseitigung, Zeitintervalle zwischen Auslieferungen, Zuverlässigkeit und Robustheit des Systems, evtl. auch Auswirkungen von Fehlern auf den DV-Betrieb,
- Kosten-Nutzen-Metriken. Hier gehen ein: Preis, Entwicklungszeit, eingesetztes Personal, Fluktuation im Entwicklungsteam, Erstellungszeiten einzelner Teile, Lizenzgebühren, geplante Lebensdauer des Produkts, Einsparungen durch den Einsatz des Produkts usw.,
- Qualitätsaspekte: Funktionalitätserfüllung gegenüber der Spezifikation, Güte der Dokumentation, Benutzungsfreundlichkeit, Wiederverwendungsrate der erstellten Programmeinheiten für weitere Projekte, Patentanmeldungen usw. Hier sollten auch Vergleiche mit ähnlichen Produkten angestellt werden.

Es wird empfohlen, zu Beginn eines Projekts geeignete Metriken festzulegen und sie während der Entwicklungs- und Lebenszeit des Produkts ständig zu messen.

Sortieren: Umordnung einer Folge von Elementen

$$a_1, a_2, \ldots, a_n \text{ mit } n \geq 1$$

in eine Folge

$$a_{i_1}, a_{i_2}, \ldots, a_{i_n},$$

sodass für eine Ordnungsrelation $\leq$ $a_{i_j} \leq a_{i_{j+1}}$ für $j = 1, \ldots, n-1$ gilt.

In der Folge können natürlich auch Elemente vorkommen, die bezüglich der Ordnungsrelation gleichrangig sind, für die also $a_k = a_m$ gilt.

Das Sortieren spielt eine zentrale Rolle in der Informationsverarbeitung, weil sortierte Daten leichter verwaltet werden können, weil man in sortierten Daten viel schneller suchen kann und weil Suchen und Sortieren den Großteil aller Betriebssystems- und Datenbankoperationen ausmachen. Weiterhin kann man an Sortierproblemen viele Prinzipien der Informatik studieren und erläutern.

Sortierverfahren heißen *stabil,* wenn sie die relative Reihenfolge gleichrangiger Elemente nicht verändern, d. h., falls $j < k$ und $a_j = a_k$ ist und falls a_j an der Stelle i_s und a_k an der Stelle i_t nach dem Sortieren steht, dann ist $i_s < i_t$. Die Stabilität ist wichtig, wenn die Folge bereits bezüglich einer anderen Ordnungsrelation vorsortiert ist.

Man unterscheidet *interne* und *externe* Sortierverfahren. Befindet sich der gesamte Datenbestand während des Sortierens im ↑Hauptspeicher, so spricht man von internen Sortierverfahren. Falls der überwiegende Teil des Datenbestandes während des Sortierens auf Hintergrundspeichern (↑ Speicherhierarchie) verbleibt, spricht man von externen Verfahren. Typische interne Sortierverfahren sind ↑Bubblesort, ↑Bucketsort, ↑Quicksort, ↑Sortieren durch Einfügen und ↑Heapsort. ↑Sortieren durch Verschmelzen (Mischen) ist ein externes Sortierverfahren.

Für die Sortierung von n Elementen benötigt ein allgemeines Sortierverfahren, das seine Information über die Anordnung der zu sortierenden Elemente einzig und allein aus Vergleichsoperationen zwischen den Elementen bezieht, im allgemeinen Fall mindestens $O(n \log_2 n)$ Vergleiche (↑Ordnung).

Diese Aussage erläutern wir an drei Elementen a_1, a_2, a_3, die der Einfachheit halber alle verschieden sein sollen. Zunächst vergleicht man a_1 mit a_2 und anschließend a_2 mit a_3. Falls jeweils $a_1 < a_2$ und $a_2 < a_3$ galt, so war die Folge schon sortiert. Falls $a_2 > a_3$ war, so muss man noch a_1 mit a_3 vergleichen, um die sortierte Folge zu bestimmen. Falls z. B. $a_1 > a_3$ galt, so ist a_3, a_1, a_2 die sortierte Folge. Diese aufeinander folgenden Vergleiche und die jeweils zu treffenden Entscheidungen kann man als ↑Entscheidungsbaum darstellen. In den inneren Knoten steht der jeweils durchzuführende Vergleich. Trifft die Ungleichung zu, so verzweigt man in den linken Teilbaum, anderenfalls in den rechten Teilbaum. In den Blättern steht jeweils die aufsteigend sortierte Reihenfolge der Elemente a_1, a_2, a_3 (Abb. 1).

Jeder Algorithmus zum Sortieren, der auf Vergleichen beruht, entspricht einem solchen Entscheidungsbaum. Die Zahl der Permutationen von n Elementen beträgt $n!$ (↑Fakultät). Da zu jeder Permutation der Elemente ein Blatt in einem zugehörigen Entscheidungsbaum existiert, hat der Entscheidungsbaum $n!$ Blätter.

Ein solcher Entscheidungsbaum besitzt mindestens die Höhe

$$\log(n!) \approx n \cdot \log(n) - 1{,}44 \cdot n$$

(siehe ↑Fakultät). Hieraus lässt sich folgern, dass jeder Sortieralgorithmus, der auf Vergleichen beruht, sowohl im Mittel als auch im schlechtesten Fall mindestens $n \cdot \log(n) - 1{,}44 \cdot n$ Schritte benötigt.

▶ *Beispiel:* ↑Heapsort erfordert ziemlich genau $2 \cdot n \cdot \log(n)$ Vergleiche im schlechtesten Fall und auch im Mittel. Durch Verbesserungen lässt sich dieser Wert auf $n \cdot \log(n) + \alpha \cdot n$ drücken, wobei α eine Zahl von etwa 20 ist.

↑Quicksort erfordert im Mittel

$$1{,}39 \cdot n \cdot \log(n) - 1{,}85 \cdot n$$

Vergleiche, liegt also knapp 40 % über dem theoretischen Optimum. ◀

Sortieren durch Austauschen: Gegeben sei eine unsortierte Folge von Elementen $a_1, a_2, \ldots, a_n$. Man durchläuft die Folge von links nach rechts und vertauscht zwei benachbarte Elemente a_i und a_{i+1}, wenn sie nicht in der richtigen Reihenfolge stehen. Diesen Schritt wiederholt man so lange, bis die Folge sortiert ist. Wichtige Algorithmen, die dieses Konzept verfolgen, sind ↑Bubblesort

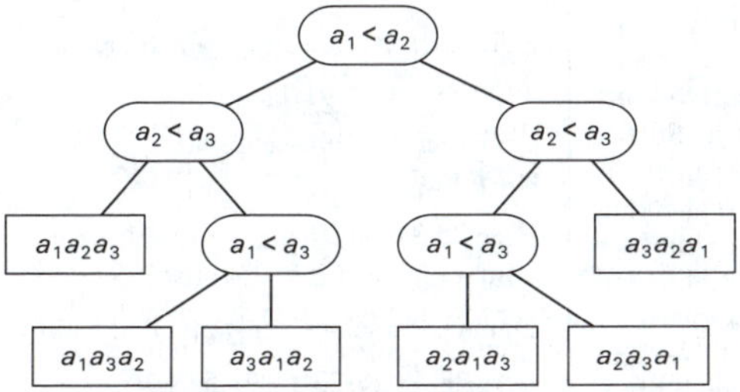

Sortieren (Abb. 1): Entscheidungsbaum für ein auf Vergleichsoperationen basierendes Sortierverfahren für drei Elemente

und ↑ Quicksort, wobei Quicksort weit auseinander liegende Elemente austauscht und dadurch wesentlich schneller als Bubblesort arbeitet.

Sortieren durch Auswählen: Gegeben sei eine unsortierte Folge von Elementen $a_1, a_2, \ldots, a_n$. Im ersten Schritt ermittelt man das kleinste Element der Folge und setzt es (aufsteigende Sortierung vorausgesetzt) an die erste Stelle. Im zweiten Schritt bestimmt man das kleinste Element der verbleibenden Folge von $n-1$ Elementen und setzt es an die zweite Stelle usw. Nach n Schritten ist die Folge sortiert. Ein schneller Algorithmus, der dieses Konzept verfolgt, ist ↑Heapsort.

Sortieren durch Einfügen: $a_1, a_2, \ldots, a_n$ sei eine unsortierte Folge. Dem Sortieren durch Einfügen liegt folgende Idee zugrunde: Unter der Annahme, dass $a_1, \ldots, a_{i-1}$ bereits sortiert ist, fügt man a_i an die richtige Stelle des Anfangsstücks ein und erhält eine sortierte Teilfolge der Länge i. Wird die Stelle, an der a_i eingefügt werden muss, durch ↑ sequenzielles Suchen ermittelt, so spricht man vom *Sortieren durch sequenzielles Einfügen,* ermittelt man die Stelle durch ↑binäres Suchen, so spricht man vom *Sortieren durch binäres Einfügen.*

Einfüge-Algorithmen verwenden ↑lineare Listen und ↑Bäume. Ein $O(n \cdot \log_2 n)$-Verfahren erhält man, wenn man die Elemente der Folge $a_1, a_2, \ldots, a_n$ nacheinander in einen ↑ausgeglichenen Baum einfügt und diesen anschließend in inorder-Reihenfolge (↑ Baumdurchlauf) ausgibt.

S

Sortieren durch Verschmelzen *(Sortieren durch Mischen):* Zur Sortierung großer Datenmengen, die auf externen ↑ Datenträgern (z. B. Magnetbändern) gespeichert sind und für die der Hauptspeicher nicht ausreicht, können Algorithmen wie z. B. ↑ Quicksort oder ↑ Bubblesort nicht verwendet werden, da diese Verfahren auf die gesamte Menge der zu sortierenden Objekte direkt zugreifen müssen. Ein effizienter Algorithmus für extern gespeicherte Daten muss dagegen sequenziell arbeiten und mit Magnetbandoperationen formulierbar sein.

Diese Bedingungen erfüllt der Algorithmus *„Sortieren durch Verschmelzen“,* der als Unterprogramm einen Algorithmus zum ↑ Verschmelzen zweier sortierter Folgen verwendet.

Der Algorithmus benötigt ein Magnetband **c,** das zu Beginn die unsortierte und zum Schluss die sortierte Folge enthält, sowie zwei Hilfsbänder **a** und **b. c** enthalte zu Beginn die Elemente $a_1, \ldots, a_n$. Nun laufen zwei Phasen ab:

- *Zerlegungsphase:* Verteilung des Inhalts von **c** auf **a** und **b.**
- *Verschmelzungsphase:* Verschmelze **a** und **b** und schreibe das Ergebnis auf **c.**

Um vollständig zu sortieren, benötigt man mehrere Durchläufe durch diese Phasen, in der Regel sind es $\log_2(n)$.

Seien zu Beginn die Folgen $F_1, \ldots, F_n$ definiert durch $F_i = a_i$. In der Zerlegungsphase verteilt man $F_1, \ldots, F_n$ abwechselnd auf die Bänder **a** und **b** und verschmelzt anschließend **a** und **b** zu **c. c** enthält höchstens $n/2$ (bzw. $(n+1)/2$, falls n ungerade) sortierte Folgen der Länge von mindestens 2. In der Zerlegungsphase des zweiten Schritts verteilt man die sortierten Folgen der Länge 2 abwechselnd auf die Bänder **a** und **b** und verschmelzt wiederum **a** und **b** zu **c,** das jetzt sortierte Folgen der Länge 4 enthält, usw. Eine sortierte Teilfolge einer Folge bezeichnet man auch als *Lauf.*

▶ *Beispiel:* Anfangsfolge auf Band **c:**

28 58 23 17 91 11 80 54

1. Durchlauf: abwechselndes Verteilen auf **a** und **b:**

a: 28 23 91 80

b: 58 17 11 54.

Danach Verschmelzen von **a** und **b** auf **c:**

c: 28 58 17 23 11 91 54 80.

2. Durchlauf: abwechselndes Verteilen von Folgen der Länge 2 auf **a** und **b:**

a: 28 58 11 91

b: 17 23 54 80.

Danach Verschmelzen von **a** und **b** auf **c:**

c: 17 23 28 58 11 54 80 91.

3. Durchlauf: abwechselndes Verteilen von Folgen der Länge 4 auf **a** und **b:**

a: 17 23 28 58

b: 11 54 80 91.

Danach Verschmelzen von **a** und **b** auf **c:**

c: 11 17 23 28 54 58 80 91.

c ist nun sortiert. ◀

Die Laufzeit des Algorithmus in Abhängigkeit von der Anzahl n der zu sortierenden Objekte beträgt $O(n \log_2 n)$. Zu diesem Algorithmus existieren viele Verbesserungen. Zum Beispiel kann man intern das Sortierverfahren Heapsort zwischenschalten, um von Anfang an längere sortierte Folgen zu erzeugen. Weiterhin kann man zwei Bänder auf ein drittes (Zielband) mischen und jeweils das Band, dessen Daten vollständig übertragen wurden, zum nächsten Zielband erklären.

Spannbaumproblem (engl. spanning tree problem): Gegeben sei ein zusammenhängender ungerichteter Graph, wobei jeder Kante eine positive Zahl („Kostenwert" oder „Gewicht") zugeordnet ist. Man konstruiere nun einen Spannbaum (↑ Graph), bei dem die Summe der Kosten aller seiner Kanten minimal ist *(minimaler Spannbaum).*

▶ *Beispiel:* Abb. 1 zeigt einen Graphen. Die Kosten jeder Kante sind vermerkt. Abb. 2 enthält einen zugehörigen Spannbaum, der allerdings nicht minimal ist. Die Summe der Kosten seiner Kanten beträgt 90. Der Spannbaum in Abb. 3 ist minimal. ◀

Das Spannbaumproblem tritt in der Praxis zum Beispiel bei der Verdrahtung von Terminals oder beim Aufbau von Kommunikations- und Energienetzen auf.

Zur Lösung des Problems verwendet man ein Greedy-Verfahren (↑ Algorithmen-Entwurfsmethoden): Zunächst wählt man die kostengünstigste Kante aus. Sie ist Teil des gesuchten minimalen Spannbaums. In den weiteren Schritten wählt man von den jeweils übrig gebliebenen Kanten immer *die* kostengünstigste aus, die nicht zu einem Zyklus unter den bisher ausgewählten Kanten führt.

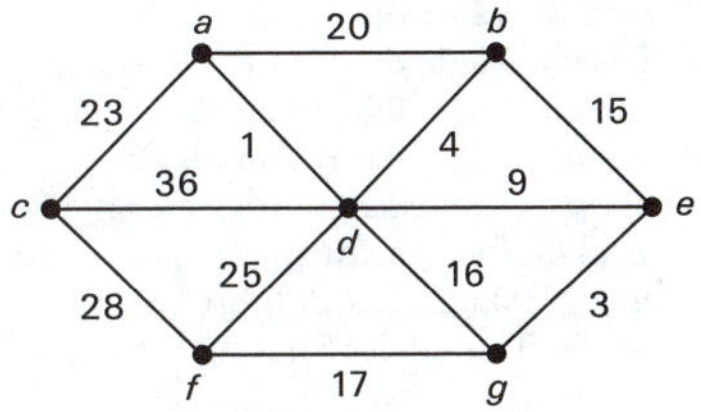

Spannbaumproblem (Abb. 1): Graph, bei dem die Kosten jeder Kante angegeben sind

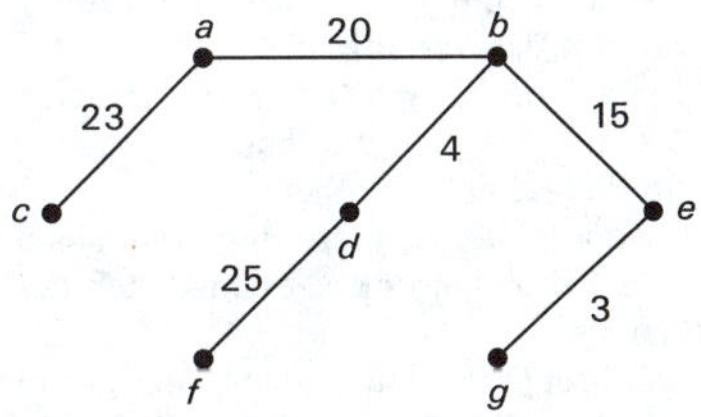

Spannbaumproblem (Abb. 2): (nicht minimaler) Spannbaum zum Graphen aus Abb. 1

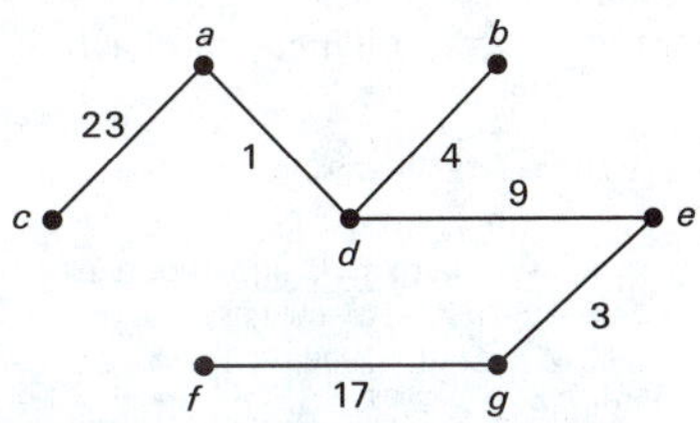

Spannbaumproblem (Abb. 3): minimaler Spannbaum zum Graphen aus Abb. 1

▶ *Beispiel:* Zu dem Graphen aus Abb. 1 konstruiert man den minimalen Spannbaum in folgenden Schritten:

1. Schritt: Wähle die Kante (a, d).
2. Schritt: Wähle die Kante (e, g).
3. Schritt: Wähle die Kante (b, d).
4. Schritt: Wähle die Kante (d, e).
5. Schritt: Die kostengünstigste Kante ist (b, e). Sie wird nicht gewählt, da sie zu einem Zyklus (b, d, e) führt.
6. Schritt: Das Gleiche gilt für die Kante (d, g).
7. Schritt: Die Wahl fällt daher auf die Kante (f, g).
8. Schritt: Wähle die Kante (a, c). ◀

Der Algorithmus von Kruskal in Prog. 1 realisiert das Verfahren:
Eingabe: Ein Graph $G = (V, E)$ und eine Kostenfunktion k, die jeder Kante eine natürliche Zahl zuordnet.
Ausgabe: Die Kanten des minimalen Spannbaums und die Gesamtkosten des Baumes.
Eine Menge W von Knoten liegt genau dann in spb, wenn sie durch die bisher ausgewählten Kanten miteinander verbunden sind.
Bei geeigneter Implementierung und Anwendung eines schnellen Sortierverfahrens hat der Algorithmus eine Laufzeit von der ↑Ordnung

$$O(|V| + |E| \cdot \log_2 |E|).$$

Speicher (engl. *memory; storage*): Funktionseinheit zum Aufbewahren von ↑Daten (hierzu zählen auch die als Text dargestellten Programme).
↑ Digitale Speicher bestehen aus *Speicherelementen,* die in der Lage sind, abhängig von einem äußeren Signal einen von zwei erlaubten Zuständen anzunehmen und so lange in ihm zu verweilen, bis er durch ein anderes Signal geändert wird. Ein solches Speicherelement speichert 1 ↑Bit.

▶*Beispiel:* Ein einfacher digitaler Speicher ist ein Lichtschalter mit den Zuständen „Schalterstellung oben“ und „Schalterstellung unten“. ◀

Speicherelemente werden heute meist durch Halbleiterschaltungen (↑ Flipflop), Ladungszustände, Magnetisierung (↑ Magnetschichtspeicher) oder Materialveränderung (↑optische Speicher, ↑PROM) realisiert. Die Lokalisierung eines gespeicherten Datums erfolgt durch eine eindeutige Identifikation des Speicherelements, in dem sich das Datum befindet (↑Adresse). Im Allgemeinen ist nicht jedem einzelnen Speicherelement des Speichers eine Adresse zugeordnet, sondern nur Gruppen von

```
var L: list of kanten; k: array [kanten] of integer;
   spb: set of set of knoten;
   kost: integer; v,w,: knoten; W1,W2: set of knoten;
begin
   „sortiere die Kanten nach ihren Kosten aufsteigend in L“;
   spb := Ø; kost := 0;
   for all „knoten v“ do spb := spb ∪ {{v}} od;
   while „spb hat mehr als ein Element“ do
      „{v,w} sei die erste (also kostengünstigste) Kante in L“;
      „Lösche {v,w} aus L“;
      „Sei v ∈ W1 und w ∈ W2 mit W1, W2 ∈ spb“;
      if W1 ≠ W2 then
         spb := spb – {W1} – {W2} ∪ {W1 ∪ W2};
         write ({v,w});
         kost := kost + k [{v,w}] fi;
   od;
   write (kost)
end.
```

Spannbaumproblem (Prog. 1): Der Algorithmus von Kruskal zum Spannbaumproblem (der Spannbaum steht am Ende in spb.)

S

Speicherelementen, die alle eine gleiche, für den Speicher charakteristische feste Größe haben. Eine solche Gruppe, also eine kleinste adressierbare Einheit eines Speichers, heißt *Speicherzelle.* Eine Speicherzelle entspricht in der Regel einem ↑ Byte. Die Zusammenfassung mehrerer Speicherzellen (meist 4 oder 8) nennt man *Speicherwort* oder kurz *Wort* (Abb. 1).

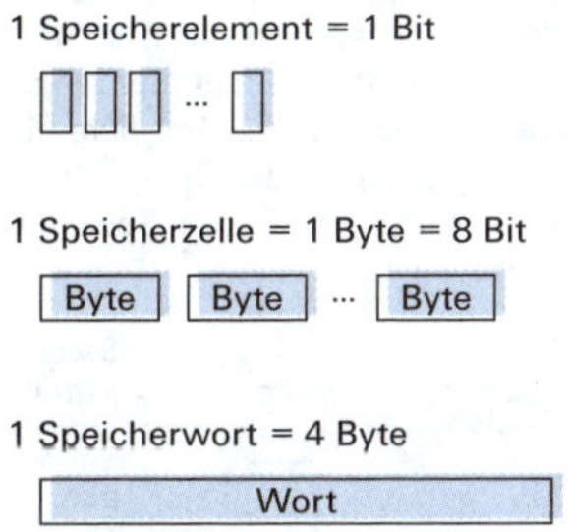

Speicher (Abb. 1): typische Aufteilung des Speichers in Speicherelemente, Speicherzellen und Speicherworte

Den Vorgang, eine Speicherzelle zu lokalisieren und das in ihr gespeicherte Datum abzufragen oder zu verändern, bezeichnet man als *Zugriff*: Man unterscheidet den lesenden Zugriff *(Lesen),* bei dem der Inhalt einer Speicherzelle abgerufen, aber nicht verändert wird, und den schreibenden Zugriff *(Schreiben),* bei dem die Speicherzelle mit einem neuen Inhalt versehen wird.
Speicher werden hierarchisch angeordnet vom rasch lesbaren ↑ Cache über den Hauptspeicher mit direktem Zugriff und die ↑Magnetplattenspeicher (Zugriff über mehrere Indizes) bis zu Massenspeichern mit sequenziellem Zugriff, siehe ↑ Speicherhierarchie, ↑ Datensicherung.
Je nach Bauweise und den damit verbundenen Eigenschaften unterscheidet man Speicher nach folgenden Kriterien:
Zugriffszeit: Zeit, die zum Lesen bzw. Schreiben einer Speicherzelle benötigt wird. Sie setzt sich zusammen aus der *Zeit zur Lokalisierung und Ansteuerung* der betreffenden Speicherzelle und der *Schaltzeit* der Speicherelemente. Die Zugriffszeit liegt je nach Typ des Speichers zwischen wenigen Nanosekunden (Nano = 10^{-9}) und mehreren Sekunden. Marktübliche ↑ Personalcomputer besitzen für ihren Hauptspeicher eine Zugriffszeit von ca. 50 Nanosekunden. Um die Zugriffszeit weiter zu verkürzen, legt man mehrere Speicherbereiche (sog. „Speicherbänke") zyklisch nebeneinander an und verteilt die Daten nacheinander auf die einzelnen Bereiche. Nun kann man im Takt des Prozessors nacheinander die Speicherbereiche anstoßen und erhält immer vom nächsten Speicherbereich die nächsten Werte. Dies setzt eine gute Datenorganisation voraus, ↑Speicherverschränkung.
Zugriffsart: Speicher klassifiziert man nach der Methode, mit der auf Speicherzellen zugegriffen werden kann. Ist jede Speicherzelle eines Speichers unabhängig von ihrer Position auf die gleiche Weise mit dem gleichen zeitlichen Aufwand erreichbar, so spricht man von Speichern mit *wahlfreiem Zugriff* oder *direktem Zugriff* (engl. *random access*). Der ↑ Hauptspeicher eines Computers ist immer ein Speicher mit wahlfreiem Zugriff. Weitere Speicher mit wahlfreiem Zugriff sind das ↑RAM, der ↑Assoziativspeicher und früher der ↑Magnetkernspeicher. Speicher, bei denen die Speicherzellen nur zeitperiodisch erreichbar sind, heißen Speicher mit *zyklischem Zugriff* oder *halbdirektem Zugriff.* Diese Zugriffsart haben Speicher, bei denen die Speicherzellen rotieren und nur periodisch zugänglich sind, vor allem der ↑ Magnetplattenspeicher sowie der ↑ Magnettrommelspeicher. Speicher mit *sequenziellem Zugriff* (↑sequenziell) sind solche, bei denen auf eine Speicherzelle erst dann zugegriffen werden kann, wenn auf eine von der Position der Speicherzelle abhängige Anzahl anderer Speicherzellen zunächst zugegriffen werden muss, siehe ↑ Magnetbandspeicher.

Zykluszeit: Zeitspanne vom Beginn eines Speichervorgangs bis zu dem Zeitpunkt, an dem ein neuer Speichervorgang beginnen kann. Sie liegt für einen PC bei 80 Nanosekunden. Die Zykluszeit setzt sich zusammen aus der *Zugriffszeit* (siehe oben) und möglicherweise einer *Regenerationszeit,* in der beim Lesen zerstörte Informationen in den Speicher zurückgeschrieben werden.
Speicherkapazität: Die Speicherkapazität wird bestimmt durch die Anzahl der Speicherzellen, die ein Speicher enthält. Die Speicherkapazität wird im Allgemeinen in KByte, MByte, GByte oder TByte (↑Byte) gemessen.
statischer oder **dynamischer Speicher:** Statische oder nichtflüchtige Speicher behalten ihren Inhalt, mindestens solange die Versorgungsspannung eingeschaltet bleibt. Dynamische oder flüchtige Speicher verlieren ihre gespeicherten Informationen nach einem bestimmten Zeitintervall, da die Information als Kondensatorladung gespeichert wird, der Kondensator sich jedoch nach einiger Zeit entlädt *(Leckstrom).* Daher muss vor Ablauf des Zeitintervalls, das zwischen 50 Mikrosekunden und einigen Millisekunden beträgt, der Inhalt jeder Speicherzelle neu beschrieben werden *(Auffrischung,* engl. *refresh).* Dies geschieht meist automatisch durch den Speicherbaustein.
Energieabhängigkeit: Speicher, für deren Zustandserhaltung keine Energie aufgewendet werden muss (z. B. ↑ROM, Magnetplattenspeicher), heißen energieunabhängige Speicher. Verliert ein Speicher seinen Inhalt bei einem Stromausfall, so ist er energieabhängig (z. B. ↑Halbleiterspeicher).
Aufzeichnungsdichte (nur bei Magnetplattenspeicher, Magnettrommelspeicher und Magnetbandspeicher): Sie gibt die Anzahl der pro Flächeneinheit gespeicherten Daten an. Die Maßeinheit der Aufzeichnungsdichte ist das **bpi** (engl. **b**its **p**er **i**nch) oder **bpi²** (engl. **b**its **p**er square **i**nch) sowie Bit pro mm² (↑Magnetschichtspeicher).

Speicher gehören entweder als *Internspeicher* zur ↑Zentraleinheit einer Rechenanlage oder sie sind als *Externspeicher* außerhalb der Zentraleinheit angeordnet und zählen dann zur ↑Peripherie. Abb. 2 zeigt den grundsätzlichen Aufbau von Speichern mit wahlfreiem oder zyklischem Zugriff.
Um auf eine Speicherzelle zuzugreifen, wird zunächst ihre Adresse in das *Speicheradressregister* geschrieben. Im Lesemodus enthält anschließend das *Speicherpufferregister* den Inhalt der angesprochenen Speicherzelle. Im Schreibmodus wird der Inhalt des Speicherpufferregisters in die adressierte Speicherzelle übertragen.

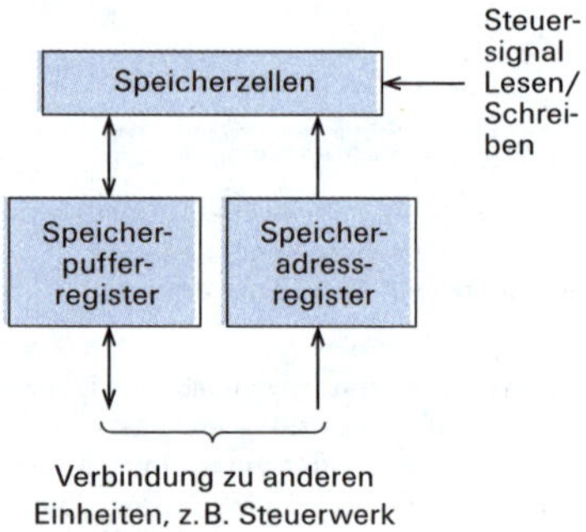

Speicher (Abb. 2): grundsätzlicher Aufbau eines Speichers mit wahlfreiem oder zyklischem Zugriff

Speicherhierarchie: Die wichtigsten Kenndaten eines ↑Speichers sind seine Speicherkapazität und seine Zugriffszeit. Beide Größen lassen sich jedoch nicht gleichzeitig maximieren: Speicher großer Kapazität, z. B. ↑Magnetplattenspeicher oder ↑Magnetbandspeicher, sind relativ langsam, Speicher großer Schnelligkeit sind verhältnismäßig teuer und meist klein. Diesem Problem begegnet man durch eine Hierarchie von an Speicherkapazität zunehmenden und an Geschwindigkeit abnehmenden Speichern. Der ↑Prozessor greift nur auf den schnellsten Speichertyp zu. Er enthält

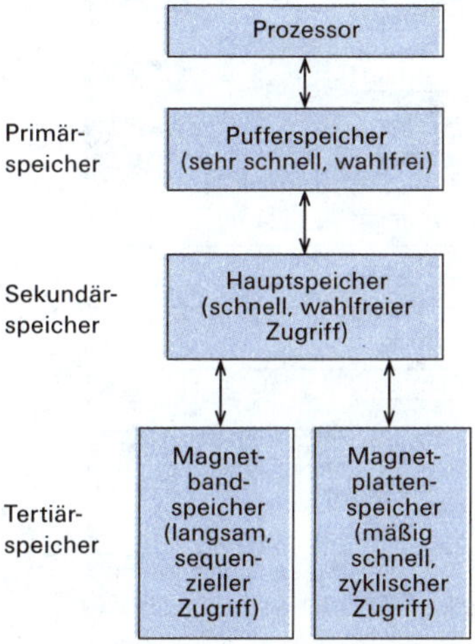

Speicherhierarchie (Abb. 1): typische Organisation einer Speicherhierarchie

die gerade benötigten Daten und Programmteile. Seltener oder zurzeit nicht benötigte Daten werden auf den bezüglich der Hierarchie langsameren Speichern abgelegt. Abb. 1 zeigt eine typische Organisation einer Speicherhierarchie, wie sie sich heute in jedem ↑Personalcomputer findet.

Der Prozessor bezieht ↑ Befehle und Daten aus dem sehr kleinen, schnellen *Pufferspeicher,* auch *Primärspeicher* oder ↑Cache genannt.

Der ↑Hauptspeicher *(Sekundärspeicher)* enthält größere im Allgemeinen zusammenhängende Programm- oder Datenteile.

Daten und Programmteile, die in absehbarer Zeit nicht benötigt werden, befinden sich in den *Tertiärspeichern,* auch *Hintergrundspeicher* oder *Massenspeicher* genannt.

Die Beschleunigung der mittleren Zugriffszeit bei Speicherhierarchien beruht auf folgenden praktischen Erfahrungen:

(1) 80% aller Speicherzugriffe finden zu 20% aller Daten statt *(80-20-Regel).*

(2) Wird auf einen bestimmten Speicherbereich zugegriffen, so findet der nächste Zugriff mit hoher Wahrscheinlichkeit auf den gleichen Speicherbereich statt *(Lokalitätsprinzip).*

Die Bereitstellung benötigter Daten in den geeigneten Speichertypen erfordert besonders im Mehrprogrammbetrieb (↑Betriebsart) einen immensen Organisationsaufwand, der von einer Komponente des Betriebssystems, der ↑Speicherverwaltung, oder dem ↑Datenbank-Managementsystem erbracht wird.

Speicherschutz (engl. *memory protection*): Vorwiegend im Mehrprogrammbetrieb (↑ Betriebsart), bei dem sich mehrere Benutzer einen ↑ Speicher teilen, kommt dem gegenseitigen Schutz der verwendeten Speicherbereiche und der Kontrolle des Zugriffs *(Zugriffskontrolle)* eine hohe Bedeutung zu. Abhängig von der Leistungsfähigkeit erlauben Schutzmechanismen den Schutz nur zusammenhängender oder auch unzusammenhängender Speicherbereiche fester oder auch variabler Größe. Das folgende Verfahren ermöglicht den Schutz unzusammenhängender Speicherbereiche fester Größe: Man teilt den Speicher in Blöcke fester Länge (z. B. 32 KByte) auf. In jedem Block ist ein ↑ Byte als *Speicherschutzbyte* reserviert. Jeder Benutzer erhält vom ↑Betriebssystem einen *Speicherschutzschlüssel* zugewiesen, der in die Speicherschutzbytes aller ihm zugänglichen Speicherblöcke geschrieben wird. Alle übrigen Benutzer, die über den Speicherschutzschlüssel verfügen, haben ebenfalls das Recht *(Zugriffsrecht),* auf diese Speicherbereiche zuzugreifen. Bei jedem Zugriff auf eine Speicherzelle vergleicht das Betriebssystem den Speicherschutzschlüssel und das betreffende Speicherschutzbyte. Bei einer Übereinstimmung ist der Zugriff gestattet, im anderen Fall wird das Programm abgebrochen (Abb. 1).

Ein weiter gehender Speicherschutz kann dadurch realisiert werden, dass im Speicherschutzschlüssel eine detaillierte Spezifikation der Zugriffsrechte der Be-

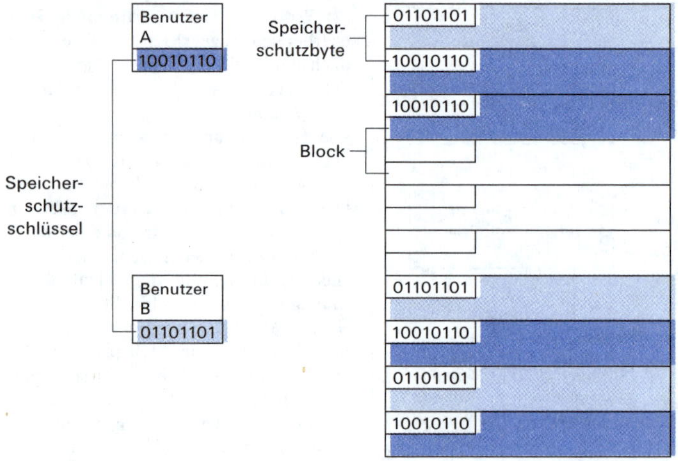

Speicherschutz (Abb. 1): Schutz unzusammenhängender Speicherbereiche fester Größe mittels Speicherschutzbyte und Speicherschutzschlüssel

nutzer auf die Speicherblöcke codiert wird, z. B. die Genehmigung, auf einen Block nur lesend zugreifen zu dürfen.

Speicherschutz kann auch softwaremäßig realisiert werden, wodurch der Zugriff auf Daten von einem individuellen Schlüssel (↑Passwort) abhängig gemacht werden kann. Vgl. ↑Datenschutz.

Speicherverschränkung (engl. *bank phasing; interleaving*): Verfahren zur Beschleunigung der mittleren Zugriffszeit des ↑Hauptspeichers.

Man unterteilt den Hauptspeicher in gleich große Speicherbereiche, die jeweils ein eigenes Speicheradress- und Speicherpufferregister erhalten, sodass sie gleichzeitig gelesen oder beschrieben werden können. Die einzelnen Speicherbereiche können zeitversetzt angesprochen werden. Die größte Beschleunigung der mittleren Zugriffszeit wird erreicht, wenn aufeinander folgende Speicherzugriffe zu verschiedenen Speicherbereichen erfolgen. Da in der Praxis Zugriffe zu aufeinander folgenden Speicherzellen häufig vorkommen, z. B. bei der Abarbeitung von Programmen oder beim Durchlaufen von ↑Feldern, verteilt man aufeinander folgende Anweisungen oder Daten auf nacheinander folgende Bereiche.

Die Beschleunigung beruht auf folgender Überlegung: Die Zugriffszeit auf einen Speicher beträgt z. B. 100 Nanosekunden, der Prozessor arbeitet jedoch im 10-Nanosekunden-Takt. Beim Lesen muss also der Prozessor 9 Takteinheiten warten. Wenn der Speicher in 10 Module aufgeteilt wäre, dann könnte der Prozessor bei geeigneter Programmierung in jedem Takt einen Wert lesen oder schreiben und (theoretisch) zehnmal schneller arbeiten.

Die ↑Adresse eines gespeicherten Datums setzt sich dann aus der Adresse des Bereichs und der Adresse der Speicherzelle innerhalb des Moduls zusammen. Bei 2^n Speicherbereichen werden die n niederwertigen ↑Bits einer Adresse als Bereichsadresse interpretiert.

▶*Beispiel:* 20 Speicherzellen, die auf $2^2 = 4$ Bereiche mit jeweils 5 Speicherzellen verteilt sind.

Bereich 0		Bereich 1		Bereich 2		Bereich 3	
0	0	0	1	0	2	0	3
1	4	1	5	1	6	1	7
2	8	2	9	2	10	2	11
3	12	3	13	3	14	3	15
4	16	4	17	4	18	4	19

Zur Adressierung der Speicherzellen benötigt man 5 Bits. Der Zugriff z. B. auf die Speicherzelle Nr. 13 erfolgt durch Zugriff auf die Adresse 3 im Bereich 1:

0	1	1	0	1
Adresse im Bereich			Bereich	

Die optimale Nutzung der Speicherverschränkung stellt hohe Anforderungen an ↑Übersetzer und andere ↑Dienstprogramme.

Speicherverwaltung: Komponente des ↑Betriebssystems einer Rechenanlage, deren Aufgabe die Zuweisung und Überwachung aller vom System benutzten Speicher ist. Hierzu werden Tabellen angelegt, in denen die belegten und freien Speicherbereiche notiert werden. Besondere Algorithmen sind bei der Verwaltung von ↑Speicherhierarchien notwendig. Im Allgemeinen finden nicht das gesamte Programm und alle benötigten Daten im schnellsten Speicher Platz, sondern nur ein kleiner, gerade benötigter Teil. Verlangt der ↑Prozessor Zugriff auf Daten, die sich momentan nicht im Pufferspeicher befinden, so muss die Speicherverwaltung diese Daten in einem Hintergrundspeicher auffinden, in den Pufferspeicher kopieren und, falls der Pufferspeicher voll ist, ein anderes Objekt des Pufferspeichers entfernen und in den Hintergrundspeicher verlagern.

Abb. 1 zeigt eine typische Speicherhierarchie in vereinfachter Form.

Pufferspeicher und Hintergrundspeicher sind in gleich große Speicherbereiche aufgeteilt. Die Bereiche des Pufferspeichers heißen *Kacheln* oder *Seitenrahmen* (16 Kacheln in Abb. 1), die Bereiche des Hintergrundspeichers heißen *Seiten* (256 Seiten in Abb. 1). Praktische Größenordnung von Kacheln und Seiten bei heutigen Computern: Kachel-/Seitengröße 2 bis 64 KByte, Kachelzahl 2^{10} bis 2^{16}, Seitenzahl zwischen 2^{22} und 2^{32}.

Bei einem *virtuellen Speicher* adressiert (↑Adresse) der Benutzer direkt die Speicherzellen im Hintergrundspeicher (in Abb. 1 also mit 10 ↑Bit: 2^8 Seiten zu je 2^2 Zellen), der Prozessor adressiert jedoch nur den Pufferspeicher (in Abb. 1 also mit 6 Bit, $2^6 = 64$), der in unserem Beispiel Kopien von bis zu 64 Speicherzellen des Hintergrundspeichers enthält. Die Menge aller möglichen Adressen der Objekte eines Programms nennt man

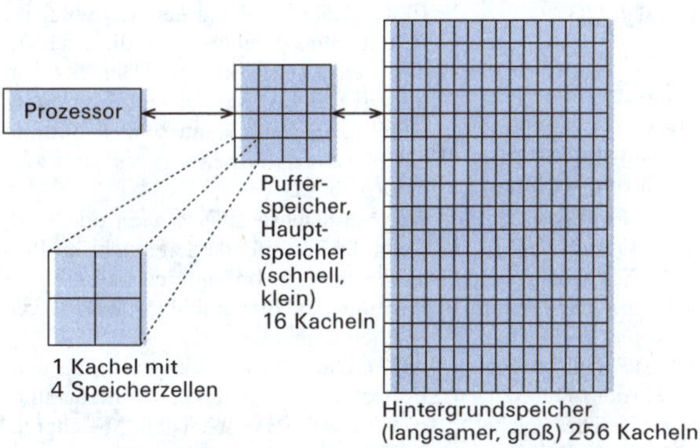

Speicherverwaltung (Abb. 1): Schema einer Speicherhierarchie

Adressraum; er entspricht meist der Menge der Adressen des Hintergrundspeichers.

Die Menge der möglichen Adressen im Pufferspeicher (genauer: der zurzeit im Pufferbereich abgelegten Daten des Programms) heißt *Speicherraum.*

Eine Adresse hat dann folgendes Format:

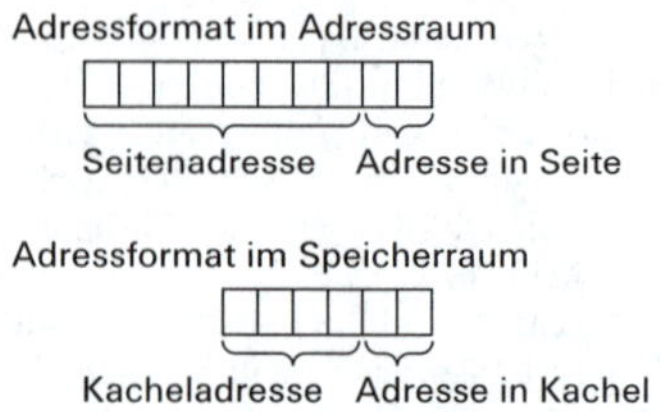

Verlangt der Benutzer Zugriff auf die Speicherzelle mit der Adresse $a = (a_s, a_i)$, wobei a_s die Adresse der Seite und a_i die Adresse der Speicherzelle innerhalb der Seite darstellt, so unterscheidet man zwei Fälle:

1\. Fall: Die Seite a_s befindet sich im Pufferspeicher unter der Kacheladresse a_k. Die Adresse a wird ersetzt durch $a' = (a_k, a_i)$. Der Prozessor greift statt auf a auf a' zu.

▶ *Beispiel:* Die Seite 70 befinde sich in Kachel 12. Der Zugriff zur Adresse

0	1	0	0	0	1	1	0	1	0

wird transformiert zur Adresse

1	1	0	0	1	0

◀

2\. Fall: Die Seite a_s befindet sich nicht im Pufferspeicher *(Seitenfehler).* Zwischen Pufferspeicher und Hintergrundspeicher wird, falls der Pufferspeicher voll ist, ein *Seitenwechsel* (engl. *paging*) vorgenommen. Eine Kachel wird ausgewählt und an ihren Platz im Hintergrundspeicher zurückkopiert, aber nur wenn Speicherzellen dieser Kachel vom Programm verändert wurden. Die Seite a_s wird in die frei gewordene Kachel kopiert. Man verfährt anschließend nach Fall 1.

Zur Durchführung des beschriebenen Verfahrens benötigt die Speicherverwaltung noch folgende Hilfsinformationen:

(1) Verzeichnis aller im Pufferspeicher vorhandenen Seiten nebst der zugehörigen Kacheln,

(2) Strategie zur Auswahl der Kachel, die bei einem Seitenfehler in den Hintergrundspeicher zurückgeschrieben werden soll.

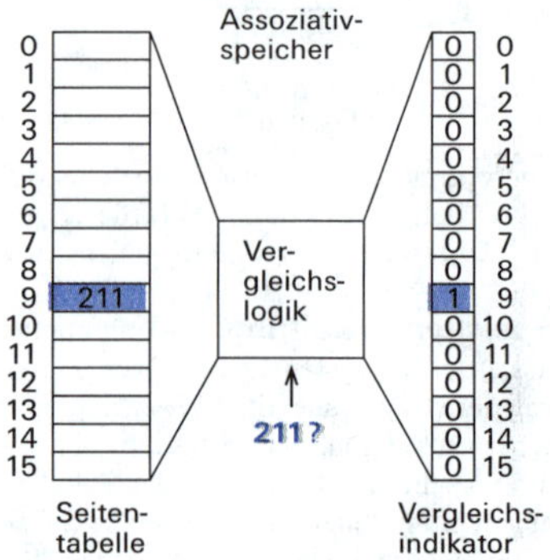

Speicherverwaltung (Abb. 2): Realisierung einer Seitentabelle durch einen Assoziativspeicher

Mögliche Lösungen

zu (1): Man legt eine *Seitentabelle* an, die genau so viele Einträge besitzt, wie der Pufferspeicher Kacheln enthält. Der *i*-te Eintrag gibt die Nummer der Seite des Hintergrundspeichers an, die sich in der *i*-ten Kachel befindet. Der Test, ob und in welcher Kachel eine bestimmte Seite gelagert ist, kann schnell mithilfe eines ↑Assoziativspeichers realisiert werden (Abb. 2).

Der Vergleichsindikator zeigt überall 0, wenn die betreffende Seite nicht im Pufferspeicher ist. Im anderen Fall gibt die Position des Bits mit dem Wert 1 die Kachelnummer an.

zu (2): Damit Seiten, die gerade aus dem Pufferspeicher entfernt worden sind, nicht etwa beim nächsten Speicherzugriff wieder gebraucht werden, muss bei einem Seitenwechsel die Seite aus

dem Pufferspeicher entfernt werden, auf die ein erneuter Zugriff am unwahrscheinlichsten ist. Man bedient sich in der Praxis meist eines der folgenden Verfahren:
a) *FIFO-Methode* (Abk. für **f**irst **i**n **f**irst **o**ut): Von allen Seiten im Pufferspeicher wird die ausgewählt, die sich dort bereits die längste Zeit befindet.
b) *LRU-Methode* (**LRU,** Abk. für engl. **l**east **r**ecently **u**sed): Es verlässt die Seite den Pufferspeicher, auf die verglichen mit den anderen Seiten seit dem letzten Seitenaustausch am wenigsten zugegriffen wurde.
Die Entscheidung, in welche Kachel eine Seite transportiert werden soll, trifft die ↑Freispeicherverwaltung.

Spezifikation: präzise Darstellung und Beschreibung der Eigenschaften, der Verhaltensweisen, des Zusammenwirkens und des Aufbaus von (bestehenden oder zu entwickelnden) Modellen, Programmen oder ↑ Systemen, wobei meist von Details abstrahiert wird und konkrete Implementierungen keine Rolle spielen. Im engeren Sinne ist die Spezifikation das Dokument, das Vorgehensweisen und angestrebte Ergebnisse der einzelnen Phasen beim ↑ Software-Engineering beschreibt. Man unterscheidet zwischen der Problemspezifikation, der Anforderungsspezifikation und der Entwurfsspezifikation.
Die *Problemspezifikation* dient der Klärung und Präzisierung der zu lösenden Fragestellungen. Sie kann z. B. die Vorgabe für eine Problemanalyse sein. Das hierzu gehörende Sollkonzept liefert als Ergebnis eine *Anforderungsspezifikation,* die somit Teil einer Anforderungsdefinition ist (oder sein sollte). Hieran schließt sich die wesentlich stärker formalisierte *Entwurfsspezifikation* an. Da Probleme nicht nur am Anfang als Gesamtproblem, sondern auch beim späteren Entwicklungsprozess dauernd auftreten, können Spezifikationen in allen Stadien der Erstellung von Systemen verwendet werden.
Die Spezifikation stellt im Idealfall eine vollständig formale, von Implementierungen unabhängige Beschreibung des Verhaltens eines zu erstellenden Systems dar. Folglich müsste man Softwarewerkzeuge entwickeln können, die aus einer gegebenen Spezifikation automatisch ein zugehöriges System erzeugen, das die Spezifikation erfüllt. Liegt die Spezifikation als Menge von Formeln in einem logischen Kalkül vor, so ist die Übertragung in ein ausführbares Programm einer prädikativen ↑ Programmiersprache relativ leicht; dieses Programm kann dann als ↑ Prototyp frühzeitig genutzt werden. Aufgrund dieser Vision wird der formalen Spezifikation eine zentrale Bedeutung in der Zukunft beigemessen.
Das Ziel einer Spezifikation liegt erstens in einem klareren Verständnis des Problems, seiner besonderen Eigenschaften und seiner Lösungen. Zweitens dient sie als (möglichst absolutes) Vergleichsmaß dafür, ob ein System oder Programm den gewünschten Anforderungen genügt; führt man eine ↑ Verifikation durch, so müssen sich die Aussagen der Spezifikation aus dem Programmverhalten folgern lassen. Drittens soll eine Spezifikation zusätzliche Aspekte beschreiben, wie sie meist durch ↑ Bewertungskriterien erfasst werden, also Eigenschaften wie Zuverlässigkeit, Robustheit, zeitliches Verhalten usw. Gerade solche Aspekte sind oft nur schwer zu formalisieren, weshalb sie bei formalen Methoden gerne ausgespart werden.
Früher wurden Spezifikationen ausschließlich in natürlichen Sprachen formuliert. Mehrdeutigkeiten und Unklarheiten sind hierbei unvermeidbar, auch wenn durch Fachbegriffe manches präzisiert werden kann. Angeregt durch Untersuchungen über verteilte Systeme wurden in den 70er-Jahren formale Methoden entwickelt, vor allem
- ↑Petrinetze und Verallgemeinerungen,
- verschiedene Kalküle der ↑Logik,
- algebraische Spezifikationen und (abstrakte) ↑Datentypen,
- algebraische Kalküle und Prozessalgebren (z. B. der Kalkül *CCS* von

dem englischen Informatiker *R. Milner*),
- sprachliche Ansätze (z. B. die Sprache CSP = „communicating sequential processes" von dem englischen Informatiker *C. A. R. Hoare*, die auf die Sprache ↑OCCAM ausgestrahlt hat).

Die formalen Methoden ermöglichen es, gegebene Spezifikationen zu analysieren. Zum Beispiel dürfen Spezifikationen keine Widersprüche enthalten, sie müssen das Verhalten vollständig beschreiben, sie müssen unerwünschtes Verhalten wie Verklemmungen erkennen lassen usw.

Auf die formalen Ansätze kann hier nicht eingegangen werden. Gut entwickelt ist mittlerweile die algebraische Spezifikation, die ähnlich wie abstrakte Datentypen aufgebaut ist, aber zusätzliche Typen für Aktionen, Zustände, Komponenten, Datenströme u. Ä. bereithält. Hierfür sind bereits spezielle ↑Spezifikationssprachen im Einsatz, mit deren Hilfe das Erstellen und die Analyse von Spezifikationen rechnergestützt erfolgt. Von nationalen und internationalen Gremien werden häufig verwendete Verfahren, Schnittstellen, Protokolle, Sprachen usw. genormt. Eine solche *Norm* kann man als eine allgemein verbindliche Spezifikation auffassen.

Spezifikationssprache (engl. *specification language*): Mittel zur sprachlichen und/oder grafischen Darstellung von Programmen und Systemen und ihrer Eigenschaften und Verhaltensweisen (↑Spezifikation). Im Gegensatz zu einer Programmiersprache werden in einer Spezifikationssprache nicht die genauen algorithmischen Abläufe und die konkreten Datenstrukturen, sondern die gewünschten Eigenschaften des herzustellenden Produkts beschrieben. Spezifikationssprachen werden vor allem in der Entwurfsphase (↑ Software-Engineering), also noch vor dem Einsatz von Programmiersprachen benutzt.

Heutzutage werden Systeme meist in natürlicher Sprache spezifiziert. Will man jedoch Systeme automatisch auf ihre Richtigkeit und Zuverlässigkeit (↑Verifikation) überprüfen, dann müssen die Eigenschaften in einer formalen Sprache ausformuliert werden. Hierbei orientieren sich geeignete Sprachen an der zugrunde liegenden ↑Semantik. Recht gut untersucht ist die *algebraische Spezifikation,* die Daten und auf ihnen erlaubte Operationen mithilfe abstrakter ↑Datentypen beschreibt. Um die Einflüsse der zeitlichen Reihenfolge und um Eigenschaften wie Geschwindigkeit oder Reaktionsvermögen darstellen zu können, müssen Spezifikationssprachen um weitere Sprachelemente angereichert werden.

Aus praktischer Sicht sind an eine Spezifikationssprache vor allem drei Anforderungen zu stellen:
- *Korrektheit:* Die Spezifikation muss die gewünschten Eigenschaften richtig nachbilden, darf keine Widersprüche enthalten und keine unerwünschten Eigenschaften nach sich ziehen.
- *Korrektheit der Implementierung:* Man muss nachprüfen können, ob ein konkretes Programm, das die Spezifikation erfüllen soll, dies auch tatsächlich tut.
- *Unterstützung in der Praxis:* Die Spezifikationssprache muss eine Modellbildung ermöglichen; hieraus müssen sich Werkzeuge entwickeln lassen, die die Entwurfs- und Entwicklungsphase wirkungsvoll unterstützen.

Aufgrund dieser Anforderungen gewinnen Spezifikationssprachen immer stärker an Bedeutung. Seit 1990 ist die Spezifikationssprache *Z* im Einsatz, die auf der axiomatischen ↑ Semantik aufbaut. Zunehmend werden auch Sprachelemente der Spezifikation, wie z. B. „Zusicherungen", in Programmiersprachen aufgenommen, z. B. in ↑Ada, C++ (↑C) und ↑Eiffel.

Sprache (engl. *language*):

(1) *Natürliche Sprachen* (Deutsch, Englisch, Französisch, Japanisch, Kisuaheli usw.) werden von Menschen zum Informationsaustausch und zu allen Zwecken der Kommunikation verwendet. Die Beherrschung einer Sprache und ihrer Aus-

drucksmöglichkeiten beeinflusst stark die Vorstellungswelt und die Denkweise von Menschen und ist für die menschliche Lebenswelt von entscheidender Bedeutung. Zu jeder natürlichen Sprache existiert in der Regel eine Schriftsprache; manche Sprachen (z. B. Hethitisch, Sprachen der Mayas) liegen nur noch in dieser Form vor. Wird eine Sprache in ihrer Schriftform nicht beherrscht, so spricht man von Analphabetentum. In einer modernen Gesellschaft muss sich jedermann mindestens in seiner Muttersprache in Rede und Schrift problemlos ausdrücken können. Daneben scheint sich Englisch als weltweite Kommunikationssprache als Folge der Globalisierung durchzusetzen.

(2) *Künstliche Sprachen* wurden Ende des 19. Jahrhunderts entwickelt, um Fakten, Denkabläufe, Schlussfolgerungen beschreiben und analysieren zu können. Neben diesen logischen Kalkülen (↑Logik) entstanden mit der Entwicklung von Rechenanlagen seit 1940 ↑Programmiersprachen, die ebenfalls präzise definiert werden mussten. Programmiersprachen regeln den Umgang mit Datenverarbeitungsanlagen und mangelndes Verständnis für die hiermit verbundenen Beschreibungsformen und exakten Abläufe kann zu einem neuartigen Analphabetentum führen (↑Computer-Literacy).

Künstliche Sprachen werden nach Regeln aufgebaut (↑Syntax, ↑Grammatik) und ihre Wörter und Sätze besitzen eine wohldefinierte Bedeutung (↑Semantik). Während sich bei natürlichen Sprachen die Wörter, die Regeln und die Bedeutungen im Laufe der Jahre ändern, besitzen künstliche Sprachen ein festes endliches Grundvokabular und eine feste Syntax und Semantik. Hier nennt man das Grundvokabular das ↑Alphabet der Sprache und spricht statt von den Sätzen von „Wörtern“ der Sprache, im Falle von Programmiersprachen von „Programmen“.

(3) Die Syntax wird durch *formale Sprachen* beschrieben. Vorgegeben sei ein Alphabet A. Die Menge aller Wörter, die sich durch die Hintereinanderreihung endlich vieler, nicht notwendig verschiedener Zeichen aus einem vorgegebenen Alphabet A ergeben, wird mit A^* bezeichnet. Hierin ist auch das leere Wort, Bez. ε, enthalten, das aus keinem einzigen Alphabetzeichen besteht. Man definiert nun: Jede Teilmenge $L \subseteq A^*$ heißt Sprache über A.

Unter einer formalen Sprache versteht man in der Informatik eine solche Sprache L zusammen mit einer Definitionsvorschrift, die im Allgemeinen konstruktiv ist (↑Grammatik, ↑Automat).

▶ *Beispiel:* Es ist

$$\{0,1\}^* = \{\varepsilon, 0, 1, 00, 01, 10, 11, 000, \dots\}.$$

Die Menge L der Binärdarstellungen von ganzen Zahlen (ohne führende Nullen) ist eine Sprache über dem Alphabet $\{0,1\}$:

$$L = \{0, 1, 10, 11, 100, 101, \dots\}.$$

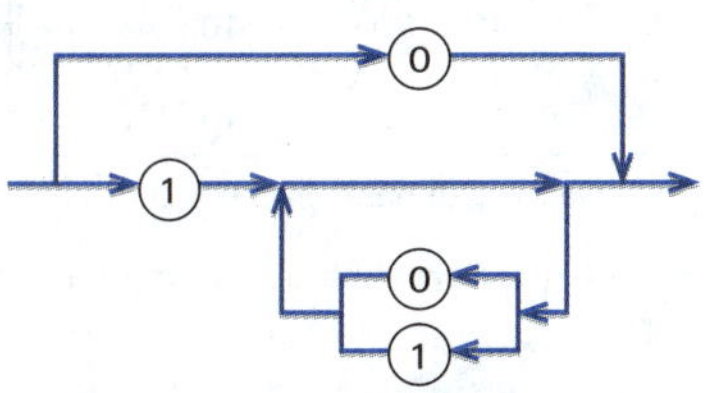

Sprache (Abb. 1): Syntaxdiagramm für die Menge der Binärdarstellungen der ganzen Zahlen

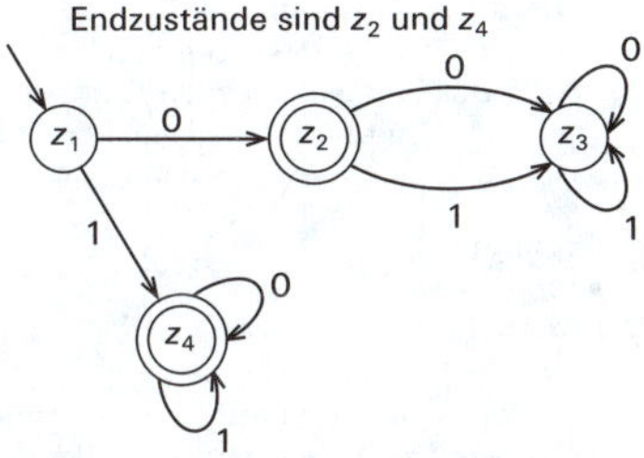

Sprache (Abb. 2): endlicher Automat für die Menge der Binärdarstellungen der ganzen Zahlen

Als Definitionsvorschrift kann man z. B. ein ↑ Syntaxdiagramm (Abb. 1), eine ↑ rechtslineare Grammatik oder einen endlichen Automaten (Abb. 2) verwenden.
Eine rechtslineare Grammatik für L ist z. B.

$$G = (\{S, A\}, \{0, 1\}, P, S) \text{ mit}$$
$$P = \{(S, 0), (S, 1A), (A, 0A), (A, 1A), (A, \varepsilon)\}.$$ ◀

Springerproblem: Die Springerfigur eines Schachspiels wird auf ein beliebiges Feld eines Schachbretts gestellt. Gesucht wird eine Zugfolge, bei der der Springer entsprechend seiner Bewegungsmöglichkeit im Schach nacheinander alle Felder des Schachbretts, jedes Feld genau einmal, besetzt. Einen Lösungsversuch zeigt Abb. 1.
Ein nahe liegender Lösungsalgorithmus für dieses Problem ist ein ↑Backtracking-

21	2	19		29	44		
18	9	22	43		27	34	
3	20	1	28	35	30	45	26
10	17	8	23	42	25		33
7	4	11	16	31	36	41	46
12	15	6		24	47	32	39
5		13	50	37	40		48
14	51				49	38	

Sackgasse nach dem 51. Zug

21	2	19		29	44		
18	9	22	43		27	34	49
3	20	1	28	35	30	45	26
10	17	8	23	42	25	48	33
7	4	11	16	31	36	41	46
12	15	6		24	47	32	39
5		13		37	40		
14						38	

Zurücknahme bis zum 47. Zug
und Sackgasse nach dem 49. Zug

Springerproblem (Abb. 1): Lösungsversuche

```
const n = 8;
var brett: array [1..n, 1..n] of integer;
   i,j: integer;
procedure springe (x,y,zugnr: integer);
var xneu, yneu: integer;
begin
   brett [x,y] := zugnr;
   if zugnr = n • n then „Ausgabe von brett“ else
      for all „von Feld (x,y) erreichbaren Felder (xneu,yneu)
               mit brett [xneu,yneu] = 0“ do
               springe (xneu,yneu,zugnr + 1) od
   fi;
   brett [x,y) := 0
end;
begin
   for i := to n do
      for j := to n do brett [i,j] := 0 od od;
   springe (3,3,1) (• Anfangsposition brett [3,3] •)
end.
```

Springerproblem (Prog. 1): Programm zum Springerproblem

Verfahren: Man bewegt den Springer von seinem Anfangsfeld auf ein zulässiges Zielfeld. Von dort setzt man ihn auf ein weiteres bislang noch unberührtes Feld usw. Im Allgemeinen wird man mit diesem Verfahren nicht sofort eine Lösung des Springerproblems finden, sondern auf ein Feld geraten, von dem aus kein unberührtes Feld mehr angesprungen werden kann. Immer wenn man in eine solche Sackgasse kommt, nimmt man so viele der letzten Züge zurück, bis man einen anderen Zug machen kann.

Das rekursive Programmstück in Prog. 1 bestimmt alle Lösungen des Springerproblems, hier ausgehend vom Feld (3,3). In „brett“ wird hierbei die Nummer des Zuges notiert, in dem der Springer auf das entsprechende Feld des Schachbretts gezogen hat. Das Programm besitzt eine hohe Laufzeit, da Billionen von Zügen durchgeprüft werden. Zum Testen sollte die Zahl $n = 8$ durch eine kleinere Zahl ersetzt werden.

Sprung: Befehl oder Anweisung, nach dessen Ausführung ein Programm die weitere Abarbeitung an einer durch das Sprungziel (↑Marke) festgelegten Stelle fortsetzt. Das Sprungziel ist im Befehl anzugeben. Man spricht von einem *bedingten Sprung,* wenn der Sprung nur dann ausgeführt wird, falls eine bestimmte ↑ Bedingung erfüllt ist. Wird der Sprung auf jeden Fall ausgeführt, so spricht man von einem *unbedingten Sprung*.

Sprünge sind die wichtigste Kontrollstruktur in ↑ Maschinensprachen. Der Sprung hängt hierbei von einer Bedingung ab (↑Status), die in einem Statusregister der Zentraleinheit abgelesen wird. In höheren Programmiersprachen sind Sprünge häufig in der Form „goto m“ als Anweisung zulässig, wobei m eine im Programm stehende Marke ist. Der Gebrauch von Sprüngen wird aber meist eingeschränkt: Zum Beispiel sind Sprünge von außen in Schleifen oder Prozedurrümpfe verboten.

Sprünge erschweren das Verständnis, die Lesbarkeit und die Strukturierung von Programmen; sie sollten daher weitgehend vermieden werden (↑strukturierte Programmierung).

SQL (Abk. für engl. **s**tructured **q**uery **l**anguage): weit verbreitete Sprache zur Definition und Manipulation relationaler ↑ Datenbanken. SQL wurde in den 70er-Jahren unter dem Namen SEQUEL von der Firma IBM entwickelt. Eine Prototyp-Implementierung gelang ca. 1975. Anfang der 80er-Jahre wurde SEQUEL dann zu SQL weiterentwickelt und ist heute als herstellerunabhängiger Standard weitgehend akzeptiert. Im Jahre 2000 ist SQL 3 die aktuelle Version.

SQL ist eine Sprache für relationale Datenbanken. Aus mathematischer Sicht ist eine ↑ Relation R eine Teilmenge des kartesischen Produkts von Mengen $M_1, \ldots, M_n$:

$$R \subseteq M_1 \times \ldots \times M_n.$$

Anschaulich ist R eine Tabelle, z. B. kann man

$$R = \{(m_{11}, m_{12}, \ldots, m_{1n}), (m_{21}, m_{22}, \ldots, m_{2n}), \ldots, (m_{k1}, m_{k2}, \ldots, m_{kn})\}$$

gem. Abb. 1 darstellen.

	M_1	M_2	...	M_n
R	m_{11}	m_{12}	...	m_{1n}
	m_{21}	m_{22}	...	m_{2n}
	...	...	...	...
	m_{k1}	m_{k2}	...	m_{kn}

SQL (Abb. 1): Darstellung einer Relation R als Tabelle

Aus Datenbanksicht ist eine *Relation* eine mit einem Bezeichner versehene 2-dimensionale Tabelle mit folgenden Eigenschaften:

- Jede Spalte *(Attribut)* besitzt einen eindeutigen Bezeichner *(Attributname)* und einen Wertebereich.
- Alle Eintragungen in die Tabelle sind *atomar,* d. h., die Wertebereiche sind elementar (z. B. ↑integer, ↑boolean) und nicht weiter zerlegbar.

- Die Reihenfolge der Spalten ist irrelevant (*R* ist eine Menge).
- Alle Zeilen *(Tupel)* sind paarweise verschieden.

Eine *relationale* ↑ Datenbank ist dann eine Kollektion von (unterschiedlich benannten) Relationen.

▶ *Beispiel:* Definiert wurde im Jahre 1990 eine Datenbank über Tennisspieler, Turniere und Spielpläne (Abb. 2). Hier kommen zwar gleiche Attributnamen vor, dies widerspricht jedoch nicht der obigen Regel, da sie zu unterschiedlichen Relationen gehören. Ist eine Unterscheidung zwischen gleichen Attributnamen unterschiedlicher Relationen notwendig, so fügt man in SQL den Relationennamen durch einen Punkt getrennt hinzu, z. B.

Spieler.Name

oder

Turnier.Name. ◀

SQL stellt für die Manipulation von relationalen Datenbanken Sprachelemente u. a. für folgende Operationen zur Verfügung:

- Definieren von Relationenschemata durch Angabe von Relationen und Attributnamen nebst der Wertebereiche der Attribute,
- Einfügen von Tupeln in eine Relation,
- Löschen von Tupeln,
- Änderung von Attributwerten *(update)*,
- Formulierung von Suchanfragen *(queries)*.

Die Kommandos für diese Operationen, die interaktiv verarbeitet werden, formuliert man in SQL auf folgende Weise:

Definition eines Relationenschemas: Neue Relationen definiert man durch die Anweisung

```
CREATE TABLE ⟨Relationenname⟩
   (⟨Attributname⟩
   ⟨Wertebereich⟩, . . .)
```

Mögliche Wertebereiche sind:

CHAR(n): Text mit ≤ *n* Zeichen, Konstanten dieses Typs werden in Hochkomma eingeschlossen

Relationenname

Attributnamen

Attribut

Spieler

Name	Nation	Punkte
Becker	D	2200
Edberg	S	2300
Agassi	USA	1800
Lendl	CZ	1950
Mayotte	USA	1600
Wilander	S	1300

Tupel

Turnier

Name	Zeit	Preisgeld
Wimbledon	Juni	200000
Sidney	Oktober	300000
Paris	Mai	250000

Spielplan

Name	Turnier	Erfolg
Becker	Wimbledon	HF
Becker	Sidney	S
Agassi	Paris	S
Lendl	Wimbledon	VF
Lendl	Paris	F
Mayotte	Wimbledon	VF
Wilander	Paris	VF
Edberg	Sidney	F

Hierbei bedeuten: VF = Viertelfinale, HF = Halbfinale, F = Finale, S = Sieg

SQL (Abb. 2): Datenbank über Tennisspieler, Turniere und Spielpläne (von 1990)

NUMBER(n): *n*-ziffrige Zahl mit Vorzeichen

NUMBER(n,m): Dezimalzahl mit *n* Vorkomma- und *m* Nachkommaziffern.

▶ *Beispiel:* Definition der Relation Spieler:

```
CREATE TABLE Spieler (
   Name CHAR(20),
   Nat CHAR(3),
   Punkte NUMBER(6));
```

◀

Ändern eines Relationenschemas: Möchte man ein Relationenschema um weitere Attribute ergänzen oder den Wertebereich vorhandener Attribute ändern, so schreibt man

```
ALTER TABLE ⟨Relationenname⟩
ADD
   (⟨Attributname⟩
   ⟨Wertebereich⟩, ...);
```

oder

```
ALTER TABLE ⟨Relationenname⟩
MODIFY
   (⟨Attributname⟩
   ⟨Wertebereich⟩, ...);
```

▶ *Beispiel:* Ergänzung eines Attributs Veranstalter in der Relation Turnier:

```
ALTER TABLE Turnier ADD
   (Veranstalter CHAR(20));
```

◀

Löschen eines Relationenschemas: Eine Relation nebst aller ihrer Einträge löscht man durch das Kommando

```
DROP TABLE ⟨Relationenname⟩
```

Einfügen von Tupeln: Um eine Relation um ein neues Tupel zu ergänzen, schreibt man

```
INSERT INTO ⟨Relationenname⟩
   (⟨Attributname⟩, ...)
   VALUES (⟨Wert⟩, ...).
```

Hierdurch wird ein neues Tupel erzeugt, dessen angegebene Attribute der Reihe nach mit den Werten belegt werden.

▶ *Beispiel:* Einfügen eines neuen Turniers, dessen Attribut Preisgeld noch nicht feststeht und daher leer bleibt:

```
INSERT INTO Turnier (Name, Zeit)
   VALUES ('Tokio','Oktober').
```

◀

Löschen von Tupeln: Ein oder mehrere Tupel, die eine gewisse Bedingung erfüllen, löscht man aus einer Relation mittels

```
DELETE FROM ⟨Relationenname⟩
   WHERE ⟨Bedingung⟩.
```

Als Bedingungen sind durch die üblichen Operatoren AND, OR, NOT, >, <, ≠ usw. verknüpfte Bedingungen zugelassen, die jeweils aus Konstanten und Attributnamen gebildet werden können.

▶ *Beispiel:* Löschen aller Einträge des Spielers Becker aus der Spieler-Relation:

```
DELETE FROM Spieler
   WHERE Name = 'Becker'.
```

Hier wurde eine einfache Bedingung angegeben. Kompliziertere Bedingungen, z. B. in der Form

```
... WHERE Name = "Alle Spieler mit
 mehr als 2000 Punkten"
```

werden unten behandelt. ◀

Änderung von Attributwerten (Updates): Um die Werte von Attributen eines oder mehrerer Tupel zu ändern, dient die Anweisung

```
UPDATE ⟨Relationenname⟩
   SET ⟨Attributname⟩ =
   ⟨Ausdruck⟩, ...
   WHERE ⟨Bedingung⟩
```

Suchanfragen (queries): Um Suchanfragen zu stellen, um also etwas über alle die Tupel zu erfahren, die eine bestimmte Bedingung erfüllen, stellt SQL umfangreiche Sprachmittel zur Verfügung. Die einfachste Form einer Suchanfrage lautet:

```
SELECT ⟨Ausdruck⟩, ...
   FROM ⟨Relationenname⟩, ...
   WHERE ⟨Bedingung⟩.
```

Ein Ausdruck ist hierbei zunächst entweder ein einzelner Attributname, ein arithmetischer Ausdruck über Attributnamen, Konstanten und Grundfunktionen wie +, −, *, / usw. oder das Zeichen *. Mithilfe des Sterns werden alle Attribute der Tupel angezeigt, die die Bedingung erfüllen.

▶ *Beispiele:*

(1) Gesucht: Die Namen aller Spieler und ihre Punkte:

```
SELECT Name, Punkte FROM Spieler.
```

(2) Gesucht: Die Nationalitäten aller Spieler:

```
SELECT Nat FROM Spieler.
```

(3) Gesucht: Alle Informationen über die Spieler:

```
SELECT * FROM Spieler.
```
◀

Ordnen von Tupeln: Man kann die Ausgabe hinsichtlich mehrerer Merkmale ordnen, indem man die SELECT-Anweisung um die Ordnungsklausel

ORDER BY ⟨Attributname⟩, ...

gefolgt von der Spezifikation ASC (von engl. ascending), falls aufsteigende Sortierung gewünscht ist, oder DESC (von engl. descending) für absteigende Sortierung ergänzt.

▶ *Beispiel:* Gesucht: Alle Spieler absteigend sortiert nach Punkten:

```
SELECT * FROM Spieler
   ORDER BY Punkte DESC.
```
◀

Gruppieren von Tupeln: Bei der Suchanfrage kann man festlegen, dass die ausgegebenen Tupel zu Gruppen mit mindestens einem gemeinsamen Merkmal zusammengefasst werden und je Gruppe ein Informationswert berechnet wird. Gruppierungsausdrücke, die man an den Schluss einer SELECT-Anweisung ggf. vor die Ordnungsklausel einfügt, können folgende Form besitzen:

COUNT(⟨Ausdruck⟩): Anzahl der Tupel je Gruppe

SUM(⟨Ausdruck⟩): Summe der Werte von ⟨Ausdruck⟩ je Gruppe, sofern ⟨Ausdruck⟩ ein arithmetisches Objekt beschreibt.

AVG(⟨Ausdruck⟩): Mittelwert, sonst wie SUM

MAX(⟨Ausdruck⟩): Maximum, sonst wie SUM

MIN(⟨Ausdruck⟩): Minimum, sonst wie SUM.

▶ *Beispiele:*

(1) Gesucht: Zahl der Punkte, die die Spieler der einzelnen Nationen im Mittel besitzen:

```
SELECT Nat,AVG(Punkte)
FROM Spieler
   GROUP BY Nat ORDER BY
   AVG(Punkte) DESC
```

(2) Gesucht: Zahl der Spieler bei den einzelnen Turnieren:

```
SELECT Turnier,COUNT(*)
FROM Spielplan
   GROUP BY Turnier
```
◀

Auswahl von Tupeln mit Bedingungen: Mittels der WHERE-Klausel kann man Tupel auswählen, die bestimmte Bedingungen erfüllen.

▶ *Beispiel:* Gesucht: Alle Spieler mit mindestens 1800 Punkten:

```
SELECT Name,Punkte
FROM Spieler
   WHERE Punkte >= 1800
```
◀

Verknüpfung von Relationen (Kreuzprodukt, engl. *join*): Häufig müssen bei einer Suchanfrage die Daten mehrerer Relationen miteinander gekoppelt werden.

▶ *Beispiel:* Gesucht: Zeiten, zu denen Mayotte spielt:

```
SELECT Turnier FROM Spielplan
WHERE Name='Mayotte'
```

Die Ausgabe Wimbledon verwendet man nun als Parameter einer zweiten Anfrage:

```
SELECT Zeit FROM Turnier
   WHERE Name = 'Wimbledon'
```

Ausgabe: Juni.
Besser löst man dieses Problem durch Koppelung der beiden Relationen Spieler und Turnier:

```
SELECT Zeit FROM Turnier,
Spielplan
   WHERE Spielplan.Name =
   'Mayotte'
   AND Spielplan.Turnier =
   Turnier.Name
```

Hier sind zur Unterscheidung der beiden Attribute Name und Turnier in den Relationen Spielplan und Turnier die vollen Namen mit Punkt-Notation zu verwenden. ◀

Zur Lösung dieses Problems stellen Datenbank-Sprachen eine join-Operation

$R*S$ zur Bildung des Kreuzprodukts von R und S zur Verfügung. Hierunter versteht man die Verknüpfung zweier oder mehr Relationen zu einer einzigen Relation über namensgleiche Attribute gleichen Wertes, wobei die doppelten Attribute entfernt werden.

▶ *Beispiele:*

(1) Man betrachte zwei Relationen R und S mit den Attributen A, B, C bzw. B, C, D:

R

A	B	C
1	2	3
5	2	3
2	2	6
3	1	4

S

B	C	D
2	3	4
2	3	6
1	4	2

In der Produktrelation $R*S$ werden nun die gemeinsamen Einträge in den gleichen Attributen (hier: B und C) überlagert und bzgl. der nicht gemeinsamen Attribute gekreuzt.
Ergebnis:

R*S

A	B	C	D
1	2	3	4
1	2	3	6
5	2	3	4
5	2	3	6
3	1	4	2

(2) Das Kreuzprodukt der Relationen Spieler * Spielplan ist die Relation der Abb. 3. ◀

In SQL stellt man das Kreuzprodukt syntaktisch durch eine Folge von Relationennamen hinter dem Wort FROM dar:

```
SELECT... FROM
    ⟨Relationenname 1⟩,...,
    ⟨Relationenname N⟩.
```

Die aufgelisteten Relationennamen werden hier „gejoint“.

▶ *Beispiel:* Gesucht: Die Nationalitäten aller Spieler, die in Wimbledon spielen:

```
SELECT Nat
FROM Spieler,Spielplan
    WHERE Turnier = 'Wimbledon'
    AND
    Spielplan.Name = Spieler.Name
```
◀

Teilanfragen (engl. *subqueries*): Als Bedingung innerhalb der WHERE-Klausel einer SELECT-Anfrage sind Bezüge auf die Ergebnisse weiterer untergeordneter SELECT-Anfragen möglich. Die Ergebnisse der Teilanfragen werden dann als implizite Relationen aufgefasst, die mit anderen Relationen verknüpft werden können oder an die weitere Anfragen gerichtet werden können. Auf diese Weise können relativ komplizierte Anfragen mit Querbezügen formuliert werden.

▶ *Beispiele:*

(1) Gesucht: Alle Spieler, die in Wimbledon spielen, und deren Nationalitäten:

Name	Nation	Punkte	Turnier	Erfolg
Becker	D	2200	Wimbledon	HF
Becker	D	2200	Sidney	S
Edberg	S	2300	Sidney	F
Agassi	USA	1800	Paris	S
Lendl	CZ	1950	Wimbledon	VF
Lendl	CZ	1950	Paris	F
Mayotte	USA	1600	Wimbledon	VF
Wilander	S	1300	Paris	VF

SQL (Abb. 3): Kreuzprodukt von Spieler und Spielplan

```
SELECT Name,Nat FROM
Spieler
   WHERE Name IN
   (SELECT Name FROM
   Spielplan
      WHERE Turnier =
      'Wimbledon')
```

Hier symbolisiert der IN-Operator das Elementsymbol ∈ auf Mengen. Die Teilanfrage in Klammern liefert also eine Menge von Namen, die als Parameter in die Hauptanfrage eingehen.
(2) Gesucht: Namen der Spieler, die die meisten Punkte besitzen:

```
SELECT Name,Punkte FROM
Spieler
   WHERE Punkte > = ALL
   (SELECT Punkte FROM Spieler)
```

Der Operator ALL symbolisiert den ∀-Quantor („Für alle"-Quantor, ↑Logik). Die WHERE-Bedingung ist also erfüllt, wenn die Punktezahl des gesuchten Spielers größer oder gleich aller Punktezahlen ist, die die Teilanfrage liefert. Analog ist auch der Existenzquantor (ANY) zugelassen.
(3) Gesucht: Turniere, bei denen Edberg und Becker zugleich teilnehmen:

```
SELECT Turnier FROM Spielplan
   WHERE Name = 'Edberg'
   INTERSECT
SELECT Turnier FROM Spielplan
   WHERE Name = 'Becker'
```

Man kann also die Wertemengen, die zwei Suchanfragen liefern, mengentheoretisch durch INTERSECT (Durchschnittsbildung) sowie auch durch UNION (Vereinigung) und MINUS (Differenz) miteinander verknüpfen. ◀

S

Standardprozedur *(vordefinierte Prozedur):* Prozedur, welche der Programmierer in seinem Programm benutzen kann, ohne dass er sie selbst formulieren und deklarieren muss. Analog bezeichnet man eine entsprechende Funktion als *Standardfunktion.* Häufig werden in Programmiersprachen Prozeduren und Funktionen zur Ein- und Ausgabe von Daten sowie für mathematische Funktionen (wie z. B. Wurzel, Logarithmus, Sinus usw.) als Standardprozeduren bzw. -funktionen zur Verfügung gestellt. Ebenso nennt man ↑Datentypen, ↑Variablen, ↑Konstanten usw. *Standardtypen, Standardvariablen, Standardkonstanten* usw., wenn man sie ohne vorherige Deklaration verwenden kann. In vielen Sprachen sind *Standarddatentypen* u. a. ↑real, ↑integer, ↑char. Eine Standardkonstante vom Typ integer ist maxint, deren Wert der größten ganzen Zahl entspricht, die der Typ integer des gegebenen Systems enthält.

Startadresse: Adresse des ersten auszuführenden ↑Befehls in einem Programm. Wird ein Programm von einem ↑Übersetzer in eine maschinenorientierte Programmiersprache übersetzt, so speichert der Übersetzer die Startadresse des ↑Zielprogramms an einer bestimmten Stelle ab. Der ↑Lader, der das Programm in den ↑Hauptspeicher transportiert, liest diese Adresse und startet das Programm mit dem zugehörigen Befehl. Die Startadresse muss nicht mit der ersten Adresse des übersetzten Programms übereinstimmen, da am Anfang des Programms noch ↑Prozeduren, Daten u. a. stehen können. Die erste Adresse des in den Arbeitspeicher geladenen Programms bezeichnet man dagegen als *Ladeadresse.*

Startseite (auch Leitseite, engl. *home page*): erste Seite einer Web-Dokumentensammlung. Von hier aus werden alle anderen zum Dokument gehörenden Seiten durch Anklicken von Verweisen (Hyperlinks) oder durch Weiterblättern erreicht. In der Regel hat jede Institution eine Startseite, über diese kann man allgemeine Informationen abrufen und zu den Startseiten der Unterorganisationen gelangen. Die Startseite wird auch immer dann angezeigt, wenn man die ↑URL der Institution in einen ↑Browser eingibt.
Eine Menge von Startseiten, die zu einem gemeinsamen Bereich gehören, fasst man gerne zusammen, um den Benutzern einen systematischen Zugang

zu ermöglichen. Man denke etwa an Verlage, die alle Bücher ihres Sortiments oder Bücher zu einem bestimmten Sachgebiet anbieten. Man betritt den Bereich über eine übergeordnete Seite (das so genannte *Portal*), von wo aus die weiteren Angebotsseiten erreicht werden. Portale können horizontal oder vertikal sein: Horizontale Portale stellen ein breites Angebot vor; sie werden meist von Warenhäusern, Touristikunternehmen usw. eingerichtet. Vertikale Portale sind auf ein enges Gebiet begrenzt, streben hier aber eine gewisse Vollständigkeit an (z. B. die Angebote sämtlicher Firmen auf dem Gebiet des Weizenbiers).

Start-Stopp-Betrieb (engl. *start stop operation*): Verfahren zur asynchronen ↑ Datenübertragung. Zur Synchronisierung von Sender und Empfänger wird jedem zu übertragenden Zeichen ein *Startbit* voran- und ein *Stoppbit* nachgestellt. Bei zeichenweiser ↑serieller Übertragung werden die einzelnen ↑Bits nach einem festen Zeitraster übertragen, zwischen den einzelnen durch Start- und Stoppbit begrenzten übertragenen Zeichen besteht jedoch kein notwendiger zeitlicher Zusammenhang.

Status (engl. *status*): Zusammenfassung aller Informationen, die ein System charakterisieren, speziell solche Informationen, die zur Beschreibung des ↑Zustands von Programmen, Daten oder Funktionseinheiten dienen, vgl. ↑Konfiguration. Der *Programmstatus* wird durch Angabe aller Registerinhalte des ↑ Prozessors, insbesondere durch die Datenregisterinhalte und den Inhalt des Befehlszählregisters (↑ Steuerwerk), beschrieben. Der Datenstatus gibt Auskunft über den Zustand von ↑Operanden oder Rechenergebnissen, z. B. Operand bzw. Ergebnis = 0 oder ≠ 0, gerade, ungerade, Überlauf. Der Datenstatus wird innerhalb des Prozessors durch *Flags* angezeigt. Ein Flag ist ein Wahrheitswert, realisiert durch ein ↑ Bit, das das Eintreffen eines Ereignisses oder einer Bedingung signalisiert.

▶ *Beispiel:* Vorzeichenflag = 1/0, falls Ergebnis negativ/positiv. ◀

Die Flags sind meist zu einem Register, dem *Statusregister* (auch *Zustandsvektor* genannt) zusammengefasst. Die Abfrage der Flags geschieht häufig bei Sprungbefehlen (↑Sprung).

▶ *Beispiel:* Der ↑ Mikroprozessor 8080 verfügt über fünf Flags, die gemeinsam den Status des ↑Akkumulators oder des Ergebnisses der letzten Rechenoperation anzeigen. Die Flags heißen Zeroflag (Akkumulator = 0/≠ 0), Signflag (Akkumulator positiv/negativ), Carryflag (Überlauf ja/nein), Parityflag (Akkumulator gerade/ungerade) und Auxiliary Carryflag (Akkumulatorübertrag von der vierten zur fünften Stelle ja/nein). ◀

Die Verknüpfung von Akkumulator und Statusregister bezeichnet man als *Programmstatuswort.*

Der Status von Funktionseinheiten gibt Auskunft über die Betriebsbereitschaft der Einheit, z. B. frei/belegt/außer Betrieb.

Stellenwertsystem: System zur Darstellung von Zahlen durch Ziffern, bei denen der Wert einer Ziffer von der Stelle abhängt, an welcher sie innerhalb der Zahl geschrieben ist. Das gebräuchlichste Stellenwertsystem ist das ↑ Dezimalsystem. In der *Informatik,* speziell bei der Untersuchung von internen Abläufen in Digitalrechnern, spielen das Dualsystem und das Hexadezimalsystem eine zentrale Rolle.

Mathematisch ist ein Stellenwertsystem eine 3-Tupel $S = (b, Z, \delta)$ mit folgenden Eigenschaften:

(1) $b \geq 2$ ist eine natürliche Zahl, die *Basis* des Stellenwertsystems.

(2) Z ist eine b-elementige Menge von Symbolen, den *Ziffern.*

(3) δ: $Z \to \{0, 1 \ldots, b-1\}$ ist eine Abbildung, die jedem Ziffernsymbol umkehrbar eindeutig eine natürliche Zahl zwischen 0 und $b-1$ zuordnet.

Eine *Zahl* ist eine endliche Folge von Ziffern. Der Wert w(z) einer Zahl

S

$$z = z_n z_{n-1} \ldots z_1 z_0 \text{ mit } z_i \in Z, n \geq 0$$

bestimmt sich durch

$$w(z) = \sum_{i=0}^{n} \delta(z_i) \cdot b^i .$$

▶ *Beispiel:* Sei $S = (b, Z, \delta)$ das Hexadezimalsystem mit

$$b = 16, \; Z = \{0, \ldots 9, \mathrm{A}, \ldots, \mathrm{F}\}$$

und

$$\delta(0) = 0, \ldots, \delta(9) = 9,$$
$$\delta(\mathrm{A}) = 10, \ldots, \delta(\mathrm{F}) = 15.$$

Der Wert der Zahl $z = 1\mathrm{AF}$ lautet

$$w(1\mathrm{AF}) = 1 \cdot 16^2 + 10 \cdot 16^1 + 15 \cdot 16^0$$
$$= 256 + 160 + 15$$
$$= 431.$$ ◀

Rechnet man gleichzeitig mit Zahlen zu verschiedenen Basiswerten, so kennzeichnet man die zur Zahl $z = z_n \ldots z_0$ gehörende Basis durch den Index $_b$, also $z_n \ldots z_{0b}$.

▶ *Beispiel:*

$$z = 1\mathrm{AF}_{16} = 431_{10}.$$ ◀

Beim Dezimalsystem verzichtet man auf den Index $_{10}$.
Für die verschiedenen Stellenwertsysteme benötigt man häufig Umrechnungen einer Dezimalzahl in eine Zahl zur Basis b. Hierzu dividiert man die gegebene Zahl fortlaufend durch b. Die jeweils bei der Division übrig bleibenden Reste bilden beginnend bei den Einern (also „von unten nach oben" gelesen) nacheinander die Ziffern der Zahl zur Basis b.

▶ *Beispiel:* 1640 im 7er-System:

$1640 : 7 = 234$	Rest 2	Einerziffer
$234 : 7 = 33$	Rest 3	7-Ziffer
$33 : 7 = 4$	Rest 5	7^2-Ziffer
$4 : 7 = 0$	Rest 4	7^3-Ziffer

Also gilt $1640 = 4532_7$. ◀

Die folgende ↑ rekursive Prozedur wandelt die positive Zahl n in eine Darstellung zur Basis b um und gibt sie aus:

```
procedure umwandeln (n,b: integer);
begin
  if n ≠ 0 then
    umwandeln (n div b,b)
    write (n mod b) fi
end;
```

Steuerwerk (engl. *control unit*): Das Steuerwerk (auch *Leitwerk* genannt) ist die zentrale Komponente der ↑Zentraleinheit. Es hat folgende Aufgaben:
- Laden der Programmbefehle (↑ Befehl) aus dem ↑Speicher in der richtigen Reihenfolge,
- Decodierung der Befehle,
- Interpretation der Befehle,
- Versorgung der an der Ausführung der Befehle beteiligten Funktionseinheiten mit den nötigen Steuersignalen.

Da an der Ausführung eines Befehls das ↑ Rechenwerk, der Speicher und die ↑ Geräteverwaltung beteiligt sind, ist das Steuerwerk mit all diesen Komponenten verbunden. Den prinzipiellen Aufbau zeigt Abb. 1; siehe auch ↑Von-Neumann-Rechner.
Das *Befehlsregister* enthält den Befehl, der gerade ausgeführt wird. Er besteht aus dem Operationsteil und dem Adressteil. Der Operationsteil wird in einem 1-aus-n-↑ Decodierer entschlüsselt. Der Ausgang des Decodierers setzt für jeden möglichen Operationscode genau eine Eingangsleitung der Mikroprogrammeinheit auf 1.
Das *Befehlszählregister* speichert die ↑ Adresse des nächsten auszuführenden Befehls. Es ist mit einer Schaltung verbunden, die den Inhalt des Registers nach der Ausführung eines Befehls um 1 erhöht. Bei Sprungbefehlen wird jedoch eine im Adressteil des Befehls stehende Adresse in das Befehlszählregister kopiert.
Die *Mikroprogrammeinheit* erzeugt mithilfe der decodierten Informationen des Operationscodes eine Folge von Signalen zur Ausführung des Befehls. Die Mikroprogrammeinheit kann fest verdrahtet und unveränderbar oder programmier-

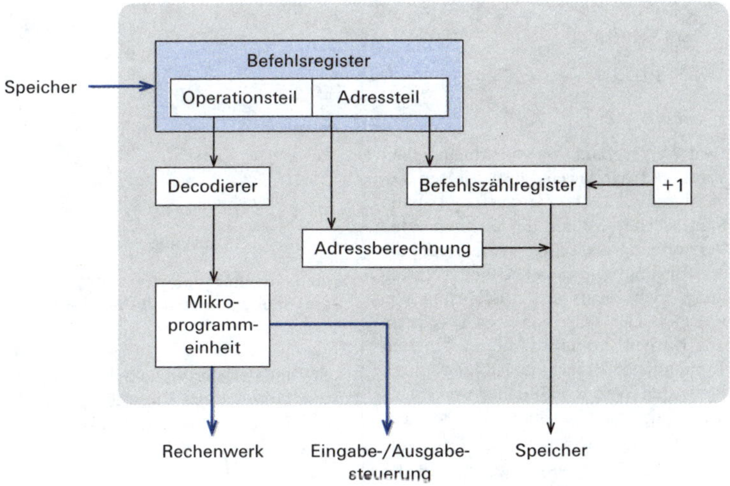

Steuerwerk (Abb. 1): Prinzipieller Aufbau des Steuerwerks

bar und variabel gestaltet sein (↑Mikroprogrammierung).

stochastischer Algorithmus *(probabilistischer Algorithmus):* Algorithmus, bei dem die Ausgabe und/oder die Reihenfolge der Abarbeitung der einzelnen Anweisungen von zufälligen Ereignissen abhängt.

Zur Darstellung von stochastischen Algorithmen verwendet man zwei Sprachkonstrukte:

a) Das Konstrukt randomize (a, b) mit $a, b \in \mathbb{N}$ und $a \leq b$, das eine zufällige natürliche Zahl x mit $a \leq x \leq b$ liefert. Die durch randomize realisierte Wahrscheinlichkeitsverteilung sei eine Gleichverteilung, d. h., die Wahrscheinlichkeit, dass

randomize (a, b) = y

ist, hat für jedes y mit $a \leq y \leq b$ den Wert $\frac{1}{b-a+1}$ (↑Zufallszahl).

b) Das Konstrukt (p:a|q:b) für die *stochastische Alternative*. a und b sind beliebige Anweisungen, p und q sind Wahrscheinlichkeiten, d. h. $0 \leq p \leq 1$, und es gilt $p + q = 1$. Das Konstrukt besagt, dass mit der Wahrscheinlichkeit p die Anweisung a und mit der Wahrscheinlichkeit q die Anweisung b ausgeführt wird. Wenn $p = \frac{z}{n}$ eine rationale Zahl mit $z \geq 0$ und $n \geq 1$ und $z, n \in \mathbb{N}_0$ ist, dann ist (p:a|q:b) gleichbedeutend mit dem Programmstück:

```
x := randomize (0, n - 1);
if x < z then a else b fi.
```

Stochastische Algorithmen sind im Allgemeinen weder determiniert noch deterministisch (↑Determiniertheit, ↑Determinismus). Ein stochastischer Algorithmus kann bei gleicher Eingabe unterschiedliche (auch falsche) Ergebnisse liefern und die Anweisungen in unterschiedlicher Reihenfolge durchlaufen. Aussagen über das Verhalten von stochastischen Algorithmen haben daher immer die Form: Der Algorithmus liefert auf die Eingabe x mit der Wahrscheinlichkeit w das Ergebnis y.

▶ *Beispiel:*

a) Gegeben sei folgendes Programmstück:

S

```
x :=0;
for i :=1 to 4 do
(1/2 : x := x + 1 | 1/2 : x := x − 1);
write(x);
```

Den Werteverlauf von x in Abhängigkeit von i und der jeweils ausgeführten Zuweisung x:=x+1 oder x:=x-1 kann man sich als ↑ Baum aufzeichnen. Eine Verzweigung nach links symbolisiert die Ausführung von x:=x+1, eine Verzweigung nach rechts die Ausführung von x:=x-1. Der Wert von x ist jeweils an den Knoten vermerkt (Abb. 1). Von den 16 möglichen Berechnungsfolgen führen 6 auf den Wert x = 0, daher ergibt sich die Wahrscheinlichkeit, mit der der Wert 0 ausgegeben wird, zu $\frac{6}{16} = \frac{3}{8}$; die Werte 2 und −2 werden jeweils mit der Wahrscheinlichkeit $\frac{1}{4}$, die Werte 4 und −4 mit $\frac{1}{16}$ ausgegeben.

b) Für folgendes Programmstück

```
x:= 5;
while x ≠ 0 do
(1/2 : x := 0 | 1/2 : x := x + 1);
write(x);
```

zeigt Abb. 2 die möglichen Berechnungsfolgen und die Werte von x als Baum. Die Wahrscheinlichkeit, dass die while-Schleife nach n Durchläufen abbricht, beträgt $1 - \left(\frac{1}{2}\right)^n$.

Lässt man nun n ins Unendliche wachsen, so erhält man als Wahrscheinlichkeit, mit der die while-Schleife irgendwann abbricht, das Programmstück also die Ausgabe „*0*" liefert, den Wert

$$\lim_{n\to\infty}\left(1-\left(\frac{1}{2}\right)^n\right) =$$

$$1 - \lim_{n\to\infty}\left(\frac{1}{2}\right)^n = 1 - 0 = 1.$$ ◀

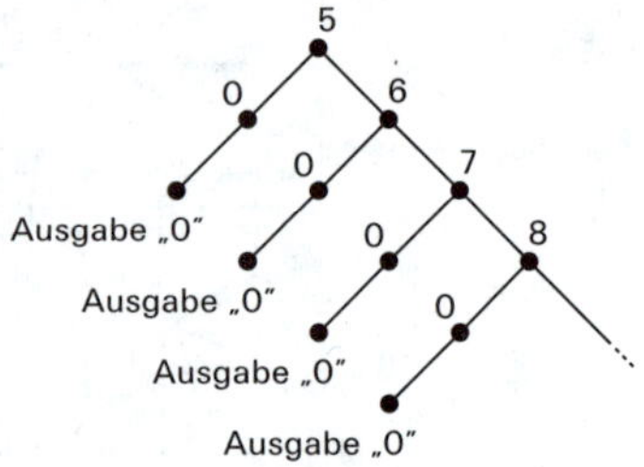

stochastischer Algorithmus (Abb. 2): Berechnungsfolgen und Werte von x

Gegeben sei ein Entscheidungsproblem, d. h. ein Problem, dessen Lösung nur aus der Antwort „ja" oder „nein" besteht. Hinsichtlich der Art und Weise, welche Lösungen ein stochastischer Algorithmus für ein Problem liefert und wie weit diese Lösungen von denen abweichen, die ein deterministischer Algorithmus liefern würde, unterscheidet man verschiedene Typen von stochastischen Algorithmen:

Randomisierte Algorithmen: Wenn der Algorithmus die Antwort „nein" gibt,

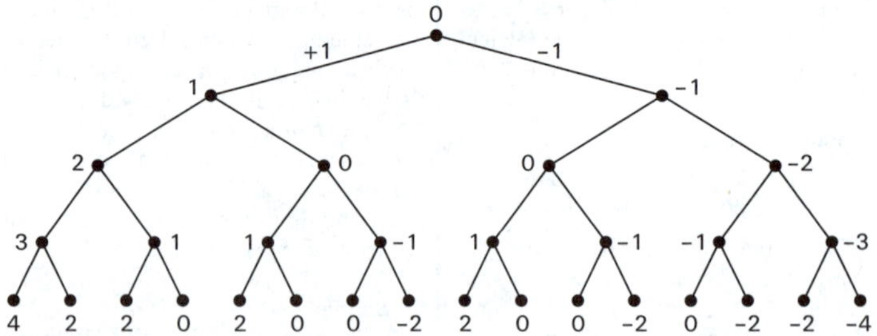

stochastischer Algorithmus (Abb. 1): Berechnungsbaum

so ist dies die korrekte Lösung zu dem Problem. Liefert der Algorithmus die Ausgabe „ja", so ist diese Antwort nur mit einer Wahrscheinlichkeit größer oder gleich $\frac{1}{2}$ die korrekte Lösung. Es kann also durchaus sein, dass der Algorithmus eine falsche Antwort ausgibt.

Las-Vegas-Algorithmen: Wenn Las-Vegas-Algorithmen die Antwort „ja" oder „nein" liefern, so ist diese Antwort immer korrekt. Zusätzlich können die Algorithmen die Antwort „weiß nicht" geben, was besagt, dass der Algorithmus das Problem nicht in diesem Durchlauf hat lösen können.

Stochastische Algorithmen entwickelt man häufig für solche Probleme, zu deren Lösung ein gewöhnlicher Algorithmus zu viel Zeit benötigt. Ein *Beispiel* für einen randomisierten Algorithmus ist der im Jahre 1977 vorgestellte *Primzahltest* von *R. Solovay* und *V. Strassen*. Dieser in Prog. 1 dargestellte Algorithmus wird im Folgenden ausführlich beschrieben.

Für die Durchführung des Primzahltests muss man für zwei natürliche Zahlen a und b das so genannte *Jacobisymbol* J(a,b) ausrechnen. Eine genaue Definition dieses Symbols soll hier nicht erfolgen. Falls jedoch der größte gemeinsame Teiler von zwei natürlichen Zahlen a und b gleich 1 ist (ggT(a,b) = 1), so hat J(a,b) entweder den Wert +1 oder den Wert −1 und es lässt sich dann mithilfe der rekursiven Funktion J(a,b), wie in Prog. 2 formuliert, berechnen.

Erläuterungen zum Programm: Es wird getestet, ob die eingegebene natürliche Zahl $n \geq 3$, die ungerade sein muss, eine Primzahl ist. Zu Beginn wird a auf eine zufällige natürliche Zahl zwischen 2 und $n-1$ gesetzt. Falls der größte gemeinsame Teiler von a und n ungleich 1 ist, so ist n offensichtlich keine Primzahl

```
var a,eps,delta,n: integer;
function J(a,b: integer): integer;
(* Rumpf wie in Prog. 2 *)
function ggT(a,b: integer): integer;
(* Rumpf siehe unter ↑ euklidischer Algorithmus *)
   begin (* Hauptprogramm *)
      read(n); (* n muss ungerade sein *)
      a := randomize (2, n - 1);
      if ggT(a,n) = 1 then
         eps := a ** ((n - 1) div 2) mod n; delta := J(a,n);
         if (delta = - 1 and eps = n - 1) or (delta = 1 and eps = 1)
            then write ('ja,',n,'ist Primzahl')
            else write ('nein,',n,'ist keine Primzahl') fi
   else write ('nein,',n,'ist kein Primzahl') fi
end.
```

stochastischer Algorithmus (Prog. 1): Primzahltest von Solovay und Strassen

```
function J(a,b: integer): integer;
if a = 1 then J := 1
else if a mod 2 = 0 then
              if ((b * b - 1) div 8) mod 2 = 0 then J := J(a div 2,b)
                                             else J := - J(a div 2,b) fi
     else  if ((a - 1) * (b - 1) div 4) mod 2 = 0 then J := - J(b mod a,a)
                                                   else J := - J(b mod a,a) fi
fi;
```

stochastischer Algorithmus (Prog. 2): rekursive Berechnung des Jacobisymbols

und der Algorithmus antwortet mit „nein“. Anderenfalls werden eps und das Jacobisymbol J(a,n) = delta berechnet. Da für den then-Zweig ggT(a,n) = 1 gilt, kann man das Jacobisymbol J(a,n) nach dem angegebenen Algorithmus berechnen. Falls delta und eps die Bedingungen der zweiten if-Anweisung erfüllen, so entscheidet der Algorithmus, dass n eine Primzahl ist, im anderen Fall entscheidet er, dass n keine Primzahl ist. Falls der Algorithmus die Ausgabe „nein“ liefert, so ist gesichert, dass der Eingabewert keine Primzahl ist. Gibt der Algorithmus die Antwort „ja“, so kann man zeigen, dass diese Antwort mit der Wahrscheinlichkeit größer oder gleich 0,5 richtig ist.

▶ *Beispiele:*

a) Ist n = 18 eine Primzahl?
Sei a = 2 gewählt worden. Es ist ggT(18,2) = 2 ≠ 1. Der Algorithmus entscheidet, dass 18 keine Primzahl ist.

b) Ist n = 7 eine Primzahl?
Sei a = 2. Es ist ggT(7,2) = 1. Dann berechnen sich eps und delta zu

eps = 2^3 mod 7 = 8 mod 7 = 1,
delta = J(2,7) = 1.

Da delta = eps = 1 gilt, entscheidet der Algorithmus, dass 7 eine Primzahl ist.

c) Ist n = 17 eine Primzahl?
Sei a = 3. Es ist ggT(17,3) = 1. Dann berechnen sich eps und delta zu

eps = 3^8 mod 17
= 6561 mod 17 = 16,
delta = J(3,17) = −1.

Da delta = 16 = n − 1 und eps = − 1 gilt, entscheidet der Algorithmus, dass 17 eine Primzahl ist. ◀

Für die Praxis ist dieser Algorithmus aber noch schlecht einsetzbar, da schon bei relativ kleinen Zahlen n die Auswertung des Ausdrucks a ** ((n − 1) div 2) bei der Berechnung von eps zu einem Überlauf führt, obwohl das Ergebnis des Gesamtausdrucks durch die mod-Funktion im Bereich zwischen 0 und n − 1 liegt. Um Überläufe zu vermeiden, sollte man die Modulo-Bildung sofort nach jeder Multiplikation durchführen; man kann beweisen, dass hierdurch das Endergebnis nicht verfälscht wird. Weiterhin muss man zur Berechnung von x^e nicht e-mal x mit sich selbst multiplizieren. Wenn man jedes Zwischenergebnis geeignet quadriert und eventuell noch einmal mit x multipliziert, dann benötigt man höchstens $2 \cdot \log_2(e)$ Multiplikationen. Dies folgt aus der Tatsache, dass für natürliche Zahlen $x \geq 0$ und $e \geq 2$ gilt:

$$x^e = \begin{cases} (x^{e \text{ div } 2})^2, & \text{falls e gerade ist,} \\ (x^{e \text{ div } 2})^2 * x, & \text{falls e ungerade ist.} \end{cases}$$

Also kann man x^e mod n rekursiv wie folgt schnell berechnen:

```
function expmod (x, e, n: integer):
                              integer;
var y: integer;
begin
if e = 0 then return 1
else if e = 1 then return (x mod n)
     else y := expmod (x, e div 2, n);
          y := (y * y) mod n;
          if e mod 2 = 1 then
                y := (y * x) mod n fi;
          return y
     fi
fi end;
```

Ersetzt man daher im Algorithmus von Solovay-Strassen die Zuweisung

eps := a ** ((n − 1) div 2) mod n

durch

eps := expmod (a, (n − 1) div 2, n),

so erhält man eine effiziente Berechnung von eps.

Die Genauigkeit des Primzahlalgorithmus kann man erhöhen, indem man ihn mit der gleichen Zahl n häufiger aufruft. Bei *m*-maligem Aufruf verringert sich dann die Fehlerwahrscheinlichkeit auf $(\frac{1}{2})^m$, sofern auf unterschiedliche Werte für a geachtet wird.

▶ *Beispiel:* Angenommen, man hat den Primzahl-Algorithmus auf die Zahl *n* insgesamt 10-mal angewendet. Gab der Algorithmus einmal die Antwort „nein“, so ist *n* keine Primzahl. Lieferte der Algorithmus 10-mal hintereinander für verschiedene Zahlen a die Antwort „ja“, so ist die Wahrscheinlichkeit, dass n trotzdem keine Primzahl ist, höchstens

$$\left(\frac{1}{2}\right)^{10} < \frac{1}{1000}.$$ ◀

Man kann zeigen, dass der Primzahlalgorithmus bei m Wiederholungen für den Test der Zahl n eine Laufzeit der ↑ Ordnung $O(m \cdot \log_2 n)$ hat, wenn man für jede Rechenoperation einen Schritt ansetzt. Im Vergleich zu einem nichtstochastischen Algorithmus, der eine Laufzeit von $O(n)$ hat, ist dies eine erhebliche Verbesserung, vgl. Primzahlprogramm unter ↑ Komplexität oder ↑ Sieb des Eratosthenes.

Strassen-Algorithmus: im Jahre 1969 von dem schweizer. Mathematiker *V. Strassen* angegebenes Verfahren zur schnellen Multiplikation zweier n × n-Matrizen, das auf dem ↑ Divide-and-conquer-Verfahren beruht. Seien

$$A = \begin{pmatrix} a_{11} & \cdots & a_{1n} \\ \vdots & & \vdots \\ a_{n1} & \cdots & a_{nn} \end{pmatrix}, B = \begin{pmatrix} b_{11} & \cdots & b_{1n} \\ \vdots & & \vdots \\ b_{n1} & \cdots & b_{nn} \end{pmatrix}$$

zwei reellwertige $n \times n$-Matrizen. Die Produktmatrix $C = A \cdot B$ mit

$$C = \begin{pmatrix} c_{11} & \cdots & c_{1n} \\ \vdots & & \vdots \\ c_{n1} & \cdots & c_{nn} \end{pmatrix}$$

erhält man nach der Formel

$$c_{ik} = a_{i1}b_{1k} + a_{i2}b_{2k} + \ldots + a_{in}b_{nk} = \sum_{j=1}^{n} a_{ij}b_{jk}.$$

Die Berechnung eines Elementes von C benötigt nach dieser Formel n Multiplikationen und $(n-1)$ Additionen. Zur Berechnung von C aus A und B muss man daher n^3 Multiplikationen und $(n-1) \cdot n^2$ Additionen durchführen.

Strassen untersuchte die Frage, ob man bei der *Matrizenmultiplikation* die Zahl der Multiplikationen nicht zulasten der Zahl der Additionen und Subtraktionen verringern kann. Dies ergäbe eine Beschleunigung, da die Multiplikation zeitaufwendiger ist als die Addition.

Strassen fand heraus, dass sich das Produkt zweier 2 × 2-Matrizen

$$A = \begin{pmatrix} a_{11} & a_{12} \\ a_{21} & a_{22} \end{pmatrix}, B = \begin{pmatrix} b_{11} & b_{12} \\ b_{21} & b_{22} \end{pmatrix}$$

mit insgesamt 7 Multiplikationen und 18 Additionen und Subtraktionen berechnen lässt, wenn man nach folgendem Schema vorgeht und 7 Zwischenwerte $m_1, \ldots, m_7$ berechnet.

$$C = \begin{pmatrix} c_{11} & c_{12} \\ c_{21} & c_{22} \end{pmatrix}$$

sei die Produktmatrix von A und B.

$$\begin{aligned} m_1 &= (a_{12} - a_{22}) \cdot (b_{21} + b_{22}), \\ m_2 &= (a_{11} + a_{22}) \cdot (b_{11} + b_{22}), \\ m_3 &= (a_{11} - a_{21}) \cdot (b_{11} + b_{12}), \\ m_4 &= (a_{11} + a_{12}) \cdot b_{22}, \\ m_5 &= a_{11} \cdot (b_{12} - b_{22}), \\ m_6 &= a_{22} \cdot (b_{21} - b_{11}), \\ m_7 &= (a_{21} + a_{22}) \cdot b_{11}. \end{aligned}$$

Hieraus erhält man c_{11}, c_{12}, c_{21} und c_{22} so:

$$\begin{aligned} c_{11} &= m_1 + m_2 - m_4 + m_6, \\ c_{12} &= m_4 + m_5, \\ c_{21} &= m_6 + m_7, \\ c_{22} &= m_2 - m_3 + m_5 - m_7. \end{aligned}$$

Zum Vergleich benötigt man bei der üblichen Berechnung von $A \cdot B$ insgesamt 8 Multiplikationen und 4 Additionen:

$$\begin{aligned} c_{11} &= a_{11}b_{11} + a_{12}b_{21}, \\ c_{12} &= a_{11}b_{12} + a_{12}b_{22}, \\ c_{21} &= a_{21}b_{11} + a_{22}b_{21}, \\ c_{22} &= a_{12}b_{12} + a_{22}b_{22}. \end{aligned}$$

$2n \times 2n$-Matrizen A und B multipliziert man nach dem Strassen-Algorithmus, indem man A, B und C jeweils in vier $n \times n$-Untermatrizen unterteilt:

$$\underbrace{\begin{pmatrix} C_{11} & C_{12} \\ C_{21} & C_{22} \end{pmatrix}}_{\text{C}} = \underbrace{\begin{pmatrix} A_{11} & A_{12} \\ A_{21} & A_{22} \end{pmatrix}}_{\text{A}} \cdot \underbrace{\begin{pmatrix} B_{11} & B_{12} \\ B_{21} & B_{22} \end{pmatrix}}_{\text{B}}.$$

Man bildet nun wie oben anstelle der Hilfswerte m_i Hilfsmatrizen $M_1, \ldots, M_7$.

S

Zur Berechnung des Produkts von A und B werden nun unter Verwendung des Verfahrens für 2×2-Matrizen 7 Multiplikationen und 18 Additionen/Subtraktionen von $n \times n$-Matrizen benötigt. Ist n durch 2 teilbar, so wendet man das Verfahren rekursiv (↑ Rekursion) auf die $n \times n$-Matrizen A_{ij}, B_{ij} und C_{ij} an. Falls n keine gerade Zahl ist, dann berechnet man die letzte Spalte von C nach der üblichen Methode und wendet das Verfahren auf die verbleibenden $(n-1) \times (n-1)$-Matrizen an.

Ist n eine Potenz von 2, so hat der Strassen-Algorithmus eine Laufzeit von der ↑Ordnung

$$O(n^{\log_2 7}) = O(n^{2{,}8074}).$$

Der Zeitgewinn gegenüber dem üblichen Verfahren fällt aber nur dann ins Gewicht, wenn man eine sehr gute Speicherorganisation für die vielen Zwischenergebnisse programmiert. In der Praxis lohnt sich das Verfahren bei geschickter Implementierung frühestens ab $m = 30$, d. h., man zerlegt $n \times n$-Matrizen rekursiv in immer kleinere Einheiten, bis man unterhalb von 30 ist, multipliziert diese kleinsten Einheiten nach der klassischen Methode und baut aus ihnen dann schrittweise die größeren Produktmatrizen auf. Theoretische Untersuchungen führten zu abgewandelten Multiplikationsalgorithmen bis zur Ordnung $O(n^{2{,}376})$, die aber wegen zu großer Konstanten keine praktische Bedeutung haben.

Struktogramm *(Nassi-Shneiderman-Diagramm):* grafisches Darstellungsmittel für kleinere ↑ Programme. Früher wurden Programme häufig durch ↑Programmablaufpläne dokumentiert. Diese Darstellungsart verführt jedoch zu unübersichtlicher, schwer verständlicher Programmierung (↑ strukturierte Programmierung) und zu undisziplinierter Verwendung von ↑Sprüngen.

Jede einzelne Aktion eines Programms wird in einen *Strukturblock* eingetragen (Abb. 1).

Die Aneinanderreihung von Aktionen wird durch die Aneinanderreihung der zugehörigen Strukturblöcke dargestellt (Abb. 2).

Struktogramm (Abb. 1): Strukturblock

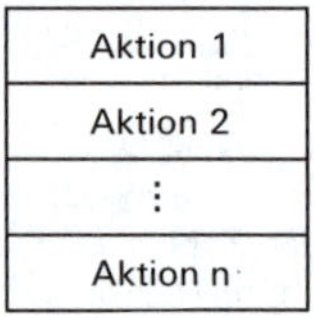

Struktogramm (Abb. 2): Aneinanderreihung von Sturkturblöcken

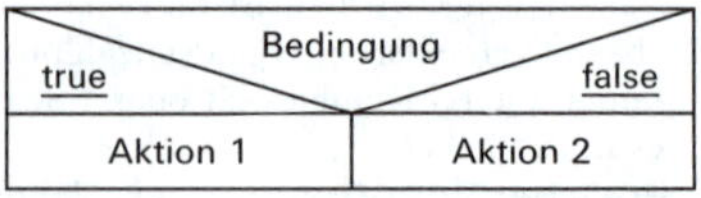

Struktogramm (Abb. 3): bedingte Anweisung „if ... then ... else ... fi"

Eine ↑bedingte Anweisung der Form

```
if ⟨Bedingung⟩ then ⟨Aktion 1⟩
               else ⟨Aktion 2⟩ fi
```

wird durch Abb. 3 repräsentiert.

Für den Sonderfall der einseitigen bedingten Anweisung

```
if ⟨Bedingung⟩ then ⟨Aktion 1⟩ fi
```

verwendet man ebenfalls den Strukturblock aus Abb. 3, wobei jedoch der Zweig, in dem ⟨Aktion 2⟩ steht, leer bleibt. Eine Fallunterscheidung (↑ case) der Form

```
case
   ⟨Fall 1⟩: ⟨Aktion 1⟩;
   ⟨Fall 2⟩: ⟨Aktion 2⟩;
   ...
   ⟨Fall n⟩: ⟨Aktion n⟩
end;
```

zeigt Abb. 4.

Die Strukturblöcke, die Schleifen repräsentieren, sind in Abb. 5 und Abb. 6 wiedergegeben, wobei der Strukturblock in Abb. 5 für

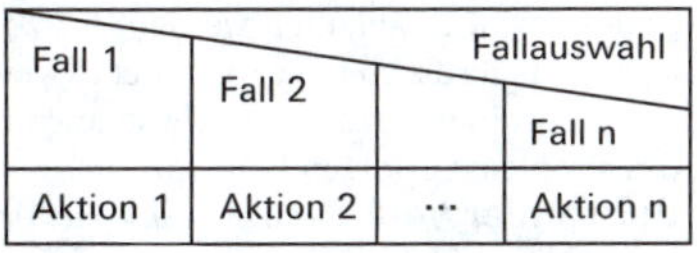

Struktogramm (Abb. 4): Fallunterscheidung

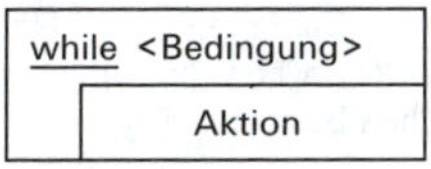

Struktogramm (Abb. 5): Schleife „while ... do ...“

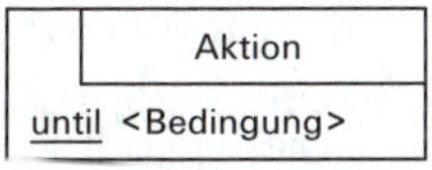

Struktogramm (Abb. 6): Schleife „repeat ... until ...“

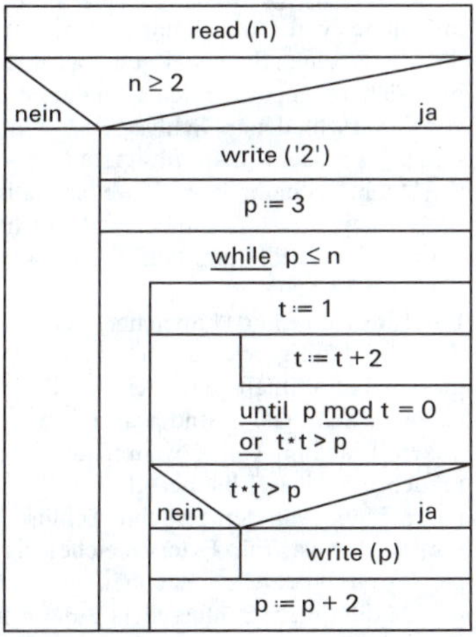

Struktogramm (Abb. 7): Struktogramm zur Ermittlung von Primzahlen

while ⟨Bedingung⟩ do ⟨Aktion⟩ od

und der Strukturblock in Abb. 6 für

repeat ⟨Aktion⟩ until ⟨Bedingung⟩

steht. Bei einer Zählschleife schreibt man in Abb. 5 anstelle von

„while ⟨Bedingung⟩“

einfach

„for ... to ... do“.

Strukturblöcke können beliebig ineinander geschachtelt werden.

▶ *Beispiel:* Programmstück, das die *Primzahlen* von 1 bis n ermittelt; n, t und p sind Variablen vom Typ integer.

```
read(n);
if n ≥ 2 then
begin
   write ('2');
   p := 3;
   while p ≤ n do
      t := 1;
      repeat
         t := t + 2
      until (p mod t = 0) or
            (t * t > p);
      if t * t > p then write (p) fi;
      p := p + 2
   od
end;
```

Das zugehörige Struktogramm zeigt Abb. 7. ◀

strukturierte Programmierung *(systematisches* oder *methodisches Programmieren):* Programmiermethode, bei der das vorgegebene Problem in Teilprobleme und die Beziehungen zwischen diesen Teilproblemen *(Schnittstellen)* zerlegt wird. In weiteren Verfeinerungsschritten werden die Teilprobleme in der gleichen Weise behandelt, bis die Aufgaben schließlich so klein geworden sind, dass man sie ohne weitere Verfeinerung lösen kann. Durch Zusammensetzen *(Integration)* der Einzellösungen erhält man dann eine Lösung für das Ausgangsproblem (↑Software-Engineering). Das strukturierte Programmieren wurde um 1970 entwickelt. Hiermit zogen verstärkt ingenieurmäßige Vorgehensweisen in die Informatik ein. Bei großen Systemen und lange dauernden Projekten zeigten sich Schwächen dieses Vorgehens, die durch objektorientiertes Vorgehen (zumindest teilweise) überwunden werden können (↑ Methoden der Informatik, ↑ objektorientierte Programmierung).

Für das strukturierte Programmieren ist zu beachten:

- Man geht von dem umfassenderen, abstrakter beschriebenen Problem zu einfacheren und konkreteren Teilproblemen über („Top-down"-Vorgehen; in der Praxis hat sich die Aufteilung in 3 bis 8 Teilprobleme bewährt).
- Jedes Teilproblem wird durch die Zerlegung vollständig beschrieben und kann unabhängig von anderen Teilproblemen weiterbearbeitet werden (alle Abhängigkeiten werden vollständig durch die Schnittstellen dargestellt).
- Die Zerlegung erfolgt problemorientiert. Ein Teilproblem wird insbesondere nicht danach zergliedert, wie es später bestmöglich von einem Rechnersystem bearbeitet werden kann. Hierdurch werden maschinenunabhängige Lösungen begünstigt (↑Portabilität).
- Die Struktur des Ausgangsproblems, die sich in der fortschreitenden Zerlegung widerspiegelt, findet sich in der Lösungsstruktur und somit im späteren Programm wieder. Hierdurch werden Programme lesbar und verständlich und man kann sie leichter korrigieren.
- Teillösungen existieren unabhängig von dem speziellen Problem und können anderweitig mitverwendet (↑ Programmbibliothek), einzeln getestet und gegebenenfalls als korrekt bewiesen werden (↑Modul, ↑Verifikation).

Durch dieses Vorgehen wird die Programmierung sicherer, die Qualität der Programme verbessert und die Zeit zur Erstellung von Programmen verkürzt. Die Teillösungen sollten in einer problemorientierten ↑ Programmiersprache formuliert werden. Man muss sich davor hüten, zu früh die „Zielmaschine", d. h. das Computersystem, auf dem die Programme später ablaufen werden, festzulegen, da hierdurch unverständliche (weil nicht problembezogene) Zerlegungen des Problems erfolgen können.

Subtrahierwerk (engl. *subtraction unit*): Die Subtraktion zweier Dualzahlen a und b wird durch die Addition (↑ Addierwerk) von a und dem Zwei-Komplement (↑Komplement) von b realisiert. Ein möglicher Übertrag wird ignoriert, wenn die Zahlen gleiches Vorzeichen besitzen.

▶ *Beispiel:*
$a = 0110$, $b = 0101$.
Zwei-Komplement von b: 1011
$a - b = 0110 - 0101$
$= 0110 + 1011 = 0001$. ◀

Suchbaum (↑Baum): Datenstruktur, in die man Objekte mit ihren ↑ Schlüsseln leicht und schnell einsortieren und in der man Schlüssel einfach wieder finden kann. Die Schlüssel müssen aus einer linear geordneten Menge M (↑ Ordnung im Sinne von Anordnung) stammen. Sucht man einen Schlüssel s und befindet man sich an einem Knoten k, in dem die von s verschiedenen Schlüssel $s_1, \ldots, s_n$ stehen, so sucht man im ersten bzw. $(n+1)$-ten Teilbaum von k weiter, falls $s < s_1$ bzw. $s > s_n$ ist, andernfalls sucht man im i-ten Teilbaum, falls $s_{i-1} < s < s_i$ gilt, $i \in \{2, \ldots, n\}$.

Für Internspeicher (↑ Speicher) verwendet man häufig binäre Suchbäume. In diesem Fall enthält jeder Knoten einen einzigen Schlüssel s, und man sucht im linken Teilbaum von k weiter, falls der gesuchte Schlüssel kleiner als s ist, und im rechten, falls der gesuchte Schlüssel größer als s ist. Für Externspeicher eignen sich spezielle Suchbäume mit $n = 128$ oder mehr Schlüsseln (↑B-Baum).

Formal definiert man: Ein binärer Suchbaum $B = (K, E, w, S)$ für eine linear geordnete Menge M ist ein geordneter, ↑binärer Baum $B = (K, E)$ mit der Wurzel w und mit einer Abbildung $S: K \to M$ von der Knotenmenge K in die Schlüsselmenge M. Für jeden Knoten k von B muss gelten:

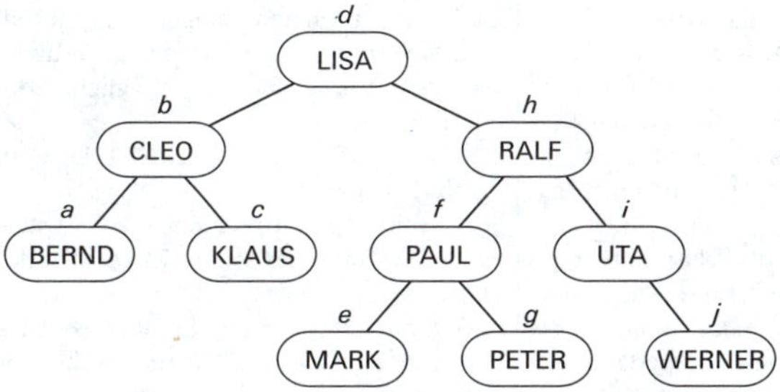

Suchbaum (Abb. 1)

(1) $S(k) > S(u)$ für alle Knoten u im linken Teilbaum von k,
(2) $S(k) \leq S(u)$ für alle Knoten u im rechten Teilbaum von k.
Wir haben uns hier willkürlich dafür entschieden, gleiche Schlüssel ($S(k) = S(u)$) im rechten Teilbaum abzulegen.

▶ *Beispiel:* Sei $B = (K, E, w, S)$ mit

$$K = \{a, b, \ldots, j\},$$

$$M = \{\text{BERND, CLEO, KLAUS, LISA, MARK, PAUL, PETER, RALF, UTA, WERNER}\}.$$

In M gelte die alphabetische Ordnung, und es sei

$$\begin{aligned} S(a) &= \text{BERND}, & S(f) &= \text{PAUL}, \\ S(b) &= \text{CLEO}, & S(g) &= \text{PETER}, \\ S(c) &= \text{KLAUS}, & S(h) &= \text{RALF}, \\ S(d) &= \text{LISA}, & S(i) &= \text{UTA}, \\ S(e) &= \text{MARK}, & S(j) &= \text{WERNER}. \end{aligned}$$

Einen möglichen Suchbaum mit Wurzel $w = d$ zeigt Abb. 1. Einen weiteren Suchbaum zu K, S und M zeigt Abb. 2. Suchbäume der Form aus Abb. 2 heißen *degeneriert.* ◀

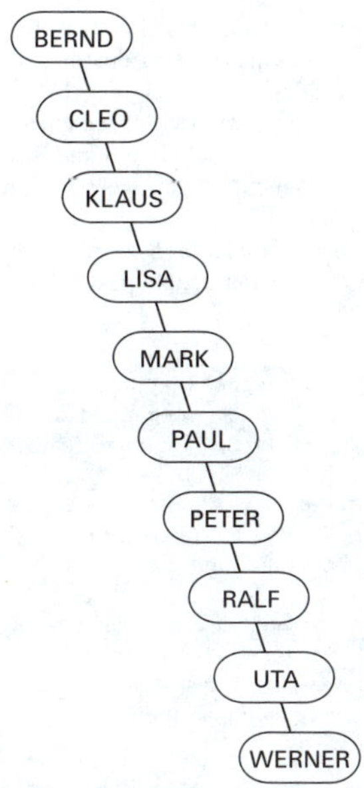

Suchbaum (Abb. 2): degenerierter Suchbaum

Die Suche nach einem bestimmten Schlüssel s in einem Suchbaum beginnt mit einem Vergleich mit dem Schlüssel s_0 in der Wurzel w des Baumes. Ist $s = s_0$, so ist die Suche erfolgreich. Anderenfalls verzweigt man zum linken Sohn von w, falls $s < s_0$ gilt, oder zum rechten Sohn von w, falls $s > s_0$ gilt. Dieses Vergleichsverfahren führt man dann für den entsprechenden Sohn durch, bis man den Schlüssel gefunden hat oder die Suche erfolglos endet, weil der entsprechende Sohn nicht existiert.

Das *Einfügen* eines Knotens in den Suchbaum geschieht stets als Blatt. Um einen Schlüssel *s* einzufügen, durchläuft man zunächst die Vorschrift, um *s* zu suchen. Diese Vorschrift endet an einem Knoten, zu dem der entsprechende Sohn nicht existiert. Diesen Sohn fügt man hier als Blatt mit dem Schlüssel *s* in den Suchbaum ein. Falls der Schlüssel *s* bereits im Baum vorhanden ist, kann man entweder auf die erneute Eintragung verzichten (wie im Algorithmus unten mittels „if s = p↑.inhalt...") oder man kann die Suche bis zu einem Blatt fortsetzen (indem man nur auf s < p↑.inhalt testet) und dort den Schlüssel *s* in einem neuen Knoten ablegen.

Der Algorithmus in Prog. 1 sucht in einem Baum nach dem Schlüssel *s* und fügt ihn, falls noch nicht eingetragen, in den Suchbaum ein.

Das *Löschen* eines Knotens *k* mit dem Schlüssel *s* in einem Suchbaum unter Erhaltung der Suchbaumeigenschaft gestaltet, sich von einigen Sonderfällen abgesehen, etwas schwieriger. Mögliche Sonderfälle sind:

(1) *k* ist ein Blatt (z. B. KLAUS in Abb. 1). Lösche *k*.

(2) *k* hat keinen rechten Sohn. Lösche *k*. Neuer Sohn des Vaters von *k* wird der linke Sohn von *k*.

(3) *k* hat keinen linken Sohn (z. B. UTA in Abb. 1). Lösche *k*. Neuer Sohn des Vaters von *k* wird der rechte Sohn von *k* (d. h. in Abb. 1 wird WERNER Sohn von RALF).

Im allgemeinen Fall sucht man bezüglich des Inorder-Durchlaufs (↑ Baumdurchlauf) im rechten Teilbaum von *k* den ersten Knoten, der keinen linken Sohn besitzt, entfernt ihn dort gemäß Sonderfall (3) und fügt ihn an die Stelle des zu entfernenden Knotens *k* ein. Vergleiche hierzu auch das Löschen in einem ↑B-Baum oder in einem ↑ausgeglichenen Baum.

```
type knoten = record
                  inhalt: integer; (* Schlüssel *)
                  lb, rb: ↑knoten (* Zeiger auf linken bzw. rechten Teilbaum *)
                  end;
var w: ↑knoten; (* Zeiger auf die Wurzel *)
   p,q,r: ↑knoten; (* Hilfszeiger *)
   test: boolean; s: integer;
begin
   p := w; q := nil; test := false;
   while not test do (* Beginn: Schlüssel s suchen *)
      if p = nil then test := true else
         if s = p↑.inhalt then test := true else
            q := p; if s < p↑.inhalt then p := p↑.lb else p := p↑.rb fi
         fi
      fi
   od; (* Suchen *)
   if p ≠ nil then write(s, 'ist gefunden') else
   (* Einfügen des Schlüssels s *)
      new(r); r↑.inhalt := s;
      r↑.lb := nil; r↑.rb := nil;
      if s < q↑.inhalt then q↑.lb := r else q↑.rb := r fi
   fi
end.
```

Suchbaum (Prog. 1): Suchen und Einfügen eines Knotens mit Inhalt s in einen Baum mit Wurzel w

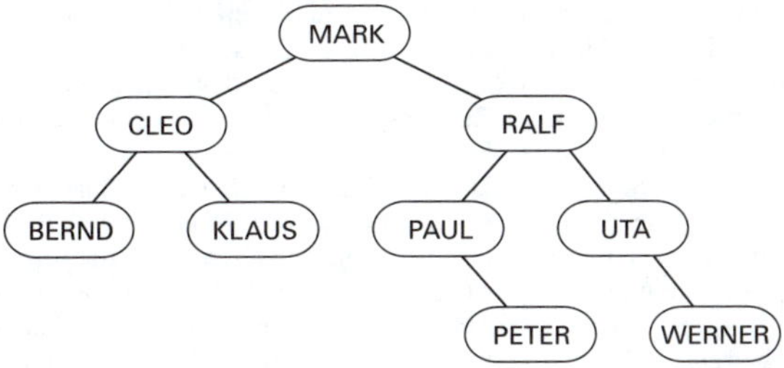

Suchbaum (Abb. 3): Baum nach Entfernen des Knotens LISA aus dem Baum in Abb. 1

▶ *Beispiel:* Entfernen des Knotens LISA (Abb. 1) aus dem Baum aus obigem Beispiel liefert den Baum in Abb. 3, da MARK der „linkeste unterste“ Knoten im rechten Teilbaum von LISA ist. ◀

Die Laufzeit der entsprechenden Algorithmen für Suchen, Einfügen und Löschen von Knoten benötigt bei n Knoten im Mittel $O(\log_2 n)$ Vergleiche (↑ Ordnung). Bei degenerierten Suchbäumen, also Bäumen, die lange Sequenzen von Knoten mit jeweils nur einem Sohn enthalten (Extremfall in Abb. 2), benötigen die Algorithmen jedoch $O(n)$ Vergleiche, was für praktische Zwecke unbrauchbar ist. Eine Verbesserung der binären Suchbäume stellen die ↑ausgeglichenen Bäume und die ↑ B-Bäume dar, die eine Such-, Lösch- und Einfügezeit von $O(\log_2 n)$ garantieren, da die entstehenden Suchbäume nicht degenerieren können.
Wie groß ist die Wahrscheinlichkeit, dass man beim schrittweisen Aufbau eines binären Suchbaums durch Einfügen einen degenerierten Baum erhält? Wenn die Folge $a_1, a_2, \ldots, a_n$ zufällig angeordnet ist, dann ist Erwartungswert für die Höhe (↑Baum) des binären Suchbaums, der durch schrittweises Einfügen in der Reihenfolge $a_1, a_2, \ldots$ aus dem leeren Baum entsteht, ungefähr $1{,}386 \cdot \log_2(n)$, also knapp 40% über der minimal möglichen Höhe $\log_2(n) - 1$. Es ist also sehr unwahrscheinlich, dass ein degenerierter Baum entsteht.

Suchen (engl. *search*): Tätigkeit, in einem vorgegebenen Datenbestand alle Objekte zu ermitteln, die eine bestimmte Bedingung, das Suchkriterium, erfüllen. Man unterscheidet *interne* und *externe* Suchverfahren. Bei *internen Suchverfahren* wird vorausgesetzt, dass sich der gesamte Datenbestand im ↑Hauptspeicher befindet. Falls der überwiegende Teil des Datenbestandes während des Suchens auf Hintergrundspeichern (↑ Speicherhierarchie) abgelegt ist, spricht man vom *externen Suchen*. Typische interne Suchverfahren sind das ↑binäre Suchen, das ↑ sequenzielle Suchen und das Suchen auf binären Bäumen (↑ Suchbaum). Das Suchen auf ↑ B-Bäumen und das ↑Hash-Verfahren sind überwiegend externe Suchverfahren.

Suchmaschine (engl. *search engine*): über das Internet verfügbares Softwaresystem mit angeschlossener Datenbank, das aus einer Such- und einer Anfragekomponente besteht.
Die Suchkomponente (engl. *spider* oder *web-robot* genannt) durchläuft ununterbrochen ↑ URL-Adressen im Internet, durchmustert die Köpfe und Inhalte der (HTML-)Dokumente, fügt nach vorgegebenen Regeln bestimmte aufgefundene Wörter mit deren URLs in die Datenbank der Suchmaschine ein und verfolgt zugleich dort gefundene Verweise (Hyperlinks) weiter. Ein Wort wird meist dann von einer Suchmaschine akzeptiert und in die Datenbank eingefügt, wenn es sich im Titelbereich des gerade

untersuchten Dokuments befindet, im Inneren wiederholt wird und dort möglichst zwischen Markierungssymbolen steht, die der Hervorhebung dienen (↑HTML) und auf die woanders verwiesen wurde. Die genauen Auswahlstrategien halten die Hersteller geheim, da sie für die Güte der Suchmaschine und damit für die Marktpositionierung entscheidend sind.
Wer einen Web-Server betreibt, kann dessen URL bei Suchmaschinen anmelden. Die Suchkomponente wird die Dokumente auf diesem Server dann regelmäßig ansteuern, Veränderungen aufspüren und die Datenbank aktualisieren.
Durch den weltweiten Suchprozess entsteht ein ständig wachsender Datenbestand, der über geeignete Indexstrukturen verwaltet wird (hier legt man meist einen Vektorraum riesiger Dimension zugrunde, vgl. ↑Ähnlichkeitsmaß).
Die Anfragekomponente antwortet auf jede *Anfrage* (engl. *query*), bestehend aus einer Folge von Wörtern, durch Zusammenstellung von Informationen, die in der Datenbank zu diesen Wörtern gespeichert sind. Die Wörter können mit UND, ODER und NICHT verknüpft werden; fast immer bezieht die Anfragekomponente ähnlich lautende Wörter in die Suche ein, wenn man dies nicht explizit ausschaltet, indem man z. B. das gesuchte Wort in Anführungszeichen setzt. Einschränkungen nach Ländern oder Art der Dokumente sind möglich. Die Antworten werden meist von der Suchmaschine nach der Häufigkeit geordnet angezeigt, mit der auf den Begriff in letzter Zeit zugegriffen worden ist oder mit der dieses Wort in allen untersuchten Dokumenten auftrat. Das Anfragen an eine Suchmaschine will durchaus gelernt sein, da man sonst Hunderttausende von nichts sagenden Antworten bekommt. Zum Beispiel sollte man in der Anfragezeile den speziellsten Begriff an den Anfang stellen und mit ODER-Verknüpfungen sparsam umgehen. Die Antworten werden oft mit ↑ Cookies verknüpft oder auf einem nahe beim Benutzer gelegenen Zwischenrechner (engl. *proxy*) im Netz hinterlegt, sodass erneute Zugriffe schneller bearbeitet werden können.
Die Qualität einer Suchmaschine wird bestimmt durch die Größe der aufgebauten Datenbank, durch die Identifizierung und Diversifizierung von Wörtern bzw. Begriffen, durch die Aussagefähigkeit der Begriffe (diese hängt wesentlich von den in der Suchkomponente implementierten Regeln ab, nach denen ungewöhnliche Wörter in Dokumenten erkannt und für die Indizierung in die Datenbank übernommen werden) und durch die Antwortgeschwindigkeit. Die Größe hängt von der Güte des weltweiten Suchlaufs ab; man schätzt, dass etwa ein Drittel aller im Internet verfügbaren Dokumente in allen Suchmaschinen unter irgendwelchen Begriffen erfasst sind. Die Identifizierung wird bei manchen Systemen durch menschliche Unterstützung verbessert: Alle ausgewählten Wörter werden nochmals von Menschen angeschaut und akzeptiert, verworfen oder umklassifiziert. Dabei wird auch die Aussagefähigkeit verbessert, allerdings bezieht sich dies nur auf die automatisch ausgewählten Wörter; jeder Ersteller eines HTML-Dokuments kann den Suchmaschinen „helfen“, indem er die wichtigsten Wörter als „keywords“ in einem „Meta-Bereich“ des Dokuments aufführt.
Die Antwortgeschwindigkeit hängt von der Indexstruktur, dem Klassifikationsschema und der Einschaltung von Zwischenrechnern ab; sie liegt meist im Sekundenbereich. Da sich die Anbieter von Suchmaschinen nicht über Benutzungsgebühren, sondern über die stets mitgelieferte Werbung finanzieren, schieben manche Suchmaschinen eine Verzögerung ein, indem sie den Benutzern eine zusätzliche Frage stellen, die wie eine spezielle Rückfrage aussieht, eigentlich aber überflüssig ist und nur die Verweilzeit vor den Werbespots erhöhen soll. Die Güte wird auch dadurch bestimmt,

inwieweit sich eine Suchmaschine „reinlegen“ lässt: Wer Waren über das Netz anbieten möchte, fügt gerne irgendwelche aktuellen Schlagwörter in sein Dokument ein und wird auf diese Weise bei vielen Antworten aufgeführt werden. Hierbei sind alle Tricks möglich, z. B. ein schwarz geschriebenes Wort auf einem schwarzen Hintergrund, das für die Benutzer auf dem Bildschirm nicht sichtbar ist, aber im Dokument auftritt und daher von den Suchprogrammen erkannt wird. Eine „gute“ Suchmaschine sollte solche Trittbrettfahrer erkennen und aussondern.

Derzeit gibt es mindestens 20 stark frequentierte und eine Vielzahl weiterer Suchmaschinen im Internet. Man kann deren Wissen durch so genannte Meta-Suchmaschinen erfassen: Eine *Meta-Suchmaschine* leitet eine Anfrage einfach an eine Auswahl von Suchmaschinen weiter, sammelt deren Antworten ein und bereitet sie geordnet für den Benutzer auf.

Supraleitungsspeicher *(Kryogenspeicher):* Bestimmte Materialien werden bei sehr tiefen Temperaturen supraleitend, d. h., sie besitzen keinen Ohmschen Widerstand mehr. Ein einmal in Gang gesetzter elektrischer Strom bleibt in diesem Leiter beliebig lange erhalten, wird also gespeichert (↑ Speicher). Supraleitungsspeicher sind zurzeit noch nicht marktfähig. Da jedoch 1987 Materialien entdeckt wurden, die bereits bei der Temperatur von flüssigem Stickstoff supraleitend sind, ist bald mit solchen Speichern zu rechnen.

Symbol (engl. *symbol*): ↑Zeichen oder Zeichenfolge, die zur Darstellung eines Begriffsinhalts oder eines Sachverhalts verwendet wird. In einer Programmiersprache ist z. B. die Zeichenfolge „for“ das Symbol für den Beginn einer Zählschleife (↑Schleife).

Symboltabelle (engl. *symbol table*): Zusammenstellung aller in einem gegebenen System vorhandenen Symbole zusammen mit ihren Eigenschaften und Bedeutungen.

▶ *Beispiel:* Bei der Übersetzung eines in symbolischen Befehlsfolgen geschriebenen Programms in die Maschinensprache wird vom Übersetzer eine (meist sortierte) Liste erstellt, die die Symbole (vor allem die ↑Bezeichner) und die ihnen im Programm zugewiesenen Bedeutungen (z. B. ihren ↑Datentyp) und ihr Vorkommen enthält (↑ semantische Analyse). Diese Liste bezeichnet man auch als *Symboltabelle.* Die Symboltabelle ist zugleich ein wichtiges Hilfsmittel bei der Fehlersuche (↑Crossreferenztabelle). ◀

Synchronisation: Abstimmung nebenläufiger (↑ Nebenläufigkeit) Vorgänge aufeinander. Die Synchronisation der Vorgänge kann durch gegenseitige Beobachtung erfolgen, durch einen speziellen mit der Synchronisation beauftragten Überwacher oder durch Ereignisse oder Zeitpunkte.

▶ *Beispiele:*
(1) *Synchronisation durch gegenseitige Beobachtung* (Abb. 1).

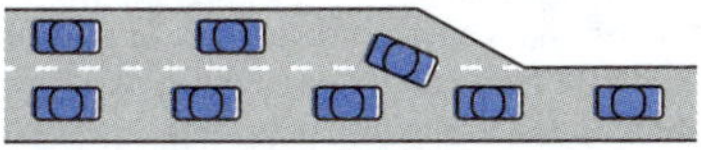

Synchronisation (Abb. 1): „Reißverschlussverfahren“ bei Verkehrsengpässen

(2) *Synchronisation per Überwacher: synchrones* Spiel der Musiker eines Orchesters unter der Leitung des Dirigenten.
(3) *Synchronisation durch Fahrplan:* Die Züge Karlsruhe - Mannheim - Mainz

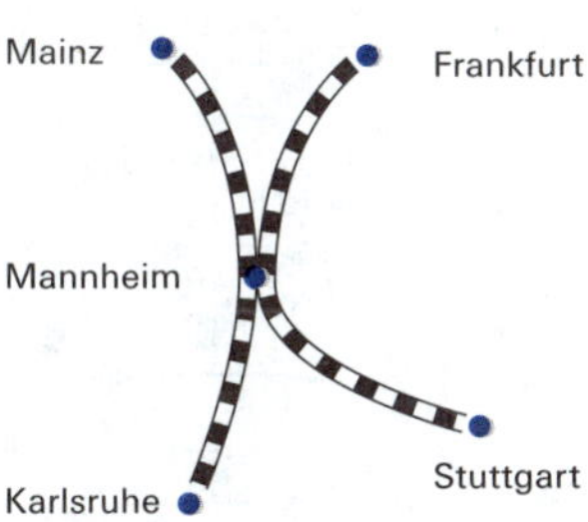

Synchronisation (Abb. 2): Synchronisation im Bahnverkehr

und Stuttgart-Mannheim-Frankfurt warten in Mannheim wechselseitig aufeinander (Abb. 2) und fahren danach unabhängig voneinander weiter. Diese Art der Synchronisation heißt *Rendezvous* (↑Ada). ◀

Im Mehrprogrammbetrieb (↑ Betriebsart) einer Rechenanlage kommt der Synchronisation der zahlreichen nebenläufig arbeitenden Programme und ↑Prozesse eine hohe Bedeutung zu. Oft geschieht eine Synchronisation beim Austausch von Informationen (↑ Datenübertragung).

Man spricht von *synchronen* ↑Schaltwerken, wenn alle Elemente der Schaltung mit einem einheitlichen ↑Takt versorgt werden. Jede elementare Aktion benötigt in synchronen Schaltwerken die gleiche Zeit (von einem Takt zum nächsten). In *asynchronen*, d.h. nicht synchronen Schaltwerken sind Geschwindigkeit und Arbeitsabläufe verschiedener Komponenten nicht aufeinander abgestimmt, insbesondere muss es keinen einheitlichen Takt geben und nicht jede Aktion unmittelbar nach Beendigung der vorhergehenden beginnen.

syntaktische Analyse: In einem ↑Übersetzer hat die syntaktische Analyse die Funktion, ein ↑Quellprogramm, dargestellt als Folge von Token (diese Folge wird durch die ↑ lexikalische Analyse geliefert), in einen ↑Ableitungsbaum zu übertragen. Gleichzeitig wird untersucht, ob das Quellprogramm syntaktisch korrekt (↑Syntax) ist, also der zugrunde liegenden ↑ Grammatik entspricht. Gegebenenfalls werden ↑Fehler angezeigt. Ein Programm, das diese Funktionen erfüllt, nennt man *Parser* (dt. *Zerteiler*). Ein Parser liest die zum Quellprogramm gehörende Tokenfolge ein, meldet eventuelle Fehler und gibt den dazugehörigen Ableitungsbaum aus. In der ↑semantischen Analyse werden mithilfe des Ableitungsbaumes weitere Überprüfungen auf Korrektheit durchgeführt und die Erzeugung des Zielprogramms (↑Codegenerator) vorbereitet. Der Ableitungsbaum ist somit das Bindeglied zwischen syntaktischer und semantischer Analyse.

▶ *Beispiel:* Ein Parser für die Programmiersprache ↑ PASCAL übersetzt die Tokenfolge

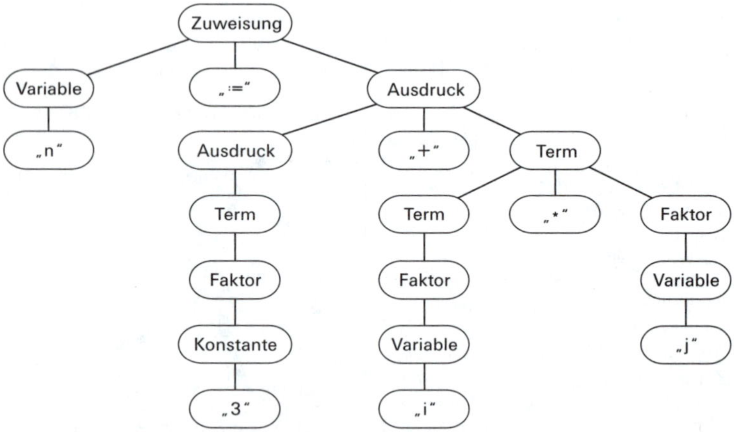

syntaktische Analyse (Abb. 1): Ableitungsbaum einer Tokenfolge

„n" „:=" „3" „+" „i" „*" „j"

in einen Ableitungsbaum nach Abb. 1. ◀

Es ist nicht immer notwendig, den zum Quellprogramm gehörigen Ableitungsbaum explizit aufzubauen. Es existieren Techniken, bei denen die semantische Analyse gleichzeitig mit der syntaktischen Analyse durchgeführt wird.

Wenn man einen Parser von Hand programmiert (zur Erstellung von Parsern benutzt man auch ↑Programmgeneratoren), so wird häufig die Technik des *rekursiven Abstiegs* (engl. *recursive descent*) verwendet: Dabei geht man aus von der ↑kontextfreien Grammatik der Programmiersprache. Der Parser soll jeden Ableitungsschritt rückwärts nachvollziehen. Dies gelingt, indem man jeder Regel der Grammatik eine Prozedur zuordnet, die – sofern die rechte Seite dieser Regel erkannt wurde – hierzu den zugehörigen Teilbaum mit der linken Seite als Wurzel aufbaut, deren Söhne die Token der rechten Seite sind. Unter bestimmten Bedingungen kann man auf diese Weise automatisch einen Parser erstellen lassen. Dies wird in ↑Compiler-Compilern ausgenutzt. Der Vorteil der Technik des rekursiven Abstiegs besteht darin, dass man in die Prozeduren die Syntaxfehlerbehandlung und die semantische Analyse integrieren kann.

Syntax (griech. *syntaxis* = Zusammenordnung, Lehre vom Satzbau). Eine ↑Sprache wird durch eine Folge von Zeichen, die nach bestimmten Regeln aneinander gereiht werden dürfen, definiert. Den hierdurch beschriebenen formalen Aufbau der Sätze oder Wörter, die zur Sprache gehören, bezeichnet man als ihre *Syntax.*

▶ *Beispiele* für syntaktische Regeln der deutschen Sprache:

- Am Ende eines Satzes steht ein Punkt.
- In einem Satz dürfen Subjekt, Prädikat und Objekt in dieser Reihenfolge stehen.
- Das Wort zu Beginn eines Satzes wird großgeschrieben.
- Ein Adjektiv steht vor dem zugehörigen Substantiv und richtet sich nach diesem bzgl. Geschlecht und Fall. ◀

Die Syntax einer ↑Programmiersprache legt fest, welche Zeichenreihen korrekt formulierte Programme der Sprache sind und welche nicht. Um präzise feststellen zu können, ob ein Programm syntaktisch korrekt ist (↑Übersetzer), muss man zuvor die Syntax der Sprache formal beschreiben. Hierfür gibt es eine Reihe von Methoden:

(1) Man kann einen ↑Automaten angeben, der genau die syntaktisch korrekten Zeichenreihen akzeptiert.

(2) Man kann eine ↑Grammatik definieren, deren erzeugte Sprache genau der Menge aller syntaktisch korrekten Zeichenfolgen entspricht.

(3) Durch ↑Syntaxdiagramme kann man die Syntax einer Sprache grafisch beschreiben.

▶ *Beispiel:* Mithilfe der drei Methoden wird unter dem Stichwort ↑Sprache die Syntax der Sprache

$$L = \{w \in \{0, 1\}^* \mid w \text{ ist eine Binärzahl ohne führende Nullen}\}$$

beschrieben. ◀

Eine nach den Regeln der Syntax aufgebaute Zeichenkette (Wörter oder Sätze) muss nicht sinnvoll sein. Ihre Bedeutung wird durch die ↑Semantik gegeben.

▶ *Beispiel:* Sätze wie „Der Tisch ist ein Säugetier." oder „Nachts ist es kälter als draußen." sind zwar syntaktisch korrekt, jedoch semantisch sinnlos. ◀

Ebenso kann auch ein syntaktisch korrektes Programm semantisch unsinnig sein.

▶ *Beispiel:* Das folgende korrekte Programm erwartet keine Eingabe, liefert keine Ausgabe und hält nicht an:

```
program unsinn;
begin
  while true do od;
end.
```
◀

S

Syntaktisch richtige Programme können, wenn sie ausgeführt werden, zu Fehlern führen. Zum Beispiel

```
x:=0;
y:=2/x;
```

Die wesentlichen Teile der Syntax von Programmiersprachen werden meist mit ↑ kontextfreien Grammatiken beschrieben. Bei Übersetzungsvorgängen muss dann zu einem Programm die Ableitung gefunden werden. Dies erledigt die ↑ syntaktische Analyse. Die nicht-kontextfreien Anteile der Syntax werden in der anschließenden ↑semantischen Analyse überprüft.

Syntaxdiagramm: Technik zur grafischen Darstellung ↑kontextfreier Grammatiken. Wird eine kontextfreie Grammatik als Syntaxdiagramm dargestellt, dann wird jedem Nichtterminalsymbol ein gerichteter ↑ Graph mit je einer zusätzlichen Eingangs- und Ausgangskante zugeordnet. Die Knoten repräsentieren Grammatiksymbole, wobei Terminalsymbole durch Kreise oder Ellipsen, Nichtterminalsymbole durch Rechtecke dargestellt werden. Durchläuft man diesen Graphen von der Eingangs- zur Ausgangskante entlang den gerichteten Kanten, dann ist die Folge der Knoteninhalte, die dabei aufgesammelt werden, aus dem zugehörigen Nichtterminalsymbol ableitbar.

▶ *Beispiel:* Abb. 1 zeigt die Syntaxdiagramme einer Grammatik für arithmetische Ausdrücke. Ein weiteres Beispiel findet sich unter ↑ Backus-Naur-Form. Zu einem umfangreichen Syntaxdiagramm siehe ↑PASCAL.

Aus den Syntaxdiagrammen der Abb. 1 ist z. B. ersichtlich, dass aus dem Nichtterminalsymbol „Ausdruck" die Symbolfolge „Term - Term" ableitbar ist. Da aus „Term" „Faktor * Faktor" und aus „Faktor" das Symbol „Bezeichner" ableitbar ist, ist also insgesamt aus „Ausdruck" die Symbolfolge

Bezeichner - Bezeichner * Bezeichner

ableitbar, was beweist, dass diese Folge ein korrekter Ausdruck ist. ◀

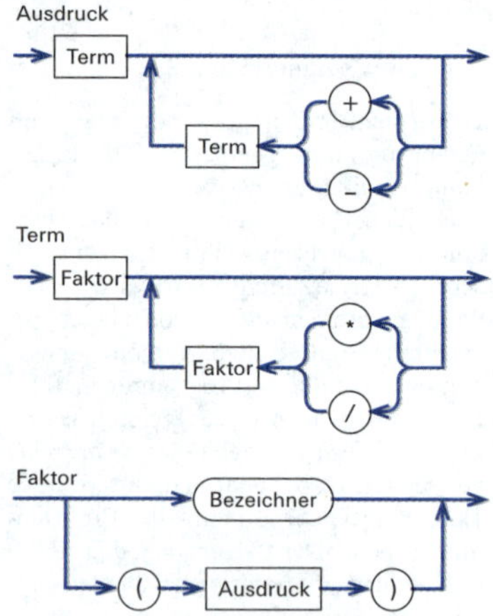

Syntaxdiagramm (Abb. 1): Syntaxdiagramme für arithmetische Ausdrücke

Syntheseproblem (für Schaltwerke): Problem, zu einer formalen Beschreibung des Verhaltens eines ↑Schaltwerks den Bauplan des Schaltwerks effektiv zu konstruieren. Das Problem löst man allgemein wie folgt: Zunächst konstruiert man einen ↑ endlichen Automaten, der das gewünschte Schaltverhalten beschreibt. Nach Codierung der Zustands-, Ein- und Ausgabemenge des Automaten sowie der Zustandsübergangsfunktion durch 0-1-Folgen erhält man boolesche Wertetabellen, zu denen man Gleichungen in ↑konjunktiver oder ↑disjunktiver

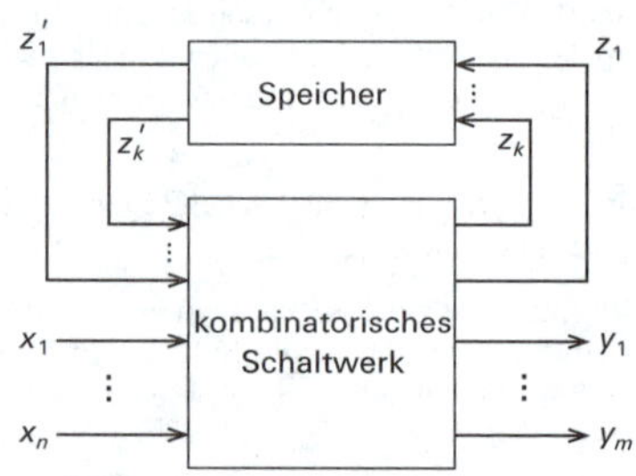

Syntheseproblem (Abb. 1): Schaltwerk

Normalform angibt. Diese Gleichungen setzt man nach Wahl geeigneter ↑ Flipflops in ein Schaltwerk um. Die Einzelschritte werden im Folgenden genauer ausgeführt.

Jedes Schaltwerk lässt sich als Kombination eines kombinatorischen Schaltwerks und eines Speichers darstellen (Abb. 1). In voller Allgemeinheit kann man das Verhalten des Schaltwerks durch ein Gleichungssystem beschreiben:

$$z_1{}' = \delta_1(x_1, \ldots, x_n, z_1, \ldots, z_k),$$
$$\ldots$$
$$z_k{}' = \delta_k(x_1, \ldots, x_n, z_1, \ldots, z_k),$$
$$y_1 = \lambda_1(x_1, \ldots, x_n, z_1, \ldots, z_k),$$
$$\ldots$$
$$y_m = \lambda_m(x_1, \ldots, x_n, z_1, \ldots, z_k).$$

Hierbei sind $\delta_1, \ldots, \delta_k$ und $\lambda_1, \ldots, \lambda_m$ boolesche Funktionen und $x_1, \ldots, x_n$, $y_1, \ldots, y_m, z_1, \ldots, z_k, z_1{}', \ldots, z_k{}' \in \{0,1\}$ boolesche Werte. $\delta_1, \ldots, \delta_k$ beschreiben den Zustandsübergang und $\lambda_1, \ldots, \lambda_m$ die Ausgabe des Schaltwerks bei Eingabe der booleschen Signale $x_1, \ldots, x_n$.

Setzt man $x = (x_1, \ldots, x_n)$, $y = (y_1, \ldots, y_m)$, $z = (z_1, \ldots, z_k)$ und $z' = (z_1{}', \ldots, z_k{}')$ sowie $\delta = (\delta_1, \ldots, \delta_k, \lambda_1, \ldots, \lambda_m)$, so erhält man folgendes Gleichungssystem

$$(z', y) = \delta(x, z).$$

δ ist dann eine Schaltfunktion, x, y, z und z' sind boolesche Vektoren. Definiert man nun $I = \{0,1\}^n$, $O = \{0,1\}^m$, $Q = \{0,1\}^k$, so ist δ die Zustandsübergangsfunktion eines endlichen Automaten $A = (I, O, Q, \delta, q_0, F)$. q_0 ist meist das Tupel $(0, \ldots, 0)$, d. h., der Automat startet mit dem Zustand, in dem alle Flipflops auf 0 gesetzt sind. F ist oft die volle Zustandsmenge Q.

▶ *Beispiel:* Wir entwickeln einen Automaten, der das Verhalten eines Zählers modulo 3 besitzt. Die Eingabe des Automaten seien Taktimpulse T. Der Zähler gibt immer dann eine 1 aus, wenn die Anzahl der bisher gelesenen Taktimpulse durch drei teilbar ist, und 0 sonst.

Sei dazu $A = (I, O, Q, \delta, q_0, F)$ mit

$$I = \{T\},\ O = \{0,1\},\ Q = \{a, b, c\},$$
$$q_0 = a,\ F = Q$$

und δ gemäß folgender Tabelle:

δ	T
a	$(b, 0)$
b	$(c, 0)$
c	$(a, 1)$

Zur Eingabe $T\,T\,T\,T\,T\,T$ führt der Automat folgende Berechnung durch:

1. Schritt: $\delta(T,a) = (b,0)$,
2. Schritt: $\delta(T,b) = (c,0)$,
3. Schritt: $\delta(T,c) = (a,1)$,
4. Schritt: $\delta(T,a) = (b,0)$,
5. Schritt: $\delta(T,b) = (c,0)$,
6. Schritt: $\delta(T,c) = (a,1)$.

Also lautet die Ausgabe des Automaten 001001. Die zuletzt ausgegebene Ziffer (hier 1) signalisiert, dass eine durch drei teilbare Anzahl von T's eingegeben wurde. ◀

Hat man eine Funktion f formal durch einen endlichen Automaten A beschrieben, so muss man ein Schaltwerk zu A konstruieren, das f realisiert. Man betrachte dazu einen beliebigen endlichen Automaten $A = (I, O, Q, \delta, q_0, F)$. Seien $|I| = r$, $|O| = s$ und $|Q| = t$. Wir können A als ↑ minimale Automaten annehmen. Die Konstruktion des Schaltwerks verläuft in mehreren Schritten.

1. Schritt: Man codiert die Elemente von I, O und Q durch 0-1-Folgen der Länge r', s' und t'. r', s' und t' sind jeweils die kleinsten Zahlen, für die gilt:

$$r \le 2^{r'},\ s \le 2^{s'},\ t \le 2^{t'}.$$

r', s' und t' geben die Anzahl der Bitstellen an, die man mindestens benötigt, um I, O bzw. Q binär zu codieren. Man wählt nun irgendwelche injektiven Abbildungen ϱ, σ und τ mit

$$\varrho\colon I \to \{0,1\}^{r'},$$
$$\sigma\colon O \to \{0,1\}^{s'},$$
$$\tau\colon Q \to \{0,1\}^{t'}.$$

Das gesuchte Schaltwerk besitzt dann r' Eingangsleitungen, um die codierte Dar-

S

stellung von Zeichen aus I entgegennehmen zu können, s' Ausgangsleitungen, um die s Elemente von O codiert ausgeben zu können, und t' Flipflops, um die t Zustände von Q in codierter Form speichern zu können.

▶ *Beispiel:* Für den Zähler modulo 3 aus obigem Beispiel gilt $I = \{T\}$, $Q = \{a, b, c\}$ und $O = \{0,1\}$. Ferner gilt $r' = 1$, $s' = 1$, $t' = 2$. Wir setzen

$$\varrho\colon I \to \{0,1\} \text{ mit}$$
$$\varrho(T) = 1,$$
$$\sigma\colon O \to \{0,1\} \text{ mit}$$
$$\sigma(0) = 0,\ \sigma(1) = 1,$$
$$\tau\colon Q \to \{0,1\}^2 \text{ mit}$$
$$\tau(a) = 00,\ \tau(b) = 01,\ \tau(c) = 10.$$

Der Zähler besitzt also eine Eingangs- und eine Ausgangsleitung sowie $t' = 2$ Flipflops. ◀

2. Schritt: Die Abbildung δ passt man nun an die neue Codierung der Elemente von I, O und Q an, d. h., man definiert eine Abbildung δ', die sich auf den Codierungen von x und z (also auf $\varrho(x)$ und $\tau(z)$) wie δ auf x und z verhält (für alle $x \in I$, $z \in Q$). Man erhält δ', indem man in der Wertetabelle δ alle Argumente und Funktionswerte durch ihre jeweiligen Codierungen ersetzt.

▶ *Beispiel:* Wir setzen obiges Beispiel fort. Ersetzt man in der Wertetabelle für δ die Zustände a durch 00, b durch 01, c durch 10 und das Eingabezeichen T durch 1, so erhält man folgende Tabelle:

δ'	1
00	(01,0)
01	(10,0)
10	(00,1)

An dem Beispiel sieht man, dass die Tabelle für δ' im Allgemeinen nicht vollständig für alle Bitfolgen definiert ist (die fehlenden Zeilen in der Tabelle heißen auch *„don't care"-Zeilen,* da es egal ist, wie man sie füllt). Hier hat man eine Wahlfreiheit, die man nutzen kann, um die Schaltungen möglichst einfach zu halten. ◀

3. Schritt: Man kann nun Gleichungssysteme für δ' in disjunktiver oder konjunktiver Normalform aufstellen (und ggf. minimieren). Zuvor setzt man die δ'-Tabelle in eine Wertetabelle der üblichen Form um (also links Argumente, rechts Funktionswerte). Die einzelnen Argumentspalten benennt man mit Variablennamen.

▶ *Beispiel:* Wir setzen obiges Beispiel fort. Bilden wir zu δ' zunächst eine Wertetabelle der üblichen Form und markieren die Argumentspalten jeweils mit u, v und w, so erhalten wir folgende Tabellen (hierbei bezeichnet u die Eingabe, v das erste und w das zweite Flipflop):

u	v	w	$\delta'(u, v, w)$		
1	0	0	0	1	0
1	0	1	1	0	0
1	1	0	0	0	1

δ' ist eine Schaltfunktion. Sie wird durch drei boolesche Funktionen δ_1', δ_2' und δ_3' dargestellt:

u	v	w	$\delta_1'(u, v, w)$
1	0	0	0
1	0	1	1
1	1	0	0

u	v	w	$\delta_2'(u, v, w)$
1	0	0	1
1	0	1	0
1	1	0	0

u	v	w	$\delta_3'(u, v, w)$
1	0	0	0
1	0	1	0
1	1	0	1

In disjunktiver Normalform ergibt sich hieraus:

$$v' = \delta_1'(u, v, w) = u\bar{v}w,$$
$$w' = \delta_2'(u, v, w) = u\bar{v}\bar{w},$$
$$\delta_3'(u, v, w) = uv\bar{w}.$$

Hierbei beschreibt δ_1' den Folgezustand v' des ersten Flipflops, δ_2' den Folgezustand w' des zweiten Flipflops und δ_3' das Ausgabesignal. Zu Vereinfachungen dieser Ausdrücke siehe ↑ Schaltalgebra. ◀

4. Schritt: Nun kann man Flipflops wählen, mit denen das Schaltwerk realisiert werden soll. Um die Belegung der Eingabeleitungen der Flipflops zu ermitteln, muss man δ' auf die Form der Übergangsgleichungen der gewählten Flipflops bringen. Hat man sich z. B. für ↑JK-Flipflops entschieden, so muss

$$\delta_i'(\varrho(x), \tau(z))$$

auf die Form

$$g_i(\varrho(x), \tau(z)) \cdot \tau_i(z) +$$
$$h_i(\varrho(x), \tau(z)) \cdot \overline{\tau_i(z)}$$

gebracht werden, wobei $\tau_i(z)$ die i-te Komponente von $\tau(z)$ angibt. Durch Vergleich der Übergangsgleichung $q' = \overline{k}_q + j_{\overline{q}}$ des JK-Flipflops erhält man dann die Übergangsgleichung für das i-te JK-Flipflop

$$j_i = h_i(\varrho(x), \tau(z)),$$
$$k_i = \overline{g_i(\varrho(x), \tau(z))}.$$

Diese Gleichungen setzt man leicht in ein Schaltwerk um.

▶ *Beispiel:* Wir wählen ↑D-Flipflops für das Schaltwerk. Hierfür gilt die Übergangsgleichung

$$q' = d.$$

Durch Vergleich mit den Werten von δ_1' und δ_2' folgt für den Eingang d_1 des ersten Flipflops:

$$d_1 = u\bar{v}w,$$

und für den Eingang d_2 des zweiten Flipflops:

$$d_2 = u\bar{v}\bar{w}.$$

Abb. 2 zeigt das endgültige Schaltwerk für den Zähler modulo 3, das man leicht aus den drei Gleichungen für d_1, d_2 und δ_3' gewinnt. Das Schaltwerk ist nicht optimiert; durch geschickte Wahl der „don't care"-Zeilen kann man z. B. auch $d_1 = uw$ wählen. ◀

▶ *Größeres Beispiel:* Man konstruiere einen Addierer für zwei Summanden $a = a_{n-1}a_{n-2}\ldots a_0$ und $b = b_{n-1}b_{n-2}\ldots b_0$ mit $a_i, b_j \in \{0,1\}$. Die Summanden werden als ineinander gesteckte Bitfolge der Form

$$a_0b_0a_1b_1\ldots a_{n-1}b_{n-1}00$$

(also von hinten nach vorne) eingegeben und der Addierer gibt eine Bitfolge der Form

$$e_0c_0e_1c_1\ldots e_{n-1}c_{n-1}e_nc_n$$

aus. Hierbei gilt $c = a + b$, also

$$c_nc_{n-1}c_{n-2}\ldots c_0 =$$
$$a_{n-1}a_{n-2}\ldots a_0 +$$
$$b_{n-1}b_{n-2}\ldots b_0.$$

Die Zwischenwerte e_i sind belanglos.

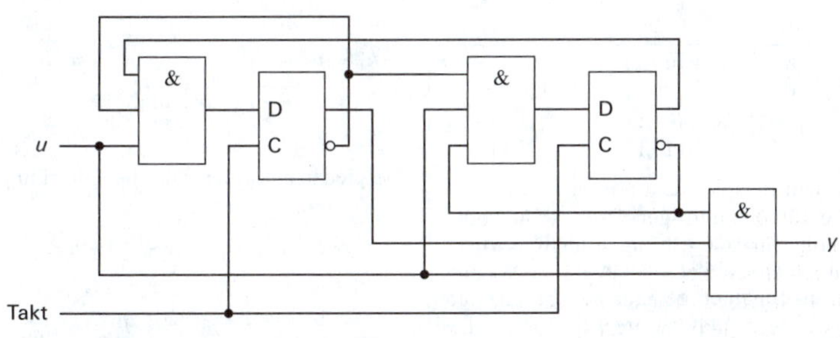

Syntheseproblem (Abb. 2): Zähler modulo 3

1. Phase: Konstruktion eines endlichen Automaten (vgl. ↑Volladdierer):
Gesucht ist ein endlicher Automat $A = (I, O, Q, \delta, q_0, F)$, der das Gewünschte leistet. Wir definieren:

$$I = O = \{0,1\},\ Q = \{a,b,c,d\},$$
$$q_0 = a,\ F = Q.$$

Treten bei der Addition keine Überträge auf, so verlässt der Automat die Zustände a und b nicht. Die Zustände c und d erreicht der Automat nur, wenn Überträge auftreten. Nach Abarbeitung aller Überträge kehrt der Automat wieder in den Zustand b zurück. δ ist wie folgt definiert (Abb. 3):

δ	0	1
a	$(a, 0)$	$(b, 1)$
b	$(a, 1)$	$(c, 0)$
c	$(b, 1)$	$(d, 0)$
d	$(c, 0)$	$(d, 1)$

2. Phase: Konstruktion des Schaltwerks.
1. Schritt: Codierung von I, O und Q. I und O haben bereits die gewünschte binäre Form. Nur Q ist zu codieren. Es ist $t' = 2$, und wir setzen

$$\tau\colon Q \to \{0,1\}^2 \text{ mit}$$
$$\tau(a) = 00,\ \tau(b) = 01,$$
$$\tau(c) = 10,\ \tau(d) = 11.$$

Für das Schaltwerk benötigen wir später $t' = 2$ Flipflops.
2. Schritt: Ermittlung von δ'. Es ergibt sich folgende Tabelle:

δ'	0	1
00	(00,0)	(01,1)
01	(00,1)	(10,0)
10	(01,1)	(11,0)
11	(10,1)	(11,1)

3. Schritt: Ermittlung von Gleichungen. Zuvor müssen wir die Tabelle von δ' umsetzen und die einzelnen Spalten mit Variablennamen benennen. v bezeichnet das erste, w das zweite Flipflop, u die Eingabe. Wir erhalten

u	v	w	$\delta'(u, v, w)$		
0	0	0	0	0	0
0	0	1	0	0	1
0	1	0	0	1	1
0	1	1	1	0	0
1	0	0	0	1	1
1	0	1	1	0	0
1	1	0	1	1	0
1	1	1	1	1	1

Berücksichtigen wir, dass $\delta' = (\delta_1', \delta_2', \delta_3')$ eine Schaltfunktion ist, so erhalten wir folgende Gleichungen (in disjunktiver Normalform und vereinfacht entsprechend Regeln der Schaltalgebra):

$$v' = \delta_1'(u,v,w) = \bar{u}vw + u\bar{v}w + uv\bar{w} + uvw = vw + uv + uw,$$
$$w' = \delta_2'(u,v,w) = \bar{u}v\bar{w} + u\bar{v}\bar{w} + uv\bar{w} + uvw = uv + v\bar{w} + u\bar{w},$$
$$\delta_3'(u,v,w) = \bar{u}\bar{v}w + \bar{u}v\bar{w} + u\bar{v}\bar{w} + uvw.$$

δ_1' beschreibt hier den Folgezustand v' des ersten Flipflops, δ_2' den Folgezustand w' des zweiten Flipflops und δ_3' die Ausgabe.
4. Schritt: Wahl von Flipflops und Konstruktion des Schaltwerks. Wir wählen JK-Flipflops zur Realisierung. Um die obigen Gleichungen auf die Form der Übergangsgleichung der JK-Flipflops zu bringen, müssen wir sie umformen:

$$\begin{aligned} v' &= \delta_1'(u,v,w) = vw + uv + uw \\ &= vw + uv + uw(v + \bar{v}) \\ &= vw + uv + uwv + uw\bar{v} \\ &= (w + u + uw)v + (uw)\bar{v}. \end{aligned}$$

Daraus folgt:

$$\bar{k}_1 = u + w + uw = u + w, \text{ also}$$
$$k_1 = \overline{(u + w)} = \bar{u}\bar{w}, \text{ und}$$
$$j_1 = uw.$$

Desgleichen formen wir die Gleichung für δ_2' um:

$$\begin{aligned} w' &= \delta_2'(u,v,w) = uv + v\bar{w} + u\bar{w} \\ &= uv(w + \bar{w}) + v\bar{w} + u\bar{w} \\ &= uvw + uv\bar{w} + v\bar{w} + u\bar{w} \\ &= (uv)w + (uv + v + u)\bar{w}. \end{aligned}$$

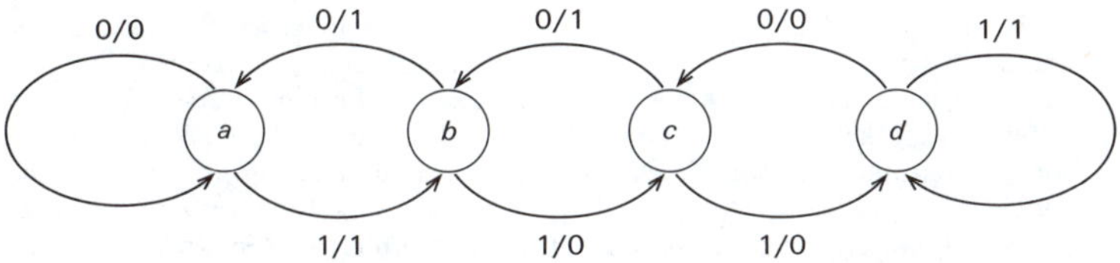

Syntheseproblem (Abb. 3): Addierer als endlicher Automat

Daraus folgt: $\bar{k}_2 = uv$, also

$$k_2 = (\overline{uv}) = \bar{u} + \bar{v}$$

und

$$j_2 = uv + u + v = u + v.$$

Abb. 4 zeigt das Schaltwerk, das man aus den Gleichungen für j_1, k_1, j_2, k_2 und δ_3' gewinnt. ◀

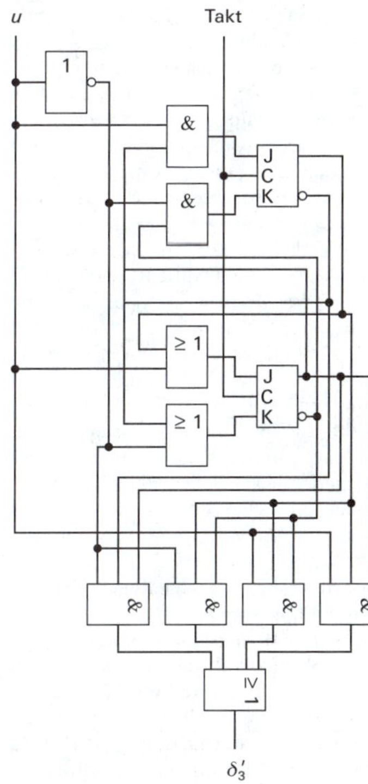

Syntheseproblem (Abb. 4): Addierer

Bei der hier vorgeführten Konstruktion bestehen sehr viele Wahlfreiheiten: Man kann zu einem Problem unterschiedliche Automaten angeben, man kann die Elemente der Mengen *I*, *O* und *Q* auf viele Arten codieren, man kann δ' beliebig vervollständigen und man kann sich für Flipflops entscheiden. Welche der möglichen Auswahlen führt zu einem möglichst kleinen Schaltwerk? Dieses Problem ist recht schwierig. Man kennt bisher keine schnellen Algorithmen, die alle möglichen Fälle abdecken und stets ein „einfachstes" Schaltwerk konstruieren.

System: In der Informatik versteht man hierunter die Zusammenfassung mehrerer Komponenten zu einer als Ganzes aufzufassenden Einheit. Die Komponenten können von gleicher Art (*homogene Systeme,* z. B. Programmsysteme) oder sehr unterschiedlich sein (*heterogene Systeme,* z. B. die Zusammenfassung von Hard- und Softwaresystemen zu einem Computersystem, oder *hybride Systeme,* wenn gewissen Komponenten sehr unterschiedliche technologische Konzeptionen zugrunde liegen wie bei der Zusammenfassung von ↑ analogen und ↑ digitalen Systemen). Ein System löst oder bearbeitet in der Regel ein wohldefiniertes Bündel von Aufgaben. Systeme können außerordentlich komplex und vernetzt sein (wie z. B. ökologische Systeme, Telefonsysteme, Verkehrssysteme oder das ↑Internet).

Systeme lassen sich meist durch mindestens einen der folgenden Punkte charakterisieren:
- durch ein nach außen sichtbares Verhalten. Dieses kann man versuchen, durch Tests und Experimente zu ermitteln.
- durch eine innere Struktur. Diese ist in der Regel nur den Entwicklern, nicht aber den Benutzern von Systemen bekannt. Sie lässt sich im Allgemeinen nicht durch Experimente, sondern nur durch eine genaue Analyse der Komponenten ermitteln.
- durch Eigenschaften. Diese erfasst man mithilfe einer ↑ Spezifikation, die zur Entwicklung einer konkreten Realisierung dienen kann.

Wird das zu beschreibende System nicht in eine Umgebung eingebettet und wird sein Verhalten nicht durch die Umwelt beeinflusst, dann spricht man von einem *geschlossenen System.* Die Beschreibung solcher Systeme ist in der Regel einfacher als die von *offenen Systemen,* bei denen eine Umgebung angenommen wird, die auf das System einwirkt und auf die das System (durch Signale, interne Veränderungen, Bewegungen usw.) reagiert. Bei offenen Systemen sind die Schnittstellen des Systems zu seiner Umwelt von zentraler Bedeutung.

Systeme besitzen in der Regel Zustände. Ein *Zustand* beschreibt einen speziellen Ausschnitt des Systems zu einem gegebenen Zeitpunkt vollständig. Hierbei spielt der Detaillierungsgrad eine Rolle, siehe das Beispiel unter ↑Zustand. Systeme mit endlich vielen oder abzählbar vielen Zuständen nennt man *diskret,* solche mit überabzählbaren vielen Zuständen *kontinuierlich.*

Der Systembegriff ist sehr allgemein und daher wenig aussagekräftig. Als konkrete Ausgestaltungen sind in diesem Duden u. a. Betriebssysteme, CAD-Systeme, Datenbanksysteme, Informationssysteme, Textverarbeitungssysteme oder allgemein ↑ Informatiksysteme beschrieben.

Systemanalyse: Disziplin zur Untersuchung von Eigenschaften technischer, wirtschaftlicher und sozialer Systeme. Ziel ist häufig eine *Modellbildung,* um die einzelnen Funktionen darzustellen, die Struktur und Teilstrukturen zu beschreiben, das beobachtbare Verhalten zu überprüfen und spezielle Vorgänge nachzuvollziehen (vgl. ↑ Simulation). In der Informatik versteht man unter Systemanalyse im engeren Sinne eine Disziplin, die Methoden bereitstellt, um zu einem gegebenen Problem ein Programm zu entwerfen. Sie umfasst mindestens folgende Phasen (↑ Software-Engineering):

(1) *Problemanalyse* bestehend aus
   - Istanalyse,
   - Sollkonzeptentwicklung,
   - Durchführbarkeitsstudie,
   - Projektplanung;

(2) Entwurf des Systems.

Die Systemanalyse liefert in der Regel keine vollständige Information; insbesondere bleiben Fragen der Gestaltung und der Auswirkungen offen. Man versucht daher, möglichst rasch lauffähige Versionen des geplanten Systems zu erstellen (↑Rapid Prototyping) und hiermit ↑Experimente durchzuführen.

Systemgenerierung: Anpassung der verschiedenen von einem Hersteller zu einer Rechenanlage gelieferten Betriebssystemkomponenten an die spezielle Hardware- und Softwarekonfiguration und Verknüpfung zu einem Gesamtbetriebssystem (↑ Betriebssystem, ↑ Hardware, ↑ Software, ↑ Konfiguration). Betriebssysteme werden im Allgemeinen nicht für spezielle Rechenanlagen, sondern für eine größere Gruppe von Rechnern entwickelt und müssen in Verbindung mit der benutzten Hard- und Software in den unterschiedlichsten Umgebungen funktionieren.

Das Betriebssystem muss daher so flexibel ausgelegt sein, dass es

(1) vielen verschiedenen Hardwarekonfigurationen gerecht wird, also z. B. an die Größe des ↑ Hauptspeichers oder an Art und Anzahl der vorhan-

denen Ein-/Ausgabegeräte angepasst werden kann,
(2) die unterschiedlichsten Softwarekonfigurationen unterstützt, also z. B. den für die jeweilige ↑ Betriebsart notwendigen Softwarekomponenten oder den Bedürfnissen der im System zur Verfügung stehenden ↑ Übersetzer gerecht wird.

Diesen Anpassungsvorgang, der als Ergebnis ein auf eine bestimmte Rechenanlage zugeschnittenes Betriebssystem liefert, nennt man *Systemgenerierung.*

Die Systemgenerierung setzt meist auf einem Basisbetriebssystem auf, d. h. auf einem System, das die kleinstmögliche Konfiguration benötigt. Durch Kontrollanweisungen oder Installationsprogramme wird anschließend festgelegt,
(1) welche weiteren Softwarekomponenten in das Betriebssystem aufgenommen werden, z. B. Steuerungs- oder Verwaltungsprogramme,
(2) mit welchen ↑ Parametern diese Softwarekomponenten arbeiten, z. B. Höchstzahl der gleichzeitig verarbeitbaren Programme.

Systemzusammenbruch *(Systemabsturz;* engl. *abnormal system end; system crash):* plötzlich auftretende totale Funktionsunfähigkeit des ↑ Betriebssystems oder der zugrunde liegenden Rechenanlage, die durch fehlerhafte Hard- und/oder Software hervorgerufen wird. Nach einem Systemzusammenbruch lässt sich eine Rechenanlage regelmäßig nur durch einen Neustart des Betriebssystems wieder in Gang setzen. Systemzusammenbrüche sind für die Benutzer einer Rechenanlage außerordentlich ärgerlich, da durch den plötzlichen Stillstand der Anlage die gerade bearbeiteten Programme abgebrochen werden und die von ihnen bereits errechneten Zwischenergebnisse, soweit sie sich nicht auf externen ↑ Speichern befinden, verloren gehen. Es muss daher einerseits möglichst jeder zu erwartende Fehler durch sinnvolle Aktionen so abgefangen werden, dass der Betriebssystemablauf nicht gestört wird. Andererseits ist im Moment eines unvermeidlichen Systemzusammenbruchs der Gesamtzustand des Systems zu sichern, d. h. bereits begonnene, aber noch nicht beendete Programme und Aktionen einschließlich der schon errechneten Zwischenergebnisse. Nach dem Neustart des Systems kann dann auf den alten Zustand zurückgegriffen werden. Es gehen keine Informationen verloren.

Die Zahl der innerhalb einer Zeitspanne auftretenden Systemzusammenbrüche ist ein Maß für die ↑ Verfügbarkeit des Systems.

T

Tabellenkalkulation (engl. *spreadsheet*): Bezeichnung für Programme zur Erstellung und Verwaltung von Planungsübersichten, Kostenschätzungen oder Budgetberechnungen in tabellarischer Form. Hierbei trägt man die Bezeichnungen für Kostenstellen und die jeweiligen Zahlenwerte in ein vom Benutzer vorab definiertes Raster ein. Jedes Rasterfeld kann mit einer Definitionsvorschrift versehen werden, die festlegt, wie der dortige Wert aus den Einträgen anderer Rasterfelder zu errechnen ist. Jeder Eintrag und jede Änderung eines Parameters führt dann automatisch zur Neuberechnung aller davon abhängigen Werte (Abb. 1). Meist können Tabellenkalkulationsprogramme eingegebene Zahlenwerte grafisch veranschaulichen (z. B. durch Balken- oder Tortendiagramme).

Komfortable Tabellenkalkulationsprogramme stehen für viele Rechnertypen zur Verfügung. Bekannte Programme sind Excel, MultiPlan, RagTime oder VisiCalc, eines der ersten Tabellenkalkulationsprogramme.

MKst 2913 1000		Übersicht			Stand: Okt. 99
Titel	Planung	Verwendet	Geplant	Gebucht	Rest
511.71/02	350,00	696,83	317,07	379,76	−346,83
511.71/03	1 500,00	1 256,84	70,00	1 186,84	243,16
518.71/03	550,000	950,48	0,00	950,48	−400,48
518.71/04	0,00	0,00	0,00	0,00	0,00
524.71	1 050,00	1 025,93	0,00	1 025,93	24,07
527.71	10 000,00	9 084,88	1 750,00	7 334,88	915,12
535,71	0,00	0,00	0,00	0,00	0,00
535,81	330,00	94,49	0,00	94,49	235,51
547.71	760,00	316,11	0,00	3 161,11	443,89
547.81	0,00	0,00	0,00	0,00	0,00
Summen	14 540,00	13 425,56	2 137,07	11 288,49	1 114,44

Zugewiesen	6 352,20	Einnahmen allg.	4 000,00
Einnahmen	4 411,00	Titel 119.71	0,00
Reste	7 272,68	Drucke	411,00
Spenden	1 842,24		
Vermischtes	1 045,62		
Gesamt	20 923,74	Gesamt	4 411,00
Verwendet	13 425,56		
Rest	7 498,18		

Tabellenkalkulation (Abb. 1): Ausschnitt aus einem Tabellenkalkulationsprogramm

Takt: Signal, das zwei verschiedene Werte annehmen kann und in regelmäßigen Zeitabständen seinen Wert ändert. Der Takt ist insbesondere gekennzeichnet durch die *Taktdauer* und die *Taktperiode.* Die Taktdauer entspricht der Zeit zwischen einer aufsteigenden und einer abfallenden ↑ Flanke. Die Taktperiode ist die Zeit zwischen zwei aufsteigenden (oder zwei abfallenden) Flanken (Abb. 1).

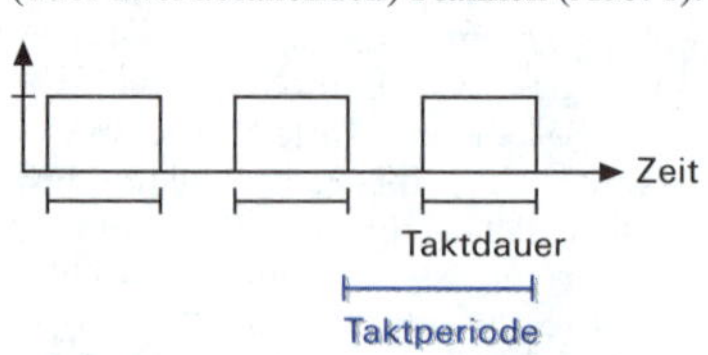

Takt (Abb. 1): Taktdauer und Taktperiode

Der Kehrwert der Taktperiode heißt *Taktfrequenz;* sie wird in *Hertz* gemessen. Die Taktfrequenz liegt im Jahre 2000 bei ↑ Mikroprozessoren meist zwischen 200 und 800 MHz (Megahertz = Millionen Takte pro Sekunde); sie ist ein Maß für deren Arbeitsgeschwindigkeit. Die Erzeugung eines Takts geschieht in ↑ Schaltwerken durch einen *Taktgenerator,* der im Allgemeinen als Multivibrator realisiert ist.

Tastatur (engl. *keyboard*): Eingabegerät für Computer, das aus einer erweiterten Schreibmaschinentastatur mit gesondertem Ziffernfeld und Sondertasten besteht. Der Druck einer Taste bewirkt eine Zustandsänderung des Computers und löst gegebenenfalls gewisse Befehlsfolgen aus *(Funktionstaste).* Fast immer ist eine Tastatur mit einem ↑ Bildschirm gekoppelt, auf dem eingegebene Zeichenfolgen unmittelbar angezeigt werden *(Echo)*. Die Tastatur ist zusammen mit der ↑Maus heute das wichtigste Eingabegerät bei der Erstellung und Veränderung von Texten (↑Editor) und bei der Benutzerführung mithilfe von ↑Menüs.

Telelernen (engl. *distance learning*): Lernvorgänge, die zwar von Lehrpersonen beeinflusst oder gesteuert werden, bei denen aber auf den persönlichen Kontakt und die räumliche Nähe zu den Lehrenden verzichtet wird, bezeichnet man als Telelernen. Die Lernenden erhalten die Lerninhalte sowie die Informationen darüber, was sie mit welcher Intensität lernen sollen, vorwiegend über ein Rechnernetz, vor allem das ↑Internet, sowie über Bücher und Lernbriefe in schriftlicher oder elektronischer Form, über Videoaufzeichnungen oder über das Fernsehen.

Das selbstständige Lernen und die Vertiefungen erfolgen durch Experimente, Praktika, die Bearbeitung von Übungen, Hausarbeiten usw. Hierbei ist stets eine (in der Regel asynchrone) Verbindung zu den Lehrenden gegeben: Über elektronische Post oder in Form einer elektronischen Sprechstunde kann man fachliche Fragen stellen, weitere Unterlagen bekommen, Übungsaufgaben abgeben, die man über das Netz korrigiert zurückerhält, oder Beratungen zum Studium erhalten. In virtuellen Besprechungsräumen (virtual meeting rooms) kann man sich mit anderen Lernenden treffen, mit ihnen diskutieren und gemeinsam Übungen bearbeiten oder Experimente vorbereiten. In einem ähnlichen Rahmen lassen sich auch (interaktive) Seminare durchführen oder Ringvorlesungen halten.

Viele glauben, dass hier eine neue Art des Lernens entsteht, die es allen erlaubt, sich in allen Gebieten systematisch, gut betreut und didaktisch optimal weiterzubilden. Die Hindernisse sind aber noch sehr groß: Es fehlen neue Ideen, wie man ↑Multimedia-Systeme nutzen kann; geeignete Autoren- und Tutorsysteme sind noch in der Entwicklung; der Aufwand, der durch individuelle Fragen laufend entsteht, erwies sich als viel zu hoch usw. Vor allem ergab sich, dass die ausgefeilte multimediale Ausarbeitung einer Lehrveranstaltungsstunde rund 100 Stunden Vorbereitung kostet. Man wird einwenden, dass man dafür ein Multimediadokument erhält, das Jahrzehnte unverändert bleiben wird. Doch das stimmt nicht: Genau so, wie unser Alltag einem ständigen Wandel in Mode, Anschauung, Denkweisen usw. unterliegt, enthalten die Dokumente diesen Zeitgeist, der nach einigen Jahren mit relativ großem Aufwand ausgetauscht werden muss, auch wenn die Inhalte sich gar nicht geändert haben. Hinzu kommt, dass sich die Schwerpunkte der Ausbildung (also die Entscheidung darüber, welcher Stoff als wichtig oder als unwichtig eingestuft wird) recht schnell ändern, wodurch viele Dokumente rasch veralten.

Daher konzentriert man sich beim Telelernen meistens darauf, vorhandene Präsenzveranstaltungen über verschiedene Medien allgemein zugänglich zu machen. Dies verschiebt die Sichtweise von den Lernenden zu den Lehrenden, weshalb man auch von *Telelehren* (engl. *teleteaching*) spricht. Hier entstehen bereits komplizierte technische Probleme: Beim synchronen Lehrbetrieb, bei dem in Echtzeit alle angeschlossenen Hörsäle im Wesentlichen mit den gleichen Informationen zu versorgen sind, müssen kontinuierlich riesige Datenmengen mit garantierter Zuverlässigkeit (engl. *quality of service*, Abk. *QoS*, vgl. ↑ATM) erfasst, verwaltet und verteilt werden. Dabei sind die verschiedenen zu koordinierenden Medien (Grafik, Ton, Video), die verschiedenen Übertragungsarten (uni-, ↑bidirektional) und verschiedene Verbindungsstrukturen (Punkt-zu-Punkt, breite Verteilung [engl. *broadcast*], alle-zu-einem) zu beachten. Elektronische Unterlagen muss man einblenden können, Notizen und Texte müssen auf elektronische Tafeln und Bilder geschrieben werden

T

können, Rückkanäle müssen für Nachfragen geschaltet sein usw. Auf die Lehrenden kommen Anforderungen wie im Fernsehen zu: Sie müssen sich angemessen bewegen, dürfen nicht zu spontan agieren, müssen die Ausleuchtung, die Tonaufzeichnungen und die Beschallung beachten, müssen vorsichtig mit Ironie, Gestik und Witz sein, müssen evtl. auch Regie führen usw. Ähnliches gilt für die Anwesenden und für Fragesteller. Sicherlich kann hierdurch hervorragender Unterricht entstehen, aber es wird noch eine Weile dauern, bis einfache Grundprobleme gelöst und von allen verinnerlicht sind.

Der Schritt zum Telelernen und zur erfolgreichen Unterstützung der Lernenden erfordert weitere Maßnahmen: Kommunikationsstrukturen zum Gespräch zwischen Dozenten und Schülern und vor allem zum Austausch des Kenntnisstands der Lernenden untereinander, Aufbau von Beratungs- und Betreuungsstrukturen über das Netz, Aufbau einer guten Ausbildungsbibliothek, Aufbau von Softwaresystemen, die Übungen erstellen und korrigieren können (z. B. im Rahmen von intelligenten Tutorsystemen), Entwicklung einer „Teledidaktik" usw.

Telnet: Wer Prozesse auf anderen Rechnern starten will, kann dies durch einen ↑Prozedurfernaufruf tun; er steht dann aber nicht in ständiger Verbindung mit den Verarbeitungsvorgängen. Stattdessen kann man den Internetdienst Telnet nutzen, mit dessen Hilfe man eine direkte Verbindung zu einem anderen Rechner aufbauen und aus der Ferne Prozesse dort direkt starten und steuern kann. Durch Telnet wird der eigene Computer zum Terminal für das kontaktierte Rechnersystem. Dies erleichtert viele Anwendungen.

Bisherige Nachteile sind, dass man Kenntnisse über ↑UNIX besitzen sollte und dass die Kommunikation (einschl. der Passwörter) unverschlüsselt über das Netz erfolgt, sodass heutige Sicherheitsstandards nicht eingehalten sind. Durch einen *Provider* (= ein Unternehmen, das gegen Gebühren einen Zugang zum Internet und weitere Dienste bereitstellt) kann man diese Nachteile beseitigen.

Testen: Überprüfung des Ein-/Ausgabeverhaltens eines Programms anhand von Experimenten und gezielten Programmdurchläufen (siehe auch ↑ Software-Engineering).

Wenn ein Programm oder eine Programmeinheit (↑Modul, ↑Objekt, ↑Prozedur) fertig gestellt ist, muss man die Korrektheit nachweisen. Da eine formale ↑Verifikation oft nicht durchführbar ist, gibt man Werte in das Programm ein und vergleicht die Ausgabe mit den erwarteten Ergebnissen. Die auszuwählenden Eingaben, die Untersuchung des Programmdurchlaufs, die Auswertung und die darauf aufbauenden weiteren Testreihen müssen sorgfältig geplant, analysiert und dokumentiert werden. Eine Fehlerbeseitigung sollte man erst beginnen, wenn die Tests abgeschlossen sind, weil man dann die Ursachen des Fehlverhaltens besser kennt.

Das Testen unterteilt man grob in zwei Klassen: den *Blackbox-Test* und den *Whitebox-Test*. Beim Blackbox-Test fasst man das Programm als geschlossenes System auf, dessen innere Struktur unbekannt ist; es wird nur die Funktionalität untersucht. Die Eingaben wählt man so, dass typische Werte darunter sind, dass Werte das Grenzverhalten zeigen, dass die Auswirkungen von kleinen Veränderungen der Eingabe sichtbar werden usw. Beim Whitebox-Test kennt man den Aufbau des Programms und man versucht durch geeignete Eingaben alle Zweige zu durchlaufen, viele Kombinationen von Bedingungen der <u>if</u>-Anweisungen zu realisieren, ungewöhnliche Schachtelungen von Prozeduraufrufen zu erzwingen, die Nebenläufigkeit von Objekten zu studieren usw.

Neben dem Testen einer Programmeinheit müssen auch die ↑Kommunikation zwischen den Einheiten (↑ Schnittstellen), das Zusammenwirken der Einheiten

T

„Integrationstest"), das Verhalten des Gesamtsystems aus Sicht der Ersteller und aus Sicht der Benutzer und die Sicherheitsaspekte getestet werden. Schließlich kann man den Einsatz des Systems als ständigen Test unter Betriebsbedingungen auffassen.

Es gibt kein allgemeines Verfahren, wie man beim Testen vorzugehen hat, man kennt jedoch eine Vielzahl von Rezepten, Verhaltensregeln und systematischen Methoden. Die Rezepte haben häufig die Form „Man sollte …" oder „Es empfiehlt sich …"; man verwendet sie nur bei kleinen Programmen. Aber auch beim methodischen Vorgehen bleiben viele Unwägbarkeiten und eine Fülle von Alternativen, denen man nicht allen nachgehen kann. Deshalb bleibt das Testen, die Wahl einer Testmenge und das Auffinden der fehlerhaften Programmstelle eine sehr kreative Tätigkeit, die viel Erfahrung voraussetzt und darüber hinaus ausgesprochen zeitaufwendig ist: Ca. 40 % der Programmentwicklungszeit wurde früher zum Testen und Verbessern verwendet. Durch eine bessere ↑Qualitätssicherung ist der Anteil heute gesunken.

Durch Testen kann immer nur die Anwesenheit von Fehlern, *nie jedoch deren Abwesenheit* bewiesen werden, d. h., liefert ein Programm für einen Testwert nicht die gewünschte Ausgabe, so ist es offensichtlich falsch, arbeitet umgekehrt das Programm für die überprüften Eingaben korrekt, so sagt das nichts darüber aus, ob es auch für *alle* Eingaben korrekt ist.

Zur *Formalisierung:* Gegeben sei ein Problem π. π lässt sich beschreiben durch eine Funktion

$$f_\pi\colon F \to A,$$

wobei F die Menge aller Fragestellungen (oder Eingaben) zum Problem π und A die Menge aller Antworten zu den Fragestellungen bezeichnet. Zu einer konkreten Fragestellung $x \in F$ liefert f_π eine korrekte Antwort $y = f_\pi(x) \in A$. Eine möglichst formale Beschreibung von f_π ist die *Spezifikation* des Problems.

▶ *Beispiel:* Man betrachte das Problem π, $n \geq 1$ ganze Zahlen $x_1, x_2, \ldots, x_n$ aufsteigend zu sortieren. Dann ist

$$F = \{(x_1, \ldots, x_n) | x_i \in \mathbb{Z}, n \geq 1\} \text{ und}$$
$$A = \{(x_1, \ldots, x_n) | x_i \in \mathbb{Z}, n \geq 1 \text{ und } x_1 \leq x_2 \leq \ldots \leq x_n\}.$$

f_π liefert zu jeder Zahlenfolge $x \in F$ die zugehörige aufsteigend sortierte Folge $f_\pi(x) = y \in A$. ◀

Um das Problem π mit einer Rechenanlage zu lösen, entwickelt man ein Programm P, für dessen berechnete Funktion $f_P\colon F \to A$ gelten soll

$$f_P(x) = f_\pi(x) \text{ für alle } x \in F.$$

Beweist man mit formalen Mitteln, dass $f_P = f_\pi$ gilt, so spricht man von ↑Verifikation. Zur Verifikation eines Programms benötigt man stets die ↑Semantik der zugrunde liegenden Programmiersprache. Dies ist meist sehr aufwendig und setzt spezielle Kenntnisse voraus. Daher begnügt man sich häufig mit dem *Testen.* Während die Verifikation die Gleichheit $f_P(x) = f_\pi(x)$ für alle $x \in F$ beweist, beschränkt man sich beim Testen auf die Überprüfung des Programms für eine *endliche* Teilmenge von F. Wenn das Programm für diese Menge korrekt arbeitet, dann hofft man, dass es wohl auch für alle übrigen Eingabewerte korrekt ist. Man wählt also eine endliche Menge $T \subseteq F$, eine so genannte *Testmenge,* und schließt aus

$$f_P(x) = f_\pi(x) \text{ für alle } x \in T$$

auf die Gleichung

$$f_P = f_\pi.$$

Wann der Schluss von T auf die ganze Menge F mit gewisser Berechtigung sinnvoll ist, hängt entscheidend von der Wahl der Testmenge ab.

Im Folgenden wird eine Reihe von Teststrategien und -prinzipien besprochen.

Psychologie des Testens: Während das Erstellen von Programmen ein in hohem Maße konstruktiver Vorgang ist, hat das

Testen stark destruktive Züge. Man definiert Testen daher häufig auch als *die Tätigkeit, ein Programm allein zu dem Zweck auszuführen, einen Fehler zu finden.* Die Erfolge dessen, der testet (also die gefundenen Fehler), sind die Misserfolge dessen, der das Programm entwickelt hat, und umgekehrt. Obwohl beide, Tester und Programmierer, temporär einander widerstrebende Ziele verfolgen, ist das Fernziel für beide identisch, die Verbesserung des Programms und der Nachweis seiner Korrektheit. Doch die Verhaltensweisen von Menschen sind oft schwer einzuschätzen und deshalb gehört zum Durchführen und Moderieren von Tests ein gutes Fingerspitzengefühl wie beim ↑Review.

Da der Programmierer in erster Linie daran interessiert ist, *keine* Fehler zu finden, sollte der Test möglichst von einer fremden Person durchgeführt werden.

Bei der Arbeit in Gruppen testen die Mitglieder ihre Programmteile oft gegenseitig. Hier gilt das Prinzip des *egoless programming* (dt. selbstloses Programmieren), d. h., Ziel ist die Korrektheit des Gesamtsystems.

Prinzipien des Testens:

a) *Prinzipien für die Konstruktion von Testmengen.*

aa) Testmengen müssen typische und untypische Eingabewerte enthalten.

Besondere Aufmerksamkeit ist auf das Verhalten des Programms bei Eingabe so genannter *Grenzwerte* zu richten. Grenzwerte sind solche Werte, die gerade noch als Eingabe zugelassen sind.

▶ *Beispiel:* Übliche Grenzwerte sind im Allgemeinen:

größter und kleinster Wert,
leerer Text, leere Eingabe

sowie alle sich direkt anschließenden Werte, also z. B. Text mit nur einem Zeichen usw. Für das Sortierproblem von oben sind typische Eingaben:

$(7, 14, 8, 3)$ oder $(12, 16, 1, -3, 10)$.

Untypische Eingaben sind die Folgen:

$(1, 2, 3, 4, 5)$ oder $(7, 7, 7, 7)$.

Grenzwert ist die Folge:

(5). ◀

ab) Man bilde Klassen von Eingabewerten, also Mengen, die jeweils bestimmte gemeinsame Merkmale besitzen, und teste das Programm mit einem oder einigen Werten aus jeder Klasse.

▶ *Beispiel:* Für das Sortierproblem ist u. a. eine Einteilung der Eingabewerte in folgende Klassen möglich:

- bereits aufsteigend sortierte Folgen
- absteigend sortierte Folgen
- Folgen mit lauter gleichen Elementen. ◀

ac) Man plane keinen Test unter der unbewussten Annahme, dass keine Fehler (mehr) gefunden werden.

Erläuterung: Empirische Untersuchungen haben ergeben, dass Fehler lokal und gehäuft auftreten:

- Tritt an einer Programmstelle *s* ein Fehler auf, so ist es wahrscheinlich, dass in der Umgebung von *s* weitere Fehler vorliegen.
- Die Anzahl der noch vorhandenen Fehler verhält sich gemäß Abb. 1 (zumindest in der Anfangsphase des Testens) proportional zur Anzahl der bereits gefundenen Fehler.

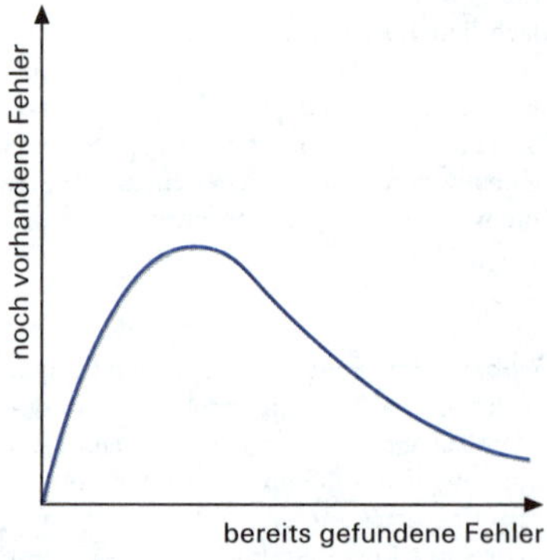

Testen (Abb. 1): Beziehung zwischen gefundenen und noch vorhandenen Fehlern

b) *Prinzipien für die Testdurchführung und die Überprüfung der Ergebnisse.*

ba) *Vor* der Durchführung eines Testlaufs ist zu definieren, welche Ausgabe das Programm auf die Testeingabe liefern soll.

Psychologische Erklärung: Liegt die Testausgabe bereits vor, so hat man meist unbewusst den Wunsch, das Resultat möge auch korrekt sein.

bb) Man überprüfe nicht nur, ob das Programm das tut, was es soll, sondern auch, ob das Programm etwas tut, was es nicht soll.

▶ *Beispiele:*
- Geldüberweisung an nichtexistente Mitarbeiter in einem Gehaltsabrechnungsprogramm.
- Speziell bei Prozeduren ist zu überprüfen, ob sie nicht unbefugt globale Werte verändern. ◀

bc) Man überprüfe die Ergebnisse eines Tests gründlich. Schleichen sich hier Fehler ein, ist der Test wertlos.

bd) Man besorge von jedem Testlauf einen Papierausdruck der ausgegebenen Resultate. Diese Ausdrucke kann man besser überprüfen, und sie können dokumentiert werden und in späteren Streitfällen als Beleg dienen. Nach Korrektur oder Abänderung eines Programms kann man mit alten Testprotokollen überprüfen, ob sich neue Fehler eingeschlichen haben *(Regressionstest).*

c) *Prinzipien für die Vereinfachung des Testens.*

ca) Man unterteile das Programm in Einheiten und teste diese einzeln.

cb) Man entwerfe Programme stets so, dass sie testfreundlich sind. Hierzu gehört:
- Strukturierung der Programme,
- Standardisierung der Prozedurschnittstellen,
- Verwendung von Einheiten, die bereits getestet sind (z. B. aus einer Bibliothek),
- Berücksichtigung von Testhilfen bereits beim Entwurf.

▶ *Beispiel:* Man gebe für markante Punkte des Programms Bedingungen (so genannte Zusicherungen oder *Prädikate,* ↑Logik) an, denen die Variablen an dieser Stelle genügen müssen. Man vererbe Eigenschaften von Objekten auf neu erstellte Objekte. ◀

Konstruktion von Testmengen: Wie müssen Testeingabewerte gewählt werden, um vorhandene Fehler bestmöglich aufzudecken? Das beste Resultat erzielt man durch Wahl einer idealen Testmenge. Eine Testmenge T zu einem Programm P heißt *ideal,* falls P genau dann korrekt ist, wenn P für alle Testwerte aus T korrekte Ergebnisse liefert. Mit einer idealen Testmenge kann man also *beweisen,* ob das Programm korrekt ist oder nicht. Leider ist dies ein nicht entscheidbares Problem (↑ Entscheidbarkeit): Zwar gibt es zu jedem Programm immer eine ideale Testmenge (die sogar stets einelementig ist), jedoch kann man eine ideale Testmenge nicht konstruktiv bestimmen. Man sucht daher nach Testmengen, die annähernd ideal sind. Hierfür gibt es mehrere Strategien.

Strategie 1: Anweisungsüberdeckung:

Wähle $T \subseteq F$ so, dass es zu jeder Anweisung A des Programms P eine Eingabe $t \in T$ gibt, bei deren Verarbeitung P die Anweisung A ausführt.

Strategie 2: Um den Begriff des „Überspringens" von Anweisungen zu präzisieren, verwendet man ↑ Programmablaufpläne und definiert eine stärkere Strategie, die *Entscheidungsüberdeckung:*

Wähle $T \subseteq F$ so, dass es zu jedem Pfeil im Programmablaufplan für P eine Eingabe $t \in T$ gibt, bei deren Verarbeitung P den Pfeil durchläuft.

▶ *Beispiel:* Um das Maximum dreier Zahlen zu berechnen, bieten wir das folgende Programmstück an:

```
read(x,y,z)
if x ≥ y then max := x
          else max := y;
if z ≥ max then max := z
              else max := y;
write(max).
```

Als Testmenge wählen wir:

$$T = \{(2,1,3),(4,10,6)\}.$$

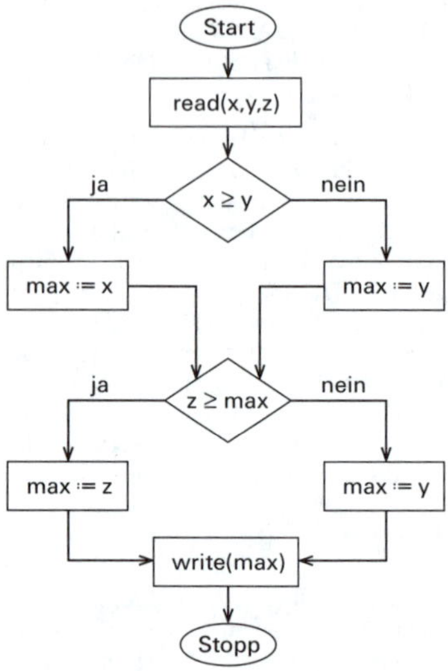

Testen (Abb. 2): Beispiel für einen Programmablaufplan

T erfüllt die Bedingung der Entscheidungsüberdeckung, siehe Abb. 2. Für alle Testwerte $t \in T$ arbeitet das Programm korrekt. Der Schluss auf die Korrektheit des Programms für alle Eingaben aus F ist aber unzulässig, denn offensichtlich ist das Programmstück fehlerhaft: Zwar liefert es für alle Eingaben (x, y, z), die die Bedingung

$$y \leq x \leq z \text{ oder } x < y \text{ und } z < y$$

erfüllen, die korrekte Ausgabe. Testwerte, bei denen x das Maximum ist, führen jedoch zu einem falschen Ergebnis. ◀

Meist ist das Verfahren der Entscheidungsüberdeckung im Allgemeinen gut geeignet, um Fehler zu finden.

Praktische Durchführung der Entscheidungsüberdeckung: Durch Testeingaben ist dafür zu sorgen, dass jeder Pfeil des Programmablaufplans durchlaufen wird. Hierzu fügt man in jeden Pfeil des Programmablaufplans bzw. an die entsprechende Stelle im Programm einen so genannten *Messpunkt* ein. Ein Messpunkt ist eine boolesche Variable, die zu Beginn des Programms mit false belegt wird und nur bei Durchlaufen des Pfeils auf true gesetzt wird. Das Programm ergänzt man am Schluss um eine Anweisung, die die Werte aller Messpunkte ausgibt. Diese Erweiterung des Programms um Messpunkte bezeichnet man als *Instrumentierung,* siehe Abb. 3. Anschließend startet man das Programm mit unterschiedlichen Eingabewerten so oft, bis jede boolesche Variable einmal den Wert true besessen hat. Es gibt eine Reihe von Verfahren, um die Anzahl der Messpunkte zu beschränken, auf die hier aber nicht eingegangen wird.

Strategie 3: Wegeüberdeckung:

> Wähle $T \subseteq F$ so, dass es zu jedem Weg vom START-Knoten zum STOPP-Knoten im Programmablaufplan für P eine Eingabe $t \in T$ gibt, bei deren Verarbeitung P den Weg durchläuft.

▶ *Beispiel:* Für das Programmstück aus Abb. 2 sind vier Wege möglich, die dann zu folgenden Anweisungsfolgen führen:

```
read(x,y,z); max := x; max := z;
write(max),
read(x,y,z); max := x; max := y;
write(max),
read(x,y,z); max := y; max := z;
write(max),
read(x,y,z); max := y; max := y;
write(max).
```
◀

Nachteil der Wegeüberdeckung: Sie führt zu einer sehr großen Testmenge. Für Programme mit bedingten Schleifen ohne Begrenzung der Iterationszahl gibt es unendlich viele Wege. Für Programme ohne Schleifen kann die Anzahl der Wege in exponentiellem Verhältnis zur Anzahl der Anweisungen stehen. In der Praxis hat man Verfahren entwickelt, diese Anzahl zu verringern.

Fehlerlokalisierung und -behebung: Hat ein Programm einen Test nicht bestanden, so muss man es korrigieren. Diese Korrektur unterteilt sich in vier Schritte:

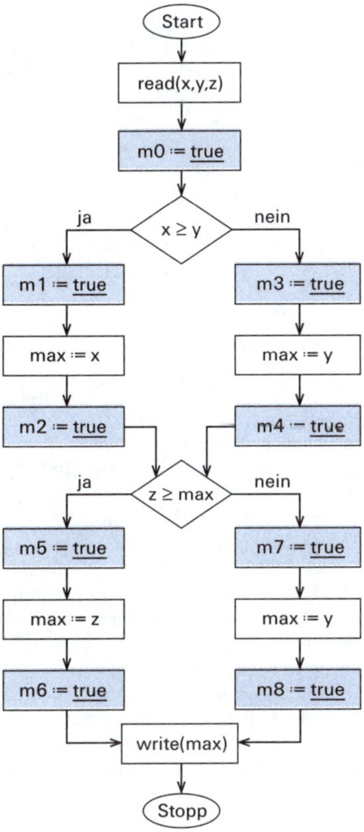

Testen (Abb. 3): instrumentierter Programmablaufplan aus Abb. 2

(1) Erkennen eines Fehlers (anhand des Testprotokolls),
(2) Lokalisierung des Fehlers und Bestimmung seiner Ursachen,
(3) Korrigieren des Programms,
(4) Testen des korrigierten Programms, um auszuschließen, dass durch die Korrektur neue Fehler erzeugt wurden.

Der 2. Schritt ist der bei weitem aufwendigste. Etwa 90% des Gesamtaufwands für die Fehlerbeseitigung sind hierfür zu veranschlagen, weil sich Fehler innerhalb eines Programms über große Entfernungen fortpflanzen können, bevor sie an einer anderen Stelle sichtbar werden. Von dieser Stelle aus muss man sich an die eigentliche fehlerhafte Stelle rückwärts herantasten.

Im Folgenden beschäftigen wir uns daher ausschließlich mit Methoden zur Lokalisierung von Fehlern.

a) *Hauruckverfahren.*

Hauruckverfahren haben (wie der Name schon sagt) einen Vorteil: Man kann sie sofort ohne große Überlegung einsetzen. Nachteil: Sie helfen meist recht wenig. Man unterscheidet zwei Arten von Hauruckverfahren: den Speicherabzug und die Kontrollausgabe.

Beim *Speicherabzug* (↑ Dump) werden die Bezeichner und Werte aller Variablen in dem Moment ausgedruckt, in dem der Fehler auftritt (Programmabbruch). Leider werden im Fehlerfall meist gewaltige Datenmengen produziert, von denen nur wenige zur Fehlerlokalisierung beitragen.

Bei der *Kontrollausgabe* fügt man an markanten Stellen des Programms Ausgabeanweisungen ein, um den aktuellen Programmzustand auszudrucken. Gegenüber dem Speicherabzug spiegelt die Kontrollausgabe die *Dynamik* des Programmablaufs wider. Allerdings können auch hier wieder undurchschaubare Datenmengen produziert werden. Daher sollten Kontrollausgabeanweisungen nach folgenden Prinzipien eingefügt werden:

(1) Jede Kontrollausgabeanweisung liefert die zugehörige Programmstelle und die Belegung der hier relevanten Variablen.

(2) Jede Kontrollausgabeanweisung D kann durch eine Steuervariable k in der Form

```
if k then D fi
```

aktiviert und deaktiviert werden.

(3) Eine Kontrollausgabe innerhalb einer Schleife ist nach einer vorgegebenen Zahl von Durchläufen zu deaktivieren.

b) *Analytische Methoden.*
Mit diesen Methoden tastet man sich vorwiegend durch Untersuchung des Programmtextes an den Fehler heran. Das Verfahren ist vergleichbar mit dem Lösen eines Kriminalfalls, bei dem man Indizien (Testprotokolle) sammelt, auswertet, zueinander in Beziehung setzt und Gemeinsamkeiten feststellt, bis der Täter (die Fehlerquelle) gefunden ist. Die Vorgehensweise bezeichnet man auch als *induktiv,* weil man vom Speziellen (den Fehlerprotokollen) auf das Allgemeine (den Fehler) schließt.
Im Einzelnen umfasst die induktive Methode folgende Schritte:
(1) Stelle alle Testein- und -ausgaben zusammen.
Es empfiehlt sich, das Programm mit Werten ablaufen zu lassen, die denen, die bereits Fehler erzeugt haben, ähnlich sind.
(2) Spezifiziere die Unterschiede zwischen dem gewünschten und dem tatsächlichen Verhalten des Programms und stelle dies tabellenartig dar.
(3) Ermittle Beziehungen zwischen den Testprotokollen.
Dies ist der wichtigste Schritt, der über den Erfolg der Fehlerlokalisierung entscheidet. Kann man die Fehlerfälle exakt von den Nichtfehlerfällen abgrenzen, so ist auch die Fehlerquelle i. A. recht exakt eingegrenzt. Nötigenfalls müssen weitere Testläufe helfen, die Abgrenzung zu verschärfen.
(4) Stelle eine Hypothese über die Fehlerquelle auf.
(5) Beweise die Hypothese.
Man überprüft, ob an der vermuteten Programmstelle wirklich ein Fehler existiert und ob dieser Fehler alle beobachteten Abweichungen des Programmverhaltens *vollständig* erklärt. Liegt dort kein Fehler vor, so muss man eine neue Hypothese aufstellen. Besonders die zweite Bedingung ist wichtig: Erklärt der Fehler die Abweichungen nicht vollständig, so liegen weitere oder andere Fehler vor, und man muss die Hypothese ändern.

Hat man den Fehler gefunden (also die Hypothese bewiesen), so kann man ihn korrigieren. Hierbei sollte man folgende Prinzipien beachten:
(1) Häufig liegen in der Umgebung des gefundenen Fehlers weitere vor, denn Fehler treten meist gehäuft auf.
(2) Fehlerkorrekturen sind besonders streng zu testen, da man einerseits keine Gewähr dafür hat, dass die Korrektur richtig und vollständig war, andererseits aber die Gefahr besteht, dass durch die Korrektur neue Fehler entstanden sind. (Bei einer empirischen Untersuchung hat man z. B. festgestellt, dass jeder sechste neu entdeckte Fehler durch eine frühere Korrektur eines anderen Fehlers entstanden ist.)
(3) Nach einer Korrektur teste man das Programm erneut mit den Werten, für die es früher bereits korrekte Werte produziert hat (so genannter *Regressionstest*).

In der Praxis gibt es gut ausgearbeitete Teststrategien von der Planung über den Entwurf, die Testmengenbeschreibung, die Entwicklung einer Testumgebung, die Durchführungsrichtlinien bis hin zur Testauswertung. Viele Unterstützungswerkzeuge sind verfügbar.
Computer werden zunehmend auch in kritischen Bereichen eingesetzt (z. B. Steuerung von Eisenbahnen, Signalanlagen, medizinischen Apparaten oder Kraftwerken). Da hier besonders hohe Anforderungen an die Korrektheit der verwendeten Programme gestellt werden müssen, verlangen die Sicherheitsüberprüfungen (z. B. Technische Überwachungsvereine) heute meist eine Verifikation der beteiligten Programme. Die Verifikation gewinnt daher mehr und mehr an Bedeutung. Die Unsicherheiten, die durch Testen nie ausgeschlossen werden können, sind dann nicht mehr akzeptabel.
Textverarbeitung: computerunterstützte Erstellung, Veränderung und Speicherung von Texten. Neuerdings sind an die Textverarbeitung weitere Funktionen wie das Verschicken von Texten (↑ elektronische Post) oder die ge-

meinsame Texterstellung durch mehrere Autoren angeschlossen (↑ CSCW). Die früher üblichen reinen Textsysteme werden allmählich durch ↑ Multimedia-Systeme und ↑ Browser verdrängt, die alle über eine Textverarbeitungskomponente verfügen.

Komfortable Textverarbeitungssysteme unterstützen einen Benutzer in verschiedenen Tätigkeitsbereichen: beim *Textentwurf* durch die Bereitstellung von Standardtexten und -phrasen; bei der *Textfixierung* und der *Textumformung* durch einen mächtigen ↑ Editor und eine reichhaltige Auswahl an Funktionen zur Formgestaltung des Dokumentes, z. B. Tabellieren, Fettdruck, Unterstreichen, automatische Seitennummerierung, Worttrennung usw.; bei der *Textverwendung* durch benutzerfreundliche Archivierungsmöglichkeiten, z. B. durch Zusammenfassen von Dokumenten in elektronischen Ordnern.

Wie alle anderen ↑ Dokumente werden auch Texte im Dialog eingegeben und geändert und auf einem ↑ Bildschirm ausgegeben. Der auf dem Bildschirm dargestellte Text entspricht dabei in seiner Form jederzeit dem gedruckten Text (WYSIWYG-Prinzip, siehe am Ende von ↑ Editor).

Bei *stapelorientierten Textverarbeitungssystemen* werden in einen fixierten Text Formatierungsbefehle (meist durch Sonderzeichen markierte Kürzel) eingestreut, welche z. B. die Schriftart, das Seitenformat oder die Zeilenlänge festlegen. Anschließend wird ein Formatierungsprogramm aufgerufen, das die Formatierungsbefehle interpretiert, aus dem Text löscht und den formatierten Text ausgibt. Das System unterstützt viele Zusatzaufgaben: Inhaltsverzeichnis anlegen, Register erstellen, Verweise eintragen usw. Ein weit verbreitetes stapelorientiertes Textverarbeitungssystem ist *TEX* (sprich: „tech“), vor allem in der Erweiterung *LATEX*.

▶ *Beispiel:* Den mit den Formatierungsbefehlen **UA** (Beginne Unterstreichung) und **UE** (Beende Unterstreichung) und **$.$** (neue Zeile) versehenen Text

„Dies ist $.$ ein kurzer UA formatierter UE Text“

verwandelt ein Formatierungsprogramm in den Text

„Dies ist
ein kurzer formatierter Text“. ◀

Will man Texte zwischen Computersystemen austauschen, so muss man die Dokumente bezüglich ihrer formalen Struktur, ihrer Formatierung und ihrer Bedeutung normieren. Diese Normen, die im DIN (Deutsches Institut für Normung e. V.) im europäischen Bereich und in der ↑ ISO vorangetrieben werden, sind zum Teil der 6., im Allgemeinen aber bereits der 7. Schicht des Schichtenmodells der ↑ Datenübertragung zuzuordnen. Vgl. ↑ HTML und ↑ SGML.

T-Flipflop: Bezeichnung für ein ↑ Flipflop mit einem Eingang, das bei jedem Eingangsimpuls seinen Zustand ändert (Abb. 1).

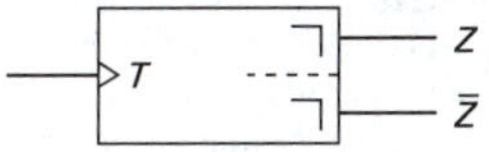

T-Flipflop (Abb. 1): Schaltzeichen für ein T-Flipflop

Das logische Verhalten zeigt folgende Übergangstabelle (Z =gespeicherter Zustand, Z' = Folgezustand):

T	Z	Z'
0	0	0
0	1	1
1	0	1
1	1	0

Die Übergangsgleichung des T-Flipflops lautet:

$$Z' = \bar{T}Z + T\bar{Z}.$$

Thread (dt. Faden): **1.** Wenn beispielsweise die Aufgabe gestellt wird, mehrere Personen durch ein Labyrinth zu bewegen, so wird man jede Person durch einen eigenen ↑Prozess (oder durch ein eigenes ↑Objekt) darstellen, die alle zugleich gestartet werden. Ein Betriebssystem kann die gleichzeitigen Bewegungen der Personen so realisieren, dass es in sehr kurzen Abständen zwischen den beiden Prozessen umschaltet und den Prozessor des Computers jedem der Prozesse abwechselnd für einen kurzen Zeitraum zur Verfügung stellt. Nach außen wirkt dies wie eine echte ↑Nebenläufigkeit. Solche Prozesse, die sich im gleichen Programm befinden, werden vom Computer quasi nebeneinander wie Ablauf-Fäden abgewickelt; sie heißen daher Threads (Fäden).

Jeder ↑Auftrag, der von einem Computersystem zu erledigen ist, wird als Prozess aufgefasst, durch eine spezielle Komponente des Betriebssystems, die ↑Prozessorverwaltung, bearbeitet und ähnlich wie Threads behandelt, nämlich durch geregelte Zuteilung des Prozessors an jeden Prozess. Es gibt jedoch einen wesentlichen Unterschied: Zwei Aufträge sind in der Regel sehr stark voneinander verschieden; denn sie besitzen andere Speicherinhalte, andere Keller und sonstige Datenstrukturen, andere virtuelle Speicherbereiche, andere Arbeitsumgebungen, sie greifen auf andere Peripheriegeräte zu usw. Beim Umschalten von einem Auftrag zum anderen muss die Prozessorverwaltung daher immer wieder eine völlig andere Umgebung herstellen. Solche Prozesse fallen zeitlich stark ins Gewicht; man nennt sie „schwergewichtige" Prozesse. Threads dagegen, die im gleichen Programm existieren, unterscheiden sich nur in wenigen lokalen Informationen, z. B. in den Zuständen der Objekte und in den Registerinhalten der Zentraleinheit. Prozesse, zwischen denen die Prozessorverwaltung leicht hin und her schalten kann, bezeichnet man als „leichtgewichtige" Prozesse. Ein Thread ist ganz allgemein ein solcher *leichtgewichtiger Prozess*.

2. Einen Artikel einer ↑Nachrichtengruppe mit allen zugehörigen Antwortartikeln bezeichnet man als Thread.

Tiefendurchlauf (engl. *depth first search,* Abk. **DFS**): oft benutztes Verfahren zum Durchlaufen eines ↑Graphen, bei dem jeder Knoten genau einmal besucht wird. Der Name „Tiefendurchlauf" rührt daher, dass das Verfahren zunächst in die „Tiefe" und erst dann in die „Breite" des Graphen geht. Man geht also vom jeweiligen Knoten erst zu einem noch nicht besuchten Nachbarknoten und setzt dort den Algorithmus rekursiv fort.

Sei $G = (V, E)$ ein Graph mit der Knotenmenge $V = \{1, 2, \ldots, n\}$ und der Kantenmenge E. Für jeden Knoten v bezeichne $N(v)$ die Menge der Knoten, die mit v durch eine Kante verbunden sind (Nachbarknoten).

Der folgende Algorithmus realisiert den Tiefendurchlauf.

```
const n = ... ;
var besucht: array [1..n] of boolean;
    v: 1..n;
procedure dfs (v: 1..n);
var w: 1..n;
begin
   besucht[v] := true; write(v);
   for all w ∈ N(v) do
   if not besucht[w] then dfs(w) fi od
end;
begin (* der Graph sei gegeben *)
   for v := 1 to n do
       besucht[v] := false od;
   while „es gibt ein v mit
            besucht[v] = false"
            do dfs(v) od
end.
```

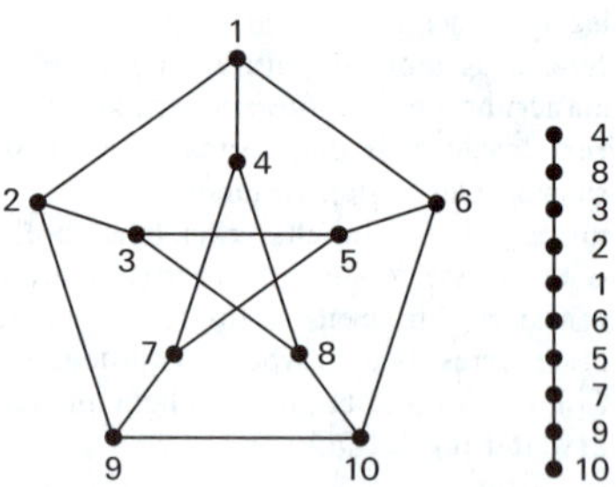

Tiefendurchlauf (Abb. 1): Graph (links) und ein zugehöriger Spannbaum

▶ *Beispiel:* Eine mögliche Ausgabe des Algorithmus für den Graphen aus Abb. 1 ist:

4 8 3 2 1 6 5 7 9 10.

Eine andere Möglichkeit lautet:

1 2 9 10 6 5 3 8 4 7. ◀

Welche Ausgabe der Algorithmus im konkreten Fall liefert, hängt von der Realisierung der Anweisung

<u>for</u> <u>all</u> w ∈ N(v) <u>do</u>

und von der Wahl des Startknotens ab.
Der Algorithmus kann leicht auf gerichtete Graphen übertragen werden. Protokolliert man zusätzlich noch die beim Durchlaufen des Graphen benutzten Kanten, so bestimmt der Algorithmus einen spannenden Wald bzw. bei zusammenhängenden Graphen einen Spannbaum (↑Graph) (Abb. 1).
Die Laufzeit des Algorithmus hat bei geeigneter Implementierung (z. B. durch Adjazenzlisten) die ↑ Ordnung $O(|V|+|E|)$.
Ein anderes Verfahren zum Durchlaufen von Graphen ist der ↑Breitendurchlauf. Eine Anwendung des Tiefendurchlaufs ist das ↑topologische Sortieren.

Tokenring (engl. *token* = Teilchen): Der Tokenring ist ein Beispiel für ein lokales ↑Rechnernetz (engl. *local area network,* Abk. LAN) mit Ringtopologie, das von der Firma IBM entwickelt wurde. Den Aufbau des Rechnernetzes zeigt Abb. 1. Jedes beteiligte Computersystem ist über einen Controller (*Interface*) mit dem Netz verbunden. Kommunikationswünsche teilt jeder Rechner seinem zugehörigen Controller mit, der dann das Notwendige veranlasst. Wie wird eine Kommunikation abgewickelt? Im Ring kreist (z. B. im Uhrzeigersinn) von Controller zu Controller ein „Token", das ist ein in bestimmter Weise belegtes Byte. Nur *der* Computer darf senden, dessen Controller das Token besitzt. Damit ein Computer eine Nachricht senden kann, muss der zugehörige Controller also das Token „fangen" und aus dem Ring entfernen. Nun kann der Computer senden. Nach Beendigung der Datenübermittlung gibt der Controller das Token wieder frei und lässt damit einem anderen potenziellen Sender die Chance, das Token zu fangen und anschließend zu senden.

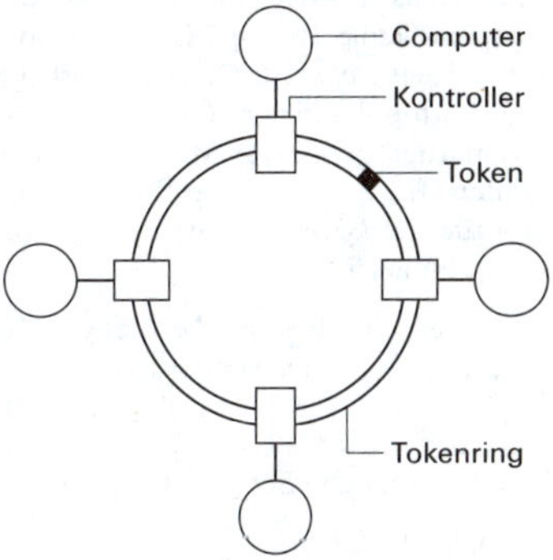

Tokenring (Abb. 1)

T-Online: dialogorientierter ↑ Dienst der Deutschen Telekom. Er unterstützt vor allem Datenübermittlungen zwischen Rechnern, ↑ elektronische Post, Zugang zum ↑ Internet sowie Datenbank-, Buchungs-, Bestell- und Informationsdienste. Die Anwahl erfolgt über das Telefonnetz (bis zu 56 KBit/s analog bzw. 64 KBit/s bei ↑ ISDN zum Nahtarif). Neben dem Telefonnetz können DATEX-P (↑ DATEX-Netze) und über Schnittstellen externe Rechnernetze genutzt werden.
Mit T-Online sind Zusatzfunktionen verbunden, wie die dialogorientierte Kommunikation (gemeinsame Bearbeitung einer Aufgabe bis hin zu Konferenzen) oder die Abrechnung von genutzten Diensten. Es gibt Such- und Navigationsfunktionen nach Anbietern, Schlagwörtern usw. Neben allgemeinen Informationen (Fahrpläne, Kartenbestellungen, amtlichen Statistiken usw.) können auch Dienste für Benutzergruppen eingerichtet werden, z. B. die Datenerfassung und -übermittlung durch externe Mitarbeiter einer Versicherung.

Geplant sind beliebige Dienste, die über Netze verbreitet und genutzt werden können. Langfristig werden *intelligente Netze* angestrebt, in die sich relativ rasch und flexibel neue Dienste einbringen lassen.

topologisches Sortieren: Form des ↑Sortierens, bei der auf der Menge der Elemente keine *lineare* ↑Ordnung, sondern nur eine *partielle* Ordnung vorliegt. Ziel des topologischen Sortierens ist es, eine partiell geordnete Menge von Elementen $\{a_1, a_2, \ldots, a_n\}$ so anzuordnen, dass für alle $i, j \in \{1, \ldots, n\}$ mit $i \neq j$ aus $a_i < a_j$ immer $i < j$ folgt.

▶ *Beispiel:* Gegeben sei die Menge $M = \{1, 2, \ldots, 9\}$ mit der Halbordnung $1 < 3$, $3 < 7$, $7 < 4$, $7 < 5$, $4 < 6$, $9 < 2$, $9 < 5$, $2 < 8$, $5 < 8$, $8 < 6$.
Eine topologische Sortierung lautet:

1,3,7,4,9,2,5,8,6

Eine andere ist:

9,1,2,3,7,5,8,4,6. ◀

Das topologische Sortieren hat eine Reihe von Anwendungen im Alltag.

▶ *Beispiele:*
(1) *Projektplanung:* Ein Arbeitsgang v muss vor Beginn eines Arbeitsgangs w abgeschlossen sein. Man ordne die Arbeitsgänge zeitlich so an, dass alle Vorlaufarbeitsgänge vor Aufnahme eines Arbeitsgangs beendet sind.
(2) *Schreiben eines Lehrbuchs:* Ein Begriff v wird mithilfe eines Begriffs w erklärt ($w < v$). w muss also schon eingeführt sein. Man ordne die Begriffsdefinitionen so an, dass jede Definition nur bereits bekannte Begriffe verwendet. ◀

Partielle Ordnungen stellt man häufig durch gerichtete ↑Graphen dar. Die Elemente der Menge werden durch Knoten repräsentiert.
Vom Knoten v zum Knoten w verläuft eine gerichtete Kante, wenn $v < w$ gilt. Abb. 1 zeigt die partielle Ordnung des obigen Beispiels als Graph.

```
const n = ...;
var j,v: 1..n;
    sort: array [1..n] of 1..n; (* enthält die top. Sortierung *)
    besucht, einsortiert: array [1..n] of boolean;
procedure topsort (v: 1..n);
var w: 1..n;
begin
    besucht[v] := true;
    for all „Knoten w, für die es eine Kante von v nach w gibt" do
        if not besucht[w] then topsort(w) else
            if not einsortiert[w] then
                write ('Keine topologische Sortierung möglich');
                stop (* Programmabbruch *) fi fi
    od;
    (* Die Nummer von v ist kleiner als die aller Nachfolger von v *)
    sort[j] := v; einsortiert[v] := true; j := j - 1
end;
begin (* Die Halbordnung sei als Graph gegeben *)
    for v := 1 to n do
        besucht[v] := false; einsortiert[v] := false od;
    j := n;
    for v := 1 to n do
        if not besucht[v] then topsort(v) fi od;
    for v := 1 to n do write (sort[v]) od
end.
```

topologisches Sortieren (Prog. 1): Algorithmus

Abb. 2 enthält eine topologische Sortierung.

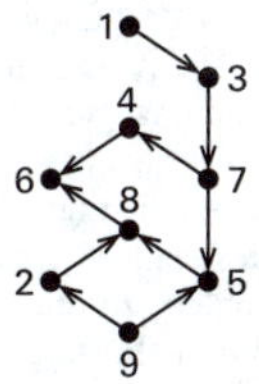

topologisches Sortieren (Abb. 1): Menge der Zahlen 1, 2, ..., 9 mit einer partiellen Ordnung

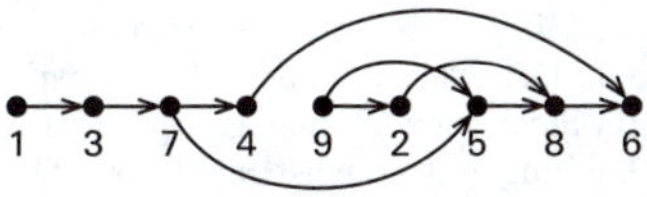

topologisches Sortieren (Abb. 2): topologische Sortierung des Graphen aus Abb. 1

Eine einfache Lösung zum topologischen Sortieren besteht in folgendem Algorithmus:
Eingabe: ein gerichteter Graph $G = (\{1, \ldots, n\}, E)$
Ausgabe: eine topologische Sortierung von $\{1, \ldots, n\}$
Methode:

```
for j := n downto 1 do
    „Bestimme einen Knoten v im restlichen Graphen, von dem keine Kante ausgeht";
    „Setze v_j := v";
    „Entferne v und alle in v hineinlaufenden Kanten aus dem Graphen"
 od;
„Gib v_1, ..., v_n aus";
```

In der Praxis vermeidet man das Löschen der Knoten durch eine geschickte Markierung der Knoten. Zur Bestimmung eines Knotens, von dem keine Kanten ausgehen, verwendet man den ↑Tiefendurchlauf.
Der Algorithmus in Prog. 1 fasst das hier beschriebene Verfahren zusammen.
Bei geschickter Implementierung (z. B. durch Adjazenzlisten) hat der Algorithmus eine Laufzeit von der ↑Ordnung $O(n+|E|)$.

totale Funktion: Ist eine Funktion $f: M \to N$ für jedes Argument $x \in M$ definiert, d. h., M ist der Definitionsbereich von f, so heißt f total (bezüglich M). Gibt es in M Elemente, für die f nicht definiert ist, so heißt f *partielle Funktion* (bezüglich M).

► *Beispiele:*
(1) Die Funktion

$$f_1\colon \mathbb{R} \to \mathbb{R},\ f_1(x) = x$$

ist total.
(2) Die Funktion

$$f_2\colon \mathbb{R} \to \mathbb{R},\ f_2(x) = {}^1/_x$$

ist nicht total. Für $x = 0$ ist f_2 nicht definiert.
(3) Gegeben sei folgendes Programmstück:

```
var n,s: integer;
read(n); s := 0;
while n ≠ 0 do
    s := s+n; n := n-1 od;
write(s)
```

Dieses Programmstück berechnet die Funktion

$$f_3(n) = \begin{cases} \sum\limits_{i=1}^{n} i, & \text{falls } n \geq 1, \\ 0, & \text{falls } n = 0, \\ \text{undefiniert}, & \text{sonst.} \end{cases}$$

Also ist f_3 nicht total. ◄

Ein Beispiel für eine Klasse von totalen Funktionen sind die ↑primitiv-rekursiven Funktionen.

Transaktion: Immer mehr verbindliche Aktivitäten werden über Computer und Rechnernetze abgewickelt. Während diese Aktivitäten durchgeführt werden, können widersprüchliche *(inkonsistente)* Situationen auftreten. Aktivitäten laufen daher im Allgemeinen nur unter Vorbehalt ab; sie dürfen erst dann endgültige Veränderungen in einer ↑Datenbank bewirken, wenn ihre *Freigabe* (engl. *commitment*) erfolgt ist. Solche Aktivitäten, durch die eine Menge von Aktionen auch bei auftretenden Fehlern zuverlässig ausgeführt werden, bezeichnet man als Transaktionen. Sie spielen vor allem bei Datenbanken und Systemen zur Verwaltung von Arbeitsabläufen *(Workflow-Management-Systeme)* eine wichtige Rolle.

Von Transaktionen verlangt man meist die *ACID-Eigenschaft:*

Atomicity: Die Atomizität bezeichnet die Unteilbarkeit einer Transaktion: Entweder wird die Aktivität vollständig zu Ende geführt oder die Aktivität wird so zurückgesetzt, als hätte sie nie stattgefunden.

Consistency: Die Konsistenz (also die Widerspruchsfreiheit) der zu bearbeitenden Datenbestände muss gewährleistet sein.

Isolation: Gleichzeitig durchgeführte Transaktionen müssen isoliert, also ohne gegenseitige Beeinflussung ablaufen, insbesondere müssen sie so abgewickelt werden, als ob sie in irgendeiner Reihenfolge nacheinander (und nicht ineinander verzahnt) abgelaufen wären *(Serialisierbarkeit).*

Durability: Die Dauerhaftigkeit der Ergebnisse einer Transaktion muss nach deren Freigabe gesichert sein; die Resultate müssen also fest in einen Datenbestand eingefügt sein und sie können nach der Freigabe nicht ohne weiteres wieder zurückgenommen werden.

Diese ACID-Eigenschaft ist nur bei kurz andauernden, lokal beschränkten Aktivitäten über relativ einfachen Datenbeständen einzuhalten. Dauern Aktivitäten lange an oder sind die Datenbestände sehr komplex, so fordert man modifizierte Eigenschaften.

T

▶ *Beispiel:* Jemand möchte eine Besprechung mit mehreren Personen in einer anderen Stadt abhalten. Er vereinbart zunächst den Gesprächstermin, bucht dann ein Hotelzimmer, danach den Flug und anschließend einen Mietwagen. Alle Aktionen zusammen bilden die Aktivität. Wenn diese mit der ACID-Eigenschaft realisiert werden soll (d. h., alle Reservierungen sind nur vorläufig, bis die gesamte Aktivität störungsfrei zu Ende geführt ist), dann müssen bei einem Fehler (falls z. B. kein Flug mehr frei ist oder kein Wagen zur Verfügung steht) alle vorherigen Reservierungen wieder aufgehoben und der Vorgang ggf. erneut gestartet werden. Hier sind auch Folgefehler zu berücksichtigen, falls etwa durch Festlegung des Gesprächstermins andere Gesprächsteilnehmer zwischenzeitlich bereits Hotelzimmer gebucht haben. Eine allgemeinere Transaktion würde dagegen versuchen, den Fehler „nach vorne" zu lösen; man würde also beispielsweise einen anderen Ort oder ein anderes Verkehrsmittel wählen, um einmal getroffene Entscheidungen möglichst nicht zurücksetzen zu müssen. ◀

Problematisch ist es, wenn andere Aktivitäten auf Zwischensituationen oder inkonsistente Zwischenzustände zugegriffen und davon abhängig Entscheidungen getroffen haben. Hierfür müssen aufwendige Rücksetzungen anhand von mitgeführten Protokollierungen durchgeführt werden und bereits als beendet angenommene Aktivitäten automatisch neu nachvollzogen oder, falls dies nicht möglich ist, aufgehoben werden. In vielen Datenbanken sind entsprechende Mechanismen implementiert.

Transistor-Transistor-Logik (Abk. **TTL**): ↑ Schaltkreisfamilie, bei der die ↑Gatter durch Widerstände und Transistoren realisiert sind. Die Transistor-Transistor-Logik ist eine Weiterentwicklung der ↑ Dioden-Transistor-Logik. Die Eingangsdioden fasst man zu einem Transistor mit mehreren Emittern zusammen. Abb. 1 zeigt ein einfaches TTL-NAND-Gatter (vgl. ↑NAND-Funktion).

T_1 entspricht dem Diodennetzwerk bei der Dioden-Transistor-Logik und führt die ↑ UND-Funktion aus. T_2 invertiert und verstärkt das Signal von T_1.

Die Transistor-Transistor-Logik hat gegenüber der Dioden-Transistor-Logik folgende Vorteile:

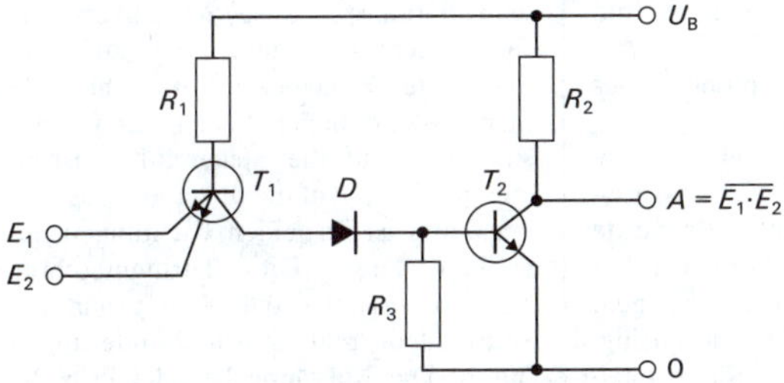

Transistor-Transistor-Logik (Abb. 1): TTL-NAND-Gatter

kürzere Schaltzeit (2 bis 10 Nanosekunden; Nano = 10^{-9}),
geringerer Platzbedarf des Multi-Emitter-Transistors T_1 in einer ↑integrierten Schaltung,
Ausnutzung der Stromverstärkung der Transistoren.

Transputer: Bezeichnung für eine spezielle ↑Rechnerarchitektur auf der Basis von ↑Mikroprozessoren, die Mitte der 80er Jahre von der Firma INMOS entwickelt wurde. Transputer besitzen einen schnellen Prozessor mit Wortlänge 32 Bit, einen lokalen Speicher sowie mehrere (meist vier) serielle ↑Schnittstellen (sog. *Ports*). Über diese Schnittstellen können Transputer untereinander verbunden und zu einem ↑Rechnernetz prinzipiell beliebiger Größe zusammengeschaltet werden. Dabei bilden je vier Transputer einen *Knoten* (Abb. 1). Die Schnittstellen werden durch eigene Prozessoren verwaltet, sodass Datenkommunikationen den Zentralprozessor nicht belasten. Die Verschaltung der Transputer ist nicht hardwaremäßig realisiert. Daher kann der Programmierer die Transputer jeweils softwaremäßig so konfigurieren (z. B. wie in Abb. 2), wie es für die Lösung seiner Aufgabe erforderlich ist.

Große Transputersysteme bestehen aus bis zu 4 096 einzelnen Transputern.

Für die Programmierung eines Transputersystems verwendet man meist die ebenfalls von INMOS entwickelte Pro-

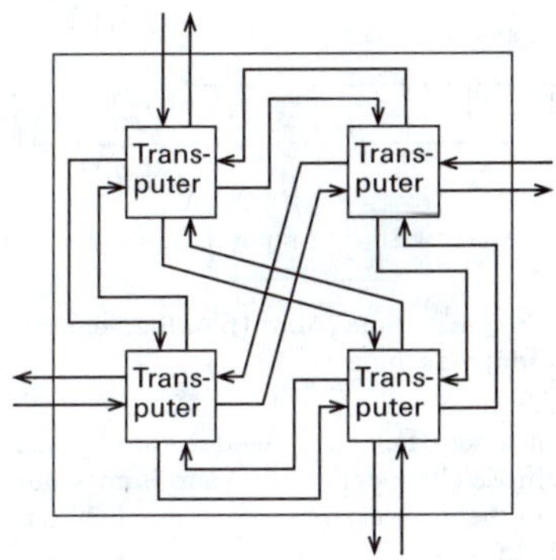

Transputer (Abb. 1): Vier Transputer bilden einen Knoten

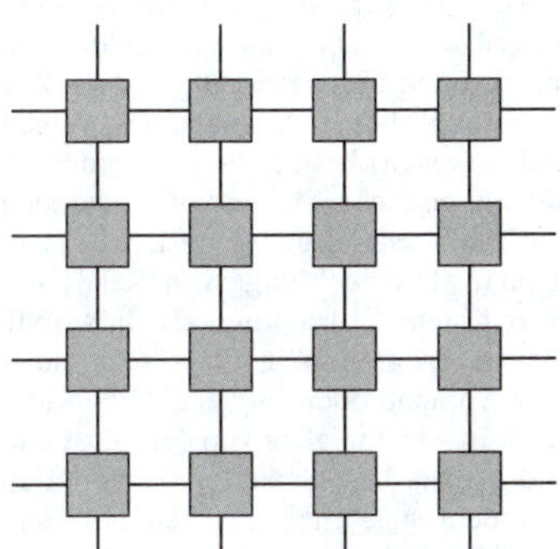

Transputer (Abb.2): übliche Konfiguration von Transputern; jedes Quadrat repräsentiert einen Knoten mit vier Transputern

grammiersprache ↑ OCCAM, die u. a. spezielle Sprachelemente besitzt, um parallel zu verarbeitende Teile eines Programms bestimmten Transputern eines Netzes zuzuordnen.

Turingmaschine: universelles Automatenmodell (↑ Automat) zur Beschreibung beliebiger Algorithmen. Es wurde 1936 von dem britischen Mathematiker *A. M. Turing* (1912 - 1954) vorgeschlagen. Anschaulich kann man sich eine Turingmaschine als ein Tonbandgerät vorstellen, bei dem das Band in einzelne Felder unterteilt ist (Abb. 1).

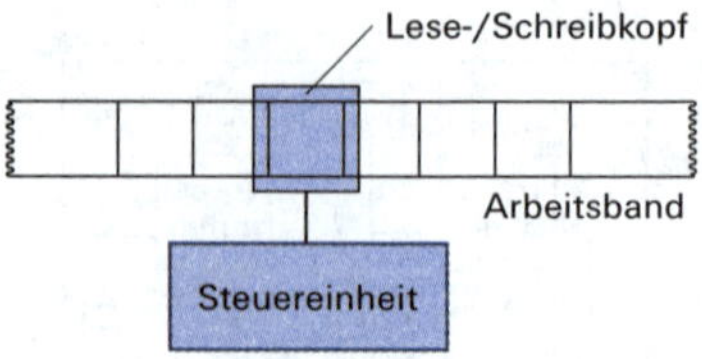

Turingmaschine (Abb. 1): Aufbau einer Turingmaschine

In jedem Feld des Bandes kann genau ein Zeichen stehen. Es kann immer nur ein Feld gelesen werden, nämlich das Feld, das sich gerade unter dem Lese-/Schreibkopf befindet. Dieses Feld kann durch den Lese-/Schreibkopf neu beschrieben werden, und der Lese-/Schreibkopf kann um ein Feld nach rechts oder links bewegt werden. Zur Steuerung dieser Aktionen (Schreiben und Bewegen) besitzt die Turingmaschine eine endliche Menge von Zuständen und eine Zustandsübergangstabelle (vorstellbar als eine Menge von Relais mit einer festen Verdrahtung, als ein gespeichertes Programm in einer sehr einfachen Sprache oder als ↑ endlicher Automat). In Abhängigkeit von dem Zustand, in dem sich diese Steuereinheit befindet, und dem gelesenen Zeichen auf dem Band wird eine Aktion ausgeführt und die Turingmaschine geht in einen neuen Zustand über.

Eine Turingmaschine führt folgendermaßen eine Berechnung durch: Am Anfang steht ein Eingabewort *w* auf dem Band, der Lese-/Schreibkopf befindet sich über dem Feld, auf dem das erste Eingabezeichen steht, alle nicht beschriebenen Felder des Bandes sind leer und die Steuereinheit ist in einem festen Anfangszustand. Das Rechenband ist in beiden Richtungen unendlich lang. Die Turingmaschine führt schrittweise die oben genannten Aktivitäten und Zustandsänderungen durch. Die Maschine beendet ihre Berechnung, wenn sie in einen Stopp-Zustand übergeht. Die Ausgabe (= Ergebnis der Berechnung für *w*) ist dann der Inhalt des beschriebenen Teiles des Bandes.

Formale Definition: Eine (deterministische) Turingmaschine T wird durch die Angabe von sieben Komponenten

$$T = (I, B, Q, \delta, q_0, F, b)$$

beschrieben (vgl. ↑ Automat). Dabei ist I das Eingabealphabet, B das Bandalphabet mit $I \subseteq B, Q$ eine endliche Menge von Zuständen, $q_0 \in Q$ der Anfangszustand, $F \subseteq Q$ die Menge der Endzustände, $b \in B$ und

$$\delta\colon (Q - F) \times B \to Q \times (B \cup \{l, r\})$$

die Zustandsübergangsfunktion.

Es gilt: $l \notin B$, $r \notin B$ (Symbole für Bewegen des Lese-/Schreibkopfes nach *l*inks bzw. nach *r*echts) und $b \in B$, $b \notin I$ (*Blanksymbol* oder Leerzeichen, mit dem das Arbeitsband vorbelegt ist; d. h., statt zu sagen „das Band ist leer“, sagt man „überall steht das Zeichen b“). δ kann partiell sein, d. h., die Abbildung $\delta\,(q, a)$ muss nicht für jedes Paar (q, a) definiert sein.

Eine Turingmaschine besteht aus drei Einheiten: dem beidseitig unendlichen Arbeitsband, der Steuereinheit und dem Lese-/Schreibkopf (Abb. 1).

Die Übergangsfunktion δ ist nichts anderes als ein ↑ Maschinenprogramm mit einem minimalen ↑ Befehlsvorrat. Die Zustände sind hierbei die Marken des Programms, wobei jede Aktion eine Marke erhält.

▶ *Beispiel:* Als Beispiel betrachte man die Übergangsfunktion δ_1

q	a	$\delta_1\,(q, a)$	
q_0	|	q_1	b
q_0	b	q_4	|
q_1	b	q_2	r
q_2	|	q_3	b
q_2	b	q_4	b
q_3	b	q_0	r

mit $Q = \{q_0, q_1, q_2, q_3, q_4\}$, $F = \{q_4\}$, $I = \{\,|\,\}$, $B = \{\,|\,, b\}$. Diese Übergangstabelle ist gleichbedeutend mit dem in Prog. 1 angegebenen Programm. Zum Beispiel bedeuten die ersten beiden Zeilen der Tabelle für δ_1:
Wenn sich die Turingmaschine im Zustand q_0 befindet, so soll sie in den Zustand q_1 gehen und b schreiben, falls sie das Zeichen | gelesen hatte; dagegen soll sie in den Zustand q_4 gehen und | schreiben, falls sie das Zeichen b gelesen hatte (siehe Programm). ◀

Arbeitsweise einer Turingmaschine:
Start: Auf dem Band steht ein Eingabewort $w \in I^*$, alle Felder rechts und links von w enthalten das Blanksymbol b. Der Lese-/Schreibkopf steht auf dem ersten Buchstaben von w und die Steuereinheit befindet sich im Zustand q_0.
Arbeitsschritt: Der Kopf befinde sich auf einem Feld mit dem Inhalt $a_1 \in B$; die Steuereinheit sei im Zustand $q_1 \in Q$ ($q_1 \notin F$) (Abb. 2).
Ist nun $\delta(q_1, a_1)$ definiert und ist $\delta(q_1, a_1) = (q_2, a_2)$ mit $q_2 \in Q$, $a_2 \in (B \cup \{l, r\})$, so geht die Maschine in den Zustand q_2 über und
- ersetzt das Zeichen a_1 auf dem aktuellen Feld des Arbeitsbandes durch a_2, falls $a_2 \in B$ ist (Abb. 3),
- bewegt den Lese-/Schreibkopf um ein Feld nach rechts, falls $a_2 = r$ ist.
- bewegt den Lese-/Schreibkopf um ein Feld nach links, falls $a_2 = l$ ist.

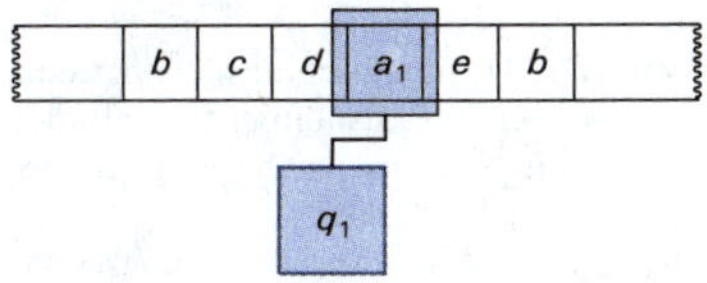

Turingmaschine (Abb. 2): Kopf befindet sich auf einem Feld des Arbeitsbandes mit dem Inhalt a_1

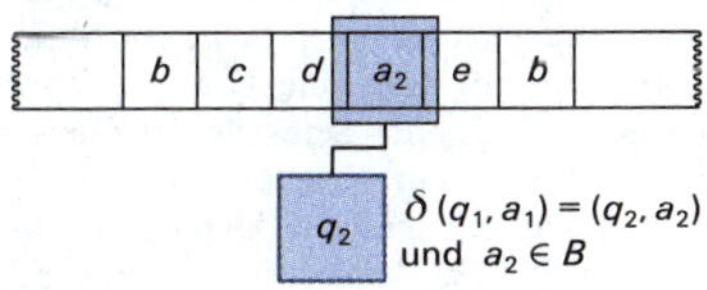

Turingmaschine (Abb. 3): a_1 wurde durch a_2 ersetzt

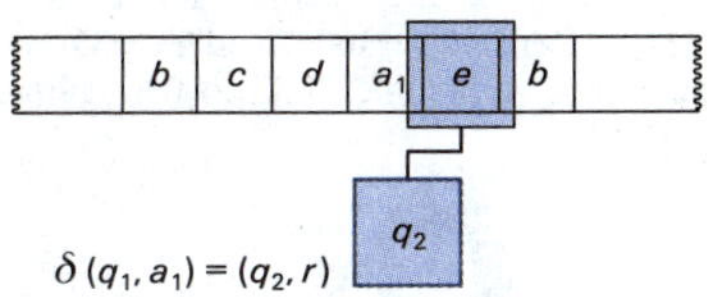

Turingmaschine (Abb. 4): Der Lese-/Schreibkopf wurde um ein Feld nach rechts bewegt

```
q0: if gelesenes Zeichen = | then schreibe b; goto q1 else
        if gelesenes Zeichen = b then schreibe |; goto q4 else 'Fehler' fi fi;
q1: if gelesenes Zeichen = b then  bewege den Kopf nach rechts; goto q2
        else 'Fehler' fi;
q2: if gelesenes Zeichen = | then schreibe b; goto q3 else
        if gelesenes Zeichen = b then schreibe b; goto q4 else 'Fehler' fi fi;
q3: if gelesenes Zeichen = b then bewege den Kopf nach rechts; goto q0
        else 'Fehler' fi;
q4: 'Programmende'
```

Turingmaschine (Prog. 1): maschinennahes Programm, das die Übergangsfunktion δ_1 aus obigem Beispiel wiedergibt

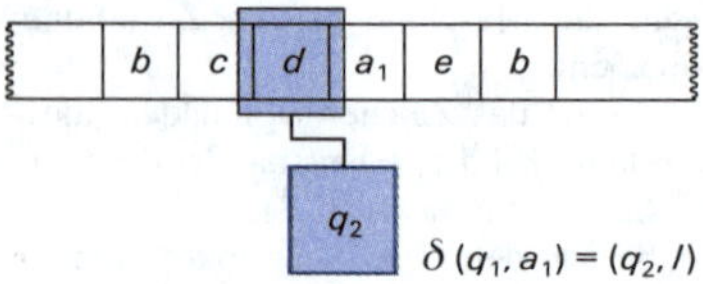

Turingmaschine (Abb. 5): Der Lese-/Schreibkopf wurde um ein Feld nach links bewegt

Stopp: Die Turingmaschine hält an, wenn sie sich in einem Zustand $q_i \in F$ befindet oder wenn $\delta(q_1, a_1)$ nicht definiert ist (Ende der Berechnung).
Die Arbeitsweise einer Turingmaschine entspricht also genau dem Abarbeiten des zugehörigen maschinennahen Programms, siehe Beispiel oben.
Man kann sich eine arbeitende Turingmaschine auch als einen Schienenstrang vorstellen, auf dem eine Draisine fährt (Abb. 6). Auf jeder Schwelle der Gleise befindet sich ein Zeichen aus B, die Fahrer auf der Draisine können in Abhängigkeit von dem auf der Draisine notierten Zustand und dem Zeichen, das auf der Schwelle direkt unter ihnen steht, den Zustand wechseln und entweder das Zeichen verändern oder die Draisine nach rechts oder links in Bewegung setzen.

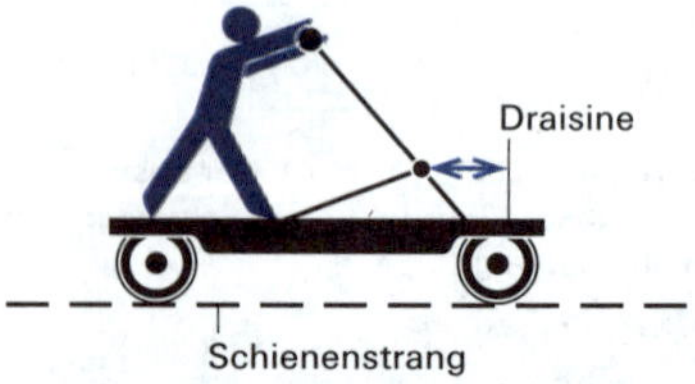

Turingmaschine (Abb. 6): Veranschaulichung der Arbeitsweise einer Turingmaschine durch eine Draisine

T

Berechnete Funktion: φ_T: $I^* \to B^*$.
Die Maschine T startet mit einem Wort $w \in I^*$ und führt so lange Arbeitsschritte durch, bis sie hält. Befindet sie sich dann in einem Endzustand, so ist der Text auf dem Band zwischen dem am weitesten links stehenden Zeichen, das nicht das Leerzeichen b ist, und dem am weitesten rechts stehenden Zeichen ungleich b das Ergebnis. Falls die Turingmaschine bei dieser Berechnungsfolge für w in einem Zustand $q \notin F$ hält oder falls sie gar nicht hält, ist $\varphi_T(w)$ undefiniert.

▶ *Beispiel:* Wir untersuchen die oben angegebene Turingmaschine mit der Übergangsfunktion δ_1. Diese Maschine läuft von links nach rechts über eine Folge von Strichen $|^m \in I^*$ und löscht die Striche. Die Maschine geht hierbei abwechselnd in die Zustände q_0 und q_2. Trifft sie auf das Ende der Eingabe, also auf das Zeichen b, dann schreibt sie einen Strich, falls sie im Zustand q_0 war, und anderenfalls lässt sie das Zeichen b stehen. Im ersten Fall ist das Ergebnis das einbuchstabige Wort $|$, im anderen Fall ist es das leere Wort ε. In den ersten Fall gelangt die Maschine, wenn die Anzahl der Striche gerade war. Folglich lautet die berechnete Funktion φ_1: $\{|\}^* \to \{|, b\}^*$:

$$\varphi_1(|^m) = \begin{cases} |, & \text{falls } m \text{ gerade,} \\ \varepsilon, & \text{falls } m \text{ ungerade.} \end{cases}$$ ◀

Eine andere häufig auftretende Definition einer deterministischen Turingmaschine T' sieht vor, dass T' durch Angabe von sechs (statt sieben) Komponenten erklärt wird:

$$T' = (I, B, Q, \delta, q_0, b).$$

Die Zustandsübergangsfunktion δ ist hierbei definiert durch:

$$\delta : Q \times B \to Q \times B \times \{l, r, s\}.$$

Nach dieser Definition kann die Maschine im Gegensatz zur obigen in einem Schritt ein Zeichen auf das Band schreiben und den Lese-/Schreibkopf bewegen.

$$\delta(q, a) = (q', x, l)$$

bedeutet dann, dass die Maschine, wenn sie im Zustand q das Zeichen a liest, in den Zustand q' wechselt, das Zeichen x schreibt und den Lese-/Schreibkopf um ein Feld nach links bewegt. Diese Erweiterung vergrößert jedoch nicht die Leistungsfähigkeit der Turingmaschine, denn sie kann mit der zu Beginn definierten Maschine durch Einführung neuer Zustände simuliert werden. Weiterhin besitzt T' nach dieser Definition keine Endzustandsmenge F mehr. Die Berechnung von T' ist vielmehr dann beendet, wenn bei Anwendung der Übergangsfunktion die dritte Komponente des Bildes gleich s (stopp) ist.

$$\delta(q,a) = (q',x,s)$$

bedeutet also, dass die Maschine, wenn sie im Zustand q das Zeichen a liest, anschließend in den Zustand q' übergeht, das Zeichen x schreibt und dann stoppt. Beispiele von derart definierten Turingmaschinen befinden sich unter dem Stichwort ↑Busy-Beaver-Funktion.

Das Besondere an diesem einfachen Maschinenmodell ist, dass es sich als äquivalent zu allen bekannten Formalisierungen des Begriffs ↑ Berechenbarkeit erwies, d. h., alle bekannten Formalisierungen des Begriffs ↑ Algorithmus lassen sich konstruktiv in das Modell der Turingmaschine überführen und umgekehrt.

Dies veranlasste Turing und *A. Church* bereits 1936 zu der Behauptung, dass es für jeden Algorithmus (im intuitiven Sinne), der eine (partielle) Abbildung $f: I^* \to O^*$ für Alphabete I und O beschreibt, eine Turingmaschine T mit $f = \varphi_T$ gibt. Diese Behauptung lässt sich mathematisch nicht beweisen, weil der Begriff „Algorithmus im intuitiven Sinne" mathematisch nicht fassbar ist. Sie wurde deshalb als ↑ Churchsche These bekannt. Diese These konnte bisher nicht widerlegt werden und ist allgemein anerkannt. Das Turingmaschinenmodell wurde damit zur Grundlage der Theorie der Berechenbarkeit und der ↑Komplexitätstheorie.

Ein Computer, der mit einem festen Programm arbeitet, ist durch eine Turingmaschine beschreibbar. Umgekehrt gibt es, wie oben skizziert, zu jeder Turingmaschine ein Computerprogramm, das diese simuliert. Turingmaschinen und Computerprogramme (mit potenziell unendlichem Speicher) erzeugen somit die gleiche Funktionenklasse. Computer kann man als ↑universelle Turingmaschinen auffassen, die jeden Algorithmus durch ein zugehöriges Programm realisieren können.

▶ *Beispiel:* Addition von 1 zu einer natürlichen binär dargestellten Zahl:

$$T = (I,B,Q,\delta,q_0,F) \text{ mit}$$
$$I = \{0,1\},\ B = \{0,1,b\},$$
$$Q = \{q_0,q_1,q_2,q_3\},\ F = \{q_3\},$$

und der Übergangsfunktion δ

q	a	$\delta\ (q,\ a)$	
q_0	0	q_0	r
q_0	1	q_0	r
q_0	b	q_1	l
q_1	0	q_3	1
q_1	1	q_2	0
q_1	b	q_3	1
q_2	0	q_1	l

Diese Turingmaschine realisiert die Abbildung $\varphi_T: I^* \to I^*$, die das Eingabewort $w \in I$ als Binärdarstellung einer Zahl auffasst und als Ergebnis die um Eins größere Zahl liefert. ◀

Ändert man in der Definition die Übergangsfunktion δ in eine endliche Übergangsrelation

$$\delta \subset Q \times B \times Q \times (B \cup \{l,r\})$$

ab, so erhält man eine nichtdeterministische Turingmaschine T (↑Nichtdeterminismus). Die Maschine hat dann im Allgemeinen die Möglichkeit, aus mehreren Fortsetzungsalternativen eine willkürlich auszuwählen. Wenn z. B. $(q_1,a_1,q_2,a_2) \in \delta$ und $(q_1,a_1,q_3,a_3) \in \delta$ sind, dann kann die Maschine T in den Zustand q_2 gehen und die Aktion a_2 ausführen, oder sie kann in den Zustand q_3 wechseln und a_3 durchführen. T berechnet jetzt keine Funktion mehr, sondern eine Relation $R_T \subset I^* \times B^*$, wobei gilt:

$R_T = \{\ (w,\ v) \mid$ es gibt eine Berechnungsfolge, sodass T bei Eingabe von w in einen Endzustand gelangt und dann v auf dem Band steht$\}$.

T

Man kann beweisen, dass es zu jeder nichtdeterministischen Turingmaschine T_N eine deterministische Turingmaschine T_D gibt, die für jedes $w \in I^*$ die Ausgabe

$$v_1 b v_2 b \ldots v_n b \ldots$$

als Ergebnis liefert, wobei

$$(w, v_1), (w, v_2), \ldots, (w, v_n), \ldots$$

alle Paare aus R_{T_N} sind, die w als erste Komponente besitzen; allerdings hält T_D im Allgemeinen nicht an.

Man sagt, eine Turingmaschine T akzeptiert ein Wort $w \in I^*$, wenn es ausgehend von w eine Berechnungsfolge gibt, die in einem Endzustand endet. Die von T akzeptierte ↑Sprache $L \subseteq I^*$ ist die Menge aller akzeptierten Wörter.

Zu jeder ↑ Grammatik gibt es eine Turingmaschine, die die gleiche Sprache akzeptiert. Umgekehrt gibt es zu jeder akzeptierenden Turingmaschine eine Grammatik, die die gleiche Sprache erzeugt (↑Chomsky-Hierarchie).

Turing-Test: Computer kann man so programmieren, dass sie für einen Betrachter intelligentes Verhalten zeigen (↑ Künstliche Intelligenz). Schon früh wurde daher die Frage gestellt, ob Computer irgendwann intelligenter als Menschen werden können. Um diese Frage zu beantworten, muss man Intelligenz präzise definieren und messen können. Auf sehr eingeschränkten Gebieten besitzen Computer zweifellos bessere Fähigkeiten als Menschen. So können sie Steuerungsanlagen überwachen, ohne in ihrer „Konzentration" nachzulassen, und sie können Daten millionenfach schneller und im Wesentlichen fehlerfrei verarbeiten. Aber damit können sie noch nicht denken oder von sich aus intelligente Leistungen vollbringen.

Der englische Mathematiker *A. M. Turing* schlug 1950 folgenden Test vor, um Intelligenz experimentell zu testen: Eine Testperson wird an zwei Datenendgeräte (1950 waren dies Fernschreiber, heute würde man Bildschirme verwenden) geführt. Ein Endgerät kommuniziert mit einem Computersystem, das andere mit einem Menschen. Die Testperson soll nun innerhalb einer begrenzten Zeit (zum Beispiel innerhalb von 10 Minuten) herausfinden, welches der Endgeräte an den Computer angeschlossen ist. Hierzu kann die Person beliebige Informationen in das Endgerät eingeben, und sie kann davon ausgehen, dass der Mensch in natürlicher Weise antworten wird. Wenn von 100 Testpersonen mindestens 30% durch dieses Frage-und-Antwort-Spiel nicht ermitteln können, welches Gerät mit dem Computer und welches mit dem Menschen verbunden ist, dann hat das Computersystem den Turing-Test bestanden und kann als „intelligent" bezeichnet werden.

Der Turing-Test ist ein Denkmodell. Eingeschränkt auf einige Bereiche können Computersysteme ihn bestehen. Zum Beispiel kann ein durchschnittlicher Schachspieler kaum feststellen, ob ein Mensch gegen ihn spielt oder ein gutes Schachprogramm. Das Gleiche gilt für Gebiete, in denen erfolgreich ↑ Expertensysteme eingesetzt werden.

Turing ging bei seinem Vorschlag davon aus, die Intelligenz eines Computersystems mit der des Menschen zu vergleichen, da man Intelligenz nicht unabhängig vom Menschen messen kann. Derartige Vergleiche zwischen Mensch und Maschine verlieren ständig an Interesse, da man den Computer nicht so programmieren möchte, dass er menschliche Intelligenzleistungen vollbringt, sondern dass er den Menschen bei dessen Tätigkeiten unterstützt, wobei die besonderen Fähigkeiten und Eigenschaften der Computer optimal ausgenutzt und eingesetzt werden sollen.

Gegen den Turing-Test wurde eingewendet, dass schematisierte Ersetzungsverfahren nichts mit Intelligenz zu tun haben. Zum Beispiel würde man jemanden, der eine riesige Übersetzungstabelle zur Verfügung hat, mit deren Hilfe er Texte in Chinesisch (durchaus sinnvoll) in eine andere Sprache überträgt, nicht als intelligent oder Kenner des Chinesischen bezeichnen (so genanntes *Chinese-room-*

problem). Vielmehr müssten Bewusstsein, Kreativität und Flexibilität hinzukommen.

Türme von Hanoi: Gegeben seien n Scheiben unterschiedlichen Durchmessers, die der Größe nach geordnet zu einem Turm geschichtet sind; die unterste Scheibe ist die größte. Der Turm steht auf einem Platz 1. Unter Verwendung eines Hilfsplatzes 3 soll der Turm auf einen Platz 2 transportiert werden. Beim Transport sind folgende Bedingungen einzuhalten:

(1) Es darf stets nur eine Scheibe, und zwar die oberste eines Turms, bewegt werden.

(2) Zu keiner Zeit darf eine größere Scheibe auf einer kleineren liegen.

► *Beispiel:* Lösung für drei Scheiben (Abb. 1).

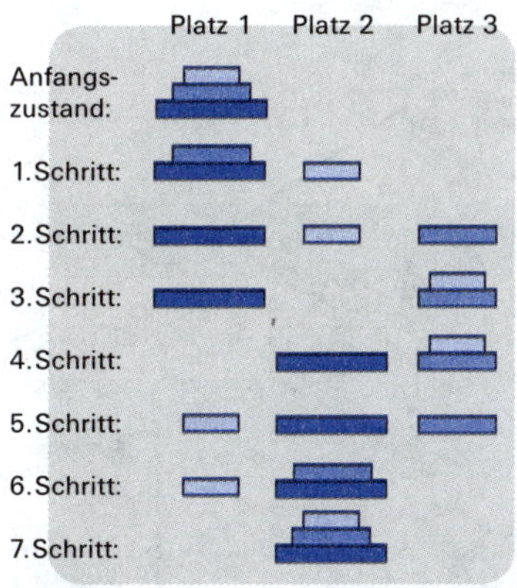

Türme von Hanoi (Abb. 1) ◄

Einen rekursiven Lösungsalgorithmus (↑Rekursion) erhält man durch die Aufspaltung des Gesamtproblems

P = „Transportiere n Scheiben von Platz 1 nach Platz 2"

in die drei Teilprobleme

P_1 = „Transportiere $n-1$ Scheiben von Platz 1 nach Platz 3",

P_2 = „Transportiere letzte Scheibe von Platz 1 nach Platz 2"

und

P_3 = „Transportiere $n-1$ Scheiben von Platz 3 nach Platz 2".

Dies führt zu folgender Prozedur, wobei ap die Nummer des Anfangsplatzes, zp die Nummer des Zielplatzes und deshalb 6 - ap - zp die Nummer des Hilfsplatzes ist:

```
procedure hanoi (n,ap,zp: integer);
begin
  if n > 1 then
     hanoi (n - 1,ap,6 - ap - zp) fi;
  write („Scheibe", n, „von Platz",
           ap, „nach Platz", zp);
  if n > 1 then
     hanoi (n - 1,6 - ap - zp, zp) fi
end;
Aufruf: hanoi (n,1,2); für n ≥ 1.
```

Das Türme-von-Hanoi-Problem demonstriert die Eleganz und Kürze rekursiver Lösungsalgorithmen.

Tutorsystem: wissensbasiertes Lehr- und Lernsystem, das sich im Dialog auf die Lernenden einstellt. Gegenüber einem traditionellen Lehr-Lern-System (↑ computerunterstützter Unterricht), das den Stoff weitgehend mechanisch ohne Berücksichtigung des Lernenden präsentiert, zeichnet sich ein solches System dadurch aus, dass es – wie ein menschlicher Lehrer – bei seiner Wissenspräsentation auch persönliche Merkmale des Lernenden berücksichtigt, sich also z. B. nach seinem individuellen Kenntnisstand, seinem bevorzugten Arbeitsstil und seinen Motiven richtet. Die hierzu notwendigen Informationen über den Lernenden gewinnt das System, indem es anhand der System-Benutzer-Interaktionen, also z. B. seines Kenntnisstands, seiner Leistungen, seiner Reaktionsgeschwindigkeit, seiner Fehler, kontinuierlich ein immer genaueres Modell von ihm entwirft.

Man unterscheidet verschiedene Formen solcher Lehr-Lern-Systeme. *Intelligente Hilfesysteme* erlauben es dem Lernenden, Lösungen zu vorgegebenen oder auch zu freien, selbst gestellten Aufgaben zu entwickeln. Die Systeme analysieren dann die Lösungsvorschläge und unterstützen den Lernenden mit wissensstandsbezogenen Hilfen. *Problemlösemonitore* sind darüber hinaus in der Lage, auf der Basis der (ggf. unvollständigen oder fehlerhaften) Lösungsansätze des Lernenden intern selbstständig vollständige und korrekte Lösungen zu erzeugen und passend dazu Hilfen anzubieten, die es dem Lernenden ermöglichen, seinen Lösungsansatz entsprechend zu korrigieren und zu vervollständigen. *Intelligente tutorielle Systeme* schließlich enthalten zusätzlich eine tutorielle Komponente mit einem Curriculumplaner, der in Abhängigkeit vom aktuellen Wissensstand des Lernenden Lernmaterialien auswählt, geeignet präsentiert und Aufgaben generiert. Die Architektur dieser anspruchsvollsten Form der Lehr-Lern-Systeme zeigt Abb. 1.

Der Lernende interagiert mit dem System über die ↑ Benutzungsoberfläche, auf der das System Lernmaterialien, Aufgaben, Erklärungen usw. präsentiert, die es durch gewisse zuvor implementierte tutorielle Strategien aus der gespeicherten Menge von Lernmaterialien auswählt. Durch fortlaufende Analyse des Verhaltens des Benutzers generiert das System unter Verwendung von Expertenwissen das Benutzermodell. Das Expertenwissen ist dabei eine als ↑ Expertensystem organisierte Datenbank von psychologischen und pädagogischen Erkenntnissen über das Verhalten von Menschen bei Lern- und Problemlöseprozessen.
Erste einfache Formen solcher tutorieller Systeme wurden bereits in den 1960er-Jahren entwickelt. Die zuvor be-

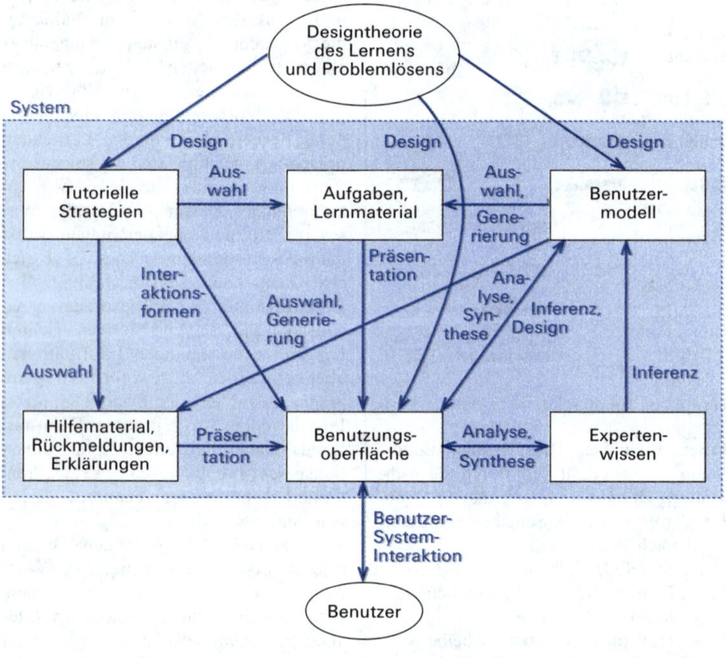

Tutorsystem (Abb. 1): Komponenten eines intelligenten computerunterstützten Lehr-Lern-Systems

T

schriebenen leistungsfähigen Systeme sind gegenwärtig noch weitgehend im Forschungs- und Entwicklungsstadium begriffen.
Systeme mit einem ähnlichen Aufbau sollen auch beim ↑Telelernen verwendet werden.

typisierte Programmiersprache: Eine Programmiersprache heißt *typisiert,* wenn in jedem Programm der Sprache alle verwendeten Größen (↑Variablen, ↑Konstanten, ↑Parameter, Funktionen usw.) an jeder Stelle, an der sie verwendet werden, einen ↑Datentyp besitzen.
Eine Programmiersprache heißt *stark* oder *streng typisiert,* wenn in jedem Programm der Sprache alle Größen zu *genau einem* Datentyp gehören, andernfalls nennt man sie *schwach typisiert.* Die Wertemengen aller Datentypen einer streng typisierten Sprache sind also paarweise disjunkt. Eine Ausnahme bilden lediglich Typen, die durch Einschränkung eines anderen Typs (↑Unterbereich) hervorgegangen sind.
Eine typisierte Programmiersprache heißt *statisch typisiert,* falls alle Größen ihren Datentyp innerhalb ihres Gültigkeitsbereichs nicht ändern dürfen, anderenfalls ist sie *dynamisch typisiert.*
Eine Sprache, in der Konstanten je nach der aktuellen Programmumgebung unterschiedlich interpretiert werden können oder die Variablen und andere Größen ständig Werte aus verschiedenen Wertebereichen annehmen dürfen, heißt *untypisiert.*
Präziser lassen sich die Typisierungseigenschaften über die Verwendung der Operatoren definieren: Können Operatoren auf eine Vielzahl von Größen ohne Rücksicht auf deren Typen angewendet werden, so ist die Programmiersprache *untypisiert* oder *typfrei.* Solche Operatoren können z. B. Codierungen sein, die auf die rechnerinterne Darstellung jeder beliebigen Größe angewandt werden können, oder ein Sprungoperator, der eine beliebige Größe unabhängig von ihrem Datentyp als ↑Adresse oder als ↑Zeiger auffasst. Kommen solche Operatoren nicht vor, so ist die Sprache typisiert.
Zur Illustration betrachte man eine Zuweisung

$$x := y \otimes z$$

mit drei Variablen x, y und z und einem Operator $\otimes$. Wenn die Programmiersprache typisiert ist und y und z an dieser Stelle im Programm vom Typ integer sind, dann muss „$\otimes$“ ein Operator sein, der zum Datentyp integer gehört, also z. B. die Addition „+“ oder der Vergleich „<“. Der Datentyp integer legt eindeutig fest, dass im Fall der Addition das Ergebnis „$y \otimes z$“ ebenfalls vom Typ integer ist, und daher ist der Operator „:=“ nur zulässig, wenn auch x vom Typ integer ist. Im Falle des Vergleichs muss x vom Typ boolean sein. Hier liegt eine strenge Typbindung vor, d. h., der Operator muss genau die Typen der Operanden beachten, anderenfalls bricht das Programm an dieser Stelle ab.
In fast allen Programmiersprachen ist die Zuweisung $x := y + z$ aber auch erlaubt, wenn x und y vom Typ real und z vom Typ integer sind. Der Operator „+“ beachtet dann die Typen nicht „streng“, sondern nur „schwach“, indem er zuvor eine *Typanpassung* oder *Typkonversion* des Wertes der Variablen z von integer nach real durchführt. Solch eine (durch das Umfeld erzwungene) automatische Typanpassung nennt man *coercion* (dt. Zwang). Der gleiche Fall liegt vor, wenn x vom Typ real und y und z vom Typ integer sind, nur dass nun der Operator „:=“ die Typanpassung vornimmt.
In Sprachen mit dynamischer Bindung, in denen eine Variable durch die Zuweisung eines Wertes auch einen neuen Typ annehmen kann, kann der Typ von x, y oder z jedes Mal, wenn man an diese Stelle gelangt, ein anderer sein. Sind x, y und z beispielsweise Variablen, die den Typ integer oder den Typ set of integer annehmen können (realisierbar durch Oberklassen bei ↑Objekten oder

durch einen varianten ↑Record), so liegt bei der Anweisungsfolge

```
if x = y then y := 1; z := 4
else y := {1,2}; z := {1,3} fi;
x := y + z ;
```

prinzipiell strenge Typbindung vor, allerdings muss der Operator „+“ entweder als Addition auf ganzen Zahlen oder als Vereinigung von Mengen durchgeführt werden. Dies kann man erst zur Laufzeit des Programms entscheiden. Es liegt hier eine dynamische Typisierung vor. Besitzen *x*, *y* und *z* an jeder Stelle ihres Gültigkeitsbereichs denselben Typ, so sind sie statisch typisiert.

Durch die Typisierung wird die Sicherheit bei der Softwareentwicklung erhöht und wegen der Entlastung des Laufzeitsystems die Rechenzeit verkürzt. Genauer:

(1) Typisierte Sprachen grenzen die Fehlerquellen, die durch falsch angewandte Operatoren entstehen, deutlich ein.

(2) Bei strenger Typisierung werden Typverletzungen bereits bei der Übersetzung erkannt, bzw. im Falle dynamischer Typisierung kann die Typprüfung bereits als fester Code in das Zielprogramm eingefügt werden.

(3) Ist eine Programmiersprache statisch typisiert, dann kann der Übersetzer die Typprüfung vollständig vornehmen. Dadurch entfallen Typprüfungen zur Laufzeit, wodurch das Programm in der Regel wesentlich weniger Rechenzeit benötigt.

(4) Programme aus typisierten Sprachen lassen sich leichter auf andere Rechnersysteme übertragen (↑Portabilität).

Bei der Definition von Programmiersprachen, die das Overloading (↑Ada) oder die ↑Polymorphie erlauben, wurde dementsprechend genau darauf geachtet, dass man den Typ jedes Ausdrucks aufgrund des Programmtextes ermitteln kann, damit die Typprüfung bereits durch den Übersetzer erfolgen kann.

▶ *Beispiele:* ↑PASCAL ist eine Programmiersprache mit statischer und strenger Typisierung (Ausnahme: die Typanpassung von integer nach real). Die meisten imperativen Sprachen sind schwach und statisch typisiert. ↑Java ist streng und dynamisch, ↑LISP schwach und dynamisch typisiert. PROLOG, LOGO und SMALLTALK-80 sind zum Teil untypisiert. ◀

U

Übersetzer *(Compiler):* Programm, das Programme aus einer Programmiersprache *A* in eine Programmiersprache *B* übersetzt. Die Programmiersprache *A,* aus der die zu übersetzenden Programme stammen, wird dabei als *Quellsprache,* die Programmiersprache *B* als *Zielsprache* des Übersetzers bezeichnet. Entsprechend nennt man das zu übersetzende Programm ↑Quellprogramm und das übersetzte Programm ↑Zielprogramm. Ein Übersetzer realisiert eine Abbildung

Quellsprache $A \rightarrow$ Zielsprache B,

wobei jedem Quellprogramm $a \in A$ genau ein Zielprogramm $b \in B$ zugeordnet wird.

In Bezug auf die Mächtigkeit der Quell- und Zielsprachen (Anzahl der Konstrukte, die eine Programmiersprache anbietet) werden Übersetzer zusätzlich klassifiziert. Von einem *Compiler* spricht man meist dann, wenn die Quellsprache mächtiger ist als die Zielsprache, z. B. wenn die Quellsprache eine höhere ↑Programmiersprache mit ↑Schleifen und ↑bedingten Anweisungen oder mit ↑Modulen, ↑Objekten und ↑Datenstrukturen und die Zielsprache eine assemblerähnliche Sprache (↑ Assembler) mit einfachen Befehlen ist. Ist dagegen die Zielsprache mächtiger als die Quellsprache, so spricht man von einem *Decompiler* oder *Umkehrcompiler* (↑ Aufwärtsübersetzung). Sind Quell- und Zielsprache ungefähr gleichmächtig, so spricht man (je nach Anwendung) von einem *1-1-Übersetzer* bzw. *Präcompiler* oder *Präprozessor (Vorübersetzer).* Ein Übersetzer von einer maschinenorientierten Programmiersprache in eine ↑ Maschinensprache wird als *Assemblierer* bezeichnet. Compiler, die andere Compiler aus Sprachbeschreibungen generieren, bezeichnet man als ↑ Compiler-Compiler.

Ein Übersetzer darf einem Programm $a \in A$ nicht ein beliebiges Programm $b \in B$ zuordnen, sondern die Programme a und b müssen die gleiche Bedeutung besitzen (↑ Semantik). Eine weitere häufig erhobene Forderung lautet, dass das Zielprogramm möglichst schnell (↑ Effizienz) sein soll. Aus diesem Grund werden häufig *optimierende Compiler* eingesetzt, welche das Zielprogramm so verändern, dass die Semantik gleich bleibt, aber die Laufzeit und der Speicherbedarf des Programms so weit wie möglich verringert werden.

In vielen Übersetzern wird die Übersetzung in den in Abb. 1 aufgeführten Phasen durchgeführt.

In der ↑ lexikalischen Analyse wird das Quellprogramm mithilfe eines Scanners in eine Folge von Token (grundlegende Symbole der Quellsprache) umgewandelt. Aus dieser Tokenfolge erzeugt ein Parser einen ↑ Ableitungsbaum entsprechend der ↑ Syntax der Quellsprache (dies bezeichnet man als ↑ syntaktische Analyse). In der ↑ semantischen Analyse wird der Ableitungsbaum analysiert, u. a. hinsichtlich folgender Fragen: Sind alle Variablen deklariert? Werden alle Variablen ihrem Typ entsprechend verwendet? (z. B. ist „var x: boolean; x := 1;“ verboten) usw. Danach wird mithilfe des ↑ Codegenerators das Zielprogramm erzeugt. Bei optimierenden Übersetzern

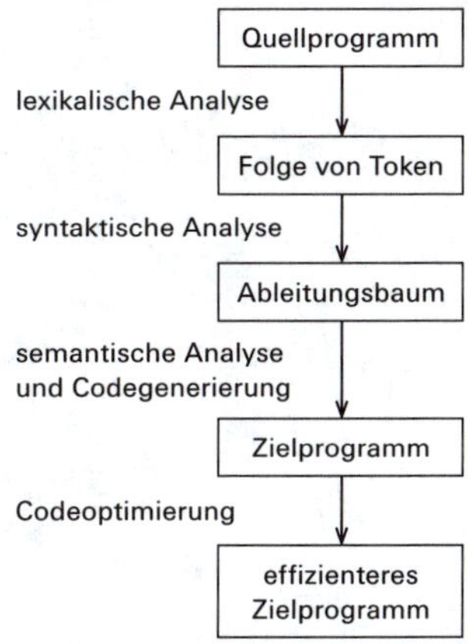

Übersetzer (Abb. 1): Phasen der Programmübersetzung

folgt anschließend eine ↑ Codeoptimierung.

Das folgende Beispiel zeigt die von den einzelnen Phasen jeweils erzeugten Ausgaben in Auszügen.

▶ *Beispiel:* Gegeben sei folgendes PASCAL-Programm:

```
program sum(input,output);
var i,s,n: integer;
begin
   read(n);
   s := 0;
   for i := 1 to n do s := s+i;
   write(s)
end.
```

Das Programm bestimmt die Summe der ersten n natürlichen Zahlen.

Der Scanner liest dieses Programm ein und erzeugt eine Folge von Token:

```
"program", "sum", "(", "input", ",",
"output", ")", ";", "var", "i", ",",
"s", ",", "n", ":", "integer", ";",
"begin", "read", "(", "n", ")", ... ,
"write", "(", "s", ")", ";", "end", ".".
```

Der Parser erhält diese Zeichenfolge als Eingabe und produziert einen Ableitungsbaum der Form ähnlich Abb. 2. ◀

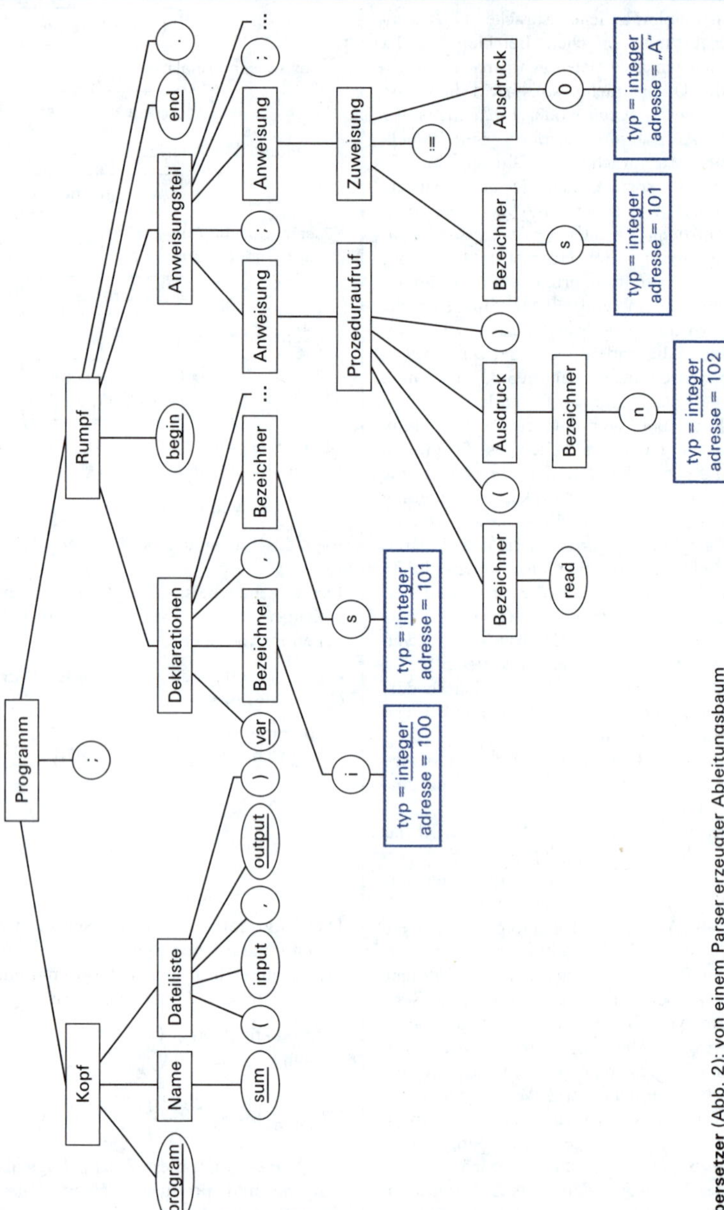

Übersetzer (Abb. 2): von einem Parser erzeugter Ableitungsbaum

Neben der Überprüfung der Deklarationen werden in der semantischen Analyse auch Vorbereitungen für die Codeerzeugung getroffen, z. B. Zuweisung von Speicherplätzen an die auftretenden Variablen. Die in Abb. 2 blau gezeichneten Werte wurden von der semantischen Analyse ermittelt. Die Variablen i, s und n sind vom Typ <u>integer</u> und erhalten im Zielprogramm die Adressen 100, 101 und 102. Bei der Zuweisung „s := 0“ hat „0“ den Typ <u>integer</u> und befindet sich im ↑Akkumulator (Markierung „A“).

Die Codeerzeugungsphase wandelt den Ableitungsbaum nun in ein Programm in Maschinensprache um, in Prog. 1 der Übersichtlichkeit halber aber nur in ein Assemblerprogramm (↑Assembler). Die Bedeutung der Kürzel lautet: ST = store (= speichere ab), LD = load (= lade, d. h., kopiere einen Wert); JMP = jump (= springe), ADD = addiere, CALL = rufe ein Unterprogramm auf, CMP = compare (= vergleiche), MOV = move (= umspeichern) usw., A steht meist für ein spezielles Register, den Akkumulator. Vgl. ↑Mikroprozessor und deren Befehlssatz.

In der Phase der Codeoptimierung kann das obige Programm durch eine ausgiebigere Verwendung von Registern um eine Reihe von Anweisungen gekürzt werden. Auf die Reservierung von Speicherplätzen kann ganz verzichtet werden:

100	i	DEFBYTE		
101	s	DEFBYTE	–	Reservierung von Speicherplätzen
102	n	DEFBYTE		
103		CALL read	–	Ansprung einer Eingaberoutine, die den Eingabwert im Akkumulator A abliefert.
104		STA n	–	n := A
105		MVI A,0	–	A := 0
106		STA s	–	s := A
107		MVI A,1	–	A := 1
108		STA i	–	i := A
109	M:	LDA i	–	A := i
110		CMP n	–	Vergleiche A mit n
111		JMP > M1	–	Falls A > n, dann Sprung nach M1
112		LDA s	–	A :=s
113		LD R1,i	–	Register 1 := i
114		ADD A, R1	–	A := A + Register 1
115		STA s	–	s := A
116		LDA i	–	A := i
117		ADD A,1	–	i := A
118		STA i	–	i :=A
119		JMP M	–	Sprung nach M
120	M1:	LDA s	–	A := s
121		CALL write	–	Sprung zu einer Routine, die den Akkumulator ausgibt
122		STOP		

Übersetzer (Prog. 1): Programm nach der Codeerzeugung

```
100        CALL read
101        MOV R2,A    - Reg.2 := A
102        MVI A,0
103        MVI R1,1
104   M:   CMP R1,R2
105        JMP > M1
106        ADD A,R1
107        MOV R3,A
108        MOV A,R1
109        ADD A,1
110        MOV R1,A
111        MOV A, R3
112        JMP M
113   M1:  CALL write
114        STOP
```

Der Einfachheit wegen wurde bei der obigen Codeerzeugung angenommen, dass jeder Befehl der Assemblersprache nur einen Speicherplatz belegt. Normalerweise sind die einzelnen Befehle aber unterschiedlich lang (↑ Befehlsformat). Die Phase „Codeoptimierung“ hat daher auch die Aufgabe, aus mehreren zur Verfügung stehenden Befehlssequenzen diejenige auszuwählen, die den geringsten Speicherplatz verbraucht.
Im Regelfall laufen die Phasen uorl;Codeerzeugung“ und „Codeoptimierung“ gleichzeitig ab. Die Ausgabe der Codeerzeugung in obigem Beispiel tritt in der Praxis nicht auf und wurde hier nur der Übersichtlichkeit wegen angegeben.
Viele Sprachen verwenden einen ↑Interpreter anstelle eines Übersetzers, um bei Korrekturen ohne erneute Übersetzung auszukommen oder um Hilfen bei der Fehlersuche zu geben. Diese Vorteile bieten auch *inkrementelle Compiler,* die das Zielprogramm schrittweise beim Editieren mitaufbauen und Änderungen im Quellprogramm, sofern sie keine globalen Auswirkungen haben, sofort umsetzen.

Übertrag (engl. *carry*): Bezeichnung für die bei der Addition zweier Zahlen von einer Stelle zur nächsten weitergeleitete Ziffer. Diese kann 0 oder 1 sein.

► *Beispiel* (im Dualsystem):

```
    1 1 0 1 0
  + 0 1 1 1 0
    1 1 1 1      Überträge
  -----------
   10 1 0 0 0
```
◄

Formal erhält man den Übertrag u_i, der bei der Addition zweier Dualzahlen

$$x = x_n x_{n-1} \ldots x_1 x_0$$

und

$$y = y_n y_{n-1} \ldots y_1 y_0,$$

$x_i, y_i \in \{0, 1\}$, an der Stelle i entsteht und zur (i+1)-ten Stelle weitergeleitet wird, durch die Formel

$$u_i = x_i \cdot y_i + x_i \cdot u_{i-1} + y_i \cdot u_{i-1},$$

$i \in \{1, \ldots, n\}$, wobei u_0 = 0 gesetzt wird (hierbei bezeichnet „+“ die ↑ ODER-Funktion und „·“ die ↑UND-Funktion). Zur technischen Realisierung der Erzeugung und Verarbeitung von Überträgen siehe unter ↑Volladdierer und ↑Paralleladdierwerk.

UCS-Code: 32-Bit-↑Code zur Darstellung aller jemals auf der Erde verwendeten Zeichen. UCS ist die Abkürzung von engl. *universal character set* (universelle Zeichenmenge). Der Code enthält den ↑ Unicode, der seine erste Ebene bildet. Der Code ist durch die ersten 8 Bit in 256 Gruppen unterteilt, die wiederum durch die nächsten 8 Bit in 256 Ebenen aufgeteilt werden, wobei jede Ebene eine Codetabelle von der Größe des Unicodes umfasst, also aus 256 Reihen zu 256 Spalten besteht. Man nutzt nur die ersten 128 Gruppen, d. h., man lässt das erste Bit unbeachtet, das damit für Kontrollzwecke (↑ Prüfbit) oder andere Aufgaben genutzt werden kann. Dieser Code mit über 2 Milliarden Zeichen ist so umfangreich, dass man ihn schrittweise in den kommenden Jahrzehnten aufbauen wird.

UML (unified modeling language, dt. vereinheitlichte *Modellierungssprache*): Die Sprache dient zum einen der Veranschaulichung und dem Dokumentieren von Ideen, Modellen, Vorgehensweisen und Lösungen, zum anderen kann man mit ihr spezifizieren und entwerfen. Dies erfolgt vor allem mithilfe von *Diagrammen*. Die hiermit verbundenen Techniken sind nicht nur auf die Informatik beschränkt. UML ist sprachunabhängig, unterstützt aber den *objektorientierten* Entwurf von Systemen. Daher lassen sich viele Diagramme relativ leicht z. B. nach ↑ Java übertragen, sodass aus einer UML-Spezifikation schnell ein Prototyp zum Experimentieren entstehen kann.

UML verwendet vor allem Diagramme, das sind Rechtecke mit einer inneren Unterteilung, in denen Attribute, Funktionen und sonstige Informationen notiert werden. Die Diagramme sind untereinander entsprechend der zwischen ihnen herrschenden Beziehungen verbunden, zugleich können sie noch auf Linien angeordnet sein. Mithilfe verschiedener Diagrammtypen werden typische Anwendungsfälle formal festgehalten, es werden Klassen und Objekte statisch beschrieben, es wird ihr Zusammenwirken in Form von Zustandsübergängen, Aktionsketten und Wechselwirkungen (auch über die Zeit hin) dargestellt und es gibt Diagramme zur Beschreibung der Installation und des Einsatzes von Systemen. Die wichtigsten Beispiele sind:

Objektdiagramm: In diesem Rechteck wird ein Objekt dargestellt, dessen Name im oberen abgetrennten Teil des Rechtecks steht, gefolgt von einem Doppelpunkt und dem Namen der Klasse, zu der das Objekt gehört. Die für ein Objekt notwendigen Informationen (vgl. ↑ Objekt), insbesondere Zustand und zulässige Methoden, werden in dieses Diagramm eingetragen. Mehrere solcher Objekte werden miteinander verbunden, sofern sie zueinander in irgendeiner Beziehung stehen; eine statische Sicht kann sich hierbei auf die Vererbungshierarchie oder einen möglichen Nachrichtenaustausch beziehen.

Klassendiagramm: Klassen sind die Schablonen, aus denen Objekte erzeugt werden. Ein Klassendiagramm ähnelt daher einem Objektdiagramm. Oben steht der Name der *Klasse,* dann folgen die Datenstrukturen, Attribute genannt (dieser Teil ist bei den Objekten durch den aktuellen Zustand ersetzt), und danach folgt die Auflistung der zulässigen Methoden, die generisch (↑ Generizität) und daher allgemeiner als die entsprechende Ausprägung in einem Objekt sein können. Wie bei Objekten werden Klassen, die zueinander in irgendeiner Beziehung stehen, miteinander verbunden, wobei man die Art der Beziehung an die Kanten schreibt.

Kollaborationsdiagramm (collaboration diagram, Zusammenarbeitsdiagramm): Hier werden die an einer umfangreicheren Operation beteiligten Objekte und die durch Nachrichtenaustausch entstehenden Beziehungen sichtbar gemacht. Der zeitliche Ablauf kann durch angefügte Nummern notiert und das Erzeugen und Auflösen von Objekten durch entsprechende Hinweise (evtl. bezogen auf die Nummerierung) sichtbar gemacht werden.

Sequenzdiagramme: Diese ähneln den *Weg-Zeit-Diagrammen* (↑ Protokoll). Es wird die Kommunikation zwischen Objekten in ihrer zeitlichen Reihenfolge dargestellt. Senkrecht nach unten verläuft eine Zeitachse. Es gibt mehrere Spalten, jedem beteiligten Objekt wird in einer Spalte der Zeitraum zugeordnet, in dem es sich aktiv an den Kommunikationen beteiligt; die Zahl der Spalten gibt die maximal betrachtete Nebenläufigkeit an. An die Objekte und an die Kanten, die quer zu den Spalten den Nachrichtenfluss charakterisieren, können Informationen wie Dauer oder Methodenaufruf mit Parametern angefügt werden.

UML wird seit 1997 intensiv in der Praxis eingesetzt und hat sich als Hilfsmittel beim Softwareentwurf und bei der Modellierung bewährt.

UND-Funktion *(logisches Produkt, Konjunktion, AND-Funktion):* ↑boolesche Funktion mit folgendem Funktionsverhalten:

x	y	$x \cdot y$
0	0	0
0	1	0
1	0	0
1	1	1

Schaltzeichen:

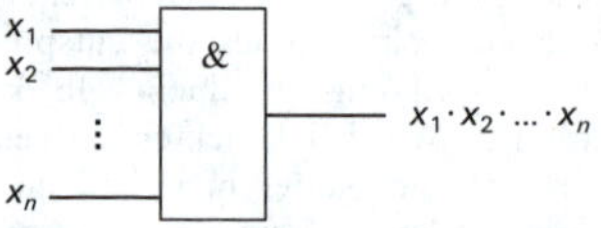

Älteres Schaltzeichen:

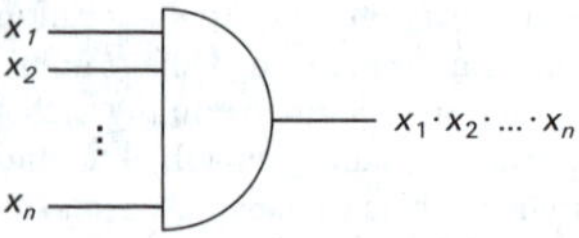

Anstelle des Symbols · verwendet man auch die Symbole ∧ oder AND. Häufig lässt man den Punkt weg.

Unicode: 16-Bit-Code zur Darstellung von 2^{16} auf der Erde zurzeit verwendeter Zeichen. Die definierende Codetabelle umfasst mehrere hundert Seiten. Die ersten 8 Bit („Zeile") dienen zur Auswahl einer Sprache, die nächsten 8 Bit („Spalte" oder „Zelle") beschreiben dann Zeichen dieser Sprache. Entsprechend der Binärdarstellung ist jedem Zeichen eine Zahl zwischen 0 und 65535 zugeordnet. In den ersten 256 Zeichen ist der ↑ASCII-Code und damit auch die 52 Buchstaben des lateinischen Alphabets enthalten.

Im Unicode können die meisten heute gebräuchlichen Schriftzeichen dargestellt werden, wofür manchmal zwei aufeinander folgende Zeichen verwendet werden müssen. Er reicht jedoch noch nicht aus, um die in allen Sprachen jemals verwendeten Schriftzeichen (also auch Runen, Hieroglyphen, Quipus usw.) und ihre Varianten zu beschreiben. Hierfür ist der wesentlich umfangreichere ↑UCS-Code vorgesehen.

Der Unicode kann in der Sprache Java und im Betriebssystem Windows **NT** benutzt werden; andere Systeme werden in den nächsten Jahren erweitert, um diesen Zeichensatz verarbeiten zu können.

universelle Funktion: Eine Funktion U heißt universell für eine Klasse K von Funktionen, wenn sie als Argumente die Beschreibung F einer Funktion f aus K und einen Eingabewert x für F erhält und hieraus $f(x)$ berechnet.

Formal: Für alle $f \in K$, für alle Beschreibungen F von f und für alle Argumente x von f gilt: $U(F, x) = f(x)$.

Die ↑ universelle Turingmaschine realisiert eine universelle Funktion für die Klasse der ↑berechenbaren Funktionen. Diese universelle Funktion ist selbst eine berechenbare Funktion; sie kann keine ↑totale Funktion sein (wegen der Unentscheidbarkeit des Halteproblems). In den Klassen der ↑primitiv-rekursiven Funktionen und der ↑rekursiven Funktionen gibt es dagegen keine universelle Funktion.

Anschaulich realisiert ein ↑ Interpreter für eine Programmiersprache eine universelle Funktion I:

Der Interpreter erhält als Eingabe einen Programmtext P, der eine Beschreibung der Funktion p ist, und Eingabewerte x für P und liefert als Ausgabe $p(x)$, d. h., $I(P, x) = p(x)$.

universelle Turingmaschine: ↑ Turingmaschinen sind ein formales Modell zur Beschreibung von ↑ Algorithmen. Eine universelle Turingmaschine U ist eine Turingmaschine, welche eine beliebige andere Turingmaschine T simulieren kann. Die Maschine U vollzieht die Arbeit jeder beliebigen Turingmaschine wie ein ↑Interpreter nach.

Dazu ist es notwendig, dass U auf ihrem Eingabeband eine Beschreibung von T und ein zu untersuchendes Wort x enthält. U modifiziert dann x in derselben Weise, wie T dies tun würde. Hierzu führt U jeden einzelnen Berechnungsschritt von T auf ihrem Band durch.

Mit dieser Idee konnte 1936 der engl. Mathematiker *A. M. Turing* konstruktiv beweisen, dass es universelle Turingmaschinen gibt.

Die Beschreibung der zu simulierenden Turingmaschine kann mithilfe der ↑Gödelnummerierung codiert werden, sofern man über natürlichen Zahlen arbeitet; ansonsten verwendet man einfachere Codierungen *G* für Turingmaschinen und Wörter.
Für *U* gilt: Für alle Turingmaschinen *T* und für alle Wörter *x* über dem Eingabealphabet von *T* gilt: *U* angesetzt auf das Wort $G(T)bG(x)$ hält genau dann an, wenn *T* angesetzt auf *x* hält und $\varphi_U(G(T)bG(x)) = \varphi_T(x)$ gilt. Dabei ist *G* eine Gödelnummerierung, *b* das Blanksymbol von *U* und φ_U bzw. φ_T die berechnete Funktion von *U* bzw. *T*.
Eine universelle Turingmaschine kann also wie ein *Computer* „programmiert", d. h. mit der Beschreibung eines Algorithmus versehen werden und somit beliebige Algorithmen berechnen. Ein Computer ist in diesem abstrakten Sinne nichts anderes als eine universelle Turingmaschine.

UNIX ['ju:nɪks]: ↑ Betriebssystem für leistungsfähige, in der Regel vernetzte ↑Mikrocomputer, Computer und Großrechner.
UNIX wurde im Jahre 1973 von den beiden Amerikanern *D. M. Ritchie* und *K. Thompson* in den Bell Laboratories, dem Forschungszentrum der amerikanischen Telefongesellschaft AT & T, entwickelt. Es ist seither in verschiedenen Versionen auf unterschiedlichen Rechnern verfügbar. Auf ↑ Personalcomputern ist es als ↑ LINUX verfügbar. Varianten von UNIX sind SINIX, AIX, ULTRIX, XENIX usw.
UNIX ist ein Betriebssystem für mehrere Benutzer und Mehrprogrammbetrieb; es ermöglicht den Dialogbetrieb sowie den Stapelbetrieb (↑Betriebsart). Den prinzipiellen Aufbau von UNIX zeigt Abb. 1.
Das gesamte UNIX-System ist im Wesentlichen in der Programmiersprache ↑C geschrieben, wodurch zur Portierung von UNIX ein ↑Übersetzer für C auf dem jeweiligen Computer vorhanden sein muss. Die Hardware-Schnittstellen sind teilweise im ↑Assembler programmiert und daher nicht portabel. Sie sollen eine von der konkreten Hardware unabhängige Schnittstelle für den UNIX-Kern zur Verfügung stellen. Der portable UNIX-Kern ist in C programmiert und verwaltet hauptsächlich die ↑ Prozesse und ihre ↑ Synchronisation, das Dateisystem und die Hardware. Der UNIX-Kern bietet eine Reihe von elementaren Funktionen des Betriebssystems an *(Systemaufrufe),* welche von den darüber liegenden Schichten (Standard- und Anwenderprogramme) benutzt werden. Die Standardprogramme zur Manipulation des Dateisystems, Editoren, Übersetzer und vieles mehr sind in C programmiert und benutzen die Systemaufrufe: Sie sind daher ebenfalls portabel.

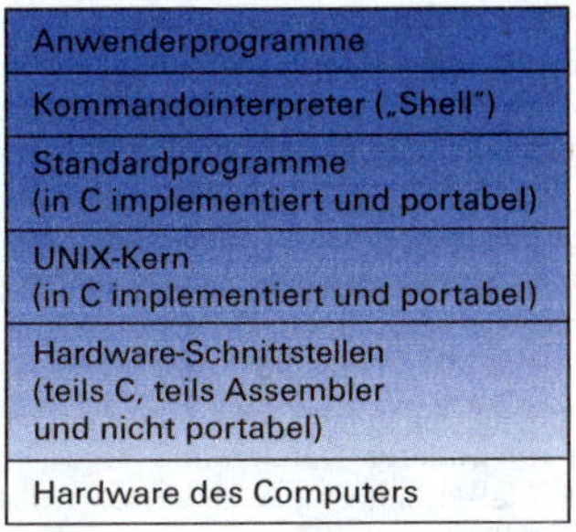

UNIX (Abb. 1): Prinzipieller Aufbau von UNIX

Der *Kommandointerpreter, Shell* genannt, ist ebenfalls ein Standardprogramm: Es liest eine Zeile ein und führt die darin angegebenen Kommandos (Standard- oder Anwenderprogramme) aus. Shell ist gleichzeitig eine einfache Programmiersprache, weil als Kommandos auch Anweisungen wie ↑Schleifen, ↑bedingte Anweisungen, ↑Zuweisungen u. a. möglich sind. Da Shell ein Standardprogramm ist, lässt es sich auch leicht verändern bzw. auswechseln und an andere Benutzeranforderungen anpassen.
Dateien sind in UNIX als Zeichenfolgen organisiert und haben keine weitere Struktur. Bemerkenswert ist, dass auch

Geräte zur Ein- und Ausgabe (↑ Datensichtstationen, ↑ Drucker) als Dateien angesehen werden, wodurch es für die Programme kein Unterschied ist, ob sie ihre Ergebnisse auf einen Bildschirm, an einen Drucker oder in eine Datei ausgeben. Geräte werden in UNIX als *Spezialdateien* bezeichnet. Neben den Normal- und Spezialdateien gibt es noch *Directories:* Dies sind Dateien, die Namen von anderen Dateien und Verweise auf diese enthalten. Durch dieses Konzept stellt sich das gesamte *Dateisystem* von UNIX als ein ↑Baum dar (Abb. 2).
Für jede Datei kann man festlegen, wer sie lesen, schreiben bzw. ausführen (bei Programmen) kann: nur der Eigentümer, die Gruppe, in der er mitarbeitet, oder jeder Benutzer. Außerdem gibt es in jedem UNIX-System einen Systemverwalter (*„Super User“* = Systemadministrator), der eine Zugriffsberechtigung auf jede Datei hat.
Programme bzw. Kommandos (in UNIX ist jedes Kommando ein Programm; daher werden im folgenden Text „Programm“ und „Kommando“ gleichbedeutend verwendet) werden in UNIX auch *Filter* genannt: Sie lesen meist eine Folge von Zeichen ein und geben diese in irgendeiner modifizierten Form wieder aus. Verbindet man mehrere Kommandos durch den *Pipe*-Operator „|“, so startet Shell alle Programme gleichzeitig. Alle Ausgaben des links vom Pipe-Operator stehenden Programms werden zur Eingabe des rechts stehenden Programms.

▶ *Beispiel:*

```
sort | uniq
```

Diese Kommandozeile bewirkt, dass die eingegebenen Zeilen sortiert werden (durch das Standardprogramm „sort“). Gleichzeitig werden die sortierten Zeilen durch den Pipe-Operator „|“ in das Programm „uniq“, welches gleiche aufeinander folgende Zeilen löscht, eingegeben. Die Ausgabe von „uniq“ ist das Ergebnis dieses Kommandos. ◀

Durch die Vielzahl der Standardprogramme und die Möglichkeiten der Programmiersprache Shell (Pipes, Kontrollstrukturen) kann der Anwender viele Probleme allein mit der Kommandosprache lösen, ohne eine andere Programmiersprache zu benutzen.
Jedes Programm, das im UNIX-System abläuft, bildet einen *Prozess*. Ein Benutzer kann jedes Kommando als ↑Hintergrundprogramm starten, indem er am Ende der Kommandozeile das Zeichen „&“ angibt. Dadurch wird das Programm als eigenständiger Prozess ausgeführt. Der Benutzer braucht nun nicht zu warten, bis das Kommando bearbeitet ist, sondern kann sofort das nächste Kommando eingeben. Hierdurch wird in UNIX auch der Stapelbetrieb (↑ Betriebsart) ermöglicht.

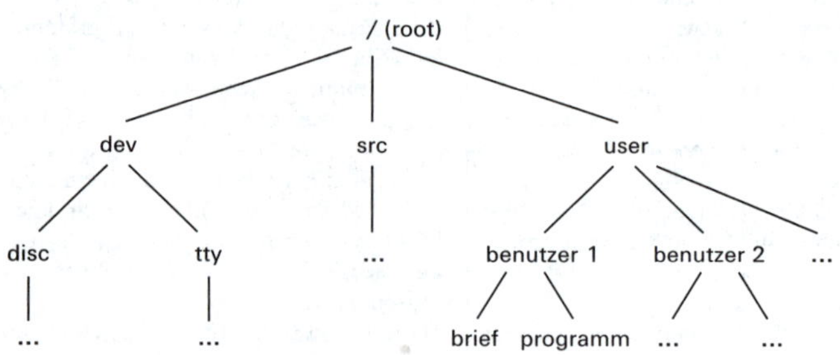

UNIX (Abb. 2): Baumstruktur des Unix-Dateisystems

at ⟨Zeit⟩ ⟨Datei⟩	Ausführung der Kommandodatei ⟨datei⟩ im Stapelbetrieb zum Zeitpunkt ⟨Zeit⟩.
	Beispiel: at 1510 programm
cal ⟨Monat⟩ ⟨Jahr⟩	Ausgabe eines formatierten Kalenders für den angegebenen Zeitraum
	Beispiel: cal 7 1989
cat ⟨Datei⟩ ... ⟨Datei⟩	Ausgabe der angegebenen Dateien auf den Bildschirm.
	Beispiel: cat brief1 brief2
cd ⟨Directory⟩	Wechsel zu einer anderen Directory.
	Beispiel: cd/user/benutzer2
chmod ⟨Modus⟩ ⟨Datei⟩	Änderung der Zugriffsberechtigung (Lesen (r), Schreiben (w), Ausführen (x)) einer Datei. ⟨Modus⟩ hat die Form +m oder −m, wobei m ∈ {r,w,x} ist.
	Beispiel: chmod +r−w−x brief
	Wirkung: Die Datei brief kann anschließend gelesen, nicht überschrieben (verändert) und nicht ausgeführt werden.
cp ⟨Date ⟩ ⟨Datei⟩	Kopieren der ersten Datei in die zweite
cp ⟨Date ⟩ ... ⟨Datei⟩ ⟨Directory⟩	Kopieren der angegebenen Dateien in die Directory.
date	Ausgabe des Datums und der Uhrzeit.
dt	Ausgabe des unbelegten Externspeichers in Blöcken.
echo „⟨text⟩"	Ausgabe eines Textes auf den Bildschirm
	Beispiel: echo „Was ist los?"
login ⟨Benutzername⟩	Eröffnen einer Terminalsitzung unter der angebenen Kennung.
	Beispiel: login benutzer1
ls	Ausgabe des Katalogs (Name der Dateien und Unter-Directories) der aktuellen Directory.
mail	Ausgabe von elektronisch versandter eingegangener Post.
mail ⟨Benutzer⟩ < ⟨Datei⟩	Versand eines Briefes an einen Benutzer.
	Beispiel: mail benutzer2 < brief
man ⟨Kommando⟩	Ausgabe einer Beschreibung des Kommandos
	Beispiel: man ls
mkdir ⟨Directoryname⟩	Anlegen einer neuen Directory.
mv ⟨Datei⟩ ⟨Dateiname⟩	Umbenennen der ersten Datei mit dem angegebenen Namen
	Beispiel: mv brief briefanotto

UNIX (Tabelle 1): Wichtige Kommandos

mv ⟨Datei⟩ ... ⟨Datei⟩ ⟨Directory⟩	Verlagern der Dateien in die angegebene Directory. *Beispiel:* mv brief programm benutzer2
passwd	Wechsel des Passwortes.
pr ⟨Datei⟩	Ausdrucken einer Datei.
pwd	Ausgabe des Pfades von der Wurzel des Dateibaumes zur aktuellen Directory. *Beispiel* für Ausgabe: /user/benutzer2
rm ⟨Datei⟩ ... ⟨Datei⟩	Löschen von Dateien.
rmdir ⟨Directory⟩	Löschen einer leeren Directory.
sort ⟨Datei⟩	Alphabetische Sortierung einer Datei und Ausgabe auf den Bildschirm.
spell ⟨Datei⟩	Überprüfung aller Wörter der Datei auf korrekte (englische) Schreibweise.
tail -N ⟨Datei⟩	Ausgabe der letzten N Zeilen einer Datei. *Beispiel* tail -10 brief
time ⟨Kommando⟩	Liefert die Rechenzeit des Computers zur Bearbeitung des angegebenen Kommandos.
uniq ⟨Datei⟩	Ausgabe aller Zeilen der Datei, die mehrfach unmittelbar hintereinander vorkommen.
who	Ausgabe aller zur Zeit mit dem System arbeitenden Benutzer.
wc ⟨Datei⟩	Liefert die Anzahl der Wörter in der Datei.

UNIX (Tabelle 1): Wichtige Kommandos

▶ Einige weitere Möglichkeiten von UNIX zeigen die folgenden *Beispiele:*

(1) Ausgabe der Dateien innerhalb der momentanen Directory:

ls

(2) Ausgabe der Dateien innerhalb der momentanen Directory in sortierter Reihenfolge:

ls | sort

(3) Ausgabe der Datei „brief" auf den Bildschirm:

cat brief

(4) Verketten der Dateien „brief1" und „brief2" und Abspeichern in der Datei „ausgabe":

cat brief1 brief2 > ausgabe

„>" kennzeichnet eine Datei als Ausgabedatei.

(5) Übersetzen des PASCAL-Programms in der Datei „probe.p" im Hintergrund:

pc probe.p &

(6) Absenden eines Briefes an einen anderen Benutzer mit dem Namen „paul" (↑elektronische Post):

mail paul < brief

„<" kennzeichnet eine Datei als Eingabedatei.

(7) Wechseln einer Directory (Abb. 2):

cd /dev/disc

Man befindet sich anschließend in der Directory „disc". ◀

Von den etwa 300 Kommandos in UNIX zeigt Tabelle 1 die wichtigsten.

Unterbereich *(Teilbereich,* engl. *subrange):* Häufig darf eine ↑Variable mit dem ↑Datentyp integer (ganze Zahlen) nur Werte aus einem bestimmten Intervall der ganzen Zahlen annehmen (Entsprechendes kann auch für andere Datentypen gelten). Um dies deutlich sichtbar zu machen, kann man einen Unterbereich der ganzen Zahlen vereinbaren und dann die Variable mit diesem Unterbereich als Typ deklarieren.

▶ *Beispiel:* In der folgenden Deklaration

```
type jahr = 1800..2000;
...
var geburtsjahr: jahr;
...
```

kann die Variable geburtsjahr jede ganze Zahl zwischen 1800 und 2000 als Wert annehmen. ◀

Allgemein ist ein Unterbereich eines Datentyps ein zusammenhängendes Intervall aus der Menge der Werte dieses Datentyps. Auf diesem Unterbereich sind die gleichen Operationen wie auf dem ursprünglichen Datentyp definiert mit der Einschränkung, dass die Ergebniswerte immer im Unterbereich liegen müssen.

▶ *Beispiel:*

```
type buchstabe = 'a'..'z';
type monat = 1..12;
...
var aktmonat: monat;
...
aktmonat:= 12;
aktmonat:= aktmonat+ 1;
(* Fehler, weil das Ergebnis außerhalb
des Unterbereichs liegt *)
```
◀

Unterbereiche werden meist als Index bei ↑Feldern verwendet.

Unterbrechung (engl. *interrupt*): ein durch ein Ereignis ausgelöster, automatisch ablaufender Mechanismus, der die Verarbeitung des laufenden Programms unterbricht und auf eine Prüfroutine umschaltet. Diese Routine prüft, wie wichtig die Unterbrechung ist, und entscheidet dann, ob das bisherige Programm weiter bearbeitet oder zunächst eine andere Aktivität gestartet wird.

Das Konzept der Unterbrechung hat eine wichtige Bedeutung bei der gleichzeitigen Verwaltung und Bearbeitung mehrerer Programme (↑ Betriebsart), bei der ↑Synchronisation von Programmen (↑ Nebenläufigkeit) und bei Ein-/Ausgabe-Operationen, die zwar von der ↑ Zentraleinheit gestartet werden, dann aber ohne ihre Kontrolle ablaufen (↑Geräteverwaltung).

Man unterscheidet *synchrone* und *asynchrone Unterbrechungen. Synchrone Unterbrechungen (Fallen*, engl. *traps)* werden von einem in Verarbeitung befindlichen Programm ausgelöst. Sie treten stets an der gleichen Stelle im Programm auf. Typische Beispiele sind die durch Programm- oder Datenfehler (z. B. Division durch null) hervorgerufenen Unterbrechungen. *Asynchrone Unterbrechungen* werden von nebenläufigen ↑Prozessen, externen Geräten oder Maschinenfehlern ausgelöst. Im Gegensatz zu den synchronen Unterbrechungen können die asynchronen zu einem beliebigen Zeitpunkt auftreten.

Der Mechanismus, der bei Eintritt eines synchronen oder asynchronen Unterbrechungsereignisses abläuft, ist stets der gleiche. Er lässt sich in folgende Schritte zerlegen:

(1) *Eintritt und Erkennung eines Unterbrechungsereignisses:* Die Erkennung eines Unterbrechungssignals erfolgt im Allgemeinen durch den Prozessor, dessen ↑Befehlszyklus neben der Hol-, Decodier- und Ausführungsphase noch eine Unterbrechungsphase enthält (Abb. 1).

(2) *Feststellung der Unterbrechungsursache und Zulassung/Abweisung der Unterbrechung:* Der Prozessor ermittelt zunächst die Art des Ereignisses, das die Unterbrechung ausgelöst hat. Hierfür enthält der Prozessor ein *Unterbrechungsregister,* das so viele Bits umfasst, wie Ereignisse unterschieden werden. Ein auf eins gesetztes Bit zeigt eine Unterbrechung des zugehörigen Ereignistyps an. Die Entscheidung, eine Unterbrechung zuzulassen oder abzuweisen, trifft der Prozessor anhand eines weite-

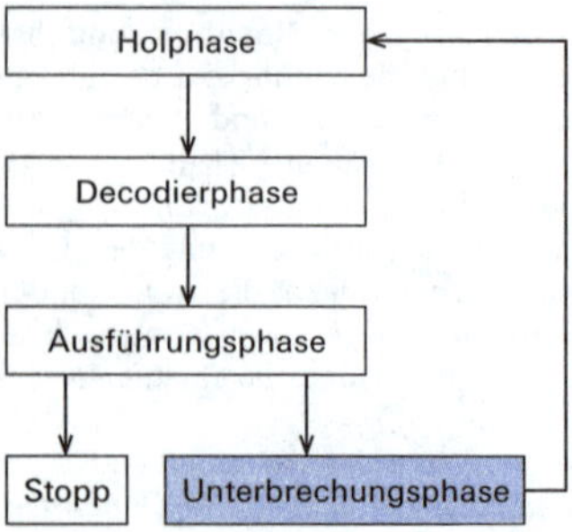

Unterbrechung (Abb. 1): Befehlszyklus mit Unterbrechungsphase

ren gleich großen Registers *(Maskenregister).* Ein auf Eins gesetztes Bit besagt, dass das entsprechende Ereignis zum aktuellen Zeitpunkt keine Unterbrechung auslösen kann und unbeachtet bleibt (das zugehörige Ereignis ist „maskiert"). Treffen mehrere unmaskierte Unterbrechungsanforderungen ein, bleibt es einer Auswahlstrategie des Prozessors überlassen, welche Unterbrechung akzeptiert wird. Eine mögliche Strategie berücksichtigt die Dringlichkeit des Ereignisses.

Abb. 2 zeigt Struktur und Funktionsweise des Unterbrechungs- und des Maskenregisters. Es liegen drei Unterbrechungsanforderungen der Ereignisse E_1, E_2 und E_5 vor. E_3 (bedeutungslos) und E_5 sind maskiert und werden ignoriert. Von den beiden erlaubten Unterbrechungen E_1 und E_2 wählt der Prozessor nach seiner Strategie eine zur weiteren Bearbeitung aus.

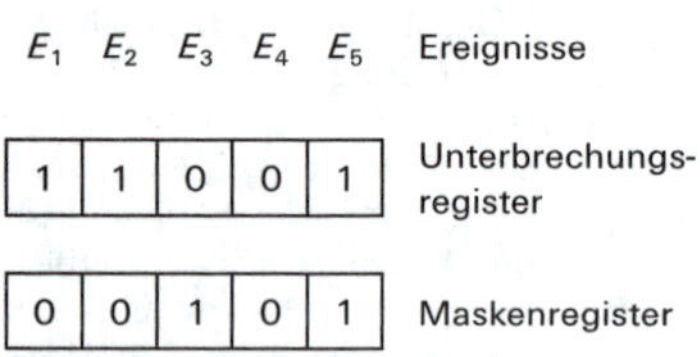

Unterbrechung (Abb. 2): Struktur des Unterbrechungs- und des Maskenregisters

(3) *Sichern des Zustands des unterbrochenen Programms:* Der augenblickliche Zustand des unterbrochenen Programms (vor allem Inhalte der Register der Zentraleinheit) wird in einem bestimmten Speicherbereich gesichert. Da das *Unterbrechungsprogramm* diese Register benötigt, ist das Sichern notwendig, um später das unterbrochene Programm fortsetzen zu können. Häufig wird ein Unterbrechungsprogramm seinerseits durch ein neues Ereignis unterbrochen. Der Speicherbereich für das Sichern der Register ist daher meist als ↑Keller organisiert, dessen oberste Elemente den Status des zuletzt unterbrochenen Programms festlegen.

Nach der Sicherung werden Ereignisse, die fortan keine Unterbrechung mehr hervorrufen sollen, anhand des Maskenregisters maskiert.

(4) *Start des Unterbrechungsprogramms:* Die Startadresse *(Unterbrechungsvektor)* eines Unterbrechungsprogramms, die der Prozessor nach dem Typ des unterbrechenden Ereignisses selbst bestimmt oder die ihm durch das Ereignis mitgeteilt wird, wird in das Befehlszählregister geschrieben.

Das Unterbrechungsprogramm wird ausgeführt.

Während des Ablaufs dieser Verwaltungsfunktionen (1) bis (4) wird keine weitere Unterbrechung berücksichtigt.

(5) *Beendigung des Unterbrechungsprogramms:* Nach der Reaktion auf das unterbrechende Ereignis wird der Zustand des unterbrochenen Programms wieder in den Prozessor geladen. Das unterbrochene Programm wird fortgesetzt.

URL: Abkürzung für Uniform Resource Locator, dt. einheitlicher Bezeichner für Stellen, an denen sich Ressourcen befinden. Gemeint ist hiermit eine eindeutige Adresse für Rechner im ↑Internet und für Dokumente auf den Rechnern. Mithilfe dieser Adressen muss jede irgendwo vorhandene Information erreichbar sein; meist ist das Ziel der Suche eine ↑Startseite. Da die Suche über ein Netz erfolgt, ist festzulegen, welches Übertragungs-

protokoll zu verwenden ist. Oft ist auch anzugeben, wem die jeweilige Ressource gehört.
Dementsprechend lautet der allgemeine Aufbau der URL:

<Protokoll>://<Benutzer>@
<Rechneradresse>/<Dateipfad auf dem Rechner>

Hiervon können Teile fehlen, z. B. der Teil "<Benutzer>@" oder der Dateipfad. Im Internet ist HTTP das Übertragungsprotokoll für Webseiten des ↑ World Wide Web und FTP das für Dateien. Der <Benutzer> ist i. A. der Name des „Besitzers“ des Dokuments. Man kann diesen Zugang in der URL auch noch durch ein Passwort ergänzen. Die <Rechneradresse> (auch *Domain-Name*) gibt den Rechner und die Schnittstelle (den Port) an; dies geschieht meist in lesbarer Form; es sind aber auch absolute Adressen der Rechner im Internet zugelassen. Die <Rechneradresse> ist folgendermaßen aufgebaut:

<Rechnername>.<Arbeitsbereich>
<Institution>.<Land>

Siehe ↑ Internet. Der <Dateipfad> auf dem Rechner ist von der Form:

<Verzeichnis>/<Unterverzeichnis>
<Unterverzeichnis>/.../<Dateiname>

Bei HTML-Dokumenten endet der Dateiname meist mit ".html" oder ".htm", weshalb man dieses Suffix oft am Ende einer URL findet.

▶ *Beispiel:*

http://www.informatik.uni-stuttgart.de/
Personen/Wanderer/Lehre/
SkriptX.html

bezeichnet ein Dokument "SkriptX.html", das auf dem durch "www.informatik.uni-stuttgart.de" bezeichneten Rechner über den Pfad "Personen/Wanderer/Lehre/" erreicht werden kann. Dieses Dokument kann mittels des Protokolls HTTP übertragen und vom ↑ Browser angezeigt werden. ◀

V.24: von der **CCITT** (Abk. für **C**omité **C**onsultatif **I**nternational **T**elegraphique et **T**elephonique, Internationaler Telegrafen- und Telefonbeirat, seit dem 1. 3. 1993 ersetzt durch die **ITU-T,** den „Sektor für Standardisierung im Fernmeldewesen der Internationalen Fernmeldeunion“) im Jahre 1968 verabschiedete Empfehlung für die Gestaltung einer ↑ Schnittstelle zur ↑ Datenübertragung zwischen Datenendeinrichtungen und Datenübertragungseinrichtungen. Die Definition der Schnittstelle besteht
a) aus der Festlegung der physikalischen Eigenschaften der Schnittstellenleitungen und der auf ihnen übertragenen ↑ Signale (z. B. Spannungsniveaus),
b) aus der Festlegung der Bedeutung aller auf den Leitungen auftretenden Signale und Signalkombinationen.

Die Empfehlung V.24 sieht etwa 50 Schnittstellenleitungen vor, die alle denkbaren Anwendungsfälle abdecken sollen. Für einen speziellen Anwendungsfall werden die benötigten Schnittstellenleitungen, ebenfalls anhand der Empfehlung, ausgewählt.
Die Schnittstellenleitungen lassen sich entsprechend ihrer Funktion in acht Gruppen einteilen:
- **Analogleitungen** (Kennzeichen A) dienen zur Übermittlung ↑ analoger Signale,
- **Datenleitungen** (Kennzeichen D) dienen zum Austausch von Daten,
- **Erdleitungen** (Kennzeichen E) legen Bezugspotenziale fest,
- **Meldeleitungen** (Kennzeichen M) dienen zur Übertragung von Quittungssignalen von der Datenübertragungseinrichtung zur Datenendeinrichtung,

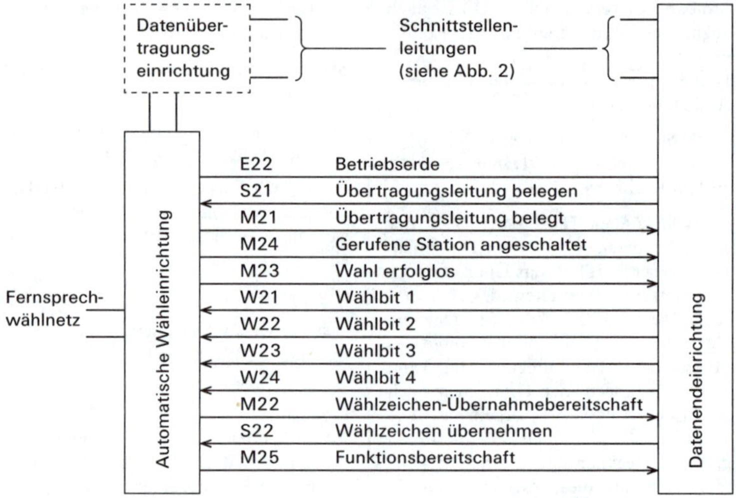

V.24 (Abb. 1): Schnittstellenleitungen

- **Steuerleitungen** (Kennzeichen S) dienen zur Übermittlung von Steuersignalen von der Datenendeinrichtung zur Datenübertragungseinrichtung,
- **Taktleitungen** (Kennzeichen T) versorgen die Datenübertragungs- bzw. Datenendeinrichtungen mit Taktsignalen,
- **Wählleitungen** (Kennzeichen W) dienen zum Anwählen anderer Datenstationen,
- **Hilfsleitungen** (zusätzliches Kennzeichen H).

Abb. 1 und Abb. 2 zeigen alle Leitungen der V.24-Schnittstelle.

Die V.24-Empfehlung wurde Anfang der 70er-Jahre durch weitere Empfehlungen der sog. X-Serie ergänzt, die einerseits weniger aufwendig sind und andererseits den Anforderungen der Datenübertragung über öffentliche Datenwege entsprechen.

Die V.24-Schnittstelle entspricht der amerikanischen Schnittstellennorm **RS232C.**

Variable: 1. *In der Informatik* bezeichnet man als Variable meist einen logischen Speicherplatz mit dessen Wert (imperative ↑ Programmiersprache). „Logischer Speicherplatz“ ist hier im Gegensatz zu „physikalischer Speicherplatz“ zu verstehen: Bei einer Variablen will man sich nicht darum kümmern müssen, wie viele Speicherzellen sie in einem ↑Speicher belegt und wo sie im Speicher steht. Jede Variable besitzt einen Namen, unter dem man sie ansprechen und ihren Wert verändern kann.

In den ↑typisierten Programmiersprachen muss einer Variablen ein ↑Datentyp zugeordnet werden. Der Datentyp legt fest, welche Elemente als Werte der Variablen auftreten und welche Operationen auf die Variable angewendet werden dürfen. Variablen werden im Deklarationsteil einer Programmeinheit (↑Block, ↑Prozedur, ↑Modul usw.) vereinbart. Sie existieren, solange die Programmeinheit nicht verlassen wird, und sie sind sichtbar in allen Unterprogrammeinheiten, in denen der Name nicht umdefiniert wurde (↑Gültigkeitsbereich).

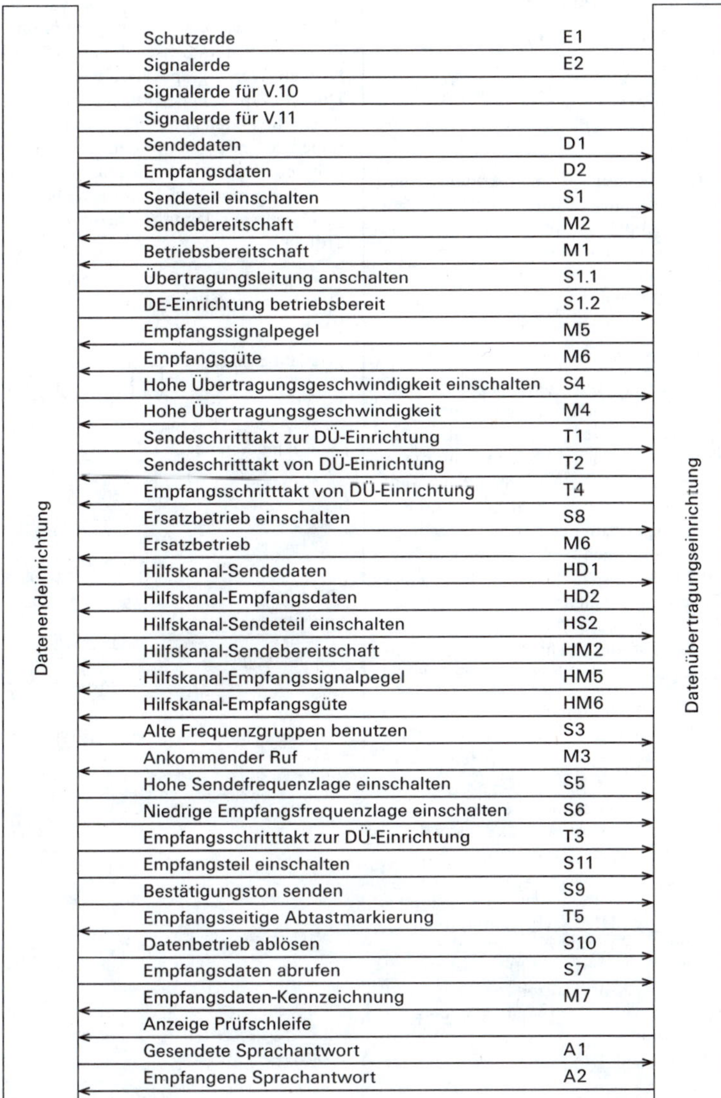

V.24 (Abb. 2): Schnittstellenleitungen

▶ *Beispiel:* In dem Programmstück

```
var x: char; y: boolean;
    zähler: integer;
begin x:='D'; y:=true;
   zähler:= 1;
   zähler:=zähler+1;...
end
```

werden die drei Variablen x, y und zähler eingeführt; die Variable x darf nur Zeichen (↑ char) als Werte annehmen, die Variable y nur die Wahrheitswerte true und false (↑ boolean) und die Variable zähler nur ganze Zahlen (↑ integer). In der Zuweisung

```
zähler:= zähler+1
```

erkennt man die doppelte Bedeutung, die Variablen in Programmen imperativer Programmiersprachen besitzen: In Ausdrücken auf der rechten Seite meint man den Wert der Variablen zähler, auf der linken Seite dagegen den logischen Speicherplatz, in den der neu errechnete Wert eingetragen wird. Variablen auf der linken und auf der rechten Seite eines Zuweisungszeichens unterscheiden sich also durch ihre *Referenzstufe* (↑ Zeiger): Sie ist auf der rechten Seite um eins größer als auf der linken. ◀

In Assemblersprachen (↑ Assembler) wird durch eine Variable ein bestimmter Speicherbereich benannt; die Variable dient hier vorwiegend als Abkürzung für die Speicheradresse, ab der die zugehörigen Werte gespeichert werden; ein Datentyp spielt in der Regel keine Rolle, da auf die Daten unterschiedliche Operationen angewendet werden können. In höheren imperativen Programmiersprachen kann man Variablen durch beliebige Datentypen komplexe Strukturen zuordnen.

▶ *Beispiel:* In Prog. 1 werden zwei Variablen a und b deklariert, die eine Gestalt

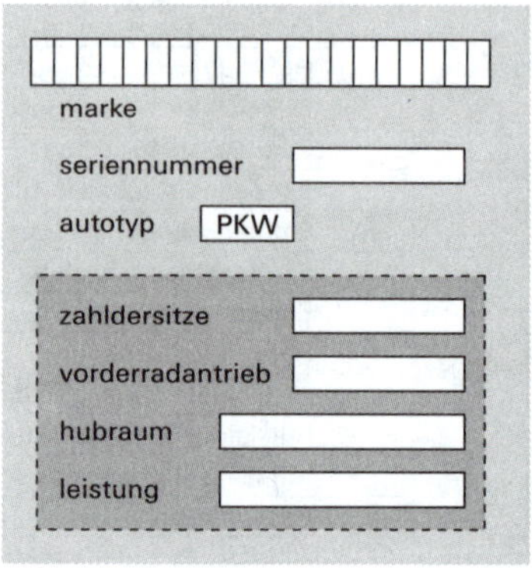

Variable (Abb. 1): Variable vom Typ auto

```
type auto = record marke: array [1..20] of char;
          seriennummer: integer;
          case autotyp: (PKW,LKW,BUS) of
             PKW: (zahldersitze: 1..9;
                vorderradantrieb:boolean;
                hubraum, leistung: integer;
             LKW: (zulgesamtgewicht: integer;
                zahlderräder: 4..20;
                höhe: 160..400);
             BUS: (sitzplätze: integer;
                elektroantrieb: boolean)
        end;
var a,b: auto;
begin ...
   a:=b;
   ...
end
```

Variable (Prog. 1): Variablendeklaration zu Abb. 1

gemäß Abb. 1 besitzen. Der gestrichelt gezeichnete Bereich ist gegen einen anderen Teil auszuwechseln, falls in autotyp der Wert LKW oder BUS steht. Die Struktur des „Behälters" ist also nicht fest, sondern variabel (varianter ↑Record).
Man kann mit der „Punkt-Notation" und durch Indizes (in eckigen oder in runden Klammern) auf einzelne Komponenten dieser Strukturen zugreifen. Will man z. B. in der Marke des durch a beschriebenen Autos den dritten Buchstaben durch „e" ersetzen, so schreibt man

```
a.marke[3] := 'e'.
```

Die Anzahl der Sitzplätze kann man aber nur lesen oder verändern, wenn

```
a.autotyp = BUS
```

gilt. Durch a := b kann man strukturierte Variablen als Ganzes kopieren. ◀

In nichtimperativen Programmiersprachen bezeichnen Variablen dagegen meist keinen logischen Speicherplatz mit Wert, sondern einen *Platzhalter* (d. h. einen formalen ↑Parameter) oder eine begrenzt gültige Identifizierung (so genannte *Bindung*) mit einem Wert oder Ausdruck (vergleiche ↑Objekt sowie ↑LISP und ↑PROLOG).
2. *In der Logik, in der Mathematik und in gewissen Programmiersprachen* versteht man unter einer Variablen einen Platzhalter, der durch irgendeinen Wert des zulässigen Wertebereichs W der Variablen ersetzt werden darf. Oft *bindet* man die Variablen durch *Quantoren* (Allquantor $\forall x \in W$ oder Existenzquantor $\exists x \in W$). In der Informatik treten solche Variablen als formale Parameter auf.

Vererbung (engl. *inheritance*): In der Informatik versteht man hierunter die Weitergabe von Strukturen. Speziell in der ↑ objektorientierten Programmierung werden neue ↑Klassen meist durch Abwandlung bereits vorhandener Klassen erstellt. Unter Vererbung versteht man dann, dass die neue Klasse N alle oder gewisse Eigenschaften, die eine bereits existierende Klasse K besitzt, übernimmt. Darf man immer nur die Eigenschaften von *einer* Klasse K übertragen, so spricht man von *Einfachvererbung* und nennt K die *Oberklasse* oder *Superklasse* von N bzw. N die *Unterklasse* oder *Subklasse* von K. Darf man dagegen bei der Definition von N die Eigenschaften mehrerer Klassen $K_1, \ldots, K_n$ übernehmen, so nennt man dies *Mehrfachvererbung*; hierbei muss man in der Regel darauf achten, dass es jede Eigenschaft E in höchstens einer Oberklasse K_i gibt. Man darf jedoch jede ererbte Eigenschaft bei der Deklaration von N umdefinieren („überschreiben").

▶ Ein gängiges *Beispiel* laute

```
class Fahrzeug is
   anzahlRäder: integer
   strecke: real;
   nummernschild: string;
   schienengebunden: boolean;
   verbrauch (kilowatt: real): real;
      begin
      verbrauch := kilowatt/self.strecke
      end;
end class;
Fahrzeug class Auto is
   anzahltüren: integer;
   verbrauch (öl: real): real;
      begin
      verbrauch := öl/self.strecke
      end
end class;
```

Ein ↑Objekt der Klasse Fahrzeug besitzt hier 4 Instanzvariable und die Methode „verbrauch". Diese Methode besitzt nur einen Parameter, da für die Berechnung stets die eigene (hierfür steht das „self") Instanzvariable „strecke" mitverwendet wird. Ein Objekt der Klasse Auto übernimmt alle Eigenschaften der Klasse Fahrzeug und fügt diesen eine Instanzvariable „anzahltüren" hinzu. Allerdings wird nun die Methode „verbrauch" umdefiniert, um statt der Energie den Ölverbrauch zu messen. Die Methode „verbrauch" der Klasse Fahrzeug ist nun überdeckt und kann nicht mehr in einem Objekt der Klasse Auto (oder deren Subklassen) verwendet werden. Würde man nun eine gemeinsame Unterklasse

Fahrzeug.Auto class Limousine is ....

definieren, so muss man bei der Definition festlegen, welche der beiden Methoden „verbrauch" für die Klasse Limousine gelten soll. ◀

Die Vererbung ist nicht auf zwei Stufen beschränkt, sondern wird über viele Subklassen weitergereicht. Man spricht von der *Vererbungshierarchie*. Dies macht es bei der Mehrfachvererbung oft nicht leicht, für ein soeben erzeugtes Objekt genau zu ermitteln, welche Methode nun gerade die richtige ist, wenn mehrere gleich benannte Methoden in Oberklassen zur Auswahl stehen. Einfachvererbung wird in ↑SMALLTALK-80 verwendet. Java bevorzugt Einfachvererbung, jedoch ist eine Mehrfachvererbung über spezielle Klassen möglich. In C++ (↑C) und ↑Eiffel ist Mehrfachvererbung zulässig.

Das Vererbungskonzept dient auch der ↑ Polymorphie, indem zunächst eine recht grobe Klasse kreiert wird, die man erst im Laufe der Entwicklung immer weiter zu der angestrebten Subklasse verfeinert.

In der Objektorientierung verlangt man, dass es eine einheitliche oberste Klasse „Object" gibt, von der alle Klassen abstammen. In dieser Klasse sind Eigenschaften, die alle Klassen besitzen müssen, festgelegt, z. B. der Test auf Gleichheit oder die Fähigkeit, eine Instanz mittels „new" aus einer Klasse zu erzeugen.

Verfügbarkeit (engl. *availability*): Die Verfügbarkeit gibt Auskunft darüber, in welchem Umfang ein System zur Bearbeitung einer gegebenen Aufgabe genutzt werden kann. Die Verfügbarkeit wird eingeschränkt durch das Auftreten von ↑Fehlern, von ↑Systemzusammenbrüchen und durch die sonstigen Belastungen des Systems. Daher wird Verfügbarkeit unterschiedlich definiert:

1. *Mithilfe der mittleren Zeitspanne zwischen zwei aufeinander folgenden Fehlern: MTBF* (Abk. für engl. **m**ean **t**ime **b**etween **f**ailure). Als (stationäre) Verfügbarkeit definiert man dann die Wahrscheinlichkeit

$$V = \frac{\text{MTBF}}{\text{MTBF} + \text{MTTR}}$$

(*MTTR*, Abk. für engl. **m**ean **t**ime **t**o **r**epair). Sie hängt also von der Zeit zwischen je zwei Ausfällen und von der Zeit für die Wiederherstellung des Systems ab. Die Verfügbarkeit einer Rechenanlage lässt sich sowohl durch die Bereitstellung von Ersatzsystemen, die beim Ausfall von Komponenten in Anspruch genommen werden, als auch durch regelmäßige Wartung erhöhen. Die Verfügbarkeit von Programmen verbessert man besonders durch den Einsatz getesteter und erprobter ↑Prozeduren, ↑Module oder ↑Objekte.

2. *Prozentualer Anteil, den das System für die gegebene Aufgabe aufgewendet hat:* Wenn z. B. für eine Aufgabe drei Viertel der Zeit für Ein- und Ausgabe und andere Verwaltungsprobleme des Rechners aufzuwenden ist, dann beträgt die Verfügbarkeit 25 %.

Verifikation: formaler Nachweis von Eigenschaften von Programmen oder Programmteilen. Die Verifikation dient zum Beweis der *Korrektheit* von Programmen. Ein Programm (oder eine Anweisung) heißt *korrekt*, wenn es genau die vorgegebene ↑ Spezifikation (siehe auch ↑ Software-Engineering) erfüllt, also auf alle Eingaben mit den gewünschten Ausgaben reagiert. Während man beim ↑ Testen aus der Richtigkeit des Programms für einzelne ausgewählte Eingaben nur hoffen kann, dass das Programm für alle Eingaben korrekt arbeitet, wird bei der Verifikation die Korrektheit für alle Eingaben bewiesen. Die Verifikation benötigt stets eine präzise Definition der ↑Semantik von Programmen.

Da in immer stärkerem Maße Programme wichtige Steuerungen übernehmen (z. B. in Fabriken, bei Flugzeugen und Eisenbahnen, bei der medizinischen Überwachung, bei der Polizei und der Feuerwehr), müssen Programme genauso präzise überprüft werden, wie dies bei technischen Geräten wie Staubsauger, Auto, Flugüberwachungssystemen usw. üblich ist. Die Verifikation von Software muss daher in den nächsten Jahrzehnten zu einem selbstverständlichen Vorgang bei der Programmerstellung werden.

Man unterscheidet zwischen *partieller* und *totaler* Korrektheit. Ein Programm heißt *partiell korrekt,* wenn Folgendes gilt: Hält das Programm für eine Eingabe an *(Termination)*, so liefert es die gewünschte Ausgabe. Das Programm heißt *total korrekt,* wenn es für alle Eingaben terminiert und zugleich partiell korrekt ist.

▶ *Beispiel:* Gesucht ist ein Programm, das auf den Eingabewert $n \in \mathbb{N}_0$ die Summe der ersten n natürlichen Zahlen ausgibt. Für ganze Zahlen $n < 0$ soll die Ausgabe 0 lauten.

1. Lösung:

```
var n,s: integer;
begin
   read(n); s := 0;
   while n ≠ 0 do
s := s + n;
n := n - 1 od;
   write(s)
end.
```

Dieses Programm ist partiell korrekt. Auf die Eingabe $n \in \mathbb{N}_0$ terminiert es und liefert den gewünschten Ausgabewert. Für Eingabewerte $n < 0$ hält das Programm jedoch nicht an, da die while-Schleife dann nicht endet.

2. Lösung: Ersetzt man in obigem Programm

```
while n ≠ 0 do
```

durch

```
while n ≥ 0 do
```

so hält das Programm immer an und es liefert für $n \in \mathbb{N}_0$ und für $n < 0$ den gewünschten Wert. Das geänderte Programm ist total korrekt. ◀

Exemplarisch soll hier die Verifikation mit der axiomatischen Semantik durchgeführt werden. Nachzuweisen sind also Eigenschaften der Form {P} a_0 {Q}. Die Verifikation von Programmen ist deshalb schwierig, weil es kein allgemeines Rezept gibt, wie man für Prädikate P und Q und für Programmstücke a_0 Behauptungen {P} a_0 {Q} beweisen kann. Allerdings entwickelt man gegenwärtig Programmsysteme und ↑Spezifikationssprachen, die den Menschen bei der Verifikation unterstützen.

In den folgenden Beispielen wird die partielle Korrektheit einiger Programme in der Programmiersprache MINI unter Verwendung der Regeln 1) bis 6) der axiomatischen Semantik bewiesen. Ausführliche Erläuterungen findet man bei ↑Semantik.

▶ *Beispiele:*

1) Das Programmstück bestehe aus folgenden Anweisungen:

```
read x;
y := 0;
while x ≠ 0 do
   y := y + 1; y := y + 1;
   x := x - 1 od;
write y.
```

a_0 sei der Programmteil ohne read- und write-Anweisung.

Behauptung: Obiges Programmstück berechnet die Funktion

$$f: \mathbb{Z} \to \mathbb{Z} \text{ mit}$$

$$f(x) = \begin{cases} 2 \cdot x, & \text{falls } x \geq 0, \\ \text{undefiniert} & \text{sonst.} \end{cases}$$

Zu beweisen ist:

$$\{x \geq 0 \wedge x = n\} a_0 \{x = 0 \wedge y = 2 * n\}.$$

n ist der Anfangswert von x.

Beweis: Es gilt mit Regel 2) der axiomatischen Semantik:

$$\{x \geq 1 \wedge 2 * (x - 1) + (y + 2) = 2 * n\}$$
$$y := y + 1$$
$$\{x \geq 1 \wedge 2 * (x - 1) + (y + 1) = 2 * n\},$$
$$\{x \geq 1 \wedge 2 * (x - 1) + (y + 1) = 2 * n\}$$
$$y := y + 1$$
$$\{x \geq 1 \wedge 2 * (x - 1) + y = 2 * n\}$$

und

$$\{x \geq 1 \wedge 2 * (x-1) + y = 2 * n\}$$
$$x := x - 1$$
$$\{x \geq 0 \wedge 2 * x + y = 2 * n\}.$$

Insgesamt gilt mit Regel 3) der axiomatischen Semantik:

$$\{x \geq 1 \wedge 2 * (x-1) + (y+2) = 2 * n\}$$
$$y := y + 1;\ y := y + 1;\ x := x - 1$$
$$\{x \geq 0 \wedge 2 * x + y = 2 * n\}.$$

Aus

$$x \geq 0 \wedge 2 * x + y = 2 * n \wedge x \neq 0$$

folgt

$$x \geq 1 \wedge 2 * (x-1) + (y+2) = 2 * n.$$

Mit Regel 6) gilt daher:

$$\{x \geq 0 \wedge 2 * x + y = 2 * n \wedge x \neq 0\}$$
$$y := y + 1;\ y := y + 1;\ x := x - 1$$
$$\{x \geq 0 \wedge 2 * x + y = 2 * n\}.$$

Mit dem Prädikat

$$P = (x \geq 0 \wedge 2 * x + y = 2 * n)$$

erfüllt die obige Formel die Voraussetzung in Regel 5). P ist eine Schleifeninvariante. Daher gilt nach Regel 5) der axiomatischen Semantik:

```
{x ≥ 0 ∧ 2 * x + y = 2 * n}
while x ≠ 0 do
   y := y + 1; y := y + 1;
   x := x − 1
end
{x ≥ 0 ∧ 2 * x + y = 2 * n ∧ x = 0}.
```

Aus der Nachbedingung folgt

$$y = 2 * n \wedge x = 0.$$

Wendet man Regel 2) an, so erhält man für die Anweisung y := 0 aus der obigen Vorbedingung:

$$\{x \geq 0 \wedge 2 * x = 2 * n\}$$
$$y := 0$$
$$\{x \geq 0 \wedge 2 * x + y = 2 * n\}.$$

Bei Benutzung der Regeln 6) und 3) folgt daraus die Behauptung. Zum Nachweis der totalen Korrektheit muss man noch zeigen, dass das Programm für alle Eingaben $x \in \mathbb{Z}$, $x \geq 0$, terminiert, was wegen des Herabzählens von x leicht einzusehen ist.

2) Gegeben sei folgendes Programm in MINI (a_0 sei der Anweisungsteil):

```
     read x;
     z := 0;
     while x ≠ 0 do
       y := x + 1;
       while y ≠ 0 do
a0       z := z + 1;
         y := y − 1
       od;
       x := x − 1;
       z := z − 1
     od;
     write z.
```

Behauptung: Sei n der Anfangswert (die Eingabe) von x. Dann gilt:

$$\{x = n\} a_0 \left\{z = \frac{n^2 + n}{2}\right\}.$$

Beweis: Sei P definiert durch

$$P = \left(x + z = \frac{n^2 + n - x^2 + x}{2}\right)$$

In Prog. 1 ist der Anweisungsteil a_0 um die jeweils gültigen Prädikate ergänzt. P ist eine Schleifeninvariante der äußeren und Q eine der inneren while-Schleife.

Für $n \geq 0$ terminieren die Schleifen, und das Programm hält an. Für $n < 0$ erhält man dagegen eine Endlosschleife. Somit haben wir bewiesen, dass das Programm die folgende Funktion $f_3 \colon \mathbb{Z} \to \mathbb{Z}$ berechnet:

$$f_3(n) = \begin{cases} \frac{1}{2} \cdot n \cdot (n+1), & \text{falls } n \geq 0, \\ \text{undefiniert}, & \text{falls } n < 0. \end{cases}$$ ◄

Die Verifikation großer Programme kann man folgendermaßen in Angriff nehmen. Man zerlegt das Programm in überschaubare Programmstücke und beweist hierfür Aussagen der Form {P} a_0 {Q}. Mithilfe der Regeln der axiomatischen Semantik kann man aus diesen Teilstücken dann einen Beweis für das Gesamtprogramm zusammensetzen.

Da das ↑Testen von Programmen die Korrektheit nicht sicherstellen kann, werden Verifikationsbeweise besonders bei kritischen Anwendungen wie etwa Fertigungssteuerung, Reaktorüberwachung, Verkehrssysteme, Raumfahrt usw. immer dringlicher.

Verschieblichkeit: Wenn ein ↑Maschinenprogramm ohne Änderung an eine beliebige Stelle innerhalb des Hauptspeichers geladen und ausgeführt werden kann, so bezeichnet man es als verschieblich. Voraussetzung hierfür ist, dass alle Größen, also z. B. Sprungziele (↑Sprung) und Speicherzellen, relativ zur Ladeadresse (↑Lader), d. h. relativ zur Adresse des ersten Maschinenbefehls, adressiert werden. Hierzu definiert man die Ladeadresse als Basisadresse. Verschiebliche Programme dürfen also beispiels-

$\{x = n\} \Rightarrow \{P\}$

z := 0;

$\{P\}$

<u>while</u> $x \neq 0$ <u>do</u>

  $\{P \wedge x \neq 0\}$

  y := x + 1;

  $$\left\{y + z = \frac{n^2 + n - x^2 + x}{2} + 2 \wedge y \neq 0 \wedge x \neq 0\right\}$$ Dieses Prädikat kürzen wir mit dem Namen Q ab.

  <u>while</u> $y \neq 0$ <u>do</u>

    $\{Q \wedge y \neq 0\}$

    z := z + 1;

    $$\left\{y + z = \frac{n^2 + n - x^2 + x}{2} + 2 \wedge y \neq 0 \wedge x \neq 0\right\}$$

    y := y − 1;

    $$\left\{y + z = \frac{n^2 + n - x^2 + x}{2} + 1 \wedge y \neq -1 \wedge x \neq 0\right\} \Rightarrow \{Q\}$$

  <u>od</u>;

  $$\{Q \wedge y = 0\} \Rightarrow \left\{z = \frac{n^2 + n - x^2 + x}{2} + 1 \wedge x \neq 0\right\}$$

  x := x − 1;

  $$\left\{z = \frac{n^2 + n - (x+1)^2 + (x+1)}{2} + 1 \wedge x \neq -1\right\}$$

  z := z − 1

  $$\left\{z = \frac{n^2 + n - (x+1)^2 + (x+1)}{2} = \frac{n^2 + n - x^2 + x}{2} - x \wedge x \neq -1\right\} \Rightarrow \{P\}$$

<u>od</u>

$$\{P \wedge x = 0\} \Rightarrow \left\{z = \frac{n^2 + n}{2}\right\}$$

Verifikation Lösung zu Beispiel 2

weise keine absoluten Adressen enthalten (↑Adressierungsarten).
Die Verschieblichkeit von Programmen ist wichtig im Mehrprogrammbetrieb (↑Betriebsart). Wird ein Programm aufgerufen, so wird es vom Lader an irgendeine freie Stelle innerhalb des Hauptspeichers geladen, die groß genug ist, um das Programm aufzunehmen. Die korrekte Ausführung des Programms darf also nicht von der Stelle abhängen, an der es im Speicher steht.

Verschmelzen *(Mischen*, engl. *merging):* Zusammenführung mehrerer sortierter Folgen zu einer sortierten Folge. Von den zu verschmelzenden Folgen werden jeweils die ersten Elemente miteinander verglichen, das kleinste wird aus seiner Folge entfernt und an die neu entstehende Folge angefügt.

▶ *Beispiel:* Verschmelzen dreier Folgen:

a: 2 7 19 33 35

b: 3 7 12 24 30

c: 8 10 16

1. Schritt:

$$2\begin{cases}7 \quad 19 \quad 33 \quad 35\\ 3 \quad 7 \quad 12 \quad 24 \quad 30\\ 8 \quad 10 \quad 16\end{cases}$$

2. Schritt:

$$2\ \ 3\begin{cases}7 \quad 19 \quad 33 \quad 35\\ 7 \quad 12 \quad 24 \quad 30\\ 8 \quad 10 \quad 16\end{cases}$$

3. Schritt:

$$2\ \ 3\ \ 7\begin{cases}19 \quad 33 \quad 35\\ 7 \quad 12 \quad 24 \quad 30\\ 8 \quad 10 \quad 16\end{cases}$$

usw. ◀

Durch das folgende Programmstück werden zwei sortierte ↑Files ganzer Zahlen a und b zum File c verschmolzen:

```
var a,b,c: file of integer;
    ende: boolean;
begin
   reset(a); reset(b); rewrite(c);
   ende := eof(a) or eof(b);
   while not ende do
      if a↑ ≤ b↑ then
            c↑ := a↑; put(c); get(a);
            ende := eof(a)
            else
            c↑ := b↑; put(c); get(b);
            ende := eof(b)
      fi
   od;
   while not eof(a) do
      c↑ := a↑; put(c); get(a) od;
   while not eof(b) do
      c↑ := b↑; put(c); get(b) od
end.
```

Das Verschmelzen von Files wird zum Sortieren (↑Sortieren durch Verschmelzen) verwendet. Weiterhin tritt es beim Aktualisieren von sortierten Dateien auf: Auf Hintergrundspeichern (↑Speicherhierarchie) ausgelagerte Dateien, deren Datenbestände sich ändern, werden in der Regel nicht bei jeder Änderung auf den neuesten Stand gebracht; vielmehr wird eine kleine sortierte Datei aus den aktualisierten Daten aufgebaut, die zu geeignetem Zeitpunkt mit der Hintergrunddatei verschmolzen wird.

verteiltes System (engl. *distributed system*): Ein System heißt *verteilt,* wenn es aus mehreren Komponenten besteht, die

- unabhängig voneinander arbeiten können,
- sich an räumlich getrennten Stellen befinden oder befinden könnten,
- miteinander vernetzt sind und dadurch auf gemeinsame Ressourcen zugreifen oder sich gegenseitig Nachrichten schicken können und
- gemeinsam an einer Aufgabe arbeiten.

Durch Rechnernetze, Internet und Intranet gehören verteilte Systeme heute zum Alltag der Informatik. Insbesondere ↑Betriebssysteme und ↑Datenbanken sind in der Regel auf Verteiltheit angelegt und sorgen für die korrekte Kontrolle des Systemablaufs und der Datenbeschaffung in einer vernetzten Umgebung. Ein verteiltes System stellt man durch einen Graphen dar, dessen Knoten die Komponenten und dessen Kanten die Verbindungen zwischen ihnen sind. Man nennt die Komponenten dann auch *Knoten* in diesem durch die Kanten gegebenen *Netz*. Formale Modelle für verteilte Systeme sind ↑Petrinetze und Kalküle der ↑Logik.

Autonomie, *Distanz*, *Vernetzung* und *Kooperation* sind also charakteristische Eigenschaften eines verteilten Systems. Hiernach kann man verteilte Systeme klassifizieren.

Kooperation: Entsprechend der Ziele, die durch die verteilte Zusammenarbeit erreicht werden sollen, spricht man von verschiedenen *Verbunden:* Beim Funktionsverbund wird eine gewisse Funktionalität angestrebt oder gesichert, beim Dienstverbund die Bereitstellung von ↑Diensten, beim Kommunikationsverbund der sichere, robuste oder schnelle Informationsaustausch, beim Datenverbund die Bereitstellung von Informationen, beim Lastverbund die optimale Verteilung der Belastung auf die Komponenten usw. (s. auch ↑Rechnernetz).

Autonomie: Die einzelnen Komponenten können untereinander sehr ähnlich *(homogenes System)* oder verschieden *(heterogenes System)* sein und sie können selbst wieder aus Teilsystemen bestehen (hierarchische Systeme).

Distanz: Je nach tatsächlicher Entfernung spricht man von lokalen, regionalen und globalen Netzen (LAN, MAN, WAN, siehe ↑Rechnernetz). Hier spielen Fragen der Datenübertragung und als Folge hiervon Fragen der ↑Nebenläufigkeit und Synchronisation eine große Rolle. Zugleich sind grundsätzliche Fragen des optimalen Datenzugriffs über ein Netz zu lösen.

Vernetzung: Hier wird weniger die Struktur des Rechnernetzes betrachtet als vielmehr das Problem, wie man die zu lösenden Aufgaben so auf die verschiedenen Knoten verteilt, dass die Teile optimal zusammenarbeiten. Dies führt z. B. zu einer Aufteilung der Softwaresysteme in Anbieter und Nachfrager (↑Client-Server-Architektur), hat aber weitere Konsequenzen, wenn Mechanismen des Marktes sich im Netz widerspiegeln sollen. Bei der Architektur der Software ist die Verteiltheit zu beachten und bei der Realisierung sind andersartige Algorithmen zu entwickeln.

In verteilten Anwendungen entstehen viele neue Probleme: Die zuverlässige Arbeitsweise eines verteilten Systems muss bereits vor der Installation gesichert sein, da man sich in einem Informationsverbund keine Ausfälle leisten kann (Problem der *Robustheit* eines Systems, man denke an die Steuerung des Telefonnetzes, an die Flugsicherung oder an die Geschäftsabwicklung im ↑elektronischen Markt); Eingriffe müssen möglich sein, insbesondere darf die Kontrolle über das Gesamtsystem nicht verloren gehen und zugleich müssen die Benutzer jederzeit handlungsfähig bleiben; die „unauffällige" Fehlerbeseitigung und der Austausch von Systemteilen im laufenden Betrieb muss schon beim Systementwurf berücksichtigt werden; die Zeitpunkte spielen nun eine große Rolle (es sollte eine „absolute" Zeit im Netz geben vergleichbar der funkgesteuerten Uhren auf allen Bahnhöfen, Nachrichten erhalten „Zeitstempel") und die Wege und Laufzeiten der Nachrichten, das so genannte *Routing,* sind zu optimieren; durch den Nachrichtenaustausch können Systeme ausspioniert oder angegriffen werden (↑Virus, ↑Kryptographie); der Verwaltungsaufwand wächst und darf die eigentlich zu erledigenden Aufgaben nicht überdecken usw.

Übliche Techniken zur Lösung dieser Probleme sind ein Schichtenaufbau der Systeme (Standardbeispiel ist das ISO-Schichtenmodell, siehe ↑Datenübertragung), Synchronisationsmechanismen für die Koordinierung der unterschiedlichen Prozesse, das Verbergen der konkreten Architektur und dessen Verteilung innerhalb des Netzes vor den Anwendungen sowie eine Schnittstelle zu den Benutzern, durch die sie alle interessierenden Bereiche des Systems stän-

dig überschauen und dadurch die Ursachen für die Aktionen des Systems nachvollziehen können.
Fast alle Systeme, die man im menschlichen Bereich antrifft, sind verteilt: Man denke an Eisenbahnen, Finanzämter, Parteiorganisationen, Schulen, Sportvereine usw. Die verteilt liegenden Institutionen erfüllen ihre Aufgaben in eigener Verantwortung, stimmen sich aber untereinander ab und halten sich an die in der jeweiligen Unternehmung geltenden Regeln. Da Arbeit überwiegend dezentral organisiert ist, kommen verteilte Systeme den gesellschaftlichen Arbeitsstrukturen entgegen. Da die *objektorientierte Programmierung* den gleichen Ansatz autonomer, miteinander kooperierender Objekte verfolgt, bieten sich Systeme, die auf dieser Basis entworfen sind, für verteilte Anwendungen an.
Hinweise finden sich unter vielen weiteren Stichwörtern, z. B. ↑Agent, ↑ATM, ↑CSCW, ↑Internet, ↑Multimedia-System, ↑paralleler Algorithmus, ↑Prozess, ↑Telelernen, ↑World Wide Web.

Verzweigung (engl. *branch*): Stelle in einem Programm, von der aus mindestens zwei andere Programmstellen erreichbar sind. In assemblerähnlichen (↑Assembler) Sprachen handelt es sich immer um einen bedingten ↑Sprungbefehl, in höheren ↑Programmiersprachen um eine ↑bedingte Anweisung oder im Falle einer nichtdeterministischen Auswahl um eine ↑bewachte Anweisung.

virtuelle Maschine: (1) Gedachte Maschine. Bei der Spezifikation und bei der Beschreibung von Ressourcen verwendet man abstrakte Speicherstrukturen, Operationseinheiten und Kontrollmechanismen, mit deren Hilfe man sein Problem korrekt lösen kann. Diese „virtuelle Maschine" muss man anschließend durch Programme auf einem Rechner realisieren.
(2) Vorgespiegelte Maschine. Bildet man mithilfe von Programmen auf einer Rechenanlage *A* die Funktionen und Reaktionen einer Rechenanlage *B* genau nach, so verhält sich der Rechner *A* anschließend genau so wie der Rechner *B*. Aus der realen Maschine *A* ist die virtuelle (d. h. nur scheinbar vorhandene) Maschine *B* geworden.
Im weiteren Sinne bezeichnet man als virtuelle Maschine jede durch ↑Software hervorgerufene Funktionsänderung einer Rechenanlage, die das Funktionsverhalten der realen Maschine für einen Benutzer nicht mehr sichtbar werden lässt.

▶ *Beispiele:*
(1) Ein Schachprogramm wandelt eine reale Maschine in die virtuelle Maschine „Schachautomat" um, die sich wie ein Schachspieler verhält.
(2) Im Mehrbenutzerbetrieb (↑Betriebsart) erscheint die Rechenanlage häufig jedem Benutzer so, als würde er sie nur alleine in Anspruch nehmen und nicht mit anderen Benutzern teilen. In diesem Falle simuliert die reale Maschine für jeden Benutzer eine virtuelle Maschine, die das gleiche Funktionsverhalten besitzt wie die reale.
(3) Ein Programm zum Ausgeben grafischer Darstellungen auf (dafür nicht vorgesehenen) Nadeldruckern (↑Drucker) wandelt die reale Maschine „Rechner/Drucker" in die virtuelle Maschine „↑Plotter" um. ◀

Anschaulich bilden die Programme, die aus einer realen Maschine eine virtuelle machen, eine Schale, die die reale Maschine vor einem Benutzer verbirgt (Abb. 1). Siehe auch Benutzermaschine

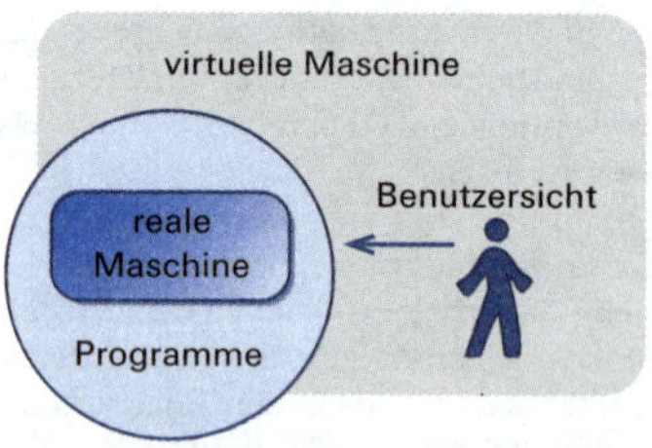

virtuelle Maschine (Abb. 1): Prinzip einer virtuellen Maschine

V

unter ↑Software-Engineering und ↑Benutzungsoberfläche.
Ein wichtiger Spezialfall ist die Abarbeitung von Programmen einer Programmiersprache. Ein Benutzer verbindet mit einer (imperativen) Programmiersprache eine „virtuelle" Maschine, deren Speicherstrukturen genau den deklarierbaren Datenstrukturen entsprechen und die als Befehlsvorrat die elementaren Anweisungen (z. B. Wertzuweisung, Ein-/Ausgabe) und die Kontrollstrukturen besitzt. Ein ↑Interpreter für diese Programmiersprache simuliert dann genau diese Maschine.

Virus (synonym: *Computervirus;* Plural: Viren): Programmstücke im Maschinencode, die sich vervielfachen, in andere Programme hineinkopieren und zugleich (schädliche) Funktionen in einem Rechnersystem ausüben können. Ein Virus ist in der Regel Bestandteil eines anderen Programms *(Wirtsprogramm)* und führt seine eigenen Anweisungen vor oder während des Ablaufs des Wirtsprogramms aus.
Die meisten Viren sind nach folgendem Schema aufgebaut:

- *Erkennungsteil:* Mit diesem Programmstück stellt das Virus fest, ob es bereits in einem anderen Programm, welches infiziert werden soll, enthalten ist. Hierzu kann entweder der ↑Code des zu infizierenden Programms durchmustert werden oder das Virus legt eine entsprechende Markierung im Programmkopf ab, welche rasch erkannt werden kann.
- *Infektionsteil:* Das Virus liest das zu infizierende Programm (bzw. bestimmte Teile hiervon) in den Hauptspeicher ein, fügt seinen eigenen Programmcode hinzu und schreibt das so veränderte Programmstück in den Speicher zurück.
- *Funktionsteil:* Anschließend führt das Virus eine Funktion aus. Diese kann „gutartig" sein, wie zum Beispiel Datenverdichtungsverfahren, welche für mehr Speicherplatz auf ↑Magnetplattenspeichern oder anderen Speichereinheiten sorgen; sie kann auch „bösartig" sein, indem beispielsweise Dateien gelöscht, Systemprogramme geändert oder Zugriffe auf Geräte unterbrochen werden.

Die meisten Viren arbeiten wie folgt: Sobald das Programmstück des Virus in einem infizierten (Wirts-)Programm zur Ausführung gelangt, prüft der Erkennungsteil alle Programme durch, die in dem zugreifbaren Verzeichnis von ↑Dateien enthalten sind. Alle oder eine gewisse Anzahl von ihnen werden dann infiziert. Anschließend wird der Funktionsteil ausgeführt. Sofern das Rechnersystem dann noch funktionsfähig ist, wird mit den Anweisungen des Wirtsprogrammes fortgefahren.
Viren wurden anfangs selten in krimineller Absicht, als vielmehr aus „Sportsgeist" geschrieben und in andere Programme eingebracht. Heute sind (vor allem auf ↑Personalcomputern und ↑Arbeitsplatzstationen) viele bösartige Viren im Umlauf. Sie stellen eine große Gefahr für alle Programmsysteme dar, die die Funktionsfähigkeit von Versorgungssystemen gewährleisten oder die im Sicherheitsbereich eingesetzt werden.
Gegen Viren kann man sich meist durch eine besonders gründliche ↑Datensicherung schützen. Insbesondere sollte man keine fremden Disketten oder über ↑elektronische Post zugespielte Programme oder ↑Anlagen im eigenen Rechner aktivieren, vgl. aber ↑Applet. Sind dagegen Viren bereits in laufende Programme eingepflanzt, so sind die Bekämpfungsstrategien darauf gerichtet, typische Muster oder mögliche vom Infektionsteil eingesetzte Kennungen festzustellen; hat man auf diese Weise den Code des Virus erkannt, so kann anschließend ein „Mustererkennungsprogramm" den Virus aus allen Programmen einer Datei entfernen (↑Mustererkennung). Hierzu stellen einige Firmen spezielle Anti-Virus-Programme zur Verfügung, deren Suchstrategien laufend entsprechend der bekannt gewordenen Viren aktualisiert werden.

Verwandt mit den Viren sind so genannte *Würmer.* Dies sind vollständige Programme, deren „Lebensbereich" Rechnernetze sind. Ein *Wurm* kann eine Kopie von sich an andere Rechner verschicken. Hierzu muss er das Protokoll (↑Datenübertragung) des jeweiligen Netzes kennen und er muss die Adressenliste, in welcher die einzelnen Knotenrechner des Netzes verzeichnet sind, inspizieren können. „Wurm"-Programme wurden ursprünglich erstellt, um Kontrollfunktionen in einem Rechnernetz zu übernehmen: Diese Programme verteilen sich willkürlich über das Rechnernetz und gelangen in einem speziellen Rechner immer dann zur Ausführung, wenn der Rechner keine anderen Aufgaben zu erledigen hat; das Wurm-Programm testet dann die Funktionsfähigkeit des Rechners und schlägt gegebenenfalls Alarm, falls gewisse Komponenten ausgefallen sind, vgl. ↑Agent.

Eine große Gefahr geht von *Trojanischen Pferden* aus. Dies sind Programmstücke (zumeist im ↑ Betriebssystem), welche einem Benutzer aufgrund eines Passworts oder eines Ereignisses Systemfunktionen zur Verfügung stellen, die ihm nicht zustehen. Solche Programmstücke in einem Betriebssystem sind kaum zu entdecken, da sie über einen langen Zeitraum hin „schlafen" und erst aufgrund eines Ereignisses ihre (meist negative) Wirkung entfalten.

Zu den Größenordnungen solcher Programme: In ↑ Maschinensprache geschrieben umfassen Würmer meist über 1 000, Viren in der Regel zwischen 100 und 300 und Trojanische Pferde mehr als 50 Befehle. Die Erstellung und Verbreitung solcher Programme wird strafrechtlich verfolgt. Der Schaden, den der über elektronische Post verschickte „I love you"-Virus im Jahre 2000 anrichtete, soll weltweit viele hundert Millionen Euro betragen haben.

Aus der Theorie weiß man schon lange, dass es Programme geben muss, die sich wie Viren verhalten und dabei eine beliebig vorgegebene ↑berechenbare Funktion ausführen können. Weiterhin kann es keinen Algorithmus und somit kein Programm geben, das zu jedem beliebigen Programm *P* feststellt, ob *P* ein Virus ist. Man muss daher in der Praxis entweder nach Mustern in Programmen suchen, von denen man bereits weiß, dass sie Viren darstellen (so arbeiten die meisten Anti-Virus-Programme), oder man untersucht Programme auf notwendige Bedingungen (wie eine Folge von Anweisungen der Form „einlesen", „ändern", „zurückschreiben") und überlässt dem Benutzer, wie er mit solchermaßen entdeckten Programmen oder Programmteilen verfahren möchte.

Visualisierung: Teilgebiet der Informatik, in dem Methoden und Systeme erarbeitet werden, um komplexe Informationszusammenhänge sichtbar zu machen und umfangreiche Datenmengen visuell so aufzubereiten, dass deren wesentlicher Informationsgehalt unmittelbar verständlich und interaktiven Untersuchungen zugänglich wird. Dazu werden mit Methoden der modernen ↑Computergraphik meist farbige Bilder und Animationen oder dreidimensionale Darstellungen zur interaktiven Erläuterung und Veranschaulichung erzeugt. In der Regel orientiert man sich an der *Visualisierungs-Pipeline*: Daten aus Messgeräten, Simulationen oder Datenbanken werden zunächst gefiltert (stark ausgedünnt, ergänzt oder projiziert), die entstandenen Visualisierungsdaten werden auf eine darstellbare Repräsentation (Linien, Flächen, Volumenpunkte, Farbe, Textur usw.) abgebildet („mapping") und hieraus werden die sichtbaren Objekte generiert *(„rendering")*. Die „wissenschaftliche Visualisierung" beschäftigt sich typischerweise mit physikalischen Feldern (Skalarfelder wie Dichte und Temperatur oder Vektorfelder wie Geschwindigkeit), die auf unterschiedlichen Gittern diskretisiert sind. Die Daten stammen aus Messungen, Simulationen oder mathematischen Rechnungen, z. B. „Volumenvisualisierung" von medizinischen dreidimensionalen Bilddaten wie Computertomographie oder „Strömungsvisualisierung“ (Teilchenbahnverfolgung bei Windkanälen, Lösungen von Strömungsgleichungen, Wetterdaten). Die „Informationsvisualisierung“ entwickelt geeignete Datenstrukturen (wie spezielle Bäume und ↑ Graphen) und erarbeitet Darstellungsverfahren für Daten aus Tabellen und Datenbanken (z. B. Marktanalyse und Börsenkurse), wobei für diese (oft kommerziellen) Daten zunächst für die Betrachter eine adäquate zwei- oder dreidimensionale Repräsentation „erfunden“ werden muss.

Die Visualisierung als Teilgebiet der Informatik ist zu unterscheiden von dem interdisziplinären Studiengang *Computervisualistik*. In ihm fließen Inhalte aus Informatik, Kunst, Pädagogik und Psychologie zusammen; hinzu kommen oft Veranstaltungen aus Linguistik und Philosophie. Zentrale Themen sind Formen der Wahrnehmung, Gestaltung, Wirkung von Präsentationsformen, Informationsarten, ↑ Multimedia-System, Ergonomie, ↑ Kommunikationssysteme, Analyse und Erzeugung von Bildern usw.

Volladdierer (engl. *full adder*): Der Volladdierer realisiert die Addition zweier binärer Ziffern unter Berücksichtigung des ↑ Übertrags der vorherigen Stelle. Volladdierer sind wichtige Schaltkreise in ↑ Addierwerken und im ↑ Rechenwerk.

Seien *a* und *b* zwei binäre Ziffern und *u* der Übertrag der vorherigen Stelle. *s* sei die Summe von *a*, *b* und *u*. *u′* sei der dabei entstehende Übertrag (Abb. 1). Die Symbole CI bzw. CO stehen für Übertragseingang bzw. Übertragsausgang (**c**arry **i**nput bzw. **c**arry **o**utput).

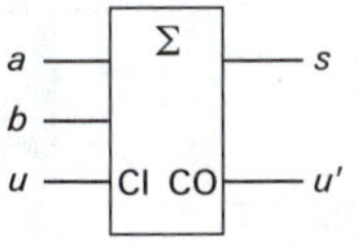

Volladdierer (Abb. 1): Schaltzeichen eines Volladdierers

Die folgende Übergangstabelle zeigt das funktionale Verhalten:

a	*b*	*u*	*s*	*u′*
0	0	0	0	0
0	0	1	1	0
0	1	0	1	0
0	1	1	0	1
1	0	0	1	0
1	0	1	0	1
1	1	0	0	1
1	1	1	1	1

Ein ↑ kombinatorisches Schaltwerk mit diesem Verhalten heißt Volladdierer. Aus der Wertetabelle ergeben sich in ↑ disjunktiver Normalform die Gleichungen:

$$s \;= \bar{a}\bar{b}u + \bar{a}b\bar{u} + a\bar{b}\bar{u} + abu$$

$$u' = \bar{u}bu + a\bar{b}u + ab\bar{u} + abu$$

Der Volladdierer lässt sich technisch mithilfe zweier ↑ Halbaddierer und eines ODER-Gatters (↑ ODER-Funktion) realisieren (Abb. 2).

Die Verknüpfung mehrstelliger binärer Zahlen realisiert man durch die Zusammenschaltung von Voll- und Halbaddierern zu Addierwerken.

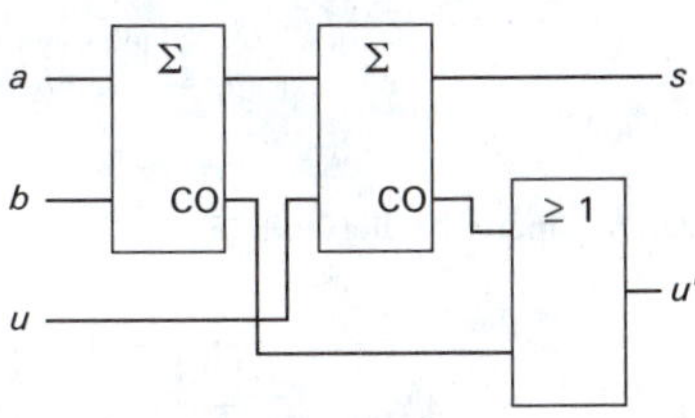

Volladdierer (Abb. 2): Realisierung eines Volladdierers durch zwei Halbaddierer und ein ODER-Gatter

Von-Neumann-Addierwerk (entwickelt von *J. von Neumann*): ↑ Addierwerk, bei dem die Addition zweier Dualzahlen in eine bitweise Exklusiv-ODER-Funktion ⊕ und eine getrennte Behandlung der Überträge aufgespalten wird.

Seien

V

$a = a_{n-1} \ldots a_0$

und

$a = a_{n-1} \ldots a_0$

und

$b = b_{n-1} \ldots b_0$

zwei Dualzahlen. Es gilt:

$$\begin{aligned} a+b &= \sum_{k=0}^{n-1} a_k \cdot 2^k + \sum_{k=0}^{n-1} b_k \cdot 2^k \\ &= \sum_{k=0}^{n-1} (a_k + b_k) \cdot 2^k \\ &= \sum_{k=0}^{n-1} ((a_k \oplus b_k) + a_k \cdot b_k \cdot 2) \cdot 2^k \\ &= \sum_{k=0}^{n-1} (a_k \oplus b_k) \cdot 2^k \\ &\quad + 2 \sum_{k=0}^{n-1} (a_k \cdot b_k) \cdot 2^k \end{aligned}$$

„+“ bezeichnet hier die Addition in den natürlichen Zahlen (und nicht die ODER-Funktion), „·“ die Multiplikation und „⊕“ die Addition modulo 2 (also $1 \oplus 1 = 0$).

Der in Prog. 1 angegebene Algorithmus realisiert dann die Addition $a := a + b$. c ist eine Hilfsvariable.

▶ *Beispiel:*

a = 0101

b= 0111

1. Durchlauf: a = 0010, b = 1010
2. Durchlauf: a = 1000, b = 0100
3. Durchlauf: a = 1100, b = 0000

Ergebnis: a = 1100 ◀

Falls im Verlauf der Rechnung beim Linksschieben in b einmal eine Eins hinausgeschoben wurde, ist ein Übertrag bzw. Überlauf aufgetreten.

Der Von-Neumann-Addierer wird durch n ↑Halbaddierer realisiert, die alle gleichzeitig (durch einen Takt gesteuert) arbeiten; a und c werden identifiziert (Abb. 1 zeigt das Blockschaltbild).

Der Takt und die Abfrage, ob alle b_i gleich 0 sind, wurden hier nicht eingezeichnet.

```
repeat
    c := a ⊕ b; (• bitweise Exklusiv-ODER-Funktion •)
    b := a · b; (• bitweise ↑UND-Funktion •)
    a := c;
    b := „einmaliges Linksschieben von b" (• entspricht der Multiplikation von b mit
        2 (↑ Schieberegister), nachgeschoben wird 0 •)
until b = 0;
```

Von-Neumann-Addierwerk (Prog. 1): Algorithmus für die Addition

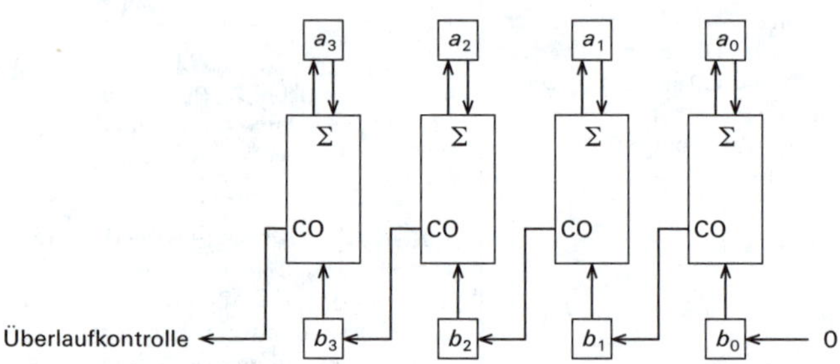

Von-Neumann-Addierwerk (Abb. 1): Realisierung eines Von-Neumann-Addierwerks durch Halbaddierer

Das Von-Neumann-Addierwerk benötigt zur Addition zweier *n*-stelliger Dualzahlen im schlimmsten Fall *n* Schritte. Im statistischen Mittel beträgt die Laufzeit jedoch höchstens $\log_2 n + 1$ und ist daher wesentlich geringer als die eines ↑Serienaddierwerks, das stets *n* Schritte benötigt.

Von-Neumann-Rechner: im Jahre 1946 von *J. von Neumann* ausformuliertes Gesamtkonzept zur Gestaltung eines universellen Rechners, der technischen, wissenschaftlichen und kommerziellen Anforderungen gerecht wird. Einzelne Konzepte waren von mehreren Wissenschaftlern bei der Realisierung erster Computer aufgestellt worden. Von wenigen Ausnahmefällen (z. B. ↑paralleler Algorithmus) abgesehen, sind die heutigen Rechenanlagen Weiterentwicklungen dieses klassischen Universalrechners. Der Rechner ist nach folgenden Prinzipien *(Von-Neumann-Prinzipien)* aufgebaut:

(1) Der Rechner besteht aus fünf Funktionseinheiten, dem ↑ Steuerwerk, dem ↑Rechenwerk, dem ↑Speicher, dem Eingabewerk und dem Ausgabewerk (Abb. 1).

(2) Die Struktur des Von-Neumann-Rechners ist unabhängig von den zu bearbeitenden Problemen. Zur Lösung eines Problems muss von außen eine Bearbeitungsvorschrift, das ↑ Programm, eingegeben und im Speicher abgelegt werden. Ohne dieses Programm ist die Maschine nicht arbeitsfähig.

(3) Programme, Daten, Zwischen- und Endergebnisse werden in demselben Speicher abgelegt.

(4) Der Speicher ist in gleich große Zellen unterteilt, die fortlaufend durchnummeriert sind. Über die Nummer (↑Adresse) einer Speicherzelle kann deren Inhalt abgerufen oder verändert werden.

(5) Aufeinander folgende ↑Befehle eines Programms werden in aufeinander folgenden Speicherzellen abgelegt. Das Ansprechen des nächsten Befehls geschieht vom Steuerwerk aus durch Erhöhen der Befehlsadresse um eins.

(6) Durch Sprungbefehle (↑ Sprung) kann von der Bearbeitung der Befehle in der gespeicherten Reihenfolge abgewichen werden.

(7) Es gibt zumindest
- *arithmetische Befehle* wie Addieren, Multiplizieren, Konstantenladen usw.;
- *logische Befehle* wie Vergleiche, logisches not, und, oder usw.;
- *Transportbefehle,* z. B. vom Speicher zum Rechenwerk und für die Ein-/Ausgabe;
- bedingte Sprünge;
- sonstige Befehle wie Schieben, Unterbrechen, Warten, Ein- und Ausgabe usw.;

Alle diese Befehle können in verschiedenen ↑Adressierungsarten ausgeführt werden, z. B. könnte ein Befehl

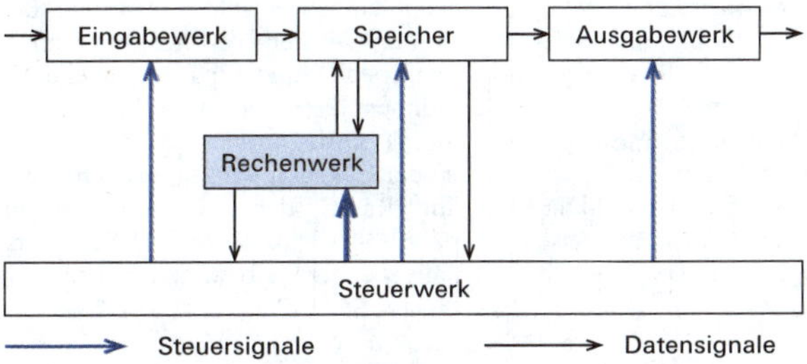

Von-Neumann-Rechner (Abb. 1): Funktionseinheiten des Von-Neumann-Rechners

load indirect 5

bedeuten, dass in den Akkumulator (oder in eine andere ausgezeichnete Speicherzelle) der Wert der i-ten Speicherzelle gebracht wird, wobei i die in der Speicherzelle 5 stehende Zahl ist.

(8) Alle Daten (Befehle, Adressen usw.) werden ↑binär codiert. Dem Inhalt einer Speicherzelle kann man daher nicht ansehen, ob es sich um einen Befehl, ein Datum oder eine Adresse handelt; dies erkennt man nur durch Nachvollziehen eines Programms. Geeignete Schaltwerke im Steuerwerk und an anderen Stellen sorgen für die richtige Entschlüsselung (Decodierung, ↑Mikroprogrammierung).

Die ↑Rechnerarchitektur des Von-Neumann-Rechners fällt in die Klasse der SISD-Architekturen.

Die Operationen eines Von-Neumann-Rechners sind sehr elementar. Dadurch werden die Rechner zwar flexibel einsetzbar, ihre Programmierung ist jedoch sehr mühsam.

Die Tätigkeiten eines Von-Neumann-Rechners bestehen im Wesentlichen darin, dass Daten dauernd zwischen dem Steuer- und Rechenwerk und dem Speicher auf einem einzelnen Datenpfad ausgetauscht werden. Diesen Pfad bezeichnet man als den *„Von-Neumann-Flaschenhals"*. Verbesserungen dieser Rechnerarchitektur müssen daher auf einer anderen (als der imperativen) ↑Programmiersprache aufbauen oder eine Parallelverarbeitung hardwaremäßig unterstützen (↑Zentraleinheit, ↑paralleler Algorithmus, ↑Registermaschine).

Voronoi-Diagramm (nach *G. F. Voronoi*, 1868–1908): Begriff aus der ↑algorithmischen Geometrie. Voronoi-Diagramme beschreiben auf grafische Weise Abstandsbeziehungen zwischen (endlich vielen) Punkten in der Ebene oder in höherdimensionalen Räumen.

Gegeben sei eine Menge von Punkten $P = \{p_1, \ldots, p_n\}$ im d-dimensionalen Raum. Dann ist das Voronoi-Diagramm $V(P)$ eine Aufteilung des Raumes in n Zellen $Z_1, \ldots, Z_n$, sodass

(1) in jeder Zelle Z_i genau ein Punkt $p_i \in P$ liegt und

(2) jede Zelle Z_j alle die Punkte des Raumes umfasst, die zu dem zugehörigen Punkt $p_j \in P$ einen geringeren Abstand besitzen als zu jedem anderen Punkt $p \in P$.

▶ *Beispiel:* Abb. 1 zeigt ein Voronoi-Diagramm für 11 Punkte $p_1, \ldots, p_{11}$ in der Ebene. Ein beliebig gewählter Punkt x befinde sich in der Zelle Z_7. Von den Punkten $p_1, \ldots, p_{11}$ hat dann p_7 den geringsten Abstand zu x. ◀

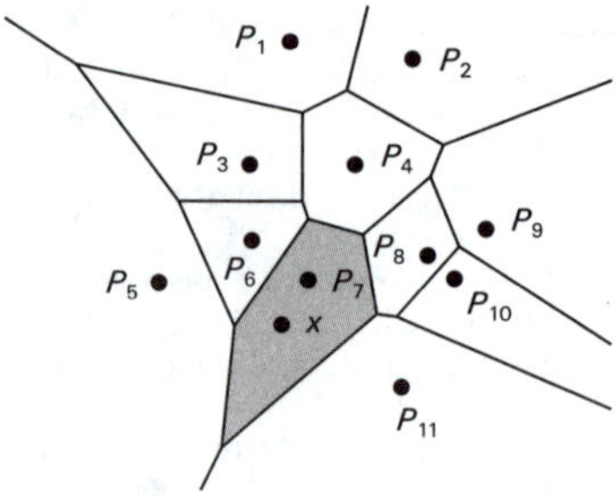

Voronoi-Diagramm (Abb. 1):
Voronoi-Diagramm für 11 Punkte

Eine Aufgabe innerhalb der algorithmischen Geometrie ist die effiziente Berechnung solcher Voronoi-Diagramme für gegebene Punktmengen. Schnelle Algorithmen lösen dieses Problem für n Punkte (↑Ordnung)

- in der Ebene in $O(n \cdot \log_2 n)$ Schritten,
- im Raum der Dimension d in $O(n^{(d+1)/2})$ bzw. $O(n^{(d+2)/2})$ Schritten, falls d ungerade bzw. gerade ist.

while [engl. waɪl] (dt. solange): Mittels der while-Schleife (↑Schleife) kann man in vielen imperativen Programmiersprachen Anweisungen in Abhängigkeit vom Wert einer ↑booleschen Funktion beliebig oft ausführen. Häufig wird eine while-Schleife wie in dem folgenden Programmstück (zur Berechnung von $basis^n$) notiert:

```
potenz := 1;
while n > 0 do
    potenz := potenz * basis;
    n := n - 1
od;
```

Bei einer while-Schleife wird zunächst geprüft, ob die Bedingung (n > 0) erfüllt ist. Falls nicht, werden die Anweisungen zwischen do und od (man nennt diese den Schleifenrumpf) übersprungen. Falls ja, werden diese Anweisungen und anschließend wieder die gesamte while-Schleife wie beschrieben ausgeführt (vgl. ↑repeat).

Widerstand-Transistor-Logik (Abk. **RTL** für engl. resistor-transistor-logic): ↑Schaltkreisfamilie, bei der die Gatter durch Widerstände und Transistoren realisiert sind.

Abb. 1 zeigt ein NOR-Gatter (↑NOR-Funktion), Abb. 2 ein NAND-Gatter (↑NAND-Funktion) in Widerstand-Transistor-Logik.

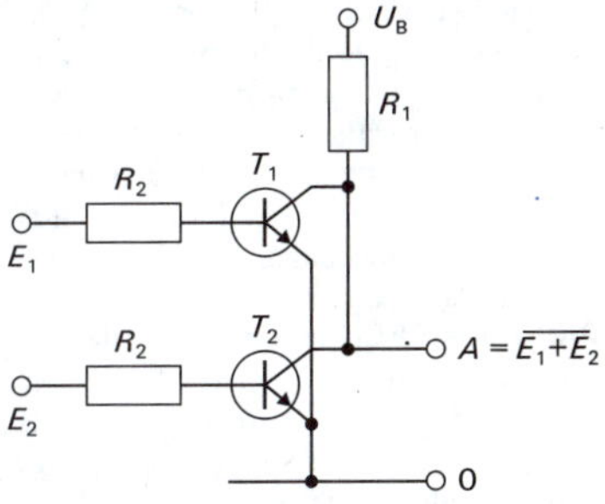

Widerstand-Transistor-Logik (Abb. 1): NOR-Gatter

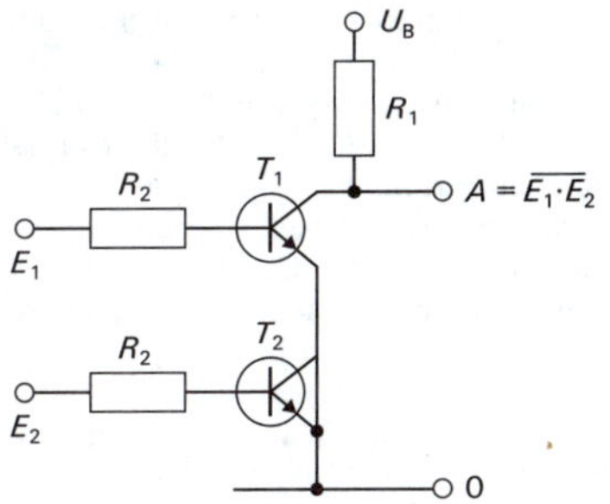

Widerstand-Transistor-Logik (Abb. 2): NAND-Gatter

Sind beide Eingänge E_1 und E_2 in Abb. 1 gleich 0 Volt (d. h. „logisch 0"), so sperren beide Transistoren T_1 und T_2. Über den Widerstand R_1 erhält der Ausgang A die volle Betriebsspannung U_B (d. h. „logisch 1"). Liegt an einem der Eingänge die Betriebsspannung, so leitet der entsprechende Transistor und verbindet den Ausgang mit 0 Volt. Am Ausgang der Schaltung in Abb. 2 liegt genau dann 0 Volt, wenn beide Transistoren leiten, d. h. beide Eingänge mit der Betriebsspannung („logisch 1") verbunden sind. Ist einer der Eingänge „logisch 0", führt der Ausgang „logisch 1".

Der wesentliche Nachteil der Gatter in Widerstand-Transistor-Logik ist ihre Belastungsabhängigkeit, d. h. die Veränderung des Schaltverhaltens bei Verbindung des Ausgangs mit den Eingängen anderer Gatter. Daher hat sich die Widerstand-Transistor-Logik nicht durchgesetzt.

Wiedereintrittsinvarianz (engl. *reentrant*): Ein ↑Programm heißt *wiedereintrittsinvariant,* wenn es gleichzeitig von mehreren Benutzern verwendet werden kann, wobei sich jedoch nur eine einzige Kopie des Programms im ↑ Hauptspeicher befindet. Die Anweisungen werden also von allen Benutzern gemeinsam verwendet, während die Daten für jeden Benutzer in getrennten Speicherbereichen liegen. Dienstprogramme werden oft wiedereintrittsinvariant erstellt, um bei häufiger Nutzung Speicherplatz zu sparen und um das zeitaufwendige Auslagern und Nachladen des Dienstprogramms zu vermeiden.

Windows 98: ↑Betriebssystem der Firma Microsoft für Personalcomputer. Windows 98 ist die aktuelle Version. Ältere Versionen waren Windows 95 und davor Windows 3.x.

Dieses Betriebssystem basiert auf ↑MS-DOS. Es verbessert dessen Funktionsumfang deutlich, indem es z. B. eine grafische Oberfläche mit Fenstertechnik anbietet, den Mehrprogrammbetrieb zulässt und Anschlüsse an Netze ermöglicht. Zu Windows 95 und 98 gibt es eine unüberschaubare Zahl von Anwendungspaketen für alle Branchen. Weiterhin sind die meisten Computerspiele auf dieses Betriebssystem zugeschnitten. Von der Konzeption her ist es veraltet. Der Nachfolger Windows 2000 führte Windows 98 und Windows NT zusammen und wurde 2000 ausgeliefert.

Windows NT: NT steht für „Neue Technologie". Dieses ↑ Betriebssystem setzt nicht mehr auf dem monolithischen ↑MS-DOS auf, sondern wurde komplett neu entwickelt, auch wenn die Benutzungsoberfläche sich an Windows 98 orientiert. Windows NT ist ein netzwerkfähiges Betriebssystem mit höherem Sicherheitsstandard als Windows 98, besitzt eine verbesserte Prozessverarbeitung und damit Multitasking- und Multiuser-Fähigkeit.

W

Wirtschaftsinformatik (früher auch *Betriebsinformatik*): Die Wirtschaftsinformatik hat sich als interdisziplinäres Gebiet zwischen den Wirtschaftswissenschaften und der Informatik seit Mitte der 60er-Jahre entwickelt. Sie untersucht den Einsatz von Methoden und Geräten der Informatik und der Kommunikationstechnik in Wirtschaft, Industrie und Verwaltung. Der Schwerpunkt der Anwendungen liegt bisher in der Betriebswirtschaftslehre, insbesondere in der Entwicklung und Nutzung von Informations- und Planungssystemen und von Anwendungs- und Kommunikationssystemen in privaten und öffentlichen Betrieben. Man unterscheidet grob folgende Bereiche:

- Anwendungssysteme in Wirtschaft und Verwaltung, z. B. im Vertrieb, in der Logistik, im Controlling, im Büro usw.,
- Entwicklung und Einsatz betrieblicher Informationssysteme und integrierter Kommunikationssysteme einschl. der Methoden zur Modellierung, zur Datenerhebung und zur Bewertung,
- computerunterstützte Arbeitsplätze und Kommunikation,
- Informationsmanagement,
- Einsatzmöglichkeiten und Beurteilung der (Basis-)Technologien und der Informatik-Methoden.

World Wide Web (dt. weltweites Netz oder Gewebe, Abk. **WWW**): eigenes Netz innerhalb des ↑ Internet, das eine Vielzahl von ↑ Diensten anbietet. Die grundlegenden Objekte im WWW sind *Dokumente*, insbesondere *Webseiten* (engl. *web pages*), dies sind vorwiegend durch Verweise, sensitive Elemente und Animationen angereicherte multimediale Dokumente. WWW basiert auf drei Konzepten:

- die eindeutige Adressierung ↑ URL aller im Netz vorhandener Hilfsmittel (vor allem Rechner und Dokumente),
- das Übertragungsprotokoll ↑ HTTP, um Webseiten zwischen allen angeschlossenen Einheiten auszutauschen,
- die Beschreibungssprache ↑ HTML, um Dokumente auf Bildschirmen und Druckern darstellen und anzeigen zu können. (HTML wird vermutlich durch ↑ XML abgelöst werden.)

Die Dokumente liegen auf irgendwelchen ↑Servern (engl. *web sites*) und können mithilfe von ↑ Browsern über das Internet auf den eigenen Rechner geladen und angezeigt werden. Für das Auffinden von Dokumenten gibt es ↑Suchmaschinen, die nach spezifischen Wörtern oder nach anderen Klassifikationsmerkmalen versuchen, möglichst alle frei erreichbaren Dokumente zu erfassen und einzuordnen. Umfangreiche Dokumente können heruntergeladen (↑ Herunterladen) werden. Liegen sie nicht in HTML vor, so besitzt der Browser (durch ↑Plug-ins) in der Regel Konvertierungsprogramme, um sie wenigstens anzeigen zu können; muss man auf fremde Netze zugreifen, die ein anderes Protokoll verwenden, so muss man in einem Gateway (↑Rechnernetz) die Umsetzung vornehmen lassen. All dies erfolgt heute automatisch, sodass die Benutzer meist nichts von den hier entstehenden Problemen bemerken.

Zunächst kann man mit dieser Technologie einen weltweiten Informationsaustausch realisieren. Allerdings treten immer wieder Probleme auf, wenn Dokumente nur mit lokalen Softwarewerkzeugen geöffnet werden können, wenn gewisse Dokumente nur mithilfe spezieller Programme generiert oder verschickt werden können, wenn die Übertragungsprotokolle nicht übereinstimmen usw. Man versucht, diese Probleme durch eine Weiterentwicklung der WWW-Hilfsmittel zu lösen. Hierfür steht das Kürzel *SOAP:* Simple Object Access Protocol. Dessen zukünftiges Ziel ist es, den Zugriff auf *alle* im Netz verfügbaren Objekte (in verschiedenen Programmiersprachen in unterschiedlichen Programmierumgebungen auf unterschiedlichen ↑Plattformen) leicht durchführen zu können, wobei die bisher bekannten und erprobten Konzepte aus HTML (oder XML), HTTP und URL übernommen werden sollen. Das Netz selbst soll hierdurch die Fähigkeit erhalten, als Vermittler für beliebige Objekte zu dienen. Anfragende geben in Zukunft einen Zielpunkt an und verschicken dorthin in normierter Form die Eingabeobjekte, die Attribute, die Ausgabeanforderungen usw. und das Netz reagiert dann von sich aus.

Das Internet findet seit einigen Jahren das besondere Interesse der Wirtschaft. Zunächst war es das Anbieten von Produkten, Hinweise auf Vertriebswege, die Verbreitung von weiteren Informationen usw. Doch bald entstand die Vision, prinzipiell den gesamten Geschäftsverkehr über das WWW abzuwickeln. Es wurden *Webdienste (web services)* in Richtung eines ↑ elektronischen Marktes konzipiert, die mittlerweile vor der Einsatzreife stehen. Man geht von der Vorstellung aus, dass man Endverbraucher (C = consumer) und Geschäfte (B = business) hat, für deren jeweiliges Zusammenwirken eigene Märkte oder Branchen oder Dienste im WWW etabliert werden. Unter dem Stichwort *E2E* (= end to end) versteckt sich die Zielvorstellung, dass alle diejenigen, die etwas anbieten, und diejenigen, die etwas erwerben möchten, *direkt* miteinander korrespondieren sollten, also ohne irgendwelche Zwischenstationen, durch die die Wünsche nur verfälscht werden können. Solche Systeme hätten weitere Vorteile, z. B. könnte ein Kunde nach dem Stand der Bearbeitung seiner Bestellung fragen und diese Auskunft könnte ohne einzuschaltende Personen erfolgen.

Meist kann ein Server die Wünsche seiner Kunden nicht direkt befriedigen. In diesem Fall muss sich der Server an andere Geschäfte wenden und Aufträge verteilen. Diesen wichtigen Teilbereich, dass Geschäfte untereinander verhandeln und Prozesse abwickeln, bezeichnet man als *B2B* (= business to business). Bei elektronischen Geschäften zwischen Händlern und Endverbrauchern spricht man von *B2C* (= business to consumer). Hier werden Regeln für Verkauf, für die Abläufe der Lieferung, für den Zeitrahmen, innerhalb dessen ein Zuschlag an einen Anbieter erfolgt, über Rabatte und Zahlungsmodalitäten, über die Anonymität der Kunden usw. entwickelt. Solche Regeln werden in der Regel durch XML standardisiert, etwa die Frage, wie Geschäftsabschlüsse abzulaufen haben, z. B. das *„trading partner agreement“*, Abk.: *TPA*.

Das WWW stellt sich bisher vorwiegend an Dokumenten orientiert dar. In Zukunft wird dieses Netz zu einem Medium, in dem sich beliebige Transaktionen und komplexe (Geschäfts-)Prozesse abspielen. Die Möglichkeiten scheinen unbegrenzt zu sein, doch liegen bisher noch keine Erfahrungen über die Folgen, insbesondere über Haftungsfragen vor. Eigenschaften wie Vertrauen, gute Zusammenarbeit, Zuverlässigkeit usw. werden schon heute im WWW einbezogen und können vermutlich künftige Entwicklungen fördern und stabilisieren.

Weitere Hinweise siehe unter ↑Internet und den dortigen Weiterverweisen.

Wortproblem (engl. *word problem*): Entscheidungsproblem (↑Entscheidbarkeit). Sei K eine Klasse von (formalen) ↑Sprachen. Das Wortproblem für K ist die Frage nach einem ↑Algorithmus, mit dem man für jede durch eine formale Beschreibung aus K gegebene Sprache L und jedes Eingabewort x entscheiden kann, ob x in L liegt oder nicht.

Die ↑entscheidbaren Mengen (Sprachen) sind genau diejenigen Sprachen, für die es einen solchen Entscheidungsalgorithmus gibt. Für allgemeine (Chomsky-)↑Grammatiken ist das Wortproblem nicht entscheidbar, da das Wortproblem hier gleichwertig zum ↑Halteproblem ist.

Beschreibt man die ↑Syntax von Programmiersprachen durch Grammatiken, so müssen diese ein entscheidbares Wortproblem besitzen. Anderenfalls könnte ein ↑Übersetzer gar nicht feststellen, ob eine beliebige Zeichenfolge ein Programm der Sprache ist oder nicht. Für ↑kontextsensitive und ↑kontextfreie Grammatiken ist die Entscheidbarkeit des Wortproblems gewährleistet.

Es ist ein offenes Problem, mit welchem zeitlichen Aufwand das Wortproblem für allgemeine kontextfreie Grammatiken gelöst werden kann. Man kennt Verfahren, die für Wörter der Länge n das Wortproblem stets in $O(n^3)$ (↑Ordnung) lösen; da diese Verfahren auf die Multiplikation von Matrizen zurückgeführt werden können, lassen sie sich auf $O(n^{2,8074})$ und theoretisch sogar auf $O(n^{2,376})$ beschleunigen, vgl. ↑Strassen-Algorithmus. Man vermutet, dass $O(n^2 \cdot \log(n))$ ausreicht. Für die Praxis ist dies noch zu schlecht, sodass dort nur kontextfreie Grammatiken verwendet werden, die sich mit deterministischen ↑Kellerautomaten analysieren lassen.

WWW: Abkürzung für **W**orld **W**ide **W**eb = weltweites Netz (im Sinne von Verbund, Gewebe), ein mächtiges Informationssystem auf Hypertext-Basis im ↑Internet. Siehe unter ↑World Wide Web.

X

XML (Abk. für **e**xtended **m**arkup **l**anguage): Metasprache zur Beschreibung und Instanziierung von Auszeichnungssprachen für allgemeine Dokumente. XML wurde 1996 entworfen und 1998 eingeführt. Es ist aus SGML und HTML entstanden.

Eine ↑Sprache L ist formal gesehen eine Menge von Zeichenfolgen (= Wörter) über einem Alphabet A, d. h., $L \subseteq A^*$. Eine *Auszeichnungssprache (markup language)* ist eine Sprache, in deren Zeichenfolgen spezielle Symbole, *„tag“* genannt, eingefügt sind, die gewisse Teile der Zeichenfolge auszeichnen. Diese Symbole werden als Instruktionen interpretiert. Zum Beispiel kann man in die Zeichenfolge ich liebe dich

zwei tags <B> und <I> einfügen. Die erhaltene Zeichenfolge

ich <I> liebe <B> dich dich

wird dann ein Drucker in der Form

ich *liebe* **dich**

ausgeben, wenn er <I> als „drucke das nächste Wort kursiv“ und <B> als „drucke das nächste Wort fett“ interpretiert. Hieran sieht man schon, dass man solche tags möglichst klammerartig einfügen sollte, damit klar ist, wo die Wirkung eines tags genau endet. In ↑HTML verwendet man als entsprechende Ende-Klammern die tags </I> und </B>.

Das Attribut „extended“ ist irreführend. Es handelt sich bei XML nicht nur um eine erweiterte Auszeichnungssprache, vielmehr kann man mit XML solche Sprachen *erzeugen.* Ziel ist es, allgemeine ↑*Dokumente*, wie sie z. B. im ↑Internet verwendet werden, zu beschreiben, und da Auszeichnungssprachen die zugelassene Syntax solcher Dokumente festlegen, oder anders ausgedrückt, den Datentyp der *Dokumentenstruktur* definieren, so bezeichnet man XML auch als eine *Dokumententypdefinitionssprache,* abgek. *DTD.*

Hierzu verfügt XML über Sprachelemente, mit denen man spezielle ↑kontextfreie Grammatiken erzeugen kann und die daher denen der ↑ Backus-Naur-Form entsprechen: Die Nichtterminalzeichen müssen mit XML-Namen bezeichnet werden und die Regeln der zu erzeugenden Grammatik müssen aufgeschrieben werden.

XML verwendet prinzipiell die Zeichen des ↑Unicode, auch wenn manche Implementierungen auf kleinere Zeichensätze eingeschränkt sind. XML-Namen beginnen mit einem Buchstaben oder einem Unterstrich und anschließend können Buchstaben und Ziffern, aber auch viele weitere Zeichen folgen (gewisse Zeichen dürfen aber nicht auftreten; große und kleine Buchstaben werden unterschieden). Ein Nichtterminalzeichen wird zusammen mit den Regeln, in denen es auf der linken Seite auftritt, eingeführt. Die allgemeine Form lautet:

<!ELEMENT XML-Name Ausdruck>

Der „Ausdruck“ kann sein

- EMPTY (leere Folge)
- ANY (fast beliebig)
- (#PCDATA), dies steht für einen Text, also eine Folge von Daten
- ein Ausdruck, in denen Nichtterminalzeichen oder (#PCDATA) als Operanden und "," und "|" als zweistellige und "*", "+" und "?" als einstellige (nachgestellte) Operatoren verwendet werden dürfen.

Die fünf Operatoren bedeuten (vgl. ↑ regulärer Ausdruck):

, Aneinanderfügen von Elementen
| Alternative: genau eines der Elemente ist erlaubt
* das Element darf beliebig oft, eventuell auch kein Mal folgen
+ das Element darf beliebig oft, mindestens aber ein Mal folgen
? das Element darf ein Mal oder kein Mal folgen

▶ Als *Beispiel* betrachten wir den vorliegenden Duden Informatik. Er hat folgenden Grobaufbau: Vorspann, Einleitung, Folge von Artikeln (Stichwörter), Register. Also legen wir in XML diesen Aufbau fest und ordnen ihn dem Nichtterminalzeichen dudeninf zu:

<!ELEMENT dudeninf (vorspann, einleitung, artikel+, register) >

In Backus-Naur-Form würde dies lauten:

<dudeninf> ::= <vorspann> <einleitung> <artikelfolge> <register>
<artikelfolge> ::= <artikel> | <artikel> <artikelfolge>

Nun widmen wir uns dem Vorspann: Er umfasst den Titel, den Verlag, die Editionsangaben, das Vorwort und die Hinweise zur Einrichtung des Buches. In XML schreiben wir daher:

<!ELEMENT vorspann (titel, verlag, edit, vorwort, einr) >

Der Titel besteht aus einer längeren Bezeichnung "Duden Informatik ... ", dann folgen die Angabe zur Auflage, die Herausgeber und eine Folge von mitwirkenden Autoren:

<!ELEMENT titel (bezeichn, auflage, hrsgr, mitwirkende) >
<!ELEMENTbezeichn(#PCDATA)>
<!ELEMENT auflage (#PCDATA) >
<!ELEMENT hrsgr (#PCDATA) >
<!ELEMENT mitwirkende (autor+) >
<!ELEMENT autor (#PCDATA) >

In gleicher Weise werden die Angaben zu verlag, edit, vorwort, einr und einleitung festgelegt.
Ein Artikel besteht aus einem Titel, der aus einem Begriff und einer eventuellen Ergänzung (Lautschrift, Synonyme, Abkürzung, Herkunft oder englische Bezeichnung), die stets in Klammern zu setzen ist, besteht.

<!ELEMENT titel (begriff, erlaeuterung?) >
<!ELEMENT erlaeuterung (klauf, lautschr?, syn?, abk?, herkunft?, engl?, klzu) >

Man beachte, dass "titel" schon einmal verwendet wurde, doch stört dies nicht, da XML gleich lautende Nichtterminalzeichen in der Regel aufgrund der Umgebung richtig zuordnen kann (Namen sind stets lokal); allerdings können Mehrdeutigkeiten auftreten, die aus Sicht des XML-Systems stets der Benutzer zu verantworten hat. Wir beenden das Beispiel hier, da klar sein dürfte, wie man die Dokumentstruktur für den Duden Informatik festlegen kann. (Anmerkung: Dieser Duden wurde übrigens in der Tat durch eine Metasprache spezifiziert, allerdings noch nicht in XML, sondern in der Vorgängersprache *SGML*.) ◀

Jedem Nichtterminalzeichen kann man Attribute zuordnen. Dies geschieht durch

<!ATTLIST Nichtterminalzeichen (name, typ, default)*>

In obigem Beispiel kann man durch

<!ATTLIST artikel (status (neu, skizze, beimMitautor, fertig) "neu")>

jedem Artikel einen Status (Attributnamen) zuordnen, der angibt, ob der zu schreibende Artikel neu angelegt und noch unbearbeitet ist, ob er bereits zu einer Skizze ausgereift ist, ob er dem Mitautor zur Prüfung übersandt wurde oder ob er endgültig fertig ist; die Voreinstellung (= *Default*) lautet "neu".
Durch Attribute kann man Verweise zwischen Stellen im Dokument definieren und diese durch Rückverweise später automatisch auf Korrektheit prüfen lassen, man kann zusätzlich angeben, ob ein Attributwert vorhanden sein muss oder nicht, man kann die zugrunde liegende natürliche Sprache, in der Texte formuliert sind, angeben (z. B. um Dokumente einer zugehörigen Rechtschreibprüfung zugänglich zu machen) usw.
In Dokumente muss man andere Dokumente, die von einem anderen Dokumenttyp oder von einer ganz anderen Art (Multimedia) sind, einbinden können. Dies geschieht, indem man das andere Dokument unter einem Namen zusammenfasst und entsprechend einfügt. Dieser Mechanismus kann auch zur Abkürzung eines Textes oder eines Teils der Definitionen verwendet werden, wodurch man sich das erneute Hinschreiben wiederholt auftretender Teile sparen (also wie bei einem ↑Makrobefehl) und die Dokumente modulartig zerlegen kann. In XML nennt man solche zusammengefassten Einheiten *Entitäten.*
Schließlich muss man noch für die von außen einzubindenden Daten angeben, zu welchem Format sie gehören oder von welcher Software sie verarbeitet werden können; dies geschieht in einer sog. NOTATION-Definition.
Ist auf diese Weise ein Dokumenttyp in XML definiert worden, so wird er einem Parser übergeben, der eine Syntaxprüfung durchführt. In der Regel verifiziert oder testet man nun die DTD.

Anschließend kann sie für konkrete Dokumente eingesetzt werden. Insbesondere kann sie anderen Rechnern bzw. ↑Browsern mitgeteilt werden, die dann imstande sind, ihnen zuvor unbekannte Dokumentstrukturen korrekt zu interpretieren und darzustellen. Die DTD muss aber nicht übermittelt werden: XML beachtet Verteiltheit und insbesondere kann die Typdefinition an einer ganz anderen Stelle im Netz liegen als das hierdurch beschriebene Dokument.

Da man mit XML für jede Anwendung eigene Typdefinitionen festlegen kann, wurden in den vergangenen zwei Jahren bereits eine Fülle von auf XML basierenden Sprachen und Standards entwickelt, z. B. Regeln, nach denen Angebote, Rechnungen oder Quittungen im WWW oder im elektronischen Markt erstellt werden, eine Sprache zur präzisen Beschreibung mathematischer Formeln, Definitionen von Schnittstellen usw. Die Anwendungsmöglichkeiten sind außerordentlich vielfältig.

Z

Zähler (engl. *counter*): ↑Schaltwerk mit Speichergliedern, das außer dem Takteingang keine weiteren Eingänge besitzt und bei Eingabe einer Folge von Taktimpulsen (↑ Takt) bestimmte Zyklen von Zuständen durchläuft, also z. B. von 0 bis 9 zählt und anschließend wieder bei 0 beginnt. Bei diesem Übergang kann eine Ausgabe erfolgen, sodass der Zähler in jedem zehnten oder allgemein in jedem n-ten Takt ein Signal sendet. Schaltet man diese Ausgabe auf den Takteingang eines gleichartigen Zählers, so gibt das gesamte System in jedem n^2-ten Takt ein Signal aus. Auf diese Weise kann man aus einfachen Zählern kompliziertere zusammenschalten. Einen Zähler, bei dem die Zustände eines Zyklus die Dualzahlen von 0 bis $n-1$ sind, bezeichnet man als *n-Zähler* oder *Zähler modulo n.*
Abb. 1 zeigt das Schaltsymbol eines n-Zählers. Links ist der Takteingang. Die Ausgangsleitungen rechts führen im i-ten Takt die Dualdarstellung der Zahl i, jeweils modulo n.
Technisch realisiert man Zähler häufig durch Zusammenschaltung von ↑ JK-Flipflops (Abb. 2).
Man unterscheidet Vorwärts- und Rückwärtszähler.

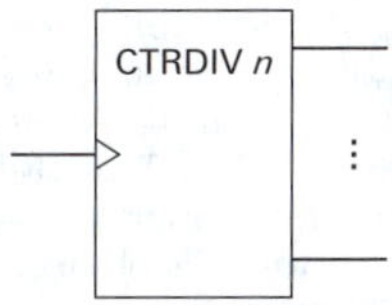

Zähler (Abb. 1): Schaltzeichen für einen n-Zähler

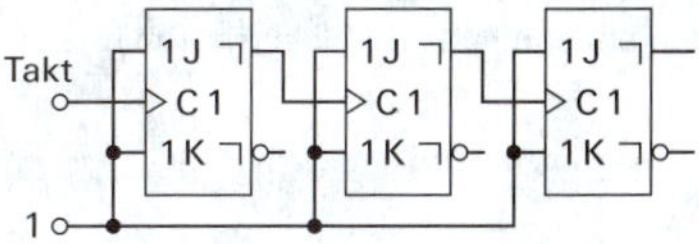

Zähler (Abb. 2): 8-Zähler

Zeichen (engl. *character*): ein Element aus einer zur Darstellung von ↑ Information vereinbarten endlichen Menge. Die Menge wird *Zeichenvorrat* genannt (nach DIN 44300).
Verwendet man zur Codierung (↑Code, ↑ ASCII-Code, ↑ EBCDI-Code, ↑ Unicode, ↑ UCS-Code) von Zeichen Bitfolgen (↑Bit), so hängt die Größe des Zeichenvorrats von der Länge der Bitfolgen ab: Mit jeder zusätzlichen Bitstelle verdoppelt sich die Zahl der darstellbaren Zeichen. Folglich kann man im alten 7-Kanal-Fernschreibcode – wenn man von der Möglichkeit der Codeumschaltung absieht – $2^7 = 128$ verschiedene Zeichen darstellen. Ein ↑ Byte erlaubt einen Zeichenvorrat von $2^8 = 256$ Zei-

chen, der Unicode umfasst 2^{16} und der UCS-Code 2^{32} Zeichen.
Häufig verbindet man den Begriff des Zeichenvorrats mit der Menge der auf Tastaturen, ↑Druckern oder ↑Bildschirmen an jeder Schreibposition darstellbaren Zeichen. In diesem Fall spricht man auch häufig vom *Zeichensatz.* Textverarbeitungssysteme stellen solche Zeichensätze in verschiedenen Schriftarten und Größen dar.
Eine endliche Aneinanderreihung von Zeichen bezeichnet man als *Zeichenfolge, Zeichenkette* (engl. *string*) oder *Wort.* – Vgl. auch ↑ Alphabet und ↑ char. Die Begriffe „Zeichen" und „Symbol" werden meist synonym verwendet.

Zeiger (engl. *pointer,* Synonyme: *Verweis, Referenz*): Eine Variable vom ↑Datentyp „Zeiger" kann als Werte ↑ Bezeichner annehmen, wobei in bestimmten Programmiersprachen nur Bezeichner von Variablen oder Werten eines festzulegenden Datentyps erlaubt sind. Als ↑ Schlüsselwort verwendet man oft ref oder einen senkrechten Pfeil „↑".
Eine Zeigervariable, welche als Werte Bezeichner von Variablen für ganze Zahlen annehmen kann, deklariert man z. B. wie folgt:

```
var intzeiger: ↑ integer;
```

In grafische Darstellungen werden Zeiger als gerichtete Pfeile eingezeichnet, vgl. Abb. 1 bis 7.
In einer Assemblersprache (↑ Assembler) sind die Bezeichner der Variablen ↑ Adressen des Speichers, sie stehen daher dem Programmierer in Form von Zahlen zur Verfügung. In höheren ↑ Programmiersprachen sind die Bezeichner von Variablen nicht direkt zugänglich; wenn x eine Zeigervariable ist, so erzeugt man mittels new(x) eine Variable oder allgemeiner ein Objekt mit einem Bezeichner, der nach außen nicht bekannt gegeben und der Variablen x als Wert zugewiesen wird. Soll eine Zeigervariable keinen Bezeichner als Wert besitzen, so erhält sie den konstanten Wert nil (in ↑PASCAL; in anderen Programmiersprachen auch none oder null). Meint man nicht die Zeigervariable x, sondern den Wert (also den Bezeichner der Variablen, auf die x zeigt), so schreibt man in PASCAL x↑; man sagt dann, man „dereferenziert" x, oder man „folgt" dem Verweis x.
Mithilfe von Zeigern kann man ↑Datenstrukturen beliebiger Struktur und Größe aufbauen *(dynamische Datenstrukturen).*

▶ *Beispiel:* Um eine vorher nicht bekannte Anzahl von Zahlen einzulesen und zu speichern, wird im Folgenden eine ↑lineare Liste benutzt. Als Datenstruktur wird ein ↑ Record mit einer ganzen Zahl und einem Zeiger als Komponenten zugrunde gelegt:

```
type liste = record
                 wert: integer;
                 nächstes: ↑ liste
             end;
var alt,neu,K: ↑ liste;
...
while „weitere Eingaben" do
    new(neu);
    (* Erzeugen eines neuen „liste"-
       Records*)
    read(neu↑.wert);
    (* neu↑ ist der Bezeichner des er-
       zeugten Records*)
    neu↑.nächstes := nil;
    alt↑.nächstes := neu;
    (* Verketten des neuen Records mit
       den bisher erzeugten*)
    alt := neu
 od;
```

Zur Erläuterung: Es möge bereits eine Liste erstellt sein, auf deren letztes Element die Zeigervariable alt und auf deren erstes Element eine Zeigervariable K weist (Abb. 1).
Es soll nun eine weitere Zahl (z. B. 66) eingelesen werden. Die Anweisungen der while-Schleife führen zur Situation in Abb. 2.
read (neu↑.wert) füllt die Komponente wert von neu↑ mit der Zahl 66. neu↑.nächstes := nil setzt die andere Komponente auf nil (Abb. 3).

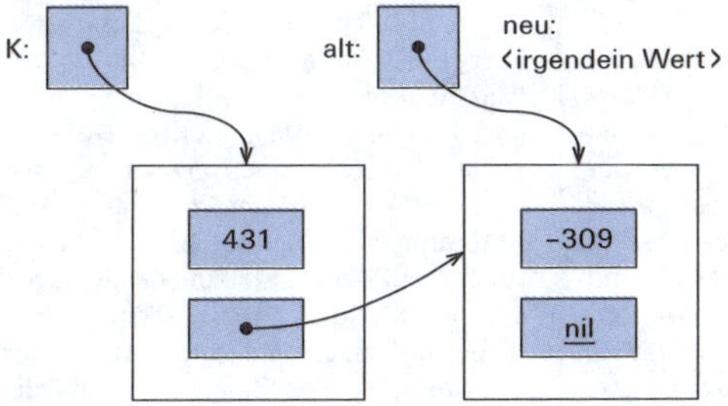

Zeiger (Abb. 1): Liste mit zwei Elementen

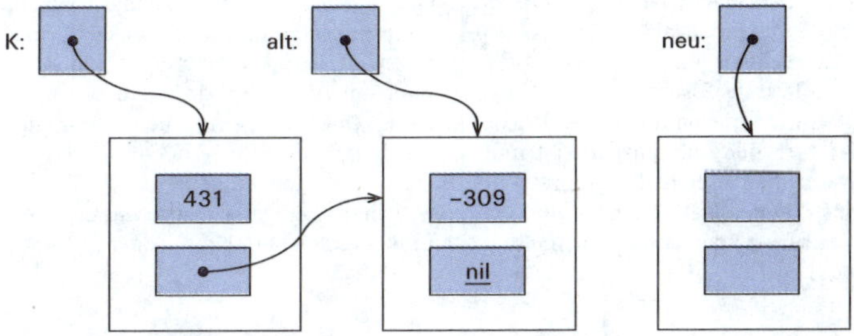

Zeiger (Abb. 2): Liste nach Ausführung der Anweisung new(neu)

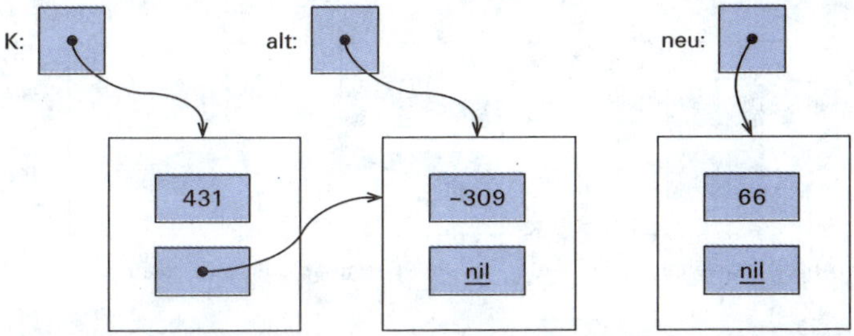

Zeiger (Abb. 3): Liste nach Ausführung der Anweisungen read(neu↑.wert) und neu↑.nächstes := nil

alt↑.nächstes := neu füllt die Komponente nächstes des Objekts, auf das alt zeigt, mit dem Bezeichner, der in neu steht (Abb. 4).
Schließlich wird die Zeigervariable alt auf den Wert der Zeigervariablen neu gesetzt, und man erhält eine um ein Element verlängerte Liste, auf deren letztes Element wiederum alt zeigt (Abb. 5). ◄

Ein Zeiger wird auch als *Referenz* bezeichnet: Die Zeigervariable K, die auf das erste Element der obigen Liste verweist, ist eine Referenz auf dieses Element. Entsprechend enthält jedes Listenelement eine Referenz zum nachfolgenden. Das letzte Listenelement ist von K aus über drei Referenzen erreichbar.

Lässt man Bezeichner von Zeigervariablen als Werte von anderen Zeigervariablen zu, so kommt man zum Begriff der *Referenzstufe:* ↑Konstanten besitzen die Referenzstufe 0, weil ihr Bezeichner direkt für einen bestimmten Wert steht und bei ihnen kein Speicherzugriff erforderlich ist. Jede Variable, die auf Variablen der Referenzstufe i zeigt, besitzt die Referenzstufe $(i+1)$. Normale Variablen eines Programms erhalten also die Referenzstufe 1, Zeigervariablen die Referenzstufe 2, Zeigervariablen, deren Werte die Bezeichner von Zeigervariablen der Referenzstufe 2 sind, die Referenzstufe 3 usw. Man kommt in der Praxis mit Variablen der Referenzstufen 1 und 2 aus, weil man höhere Referenzstufen über eine Kette von Referenzen (ähnlich der obigen Liste) der Stufe 2 nachbilden kann. Zum Beispiel treten Variablen der Referenzstufe 2 bei der ↑ Parameterübergabe ↑call by reference auf.

Klassifizierung und Beschaffung von Informationen beruhen weitgehend auf Zeigern. Ein Adressenverzeichnis, eine Liste von eingeklebten Fotografien, der Autorenkatalog in einer Bibliothek, der Verweis auf die Herstellung der Beilagen in einem Kochrezept: Dies alles sind Beispiele für Zeiger im Alltag. Auch in der Informatik spielen Zeiger eine zentrale Rolle. Auf größere Datenbestände greift man über Zeiger zu, und wenn man Daten sortiert, dann genügt es, die dquorl;darüber liegenden“ Zeiger umzusetzen. Als Beispiel betrachte man den ↑ Baum in Abb. 6, in dessen Blättern die Daten (hier: Zahlen) stehen. Die Daten wurden in der Reihenfolge, in der sie gelesen wurden, eingefügt.

Will man die Daten sortieren, d. h., ein Links-Rechts-Durchlauf oder inorder-

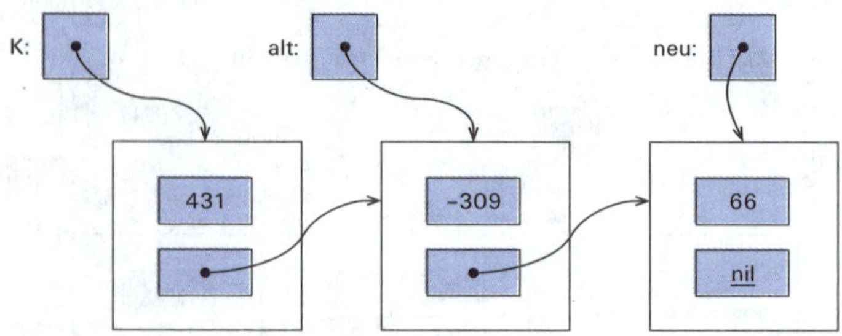

Zeiger (Abb. 4): Liste nach Ausführung der Anweisung alt↑.nächstes := neu

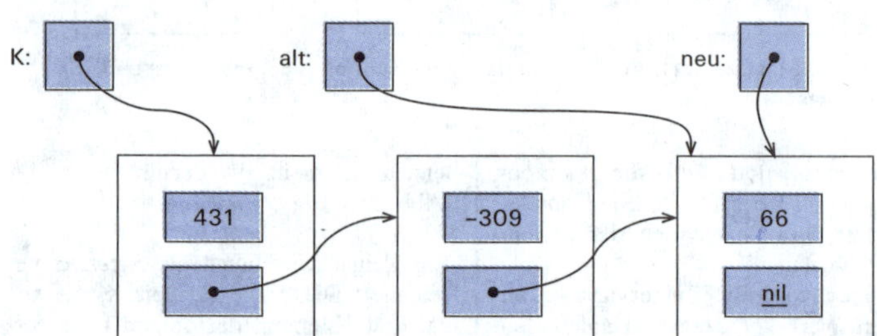

Zeiger (Abb. 5): Liste nach Ausführung der Anweisung alt := neu

Durchlauf (↑ Baumdurchlauf) soll die Daten in geordneter Reihenfolge ergeben, dann muss man nur die Zeiger umsetzen (Abb. 7).

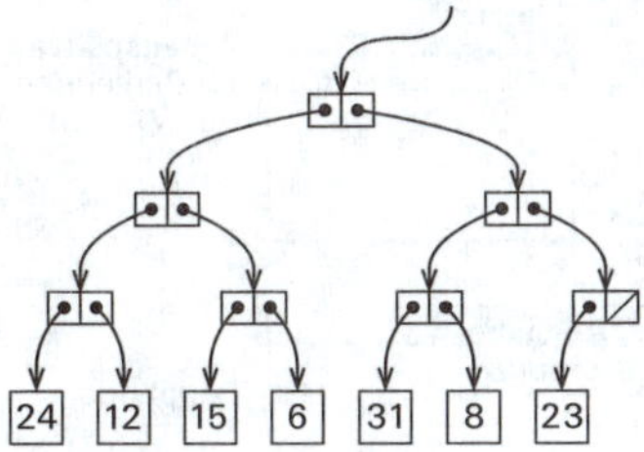

Zeiger (Abb. 6)

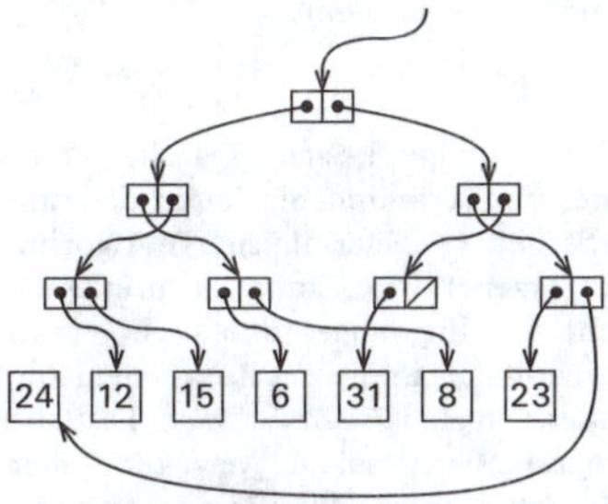

Zeiger (Abb. 7)

Dies ist z. B. sinnvoll, wenn statt der Zahlen sehr umfangreiche Daten abgelegt wurden. Die *Indexe* in ↑ Datenbanken bestehen beispielsweise meist aus solchen Zeigerstrukturen, durch die die eigentlichen Daten nicht beeinträchtigt werden.

Gebilde, die mit Zeigern aufgebaut werden, nennt man auch *Geflechte*. Allgemein kann man mit Zeigern beliebige endliche ↑ Graphen oder beliebige ↑ Relationen in einer Programmiersprache darstellen.

Zentraleinheit (vgl. ↑ Computer, manchmal gleichbedeutend mit ↑ Mikroprozessor verwendet):

1. Rechnerkern (engl. central **p**rocessing **u**nit, Abk. **CPU**). Unter *Zentraleinheit* versteht man oft nur den Rechnerkern, der alle Funktionseinheiten umfasst, um ↑ Befehle interpretieren und ausführen zu können. Der Rechnerkern unterteilt sich in das ↑ Rechenwerk und in einen Ein-/Ausgabeprozessor, der die Kommunikation mit Speichern, Peripheriegeräten (↑ Peripherie) und/oder den Arbeitsplätzen für Bedienungs- und Wartungspersonal herstellt. Der Rechnerkern verfügt nur über begrenzten Speicher (z. B. einige ↑ Register und ↑ Caches); allerdings zählt man bei mikroprogrammierten Rechnern die Mikroprogrammspeicher (↑ Mikroprogrammierung) ebenfalls zum Rechnerkern. Die einzelnen Teile des Rechnerkerns können auch durch mehrere ↑ Prozessoren realisiert sein.

2. Im allgemeineren Sinne fasst man unter Zentraleinheit den Rechnerkern und den ↑ Hauptspeicher zusammen. Abb. 1 zeigt den Aufbau der Zentraleinheit ei-

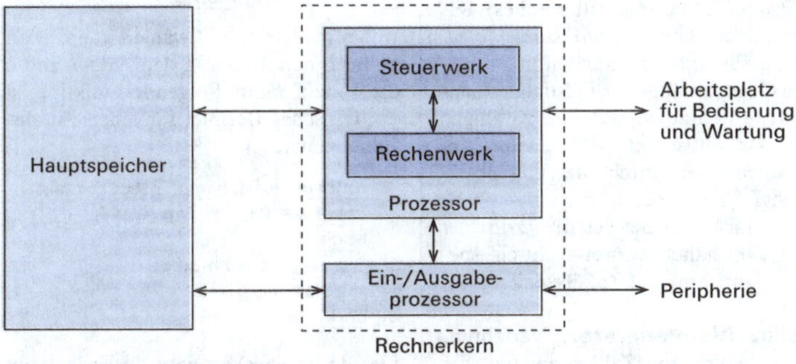

Zentraleinheit (Abb. 1): Zentraleinheit eines Einprozessorsystems

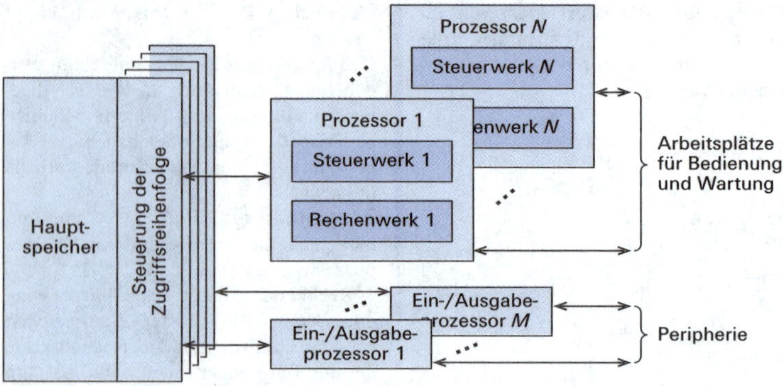

Zentraleinheit (Abb. 2): Zentraleinheit eines Mehrprozessorsystems

nes Einprozessorsystems, Abb. 2 den Aufbau der Zentraleinheit eines Mehrprozessorsystems.

Zielprogramm: Ein ↑Übersetzer übersetzt Programme einer Programmiersprache *A* in Programme einer Programmiersprache *B*. Das aus einem Programm *p* der Sprache *A* übersetzte Programm *q* der Sprache *B* bezeichnet man als Zielprogramm des ↑Quellprogramms *p*. Spezielle Zielprogramme *q* sind die ↑Objektcodes, bei denen *B* eine ↑Maschinensprache ist.

Zufallszahl (engl. *random number*): eine Zahl, die rein statistisch („zufällig“) aus einer Menge von Zahlen herausgegriffen wird. Eine (unendliche) Folge von Zahlen ohne (algorithmisches) Bildungsgesetz heißt *Zufallszahlenfolge*. Eine Zufallszahlenfolge erfüllt nur statistische Gesetzmäßigkeiten. Zufallszahlenfolgen werden zur Simulation zufälliger Ereignisse verwendet. Man erzeugt Zufallszahlenfolgen durch Messung physikalischer zufälliger Vorgänge (z. B. Atomzerfall) oder bei der *stochastischen Simulation* näherungsweise durch spezielle Algorithmen (↑Zufallszahlengenerator).

Zufallszahlengenerator: Verfahren, das eine Folge von Zahlen erzeugt, die möglichst viele Eigenschaften einer ↑Zufallszahlenfolge besitzt. Da die Folge durch ein Verfahren, also einen deterministischen (↑Determinismus) Algorithmus erzeugt wird, kann sie prinzipiell nicht zufällig angeordnet sein. Man spricht daher in diesem Zusammenhang besser von *Pseudozufallszahlen*. Fast alle Programmiersprachen verfügen über Sprachelemente zur Erzeugung von Pseudozufallszahlen, z. B. RND in ↑BASIC oder random in ↑PASCAL. Die erzeugten Zahlen *x* liegen meist gleich verteilt im Intervall [0,1); für sie gilt also $0 \leq x < 1$.

Die meisten Zufallszahlengeneratoren iterieren die Wertzuweisung

z := (a · z + c) mod p,

wobei man oft c = 0 wählen kann. Man nennt p den *Modul*, a den *Faktor* und c die *Verschiebung*. Folgende Funktion ist ein typisches Beispiel für einen Zufallszahlengenerator:

```
function zufall (var z: integer): real;
const a = 91; c = 1; p = 347;
begin
   z := (a * z+c) mod p;
   zufall := z/p
end;
```

Der Anfangswert z wird entweder vom Benutzer eingegeben oder das System

Z

bestimmt diesen Wert aufgrund irgendwelcher innerer Zustände, z. B. der Maschinenzeit. Für den Anfangswert 323 liefert das zwanzigmalige Aufrufen von zufall die Zahlenfolgen in den Spalten 1 und 2 der Tabelle 1.

Von der Wahl der Werte für a und p hängt die Güte des Zufallszahlengenerators entscheidend ab. Da die ganzen Zahlen z im Intervall von 0 bis $p-1$ liegen müssen, wiederholt sich die Folge nach spätestens p Schritten. Beispielsweise gilt der

Satz: p sei eine Primzahl mit $p > 2$. a und c seien natürliche Zahlen. Durch die wiederholte Zuordnung $z := (a \cdot z + c) \underline{\text{mod}}\ p$ (beginnend mit einem beliebigen Anfangswert $0 \le z_0 < p$) werde eine Folge von Zahlen $z_0, z_1, z_2, \ldots$ erzeugt. In dieser Folge sind genau dann p aufeinander folgende Zahlen paarweise verschieden, wenn c nicht durch p teilbar ist und $a \equiv 1 \ \underline{\text{mod}}\ p$ gilt.

z	z/p (Pseudozufallszahlen)	Würfel
246	0.70893372	5
179	0.51585014	4
328	0.94524496	6
7	0.02017291	1
291	0.83861671	6
110	0.31700288	2
295	0.85014409	6
127	0.36599424	3
107	0.30835735	2
22	0.06340058	1
268	0.77233429	5
99	0.28530259	2
335	0.96541787	6
297	0.85590778	6
309	0.89048991	6
13	0.03746398	1
143	0.41210375	3
175	0.50432277	4
311	0.89625360	6
195	0.56195965	4

Zufallszahlengenerator (Tab. 1): Folge von Pseudozufallszahlen der wiederholt angewendeten Funktion zufall für den Modul p = 347, den Faktor a = 91, die Verschiebung c = 1 und den Anfangswert 323.

Aus der Theorie kennt man einige weitere Aussagen über die Werte p, a und c. Zum Beispiel sollte in der Praxis p möglichst groß gewählt werden (größer als 2^{20}), a zwischen $\sqrt{p}$ und p liegen, c ungerade sein und a bei der Division durch 4 den Rest 3 ergeben. Wählt man ohne Überlegung irgendwelche Zahlen p, a und c, so erhält man fast stets einen ungeeigneten Zufallszahlengenerator. Auch die in Tabelle 1 gewählten Zahlen sind sicher für die Praxis unbrauchbar (schon allein wegen des viel zu kleinen Wertes für p). Geeignete Zahlen kann man nur durch umfangreiche Messreihen ermitteln, bei denen die erzeugten Zahlenfolgen allen möglichen statistischen Tests unterzogen werden. Folgende Zufallszahlengeneratoren werden in der Literatur vorgeschlagen:

p	a	c	Anfangswert
$2^{31}-1$	7^5	0	beliebig, $\neq 0$
2^{35}	$2^{23}+1$	1	beliebig
2^{48}	5^{13}	29.741.096.258.473	beliebig
2^{59}	13^{13}	0	555555

Als sehr gut gilt weiterhin

$$p = 999.999.999.999.999.999.996.467$$
$$a = 671.354.420.908.421.773.035.669$$
$$c = 0$$

Die Anfangswerte von z dürfen natürlich keinen Einfluss auf die Qualität des Zufallszahlengenerators haben. Sie können beliebig gewählt werden, aber für jedes Experiment anders.

Zur Erzeugung von Pseudozufallszahlen in anderen Intervallen $[\alpha, \beta)$ mit $\alpha < \beta$ muss die durch zufall gelieferte Zahl x geeignet transformiert werden. Hierzu verwendet man den ganzzahligen Anteil

$[\alpha+(\beta-\alpha)\cdot x]$, wodurch die vorderen Ziffern von z bzw. zufall(z) ausgenutzt werden. Im Falle des Würfelns ($\alpha=1$, $\beta=7$) erhält man den programmiersprachlichen Ausdruck TRUNC(1+6 * zufall(z)), siehe Spalte 3 in Tabelle 1. Man darf *auf keinen Fall* die letzten Ziffern von z hierzu verwenden; denn die Folge, die sich durch den Ausdruck (z mod 6)+1 ergibt, ist nicht einmal annähernd zufällig, da die letzten Ziffern von z eine sehr kurze Periodizität aufweisen, was für die weiter vorne stehenden Ziffern nicht gilt.

Zustand (engl. *state*): Situation, in der sich ein System oder ein Systemteil zu einem Zeitpunkt befinden kann. Hierbei bezieht man sich auf das Innere des Systems und ignoriert die externen Einflüsse wie Ein- und Ausgabewerte. Die Menge der Zustände ist eine Abstraktion eines realen Systems. Will man ein reales System modellieren, so muss man zunächst die Zustandsmenge und insbesondere den Detaillierungsgrad, mit der man das System beschreiben will, festlegen. Die Menge der Zustände nennt man auch *Zustandsraum*.

► *Beispiel:* Man kann die Zustände einer Uhr als die Menge der Stunden {0, 1, 2, ..., 23} wählen, wenn es nur ganz grob auf die Uhrzeit ankommt. Man kann sie feiner unterteilen und wird dann die Minuten hinzunehmen, also als Zustandsmenge die Menge von Paaren ganzer Zahlen

$$\{(h,m) \mid 0 \le h \le 23 \text{ und } 0 \le m \le 59\}$$

verwenden; das Paar (7,12) ist dann der Zustand „7 Uhr und 12 Minuten“. Dies reicht bei Autorennen nicht aus, hier muss man Sekunden und Millisekunden kennen und daher die Zustandsmenge

$$\{(h,m,s,\mu) \mid 0 \le h \le 23,\ 0 \le m \le 59,\ 0 \le s \le 59,\ 0 \le \mu \le 999\}$$

zugrunde legen. Für Zeitmessungen in Computern muss man dies noch einmal mindestens um das Millionenfache bis hinab zu Nanosekunden verfeinern. ◄

Bei Systemen und ↑Prozessen führt man oft für die globale Steuerung eine gesonderte Menge von übergeordneten Zuständen ein. Ein System kann sich beispielsweise in einem aktiven, in einem wartenden, im ausgeschalteten Zustand oder im Zustand „unterbrochen“ befinden. Solch einen Zustand bezeichnet man auch als *Modus* (engl. *mode*).

Bei einem Programm oder bei einem ↑Objekt ist der Zustand in der Regel die Menge der Werte, die die verwendeten Variablen zu einem Zeitpunkt besitzen; man nennt den Zustand dann auch eine *Speicherbelegung*. Ein (Maschinen-)Befehl oder eine ↑ Zuweisung verändert den Zustand meist nur an einer Stelle; eine Prozedur oder eine zusammengesetzte Anweisung bewirkt dagegen eine starke Veränderung. Wer mit einer imperativen ↑ Programmiersprache arbeitet, denkt in Zustandsübergängen, die durch die Ausführung von Prozeduren ausgelöst werden *(prozedurale Programmierung);* dies spiegelt sich auch in der operationalen ↑ Semantik wider. Der Zustandsraum solcher Programme wird durch die Wertebereiche der Variablen gemäß deren Datentypdeklaration bestimmt.

Die gesamte Situation eines Systems (also der Zustand des Systems zusammen mit weiteren Angaben über die Umgebung, in der sich das System befindet) bezeichnet man meist nicht als Zustand, sondern als ↑Konfiguration. Kennt man die Konfiguration, so kann man das System ab diesem Zeitpunkt neu starten und genau nachvollziehen.

Zuweisung: Die Zuweisung (oder auch *Wertzuweisung*) ist die elementarste ↑ *Anweisung* in imperativen ↑ Programmiersprachen. Durch eine Zuweisung erhält eine ↑Variable einen neuen Wert. In älteren Programmiersprachen hat die Zuweisung die Form:

⟨Variablenname⟩ := ⟨Ausdruck⟩.

► *Beispiele:*

```
pi := 3.14159;
zaehler := zaehler + 1;
```
◄

In neueren Programmiersprachen (z. B. ↑C, ↑Java) schreibt man meist

<Variablenname> = <Ausdruck>

was aus logischer Sicht falsch ist, da keine Gleichheit zwischen einem „Speicherplatz“ links und dem Wert eines Ausdrucks rechts bestehen kann. In solchen Sprachen muss dann die Gleichheit im booleschen Ausdrücken durch "==" statt durch "=" dargestellt werden usw.

Register

Seitenzahlen in **halbfetter** Schrift bedeuten, dass das betreffende Wort als eigenes Stichwort behandelt wird. Die Alphabetisierung ordnet Umlaute wie die einfachen Selbstlaute ein: ä wie a, ö wie o usw. Komplexe Hauptstichwörter werden ohne Rücksicht auf die Wortgrenze durchalphabetisiert: z. B. steht **regulärer Ausdruck** zwischen **reguläre Menge** und **reguläre Sprache**.
Griechische Vorsätze werden bei der alphabetischen Anordnung nicht berücksichtigt, z. B. folgt **α-Konversion** auf **Kontrollstruktur**.
Zur besseren Orientierung ist der Buchstabenwechsel im ersten Sortierbuchstaben durch eine stilisierte Buchstabentaste dargestellt.

B

C

D

E

F

G

H

I

J

K

L

M

N

O

P

Q

R

S

T

U

V

W

X

Y

Z

Der Schlüssel zur chemischen Fachsprache
Otto-Albrecht Neumüller

Duden – Das Wörterbuch der chemischen Fachausdrücke

Komprimiertes Wissen aus allen Gebieten der Chemie. Mit über 20 000 Begriffen und Wortbestandteilen zu Verbindungen, Verfahren, Geräten und Gesetzmäßigkeiten. Zahlreiche Informationen zur Einordnung der Begriffe in das chemische Nomenklatursystem und zu Anwendungen chemischer Verfahren. Für alle, die in Schule, Ausbildung und Beruf mit chemischen Fachbegriffen umgehen. Auch auf CD-ROM.

Dudenverlag
Mannheim · Leipzig · Wien · Zürich

Verstehen was der Arzt sagt

Duden – Das Wörterbuch der medizinischen Fachausdrücke

Als Standardwerk für medizinische Nomenklatur und Rechtschreibung ist es unentbehrlich für alle, die mit medizinischen Fachbegriffen umgehen. Viele neue Fachbegriffe aus der Medizin und angrenzenden Fachgebieten wurden zusätzlich aufgenommen. Kurze, prägnante Definitionen und Angaben zur Rechtschreibung werden ergänzt durch eine Tabelle mit medizinischen Laborwerten von ACTH bis Zink und ein Verzeichnis häufig vorkommender Abkürzungen. Gebräuchliche Wortbildungselemente werden in übersichtlichen Infokästen erklärt. Auch auf CD-ROM.

Dudenverlag
Mannheim · Leipzig · Wien · Zürich

Von den Grundrechenarten bis zur modernen Mathematik

Duden – Rechnen und Mathematik

Dieses Lexikon behandelt Begriffe von den Grundrechenarten bis zur modernen Mathematik und gibt Anleitungen für Berechnungen, auch für kaufmännisches und bürgerliches Rechnen. Es ist ein wichtiges Nachschlagewerk und nützlicher Ratgeber für die Schule und die tägliche Praxis zugleich. Mit zahlreichen Formeln, Tabellen und Beispielen.

Dudenverlag
Mannheim · Leipzig · Wien · Zürich

Das gesamte Spektrum der deutschen Sprache in 12 Bänden

Duden, Band 1: Die deutsche Rechtschreibung

Das umfassende Standardwerk zu allen Fragen der Rechtschreibung auf der Grundlage der neuen amtlichen Regeln. Mehr als 120 000 Stichwörter mit über 500 000 Bedeutungserklärungen und Angaben zur Worttrennung, Aussprache, Grammatik und Etymologie. Zahlreiche Infokästen mit Beispielen und Erklärungen für schwierige Zweifelsfälle. 1152 Seiten.

Duden, Band 2: Das Stilwörterbuch

Die deutsche Sprache ist vielfältig – ihre umfassenden Ausdrucksmöglichkeiten stellt das Stilwörterbuch mit mehr als 100 000 Satzbeispielen, Wendungen, Redensarten und Sprichwörtern dar.
980 Seiten.

Duden, Band 3: Das Bildwörterbuch

Wörter und vor allem Termini aus den Fachsprachen lassen sich oft nur mit einem Bild erklären. Im Bildwörterbuch beschreiben deshalb 384 zum Teil farbige Bildtafeln – nach Sachgebieten gegliedert –, was womit gemeint ist. Register mit 27 500 Stichwörtern.
784 Seiten.

Duden, Band 4: Die Grammatik

Die Grammatik ist die vollständige Beschreibung der deutschen Gegenwartssprache. Von den Grundeinheiten Wort und Satz ausgehend, stellt sie alle sprachlichen Erscheinungen wissenschaftlich exakt und übersichtlich dar.
912 Seiten.

Duden, Band 5: Das Fremdwörterbuch

Das unentbehrliche Nachschlagewerk für jeden, der wissen will, was Fremdwörter bedeuten und wie sie korrekt benutzt werden. Rund 53 000 Fremdwörter, mehr als 400 000 Angaben zu Bedeutung, Aussprache, Herkunft, Grammatik, Schreibvarianten und Worttrennungen.
1056 Seiten.

Duden, Band 6: Das Aussprachewörterbuch

Das Wörterbuch der deutschen Standardaussprache. Unterrichtet umfassend über Betonung und Aussprache sowohl der heimischen als auch der fremden Wörter. Über 130 000 Stichwörter.
894 Seiten.

Dudenverlag
Mannheim · Leipzig · Wien · Zürich

Das gesamte Spektrum der deutschen Sprache in 12 Bänden

Duden, Band 7: Das Herkunftswörterbuch

Stellt die Geschichte der Wörter von ihrem Ursprung bis zur Gegenwart dar und gibt Antwort auf die Frage, woher ein Wort kommt und was es eigentlich bedeutet.
960 Seiten.

Duden, Band 8: Die sinn- und sachverwandten Wörter

In diesem Synonymwörterbuch sind die sinn- und sachverwandten Wörter in Gruppen zusammengestellt. Für alle, die den passenden Ausdruck suchen oder Texte lebendig gestalten wollen.
801 Seiten.

Duden, Band 9: Richtiges und gutes Deutsch

Behandelt Zweifelsfälle der deutschen Sprache von A bis Z. Dieser Band bietet Antworten auf grammatische und stilistische Fragen, Formulierungshilfen und Erläuterungen zum Sprachgebrauch.
983 Seiten.

Duden, Band 10: Das Bedeutungswörterbuch

Die Grundbausteine unseres Wortschatzes. Der Duden 10 vermittelt Zusammenhänge, ist wichtig für den Spracherwerb und fördert den schöpferischen Umgang mit der deutschen Sprache.
1104 Seiten.

Duden, Band 11: Redewendungen

Die geläufigen Redewendungen, Redensarten und Sprichwörter der deutschen Sprache. Alle Einträge werden in ihrer Bedeutung, Herkunft und Anwendung genau und leicht verständlich erklärt.
960 Seiten.

Duden, Band 12: Zitate und Aussprüche

Vom Klassiker bis zum aktuellen Zitat aus Film, Fernsehen oder Werbung werden hier die Herkunft und der aktuelle Gebrauch der im Deutschen geläufigen Zitate erläutert. Mit einer umfangreichen Sammlung geistreicher Aussprüche und Aphorismen.
960 Seiten.

Dudenverlag
Mannheim · Leipzig · Wien · Zürich